Utilize este código QR para se cadastrar de forma mais rápida:

Ou, se preferir, entre em:
www.moderna.com.br/ac/livroportal
e siga as instruções para ter acesso aos conteúdos exclusivos do
Portal e Livro Digital

CÓDIGO DE ACESSO:
A 00084 VERDFIS2E 1 93580

Faça apenas um cadastro. Ele será válido para:

Da semente ao livro, sustentabilidade por todo o caminho

Plantar florestas
A madeira que serve de matéria-prima para nosso papel vem de plantio renovável, ou seja, não é fruto de desmatamento. Essa prática gera milhares de empregos para agricultores e ajuda a recuperar áreas ambientais degradadas.

Fabricar papel e imprimir livros
Toda a cadeia produtiva do papel, desde a produção de celulose até a encadernação do livro, é certificada, cumprindo padrões internacionais de processamento sustentável e boas práticas ambientais.

Criar conteúdos
Os profissionais envolvidos na elaboração de nossas soluções educacionais buscam uma educação para a vida pautada por curadoria editorial, diversidade de olhares e responsabilidade socioambiental.

Construir projetos de vida
Oferecer uma solução educacional Moderna é um ato de comprometimento com o futuro das novas gerações, possibilitando uma relação de parceria entre escolas e famílias na missão de educar!

Fotografe o Código QR e conheça melhor esse caminho.
Saiba mais em *moderna.com.br/sustentavel*

Nicolau Gilberto Ferraro
Licenciado em Física pelo Instituto de Física da Universidade de São Paulo.
Engenheiro metalurgista pela Escola Politécnica da Universidade de São Paulo.

Carlos Magno A. Torres
Bacharel em Física pelo Instituto de Física da Universidade de São Paulo.
Professor de Física no ensino superior e em cursos pré-vestibulares.
Professor de Física e de Matemática em escolas do ensino médio.

Paulo Cesar M. Penteado
Licenciado em Física pela Universidade Federal de Santa Catarina.
Professor de Física em escolas do ensino médio e em cursos pré-vestibulares.

Vereda Digital
FÍSICA
NICOLAU
TORRES
PENTEADO

VOLUME ÚNICO

2ª edição

© Nicolau Gilberto Ferraro,
Carlos Magno A. Torres, Paulo Cesar M. Penteado, 2017

Coordenação editorial: Fabio Martins de Leonardo
Edição de texto: Alexandre Sanchez, Marilu Tassetto
Assistência editorial: Luiz Alberto de Paula
Gerência de *design* e produção gráfica: Sandra Botelho de Carvalho Homma
Coordenação de produção: Everson de Paula
Suporte administrativo editorial: Maria de Lourdes Rodrigues (coord.)
Coordenação de *design* e projetos visuais: Marta Cerqueira Leite
Projeto gráfico: Daniel Messias, Otávio dos Santos
Capa: Otávio dos Santos
  Ícone 3D da capa: Diego Loza
Coordenação de arte: Wilson Gazzoni Agostinho
Edição de arte: Renato Neves
Editoração eletrônica: Setup Bureau Editoração Eletrônica
Edição de infografia: Luiz Iria, Priscilla Boffo, Otávio Cohen
Coordenação de revisão: Elaine C. del Nero
Revisão: Ana Cortazzo, Ana Paula Felippe, Cárita Negromonte, Denise Ceron, Dirce Y. Yamamoto, Flávia Schiavo, Gloria Cunha, Leandra Trindade, Marina Oliveira, Maristela S. Carrasco, Nancy H. Dias, Recriar Editorial, Rita de Cássia Pereira, Salete Brentan, Sandra G. Cortés, Solange Martins, Tatiana Malheiro, Willians Calazans, Yara A. Pinto
Coordenação de pesquisa iconográfica: Luciano Baneza Gabarron
Pesquisa iconográfica: Carol Böck, Enio Lopes
Coordenação de *bureau*: Rubens M. Rodrigues
Tratamento de imagens: Denise Feitoza Maciel, Joel Aparecido, Luiz Carlos Costa, Marina M. Buzzinaro
Pré-impressão: Alexandre Petreca, Denise Feitoza Maciel, Everton L. de Oliveira, Marcio H. Kamoto, Vitória Sousa
Coordenação de produção industrial: Wendell Monteiro
Impressão e acabamento: EGB Editora Gráfica Bernardi Ltda
Lote: 776994
Cod: 12107338

Dados Internacionais de Catalogação na Publicação (CIP)
(Câmara Brasileira do Livro, SP, Brasil)

Ferraro, Nicolau Gilberto
  Física, volume único / Nicolau Gilberto Ferraro, Carlos Magno A. Torres, Paulo Cesar M. Penteado. –
2. ed. – São Paulo: Moderna, 2017. – (Vereda digital)

  Bibliografia
  ISBN: 978-85-16-10733-8 (aluno)
  ISBN: 978-85-16-10734-5 (professor)
  1. Física (Ensino médio) I. Torres, Carlos Magno A. II. Penteado, Paulo Cesar M. III. Título. IV. Série.

17-02925   CDD-530.7

Índice para catálogo sistemático:
1. Física : Ensino médio   530.07

ISBN 978-85-16-10733-8 (LA)
ISBN 978-85-16-10734-5 (LP)

Reprodução proibida. Art. 184 do Código Penal e Lei 9.610 de 19 de fevereiro de 1998.
Todos os direitos reservados
EDITORA MODERNA LTDA.
Rua Padre Adelino, 758 - Belenzinho
São Paulo - SP - Brasil - CEP 03303-904
Vendas e Atendimento: Tel. (0_ _11) 2602-5510
Fax (0_ _11) 2790-1501
www.moderna.com.br
2023
Impresso no Brasil

1 3 5 7 9 10 8 6 4 2

APRESENTAÇÃO

Esperamos que você goste de estudar Física, pois temos certeza de que é curioso a respeito do mundo onde vivemos. Energia solar, máquinas e motores, radiação, eletricidade, magnetismo e muitos outros aspectos do mundo fazem parte da Física. Essa ciência é capaz de explicar inúmeros fenômenos, desde o funcionamento de máquinas muito simples, como um abridor de latas manual, até de outras muito complexas, como um tomógrafo computadorizado; fenômenos naturais, como um belo arco-íris ou o efeito estufa, e muitos outros. Esta obra vai ajudá-lo a entender e explicar muitos fatos do cotidiano e torná-lo mais curioso, inquisidor e crítico.

Para alcançar esse objetivo, os fundamentos da Física são expostos de forma clara e direta. Em cada capítulo, a teoria é apresentada em tópicos curtos, seguidos pelas seções **Exercícios resolvidos** e **Exercícios propostos**. No final de cada capítulo, você poderá aplicar seus conhecimentos na resolução de exercícios da seção **Exercícios de revisão**. Esses exercícios são intercalados por fichas-resumo, que permitirão uma revisão dos principais conceitos estudados.

Ao longo dos capítulos, apresentamos as seções **Aplicação tecnológica**, que aborda a Física no cotidiano, **Trocando ideias**, para você e seus colegas de grupo refletirem sobre transformações tecnológicas, descobertas e outros temas pertinentes à Física, e **Atividade prática**, que traz experimentos que ajudam a comprovar conceitos da Física.

Reunimos os capítulos em três partes distintas e, ao final de cada uma, apresentamos a seção **Extra!**, que foi criada com o objetivo de abordar assuntos variados do seu interesse, por exemplo, formas de estudar, exercício da cidadania, *bullying*, hábitos de leitura, entre outros.

No livro digital, você encontrará cadernos com questões do Enem e de diversos vestibulares, respectivamente **Vereda Digital Aprova Enem** e **Vereda Digital Suplemento de revisão**. Para enriquecer ainda mais seus estudos, oferecemos os **Conteúdos digitais**, que trazem vídeos, animações, simuladores e os "Físicos em rede", para você conhecer personalidades que se destacaram no mundo da Física. Acessando o *site*, você mesmo poderá avaliar sua aprendizagem com as questões do **Aprovamax**.

Esperamos que o estudo da Física torne-se muito interessante e proveitoso e que tudo o que você aprender contribua para uma visão de mundo mais crítica e construtiva.

Os autores

ORGANIZAÇÃO DO LIVRO

O livro Física – Nicolau, Torres e Penteado, da coleção Vereda Digital, é formado por 42 capítulos em que são desenvolvidos os principais conteúdos da Física do Ensino Médio. Para facilitar a consulta, o livro foi organizado em três partes. A proposta de orientação do estudo mais completa e enriquecida com novas seções foi planejada para propiciar o aprendizado dos principais conceitos da Física. O conteúdo do livro é complementado por conteúdos digitais, indicados ao longo dos capítulos por ícones.

Competências e habilidades do Enem
São indicadas diferentes competências e habilidades do Enem que serão desenvolvidas ao longo de cada capítulo.

Infográficos
Alguns temas foram destacados em infografias, recursos gráfico-visuais em que imagens são integradas a textos curtos, sintetizando informações.

Objetivos
No início de cada capítulo, são apresentados os objetivos, para você saber o que deverá cumprir ao final daquela etapa de estudo.

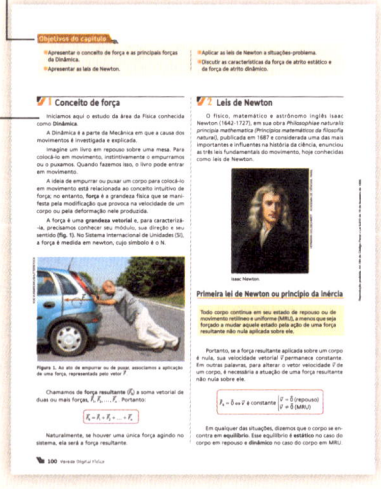

Abertura de capítulo
Cada imagem de abertura apresenta uma situação relacionada à aplicação dos conceitos da Física.

Conteúdos
Os conteúdos são abordados com linguagem clara e apresentam exemplos para facilitar a compreensão.

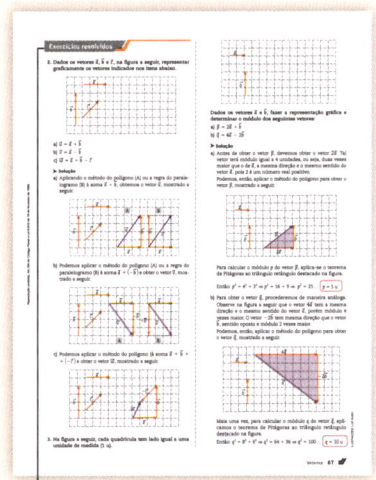
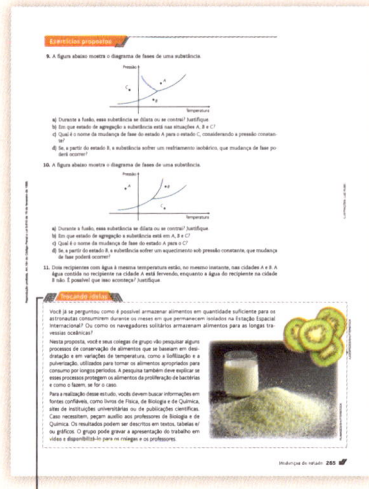
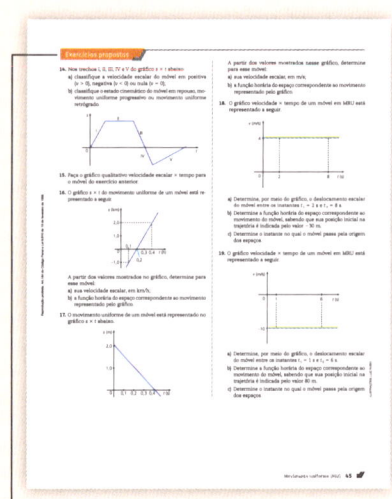

Exercícios resolvidos
Seção que apresenta a aplicação de conceitos em questões resolvidas.

Trocando ideias
Seção criada para você refletir sobre diversas questões e discuti-las com seus colegas.

Exercícios propostos
Nessa seção, você aplicará o que aprendeu para resolver questões diversificadas, abrangendo vestibulares, avaliações oficiais, entre outras.

Aplicação tecnológica
Seção que apresenta conceitos da Física aplicados a situações do cotidiano e a outras áreas de conhecimento.

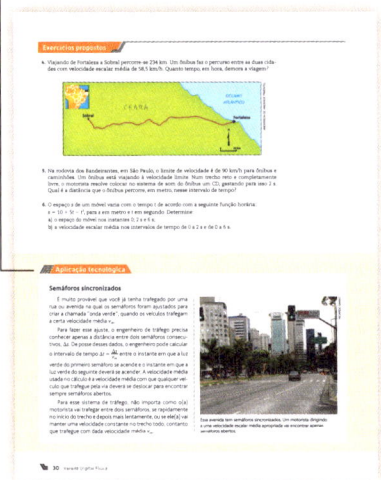

Atividade prática
Seção que traz propostas experimentais para você verificar alguns conceitos aprendidos nos capítulos.

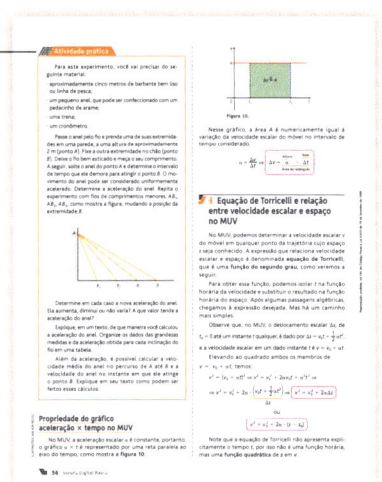

Exercícios de revisão
Seção que traz fichas-resumo para você retomar os conceitos estudados no capítulo e exercícios diversificados do Enem e de vestibular, organizados por grau de dificuldade, para você consolidar o que estudou.

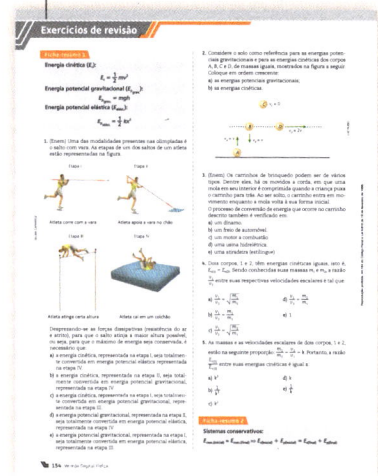

Extra!
Essa seção finaliza cada parte e traz textos sobre assuntos variados para ampliar seu universo de conhecimento.

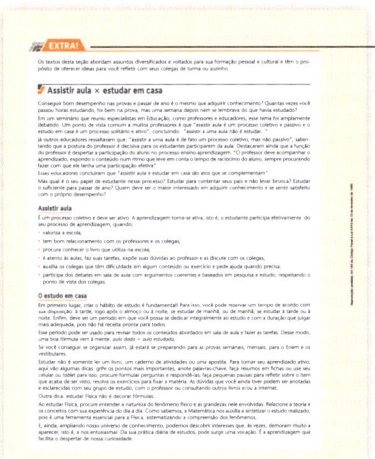

Respostas
As respostas dos exercícios são apresentadas no final de cada parte, para você avaliar o que acertou e revisar algum conteúdo, caso seja necessário.

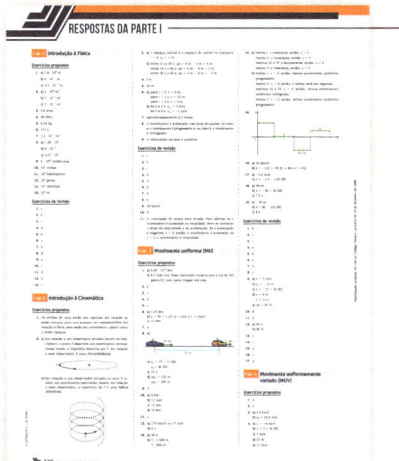

Veja como estão indicados os materiais digitais no seu livro:

- **O ícone do conteúdo digital**

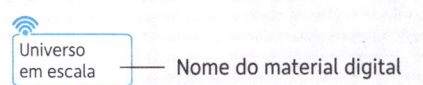 — Nome do material digital

Remissão para animações, simuladores, vídeos e mídia interativa que complementam o estudo de alguns temas dos capítulos.

Mais questões em **Vereda Digital Aprova Enem** e **Vereda Digital Suplemento de revisão**, em **AprovaMax** (no *site*) e no livro digital.

ORGANIZAÇÃO DOS MATERIAIS DIGITAIS

A Coleção *Vereda Digital* apresenta um *site* exclusivo com ferramentas diferenciadas e motivadoras para seu estudo. Tudo integrado com o livro-texto para tornar a experiência de aprendizagem mais intensa e significativa.

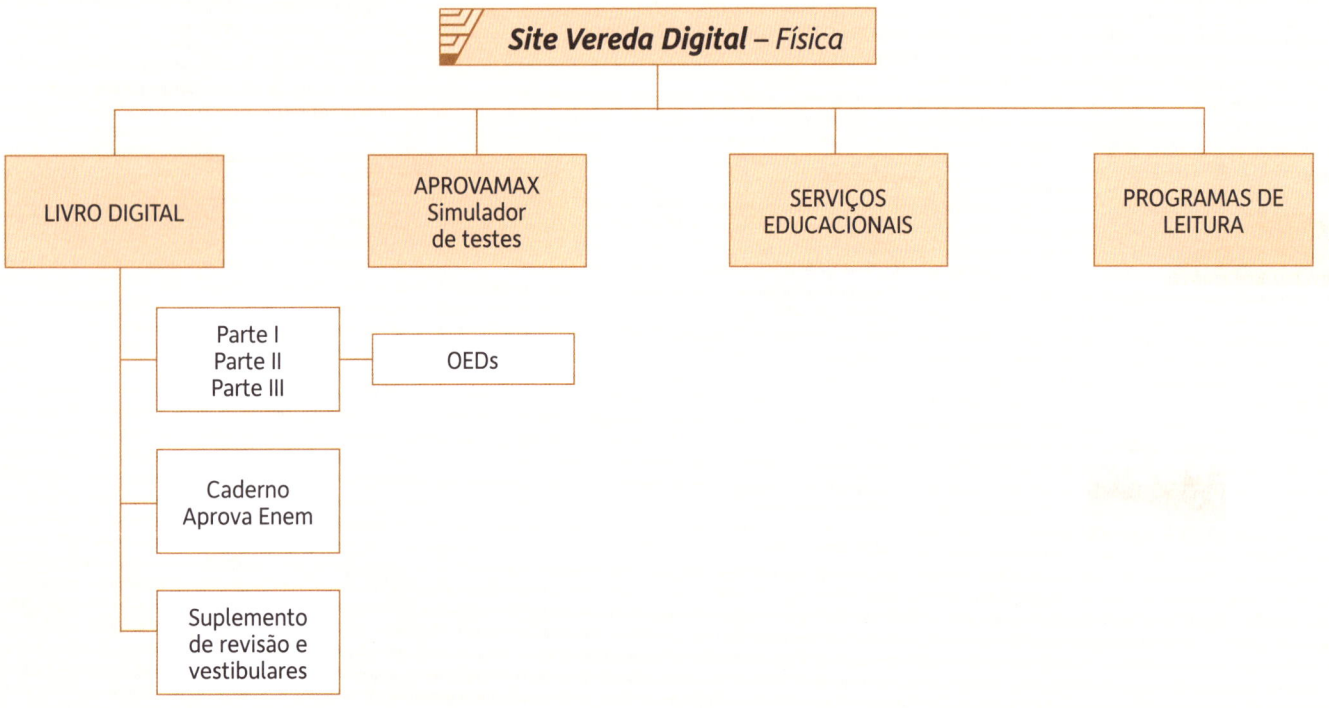

Livro digital com a tecnologia HTML5 para garantir melhor usabilidade, enriquecido com objetos educacionais digitais que consolidam ou ampliam o aprendizado; ferramentas que possibilitam buscar termos, destacar trechos e fazer anotações para posterior consulta. No livro digital você encontra o livro com OEDs, o *Aprova Enem* e o *Suplemento de revisão e vestibulares*. Você pode acessá-lo de diversas maneiras: no seu *tablet* (Android ou iOS), no Desktop (Windows, MAC ou Linux) e *online* no *site* www.moderna.com.br/veredadigital.

OEDs – objetos educacionais digitais que consolidam ou ampliam o aprendizado.

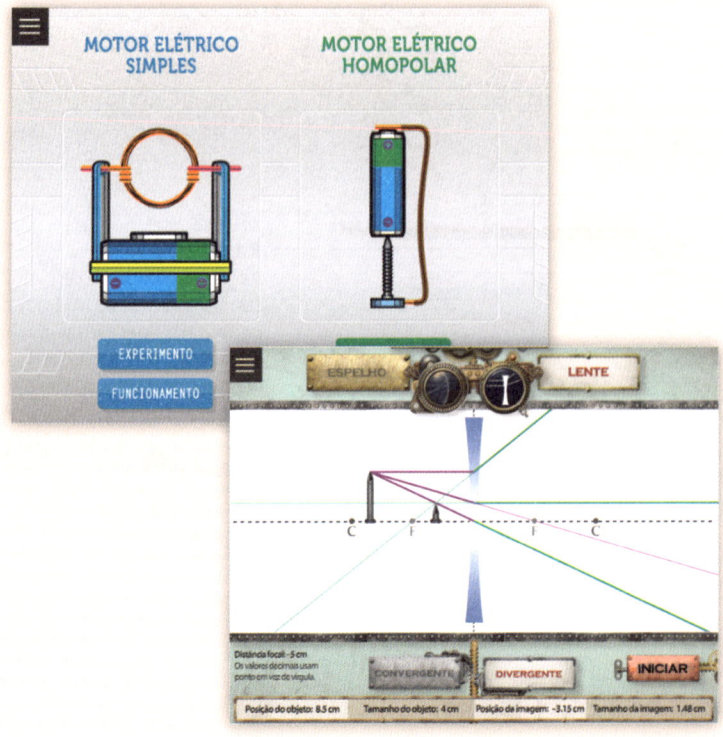

AprovaMax – simulador de testes com os dois módulos de prática de estudo – atividade e simulado –, você se torna o protagonista de sua vida escolar, pois pode gerar testes customizados para acompanhar seu desempenho e avaliar seu entendimento.

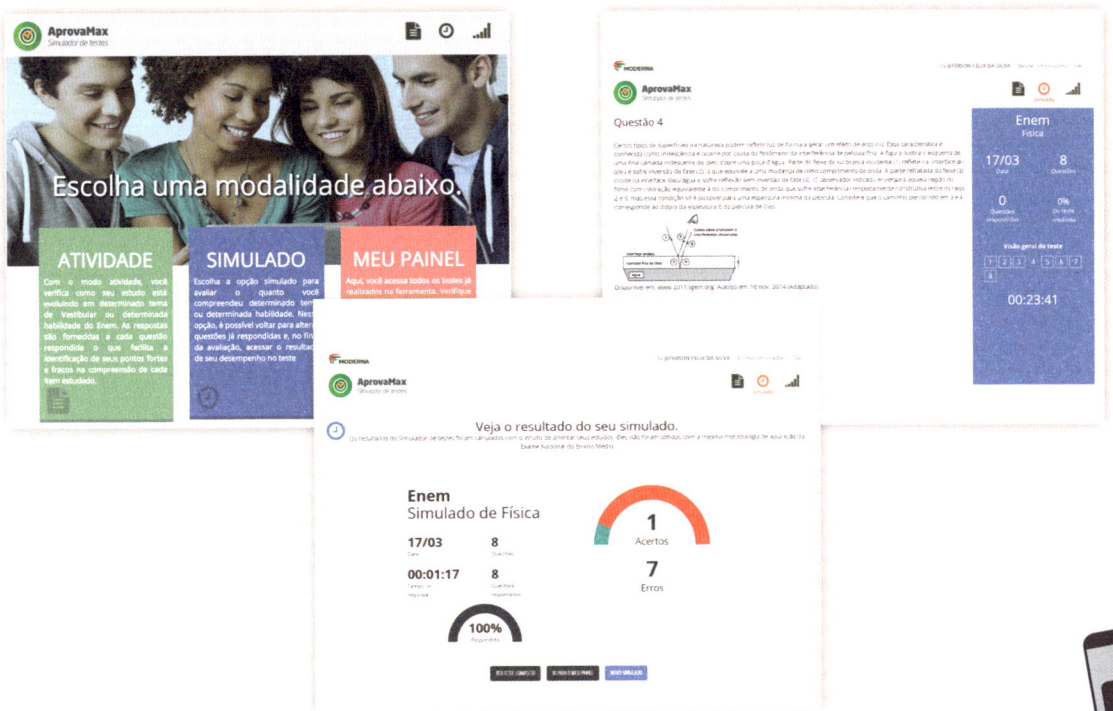

VEREDA APP

Aplicativo que permite a busca de termos e conceitos da disciplina e **simulações** com questões de vestibulares associadas. Você relembra o conceito e realiza uma **autoavaliação**. É uma ferramenta que auxilia você a desenvolver sua **autonomia**.

Aprova Enem – um caderno digital com questões comentadas do Enem e outras questões elaboradas de acordo com as especificações desse exame de avaliação. Nosso foco é que você se sinta preparado para os maiores desafios acadêmicos e para a continuidade dos estudos.

Suplemento de revisão e vestibulares – síntese dos principais temas do curso, com questões de vestibulares de todo o país.

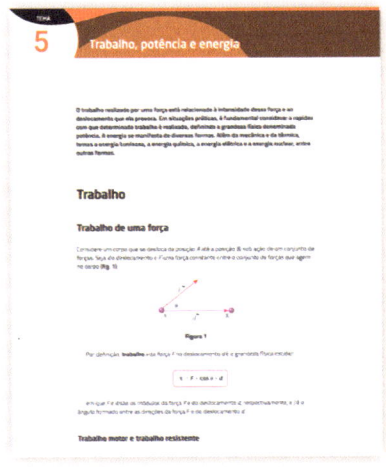

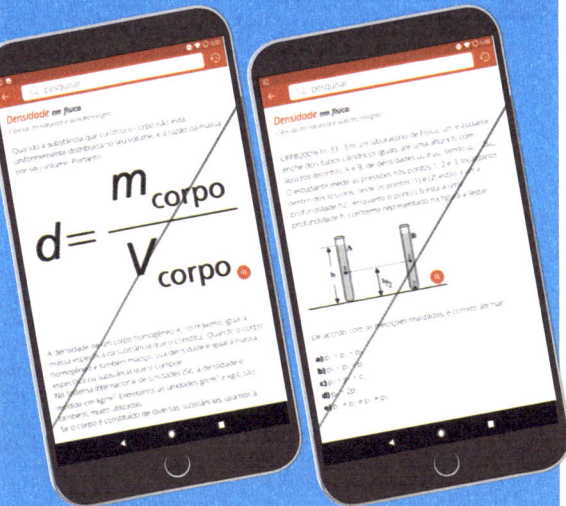

ORGANIZAÇÃO DOS MATERIAIS DIGITAIS

Lista de OEDs

Parte	Capítulo	Título do OED	Tipo
I	1	Físicos em rede	Multimídia interativa
	1	Universo em escala	Multimídia interativa
	3	Ultrapassagem	Simulador
	4	MU e MUV	Simulador
	7	Lançamento	Simulador
	13	Tipo de colisões	Vídeo de experimento
	14	A Terra em sua órbita em torno do Sol	Simulador
II	19	Calorímetro	Simulador
	22	Transformação dos gases	Simulador
	24	Eclipses	Animação
	26	Lentes e espelhos	Simulador
	27	Olho humano, microscópio e telescópio	Multimídia interativa
	29	Barreira do som	Animação
III	34	Circuitos elétricos	Simulador
	36	Magnetos	Jogo
	37	Motor elétrico	Vídeo de experimento
	41	A teoria da relatividade restrita	Audiovisual

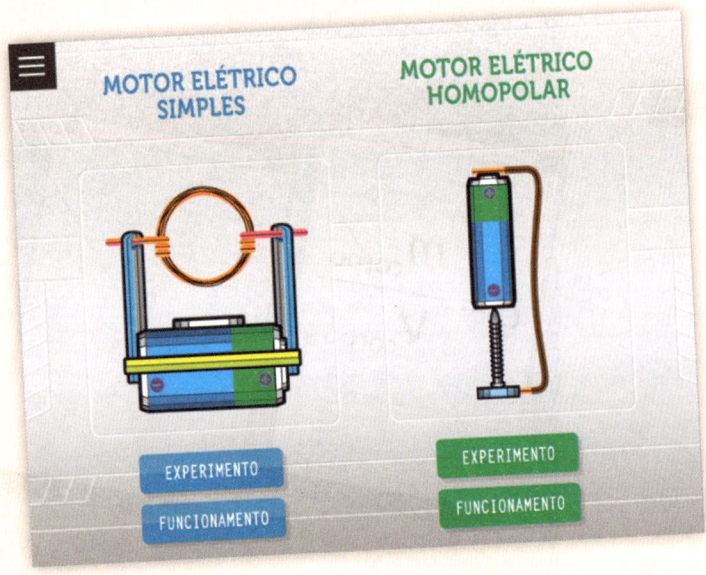

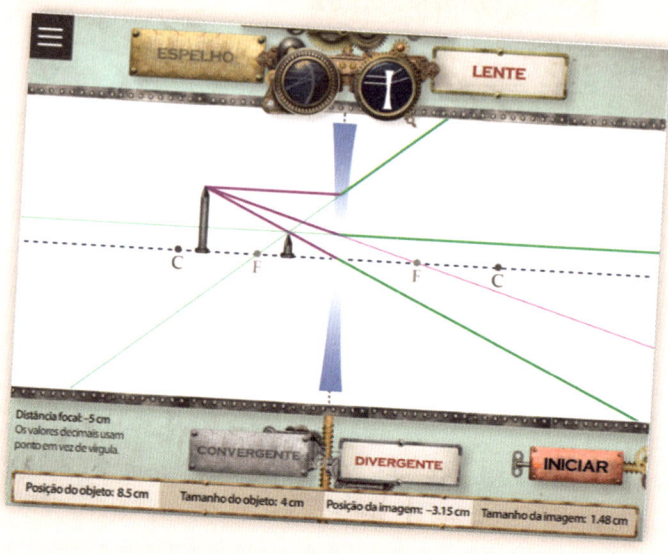

Vereda Digital Aprova Enem

- **Introdução**
- **Matriz de referência de Ciências da Natureza e suas Tecnologias**
- **Tema 1** Cinemática
- **Tema 2** Forças
- **Tema 3** Energia, suas formas e sua conservação
- **Tema 4** Hidrostática
- **Tema 5** Termologia
- **Tema 6** Termodinâmica
- **Tema 7** Óptica geométrica
- **Tema 8** Ondulatória
- **Tema 9** Eletrodinâmica
- **Tema 10** Eletromagnetismo
- **Tema 11** Física Moderna
- **Respostas**

Vereda Digital Suplemento de revisão

- **Tema 1** Introdução à Cinemática e movimento uniforme (MU)
- **Tema 2** Movimento uniformemente variado (MUV)
- **Tema 3** Cinemática vetorial e movimentos bidimensional e circular uniforme (MCU)
- **Tema 4** Leis de Newton e as principais forças da Dinâmica
- **Tema 5** Trabalho, potência e energia
- **Tema 6** Impulso e quantidade de movimento
- **Tema 7** Gravitação universal
- **Tema 8** Estática e Hidrostática
- **Tema 9** Termometria e calor
- **Tema 10** Dilatação térmica dos sólidos e dos líquidos
- **Tema 11** Calorimetria, mudanças de estado e transmissão de calor
- **Tema 12** Estudo dos gases perfeitos e Termodinâmica
- **Tema 13** Introdução à Óptica geométrica e reflexão da luz
- **Tema 14** Refração da luz
- **Tema 15** Lentes esféricas e óptica da visão
- **Tema 16** Estudo das ondas
- **Tema 17** Acústica
- **Tema 18** Eletrização, força elétrica e campo elétrico
- **Tema 19** Potencial elétrico e energia potencial elétrica
- **Tema 20** Corrente elétrica, leis de Ohm e associação de resistores
- **Tema 21** Geradores, receptores e capacitores
- **Tema 22** Magnetismo e fontes de campo magnético
- **Tema 23** Indução eletromagnética e ondas eletromagnéticas
- **Tema 24** Física Moderna
- **Respostas**

MATRIZ DE REFERÊNCIA DE CIÊNCIAS DA NATUREZA E SUAS TECNOLOGIAS

C1 — Competência de área 1

Compreender as ciências naturais e as tecnologias a elas associadas como construções humanas, percebendo seus papéis nos processos de produção e no desenvolvimento econômico e social da humanidade.

- **H1** Reconhecer características ou propriedades de fenômenos ondulatórios ou oscilatórios, relacionando-os a seus usos em diferentes contextos.
- **H2** Associar a solução de problemas de comunicação, transporte, saúde ou outro, com o correspondente desenvolvimento científico e tecnológico.
- **H3** Confrontar interpretações científicas com interpretações baseadas no senso comum, ao longo do tempo ou em diferentes culturas.
- **H4** Avaliar propostas de intervenção no ambiente, considerando a qualidade da vida humana ou medidas de conservação, recuperação ou utilização sustentável da biodiversidade.

C2 — Competência de área 2

Identificar a presença e aplicar as tecnologias associadas às ciências naturais em diferentes contextos.

- **H5** Dimensionar circuitos ou dispositivos elétricos de uso cotidiano.
- **H6** Relacionar informações para compreender manuais de instalação ou utilização de aparelhos, ou sistemas tecnológicos de uso comum.
- **H7** Selecionar testes de controle, parâmetros ou critérios para a comparação de materiais e produtos, tendo em vista a defesa do consumidor, a saúde do trabalhador ou a qualidade de vida.

C3 — Competência de área 3

Associar intervenções que resultam em degradação ou conservação ambiental a processos produtivos e sociais e a instrumentos ou ações científico-tecnológicos.

- **H8** Identificar etapas em processos de obtenção, transformação, utilização ou reciclagem de recursos naturais, energéticos ou matérias-primas, considerando processos biológicos, químicos ou físicos neles envolvidos.
- **H9** Compreender a importância dos ciclos biogeoquímicos ou do fluxo de energia para a vida, ou da ação de agentes ou fenômenos que podem causar alterações nesses processos.
- **H10** Analisar perturbações ambientais, identificando fontes, transporte e/ou destino dos poluentes ou prevendo efeitos em sistemas naturais, produtivos ou sociais.
- **H11** Reconhecer benefícios, limitações e aspectos éticos da biotecnologia, considerando estruturas e processos biológicos envolvidos em produtos biotecnológicos.
- **H12** Avaliar impactos em ambientes naturais decorrentes de atividades sociais ou econômicas, considerando interesses contraditórios.

C4 — Competência de área 4

Compreender interações entre organismos e ambiente, em particular aquelas relacionadas à saúde humana, relacionando conhecimentos científicos, aspectos culturais e características individuais.

- **H13** Reconhecer mecanismos de transmissão da vida, prevendo ou explicando a manifestação de características dos seres vivos.
- **H14** Identificar padrões em fenômenos e processos vitais dos organismos, como manutenção do equilíbrio interno, defesa, relações com o ambiente, sexualidade, entre outros.
- **H15** Interpretar modelos e experimentos para explicar fenômenos ou processos biológicos em qualquer nível de organização dos sistemas biológicos.
- **H16** Compreender o papel da evolução na produção de padrões, processos biológicos ou na organização taxonômica dos seres vivos.

C5 Competência de área 5	Entender métodos e procedimentos próprios das ciências naturais e aplicá-los em diferentes contextos.
	H17 Relacionar informações apresentadas em diferentes formas de linguagem e representação usadas nas ciências físicas, químicas ou biológicas, como texto discursivo, gráficos, tabelas, relações matemáticas ou linguagem simbólica.
	H18 Relacionar propriedades físicas, químicas ou biológicas de produtos, sistemas ou procedimentos tecnológicos às finalidades a que se destinam.
	H19 Avaliar métodos, processos ou procedimentos das ciências naturais que contribuam para diagnosticar ou solucionar problemas de ordem social, econômica ou ambiental.
C6 Competência de área 6	Apropriar-se de conhecimentos da física para, em situações-problema, interpretar, avaliar ou planejar intervenções científico-tecnológicas.
	H20 Caracterizar causas ou efeitos dos movimentos de partículas, substâncias, objetos ou corpos celestes.
	H21 Utilizar leis físicas e/ou químicas para interpretar processos naturais ou tecnológicos inseridos no contexto da termodinâmica e/ou do eletromagnetismo.
	H22 Compreender fenômenos decorrentes da interação entre a radiação e a matéria em suas manifestações em processos naturais ou tecnológicos, ou em suas implicações biológicas, sociais, econômicas ou ambientais.
	H23 Avaliar possibilidades de geração, uso ou transformação de energia em ambientes específicos, considerando implicações éticas, ambientais, sociais e/ou econômicas.
C7 Competência de área 7	Apropriar-se de conhecimentos da química para, em situações-problema, interpretar, avaliar ou planejar intervenções científico-tecnológicas.
	H24 Utilizar códigos e nomenclatura da química para caracterizar materiais, substâncias ou transformações químicas.
	H25 Caracterizar materiais ou substâncias, identificando etapas, rendimentos ou implicações biológicas, sociais, econômicas ou ambientais de sua obtenção ou produção.
	H26 Avaliar implicações sociais, ambientais e/ou econômicas na produção ou no consumo de recursos energéticos ou minerais, identificando transformações químicas ou de energia envolvidas nesses processos.
	H27 Avaliar propostas de intervenção no meio ambiente aplicando conhecimentos químicos, observando riscos ou benefícios.
C8 Competência de área 8	Apropriar-se de conhecimentos da biologia para, em situações-problema, interpretar, avaliar ou planejar intervenções científico-tecnológicas.
	H28 Associar características adaptativas dos organismos com seu modo de vida ou com seus limites de distribuição em diferentes ambientes, em especial em ambientes brasileiros.
	H29 Interpretar experimentos ou técnicas que utilizam seres vivos, analisando implicações para o ambiente, a saúde, a produção de alimentos, matérias-primas ou produtos industriais.
	H30 Avaliar propostas de alcance individual ou coletivo, identificando aquelas que visam a preservação e a implementação da saúde individual, coletiva ou do ambiente.

BRASIL. *Matriz de referência Enem*. Brasília: MEC; Inep, 2011. Disponível em: <http://mod.lk/rybam>. Acesso em: 3 fev. 2017.

SUMÁRIO

PARTE I

CAPÍTULO 1 Introdução à Física 16
1 O que é a Física? 17
2 Sistema Internacional de Unidades 18
3 Notação científica e ordem de grandeza 20
Exercícios de revisão 22

CAPÍTULO 2 Introdução à Cinemática 24
1 Conceitos iniciais 25
2 Trajetória 25
3 Posição de um móvel ao longo de sua trajetória: o espaço s ... 26
4 Variação de espaço 27
5 Velocidade escalar 28
Trocando ideias 29
Aplicação tecnológica 30
6 Aceleração escalar 31
7 Movimento progressivo e movimento retrógrado 31
8 Movimento acelerado e movimento retardado 31
Exercícios de revisão 33

CAPÍTULO 3 Movimento uniforme (MU) 35
1 Introdução 36
2 Função horária do espaço do MU 38
3 Conceito de velocidade relativa 40
4 Gráficos do MU 42
Atividade prática 43
Exercícios de revisão 46

CAPÍTULO 4 Movimento uniformemente variado (MUV) 49
1 Introdução 50
2 Função horária da velocidade do MUV 50
3 Função horária do espaço do MUV 53
Atividade prática 56
4 Equação de Torricelli e relação entre velocidade escalar e espaço no MUV 56
5 Velocidade escalar média no MUV 58
6 Movimentos retilíneos verticais nas proximidades da superfície da Terra 58
Exercícios de revisão 60

CAPÍTULO 5 Vetores 62
1 Grandezas escalares e grandezas vetoriais 63
2 Vetor 63
3 Operações com vetores 64
4 Componentes ortogonais de um vetor 68
Exercícios de revisão 70

CAPÍTULO 6 Cinemática vetorial 72
1 Introdução 73
2 Deslocamento vetorial 73
3 Velocidade vetorial média 73
4 Módulo da velocidade vetorial média e valor absoluto da velocidade escalar média 73
5 Velocidade vetorial instantânea 75
6 Aceleração vetorial média 75
7 Aceleração vetorial instantânea 77
Exercícios de revisão 79

CAPÍTULO 7 Movimentos bidimensionais 81
1 Introdução 82
2 Lançamento horizontal 82
3 Lançamento oblíquo 84
Atividade prática 85
Exercícios de revisão 87

CAPÍTULO 8 Movimento circular e uniforme (MCU) 89
1 Introdução 90
2 Características do movimento circular e uniforme (MCU) 90
3 Relação entre a velocidade escalar linear v e a velocidade angular instantânea ω 91
4 Aceleração do MCU 92
5 Movimentos circulares acoplados 94
Exercícios de revisão 96

CAPÍTULO 9 Leis de Newton 99
1 Conceito de força 100
2 Leis de Newton 100
Atividade prática 101
3 Principais forças da Dinâmica 103
4 Aplicações das leis de Newton 106
5 Força de atrito ($\vec{F}_{at}$) 109
Aplicação tecnológica 110
Atividade prática 110
Exercícios de revisão 112

CAPÍTULO 10 Dinâmica dos movimentos curvilíneos 115
1 Introdução 116
2 Força tangencial e força centrípeta 116
3 Aceleração tangencial e aceleração centrípeta ... 117
4 Aplicação das leis de Newton aos movimentos curvilíneos 117
Atividade prática 121
Exercícios de revisão 123

CAPÍTULO 11 Trabalho e potência 127
1 Introdução 128
2 Trabalho 128
3 Trabalho das forças peso e elástica 131
4 Teorema trabalho-energia 133
Aplicação tecnológica 135
5 Potência 136
6 Rendimento 137
Exercícios de revisão 139

CAPÍTULO 12 Energia mecânica 143
1 Introdução 144
2 Energia cinética (E_c) 144
3 Energia potencial gravitacional ($E_{p\,grav.}$) . 145
4 Energia potencial elástica ($E_{p\,elást.}$) 147
5 Conservação da energia mecânica 149
Atividade prática 150
Exercícios de revisão 154

CAPÍTULO 13 Impulso e quantidade de movimento ... 158
1 Introdução 159
2 Impulso de uma força constante 159
3 Quantidade de movimento 161
4 Teorema do impulso 161
Aplicação tecnológica 163
5 Princípio da conservação da quantidade de movimento ... 164
Atividade prática 166
6 Choques mecânicos 167
Atividade prática 169
Exercícios de revisão 170

CAPÍTULO 14 Gravitação universal 173
1 Introdução 174
2 Evolução dos sistemas planetários e cosmológicos . 174
3 Leis de Kepler do movimento planetário 175
4 Lei da gravitação universal 179
5 Energias mecânicas orbitais 181
Exercícios de revisão 182

CAPÍTULO 15 Estática do ponto material e do corpo extenso 185
1 Introdução 186
2 Ponto material e corpo extenso 186
3 Centro de gravidade (CG) ou baricentro 186
4 Movimento de translação e movimento de rotação .. 187
5 Equilíbrio do ponto material 187
6 Momento de uma força 189
7 Equilíbrio do corpo extenso 191
Atividade prática 191
Exercícios de revisão 193

CAPÍTULO 16 Hidrostática 197
1 Introdução 198
2 Conceito de massa específica e densidade 198
3 Pressão 200
4 Pressão em fluidos 202
5 Pressão atmosférica 203
6 Pressão em líquidos e a lei de Stevin 204
7 Experiência de Torricelli 205
8 Princípio de Pascal 207
9 Princípio de Arquimedes 209
Atividade prática 211
Exercícios de revisão 213
Extra! 216
Respostas da Parte I 220

PARTE II

CAPÍTULO 17 Termometria 226
1 Temperatura 227
2 Termômetros 227
3 Função termométrica 228
4 Escalas termométricas Celsius e Fahrenheit 230
5 Escala Kelvin 232
Trocando ideias 232
Aplicação tecnológica 233
Exercícios de revisão 234

CAPÍTULO 18 Dilatação térmica dos sólidos e dos líquidos . 236
1 Agitação térmica 237
2 Dilatação térmica linear dos sólidos 237
Atividade prática 238
Aplicação tecnológica 239
3 Dilatação térmica superficial dos sólidos 240
4 Dilatação térmica volumétrica dos sólidos 241
5 Dilatação térmica dos líquidos 241
6 A dilatação anômala da água 242
Exercícios de revisão 243

CAPÍTULO 19 Calorimetria 247
1 O conceito de calor 248
2 Calor sensível e calor latente 249
3 Capacidade térmica 249
4 Calor específico 250
Atividade prática 251
4 Equação fundamental da calorimetria 252
5 Princípio geral das trocas de calor 253
Exercícios de revisão 254

CAPÍTULO 20 Mudanças de estado 258
1 Estados físicos da matéria 259
2 Curva de aquecimento e resfriamento de uma substância pura 259
3 Calor latente 260
4 Trocas de calor com mudanças de estado físico 261
5 Diagrama de fases 262
Aplicação tecnológica 263
Trocando ideias 265
Exercícios de revisão 266

CAPÍTULO 21 Transmissão de calor 269
1 Transmissão de calor 270
2 Condução de calor 270
3 Convecção de calor 272
Atividade prática 273
4 Irradiação de calor 274
Aplicação tecnológica 275
Exercícios de revisão 277

CAPÍTULO 22 Estudo dos gases perfeitos 281
1 Modelo do gás perfeito ou gás ideal 282
2 Equação de estado do gás perfeito 282
3 Lei geral dos gases perfeitos 284
4 Transformações gasosas particulares 285
Atividade prática 286
Exercícios de revisão 288

CAPÍTULO 23 Termodinâmica 291
1 Introdução 291
Trocando ideias 292
2 Energia interna de um gás 292
3 Trabalho em uma transformação gasosa 293
4 Primeira lei da Termodinâmica 295
5 Transformações cíclicas 296
Aplicação tecnológica 297
6 Segunda lei da Termodinâmica e ciclo de Carnot 299
Trocando ideias 301
Exercícios de revisão 302

CAPÍTULO 24 Introdução à Óptica geométrica 306
1 Introdução 307
2 Raios de luz e feixe de luz 308
3 Meios opacos, transparentes e translúcidos 308
4 Princípios da propagação da luz 308
5 Sombras e eclipses 310
Atividade prática 311
Atividade prática 312
6 Câmara escura de orifício 311
Exercícios de revisão 313

CAPÍTULO 25 Reflexão da luz 315
1 Introdução 316
2 Cor de um corpo por reflexão 317
Trocando ideias 318
3 Leis da reflexão 318
4 Imagem de um ponto em um espelho plano 318
5 Imagem de um objeto extenso em um espelho plano 320
Atividade prática 320
6 Campo visual de um espelho plano 320
7 Associação de espelhos planos 323
Atividade prática 324
Trocando ideias 324
8 Espelhos esféricos 324
9 Imagens em espelhos esféricos 327
Aplicação tecnológica 329
10 Equação de Gauss e aumento linear transversal 330
Exercícios de revisão 331

CAPÍTULO 26 Refração da luz 336
1 Refração da luz 337
2 Índice de refração absoluto de um meio 338
3 A lei de Snell-Descartes 339
4 Reflexão total 340
Aplicação tecnológica 342
5 Dioptro plano 343
6 Decomposição da luz solar 344
7 Arco-íris 345
8 Lentes esféricas 346
9 Lentes convergentes e lentes divergentes 347
Atividade prática 348
10 Lentes delgadas 348
11 Imagens em lentes esféricas 349
12 Equação de Gauss e aumento linear transversal 351
Exercícios de revisão 353

CAPÍTULO 27 Óptica da visão 366
1 O olho humano 367
2 Problemas da visão 368
Trocando ideias 370
Aplicação tecnológica 371
Exercícios de revisão 372

CAPÍTULO 28 Estudo das ondas 375
1 Modelo corpuscular da matéria e modelo ondulatório 376
2 Perturbações e ondas 377
3 Classificação das ondas quanto à sua natureza 378
4 Classificação das ondas quanto aos modos de vibração 379
5 Classificação das ondas quanto à sua dimensionalidade 380
6 Características físicas gerais das ondas 381
7 Reflexão, refração, difração e polarização de ondas . 385
Exercícios de revisão 393

CAPÍTULO 29 Acústica 398
1 Introdução 399
2 Som, infrassom e ultrassom 399
Atividade prática 401
3 Qualidades fisiológicas do som 402
4 Efeito Doppler-Fizeau 407

5 Interferência de ondas ... 409
6 Ondas estacionárias ... 412
7 Estudo das cordas vibrantes ... 413
8 Estudo dos tubos sonoros ... 415
Exercícios de revisão ... 418
Extra! ... 423
Respostas da Parte II ... 429

PARTE III

CAPÍTULO 30 Introdução à Eletricidade ... 434
1 Introdução ... 435
2 Constituição do átomo e corpos eletrizados ... 435
3 Princípios da eletrostática ... 437
4 Processos de eletrização ... 438
5 Eletroscópios ... 441
Aplicação tecnológica ... 443
6 Força elétrica e lei de Coulomb ... 444
Exercícios de revisão ... 445

CAPÍTULO 31 Campo elétrico ... 450
1 Introdução ... 451
2 Campo elétrico ... 451
3 Linhas de força ... 453
4 Campo elétrico criado por uma carga puntiforme ... 454
5 Campo elétrico uniforme ... 456
6 Campo elétrico criado por um sistema de cargas elétricas puntiformes ... 457
Exercícios de revisão ... 459

CAPÍTULO 32 Potencial elétrico e energia potencial elétrica ... 463
1 Potencial elétrico ... 464
2 Trabalho da força elétrica ... 464
3 Potencial elétrico de uma carga puntiforme ... 465
4 Potencial elétrico criado por um sistema de cargas elétricas puntiformes ... 467
5 Potencial elétrico no campo elétrico uniforme ... 468
6 Condutor eletrizado em equilíbrio eletrostático ... 469
Exercícios de revisão ... 471

CAPÍTULO 33 Corrente elétrica e leis de Ohm ... 474
1 Corrente elétrica ... 475
2 Efeitos da corrente elétrica ... 476
Trocando ideias ... 477
3 Potência e energia elétrica ... 478
4 Resistores e resistência elétrica ... 480
5 Leis de Ohm ... 481
Exercícios de revisão ... 483

CAPÍTULO 34 Associação de resistores ... 487
1 Introdução ... 488
2 Associação de resistores em série ... 488
3 Associação de resistores em paralelo ... 490
4 Associação mista de resistores ... 492
5 Fusíveis ... 493
6 Curto-circuito ... 494
7 Medidores elétricos ideais ... 495
Exercícios de revisão ... 497

CAPÍTULO 35 Geradores, receptores e capacitores ... 502
1 Introdução ... 503
2 Gerador elétrico ... 503
3 Lei de Pouillet ... 505
4 Associação de geradores elétricos ... 506
5 Receptor elétrico ... 507
6 Potência de geradores e de receptores ... 508
7 Circuito com gerador, receptor e resistor ... 509
8 Capacitores ... 510
9 Circuitos resistor-capacitor (RC) ... 511
Exercícios de revisão ... 513

CAPÍTULO 36 Magnetismo e fontes de campo magnético ... 517
1 Ímãs ... 518
2 Polos de um ímã ... 518
3 Atração e repulsão ... 518
4 Inseparabilidade dos polos de um ímã ... 519
5 Magnetismo terrestre ... 519
6 Bússola ... 519
Trocando ideias ... 520
7 Campo magnético e linhas de indução ... 520
8 Imantação de uma barra de ferro ... 521
Atividade prática ... 521
9 Experiência de Oersted ... 523
10 Campo magnético gerado por corrente elétrica ... 523
Atividade prática ... 525
Aplicação tecnológica ... 527
Exercícios de revisão ... 530

CAPÍTULO 37 Força magnética ... 534
1 Força magnética sobre um condutor reto imerso em um campo magnético uniforme ... 535
Aplicação tecnológica ... 537
2 Força magnética entre condutores paralelos percorridos por correntes elétricas ... 538
3 Força magnética sobre partículas eletrizadas lançadas em um campo magnético uniforme ... 540
4 Alguns casos particulares ... 541
Exercícios de revisão ... 544

CAPÍTULO 38 Indução eletromagnética ... 548
1 Fluxo magnético de um campo uniforme através de uma espira plana ... 549
2 Interpretação gráfica do conceito de fluxo ... 549
3 O fenômeno da indução eletromagnética ... 550
4 Variação do fluxo magnético ... 550
5 Sentido da corrente elétrica induzida. Lei de Lenz ... 551
6 Outra maneira de apresentar a lei de Lenz ... 553
7 Lei de Faraday ... 555
Atividade prática ... 557
Exercícios de revisão ... 557

CAPÍTULO 39 Ondas eletromagnéticas ... 560
1 Ideia das ondas eletromagnéticas ... 561
2 Geração de ondas eletromagnéticas ... 561
3 Características das ondas eletromagnéticas ... 562
4 Espectro eletromagnético ... 564
Trocando ideias ... 569
Exercícios de revisão ... 571

CAPÍTULO 40 Física quântica ... 575
1 Introdução ... 576
2 Teoria quântica da radiação de Max Planck ... 577
3 Efeito fotoelétrico ou efeito Hertz ... 578
4 Modelos atômicos. Átomo de hidrogênio ... 581
5 Dualidade onda-partícula ... 584
Exercícios de revisão ... 586

CAPÍTULO 41 Noções de relatividade ... 589
1 Introdução ... 590
2 Declínio da Física Clássica ... 590
3 Teoria especial da relatividade ... 592
4 Dilatação do tempo ... 593
5 Contração do comprimento ... 596
6 Lei relativística da adição de velocidades ... 597
7 Efeito Doppler-Fizeau relativístico ... 598
Aplicação tecnológica ... 599
8 Equivalência massa-energia ... 600
Exercícios de revisão ... 601

CAPÍTULO 42 Física nuclear ... 604
1 Introdução ... 605
2 Núcleo atômico ... 605
3 Radioatividade ... 608
4 Lei do decaimento radioativo ... 609
Aplicação tecnológica ... 611
5 Fissão nuclear e fusão nuclear ... 612
6 Rejeito radioativo ... 615
Trocando ideias ... 616
Exercícios de revisão ... 616
Extra! ... 618
Respostas da Parte III ... 621

REFERÊNCIAS BIBLIOGRÁFICAS ... 624

PARTE I

Capítulo 1
Introdução à Física, 16

Capítulo 2
Introdução à Cinemática, 24

Capítulo 3
Movimento uniforme (MU), 35

Capítulo 4
Movimento uniformemente variado (MUV), 49

Capítulo 5
Vetores, 62

Capítulo 6
Cinemática vetorial, 72

Capítulo 7
Movimentos bidimensionais, 81

Capítulo 8
Movimento circular e uniforme (MCU), 89

Capítulo 9
Leis de Newton, 99

Capítulo 10
Dinâmica dos movimentos curvilíneos, 115

Capítulo 11
Trabalho e potência, 127

Capítulo 12
Energia mecânica, 143

Capítulo 13
Impulso e quantidade de movimento, 158

Capítulo 14
Gravitação universal, 173

Capítulo 15
Estática do ponto material e do corpo extenso, 185

Capítulo 16
Hidrostática, 197

Extra!, 216

Respostas da Parte I, 220

CAPÍTULO 1

INTRODUÇÃO À FÍSICA

ENEM
C1: H2
C5: H17

Físicos em rede

A Física é uma ciência muito presente em nosso dia a dia. Tanto na aeronave como nas belas paisagens da cidade do Rio de Janeiro, mostradas nesta foto, vários objetos de estudo da Física podem ser observados. O azul do céu, as ondas do mar e as marés, a eletricidade e as máquinas usadas para nosso conforto e facilidade, as grandes construções, os diversos movimentos realizados pelos corpos, assim como os sons, são estudados em diferentes áreas da Física. Começamos agora uma caminhada em que vamos olhar o mundo que nos rodeia procurando nele a presença constante da Física.

> **Objetivos do capítulo**
> - Explicar o que é a Física e quais são seus campos de estudo.
> - Apresentar as unidades fundamentais e os prefixos do SI.
> - Apresentar a notação científica de medidas.
> - Definir e calcular ordem de grandeza.

1 O que é a Física?

Desde tempos imemoriais, o ser humano preocupa-se em entender e em explicar o mundo que o cerca. Também procura, sempre que possível, aplicar os conhecimentos já consolidados e acumulados pelas gerações anteriores na construção de equipamentos, dispositivos e máquinas com o objetivo de criar ou aprimorar produtos e de facilitar a realização de tarefas cotidianas **(fig. 1)**.

Figura 1. As observações dos movimentos dos astros foram o ponto de partida para medir o tempo. Acima, temos a vista aérea do observatório mais antigo das Américas, construído entre 200 e 300 a.C., em Chankillo, no Peru. Entre o fim do século XX e o início do XXI, essas observações ganharam o espaço com os telescópios Hubble (à direita), Kepler e diversos satélites espaciais de pesquisa. À esquerda, montagem dos espelhos do telescópio espacial James Webb.

O conhecimento acumulado pela humanidade ao longo do tempo é comumente chamado de **Ciências**.

A Física, uma das muitas áreas das Ciências, é subdividida em diferentes ramos, que serão estudados ao longo deste livro.

Ramos da Física

Mecânica

É a área da Física que abrange os movimentos, o que os provoca e como eles se alteram com o passar do tempo. Por que uma pedra abandonada do alto de um prédio cai em linha reta? Em que condições uma motocicleta é capaz de fazer uma curva **(fig. 2A**, na página seguinte)? As respostas são obtidas pelo estudo da Mecânica.

Física térmica

Essa área da Física abrange os fenômenos e conceitos relacionados com a energia térmica, como a temperatura, o calor, a transmissão e o aproveitamento desse calor nas máquinas. A Física térmica explica, por exemplo, o funcionamento do motor de um carro **(fig. 2B)**.

Óptica geométrica

A Óptica geométrica é o ramo da Física que abrange a propagação da luz e os fenômenos luminosos a ela relacionados. Dessa área da Física, emergem aplicações práticas que nos são familiares, como os espelhos, as lentes e os inúmeros instrumentos ópticos **(fig. 2C)**.

Ondas

Nessa área, a Física estuda a propagação de energia através de movimentos vibratórios periódicos, assim, são estudadas as propriedades do som, da luz e dos raios X, entre outras **(fig. 2D)**.

Eletricidade e magnetismo

Aqui, a Física se ocupa de uma propriedade da matéria, a carga elétrica, dos fenômenos a ela relacionados **(fig. 2E)** e também de sua utilização em equipamentos e na geração de energia. As baterias, pilhas e eletrodomésticos resultam das aplicações práticas dos conhecimentos dessa área da Física.

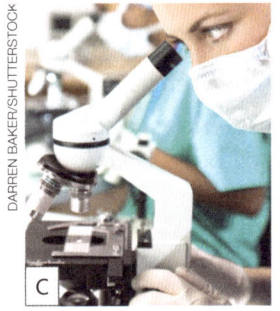
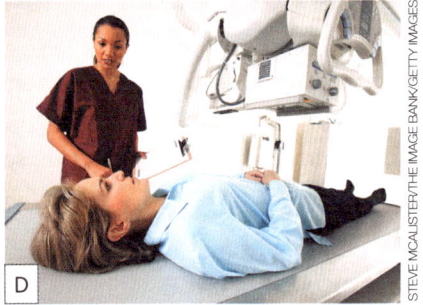

Figura 2. (A) Moto derrapando em uma curva; (B) motor de um carro; (C) microscópio óptico; (D) máquina de raios X; (E) descarga elétrica atmosférica (raios).

Física Moderna

O fim do século XIX e o início do século XX demarcam o nascimento de uma nova era na Física. As contribuições de Albert Einstein, Niels Bohr e Max Planck originaram o que passou a ser conhecido como Física Moderna, área que hoje tem muitas aplicações práticas, por exemplo, nos vários tipos de computador, nos telefones celulares, nos televisores de LED, entre outras.

Trocando ideias

Atualmente, o processo de desenvolvimento de diversas atividades industriais abrange conhecimentos de várias áreas das ciências. A produção de alimentos industrializados, por exemplo, implica conhecimentos de Química, Biologia, Física e de *marketing*, entre outros. Nesta proposta, você e seus colegas de grupo vão fazer uma pesquisa sobre a aplicação da Física nas profissões ou entrevistar um destes profissionais: químico, biólogo, engenheiro, médico, publicitário etc. e relacionar a Física ao trabalho que realizam. Se vocês optarem pela pesquisa, apresentem-na em forma de reportagem ilustrada, utilizando fotos e desenhos. Se optarem pela entrevista, podem gravá-la em áudio ou vídeo ou mesmo transcrevê-la. Na data determinada, apresentem seu trabalho aos demais colegas enfatizando a relação das profissões pesquisadas com a Física.

2 Sistema Internacional de Unidades

O estudo da Física tem por base a medida de grandezas. Tais grandezas, como a altura de um trilho **(fig. 3)** ou a temperatura do ar em uma sala, por exemplo, são chamadas de **grandezas físicas**.

Medir uma grandeza física é compará-la com uma medida padrão. Essa medida padrão é a unidade de medida da grandeza correspondente. A adoção de um sistema de unidades de medidas garante uniformidade na expressão das diferentes grandezas físicas.

Figura 3.

O Brasil, através do Decreto Legislativo nº 57, de 27 de junho de 1953, adota o **Sistema Internacional de Unidades (SI)** para a medição das inúmeras grandezas físicas existentes.

O SI estabelece sete **unidades fundamentais**, cada uma delas corresponde a uma grandeza física. A partir dessas unidades fundamentais, pode-se determinar a unidade de medida das demais grandezas físicas, denominadas **grandezas derivadas**.

A **tabela 1**, a seguir, apresenta as grandezas físicas fundamentais do Sistema Internacional de Unidades com a correspondente unidade de medida e seu símbolo.

Tabela 1. Sistema Internacional de Unidades

Grandeza física fundamental	Unidade	Símbolo
Comprimento	metro	m
Massa	quilograma	kg
Tempo	segundo	s
Corrente elétrica	ampère	A
Temperatura termodinâmica	kelvin	K
Quantidade de matéria	mol	mol
Intensidade luminosa	candela	cd

As grandezas físicas podem variar numa ampla faixa de valores, de muito pequenos a absurdamente grandes.

Visando facilitar a expressão desses valores, o SI usa os múltiplos e submúltiplos decimais de suas unidades de medidas com o acréscimo de prefixos correspondentes a potências de 10, ou seja, 10^n, com n inteiro.

A **tabela 2**, a seguir, apresenta os principais prefixos do SI utilizados em Física.

Observe que o prefixo quilo (10^3) tem por símbolo o k (minúsculo); o K (maiúsculo) é reservado ao kelvin, unidade de medida da escala de temperatura.

Note também que, por razões históricas, o nome da unidade de medida de massa no SI, o quilograma, contém um prefixo; excepcionalmente e por convenção, os múltiplos e submúltiplos dessa unidade são formados pela aplicação dos outros prefixos do SI à palavra grama e ao seu símbolo, g.

Tabela 2. Principais prefixos do Sistema Internacional de Unidades

Prefixo	Símbolo	Fator pelo qual a unidade é multiplicada
tera	T	$10^{12} = 1.000.000.000.000$
giga	G	$10^{9} = 1.000.000.000$
mega	M	$10^{6} = 1.000.000$
quilo	k	$10^{3} = 1.000$
hecto	h	$10^{2} = 100$
deca	da	$10^{1} = 10$
deci	d	$10^{-1} = \frac{1}{10} = 0,1$
centi	c	$10^{-2} = \frac{1}{100} = 0,01$
mili	m	$10^{-3} = \frac{1}{1.000} = 0,001$
micro	μ	$10^{-6} = \frac{1}{1.000.000} = 0,000\ 001$
nano	n	$10^{-9} = \frac{1}{1.000.000.000} = 0,000\ 000\ 001$
pico	p	$10^{-12} = \frac{1}{1.000.000.000.000} = 0,000\ 000\ 000\ 001$

Exercícios resolvidos

1. Uma mangueira plástica de jardim foi cortada em três pedaços com comprimentos iguais a 15 dm, 20 cm e 400 mm. Determinar o comprimento inicial da mangueira em unidades do SI.

   ▶ **Solução**

   Ao somar ou subtrair grandezas físicas, estas devem estar expressas na mesma unidade de medida.

   Então, inicialmente, devemos converter a medida de comprimento de cada pedaço da mangueira na unidade do SI correspondente.

   Assim, temos:

   1º pedaço:
   15 dm = $15 \cdot 10^{-1}$ m = $15 \cdot 0,1$ m = 1,5 m

   2º pedaço:
   20 cm = $20 \cdot 10^{-2}$ m = $20 \cdot 0,01$ m = 0,2 m

   3º pedaço:
   400 mm = $400 \cdot 10^{-3}$ m = $400 \cdot 0,001$ m = 0,4 m

   Agora que todas as medidas estão expressas na mesma unidade, o metro, podemos somá-las. Considerando que o comprimento inicial da mangueira seja L, temos:

   $L = 1,5 + 0,2 + 0,4 \therefore \boxed{L = 2,1 \text{ m}}$

2. Uma melancia tem massa total de 4,6 kg. Determinar, em unidades do SI, a massa de melancia que restará após alguém comer uma fatia de 200 g.

   ▶ **Solução**

   Se M é a massa inicial da melancia, temos:

   $M = 4,6 \text{ kg} = 4,6 \cdot 10^3 \text{ g} = 4,6 \cdot 1.000 \text{ g} = 4.600 \text{ g}$

   Considerando M' a massa da melancia após a retirada da fatia, então:

   $M' = 4.600 \text{ g} - 200 \text{ g} = 4.400 \text{ g} \Rightarrow \boxed{M' = 4,4 \text{ kg}}$

3. O tempo destinado a um intervalo comercial durante um programa de televisão é de 3,5 minutos e deve ser dividido igualmente entre 5 anunciantes. Qual é o intervalo de tempo, em unidades do SI, que caberá a cada anunciante?

   ▶ **Solução**

   Vamos calcular o tempo total T, em unidades do SI, do intervalo comercial:

   $T = 3,5 \text{ min} = 3,5 \cdot 60 \text{ s} = 210 \text{ s}$

   Sendo t o tempo destinado a cada anunciante, temos:

   $t = \frac{210}{5} \text{ s} \Rightarrow \boxed{t = 42 \text{ s}}$

Exercícios propostos

1. Converta em metro (m) as medidas abaixo:
   a) 18 km
   b) 40 cm
   c) 35 mm

2. Converta em m^2 as medidas de áreas dadas a seguir:
   a) 2 km^2
   b) 5 mm^2
   c) 300 cm^2

3. O are ou decâmetro quadrado (dam^2) é a unidade de área correspondente a 100 m^2. Um terreno retangular tem 12 m de frente por 30 m de fundo. Qual é a medida de sua área em are?

4. O volume correspondente a 1,0 L é, por definição, o volume de um cubo com aresta 1,0 dm. Assim, 1,0 L equivale a 1,0 dm^3. Qual é a capacidade, em litro, de uma piscina com medidas 3,0 m de largura, 8,0 m de comprimento e 1,5 m de profundidade?

5. Suponha que uma moeda de 5 centavos de real, de aço, tem massa 3,27 g e diâmetro 21,00 mm.

Um comerciante troca em um banco uma cédula de R$ 100,00 por moedas de R$ 0,05. Qual é a massa total, em kg, das moedas recebidas?

6. Um telejornal mostra, em um canto do vídeo, um relógio digital indicando 7 h 15 min 38 s, correspondente ao horário oficial de Brasília. No mesmo instante, uma pessoa observa que seu relógio de pulso está marcando 7 h 18 min 15 s. Quantos segundos o relógio daquela pessoa está adiantado em relação ao horário oficial de Brasília?

3 Notação científica e ordem de grandeza

Notação científica

Como vimos, as grandezas físicas podem apresentar valores muito diversos, de muito pequenos (o diâmetro de um próton, por exemplo, é de cerca de 0,000 000 000 000 001 m) a absurdamente grandes (a massa da Terra, por exemplo, é de aproximadamente 5.980.000.000.000.000.000.000.000 kg).

Devido a essa grande diversidade de valores, é necessário escrever números com muitos zeros, o que é um grande inconveniente na maioria das vezes. No entanto, podemos simplificar a escrita desses valores usando potências de dez. Nos exemplos anteriores, poderíamos representar a massa da Terra por $5{,}98 \cdot 10^{24}$ kg e o diâmetro do próton por $1 \cdot 10^{-15}$ m.

Esse tipo de representação é denominado **notação científica**.

Quando usamos a notação científica para representar um número N qualquer, devemos escrevê-lo na forma:

$\boxed{N = m \cdot 10^n}$ onde $1 \leq m < 10$ e n é um número inteiro.

Assim, o número 185, em notação científica, deve ser escrito como: $1{,}85 \cdot 10^2$

Observe que a grande vantagem do uso da notação científica é facilitar a realização das operações de multiplicação e de divisão entre diferentes medidas aplicando as propriedades de operações com potências, já estudadas em Matemática.

Ordem de grandeza

Imagine uma viagem de carro entre duas cidades que estão a 400 km uma da outra. Fazendo uma estimativa grosseira, quantas voltas você acredita que o pneu do carro daria durante essa viagem?

Muitas vezes temos de fazer estimativas grosseiras, porém razoáveis, de uma grandeza física. Outras vezes, precisamos fazer apenas um cálculo rápido para checar a validade de um resultado obtido com cálculos complicados e verificar se ele é razoável.

Nessas situações, devemos calcular a **ordem de grandeza** das quantidades envolvidas. Mas seja qual for o valor de N, podemos escrever: $10^n \leq N < 10^{n+1}$

> A ordem de grandeza de um número N é, por definição, a potência de dez de expoente inteiro, que mais se aproxima desse número.

Para determinar a ordem de grandeza de um número N, devemos, inicialmente, escrevê-lo em notação científica:

$N = m \cdot 10^n$, com $1 \leq m < 10$, isto é, $10^0 \leq m < 10^1$

Em seguida, comparamos o valor de m com o ponto médio dos expoentes do intervalo de $1 = 10^0$ a $10 = 10^1$, ou seja, devemos comparar m com: $10^{0{,}5} = \sqrt{10} \approx 3{,}16$

A partir dessa comparação, temos:
- se $m < \sqrt{10}$, então a ordem de grandeza de N é 10^n;
- se $m \geq \sqrt{10}$, então a ordem de grandeza de N é 10^{n+1}.

Exercícios resolvidos

4. Os itens a seguir apresentam valores numéricos que podem, ou não, estar representados em notação científica. Quais alterações são necessárias para que todos os valores estejam representados na forma de notação científica?
   a) 475 m
   b) $3{,}2 \cdot 10^5$ m
   c) $23{,}5 \cdot 10^{-4}$ kg
   d) 3.500 kg
   e) $0{,}0025 \cdot 10^{-5}$ s

▶ Solução

a) Observe que devemos escrever 475 m como $4{,}75 \cdot 10^n$ m. Como a vírgula decimal foi deslocada 2 casas para a esquerda, o expoente n é igual a +2. Assim: 475 m = $\boxed{4{,}75 \cdot 10^2 \text{ m}}$

b) O valor $3,2 \cdot 10^5$ m já está representado em notação científica, pois: $1 < 3,2 < 10$

c) Como 23,5 está fora do intervalo entre 1 e 10, a forma apresentada não representa notação científica. Temos, então:
$23,5 = 2,35 \cdot 10^1$

O valor dado pode ser escrito como:

$2,35 \cdot 10^1 \cdot 10^{-4}$ kg = $\boxed{2,35 \cdot 10^{-3} \text{ kg}}$

d) Como o valor 3.500 kg está fora do intervalo entre 1 e 10, o valor dado não está representado em notação científica. Por isso, vamos escrever 3.500 kg como $3,5 \cdot 10^n$ kg. Deslocamos, então, a vírgula decimal 3 casas para a esquerda; logo, o expoente n é igual a +3. Assim:

3.500 kg = $\boxed{3,5 \cdot 10^3 \text{ kg}}$

e) Note que 0,0025 não está no intervalo entre 1 e 10 e, por isso, o número não está representado em notação científica. Temos, então: $0,0025 = 2,5 \cdot 10^n$. Como a vírgula decimal foi deslocada 3 casas para a direita, o expoente n é igual a -3. Assim:

$0,0025 \cdot 10^{-5}$ s = $2,5 \cdot 10^{-3} \cdot 10^{-5}$ s = $\boxed{2,5 \cdot 10^{-8} \text{ s}}$

5. Estimar a ordem de grandeza do número de passadas que um atleta deve dar para completar uma prova de maratona.

▶ **Solução**

Ao resolver um problema sobre ordem de grandeza, devemos ter em mente que sempre será necessário fazer estimativas razoáveis de outras grandezas.

Neste problema em particular, precisaremos estimar a distância que o atleta deverá percorrer para completar a prova de maratona e o comprimento de suas passadas durante a corrida.

Sabe-se que o percurso da maratona é de 42,195 km, ou seja, cerca de 42 km ou $4,2 \cdot 10^4$ m. Uma estimativa razoável para o comprimento da passada de um atleta durante uma prova de maratona é 80 cm ou $8 \cdot 10^{-1}$ m.

Assim, se N for o número de passadas do atleta, teremos:

$N \cdot 8 \cdot 10^{-1} = 4,2 \cdot 10^4 \Rightarrow$

$\Rightarrow N = \dfrac{4,2 \cdot 10^4}{8 \cdot 10^{-1}} \Rightarrow$

$\Rightarrow N \simeq 0,52 \cdot 10^5 \Rightarrow$

$\Rightarrow N \simeq 5,2 \cdot 10^4$

Como $5,2 > 3,16$, a ordem de grandeza do número de passadas durante uma prova de maratona é $10^{(4+1)} = 10^5$, ou seja, para completar essa prova, a ordem de grandeza do número de passadas do atleta é 100.000.

6. Considerando que uma pessoa, homem ou mulher, possui, em média, dois fios de cabelo por mm², estime a ordem de grandeza do número de fios de cabelo de uma pessoa não calva.

(Dado: área da superfície esférica de raio $R = 4 \cdot \pi \cdot R^2$)

▶ **Solução**

Primeiro, vamos calcular a área da cabeça, considerando-a uma superfície esférica em que metade está coberta por cabelos. Podemos estimar o diâmetro da cabeça de uma pessoa como 20 cm ou 200 mm. Assim, a área S da superfície esférica de raio R = 100 mm será aproximadamente:

$S = 4 \cdot \pi \cdot 100^2 \text{ mm}^2 \simeq 4 \cdot 3 \cdot 100^2 \text{ mm}^2 \simeq 1,2 \cdot 10^5 \text{ mm}^2$

Portanto, o número n de fios de cabelo será:

$n = (2 \text{ cabelos/mm}^2) \cdot 0,6 \cdot 10^5 \text{ mm}^2 = 1,2 \cdot 10^5$ cabelos

Como $1,2 < 3,16$, a ordem de grandeza do número de fios de cabelo de uma pessoa é $10^n = 10^5$.

Exercícios propostos

7. Um retângulo mede 30 cm de largura por 40 cm de comprimento. Calcule sua área, em m², e expresse o resultado em notação científica.

8. Efetue as operações indicadas abaixo e dê a resposta em notação científica.

a) $F = (3,2 \cdot 10^3) \cdot (4 \cdot 10^{-2})$

b) $\Delta L = (8 \cdot 10^{-1}) \cdot (5 \cdot 10^{-6}) \cdot (2 \cdot 10^2)$

c) $i = \dfrac{(6 \cdot 10^{15}) \cdot (1,6 \cdot 10^{-19})}{(3,6 \cdot 10^3)}$

9. Em um recipiente fechado, temos um mol de moléculas de um gás, ou seja, nele existem aproximadamente $6 \cdot 10^{23}$ moléculas do gás.

Quantas moléculas restarão no recipiente se for retirado um bilhão de moléculas?

Dê a resposta aproximada em notação científica.

10. Qual é a ordem de grandeza do número de voltas que um pneu de carro dá durante uma viagem de 400 km?

11. Faça uma estimativa da ordem de grandeza do número de batimentos de seu coração desde seu nascimento até hoje.

12. Usando um conta-gotas, um estudante observou que 1 cm³ de água corresponde aproximadamente a 20 gotas. Qual é a ordem de grandeza do número de gotas necessárias para encher de água uma panela com capacidade de 3,5 L?

13. Uma latinha de alumínio daquelas utilizadas pelas indústrias de bebidas tem massa de aproximadamente 13,5 g. Qual é a ordem de grandeza do número de latinhas de alumínio a serem recolhidas por uma cooperativa de catadores para perfazer uma tonelada de latinhas?

14. Na biblioteca de uma escola, há 5.000 livros à disposição dos estudantes. Qual é a ordem de grandeza do comprimento total, em metro, das prateleiras das estantes dessa biblioteca?

Exercícios de revisão

Ficha-resumo 1

Em Mecânica, principalmente, usaremos as unidades fundamentais do SI que correspondem às seguintes grandezas físicas:

- comprimento: medido em **metro**, cujo símbolo é **m**;
- massa: medida em **quilograma**, cujo símbolo é **kg**;
- tempo: medido em **segundo**, cujo símbolo é **s**.

Ficha-resumo 2

Os prefixos mais usados em **Mecânica** são:

- quilo → k → $10^3 = 1.000$
- centi → c → $10^{-2} = \dfrac{1}{100}$
- mili → m → $10^{-3} = \dfrac{1}{1.000}$

1. (Unesp) O intervalo de tempo de 2,4 minutos equivale, no Sistema Internacional de Unidades (SI), a:
a) 24 segundos.
b) 124 segundos.
c) 144 segundos.
d) 160 segundos.
e) 240 segundos.

2. (Enem) Um mecânico de uma equipe de corrida necessita que as seguintes medidas realizadas em um carro sejam obtidas em metros:
a) distância a entre os eixos dianteiro e traseiro;
b) altura b entre o solo e o encosto do piloto.

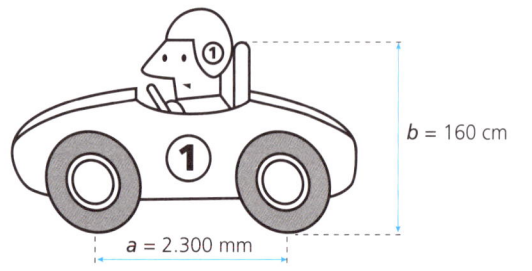

Ao optar pelas medidas a e b, em metros, obtêm-se, respectivamente:
a) 0,23 e 0,16
b) 2,3 e 1,6
c) 23 e 16
d) 230 e 160
e) 2.300 e 1.600

3. (Enem)

Em 2010, um caos aéreo afetou o continente europeu devido à quantidade de fumaça expelida por um vulcão na Islândia, o que levou ao cancelamento de inúmeros voos. Cinco dias após o início desse caos, todo o espaço aéreo europeu acima de 6.000 metros estava liberado, com exceção do espaço aéreo da Finlândia. Lá, apenas voos internacionais acima de 31 mil pés estavam liberados.

Disponível em: <http://www1.folha.uol.com.br>. Acesso em: 21 abr. 2010 (adaptado).

Considere que 1 metro equivale a aproximadamente 3,3 pés. Qual a diferença, em pés, entre as altitudes liberadas na Finlândia e no restante do continente europeu cinco dias após o início do caos?
a) 3.390 pés
b) 9.390 pés
c) 11.200 pés
d) 19.800 pés
e) 50.800 pés

4. (Famerp-SP)

"Lavar a louça, por 15 minutos, com a torneira meio aberta, consome 120 litros de água."

Disponível em: <http://site.sabesp.com.br>.
Acesso em: 10/12/2015, às 15h (fins pedagógicos).

Na situação descrita, o volume aproximado de água que flui pela torneira por unidade de tempo, em unidades pertencentes ao Sistema Internacional de Unidades (SI), é:
a) $8,00 \times 10^{-3}$ m³/s
b) $1,33 \times 10^{-2}$ m³/min
c) $8,00 \times 10$ cm³/s
d) $1,33 \times 10^{-4}$ m³/s
e) $1,33 \times 10^{2}$ cm³/min

5. (Mackenzie-SP) Certa grandeza física é medida, com unidades do Sistema Internacional (SI), em kg · m · s⁻². Se as unidades de medida utilizadas fossem as do sistema CGS, no qual, massa é medida em gramas (g); comprimento, em centímetros (cm) e tempo, em segundos (s), a correta equivalência entre as unidades nesses sistemas, relativa à medida da referida grandeza física, seria:
a) $1 \text{ g} \cdot \text{cm} \cdot \text{s}^{-2} = 10^{-1} \text{ kg} \cdot \text{m} \cdot \text{s}^{-2}$
b) $1 \text{ g} \cdot \text{cm} \cdot \text{s}^{-2} = 10^{-2} \text{ kg} \cdot \text{m} \cdot \text{s}^{-2}$
c) $1 \text{ g} \cdot \text{cm} \cdot \text{s}^{-2} = 10^{-3} \text{ kg} \cdot \text{m} \cdot \text{s}^{-2}$
d) $1 \text{ g} \cdot \text{cm} \cdot \text{s}^{-2} = 10^{-4} \text{ kg} \cdot \text{m} \cdot \text{s}^{-2}$
e) $1 \text{ g} \cdot \text{cm} \cdot \text{s}^{-2} = 10^{-5} \text{ kg} \cdot \text{m} \cdot \text{s}^{-2}$

6. (Uepa) No Pará, o perigo relacionado às altas velocidades no trânsito tem aumentado os riscos de acidentes, principalmente em Belém.

Considerando que a "distância de freagem" é a distância que o carro percorre desde o momento que os freios são acionados até parar e que o modelo matemático que expressa essa relação é dado por $D = K \cdot V^2$, onde D representa a distância de freagem em metros, K é uma constante e V é a velocidade em km/h. Assim, um automóvel que tem seus freios acionados estando a uma velocidade de 80 km/h ainda percorre 44 metros até parar. A distância de freagem de um automóvel que tem seus freios acionados, estando a uma velocidade de 160 km/h é:
a) 2 vezes a distância de freagem se estivesse a 80 km/h.
b) 3 vezes a distância de freagem se estivesse a 80 km/h.
c) 4 vezes a distância de freagem se estivesse a 80 km/h.
d) 5 vezes a distância de freagem se estivesse a 80 km/h.
e) 6 vezes a distância de freagem se estivesse a 80 km/h.

7. (UFPI) A unidade astronômica, ua (1 ua = 150 milhões de quilômetros) é a distância da Terra até o Sol. O raio da órbita do planeta Marte é, aproximadamente, 1,5 ua. Considere a situação em que a linha que une a Terra ao Sol é perpendicular à linha que une Marte ao Sol. Nessa situação, podemos afirmar que a distância entre a Terra e Marte, em ua, é, aproximadamente:
a) 0,9
b) 1,8
c) 2,7
d) 3,6
e) 4,5

Ficha-resumo 3

Para representar um valor N em **notação científica** devemos escrevê-lo como:

$$N = m \cdot 10^n, \text{ com } 1 \leq m < 10$$

A **ordem de grandeza** de um valor N, escrito em notação científica, é:
- 10^n, se $m < \sqrt{10} \simeq 3{,}16$
- 10^{n+1}, se $m \geq \sqrt{10} \simeq 3{,}16$

8. (UFC-CE) Uma esfera de cobre com raio da ordem de micrômetros possui uma carga da ordem de dez mil cargas elementares, distribuídas uniformemente sobre sua superfície. Considere que a densidade superficial é mantida constante. Assinale a alternativa que contém a ordem de grandeza do número de cargas elementares em uma esfera de cobre com raio da ordem de milímetros.
a) 10^{19}
b) 10^{16}
c) 10^{13}
d) 10^{10}
e) 10^1

9. (Fatec-SP)

"Para se ter uma noção do universo nanométrico, no qual a dimensão da Física é representada pelo prefixo nano, 1 nm equivale aproximadamente ao comprimento de dez átomos enfileirados. Um nanotubo de carbono tem um diâmetro da ordem de 10 nm. A dimensão de uma molécula de DNA situa-se na escala de 100 nm e é pouco menor que a de um vírus. As hemácias, que são as células vermelhas do sangue, são da ordem de 10 micrômetros (10 μm) ou 10.000 nm. O diâmetro de um fio de cabelo pode medir cerca de 100.000 nm."

(TOMA, Henrique E. *O mundo nanométrico: a dimensão do novo século*. São Paulo: Oficina de textos, 2004. p. 13, adaptado.)

De acordo com o texto e com as medidas aproximadas, é correto afirmar que:
a) um nanotubo de carbono é cem mil vezes mais fino do que um fio de cabelo.
b) são necessários cem mil átomos enfileirados para compor o diâmetro de um fio de cabelo.
c) na escala mencionada no texto, um micrômetro (1 μm) equivale a 100 nanômetros (100 nm).
d) as hemácias são, aproximadamente, 10 vezes maiores do que os vírus.
e) o diâmetro de um fio de cabelo tem aproximadamente 100 μm.

10. (FEI-SP) O diâmetro de um fio de cabelo é 10^{-4} m. Sabendo-se que o diâmetro de um átomo é 10^{-10} m, quantos átomos colocados lado a lado seriam necessários para fazer uma linha que dividisse o fio de cabelo ao meio exatamente no seu diâmetro?
a) 10^4 átomos
b) 10^5 átomos
c) 10^6 átomos
d) 10^7 átomos
e) 10^8 átomos

11. (UFJF-MG) Supondo-se que um grão de feijão ocupe o espaço equivalente a um paralelepípedo de arestas 0,5 cm × 0,5 cm × 1,0 cm, qual das alternativas abaixo melhor estima a ordem de grandeza do número de feijões contido no volume de um litro?
a) 10
b) 10^2
c) 10^3
d) 10^4
e) 10^5

12. (UFPE) Em um hotel com 200 apartamentos, o consumo médio de água por apartamento é de 100 litros por dia. Qual a ordem de grandeza do volume que deve ter o reservatório do hotel, em metros cúbicos, para abastecer todos os apartamentos durante um dia?
a) 10^1
b) 10^2
c) 10^3
d) 10^4
e) 10^5

13. (UFPE) O fluxo total de sangue na grande circulação, também chamado de débito cardíaco, faz com que o coração de um homem adulto seja responsável pelo bombeamento, em média, de 20 litros por minuto. Qual a ordem de grandeza do volume de sangue, em litros, bombeado pelo coração em um dia?
a) 10^2
b) 10^3
c) 10^4
d) 10^5
e) 10^6

Mais questões em **AprovaMax** (no *site*) e no livro digital.

CAPÍTULO

2

ENEM
C5: H17
C6: H20

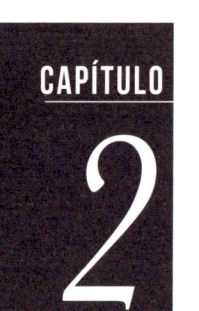

INTRODUÇÃO À CINEMÁTICA

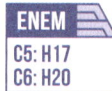

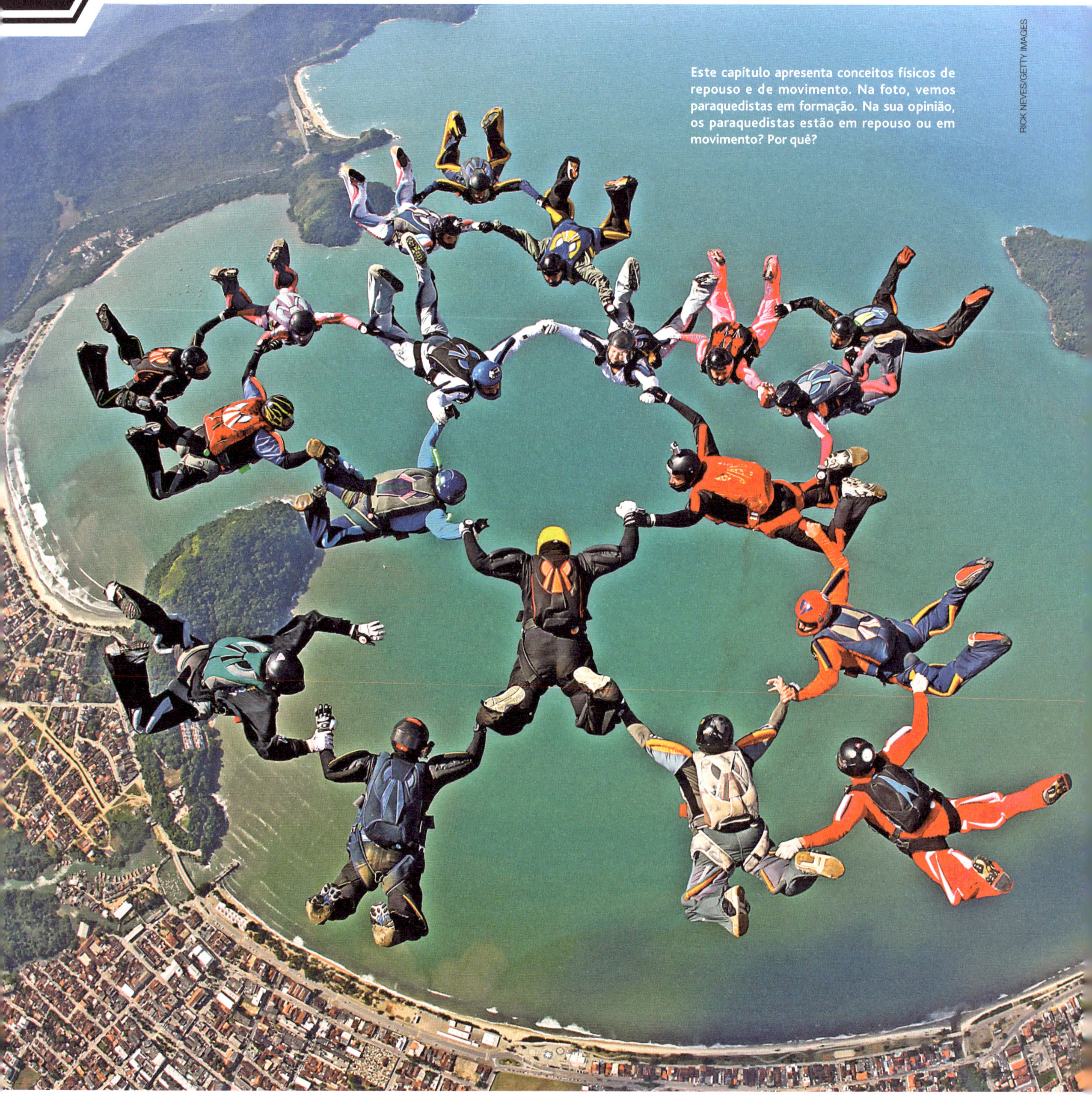

RICK NEVES/GETTY IMAGES

Este capítulo apresenta conceitos físicos de repouso e de movimento. Na foto, vemos paraquedistas em formação. Na sua opinião, os paraquedistas estão em repouso ou em movimento? Por quê?

Objetivos do capítulo

- Mostrar que os conceitos de repouso, movimento e trajetória dependem do referencial adotado.
- Definir espaço de um móvel, função horária e variação de espaço.
- Definir velocidade escalar média e instantânea.
- Definir aceleração escalar média e instantânea.
- Apresentar os conceitos de movimento progressivo, retrógrado, acelerado e retardado.

1 Conceitos iniciais

Diariamente, utilizamos termos que indicam movimento: andar, correr, voar, subir, cair. Mas, atenção, a noção de movimento não deve ser tomada como algo absoluto. Observe a **figura 1**. Uma pessoa está viajando, sentada, num ônibus que se aproxima de um ponto de parada. A pessoa está em movimento ou em repouso? Em relação ao ponto, ela está em movimento, mas está em repouso em relação ao ônibus. E o ponto de parada está em repouso? Em relação à Terra, ele está em repouso, mas, em relação ao Sol, o ponto descreve o mesmo movimento realizado pela Terra.

Figura 1. O passageiro está em repouso em relação ao ônibus, mas está em movimento em relação ao ponto de parada.

Em vista disso, note que os conceitos de movimento e de repouso de um corpo são relativos, isto é, dependem de outro corpo tomado como **referencial**. Portanto:

> Os conceitos de movimento e de repouso de um corpo dependem do referencial adotado.

O corpo observado, que pode estar em movimento ou em repouso, recebe o nome de **móvel**.

Ao analisar o movimento de um corpo, podemos, muitas vezes, desprezar suas dimensões. Nesse caso, o corpo é denominado **ponto material**. Quando consideramos suas dimensões, ele é denominado **corpo extenso**. Um carro é um ponto material ou um corpo extenso? Depende do fenômeno em estudo. Ao efetuar uma manobra para estacionar numa vaga, o carro é um corpo extenso. Numa viagem, ao longo de uma rodovia, ele pode ser considerado um ponto material. Ao ultrapassar um ônibus, em uma estrada, um carro seria um ponto material ou um corpo extenso?

Agora, vamos iniciar o estudo da **Cinemática**, a parte da Mecânica que descreve os movimentos dos corpos sem considerar suas causas. Veremos os conceitos de referencial, trajetória, espaço, velocidade e aceleração.

2 Trajetória

Um ponto material que se movimenta em relação a determinado referencial ocupa diversas posições no decorrer do tempo. A linha que liga essas posições recebe o nome de **trajetória**. É importante observar que a forma da trajetória depende do referencial adotado. Por exemplo, um menino se desloca horizontalmente, lança uma bola verticalmente para cima e a apanha de volta depois de certo tempo. A bola descreve uma trajetória vertical em relação ao menino e uma trajetória parabólica em relação ao solo **(fig. 2)**.

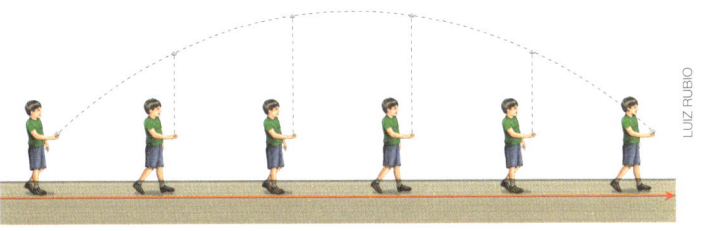

Figura 2. A forma da trajetória depende do referencial adotado.

Exercícios resolvidos

1. A foto abaixo mostra um carro transportado por um guincho que está se deslocando em uma estrada. Analisar as proposições a seguir e indicar as corretas.

I. O guincho está em repouso em relação ao carro.
II. O carro está em movimento em relação ao guincho.
III. Uma árvore está em repouso em relação apenas ao carro.

➤ **Solução**

O carro e o guincho estão em repouso, um em relação ao outro. Deslocando-se na estrada, eles estão em movimento em relação a uma árvore. Portanto, a árvore está em movimento em relação ao carro e ao guincho. Desse modo, apenas a proposição I está correta.

2. Um ônibus está se deslocando em linha reta, com velocidade constante, quando uma lâmpada se desprende do teto. Qual é a forma da trajetória descrita pela lâmpada:

a) em relação a um passageiro do ônibus?

b) em relação a uma pessoa parada na calçada observando o ônibus passar?

➤ **Solução**

a) Em relação a um passageiro do ônibus, a lâmpada cai verticalmente, descrevendo um segmento de reta.

b) Em relação a uma pessoa parada na calçada, a lâmpada cai verticalmente ao mesmo tempo que avança horizontalmente seguindo o movimento do ônibus. Nessas condições, ela descreve uma curva que é um arco de parábola.

Exercícios propostos

1. Um avião-tanque abastece aviões de caça em pleno voo. No intervalo de tempo em que é feita a transferência de combustível, os aviões de caça estão em movimento ou em repouso em relação ao avião-tanque? E em relação à Terra?

STEVE LIGHTSTONE/GETTY IMAGES

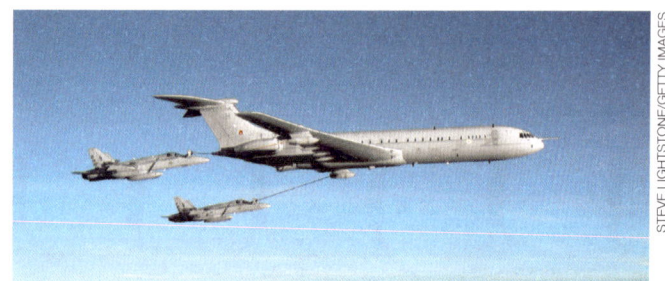

2. Um helicóptero sobe verticalmente. Considere um ponto *P* indicado na hélice principal. Determine a trajetória descrita pelo ponto *P*:

CHOLAKOV/SHUTTERSTOCK

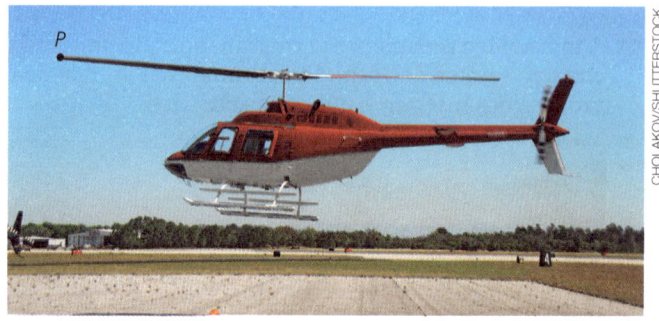

a) em relação a um observador situado dentro do helicóptero;

b) em relação a um observador situado no solo.

3 Posição de um móvel ao longo de sua trajetória: o espaço *s*

A trajetória descrita por um móvel em relação a determinado referencial pode ser retilínea ou curvilínea.

MANFREDXY/SHUTTERSTOCK

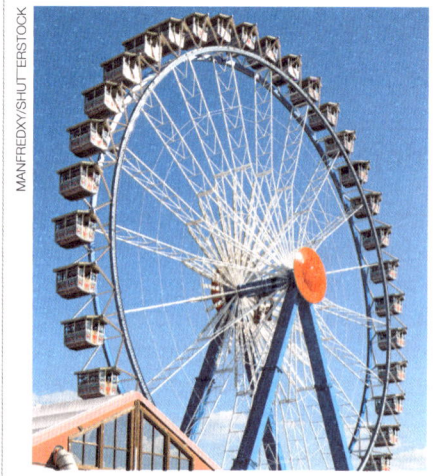

Cada cabine da roda-gigante em movimento descreve uma trajetória curvilínea em relação ao solo.

NUBEPHOTO/SHUTTERSTOCK

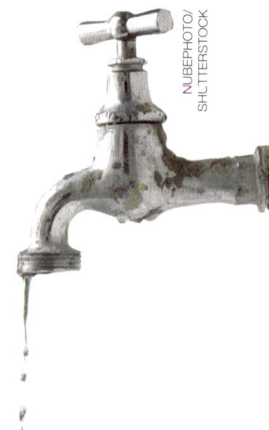

Gotas de água que caem da torneira descrevem trajetórias retilíneas em relação ao solo.

Para determinar a posição *P* de um móvel, em cada instante *t*, ao longo de sua trajetória, é preciso adotar um ponto *O* como origem e orientar a trajetória, considerando um dos sentidos possíveis como positivo **(fig. 3)**. A posição *P* é definida pela distância, medida ao longo da trajetória, de *P* até a origem *O*. Tal distância vem precedida de um sinal, + (positivo) ou − (negativo), conforme esteja de um lado ou de outro da origem. A medida algébrica $\overset{\frown}{OP}$ da trajetória que permite determinar a posição *P*, em determinado instante *t*, recebe o nome de **espaço do móvel** e é indicada por ***s***. O ponto *O* é denominado **origem dos espaços**.

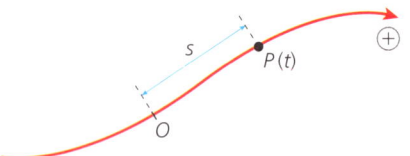

Figura 3. *s*: espaço do móvel no instante *t*

Na **figura 4**, temos um exemplo das posições ocupadas por um móvel ao longo de sua trajetória e em diversos instantes. A tabela ao lado da figura traz os respectivos valores de *t* e *s*.

Figura 4.

t (s)	*s* (m)
0	−2
1	0
2	1
3	3

ILUSTRAÇÕES: LUIZ RUBIO

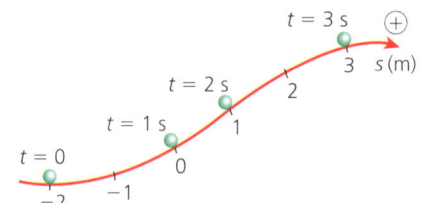

Na **figura 5**, destacamos as posições de um automóvel que se desloca por uma rodovia. Nesse caso, os espaços são os marcos quilométricos da estrada.

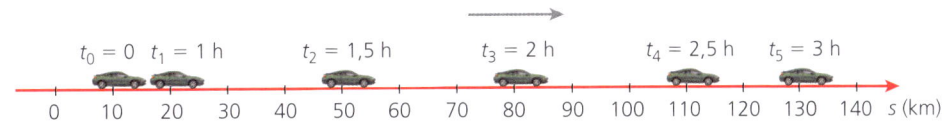

Figura 5.

A tabela a seguir apresenta os respectivos valores de *t* e *s*.

t (h)	0	1	1,5	2	2,5	3
s (km)	10	20	50	80	110	130

O instante $t = 0$ é chamado de **origem dos tempos** e o espaço do móvel no instante $t = 0$ é o **espaço inicial** s_0. Você sabe quais são os espaços iniciais nos exemplos das **figuras 4** e **5**?

Função horária

A partir dos exemplos apresentados, notamos que, para cada valor de *t*, corresponde determinado valor de *s*. É possível estabelecer uma relação matemática entre os valores de *s* e de *t*. Essa relação matemática é a **função horária do espaço**.

Exemplo:

$s = 3 + 2t$

A cada valor de *t*, em segundo, corresponde um valor de *s*, em metro:

t (s)	0	1	2
s (m)	3	5	7

4 Variação de espaço

Sejam s_1 e s_2 os espaços de um móvel nos instantes t_1 e t_2, respectivamente, sendo t_2 posterior a t_1 (**fig. 6**), a **variação de espaço** Δs no intervalo de tempo $\Delta t = t_2 - t_1$ é dada por:

$$\Delta s = s_2 - s_1$$

Figura 6. $\Delta s = s_2 - s_1$: variação de espaço ou deslocamento escalar

A variação de espaço é também denominada **deslocamento escalar**.

No exemplo da **figura 5**, sejam $s_1 = 20$ km o espaço do automóvel no instante $t_1 = 1$ h e $s_2 = 50$ km seu espaço no instante $t_2 = 1,5$ h, no intervalo de tempo $\Delta t = t_2 - t_1 = 1,5$ h $- 1$ h $= 0,5$ h, o automóvel sofreu uma variação de espaço $\Delta s = s_2 - s_1 = 50$ km $- 20$ km $= 30$ km.

A variação de espaço Δs pode ser positiva, negativa ou nula, conforme o espaço s_2 seja maior, menor ou igual a s_1 (**fig. 7**).

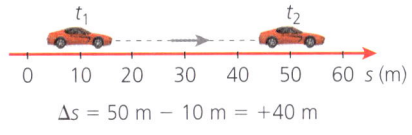

$\Delta s = 50$ m $- 10$ m $= +40$ m

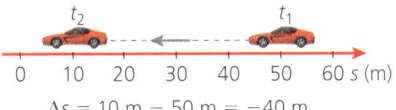

$\Delta s = 10$ m $- 50$ m $= -40$ m

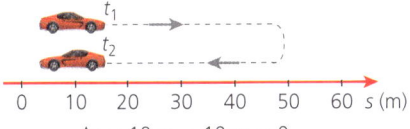

$\Delta s = 10$ m $- 10$ m $= 0$

Figura 7.

Observação

Quando um móvel se desloca sempre no mesmo sentido e no sentido de orientação da trajetória, a variação de espaço coincide com a distância que o móvel percorre ao longo da trajetória.

Exercícios resolvidos

3. Um ciclista descreve uma trajetória retilínea deslocando-se sempre no mesmo sentido. A figura indica as posições do ciclista no decorrer do tempo.

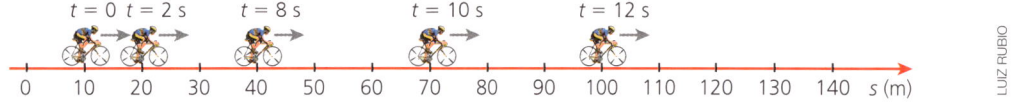

Determinar:
a) o espaço inicial do ciclista;
b) a variação de espaço entre os instantes $t = 2$ s e $t = 8$ s;
c) a distância percorrida entre os instantes $t = 0$ e $t = 12$ s.

▶ **Solução**

a) O espaço inicial s_0 é o espaço do móvel no instante $t = 0$. Assim: $\boxed{s_0 = 10 \text{ m}}$

b) De $\Delta s = s_2 - s_1$, temos: $\Delta s = s_2 - s_1 = 40 \text{ m} - 20 \text{ m} \Rightarrow \boxed{\Delta s = 20 \text{ m}}$

c) Como o ciclista se desloca sempre no mesmo sentido e no sentido de orientação da trajetória, a variação de espaço coincide com a distância d que o móvel percorre ao longo da trajetória:

$d = \Delta s = s_2 - s_1 = 100 \text{ m} - 10 \text{ m} \Rightarrow \boxed{\Delta s = 90 \text{ m}}$

Exercícios propostos

3. O espaço de um móvel varia com o tempo, segundo a tabela abaixo.

t (s)	0	10	20	30	40	50
s (m)	2	4	6	8	6	4

Determine:
a) o espaço inicial do móvel;
b) a variação de espaço entre os instantes 0 e 20 s, 10 s e 40 s e 30 s e 50 s.

5 Velocidade escalar

Para ter ideia da rapidez com que um movimento se realiza, definimos uma grandeza denominada **velocidade escalar**. Quando calculada num determinado intervalo de tempo, temos a **velocidade escalar média**. Já a velocidade escalar num certo instante é a **velocidade escalar instantânea**.

Velocidade escalar média v_m

A velocidade escalar média v_m num intervalo de tempo Δt é a relação entre a variação de espaço, $\Delta s = s_2 - s_1$, e o correspondente intervalo de tempo, $\Delta t = t_2 - t_1$:

$$\boxed{v_m = \frac{\Delta s}{\Delta t}}$$

No exemplo da **figura 5**, no intervalo de tempo $\Delta t = t_2 - t_1 = 1,5$ h $- 1$ h $= 0,5$ h, o automóvel sofreu uma variação de espaço $\Delta s = s_2 - s_1 = 50$ km $- 20$ km $= 30$ km. A velocidade escalar média nesse intervalo de tempo é igual a:

$$v_m = \frac{\Delta s}{\Delta t} = \frac{30 \text{ km}}{0,5 \text{ h}} \Rightarrow v_m = 60 \text{ km/h}$$

Velocidade escalar instantânea v

A velocidade de um jogador durante uma partida de futebol, a velocidade com que caminhamos na calçada ou a velocidade de um automóvel em uma rodovia nem sempre são constantes. No caso do automóvel, por exemplo, a velocidade pode aumentar, diminuir e até mesmo permanecer constante em determinados intervalos de tempo. Em cada instante, no entanto, o automóvel desenvolve uma velocidade escalar que é indicada pelo velocímetro.

Pode-se entender a velocidade escalar num certo instante como uma velocidade escalar média para um intervalo de tempo $\Delta t = t_2 - t_1$ muito pequeno, isto é, t_2 e t_1 muito próximos.

A relação matemática entre valores de v e de t constitui a **função horária da velocidade**. Essa função permite calcular a velocidade v de um móvel em cada instante t.

Por exemplo, uma bola de tênis é lançada verticalmente para baixo do alto de um prédio e demora 2 s para chegar ao solo. Seja a função horária da velocidade da bola $v = 10 + 10t$, com t dado em segundo (s) e v em metro por segundo (m/s), no instante $t = 0$ (instante em que um cronômetro é disparado), a velocidade escalar da bola é 10 m/s, e, no instante $t = 2$ s, a bola atinge o solo com velocidade escalar igual a 30 m/s.

Unidades de velocidade

A unidade de velocidade, média ou instantânea, é expressa em unidade de comprimento por unidade de tempo, por exemplo, km/h. No Sistema Internacional de Unidades (SI), a unidade de velocidade é o metro por segundo (m/s).

Sendo 1 km = 1.000 m e 1 h = 3.600 s, a relação entre km/h e m/s é dada por:

$$1\frac{km}{h} = \frac{1.000 \text{ m}}{3.600 \text{ s}} \Rightarrow 1\frac{km}{h} = \frac{1 \text{ m}}{3,6 \text{ s}} \text{ ou } \boxed{1 \text{ m/s} = 3,6 \text{ km/h}}$$

Portanto, para converter uma velocidade dada em km/h em m/s, divide-se o valor dessa velocidade por 3,6. Reciprocamente, para converter uma velocidade dada em m/s em km/h, multiplica-se o valor dessa velocidade por 3,6.

Trocando ideias

Com a expansão das ferrovias para o oeste dos Estados Unidos, no século XIX, a comunicação e a circulação de produtos tornaram-se mais fáceis em todo o país, com trens que se deslocavam a aproximadamente 50 km/h, então considerada alta velocidade. Hoje em dia, com a evolução dos meios de transporte, podemos cruzar o mundo em algumas horas, em aviões comerciais com velocidades médias de aproximadamente 800 km/h. Essa é uma das razões para a expressão "aldeia global".

Discuta com seus colegas de grupo as vantagens e desvantagens desse "encurtamento" de distâncias. Quais são os aspectos positivos desse processo para a sociedade como um todo? E os aspectos negativos? Quais as consequências do encurtamento de distâncias para a economia, o comércio e a tecnologia?

Exercícios resolvidos

4. Um atleta percorre a distância de 100 m em 10 s. Calcular a velocidade escalar média do atleta durante a corrida. A resposta deve ser dada em km/h.

▶ **Solução**

A partir da definição de velocidade escalar média, temos:

$$v_m = \frac{\Delta s}{\Delta t} = \frac{100 \text{ m}}{10 \text{ s}} \Rightarrow v_m = 10 \text{ m/s}$$

Para transformar a velocidade em m/s para km/h, multiplicamos por 3,6:

$$v_m = 10 \cdot 3,6 \frac{km}{h} \Rightarrow \boxed{v_m = 36 \text{ km/h}}$$

5. Um estudante, que iniciava o Ensino Médio, viajou de carro com seu pai e notou que os postes estavam regularmente distribuídos ao longo de um trecho da estrada. Seu pai pediu que avaliasse a distância entre dois postes consecutivos. Para isso, o rapaz mediu o intervalo de tempo correspondente à passagem de dois postes consecutivos por um determinado ponto de sua janela, obtendo 10 s. O estudante notou que, nesse intervalo de tempo, o velocímetro do carro indicava 90 km/h. Qual foi a distância, em metro, que o estudante encontrou?

▶ **Solução**

Vamos, inicialmente, transformar a velocidade dada em km/h para m/s e, a seguir, aplicar a definição de velocidade escalar média. Observemos que, no intervalo de tempo citado, o velocímetro indicava velocidade constante. Logo, ela coincide com a velocidade média.

$$90 \frac{km}{h} = \frac{90}{3,6} \frac{m}{s} = 25 \text{ m/s}$$

$$v_m = \frac{\Delta s}{\Delta t} \Rightarrow 25 = \frac{\Delta s}{10} \therefore \boxed{\Delta s = 250 \text{ m}}$$

6. Uma moto faz o percurso de Recife a Gravatá (85 km) com velocidade média de 42,5 km/h e de Gravatá a Caruaru (50 km) com velocidade média de 50 km/h. Qual é a velocidade média da moto no percurso todo, isto é, de Recife a Caruaru?

▶ **Solução**

De Recife a Gravatá:

$$v_{RG} = \frac{\Delta s_1}{\Delta t_1} \Rightarrow 42,5 = \frac{85}{\Delta t_1} \therefore \Delta t_1 = 2 \text{ h}$$

De Gravatá a Caruaru:

$$v_{GC} = \frac{\Delta s_2}{\Delta t_2} \Rightarrow 50 = \frac{50}{\Delta t_2} \therefore \Delta t_2 = 1 \text{ h}$$

De Recife a Caruaru:

$$v_m = \frac{\Delta s}{\Delta t} = \frac{\Delta s_1 + \Delta s_2}{\Delta t_1 + \Delta t_2} = \frac{85 + 50}{2 + 1} = \frac{135}{3}$$

$$\therefore \boxed{v_m = 45 \text{ km/h}}$$

Exercícios propostos

4. Viajando de Fortaleza a Sobral percorre-se 234 km. Um ônibus faz o percurso entre as duas cidades com velocidade escalar média de 58,5 km/h. Quanto tempo, em hora, demora a viagem?

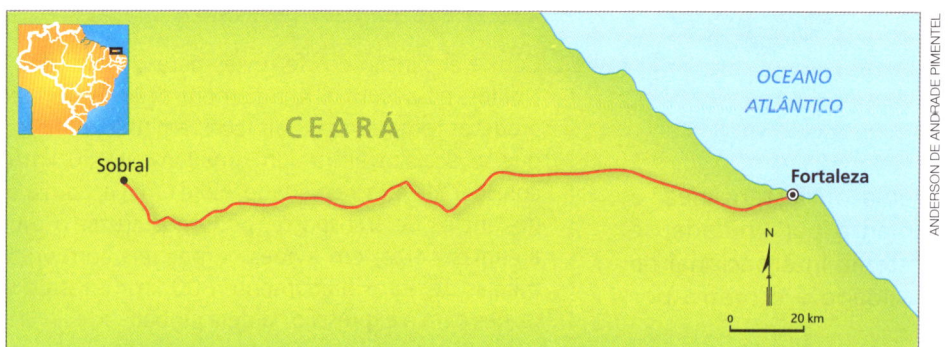

5. Na rodovia dos Bandeirantes, em São Paulo, o limite de velocidade é de 90 km/h para ônibus e caminhões. Um ônibus está viajando à velocidade limite. Num trecho reto e completamente livre, o motorista resolve colocar no sistema de som do ônibus um CD, gastando para isso 2 s. Qual é a distância que o ônibus percorre, em metro, nesse intervalo de tempo?

6. O espaço s de um móvel varia com o tempo t de acordo com a seguinte função horária:
$s = 10 + 5t - t^2$, para s em metro e t em segundo. Determine:
a) o espaço do móvel nos instantes 0; 2 s e 6 s;
b) a velocidade escalar média nos intervalos de tempo de 0 a 2 s e de 0 a 6 s.

Aplicação tecnológica

Semáforos sincronizados

É muito provável que você já tenha trafegado por uma rua ou avenida na qual os semáforos foram ajustados para criar a chamada "onda verde", quando os veículos trafegam a certa velocidade média v_m.

Para fazer esse ajuste, o engenheiro de tráfego precisa conhecer apenas a distância entre dois semáforos consecutivos, Δs. De posse desses dados, o engenheiro pode calcular o intervalo de tempo $\Delta t = \dfrac{\Delta s}{v_m}$ entre o instante em que a luz verde do primeiro semáforo se acende e o instante em que a luz verde do seguinte deverá se acender. A velocidade média usada no cálculo é a velocidade média com que qualquer veículo que trafegue pela via deverá se deslocar para encontrar sempre semáforos abertos.

Para esse sistema de tráfego, não importa como o(a) motorista vai trafegar entre dois semáforos, se rapidamente no início do trecho e depois mais lentamente, ou se ele(a) vai manter uma velocidade constante no trecho todo, contanto que trafegue com dada velocidade média v_m.

Essa avenida tem semáforos sincronizados. Um motorista dirigindo a uma velocidade escalar média apropriada vai encontrar apenas semáforos abertos.

6 Aceleração escalar

Para ter ideia da rapidez com que a velocidade escalar varia no decorrer do tempo, definimos uma grandeza denominada **aceleração escalar**. Quando calculada num determinado intervalo de tempo, temos **a aceleração escalar média**. Já a aceleração escalar num certo instante é **a aceleração escalar instantânea**.

Aceleração escalar média α_m

A aceleração escalar média α_m num intervalo de tempo Δt é a relação entre a variação de velocidade escalar $\Delta v = v_2 - v_1$ e o correspondente intervalo de tempo $\Delta t = t_2 - t_1$:

$$\alpha_m = \frac{\Delta v}{\Delta t}$$

Aceleração escalar instantânea α

Pode-se entender a aceleração escalar num certo instante como uma aceleração escalar média para um intervalo de tempo $\Delta t = t_2 - t_1$ muito pequeno, isto é, t_2 e t_1 muito próximos.

Unidades de aceleração

A unidade de aceleração, média ou instantânea, é expressa em unidade de velocidade dividida por unidade de tempo, como $\frac{km/h}{h} = \frac{km}{h^2}$; $\frac{km/h}{s}$. No SI, a unidade de aceleração é o metro por segundo por segundo: $\frac{m/s}{s} = \frac{m}{s^2}$

7 Movimento progressivo e movimento retrógrado

Uma pessoa caminha em uma rua (**fig. 8**). Na situação **A**, a pessoa se desloca no sentido em que a trajetória foi orientada; na situação **B**, ela se desloca em sentido contrário a essa trajetória.

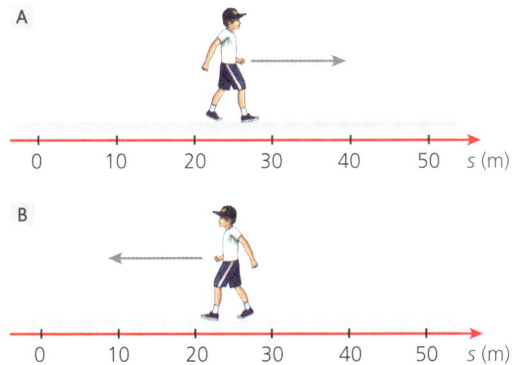

Figura 8. (A) Movimento progressivo; (B) movimento retrógrado.

No primeiro caso (**fig. 8A**), dizemos que o movimento é progressivo; no segundo caso (**fig. 8B**), que o movimento é retrógrado.

Note que:

No **movimento progressivo**, o espaço do móvel cresce com o decorrer do tempo e a velocidade escalar é positiva.

No **movimento retrógrado**, o espaço decresce com o decorrer do tempo e a velocidade escalar é negativa.

8 Movimento acelerado e movimento retardado

Um carro está sendo acelerado e sua velocidade varia conforme mostra a **figura 9**. Note que, na situação **A**, a trajetória foi orientada no sentido do movimento e na situação **B**, em sentido contrário. Em ambos os casos, o valor absoluto da velocidade escalar aumenta com o decorrer do tempo e o movimento é chamado **acelerado**.

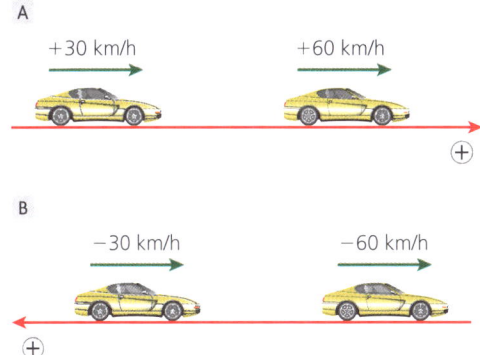

Figura 9. (A) Movimento progressivo e acelerado; (B) movimento retrógrado e acelerado.

Na **figura 10**, um carro está sendo freado. Orientando a trajetória no sentido do movimento (situação **A**) ou em sentido contrário (situação **B**), o valor absoluto da velocidade escalar diminui com o decorrer do tempo e o movimento é chamado **retardado**.

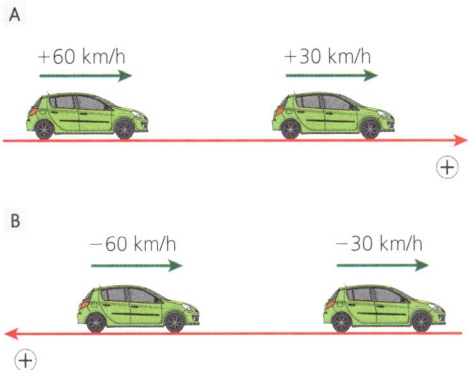

Figura 10. (A) Movimento progressivo e retardado; (B) movimento retrógrado e retardado.

ILUSTRAÇÕES: LUIZ RUBIO

Podemos então definir:

Movimento acelerado: o valor absoluto da velocidade escalar aumenta com o decorrer do tempo.

Movimento retardado: o valor absoluto da velocidade escalar diminui com o decorrer do tempo.

No movimento acelerado, a velocidade escalar v e a aceleração escalar α têm o mesmo sinal, isto é, $v > 0$ e $\alpha > 0$ ou $v < 0$ e $\alpha < 0$.

No movimento retardado, a velocidade escalar v e a aceleração escalar α têm sinais contrários, isto é, $v > 0$ e $\alpha < 0$ ou $v < 0$ e $\alpha > 0$.

Exercícios resolvidos

7. O manual de instruções de um automóvel informa que o veículo, partindo do repouso, atinge a velocidade de 96 km/h em 8,5 s.

Qual é a aceleração escalar média do automóvel nesse intervalo de tempo?

A resposta deve ser dada em m/s².

▶ **Solução**

Para transformar 96 km/h em m/s, dividimos 96 por 3,6 e obtemos aproximadamente 26,7 m/s.

Como $\alpha_m = \dfrac{\Delta v}{\Delta t}$ e $\Delta t = 8{,}5$ s, temos:

$\alpha_m = \dfrac{26{,}7 \text{ m/s}}{8{,}5 \text{ s}} \Rightarrow \boxed{\alpha_m \approx 3{,}14 \text{ m/s}^2}$

8. Três ciclistas deslocam-se numa pista dupla e suas velocidades variam com o tempo conforme mostram as tabelas abaixo.

Ciclista 1	
t (s)	v (m/s)
0	0
2	4
4	6
6	8
8	10

Ciclista 2	
t (s)	v (m/s)
0	10
2	8
4	6
6	4
8	2

Ciclista 3	
t (s)	v (m/s)
0	−2
2	−4
4	−6
6	−8
8	−10

Classificar o movimento de cada ciclista em progressivo ou retrógrado, acelerado ou retardado.

▶ **Solução**

As velocidades dos ciclistas 1 e 2 são positivas. Logo, seus movimentos são progressivos. As velocidades do ciclista 3 são negativas. Seu movimento é retrógrado. Os valores absolutos das velocidades dos ciclistas 1 e 3 aumentam com o decorrer do tempo. Assim, os movimentos desses ciclistas são acelerados. Os valores absolutos das velocidades do ciclista 2 diminuem com o decorrer do tempo. Seu movimento é retardado.

Desse modo, o movimento do ciclista 1 é progressivo acelerado, o do ciclista 2 é progressivo retardado e o do ciclista 3 é retrógrado acelerado.

Exercícios propostos

7. Uma revista especializada compara o desempenho de dois carros, um de passeio e outro de Fórmula 1, ao serem acelerados de zero a 100 km/h. Os correspondentes intervalos de tempo são, respectivamente, 13,9 s e 3,2 s. Quantas vezes a aceleração escalar do carro de Fórmula 1 é maior que a do carro de passeio?

8. Os esquemas abaixo indicam as posições de uma bolinha de tênis que descreve uma trajetória retilínea. A trajetória foi orientada no sentido do movimento em **a** e em sentido oposto em **b**. Classifique o movimento da bolinha em cada situação, dizendo se é progressivo ou retrógrado e se é acelerado ou retardado.

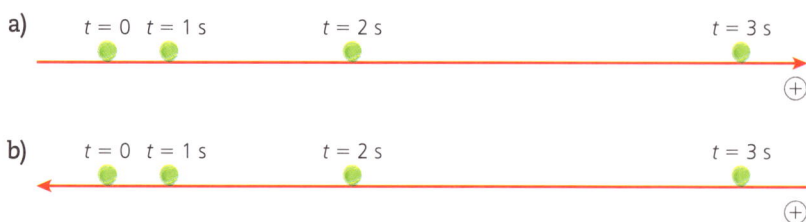

9. A aceleração escalar de um móvel, num certo intervalo de tempo, é negativa. Sabendo que o movimento é retardado, qual é o sinal da velocidade escalar nesse intervalo de tempo?

Exercícios de revisão

Ficha-resumo 1

Os conceitos de **movimento** e de **repouso** de um corpo são relativos, isto é, dependem de outro corpo tomado como **referencial**.

Ponto material é um corpo cujas dimensões são desprezíveis, no estudo de determinado fenômeno. Quando se consideram suas dimensões, o corpo é denominado **extenso**.

A forma da **trajetória** descrita por um ponto material depende do referencial adotado.

1. (IJSO) Dois amigos, Carlos e Francisco, estão em seus carros parados num semáforo, um ao lado do outro. Quando o farol fica verde, Francisco parte e Carlos, não percebendo a abertura do sinal, pisa no freio, pois tem a impressão de que seu carro está indo para trás. A respeito dessa situação, podemos afirmar que:
  I. A sensação que Carlos teve decorreu do fato de ter tomado o carro de Francisco como referencial.
  II. Em relação ao carro de Francisco, o carro de Carlos se deslocou para trás, colidindo com outro carro que estava atrás do seu, parado em relação ao semáforo.
  III. Em relação ao semáforo o carro de Carlos não se movimentou.

Analisando as afirmações concluímos que:
a) Somente a afirmação I é correta.
b) Somente as afirmações I e II são corretas.
c) Somente as afirmações I e III são corretas.
d) Somente as afirmações II e III são corretas.
e) Todas as afirmações são corretas.

2. (Acafe-SC) Para responder a esta questão, use o seguinte código:
a) I, II e III estão corretas.
b) I e III estão corretas.
c) I e II estão corretas.
d) somente I está correta.
e) somente III está correta.

Dizemos que os conceitos de movimento e repouso são relativos, pois dependem do sistema de referência estabelecido. Com base nisso, podemos afirmar que:
  I. Um corpo parado em relação a um referencial pode estar em movimento em relação a outro referencial.
  II. Um livro colocado sobre uma mesa está em repouso absoluto, pois, para qualquer referencial adotado, sua posição não varia com o tempo.
  III. Em relação a um edifício, o elevador estacionado no terceiro andar está em repouso, porém, em relação ao Sol, o mesmo elevador encontra-se em movimento.

3. (UFMG) Júlia está andando de bicicleta, com velocidade constante, quando deixa cair uma moeda. Tomás está parado na rua e vê a moeda cair. Considere desprezível a resistência do ar. Assinale a alternativa em que melhor estão representadas as trajetórias da moeda, como observadas por Júlia e por Tomás.

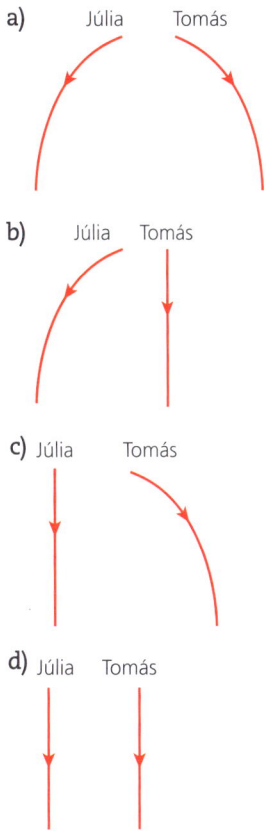

Ficha-resumo 2

Velocidade escalar média v_m: $v_m = \dfrac{\Delta s}{\Delta t}$

Velocidade escalar instantânea v: pode ser entendida como uma velocidade escalar média para um intervalo de tempo $\Delta t = t_2 - t_1$ muito pequeno, isto é, t_2 e t_1 muito próximos.

Unidades de medida de velocidade: m/s; km/h

Relação entre m/s e km/h: 1 m/s = 3,6 km/h

4. (Cefet-AL) Há mais de 30 anos, astronautas das missões Apollo colocaram espelhos na Lua – uma série de pequenos refletores que podem interceptar feixes de *laser* da Terra e enviá-los de volta.

Numa determinada experiência, uma série de pulsos de *laser* foi disparada por um telescópio terrestre, cruzou o espaço e atingiu os espelhos. Devido ao seu formato, os espelhos devolveram os pulsos diretamente para o local de onde vieram, permitindo medir a distância para a Lua com ótima precisão. Constatou-se que o tempo de ida e volta foi de 2,56 s.

Sabendo-se que a velocidade de propagação dos pulsos *laser* é de $3 \cdot 10^8$ m/s, a distância Terra-Lua, de acordo com a experiência citada, é de:
a) $9{,}42 \cdot 10^5$ km
b) $7{,}68 \cdot 10^5$ km
c) $5{,}36 \cdot 10^5$ km
d) $3{,}84 \cdot 10^5$ km
e) $1{,}17 \cdot 10^5$ km

Exercícios de revisão

5. (Unesp) Os dois primeiros colocados de uma prova de 100 m rasos de um campeonato de atletismo foram, respectivamente, os corredores A e B. O gráfico representa as velocidades escalares desses dois corredores em função do tempo, desde o instante da largada (t = 0) até os instantes em que eles cruzaram a linha de chegada.

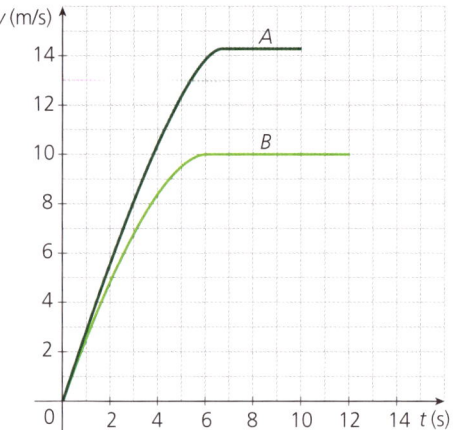

Analisando as informações do gráfico, é correto afirmar que, no instante em que o corredor A cruzou a linha de chegada, faltava ainda, para o corredor B completar a prova, uma distância, em metro, igual a:

a) 5   b) 25   c) 15   d) 20   e) 10

6. (Unemat-MT) Um ônibus escolar deve partir de uma determinada cidade conduzindo estudantes para uma universidade localizada em outra cidade, no período noturno. Considere que o ônibus deverá chegar à universidade às 19 h, e a distância entre essas cidades é de 120 km, com previsão de parada de 10 minutos num determinado local situado a 70 km antes da cidade de destino. Se o ônibus desenvolver uma velocidade escalar média de 100 km/h, qual deve ser o horário de partida desse ônibus?

a) 18 h
b) 17 h 48 min
c) 18 h 10 min
d) 17 h 58 min
e) 17 h 38 min

7. (Fuvest-SP) Um passageiro, viajando de metrô, fez o registro de tempo entre duas estações e obteve os valores indicados na tabela.

	Chegada	Partida
Vila Maria	0:00 min	1:00 min
Felicidade	5:00 min	6:00 min

Supondo que a velocidade média entre duas estações consecutivas seja sempre a mesma e que o trem pare o mesmo tempo em qualquer estação da linha, de 15 km de extensão, é possível estimar que um trem, desde a partida da estação Bosque até a chegada à estação Terminal, leva aproximadamente:

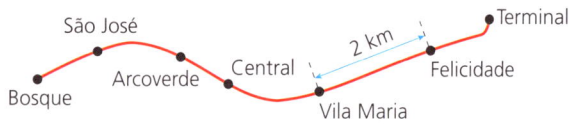

a) 20 min
b) 25 min
c) 30 min
d) 35 min
e) 40 min

Ficha-resumo 3

Aceleração escalar média α_m: $\alpha_m = \dfrac{\Delta v}{\Delta t}$

Aceleração escalar instantânea: pode ser entendida como uma aceleração escalar média para um intervalo de tempo $\Delta t = t_2 - t_1$ muito pequeno, isto é, t_2 e t_1 muito próximos.

Unidades de medida de aceleração: km/h²; km/h/s; m/s²

8. (Cesgranrio-RJ) Um fabricante de automóveis anuncia que determinado modelo, partindo do repouso, atinge a velocidade escalar de 80 km/h em 8 s. Isso supõe uma aceleração escalar média próxima de:

a) $0,1$ m/s²   c) 10 m/s²   e) 64 m/s²
b) 3 m/s²   d) 23 m/s²

9. Um menino abandona uma bolinha de borracha do segundo andar de um prédio. Admitindo que a bolinha caia sob ação exclusiva da gravidade, com aceleração de 10 m/s², qual é a variação de velocidade da bolinha após 1 s de queda? Dê a resposta em km/h.

Ficha-resumo 4

No **movimento progressivo**, o móvel caminha a favor da orientação positiva da trajetória. O espaço s do móvel cresce com o decorrer do tempo e a velocidade escalar é positiva (v > 0).

No **movimento retrógrado**, o móvel caminha contra a orientação positiva da trajetória. O espaço s decresce com o decorrer do tempo e a velocidade escalar é negativa (v < 0).

No **movimento acelerado**, o valor absoluto da velocidade escalar aumenta com o decorrer do tempo.

No **movimento retardado**, o valor absoluto da velocidade escalar diminui com o decorrer do tempo.

No **movimento acelerado**, a velocidade escalar v e a aceleração escalar α têm o mesmo sinal; no movimento retardado, os sinais são contrários.

10. (UCG-GO) Se o movimento de uma partícula é retrógrado e retardado, então a aceleração escalar da partícula é:

a) nula.
b) constante.
c) variável.
d) positiva.
e) negativa.

11. Ao resolver um exercício de Cinemática, um aluno calcula a aceleração escalar de um móvel e obtém, corretamente, o valor α = −5 m/s². Ele conclui que o movimento é retardado. A conclusão do aluno está correta? Justifique.

Mais questões em **Vereda Digital Aprova Enem**, em **Vereda Digital Suplemento de revisão**, em **AprovaMax** (no *site*) e no livro digital.

CAPÍTULO 3

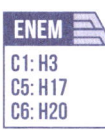

MOVIMENTO UNIFORME (MU)

ENEM
C1: H3
C5: H17
C6: H20

No dia 14 de julho de 2015, a sonda New Horizons, da Nasa, sobrevoou, a 12.550 km de altitude, a superfície de Plutão (planeta anão do nosso Sistema Solar), coletando dados sobre sua atmosfera, sua crosta, seu subsolo, seu campo magnético, entre outros. Durante grande parte do percurso, a sonda deslocou-se sem propulsão e com velocidade constante, em um movimento que chamamos de movimento uniforme. Esse movimento é o tema deste capítulo.

> **Objetivos do capítulo**
>
> - Reconhecer como movimentos uniformes as situações que envolvem deslocamentos escalares proporcionais aos respectivos intervalos de tempo.
> - Reconhecer o movimento uniforme (MU) quando representado por gráficos, tabelas e funções.
> - Resolver analiticamente situações que envolvam movimentos uniformes.
> - Resolver graficamente situações que envolvam movimentos uniformes.

1 Introdução

Uma pessoa faz uma vigorosa caminhada por uma trilha em um parque, com passadas de mesmo comprimento e regularmente cadenciadas de, digamos, dois passos por segundo. Supondo que o comprimento do passo dessa pessoa tenha 75 cm de extensão, podemos dizer que ela se desloca a uma **taxa constante** de 1,5 m a cada segundo. Se forem mantidas essas condições, a pessoa percorrerá 90 metros em um minuto, ou 5,4 km em uma hora. Essas razões correspondem a uma **velocidade escalar constante** de 1,5 m/s ou de 5,4 km/h.

Vamos supor que, em uma viagem de carro, o velocímetro indique um valor constante de 60 km/h, por exemplo, durante dez minutos. Como uma hora tem 60 minutos, nessas condições, o veículo se moveu a uma **velocidade constante** de 1 km/min e avançou, portanto, 10 km nesses dez minutos.

Enquanto as situações acima se mantiverem, tanto a pessoa como o veículo terão **deslocamentos iguais em intervalos de tempo iguais**. Dizemos então que, durante esses intervalos de tempo, ambos os móveis realizam **movimentos uniformes**.

> Todo movimento que ocorre com velocidade escalar constante e não nula, independentemente da forma da sua trajetória, é denominado **movimento uniforme (MU)**.

Para determinar esse movimento, devemos identificar pelo menos uma das seguintes características:

- os deslocamentos escalares (variações do espaço) são iguais em intervalos de tempo iguais;

$\dfrac{\Delta s_1}{\Delta t_1} = \dfrac{\Delta s_2}{\Delta t_2} = \ldots = \dfrac{\Delta s_n}{\Delta t_n}$, se $\Delta t_1 = \Delta t_2 = \ldots = \Delta t_n$, teremos:

$\Delta s_1 = \Delta s_2 = \ldots = \Delta s_n$

- **a velocidade escalar é constante e não nula** (velocímetro indicando sempre o mesmo valor não nulo);

$$\dfrac{\Delta s_1}{\Delta t_1} = \dfrac{\Delta s_2}{\Delta t_2} = \ldots = \dfrac{\Delta s_n}{\Delta t_n} = v \text{ (constante)}$$

- **a aceleração escalar é nula.**

Embora as três características anteriores se refiram a grandezas diferentes, uma decorre da outra e elas são, portanto, equivalentes.

De modo geral, podemos dizer que, nos movimentos uniformes, os deslocamentos escalares ou variações de espaço (Δs) são **diretamente proporcionais** aos intervalos de tempo (Δt) em determinado percurso. Matematicamente, essa proporcionalidade pode ser expressa da seguinte forma:

$$\boxed{\Delta s = v \cdot \Delta t}$$

Essa equação é denominada **equação dos deslocamentos escalares** do MU.

> **Observação**
>
> O movimento uniforme (MU) pode ocorrer em qualquer tipo de trajetória. Se a trajetória for **retilínea**, o movimento será denominado **retilíneo e uniforme (MRU)**. Se a trajetória for uma **circunferência**, o movimento será denominado **circular e uniforme (MCU)**, como você pode ver na **figura 1**.

Figura 1. As pessoas que se divertem no brinquedo mostrado na foto estão descrevendo movimentos circulares e uniformes.

Exercícios resolvidos

1. Um automóvel passou pelo marco de 12 km de uma estrada às 7 h 5 min. Às 7 h 20 min, ele passou pelo marco de 27 km da mesma estrada. Determinar para esse veículo:
   a) o intervalo de tempo, em hora, decorrido entre as passagens pelos marcos de 12 km e de 27 km;
   b) a variação do espaço (Δs) no intervalo de tempo calculado no item a;
   c) o valor v de sua velocidade, supondo-a constante nesse trecho;
   d) o marco quilométrico pelo qual ele passará às 7 h 40 min, na velocidade calculada no item c.

   ▶ **Solução**
   a) O intervalo de tempo Δt é dado por: $\Delta t = t_2 - t_1$. Portanto:

   $\Delta t = 7$ h 20 min $- 7$ h 5 min $= 15$ min $\Rightarrow \boxed{\Delta t = \dfrac{1}{4}$ h$}$

   b) A variação do espaço Δs é dada por: $\Delta s = s_2 - s_1$. Portanto:

   $\Delta s = 27$ km $- 12$ km $\Rightarrow \boxed{\Delta s = 15$ km$}$

   c) Admitindo que o movimento seja uniforme, obtemos:

   $v = \dfrac{\Delta s}{\Delta t} = \dfrac{15 \text{ km}}{\frac{1}{4} \text{ h}} \Rightarrow \boxed{v = 60 \text{ km/h} = 1 \text{ km/min}}$

   d) Entre 7 h 20 min e 7 h 40 min, decorreram 20 min, isto é, $\dfrac{1}{3}$ h. Nesse intervalo de tempo, o deslocamento escalar do automóvel foi:

   $\Delta s = v \cdot \Delta t = 60 \dfrac{\text{km}}{\text{h}} \cdot \dfrac{1}{3}$ h $\Rightarrow \Delta s = 20$ km

   Portanto:

   $\Delta s = s_3 - s_2 \Rightarrow 20$ km $= s_3 - 27$ km $\Rightarrow \boxed{s_3 = 47$ km$}$

   Assim, às 7 h 40 min, o automóvel passará pelo marco de 47 km da estrada.

2. Um trem de 200 m de comprimento, com velocidade constante de 60 km/h, passa completamente por uma ponte, de comprimento L desconhecido, em 1 min 12 s. Determinar o comprimento L da ponte.

   ▶ **Solução**

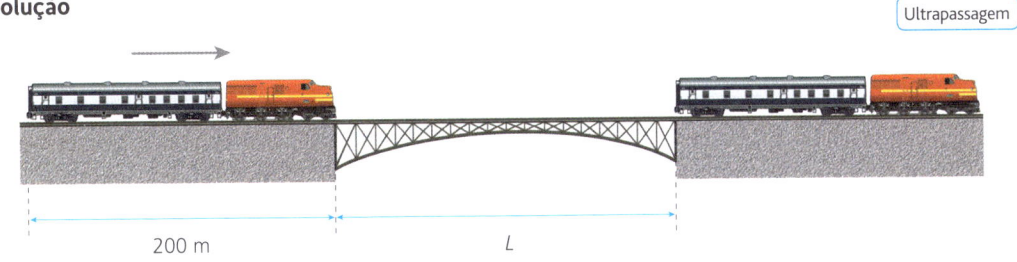

   A figura acima mostra o instante no qual a frente do trem chega à ponte e o instante no qual a traseira do trem deixa a ponte. Entre as duas situações mostradas, decorreu um intervalo de tempo $\Delta t = 72$ s e cada ponto do trem teve um deslocamento escalar $\Delta s = 200$ m $+ L$. Para obter o comprimento da ponte em metro, é preciso converter a velocidade de km/h em m/s, usando o fator 3,6 já visto no capítulo anterior:

   60 km/h $= \dfrac{60}{3,6}$ m/s

   Utilizando a equação dos deslocamentos escalares do MU, obtemos:

   $\Delta s = v \cdot \Delta t \Rightarrow 200 + L = \left(\dfrac{60}{3,6}\right) \cdot 72 \therefore \boxed{L = 1.000 \text{ m} = 1 \text{ km}}$

Exercícios propostos

1. Por definição, um ano-luz é a distância percorrida pela luz, no vácuo, no intervalo de tempo de um ano terrestre. Da mesma forma, podemos definir um minuto-luz como a distância percorrida pela luz, no vácuo, em um minuto. Analogamente, definimos um segundo-luz como a distância percorrida pela luz, no vácuo, em um segundo.
   a) Considerando que um ano terrestre tem aproximadamente $3{,}15 \cdot 10^7$ s, expresse um ano-luz em quilômetro. Adote para a velocidade da luz no vácuo o valor $3{,}00 \cdot 10^5$ km/s.
   b) A distância máxima da Terra ao Sol é de aproximadamente 153 milhões de quilômetros. Expresse essa distância em minuto-luz. O que significa esse resultado?

2. Um caça Mirage F1, desenvolvendo potência máxima, chega a atingir a velocidade de 2.340 km/h. Isso significa que, a essa velocidade, essa aeronave percorre 1 km em:
   a) 1,0 s
   b) pouco mais de 1,5 s
   c) aproximadamente 2,0 s
   d) 2,5 s
   e) 3,0 s

3. Considere o movimento da Terra na órbita do Sol como circular e uniforme, com raio de 150 milhões de quilômetros. Sendo $10\pi \cdot 10^6$ s a duração de uma volta da órbita terrestre, podemos dizer que, a cada segundo, a Terra percorre em sua órbita:
   a) 300 m
   b) 3 km
   c) 30 km
   d) 3.000 km
   e) 300.000 km

4. Um trem de 400 m de comprimento, em movimento retilíneo e uniforme, com velocidade escalar de 160 km/h, atravessa completamente um túnel de 1.200 m de comprimento em um intervalo de tempo igual a:
   a) 10,0 s
   b) 12,5 s
   c) 25,0 s
   d) 36,0 s
   e) 45,0 s

5. Observe a figura. O velocímetro da bicicleta, durante o movimento no trecho mostrado, está marcando um valor entre:

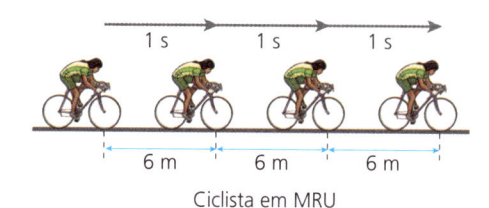

   Ciclista em MRU

   a) 5 km/h e 10 km/h
   b) 15 km/h e 20 km/h
   c) 20 km/h e 25 km/h
   d) 25 km/h e 30 km/h
   e) 35 km/h e 40 km/h

2 Função horária do espaço do MU

Em situações semelhantes às dos exercícios 1 e 2 da seção "Exercícios resolvidos", o que importa é o **deslocamento escalar** do móvel no intervalo de tempo considerado. Em outras situações, o que importa são os **espaços** correspondentes às suas **posições** em determinados instantes. No MU, assim como em outros movimentos, os espaços (s) do móvel estão relacionados com os respectivos instantes (t) por uma função matemática denominada **função horária do espaço**, ou **função horária da posição**. Em seguida, vamos obter a função horária do espaço do MU.

O deslocamento escalar Δs é igual à diferença entre o espaço final s e o espaço inicial s_0, ocupados pelo móvel em certo trecho, e o intervalo de tempo Δt é a diferença entre o instante final t e o instante inicial $t_0 = 0$, correspondentes a essas posições. Por meio da equação dos deslocamentos escalares, temos:

$$s - s_0 = v \cdot (t - 0) \Rightarrow \boxed{s = s_0 + v \cdot t}$$

Essa expressão é uma função do primeiro grau em t.

Exercícios resolvidos

3. Um automóvel se desloca com velocidade constante em uma estrada, percorrendo os trechos mostrados no esquema abaixo. Os valores indicados representam os marcos, em quilômetro, das posições do carro anotadas a cada 20 minutos, a partir do quilômetro 72.

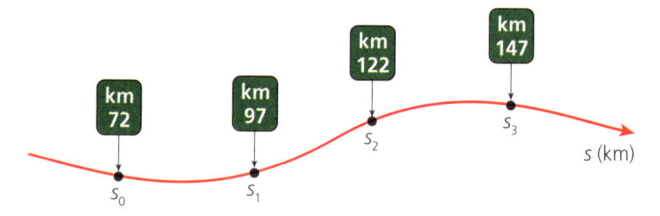

   Determinar para esse automóvel:
   a) as variações de espaço ocorridas nos três trechos sucessivos;
   b) o tipo de movimento desenvolvido entre os quilômetros 72 e 147, justificando sua resposta;
   c) sua velocidade escalar, em km/h, entre os quilômetros 72 e 147;
   d) a função horária do espaço que representa seu movimento entre os quilômetros 72 e 147;
   e) o espaço s_4 correspondente à sua posição 24 minutos após o início da contagem do tempo.

   ▶ **Solução**

   a) Para cada trecho, temos: $\Delta s_{trecho} = s_{final} - s_{inicial}$
   - No trecho I: $\Delta s_I = s_1 - s_0 = 97 \text{ km} - 72 \text{ km} \Rightarrow \boxed{\Delta s_I = 25 \text{ km}}$
   - No trecho II: $\Delta s_{II} = s_2 - s_1 = 122 \text{ km} - 97 \text{ km} \Rightarrow \boxed{\Delta s_{II} = 25 \text{ km}}$
   - No trecho III: $\Delta s_{III} = s_3 - s_2 = 147 \text{ km} - 122 \text{ km} \Rightarrow \boxed{\Delta s_{III} = 25 \text{ km}}$

b) O movimento é uniforme, pois o automóvel desloca-se regularmente 25 km a cada 20 minutos. Os deslocamentos escalares são iguais em intervalos de tempo iguais.

c) Podemos calcular a velocidade escalar do automóvel tanto para cada trecho como para o percurso todo, pois seu movimento é uniforme. Assim, temos:

$$v = \frac{\Delta s}{\Delta t} = \frac{25 \text{ km}}{20 \text{ min}} = \frac{25 \text{ km}}{\frac{1}{3} \text{ h}} \Rightarrow \boxed{v = 75 \text{ km/h}}$$

d) Como a posição inicial corresponde ao marco do quilômetro 72, temos: $s_0 = 72$ km. Nessa posição, vamos considerar $t_0 = 0$. A velocidade escalar do automóvel foi calculada no item c: $v = 75$ km/h. Portanto, como o movimento é uniforme, a função horária do espaço é da forma: $s = s_0 + vt$. Substituindo os valores já obtidos nessa função, temos:

$$\boxed{s = 72 + 75t} \; \text{①}$$

com s em quilômetro e t em hora;

$$\boxed{s = 72 + 1{,}25t} \; \text{②}$$

com s em quilômetro e t em minuto, pois:

$$75 \text{ km/h} = \frac{75 \text{ km}}{60 \text{ min}} = 1{,}25 \text{ km/min}$$

e) Se usarmos a função horária do espaço ①, será necessário converter 24 minutos em hora: $24 \text{ min} = 24 \cdot \frac{1}{60} \text{ h} = 0{,}4 \text{ h}$
Substituindo esse instante em ①, temos:

$$s = 72 + 75 \cdot (0{,}4) \therefore \boxed{s = 102 \text{ km}}$$

Se usarmos a função horária do espaço ②, teremos, sem necessidade de converter unidades:

$$s = 72 + 1{,}25 \cdot (24) \therefore \boxed{s = 102 \text{ km}}$$

4. No instante $t_0 = 0$, um carro A passa pela origem de uma trajetória retilínea, indicada na figura abaixo, com velocidade escalar constante de módulo 5,0 m/s. No mesmo instante, um carro B passa pelo ponto de abscissa 800 m com velocidade escalar constante de módulo 3,0 m/s, em sentido contrário ao de A, em uma trajetória paralela e idêntica à de A.

a) Escrever as funções horárias dos espaços para os dois móveis, observando a orientação das trajetórias.
b) Determinar o instante t_e em que os móveis se encontram.
c) Determinar o espaço s_e do ponto da trajetória onde ocorre o encontro dos móveis.
d) Determinar o deslocamento escalar de cada móvel, Δs_A e Δs_B, até o encontro.
e) Resolver os itens **a** e **b** supondo que o carro B se mova no mesmo sentido do carro A.

▶ **Solução**

a) Para o móvel A, temos:

$$s_{0(A)} = 0 \text{ e } v_A = +5{,}0 \text{ m/s}$$

Assim:

$$s_A = s_{0(A)} + v_A t \Rightarrow \boxed{s_A = 0 + 5{,}0t \text{ (SI)}}$$

Para o móvel B, temos:

$$s_{0(B)} = 800 \text{ m e } v_B = -3{,}0 \text{ m/s}$$

Assim:

$$s_B = s_{0(B)} + v_B t \Rightarrow \boxed{s_B = 800 - 3{,}0t \text{ (SI)}}$$

b) No instante do encontro (t_e) devemos ter: $s_A = s_B$
Assim:

$$+5{,}0t_e = 800 - 3{,}0t_e \Rightarrow 8{,}0t_e = 800 \therefore \boxed{t_e = 100 \text{ s}}$$

O instante de encontro é $t_e = 100$ s, ou $t_e = 1$ min 40 s

c) Para obter s_e, podemos substituir t_e na função horária do espaço de A ou de B, já que, no encontro, temos: $s_A = s_B = s_e$
Como $s_e = 0 + 5{,}0t_e$, temos:

$$s_e = 5{,}0 \text{ m/s} \cdot 100 \text{ s} \Rightarrow \boxed{s_e = 500 \text{ m}}$$

d) Como $\Delta s_A = v_A \cdot \Delta t = v_A \cdot t_e$, temos:

$$\Delta s_A = +5{,}0 \text{ m/s} \cdot 100 \text{ s} \Rightarrow \boxed{\Delta s_A = +500 \text{ m}}$$

O carro A se deslocou 500 m para a direita.
Como $\Delta s_B = v_B \cdot \Delta t = v_B \cdot t_e$, temos:

$$\Delta s_B = -3{,}0 \text{ m/s} \cdot 100 \text{ s} \Rightarrow \boxed{\Delta s_B = -300 \text{ m}}$$

O carro B se deslocou 300 m para a esquerda.

e) Para o carro A, a função horária do espaço é a mesma, assim:

$$\boxed{s_A = 0 + 5{,}0t \text{ (SI)}}$$

Para o carro B, entretanto, a velocidade escalar mudou de sentido (e de sinal), assim:

$$\boxed{s_B = 800 + 3{,}00t \text{ (SI)}}$$

Portanto, no encontro, temos $s_A = s_B$. Assim:

$$5{,}0t_e = 800 + 3{,}0t_e \Rightarrow 2{,}0t_e = 800 \therefore \boxed{t_e = 400 \text{ s}}$$

Exercícios propostos

6. Um automóvel passa pelo quilômetro 30 de uma rodovia às 6 h, com velocidade escalar de 75 km/h, que será mantida constante pelos próximos 20 minutos. Considere o instante da passagem do veículo pelo quilômetro 30 igual a zero ($t_0 = 0$) e o sentido do seu movimento como crescente em relação aos marcos quilométricos. Assim, no período entre 6 h e 6 h 20 min, determine para esse móvel:

a) a distância que ele percorre a cada minuto;
b) a função horária do espaço, com t medido em minuto e s em quilômetro;
c) o marco quilométrico da estrada pelo qual ele passará às 6 h 20 min.

7. Às 16 h 15 min, um automóvel passa pelo quilômetro 35 de uma rodovia, com velocidade escalar de 40 km/h, que será mantida constante pelos próximos 45 minutos. Considere o instante da passagem do veículo pelo quilômetro 35 igual a zero ($t_0 = 0$) e o sentido do seu movimento decrescente em relação à quilometragem indicada nos marcos da estrada. Sobre o movimento do veículo entre 16 h 15 min e 17 h são apresentadas as afirmações a seguir. Classifique cada uma delas em verdadeira (V) ou falsa (F) e assinale a alternativa com a sequência correta de V e F.

   I. No intervalo de tempo considerado, o automóvel percorre 2 quilômetros a cada 3 minutos.
   II. A função horária do espaço do veículo pode ser escrita como $s = 35 - 40t$, com s em quilômetro e t em hora.
   III. A função horária do espaço do veículo pode ser escrita como $s = 35 - \frac{2}{3}t$, com s em quilômetro e t em minuto.
   IV. Às 17 h, o automóvel passará pelo quilômetro 5 da estrada.
   V. O automóvel passou pelo quilômetro 25 da estrada no instante $t = 15$ min.

   a) V, V, V, V, V
   b) V, F, V, V, F
   c) F, V, V, V, F
   d) F, F, V, V, F
   e) F, F, F, F, F

8. Em um dado instante, um carro A, com velocidade escalar constante $v_A = 5$ m/s, passa por um carro B, inicialmente parado. Quinze segundos depois, o carro B sai em perseguição ao carro A, mantendo uma velocidade escalar constante $v_B = 8$ m/s. Considere o instante de saída do carro B igual a zero. Para essa situação:
   a) faça uma figura mostrando as posições dos carros A e B no instante zero, indicando suas velocidades e a distância entre eles;
   b) escreva as funções horárias dos espaços dos dois móveis no SI, a partir do instante zero, adotando como origem dos espaços o ponto de partida de B;
   c) determine o instante no qual B alcança A (instante de encontro);
   d) determine o deslocamento escalar (Δs) de cada veículo, desde o instante zero até o encontro.

3 Conceito de velocidade relativa

Ao viajar por uma estrada, você já deve ter observado que, ao ser ultrapassado por um veículo que vai no mesmo sentido que o seu, a velocidade dele parece não ser tão elevada, mesmo que seu carro esteja a 100 km/h. Na verdade, o que você está percebendo é a velocidade do outro veículo **relativa** ao seu carro. Se aquele veículo está a 120 km/h em relação ao solo, relativamente ao seu carro ele está a 20 km/h. Tudo se passa como se você estivesse parado e ele o ultrapassasse a 20 km/h. O inverso ocorre se o outro carro ultrapassa o seu em sentido contrário. Você tem a impressão de que ele passa com velocidade muito elevada. Novamente você está percebendo a velocidade do outro veículo **relativa** ao seu carro, que também está em movimento. Nesse caso, as velocidades se somam, dando a impressão de que o outro carro está com uma velocidade altíssima.

Devido ao agrupamento causado pela entrada do *safety car* durante uma corrida em um circuito automobilístico, os carros mantêm praticamente a mesma velocidade escalar na pista. Nessa situação, a velocidade relativa entre eles é praticamente nula.

Veja a **figura 2** a seguir.

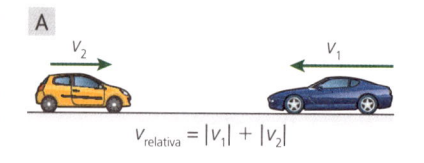

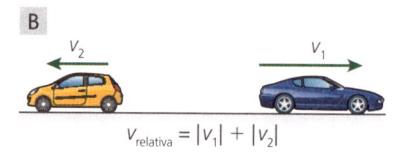

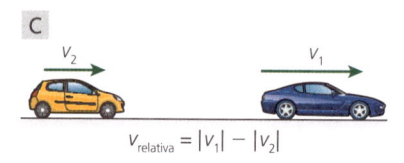

Figura 2. Cálculo da velocidade relativa: quando os veículos se movem em sentidos contrários (A) e (B); quando se movem no mesmo sentido (C).

A: $v_{relativa} = |v_1| + |v_2|$
B: $v_{relativa} = |v_1| + |v_2|$
C: $v_{relativa} = |v_1| - |v_2|$

Observação

Nas situações da **figura 2**, supõe-se $|v_1| > |v_2|$ e considera-se a velocidade relativa sempre em módulo.

As operações da **figura 2** podem ser notadas nas resoluções dos itens **b** e **e** do exercício 4 da seção "Exercícios resolvidos".

Quando os movimentos dos veículos ocorrem em **sentidos contrários**, como no item **b**, **as velocidades se somam** na equação (**fig. 2A**). Observe:

$$+5{,}0t_e = 800 - 3{,}0t_e \Rightarrow \underbrace{(5{,}0 + 3{,}0)}_{\text{velocidade relativa}} \cdot t_e = 800$$

Quando os movimentos dos veículos são no **mesmo sentido**, item **e**, **as velocidades se subtraem** na equação (**fig. 2C**). Observe:

$$+5{,}0t_e = 800 + 3{,}0t_e \Rightarrow \underbrace{(5{,}0 - 3{,}0)}_{\text{velocidade relativa}} \cdot t_e = 800$$

Exercícios resolvidos

5. Um carro de comprimento desprezível, com velocidade escalar constante igual a 90 km/h, ultrapassa um trem de 250 m de comprimento que se move no mesmo sentido, com velocidade escalar também constante e igual a 54 km/h. Determinar:

a) o intervalo de tempo necessário para que o carro ultrapasse o trem;

b) o deslocamento do carro durante a ultrapassagem;

c) o deslocamento do trem durante a ultrapassagem.

▶ **Solução**

a) Vamos, hipoteticamente, parar o trem e determinar a velocidade do carro relativa a ele. Como as velocidades do carro e do trem têm o mesmo sentido, a velocidade relativa será: $v_{relativa} = |+90| - |+54| \therefore v_{relativa} = 36$ km/h
Isto é, tudo se passa como se o trem estivesse parado e o carro percorresse os 250 m do comprimento do trem com velocidade de 36 km/h. Veja a figura abaixo.

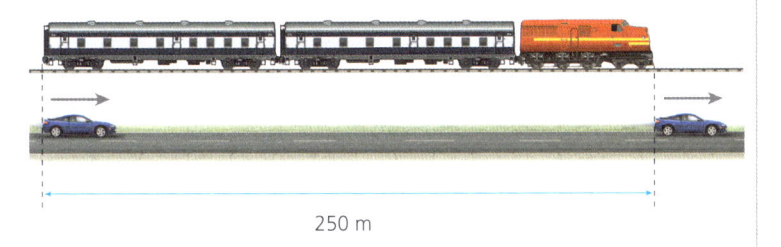

250 m

No cálculo do intervalo de tempo, é conveniente converter a unidade da velocidade relativa em m/s. Assim:

$\Delta s = v_{relativa} \cdot \Delta t \Rightarrow 250 \text{ m} = 36 \cdot \frac{1}{3,6} \text{ m/s} \cdot \Delta t \Rightarrow$

$\Rightarrow \boxed{\Delta t = 25 \text{ s}}$

b) Para o cálculo do deslocamento do carro, devemos voltar à situação proposta e usar sua velocidade escalar de 90 km/h. Portanto:

$\Delta s_{carro} = v_{carro} \cdot \Delta t \Rightarrow \Delta s_{carro} = 90 \cdot \frac{1}{3,6} \text{ m/s} \cdot 25 \text{ s} \Rightarrow$

$\Rightarrow \boxed{\Delta s_{carro} = 625 \text{ m}}$

c) Para o cálculo do deslocamento do trem, procedemos de maneira semelhante à do item anterior:

$\Delta s_{trem} = v_{trem} \cdot \Delta t \Rightarrow \Delta s_{trem} = 54 \cdot \frac{1}{3,6} \text{ m/s} \cdot 25 \text{ s} \Rightarrow$

$\Rightarrow \boxed{\Delta s_{trem} = 375 \text{ m}}$

Note que a diferença entre os deslocamentos escalares dos dois móveis é precisamente a distância que o carro percorre "a mais" que o trem. Essa diferença, que é exatamente o comprimento do trem, é denominada **deslocamento escalar relativo** ($\Delta s_{relativo} = 625$ m $- 375$ m $= 250$ m). Essa distância é a que o carro teria de percorrer se o trem estivesse parado para ultrapassá-lo.

Exercícios propostos

9. Dois carros, C_1 e C_2, movem-se ao longo de uma mesma reta e, em dado instante, passam por dois pontos, A e B, distantes 900 m entre si. Esse instante será tomado como inicial ($t_0 = 0$). O carro C_1 tem velocidade escalar constante de módulo 36 km/h, com sentido de A para B, e o carro C_2 tem velocidade escalar constante de módulo 54 km/h, com sentido de B para A.

Sobre o encontro desses carros, é correto afirmar que ocorrerá:

a) no instante t = 10 s.
b) no instante t = 50 s.
c) a 360 m do ponto B.
d) no instante t = 36 s.
e) a 540 m do ponto A.

10. Paulo percebe que seu amigo Carlos, ao sair, esqueceu os documentos. Após 4 minutos da saída de Carlos, Paulo sai com seu carro, mantendo velocidade escalar constante de 80 km/h, com a intenção de alcançar o amigo que se desloca com velocidade escalar, também constante, de 60 km/h. Determine:

a) a distância entre os amigos, quando da saída de Paulo;
b) o intervalo de tempo necessário para que Paulo alcance Carlos;
c) o deslocamento escalar de Carlos, medido a partir da saída de Paulo, até o encontro;
d) o deslocamento escalar de Paulo, medido a partir da sua saída, até o encontro.

11. Um automóvel de comprimento desprezível, com velocidade escalar constante de 80 km/h, cruza com um trem de 360 m de comprimento que se move no sentido contrário, com velocidade escalar, também constante, e igual a 100 km/h. Podemos dizer que o intervalo de tempo necessário para um passar pelo outro vale, em segundo:

a) 2,0
b) 5,4
c) 7,2
d) 8,8
e) 9,4

12. Dois trens, T_1, com velocidade escalar constante de 120 km/h, e T_2, com velocidade escalar constante de 150 km/h, movem-se em sentidos contrários, sobre linhas paralelas. O comprimento de T_1 é conhecido e igual a 300 m. Determine:

a) a velocidade escalar de T_2, medida por um passageiro em T_1;
b) o intervalo de tempo, medido por um passageiro em T_2, para a passagem de T_1 por T_2.

13. Dois trens, T_1, com velocidade escalar constante de 150 km/h, e T_2, com velocidade escalar constante de 90 km/h, movem-se no mesmo sentido, sobre linhas paralelas. O comprimento de T_1 é igual a 300 m e o comprimento de T_2 é igual a 200 m. Em determinado instante, $t_0 = 0$, a frente de T_1 está 100 m atrás da traseira de T_2. Mantidas as velocidades dadas, a partir desse instante, determine:

a) quanto tempo dura a ultrapassagem de T_1 por T_2, em segundo;
b) o deslocamento escalar de cada trem, em metro, até se completar a ultrapassagem.

4 Gráficos do MU

Uma maneira muito útil e ilustrativa de estudar e descrever os movimentos é representá-los **graficamente**. No MU, interessam os gráficos cartesianos do espaço e da velocidade escalar como funções do tempo. Esses gráficos são também denominados **diagramas horários** do movimento.

Sendo $s = s_0 + v \cdot t$ a lei de uma função polinomial do primeiro grau, sua representação gráfica será uma reta de coeficiente linear s_0, ou seja, que intercepta o eixo vertical no ponto $(0, s_0)$, e de coeficiente angular v. Assim, se tivermos $v > 0$, a reta será **crescente (quadro 1)**, e se tivermos $v < 0$, a reta será **decrescente (quadro 2)**.

Quadro 1. Função horária do espaço $s = s_0 + v \cdot t$ para $v > 0$

I. $s_0 > 0$	II. $s_0 = 0$	III. $s_0 < 0$

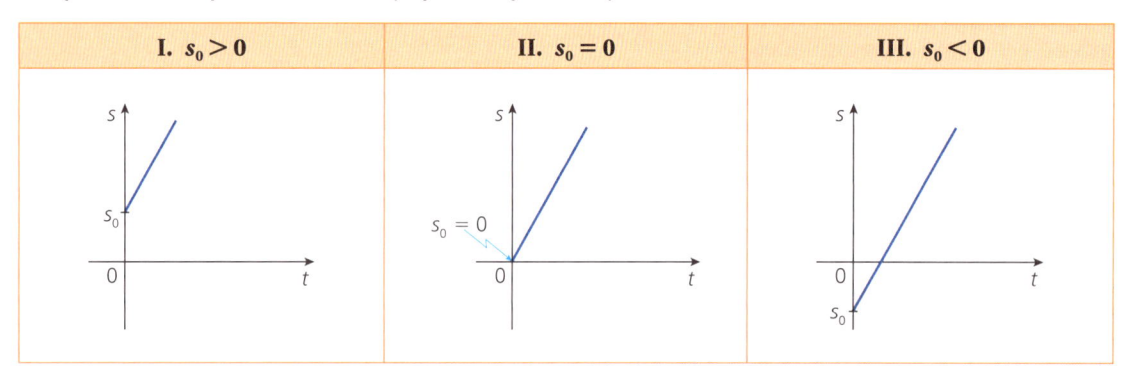

Quadro 2. Função horária do espaço $s = s_0 + v \cdot t$ para $v < 0$

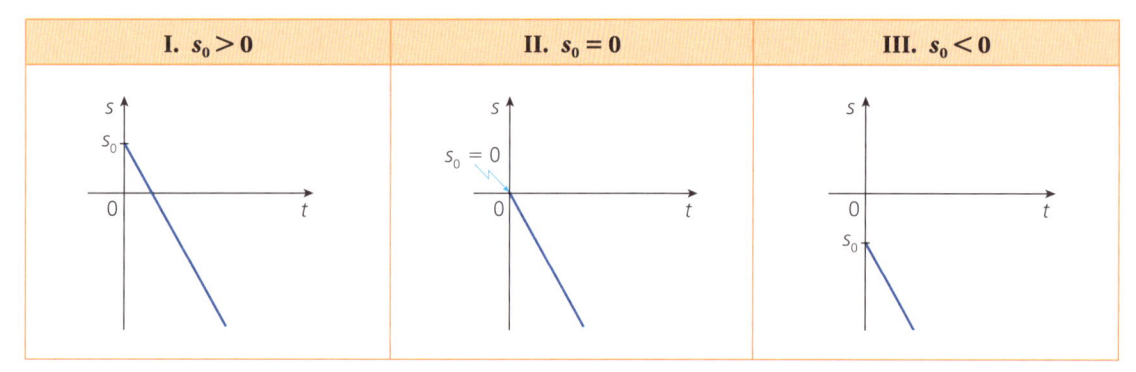

I. $s_0 > 0$	II. $s_0 = 0$	III. $s_0 < 0$

As retas das situações I, dos **quadros 1** e **2**, correspondem a $s_0 > 0$, isto é, a posição inicial do móvel está **à frente** da origem dos espaços. As retas das situações II correspondem a $s_0 = 0$, isto é, o móvel parte **exatamente** da origem dos espaços. As retas das situações III correspondem a $s_0 < 0$, isto é, a posição inicial do móvel está **atrás** da origem dos espaços.

No MU, como as velocidades escalares são constantes, suas representações cartesianas são **retas paralelas** ao eixo t; elas estarão acima do eixo t se $v > 0$ **(fig. 3)** e abaixo do eixo t se $v < 0$ **(fig. 4)**.

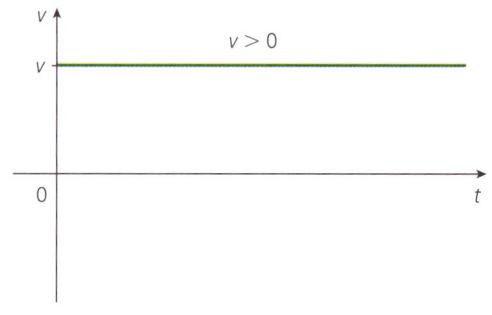

Figura 3. Velocidade escalar positiva.

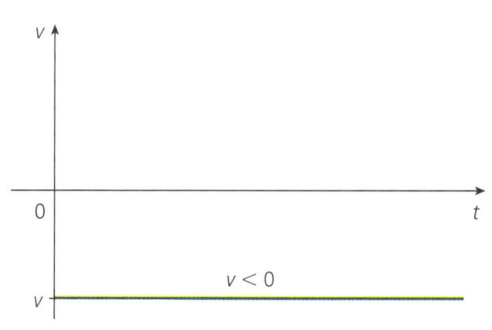

Figura 4. Velocidade escalar negativa.

Propriedade do gráfico velocidade × tempo no MU

A partir do gráfico velocidade × tempo, no MU, podemos calcular o deslocamento escalar do móvel em dado intervalo de tempo, que corresponde ao valor numérico da área entre a linha do gráfico e o eixo das abscissas no intervalo de tempo considerado. Veja as **figuras 5** e **6**.

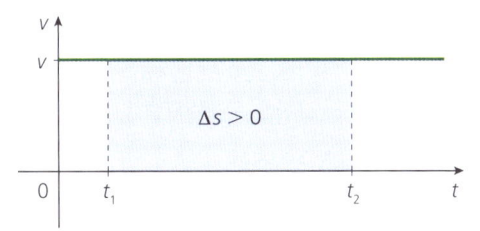

Figura 5. Deslocamento escalar positivo.

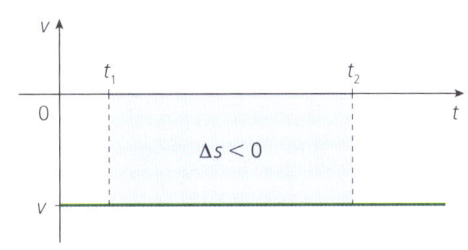

Figura 6. Deslocamento escalar negativo.

A área A do retângulo é: $A = \text{base} \times \text{altura} = \Delta t \cdot v$ (**fig. 5** e **6**). O produto $v \cdot \Delta t$ é o deslocamento escalar Δs nesse intervalo de tempo Δt. Portanto, numericamente, temos: $A \stackrel{N}{=} \Delta s$. Como Δt é sempre positivo, quando $v > 0$, temos $\Delta s > 0$; quando $v < 0$, temos $\Delta s < 0$.

Atividade prática

Neste experimento, você vai precisar do seguinte material:
- um trilho de cortina de aproximadamente 1,5 m, com um trecho de aproximadamente 25 cm de uma das extremidades levemente recurvado, conforme a figura;
- uma pequena esfera de aço ou uma bolinha de gude;
- um cronômetro;
- uma trena.

Determine os instantes t em que a esfera passa pelos pontos C, D, E e F, situados respectivamente a 25 cm, 50 cm, 75 cm e 100 cm do ponto B, no final da parte recurvada, considerando a origem dos espaços.

Para determinar esses diversos instantes, você pode proceder da seguinte maneira: coloque um obstáculo no ponto C, abandone a esfera do ponto A, a extremidade recurvada do trilho, e dispare o cronômetro no instante em que ela atinge o ponto B. Meça o intervalo de tempo decorrido desde a passagem da esfera pelo ponto B até colidir com o obstáculo, em C. A seguir, passe o obstáculo para o ponto D e repita a experiência. Siga o mesmo procedimento para os outros pontos, E e F.

Construa uma tabela com os valores dos espaços s e os correspondentes instantes t.

Em seguida, construa o gráfico do espaço s em função do tempo t, colocando s no eixo das ordenadas e t no eixo das abscissas.

- Que tipo de gráfico você obteve?
- Classifique o movimento da esfera.
- Qual é a velocidade escalar média da esfera entre as passagens por B e D? E entre as passagens por D e F?
- Qual seria a modificação no aspecto do gráfico obtido se o trecho AB fosse mais recurvado, de modo que a distância do ponto A ao plano horizontal fosse maior? Nesse caso, que característica cinemática do movimento, a partir do ponto B, seria modificada?
- Faça um relatório sobre o experimento realizado, explicando seu objetivo, redigindo as respostas às questões formuladas e as conclusões do grupo.

Exercícios resolvidos

6. Um móvel, animado, de movimento retilíneo e uniforme (MRU), tem suas posições indicadas pelos respectivos espaços na tabela ao lado, para cada instante correspondente.

t (s)	s (m)
1	−5
3	5
4	x
7	25
y	30

Para esse móvel:
a) determinar sua velocidade escalar, em m/s;
b) determinar o espaço correspondente à sua posição no instante inicial $t_0 = 0$;
c) determinar a função horária do espaço do seu movimento, em unidades do SI;
d) determinar os valores de x e y, mostrados na tabela;
e) construir o gráfico cartesiano do espaço *versus* tempo com auxílio da tabela.

▶ **Solução**

a) Para o cálculo da velocidade escalar, podemos tomar os valores das duas primeiras linhas da tabela, por exemplo:

$$v = \frac{\Delta s}{\Delta t} = \frac{s_2 - s_1}{t_2 - t_1} = \frac{5 - (-5)}{(3-1)} \therefore \boxed{v = 5 \text{ m/s}}$$

b) Sabemos que a forma geral da função horária do espaço do MU é $s = s_0 + v \cdot t$. Considerando $t = 3$ s e $s = 5$ m, por exemplo, temos:

$$5 = s_0 + 5 \cdot 3 \therefore \boxed{s_0 = -10 \text{ m}}$$

c) Para obter a função horária do espaço desse movimento, basta substituir os valores de s_0 e v obtidos nos itens **a** e **b**. Assim:

$$\boxed{s = -10 + 5t \text{ (SI)}}$$

d) x é o valor do espaço para $t = 4$ s, portanto:

$$x = -10 + 5 \cdot 4 \therefore \boxed{x = 10 \text{ m}}$$

y é o valor do instante t para $s = 30$ m, portanto:

$$30 = -10 + 5y \therefore \boxed{y = 8 \text{ s}}$$

e)

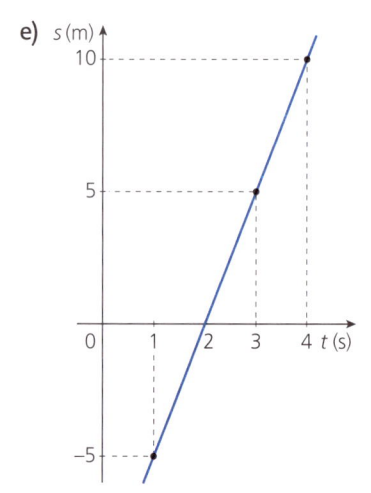

7. Dois veículos, A e B, movendo-se ao longo de uma mesma trajetória, têm seus movimentos descritos pelas seguintes funções horárias:

Móvel A: $s_A = -15 + 2{,}5t$ (SI)
Móvel B: $s_B = +25 - 2{,}5t$ (SI)

a) Determinar o instante t_e do encontro desses móveis.
b) Determinar a posição s_e onde se dá o encontro.
c) Representar, em um sistema cartesiano, as funções horárias desses móveis.

▶ **Solução**

a) No encontro dos móveis A e B, devemos ter:
$s_A = s_B \Rightarrow -15 + 2{,}5t_e = +25 - 2{,}5t_e \Rightarrow 5t_e = 40$

$$\therefore \boxed{t_e = 8 \text{ s}}$$

b) Para obter a posição do encontro s_e, substituímos t_e na função horária do móvel A ou do móvel B:

$$s_e = -15 + 2{,}5t_e = -15 + 2{,}5 \cdot 8$$

$$\therefore \boxed{s_e = 5 \text{ m}}$$

c) Vamos construir, com apenas dois valores do espaço, uma tabela para o movimento de cada móvel:

t (s)	s_A (m)
0	−15
6	0

t (s)	s_B (m)
0	25
10	0

A partir das tabelas, traçamos as retas correspondentes aos movimentos dos móveis A e B.

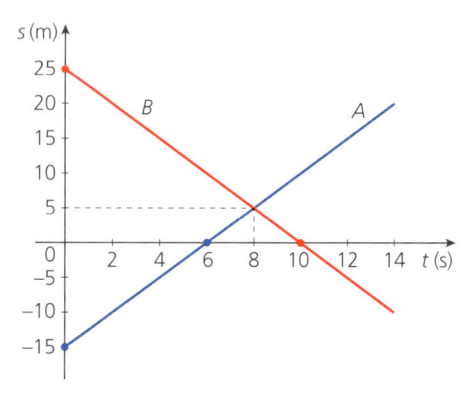

Observe que a abscissa do ponto de intersecção das retas é o instante do encontro, $t_e = 8$ s, e a ordenada desse ponto é o espaço correspondente à posição do encontro, $s_e = 5$ m.

Exercícios propostos

14. Nos trechos I, II, III, IV e V do gráfico s × t abaixo:
   a) classifique a velocidade escalar do móvel em positiva ($v > 0$), negativa ($v < 0$) ou nula ($v = 0$);
   b) classifique o estado cinemático do móvel em repouso, movimento uniforme progressivo ou movimento uniforme retrógrado.

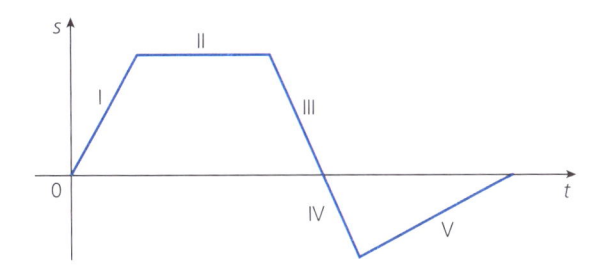

15. Faça o gráfico qualitativo velocidade escalar × tempo para o móvel do exercício anterior.

16. O gráfico s × t do movimento uniforme de um móvel está representado a seguir.

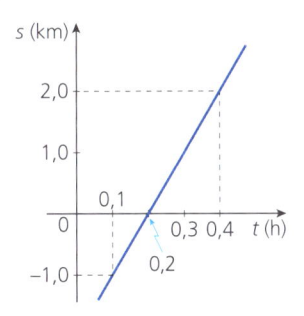

A partir dos valores mostrados no gráfico, determine para esse móvel:
   a) sua velocidade escalar, em km/h;
   b) a função horária do espaço correspondente ao movimento representado pelo gráfico.

17. O movimento uniforme de um móvel está representado no gráfico s × t abaixo.

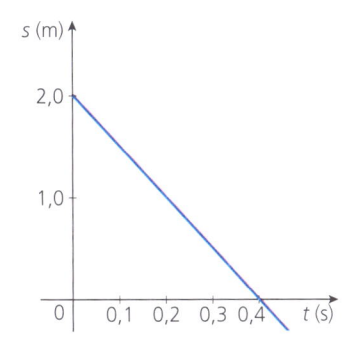

A partir dos valores mostrados nesse gráfico, determine para esse móvel:
   a) sua velocidade escalar, em m/s;
   b) a função horária do espaço correspondente ao movimento representado pelo gráfico.

18. O gráfico velocidade × tempo de um móvel em MRU está representado a seguir.

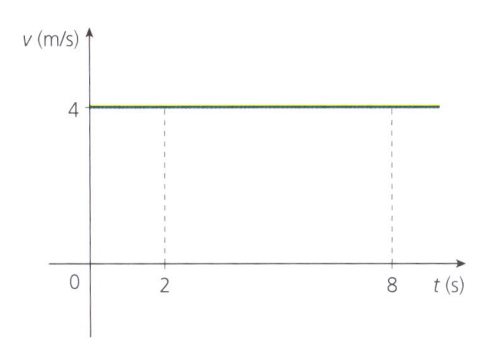

   a) Determine, por meio do gráfico, o deslocamento escalar do móvel entre os instantes $t_1 = 2$ s e $t_2 = 8$ s.
   b) Determine a função horária do espaço correspondente ao movimento do móvel, sabendo que sua posição inicial na trajetória é indicada pelo valor -30 m.
   c) Determine o instante no qual o móvel passa pela origem dos espaços.

19. O gráfico velocidade × tempo de um móvel em MRU está representado a seguir.

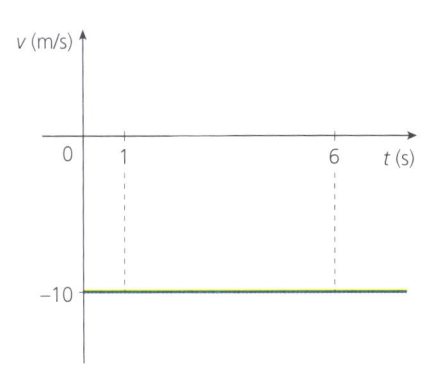

   a) Determine, por meio do gráfico, o deslocamento escalar do móvel entre os instantes $t_1 = 1$ s e $t_2 = 6$ s.
   b) Determine a função horária do espaço correspondente ao movimento do móvel, sabendo que sua posição inicial na trajetória é indicada pelo valor 80 m.
   c) Determine o instante no qual o móvel passa pela origem dos espaços.

Capítulo 3 • Movimento uniforme (MU)

Exercícios de revisão

Ficha-resumo 1

No **MU**, os deslocamentos escalares ou variações de espaço (Δs) são proporcionais aos intervalos de tempo (Δt):

$$\Delta s = v \cdot \Delta t$$

1. (UEL-PR) Um trem de comprimento 200 m, com velocidade escalar constante de 60 km/h, atravessa completamente uma ponte em 36 s. Portanto, podemos afirmar que o comprimento da ponte é igual a:
   a) 200 m
   b) 400 m
   c) 600 m
   d) 1.000 m
   e) 1.200 m

2. (Ufes) Uma pessoa, com passos de 70 cm, caminha à razão de 1,5 passo/segundo. Ela deseja atravessar uma rua com 21 m de largura. O tempo mínimo que o sinal deve ficar aberto aos pedestres para que essa pessoa atravesse a rua com segurança é igual a:
   a) 10 s
   b) 14 s
   c) 20 s
   d) 32 s
   e) 45 s

3. (UFRGS-RS) Um projétil, com velocidade escalar constante de 300 m/s, é disparado em direção ao ponto médio do costado de um navio que se move em linha reta com velocidade escalar constante de 10 m/s, perpendicularmente à trajetória do projétil. Se o projétil atinge o costado do navio a 20 m do ponto mirado, podemos dizer que a distância entre o ponto do disparo e a lateral do navio vale:
   a) 150 m
   b) 300 m
   c) 600 m
   d) 3.000 m
   e) 6.000 m

4. Devido ao movimento de rotação da Terra, uma pessoa parada em um ponto da linha do Equador terrestre tem uma velocidade escalar aproximada de 1.674 km/h, relativamente ao eixo de rotação da Terra. Portanto, devido a esse movimento, em um segundo essa pessoa "percorre" um arco de circunferência com comprimento próximo de:
   a) 465 m
   b) 564 m
   c) 674 m
   d) 1.674 m
   e) 1.925 m

5. (PUC-SP) Para pesquisar a profundidade de uma região oceânica usou-se um sonar no fundo de um barco em repouso, relativamente às águas. O intervalo de tempo entre a emissão do sinal ultrassônico e a sua recepção no barco é 1,0 segundo. Sendo 5.400 km/h a velocidade do som na água, podemos estimar a profundidade do oceano nesse local em:
   a) 100 m
   b) 750 m
   c) 1.500 m
   d) 2.700 m
   e) 5.400 m

6. (Fuvest-SP) Astrônomos observaram que a nossa galáxia, a Via Láctea, está a $2,5 \cdot 10^6$ anos-luz de Andrômeda, a galáxia mais próxima da nossa. Com base nessa informação, estudantes em uma sala de aula afirmaram o seguinte:
   I. A distância entre a Via Láctea e Andrômeda é de 2,5 milhões de quilômetros.
   II. A distância entre a Via Láctea e Andrômeda é maior que $2,0 \cdot 10^{19}$ km.
   III. A luz proveniente de Andrômeda leva 2,5 milhões de anos para chegar à Via Láctea.

   É correto apenas o que se afirma em:
   a) I
   b) II
   c) III
   d) I e III
   e) II e III

> **Observação**
> Se necessário, use $c = 3,0 \cdot 10^8$ m/s para a velocidade da luz no vácuo e considere que um ano tenha $3,0 \cdot 10^7$ s.

Ficha-resumo 2

No **MU**, o espaço *s*, correspondente à posição do móvel em dado instante *t*, é determinado pela função horária do espaço:

$$s = s_0 + v \cdot t$$

7. A função horária do espaço para o MU de um móvel representado no gráfico abaixo, em unidades do SI, é:

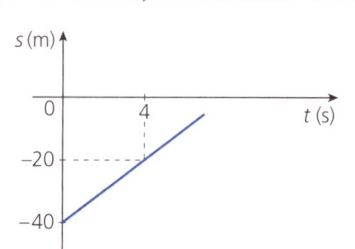

   a) $s = -40 + 10t$
   b) $s = -40 + 5,0t$
   c) $s = -40 + 4,0t$
   d) $s = -20 - 4,0t$
   e) $s = -20 + 5,0t$

8. (Mackenzie-SP) O movimento uniforme de um corpo está representado no gráfico espaço × tempo mostrado a seguir.

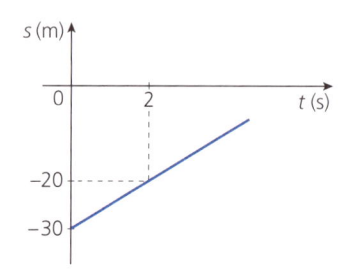

   O instante t no qual a posição do móvel corresponde ao valor s = 20 m é:
   a) 4,0 s
   b) 5,0 s
   c) 10 s
   d) 15 s
   e) 20 s

9. Na tabela abaixo, temos alguns valores de espaço (s) que correspondem às posições de um objeto em movimento uniforme ao longo de uma trajetória e os instantes correspondentes a essas posições.

t (s)	2	5	6	8	y
s (m)	−9	0	3	x	21

A partir da tabela:
a) determine a velocidade escalar v do objeto;
b) determine o espaço correspondente a $t_0 = 0$, isto é, o espaço inicial s_0;
c) escreva a função horária do espaço que representa o movimento do móvel, s(t);
d) determine os valores de x e de y na tabela;
e) determine o deslocamento escalar (Δs) do móvel entre $t_0 = 0$ e $t = 15$ s.

Ficha-resumo 3

Supondo $|v_1| > |v_2|$ e considerando $v_{relativa}$ em módulo:
- Velocidades no **mesmo sentido**
$$v_{relativa} = |v_1| - |v_2|$$
- Velocidades em **sentidos opostos**
$$v_{relativa} = |v_1| + |v_2|$$

10. (Unesp) Em uma viagem de carro com sua família, um garoto colocou em prática o que havia aprendido nas aulas de Física. Quando seu pai ultrapassou um caminhão em um trecho reto na estrada, ele calculou a velocidade do caminhão ultrapassado utilizando um cronômetro.

VEÍCULO LONGO
comprimento 30 m

O garoto acionou o cronômetro quando seu pai alinhou a frente do carro com a traseira do caminhão e o desligou no instante em que a ultrapassagem terminou, com a traseira do carro alinhada com a frente do caminhão, obtendo 8,5 s para o tempo de ultrapassagem.

Em seguida, considerando a informação contida na figura e sabendo que o comprimento do carro era 4 m e que a velocidade do carro permaneceu constante e igual a 30 m/s, ele calculou a velocidade média do caminhão, durante a ultrapassagem, obtendo corretamente o valor:
a) 24 m/s
b) 21 m/s
c) 22 m/s
d) 26 m/s
e) 28 m/s

11. (Fuvest-SP) João está parado em um posto de abastecimento de combustíveis quando vê seu amigo passar com velocidade escalar constante de 60 km/h. Quatro minutos depois da passagem do amigo, João sai com velocidade escalar constante de 80 km/h, na tentativa de alcançar o amigo. Mantidas essas velocidades, a partir da sua saída, João alcançará o amigo após:
a) 4 min
b) 8 min
c) 10 min
d) 12 min
e) 20 min

12. (Fuvest-SP) Dois corredores, A e B, partem simultaneamente de um mesmo ponto de uma pista circular de comprimento 120 m, com velocidades escalares constantes $v_A = 8,0$ m/s e $v_B = 6,0$ m/s.
a) Se os movimentos ocorrem no mesmo sentido, quanto tempo após a partida de ambos A estará uma volta à frente de B?
b) Se os movimentos ocorrerem em sentidos opostos, qual será a distância entre os atletas, medida ao longo da trajetória, no instante em que B completar uma volta?

Ficha-resumo 4

Diagramas horários do MU:
- Gráfico espaço × tempo: reta oblíqua
  A função é **crescente** quando: $v > 0$
  A função é **decrescente** quando: $v < 0$
- Gráfico velocidade × tempo: reta paralela ao eixo t
  Acima do eixo t quando $v > 0$
  Abaixo do eixo t quando $v < 0$

13. (Enem) O gráfico abaixo modela a distância percorrida, em quilômetro, por uma pessoa em certo período de tempo. A escala de tempo a ser adotada para o eixo das abscissas depende da maneira como essa pessoa se desloca.

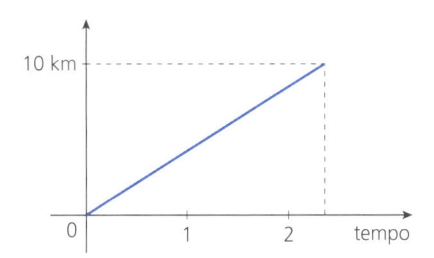

Exercícios de revisão

Qual é a opção que apresenta a melhor associação entre meio ou forma de locomoção e a unidade de tempo, quando são percorridos 10 km?
a) carroça – semana
b) carro – dia
c) caminhada – hora
d) bicicleta – minuto
e) avião – segundo

14. (Enem) Em uma prova de 100 metros rasos, o desempenho típico de um corredor padrão é representado pelo gráfico a seguir:

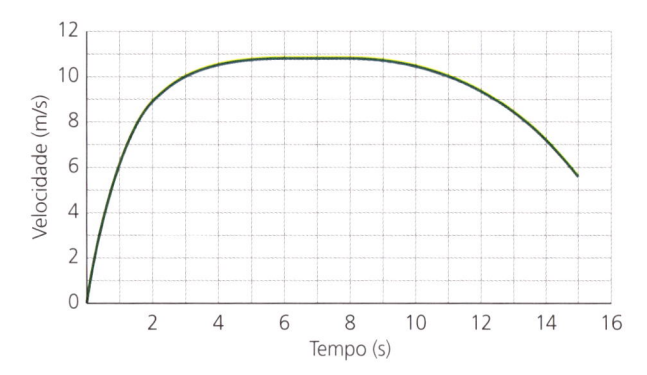

Com base no gráfico acima, em qual intervalo de tempo a velocidade do corredor é aproximadamente constante?
a) entre 0 e 1 segundo
b) entre 1 e 5 segundos
c) entre 5 e 8 segundos
d) entre 8 e 11 segundos
e) entre 12 e 15 segundos

15. Retomando o exercício anterior, podemos dizer que, no trecho de velocidade escalar aproximadamente constante, o atleta teve um deslocamento escalar Δs tal que:
a) $30 \text{ m} < \Delta s < 33 \text{ m}$
b) $\Delta s = 33 \text{ m}$
c) $33 \text{ m} \leq \Delta s \leq 36 \text{ m}$
d) $\Delta s = 36 \text{ m}$
e) $\Delta s > 36 \text{ m}$

16. (Pisa) Na figura abaixo, encontra-se representado o gráfico da distância percorrida por um jipe, em função do tempo, num dado percurso. Selecione a única opção que contém uma afirmação correta.

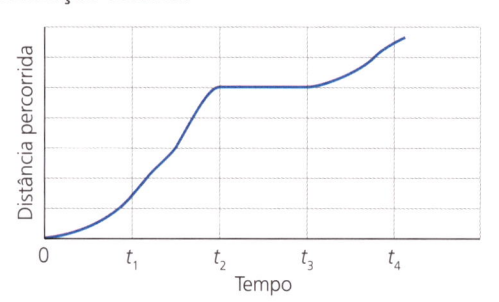

O gráfico permite concluir que, no intervalo de tempo...
a) $[0, t_1]$, o jipe descreveu uma trajetória curvilínea.
b) $[t_1, t_2]$, o jipe inverteu o sentido do movimento.
c) $[t_2, t_3]$, o jipe esteve parado.
d) $[t_3, t_4]$, o jipe se afastou do ponto de partida.

17. Em uma curiosa experiência, um estudante coloca duas formigas, f_1 e f_2, nas extremidades A e B, respectivamente, de um tubo de vidro de comprimento 1,0 m, como mostra a figura.

As formigas começam a se mover, para dentro do tubo, em sentidos opostos, ambas com movimentos retilíneos e uniformes, e passam uma pela outra no ponto que dista 40 cm de A. Dos gráficos apresentados abaixo, assinale aquele que melhor descreve a situação da experiência até o encontro.

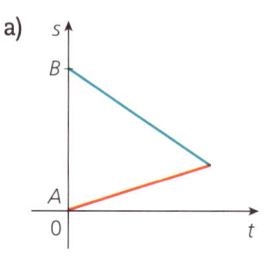

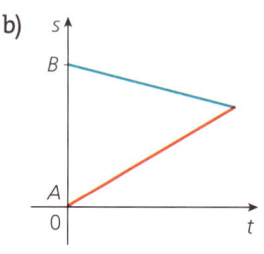

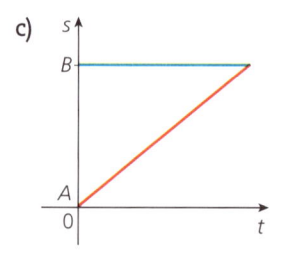

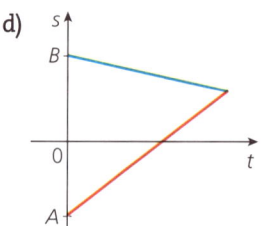

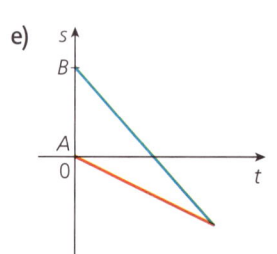

Mais questões em **Vereda Digital Aprova Enem**, em **Vereda Digital Suplemento de revisão**, em **AprovaMax** (no *site*) e no livro digital.

CAPÍTULO

4

MOVIMENTO UNIFORMEMENTE VARIADO (MUV)

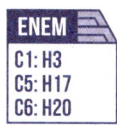

ENEM
C1: H3
C5: H17
C6: H20

Suspeitando da exatidão da ideia de Aristóteles de que corpos mais pesados caem mais rapidamente que os mais leves, Galileu Galilei realizou vários experimentos sobre a queda dos corpos. Segundo crença não comprovada, ele abandonou bolas do alto da Torre de Pisa. Na verdade, para reduzir a influência de fatores externos que afetam a queda dos corpos, muito difíceis de contornar até hoje, Galileu teria utilizado um plano inclinado, como o que se vê na imagem, uma réplica está em exposição no Museo Galileo em Florença. Ao longo de uma rampa retilínea, o movimento de uma esfera é uniformemente variado. Esse movimento é o tema deste capítulo.

> **Objetivos do capítulo**
>
> - Identificar movimentos com aceleração escalar constante.
> - Reconhecer o **movimento uniformemente variado (MUV)** quando representado por gráficos, tabelas e funções.
> - Resolver qualitativa e quantitativamente situações que envolvam **movimentos uniformemente variados (MUV)**.

1 Introdução

Um movimento que ocorre com aceleração escalar constante e não nula é denominado **movimento uniformemente variado (MUV)**. Em linguagem matemática, para um MUV, temos:

$$\alpha = \text{constante} \neq 0$$

Uma bola descendo livremente por uma rampa plana e lisa **(fig. 1)** ou um objeto abandonado sob ação exclusiva da gravidade **(fig. 2)** são situações nas quais a aceleração escalar dos corpos é constante. Portanto, esses corpos descrevem movimentos uniformemente variados.

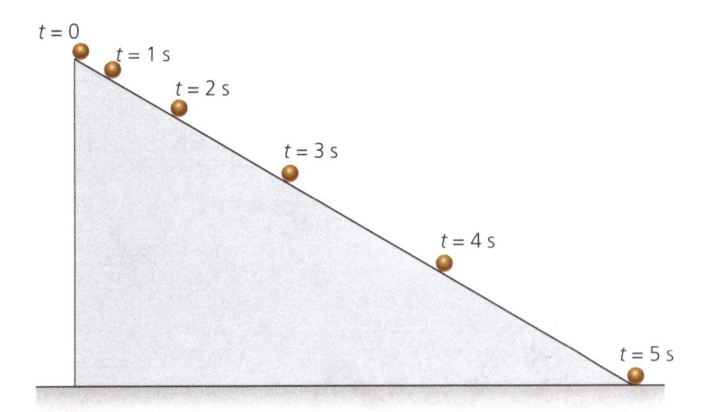

Figura 1. A aceleração escalar de um corpo em um plano inclinado é constante, porém de valor menor que a aceleração da gravidade.

Figura 2. Queda de um corpo com aceleração constante devido à ação exclusiva da gravidade, considerando-se desprezível a resistência do ar.

O movimento uniformemente variado pode ocorrer em **qualquer formato de trajetória**. Se a trajetória for **retilínea**, o movimento será chamado de **movimento retilíneo uniformemente variado (MRUV)**. Se a trajetória for uma **circunferência**, temos um **movimento circular uniformemente variado (MCUV)**.

Na cinemática escalar, a forma da trajetória não é determinante para a descrição dos movimentos. No estudo vetorial dos movimentos, a forma da trajetória está diretamente relacionada a características e propriedades relevantes desses movimentos.

2 Função horária da velocidade do MUV

Sendo constante a aceleração escalar nos movimentos uniformemente variados, ela sempre pode ser calculada pela razão $\frac{\Delta v}{\Delta t}$, que representa a aceleração escalar média em um intervalo de tempo qualquer, uma vez que o valor médio de uma constante é o próprio valor da constante. Assim, para um instante t qualquer a partir do instante inicial $t_0 = 0$, em que a velocidade escalar é v_0 (denominada velocidade inicial), temos:

$$\alpha = \frac{\Delta v}{\Delta t} \Rightarrow \Delta v = \alpha \cdot \Delta t \Rightarrow v - v_0 = \alpha \cdot (t - 0) \Rightarrow$$

$$\Rightarrow \boxed{v = v_0 + \alpha t} \quad \text{①}$$

A expressão ①, acima, é denominada **função horária da velocidade** do MUV.

Gráficos velocidade × tempo do MUV

Observe que a expressão ① é uma função do primeiro grau em t, cuja representação gráfica é uma reta oblíqua. Por esse motivo, dizemos que:

> No MUV, a velocidade escalar varia linearmente com o tempo.

A velocidade inicial v_0 é o coeficiente linear da função e a aceleração α é o coeficiente angular, que determina o crescimento ou o decrescimento da função.

As **figuras 3** e **4** mostram as possíveis representações gráficas, em função dos parâmetros v_0 e α.

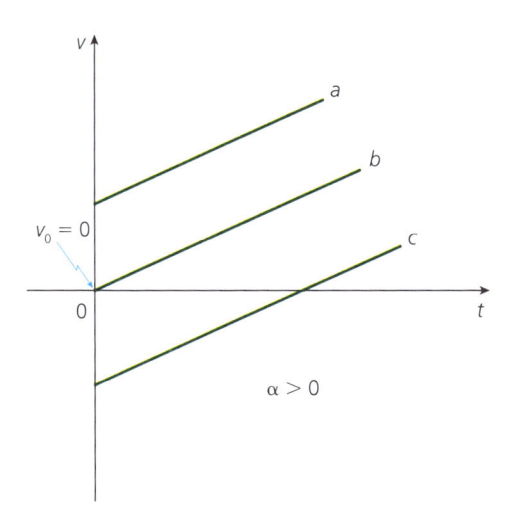

Figura 3. Aceleração escalar positiva.

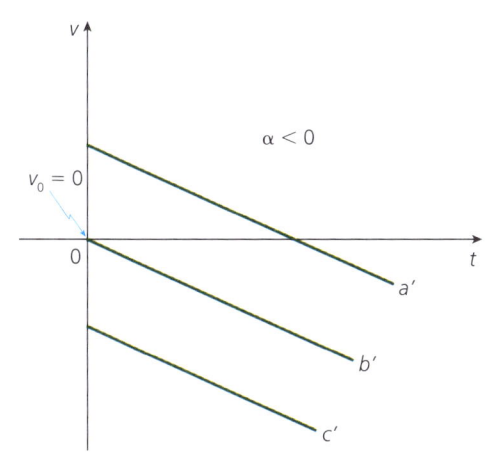

Figura 4. Aceleração escalar negativa.

As retas *a* e *a'* correspondem a $v_0 > 0$; as retas *b* e *b'* correspondem a $v_0 = 0$; e as retas *c* e *c'* correspondem a $v_0 < 0$.

Como já vimos no capítulo 3, no diagrama $v \times t$, a área entre a reta e o eixo t, num dado intervalo de tempo, é numericamente igual à variação de espaço Δs do móvel nesse intervalo. Veja as **figuras 5** e **6** a seguir.

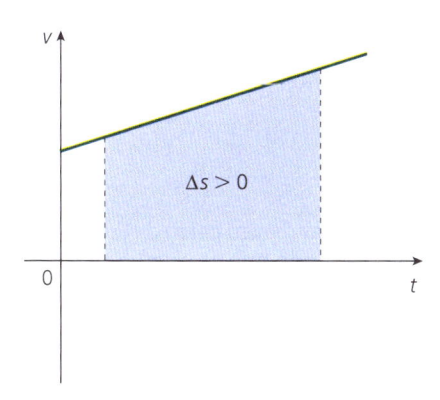

Figura 5. Deslocamento escalar positivo.

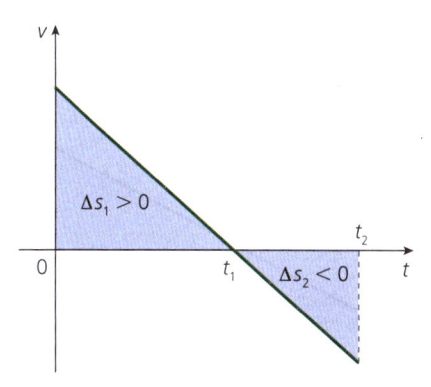

Figura 6. Entre os instantes 0 e t_1, o deslocamento escalar é positivo; entre os instantes t_1 e t_2, o deslocamento escalar é negativo.

Se, no intervalo de tempo considerado, houver uma parte da área abaixo do eixo de tempo, como na **figura 6**, essa área representará um deslocamento escalar negativo ($\Delta s < 0$).

Exercícios resolvidos

1. Um móvel, em MRUV, partindo da posição de espaço $s_0 = -10$ m, em $t_0 = 0$, varia sua velocidade escalar com o tempo segundo a função $v = 2 + 4t$ (SI). Para esse móvel:
   a) determinar os valores da velocidade inicial v_0 e da aceleração escalar a;
   b) construir o gráfico $v \times t$, para o intervalo $0 \leq t \leq 3$ s;
   c) determinar o deslocamento escalar Δs entre os instantes $t_0 = 0$ e $t = 3$ s;
   d) determinar o espaço s correspondente à sua posição em $t = 3$ s.

▶ **Solução**

a) Pela comparação entre a função horária da velocidade dada e a função $v = v_0 + \alpha t$, temos:

$$v_0 = 2 \text{ m/s} \quad \text{e} \quad \alpha = 4 \text{ m/s}^2$$

b) Como a função horária da velocidade do MUV é do primeiro grau, em t, seu gráfico será linear, bastando apenas dois pontos para obtê-lo. A tabela abaixo mostra os valores usados para isso.

t (s)	*v* (m/s)
0	2
3	14

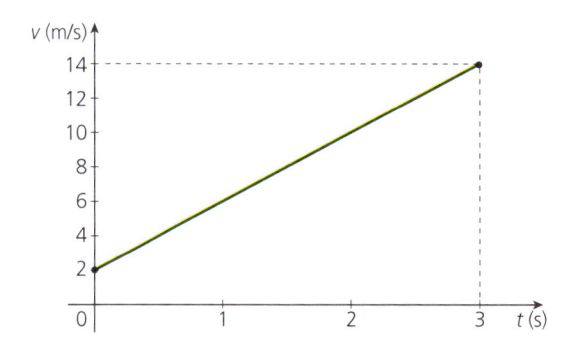

Capítulo 4 • Movimento uniformemente variado (MUV)

c) O deslocamento escalar é numericamente igual à área A do trapézio destacado no gráfico abaixo.

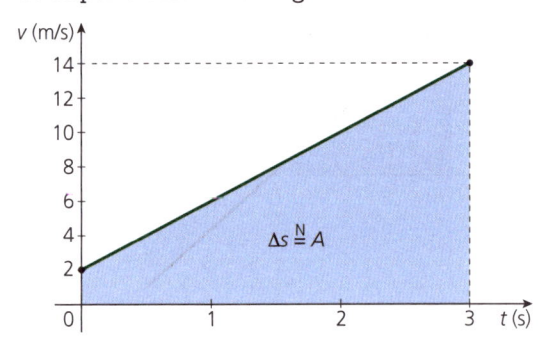

Assim:

$$\Delta s \stackrel{N}{=} A = \frac{(\text{base maior} + \text{base menor}) \times \text{altura}}{2} =$$

$$= \frac{(14 + 2) \cdot 3}{2} \therefore \boxed{\Delta s = 24 \text{ m}}$$

d) Da expressão para o deslocamento escalar e do resultado do item c, obtemos:

$$\Delta s = s - s_0 \Rightarrow 24 \text{ m} = s - (-10 \text{ m}) \Rightarrow \boxed{s = 14 \text{ m}}$$

Portanto, o móvel partiu da posição de espaço $s_0 = -10$ m, deslocou-se $\Delta s = 24$ m no sentido positivo da trajetória, atingindo, no instante 3 s, a posição de espaço $s = 14$ m.

2. Um móvel em MRUV, partindo em $t_0 = 0$ da posição de espaço $s_0 = +3$ m, tem velocidade escalar variando com o tempo segundo a função $v = 6 - 2t$ (SI). Para esse móvel:
   a) construir o gráfico $v \times t$, para o intervalo $0 \leqslant t \leqslant 6$ s;
   b) determinar o deslocamento escalar Δs_I entre os instantes $t_0 = 0$ e $t_1 = 3$ s;
   c) determinar o espaço s_1, correspondente à sua posição em $t_1 = 3$ s;
   d) determinar o deslocamento escalar total Δs_{total} entre os instantes $t_0 = 0$ e $t_2 = 6$ s;
   e) determinar o espaço s_2, correspondente à sua posição em $t_2 = 6$ s.

▶ Solução
a) Como no exercício anterior, o gráfico será linear (uma reta). Para obtê-lo, vamos usar os valores mostrados na tabela abaixo.

t (s)	v (m/s)
0	6
3	0
6	−6

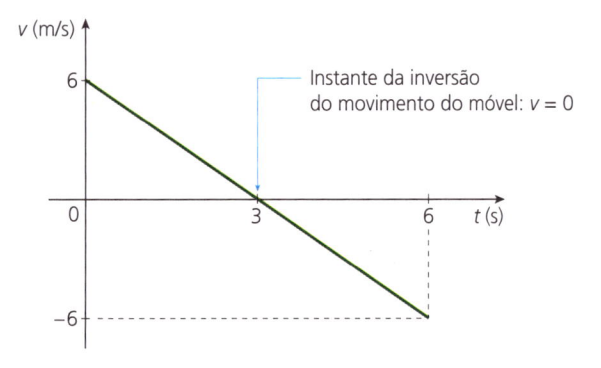

b) O deslocamento escalar Δs_I entre $t_0 = 0$ e $t_1 = 3$ s é numericamente igual à área A_1 do triângulo destacado no gráfico abaixo.

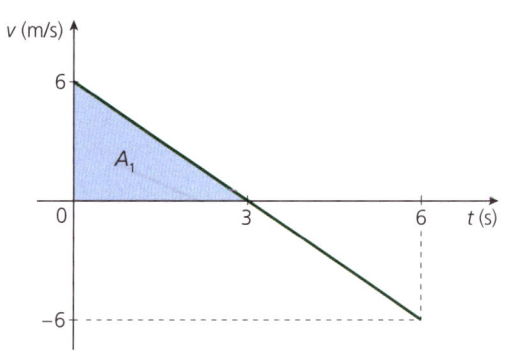

Assim:

$$\Delta s_I \stackrel{N}{=} A_1 = \frac{3 \cdot 6}{2} \therefore \boxed{\Delta s_I = 9 \text{ m}}$$

c) $\Delta s_I = s_1 - s_0 \Rightarrow 9 \text{ m} = s_1 - 3 \text{ m} \Rightarrow \boxed{s_1 = 12 \text{ m}}$

d) O deslocamento escalar Δs_{total} entre $t_0 = 0$ e $t_2 = 6$ s é numericamente igual à soma algébrica das áreas A_1 e A_2 dos triângulos destacados abaixo.

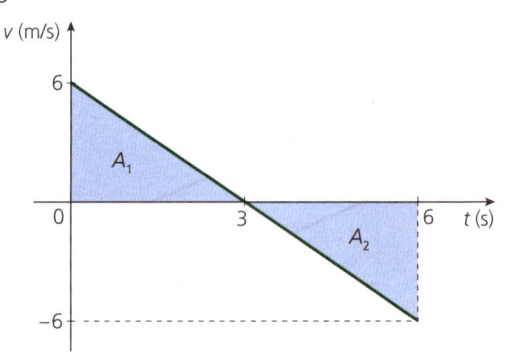

Assim:

$$\Delta s_{\text{total}} \stackrel{N}{=} A_1 + A_2 = 9 + \frac{[(6-3)] \cdot (-6)}{2} \Rightarrow \boxed{\Delta s_{\text{total}} = 0}$$

e) $\Delta s_{\text{total}} = s_2 - s_0 \Rightarrow 0 = s_2 - 3 \therefore \boxed{s_2 = +3 \text{ m}}$

Portanto, em $t_2 = 6$ s, o móvel está na mesma posição que estava em $t_0 = 0$.

Exercícios propostos

1. A velocidade escalar de um automóvel passa de 42 km/h para 96 km/h em 7,5 s. Considerando que o movimento do veículo é uniformemente acelerado, o valor da sua aceleração escalar, nesse intervalo de tempo, foi igual a:
   a) 2,0 m/s²
   b) 2,0 km/h²
   c) 7,2 km/s²
   d) 7,2 m/s²
   e) 7,2 km/h²

2. A aceleração escalar de um carro de Fórmula 1 pode chegar a 6,25 m/s². Admitindo que esse valor permaneça constante, para que o carro saia do repouso e atinja a velocidade de 90 km/h são necessários:
   a) 14,4 s
   b) 10,0 s
   c) 8,4 s
   d) 6,5 s
   e) 4,0 s

3. No instante $t_0 = 0$, uma bola é lançada, com velocidade escalar v_0, da base para o topo de uma rampa plana. Em $t_1 = 1,2$ s, sua velocidade escalar tem módulo 4,0 m/s e, em $t_2 = 2,0$ s, a bola para no alto da rampa. Determine:
   a) o módulo da aceleração escalar da bola, suposta constante;
   b) o valor de v_0.

4. O gráfico a seguir representa a velocidade escalar de um móvel, em MRUV, em função do tempo.

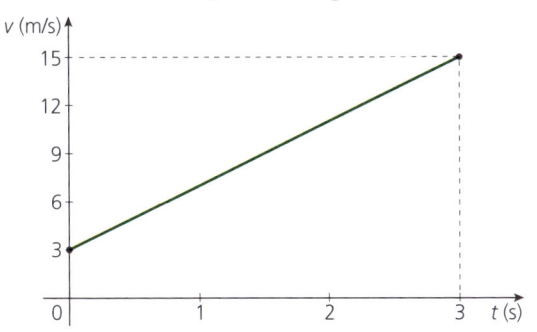

Determine para esse móvel:
a) a aceleração escalar α;
b) a função horária da velocidade;
c) a velocidade escalar no instante $t_1 = 1$ s;
d) o deslocamento escalar entre $t_1 = 1$ s e $t_2 = 3$ s;
e) a velocidade escalar média entre $t_1 = 1$ s e $t_2 = 3$ s.

5. A tabela abaixo mostra alguns valores da velocidade escalar de um móvel que descreve um MUV, no intervalo $0 \leq t \leq 10$ s.

t (s)	2	5	10
v (m/s)	−6	x	10

A partir dos dados da tabela, determine para esse móvel:
a) a aceleração escalar α;
b) a velocidade escalar inicial v_0;
c) o valor de x, na tabela;
d) o gráfico $v \times t$;
e) o deslocamento escalar entre $t_1 = 0$ e $t_2 = 10$ s;
f) a velocidade escalar média entre $t_1 = 0$ e $t_2 = 10$ s.

3 Função horária do espaço do MUV

Vamos usar o gráfico $v \times t$ para obter a função horária do espaço do MUV. Como vimos, a área sob a linha do gráfico $v \times t$, em determinado intervalo de tempo, é numericamente igual ao deslocamento escalar Δs do móvel nesse intervalo de tempo (fig. 7).

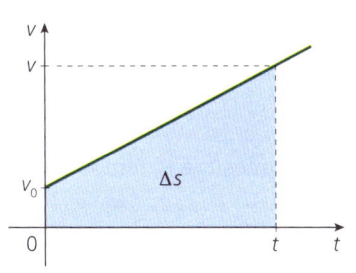

Figura 7. A área sob a linha do gráfico $v \times t$, em determinado intervalo de tempo, é numericamente igual ao deslocamento escalar Δs do móvel nesse intervalo de tempo.

Assim, temos:
$$\Delta s \stackrel{N}{=} \text{área do trapézio} = \frac{(v_0 + v) \cdot (t - 0)}{2} \Rightarrow$$

$$\Rightarrow 2 \cdot \Delta s = (v_0 + \underbrace{v_0 + \alpha t}_{v}) \cdot t = 2v_0 t + \alpha t^2 \Rightarrow$$

$$\Rightarrow \boxed{\Delta s = v_0 t + \frac{1}{2}\alpha t^2} \quad ②$$

Portanto: $s - s_0 = v_0 t + \frac{1}{2}\alpha t^2 \Rightarrow \boxed{s = s_0 + v_0 t + \frac{1}{2}\alpha t^2} \quad ③$

A expressão ② é a **função horária do deslocamento escalar**; ela dá a variação do espaço entre o instante inicial $t_0 = 0$ e um instante t qualquer. A expressão ③ é a **função horária do espaço**; ela dá o espaço correspondente à posição do móvel num instante t qualquer.

Gráficos espaço × tempo do MUV

A expressão ③ é uma função do segundo grau em t. Sua representação gráfica é um arco de parábola. As **figuras 8** e **9** mostram, genericamente, dois possíveis aspectos dessas curvas.

A **figura 8** mostra a curva que corresponde a $\alpha > 0$; a **figura 9** mostra a curva para $\alpha < 0$.

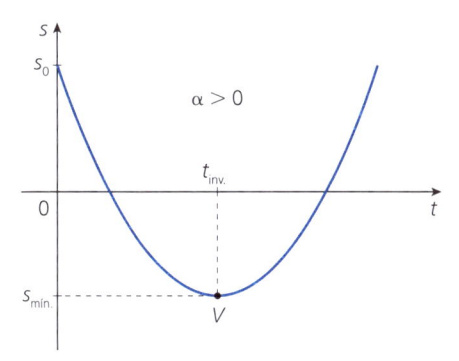

Figura 8. Aceleração escalar positiva.

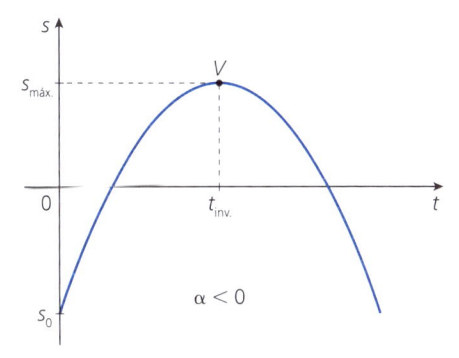

Figura 9. Aceleração escalar negativa.

As coordenadas do vértice V, nos gráficos, representam o instante e o espaço correspondentes ao ponto da inversão do movimento. Nesses instantes, a velocidade escalar do móvel é nula.

Capítulo 4 • Movimento uniformemente variado (MUV)

Exercícios resolvidos

3. Um móvel, em MUV, tem suas posições na trajetória indicadas pela função horária do espaço $s = -6 - 4t + 2t^2$, com s e t em unidades do SI e $t \geq 0$. Determinar para esse móvel:
   a) o espaço inicial (s_0), a velocidade escalar inicial (v_0) e a aceleração escalar (α);
   b) o(s) instante(s) em que ele passa pela origem dos espaços;
   c) o gráfico $s \times t$;
   d) o gráfico $v \times t$.

▶ **Solução**

a) Pela comparação da função horária do espaço dada com a função $s = s_0 + v_0 t + \frac{1}{2}\alpha t^2$, obtemos:

$$\boxed{s_0 = -6 \text{ m}}$$

$$\boxed{v_0 = -4 \text{ m/s}}$$

$$\frac{1}{2}\alpha = +2 \text{ m/s}^2 \Rightarrow \boxed{\alpha = +4 \text{ m/s}^2}$$

b) Nos instantes em que o móvel passa pela **origem dos espaços**, temos $s = 0$. Assim:

$$0 = -6 - 4t + 2t^2 \Rightarrow t^2 - 2t - 3 = 0$$

As raízes dessa equação são $t' = -1$ s e $t'' = 3$ s. Como $t \geq 0$, o instante da passagem do móvel pela origem dos espaços é:

$$\boxed{t_{\text{origem}} = 3 \text{ s}}$$

c) Vamos construir o gráfico $s \times t$ usando os valores notáveis da tabela abaixo, obtidos pela substituição dos valores de t, em segundo, na função horária do espaço dada.
- $s(t = -1 \text{ s}) = -6 - 4 \cdot (-1) + 2 \cdot (-1)^2 \Rightarrow s = 0$
- $s(t_0 = 0 \text{ s}) = -6 - 4 \cdot 0 + 2 \cdot (0)^2 \therefore s = -6 \text{ m}$
- $s(t_{\text{inv.}} = 1 \text{ s}) = -6 - 4 \cdot 1 + 2 \cdot (1)^2 \therefore s = -8 \text{ m}$
- $s(t_1 = 2 \text{ s}) = -6 - 4 \cdot 2 + 2 \cdot (2)^2 \therefore s = -6 \text{ m}$
- $s(t_2 = 3 \text{ s}) = -6 - 4 \cdot 3 + 2 \cdot (3)^2 \Rightarrow s = 0$

t (s)	s (m)
0	-6
1	-8
2	-6
3	0

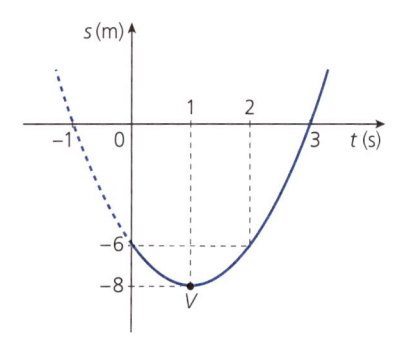

d) A função horária da velocidade é $v = v_0 + \alpha t$. Portanto, para esse movimento, temos: $v = -4 + 4t$ (SI). A tabela abaixo mostra valores notáveis para a construção do gráfico $v \times t$.
- $v(t_0 = 0 \text{ s}) = -4 + 4 \cdot 0 \therefore v = -4 \text{ m/s}$
- $v(t_{\text{inv.}} = 1 \text{ s}) = -4 + 4 \cdot 1 \Rightarrow v = 0$
- $v(t_1 = 2 \text{ s}) = -4 + 4 \cdot 2 \therefore v = +4 \text{ m/s}$
- $v(t_2 = 3 \text{ s}) = -4 + 4 \cdot 3 \therefore v = +8 \text{ m/s}$

t (s)	v (m/s)
0	-4
1	0
2	+4
3	+8

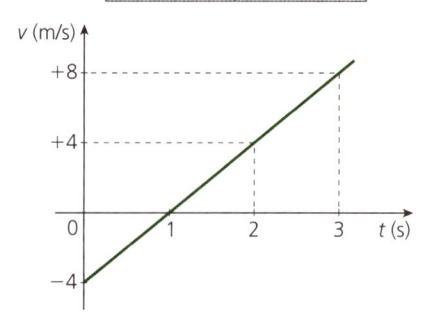

4. Um móvel, no instante $t_0 = 0$, passa pela posição de espaço $s_0 = -8$ m, com velocidade escalar $v_0 = +6$ m/s e aceleração escalar constante $\alpha = -2$ m/s². Para esse movimento, determinar:
   a) a função horária do espaço, em unidades do SI;
   b) o(s) instante(s) no(s) qual(is) o móvel passa pela origem da trajetória;
   c) a(s) velocidade(s) escalar(es) do móvel no(s) instante(s) obtido(s) no item **b**;
   d) os gráficos $s \times t$ e $v \times t$.

▶ **Solução**

a) Pela substituição dos valores dados na função $s = s_0 + v_0 t + \frac{1}{2}\alpha t^2$, temos:

$$\boxed{s = -8 + 6t - 1t^2 \text{ (SI)}}$$

b) Nos instantes em que o móvel passa pela **origem dos espaços**, temos $s = 0$. Assim:

$$0 = -8 + 6t - 1t^2 \Rightarrow t^2 - 6t + 8 = 0$$

As raízes dessa equação são $t_1 = 2$ s e $t_2 = 4$ s. Assim, os instantes da passagem do móvel pela origem da trajetória são:

$$\boxed{t_1 = 2 \text{ s}} \quad \text{e} \quad \boxed{t_2 = 4 \text{ s}}$$

c) Pela substituição dos valores dados na função $v = v_0 + \alpha t$, a função horária da velocidade para esse movimento é:

$$\boxed{v = 6 - 2t \text{ (SI)}}$$

Assim, nos instantes t_1 e t_2, temos as seguintes velocidades escalares:

$$v_1 = 6 - 2 \cdot 2 \therefore \boxed{v_1 = +2 \text{ m/s}}$$

e

$$v_2 = 6 - 2 \cdot 4 \therefore \boxed{v_2 = -2 \text{ m/s}}$$

d) A função horária do espaço obtida no item **a** nos dá os valores da tabela abaixo.

- $s(t_0 = 0\ s) = -8 + 6 \cdot 0 - 1 \cdot (0)^2 \therefore s = -8\ m$
- $s(t_1 = 2\ s) = -8 + 6 \cdot 2 - 1 \cdot (2)^2 \Rightarrow s = 0$
- $s(t_{inv.} = 3\ s) = -8 + 6 \cdot 3 - 1 \cdot (3)^2 \therefore s = +1\ m$
- $s(t_2 = 4\ s) = -8 + 6 \cdot 4 - 1 \cdot (4)^2 \Rightarrow s = 0$
- $s(t_3 = 6\ s) = -8 + 6 \cdot 6 - 1 \cdot (6)^2 \therefore s = -8\ m$

t (s)	s (m)
0	−8
2	0
3	+1
4	0
6	−8

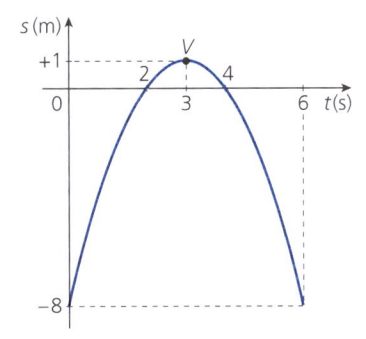

A função horária da velocidade obtida no item **c** nos dá os valores da tabela abaixo.

- $v(t_0 = 0\ s) = 6 - 2 \cdot 0 \therefore v = +6\ m/s$
- $v(t_1 = 2\ s) = 6 - 2 \cdot 2 \therefore v = +2\ m/s$
- $v(t_{inv.} = 3\ s) = 6 - 2 \cdot 3 \Rightarrow v = 0$
- $v(t_2 = 4\ s) = 6 - 2 \cdot 4 \therefore v = -2\ m/s$
- $v(t_3 = 6\ s) = 6 - 2 \cdot 6 \therefore v = -6\ m/s$

t (s)	v (m/s)
0	+6
2	+2
3	0
4	−2
6	−6

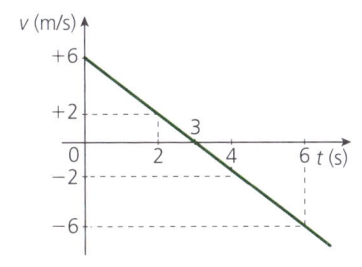

Exercícios propostos

6. Uma bola, partindo do repouso, escorrega sobre uma rampa inclinada plana, atingindo uma velocidade escalar de 3,0 m/s após um segundo de movimento. Determine para essa bola:
a) o valor de sua aceleração escalar, suposta constante;
b) seu deslocamento escalar após o primeiro segundo de movimento;
c) sua velocidade escalar após dois segundos de movimento;
d) seu deslocamento escalar após dois segundos de movimento.

7. Uma bola, partindo do repouso, escorrega sobre uma rampa inclinada plana, percorrendo 1,0 m no 1º segundo de movimento. Para essa bola, determine:
a) o valor da aceleração escalar, suposta constante;
b) a distância total percorrida após dois segundos do início do movimento;
c) a distância total percorrida após três segundos do início do movimento;
d) a distância percorrida no 2º segundo do movimento;
e) a distância percorrida no 3º segundo do movimento.

8. Um móvel, em MRUV, passa pelo ponto da trajetória de espaço 25 m em $t_0 = 0$. A partir desse instante, a velocidade escalar do móvel passa a obedecer à seguinte função horária: $v = 20 - 10t$ (SI). Para esse movimento, podemos dizer que a função horária do espaço, $s(t)$, em unidades do SI, é:
a) $s = 25 + 20t - 10t^2$
b) $s = 25 + 20t - 5t^2$
c) $s = 25 - 20t + 10t^2$
d) $s = 25 - 20t + 5t^2$
e) $s = 20 + 25t - 5t^2$

9. Em relação ao exercício anterior, podemos dizer que o móvel passa pela origem da trajetória:
a) no instante $t = 1$ s, com velocidade escalar $v = 10$ m/s, em módulo.
b) no instante $t = 1$ s, com velocidade escalar $v = 30$ m/s, em módulo.
c) no instante $t = 2$ s, com velocidade escalar nula.
d) no instante $t = 5$ s, com velocidade escalar $v = 30$ m/s, em módulo.
e) em instante algum, após $t_0 = 0$.

10. No mesmo instante em que o móvel A parte do repouso ($t_0 = 0$), com aceleração escalar constante igual a 4 m/s², passa por ele o móvel B, com velocidade escalar constante igual a 20 m/s, ambos seguindo trajetórias retilíneas, paralelas e identicamente graduadas. Para esses móveis, determine:
a) o instante t_u, no qual A alcança e ultrapassa B;
b) o espaço s_u, correspondente ao ponto da ultrapassagem;
c) as velocidades escalares de A e B no instante obtido no item **a**;
d) o instante no qual as velocidades escalares de A e B são iguais.

11. No instante $t_0 = 0$, os móveis A e B partem do repouso dos pontos P e Q, de uma mesma trajetória, cujos espaços valem $s_P = 0$ e $s_Q = 64$ m. As acelerações escalares de A e B valem $\alpha_A = +4$ m/s² e $\alpha_B = +2$ m/s². Para esses móveis, determine:
a) suas respectivas funções horárias do espaço, relativas à trajetória considerada;
b) o instante t_u, no qual A alcança e ultrapassa B;
c) o espaço s_u, correspondente ao ponto onde A alcança e ultrapassa B;
d) as velocidades escalares de A e B no instante obtido no item **b**.

Capítulo 4 • Movimento uniformemente variado (MUV)

Atividade prática

Para este experimento, você vai precisar do seguinte material:

- aproximadamente cinco metros de barbante bem liso ou linha de pesca;
- um pequeno anel, que pode ser confeccionado com um pedacinho de arame;
- uma trena;
- um cronômetro.

Passe o anel pelo fio e prenda uma de suas extremidades em uma parede, a uma altura de aproximadamente 2 m (ponto A). Fixe a outra extremidade no chão (ponto B). Deixe o fio bem esticado e meça o seu comprimento. A seguir, solte o anel do ponto A e determine o intervalo de tempo que ele demora para atingir o ponto B. O movimento do anel pode ser considerado uniformemente acelerado. Determine a aceleração do anel. Repita o experimento com fios de comprimentos menores, AB_1, AB_2, AB_3, como mostra a figura, mudando a posição da extremidade B.

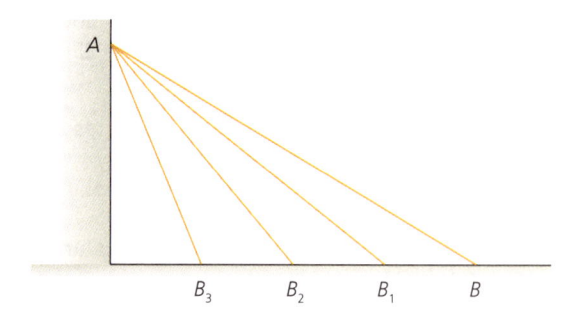

Determine em cada caso a nova aceleração do anel. Ela aumenta, diminui ou não varia? A que valor tende a aceleração do anel?

Explique, em um texto, de que maneira você calculou a aceleração do anel. Organize os dados das grandezas medidas e da aceleração obtida para cada inclinação do fio em uma tabela.

Além da aceleração, é possível calcular a velocidade média do anel no percurso de A até B e a velocidade do anel no instante em que ele atinge o ponto B. Explique em seu texto como podem ser feitos esses cálculos.

Propriedade do gráfico aceleração × tempo no MUV

No MUV, a aceleração escalar α é constante, portanto, o gráfico $\alpha \times t$ é representado por uma reta paralela ao eixo do tempo, como mostra a **figura 10**.

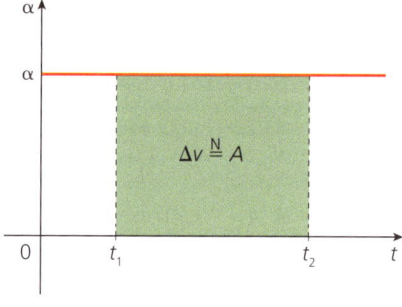

Figura 10.

Nesse gráfico, a área A é numericamente igual à variação da velocidade escalar do móvel no intervalo de tempo considerado.

$$\alpha = \frac{\Delta v}{\Delta t} \Rightarrow \Delta v = \underbrace{\overbrace{\alpha}^{\text{Altura}} \cdot \overbrace{\Delta t}^{\text{Base}}}_{\text{Área do retângulo}}$$

4 Equação de Torricelli e relação entre velocidade escalar e espaço no MUV

No MUV, podemos determinar a velocidade escalar v do móvel em qualquer ponto da trajetória cujo espaço s seja conhecido. A expressão que relaciona velocidade escalar e espaço é denominada **equação de Torricelli**, que é uma **função do segundo grau**, como veremos a seguir.

Para obter essa função, podemos isolar t na função horária da velocidade e substituir o resultado na função horária do espaço. Após algumas passagens algébricas, chegamos à expressão desejada. Mas há um caminho mais simples.

Observe que, no MUV, o deslocamento escalar Δs, de $t_0 = 0$ até um instante t qualquer, é dado por $\Delta s = v_0 t + \frac{1}{2}\alpha t^2$, e a velocidade escalar em um dado instante t é $v = v_0 + \alpha t$.

Elevando ao quadrado ambos os membros de $v = v_0 + \alpha t$, temos:

$$v^2 = (v_0 + \alpha t)^2 \Rightarrow v^2 = v_0^2 + 2\alpha v_0 t + \alpha^2 t^2 \Rightarrow$$

$$\Rightarrow v^2 = v_0^2 + 2\alpha \cdot \underbrace{\left(v_0 t + \frac{1}{2}\alpha t^2\right)}_{\Delta s} \Rightarrow \boxed{v^2 = v_0^2 + 2\alpha \Delta s}$$

ou

$$\boxed{v^2 = v_0^2 + 2\alpha \cdot (s - s_0)}$$

Note que a equação de Torricelli não apresenta explicitamente o tempo t, por isso não é uma função horária, mas uma **função quadrática** de s em v.

Exercícios resolvidos

5. Um móvel, em movimento retilíneo uniformemente variado (MRUV), passa pela origem da sua trajetória, no instante $t_0 = 0$, com velocidade escalar de módulo 2,0 m/s e aceleração escalar constante de módulo 0,5 m/s², em movimento progressivo e retardado. Determinar para esse movimento:

a) o espaço $s_{inv.}$, correspondente à posição na qual o móvel inverte o sentido do movimento;
b) o instante t_{origem}, no qual o móvel passa novamente pela origem da trajetória;
c) a velocidade escalar do móvel no instante obtido no item **b**.

▶ **Solução**

a) No instante $t_0 = 0$, temos: $s_0 = 0$, $v_0 = 2,0$ m/s e $\alpha = -0,5$ m/s²
No instante da inversão do movimento, devemos ter: $v = 0$
Assim, podemos obter $s_{inv.}$ substituindo $v = 0$ na equação de Torricelli.
$v^2 = v_0^2 + 2\alpha \cdot (s - s_0) \Rightarrow 0^2 = 2,0^2 + 2 \cdot (-0,5) \cdot (s_{inv.} - 0)$
$\therefore \boxed{s_{inv.} = 4,0 \text{ m}}$

b) Passar pela origem da trajetória significa impor $s = 0$. Assim:
$s = s_0 + v_0 t + \frac{1}{2}\alpha t^2 \Rightarrow 0 = 0 + 2,0t + \frac{1}{2} \cdot (-0,5)t^2 \Rightarrow$
$\Rightarrow 0,25t^2 - 2,0t = 0$
ou
$t^2 - 8,0t = 0 \Rightarrow t \cdot (t - 8,0) = 0$
As raízes dessa equação são $t' = 0$ e $t'' = 8,0$ s. Como $t = 0$ representa a passagem do móvel pela origem no instante inicial, o móvel passa novamente pela origem da trajetória
em: $\boxed{t_{origem} = 8,0 \text{ s}}$

c) Determinamos a velocidade escalar no instante t_{origem} usando a função horária da velocidade.
$v = v_0 + \alpha t \Rightarrow v = 2,0 + (-0,5) \cdot (8,0) \therefore \boxed{v = -2,0 \text{ m/s}}$

Também podemos usar a equação de Torricelli. Considerando $s = 0$, temos:
$v^2 = v_0^2 + 2\alpha \cdot (s - s_0) \Rightarrow v^2 = 2,0^2 + 2 \cdot (-0,5) \cdot (0 - 0)$
$\therefore v = \pm 2,0$ m/s

O sinal positivo corresponde ao instante no qual o móvel passa pela primeira vez pela origem ($t_0 = 0$). O sinal negativo corresponde à segunda passagem do móvel pela origem ($t_{origem} = 8,0$ s), portanto: $\boxed{v = -2,0 \text{ m/s}}$

6. Partindo do repouso e da origem dos espaços de uma trajetória retilínea, um móvel desloca-se com aceleração escalar constante $\alpha = +1,0$ m/s². Sobre esse movimento são pedidos:

a) a função $s(v)$, do espaço ocupado pelo móvel em função da sua velocidade escalar;
b) a velocidade escalar do móvel na posição de espaço $s = +50$ m, em km/h;
c) o espaço, em metro, correspondente à sua posição no instante em que sua velocidade escalar vale 72 km/h;
d) o gráfico da função obtida no item a.

▶ **Solução**

a) A partir da equação de Torricelli, com $v_0 = 0$ e $s_0 = 0$, temos:
$v^2 = v_0^2 + 2\alpha \cdot (s - s_0) \Rightarrow v^2 = 0^2 + 2\alpha \cdot (s - 0) \Rightarrow$
$\Rightarrow v^2 = 2 \cdot (+1,0) \cdot s \Rightarrow \boxed{s = \frac{1}{2}v^2 \text{ (SI)}}$

b) Da função obtida no item anterior, temos:
$s = \frac{1}{2}v^2 \Rightarrow +50 = \frac{1}{2}v^2 \Rightarrow v^2 = 100 \therefore v = \pm 10$ m/s
Como o móvel parte do repouso e sua aceleração escalar é sempre positiva, sua velocidade escalar nessa posição também deve ser positiva. Portanto:
$v = +10$ m/s $\Rightarrow \boxed{v = +36 \text{ km/h}}$

c) Da função $s = \frac{1}{2}v^2$, com $v = 72$ km/h $\Rightarrow v = 20$ m/s, temos:
$s = \frac{1}{2} \cdot 20^2 \therefore \boxed{s = 200 \text{ m}}$

d) O gráfico da função $s = \frac{1}{2}v^2$ é um arco de parábola.
Para construí-lo, vamos usar os valores mostrados na tabela abaixo, obtidos a partir da função $s(v)$.

v (m/s)	s (m)
0	0
10	50
20	200
30	450
40	800

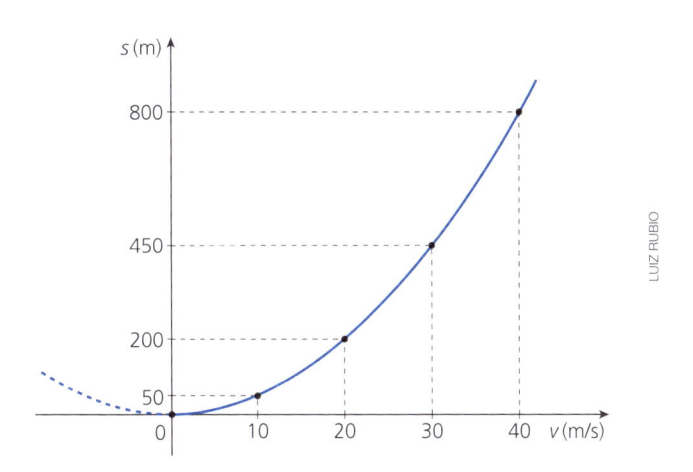

Exercícios propostos

12. Um móvel acelera uniformemente a partir do repouso e atinge velocidade escalar v, no instante T, ao final de um deslocamento escalar s. Portanto, em $\frac{T}{2}$, o módulo da velocidade escalar do móvel era igual a:

a) $\frac{v}{4}$ c) $\frac{v}{\sqrt{2}}$ e) $\frac{2v}{\sqrt{2}}$

b) $\frac{v}{2}$ d) $v\sqrt{2}$

Capítulo 4 • Movimento uniformemente variado (MUV)

13. Em relação ao exercício anterior, o módulo da velocidade escalar do móvel na metade do percurso s era igual a:

a) $\dfrac{v}{4}$

b) $\dfrac{v}{2}$

c) $\dfrac{v}{\sqrt{2}}$

d) $v\sqrt{2}$

e) $\dfrac{2v}{\sqrt{2}}$

14. Ainda em relação ao exercício 12, do início do movimento até o instante em que o módulo da sua velocidade escalar era igual a $\dfrac{v}{2}$, o móvel deslocou-se:

a) $\dfrac{s}{4}$

b) $\dfrac{s}{2}$

c) $\dfrac{s}{\sqrt{2}}$

d) $s\sqrt{2}$

e) $\dfrac{2s}{\sqrt{2}}$

15. Uma bola, partindo do repouso, escorrega livremente ao longo de uma rampa inclinada plana, mantendo aceleração escalar constante. Após percorrer uma distância D, sua velocidade escalar atinge o valor v. Portanto, a partir desse ponto, para que sua velocidade escalar triplique, a bola deverá percorrer uma distância igual a:

a) D c) 3D e) 9D
b) 2D d) 8D

5 Velocidade escalar média no MUV

No MUV, a velocidade escalar média entre dois instantes t_1 e t_2 quaisquer pode ser determinada pela média aritmética simples entre as velocidades escalares v_1 e v_2 do móvel nos respectivos instantes: $v_m = \dfrac{\Delta v}{\Delta t} = \dfrac{v_1 + v_2}{2}$

Vamos demonstrar essa propriedade do MUV para um deslocamento escalar Δs entre o instante inicial $t_0 = 0$ e um instante t qualquer. Assim:

$$s = s_0 + v_0 t + \dfrac{1}{2}\alpha t^2 \Rightarrow s - s_0 = t \cdot \left(v_0 + \dfrac{1}{2}\alpha t\right) \Rightarrow$$

$$\Rightarrow \dfrac{s - s_0}{t} = \left(\dfrac{2v_0 + \alpha t}{2}\right) \Rightarrow$$

$$\Rightarrow v_m = \dfrac{s - s_0}{t} = \left(\dfrac{v_0 + \overbrace{v_0 + \alpha t}^{v}}{2}\right) \Rightarrow \boxed{v_m = \dfrac{v_0 + v}{2}}$$

Portanto, no MUV, é sempre correto escrever

$s = s_0 + \left(\dfrac{v_0 + v}{2}\right) \cdot t$, sendo s e v, respectivamente, o espaço e a velocidade escalar do móvel no instante t considerado.

6 Movimentos retilíneos verticais nas proximidades da superfície da Terra

Por volta de 1638, Galileu Galilei (1564-1642) demonstrou que, nas proximidades da superfície da Terra, corpos abandonados de determinada altura sob a ação exclusiva da gravidade, ou seja, em queda livre, caem com aceleração constante e independente de suas massas ou do material que os constitui. Essa aceleração é denominada aceleração da gravidade e é representada por g.

O valor da aceleração da gravidade na superfície da Terra varia entre 9,78 m/s² e 9,82 m/s², aproximadamente, dependendo da latitude do local.

O valor padrão adotado para a aceleração da gravidade na superfície da Terra é 9,80665 m/s², denominado **aceleração da gravidade normal** (g_0).

À medida que nos elevamos em relação à superfície da Terra, o valor local de g torna-se menor que g_0. Por exemplo, a uma altitude de 32 km, o valor de g é apenas 1% menor que g_0, isto é, $g \simeq 9,71$ m/s². Portanto, é muito pequeno o erro que cometemos quando consideramos constante o valor de g para pequenas altitudes. Porém, a 1.600 km de altitude, o valor de g é 64% de g_0, isto é, $g \simeq 6,28$ m/s².

Representação artística da suposta experiência de Galileu na Torre de Pisa. Os corpos caem ao solo com uma aceleração (g) cujo valor independe de suas massas.

Quando soltamos um corpo, inicialmente em repouso, de determinada altura ou o lançamos verticalmente para cima ou para baixo, nas proximidades da superfície da Terra, sob a ação exclusiva da gravidade, seu movimento terá aceleração escalar de módulo g. Portanto, esse movimento será considerado um MUV com aceleração escalar $+g$, se considerarmos positivo o sentido para baixo, ou $-g$, se considerarmos positivo o sentido para cima. Veja a **figura 11** abaixo.

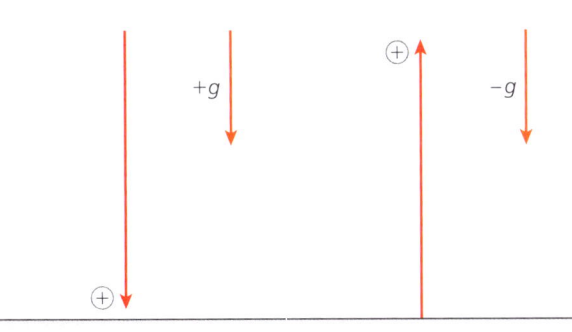

Figura 11. Orientações das trajetórias para movimentos verticais sob a ação da gravidade.

Exercícios resolvidos

7. Considerando o módulo da aceleração da gravidade g igual a 10 m/s² e que a influência do ar seja desprezível, determinar:

a) o intervalo de tempo necessário para uma bolinha cair livremente de uma altura de 5 m, a partir do repouso ($t_0 = 0$);

b) a velocidade escalar da bolinha ao final da queda de 5 m;

c) o intervalo de tempo necessário para a bolinha cair livremente de uma altura de 20 m, a partir do repouso ($t_0 = 0$);

d) a velocidade escalar da bolinha ao final da queda de 20 m.

▶ **Solução**

Vamos adotar o sentido para baixo como positivo (caso em que $g = +10$ m/s²).

a) Com o referencial adotado, teremos $\Delta s = +5$ m, $v_0 = 0$ e $\alpha = g = +10$ m/s². Assim:

$$\Delta s = v_0 t + \frac{1}{2}\alpha t^2 \Rightarrow +5 = 0 \cdot t + \frac{1}{2} \cdot (+10)t^2 \Rightarrow t^2 = 2 \cdot \frac{5}{10}$$

$\therefore t = 1$ s

Como $t_0 = 0$, $\Delta t = t - t_0 = 1 - 0$ $\therefore$ $\boxed{\Delta t = 1\text{ s}}$

b) Como $v = v_0 + \alpha t$, teremos: $v = 0 + 10 \cdot 1$ $\therefore$ $\boxed{v = 10\text{ m/s}}$

c) Para $\Delta s = +20$ m, $v_0 = 0$ e $\alpha = +10$ m/s², teremos:

$$\Delta s = v_0 t + \frac{1}{2}\alpha t^2 \Rightarrow +20 = 0 \cdot t + \frac{1}{2} \cdot (+10)t^2 \Rightarrow t^2 = 2 \cdot \frac{20}{10}$$

$\therefore t = 2$ s

Como $t_0 = 0$, $\Delta t = t - t_0 = 2 - 0$ $\therefore$ $\boxed{\Delta t = 2\text{ s}}$

d) Novamente, teremos: $v = v_0 + \alpha t \Rightarrow v = 0 + 10 \cdot 2$

$\therefore$ $\boxed{v = 20\text{ m/s}}$

Exercícios propostos

16. Uma torneira goteja água à razão de uma gota a cada 0,3 s. Considerando desprezível a influência do ar e adotando $g = 10$ m/s², determine, em centímetro, as distâncias x e y entre as gotas sucessivas indicadas na figura.

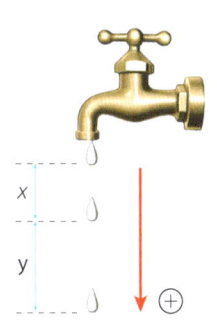

17. De uma altura de 45 m acima do solo plano e horizontal, abandona-se uma pedra, cuja queda pode ser admitida livre de qualquer influência que não seja a gravidade terrestre. Considerando $g = 10$ m/s², determine:

a) o instante em que a pedra atinge o solo;

b) a velocidade escalar da pedra ao atingir o solo;

c) a velocidade escalar inicial vertical com que se deve lançar a pedra para que ela chegue ao solo em 1 s, partindo da mesma altura.

18. Em um local livre da influência do ar, lançou-se uma bola verticalmente para cima com velocidade escalar inicial v_0 e ela atingiu uma altura máxima H. Se essa bola fosse lançada com velocidade escalar inicial $\frac{v_0}{2}$, a nova altura máxima atingida seria:

a) $\frac{1}{4}H$ \hspace{2cm} d) $\frac{3}{4}H$

b) $\frac{1}{2}H$ \hspace{2cm} e) $H\sqrt{2}$

c) $\frac{H}{\sqrt{2}}$

19. Ainda considerando a situação do exercício anterior, é correto afirmar que a velocidade escalar da bola ao atingir a altura $\frac{3H}{4}$, após ser lançada com velocidade escalar inicial v_0, é:

a) $\frac{1}{4}v_0$ \hspace{2cm} d) $\frac{2}{3}v_0$

b) $\frac{1}{2}v_0$ \hspace{2cm} e) zero

c) $\frac{3}{4}v_0$

20. Uma bola é lançada verticalmente para cima com velocidade escalar inicial de 12,0 m/s, em um local onde o módulo da aceleração da gravidade pode ser considerado igual a 10,0 m/s² e o ar exerce ação desprezível sobre seu movimento. Para esse lançamento, determine:

a) o instante em que a bola atinge a altura máxima, relativa ao ponto de lançamento;

b) o valor da altura máxima atingida.

Exercícios de revisão

Ficha-resumo 1

Função horária da velocidade: $v = v_0 + \alpha t$

Gráfico $v \times t$: Área $\stackrel{N}{=} \Delta s$

Velocidade escalar média: $v_m = \dfrac{v_0 + v}{2}$

1. Em um experimento, uma bola é abandonada do topo de uma rampa plana de comprimento 3,0 m. A bola chega ao final da rampa em exatamente 2,0 s. Com essas informações, determine para esse deslocamento:
a) a velocidade escalar média da bola;
b) a velocidade escalar da bola no final da rampa;
c) a aceleração escalar da bola.

2. (Ufam) A figura representa o gráfico da velocidade em função do tempo do movimento de um corpo lançado verticalmente para cima com velocidade inicial $v_0 = 12$ m/s, na superfície de um planeta.

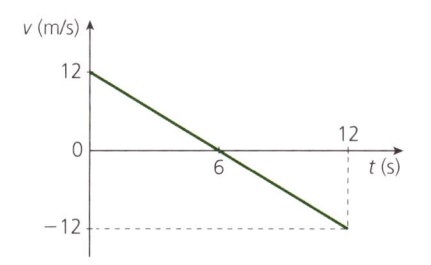

A altura máxima atingida pelo corpo vale:
a) 24 m
b) 36 m
c) 64 m
d) 72 m
e) 144 m

Texto para os exercícios 3, 4 e 5.

Depois de ter sido lançado do solo plano e horizontal, um foguete experimental varia sua velocidade escalar com o tempo de acordo com o gráfico a seguir. A nave tinha combustível somente para 2,0 segundos de propulsão. Em dado instante, já no movimento de volta ao solo, abriu-se um pequeno paraquedas e o foguete aterrissou em segurança, no instante T. No intervalo de tempo entre 0 e 6,0 segundos, os movimentos do foguete são considerados MUV.

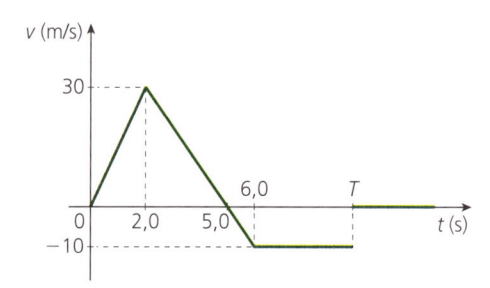

3. A partir do gráfico, é correto afirmar que a altura máxima atingida pelo foguete foi igual a:
a) 15 m
b) 60 m
c) 75 m
d) 90 m
e) 100 m

4. A duração do movimento do foguete, do lançamento até o retorno ao solo, foi de:
a) 10 s
b) 13 s
c) 26 s
d) 31 s
e) 44 s

5. O paraquedas abriu a uma altura de:
a) 5,0 m acima do solo.
b) 45 m acima do solo.
c) 50 m acima do solo.
d) 70 m acima do solo.
e) 75 m acima do solo.

Ficha-resumo 2

Função horária do espaço: $s = s_0 + v_0 t + \dfrac{1}{2}\alpha t^2$

Função horária do deslocamento escalar:

$\Delta s = v_0 t + \dfrac{1}{2}\alpha t^2$ ou $\Delta s = \dfrac{(v_0 + v)\cdot t}{2}$

6. O diagrama horário a seguir mostra os espaços para o movimento uniformemente variado de uma partícula, entre os instantes $t_0 = 0$ e $t = 10$ s.

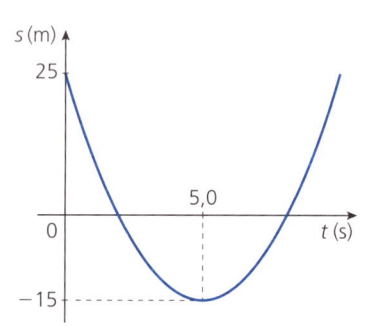

A partir dos dados mostrados, obtenha para essa partícula:
a) o valor de sua velocidade escalar inicial;
b) o valor de sua aceleração escalar;
c) a função horária do espaço que descreve o seu movimento, em unidades SI.

7. (Cefet-MG) Um carro em MRUV em uma estrada plana passa por determinado ponto com velocidade escalar de 15 m/s. Sabendo que ele gasta 5,0 s para percorrer os próximos 50 m, sua velocidade escalar ao final desse trecho, em m/s, será igual a:
a) 5
b) 10
c) 15
d) 20

8. (Cefet-CE) A figura a seguir representa, fora de escala, as marcas das patas traseiras de um guepardo que, partindo do repouso no ponto A, faz uma investida predatória, a fim de garantir sua refeição. O intervalo entre as marcas é de um segundo.

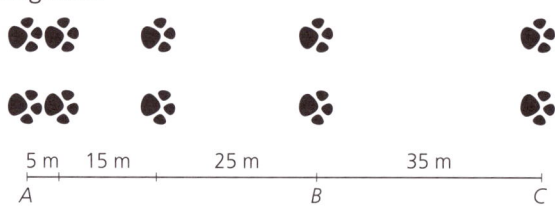

Determine:
a) a aceleração escalar do guepardo;
b) a velocidade do guepardo, ao passar pelo ponto B da trajetória.

9. Uma análise criteriosa do desempenho do atleta jamaicano Usain Bolt na quebra do recorde mundial dos 100 metros rasos, no Mundial de Atletismo em Berlim, em 2009, mostrou que, apesar de ter sido o último dos corredores a reagir ao tiro de largada para iniciar sua corrida, seus primeiros 30 metros foram "os mais velozes" já percorridos em uma competição, atingindo essa distância em pouco menos de 3,9 segundos. Assim, podemos dizer que, nesse trecho do percurso, a aceleração escalar de Bolt teve valor:
a) exatamente igual a 4,0 m/s².
b) pouco menor que 4,0 m/s².
c) pouco maior que 4,0 m/s².
d) exatamente igual a 5,0 m/s².
e) que não pode ser determinado por falta de dados no enunciado.

Ficha-resumo 3

Equação de Torricelli:
$$v^2 = v_0^2 + 2\alpha\Delta s$$

Aceleração do movimento retilíneo vertical sob a ação exclusiva da gravidade:
$$\alpha = \pm g$$

Texto para os exercícios 10 e 11.
Um *dragster* moderno é um automóvel que pode chegar a 99,9 km/h em apenas 925,0 ms. Nesse intervalo de tempo, seu piloto fica sob o efeito de uma aceleração horizontal α, cujo valor, suposto constante, é igual a n vezes o módulo da aceleração da gravidade, isto é, $\alpha = n \cdot g$ ($g = 10,0$ m/s²).

10. Assim, podemos dizer que, nas condições acima citadas, n vale:
a) 0,5   c) 2,5   e) 5,0
b) 1,0   d) 3,0

11. Em um percurso de 300 m, típico nas corridas de *dragsters*, esse carro poderia alcançar uma velocidade escalar final de aproximadamente:
a) 134 km/h   d) 512 km/h
b) 483 km/h   e) 356 km/h
c) 235 km/h

12. Faltando 750 m para o final da pista, um avião está com velocidade escalar de 180 km/h e o piloto avalia que não será possível parar a aeronave nessas condições. O piloto resolve, então, fazer uma decolagem de emergência com aceleração escalar constante α para atingir a velocidade escalar de 360 km/h. Assim, para conseguir seu objetivo, o valor mínimo de α deve ser:
a) 2,5 m/s²   d) 6,4 m/s²
b) 3,6 m/s²   e) maior que 7,2 m/s²
c) 5,0 m/s²

13. (Furg-RS) Uma pedra é solta de um penhasco e leva Δt_1 segundos para chegar ao solo. Se Δt_2 segundos é o tempo necessário para a pedra percorrer a primeira metade do percurso, então podemos afirmar que a razão $\dfrac{\Delta t_1}{\Delta t_2}$ vale:
a) 1   c) 2   e) $\sqrt{2}$
b) $\dfrac{1}{\sqrt{2}}$ d) $\dfrac{1}{2}$

14. Nos seus estudos sobre os movimentos dos corpos, Galileu Galilei constatou que, partindo do repouso, um móvel com aceleração escalar constante percorre, em intervalos de tempo iguais e sucessivos, distâncias sucessivas e proporcionais aos números naturais ímpares. Isto é, se no primeiro intervalo de tempo ele percorre uma distância d, no segundo intervalo de tempo, percorrerá a distância $3d$, no terceiro intervalo de tempo, $5d$, e assim sucessivamente. Essa propriedade é conhecida como **regra de Galileu**.
Em um dia sem vento, um garoto deixa cair do alto de uma ponte uma bola no instante $t_0 = 0$, verticalmente a partir do repouso, num local onde o módulo da aceleração gravitacional é considerado 10 m/s². A bola atinge, no instante t_4, um ponto localizado no nível das águas do rio, a uma distância h do seu ponto de partida. A figura a seguir apresenta, fora de escala, cinco posições da bola, relativa aos instantes t_0, t_1, t_2, t_3 e t_4.

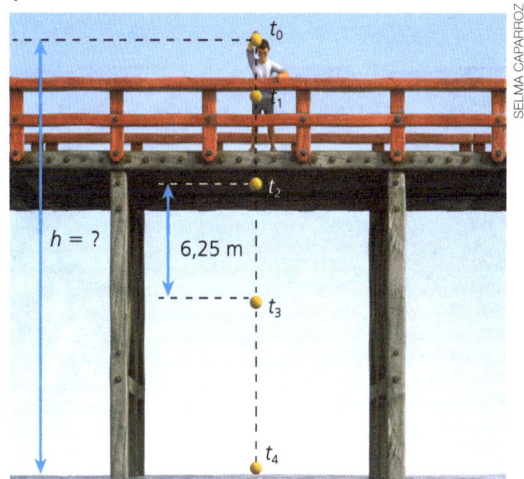

Sabe-se que, entre os instantes t_2 e t_3, a bola percorre 6,25 m. Desprezando a influência do ar na queda da bola e sabendo que os intervalos de tempo entre as posições sucessivas têm a mesma duração, podemos afirmar que a distância h e $t_3 - t_2$ valem, respectivamente:
a) 20,00 m e 0,25 s   d) 22,50 m e 0,50 s
b) 20,00 m e 0,50 s   e) 27,25 m e 0,50 s
c) 22,50 m e 0,25 s

15. O *Insano*, um dos maiores toboáguas do mundo, no Ceará, proporciona uma queda quase vertical de 40,5 metros, durante 3,0 "longos" segundos, em valores aproximados.
A partir desses dados, faça uma estimativa:
a) do valor da aceleração escalar de uma pessoa quando ela percorre o trecho quase vertical desse toboágua;
b) da velocidade escalar de uma pessoa, em km/h, ao chegar ao final do trecho quase vertical.

16. Em um local, livre da influência do ar, no qual a aceleração da gravidade tem valor constante g, lança-se verticalmente para cima, no instante $t_0 = 0$, um corpo com velocidade escalar inicial v_0, que passa por um ponto de altura h em relação ao ponto de lançamento nos instantes t_1, na subida, e t_2, na descida. Apenas em função de g, t_1 e t_2, determine para esse corpo:
a) o módulo de sua velocidade escalar inicial v_0;
b) o instante t_r do retorno do corpo ao ponto de lançamento;
c) o valor de h.

Mais questões em **Vereda Digital Aprova Enem**, em **Vereda Digital Suplemento de revisão**, em **AprovaMax** (no *site*) e no livro digital.

CAPÍTULO 5

VETORES

Os vetores são entes geométricos que têm aplicação em diferentes áreas das Ciências. Por meio de vetores, pode-se transmitir muitas informações de forma concisa. O diagrama ao lado, utilizado por meteorologistas em suas previsões do tempo, mostra, por meio de vetores, a direção, o sentido e a intensidade dos ventos sobre a América do Sul, parte do oceano Atlântico e do oceano Pacífico.

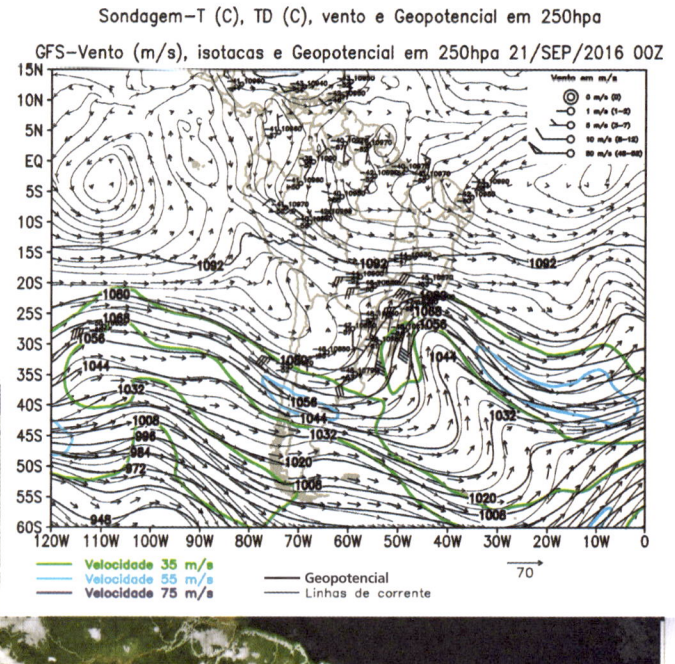

Objetivos do capítulo

- Distinguir grandezas escalares de grandezas vetoriais.
- Apresentar o conceito de vetor.
- Realizar operações matemáticas com vetores.
- Fazer a decomposição de um vetor em suas componentes ortogonais.

1 Grandezas escalares e grandezas vetoriais

O estudo dos fenômenos investigados pela Física abrange diversas grandezas físicas, que podem ser classificadas em **grandeza física escalar** ou em **grandeza física vetorial**.

A **grandeza física escalar** é caracterizada por sua **intensidade** (ou **módulo**), ou seja, por seu valor numérico acompanhado da unidade de medida correspondente.

Como exemplos de grandeza física escalar podemos citar: massa, temperatura, intervalo de tempo, área, volume, densidade, pressão, energia, potência e muitas outras que estudaremos ao longo deste livro.

Quando dizemos, por exemplo, que a temperatura em uma sala é de 20 °C, essa informação por si só é suficiente para que a grandeza temperatura seja caracterizada.

Entretanto, citar o valor numérico e a unidade de medida da grandeza física nem sempre é suficiente para que ela seja caracterizada.

Se dissermos que uma bola de tênis, por exemplo, se movimenta a 100 km/h após uma rebatida, você poderá se perguntar: "Mas ela se movimenta em que direção? Na vertical? Na horizontal? Está subindo ou descendo? Indo para a direita ou para a esquerda?".

Observe que, nesse caso, citar apenas o valor numérico e a unidade de medida da velocidade da bola de tênis não é suficiente para caracterizar essa grandeza física. Além desses dados, é preciso indicar a direção e o sentido da grandeza.

Quando uma grandeza física é caracterizada não apenas por sua **intensidade** ou módulo, mas também por sua **direção** e seu **sentido**, ela é chamada de **grandeza física vetorial**.

Como exemplos de grandeza física vetorial podemos citar: deslocamento, velocidade, aceleração, força, quantidade de movimento ou *momentum* (também chamado de momento linear), impulso, campo elétrico e campo magnético.

Existem também grandezas físicas adimensionais, isto é, grandezas que não possuem unidade de medida, como o coeficiente de atrito e o índice de refração.

2 Vetor

A **grandeza física vetorial** pode ser representada graficamente por um ente geométrico denominado **vetor**.

Um vetor pode ser representado por um segmento de reta, que indica sua direção, acrescido de uma seta, que indica seu sentido (**fig. 1**), trazendo ainda seu valor numérico seguido de uma unidade de medida (indicação de seu módulo ou intensidade).

Figura 1. Sinal de trânsito com indicação do sentido obrigatório a ser seguido pelo motorista.

O comprimento do segmento de reta é proporcional à intensidade (ou módulo) da grandeza física representada pelo vetor.

Geralmente, a grandeza vetorial é indicada por uma letra e uma pequena seta, por exemplo, $\vec{V}$. O módulo do vetor $\vec{V}$ é representado por $|\vec{V}|$ ou, simplesmente, por V (sem a seta).

A **figura 2** mostra a representação gráfica de um vetor $\vec{V}$.

A: origem do vetor
B: extremidade do vetor

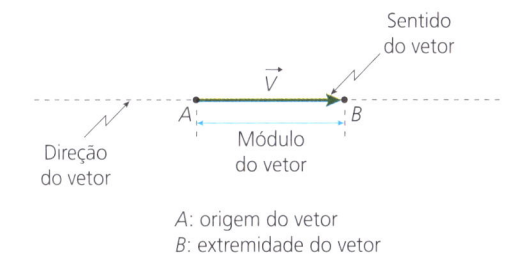

Figura 2. Representação gráfica de um vetor.

Dizemos que dois vetores, $\vec{V_1}$ e $\vec{V_2}$, são iguais, ou seja, $\vec{V_1} = \vec{V_2}$, se e somente se $\vec{V_1}$ e $\vec{V_2}$ tiverem a mesma direção, o mesmo sentido e o mesmo módulo.

Na **figura 3**, os cinco vetores, $\vec{a}, \vec{b}, \vec{c}, \vec{d}$ e $\vec{e}$, têm o mesmo módulo: $a = b = c = d = e$. Os vetores $\vec{a}$ e $\vec{b}$ têm mesma direção; o mesmo ocorre com os vetores $\vec{c}$ e $\vec{d}$. Porém $\vec{a}$ e $\vec{b}$ têm sentidos opostos, enquanto $\vec{c}$ e $\vec{d}$ têm mesmo sentido. Dos cinco vetores mostrados na figura, apenas os vetores $\vec{c}$ e $\vec{d}$ são iguais, pois têm mesmo módulo, direção e sentido: $\vec{c} = \vec{d}$

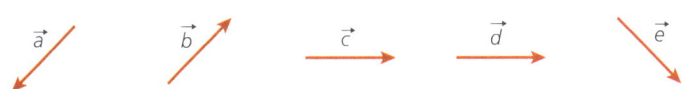

Figura 3. Destes cinco vetores, apenas os vetores $\vec{c}$ e $\vec{d}$ são iguais.

3 Operações com vetores

A Matemática permite efetuar um grande número de operações com vetores, mas, para suprir nossas necessidades no estudo da Física do Ensino Médio, vamos nos limitar a explorar apenas duas dessas operações: o produto de um número real por um vetor e a soma de vetores.

Produto de um número real por um vetor

Seja α um número real não nulo e $\vec{V}$ um vetor também não nulo, o produto $\alpha \cdot \vec{V}$ tem como resultado um vetor $\vec{u}$, sempre com a mesma direção de $\vec{V}$ e módulo $u = |\alpha| \cdot V$. O sentido do vetor $\vec{u}$ é determinado pelo sinal do número real α:

- se α for positivo ($\alpha > 0$), então $\vec{u}$ terá o mesmo sentido que $\vec{V}$;
- se α for negativo ($\alpha < 0$), então $\vec{u}$ terá sentido oposto ao de $\vec{V}$.

Observe na **figura 4** o resultado do produto de diferentes valores do número real α pelo vetor $\vec{V}$. Nesse exemplo:

$\vec{u}_1 = 2\vec{V}$, $\vec{u}_2 = -3\vec{V}$, $\vec{u}_3 = \frac{1}{2}\vec{V}$ e $\vec{u}_4 = -1\vec{V}$

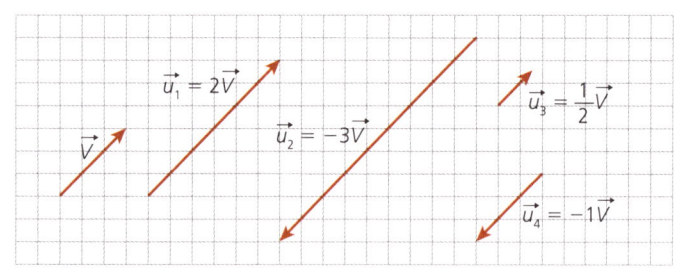

Figura 4. O vetor $\vec{u}_4 = -1\vec{V} = -\vec{V}$ é denominado **vetor oposto** de $\vec{V}$.

Exercícios resolvidos

1. A figura a seguir mostra os vetores $\vec{a}$ e $\vec{b}$.

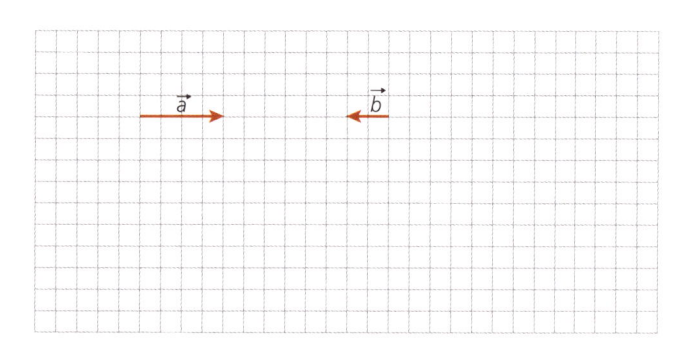

Considerando que cada quadrícula tem lado igual a uma unidade de medida (1 u):

a) representar graficamente os vetores: $\frac{1}{2}\vec{a}$; $-2\vec{b}$; $2\vec{a}$; $-1\vec{b}$ e $-4\vec{b}$;

b) indicar quais dos vetores representados no item **a** são iguais entre si.

▶ **Solução**

a) Devemos observar, inicialmente, que os vetores $\vec{a}$ e $\vec{b}$ têm mesma direção, mas sentidos opostos. O vetor $\vec{a}$ tem módulo igual a 4 unidades ($a = 4$ u) e o vetor $\vec{b}$ tem módulo igual a 2 unidades ($b = 2$ u).

Todos os vetores que representaremos no quadriculado terão a mesma direção dos vetores $\vec{a}$ e $\vec{b}$, pois resultam da multiplicação de um número real por um vetor.

Assim:
- o vetor $\frac{1}{2}\vec{a}$ terá módulo igual a 2 u e mesmo sentido de $\vec{a}$;
- o vetor $-2\vec{b}$ terá módulo igual a 4 u e sentido oposto ao de $\vec{b}$;
- o vetor $2\vec{a}$ terá módulo igual a 8 u e mesmo sentido de $\vec{a}$;
- o vetor $-1\vec{b}$ terá módulo igual a 2 u e sentido oposto ao de $\vec{b}$;
- o vetor $-4\vec{b}$ terá módulo igual a 8 u e sentido oposto ao de $\vec{b}$.

Ficamos, então, com os seguintes vetores:

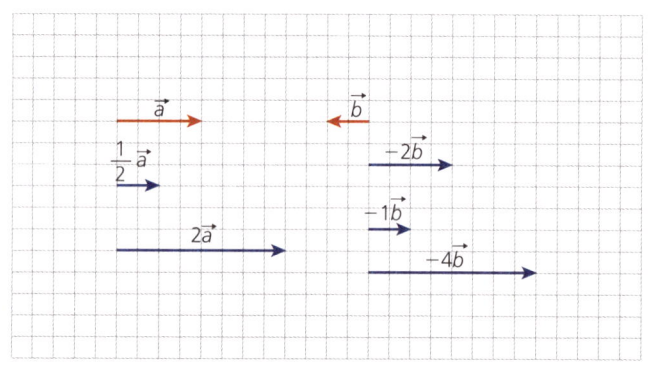

b) Seja $a = 4$ u e $b = 2$ u, temos:

$$a = 2b;\ 2a = 4b\ \text{e}\ \frac{1}{2}a = b$$

Como os vetores $\vec{a}$ e $\vec{b}$ têm mesma direção, mas sentidos opostos, para os vetores representados no item a, observamos que:

$\boxed{\vec{a} = -2\vec{b}}$ $\boxed{2\vec{a} = -4\vec{b}}$ $\boxed{\frac{1}{2}\vec{a} = -\vec{b}}$

Exercícios propostos

1. Na figura a seguir, as quadrículas têm lado igual a uma unidade de medida (1 u).

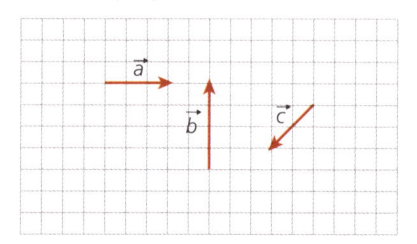

Dados os vetores $\vec{a}$, $\vec{b}$ e $\vec{c}$, represente graficamente os vetores:

a) $\vec{u} = 3\vec{a}$

b) $\vec{v} = -\frac{1}{2}\vec{b}$

c) $\vec{w} = 2\vec{c}$

2. Considere os vetores indicados na figura a seguir.

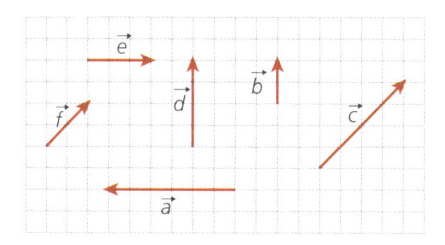

a) Represente graficamente os vetores $\vec{u}$, $\vec{v}$ e $\vec{w}$ tais que:

$$\vec{u} = -\frac{1}{2}\vec{a}, \vec{v} = 2\vec{b} \text{ e } \vec{w} = \frac{1}{2}\vec{c}$$

b) De todos os vetores representados neste exercício, quais são iguais entre si?

3. Dados os vetores $\vec{p}$, $\vec{q}$, $\vec{r}$, $\vec{s}$, $\vec{u}$ e $\vec{v}$, indicados na figura a seguir, considere que cada quadrícula tem lado igual a uma unidade de medida (u) e determine os valores de α, β e δ, pertencentes aos números reais, tais que:

a) $\vec{u} = \alpha \cdot \vec{p}$ b) $\vec{s} = \beta \cdot \vec{q}$ c) $\vec{v} = \delta \cdot \vec{r}$

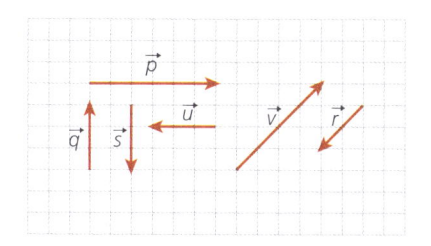

Soma de vetores

A soma de vetores é uma operação fundamental no estudo da Física. Ao longo deste livro, frequentemente faremos a soma de dois ou mais vetores.

Apesar de estarmos familiarizados com a soma de números reais, a soma de vetores segue regras específicas.

Existem diferentes métodos para calcular a soma de vetores; todos, obviamente, devem conduzir a um mesmo resultado final.

Desses diferentes métodos, o mais geral é, provavelmente, o **método do polígono**.

Para entender como esse método deve ser usado, vamos considerar que precisamos somar, por exemplo, os vetores $\vec{V}_1$, $\vec{V}_2$ e $\vec{V}_3$ da **figura 5**.

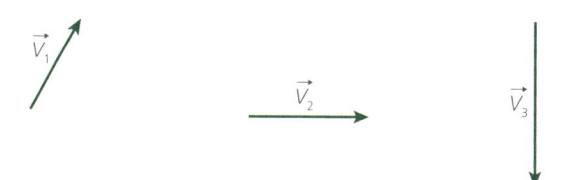

Figura 5. Vetores $\vec{V}_1$, $\vec{V}_2$ e $\vec{V}_3$ que serão somados.

Considere $\vec{V}$ o vetor obtido pela soma de $\vec{V}_1$, $\vec{V}_2$ e $\vec{V}_3$, isto é: $\vec{V} = \vec{V}_1 + \vec{V}_2 + \vec{V}_3$

Observe a seguir como obter graficamente o vetor $\vec{V}$ pelo método do polígono.

Primeiro, devemos deslocar e organizar sequencialmente todos os vetores que serão somados. Nesse caso, *sequencialmente* quer dizer que a extremidade de um vetor deverá coincidir com a origem do próximo. A ordem em que os vetores são dispostos não altera o resultado final (**fig. 6**).

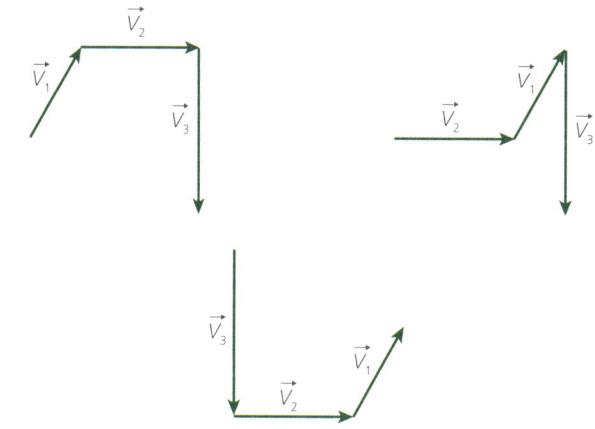

Figura 6. Três possíveis sequências para representar a soma dos vetores $\vec{V}_1$, $\vec{V}_2$ e $\vec{V}_3$.

O vetor $\vec{V}$, soma dos vetores $\vec{V}_1$, $\vec{V}_2$ e $\vec{V}_3$, é o vetor que fecha o polígono, com sua origem na origem do primeiro vetor da sequência e extremidade na extremidade do último vetor da sequência. A **figura 7** mostra o vetor $\vec{V}$ obtido com as três diferentes sequências da figura anterior. Observe que o vetor $\vec{V}$ é o mesmo, seja qual for a sequência considerada.

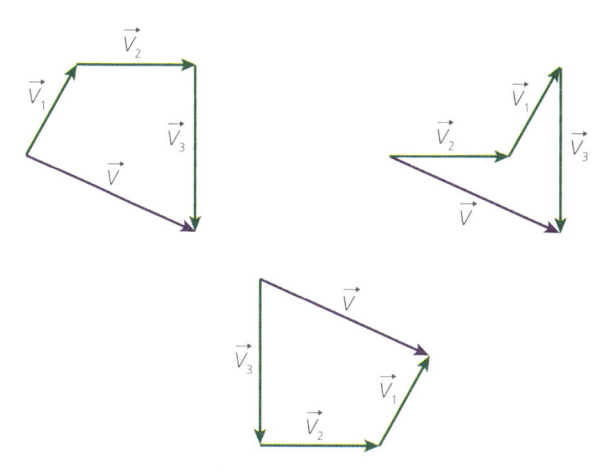

Figura 7. O vetor soma $\vec{V}$ não depende da ordem em que os vetores que serão somados são colocados para formar o polígono.

Casos particulares

• Soma de vetores de mesma direção e mesmo sentido

Assim como no método do polígono, para a soma de vetores de mesma direção e mesmo sentido, inicialmente, devemos deslocar e organizar em sequência todos os vetores que serão somados; lembrando que a extremidade de um vetor deve coincidir com a origem do próximo. O vetor resultante terá a mesma direção e o mesmo sentido dos vetores somados. Veja na **figura 8** a seguir como obter o vetor resultante $\vec{V}$ a partir da soma dos vetores $\vec{V_1}$ e $\vec{V_2}$, com mesma direção e mesmo sentido.

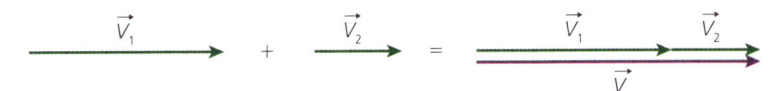

Figura 8. O módulo V do vetor soma $\vec{V}$ é dado por: $V = V_1 + V_2$

• Soma de vetores de mesma direção e sentidos opostos

Nesse caso, o vetor resultante terá a mesma direção dos vetores somados e o mesmo sentido do vetor de maior módulo. A **figura 9** a seguir mostra como obter o vetor $\vec{V}$ a partir da soma dos vetores $\vec{V_1}$ e $\vec{V_2}$, com mesma direção e sentidos opostos.

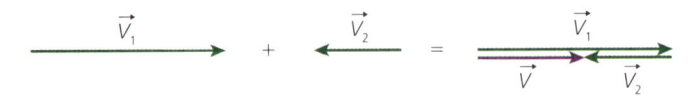

Figura 9. O módulo V do vetor soma $\vec{V}$ é dado, nesse caso: por $V = |V_1 - V_2|$

• Soma de dois vetores quaisquer e a regra do paralelogramo

Além do **método do polígono (fig. 7)**, a soma de dois vetores com direções diferentes pode ser calculada pela **regra do paralelogramo**.

Na regra do paralelogramo, os vetores $\vec{V_1}$ e $\vec{V_2}$ **(fig. 10A)**, que serão somados, devem ser posicionados de maneira que suas origens coincidam. Em seguida, pela extremidade de cada um dos vetores, traça-se uma reta paralela ao outro vetor, obtendo-se, assim, um paralelogramo **(fig. 10B)**. O vetor soma $\vec{V}$ é o vetor com origem na origem comum dos vetores $\vec{V_1}$ e $\vec{V_2}$ e extremidade no vértice oposto do paralelogramo **(fig. 10C)**.

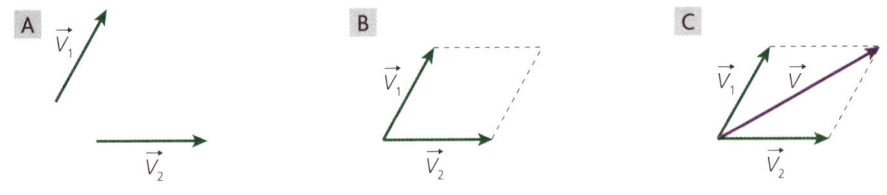

Figura 10. Aplicação da regra do paralelogramo para a soma dos vetores $\vec{V_1}$ e $\vec{V_2}$.

Observe no exemplo a seguir que a diferença entre dois vetores é um caso particular da soma de dois vetores.

Dados os vetores $\vec{V_1}$ e $\vec{V_2}$ **(fig. 11A)**, considere $\vec{V}$ o vetor diferença entre $\vec{V_1}$ e $\vec{V_2}$, ou seja: $\vec{V} = \vec{V_1} - \vec{V_2}$

Podemos obter o vetor $\vec{V}$ pela soma de $\vec{V_1}$ com o vetor oposto de $\vec{V_2}$, isto é, $\vec{V} = \vec{V_1} + (-\vec{V_2})$, pela regra do paralelogramo **(fig. 11B)** ou pelo método do polígono. O vetor diferença $\vec{V}$ obtido está representado na **figura 11C**.

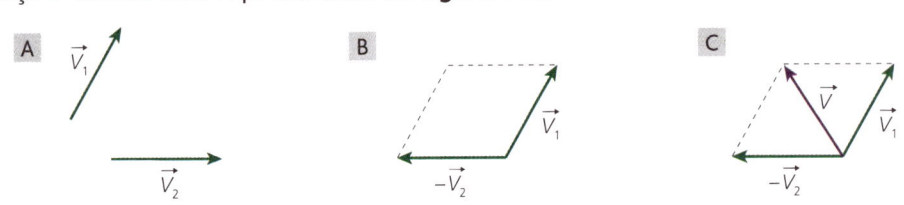

Figura 11. Aplicação da regra do paralelogramo para obter: $\vec{V} = \vec{V_1} - \vec{V_2} = \vec{V_1} + (-\vec{V_2})$

Exercícios resolvidos

2. Dados os vetores $\vec{a}$, $\vec{b}$ e $\vec{c}$, na figura a seguir, representar graficamente os vetores indicados nos itens abaixo.

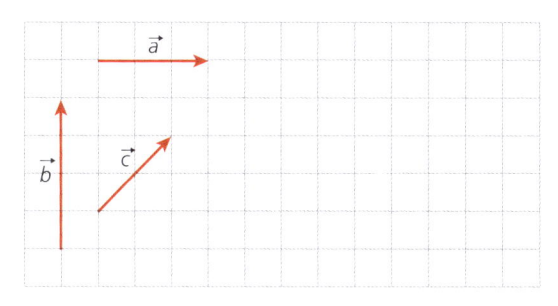

a) $\vec{u} = \vec{a} + \vec{b}$
b) $\vec{v} = \vec{a} - \vec{b}$
c) $\vec{w} = \vec{a} + \vec{b} - \vec{c}$

▶ **Solução**

a) Aplicando o método do polígono (A) ou a regra do paralelogramo (B) à soma $\vec{a} + \vec{b}$, obtemos o vetor $\vec{u}$, mostrado a seguir.

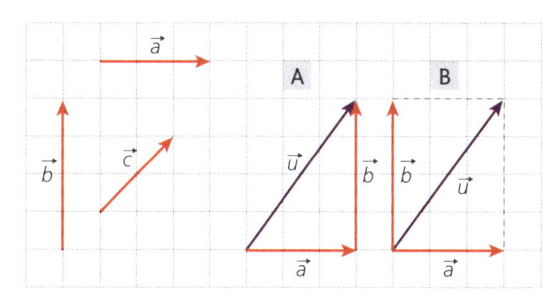

b) Podemos aplicar o método do polígono (A) ou a regra do paralelogramo (B) à soma $\vec{a} + \left(-\vec{b}\right)$ e obter o vetor $\vec{v}$, mostrado a seguir.

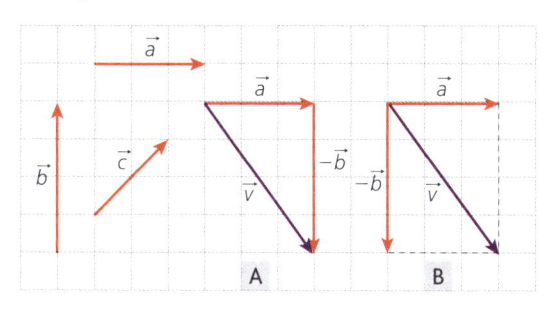

c) Podemos aplicar o método do polígono (à soma $\vec{a} + \vec{b} + \left(-\vec{c}\right)$ e obter o vetor $\vec{w}$, mostrado a seguir.

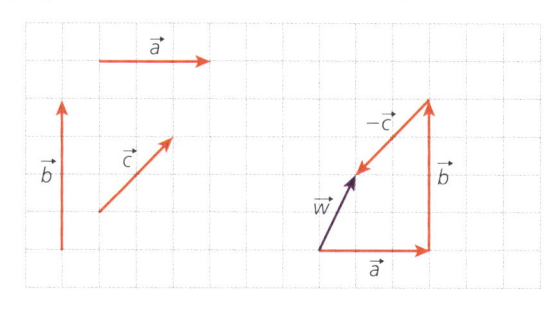

3. Na figura a seguir, cada quadrícula tem lado igual a uma unidade de medida (1 u).

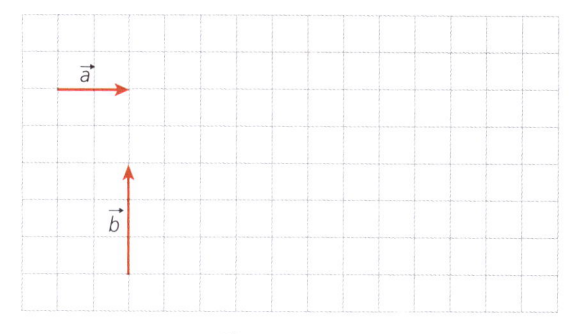

Dados os vetores $\vec{a}$ e $\vec{b}$, fazer a representação gráfica e determinar o módulo dos seguintes vetores:

a) $\vec{p} = 2\vec{a} + \vec{b}$
b) $\vec{q} = 4\vec{a} - 2\vec{b}$

▶ **Solução**

a) Antes de obter o vetor $\vec{p}$, devemos obter o vetor $2\vec{a}$. Tal vetor terá módulo igual a 4 unidades, ou seja, duas vezes maior que o de $\vec{a}$, a mesma direção e o mesmo sentido do vetor $\vec{a}$, pois 2 é um número real positivo.

Podemos, então, aplicar o método do polígono para obter o vetor $\vec{p}$, mostrado a seguir.

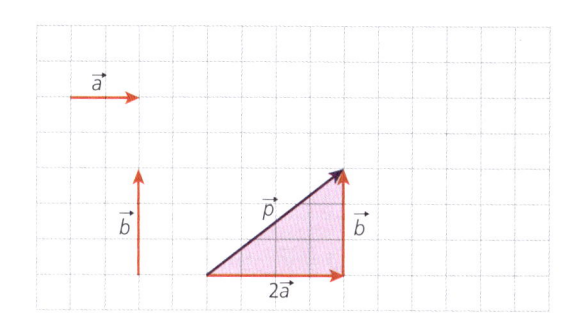

Para calcular o módulo p do vetor $\vec{p}$, aplica-se o teorema de Pitágoras ao triângulo retângulo destacado na figura.

Então: $p^2 = 4^2 + 3^2 \Rightarrow p^2 = 16 + 9 \Rightarrow p^2 = 25 \therefore \boxed{p = 5\text{ u}}$

b) Para obter o vetor $\vec{q}$, procederemos de maneira análoga. Observe na figura a seguir que o vetor $4\vec{a}$ tem a mesma direção e o mesmo sentido do vetor $\vec{a}$, porém módulo 4 vezes maior. O vetor $-2\vec{b}$ tem mesma direção que o vetor $\vec{b}$, sentido oposto e módulo 2 vezes maior.

Podemos, então, aplicar o método do polígono para obter o vetor $\vec{q}$, mostrado a seguir.

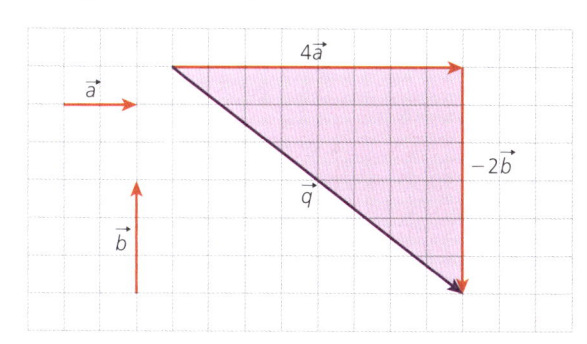

Mais uma vez, para calcular o módulo q do vetor $\vec{q}$, aplicamos o teorema de Pitágoras ao triângulo retângulo destacado na figura.

Então: $q^2 = 8^2 + 6^2 \Rightarrow q^2 = 64 + 36 \Rightarrow q^2 = 100 \therefore \boxed{q = 10\text{ u}}$

Exercícios propostos

4. Na figura abaixo, cada quadrícula tem lado igual a uma unidade de medida (1 u). Dados os vetores $\vec{a}$, $\vec{b}$ e $\vec{c}$, faça a representação gráfica e determine o módulo do vetor soma $\vec{S} = \vec{a} + \vec{b} + \vec{c}$.

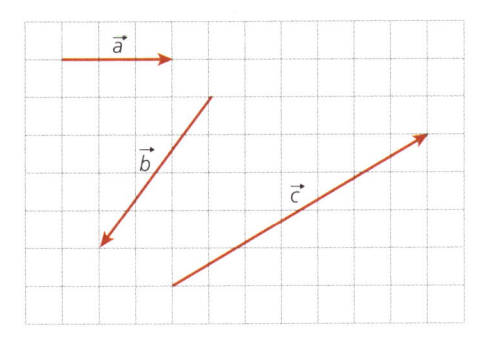

5. Dados os vetores $\vec{a}$, $\vec{b}$ e $\vec{c}$, na figura abaixo, represente graficamente o vetor soma desses três vetores e calcule seu módulo.

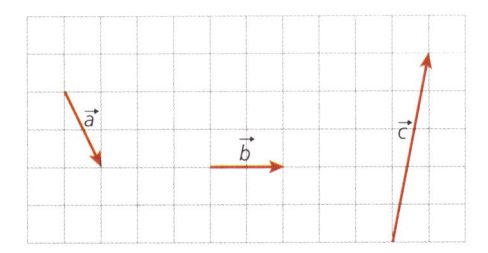

6. Dados dois vetores $\vec{u}$ e $\vec{V}$, sendo u igual a 20 unidades de medida e V igual a 15 unidades de medida (u), determine o módulo do vetor soma de $\vec{u}$ e $\vec{V}$ nos seguintes casos.
a) Os vetores $\vec{u}$ e $\vec{V}$ são paralelos e de mesmo sentido.
b) Os vetores $\vec{u}$ e $\vec{V}$ são paralelos e de sentidos opostos.
c) Os vetores $\vec{u}$ e $\vec{V}$ são perpendiculares entre si.

7. Dois vetores de módulos respectivamente iguais a 8 e 12 unidades de medida são somados. Das alternativas abaixo, indique a que aponta para um possível valor do módulo do vetor soma.
a) 2 u
b) 3 u
c) 15 u
d) 22 u
e) 24 u

8. Dados os vetores $\vec{x}$ e $\vec{y}$, na figura a seguir, obtenha o vetor diferença $\vec{d} = \vec{x} - \vec{y}$ e determine seu módulo, sabendo que $x = 3$ u e $y = 4$ u.

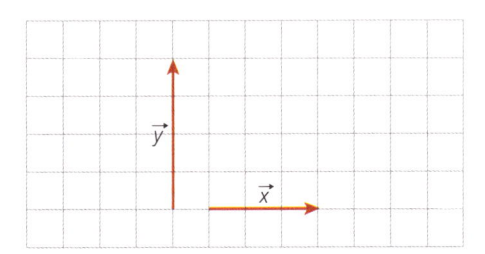

9. Na figura abaixo, cada quadrícula tem lado igual a 2 unidades de medida (u). Dados os vetores $\vec{x}$, $\vec{y}$ e $\vec{z}$, represente graficamente o vetor $\vec{w}$, dado por $\vec{w} = 2\vec{x} - \frac{1}{2}\vec{y} + \vec{z}$, e calcule seu módulo w.

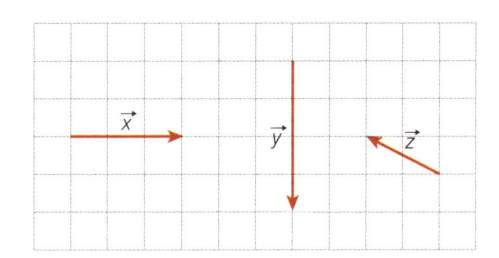

4 Componentes ortogonais de um vetor

Dado um vetor $\vec{V}$ qualquer, sempre existirão dois vetores $\vec{V_x}$ e $\vec{V_y}$, perpendiculares entre si, tais que: $\vec{V} = \vec{V_x} + \vec{V_y}$

Os vetores $\vec{V_x}$ e $\vec{V_y}$ são as **componentes ortogonais** do vetor $\vec{V}$.

Observe na **figura 12** um vetor $\vec{V}$ e um sistema de eixos ortogonais (x, y). Note que o vetor $\vec{V}$ forma com o eixo x das abscissas um ângulo θ. Quais são as componentes ortogonais do vetor $\vec{V}$?

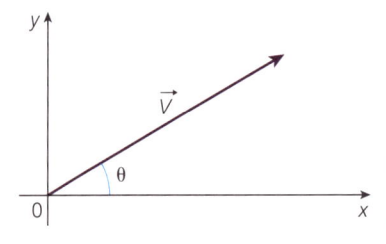

Figura 12. Vetor $\vec{V}$, cujas componentes ortogonais queremos obter.

A partir da regra do paralelogramo, podemos obter graficamente as componentes ortogonais do vetor $\vec{V}$, isto é, $\vec{V_x}$ e $\vec{V_y}$, nas direções dos eixos x e y (**fig. 13**).

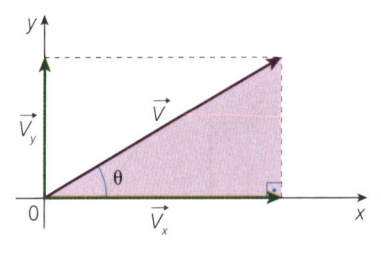

Figura 13. Componentes ortogonais $\vec{V_x}$ e $\vec{V_y}$ do vetor $\vec{V}$.

Aplicando as relações trigonométricas ao triângulo retângulo destacado na **figura 13**, podemos obter os módulos V_x e V_y das componentes ortogonais do vetor $\vec{V}$:

$$\text{sen } \theta = \frac{\text{cateto oposto}}{\text{hipotenusa}} \Rightarrow \text{sen } \theta = \frac{V_y}{V} \Rightarrow$$

$$\Rightarrow \boxed{V_y = V \cdot \text{sen } \theta}$$

$$\cos \theta = \frac{\text{cateto adjacente}}{\text{hipotenusa}} \Rightarrow \cos \theta = \frac{V_x}{V} \Rightarrow$$

$$\Rightarrow \boxed{V_x = V \cdot \cos \theta}$$

Note que, se conhecermos os módulos V_x e V_y das componentes ortogonais, poderemos, por meio do teorema de Pitágoras, obter o módulo V do vetor $\vec{V}$:

$$V^2 = V_x^2 + V_y^2$$

Exercícios resolvidos

4. Na figura a seguir, o vetor $\vec{V}$ tem módulo igual a 20 unidades de medida, ou seja, V = 20 u. O ângulo θ indicado na figura é tal que sen θ = 0,8 e cos θ = 0,6.

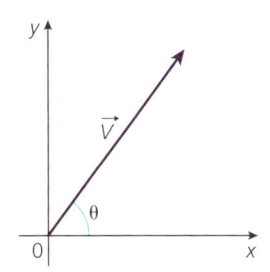

Determinar o módulo das componentes ortogonais $\vec{V}_x$ e $\vec{V}_y$ do vetor $\vec{V}$.

▶ **Solução**

As componentes ortogonais $\vec{V}_x$ e $\vec{V}_y$ são vetores, na direção dos eixos x e y, que somados resultam no vetor $\vec{V}$. A figura a seguir nos mostra essas componentes.

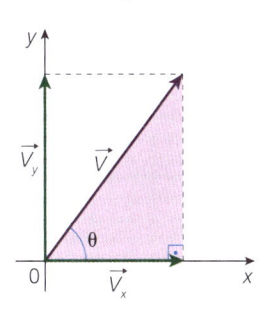

No triângulo retângulo destacado na figura, temos:

$$\operatorname{sen} \theta = \frac{\text{cateto oposto}}{\text{hipotenusa}} \Rightarrow \operatorname{sen} \theta = \frac{V_y}{V} \Rightarrow$$

$$\Rightarrow 0{,}8 = \frac{V_y}{20} \therefore \boxed{V_y = 16 \text{ u}}$$

$$\cos \theta = \frac{\text{cateto adjacente}}{\text{hipotenusa}} \Rightarrow \cos \theta = \frac{V_x}{V} \Rightarrow$$

$$\Rightarrow 0{,}6 = \frac{V_x}{20} \therefore \boxed{V_x = 12 \text{ u}}$$

Exercícios propostos

10. Considere a adição de vetores e a decomposição de um vetor em suas componentes ortogonais e classifique cada uma das afirmações a seguir como verdadeira (V) ou falsa (F) e assinale a alternativa com a sequência correta de V e F.

 I. A decomposição de um vetor é uma operação "contrária" à soma vetorial de dois vetores perpendiculares entre si.
 II. Decompor um vetor em componentes ortogonais consiste em determinar duas componentes que, somadas vetorialmente, resultam no próprio vetor.
 III. Para obter os módulos das componentes de um vetor $\vec{F}$, que forma um ângulo α com o eixo x, podemos usar as expressões: $F_x = F \cdot \operatorname{sen} \alpha$ e $F_y = F \cdot \cos \alpha$.

a) V, V, V
b) V, F, V
c) F, V, V
d) V, V, F
e) V, F, F

11. De acordo com a figura a seguir, calcule os módulos F_x e F_y das componentes ortogonais $\vec{F}_x$ e $\vec{F}_y$ do vetor $\vec{F}$, cujo módulo F é igual a 40 unidades de medida (u).

Dados: $\operatorname{sen} 60° = \frac{\sqrt{3}}{2}$; $\cos 60° = \frac{1}{2}$

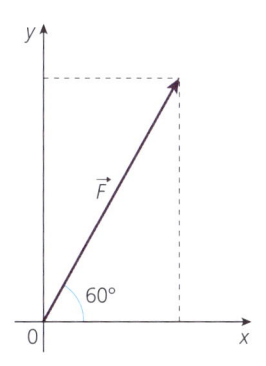

12. Um vetor $\vec{V}$, de módulo 20 unidades, forma um ângulo de 30° com o eixo x no 1º quadrante. Determine o módulo das componentes ortogonais $\vec{V}_x$ e $\vec{V}_y$ do vetor $\vec{V}$.

Dados: $\operatorname{sen} 30° = \frac{1}{2}$; $\cos 30° = \frac{\sqrt{3}}{2}$

13. Sabe-se que a componente $\vec{V}_x$ de um vetor $\vec{V}$ tem módulo V_x igual a 60 unidades de medida (u) e que o vetor $\vec{V}$ forma um ângulo de 45° com o eixo x no 1º quadrante.

Dados: $\operatorname{sen} 45° = \cos 45° = \frac{\sqrt{2}}{2}$

a) Qual é o módulo V do vetor $\vec{V}$?

b) Qual é o módulo V_y do vetor $\vec{V}_y$, componente de $\vec{V}$ na direção do eixo y?

Exercícios de revisão

Ficha-resumo 1

Representação gráfica de um vetor

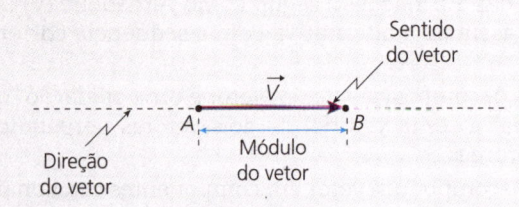

A: origem do vetor
B: extremidade do vetor

Produto de um número real por um vetor

$$\vec{u} = \alpha \vec{V}$$

O vetor $\vec{u}$ tem:
- **módulo** u igual a $|\alpha| \cdot V$;
- **direção** igual à direção de $\vec{V}$;
- **sentido** igual ao de $\vec{V}$ se α é positivo ou sentido oposto ao de $\vec{V}$ se α é negativo.

Soma de vetores

A soma de vetores pode ser calculada pelo **método do polígono**.

A **regra do paralelogramo** somente pode ser aplicada para dois vetores de cada vez.

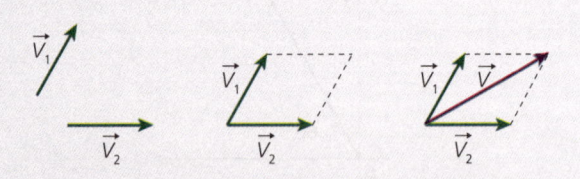

A diferença entre dois vetores é um caso particular da soma de dois vetores.

$$\vec{V}_1 - \vec{V}_2 = \vec{V}_1 + (-\vec{V}_2)$$

Decomposição de um vetor

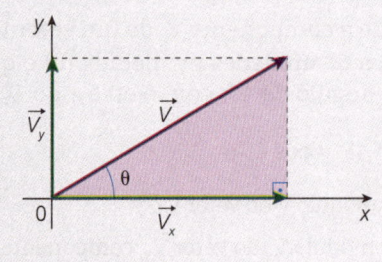

$V_x = V \cdot \cos \theta \qquad V_y = V \cdot \operatorname{sen} \theta$

---

1. (Ufal) Considere as grandezas físicas:
  I. Velocidade
  II. Temperatura
  III. Quantidade de movimento
  IV. Deslocamento
  V. Força

Destas, a grandeza escalar é:
a) I
b) II
c) III
d) IV
e) V

2. (Cesgranrio-RJ) Das grandezas citadas nas opções a seguir assinale aquela que é de natureza vetorial:
a) pressão
b) força eletromotriz
c) corrente elétrica
d) campo elétrico
e) trabalho

3. (FGV-SP) São grandezas escalares:
a) tempo, deslocamento e força.
b) força, velocidade e aceleração.
c) tempo, temperatura e volume.
d) temperatura, velocidade e volume.
e) tempo, temperatura e deslocamento.

4. (Cefet-PR) Verifique quais são as grandezas escalares e vetoriais nas afirmações abaixo.
  I. O deslocamento de um avião foi de 100 km, na direção norte do Brasil.
  II. A área da residência a ser construída é de 120,00 m².
  III. A força necessária para colocar uma caixa de 10 kg em uma prateleira é de 100 N.
  IV. A velocidade marcada no velocímetro de um automóvel é de 80 km/h.
  V. Um jogo de futebol tem um tempo de duração de 90 minutos.

Assinale a alternativa que apresenta a sequência correta.
a) vetorial, vetorial, escalar, vetorial, escalar
b) vetorial, escalar, escalar, vetorial, escalar
c) escalar, escalar, vetorial, vetorial, escalar
d) vetorial, escalar, vetorial, vetorial, escalar
e) escalar, escalar, vetorial, escalar, escalar

5. (UEPG-PR) O estudo da Física em duas e três dimensões requer o uso de uma ferramenta matemática conveniente e poderosa conhecida como vetor. Sobre os vetores, assinale o que for correto.
(01) A direção de um vetor é dada pelo ângulo que ele forma com um eixo de referência qualquer dado.
(02) O comprimento do segmento de reta orientado que representa o vetor é proporcional ao seu módulo.
(04) Dois vetores são iguais se e somente se seus módulos correspondentes forem iguais.
(08) O módulo do vetor depende de sua direção e nunca é negativo.
(16) Suporte de um vetor é a reta sobre a qual ele atua.

Dê como resposta a soma dos números que precedem as proposições corretas.

6. (PUC-RJ) Os ponteiros de hora e minuto de um relógio suíço têm, respectivamente, 1 cm e 2 cm. Supondo que cada ponteiro do relógio é um vetor que sai do centro do relógio e aponta na direção dos números na extremidade do relógio, determine o vetor resultante da soma dos dois vetores correspondentes aos ponteiros de hora e minuto quando o relógio marca 6 horas.
a) O vetor tem módulo 1 cm e aponta na direção do número 12 do relógio.
b) O vetor tem módulo 2 cm e aponta na direção do número 12 do relógio.
c) O vetor tem módulo 1 cm e aponta na direção do número 6 do relógio.

d) O vetor tem módulo 2 cm e aponta na direção do número 6 do relógio.

e) O vetor tem módulo 1,5 cm e aponta na direção do número 6 do relógio.

7. (Fatec-SP) Dados os vetores $\vec{A}, \vec{B}$ e $\vec{C}$, apresentados na figura em que cada quadrícula apresenta lado correspondente a uma unidade de medida, é correto afirmar que a resultante dos vetores tem módulo:

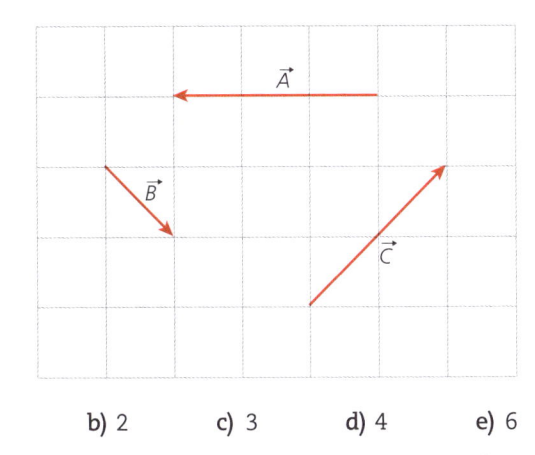

a) 1   b) 2   c) 3   d) 4   e) 6

8. (Unifesp-SP) Na figura, são dados os vetores $\vec{a}, \vec{b}$ e $\vec{c}$.

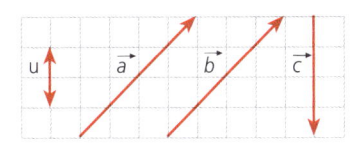

Sendo u a unidade de medida do módulo desses vetores, pode-se afirmar que o vetor $\vec{d} = \vec{a} - \vec{b} + \vec{c}$ tem módulo:

a) 2 u, e sua orientação é vertical, para cima.
b) 2 u, e sua orientação é vertical, para baixo.
c) 4 u, e sua orientação é horizontal, para a direita.
d) $\sqrt{2}$ u, e sua orientação forma 45° com a horizontal, no sentido horário.
e) $\sqrt{2}$ u, e sua orientação forma 45° com a horizontal, no sentido anti-horário.

9. (UFVJM-MG) Considerando-se estes três vetores, assinale a alternativa correta.

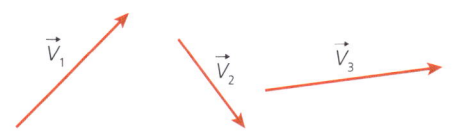

a) $\vec{V_2} = \vec{V_3} - \vec{V_1}$ c) $\vec{V_2} = \vec{V_3} + \vec{V_1}$
b) $\vec{V_1} = \vec{V_2} + \vec{V_3}$ d) $\vec{V_1} = \vec{V_2} - \vec{V_3}$

10. (UFPB) Considere os vetores $\vec{A}, \vec{B}$ e $\vec{F}$, nos diagramas numerados de I a IV.

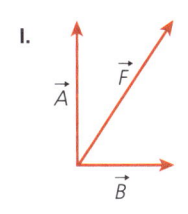

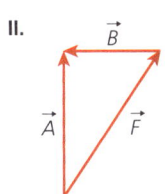

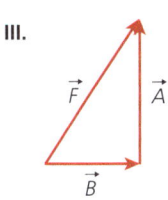

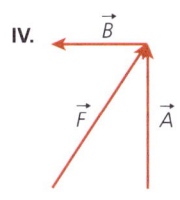

Os diagramas que corretamente representam a relação vetorial $\vec{F} = \vec{A} + \vec{B}$ são apenas:

a) I e III   c) II e III   e) I e IV
b) II e IV   d) III e IV

11. Dois vetores não nulos, $\vec{A}$ e $\vec{B}$, estão contidos em um mesmo plano. O vetor $\vec{A}$ tem módulo A, enquanto o vetor $\vec{B}$ tem módulo B. É correto afirmar que:

(01) O módulo da soma dos dois vetores será igual a (A + B), se eles tiverem o mesmo sentido.
(02) O módulo da diferença dos dois vetores será igual a (A − B), se eles tiverem sentidos contrários.
(04) Os módulos da soma e da diferença serão iguais se os vetores forem perpendiculares.
(08) Os módulos das diferenças $(\vec{A} - \vec{B})$ e $(\vec{B} - \vec{A})$ diferem entre si.
(16) Se os vetores forem perpendiculares, o módulo da soma deles será $\sqrt{A^2 + B^2}$.

Dê como resposta a soma dos números que precedem as proposições corretas.

12. (Udesc-SC) O tratamento matemático com grandezas vetoriais tem um papel importante no estudo da Física. Analisando-se as componentes vetoriais $\vec{v}_x$ e $\vec{v}_y$ de um vetor velocidade $\vec{v}$, situado no plano xy e de módulo v, segundo o sistema de coordenadas cartesianas, mostrado na figura abaixo, a alternativa correta é:

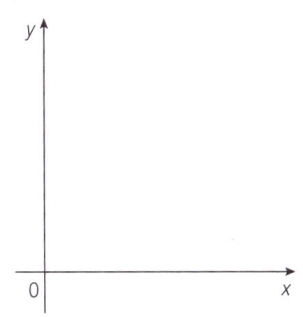

a) Sempre que o vetor velocidade fizer um ângulo de 45° com o eixo x, tem-se $\vec{v}_x = \vec{v}_y$.
b) A relação $v^2 = v_x^2 + v_y^2$ é sempre válida, independente da orientação do vetor velocidade.
c) Se o vetor velocidade for paralelo ao eixo x, o módulo de $\vec{v}_y$ será igual a v.
d) Se θ for o ângulo formado pelo vetor velocidade e o eixo x, o módulo de $\vec{v}_y$ será igual a $v \cdot \cos θ$.
e) Qualquer que seja a orientação do vetor velocidade, nenhuma de suas componentes vetoriais pode ser nula.

Mais questões em **Vereda Digital Aprova Enem**, em **Vereda Digital Suplemento de revisão**, em **AprovaMax** (no *site*) e no livro digital.

CAPÍTULO 6

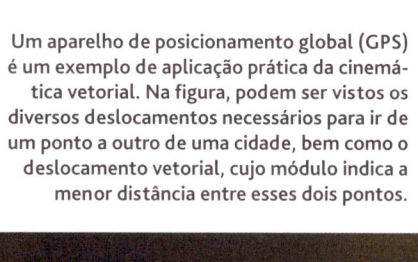

CINEMÁTICA VETORIAL

ENEM
C5: H17, H18
C6: H20

Um aparelho de posicionamento global (GPS) é um exemplo de aplicação prática da cinemática vetorial. Na figura, podem ser vistos os diversos deslocamentos necessários para ir de um ponto a outro de uma cidade, bem como o deslocamento vetorial, cujo módulo indica a menor distância entre esses dois pontos.

Objetivos do capítulo

- Apresentar o deslocamento, a velocidade e a aceleração como grandezas vetoriais.
- Conceituar aceleração centrípeta e tangencial.
- Analisar as características da velocidade e da aceleração em movimentos particulares (MRU, MCU, MRUV, MCUV).

1 Introdução

Nos capítulos 3 e 4, fizemos um estudo dos movimentos uniforme (MU) e uniformemente variado (MUV) independentemente da trajetória, retilínea ou curvilínea, descrita pelo móvel. Por isso, inicialmente tratamos as grandezas deslocamento, velocidade e aceleração como escalares. Entretanto, nos casos em que é preciso levar em conta a trajetória descrita pelo móvel, essas grandezas devem ser conceituadas do ponto de vista vetorial, isto é, devemos analisar suas características: módulo, direção e sentido. Assim, passamos a denominá-las **deslocamento vetorial**, **velocidade vetorial** e **aceleração vetorial**.

2 Deslocamento vetorial

Observe o trecho de um guia de ruas da cidade de Florianópolis, Santa Catarina (**fig. 1**). Um ciclista sai do local *A*, cruzamento entre as ruas Santos-Dumont e dos Ilhéus, e vai até o local *B*, cruzamento entre a rua Presidente Nereu Ramos e a avenida Rio Branco. O vetor representado pelo segmento orientado com origem em *A* e extremidade em *B* recebe o nome de **deslocamento vetorial**, sendo indicado por $\vec{d}$.

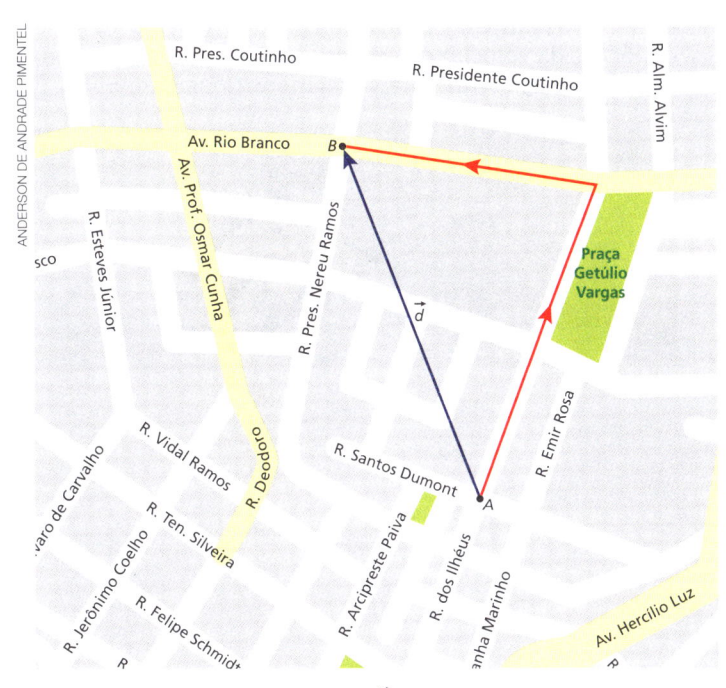

Figura 1. Deslocamento vetorial: $\vec{d}$

3 Velocidade vetorial média

A velocidade vetorial média $\vec{v}_m$ é o vetor dado pela relação entre o deslocamento vetorial $\vec{d}$ e o intervalo de tempo Δt correspondente a esse deslocamento.

$$\vec{v}_m = \frac{\vec{d}}{\Delta t}$$

O vetor $\vec{v}_m$ tem a mesma direção e o mesmo sentido do vetor $\vec{d}$, pois $\frac{1}{\Delta t}$ é um número real positivo. O módulo da velocidade vetorial média é dado por:

$$|\vec{v}_m| = \frac{|\vec{d}|}{\Delta t}$$

4 Módulo da velocidade vetorial média e valor absoluto da velocidade escalar média

A **figura 2** representa duas situações possíveis para a trajetória de um móvel. Na **figura 2A**, o móvel descreve uma trajetória curvilínea. Nesse caso, de $|\vec{v}_m| = \frac{|\vec{d}|}{\Delta t}$ e $|v_m| = \frac{|\Delta s|}{\Delta t}$, sendo $|\vec{d}| < |\Delta s|$, temos: $|\vec{v}_m| < |v_m|$

Já na situação da **figura 2B**, em que o móvel descreve uma trajetória retilínea, temos: $|\vec{d}| = |\Delta s|$ e, portanto: $|\vec{v}_m| = |v_m|$

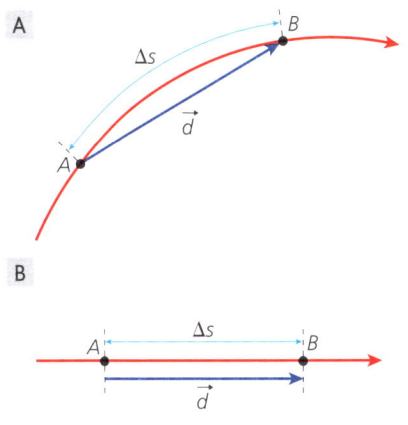

Figura 2. (A) Trajetória curvilínea; (B) trajetória retilínea. Nas duas trajetórias, o ponto *A* representa a posição inicial, e o ponto *B* representa a posição final de um móvel.

Exercícios resolvidos

1. A figura a seguir representa um trecho de um bairro e suas ruas. Cada quadra mede 100 m. Uma pessoa parte do local A e, percorrendo a trajetória indicada, chega ao local B. Representar graficamente o deslocamento vetorial $\vec{d}$ e calcular seu módulo.

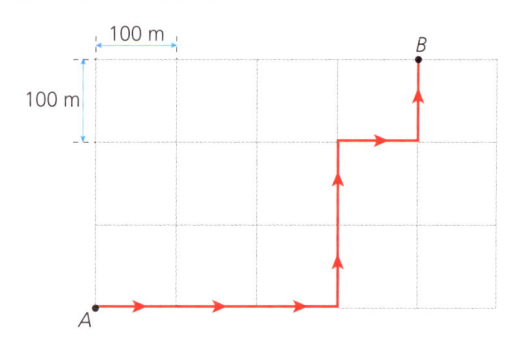

> **Solução**

O deslocamento vetorial $\vec{d}$ é representado pelo segmento orientado de origem em A e extremidade em B:

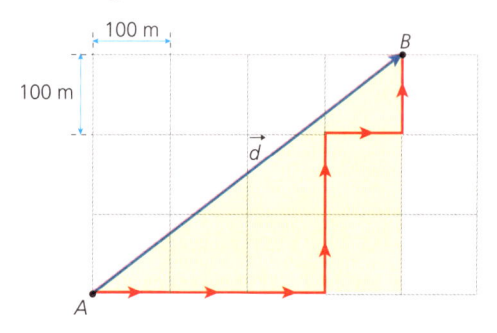

O módulo de $\vec{d}$ é calculado pelo teorema de Pitágoras aplicado ao triângulo destacado na figura acima:

$$|\vec{d}|^2 = 300^2 + 400^2 \therefore \boxed{|\vec{d}| = 500 \text{ m}}$$

2. Uma partícula percorre a trajetória indicada na figura, constituída de duas semicircunferências de raio R = 20 cm. A partícula parte de A e chega a B depois de um intervalo de tempo Δt = 5 s.

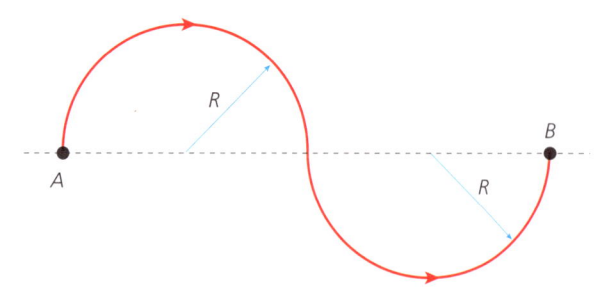

Calcular o módulo da velocidade vetorial média e o valor absoluto da velocidade escalar média da partícula. Considerar π = 3.

> **Solução**

Sendo $\vec{d}$ o vetor deslocamento e $|\vec{d}|$ = 4R = 80 cm, podemos calcular o módulo da velocidade vetorial média.

$$|\vec{v}_m| = \frac{|\vec{d}|}{\Delta t} \Rightarrow |\vec{v}_m| = \frac{80 \text{ cm}}{5 \text{ s}} \Rightarrow \boxed{|\vec{v}_m| = 16 \text{ cm/s}}$$

O valor absoluto da variação de espaço é dado por:

$$|\Delta s| = \pi R + \pi R = 2\pi R \Rightarrow |\Delta s| = 2 \cdot 3 \cdot 20 \text{ cm} \Rightarrow |\Delta s| = 120 \text{ cm}$$

Assim, o valor absoluto da velocidade escalar média é igual a:

$$|v_m| = \frac{|\Delta s|}{\Delta t} \Rightarrow |v_m| = \frac{120 \text{ cm}}{5 \text{ s}} \Rightarrow \boxed{|v_m| = 24 \text{ cm/s}}$$

Exercícios propostos

1. Uma ciclista parte de um local A e percorre 1.300 m na direção norte-sul e no sentido de sul para norte. A seguir, percorre mais 500 m na direção leste-oeste e no sentido de oeste para leste. Finalmente, desloca-se 100 m na direção norte-sul e no sentido de norte para sul, chegando a seu destino no local B. Represente graficamente o deslocamento vetorial $\vec{d}$ entre A e B e calcule seu módulo.

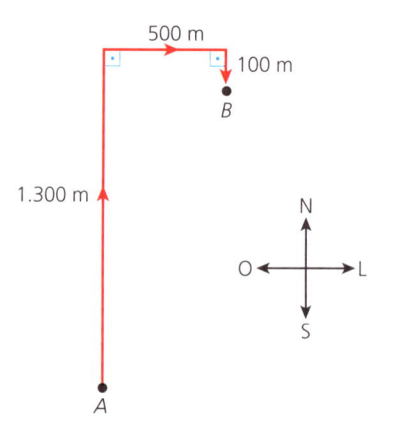

2. Uma moto realiza um movimento circular, partindo de A e chegando a B, conforme indica a figura. O raio da trajetória é R = 1 km, e o trecho é percorrido em 6 min. Calcule o módulo da velocidade vetorial média e o valor absoluto da velocidade escalar média da moto. Considere π = 3.

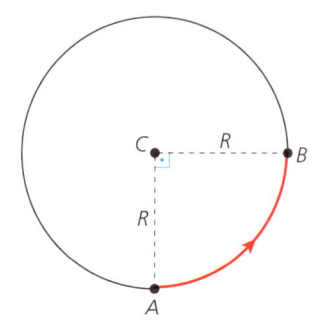

3. Um atleta percorre um trecho retilíneo, deslocando-se do ponto A ao ponto B, em 40 s.

Calcule o módulo da velocidade vetorial média e o valor absoluto da velocidade escalar média do atleta.

5 Velocidade vetorial instantânea

Considere um móvel que descreve, em relação a um dado referencial, a trajetória indicada na **figura 3**.

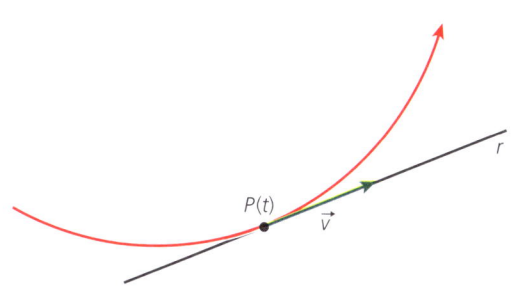

Figura 3. Velocidade vetorial do móvel no instante t.

No instante t, o móvel passa pela posição P. A velocidade vetorial $\vec{v}$ do móvel, no instante t, tem as seguintes características:
- **Direção:** a mesma da reta r tangente à trajetória, passando pelo ponto P.
- **Sentido:** o mesmo do movimento.
- **Módulo:** igual ao valor absoluto da velocidade escalar v no instante t, isto é: $|\vec{v}| = |v|$

Exercícios resolvidos

3. Um móvel se desloca realizando movimento uniforme.
   a) Sendo a trajetória retilínea, o que se pode dizer da direção, do sentido e do módulo da velocidade vetorial desse móvel em cada instante?
   b) Sendo a trajetória curvilínea, quais são as características da velocidade vetorial que variam?

   ▶ **Solução**
   a) No movimento retilíneo uniforme (MRU), a velocidade vetorial tem direção, sentido e módulo constantes.

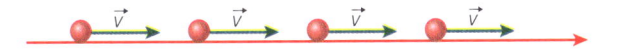

   b) No movimento curvilíneo e uniforme, a direção e o sentido da velocidade vetorial variam em cada ponto da trajetória. O módulo permanece constante.

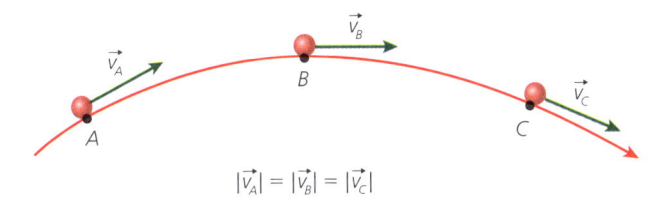

   $|\vec{v}_A| = |\vec{v}_B| = |\vec{v}_C|$

Exercícios propostos

4. Uma moto realiza um movimento circular uniforme (MCU), descrevendo a trajetória indicada abaixo.

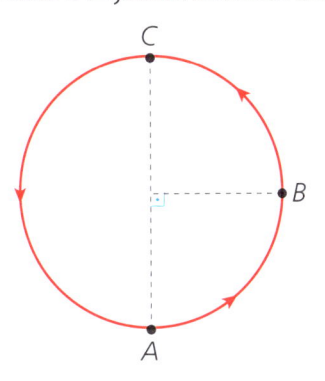

Represente graficamente a velocidade vetorial da moto ao passar pelos pontos A, B e C ($\vec{v}_A$, $\vec{v}_B$ e $\vec{v}_C$, respectivamente). O que se pode dizer a respeito dos módulos das velocidades $\vec{v}_A$, $\vec{v}_B$ e $\vec{v}_C$?

5. Um ciclista realiza um movimento retilíneo uniformemente variado (MRUV). Analise a afirmação a seguir e responda se está ou não correta.

"No MRUV, a direção da velocidade vetorial é constante e seu módulo varia."

6 Aceleração vetorial média

Seja $\vec{v}_1$ a velocidade vetorial de um móvel num instante t_1 e $\vec{v}_2$ sua velocidade vetorial num instante posterior t_2 (**fig. 4A**), a variação de velocidade vetorial no intervalo de tempo $\Delta t = t_2 - t_1$ é dada por: $\Delta \vec{v} = \vec{v}_2 - \vec{v}_1 = \vec{v}_2 + (-\vec{v}_1)$ (**fig. 4B**).

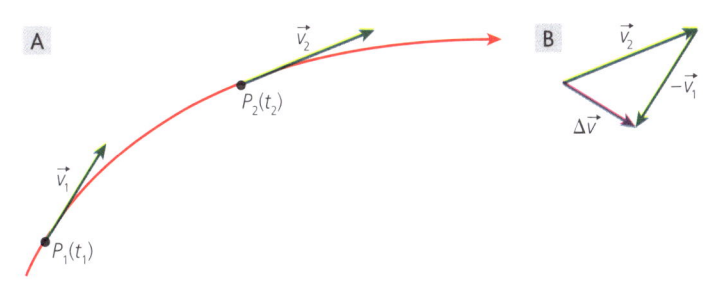

Figura 4. (A) Velocidade vetorial de um móvel em dois instantes distintos, representada sobre a trajetória; (B) variação de velocidade vetorial.

Capítulo 6 • Cinemática vetorial 75

A aceleração vetorial média $\vec{a}_m$ é o vetor dado pela relação entre a variação de velocidade vetorial $\Delta \vec{v}$ e o correspondente intervalo de tempo Δt.

$$\vec{a}_m = \frac{\Delta \vec{v}}{\Delta t}$$

O vetor $\vec{a}_m$ tem a mesma direção e o mesmo sentido de $\Delta \vec{v}$, pois $\frac{1}{\Delta t}$ é um número real positivo. O módulo da aceleração vetorial média é dado por:

$$|\vec{a}_m| = \frac{|\Delta \vec{v}|}{\Delta t}$$

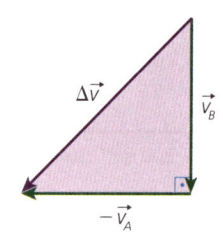

$|\Delta \vec{v}|^2 = |-\vec{v}_A|^2 + |\vec{v}_B|^2 \Rightarrow |\Delta \vec{v}|^2 = 5^2 + 5^2 \Rightarrow |\Delta \vec{v}|^2 = 50$

$\therefore |\Delta \vec{v}| = 5\sqrt{2}$ m/s

De $|\vec{a}_m| = \frac{|\Delta \vec{v}|}{\Delta t}$, temos:

$|\vec{a}_m| = \frac{5 \cdot \sqrt{2}}{10}$ m/s² $\Rightarrow$ $|\vec{a}_m| = \frac{\sqrt{2}}{2}$ m/s²

Exercícios resolvidos

4. Um ciclista descreve um MCU com velocidade escalar $v = 5$ m/s. Determinar o módulo da aceleração vetorial média entre os instantes correspondentes à passagem do ciclista por A e por B. Sabe-se que, no deslocamento de A para B, o ciclista gasta 10 s.

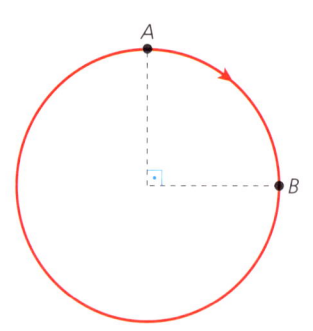

➤ **Solução**

Na figura abaixo, representamos a velocidade vetorial do ciclista em A e B por $\vec{v}_A$ e $\vec{v}_B$, respectivamente.

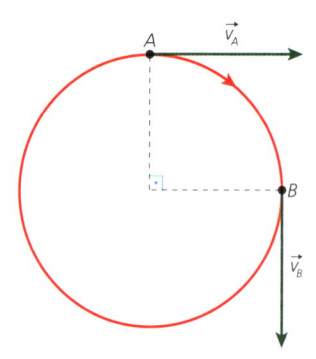

Observe que:

$|\vec{v}_A| = |\vec{v}_B| = 5$ m/s

Para calcular o módulo da variação de velocidade vetorial, aplicamos o teorema de Pitágoras ao triângulo retângulo destacado na figura a seguir.

Exercícios propostos

6. Uma ciclista descreve um movimento circular uniforme (MCU), em sentido horário, com velocidade escalar $v = 5$ m/s.

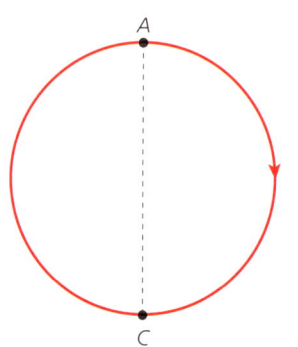

Determine o módulo da aceleração vetorial média entre os instantes correspondentes à passagem da ciclista por A e por C. Sabe-se que, no deslocamento de A para C, a ciclista gasta 15 s.

7. Uma moto realiza um MCU com velocidade escalar 10,0 m/s. Sabe-se que, no deslocamento da posição A para a posição B, a motociclista gasta 20,0 s.

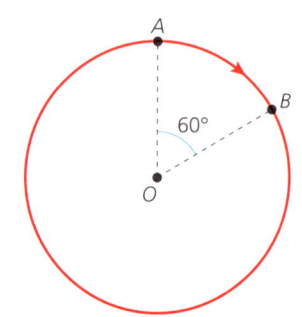

a) Represente graficamente as velocidades vetoriais $\vec{v}_A$ e $\vec{v}_B$.
b) Seja a variação de velocidade vetorial $\Delta \vec{v} = \vec{v}_B - \vec{v}_A$, calcule seu módulo.
c) Determine o módulo da aceleração vetorial média entre os instantes correspondentes à passagem da moto por A e por B.

7 Aceleração vetorial instantânea

A trajetória descrita por um móvel, em relação a um certo referencial, pode ser retilínea ou curvilínea. O tipo de movimento, por sua vez, pode ser uniforme ou variado. Assim, a velocidade vetorial $\vec{v}$ pode variar em direção e/ou em módulo.

À variação do módulo da velocidade associa-se a **aceleração tangencial** $\vec{a}_t$ e à variação da direção da velocidade associa-se a **aceleração centrípeta** $\vec{a}_{cp}$.

Os vetores $\vec{a}_t$ e $\vec{a}_{cp}$ são as acelerações componentes, num certo instante, da aceleração instantânea $\vec{a}$, denominada **aceleração resultante**: $\boxed{\vec{a} = \vec{a}_t + \vec{a}_{cp}}$

Em dada posição P de uma trajetória, considere $\vec{v}$ a velocidade vetorial do móvel. A aceleração tangencial $\vec{a}_t$ tem direção da reta r tangente à trajetória passando pelo ponto P. Se o movimento é acelerado, $\vec{a}_t$ tem mesmo sentido de $\vec{v}$ (**fig. 5A**); se o movimento é retardado, $\vec{a}_t$ tem sentido oposto ao de $\vec{v}$ (**fig. 5B**). Seu módulo é igual ao valor absoluto da aceleração escalar: $\boxed{|\vec{a}_t| = |\alpha|}$

A aceleração centrípeta $\vec{a}_{cp}$ tem direção da reta perpendicular a $\vec{v}$ e sentido para o centro da trajetória, como mostrado nas **figuras 5A** e **5B**. Seu módulo é dado por:

$$\boxed{|\vec{a}_{cp}| = \frac{v^2}{R}}$$

Em que v é a velocidade escalar e R, o raio de curvatura da trajetória.

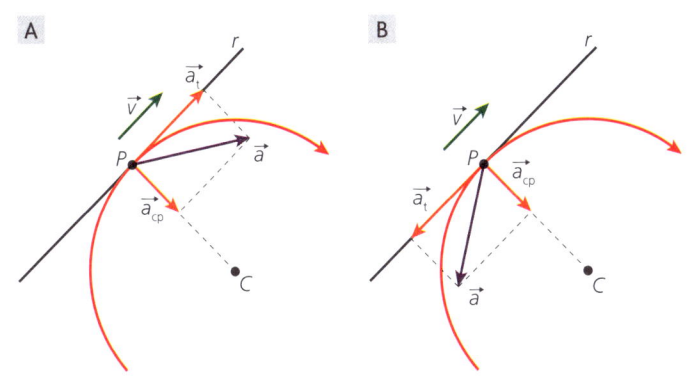

Figura 5. (A) Movimento acelerado; (B) movimento retardado.

Exercícios resolvidos

5. Uma atleta, partindo do repouso, descreve um movimento retilíneo uniformemente variado com aceleração escalar $\alpha = 1,5$ m/s². Determinar, no instante t = 2 s:
a) a velocidade escalar da atleta;
b) o módulo da aceleração centrípeta;
c) o módulo da aceleração tangencial;
d) o módulo da aceleração resultante.

➤ **Solução**
a) Tratando-se de um MUV, temos:
$v = v_0 + \alpha t \Rightarrow v = 0 + 1,5 \cdot 2$
$\therefore \boxed{v = 3 \text{ m/s}}$

b) Sendo o movimento retilíneo, a direção da velocidade não varia. Logo, a aceleração centrípeta é nula. Portanto:

$$\boxed{|\vec{a}_{cp}| = 0}$$

c) O módulo da aceleração tangencial é igual ao valor absoluto da aceleração escalar:

$$|\vec{a}_t| = |\alpha| \therefore \boxed{|\vec{a}_t| = 1,5 \text{ m/s}^2}$$

d) Sendo $\vec{a}_{cp} = \vec{0}$, temos: $\vec{a} = \vec{a}_t$
Logo:
$|\vec{a}| = |\vec{a}_t| \therefore \boxed{|\vec{a}| = 1,5 \text{ m/s}^2}$

6. Um skatista percorre a trajetória indicada na figura.

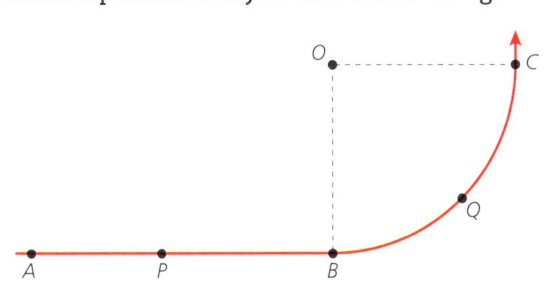

AB é um trecho reto e BC, um trecho circular de centro O. O trecho AB é percorrido em movimento uniforme e o trecho BC em movimento uniformemente variado e retardado.
a) Representar o vetor velocidade do skatista nos pontos P e Q.
b) Qual é a aceleração resultante em P?
c) Representar os vetores aceleração tangencial, aceleração centrípeta e aceleração resultante em Q.

➤ **Solução**
a) Representação do vetor velocidade nos pontos P e Q:

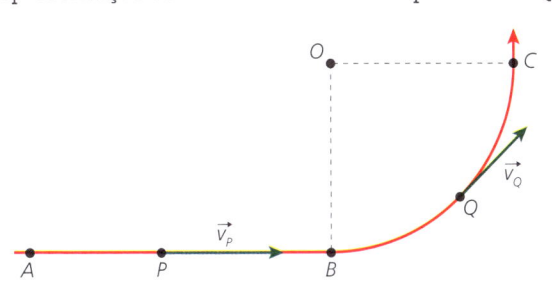

b) No trecho AB, o movimento é retilíneo (logo, a aceleração centrípeta é nula) e uniforme (logo, a aceleração tangencial é nula). Assim, a aceleração resultante no ponto P é nula.

c) Representação dos vetores aceleração tangencial $\vec{a}_t$, aceleração centrípeta $\vec{a}_{cp}$ e aceleração resultante $\vec{a}$ no ponto Q:

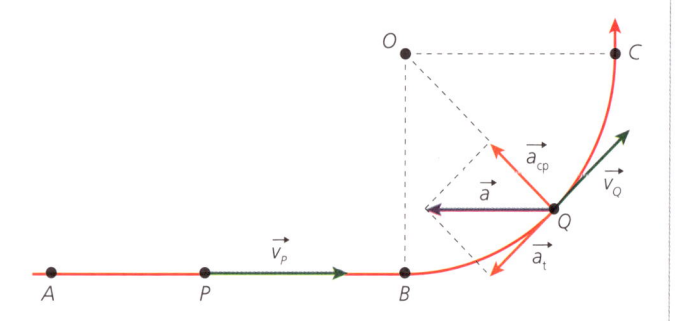

a) Calcule o módulo da aceleração centrípeta do carrinho ao passar pelo ponto E.

b) Represente os vetores aceleração centrípeta, aceleração tangencial e aceleração resultante em P e em Q.

Exercícios propostos

8. Partindo do repouso no ponto A, um móvel descreve um movimento circular uniformemente variado, com aceleração escalar $\alpha = 3$ m/s². Depois de 2 s, o móvel passa pelo ponto B. Considere R = 9 m o raio da trajetória.

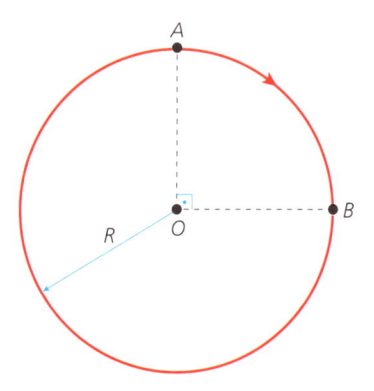

Determine o módulo das acelerações tangencial e centrípeta e da aceleração resultante no ponto B.

9. Em um grande parque de diversões, um carrinho percorre um trecho de montanha-russa, partindo de A e atingindo B. Os trechos AC e DB são retos. O trecho CD é circular de raio R = 10 m. Ao passar pelo ponto E, sua velocidade escalar é de 5 m/s. Em P, o movimento é retardado e em Q, acelerado.

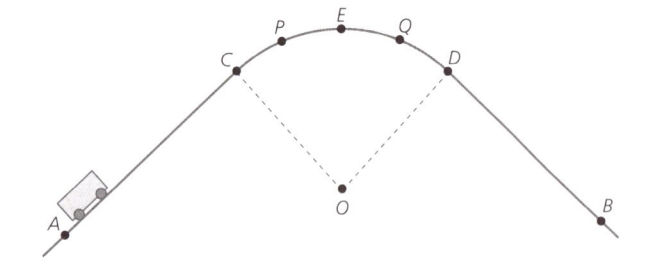

10. No instante t = 0 uma partícula parte do repouso de um ponto A e descreve um movimento circular uniformemente variado, no sentido horário, com aceleração escalar 2,0 m/s², conforme a figura.

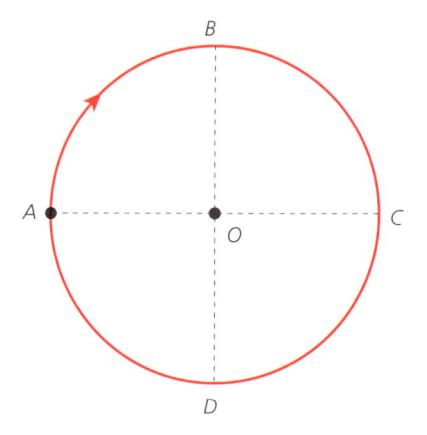

Para o instante t = 3,0 s, determine o que se pede nos itens **a**, **b**, **c** e **d** e represente graficamente o que é indicado no item **e**:

a) a posição da partícula;
b) o módulo da aceleração centrípeta;
c) o módulo da aceleração tangencial;
d) o módulo da aceleração total;
e) os vetores velocidade, aceleração centrípeta, aceleração vetorial e aceleração total.

Dados: comprimento da circunferência descrita pela partícula: 12 m; $\pi = 3$

Exercícios de revisão

Ficha-resumo 1

O vetor representado pelo segmento orientado com origem na posição inicial A e extremidade na posição final B recebe o nome de **deslocamento vetorial**, sendo indicado por $\vec{d}$.

- **Trajetória curvilínea**

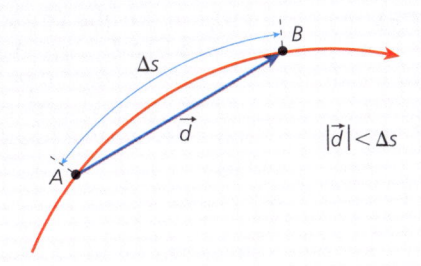

$|\vec{d}| < \Delta s$

- **Trajetória retilínea**

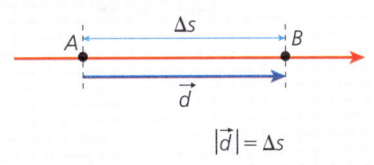

$|\vec{d}| = \Delta s$

A **velocidade vetorial média** $\vec{v}_m$ é o vetor dado pela relação entre o deslocamento vetorial $\vec{d}$ e o intervalo de tempo Δt correspondente a esse deslocamento.

$$\vec{v}_m = \frac{\vec{d}}{\Delta t}$$

1. (Unicamp-SP) A figura abaixo representa um mapa da cidade de Vectoria, o qual indica a direção das mãos do tráfego. Devido ao congestionamento, os veículos trafegam com a velocidade média de 18 km/h. Cada quadra dessa cidade mede 200 m por 200 m (do centro de uma rua ao centro da outra rua). Uma ambulância localizada em A precisa pegar um doente localizado bem no meio da quadra em B, sem andar na contramão.

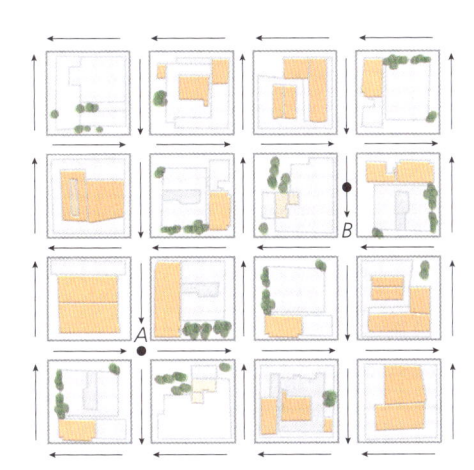

a) Qual o menor tempo gasto (em minuto) no percurso de A para B?
b) Qual é o módulo do vetor velocidade média (em km/h) entre os pontos A e B?

2. (Unisinos-RS) Numa pista atlética retangular de lados $a = 160$ m e $b = 60$ m, um atleta corre com velocidade escalar constante $v = 5{,}0$ m/s, no sentido horário, conforme mostrado na figura. Em $t = 0$ s, o atleta encontra-se no ponto A.

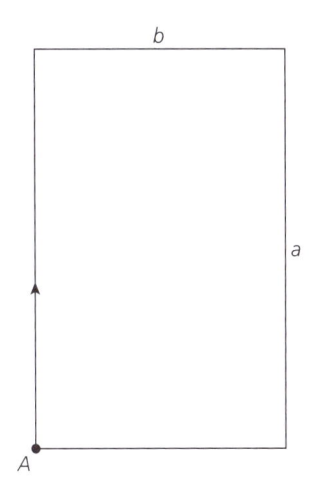

Em relação ao ponto A, o vetor que define a posição do atleta, após 60 s do início da corrida, tem módulo igual a:
a) 100 m
b) 220 m
c) 300 m
d) $1{,}00 \cdot 10^4$ m
e) $1{,}80 \cdot 10^4$ m

3. (Inatel-MG) Em 4 s uma partícula percorre a quarta parte de uma circunferência de raio 4 m. Calcule o módulo da velocidade vetorial média da partícula neste intervalo de tempo.

4. (UCSal-BA) Uma partícula percorre a trajetória MNPQ, representada na figura abaixo. Os instantes de passagem pelos diferentes pontos estão anotados (em segundo).

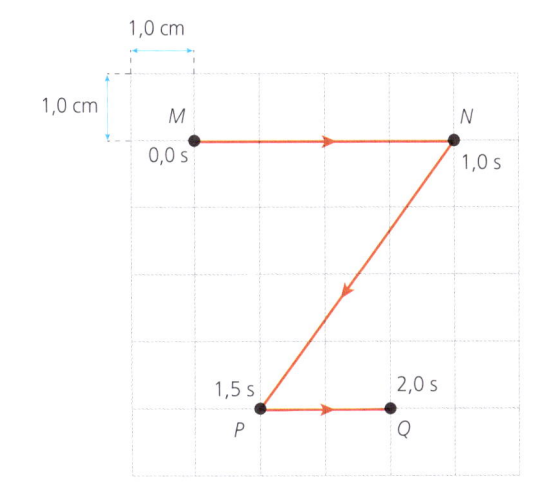

a) Qual a velocidade escalar média da partícula, em cm/s, durante os 2 s de movimento?
b) Qual o módulo da velocidade vetorial média da partícula durante todo o percurso?

Capítulo 6 • Cinemática vetorial **79**

Exercícios de revisão

Ficha-resumo 2

A **velocidade vetorial** $\vec{v}$ de um móvel, num instante t, tem direção da reta tangente à trajetória, sentido do movimento e módulo igual ao valor absoluto da velocidade escalar no instante t.

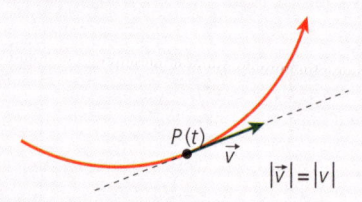

$$|\vec{v}| = |v|$$

A **aceleração vetorial média** $\vec{a}_m$ é o vetor dado pela relação entre a variação de velocidade vetorial $\Delta\vec{v}$ e o correspondente intervalo de tempo Δt.

$$\vec{a}_m = \frac{\Delta\vec{v}}{\Delta t}$$

A **aceleração tangencial** $\vec{a}_t$ tem módulo igual ao valor absoluto da aceleração escalar.

$$|\vec{a}_t| = |\alpha|$$

A **aceleração centrípeta** $\vec{a}_{cp}$ tem módulo dado por:

$$|\vec{a}_{cp}| = \frac{v^2}{R}$$

$\vec{a}_t$ e $\vec{a}_{cp}$ são as acelerações componentes, num certo instante, da aceleração instantânea $\vec{a}$, denominada **aceleração resultante**.

$$\vec{a} = \vec{a}_t + \vec{a}_{cp}$$

5. (UEPB) De acordo com os conceitos estudados em Cinemática, complete adequadamente a coluna da direita com os itens da esquerda:

(1) Movimento retilíneo e uniforme
(2) Movimento retilíneo e uniformemente variado
(3) Movimento circular e uniforme
(4) Movimento circular e uniformemente variado

( ) Velocidade vetorial de direção constante e módulo variável
( ) Velocidade vetorial constante
( ) Velocidade vetorial variável em direção e módulo
( ) Velocidade vetorial de módulo constante e direção variável

Assinale a alternativa que corresponde à sequência correta da numeração:
a) 1, 2, 3, 4
b) 2, 1, 4, 3
c) 3, 4, 1, 2
d) 1, 3, 4, 2
e) 3, 4, 2, 1

6. (Enem) O Brasil pode se transformar no primeiro país das Américas a entrar no seleto grupo das nações que dispõem de trens-bala. O Ministério dos Transportes prevê o lançamento do edital de licitação internacional para a construção da ferrovia de alta velocidade Rio-São Paulo. A viagem ligará os 403 quilômetros entre a Central do Brasil, no Rio, e a Estação da Luz, no centro da capital paulista, em uma hora e 25 minutos.

Disponível em: <http://oglobo.globo.com>. Acesso em: 14 jul. 2009.

Devido à alta velocidade, um dos problemas a ser enfrentado na escolha do trajeto que será percorrido pelo trem é o dimensionamento das curvas. Considerando-se que uma aceleração lateral confortável para os passageiros e segura para o trem seja de $0,1 \cdot g$, em que g é a aceleração da gravidade (considerada igual a 10 m/s²), e que a velocidade do trem se mantenha constante em todo o percurso, seria correto prever que as curvas existentes no trajeto deveriam ter raio de curvatura mínimo de, aproximadamente:
a) 80 m
b) 430 m
c) 800 m
d) 1.600 m
e) 6.400 m

7. (PUC-MG) Um objeto em movimento circular uniforme passa pelo ponto A e, 1 segundo após, passa pelo ponto B.

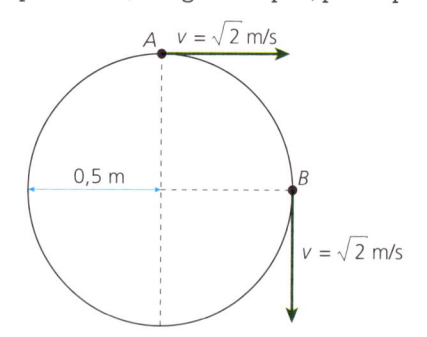

A aceleração vetorial média nesse intervalo de tempo tem módulo, em m/s²:
a) $\sqrt{2}$
b) 2
c) 4
d) 0
e) 0,5

8. (UFSCar-SP) Nos esquemas, estão representadas a velocidade $\vec{v}$ e a aceleração $\vec{a}$ do ponto material P. Assinale a alternativa em que o módulo da velocidade desse ponto material permanece constante.

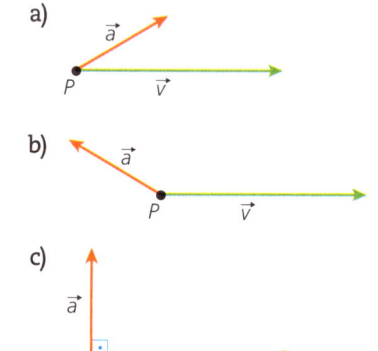

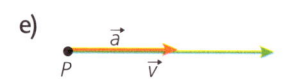

a)
b)
c)
d)
e)

Mais questões em **Vereda Digital Aprova Enem**, em **Vereda Digital Suplemento de revisão**, em **AprovaMax** (no *site*) e no livro digital.

CAPÍTULO 7

MOVIMENTOS BIDIMENSIONAIS

ENEM
C5: H17
C6: H20

Dilshod Nazarov, atleta do Tadjiquistão, atingiu a marca de 78,68 m no arremesso do martelo e conquistou a medalha de ouro nos Jogos Olímpicos do Rio de Janeiro em 2016. De forma simplificada, o arremesso do martelo pode ser considerado um lançamento oblíquo, um dos assuntos que estudaremos neste capítulo.

Objetivos do capítulo

- Analisar os movimentos realizados em um plano vertical, como o de corpos lançados horizontal ou obliquamente nas proximidades da superfície terrestre e sob ação exclusiva da gravidade.

- Mostrar que os lançamentos horizontal e oblíquo, quando desprezada a resistência do ar, resultam da composição de dois movimentos retilíneos simultâneos, um uniforme (horizontal) e outro uniformemente variado (vertical).

1 Introdução

No capítulo 4, estudamos o movimento retilíneo vertical de um corpo nas proximidades da superfície terrestre, que é um movimento unidimensional, classificando-o como um movimento uniformemente variado (MUV), quando se despreza a resistência do ar. A aceleração vetorial desse movimento é a **aceleração da gravidade** $\vec{g}$, cuja direção é a mesma da vertical do lugar e cujo sentido é de cima para baixo. Seu módulo é aproximadamente 10 m/s².

De acordo com a orientação da trajetória, para baixo **(fig. 1A)** ou para cima **(fig. 1B)**, a aceleração escalar de um movimento retilíneo vertical pode ser $+g$ ou $-g$, respectivamente.

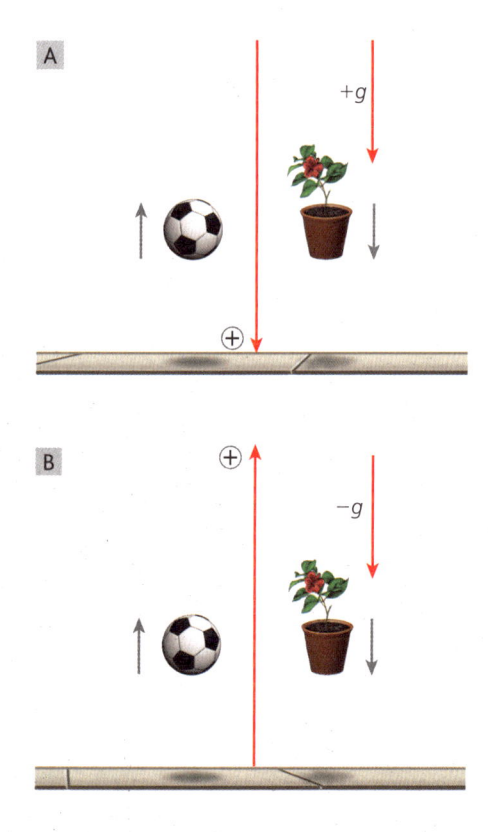

Figura 1. (A) Orientando a trajetória para baixo: $+g$; (B) orientando a trajetória para cima: $-g$.

Neste capítulo, vamos estudar movimentos bidimensionais, como o lançamento horizontal e o lançamento oblíquo.

2 Lançamento horizontal

Uma bolinha P é lançada horizontalmente, com velocidade inicial $\vec{v_0}$, de um ponto O situado a uma altura h do solo. Ela descreve, em relação ao solo, uma trajetória curva que é um arco de parábola **(fig. 2)**, quando se despreza a resistência do ar.

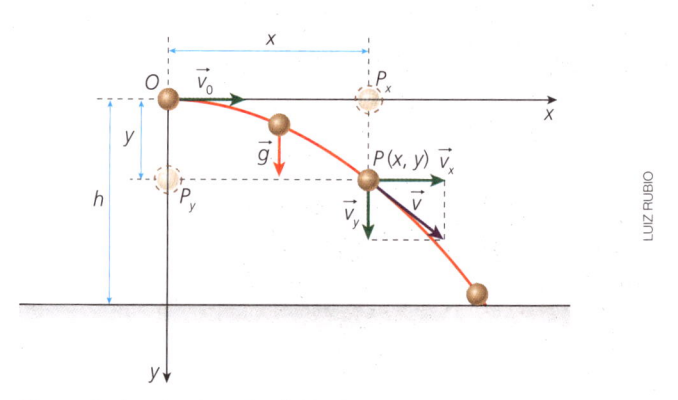

Figura 2. Lançamento horizontal.

Em vez de estudar diretamente o movimento de P, vamos analisar o movimento da projeção de P no eixo horizontal x (P_x) e no eixo vertical y (P_y).

Sendo a aceleração $\vec{g}$ constante e de direção vertical, concluímos que a aceleração de P_x (projeção de $\vec{g}$ no eixo x) é zero. Logo, P_x realiza um **movimento uniforme**. Assim, a velocidade escalar de P_x, que é a projeção de $\vec{v_0}$ no eixo x, é constante e igual a v_0:

$$v_x = v_0$$

O espaço de P_x é a abscissa de P e varia com o tempo segundo a função:

$$x = v_0 t$$

A aceleração escalar de P_y (projeção de $\vec{g}$ no eixo y) é constante e igual a $+g$, se o eixo y é orientado para baixo, ou $-g$, se o eixo y é orientado para cima. Desse modo, P_y realiza um **movimento uniformemente variado**, com velocidade inicial nula, pois a projeção de $\vec{v_0}$ (horizontal) no eixo y (vertical) é zero:

$$v_{0_y} = 0$$

A velocidade de P_y varia com o tempo segundo a função:

$$v_y = gt$$

O espaço de P_y é a ordenada de P e varia com o tempo segundo a função:

$$y = \frac{1}{2}gt^2$$

A velocidade $\vec{v}$ da bolinha P, no instante t, tem componentes $v_x = v_0$ e $v_y = gt$ e módulo $v = \sqrt{v_x^2 + v_y^2}$, ou seja:

$$v = \sqrt{v_0^2 + (gt)^2}$$

Exercícios resolvidos

1. Uma bolinha é lançada horizontalmente com velocidade $v_0 = 8$ m/s, de um local situado a uma altura $h = 5$ m do solo.

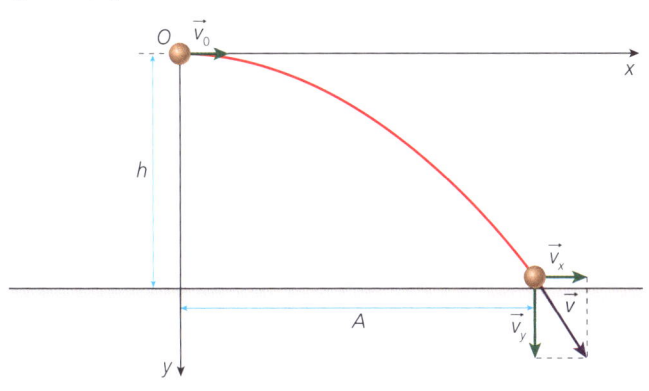

Desprezando a resistência do ar e considerando $g = 10$ m/s², determinar:
a) o intervalo de tempo decorrido do lançamento até a bolinha atingir o solo (tempo de queda t_q);
b) a distância A entre o ponto em que a bolinha atinge o solo e a vertical de lançamento (alcance);
c) as componentes v_x e v_y da velocidade da bolinha no instante em que ela atinge o solo e o módulo da velocidade resultante v nesse mesmo instante.

▶ **Solução**
a) Para o cálculo do **tempo de queda**, consideramos o movimento vertical da bolinha (movimento de P_y). No instante em que a bolinha atinge o solo, temos: $y = h$

$y = \frac{1}{2}gt^2 \Rightarrow h = \frac{1}{2}gt_q^2 \Rightarrow t_q = \sqrt{\frac{2h}{g}} \Rightarrow$

$\Rightarrow t_q = \sqrt{\frac{2 \cdot 5}{10}} \therefore \boxed{t_q = 1 \text{ s}}$

b) Para o cálculo do **alcance**, consideramos o movimento horizontal da bolinha (movimento de P_x). Seja $x = A$, para $t = t_q$, temos:

$x = v_0 t \Rightarrow A = v_0 t_q \Rightarrow A = 8 \cdot 1 \therefore \boxed{A = 8 \text{ m}}$

c) A componente horizontal da velocidade, v_x, é constante e igual a v_0:

$$\boxed{v_x = v_0 = 8 \text{ m/s}}$$

A componente vertical da velocidade, v_y, no instante $t = t_q$, é dada por:

$v_y = gt \Rightarrow v_y = gt_q \Rightarrow v_y = 10 \cdot 1 \therefore \boxed{v_y = 10 \text{ m/s}}$

O módulo da velocidade v da bola no instante em que ela atinge o solo pode ser calculado pelo teorema de Pitágoras.

$v = \sqrt{v_x^2 + v_y^2} \Rightarrow v = \sqrt{8^2 + 10^2} \therefore \boxed{v \simeq 12{,}8 \text{ m/s}}$

2. Uma pedrinha A é abandonada de um ponto situado a uma altura h do solo com velocidade $v_{0(A)} = 0$. No mesmo instante, uma pedrinha B é lançada horizontalmente da mesma altura h e com velocidade $v_{0(B)}$. Sejam t_A e t_B os instantes em que as pedrinhas atingem o solo, desprezando a resistência do ar e considerando g constante, pode-se afirmar que:

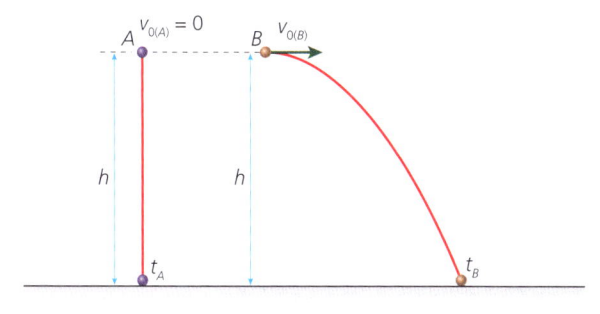

a) $t_A = t_B$
b) $t_A > t_B$
c) $t_A < t_B$
d) $t_A = 2t_B$
e) $t_A = 0{,}5t_B$

▶ **Solução**
Na direção vertical, a pedrinha B, lançada horizontalmente, realiza um movimento de queda livre, análogo ao movimento de A. Em cada instante, A e B estão à mesma altura do solo. Logo: $t_A = t_B$

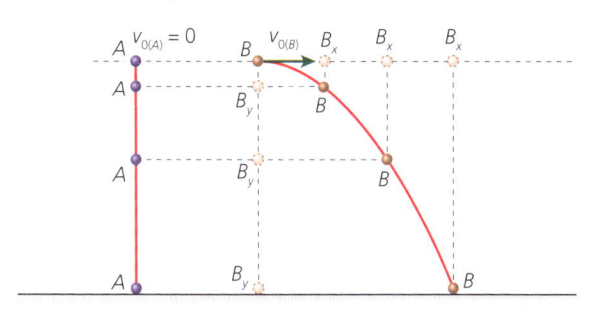

Resposta: a

3. Retomando o exercício anterior, sejam v_A e v_B as velocidades com que A e B atingem o solo, pode-se afirmar que:

a) $v_A = v_B$
b) $v_A > v_B$
c) $v_A < v_B$
d) $v_A = 2v_B$
e) $v_A = 0{,}5v_B$

▶ **Solução**
De $v_B = \sqrt{v_{B_x}^2 + v_{B_y}^2}$ e sendo $v_{B_x} = v_{0(B)}$ e $v_{B_y} = v_A$, temos: $v_B > v_A$

Resposta: c

4. De uma janela situada a uma altura $h = 7,2$ m do solo, Pedrinho lança horizontalmente uma bolinha de tênis com velocidade inicial $v_0 = 5$ m/s. A bolinha atinge uma parede situada a uma distância $d = 5$ m da janela.

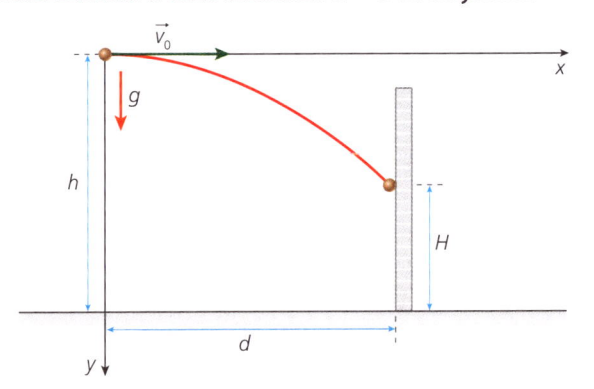

Desprezando a resistência do ar e considerando $g = 10$ m/s^2, determinar a altura H, em relação ao solo, do ponto onde a bolinha colide com a parede.

> **Solução**

- Inicialmente, vamos calcular o intervalo de tempo entre o lançamento da bolinha e o instante em que ela atinge a parede. Conhecendo a distância horizontal d percorrida pela bolinha, temos:

$$d = v_0 t \Rightarrow 5 = 5t \therefore t = 1 \text{ s}$$

- Em seguida, vamos fazer o cálculo da ordenada y do ponto onde a bolinha atinge a parede.

$$y = \frac{1}{2} gt^2 = \frac{1}{2} \cdot 10 \cdot (1)^2 \therefore y = 5 \text{ m}$$

Assim, a altura H do ponto onde a bolinha atinge a parede é:

$$H = h - y \Rightarrow H = 7,2 - 5 \therefore \boxed{H = 2,2 \text{ m}}$$

Exercícios propostos

1. Uma equipe de salvamento utiliza um avião para enviar um pacote de alimentos a pessoas isoladas em uma região. O piloto realiza um voo horizontal e com velocidade constante de 50 m/s, a 980 m de altitude. Quando o local é avistado do avião, o pacote é solto, chegando bem próximo do local onde as pessoas estão. Despreze a resistência do ar, considere $g = 10$ m/s^2 e determine:
   a) o intervalo de tempo entre o instante em que o pacote é solto até o instante em que ele chega ao solo;
   b) a distância entre o local em que o pacote atinge o solo e a reta vertical de onde ele foi solto;
   c) as componentes v_x e v_y da velocidade do pacote no instante em que ele atinge o solo.

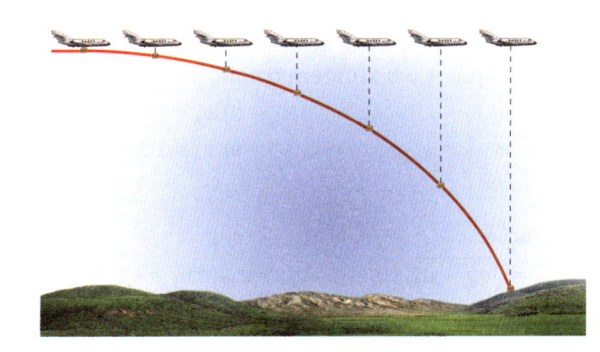

2. Uma bolinha é lançada horizontalmente de uma altura $h = 12,8$ m e atinge o solo a uma distância $A = 4,8$ m da vertical de lançamento. Despreze a resistência do ar e considere $g = 10$ m/s^2. Calcule a velocidade v_0 de lançamento.

3. Uma pequena esfera é lançada horizontalmente do ponto O, passa pelo ponto A após o lançamento, no instante $t = 1$ s, e continua seu movimento. Considere a aceleração da gravidade constante e despreze a resistência do ar. Nessas condições, entre os pontos indicados, quais representam as posições da esfera nos instantes $t = 2$ s e $t = 3$ s?

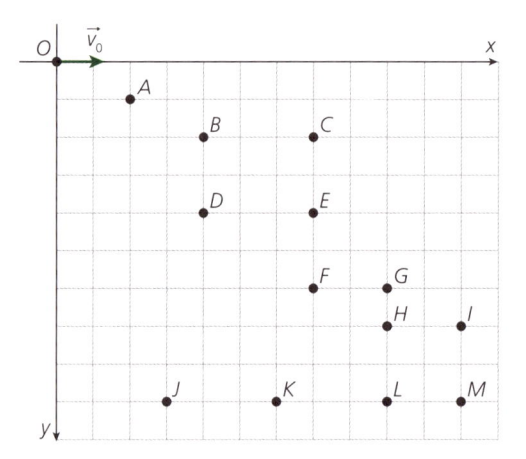

3 Lançamento oblíquo

Considere $\vec{v}_0$ a velocidade com que uma bolinha P é lançada de um ponto O do solo, suposto horizontal. O ângulo que $\vec{v}_0$ forma com a horizontal é chamado de ângulo de tiro, indicado por θ. A bolinha descreve, em relação ao solo, uma trajetória parabólica, quando se despreza a resistência do ar.

Em vez de estudar diretamente o movimento de P, vamos analisar os movimentos de P_x e P_y, projeções de P nos eixos x (horizontal) e y (vertical), respectivamente **(fig. 3)**. Assim como no lançamento horizontal, os movimentos de P_x e P_y são, respectivamente, uniforme e uniformemente variado.

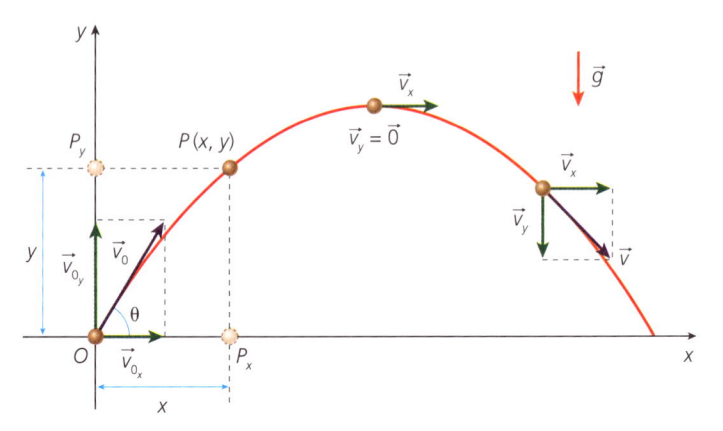

Figura 3. Lançamento oblíquo.

A velocidade escalar de P_x é constante e igual à projeção de $\vec{v_0}$ no eixo x:

$$v_x = v_{0_x} = v_0 \cdot \cos\theta$$

O espaço de P_x é a abscissa de P e varia com o tempo segundo a função:

$$x = v_x t$$

A velocidade escalar inicial de P_y é a projeção de $\vec{v_0}$ no eixo y:

$$v_{0_y} = v_0 \cdot \sen\theta$$

A velocidade de P_y varia com o tempo segundo a função:

$$v_y = v_{0_y} - gt$$

Observe que a aceleração é $-g$, pois o eixo y está orientado para cima.

O espaço de P_y é a ordenada de P e varia com o tempo segundo a função:

$$y = v_{0_y} t - \frac{1}{2} gt^2$$

Para o movimento de P_y, vale também a equação de Torricelli:

$$v_y^2 = v_{0_y}^2 - 2gy$$

A velocidade $\vec{v}$ da bolinha P, no instante t, tem componentes $v_x = v_0 \cdot \cos\theta$ e $v_y = v_{0_y} - gt$ e módulo $v = \sqrt{v_x^2 + v_y^2}$.

Atividade prática

O lançamento de projéteis é estudado há muito tempo, relacionado, principalmente, às batalhas e à destruição de alvos. Ao longo do tempo, as técnicas e máquinas empregadas no lançamento de projéteis foram aperfeiçoadas. Entre os instrumentos utilizados por diferentes civilizações para o arremesso de objetos a grandes distâncias, destacam-se os arcos, as fundas, as catapultas e as balestras.

Muitas modalidades esportivas de arremesso que fazem parte dos jogos olímpicos envolvem o lançamento de um objeto com a finalidade de atingir a maior distância possível. Com seus colegas de grupo, faça uma pesquisa sobre as regras e as técnicas empregadas nos lançamentos de peso, martelo, dardo e disco.

Apresentem os resultados da pesquisa usando painéis, cartazes e/ou vídeos ilustrativos.

A atleta croata Sandra Perkovic, medalha de ouro nos Jogos Olímpicos do Rio de Janeiro 2016, venceu a competição de arremesso de disco com a marca de 69,21 m.

Exercícios resolvidos

5. Uma bola de tênis é lançada obliquamente de um ponto O com velocidade $\vec{v_0}$, de módulo 10 m/s, formando um ângulo θ com o solo horizontal tal que $\sen\theta = 0{,}6$ e $\cos\theta = 0{,}8$.

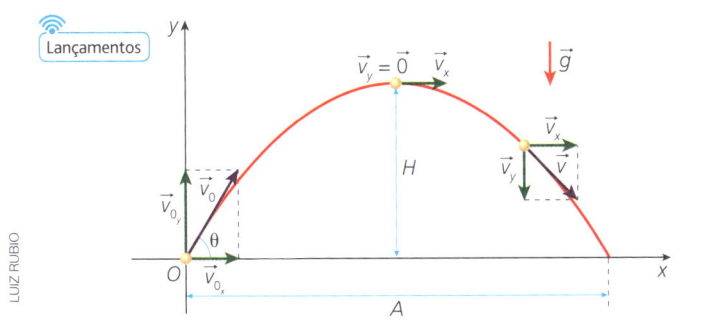

Desprezando a resistência do ar e considerando $g = 10$ m/s², determinar:

a) as componentes horizontal e vertical da velocidade inicial v_0;

b) o intervalo de tempo decorrido entre o lançamento no ponto O até a bola atingir o vértice da parábola (tempo de subida t_s);

c) o intervalo de tempo decorrido entre a passagem da bola pelo vértice da parábola até seu retorno ao solo (tempo de descida t_d);

d) a altura máxima H;

e) o alcance horizontal A;

f) o módulo da velocidade da bola no instante em que ela atinge o vértice da parábola.

▶ Solução

a) A componente horizontal da velocidade inicial é dada por:

$$v_x = v_0 \cdot \cos\theta \Rightarrow v_x = 10 \cdot 0{,}8 \therefore \boxed{v_x = 8 \text{ m/s}}$$

A componente vertical da velocidade inicial é dada por:

$$v_{0_y} = v_0 \cdot \sen\theta \Rightarrow v_{0_y} = 10 \cdot 0{,}6 \therefore \boxed{v_{0_y} = 6 \text{ m/s}}$$

b) No instante em que a bola atinge o vértice da parábola, a componente v_y é nula.
Assim, para o **tempo de subida**, temos:
$v_y = v_{0_x} - gt \Rightarrow v_y = 6 - 10t \Rightarrow$
$\Rightarrow 0 = 6 - 10t_s \therefore \boxed{t_s = 0,6 \text{ s}}$

c) O **tempo de descida** é igual ao de subida, então:
$$\boxed{t_d = t_s = 0,6 \text{ s}}$$

d) A **altura máxima** é o valor de y para $t = t_s$.
$y = v_{0_y}t - \frac{1}{2}gt^2 \Rightarrow y = 6t - 5t^2 \Rightarrow$
$\Rightarrow H = 6 \cdot 0,6 - 5 \cdot (0,6)^2 \therefore \boxed{H = 1,8 \text{ m}}$

Outra maneira de encontrar a altura máxima é impor $v_y = 0$ na equação de Torricelli:
$v_y^2 = v_{0_y}^2 - 2gy \Rightarrow 0 = 6^2 - 2 \cdot 10 \cdot H \therefore H = 1,8 \text{ m}$

e) O alcance é o valor de x para $t = t_{total} = t_s + t_d = 1,2$ s
$x = v_x t \Rightarrow x = 8t \Rightarrow A = 8 \cdot 1,2 \therefore \boxed{A = 9,6 \text{ m}}$

f) Ao atingir o vértice da parábola, a componente v_y se anula, portanto: $\boxed{v = v_x = 8 \text{ m/s}}$

6. Um projétil é lançado obliquamente com velocidade inicial de módulo 20 m/s, formando um ângulo $\theta = 45°$ com a horizontal. Desprezando a resistência do ar e considerando $g = 10$ m/s², determinar as componentes horizontal e vertical da velocidade do projétil no instante $t = 1$ s.

$\left(\text{Dado: sen } 45° = \cos 45° = \frac{\sqrt{2}}{2} \approx 0,7\right)$

➤ **Solução**
A componente horizontal da velocidade é constante e dada por:
$v_x = v_0 \cdot \cos \theta \Rightarrow v_x = 20 \cdot \cos 45° \Rightarrow v_x = 20 \cdot 0,7 \therefore \boxed{v_x \approx 14 \text{ m/s}}$

A componente vertical da velocidade é dada por:
$$v_y = v_{0_y} - gt$$
Sendo $v_{0_y} = v_0 \cdot \text{sen } \theta = 20 \cdot \text{sen } 45° = 20 \cdot 0,7 \therefore v_{0_y} \approx 14$ m/s, temos: $v_y \approx 14 - 10 \cdot 1 \therefore \boxed{v_y = 4 \text{ m/s}}$

7. Num jogo de futebol, a goleira bate um tiro de meta e a bola é lançada de modo que as componentes horizontal e vertical de sua velocidade inicial sejam iguais a 10 m/s. Em sua trajetória, a bola passa por dois pontos, A e B, situados à mesma altura $h = 3,2$ m em relação ao gramado.

Considerando que a bola está sob ação exclusiva da gravidade e $g = 10$ m/s², determinar:
a) o intervalo de tempo decorrido entre as passagens da bola pelos pontos A e B;
b) a distância d entre A e B.

➤ **Solução**
a) Vamos impor $y = h = 3,2$ m e calcular os instantes em que a bola passa pelos pontos A e B.
$y = v_{0_y}t - \frac{1}{2}gt^2 \Rightarrow 3,2 = 10t - 5t^2 \Rightarrow 5t^2 - 10t + 3,2 = 0 \rightarrow$
$\Rightarrow t = \frac{-(-10) \pm \sqrt{(-10)^2 - 4 \cdot 5 \cdot 3,2}}{2 \cdot 5} \Rightarrow t = \frac{10 \pm \sqrt{36}}{10}$
$\therefore t_1 = 0,4$ s e $t_2 = 1,6$ s
$\Delta t = t_2 - t_1 = 1,6 - 0,4 \therefore \boxed{\Delta t = 1,2 \text{ s}}$

b) A distância d entre A e B é a diferença entre suas abscissas:
$d = x_2 - x_1 = v_x t_2 - v_x t_1 = v_x \cdot \Delta t \Rightarrow d = 10 \cdot 1,2 \therefore \boxed{d = 12 \text{ m}}$

Exercícios propostos

4. Um projétil é lançado obliquamente de modo que as componentes horizontal e vertical de sua velocidade inicial sejam iguais a 20 m/s. Despreze a resistência do ar, considere $g = 10$ m/s² e determine:
a) o intervalo de tempo decorrido entre o instante do lançamento até o projétil atingir o vértice da parábola (tempo de subida);
b) a velocidade mínima atingida pelo projétil;
c) as componentes horizontal e vertical da velocidade do projétil, v_x e v_y, nos instantes $t = 1$ s e $t = 3$ s e o módulo da velocidade resultante v nesses instantes.

5. Uma bola de futebol é lançada obliquamente com velocidade inicial de módulo $v_0 = 20$ m/s, formando um ângulo θ com a horizontal. Despreze a resistência do ar e considere $g = 10$ m/s². Determine o alcance horizontal da bola se:
a) $\theta = 30°$ b) $\theta = 60°$
$\left(\text{Dados: sen } 30° = \cos 60° = \frac{1}{2} \text{ e } \cos 30° = \text{sen } 60° = \frac{\sqrt{3}}{2}\right)$

6. Uma pequena esfera é lançada obliquamente em relação ao solo horizontal a partir do ponto O, passando pelo ponto A após o lançamento, no instante $t = 4$ s. Dos pontos B, C, D, E e F indicados na figura, qual representa a posição da esfera no instante $t = 2$ s? Considere $g = 10$ m/s² e despreze a resistência do ar.

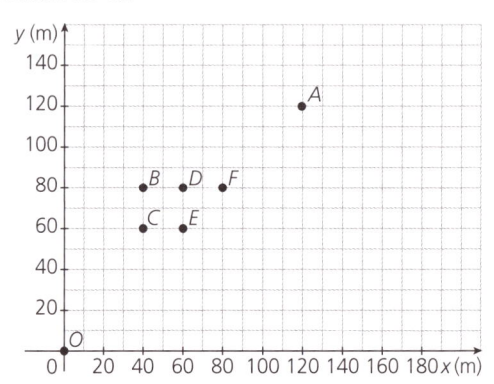

Exercícios de revisão

Ficha-resumo 1

O **lançamento horizontal**, nas proximidades da superfície terrestre, desprezando-se a resistência do ar, pode ser composto de dois movimentos:

- **movimento horizontal:** movimento uniforme (MU)
$$x = v_0 t$$

- **movimento vertical:** queda livre
$$y = \frac{1}{2}gt^2$$
$$v_y = gt$$

A velocidade resultante $\vec{v}$ do móvel, em um instante t, é:

$$\vec{v} = \vec{v}_x + \vec{v}_y$$
$$v = \sqrt{v_x^2 + v_y^2}$$

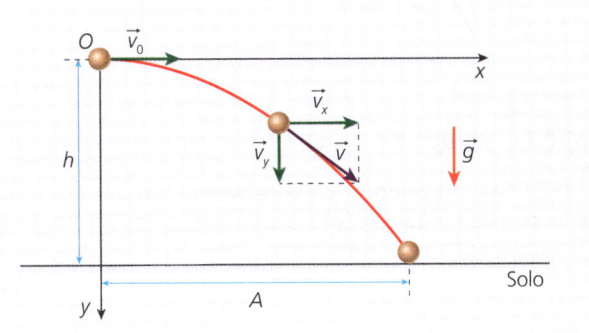

1. (IJSO) Um estudante pretende lançar horizontalmente uma pequena esfera, a partir do piso superior de uma escada, de modo a atingir o quarto degrau. Considere a profundidade de cada degrau igual a 30 cm e a altura entre dois degraus consecutivos igual a 20 cm.

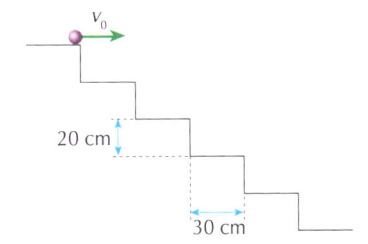

Sendo a aceleração da gravidade 10 m/s², pode-se afirmar que a máxima velocidade de lançamento (v_0) é igual a:

a) 1,0 m/s
b) 2,0 m/s
c) 3,0 m/s
d) 4,0 m/s
e) 5,0 m/s

2. (FGV-SP) Dois blocos, A e B, são lançados sucessivamente, na horizontal, de uma plataforma de altura h com velocidades v_A e v_B, atingindo o solo nos pontos A e B, como indica a figura.

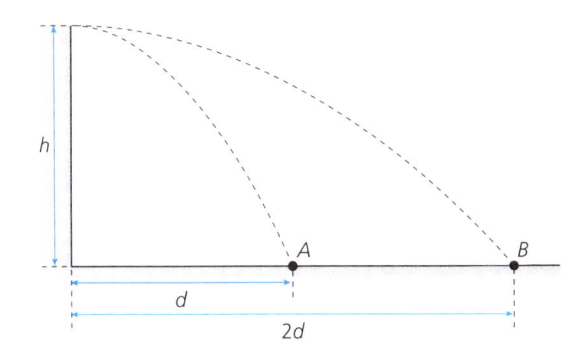

Os tempos decorridos desde que cada bloco abandona a plataforma até atingir o solo são t_A e t_B. Pode-se afirmar que:

a) $t_A = t_B$ e $v_A = v_B$
b) $t_A = t_B$ e $v_A = 2v_B$
c) $t_B = t_A$ e $v_B = 2v_A$
d) $t_A = 2t_B$ e $v_A = v_B$
e) $t_B = 2t_A$ e $v_A = 2v_B$

3. (Marinha-BR) Observe a figura a seguir.

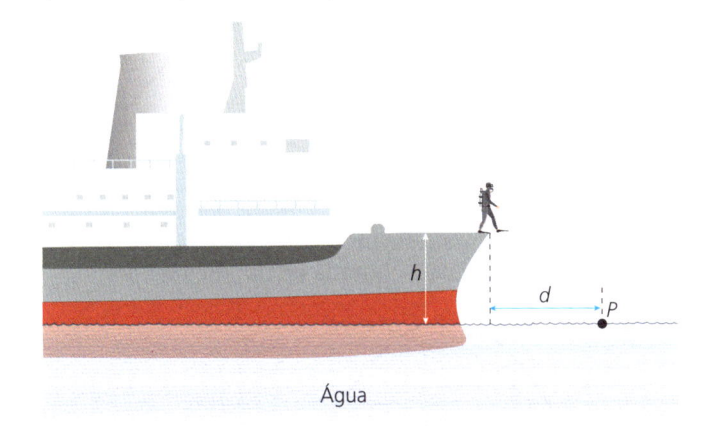

Um mergulhador se lança ao mar saltando de uma altura h de 4,9 metros em relação à linha-d'água e com velocidade inicial, apenas horizontal, de 2,5 m/s, a partir da proa de um navio, que se encontra parado, conforme ilustrado na figura acima. Ele atinge a superfície da água no ponto P, a uma distância horizontal d da borda da proa. Sabendo que a aceleração da gravidade é de 9,8 m/s², pode-se afirmar que a distância d, em metro, é igual a:

a) 1,0
b) 1,5
c) 2,0
d) 2,5
e) 3,0

4. (ITA-SP) Uma bola é lançada horizontalmente do alto de um edifício, tocando o solo decorridos aproximadamente 2 s. Sendo de 2,5 m a altura de cada andar, o número de andares do edifício é:

a) 5
b) 6
c) 8
d) 9
e) indeterminado, pois a velocidade horizontal de arremesso da bola não foi fornecida.

(Dado: $g = 10$ m/s²)

Exercícios de revisão

Ficha-resumo 2

Da mesma forma que no lançamento horizontal, o **lançamento oblíquo**, nas proximidades da superfície terrestre, desprezando-se a resistência do ar, pode ser composto de dois movimentos:

- **movimento horizontal**: movimento uniforme (MU)

$x = v_x t$

$v_x = v_{0_x} = v_0 \cdot \cos \theta$

- **movimento vertical**: movimento uniformemente variado (MUV)

$y = v_{0_y} t + \dfrac{1}{2} \alpha t^2$

$v_y = v_{0_y} + \alpha t$

$v_{0_y} = v_0 \cdot \text{sen}\, \theta$

$v_y^2 = v_{0_y}^2 + 2\alpha y$

$\alpha = -g$ (eixo orientado para cima)

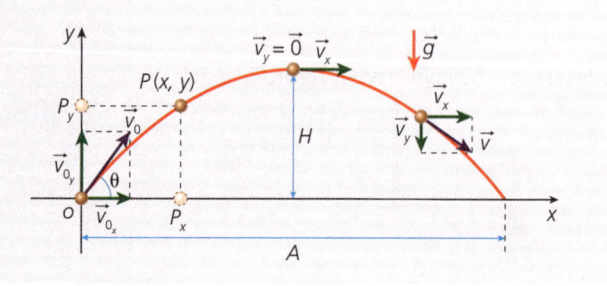

5. (UFV-MG) A figura a seguir mostra três trajetórias de uma bola de futebol que é chutada de um mesmo ponto.

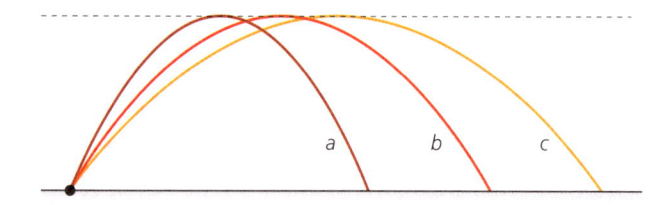

O símbolo t representa o tempo de permanência da bola no ar, vv, o módulo da componente vertical da velocidade inicial da bola e vh, o módulo da componente horizontal da velocidade inicial. Em relação a essas três grandezas físicas e considerando as três trajetórias a, b e c acima, livres da resistência do ar, pode-se concluir que:

a) $t_a < t_b < t_c$; $v_{v_a} = v_{v_b} = v_{v_c}$; $v_{h_a} = v_{h_b} = v_{h_c}$
b) $t_a = t_b = t_c$; $v_{v_a} = v_{v_b} = v_{v_c}$; $v_{h_a} < v_{h_b} < v_{h_c}$
c) $t_a = t_b = t_c$; $v_{v_a} = v_{v_b} = v_{v_c}$; $v_{h_a} > v_{h_b} > v_{h_c}$
d) $t_a = t_b = t_c$; $v_{v_a} < v_{v_b} < v_{v_c}$; $v_{h_a} < v_{h_b} < v_{h_c}$
e) $t_a < t_b < t_c$; $v_{v_a} < v_{v_b} < v_{v_c}$; $v_{h_a} = v_{h_b} = v_{h_c}$

6. (UEL-PR) Um arqueiro lança uma flecha para cima, obliquamente, sob um ângulo de 60° em relação à horizontal, com velocidade inicial de módulo 20 m/s. Considerando o módulo da aceleração da gravidade igual a 10 m/s², qual o módulo da velocidade da flecha no instante $\sqrt{3}$ s, após o lançamento?

$\left(\text{Dados: } \cos 60° = \dfrac{1}{2}, \text{sen } 60° = \dfrac{\sqrt{3}}{2} \right)$

a) 36 m/s
b) 18,8 m/s
c) 10 m/s
d) $10\sqrt{3}$ m/s
e) 20 m/s

7. (Unifor-CE) Uma partícula é lançada do solo a uma velocidade inicial de 10 m/s, com um ângulo de 60° acima da horizontal, atingindo o alto de um penhasco que encontra-se a 4,5 m de distância do lançamento, caindo em uma superfície plana e horizontal em 1,0 segundo, exatamente no ponto B, conforme figura abaixo. Desprezando a resistência do ar e considerando a aceleração da gravidade no local como 10,0 m/s², determine a distância AB, da borda do penhasco ao ponto onde a partícula caiu, em metro. Adote: cos 60° = 0,5 e sen 60° = 0,8

a) 0,5
b) 0,8
c) 1,2
d) 1,6
e) 2,0

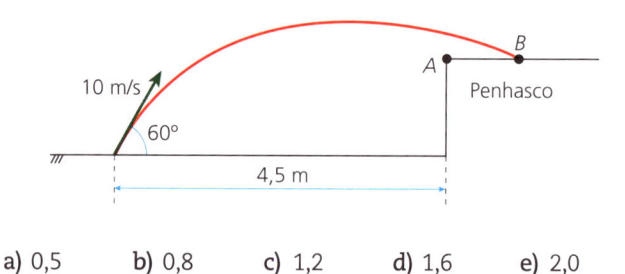

8. (IJSO) Seis pequenas esferas são lançadas do solo com mesma velocidade e formando com a horizontal os ângulos indicados na figura.

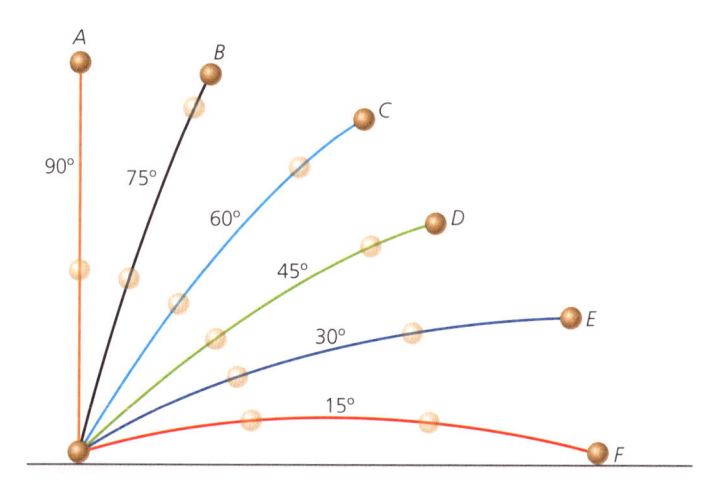

a) Somente os alcances horizontais das partículas C e E são iguais.
b) As componentes horizontais das velocidades de todas as partículas, lançadas obliquamente, são constantes e iguais.
c) Sejam Δt_A e ΔT_E os intervalos de tempo que as partículas A e E levam para retornar ao solo, tem-se: $\Delta t_A = 2 \cdot \Delta T_E$
d) A altura máxima é atingida pela partícula D.
e) O alcance horizontal da partícula B é cinco vezes maior do que o alcance horizontal da partícula F.

Mais questões em **Vereda Digital Aprova Enem**, em **Vereda Digital Suplemento de revisão**, em **AprovaMax** (no site) e no livro digital.

CAPÍTULO 8

MOVIMENTO CIRCULAR E UNIFORME (MCU)

ENEM
C5: H17, H18
C6: H20

As rodas-gigantes descrevem movimentos circulares e uniformes. As pessoas que ocupam cada cadeira estão sujeitas a uma aceleração centrípeta, que tem direção radial e sentido para o centro da roda-gigante. Na foto, a roda-gigante Tianjin Eye, na cidade chinesa de Tianjin.

> **Objetivos do capítulo**
>
> - Apresentar os conceitos que fundamentam os movimentos circulares e uniformes.
> - Apresentar o conceito de velocidade angular.
> - Analisar as características da aceleração nos movimentos circulares e uniformes.
> - Estudar a transmissão de movimentos circulares por meio de polias e correias (movimentos circulares acoplados).

1 Introdução

A Terra executa um movimento de rotação em torno de seu eixo, uma reta imaginária que passa pelo polo Norte e pelo polo Sul, completando uma volta em aproximadamente 24 horas. Desconsiderando pequenas perturbações, podemos dizer que esse movimento da Terra é uniforme e que cada volta em torno do eixo de rotação tem a mesma duração.

O menor intervalo de tempo necessário para a repetição das mesmas propriedades de qualquer fenômeno físico é chamado de **período**. Assim, podemos dizer que o **período de rotação** da Terra é aproximadamente igual a 24 horas. Na verdade, esse período é de 23 h 56 min 4 s, isto é, 86.164 s; mas, em geral, adota-se o valor aproximado de 24 h ou 86.400 s.

Os pontos dos ponteiros de um relógio analógico convencional preciso realizam movimentos circulares e uniformes. O ponteiro dos segundos completa uma volta em um minuto; portanto, seu período é de 60 segundos. O ponteiro dos minutos completa uma volta em uma hora; portanto, seu período é igual a 60 minutos. O ponteiro das horas, em geral o menor em tamanho, tem período de 12 horas e, portanto, completa duas voltas por dia. Na **figura 1**, temos um relógio não convencional, cujo ponteiro das horas tem período de 24 horas.

Assim como os pontos dos ponteiros de um relógio, todos os pontos da superfície da Terra realizam um movimento circular e uniforme (MCU).

Nos exemplos citados acima, os movimentos se repetem, respectivamente, em intervalos de tempo iguais e regulares. Assim, o MCU é um **movimento periódico**.

Eixo de rotação da Terra.

Figura 1. Relógio do Observatório de Greenwich, na Inglaterra, com mostrador de 24 horas.

2 Características do movimento circular e uniforme (MCU)

Raio da trajetória R

A trajetória de um ponto material em MCU é uma circunferência, cujo raio, R, é a distância entre esse ponto e o centro, ou eixo, em torno do qual ele gira.

Período T

No movimento circular e uniforme, o intervalo de tempo de duração de cada volta completa é denominado **período**, geralmente representado por T. No SI, o período é medido em **segundo** (s).

Frequência f

A razão entre o número de voltas n e o intervalo de tempo Δt gasto para completá-las é chamada de frequência:

$$f = \frac{n}{\Delta t}$$

Para uma volta, isto é, $n = 1$, temos $\Delta t = T$. Portanto:

$$f = \frac{n}{\Delta t} \Rightarrow \boxed{f = \frac{1}{T}}$$

ou

$$T = \frac{1}{f}$$

Dizemos que a **frequência** é o **inverso do período** e vice-versa.

No SI, a unidade de frequência usada para fenômenos periódicos é o **hertz (Hz)**, unidade derivada da unidade fundamental segundo, que corresponde a s^{-1}. Em alguns contextos, ainda aparecem as nomenclaturas ciclos por segundo (cps) e rotações por segundo (rps).

Em Engenharia, costuma-se usar a unidade prática rotações por minuto (rpm). Embora **erradamente** usada como unidade de velocidade de rotação, rpm é, na verdade, unidade de frequência.

Velocidade escalar linear v

Sendo o movimento uniforme, a velocidade escalar do móvel que executa um MCU é constante e pode ser calculada pela razão: $v = \dfrac{\Delta s}{\Delta t}$

O deslocamento escalar (ou a variação de espaço) para uma volta tem a mesma medida do comprimento da circunferência: $\Delta s = 2\pi R$

O intervalo de tempo decorrido em uma volta corresponde ao período do movimento: $\Delta t = T$

Portanto, a velocidade escalar do móvel, ao longo da trajetória circular, é:

$$v = \dfrac{\Delta s}{\Delta t} \Rightarrow \boxed{v = \dfrac{2\pi R}{T}}$$

Essa velocidade é denominada **velocidade escalar linear** ou **tangencial**, e é igual ao módulo da velocidade vetorial do móvel, tangente à trajetória, em cada ponto **(fig. 2)**.

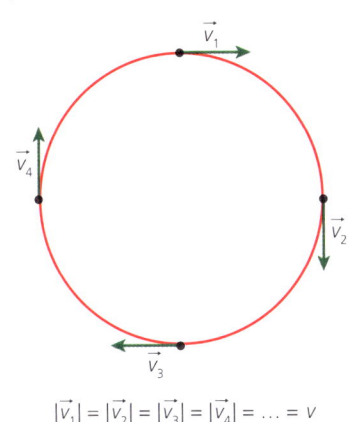

$|\vec{v}_1| = |\vec{v}_2| = |\vec{v}_3| = |\vec{v}_4| = \ldots = v$

Figura 2.

Velocidade angular média ω_m

Muitas vezes, é mais conveniente localizar o móvel na trajetória pelo ângulo central θ, medido em **radiano**, subentendido pelo arco, de medida s, entre a posição P do móvel no instante t considerado e o ponto da trajetória tomado como origem dos espaços, O **(fig. 3)**.

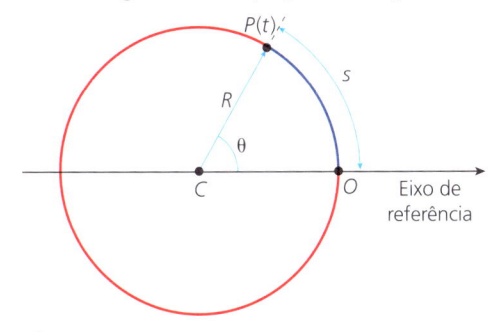

Figura 3.

Se, num intervalo de tempo $\Delta t = t_2 - t_1$, o móvel tem um deslocamento angular $\Delta \theta = \theta_2 - \theta_1$, a razão $\dfrac{\Delta \theta}{\Delta t}$ é, por definição, a **velocidade angular média (ω_m)** do movimento **(fig. 4)**, cuja unidade no SI é o radiano por segundo (rad/s).

Portanto, temos: $\boxed{\omega_m = \dfrac{\Delta \theta}{\Delta t}}$

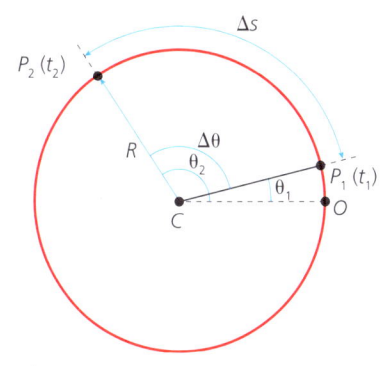

Figura 4.

Velocidade angular instantânea ω

Pode-se entender a velocidade angular num certo instante como uma velocidade angular média para um intervalo de tempo Δt muito pequeno.

Em um movimento circular uniforme, a velocidade angular é constante, portanto a velocidade angular média é igual à velocidade angular instantânea.

Para uma volta completa na circunferência, temos $\Delta \theta$ igual a 2π radianos e Δt igual a 1 período (T). Portanto:

$\omega = \dfrac{\Delta \theta}{\Delta t} \Rightarrow \omega = \dfrac{2\pi}{T}$

Como $\dfrac{1}{T}$ é a frequência f, podemos escrever: $\boxed{\omega = 2\pi f}$

Função horária angular do MCU

No MCU, vale a relação $\Delta \theta = \omega \cdot \Delta t$. O deslocamento angular $\Delta \theta$ é igual à diferença entre as posições angulares final (θ) e inicial (θ_0) do móvel, em certo trecho, e o intervalo de tempo Δt é a diferença entre os instantes final t e inicial $t_0 = 0$. Assim:

$$\theta - \theta_0 = \omega \cdot (t - 0) \Rightarrow \boxed{\theta = \theta_0 + \omega t}$$

Essa função permite determinar a posição angular do móvel na circunferência, em relação a uma origem determinada.

3 Relação entre a velocidade escalar linear v e a velocidade angular instantânea ω

A relação $v = \dfrac{2\pi R}{T}$, deduzida anteriormente, pode ser escrita como $v = \dfrac{2\pi}{T} \cdot R$. Como $\dfrac{2\pi}{T}$ é a velocidade angular ω, temos:

$$\boxed{v = \omega R}$$

Essa relação é muito útil na resolução de exercícios.

Capítulo 8 • Movimento circular e uniforme (MCU)

Exercícios resolvidos

1. Em um relógio analógico, o ponteiro dos segundos, de 2 cm de comprimento, realiza um movimento circular uniforme (MCU). Considerando $\pi \simeq 3$, determinar:
   a) a velocidade linear v da extremidade desse ponteiro, em milímetro por segundo;
   b) o deslocamento escalar da extremidade desse ponteiro quando ele descreve um arco que subentende um ângulo de 60°.

▶ **Solução**
   a) O ponteiro dos segundos de um relógio analógico completa uma volta em um minuto, portanto, seu período é de 60 segundos. Assim:
   $$v = \frac{\Delta s}{\Delta t} \Rightarrow v = \frac{2\pi R}{T} \simeq \frac{2 \cdot 3 \cdot 20 \text{ mm}}{60 \text{ s}} \Rightarrow \boxed{v \simeq 2 \text{ mm/s}}$$

   b) Quando a extremidade do ponteiro descreve um arco que subentende um ângulo de 60°, o ponteiro percorre $\frac{1}{6}$ de uma volta e, portanto, o intervalo de tempo decorrido é $\frac{1}{6}$ do período do movimento, o que corresponde a 10 s. Usando o resultado do item **a**, temos:
   $$\Delta s = v \cdot \Delta t \Rightarrow \Delta s = 2 \frac{\text{mm}}{\text{s}} \cdot 10 \text{ s} \Rightarrow$$
   $$\Rightarrow \boxed{\Delta s = 20 \text{ mm}} \text{ ou } \Delta s = 2 \text{ cm}$$

2. Qual é a velocidade linear v de uma pessoa parada na linha do equador terrestre, devido a seu movimento em torno do eixo da Terra? Considerar o raio equatorial da Terra igual a 6.400 km e $\pi \simeq 3$.

▶ **Solução**
Considerando o período de rotação da Terra aproximadamente igual a 24 horas, temos:
$$v = \frac{\Delta s}{\Delta t} = \frac{2\pi R}{T} \simeq \frac{2 \cdot 3 \cdot 6.400 \text{ km}}{24 \text{ h}} \Rightarrow \boxed{v \simeq 1.600 \text{ km/h}}$$

Essa é uma velocidade supersônica!

(Velocidade do som no ar a 25 °C $\simeq$ 1.250 km/h)

Exercícios propostos

1. A Terra, no movimento de rotação em torno do seu eixo, desloca-se a cada hora de um ângulo central igual a:
   a) 15°   c) 30°   e) 45°
   b) 24°   d) 36°

2. Um ângulo central de **1 radiano** subentende um arco de circunferência cujo comprimento é igual ao raio dessa circunferência. Sabendo que uma rotação completa (360°) equivale a 2π radianos, 75 rpm equivalem, em rps e em rad/s, respectivamente, aos valores:
   a) $\frac{5}{4}$ e $\frac{5}{2}\pi$ c) $\frac{5}{2}$ e $\frac{5}{4}\pi$ e) $\frac{5}{2}\pi$ e $\frac{5}{4}$
   b) $\frac{5}{4}$ e $\frac{5}{4}\pi$ d) $\frac{5}{2}$ e $\frac{5}{2}\pi$

3. A velocidade angular ω do ponteiro dos segundos de um relógio vale, em rad/s:
   a) $\frac{\pi}{12}$ c) $\frac{\pi}{30}$ e) $\frac{\pi}{60}$
   b) $\frac{\pi}{24}$ d) $\frac{\pi}{48}$

4. Os antigos toca-discos de vinil, hoje novamente em uso, tinham três "velocidades" de operação, como eram erradamente chamadas: $33\frac{1}{3}$ rpm, 45 rpm e 78 rpm. Na verdade, esses valores representam suas frequências de rotação. Portanto, se regularmos o aparelho para funcionar em $33\frac{1}{3}$ rpm, o disco executará uma volta em:
   a) 0,33 s   c) 1,33 s   e) 3,33 s
   b) 0,55 s   d) 1,80 s

5. Um carrinho descreve uma circunferência de raio 20 cm com velocidade angular ω constante de $\frac{\pi}{8}$ rad/s. Isso significa que esse móvel completa uma volta em:
   a) 16 s   c) 4 s   e) 1 s
   b) 8 s   d) 2 s

6. Retome o exercício 5 e adote $\pi \simeq 3$. Em 2 s, aquele carrinho percorre um arco de trajetória, L, de comprimento igual a:
   a) 4,0 cm   c) 12 cm   e) 20 cm
   b) 8,0 cm   d) 15 cm

7. Aproximando o movimento que a Terra realiza, a cada ano, em torno do Sol de um movimento circular uniforme (MCU) de raio aproximadamente igual a $1,5 \cdot 10^8$ km e considerando 1 ano $\simeq \pi \cdot 10^7$ s, podemos estimar a velocidade orbital da Terra em:
   a) 1,5 km/s   c) 15 km/s   e) 45 km/s
   b) 3,0 km/s   d) 30 km/s

4 Aceleração no MCU

Apesar de ser classificado como uniforme, o MCU é um movimento dotado de aceleração pelo fato de ocorrer em uma trajetória curvilínea. No MCU, existe **aceleração centrípeta**, isto é, $|\vec{a}_{cp}| \neq 0$. Porém, sendo um movimento uniforme, ele não tem aceleração tangencial, isto é: $|\vec{a}_t| = 0$

Como já vimos no capítulo 6, o módulo da aceleração centrípeta é dado por:

$$\boxed{|\vec{a}_{cp}| = \frac{v^2}{R}}$$

Substituindo v por ωR, temos:

$$|\vec{a}_{cp}| = \frac{(\omega R)^2}{R} \Rightarrow \boxed{|\vec{a}_{cp}| = \omega^2 R}$$

Podemos ainda escrever a expressão acima como:

$$|\vec{a}_{cp}| = \omega \cdot \underbrace{\omega R}_{v} \text{ ou } |\vec{a}_{cp}| = \omega v$$

Exercícios resolvidos

3. Um móvel realiza um MCU com velocidade linear v e percorre, em um intervalo de tempo τ, um arco de circunferência que subentende um ângulo central θ, medido em radiano. Com esses dados, determinar para esse móvel:
a) o raio da trajetória circular;
b) o módulo da aceleração centrípeta $|\vec{a}_{cp}|$.

▶ **Solução**

a) $\omega = \dfrac{\Delta\theta}{\Delta t} \Rightarrow \omega = \dfrac{\theta}{\tau}$

Como $v = \omega R$, temos:

$$v = \dfrac{\theta}{\tau} \cdot R \Rightarrow \boxed{R = \dfrac{v\tau}{\theta}}$$

(Observe que $R\theta = v\tau$ é a medida do arco.)

b) $|\vec{a}_{cp}| = a_{cp} = \dfrac{v^2}{R} = \dfrac{v^2}{\frac{v\tau}{\theta}} \Rightarrow \boxed{a_{cp} = \dfrac{v\theta}{\tau}}$

Exercícios propostos

8. A polia mostrada abaixo tem diâmetro de 10π cm e gira com frequência constante de 1.200 rpm, acionada pela correia C que passa à sua volta.

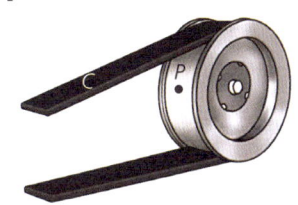

Determine para o sistema polia-correia:
a) a velocidade linear v da correia C;
b) o módulo da aceleração centrípeta do ponto P, sobre a superfície externa da polia.
Dê as respostas em função de π.

9. Na pista representada abaixo, os trechos AB e CD são retilíneos e o trecho BC é semicircular. Um carro percorre todo o trecho ABCD com velocidade escalar linear constante.

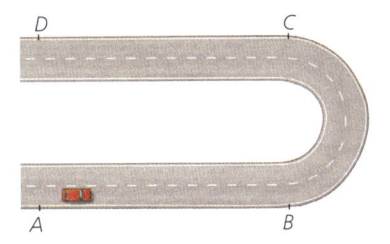

O diagrama que melhor representa o módulo da aceleração vetorial $\vec{a}$ do carro em todo o percurso, como função do tempo, é:

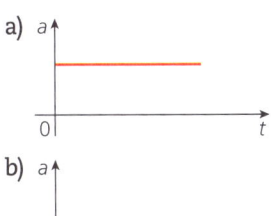

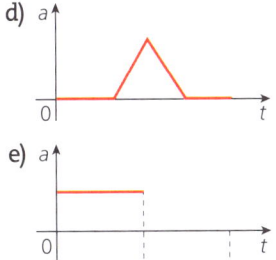

a)
b)
c)
d)
e)

10. A aceleração vetorial $\vec{a}$ de um móvel em movimento circular e uniforme:
a) é perpendicular ao seu vetor velocidade $\vec{v}$ e ao plano da trajetória.
b) determina, com o vetor velocidade $\vec{v}$, um plano que contém a trajetória.
c) é paralela ao vetor velocidade $\vec{v}$.
d) forma um ângulo θ com o vetor velocidade $\vec{v}$ tal que $0 < \theta < \dfrac{\pi}{2}$.
e) é nula.

11. Um carro percorre uma pista horizontal e plana com movimento uniforme. A pista tem a forma de uma espiral, ilustrada no esquema a seguir, e, como se vê, o carro move-se no sentido anti-horário, isto é, percorrendo trechos sucessivos da pista com raios de curvatura decrescentes.

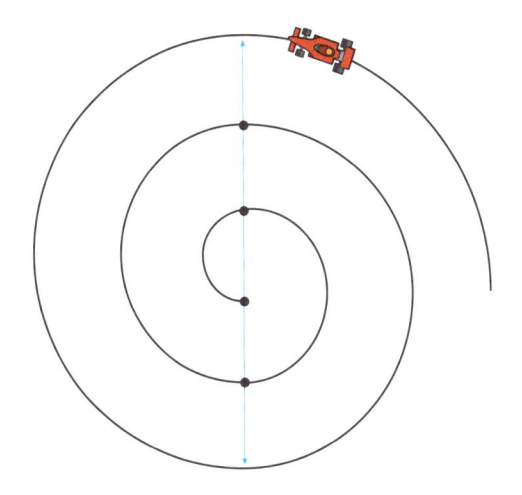

Com relação ao valor da velocidade escalar angular ω e ao módulo da aceleração centrípeta $|\vec{a}_{cp}|$ do carro, podemos afirmar que, durante o seu movimento:
a) ambos permanecem constantes;
b) o valor de ω aumenta e o de $|\vec{a}_{cp}|$ diminui;
c) o valor de ω diminui e o de $|\vec{a}_{cp}|$ aumenta;
d) ambos aumentam;
e) ambos diminuem.

5 Movimentos circulares acoplados

Em diversas situações, encontramos mecanismos que trabalham em conjunto, como parte integrante de um todo. Nos motores dos automóveis, por exemplo, temos polias e outros elementos rotativos acoplados entre si por cintas, correias dentadas ou até por contato direto, que utilizam o movimento do eixo do motor para a transmissão de movimento.

Polias montadas em eixos distintos transmitem movimento de rotação entre si por meio de correias (**fig. 5**).

Figura 5. (A) Transmissão de rotação entre polias acopladas (1 e 2) por correia dentada em "V"; (B) polia dentada (1) e lisa (2), acopladas por correia dentada em um motor.

Na **figura 6**, as engrenagens 1 e 2 transmitem o movimento de uma para a outra por contato direto.

Figura 6. Caixa de transmissão de marchas. Engrenagens montadas em um mesmo eixo transmitem a mesma velocidade angular. Engrenagens em contato pela superfície, como as engrenagens 1 e 2, transmitem velocidades lineares iguais.

Nesses dois modos de acoplamento, por correia e por contato, como não há escorregamento entre as partes, os pontos nas extremidades das polias ou engrenagens em contato devem ter a **mesma velocidade escalar linear**.

Assim, nas **figuras 5** e **6**, os pontos 1 e 2 terão a mesma velocidade escalar linear, ou seja:

$$v_1 = v_2$$

Sendo R_1 e R_2 os raios das polias, temos:

$$\omega_1 R_1 = \omega_2 R_2 \Rightarrow 2\pi f_1 R_1 = 2\pi f_2 R_2 \Rightarrow f_1 R_1 = f_2 R_2$$

ou ainda: $\dfrac{f_1}{f_2} = \dfrac{R_2}{R_1}$

Esse resultado mostra que as frequências de rotação são **inversamente proporcionais** aos raios das polias ou das engrenagens.

Engrenagens que giram ligadas a um mesmo eixo (rotação solidária) executam o mesmo número de voltas num dado intervalo de tempo. Isso significa que suas velocidades angulares ω são iguais.

Assim, $\omega_1 = \omega_2 \Rightarrow 2\pi f_1 = 2\pi f_2 \Rightarrow f_1 = f_2$

Ou, ainda, como $\omega = \dfrac{v}{R}$, temos: $\dfrac{v_1}{R_1} = \dfrac{v_2}{R_2}$

Transmissão por eixo cardan (indicado pela seta verde) numa bicicleta.

Exercícios resolvidos

4. Abaixo estão representadas 4 polias ligadas entre si. As polias 1, 2 e 3 estão ligadas por meio de uma correia que mantém firme contato com elas, não permitindo deslizamento entre as superfícies. As polias 3 e 4 estão ligadas a um eixo em comum. Sabe-se que a polia 1 é a de menor raio, as polias 2 e 3 têm raios iguais e a polia 4 é a de maior raio.

A seguir são feitas cinco afirmações sobre os movimentos das polias e da correia. Analisar as afirmações e classificar cada uma como verdadeira (V) ou falsa (F).

I. Os pontos das superfícies das polias 1, 2 e 3 têm velocidades escalares lineares iguais à velocidade de deslocamento da correia.

II. As polias 1 e 2 têm velocidades angulares iguais.
III. A frequência de rotação da polia 1 é maior que a frequência de rotação da polia 3.
IV. As polias 3 e 4 têm o mesmo período de rotação.
V. As polias 2 e 4 têm frequências de rotação iguais.

Assinalar a alternativa que indica a sequência correta de V e F.

a) V, V, V, V, V
b) V, F, V, V, F
c) F, V, V, V, F
d) V, F, V, V, V
e) V, F, F, V, V

▶ **Solução**

I. Verdadeira. Independentemente dos raios, as polias 1, 2 e 3 estão ligadas pela correia, sem escorregamento; portanto, têm velocidades escalares lineares iguais.

II. Falsa. De acordo com a relação $\frac{\omega_1}{\omega_2} = \frac{R_2}{R_1}$, se $R_1 < R_2$, devemos ter: $\omega_1 > \omega_2$.

III. Verdadeira. Como $R_1 < R_2 = R_3$, temos: $f_1 > f_2 = f_3 \Rightarrow f_1 > f_3$

IV. Verdadeira. Como as polias 3 e 4 giram solidárias, isto é, no mesmo eixo, temos: $\omega_3 = \omega_4 \Rightarrow f_3 = f_4 \Rightarrow T_3 = T_4$

V. Verdadeira. A partir das afirmações III e IV, temos: $f_2 = f_3$ e $f_3 = f_4$, logo: $f_2 = f_4$

Exercícios propostos

12. Na figura abaixo, está representada uma pista circular para treinos de atletismo. A atleta Nina Velowska corre na parte interna do circuito, com velocidade linear constante v_1, descrevendo uma circunferência de raio r_1. O atleta Yuri Rapidov corre na parte externa do circuito com velocidade linear constante v_2, descrevendo uma circunferência de raio r_2. As circunferências são concêntricas em O e ambos os atletas correm no sentido horário.

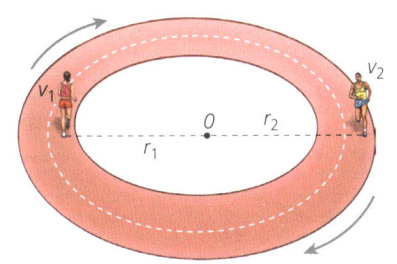

Em dado instante, que será tomado como $t_0 = 0$, Nina e Yuri estão em posições opostas do circuito, como indicado na figura. Para que essas posições relativas permaneçam assim durante algum tempo, as velocidades v_1 e v_2 devem ser ajustadas de tal modo que:

a) $v_1 = v_2$
b) $v_1 r_1 = v_2 r_2$
c) $v_1 r_2 = v_2 r_1$
d) $v_1 r_2^2 = v_2 r_1^2$
e) $v_1^2 r_2 = v_2^2 r_1$

13. Em relação à situação descrita no exercício 13, considere agora que, no instante $t_0 = 0$, $v_1 = v_2$. Assim, para que Nina alcance Yuri depois de ter completado exatamente **uma volta** e ele apenas **meia volta**, devemos ter:

a) $r_1 = \left(\frac{1}{2}\right)^2 \cdot r_2$
b) $r_1 = \frac{1}{2} r_2$
c) $r_1 = r_2$
d) $r_1 = 2r_2$
e) $r_1 = 2^2 \cdot r_2$

14. Considere as engrenagens mostradas na figura abaixo.

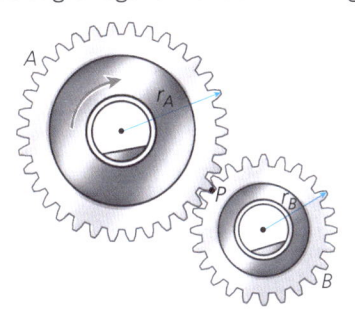

A engrenagem A tem raio de 240 mm e executa 600 rotações por minuto. A engrenagem B tem raio de 180 mm. Ambas são fixas nos respectivos eixos, isto é, apenas giram. Adote $\pi \simeq 3$ e determine:

a) a velocidade angular de A, em rad/s;
b) a frequência de rotação de B, em rpm;
c) a velocidade angular de B, em rad/s;
d) a velocidade escalar linear do ponto de contato, P, entre A e B, em m/s.

15. Julinha ganhou sua primeira bicicleta, mas ela ainda não sabe se equilibrar sobre o brinquedo, então precisa de rodinhas laterais de apoio, mostradas na figura abaixo, até conseguir pedalar sem elas. As rodinhas laterais têm diâmetro de 12 cm e a roda traseira da bicicleta tem diâmetro de 30 cm.

Durante um passeio com velocidade escalar constante, se a roda traseira executa duas voltas por segundo, podemos afirmar que as rodinhas laterais executam n voltas por segundo, sendo n igual a:

a) 2,5
b) 3,0
c) 4,0
d) 5,0
e) 10,0

16. Em relação ao exercício anterior, nas mesmas condições de movimento e considerando $\pi \simeq 3$, podemos afirmar que, após um minuto de passeio, Julinha terá percorrido aproximadamente:

a) 92 m
b) 108 m
c) 135 m
d) 162 m
e) 216 m

Capítulo 8 • Movimento circular e uniforme (MCU)

Exercícios de revisão

Ficha-resumo 1

A relação entre **período** e **frequência** é:

$$f = \frac{1}{T} \left(\text{no SI: Hz} = \frac{1}{s} = s^{-1} \right)$$

A velocidade angular é dada por:

$$\omega = \frac{2\pi}{T} = 2\pi f \text{ (no SI: rad/s)}$$

A relação entre velocidade linear e velocidade angular é:

$$v = \omega R$$

Quando necessário adote $\pi \simeq 3$.

1. (Fatec-SP) Uma roda gira com frequência de 1.200 rpm. Assim, a frequência e o período são, respectivamente:
   a) 1.200 Hz; 0,05 s
   b) 60 Hz; 1 min
   c) 20 Hz; 0,05 s
   d) 20 Hz; 0,5 s
   e) 12 Hz; 0,08 s

2. (Vunesp) O comprimento da banda de rodagem (circunferência externa) do pneu de uma bicicleta é de aproximadamente 2,0 m.
   a) Determine o número N de voltas (rotações) dadas pela roda da bicicleta quando o ciclista percorre uma distância de 6,0 km.
   b) Supondo-se que essa distância tenha sido percorrida com velocidade escalar constante de 18 km/h, determine, em hertz, a frequência de rotação da roda durante o percurso.

3. Um carrinho de autorama percorre uma pista circular de 50 cm de raio, executando três voltas a cada 2,0 s. Supondo que o movimento seja uniforme, podemos estimar que a velocidade escalar linear desse carrinho vale, em km/h, aproximadamente:
   a) 1,0   b) 2,0   c) 4,0   d) 8,0   e) 16,0

4. Em uma pista circular, um pequeno carro percorre um trecho de 80 m de comprimento, subentendendo um ângulo central de 120° (aproximadamente 2,0 rad), em 4,0 s. Nessas condições, determine:
   a) a velocidade linear v do carro, em m/s;
   b) a velocidade angular ω do carro, em rad/s;
   c) o raio R da pista circular.

Ficha-resumo 2

O módulo da aceleração centrípeta no MCU é:

$$|\vec{a}_{cp}| = \frac{v^2}{R} = \omega^2 R \text{ (no SI: m/s}^2\text{)}$$

Polias ligadas por correia ou contato direto:

$$\omega_1 R_1 = \omega_2 R_2$$

Polias ligadas a um mesmo eixo:

$$\omega_1 = \omega_2 \text{ ou } \frac{v_1}{R_1} = \frac{v_2}{R_2}$$

5. Os carros A e B, na figura abaixo, entram e saem simultaneamente, isto é, lado a lado, dos trechos semicirculares da pista de provas representada. O carro A percorre o trecho de raio menor, r, e B percorre o trecho de raio maior, R, ambos em movimentos uniformes.

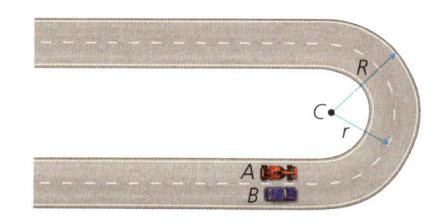

   Considerando apenas os trechos curvos, determine para esses carros:
   a) a razão $\frac{\omega_A}{\omega_B}$ entre suas velocidades angulares;
   b) a razão $\frac{v_A}{v_B}$ entre suas velocidades escalares lineares;
   c) a razão $\frac{a_{cp(A)}}{a_{cp(B)}}$ entre os módulos das suas acelerações centrípetas.

6. Considere novamente a situação inicial do exercício 5, porém agora os carros têm velocidades escalares lineares constantes e iguais, isto é: $v_A = v_B$
   Assim, determine, para os trechos curvos:
   a) a razão $\frac{\omega_A}{\omega_B}$ entre suas velocidades escalares angulares;
   b) a razão $\frac{\Delta t_A}{\Delta t_B}$ entre os intervalos de tempo para cada carro percorrer seu respectivo trecho.

7. (UFMG) A figura a seguir representa três bolas, A, B e C, que estão presas entre si por cordas de 1,0 m de comprimento cada uma. As bolas giram com movimento circular uniforme sobre um plano horizontal sem atrito, mantendo as cordas esticadas. A massa de cada bola é igual a 0,5 kg e a velocidade da bola C é de 9,0 m/s.

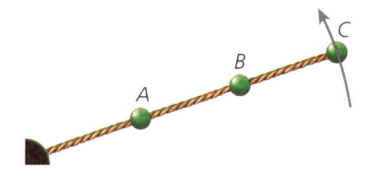

   A alternativa que indica como se relacionam as velocidades tangenciais v_A, v_B, v_C, das bolas A, B e C e seus respectivos períodos T_A, T_B, T_C, é:
   a) $v_A < v_B < v_C$; $T_A = T_B = T_C$
   b) $v_A = v_B = v_C$; $T_A = T_B = T_C$
   c) $v_A > v_B > v_C$; $T_A = T_B = T_C$
   d) $v_A = v_B = v_C$; $T_A > T_B > T_C$
   e) $v_A = v_B = v_C$; $T_A < T_B < T_C$

8. Em relação ao exercício anterior, determine a relação entre as intensidades a_A, a_B e a_C das acelerações centrípetas das massas A, B e C.

9. Um carro de Fórmula 1 percorre um trecho semicircular de uma pista de corridas em 20 s, mantendo uma velocidade escalar constante de 108 km/h. Adote $\pi \simeq 3$ e determine:
   a) o comprimento do trecho percorrido;
   b) o raio do trecho semicircular;
   c) o módulo da aceleração do carro nesse trecho.

10. (UFPB) Um carro de Fórmula 1 percorre uma pista circular de 50 m de raio, com velocidade escalar constante de 180 km/h. Determine quantas vezes a aceleração do carro é maior do que a aceleração da gravidade, g. (Considere: $g = 10$ m/s^2)

11. A figura a seguir mostra a roda de uma bicicleta rolando em sentido horário, sem escorregar, sobre o solo plano e fixo. O centro da roda realiza um movimento retilíneo uniforme (MRU). No instante considerado, P é o ponto da roda que está em contato com o solo.

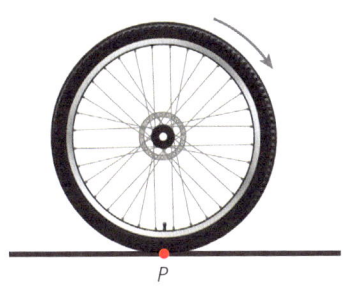

Nesse instante, os vetores velocidade $\vec{v}_P$ e aceleração $\vec{a}_P$ do ponto P são tais que:

(O vetor nulo é representado por $\vec{0}$; as setas entre parênteses representam a direção e o sentido dos vetores não nulos.)

a) $\vec{v}_P = \vec{0}$ e $\vec{a}_P = \vec{0}$
b) $\vec{v}_P = \vec{0}$ e $\vec{a}_P (\uparrow)$
c) $\vec{v}_P (\leftarrow)$ e $\vec{a}_P (\uparrow)$
d) $\vec{v}_P (\rightarrow)$ e $\vec{a}_P (\uparrow)$
e) $\vec{v}_P (\rightarrow)$ e $\vec{a}_P = \vec{0}$

12. Um ciclista pedala uma bicicleta em trajetória circular de modo que as direções dos deslocamentos das rodas mantêm sempre um ângulo de 60° entre si. O diâmetro da roda traseira dessa bicicleta é $\frac{3}{4}$ do diâmetro da roda dianteira. O esquema a seguir mostra a bicicleta vista de cima em um dado instante do percurso.

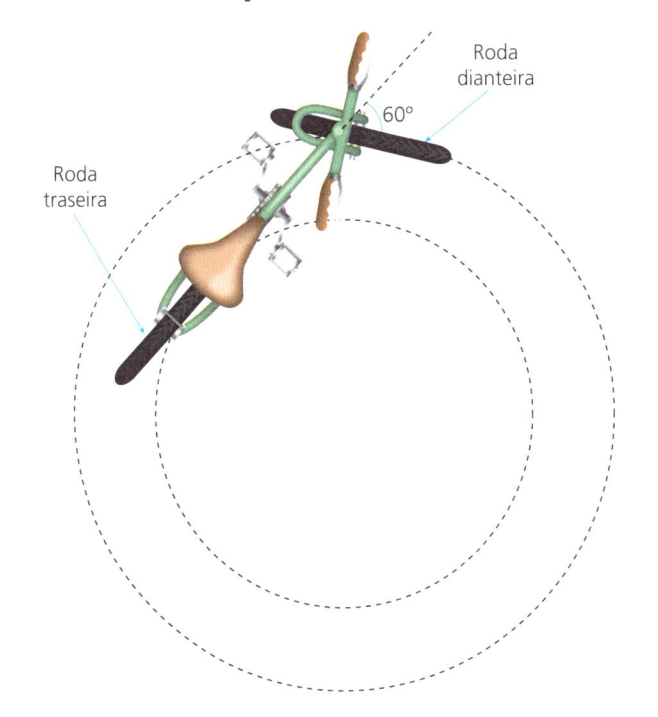

Admita que, para uma volta completa da bicicleta, N_1 seja o número de voltas dadas pela roda traseira e N_2 seja o número de voltas dadas pela roda dianteira em torno dos respectivos eixos de rotação. Assim, a razão $\frac{N_2}{N_1}$ será igual a:

a) 1,0
b) 1,5
c) 2,0
d) 2,5
e) 3,0

13. (Enem) As bicicletas possuem uma corrente que liga uma coroa dentada dianteira, movimentada pelos pedais, a uma coroa localizada no eixo da roda traseira, como mostra a figura.

O número de voltas dadas pela roda traseira, a cada pedalada, depende do tamanho relativo dessas coroas.

Em qual das opções a seguir a roda traseira dá maior número de voltas por pedalada?

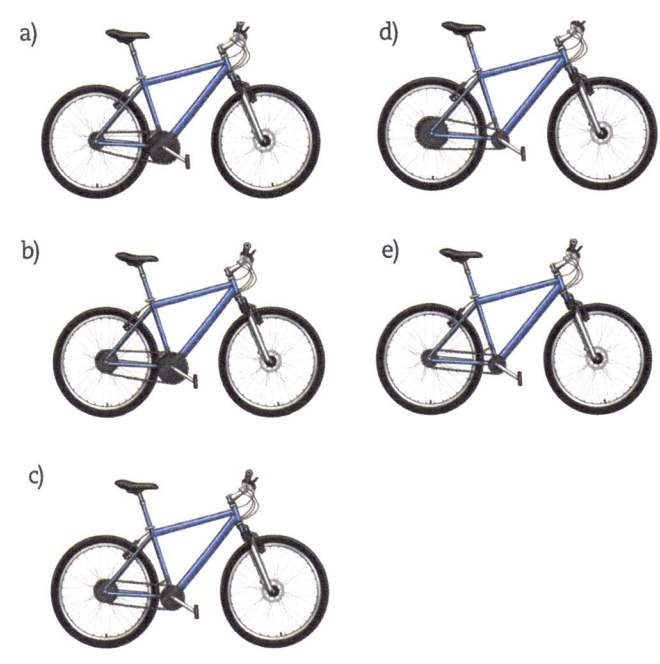

Exercícios de revisão

14. (Enem) Quando se dá **uma** pedalada na bicicleta a seguir (isto é, quando a coroa acionada pelos pedais dá uma volta completa), qual é a distância aproximada percorrida pela bicicleta, sabendo-se que o perímetro de um círculo de raio R é igual a 2πR e π ≃ 3?

a) 1,2 m
b) 2,4 m
c) 7,2 m
d) 14,4 m
e) 48,0 m

15. (Fuvest-SP) Num toca-fitas, a fita F do cassete passa em frente à cabeça de leitura C com uma velocidade constante $v = 4{,}80$ cm/s. O diâmetro do núcleo dos carretéis vale 2,0 cm. Com a fita completamente enrolada num dos carretéis, o diâmetro externo do rolo de fita vale 5,0 cm. A figura abaixo representa a situação em que a fita começa a se desenrolar do carretel A e a se enrolar no núcleo do carretel B.

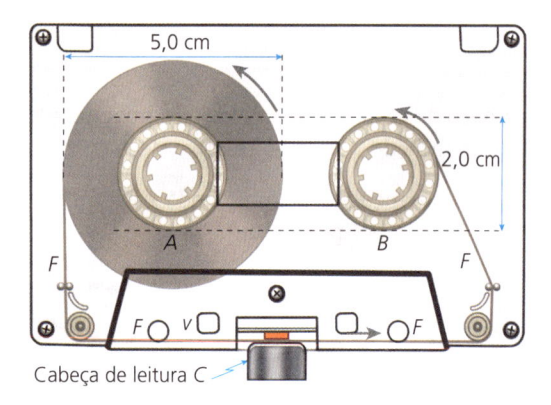

Enquanto a fita é totalmente transferida de A para B, o número de rotações completas por segundo (rps) do carretel A:

a) varia de 0,32 a 0,80 rps.
b) varia de 0,96 a 2,40 rps.
c) varia de 1,92 a 4,80 rps.
d) permanece igual a 1,92 rps.
e) varia de 11,5 a 28,8 rps.

16. (Fuvest-SP) Duas polias de raios a e b estão acopladas entre si por meio de uma correia, como mostra a figura:

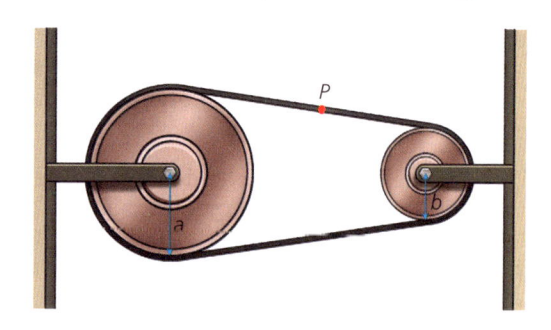

A polia maior, de raio a, gira em torno de seu eixo levando um tempo T para completar uma volta. Supondo que não haja deslizamento entre as polias e a correia, calcule:
a) o módulo v da velocidade do ponto P da correia;
b) o tempo t que a polia menor leva para dar uma volta completa.

17. (Vunesp) Um pequeno motor a pilha é utilizado para movimentar um carrinho de brinquedo. Um sistema de engrenagens transforma a velocidade de rotação desse motor na velocidade de rotação adequada às rodas do carrinho. Esse sistema é formado por quatro engrenagens, A, B, C e D, sendo que A está presa ao eixo do motor, B e C estão presas a um segundo eixo e D a um terceiro eixo, no qual também estão presas duas das quatro rodas do carrinho.

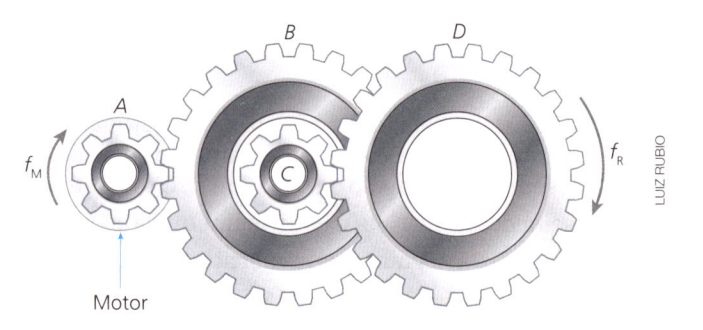

Nessas condições, quando o motor girar com frequência f_M, as duas rodas do carrinho girarão com frequência f_R. Sabendo que as engrenagens A e C possuem 8 dentes, que as engrenagens B e D possuem 24 dentes, que não há escorregamento entre elas e que $f_M = 13{,}5$ Hz, é correto afirmar que f_R, em Hz, é igual a:

a) 1,0
b) 1,5
c) 2,0
d) 2,5
e) 3,0

Mais questões em **Vereda Digital Aprova Enem**, em **Vereda Digital Suplemento de revisão**, em **AprovaMax** (no *site*) e no livro digital.

CAPÍTULO 9

LEIS DE NEWTON

ENEM
C1: H2
C5: H17, H18
C6: H20

Você consegue imaginar um veículo terrestre supersônico? O Thrust SSC (SuperSonic Car), mostrado na foto acima, atingiu a incrível velocidade de 1.228 km/h. O veículo, que tem massa de 10.400 kg e mede 12,8 m de comprimento, é equipado com rodas de titânio e duas turbinas com potência de 110.000 hp cada uma, foi de 0 a 1.000 km/h em apenas 16 s e superou a velocidade do som ao final de um percurso de 8 km. Como esse veículo conseguiu atingir essa velocidade nesse percurso? Quais forças foram necessárias para pará-lo? Essas e outras perguntas podem ser respondidas por meio do estudo da Dinâmica, área da Física que veremos neste capítulo.

> **Objetivos do capítulo**
>
> - Apresentar o conceito de força e as principais forças da Dinâmica.
> - Apresentar as leis de Newton.
> - Aplicar as leis de Newton a situações-problema.
> - Discutir as características da força de atrito estático e da força de atrito dinâmico.

1 Conceito de força

Iniciamos aqui o estudo da área da Física conhecida como **Dinâmica**.

A Dinâmica é a parte da Mecânica em que a causa dos movimentos é investigada e explicada.

Imagine um livro em repouso sobre uma mesa. Para colocá-lo em movimento, instintivamente o empurramos ou o puxamos. Quando fazemos isso, o livro pode entrar em movimento.

A ideia de empurrar ou puxar um corpo para colocá-lo em movimento está relacionada ao conceito intuitivo de força; no entanto, **força** é a grandeza física que se manifesta pela modificação que provoca na velocidade de um corpo ou pela deformação nele produzida.

A força é uma **grandeza vetorial** e, para caracterizá-la, precisamos conhecer seu módulo, sua direção e seu sentido **(fig. 1)**. No Sistema Internacional de Unidades (SI), a força é medida em newton, cujo símbolo é o N.

Figura 1. Ao ato de empurrar ou de puxar, associamos a aplicação de uma força, representada pelo vetor $\vec{F}$.

Chamamos de **força resultante** ($\vec{F}_R$) a soma vetorial de duas ou mais forças, $\vec{F}_1, \vec{F}_2, ..., \vec{F}_n$. Portanto:

$$\vec{F}_R = \vec{F}_1 + \vec{F}_2 + ... + \vec{F}_n$$

Naturalmente, se houver uma única força agindo no sistema, ela será a força resultante.

2 Leis de Newton

O físico, matemático e astrônomo inglês Isaac Newton (1642-1727), em sua obra *Philosophiae naturalis principia mathematica (Princípios matemáticos da filosofia natural)*, publicada em 1687 e considerada uma das mais importantes e influentes na história da ciência, enunciou as três leis fundamentais do movimento, hoje conhecidas como leis de Newton.

Isaac Newton.

Primeira lei de Newton ou princípio da inércia

> Todo corpo continua em seu estado de repouso ou de movimento retilíneo e uniforme (MRU), a menos que seja forçado a mudar aquele estado pela ação de uma força resultante não nula aplicada sobre ele.

Portanto, se a força resultante aplicada sobre um corpo é nula, sua velocidade vetorial $\vec{v}$ permanece constante. Em outras palavras, para alterar o vetor velocidade $\vec{v}$ de um corpo, é necessária a atuação de uma força resultante não nula sobre ele.

$$\vec{F}_R = \vec{0} \Leftrightarrow \vec{v} \text{ é constante} \begin{cases} \vec{v} = \vec{0} \text{ (repouso)} \\ \vec{v} \neq \vec{0} \text{ (MRU)} \end{cases}$$

Em qualquer das situações, dizemos que o corpo se encontra em **equilíbrio**. Esse equilíbrio é **estático** no caso do corpo em repouso e **dinâmico** no caso do corpo em MRU.

Segunda lei de Newton ou princípio fundamental da Dinâmica

A resultante das forças aplicadas a um ponto material é igual ao produto de sua massa pela aceleração adquirida por ele:

$$\vec{F}_R = m \cdot \vec{a}$$

Então, podemos dizer que a aceleração de um corpo é proporcional à força resultante que atua sobre ele. A constante de proporcionalidade entre a força resultante $\vec{F}_R$ e a aceleração $\vec{a}$ é a massa m do corpo.

No SI, as unidades usadas são o newton (símbolo: N), para a força resultante, quilograma (kg), para a massa do corpo, e m/s², para a aceleração. Aplicando essas unidades na segunda lei de Newton, obtemos:

$$1\ N = 1\ kg \cdot \frac{m}{s^2}$$

É importante ressaltar que estamos aplicando uma operação já estudada no capítulo 5, o produto de um número real por um vetor. Nesse caso, o número real é a massa m de um corpo, um valor sempre positivo.

Por esse motivo, a força resultante $\vec{F}_R$ e a aceleração $\vec{a}$ de um corpo sempre terão a mesma direção e o mesmo sentido.

Terceira lei de Newton ou princípio da ação e reação

Toda ação sempre provoca uma reação oposta de igual intensidade, ou seja, as ações mútuas de dois corpos são sempre iguais, mas em sentidos opostos.

Simplificando, podemos dizer que a toda força de ação corresponde uma força de reação de mesma intensidade e mesma direção, mas de sentido oposto. Essas forças sempre atuam em dois corpos distintos.

Considere dois lutadores de sumô, A e B, que se empurram mutuamente (**fig. 2**).

Ao empurrar seu oponente, o lutador A aplica sobre o lutador B uma força $\vec{F}_{AB}$. Pelo princípio da ação e reação, simultaneamente o lutador B exerce sobre o lutador A uma força $\vec{F}_{BA}$. Essas duas forças têm mesma direção, mesma intensidade e sentidos opostos. Observe que a força $\vec{F}_{AB}$ atua no lutador B e a força $\vec{F}_{BA}$ atua no lutador A.

Em outras palavras, é impossível empurrar sem ser empurrado, ou puxar sem ser puxado.

Figura 2. As forças de ação e reação não se equilibram, pois sempre são aplicadas em corpos diferentes.

Atividade prática

Nesta atividade prática, você poderá observar o princípio da ação e reação. Para isso, vai precisar de:
- um balão de festa;
- um carrinho de brinquedo, de plástico;
- fita adesiva dupla face.

Neste experimento, o carrinho se movimentará ao ser impulsionado pelo ar ejetado do balão de festa. Para isso, fixe um pedaço de fita adesiva dupla face na capota do carrinho.

Posicione o carrinho em uma superfície lisa. Encha o balão e segure a abertura de modo a impedir a saída do ar.

A seguir, pressione o balão contra a fita adesiva para fixá-lo sobre o carrinho.

Para colocar o carrinho em movimento, solte a boca do balão e deixe o ar escapar.

Escreva um relatório sobre o experimento no qual conste:
- o objetivo;
- o material utilizado;
- o procedimento experimental adotado;
- os resultados obtidos;
- uma conclusão.

Exercícios resolvidos

1. Em cada uma das situações abaixo, representamos um corpo com massa de 2 kg, sujeito a duas ou mais forças.

a) $F_1 = 10$ N [2 kg] $F_2 = 10$ N

b) $F_1 = 10$ N [2 kg] $F_2 = 6$ N

c) $F_1 = 6$ N [2 kg] $F_2 = 6$ N
   $F_3 = 6$ N

d) [2 kg] $F_2 = 8$ N
   $F_1 = 6$ N

Determinar, para cada situação, os módulos da força resultante que atua no corpo e da aceleração adquirida por ele.

▶ **Solução**

A força resultante será obtida pela soma vetorial das forças que atuam no corpo ($\vec{F}_R = \vec{F}_1 + \vec{F}_2 + ... + \vec{F}_n$), e a aceleração, quando existir, será calculada usando o princípio fundamental da Dinâmica ($\vec{F}_R = m \cdot \vec{a}$).

a) As forças $\vec{F}_1$ e $\vec{F}_2$ têm mesma intensidade (ou módulo) e mesma direção, mas sentidos opostos. Então:

$$F_R = F_1 - F_2 \Rightarrow F_R = 10 - 10 \Rightarrow \boxed{F_R = 0}$$

Como a força resultante é nula, pelo princípio da inércia, concluímos que a velocidade vetorial do corpo é constante e, portanto, sua aceleração é nula. Então: $\boxed{a = 0}$

Nesse caso, o corpo representado pode estar em repouso ou se movimentando em linha reta, em qualquer direção, com velocidade escalar constante.

b) Mais uma vez, temos duas forças de mesma direção, mas de sentidos opostos. Porém, nesse caso, as forças têm módulos diferentes. Então:

$$F_R = F_1 - F_2 \Rightarrow F_R = 10 - 6$$

$$\therefore \boxed{F_R = 4 \text{ N}} \text{ (horizontal, para a esquerda)}$$

Pelo princípio fundamental da Dinâmica:

$$F_R = ma \Rightarrow 4 = 2a \Rightarrow a = \frac{4}{2}$$

$$\therefore \boxed{a = 2 \text{ m/s}^2} \text{ (horizontal, para a esquerda)}$$

$a = 2$ m/s²
$F_R = 4$ N [2 kg]

c) Nesse caso, a força resultante será obtida pela soma:

$$\vec{F}_R = \vec{F}_1 + \vec{F}_2 + \vec{F}_3$$

As forças $\vec{F}_1$ e $\vec{F}_2$ têm mesma intensidade e mesma direção, mas sentidos opostos. Assim, elas se anulam. Logo, a força resultante sobre o corpo é igual à força $\vec{F}_3$. Então:

$$F_R = F_3 \Rightarrow \boxed{F_R = 6 \text{ N}} \text{ (vertical, para baixo)}$$

Pelo princípio fundamental da Dinâmica:

$$F_R = ma \Rightarrow 6 = 2a \Rightarrow a = \frac{6}{2}$$

$$\therefore \boxed{a = 3 \text{ m/s}^2} \text{ (vertical, para baixo)}$$

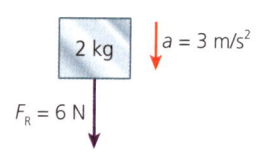

[2 kg] $a = 3$ m/s²
$F_R = 6$ N

d) Como as forças $\vec{F}_1$ e $\vec{F}_2$ são perpendiculares entre si, podemos somá-las aplicando a regra do paralelogramo. O módulo da força resultante pode ser obtido pelo teorema de Pitágoras:

$$F_R^2 = F_1^2 + F_2^2 \Rightarrow F_R^2 = 6^2 + 8^2 \Rightarrow F_R^2 = 100 \therefore \boxed{F_R = 10 \text{ N}}$$

Pelo princípio fundamental da Dinâmica:

$$F_R = ma \Rightarrow 10 = 2a \Rightarrow a = \frac{10}{2} \therefore \boxed{a = 5 \text{ m/s}^2}$$

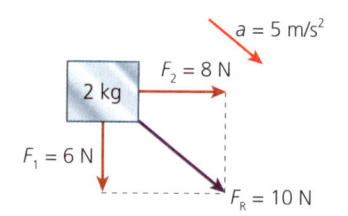

$a = 5$ m/s²
[2 kg] $F_2 = 8$ N
$F_1 = 6$ N
$F_R = 10$ N

Observe que a aceleração e a força resultante têm sempre mesma direção e mesmo sentido.

2. A partir do instante $t = 0$, um corpo com massa de 5 kg, inicialmente em repouso, fica sujeito a uma força resultante constante de módulo 20 N.

a) Qual é o módulo da aceleração adquirida pelo corpo?
b) Qual é a velocidade escalar do corpo no instante $t = 3$ s?
c) Qual é o deslocamento do corpo entre os instantes $t = 0$ e $t = 3$ s?

▶ **Solução**

a) Pelo princípio fundamental da Dinâmica: $\vec{F}_R = m \cdot \vec{a}$

Então: $F_R = ma \Rightarrow 20 = 5a \Rightarrow a = \frac{20}{5} \therefore \boxed{a = 4 \text{ m/s}^2}$

b) Como a força resultante tem módulo constante, podemos concluir que a aceleração adquirida pelo corpo também terá módulo constante. Portanto, o corpo realizará um movimento retilíneo uniformemente variado.

Considerando a função horária da velocidade do MUV, temos:

$$v = v_0 + at \Rightarrow v = 0 + 4 \cdot 3 \therefore \boxed{v = 12 \text{ m/s}}$$

c) Da função horária do espaço do MUV, temos:

$$s = s_0 + v_0 t + \frac{1}{2}at^2 \Rightarrow s - s_0 = v_0 t + \frac{1}{2}at^2 \Rightarrow \Delta s = v_0 t + \frac{1}{2}at^2$$

Então:

$$\Delta s = 0 \cdot 3 + \frac{1}{2} \cdot 4 \cdot 3^2 \Rightarrow \Delta s = 0 + 18 \therefore \boxed{\Delta s = 18 \text{ m}}$$

Exercícios propostos

1. Em determinado instante, um corpo fica sujeito a duas forças perpendiculares entre si, de módulos $F_1 = 12$ N e $F_2 = 5$ N.
   a) Qual é o módulo da força resultante que atua no corpo?
   b) Calcule o módulo da aceleração adquirida pelo corpo sabendo que sua massa é de 6,5 kg.

2. Um bloco de massa 5 kg desloca-se em movimento retilíneo e uniforme (MRU) sob a ação de um sistema de forças. O que podemos afirmar a respeito da resultante das forças que agem nesse bloco?

3. Duas forças de mesma direção, mas de sentidos opostos, atuam sobre um corpo de massa 10 kg, imprimindo-lhe uma aceleração de 4 m/s². Se uma das forças tem módulo 20 N, qual é o módulo da outra?

4. Um corpo com massa de 5 kg desloca-se ao longo de uma reta em movimento uniformemente variado durante 5 s. Os módulos da velocidade v do corpo nos instantes t correspondentes são mostrados na tabela abaixo.

t (s)	0	1	2	3	4	5
v (m/s)	5	8	11	14	17	20

   a) Qual é o módulo da aceleração do corpo?
   b) Calcule o módulo da força resultante que atua no corpo.

5. Com base no princípio da ação e reação, verifique se a afirmação abaixo está correta. Justifique sua resposta.

   "Quando exercemos uma força $\vec{F}$ sobre um corpo, este exerce uma força igual e oposta $-\vec{F}$ que anula a força $\vec{F}$, de modo que a força resultante sobre o corpo é nula e o corpo não se move."

3 Principais forças da Dinâmica

Vamos agora caracterizar as principais forças com que trabalhamos na Dinâmica. Tais forças aparecem com frequência em situações-problema que envolvem um ou mais corpos nas quais temos de impor as condições de equilíbrio ou calcular a aceleração resultante.

Força peso ($\vec{P}$)

A força peso, ou simplesmente **peso**, representada por $\vec{P}$, é a força de atração gravitacional que age entre corpos que possuem massa. Por exemplo, a força com que a Terra atrai os objetos.

Nos capítulos anteriores, vimos que, quando um corpo é abandonado de determinada altura nas proximidades da superfície terrestre sob a ação exclusiva da gravidade, desprezando-se a resistência do ar, ele cai em linha reta descrevendo um movimento retilíneo uniformemente variado com aceleração $\vec{a}$ igual à aceleração gravitacional $\vec{g}$.

Então, pelo princípio fundamental da Dinâmica:

$$\vec{F}_R = m \cdot \vec{a} \Rightarrow \boxed{\vec{P} = m \cdot \vec{g}}$$

A **figura 3** mostra a aplicação do princípio da ação e reação à força peso. Podemos concluir, então, que a força $\vec{P}$ tem mesma direção da aceleração da gravidade $\vec{g}$, ou seja, vertical; mesmo sentido da aceleração da gravidade $\vec{g}$, ou seja, para baixo, pois a massa m do corpo é sempre positiva, e o módulo (ou intensidade) dado por:

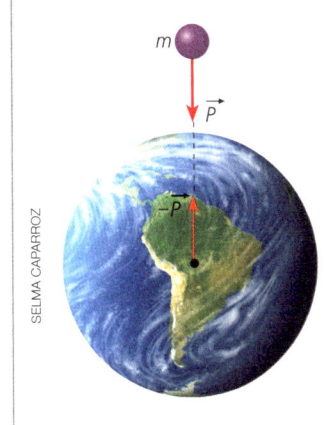

$$\boxed{P = mg}$$

Figura 3. As forças $\vec{P}$ (que a Terra exerce sobre o corpo) e $-\vec{P}$ (que o corpo exerce sobre a Terra) constituem um par ação-reação.

Para simplificar os cálculos, adotaremos, como nos capítulos anteriores, $g = 10$ m/s² para o módulo da aceleração da gravidade nas proximidades da superfície terrestre.

Força de reação normal do apoio ($\vec{N}$)

A força de reação normal do apoio, ou simplesmente **força normal**, representada por $\vec{N}$, é a força de contato entre dois corpos que se tocam. A força normal $\vec{N}$ tem direção perpendicular às superfícies em contato e módulo N.

A **figura 4** mostra o par ação-reação para a força normal em algumas situações.

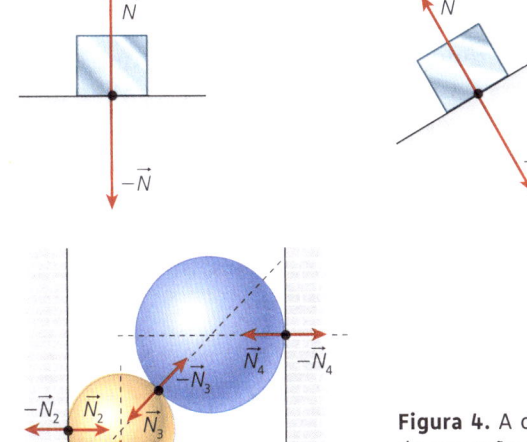

Figura 4. A direção do par ação-reação para a força normal é perpendicular às superfícies em contato.

Note que não existe uma expressão específica para o cálculo do módulo da força normal. O módulo da força de reação normal do apoio é calculado levando-se em conta as outras forças que agem no corpo em estudo.

Força de tração ($\vec{T}$)

Quando um corpo é puxado por um fio, fica sujeito a uma força chamada de **força de tração**, que representaremos por $\vec{T}$ (fig. 5).

Figura 5. O alpinista é puxado pela corda com força de tração, representada pelo vetor $\vec{T}$.

Um fio flexível esticado permite apenas que o corpo seja puxado, nunca empurrado.

A **figura 6** mostra alguns corpos ligados a fios.

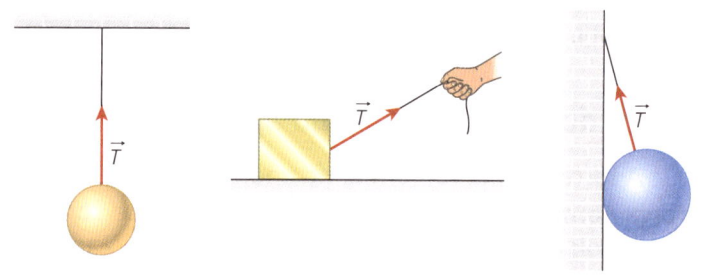

Figura 6. A força de tração sempre atua na direção do comprimento do fio.

Observe que nessa figura representamos apenas a força que os fios aplicam aos corpos; a reação a essa força, que os corpos aplicam aos fios no sentido de mantê-los esticados, não foi representada. Note também que a força de tração sempre atua na direção do fio no sentido de puxar o corpo ao qual está preso. O módulo da força de tração é calculado levando-se em conta as outras forças que atuam no corpo.

É bastante comum considerar os fios utilizados em sistemas mecânicos como fios ideais. Um **fio ideal** é inextensível e tem massa desprezível.

Força elástica ($\vec{F}_{elást.}$)

Denomina-se **força elástica**, representada por $\vec{F}_{elást.}$, a força exercida por uma mola deformada.

A **figura 7**, a seguir, mostra uma mola presa a um bloco em três situações distintas. Na primeira situação **(fig. 7A)**, a mola não está deformada; na segunda **(fig. 7B)**, ela está comprimida; e na terceira **(fig. 7C)**, está distendida. Nesta figura, mostramos a força $\vec{F}_{elást.}$ aplicada ao corpo pela mola quando ela está deformada.

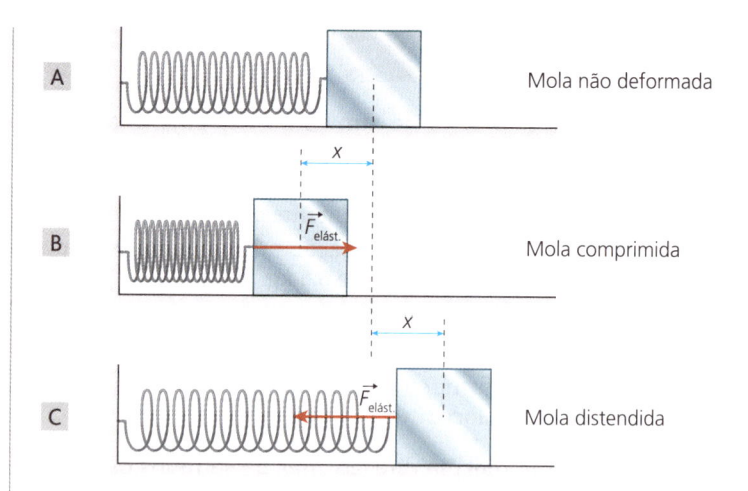

Figura 7. Ao ser deformada, uma mola exerce uma força proporcional à deformação x.

A força elástica atua na direção da deformação, mas em sentido oposto a ela. Para determinar o módulo da força elástica exercida por uma mola, aplicamos a **lei de Hooke**.

De acordo com a lei de Hooke, o módulo da força elástica é diretamente proporcional à deformação sofrida pela mola.

Assim, temos:

$$F_{elást.} = kx$$

em que k é a **constante elástica da mola**. No SI, essa constante é medida em N/m.

Com base na lei de Hooke, podemos, utilizando corpos com massas conhecidas, calibrar uma mola e, com ela, construir um instrumento para medir a intensidade de uma força por meio da deformação dessa mola. Esse instrumento é denominado **dinamômetro (fig. 8)**.

Quando colocado na extremidade livre de um fio esticado, o dinamômetro indica a intensidade da força de tração $\vec{T}$ do fio.

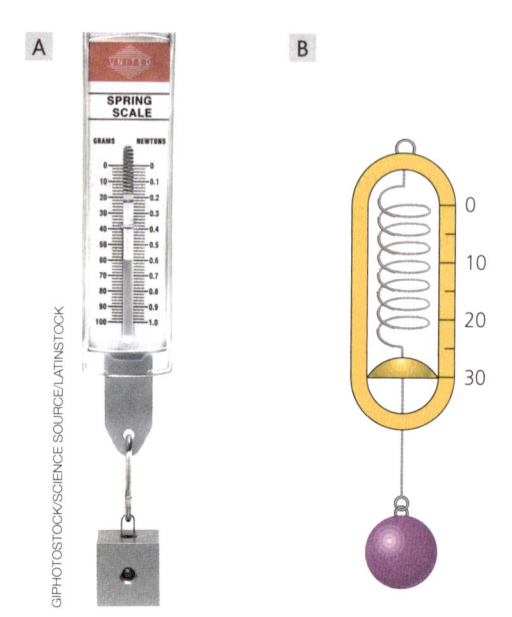

Figura 8. (A) Dinamômetro de precisão; (B) representação de um dinamômetro.

Exercícios resolvidos

3. Na Terra, um astronauta totalmente equipado tem peso igual a 1.800 N. Considerar a aceleração da gravidade na superfície terrestre igual a 10 m/s².

   a) Qual é a massa do astronauta equipado?
   b) Qual é o peso do astronauta na Lua, onde a aceleração da gravidade é $\frac{1}{6}$ da aceleração da gravidade na Terra?

▶ **Solução**

a) Para o astronauta equipado na Terra, P = 1.800 N e g = 10 m/s². Então:

$$P = mg \Rightarrow 1.800 = m \cdot 10 \Rightarrow m = \frac{1.800}{10}$$

$$\therefore \boxed{m = 180 \text{ kg}}$$

b) Na Lua, temos: $m = 180$ kg e $g = \frac{10}{6}$ m/s². Então:

$$P_{Lua} = mg_{Lua} \Rightarrow P_{Lua} = 180 \cdot \frac{10}{6} \therefore \boxed{P_{Lua} = 300 \text{ N}}$$

Observe que a massa do astronauta equipado não sofre alteração. Ela só seria alterada se o astronauta emagrecesse ou engordasse.

4. Um corpo em repouso, com massa de 5 kg, está preso a um fio que, por sua vez, está preso ao teto de uma sala. Considerar $g = 10$ m/s².

   a) Qual é o módulo da força peso que atua sobre o corpo?
   b) Qual é o módulo da força de tração no fio?

▶ **Solução**

a) A figura abaixo mostra o corpo de 5 kg preso ao teto pelo fio e, ao lado, o corpo isolado e as forças que atuam sobre ele.

Diagrama de corpo livre

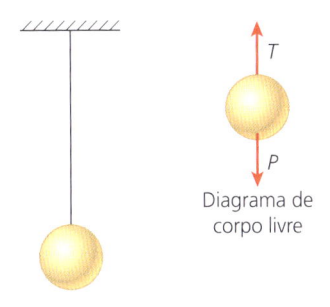

Essa representação gráfica do corpo isolado e das forças que atuam nele é chamada de **diagrama de corpo livre**. Para o cálculo do módulo da força peso, temos:

$$P = mg \Rightarrow P = 5 \cdot 10 \therefore \boxed{P = 50 \text{ N}}$$

b) Não existe uma fórmula para calcular a intensidade da força de tração no fio. Ela deverá ser obtida analisando o diagrama de corpo livre.

Como sabemos que o corpo está em repouso, pelo princípio da inércia, a resultante das forças que atuam sobre ele deve ser nula ($\vec{F}_R = \vec{0}$).

Assim, as duas forças que atuam no corpo, o peso de 50 N (para baixo) e a tração T (para cima), devem se equilibrar. Portanto:

$$T = P \Rightarrow \boxed{T = 50 \text{ N}}$$

5. As figuras abaixo mostram um bloco com massa $m = 2$ kg e uma mola de constante elástica $k = 100$ N/m, em duas situações.

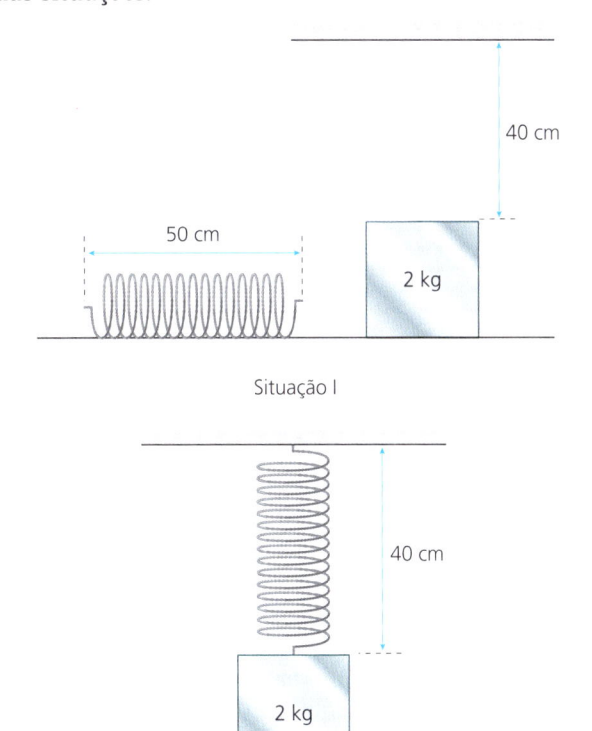

Situação I

Situação II

Considerando g = 10 m/s², determinar:

   a) o peso P do bloco;
   b) a intensidade da força de reação normal do apoio N_I, na situação I;
   c) a intensidade da força elástica aplicada pela mola ao corpo, na situação II;
   d) a intensidade da força de reação normal do apoio N_{II}, na situação II.

▶ **Solução**

a) O peso P do bloco é dado por:

$$P = mg \Rightarrow P = 2 \cdot 10 \therefore \boxed{P = 20 \text{ N}}$$

b) Observe o diagrama de corpo livre para a situação I:

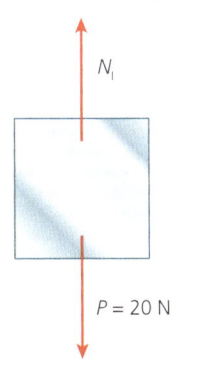

Como o corpo está em repouso, pelo princípio da inércia, a resultante das forças que atuam sobre ele deve ser nula ($\vec{F}_R = \vec{0}$). Então:

$$N_I = P \Rightarrow \boxed{N_I = 20 \text{ N}}$$

c) Para o cálculo da força elástica, usaremos a lei de Hooke ($F_{elást.} = kx$). Observe que, na situação II, para ser encaixada entre o bloco e o teto, a mola precisou ser comprimida 10 cm ou 0,1 m. Então:

$$F_{elást.} = kx \Rightarrow F_{elást.} = 100 \cdot 0,1 \therefore \boxed{F_{elást.} = 10 \text{ N}}$$

d) Mais uma vez, recorreremos ao diagrama de corpo livre para a situação II:

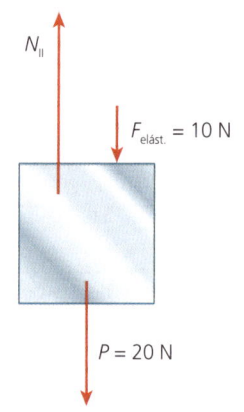

Observe que, como a mola está comprimida, ela empurra o corpo para baixo.

Como o corpo continua em repouso, $\vec{F}_R = \vec{0}$. Portanto, a força para cima deve equilibrar as forças para baixo. Então:

$$N_{II} = P + F_{elást.} \Rightarrow N_{II} = 20 + 10 \therefore \boxed{N_{II} = 30 \text{ N}}$$

Exercícios propostos

6. Um paraquedista, com massa total de 80 kg, desce verticalmente com velocidade constante de 0,5 m/s. Adote $g = 10$ m/s².
   a) Qual é o valor da aceleração do paraquedista? Justifique sua resposta.
   b) Determine o módulo da resultante das forças que se opõem ao movimento do paraquedista.

7. Uma força horizontal de 10 N é aplicada a um corpo com massa de 2 kg, inicialmente em repouso, apoiado sobre uma superfície horizontal perfeitamente lisa.
   a) Qual é o módulo da aceleração adquirida pelo corpo?
   b) Qual é o módulo da velocidade do corpo após 3 s da aplicação da força?

8. Um carrinho de massa m move-se sobre uma mesa horizontal lisa puxado por um fio que forma um ângulo θ com a horizontal.

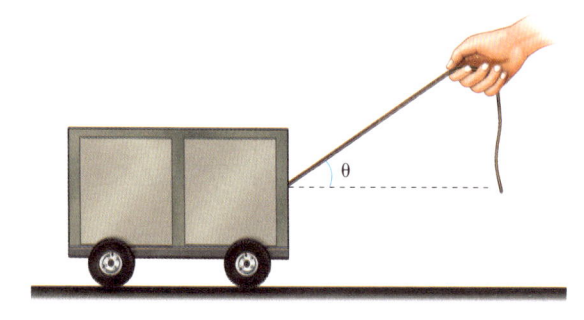

Sabendo que o módulo da aceleração do carrinho é a, determine o valor da intensidade da força de tração T no fio.

9. As figuras abaixo mostram um bloco com massa $m = 5$ kg e uma mola de constante elástica $k = 150$ N/m, em duas situações.

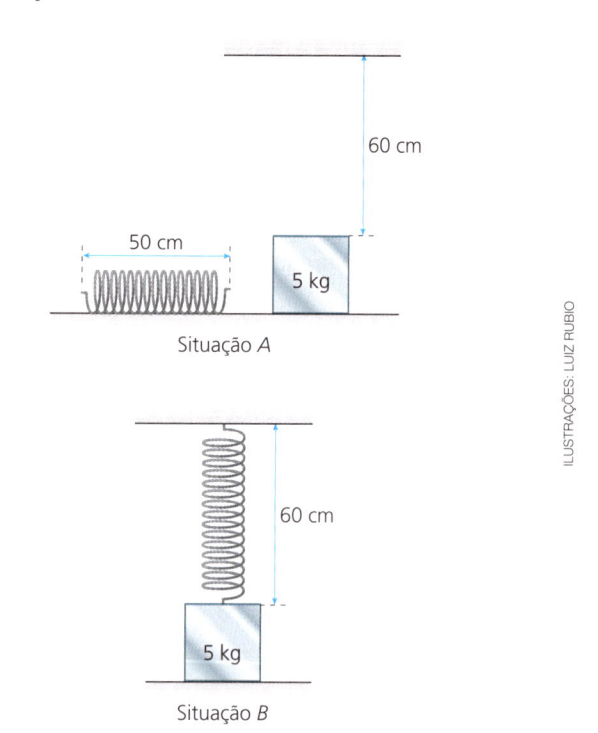

Considerando $g = 10$ m/s², determine:
   a) o peso P do bloco;
   b) a intensidade da força de reação normal do apoio N_A, na situação A;
   c) a intensidade da força $F_{elást.}$ aplicada pela mola ao corpo, na situação B;
   d) a intensidade da força de reação normal do apoio N_B, na situação B.

4 Aplicações das leis de Newton

As leis de Newton já foram aplicadas nas situações-problema anteriores, mas agora passaremos a analisar sua aplicação em sistemas mecânicos mais complexos.

Na Dinâmica, a resolução da maioria dos problemas que envolvem corpos sob a ação de forças é feita de maneira semelhante e exige a aplicação das três leis de Newton.

Devemos iniciar a resolução de um problema construindo o diagrama de corpo livre para cada corpo que constitui o sistema. A representação das forças que atuam em cada corpo corresponde à aplicação da terceira lei de Newton ou princípio da ação e reação.

O passo seguinte consiste em analisar o movimento do corpo e aplicar a primeira lei de Newton, ou princípio da inércia ($\vec{F}_R = \vec{0}$), considerando a direção na qual a velocidade vetorial do corpo é constante (repouso ou MRU) e aplicar a segunda lei de Newton ($\vec{F}_R = m \cdot \vec{a}$), considerando a direção na qual a velocidade vetorial do corpo varia, ou seja, a direção da aceleração.

Exercícios resolvidos

6. O sistema representado na figura abaixo se movimenta numa superfície plana, horizontal e perfeitamente lisa. Determinar a aceleração dos corpos e a intensidade da força que o corpo A aplica no corpo B.

(Dados: $m_A = 2$ kg, $m_B = 8$ kg e $F = 40$ N)

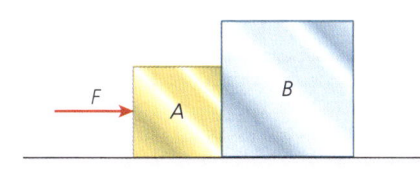

▶ **Solução**

Iniciaremos a resolução com a construção dos diagramas de corpo livre para os corpos A e B.

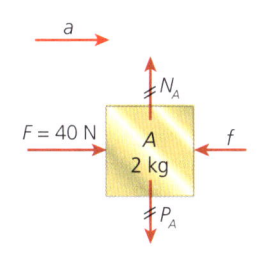

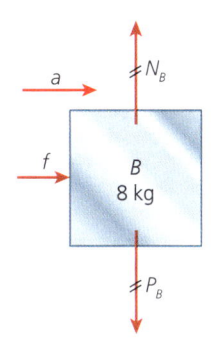

Observe que a força de contato entre A e B é a força que representamos por f.

Como os corpos se movimentam na horizontal, eles estão em repouso em relação à direção vertical. Então, na direção vertical $\vec{F}_R = \vec{0}$.

Assim: $N_A = P_A$ e $N_B = P_B$

A aceleração dos corpos será na direção horizontal e, nesse caso, para a direita. Isso pode ser comprovado observando que a força resultante que atua no corpo B é a força f para a direita.

Vamos aplicar a segunda lei de Newton ($\vec{F}_R = m \cdot \vec{a}$) a cada um dos corpos.

Para o corpo A: $F - f = m_A \cdot a \Rightarrow 40 - f = 2a$ ①

Para o corpo B: $f = m_B \cdot a \Rightarrow f = 8a$ ②

Podemos resolver o sistema formado pelas equações ① e ② somando membro a membro as duas equações, eliminando assim a incógnita f.

Temos, então:

$$40 = 10a \therefore \boxed{a = 4 \text{ m/s}^2}$$

Substituindo $a = 4$ m/s² em ②, temos:

$$f = 8 \cdot 4 \therefore \boxed{f = 32 \text{ N}}$$

7. No sistema representado a seguir, a superfície plana horizontal onde o bloco A se apoia é perfeitamente lisa. O fio e a polia são ideais. Considerando $g = 10$ m/s², $m_A = 8$ kg e $m_B = 2$ kg, determinar a aceleração dos corpos e a intensidade da força de tração no fio.

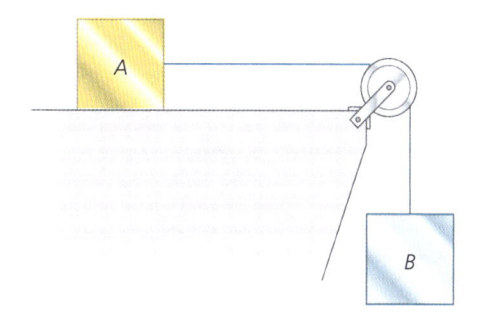

▶ **Solução**

Mais uma vez, vamos iniciar a resolução com a construção dos diagramas de corpo livre para os blocos A e B.

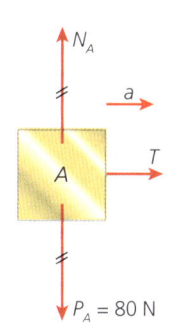

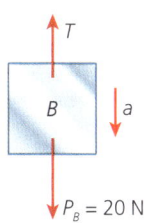

Observe que, no bloco A, a força resultante é a tração T e que a aceleração terá direção horizontal e, nesse caso, sentido para a direita. Portanto, o bloco B terá aceleração vertical para baixo.

Vamos aplicar a segunda lei de Newton ($\vec{F}_R = m \cdot \vec{a}$) a cada um dos corpos.

Para o corpo A: $T = m_A \cdot a \Rightarrow T = 8a$ ①

Para o corpo B: $P_B - T = m_B \cdot a \Rightarrow 20 - T = 2a$ ②

Resolvendo o sistema de equações, obtemos:

$$\boxed{a = 2 \text{ m/s}^2} \quad \text{e} \quad \boxed{T = 16 \text{ N}}$$

Capítulo 9 • Leis de Newton

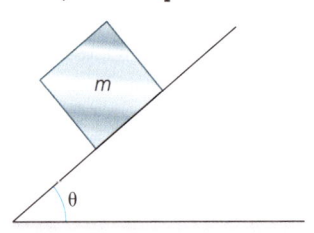

8. Um corpo de massa m desliza por uma rampa plana, perfeitamente lisa e inclinada, que forma um ângulo θ em relação à horizontal, como representado abaixo.

Determinar a aceleração do corpo durante a descida da rampa, considerando que a aceleração da gravidade vale g.

▶ **Solução**

Atuam no corpo apenas as forças peso e de reação normal do apoio. O diagrama de corpo livre para esse corpo é mostrado abaixo.

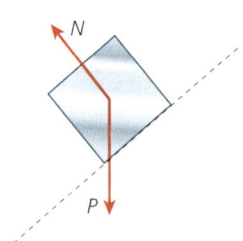

O corpo irá deslizar ao longo do plano; portanto, sua aceleração terá obrigatoriamente direção paralela ao plano. Em outras palavras, a força resultante terá direção paralela ao plano inclinado.

Decompondo a força peso do corpo na direção paralela ao plano (P_t) e na direção perpendicular ao plano, (P_n), temos:

$$P_t = P \cdot \text{sen } \theta \text{ e } P_n = P \cdot \cos \theta$$

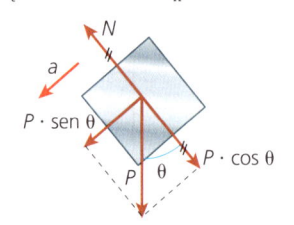

Na direção perpendicular ao plano inclinado, o corpo está em repouso. Então, pelo princípio da inércia, temos:

$$N = P \cdot \cos \theta = mg \cdot \cos \theta$$

Na direção paralela ao plano, vamos aplicar a segunda lei de Newton $\vec{F}_R = m \cdot \vec{a}$:

$$P \cdot \text{sen } \theta = ma \Rightarrow a = \frac{mg \cdot \text{sen } \theta}{m} \Rightarrow \boxed{a = g \cdot \text{sen } \theta}$$

Exercícios propostos

10. Dois carrinhos, com massas de 0,2 kg e 0,3 kg, ligados entre si por um fio ideal, são puxados por uma força horizontal de 2 N sobre uma mesa lisa, conforme mostrado abaixo.

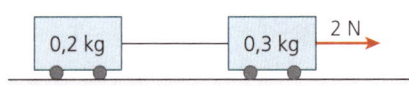

Determine a aceleração dos carrinhos e a intensidade da força de tração no fio.

11. O sistema mecânico representado abaixo é conhecido como **máquina de Atwood**.

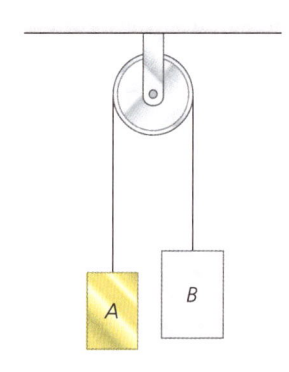

Os corpos A e B têm massas, respectivamente, iguais a 0,2 kg e 0,3 kg. Considere o fio e a polia ideais e adote $g = 10$ m/s².

a) Qual é a aceleração dos corpos?
b) Qual é a intensidade da força de tração no fio que liga os corpos?

12. No esquema representado abaixo, os blocos A, B e C têm massas, respectivamente, iguais a 20 kg, 10 kg e 30 kg. A superfície em que os blocos A e B se apoiam é horizontal e perfeitamente lisa.

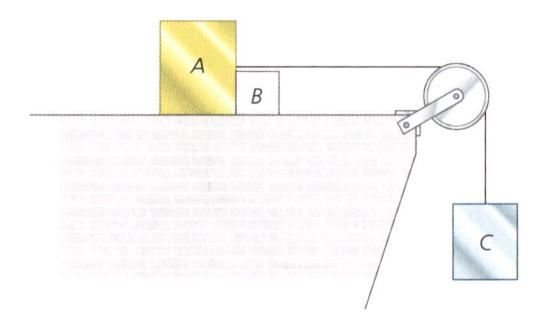

Considerando $g = 10$ m/s², determine:
a) a aceleração dos blocos;
b) a intensidade da força de tração no fio;
c) a intensidade da força com que o bloco A empurra o bloco B.

13. No esquema representado abaixo, os corpos A e B têm massas iguais a 10 kg. Adote $g = 10$ m/s², sen θ = 0,6 e cos θ = 0,8.

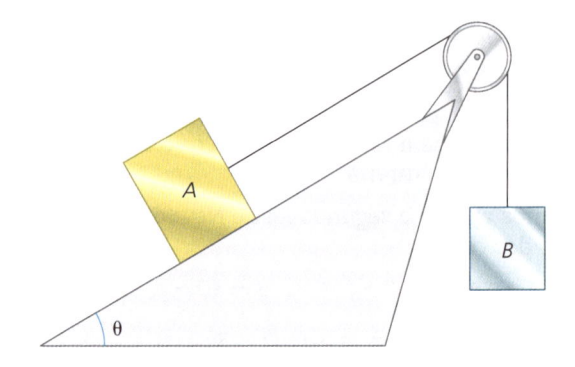

Despreze os atritos e determine:
a) a aceleração dos corpos;
b) a tração no fio ideal.

5 Força de atrito ($\vec{F}_{at}$)

A força de atrito está sempre presente nas situações cotidianas. Muitas vezes, o atrito é indispensável, outras vezes é indesejável. O atrito é decorrente das imperfeições (asperezas), muitas vezes microscópicas, das superfícies em contato uma com a outra.

Sem o atrito seria impossível, por exemplo, segurar um lápis e usá-lo para escrever em uma folha de papel. O atrito também é a causa do desgaste das peças do motor de veículos e máquinas, por isso, para reduzi-lo e aumentar a vida útil do motor, é necessário mantê-lo sempre bem lubrificado.

A força de atrito surge quando duas superfícies em contato movimentam-se uma em relação à outra, ou quando existe uma tendência de movimento relativo entre elas. A força de atrito age no sentido de se opor a esse movimento ou à tendência de movimento.

Vamos considerar um corpo de peso P, inicialmente em repouso, apoiado em uma superfície horizontal sem atrito. Tentaremos colocar o corpo em movimento aplicando uma força horizontal F, com intensidade crescente. Na **figura 9**, podemos observar que, na ausência de atrito, o corpo fica sujeito a uma força resultante de intensidade F e acelera, qualquer que seja a intensidade dessa força.

Entretanto, se existir atrito entre o corpo e a superfície de apoio, o corpo poderá permanecer em repouso e, nesse caso, a força de atrito terá intensidade F_{at} igual à da força F, chamada de **força solicitadora (fig. 10)**.

A força de atrito que atua enquanto as superfícies **não** se movimentam, uma em relação à outra, recebe o nome de **força de atrito estático**.

Na iminência de movimento do corpo, a força de atrito atinge sua intensidade máxima, $F_{at(máx.)}$. Essa intensidade máxima da força de atrito depende das condições das superfícies em contato e da intensidade da força de reação normal do apoio N. Então, para a força de atrito máxima, com as superfícies em repouso, temos $F_{at(máx.)} = \mu_e N$, em que μ_e é o **coeficiente de atrito estático**.

Após o início do movimento do corpo, observa-se que a intensidade da força de atrito diminui ligeiramente, mantendo-se constante logo em seguida, enquanto o corpo se movimenta (**fig. 11**). Nesse caso, a força de atrito, agora denominada **força de atrito cinético** ou **força de atrito dinâmico**, também depende da força de reação normal N, e é calculada por $F_{at} = \mu_c N$, em que μ_c é o **coeficiente de atrito cinético** (ou **coeficiente de atrito dinâmico**).

Figura 9. Se não houver atrito, o corpo se **movimenta**, qualquer que seja a intensidade da força F.

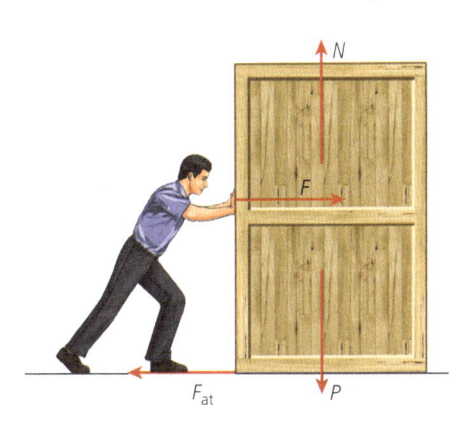

Figura 10. Enquanto o corpo permanece em **repouso**, a intensidade F_{at} da força de atrito se iguala à da força F.

As constantes μ_e e μ_c são adimensionais.

O coeficiente de atrito estático é maior que o coeficiente de atrito cinético ($\mu_e > \mu_c$). Em muitos casos, porém, esses valores são muito próximos e podemos considerá-los iguais, indicando-os por μ e chamando-os simplesmente de **coeficiente de atrito**.

O gráfico da **figura 11** resume as características da força de atrito.

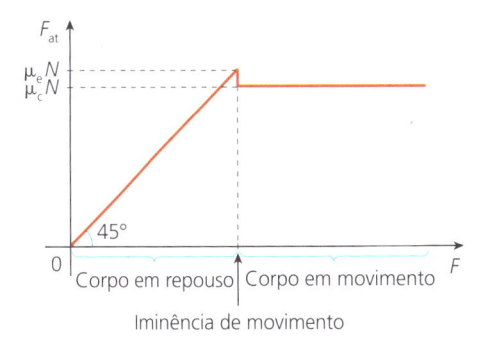

Figura 11. Com o corpo em movimento, a força de atrito mantém intensidade constante.

Capítulo 9 • Leis de Newton

Aplicação tecnológica

Sistema de freios convencionais × sistema de freios ABS (*Anti-lock Braking System*)

Uma aplicação tecnológica importante do atrito diz respeito à diferença entre o atrito estático e o atrito dinâmico de deslizamento. Como já constatamos, a força de atrito estático, quando na iminência de movimento, é maior que a força de atrito dinâmico.

Em um veículo com sistema de freios convencionais, durante uma freada brusca, geralmente as rodas travam e se arrastam pela superfície, ocorrendo, então, um movimento relativo entre o pneu e o chão. A força de atrito de deslizamento dinâmico entre o pneu e o chão é a força responsável pela desaceleração do carro durante a freada.

O sistema de freios ABS foi projetado pelo aviador francês Gabriel Voisin (1880-1973) para permitir que os pilotos tivessem um controle maior sobre o avião durante o pouso. Um sistema inteiramente mecânico foi instalado em aviões na década de 1920. Até os anos 1960, o uso dos freios ABS era limitado a motocicletas e carros de corrida. No Brasil, desde 1º de janeiro de 2014, por uma resolução do Conselho Nacional de Trânsito (CONTRAN), todos os veículos já saem da fábrica equipados com esse tipo de freio.

Esse sistema é dotado de mecanismos que impedem o travamento das rodas durante a freada. Enquanto o motorista está pisando no freio, as rodas continuam a girar de modo controlado, sem deslizar.

Para isso, cada roda é equipada com um sensor que detecta se ela está desacelerando repentinamente. Uma válvula localizada na tubulação de freio de cada roda controla a pressão do cilindro-mestre, cuja função é abastecer o sistema de freios com fluido do reservatório e gerar pressão hidráulica. Uma bomba, ligada ao sistema, libera o fluido de freio de acordo com a informação transmitida pela válvula. Todo o sistema é monitorado por uma unidade controladora, um computador, que recebe as informações dos sensores das rodas e das válvulas.

Os pontos do pneu em contato com o chão têm velocidade nula em relação a ele. Desse modo, a roda não trava e o pneu não se arrasta pelo chão; a roda rola sem deslizar. Nessa situação, a força de atrito entre o pneu e o chão é a força de atrito estático, maior que a força de atrito de deslizamento dinâmico. Portanto, com uma força de atrito maior, a desaceleração do carro também é maior e o carro para percorrendo uma distância menor, depois de acionados os freios.

Atividade prática

Com esta experiência simples, você poderá verificar a relação da textura das superfícies com a força de atrito.

Você vai precisar dos seguintes materiais:
- um objeto com cerca de 100 g (como um sabonete ou um bloco de madeira);
- um pedaço de cartolina de 10 cm × 20 cm;
- uma folha de papel sulfite;
- um pedaço de papel vegetal;
- um pedaço de papel camurça;
- duas folhas de lixa com granulações diferentes, uma mais fina e outra mais áspera;
- um clipe para prender papel;
- tesoura;
- elástico;
- caneta.

Com a tesoura, faça um corte de aproximadamente 1 cm de comprimento no meio do pedaço de cartolina, paralelo ao lado menor da folha. Insira o clipe nesse corte. Prenda o elástico à extremidade do clipe.

Apoie a cartolina sobre a folha de papel vegetal e coloque o objeto sobre a cartolina.

Puxe lentamente a extremidade do elástico, tentando deslocar a cartolina e o objeto, fazendo-a deslizar sobre o papel vegetal. Marque com a caneta até que ponto o elástico teve de ser esticado para que o movimento começasse.

Substitua a folha de papel vegetal pela folha de papel sulfite e repita a experiência. Continue a atividade substituindo a folha de sulfite pelo pedaço de papel camurça e pelas folhas de lixa.

Dos materiais testados, qual apresentou maior atrito quando você tentou deslocar a cartolina e o objeto?

Elabore um relatório sobre o experimento no qual conste:
- o objetivo;
- o material utilizado;
- o procedimento experimental adotado;
- os resultados obtidos;
- uma conclusão.

Exercícios resolvidos

9. Os blocos de massas $m_A = 6$ kg e $m_B = 4$ kg, ligados por um fio ideal, são arrastados sobre um plano horizontal por uma força paralela ao plano de intensidade $F = 60$ N, conforme a figura abaixo. O coeficiente de atrito entre os blocos e o plano horizontal é igual a 0,4.

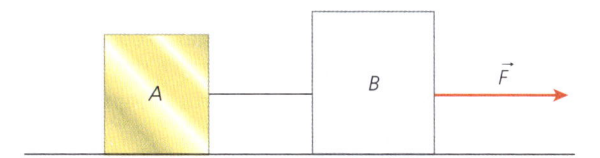

Considerando que a aceleração da gravidade no local vale $g = 10$ m/s², determinar:
a) a intensidade da força de atrito que atua em cada um dos blocos;
b) a aceleração adquirida pelo conjunto;
c) a intensidade da força de tração exercida no fio.

▶ **Solução**

a) Como os blocos se movimentam na horizontal, podemos concluir que, na vertical, pelo princípio da inércia, a força resultante é nula. Então:

$N_A = P_A = 6 \cdot 10 \therefore N_A = 60$ N e $N_B = P_B = 4 \cdot 10 \therefore N_B = 40$ N
A força de atrito é dada por: $F_{at} = \mu N$

Para o bloco A:

$F_{at(A)} = \mu N_A \Rightarrow F_{at(A)} = 0,4 \cdot 60$

$\therefore \boxed{F_{at(A)} = 24 \text{ N}}$

Para o bloco B:

$F_{at(B)} = \mu N_B \Rightarrow F_{at(B)} = 0,4 \cdot 40$

$\therefore \boxed{F_{at(B)} = 16 \text{ N}}$

b) Construindo os diagramas de corpo livre para os blocos A e B, temos:

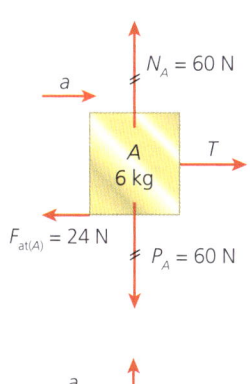

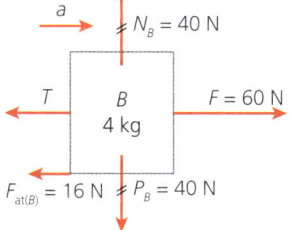

Vamos aplicar o princípio fundamental da Dinâmica, $\vec{F}_R = m\vec{a}$, aos blocos A e B.

Para o bloco A: $T - F_{at(A)} = m_A \cdot a \Rightarrow T - 24 = 6a$ ①

Para o bloco B: $F - F_{at(B)} - T = m_B \cdot a \Rightarrow 60 - 16 - T = 4a \Rightarrow$
$\Rightarrow 44 - T = 4a$ ②

Somando membro a membro as duas equações, temos:

$$\boxed{a = 2 \text{ m/s}^2}$$

c) Substituindo $a = 2$ m/s² em qualquer uma das equações (① e ②), chegamos ao valor da intensidade da força de tração T: $\boxed{T = 36 \text{ N}}$

Exercícios propostos

14. Um corpo com massa de 5 kg, inicialmente em repouso sobre uma mesa horizontal, é submetido à ação de uma força horizontal de 30 N. Considerando que o coeficiente de atrito entre o corpo e a mesa vale 0,4 e adotando $g = 10$ m/s², determine:
a) a aceleração adquirida pelo corpo;
b) sua velocidade após 5 s da aplicação da força.

15. Os blocos de massas $m_A = 8$ kg e $m_B = 2$ kg são empurrados sobre um plano horizontal por uma força horizontal de intensidade $F = 100$ N, conforme a figura abaixo. O coeficiente de atrito entre os blocos e o plano horizontal é igual a 0,7.

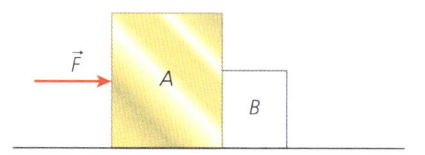

Considerando que a aceleração da gravidade no local vale $g = 10$ m/s², determine:
a) a intensidade da força de atrito que atua em cada um dos blocos;
b) a aceleração adquirida pelo conjunto;
c) a intensidade da força que o bloco A aplica no bloco B.

16. Dois blocos, com massas 0,2 kg e 0,3 kg, ligados entre si por um fio ideal, são puxados por uma força horizontal de 2 N sobre uma superfície horizontal, conforme mostrado abaixo. O coeficiente de atrito entre os blocos e a superfície horizontal é igual a 0,3.

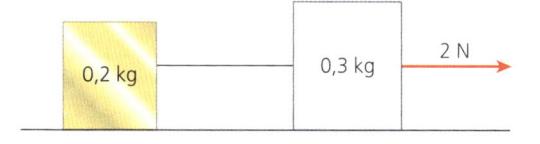

Determine a aceleração dos blocos e a intensidade da força de tração no fio.

Capítulo 9 • Leis de Newton

Exercícios de revisão

Ficha-resumo 1

Força é uma grandeza física vetorial, medida, no SI, em **newton (N)**.

Para um sistema de forças:

$$\vec{F}_R = \vec{F}_1 + \vec{F}_2 + ... + \vec{F}_n$$

Leis de Newton

- Princípio da inércia

$$\vec{F}_R = \vec{0} \Leftrightarrow \vec{v} \text{ é constante} \begin{cases} \vec{v} = \vec{0} \text{ (repouso)} \\ \vec{v} \neq \vec{0} \quad \text{(MRU)} \end{cases}$$

- Princípio fundamental da Dinâmica

$$\vec{F}_R = m \cdot \vec{a}$$

A força resultante e a aceleração sempre têm mesma direção e mesmo sentido.

- Princípio da ação e reação

A toda ação corresponde uma reação de mesma intensidade e mesma direção, mas de sentido oposto.

As forças do par ação-reação sempre atuam em corpos distintos.

1. (PUC-RJ) Um paraquedista salta de um avião e cai em queda livre até sua velocidade de queda se tornar constante. Podemos afirmar que a força total atuando sobre o paraquedista após sua velocidade se tornar constante é:
   a) vertical e para baixo.
   b) vertical e para cima.
   c) nula.
   d) horizontal e para a direita.
   e) horizontal e para a esquerda.

2. (Puccamp-SP) Ícaro, personagem mitológico grego, montou um par de asas para conseguir voar como os pássaros. Saltando de um lugar alto, iniciou o voo, porém, a cera que prendia-lhe as asas derreteu...
   Para que uma asa delta consiga, durante certo intervalo de tempo, permanecer com velocidade constante em voo reto e horizontal, o ar deve aplicar nela uma força dirigida para:
   a) cima.
   b) a frente.
   c) trás.
   d) cima e para a frente.
   e) cima e para trás.

3. (PUC-MG) De acordo com a terceira lei de Newton, a toda força corresponde outra igual e oposta, chamada de reação. A razão por que essas forças não se cancelam é:
   a) elas agem em objetos diferentes.
   b) elas não estão sempre na mesma direção.
   c) elas atuam por um longo período de tempo.
   d) elas não estão sempre em sentidos opostos.

4. (UFPR) Utilizando-se as leis de Newton, é correto afirmar que:
   (01) a velocidade de um corpo tem sempre a mesma direção e o mesmo sentido que a força resultante que nele atua.
   (02) na colisão entre duas partículas A e B de massas diferentes, a força que A exerce sobre B tem o mesmo módulo que a força de B sobre A.
   (04) a resultante das forças que atuam sobre uma partícula em movimento circular uniforme é nula.
   (08) se a força resultante sobre um corpo for nula, o seu vetor velocidade permanecerá constante.
   (16) a lei da ação e reação explica por que sentimos que somos jogados para fora quando um carro faz uma curva.
   (32) a lei da inércia explica por que um objeto solto no banco de um carro desliza para a frente quando o carro é freado.

   Dê como resposta a soma dos números que precedem as proposições corretas.

Ficha-resumo 2

As principais forças da Dinâmica são:

Força peso ($\vec{P}$)

Módulo: $P = mg$

Direção: vertical

Sentido: para baixo

Força de reação normal do apoio ($\vec{N}$)

Módulo: depende das outras forças que atuam no corpo.

Direção: perpendicular às superfícies em contato.

Sentido: orientada para fora das superfícies que se tocam.

Força de tração ($\vec{T}$)

Módulo: depende das outras forças que atuam no corpo.

Direção: a mesma direção do fio.

Sentido: sempre no sentido de puxar o corpo ao qual o fio está preso.

Força elástica ($\vec{F}_{elást.}$)

Módulo: $F_{elást.} = kx$ (lei de Hooke)

Direção: coincidente com a direção do eixo da mola.

Sentido: no corpo preso à mola, atua no sentido de trazer esse corpo à posição de equilíbrio.

Força de atrito ($\vec{F}_{at}$)

Módulo: $\begin{cases} 0 \leq F_{at} \leq \mu_e N \text{ (atrito estático)} \\ F_{at} = \mu_c N \text{ (atrito cinético)} \end{cases}$

Direção: tangente às superfícies em contato.

Sentido: oposto ao movimento ou à tendência de movimento.

5. (PUC-MG) Um automóvel, com uma massa de 1.200 kg, tem uma velocidade de 72 km/h quando os freios são acionados, provocando uma desaceleração constante e fazendo com que o carro pare em 10 s. A intensidade da força aplicada ao carro pelos freios vale, em newton:
a) 3.600   b) 2.400   c) 1.800   d) 900

6. (PUC-RJ) Uma corrente tem cinco elos cujas massas, a partir do elo superior, são, respectivamente, m_1, m_2, m_3, m_4 e m_5. A corrente é mantida em repouso, ao longo da vertical, por uma força $\vec{F}$ de intensidade igual a 10 N.
A força que o terceiro elo faz sobre o quarto é, em newton:

a) $(m_1 + m_2 + m_3) \cdot g$
b) $(m_4 + m_5) \cdot g + 10$
c) $(m_1 + m_2 + m_3) \cdot g + 10$
d) $(m_1 + m_2 + m_3) \cdot g - 10$
e) $(m_4 + m_5) \cdot g$

7. (UFPE) Um elevador, partindo do repouso, tem a seguinte sequência de movimentos:
1) De 0 a t, desce com movimento uniformemente acelerado.
2) De t_1 a t_2 desce com movimento uniforme.
3) De t_2 a t_3 desce com movimento uniformemente retardado até parar.

Um homem, dentro do elevador, está sobre uma balança calibrada em newton.
O peso do homem tem intensidade P e a indicação da balança, nos três intervalos citados, assume os valores F_1, F_2 e F_3, respectivamente:
Assinale a opção correta:
a) $F_1 = F_2 = F_3 = P$
b) $F_1 < P; F_2 = P; F_3 < P$
c) $F_1 < P; F_2 = P; F_3 > P$
d) $F_1 > P; F_2 = P; F_3 < P$
e) $F_1 > P; F_2 = P; F_3 > P$

8. (PUC-MG) Muitos carros modernos estão equipados com um sistema de frenagem intitulado ABS, que evita que o pneu deslize quando os freios forem acionados. O sistema funciona através de um sensor que verifica, dezenas de vezes por segundo, se a roda "travou", ou seja, parou de girar. Se isso ocorrer, ele momentaneamente libera aquela roda da ação do freio, para só voltar a aplicá-lo quando a roda retomar seu movimento normal de rotação.
Esse sistema garante frenagens mais seguras e em espaço menor, porque:
a) quando a roda "trava", há uma perda de energia mecânica do sistema que deve ser evitada.
b) quando a roda "trava", há um superaquecimento do sistema de freios que deve ser evitado.
c) a inércia do carro é maior com a roda "travada" do que com a roda girando.
d) a dirigibilidade do carro é maior com a roda "travada" do que com a roda girando.
e) o coeficiente de atrito estático é maior que o coeficiente de atrito cinético.

9. (FGV-SP) Uma caixa encontra-se sobre um plano horizontal e sobre ela uma força constante de intensidade F atua horizontalmente da esquerda para a direita, garantindo-lhe um movimento retilíneo e uniforme.

Com base nas leis de Newton, analise:
I. Uma pessoa, dentro da caixa e impedida de ver o exterior, teria dificuldade em afirmar que a caixa possui movimento relativamente ao plano horizontal.
II. A força resultante sobre a caixa é um vetor horizontal, que possui sentido da esquerda para a direita e intensidade igual a F.
III. O componente do par ação e reação correspondente à força F é outra força que atua sobre a caixa, horizontalmente, com a mesma intensidade de F, porém de sentido da direita para a esquerda.

Está correto o contido em:
a) I, apenas.
b) III, apenas.
c) I e II, apenas.
d) II e III, apenas.
e) I, II e III.

10. (UFPel-RS) Considere que um caminhão-tanque, ao abastecer um posto de gasolina, se encontra em repouso, apoiado sobre um piso plano e horizontal, sem atrito.
É correto afirmar que a menor força capaz de deslocar esse caminhão é:
a) uma força que depende da natureza das superfícies de contato.
b) uma força que está relacionada com a área de contato entre as suas superfícies.
c) igual à força de atrito estático máxima.
d) uma força proporcional à reação normal de apoio.
e) qualquer força, por menor que seja, desde que haja uma componente horizontal.

11. (UFF) Um pano de prato retangular, com 60 cm de comprimento e constituição homogênea, está em repouso sobre uma mesa, parte sobre sua superfície, horizontal e fina, e parte pendente, como mostra a figura a seguir.

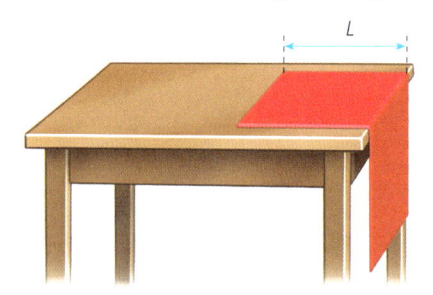

Sabendo-se que o coeficiente de atrito estático entre a superfície da mesa e o pano é igual a 0,5 e que o pano está na iminência de deslizar, pode-se afirmar que o comprimento da parte sobre a mesa é:
a) 40 cm   c) 15 cm   e) 30 cm
b) 20 cm   d) 60 cm

12. (Fuvest-SP) O corpo A, de massa 4,0 kg, está apoiado num plano horizontal, preso a uma corda que passa por uma roldana, de massa e atrito desprezíveis, e que sustenta em sua extremidade o corpo B, de massa 2,0 kg.

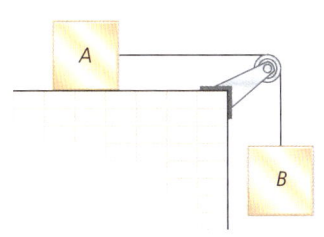

Nestas condições, o sistema apresenta movimento uniforme. Adotando $g = 10 \text{ m/s}^2$, determine:
a) o coeficiente de atrito entre A e o plano.
b) a massa que devemos acrescentar a B para que a aceleração do sistema tenha módulo igual a 2,0 m/s².

Exercícios de revisão

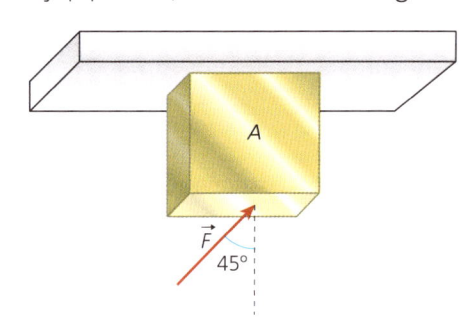

13. (UFPE) Um bloco A de massa igual a 1 kg é mantido em repouso, em contato com o teto de um apartamento, sob o efeito de uma força $|\vec{F}| = 20$ N, como ilustrado na figura a seguir.

Sabendo-se que $\vec{N}$ é a força de reação normal à superfície do teto, $\vec{P}$ é o peso do bloco, e $\vec{f}$ é a força de atrito, qual o diagrama das forças que atuam sobre o bloco A?

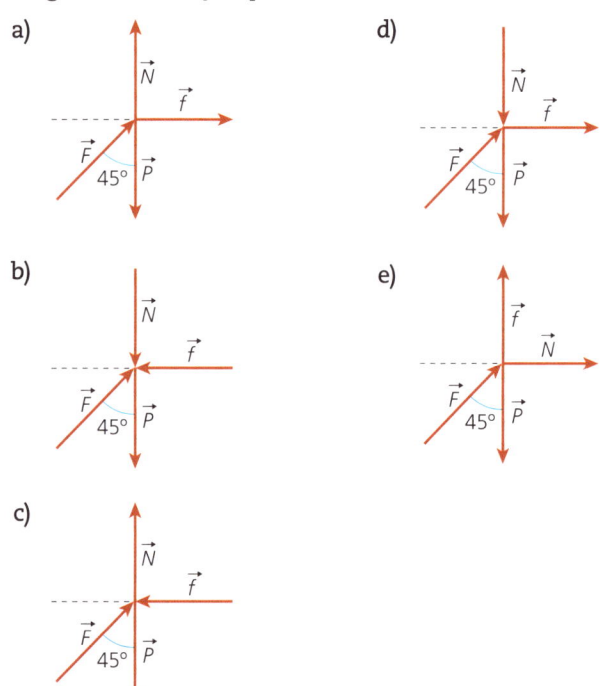

a)

b)

c)

d)

e)

14. (ITA-SP) A figura a seguir representa três blocos de massas $M_1 = 1{,}00$ kg, $M_2 = 2{,}50$ kg e $M_3 = 0{,}50$ kg, respectivamente. Entre os blocos e o piso que os apoia existe atrito, cujos coeficientes cinético e estático são, respectivamente, 0,10 e 0,15, e a aceleração da gravidade vale 10,0 m/s².

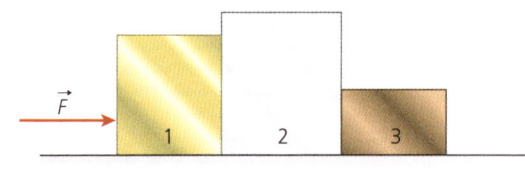

Se ao bloco M_1 for aplicada uma força F horizontal de 10,0 N, pode-se afirmar que a força que o bloco 2 aplica sobre o bloco 3 vale:
a) 0,25 N
b) 10,0 N
c) 2,86 N
d) 1,25 N
e) 0,75 N

15. (UFPR) Um bloco B de massa 400 g está apoiado sobre um bloco A de massa 800 g, o qual está sobre uma superfície horizontal. Os dois blocos estão unidos por uma corda inextensível e sem massa, que passa por uma polia presa na parede, conforme ilustra a figura a seguir.

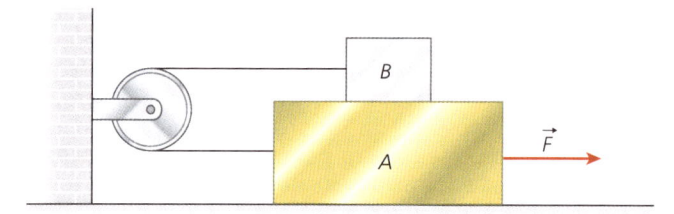

O coeficiente de atrito cinético entre os dois blocos e entre o bloco A e a superfície horizontal é o mesmo e vale 0,35. Considerando a aceleração da gravidade igual a 10 m/s² e desprezando a massa da polia, assinale a alternativa correta para o módulo da força $\vec{F}$ necessária para que os dois blocos se movam com velocidade constante.
a) 1,4 N
b) 4,2 N
c) 7,0 N
d) 8,5 N
e) 9,3 N

16. (UFSC) Uma prensa é utilizada para sustentar um bloco apoiado em uma parede vertical, como ilustrado na **figura I**. O bloco e a parede são sólidos e indeformáveis. A prensa exerce uma força de 10^4 N sobre o bloco, na direção perpendicular às superfícies em contato. A massa do bloco é de 50 kg e o coeficiente de atrito estático entre o bloco e a parede é 0,35. Em seguida, mais blocos de mesma massa são colocados em cima do primeiro, como é mostrado na **figura II**, porém a força que a prensa exerce permanece inalterada.

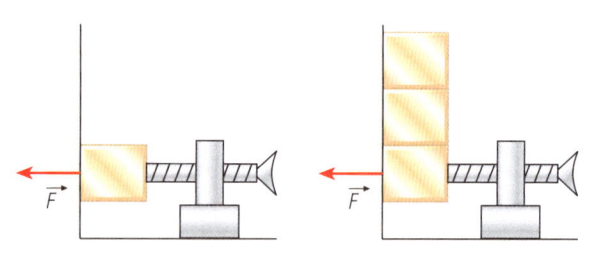

Figura I   Figura II

Em relação à situação descrita, assinale a(s) proposição(ões) correta(s).
(01) A força necessária para sustentar apenas um bloco é igual a 175 N.
(02) A força que a parede exerce sobre o primeiro bloco é igual a 10^4 N e a força de atrito estático entre a parede e o bloco é igual a 3.500 N.
(04) Com a força aplicada, é possível sustentar um total de sete blocos iguais ao primeiro.
(08) A força de atrito estático entre a parede e os blocos acima do primeiro é nula.
(16) Se o coeficiente de atrito estático entre a parede e o bloco for nulo, a prensa não sustentará o primeiro bloco contra a parede por maior que seja a força aplicada $\vec{F}$.
(32) Como o peso de cada bloco é de 500 N, a força $\vec{F}$ aplicada pela prensa poderá sustentar 20 blocos.
(64) Quanto mais polidas forem as superfícies em contato da parede e do bloco, menor será o coeficiente de atrito e, portanto, menor será o número de blocos que a força aplicada poderá sustentar.

Dê como resposta a soma dos números que precedem as proposições corretas.

Mais questões em **Vereda Digital Aprova Enem**, em **Vereda Digital Suplemento de revisão**, em **AprovaMax** (no *site*) e no livro digital.

CAPÍTULO 10

DINÂMICA DOS MOVIMENTOS CURVILÍNEOS

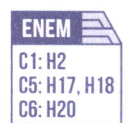

ENEM
C1: H2
C5: H17, H18
C6: H20

Alguns corpos, como automóveis e motocicletas, a Lua, a Terra e os outros planetas do Sistema Solar realizam movimentos em trajetórias curvilíneas. Em um brinquedo de parque de diversões, como o SkyScreamer (Six Flags Over Texas Park, Arlington, EUA), mostrado na foto, o mais alto chapéu mexicano do mundo, com 122 metros de altura, os assentos se inclinam ao descrever a trajetória em curva, mas eles poderiam realizar a curva sem se inclinar? Neste capítulo, vamos estudar as forças atuantes em corpos que se movimentam em trajetórias curvilíneas e utilizaremos as leis de Newton para explicá-las.

> **Objetivos do capítulo**
>
> - Discutir as características das acelerações tangencial e centrípeta.
> - Reconhecer as condições para a existência da aceleração centrípeta.
> - Relacionar a aceleração centrípeta à força resultante centrípeta.
> - Resolver situações-problema que envolvam o cálculo de aceleração centrípeta e força resultante centrípeta.

1 Introdução

Durante o estudo da cinemática escalar, nos capítulos iniciais deste livro, e, mais tarde, da cinemática vetorial, analisamos os deslocamentos, velocidades e acelerações dos corpos ao realizar diferentes movimentos.

Em diferentes situações, algumas bastante comuns, os corpos realizam movimentos em trajetórias curvilíneas: um veículo em uma curva, uma patinadora fazendo uma manobra graciosa, um motociclista em um "globo da morte" (fig. 1).

Figura 1. Forças específicas devem agir em corpos que realizam movimentos curvilíneos.

Vamos, agora, analisar as forças que atuam quando os corpos realizam movimentos em trajetórias curvilíneas.

2 Força tangencial e força centrípeta

A **figura 2**, abaixo, mostra um corpo em movimento sobre uma trajetória circular de centro O e raio R, com velocidade $\vec{v}$ e sujeito a uma força resultante $\vec{F}_R$.

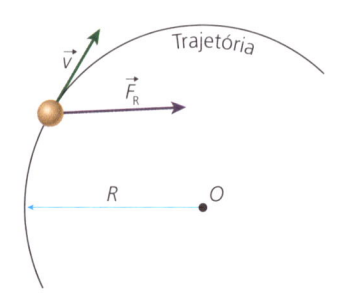

Figura 2. O corpo realiza um movimento circular.

Podemos decompor a força resultante $\vec{F}_R$ em duas componentes ortogonais: uma, a componente $\vec{F}_t$, na direção tangente à trajetória (na mesma direção da velocidade $\vec{v}$), e a outra, a componente $\vec{F}_{cp}$, na direção normal, ou seja, perpendicular à trajetória (direção que passa pelo centro O da trajetória circular). A **figura 3** abaixo mostra essas duas componentes da força resultante.

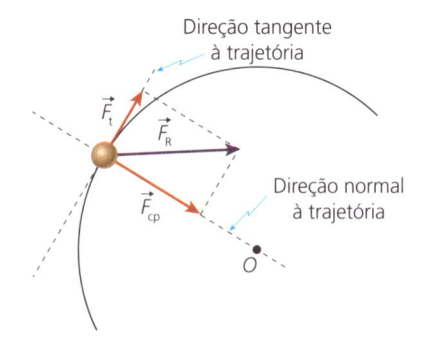

Figura 3. As componentes $\vec{F}_t$ e $\vec{F}_{cp}$ são perpendiculares entre si.

A componente $\vec{F}_t$ da força resultante é denominada **força resultante tangencial**, e a componente $\vec{F}_{cp}$ é a **força resultante centrípeta**.

A palavra **centrípeta** significa "que se dirige para o centro, que aponta para o centro". Note que não existe uma força denominada força centrípeta. Na verdade, o que existe é uma força resultante (ou uma componente da força resultante) na direção normal à trajetória descrita pelo móvel.

Essa componente da força resultante, que sempre aponta para o centro da curva, pode ser a força de tração exercida por um fio, a força de reação normal do apoio, a força peso, a força elástica, a força de atrito ou qualquer combinação dessas forças.

Voltando à **figura 3**, podemos observar a seguinte relação vetorial:

$$\vec{F}_R = \vec{F}_t + \vec{F}_{cp}$$

Pelo teorema de Pitágoras, podemos estabelecer uma relação entre os módulos dessas forças: $F_R^2 = F_t^2 + F_{cp}^2$

3 Aceleração tangencial e aceleração centrípeta

No capítulo anterior, vimos que, pela segunda lei de Newton (princípio fundamental da Dinâmica), uma aceleração não nula exige uma força resultante também não nula.

Dessa forma, em um movimento circular, como o do corpo das **figuras 2** e **3**, devem existir duas acelerações, conforme já estudamos na cinemática vetorial: uma **aceleração tangencial** $\vec{a}_t$ e uma **aceleração centrípeta** $\vec{a}_{cp}$ (fig. 4).

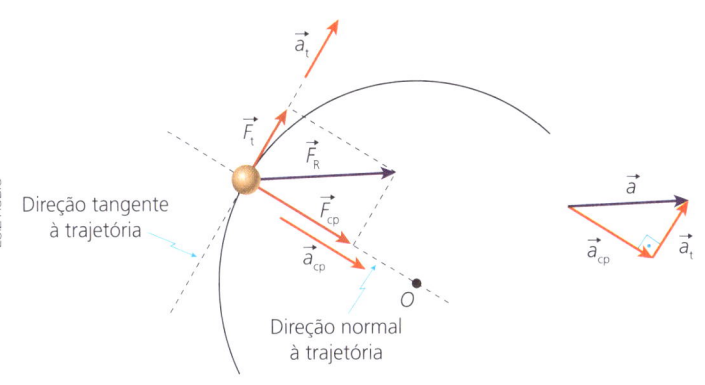

Figura 4. A aceleração resultante ($\vec{a}$) é dada pela soma vetorial da aceleração tangencial ($\vec{a}_t$) com a aceleração centrípeta ($\vec{a}_{cp}$).

Com base na **figura 4** e também no que já estudamos na cinemática vetorial, temos:

$$\vec{a} = \vec{a}_t + \vec{a}_{cp} \quad \text{e} \quad a^2 = a_t^2 + a_{cp}^2$$

A aceleração tangencial $\vec{a}_t$ é a responsável pela variação do módulo da velocidade vetorial $\vec{v}$ do móvel.

Se essa aceleração estiver no mesmo sentido do vetor velocidade $\vec{v}$, o movimento será **acelerado**, ou seja, o módulo de $\vec{v}$ aumentará. Porém, se a aceleração tangencial estiver em sentido oposto ao do vetor velocidade $\vec{v}$, o movimento será **retardado**, e o módulo de $\vec{v}$ diminuirá.

Assim, se há variação do módulo do vetor velocidade $\vec{v}$, o móvel apresenta uma aceleração tangencial $\vec{a}_t$.

Essa aceleração tangencial $\vec{a}_t$ tem módulo igual ao módulo da aceleração escalar α, estudada na cinemática escalar, ou seja:

$$|\vec{a}_t| = a_t = |\alpha|$$

A aceleração centrípeta $\vec{a}_{cp}$ é a responsável pela variação da direção da velocidade vetorial $\vec{v}$ do móvel.

Assim, sempre que um móvel descreve uma trajetória curvilínea, ele apresenta aceleração centrípeta $\vec{a}_{cp}$.

No capítulo de cinemática vetorial, vimos que o módulo da aceleração centrípeta é dado por:

$$a_{cp} = \frac{v^2}{R} \quad \text{ou} \quad a_{cp} = \omega^2 R$$

Nessas expressões, v é o módulo do vetor velocidade, ω é o módulo da velocidade angular e R é o raio da trajetória.

4 Aplicação das leis de Newton aos movimentos curvilíneos

Pelo princípio fundamental da Dinâmica, podemos relacionar as forças, as acelerações e a massa m de um corpo em movimento curvilíneo.

Aplicando a segunda lei de Newton às componentes tangencial e centrípeta da trajetória, temos:

$$F_R = ma \begin{cases} F_t = ma_t \\ F_{cp} = ma_{cp} = m\dfrac{v^2}{R} = m\omega^2 R \end{cases}$$

Agora, vamos aplicar as leis de Newton a alguns casos simples nos quais o movimento dos corpos que estamos estudando ocorre em uma trajetória curvilínea.

Exercícios resolvidos

1. Um carro de 1.500 kg percorre uma curva plana e horizontal, de 100 m de raio, com velocidade escalar constante de 72 km/h sem derrapar.
    a) Qual é o módulo da aceleração centrípeta a que este carro está submetido?
    b) Qual é o módulo da força resultante centrípeta que atua no carro?

▶ **Solução**

a) Inicialmente, devemos converter a velocidade do carro de km/h para m/s:

$$v = 72 \text{ km/h} = \frac{72}{3{,}6} \text{ m/s} = 20 \text{ m/s}$$

A aceleração centrípeta é dada por:

$$a_{cp} = \frac{v^2}{R} \Rightarrow a_{cp} = \frac{20^2}{100} \therefore \boxed{a_{cp} = 4 \text{ m/s}^2}$$

Capítulo 10 • Dinâmica dos movimentos curvilíneos

b) O módulo da força resultante centrípeta é calculado pela segunda lei de Newton:

$$F_{cp} = ma_{cp} \Rightarrow F_{cp} = 1.500 \cdot 4 \therefore \boxed{F_{cp} = 6.000 \text{ N}}$$

2. Um bloco de 0,2 kg descreve um movimento circular e uniforme (MCU) sobre uma superfície plana, horizontal e lisa, preso a um fio de 0,5 m de comprimento, com velocidade escalar de 5 m/s, conforme esquematizado abaixo.

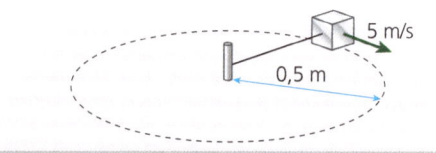

Determinar:
a) a intensidade da força de tração no fio;
b) a máxima velocidade com que o corpo pode descrever o MCU sabendo que o fio suporta, no máximo, uma tração de 30 N.

➤ **Solução**

a) A aceleração e a componente da força resultante na direção vertical são nulas; isso porque o bloco se movimenta sobre um plano horizontal. Consequentemente, a força resultante é a força de tração que atua na direção que passa pelo centro da curva. Portanto, é a tração $\vec{T}$ que desempenha o papel de força resultante centrípeta. A figura abaixo mostra o diagrama de corpo livre para o bloco em movimento.

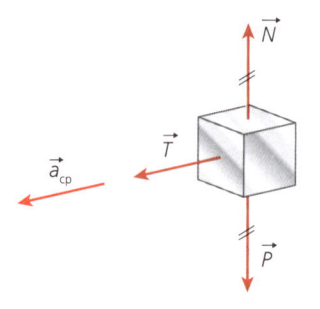

Então, pela segunda lei de Newton, temos:

$$F_{cp} = ma_{cp} \Rightarrow T = m\frac{v^2}{R} \Rightarrow T = 0,2 \cdot \frac{5^2}{0,5}$$

$$\therefore \boxed{T = 10 \text{ N}}$$

b) Como $T = m\frac{v^2}{R}$, concluímos que a força de tração no fio é diretamente proporcional ao quadrado da velocidade. Portanto, quando a velocidade do bloco dobra, por exemplo, a tração no fio quadruplica.

Assim, a velocidade máxima do corpo é aquela para a qual a tração no fio também é máxima, ou seja: $T_{máx.} = m\frac{v^2_{máx.}}{R}$

Então, para $T_{máx.} = 30$ N, temos:

$$T_{máx.} = m\frac{v^2_{máx.}}{R} \Rightarrow 30 = 0,2 \cdot \frac{v^2_{máx.}}{0,5} \Rightarrow v^2_{máx.} = 75$$

$$\therefore \boxed{v_{máx.} = 5\sqrt{3} \text{ m/s}}$$

3. Um carro de 1.500 kg passa pelo ponto mais alto de um viaduto em formato de arco com velocidade escalar de 30 m/s, conforme esquematizado a seguir.

Sabendo que o raio R do arco do viaduto mede 100 m e considerando $g = 10$ m/s², determinar a intensidade da força de reação normal que o piso aplica ao carro quando este passa pelo ponto mais alto do viaduto.

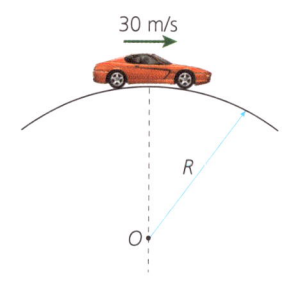

➤ **Solução**

As forças verticais que atuam no carro, quando este passa pelo ponto mais alto do viaduto, são: a força peso, $P = 1.500$ kg $\cdot 10$ m/s² $= 15.000$ N, e a força de reação normal do apoio, N. Nesse ponto, a aceleração centrípeta do carro é vertical e aponta para o centro da curva (ponto O).

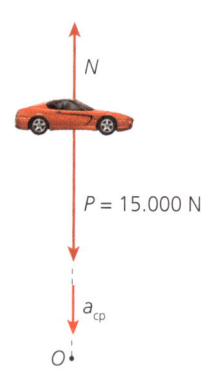

Pela segunda lei de Newton, temos:

$$F_{cp} = ma_{cp} \Rightarrow P - N = m\frac{v^2}{R}$$

Com base nos dados numéricos fornecidos no enunciado, temos:

$$15.000 - N = 1.500 \cdot \frac{30^2}{100}$$

$$\therefore \boxed{N = 1.500 \text{ N}}$$

Exercícios propostos

1. Em uma corrida de Fórmula 1, um competidor descreve uma curva plana e horizontal com 50 m de raio à velocidade de 180 km/h.

a) Qual é o módulo da aceleração centrípeta a que o carro está submetido?

b) Qual é o módulo da força resultante centrípeta que atua no carro, sabendo que sua massa é de 600 kg?

2. Uma criança, com massa de 30 kg, brinca em um gira-gira de um parquinho infantil, como mostra a foto a seguir.

Considerando que o brinquedo tem raio igual a 1 m e que completa uma volta a cada 10 s, determine:

a) a velocidade escalar da criança;
b) o módulo da aceleração centrípeta da criança;
c) o módulo da força resultante centrípeta que atua sobre ela.

3. Duas esferas, A e B, com massas iguais a 1 kg cada uma, descrevem um movimento circular e uniforme sobre uma mesa horizontal lisa, conforme esquematizado abaixo.

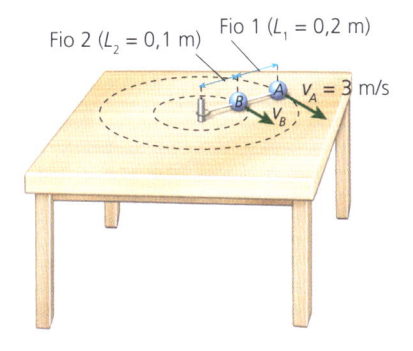

Fio 2 ($L_2 = 0,1$ m) Fio 1 ($L_1 = 0,2$ m)
$v_A = 3$ m/s

Considerando que, durante o movimento, as esferas permanecem alinhadas com o centro da trajetória, determine:

a) a velocidade escalar da esfera B;
b) o módulo das acelerações centrípetas das esferas A e B;
c) a intensidade da força de tração no fio 1 e no fio 2.

4. Uma criança com massa de 15 kg brinca em um balanço sustentado por duas cordas com 2 m de comprimento cada uma. Ao passar pelo ponto mais baixo de sua trajetória, a criança tem velocidade de 2 m/s. Adote $g = 10$ m/s² e determine a intensidade da força de tração exercida em cada corda quando a criança passa pelo ponto mais baixo da trajetória.

5. Um veículo de 1.600 kg percorre um trecho de estrada em lombada com velocidade de 90 km/h, conforme o esquema a seguir.

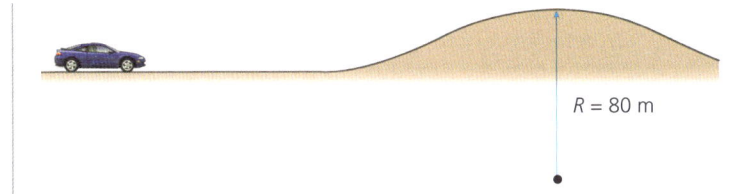

$R = 80$ m

Adote $g = 10$ m/s² e determine a intensidade da força que a superfície da estrada exerce no veículo quando este passa pelo ponto mais alto da lombada.

Veremos, agora, situações mais complexas e de maior interesse prático. Acompanhe atentamente a análise e resolução dos exercícios apresentados a seguir.

Exercícios resolvidos

4. O "globo da morte" é uma atração comum em circos e parques temáticos. Trata-se de uma gaiola de formato esférico em cujo interior um motociclista faz acrobacias. O clímax da apresentação ocorre quando o motociclista percorre uma trajetória circular em um plano vertical dentro da gaiola.

Considerando que o globo tem raio R = 2,5 m, qual deve ser a velocidade mínima do motociclista no ponto mais alto da trajetória para que consiga completar a volta? Adotar $g = 10$ m/s².

▶ Solução

A figura abaixo mostra as forças que atuam no conjunto moto-motociclista, na direção vertical, no ponto mais alto e no ponto mais baixo da trajetória circular.

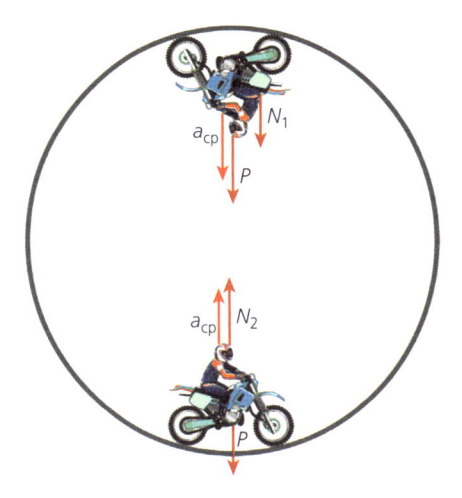

Capítulo 10 • Dinâmica dos movimentos curvilíneos 119

No ponto mais alto da trajetória, a aceleração centrípeta a_{cp} tem direção vertical e sentido para baixo. A força resultante centrípeta tem módulo dado pela soma dos módulos da força peso P do conjunto e da força de reação normal do apoio N_1.

Pela segunda lei de Newton, temos:

$$F_{cp} = ma_{cp} \Rightarrow P + N_1 = m\frac{v^2}{R}$$

Nessa expressão, P, m e R são valores constantes, portanto, o valor de N_1 depende do valor de v. Assim, à medida que o valor de v diminui, também diminui o valor de N_1.

Quando a velocidade atinge o valor mínimo, $v_{mín.}$, com o qual a moto ainda consegue completar a volta, temos $N_1 = 0$. Então:

$$P + 0 = m\frac{v_{mín.}^2}{R} \Rightarrow mg = m\frac{v_{mín.}^2}{R} \Rightarrow v_{mín.} = \sqrt{Rg}$$

Assim:

$$v_{mín.} = \sqrt{Rg} \Rightarrow v_{mín.} = \sqrt{2{,}5 \cdot 10} \therefore \boxed{v_{mín.} = 5 \text{ m/s}}$$

5. A figura abaixo mostra o sistema mecânico conhecido como pêndulo cônico. Trata-se de um corpo de massa m que, preso a um fio, realiza um MCU em um plano horizontal.

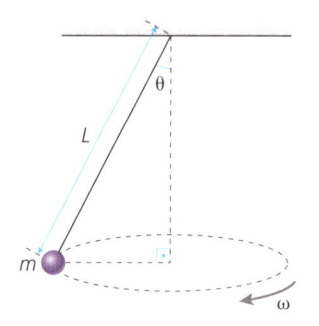

Considerando que a aceleração gravitacional tem módulo g e que o fio tem comprimento L e forma um ângulo θ com a vertical, determinar:

a) a intensidade da força de tração T do fio;
b) a velocidade angular ω do MCU;
c) o período τ do MCU.

▶ **Solução**

O esquema abaixo mostra as forças que atuam no corpo durante seu movimento. A tração T do fio foi substituída por suas componentes ortogonais, nas direções vertical e horizontal. A componente horizontal da tração aponta diretamente para o centro da trajetória circular, e o raio R da trajetória é dado por $R = L \cdot \text{sen}\,\theta$.

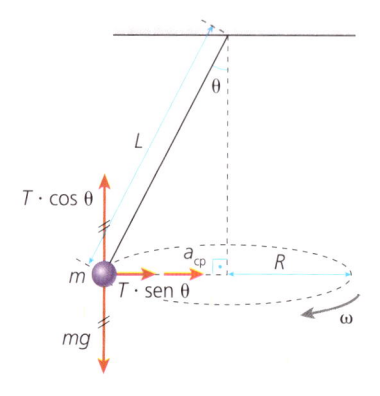

a) Na direção vertical, a aceleração é nula. Então, a força resultante na direção vertical também é nula, logo:

$$T \cdot \cos\theta = P \Rightarrow T \cdot \cos\theta = mg \Rightarrow \boxed{T = \frac{mg}{\cos\theta}}$$

b) A componente horizontal da tração, neste caso, desempenha o papel de resultante centrípeta, assim:

$$F_{cp} = m\omega^2 R \Rightarrow T \cdot \text{sen}\,\theta = m\omega^2 L \cdot \text{sen}\,\theta \Rightarrow$$

$$\Rightarrow \frac{mg}{\cos\theta} \cdot \text{sen}\,\theta = m\omega^2 L \cdot \text{sen}\,\theta \Rightarrow$$

$$\Rightarrow \boxed{\omega = \sqrt{\frac{g}{L \cdot \cos\theta}}}$$

c) Sabemos que, para um movimento circular e uniforme (MCU), $\omega = \frac{2\pi}{\tau}$, em que τ é o período do movimento circular. Então:

$$\tau = \frac{2\pi}{\omega} \Rightarrow \boxed{\tau = 2\pi\sqrt{\frac{L \cdot \cos\theta}{g}}}$$

6. A figura abaixo mostra um carro percorrendo uma curva de raio R em um plano horizontal.

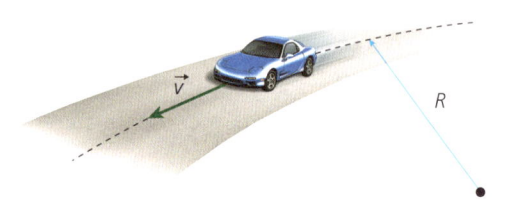

O coeficiente de atrito estático entre os pneus e a pista vale μ. Determinar a máxima velocidade com que o carro pode fazer essa curva sem risco de derrapar, considerando que a aceleração da gravidade vale g.

▶ **Solução**

A figura abaixo mostra as forças que atuam no carro na direção vertical e na direção radial.

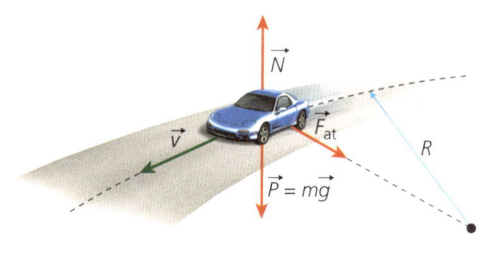

Na direção vertical, a força resultante é nula, então:

$$N = mg$$

Ao entrar na curva, o carro "força a pista" para o lado externo da curva e, pelo princípio da ação e reação, a pista "força o carro" para o lado interno da curva. Essa força é uma força de atrito estático, pois o carro não se desloca nessa direção.

Nesse caso, a força de atrito estático desempenhará o papel de força resultante centrípeta, portanto:

$$F_{at} = m\frac{v^2}{R}$$

Como o módulo dessa força de atrito depende da velocidade com que o carro percorrerá a curva, a força de atrito será maior para velocidades mais altas. Contudo, a força de atrito estático assumirá seu valor máximo, igual a μN, quando o carro estiver percorrendo a curva com a máxima velocidade possível e na iminência de derrapar.

Devemos, então, nos basear na seguinte condição: $F_{at} \leq \mu N$

Assim:

$$m\frac{v^2}{R} \leq \mu mg \Rightarrow v^2 \leq \mu Rg \Rightarrow v \leq \sqrt{\mu Rg}$$

Desse modo, a velocidade máxima com que o carro pode percorrer a curva sem derrapar é dada por:

$$\boxed{v_{máx.} = \sqrt{\mu Rg}}$$

7. Muitos acidentes ocorrem quando, pelo excesso de velocidade, o veículo não consegue realizar uma curva e acaba saindo da estrada. Uma maneira de diminuir esse tipo de acidente é construir estradas de tal modo que, nas curvas, haja inclinação da pista, como no esquema abaixo.

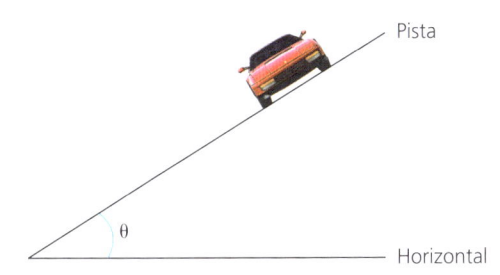

Determinar a velocidade v com que um carro deverá percorrer uma curva de raio R e ângulo θ de superelevação entre as laterais, independentemente da existência de atrito entre os pneus e o piso.

▸ **Solução**

As forças que atuam no carro, enquanto ele percorre a curva, são mostradas a seguir.

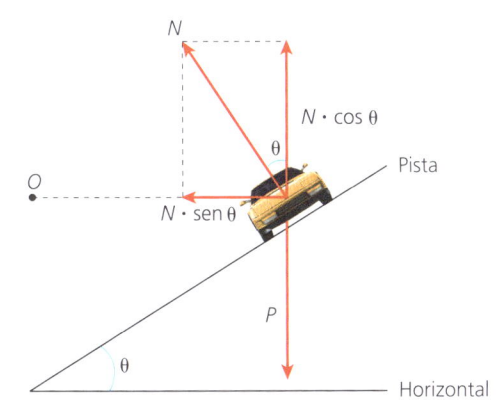

Na figura, a força de reação normal, de módulo N, é decomposta em suas componentes ortogonais: uma na direção vertical, $N \cdot \cos\theta$, e outra na direção horizontal, $N \cdot \text{sen}\,\theta$, que atua como força resultante centrípeta.

Na direção vertical, a força resultante é nula, então:

$$N \cdot \cos\theta = P \Rightarrow N \cdot \cos\theta = mg \quad \text{①}$$

Na direção horizontal, temos:

$$N \cdot \text{sen}\,\theta = m\frac{v^2}{R} \quad \text{②}$$

Isolando N na equação ① e substituindo na equação ②, temos:

$$\frac{mg}{\cos\theta} \cdot \text{sen}\,\theta = m\frac{v^2}{R} \Rightarrow$$

$$\Rightarrow g \cdot \text{tg}\,\theta = \frac{v^2}{R} \Rightarrow \boxed{v = \sqrt{Rg \cdot \text{tg}\,\theta}}$$

Atividade prática

Neste experimento, vamos analisar mais uma vez o movimento de um corpo que descreve um movimento circular e está sob a ação de uma força resultante centrípeta.

Para isso, você precisará dos seguintes materiais:
- um copinho plástico vazio de iogurte;
- um prego;
- um pedaço de arame;
- um pedaço de barbante resistente com cerca de 1 m;
- um punhado de feijões.

Observação

Manuseie o prego e o pedaço de arame com muito cuidado para não se machucar.

Com o prego, faça dois furos próximos à borda do copinho de iogurte, em lados opostos.

Em seguida, passe o arame pelos furos do copinho e monte uma pequena alça. Certifique-se de que a alça esteja bem firme, para não se soltar durante o experimento. Amarre uma das extremidades do barbante à alça do copinho e coloque o punhado de feijões dentro dele.

Segure o barbante pela outra extremidade e balance o copinho com feijões de um lado para o outro. Aproveite esse impulso e faça o copinho girar num plano vertical sem que os feijões caiam.

Em que posição do copinho, em sua trajetória circular, é maior o risco de os feijões caírem?

Em sua opinião, existe alguma restrição quanto à velocidade do copinho no ponto mais alto da trajetória para que os feijões não caiam?

A alteração na quantidade de feijões dentro do copinho mudaria sua resposta à pergunta anterior?

Elabore um pequeno texto descrevendo o procedimento experimental e respondendo às perguntas anteriores com base em suas observações.

Capítulo 10 • Dinâmica dos movimentos curvilíneos

Exercícios propostos

6. Um motociclista em sua moto descreve um movimento circular e uniforme em um plano vertical no interior de um "globo da morte" de 3 m de raio. Considerando que $g = 10$ m/s², que a massa do conjunto motociclista-moto é de 200 kg e que a velocidade da moto é de 12 m/s, determine o módulo da força que a superfície interna do globo aplica na moto:
a) no ponto mais baixo da trajetória;
b) no ponto mais alto da trajetória.

7. Um avião descreve um *loop* em um plano vertical com velocidade de 720 km/h. Considere $g = 10$ m/s². Determine qual deve ser o raio do *loop* para que, no ponto mais baixo da trajetória, a intensidade da força que o piloto exerce no banco seja igual ao quíntuplo de seu peso.

8. Analise os movimentos e preencha a tabela com "nula" ou "não nula".

Movimento	Aceleração tangencial	Aceleração centrípeta
MRU		
MRUV		
MCU		
MCUV		

9. A foto a seguir mostra um brinquedo de parques de diversões conhecido como chapéu mexicano.

Considere um brinquedo com eixo de rotação na direção vertical. Uma pessoa nesse brinquedo gira em um movimento circular e uniforme com raio 10 m, e as cordas que prendem a cadeirinha formam um ângulo de 45° com a vertical. Determine a velocidade da pessoa durante o movimento. Adote: $g = 10$ m/s²

10. Considere que um carro de 1.000 kg transita por uma estrada plana e horizontal e, ao realizar uma curva, descreve uma trajetória circular de raio igual a 50 m. A velocidade do carro é constante e tem módulo igual a 15 m/s durante todo o percurso.
a) Determine o módulo da força resultante centrípeta que atua sobre o carro.
b) Considerando que o coeficiente de atrito estático entre os pneus e a estrada é $\mu_e = 0{,}80$, calcule a velocidade máxima com que o carro poderá percorrer a curva sem correr o risco de derrapar.

11. A sobrelevação das pistas nas curvas, em autódromos, velódromos, como mostrado na foto a seguir, ou mesmo em avenidas, rodovias ou ferrovias, dá mais segurança aos usuários, dificultando ou impedindo que veículos em alta velocidade sejam jogados para fora da pista.

Em um velódromo, um ciclista precisa fazer curvas circulares de 80,0 m de raio, com velocidade de até 72,0 km/h. Despreze a força de atrito e considere $g = 10$ m/s².
a) Com base na figura a seguir, represente graficamente as forças que atuam sobre o ciclista.

b) Qual deve ser o ângulo de inclinação da pista, nesse caso?

12. Um avião descreve uma curva em uma trajetória circular com velocidade escalar constante, em um plano horizontal, como representado na figura a seguir. $\vec{F}$ é a força de sustentação, perpendicular às asas, $\vec{P}$ é a força peso, α é o ângulo de inclinação das asas em relação ao plano horizontal e R é o raio da trajetória.

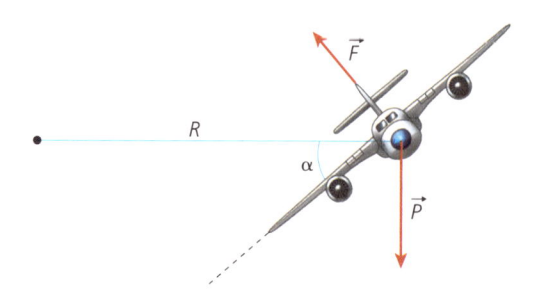

Sabendo que $\alpha = 45°$, $R = 1.000$ m e a massa do avião é $m = 10.000$ kg, determine o módulo da velocidade $\vec{v}$ do avião. Considere: $g = 10$ m/s²

Exercícios de revisão

Ficha-resumo 1

À **componente tangencial da força**, $\vec{F}_t$, associamos uma **aceleração tangencial** $\vec{a}_t$ que é responsável pela variação do módulo da velocidade vetorial $\vec{v}$ do móvel.

À **componente normal da força**, $\vec{F}_{cp}$, associamos uma **aceleração centrípeta** $\vec{a}_{cp}$ que é responsável pela variação da direção da velocidade vetorial $\vec{v}$ do móvel.

1. (UFF-RJ) Considere que a Lua descreve uma órbita circular em torno da Terra. Assim sendo, assinale a opção em que estão mais bem representadas a força resultante ($\vec{F}_R$) sobre o satélite e sua velocidade ($\vec{v}$).

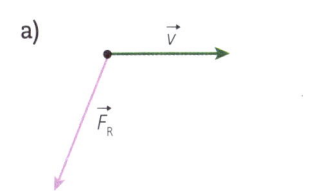

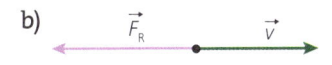

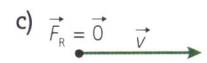

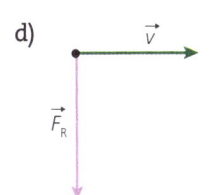

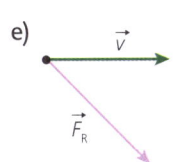

a)

b)

c) $\vec{F}_R = \vec{0}$

d)

e)

2. (Mackenzie-SP) A figura representa a seção vertical de um trecho de rodovia. Os raios de curvatura dos pontos A e B são iguais e o trecho que contém o ponto C é horizontal. Um automóvel percorre a rodovia com velocidade escalar constante. Sendo N_A, N_B e N_C a reação normal da rodovia sobre o carro nos pontos A, B e C, respectivamente, podemos dizer que:

a) $N_B > N_A > N_C$
b) $N_B > N_C > N_A$
c) $N_C > N_B > N_A$
d) $N_A > N_B > N_C$
e) $N_A = N_C = N_B$

3. (UFMG) Durante uma apresentação da Esquadrilha da Fumaça, um dos aviões descreve a trajetória circular representada nesta figura:

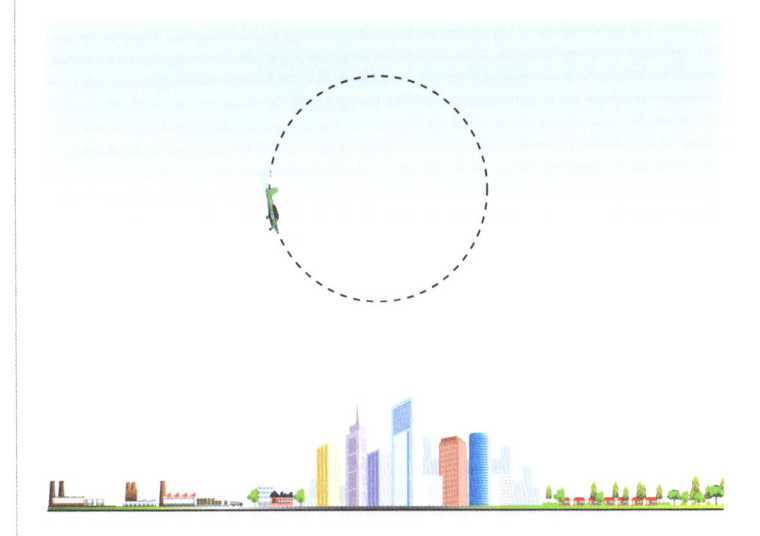

Ao passar pelo ponto mais baixo da trajetória, a força que o assento do avião exerce sobre o piloto tem intensidade:
a) igual ao peso do piloto;
b) maior que o peso do piloto;
c) menor que o peso do piloto;
d) nula.

4. (UFPR) Suponha uma máquina de lavar e centrifugar roupa com cuba interna cilíndrica que gira em torno de um eixo vertical.

Um observador externo à máquina, cujo referencial está fixo ao solo, acompanha o processo pelo visor da tampa e vê a roupa "grudada" em um ponto da cuba interna, que gira com velocidade angular constante. Se estivesse no interior da máquina, situado sobre a peça de roupa sendo centrifugada, o observador veria essa peça em repouso.

De acordo com a mecânica, para aplicar a segunda lei de Newton ao movimento da roupa no processo de centrifugação, cada observador deve inicialmente identificar o conjunto de forças que atua sobre ela.

Com base no texto anterior e nos conceitos da Física, considere as seguintes afirmativas.

I. O observador externo à máquina deverá considerar a força peso da roupa, apontada verticalmente para baixo, a força de atrito entre a roupa e a cuba, apontada verticalmente para cima, e a força normal exercida pela cuba sobre a roupa, apontada para o eixo da cuba, denominada de força centrípeta.

II. Um observador que estivesse situado sobre a peça de roupa sendo centrifugada deveria considerar a força peso da roupa, apontada verticalmente para baixo, a força de atrito entre a roupa e a cuba, apontada verticalmente para cima, a força normal exercida pela cuba sobre a roupa, apontada para o eixo da cuba, e também uma outra força exercida pela roupa sobre a cuba, apontada para fora desta, denominada de força centrífuga, necessária para explicar o repouso da roupa.

Exercícios de revisão

III. O referencial fixo ao solo, utilizado pelo observador externo à máquina, é chamado de não inercial, e o referencial utilizado pelo observador postado sobre a roupa sendo centrifugada é denominado de inercial.

Assinale a alternativa correta.
a) Somente a afirmativa 1 é verdadeira.
b) Somente a afirmativa 2 é verdadeira.
c) Somente a afirmativa 3 é verdadeira.
d) Somente as afirmativas 1 e 2 são verdadeiras.
e) As afirmativas 1, 2 e 3 são verdadeiras.

5. (UFSC)

> Ao fazermos uma curva, sentimos o efeito da força centrífuga, a força que nos "joga" para fora da curva e exige certo esforço para não deixar o veículo sair da trajetória. Quanto maior a velocidade, mais sentimos essa força. Ela pode chegar ao ponto de tirar o veículo de controle, provocando um capotamento ou a travessia na pista, com colisão com outros veículos ou atropelamento de pedestres e ciclistas.
>
> Denatran. *Direção defensiva*. [Apostila], p. 31, maio 2005. Disponível em: <http://<www.detran.sc.gov.br>. Acesso em: 9 out. 2008.

A citação anterior apresenta um erro conceitual bastante frequente. Suponha o movimento descrito analisado em relação a um referencial inercial, conforme a figura a seguir.

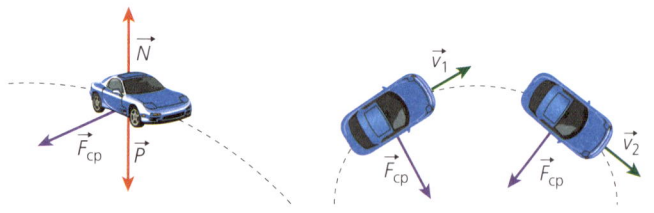

Vista em perspectiva   Vista de cima

Em relação ao exposto, assinale a(s) proposição(ões) correta(s).

(01) Um veículo de massa m percorre determinada curva de raio R sem derrapar, com velocidade máxima de módulo constante v. Um segundo veículo com pneus idênticos ao primeiro, com massa quatro vezes maior ($4m$), deverá percorrer a mesma curva sem derrapar, com uma velocidade máxima constante de módulo duas vezes menor $\left(\dfrac{v}{2}\right)$.

(02) Um veículo descrevendo uma curva em uma estrada plana certamente estará sob ação de uma força centrífuga, opondo-se à força de atrito entre os pneus e o chão. Se o atrito deixar de atuar, o veículo será lançado radialmente para fora da curva em virtude dessa força centrífuga.

(04) Como o veículo está em equilíbrio, atuam a força centrípeta (para "dentro" da trajetória) e a força centrífuga (para "fora" da trajetória), com o mesmo módulo, a mesma direção e sentidos contrários. Essas forças constituem um par "ação e reação", segundo a terceira lei de Newton.

(08) Se o veículo percorrer uma curva, executando uma trajetória circular, com o módulo da velocidade constante, estará sujeito a uma aceleração. Pela segunda lei de Newton, essa aceleração é provocada pela resultante das forças que atuam sobre o veículo. Como a força normal e o peso se anulam, a força resultante é a força centrípeta que se origina do atrito entre os pneus e o chão.

(16) Força é o resultado da interação entre dois ou mais corpos. Pela terceira lei de Newton: "se dois corpos A e B interagem, a força que A faz sobre B tem o mesmo módulo, a mesma direção e sentido contrário à força que B faz sobre A". Logo, não há força centrífuga atuando sobre o veículo, pois se o veículo (corpo A) é jogado para fora da curva, ele deveria ser atraído por outro corpo, que naturalmente não existe.

Dê como resposta a soma dos números que precedem as proposições corretas.

Ficha-resumo 2

Aceleração tangencial a_t:
$$|\vec{a_t}| = a_t = |a|$$

Força tangencial F_t:
$$F_t = ma_t \Leftrightarrow F_t = m \cdot |a|$$

Aceleração centrípeta a_{cp}:
$$a_{cp} = \frac{v^2}{R} \text{ ou } a_{cp} = \omega^2 R$$

Força centrípeta F_{cp}:
$$F_{cp} = ma_{cp} \begin{cases} F_{cp} = m\dfrac{v^2}{R} \\ F_{cp} = m\omega^2 R \end{cases}$$

6. (PUC-RJ) Suponha que dois objetos idênticos façam um movimento circular uniforme, de mesmo raio, mas que um objeto dê sua volta duas vezes mais rapidamente do que o outro. A força centrípeta necessária para manter o objeto mais rápido nesta trajetória é:
a) a mesma que a força centrípeta necessária para manter o objeto mais lento.
b) um quarto da força centrípeta necessária para manter o objeto mais lento.
c) a metade da força centrípeta necessária para manter o objeto mais lento.
d) o dobro da força centrípeta necessária para manter o objeto mais lento.
e) quatro vezes maior do que a força centrípeta necessária para manter o objeto mais lento.

7. (PUC-RJ) O trem rápido francês, conhecido como TGV (Train à Grande Vitesse), viaja de Paris para o sul com uma velocidade média de cruzeiro $v = 216$ km/h. A aceleração experimentada pelos passageiros, por razões de conforto e segurança, está limitada a $0,05 \cdot g$. Qual é, então, o menor raio que uma curva pode ter nesta ferrovia? ($g = 10$ m/s^2)
a) 7,2 km
b) 93 km
c) 72 km
d) 9,3 km
e) Não existe raio mínimo.

8. (PUC-SP) Um avião descreve, em seu movimento, uma trajetória circular, no plano vertical (*loop*), de raio R = 40 m, apresentando no ponto mais baixo de sua trajetória uma velocidade de 144 km/h.

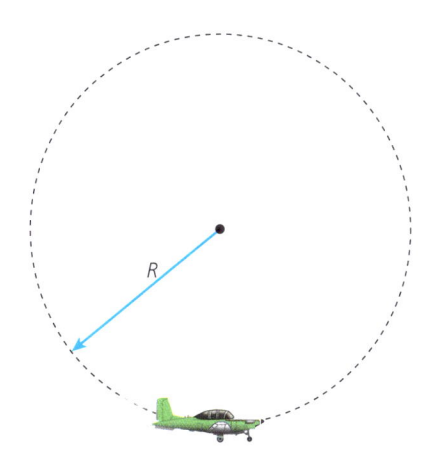

Sabendo-se que o piloto do avião tem massa de 70 kg, a força de reação normal, aplicada pelo banco sobre o piloto, no ponto mais baixo, tem intensidade:
a) 36.988 N
b) 36.288 N
c) 3.500 N
d) 2.800 N
e) 700 N

9. (UFCE) Um veículo de peso P = 1,6 · 10^4 N percorre um trecho de estrada em lombada, com velocidade escalar constante de 72 km/h. A intensidade da força normal que o leito da estrada exerce no veículo, quando ele passa no ponto mais alto da lombada, é de 8,0 · 10^3 N. Parte da lombada confunde-se com um setor circular de raio R, como mostra a figura.

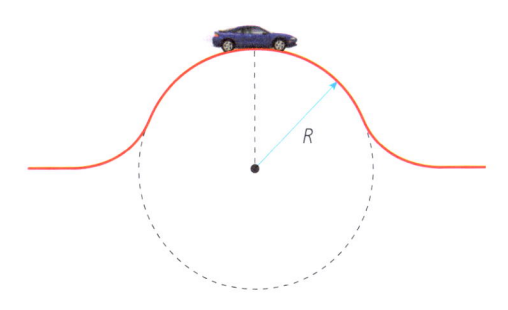

Usando g = 10 m/s², determine, em metro, o valor de R.

10. (UEL-PR) A esfera, representada no esquema a seguir, tem massa igual a 1,0 kg e, quando abandonada, movimenta-se segundo um arco de circunferência de raio 1,0 m, devido ao fio preso ao teto.

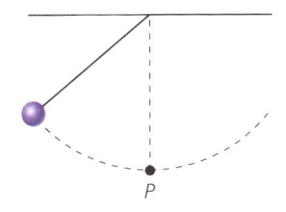

Ao passar pelo ponto P, instante em que o fio está na vertical, tem velocidade escalar de 4,0 m/s. Considerando g = 10 m/s², a tração no momento em que a esfera passa pelo ponto P é, em newton, igual a:
a) zero
b) 6,0
c) 12
d) 26
e) 32

11. (Mackenzie-SP) O pêndulo cônico da figura abaixo é constituído por um fio ideal de comprimento L e um corpo de massa m = 4,00 kg preso em uma de suas extremidades e a outra é fixada no ponto P, descrevendo uma trajetória circular de raio R no plano horizontal. O fio forma um ângulo θ em relação à vertical.

Considere: g = 10,0 m/s²; sen θ = 0,600; cos θ = 0,800

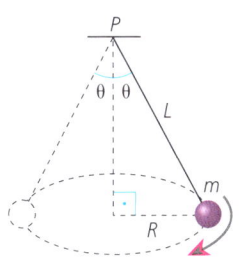

A força centrípeta que atua sobre o corpo é:
a) 10,0 N
b) 20,0 N
c) 30,0 N
d) 40,0 N
e) 50,0 N

12. (UFSM-RS) A figura representa dois atletas numa corrida, percorrendo uma curva circular, cada um em uma raia. Eles desenvolvem velocidades lineares com módulos iguais e constantes, num referencial fixo no solo.

Atendendo à informação dada, assinale a resposta correta.
a) Em módulo, a aceleração centrípeta de A é maior do que a aceleração centrípeta de B.
b) Em módulo, as velocidades angulares de A e B são iguais.
c) A poderia acompanhar B se a velocidade angular de A fosse maior do que a de B, em módulo.
d) Se as massas dos corredores são iguais, a força centrípeta sobre B é maior do que a força centrípeta sobre A, em módulo.
e) Se A e B estivessem correndo na mesma raia, as forças centrípetas teriam módulos iguais, independentemente das massas.

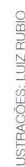

Exercícios de revisão

13. (UFSC) Rotor é um brinquedo que pode ser visto em parques de diversões. Consiste em um grande cilindro de raio R que pode girar em torno de seu eixo vertical central. Após a entrada das pessoas no rotor, elas encostam-se às paredes e este começa a girar.

O rotor aumenta sua velocidade de rotação até que as pessoas atinjam uma velocidade v, quando, então, o piso é retirado. As pessoas ficam suspensas, como se estivessem "ligadas" à parede interna do cilindro enquanto o mesmo está girando, sem nenhum apoio debaixo dos pés e vendo um buraco abaixo delas.

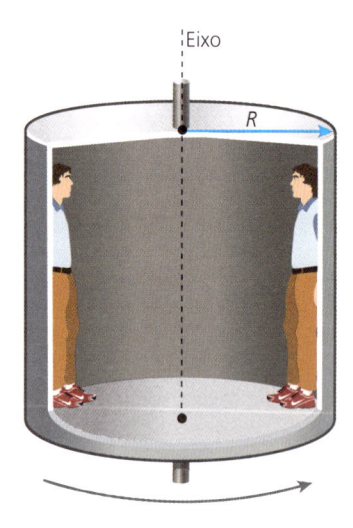

Em relação à situação descrita, é correto afirmar que:
- (01) A força normal, ou seja, a força que a parede faz sobre uma pessoa encostada na parede do rotor em movimento, é uma força centrípeta.
- (02) Se duas pessoas dentro do rotor tiverem massas diferentes, aquela que tiver maior massa será a que terá maior chance de deslizar e cair no buraco abaixo de seus pés.
- (04) O coeficiente de atrito estático entre a superfície do rotor e as roupas de cada pessoa dentro dele deve ser maior ou igual a: $\dfrac{g \cdot R}{v^2}$
- (08) O coeficiente de atrito estático entre a superfície do rotor e as roupas de cada pessoa dentro dele é proporcional ao raio do rotor.
- (16) O coeficiente de atrito estático entre a superfície do rotor e as roupas de cada pessoa dentro dele é proporcional à velocidade v do rotor.

Dê como resposta a soma dos números que precedem as proposições corretas.

14. (Fuvest-SP) Uma estação espacial foi projetada com formato cilíndrico, de raio R igual a 100 m, como ilustra a figura a seguir.

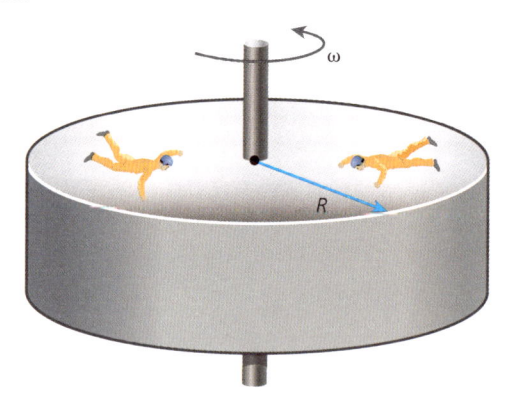

Para simular o efeito gravitacional e permitir que as pessoas caminhem na parte interna da casca cilíndrica, a estação gira em torno de seu eixo, com velocidade angular constante ω. As pessoas terão sensação de peso, como se estivessem na Terra, se a velocidade ω for de, aproximadamente:
- a) 0,1 rad/s
- b) 0,3 rad/s
- c) 1 rad/s
- d) 3 rad/s
- e) 10 rad/s

15. (Fuvest-SP) Um caminhão, com massa total de 10.000 kg, está percorrendo uma curva circular plana e horizontal a 72 km/h (ou seja, 20 m/s) quando encontra uma mancha de óleo na pista e perde completamente a aderência. O caminhão encosta então no muro lateral que acompanha a curva, que o mantém em trajetória circular de raio igual a 90 m. O coeficiente de atrito entre o caminhão e o muro vale 0,3. Podemos afirmar que, ao encostar no muro, o caminhão começa a perder velocidade à razão de, aproximadamente:
- a) $0{,}07 \text{ m} \cdot \text{s}^{-2}$
- b) $1{,}3 \text{ m} \cdot \text{s}^{-2}$
- c) $3{,}0 \text{ m} \cdot \text{s}^{-2}$
- d) $10 \text{ m} \cdot \text{s}^{-2}$
- e) $67 \text{ m} \cdot \text{s}^{-2}$

Mais questões em **Vereda Digital Aprova Enem**, em **Vereda Digital Suplemento de revisão**, em **AprovaMax** (no *site*) e no livro digital.

CAPÍTULO 11

TRABALHO E POTÊNCIA

ENEM
C5: H17, H18
C6: H20

Os processos de carga e descarga de um navio, como o da foto, exigem o uso de máquinas especializadas que exercem forças de grande intensidade para provocar o deslocamento de contêineres no menor intervalo de tempo possível. Afinal, navio parado em porto não gera lucros! Essas máquinas utilizadas nos processos de carga e descarga de um navio realizam grandes quantidades de trabalho em intervalos de tempo pequenos e são, portanto, muito potentes. Neste capítulo, vamos estabelecer a relação entre as grandezas físicas trabalho, energia e potência.

Objetivos do capítulo

- Definir trabalho de uma força.
- Estabelecer a relação entre trabalho e energia.
- Calcular o trabalho de uma força constante e de uma força variável.
- Apresentar os conceitos de potência e rendimento.
- Resolver situações-problema que envolvam o cálculo de trabalho, potência e rendimento.

1 Introdução

Nos capítulos anteriores, estudamos o movimento dos corpos usando apenas as funções horárias da Cinemática e as três leis de Newton. Nesse estudo, as forças têm um papel fundamental como agentes responsáveis pela mudança da velocidade vetorial de um corpo.

A partir deste ponto, passaremos a analisar o movimento dos corpos por meio de outras grandezas físicas, como a **energia** e a **quantidade de movimento** (ou momento linear).

Destacamos essas duas grandezas físicas, presentes em diferentes áreas da Física, pois em vários casos elas se conservam.

A energia, em particular, é uma grandeza escalar e está relacionada a outra grandeza física: o trabalho.

2 Trabalho

Na linguagem cotidiana, a palavra **trabalho** tem muitos significados, como podemos constatar a seguir, observando a definição de um dicionário.

tra.ba.lho

sm.

1. Emprego da força física ou intelectual para realizar alguma coisa.
2. Aplicação dessas forças como ocupação profissional: *Seu trabalho é de gari*.
3. Local onde isso se realiza: *Mora longe do trabalho*.
4. Esmero, cuidado que se emprega na confecção ou elaboração de uma obra.
5. A confecção, elaboração ou composição de uma obra.
6. Obra realizada: *Essa cômoda é um belo trabalho de marcenaria*.
7. Grande esforço; trabalhão; trabalheira.
8. Exercício para treino: *A professora passou muito trabalho para casa*.
9. Ação contínua de uma força da natureza e seu efeito: *O trabalho do vento resulta na erosão eólia*.
10. **Med.** Fenômeno orgânico que se opera no interior dos tecidos (trabalho inflamatório; trabalho de cicatrização).
11. Resultado do funcionamento de uma máquina, um aparelho etc.: *O trabalho de uma pá mecânica*.
12. Obrigação ou responsabilidade; dever; encargo: *Seu trabalho é protegê-lo do assédio da imprensa*.
13. **Econ.** Conjunto das atividades humanas empregado na produção de bens: *O capital e o trabalho são os pilares da economia*.
14. Tarefa a ser realizada: *Contratou-o para um trabalho temporário*.
15. Treinamento durante a semana como preparação para o páreo.
16. **Rel.** Oferenda para se obter proteção ou favor dos orixás.

Dicionário Caldas Aulete. Disponível em: <http://www.aulete.com.br/trabalho>. Acesso em: 24 ago. 2016.

Entretanto, em Física, a palavra **trabalho** tem um significado específico, relacionado ao que ocorre quando uma força desloca um corpo por certa distância.

Podemos interpretar o **trabalho de uma força** como a quantidade de energia transferida ou transformada por meio de uma força.

Vamos considerar um corpo que, submetido à ação de uma força $\vec{F}$ constante, sofre um deslocamento $\vec{d}$ (fig. 1).

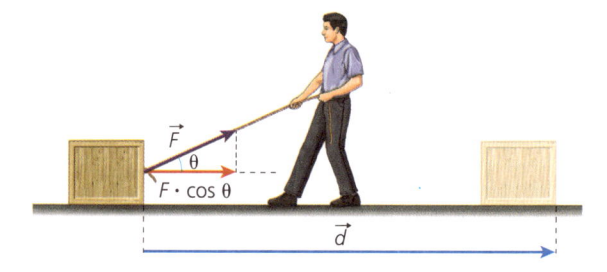

Figura 1. Ao puxar o bloco, a pessoa realiza um trabalho.

Parte da energia utilizada pela pessoa ao realizar essa tarefa é transferida para o bloco. Dizemos, então, que a força $\vec{F}$ realizou um trabalho sobre o bloco.

Por definição, o **trabalho de uma força constante**, representado aqui pela letra grega τ (tau), é uma **grandeza física escalar** calculada efetuando-se o produto do módulo da componente da força paralela ao deslocamento (componente tangencial F_{tt}) pelo módulo do deslocamento d.

$$\tau = F_{tt} \cdot d \quad \text{ou} \quad \tau = F \cdot \cos\theta \cdot d$$

No SI, a unidade de trabalho é o **joule (J)**, uma unidade derivada das unidades newton e metro, que corresponde a N · m. Essa unidade recebeu o nome joule em homenagem ao físico inglês James Prescott Joule (1818-1889).

As expressões acima são válidas apenas quando a força $\vec{F}$ é constante, ou seja, quando seu módulo, sua direção e seu sentido se mantêm constantes.

No caso de uma força variável, podemos calcular o trabalho a partir do gráfico do módulo da componente tangencial da força em função do módulo do deslocamento (**fig. 2**).

Nesse caso, o trabalho τ da força variável, em módulo, é numericamente igual à área A entre a curva e o eixo das abscissas, num dado deslocamento do corpo (**fig. 3**).

Assim, para uma força variável, temos:

$$|\tau| \stackrel{N}{=} A$$

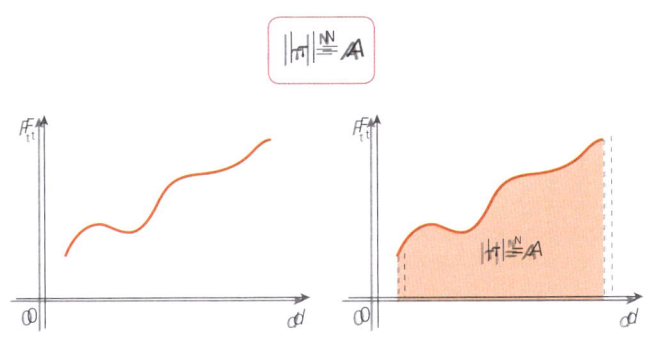

Figura 2. O gráfico mostra a variação do módulo da componente tangencial da força, F_{tt}, enquanto ela provoca o deslocamento, d, de um corpo.

Figura 3. No gráfico $F_{tt} \times d$, o módulo do trabalho τ é numericamente igual à área entre a curva e o eixo das abscissas para um determinado deslocamento do corpo.

Note que uma força $\vec{F}$ pode ser aplicada a um corpo e, mesmo assim, não realizar trabalho, isto é, τ = 0. Nesse caso, a força não irá transferir nem retirar energia desse corpo. Para isso, basta que essa força seja perpendicular ao deslocamento ($\theta = 90° \Rightarrow \cos\theta = 0$) ou que não provoque o deslocamento do corpo ($\vec{d} = \vec{0}$).

Se a força favorece o deslocamento ($0° \leq \theta < 90° \Rightarrow \cos\theta > 0$), então o trabalho é positivo (τ > 0) e denominado **trabalho motor**. Nessa situação, a força transfere energia para o corpo em que atua.

No entanto, se a força se opõe ao deslocamento ($90° < \theta \leq 180° \Rightarrow \cos\theta < 0$), então o trabalho é negativo (τ < 0) e denominado **trabalho resistente**. Nessa situação, a força retira energia do corpo em que atua.

Exercícios resolvidos

1. Um bloco, com 10 kg de massa, desloca-se em um plano horizontal, sob a ação de uma força, também horizontal, de intensidade F = 50 N. O coeficiente de atrito entre o bloco e a superfície é igual a 0,3. Considerando $g = 10 \text{ m/s}^2$, determinar:
   a) o trabalho de cada uma das forças que atuam no bloco durante um deslocamento de 20 m;
   b) o trabalho da força resultante nesse deslocamento de 20 m.

▶ **Solução**

a) A figura a seguir ilustra as forças que atuam no bloco durante o deslocamento.

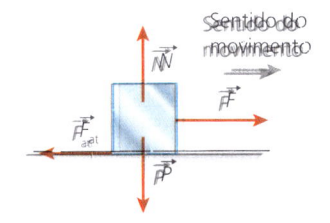

Vamos calcular agora a intensidade de cada uma dessas forças.

A força $\vec{F}$, de acordo com o enunciado, tem intensidade F = 50 N.

A intensidade da força peso é dada por:
$P = mg \Rightarrow P = 10 \cdot 10 \therefore P = 100 \text{ N}$

Pelo princípio da inércia, na vertical a força resultante é nula. Então:

$$N = P = 100 \text{ N}$$

A intensidade da força de atrito é dada por: $F_{at} = \mu N \Rightarrow$
$\Rightarrow F_{at} = 0,3 \cdot 100 \therefore F_{at} = 30 \text{ N}$

Todas as forças que atuam no bloco são constantes e $\tau = Fd \cdot \cos\theta$.

Para a força de intensidade F, temos:
$\tau_F = Fd \cdot \cos\theta \Rightarrow \tau_F = 50 \cdot 20 \cdot \cos 0°$

$\therefore \boxed{\tau_F = 1\,000 \text{ J}}$ (trabalho motor)

Para a força peso de intensidade P, temos:
$\tau_P = Pd \cdot \cos\theta \Rightarrow \tau_P = 100 \cdot 20 \cdot \cos 90°$

$\Rightarrow \boxed{\tau_P = 0}$ (trabalho nulo)

Para a força normal de intensidade N, temos:
$\tau_N = Nd \cdot \cos\theta \Rightarrow \tau_N = 100 \cdot 20 \cdot \cos 90°$

$\Rightarrow \boxed{\tau_N = 0}$ (trabalho nulo)

Para a força de atrito de intensidade F_{at}, temos:
$\tau_{F_{at}} = F_{at} d \cdot \cos\theta \Rightarrow \tau_{F_{at}} = 30 \cdot 20 \cdot \cos 180°$

$\therefore \boxed{\tau_{F_{at}} = -600 \text{ J}}$ (trabalho resistente)

b) O trabalho da força resultante pode ser obtido pela soma dos trabalhos de todas as forças que atuam no bloco:
$\tau_{F_R} = \tau_F + \tau_P + \tau_N + \tau_{F_{at}}$

Então:
$\tau_{F_R} = 1\,000 + 0 + 0 + (-600)$

$\therefore \boxed{\tau_{F_R} = 400 \text{ J}}$ (trabalho motor)

Para calcular o trabalho da força resultante, também poderíamos ter feito:

$\tau_{F_R} = F_R d \Rightarrow \tau_{F_R} = (F - F_{at.}) \cdot d = (50 - 30) \cdot 20$

$\therefore \boxed{\tau_{F_R} = 400 \text{ J}}$ (trabalho motor)

2. Um bloco, com 2 kg de massa, desloca-se em um plano horizontal, sob a ação de uma força horizontal $\vec{F}$, cuja intensidade varia com o deslocamento de acordo com o gráfico abaixo.

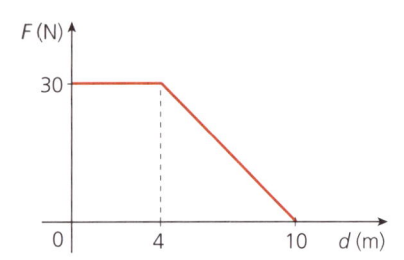

Determinar o módulo do trabalho da força $\vec{F}$ no deslocamento de 0 a 10 m.

▶ **Solução**

Como a força é variável de 4 m a 10 m, vamos calcular o trabalho dela por meio da área sob o gráfico F × d.

A figura a seguir mostra-nos a área A a ser calculada.

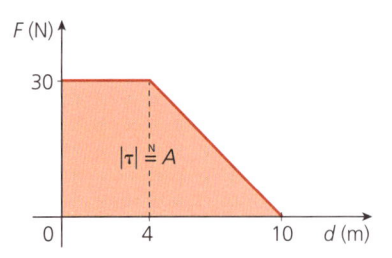

Essa área corresponde à área de um trapézio com base maior B, base menor b e altura h. Nesse caso, a área A é dada por:

$$A = \frac{(B + b) \cdot h}{2}$$

Então:

$|\tau| \stackrel{N}{=} A = \frac{(10 + 4) \cdot 30}{2}$ $\therefore \boxed{|\tau| = 210 \text{ J}}$

Observe que poderíamos ter dividido essa área trapezoidal em duas áreas: a área de um retângulo e a área de um triângulo retângulo.

Exercícios propostos

1. O bloco mostrado abaixo, apoiado em uma superfície horizontal, tem massa de 2 kg e está em movimento sob a ação de uma força horizontal $\vec{F}$, constante e de módulo 10 N.

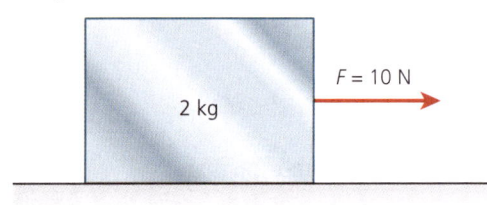

O coeficiente de atrito cinético entre o bloco e a superfície horizontal vale 0,3. Considerando $g = 10$ m/s², determine, para um deslocamento de 5 m, o trabalho realizado pelas forças: $\vec{F}, \vec{F}_{at.}$ (força de atrito), $\vec{P}$ (força peso), $\vec{N}$ (força de reação normal do apoio) e $\vec{F}_R$ (força resultante).

2. Uma caixa de 50 kg é puxada por 10 m ao longo de um piso horizontal por uma pessoa que exerce uma força constante, F, de 100 N, que forma com a horizontal um ângulo θ (0° ≤ θ < 90°). O chão é áspero e exerce na caixa uma força de atrito de módulo 50 N. Determine o trabalho de cada força que age na caixa e o trabalho da força resultante. (Dados: sen θ = 0,6; cos θ = 0,8; $g = 10$ m/s²)

3. Um carro com massa de 1.600 kg é arrastado por meio de um engate, conforme exemplifica o esquema a seguir. São dados: $g = 10$ m/s² e cos 60° = 0,5. A força de resistência imposta ao movimento tem intensidade igual a 20% do peso do carro e a força transmitida pelo engate tem intensidade igual a 60% do peso do carro.

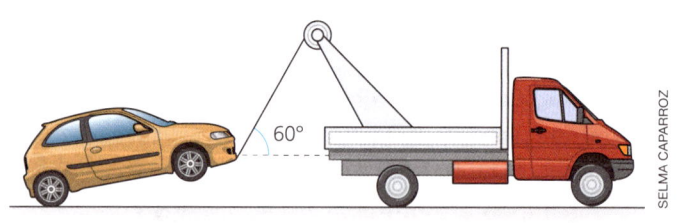

Determine o trabalho realizado pela força resultante que atua no carro em um deslocamento horizontal de 100 m.

4. Um bloco com massa de 2 kg é acelerado a partir do repouso por uma força resultante de direção coincidente com a direção do deslocamento e cujo módulo F_R varia com o espaço s de acordo com o gráfico abaixo.

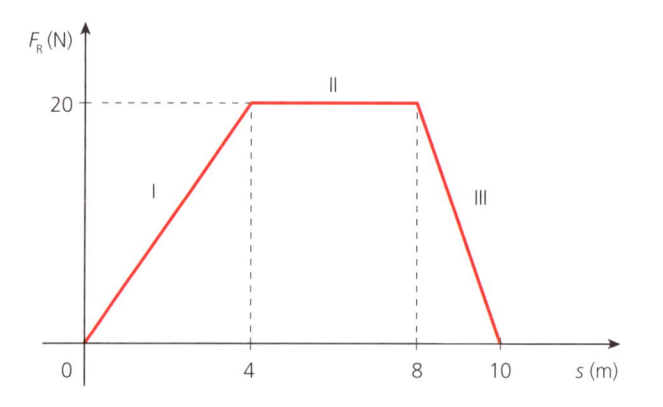

Determine:
a) o tipo de movimento descrito pelo bloco nos trechos I, II e III do gráfico;
b) a aceleração instantânea do bloco ao passar pelo espaço $s = 2$ m;
c) o trabalho da força resultante no deslocamento entre as posições $s = 0$ e $s = 10$ m.

5. Um bloco de 30 kg é arrastado sobre uma superfície horizontal por uma força paralela à superfície cuja intensidade varia com o deslocamento, de acordo com o gráfico a seguir.

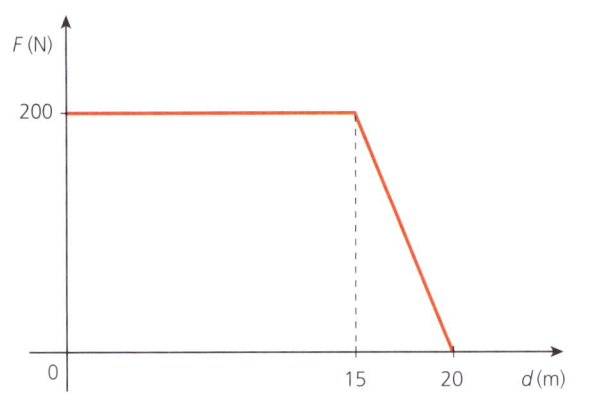

Sabendo que o coeficiente de atrito entre o bloco e a superfície é μ = 0,4, determine o trabalho da força resultante no deslocamento de 20 m do bloco. Adote $g = 10 \text{ m/s}^2$.

3 Trabalho das forças peso e elástica

Entre as diferentes forças que podem agir nos corpos, duas merecem destaque ao se calcular o trabalho: a **força peso** e a **força elástica**.

Trabalho da força peso

Vamos considerar um corpo de peso $\vec{P}$ que se desloca entre dois pontos, seguindo uma trajetória na qual sofre um deslocamento vertical h (**fig. 4**).

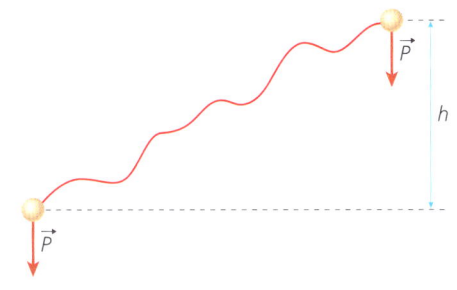

Figura 4. Na trajetória descrita, o corpo sofre um deslocamento vertical h.

Ao calcular o trabalho da força peso, seja qual for a forma da trajetória, podemos imaginá-la como uma sucessão de degraus (em verde na **figura 5**). Observe que, à medida que aumentamos o número de degraus, a "escada", assim construída, aproxima-se da trajetória efetivamente seguida pelo corpo (**fig. 5**).

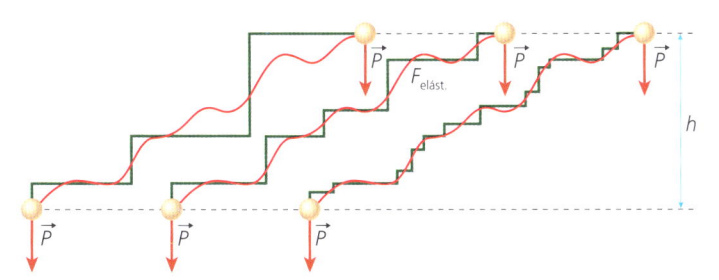

Figura 5. Quanto maior o número de degraus da "escada", mais ela se aproxima da trajetória seguida pelo corpo.

Note que o trabalho da força peso nos deslocamentos horizontais é nulo, pois essa força é sempre perpendicular a esses deslocamentos (θ = 90°). Portanto, a força peso só realizará trabalho nos deslocamentos verticais: trabalho motor (positivo) durante a descida e trabalho resistente (negativo) durante a subida.

Concluímos, então, que o trabalho da força peso não depende da forma da trajetória específica seguida pelo corpo, mas apenas da intensidade do próprio peso e do desnível h, medido na vertical, entre as posições de partida e de chegada do corpo. Então:

$$\tau_P = \pm Ph \Rightarrow \boxed{\tau_P = \pm mgh}$$

Quando o trabalho de uma força não depende da forma da trajetória descrita pelo ponto onde está aplicada, dizemos que a força é **conservativa**. Portanto, a força peso é uma força conservativa.

Trabalho da força elástica

Vamos considerar uma mola sobre uma superfície plana, presa por uma de suas extremidades em O, inicialmente deformada de x_1 pela ação da força externa $\vec{F}_1$, e que é levada a uma nova situação, na qual sua deformação é x_2, quando submetida à força $\vec{F}_2$ (**fig. 6**). A extremidade livre da mola segue a trajetória representada pela linha tracejada.

De maneira análoga à usada para o cálculo do trabalho da força peso, podemos imaginar que a trajetória descrita pela extremidade livre da mola é formada por uma "escada" constituída por uma sequência de arcos de circunferência com centro em O e deslocamentos retilíneos com direções que passam por O (em verde na **figura 7**).

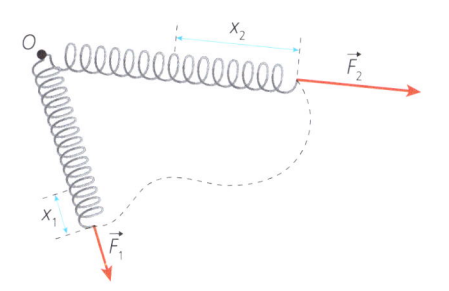

Figura 6. A mola passa de uma deformação x_1 para uma deformação x_2.

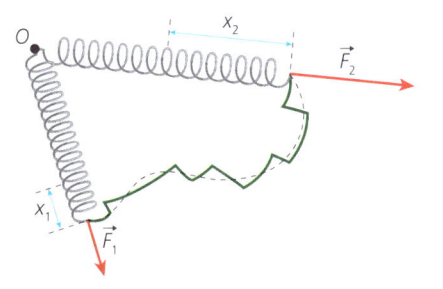

Figura 7. Podemos imaginar que a extremidade livre da mola segue pela "escada".

Observe que, nos trechos com a forma de arcos de circunferência, o trabalho da força $\vec{F}$ é nulo, pois a força é sempre perpendicular a esses deslocamentos. Mas, nos trechos retilíneos, o trabalho é não nulo e deve ser calculado a partir do gráfico $F_{elást.} \times x$, uma vez que, de acordo com a lei de Hooke ($F_{elást.} = kx$), a força elástica é variável (diretamente proporcional à deformação provocada na mola).

Na deformação da mola de x_1 a x_2, o módulo do trabalho da força elástica, $F_{elást.}$, é dado, numericamente, pela área sob a linha do gráfico $F_{elást.} \times x$ (fig. 8).

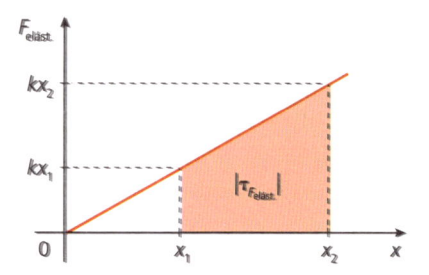

Figura 8. Trabalho da força elástica na deformação da mola de x_1 a x_2.

Assim:

$$|\tau_{F_{elást.}}| = \frac{kx_2^2}{2} - \frac{kx_1^2}{2} = \frac{k \cdot (x_2^2 - x_1^2)}{2}$$

No caso particular em que $x_1 = 0$ (a mola inicialmente não está deformada) e $x_2 = x$, a área corresponderá à de um triângulo retângulo de base x e altura kx (fig. 9).

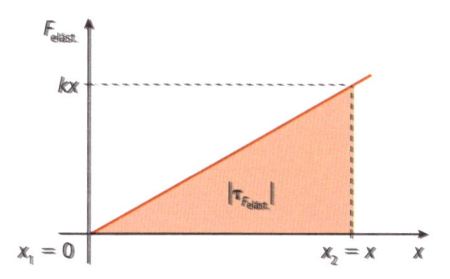

Figura 9. Trabalho da força elástica na deformação da mola de $x_1 = 0$ a $x_2 = x$.

Então, teremos:

$$|\tau_{F_{elást.}}| = \frac{kx^2}{2}$$

Note que o trabalho da força elástica não depende da forma da trajetória seguida pela extremidade livre da mola. Portanto, a força elástica, assim como a força peso, é uma força conservativa.

Observação

O trabalho da força elástica é resistente (negativo) quando a mola é comprimida ou distendida e motor (positivo) quando a mola é restituída ao seu comprimento original (posição de equilíbrio em que a mola não está deformada).

Exercícios resolvidos

3. Um corpo de 8 kg descreve as trajetórias mostradas abaixo, entre dois planos horizontais, α e β, distanciados por 6 m.

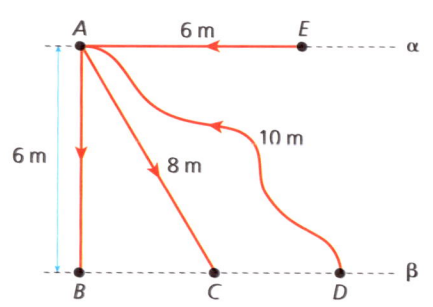

Considerando $g = 10$ m/s², determinar o trabalho da força peso nos deslocamentos:

a) de A para B;
b) de A para C;
c) de D para A;
d) de E para A.

▶ **Solução**

O trabalho da força peso depende apenas da intensidade do próprio peso e do deslocamento vertical do corpo:
$\tau_P = \pm mgh$

a) De A para B, o corpo desce (trabalho motor). Então:

$$\tau_{P(AB)} = +mgh = +8 \cdot 10 \cdot 6 \therefore \boxed{\tau_{P(AB)} = +480\,J}$$

b) De A para C, o corpo desce (trabalho motor). Então:

$$\tau_{P(AC)} = +mgh = +8 \cdot 10 \cdot 6 \therefore \boxed{\tau_{P(AC)} = +480\,J}$$

c) De D para A, o corpo sobe (trabalho resistente). Então:

$$\tau_{P(DA)} = -mgh = -8 \cdot 10 \cdot 6 \therefore \boxed{\tau_{P(DA)} = -480\,J}$$

d) De E para A, o corpo se desloca na horizontal ($h = 0$). Então:

$$\tau_{P(EA)} = +mgh = +8 \cdot 10 \cdot 0 \Rightarrow \boxed{\tau_{P(EA)} = 0}$$

4. Uma mola de constante elástica 200 N/m, inicialmente não deformada, sofre uma deformação de 40 cm.

a) Construir o gráfico $F_{elást.} \times x$ para essa mola.
b) Calcular o trabalho da força elástica, em módulo, na deformação da mola de $x = 0$ a $x = 40$ cm.

▶ **Solução**

a) Pela lei de Hooke, a força elástica é diretamente proporcional à deformação provocada na mola ($F_{elást.} = kx$). Então:

$F_{elást.} = kx \Rightarrow F_{elást.} = 200 \cdot 0,40 \therefore F_{elást.} = 80\,N$

O gráfico $F_{elást.} \times x$ para essa mola é mostrado abaixo.

b) Na deformação de x = 0 a x = 40 cm = 0,40 m, o módulo do trabalho da força elástica é dado, numericamente, pela área destacada no gráfico a seguir.

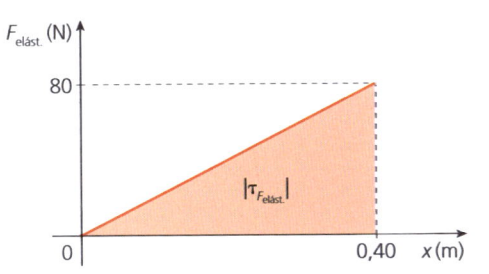

A área sob o gráfico $F_{elást.} \times x$ corresponde à área do triângulo, dada por:

$$|\tau_{F_{elást.}}| \stackrel{N}{=} A = \frac{80 \cdot 0,40}{2} \therefore |\tau_{F_{elást.}}| = 16 \text{ J}$$

Também podemos obter o módulo do trabalho da força elástica utilizando a expressão a seguir:

$$|\tau_{F_{elást.}}| = \frac{kx^2}{2} \Rightarrow |\tau_{F_{elást.}}| = \frac{200 \cdot 0,40^2}{2}$$

$$\therefore \boxed{|\tau_{F_{elást.}}| = 16 \text{ J}}$$

Exercícios propostos

6. Uma pessoa deseja erguer uma carga de 40 kg a 5 m de altura, a partir do solo, com velocidade constante, usando uma corda e uma roldana, como mostrado na figura a seguir.
Considerando g = 10 m/s², qual será o trabalho da força que a pessoa exercerá na corda?

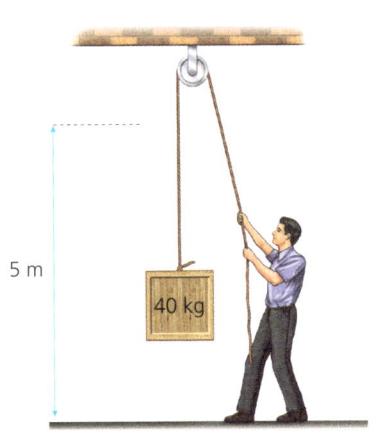

7. Um bloco de 8 kg desce pelo plano inclinado perfeitamente liso mostrado na figura a seguir.
Considerando g = 10 m/s², determine o trabalho da força resultante no deslocamento do bloco entre A e B.

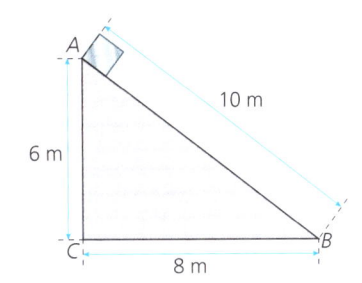

8. O gráfico a seguir mostra a distensão sofrida por uma mola durante um ensaio de tração.

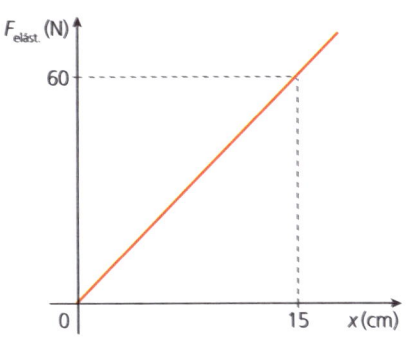

Para essa mola, determine:
a) sua constante elástica, em N/m;
b) o módulo do trabalho, em joule, necessário para distendê-la de 0 a 10 cm.

9. Uma mola, deformada de 6 cm, está submetida à ação de uma força de intensidade 30 N. Qual é o módulo do trabalho, em joule, para provocar essa deformação na mola?

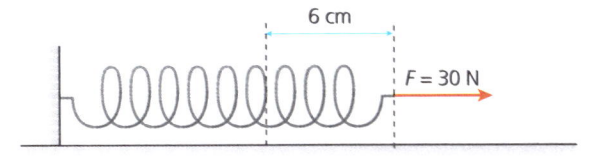

4 Teorema trabalho-energia

Considere um corpo de massa *m* submetido a um sistema de forças cuja resultante é $\vec{F}_R$ e que sofre um deslocamento $\vec{d}$.

Admitindo que a força resultante $\vec{F}_R$ seja constante, teremos um movimento retilíneo com aceleração $\vec{a}$ constante (MRUV) e velocidades, nas posições 1 e 2, respectivamente iguais a $\vec{v}_1$ e $\vec{v}_2$ (**fig. 10**).

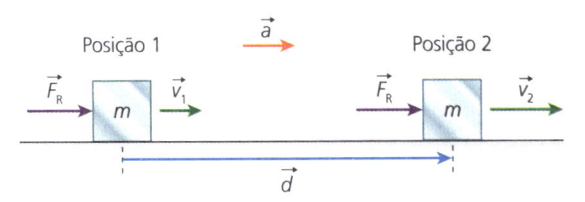

Figura 10. Entre as posições 1 e 2, o corpo descreve um MRUV.

Da equação de Torricelli, obtemos:

$$v_2^2 = v_1^2 + 2ad \Rightarrow a = \frac{v_2^2 - v_1^2}{2d}$$

Substituindo a aceleração *a* na segunda lei de Newton, temos:

$$F_R = ma \Rightarrow F_R = m \cdot \frac{v_2^2 - v_1^2}{2d} \Rightarrow F_R d = \frac{mv_2^2}{2} - \frac{mv_1^2}{2} \quad \text{①}$$

O primeiro membro da expressão ① ($F_R d$) corresponde ao **trabalho da força resultante**.

Os termos que aparecem no segundo membro $\left(\dfrac{mv_2^2}{2} \text{ e } \dfrac{mv_1^2}{2}\right)$ são, por definição, respectivamente, a energia cinética do corpo na posição 2 (situação final) e a energia cinética do corpo na posição 1 (situação inicial).

A **energia cinética** é uma forma de energia associada ao movimento dos corpos.

Por definição, a energia cinética de um corpo de massa m e velocidade escalar v é dada por:

$$E_c = \dfrac{mv^2}{2}$$

Assim, podemos generalizar o resultado obtido na expressão ① e estabelecer o **teorema trabalho-energia**, ou **teorema da energia cinética**, como segue:

$$\tau_{F_R} = E_{c(2)} - E_{c(1)}$$

O trabalho da força resultante de um sistema de forças, em um dado deslocamento, é igual à variação da energia cinética nesse deslocamento.

Esse teorema, apesar de ter sido demonstrado para o caso particular de uma força resultante constante, tem validade geral, podendo ser aplicado mesmo quando a intensidade da força resultante não for constante.

Exercícios resolvidos

5. Um corpo de 4 kg, inicialmente em repouso em um plano horizontal, fica sujeito a um sistema de forças cuja força resultante é horizontal e de módulo 80 N. Para um deslocamento de 10 m, determinar:
a) o trabalho da força resultante;
b) a velocidade final do corpo.

▶ **Solução**
a) O corpo vai se deslocar em linha reta, na mesma direção e sentido da força resultante. Então:

$$\tau_{F_R} = F_R d \Rightarrow \tau_{F_R} = 80 \cdot 10 \therefore \boxed{\tau_{F_R} = 800 \text{ J}}$$

b) Usando o teorema trabalho-energia, obtemos:

$$\tau_{F_R} = E_{c(2)} - E_{c(1)} \Rightarrow 800 = \dfrac{4v_2^2}{2} - \dfrac{4 \cdot 0^2}{2} \Rightarrow 800 = 2v_2^2$$

$$\therefore \boxed{v_2 = 20 \text{ m/s}}$$

6. Um bloco de 2 kg é abandonado do alto de um plano inclinado de 5 m de altura e 25 m de comprimento e chega à base com velocidade de 5 m/s. Considerando $g = 10$ m/s², determinar o módulo da força de atrito, suposta constante, entre o bloco e o plano inclinado.

▶ **Solução**
A figura abaixo mostra um esquema da situação descrita no enunciado e as forças que atuam no corpo durante a descida pelo plano inclinado.

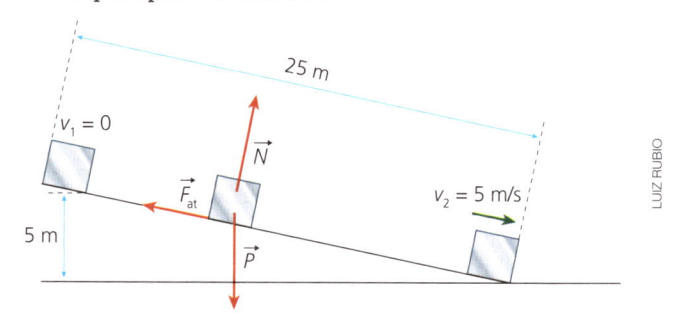

Pelo teorema trabalho-energia, temos:

$$\tau_{F_R} = E_{c(2)} - E_{c(1)} \Rightarrow \tau_P + \tau_N + \tau_{F_{at}} = E_{c(2)} - E_{c(1)}$$

O trabalho de cada uma das forças pode ser calculado separadamente:

$\tau_P = mgh \Rightarrow \tau_P = +2 \cdot 10 \cdot 5 \therefore \tau_P = +100$ J (trabalho motor, positivo, pois o bloco desce)

$\tau_N = 0$ (trabalho nulo, pois a força de reação normal do apoio é perpendicular ao deslocamento do bloco)

$\tau_{F_{at}} = F_{at} d \cdot \cos \theta \Rightarrow \tau_{F_{at}} = F_{at} \cdot 25 \cdot \cos 180° \Rightarrow \tau_{F_{at}} = -25 F_{at}$
(trabalho resistente, negativo, pois a força de atrito se opõe ao deslocamento do bloco)

Substituindo esses valores na expressão para o teorema trabalho-energia, teremos:

$$100 + 0 - 25_{F_{at}} = \dfrac{2 \cdot 5^2}{2} + \dfrac{2 \cdot 0^2}{2} \Rightarrow 100 - 25_{F_{at}} = 25$$

$$\therefore \boxed{F_{at} = 3 \text{ N}}$$

Exercícios propostos

10. A energia cinética de um corpo de massa m e velocidade v é igual a E. Determine a energia cinética de:
a) um corpo A com massa $2m$ e velocidade v;
b) um corpo B com massa m e velocidade $2v$;
c) um corpo C com massa $2m$ e velocidade $2v$.

11. Um corpo de 20 kg, inicialmente em repouso sobre uma mesa horizontal perfeitamente lisa, é submetido à ação de uma força horizontal constante. Sabendo que depois de 5 s a velocidade do corpo é igual a 15 m/s, determine:
a) o valor da força aplicada;
b) o trabalho realizado sobre o corpo.

12. Um carrinho de brinquedo de 0,2 kg, inicialmente em repouso, é empurrado ao longo de uma trajetória retilínea e horizontal por uma força variável, cuja direção é paralela à trajetória do carrinho. O gráfico a seguir mostra a variação do módulo dessa força, em função do deslocamento do carrinho.

Determine:

a) o trabalho da força aplicada ao carrinho no deslocamento de 10 m representado no gráfico;

b) a velocidade do carrinho após o deslocamento de 10 m.

13. Um bloco de peso 10 N, representado a seguir, parte do repouso em O e é puxado plano acima por um motor que exerce uma força F, cujo gráfico em função de x está indicado a seguir. O trabalho da força de atrito de O até A, em módulo, é 10 J.

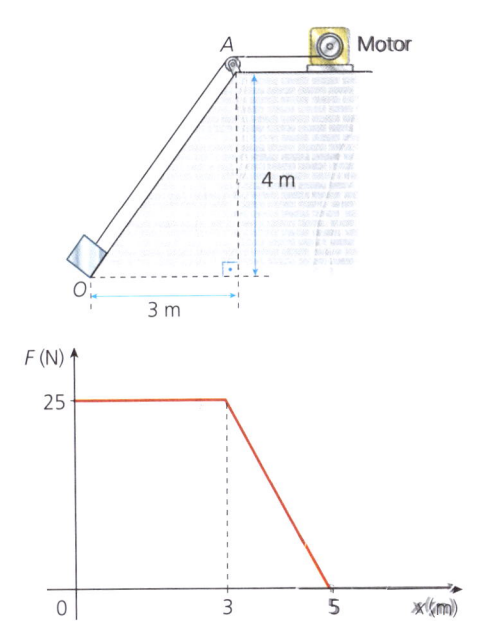

Considerando $g = 10$ m/s², qual é a velocidade com que o bloco chega ao ponto A?

Aplicação tecnológica

Avião a jato

A turbina de um avião a jato, como o MIG-35 russo da foto, é um exemplo de sistema que funciona baseado no teorema da energia cinética.

Tomando um referencial no próprio avião, uma determinada massa de ar é aspirada para o interior da turbina a uma certa velocidade pelas hélices da entrada. Em seguida, esse ar é comprimido pelo compressor, constituído por uma série de hélices que direcionam o ar para a câmara de combustão.

O ar, que consiste basicamente em moléculas de oxigênio (O_2) e nitrogênio (N_2), é então misturado ao combustível.

Durante o processo de combustão, ocorrem várias reações químicas, uma delas produz duas moléculas de água (2 H_2O) para cada molécula de oxigênio (O_2) reagente. Isso faz com que o volume gasoso do ar que participou da reação aumente.

Em outra reação química, parte do oxigênio (O_2) do ar combina-se com carbono (C), presente no combustível, para formar dióxido de carbono (CO_2). Essa porção de oxigênio mantém seu volume, pois, para cada molécula de oxigênio reagente, teremos uma molécula de dióxido de carbono. O nitrogênio do ar não participa das reações.

Devido à reação química na qual a água é produzida, o volume de gás que deixa a turbina é maior que aquele que entra por ela.

Para manter o funcionamento contínuo da turbina, o gás deve ser expelido com uma velocidade maior do que aquela que tinha ao entrar. Assim, a massa de gás ejetada é maior do que a aspirada, visto que a massa de combustível queimado é adicionada a ela. Dessa maneira, o gás ejetado pela turbina tem maior energia cinética do que o gás que foi aspirado.

De acordo com o teorema da energia cinética, a turbina deverá realizar um certo trabalho de modo a garantir esse aumento de energia cinética do gás. Tal trabalho está associado à força que deve ser aplicada ao gás a ser ejetado para aumentar sua energia cinética.

Pelo princípio da ação e reação, uma força correspondente, de mesma intensidade, mesma direção e sentido oposto atua na turbina e, consequentemente, no avião,

Aplicação tecnológica

impulsionando-o para a frente contra a força de resistência do ar. Dessa maneira, o trabalho realizado pela força exercida pela turbina acaba por impulsionar o avião.

O esquema abaixo (fig. I) mostra os principais componentes de uma turbina de avião a jato. A foto a seguir mostra a turbina de um avião comercial.

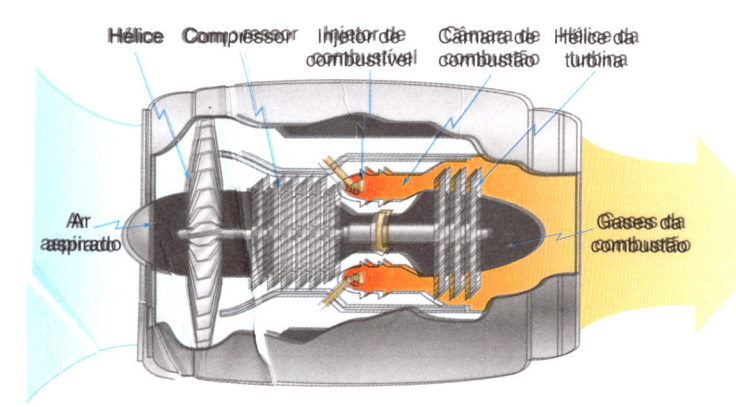

Figura I. Representação dos principais componentes da turbina de um avião a jato.

5 Potência

Ao subir uma escadaria, o trabalho que você deve realizar depende de sua massa *m*, da aceleração da gravidade *g* e da distância vertical *h* entre o ponto de partida e o ponto de chegada. Assim, não importa se você irá subir devagar ou rapidamente a escadaria, o trabalho, em ambos os casos, será o mesmo (fig. 11).

Figura 11. O trabalho ao subir uma escadaria correndo ou andando é o mesmo.

Então, por que você se sente mais cansado quando sobe rapidamente a escadaria?

A resposta está ligada ao fato de que o trabalho não tem relação direta com o intervalo de tempo durante o qual ele é realizado.

A relação entre o trabalho e o intervalo de tempo durante o qual ele é realizado é representada por uma grandeza física denominada **potência**.

Potência é a grandeza física escalar relacionada à rapidez com que um trabalho é realizado ou à rapidez com que uma quantidade de energia é transferida ou transformada.

Por definição, a potência média P_m de uma força, em dado intervalo de tempo Δt, é dada por:

$$P_m = \frac{\tau}{\Delta t}$$

Nessa relação, τ é o trabalho realizado por uma força $\vec{F}$, em joule (J), Δt é o intervalo de tempo durante o qual o trabalho é realizado, em segundo (s), e P_m é a potência média, em joule por segundo (J/s).

No SI, a unidade de medida de potência, J/s, recebe o nome de **watt (W)**, em homenagem ao inventor e engenheiro escocês James Watt (1736-1819). Assim:

$$1\ W = 1\ J/s$$

Observe que, se o trabalho for realizado por uma força $\vec{F}$ constante, com a mesma direção e o mesmo sentido do deslocamento $\vec{d}$, cujo módulo coincide com a variação do espaço Δs, temos:

$$P_m = \frac{\tau}{\Delta t} \Rightarrow P_m = \frac{Fd}{\Delta t} = \frac{F \cdot \Delta s}{\Delta t}$$

Sabemos da Cinemática que a velocidade escalar média é a relação entre a variação do espaço e o correspondente intervalo de tempo: $\frac{\Delta s}{\Delta t} = v_m$

Então: $P_m = \frac{F\Delta s}{\Delta t} \Rightarrow \boxed{P_m = Fv_m}$

Nessa expressão, F é a intensidade da força, em newton (N), v_m é a velocidade escalar média, em metro por segundo (m/s), e P_m é a potência média, em watt (W).

Para um intervalo de tempo muito pequeno, ou seja, no limite em que Δt tende a zero, os valores médios da potência e da velocidade tendem aos respectivos valores instantâneos. Assim:

$$\boxed{P = Fv}$$

No diagrama $P \times t$ (potência instantânea em função do tempo), o módulo do trabalho da força $\vec{F}$, em dado intervalo de tempo, é calculado, numericamente, pela área entre a curva e o eixo das abscissas, no intervalo de tempo considerado **(fig. 12)**.

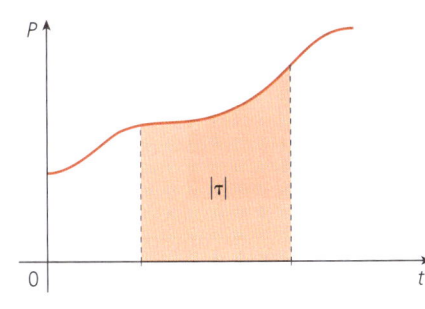

Figura 12. No gráfico $P \times t$, a área entre a curva e o eixo das abscissas, em um dado intervalo de tempo, corresponde ao módulo do trabalho realizado pela força $\vec{F}$.

6 Rendimento

Sempre que um sistema físico recebe energia, parte dessa energia inevitavelmente é perdida (ou dissipada), quase sempre na forma de energia térmica **(fig. 13)**.

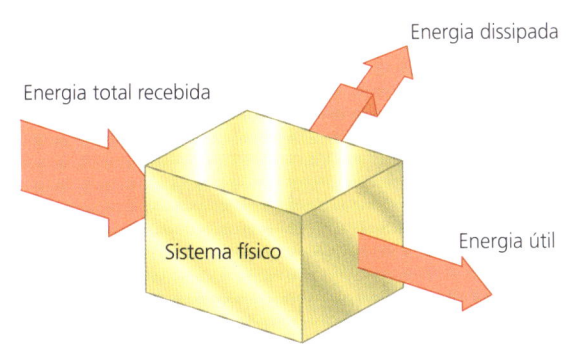

Figura 13. Em sistemas físicos reais, sempre há dissipação de energia.

A potência associada à energia dissipada é chamada de **potência dissipada** (P_d) e a potência associada à energia efetivamente utilizada é chamada de **potência útil** (P_u). Assim, sendo P_t a **potência total** recebida pelo sistema, temos:

$$\boxed{P_t = P_u + P_d}$$

Denomina-se **rendimento**, representado pela letra grega η (eta), a grandeza adimensional dada por:

$$\boxed{\eta = \frac{\text{Potência útil}}{\text{Potência total}} = \frac{P_u}{P_t}}$$

Geralmente, o resultado obtido para o rendimento é multiplicado por 100 e expresso em porcentagem (%):

$$\boxed{\eta = \frac{P_u}{P_t} \cdot 100\%}$$

Exercícios resolvidos

7. Uma força constante de intensidade 40 N é aplicada a um corpo, deslocando-o por uma distância de 5 m, na direção e no sentido da força, durante 4 s. Determinar:
a) o trabalho realizado pela força;
b) a potência média dessa força.

▶ **Solução**
a) Pela definição do trabalho de uma força constante, temos:

$$\tau = Fd \cdot \cos\theta \Rightarrow \tau = 40 \cdot 5 \cdot \cos 0° \therefore \boxed{\tau = 200 \text{ J}}$$

b) Pela definição de potência média, temos:

$$P_m = \frac{\tau}{\Delta t} \Rightarrow P_m = \frac{200}{4} \therefore \boxed{P_m = 50 \text{ W}}$$

8. Um corpo de 2 kg parte do repouso e, sob a ação de uma força constante de intensidade 20 N, desloca-se em linha reta, atingindo, ao fim de 2 s, a velocidade de 20 m/s. Determinar:
a) a potência média dessa força no intervalo de 0 a 2 s;
b) a potência instantânea dessa força no instante 2 s.

▶ **Solução**
a) Para evitar o cálculo do deslocamento sofrido pelo corpo, podemos obter o trabalho da força resultante sobre o corpo pelo teorema trabalho-energia:

$$\tau_{F_R} = E_{c(2)} - E_{c(1)} \Rightarrow \tau_{F_R} = \frac{2 \cdot 20^2}{2} - \frac{2 \cdot 0^2}{2} \therefore \tau_{F_R} = 400 \text{ J}$$

A potência média da força é dada por:

$$P_m = \frac{\tau}{\Delta t} \Rightarrow P_m = \frac{400}{2} \therefore \boxed{P_m = 200 \text{ W}}$$

b) A potência instantânea dessa força, no instante 2 s, é:

$$P = Fv \Rightarrow P = 20 \cdot 20 \therefore \boxed{P = 400 \text{ W}}$$

Capítulo 11 • Trabalho e potência

9. Um motor tem rendimento de 60%. Esse motor eleva um corpo de 6 kg a 20 m de altura, com velocidade constante, em 4 s. Determinar a potência total consumida pelo motor, considerando $g = 10$ m/s².

▶ **Solução**

Devemos, inicialmente, calcular a potência útil do motor, dada por:

$$P_u = \frac{Fd}{\Delta t}$$

Para elevar o corpo com velocidade constante, a força F exercida pelo motor deve equilibrar o peso do corpo, de 60 N (6 kg · 10 m/s²). Portanto: $F = 60$ N

Assim, temos:

$$P_u = \frac{Fd}{\Delta t} \Rightarrow P_u = \frac{60 \cdot 20}{4} \therefore \boxed{P_u = 300 \text{ W}}$$

Conhecendo o rendimento $\eta = 60\% = 0{,}60$, temos, pela definição de rendimento:

$$\eta = \frac{P_u}{P_t} \Rightarrow 0{,}60 = \frac{300}{P_t} \Rightarrow P_t = \frac{300}{0{,}60} \therefore \boxed{P_t = 500 \text{ W}}$$

Exercícios propostos

14. Uma grua, como a mostrada na foto a seguir, suspende um contêiner de 15 t a uma altura de 20 m em 1 min. Considerando $g = 10$ m/s², determine:
a) a velocidade média de ascensão do contêiner, em m/s;
b) a potência média desenvolvida pelo motor da grua.

15. Um motor estacionário arrasta um corpo de 500 kg, com velocidade constante de 0,5 m/s, sobre uma superfície horizontal. Considere que o coeficiente de atrito cinético entre o corpo e a superfície vale 0,1 e adote $g = 10$ m/s².
a) Qual é a potência útil do motor?
b) Se o rendimento do motor é de 50%, quanto é, em joule, a energia consumida a cada minuto?

16. Um automóvel com massa de 1.200 kg, partindo do repouso, consegue atingir a velocidade de 108 km/h em um percurso de apenas 150 m.
a) Supondo que o movimento seja uniformemente variado, calcule a aceleração do carro.
b) Determine a potência média desenvolvida pelo motor do carro durante essa arrancada.

17. Um motor de 1.000 W de potência é utilizado para erguer um corpo de 35 kg com velocidade constante de 2 m/s, em um local em que a aceleração da gravidade vale 10 m/s². Determine:
a) o trabalho útil realizado pelo motor em um deslocamento de 10 m;
b) a potência útil desenvolvida por esse motor;
c) o rendimento do motor.

18. Testes que avaliam o desempenho físico são compostos de vários tipos de prova, uma delas consiste em subir por uma corda vertical de altura variável no menor intervalo de tempo possível. Considere um teste realizado com uma corda de 10 m de altura.

O tempo cronometrado pelo avaliador é, então, usado para calcular a potência média desenvolvida pelas pessoas que fazem o teste.

A tabela a seguir mostra o resultado de um teste aplicado a cinco pessoas.

(Dado: $g = 10$ m/s²)

Pessoa	Massa (kg)	Intervalo de tempo (s)
A	52	30
B	61	35
C	48	30
D	75	34
E	64	32

Qual pessoa desenvolveu a maior potência média durante o teste e qual desenvolveu a menor potência média? Quais os valores dessas potências médias?

19. Uma queda-d'água tem altura de 30 m e vazão de 400 m³/min. Adote $g = 10$ m/s². Considerando que a densidade da água é de 1.000 kg/m³, determine a potência média que pode ser obtida dessa queda-d'água.

Exercícios de revisão

Ficha-resumo 1

O **trabalho (τ)** pode ser interpretado como a quantidade de energia transferida ou transformada por meio de uma força. No SI, a unidade de trabalho é o **joule (J)**.

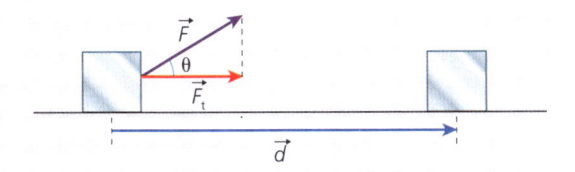

Para uma força $\vec{F}$ constante, temos:

$$\tau = F \cdot \cos\theta \cdot d \quad \text{ou} \quad \tau = F_t \cdot d$$

O trabalho τ da força variável, em módulo, é numericamente igual à área A sob a curva do gráfico $F_t \times d$.

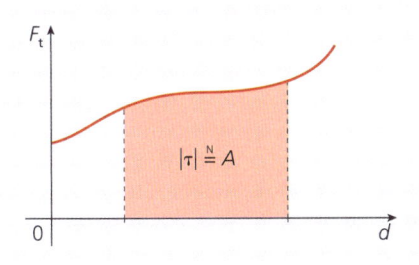

$$|\tau| \stackrel{N}{=} A$$

1. **(UCS-RS)** Sobre um bloco atuam as forças indicadas na figura, que o deslocam 2 m ao longo do plano horizontal. A intensidade da força $\vec{F}$ é F = 100 N.

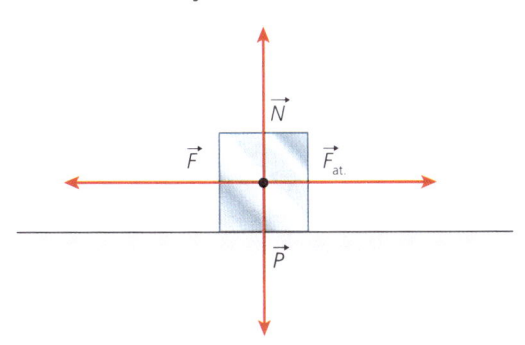

   Analise as afirmações:
   I. O trabalho realizado pela força de atrito $\vec{F}_{at}$ é positivo.
   II. O trabalho realizado pela força $\vec{F}$ vale 200 J.
   III. O trabalho realizado pela força peso $\vec{P}$ é diferente de zero.
   IV. O trabalho realizado pela força normal $\vec{N}$ é nulo.

   Quais estão corretas?
   a) Apenas I e II.
   b) Apenas I e III.
   c) Apenas II e III.
   d) Apenas II e IV.
   e) Apenas III e IV.

2. **(UFRGS-RS)** Um estudante movimenta um bloco homogêneo de massa M, sobre uma superfície horizontal, com forças de mesmo módulo F, conforme representa a figura abaixo.

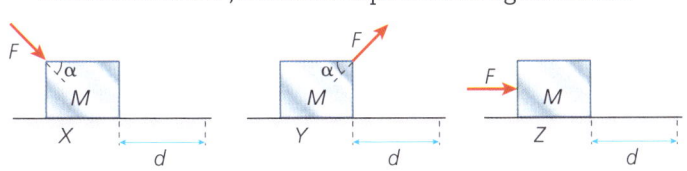

   Em X, o estudante empurra o bloco; em Y, o estudante puxa o bloco; em Z, o estudante empurra o bloco com força paralela ao solo.

   O trabalho realizado pela força aplicada pelo estudante para mover o bloco nas situações apresentadas, por uma mesma distância d, é tal que:
   a) $W_X = W_Y = W_Z$
   b) $W_X = W_Y < W_Z$
   c) $W_X > W_Y > W_Z$
   d) $W_X > W_Y = W_Z$
   e) $W_X < W_Y < W_Z$

3. **(EsPCEx-SP)** Um bloco, puxado por meio de uma corda inextensível e de massa desprezível, desliza sobre uma superfície horizontal com atrito, descrevendo um movimento retilíneo e uniforme. A corda faz um ângulo de 53° com a horizontal e a tração que ela transmite ao bloco é de 80 N. Se o bloco sofrer um deslocamento de 20 m ao longo da superfície, o trabalho realizado pela tração no bloco será de:
   (Dados: sen 53° = 0,8 e cos 53° = 0,6)
   a) 480 J
   b) 640 J
   c) 960 J
   d) 1.280 J
   e) 1.600 J

4. **(FGV-SP)** Contando que, ao término da prova, os vestibulandos da GV estivessem loucos por um docinho, o vendedor de churros levou seu carrinho até o local de saída dos candidatos. Para chegar lá, percorreu 800 m, metade sobre solo horizontal e outra metade em uma ladeira de inclinação constante, sempre aplicando sobre o carrinho uma força de intensidade 30 N, paralela ao plano da superfície sobre a qual se deslocava e na direção do movimento. Levando em conta o esforço aplicado pelo vendedor sobre o carrinho, considerando todo o translado, pode-se dizer que:
   a) na primeira metade do trajeto, o trabalho exercido foi de 12 kJ, enquanto, na segunda metade, o trabalho foi maior.
   b) na primeira metade do trajeto, o trabalho exercido foi de 52 kJ, enquanto, na segunda metade, o trabalho foi menor.
   c) na primeira metade do trajeto, o trabalho exercido foi nulo, assumindo, na segunda metade, o valor de 12 kJ.
   d) tanto na primeira metade do trajeto como na segunda metade, o trabalho foi de mesma intensidade, totalizando 24 kJ.
   e) o trabalho total foi nulo, porque o carrinho parte de um estado de repouso e termina o movimento na mesma condição.

5. **(PUC-MG)** Não realiza trabalho:
   a) a força de resistência do ar.
   b) a força peso de um corpo em queda livre.
   c) a força centrípeta em um movimento circular uniforme.
   d) a força de atrito durante a frenagem de um veículo.
   e) a tensão no cabo que mantém um elevador em movimento uniforme.

Capítulo 11 • Trabalho e potência

Exercícios de revisão

Ficha-resumo 2

Trabalho da força peso

$$\tau_P = \pm Ph$$

ou

$$\tau_P = \pm mgh$$

⊕ Quando o corpo desce.

⊖ Quando o corpo sobe.

Trabalho da força elástica

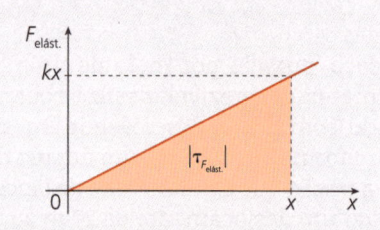

$$|\tau_{F_{elást.}}| = \frac{kx^2}{2}$$

⊕ Quando a mola é restituída ao seu comprimento original.

⊖ Quando a mola é comprimida ou distendida.

---

6. (UFFRJ) Um homem de massa 70 kg sobe uma escada, do ponto A ao ponto B, e depois desce do ponto B ao ponto C, conforme indica a figura.

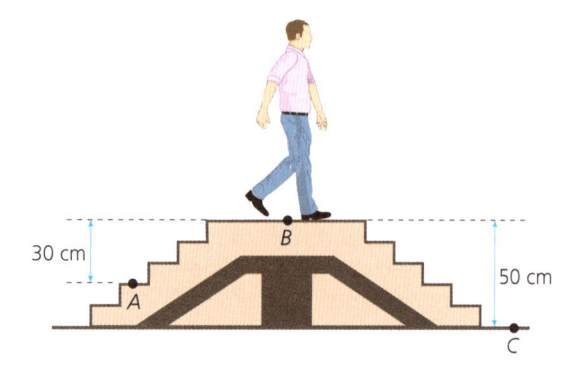

(Dado: $g = 10$ m/s²)

O trabalho realizado pelo peso do homem desde o ponto A até o ponto C foi de:

a) $5,6 \cdot 10^3$ J
b) $1,4 \cdot 10^3$ J
c) $5,6 \cdot 10^2$ J
d) $1,4 \cdot 10^2$ J
e) zero

7. (UFRN) Oscarito e Ankito, operários de construção civil, recebem a tarefa de erguer, cada um deles, um balde cheio de concreto, desde o solo até o topo de dois edifícios de mesma altura, conforme ilustra a figura a seguir. Ambos os baldes têm a mesma massa.

Oscarito usa um sistema com uma polia fixa e outra móvel e Ankito um sistema com apenas uma polia fixa. Considere que o atrito, as massas das polias e as massas das cordas são desprezíveis e que cada balde sobe com velocidade constante.

Nessas condições, para erguer seu balde, o trabalho realizado pela força exercida por Oscarito é:

a) menor do que o trabalho que a força exercida por Ankito realiza, e a força mínima que ele exerce é menor que a força mínima que Ankito exerce.

b) igual ao trabalho que a força exercida por Ankito realiza, e a força mínima que ele exerce é maior que a força mínima que Ankito exerce.

c) menor do que o trabalho que a força exercida por Ankito realiza, e a força mínima que ele exerce é maior que a força mínima que Ankito exerce.

d) igual ao trabalho que a força exercida por Ankito realiza, e a força mínima que ele exerce é menor que a força mínima que Ankito exerce.

8. (UFMS) A figura mostra três possíveis maneiras de erguer um corpo de massa M a uma altura h.

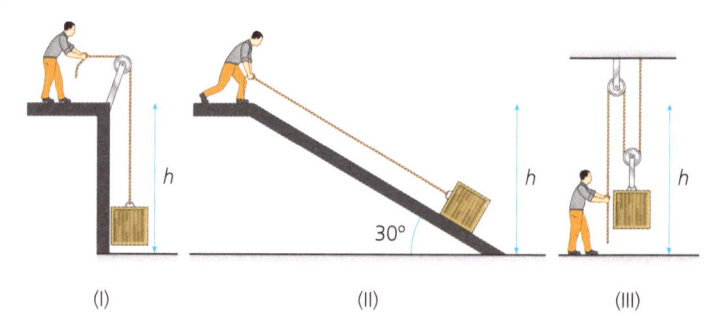

(I)   (II)   (III)

Em I, ela é erguida diretamente; em II, é arrastada sobre um plano inclinado de 30°, com atrito desprezível e, em III, através de um arranjo de duas roldanas, uma fixa e outra móvel.

Admitindo que o corpo suba com velocidade constante, assinale a(s) proposição(ões) correta(s).

(01) O módulo da força exercida pela pessoa, na situação III, é a metade do módulo da força exercida na situação I.

(02) O módulo da força exercida pela pessoa, na situação II, é igual ao da força exercida na situação III.

(04) Os trabalhos realizados pela pessoa, nas três situações, são iguais.

(08) Na situação III, o trabalho realizado pela pessoa é metade do trabalho realizado pela pessoa na situação I.

Dê como resposta a soma dos números que precedem as proposições corretas.

9. (Unifesp) A figura representa o gráfico do módulo F de uma força que atua sobre um corpo em função do seu deslocamento x. Sabe-se que a força atua sempre na mesma direção e sentido do deslocamento.

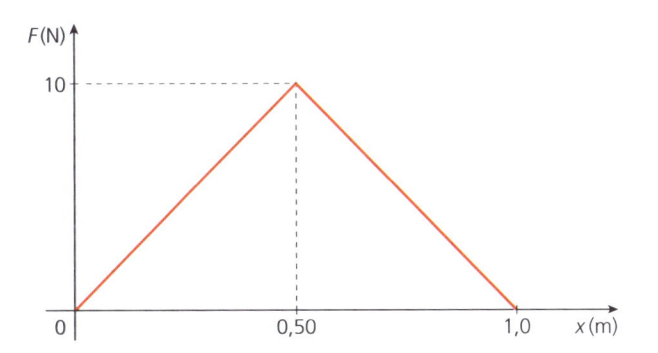

Pode-se afirmar que o trabalho dessa força no trecho representado pelo gráfico é, em joule:
a) 0
b) 2,5
c) 5,0
d) 7,5
e) 10

10. (UEL-PR) Um corpo desloca-se em linha reta sob a ação de uma única força paralela à trajetória. No gráfico, representa-se a intensidade F da força em função da distância percorrida pelo corpo d.

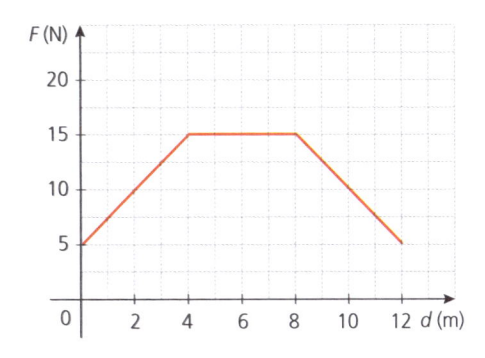

Durante os 12 m de percurso indicados no gráfico, qual foi o trabalho realizado pela força que atua sobre o corpo?
a) 100 J
b) 120 J
c) 140 J
d) 180 J
e) 200 J

11. (UFPR) Um engenheiro mecânico projetou um pistão que se move na direção horizontal dentro de uma cavidade cilíndrica. Ele verificou que a força horizontal F, a qual é aplicada ao pistão por um agente externo, pode ser relacionada à sua posição horizontal x por meio do gráfico a seguir.

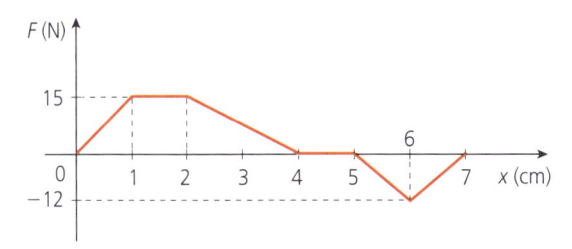

Para ambos os eixos do gráfico, valores positivos indicam o sentido para a direita, enquanto valores negativos indicam o sentido para a esquerda. Sabe-se que a massa do pistão vale 1,5 kg e que ele está inicialmente em repouso. Com relação ao gráfico, considere as seguintes afirmativas:

1. O trabalho realizado pela força sobre o pistão entre $x = 0$ e $x = 1$ cm vale $7,5 \cdot 10^{-2}$ J.
2. A aceleração do pistão entre $x = 1$ cm e $x = 2$ cm é constante e vale 10 m/s².
3. Entre $x = 4$ cm e $x = 5$ cm, o pistão se move com velocidade constante.
4. O trabalho total realizado pela força sobre o pistão entre $x = 0$ e $x = 7$ cm é nulo.

a) Somente as afirmativas 1 e 2 são verdadeiras.
b) Somente as afirmativas 1 e 3 são verdadeiras.
c) Somente a afirmativa 3 é verdadeira.
d) Somente as afirmativas 2 e 4 são verdadeiras.
e) Somente as afirmativas 1, 2 e 3 são verdadeiras.

Ficha-resumo 3

Energia cinética é uma forma de energia associada ao movimento dos corpos.

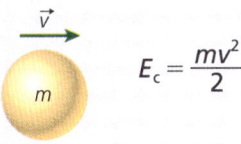

$$E_c = \frac{mv^2}{2}$$

Teorema trabalho-energia ou **teorema da energia cinética:**

$$\tau_{F_R} = E_{c(2)} - E_{c(1)}$$

12. (UFPE) Um carrinho com massa 1,0 kg, lançado sobre uma superfície plana com velocidade inicial de 8,0 m/s, se move em linha reta, até parar. O trabalho total realizado pela força de atrito sobre o objeto é, em J:
a) +4,0
b) −8,0
c) +16
d) −32
e) +64

Exercícios de revisão

13. (Furg-RS) Um ponto material de massa 2 kg encontra-se em repouso sobre uma superfície plana, horizontal e sem atrito. Em determinado instante, uma força horizontal passa a atuar sobre ele. Esta força mantém sempre a mesma direção. Se o gráfico da figura representa a intensidade desta força em função da posição d do ponto material, qual o valor da sua velocidade quando $d = 4$ m?

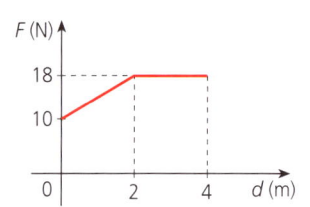

a) 8 m/s
b) 10 m/s
c) 18 m/s
d) 64 m/s
e) 72 m/s

14. (Vunesp) Uma pedra é lançada por um garoto segundo uma direção que forma ângulo de 60° com a horizontal e com energia cinética inicial E. Sabendo que $\cos 60° = \frac{1}{2}$ e supondo que a pedra esteja sujeita exclusivamente à ação da gravidade, o valor de sua energia cinética no ponto mais alto da trajetória vale:

a) zero
b) $\frac{E}{4}$
c) $\frac{E}{2}$
d) $\frac{3E}{4}$
e) E

15. (Mackenzie-SP) Um aluno observa em certo instante um bloco com velocidade de 5 m/s sobre uma superfície plana e horizontal. Esse bloco desliza sobre essa superfície e para após percorrer 5 m. Sendo $g = 10$ m/s², o coeficiente de atrito cinético entre o bloco e a superfície é:

a) 0,75
b) 0,60
c) 0,45
d) 0,37
e) 0,25

Ficha-resumo 4

Potência média

$$P_m = \frac{\tau}{\Delta t} = F v_m$$

Potência instantânea

$$P = Fv$$

Rendimento

$$\eta = \frac{\text{Potência útil}}{\text{Potência total}}$$

ou

$$\eta = \frac{P_u}{P_t} \cdot 100\%$$

16. (UFPE) Um automóvel se desloca em uma estrada plana e reta com velocidade constante $v = 80$ km/h. A potência do motor do automóvel é $P = 25$ kW. Supondo que todas as forças que atuam no automóvel sejam constantes, calcule o módulo da força de atrito total em newton.

a) 1.125
b) 2.250
c) 3.120
d) 3.200
e) 4.500

17. (Mackenzie-SP) Um automóvel de 1.000 kg está submetido a uma resultante de forças que lhe proporciona uma variação de velocidade ao longo de um trecho retilíneo da estrada. Entre os instantes $t_0 = 0$ e $t_1 = 10$ s, a velocidade escalar do automóvel varia, uniformemente, de 36 km/h para 108 km/h. A potência média dessa resultante de forças, no referido intervalo de tempo, é:

a) 40 kW
b) 51,84 kW
c) 72 kW
d) 400 kW
e) 518,4 kW

18. (UFMS) Um atleta, ao terminar o pré-aquecimento em uma academia, sobre uma esteira horizontal, analisa as informações indicadas no painel eletrônico da esteira, que indica o seguinte: distância percorrida = 5,0 km; velocidade média = 20,0 km/h; calorias gastas pelo atleta = 200 kcal. Considere 1 cal = 4,18 J e que toda a energia gasta pelo atleta foi para realizar trabalho sobre a esteira a uma potência constante. Assinale a alternativa correta.

a) A força média, na direção horizontal, aplicada na esteira pelo atleta foi maior que 160 N.
b) A potência média realizada pelo atleta sobre a esteira, nesse aquecimento, foi maior que 1,0 kW.
c) A força média, na direção horizontal, aplicada na esteira pelo atleta foi menor que 160 N.
d) A potência média realizada pelo atleta sobre a esteira, nesse aquecimento, foi menor que 500 W.
e) O tempo que o atleta permaneceu sobre a esteira, em pré-aquecimento, foi de 30 minutos.

19. (Ufac) Um elevador tem uma placa de advertência com a seguinte expressão: "Carga máxima: 400 kg". Considere a aceleração da gravidade igual a 10 m/s². Suponha que esse elevador suba, com essa carga máxima, 10 m em 5 s. Calcule a mínima potência útil dos motores desse elevador em kW:

a) 1
b) 8
c) 4
d) 6
e) 2

20. (Unemat-MT) Um gerador tem capacidade para transformar 75% da potência recebida em útil. Para se obter com esse gerador uma potência útil de 4.500 watts, é necessário que ele receba em watt uma potência de:

a) 11 kW
b) 7 kW
c) 6 kW
d) 6,5 kW
e) 10 kW

Mais questões em **Vereda Digital Aprova Enem**, em **Vereda Digital Suplemento de revisão**, em **AprovaMax** (no *site*) e no livro digital.

CAPÍTULO 12

ENERGIA MECÂNICA

ENEM
C5: H17, H18
C6: H20

Nas usinas hidrelétricas, como a da foto, a energia potencial gravitacional da água represada pela barragem é transformada, durante a queda, em energia cinética, que, por sua vez, movimenta o eixo de um gerador a fim de gerar energia elétrica para uso geral. As formas de energia e suas transformações em sistemas mecânicos serão estudadas neste capítulo.

Objetivos do capítulo

- Apresentar os conceitos de energia cinética, energia potencial gravitacional, energia potencial elástica e energia mecânica.
- Resolver exercícios usando a conservação da energia mecânica.
- Estudar os diagramas de energia e aplicar suas propriedades na resolução de exercícios.

1 Introdução

Quando falamos em energia, a primeira pergunta que nos vem à cabeça é: "**O que é energia?**". Não existe uma resposta simples e direta para essa pergunta. Ao longo desta introdução, vamos apresentar argumentos para formar uma primeira ideia sobre esse conceito.

Descargas elétricas atmosféricas convertem enormes quantidades de energia elétrica em energias térmica, sonora e luminosa.

Na natureza, há muitas situações em que ocorre a conservação de alguma grandeza física. Energia, quantidade de movimento e quantidade de carga elétrica são exemplos de grandezas que se conservam sob certas condições.

Os sistemas físicos trocam e transformam energia quando interagem. A energia é a "moeda de troca" da natureza. A natureza "contabiliza" a energia simplesmente somando ou subtraindo as quantidades que vão de um sistema para outro. A energia não é criada nem perdida, apenas é transformada de um tipo em outro. A energia é uma **grandeza escalar**!

Estudaremos diversos tipos ou modalidades de energia que, por processos convenientes, podem ser convertidas umas nas outras. O corpo humano faz isso constantemente. Os alimentos que ingerimos são metabolizados e transformados em energia para o desempenho de nossas atividades e nosso desenvolvimento. A energia que recebemos do Sol é aproveitada de diversas maneiras e transformada em outros tipos de energia utilizável, como a energia elétrica.

No cotidiano, os termos energia e força muitas vezes são usados como sinônimos. Você, por exemplo, já deve ter dito ou ouvido frases como: "*Mããão, acabou a força!*"; quando, na verdade, houve interrupção no fornecimento de energia elétrica, ou então: "Fulano *tem* muita *força...*"; no entanto, ninguém armazena força. A força está relacionada a uma ação e por meio dela podemos realizar trabalho e modificar a energia de um sistema. Assim, embora apareçam juntos em muitas situações, os conceitos de **força e energia** são distintos.

A seguir, iniciaremos o estudo das formas de energia presentes nos sistemas mecânicos.

2 Energia cinética (E_c)

Como vimos no capítulo anterior, energia cinética é uma forma de energia associada ao movimento dos corpos.

Os movimentos dos corpos podem ser divididos em movimentos de translação e movimentos de rotação. Desse modo, temos energia cinética de translação e energia cinética de rotação. Quando estudamos movimentos de pontos materiais, a energia cinética envolvida é somente a de translação. A energia cinética de rotação é considerada apenas no estudo dos movimentos dos corpos extensos. Inicialmente, serão estudados apenas os movimentos dos pontos materiais, envolvendo, portanto, somente a energia cinética de translação. Daqui em diante, vamos denominá-la apenas **energia cinética** (E_c).

A energia cinética de um ponto material de massa m e velocidade escalar v é dada por:

$$E_c = \frac{1}{2} mv^2$$

Ao movimento do carro da montanha-russa é associada certa quantidade de energia cinética.

Como a velocidade depende do referencial adotado, a energia cinética também depende do referencial. Se, por exemplo, você estiver sentado no banco de um trem que está em movimento em relação à Terra, sua energia cinética será nula em relação ao próprio trem e não nula em relação ao solo, onde são fixados os trilhos da via férrea. A energia cinética é uma grandeza escalar que depende do módulo da velocidade do corpo, ou seja, não depende da direção (horizontal, vertical ou oblíqua) nem da orientação da velocidade do corpo (para cima, para baixo, para a direita ou para a esquerda).

No SI, a massa é medida em quilograma (kg), e a velocidade, em metro por segundo (m/s). Assim, já que o coeficiente $\frac{1}{2}$ é adimensional, a unidade de energia cinética no SI é:

$$kg \cdot \left(\frac{m}{s}\right)^2 = \underbrace{kg \cdot \frac{m}{s^2}}_{newton\ (N)} \cdot m = N \cdot m = joule\ (J)$$

Outras unidades de energia serão estudadas e usadas oportunamente. A caloria (cal), o quilowatt-hora (kWh), a unidade térmica britânica (BTU: *british thermal unity*) e o elétron-volt (eV) são exemplos de unidades de energia usadas em áreas específicas da Física e da Engenharia.

Exercícios resolvidos

1. Um corpo de massa m cai livremente partindo do repouso.

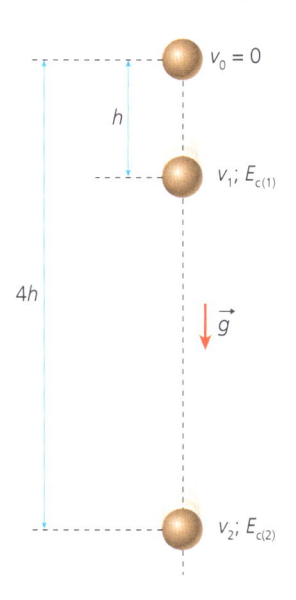

Considerando g o módulo da aceleração da gravidade local, comparar:
a) os valores v_1 e v_2 das velocidades escalares do corpo depois de ele percorrer as distâncias h e $4h$, medidas a partir do ponto inicial da queda;
b) as energias cinéticas $E_{c(1)}$ e $E_{c(2)}$ do corpo nos pontos considerados no item **a**.

▶ **Solução**

a) Vamos usar a equação de Torricelli duas vezes.
Do início ao final do percurso de distância h, temos:
$v_1^2 = v_0^2 + 2\alpha\Delta s_1 \Rightarrow v_1^2 = 0^2 + 2 \cdot (+g) \cdot h \Rightarrow$
$\Rightarrow v_1^2 = 2gh \Rightarrow v_1 = \sqrt{2gh}$

Do início ao final do percurso de distância $4h$, temos:
$v_2^2 = v_0^2 + 2\alpha\Delta s_2 \Rightarrow v_2^2 = 0^2 + 2 \cdot (+g) \cdot (4h) \Rightarrow v_2^2 = 8gh \Rightarrow$
$\Rightarrow v_2 = \sqrt{8gh} \Rightarrow v_2 = 2\underbrace{\sqrt{2gh}}_{v_1} \Rightarrow \boxed{v_2 = 2v_1}$

Portanto, ao **quadruplicar** a distância de queda, a velocidade escalar do corpo **dobra**.

b) Das velocidades obtidas no item **a**, obtemos as seguintes energias cinéticas:

$E_{c(1)} = \frac{1}{2}mv_1^2 \Rightarrow E_{c(1)} = \frac{1}{2}m \cdot (2gh) \Rightarrow E_{c(1)} = mgh$

$E_{c(2)} = \frac{1}{2}mv_2^2 \Rightarrow E_{c(2)} = \frac{1}{2}m \cdot (8gh) \Rightarrow E_{c(2)} = 4mgh$

Comparando as energias cinéticas $E_{c(1)}$ e $E_{c(2)}$ do corpo, temos:

$$\boxed{E_{c(2)} = 4E_{c(1)}}$$

Esse resultado mostra que a energia cinética **quadruplica** quando a velocidade escalar do corpo **dobra**.

3 Energia potencial gravitacional ($E_{P_{grav.}}$)

Energia potencial gravitacional é uma forma de energia associada ao trabalho da força peso.

A água represada a grande altura, numa usina hidrelétrica, armazena enorme quantidade de energia potencial gravitacional.

Se soltarmos uma bola de certa altura h acima do solo e desprezarmos a resistência do ar, ela cairá, adquirindo energia cinética durante a queda. Como não é possível criar nem destruir energia, concluímos que a energia cinética adquirida pela bola durante sua queda já estava armazenada em sua posição inicial. Essa energia, momentaneamente armazenada numa posição inicial, devido à interação entre a Terra e o corpo, é chamada de **energia potencial gravitacional** ($E_{p_{grav.}}$). Dizemos que a energia potencial gravitacional inicial da bola na altura h foi gradativamente convertida em energia cinética durante sua queda. Considerando nula a energia potencial gravitacional no solo, ao fim da queda, a energia cinética final da bola tem valor igual ao de sua energia potencial gravitacional inicial.

Se mudarmos a situação, isto é, se lançarmos a bola do solo para o alto com a mesma energia cinética com a qual ela chegou após a queda, ela atingirá a mesma altura h da qual foi solta no primeiro experimento.

O valor da energia potencial gravitacional é calculado em relação a um nível horizontal de referência, em geral o solo, no qual adotamos $E_{p_{grav.}} = 0$.

A **figura 1** mostra os valores da energia potencial gravitacional de um corpo no solo, adotado como nível zero para essa energia, e a uma altura h acima do nível adotado.

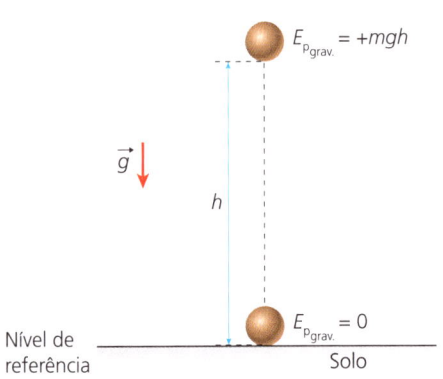

Figura 1. O valor da energia potencial gravitacional de um corpo depende da escolha de um **nível de referência**. Na altura h (acima do nível de referência), o corpo precisa **perder** uma quantidade mgh de energia potencial gravitacional para chegar ao nível de referência.

Acima do nível de referência, a energia potencial gravitacional é positiva:

$$E_{p_{grav.}} = +mgh$$

A **figura 2** mostra a energia potencial gravitacional de um corpo no solo e a uma distância h abaixo do nível zero de energia potencial gravitacional, em um buraco.

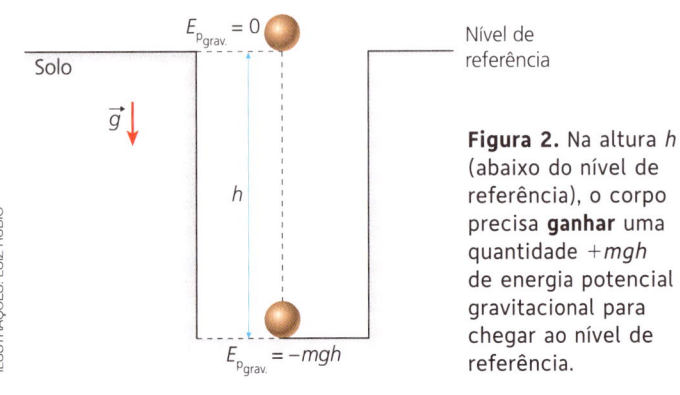

Figura 2. Na altura h (abaixo do nível de referência), o corpo precisa **ganhar** uma quantidade $+mgh$ de energia potencial gravitacional para chegar ao nível de referência.

Abaixo do nível de referência, a energia potencial gravitacional é negativa:

$$E_{p_{grav.}} = -mgh$$

Você, sentado em sua cadeira participando das aulas, tem energia potencial gravitacional positiva em relação ao chão da sala, pois está acima dele. Porém, em relação ao teto dessa mesma sala, sua energia potencial gravitacional é negativa, pois você está abaixo dele.

Energia potencial gravitacional positiva significa que o corpo pode, espontaneamente, chegar ao nível zero de energia potencial (o corpo pode cair). Energia potencial gravitacional negativa significa que o corpo não pode, espontaneamente, chegar ao nível zero de energia potencial; para chegar ao nível zero é necessária a realização de um trabalho. Mais adiante, em outros contextos, encontraremos outros tipos de energias potenciais (elástica e elétrica, por exemplo), que podem ser tanto positivas como negativas.

Resumindo, podemos calcular a energia potencial gravitacional em relação a qualquer plano horizontal de referência, para o qual adotamos $E_{p_{grav.}} = 0$. Acima desse plano, o corpo tem energia potencial gravitacional positiva: $E_{p_{grav.}} = +mgh$. Abaixo desse plano, o corpo tem energia potencial gravitacional negativa: $E_{p_{grav.}} = -mgh$.

A tabela abaixo mostra a energia potencial gravitacional de três bolas, para três níveis de referência diferentes **(fig. 3)**.

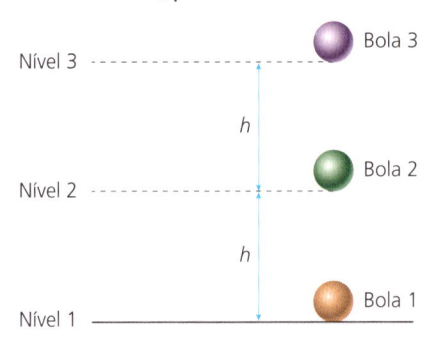

Figura 3. A energia potencial gravitacional de cada bola depende do nível de referência adotado.

	$E_{p_{grav.}}$		
	Bola 1	**Bola 2**	**Bola 3**
Nível 1	0	$+mgh$	$+2mgh$
Nível 2	$-mgh$	0	$+mgh$
Nível 3	$-2mgh$	$-mgh$	0

Observe que, para uma mesma bola, a energia potencial gravitacional varia de acordo com o nível de referência considerado. No entanto, a diferença nos valores das energias potenciais gravitacionais entre dois níveis quaisquer é sempre a mesma, isto é, a energia potencial gravitacional no nível 2 é sempre mgh acima da energia potencial gravitacional no nível 1. A energia potencial gravitacional no nível 3 é sempre mgh acima da energia potencial gravitacional no nível 2 e sempre $2mgh$ acima da energia potencial gravitacional no nível 1.

Observe também que, quando deslocamos o corpo entre dois níveis quaisquer, a diferença entre os valores inicial e final da energia potencial gravitacional é exatamente igual ao trabalho da força peso nesse deslocamento. Veja os exemplos a seguir:

I. Uma bola vai do nível 2 para o nível 1, que é tomado como referência.

$$E_{p_{grav.(2)}} - E_{p_{grav.(1)}} = +mgh - 0 = +mgh = \tau_{\vec{P}(2 \to 1)}$$

II. Uma bola vai do nível 1, que é tomado como referência, para o nível 3.

$$E_{p_{grav.(1)}} - E_{p_{grav.(3)}} = 0 - (+2mgh) = -2mgh = \tau_{\vec{P}(1 \to 3)}$$

Portanto, para a força peso ($\vec{P}$), são sempre verdadeiras as igualdades:

$$\boxed{\tau_P = -\Delta E_{p_{grav.}}} \Rightarrow \boxed{\tau_P = E_{p_{grav.(inicial)}} - E_{p_{grav.(final)}}}$$

Exercícios resolvidos

2. Uma bola de massa 0,5 kg cai livremente, a partir do repouso, de uma altura $H = 45$ m acima do solo plano e horizontal, num local onde a influência do ar é desprezível e o módulo g da aceleração da gravidade local pode ser considerado igual a 10 m/s². Determinar para essa bola, em relação ao solo:

a) a energia potencial gravitacional inicial, $E_{p_{grav.(inicial)}}$;
b) a energia cinética ao atingir o solo, $E_{c(solo)}$;
c) a velocidade escalar ao atingir o solo, v_{solo}.

▶ **Solução**

a) $E_{p_{grav.(inicial)}} = +mgH \Rightarrow E_{p_{grav.(inicial)}} = +0{,}5 \cdot 10 \cdot 45$

$$\therefore \boxed{E_{p_{grav.(inicial)}} = 225 \text{ J}}$$

b) Durante a queda da bola, a energia potencial gravitacional converte-se em energia cinética. Ao chegar ao solo, a energia cinética da bola será igual à sua energia potencial gravitacional inicial. Assim:

$$\boxed{E_{c(solo)} = E_{p_{grav.(inicial)}} = 225 \text{ J}}$$

c) $E_{c(solo)} = \frac{1}{2} m v_{solo}^2 \Rightarrow 225 = \frac{1}{2} \cdot 0{,}5 \cdot v_{solo}^2 \Rightarrow v_{solo}^2 = 900$

$$\therefore \boxed{v_{solo} = 30 \text{ m/s}}$$

3. Retomando o exercício anterior, quando a bola estiver a uma altura $h = 16{,}2$ m acima do solo, determinar:

a) a energia potencial gravitacional da bola, $E_{p_{grav.(h)}}$;
b) a energia cinética da bola, $E_{c(h)}$;
c) a velocidade escalar da bola, v_h.

▶ **Solução**

a) $E_{p_{grav.(h)}} = +mgh \Rightarrow E_{p_{grav.(h)}} = +0{,}5 \cdot 10 \cdot 16{,}2$

$$\therefore \boxed{E_{p_{grav.(h)}} = 81 \text{ J}}$$

b) Pelo resultado obtido no item **a**, vemos que houve um decréscimo de 144 J na energia potencial gravitacional da bola da posição inicial até a altura h (225 J − 81 J = 144 J). Essa energia potencial foi transformada em energia cinética. Portanto, a 16,2 m acima do solo, a energia cinética da bola vale:

$$\boxed{E_{c(h)} = 144 \text{ J}}$$

c) Usando o resultado do item **b**, temos:

$$E_{c(h)} = \frac{1}{2} m v_h^2 \Rightarrow 144 = \frac{1}{2} \cdot 0{,}5 \cdot v_h^2 \Rightarrow v_h^2 = 576 \therefore \boxed{v_h = 24 \text{ m/s}}$$

4 Energia potencial elástica ($E_{p_{elást.}}$)

Energia potencial elástica é a energia associada ao trabalho da força elástica, que, por sua vez, é associado a uma deformação elástica que tende a retornar à posição inicial. Uma mola que pode ser comprimida ou distendida (**fig. 4**), uma barra que pode ser flexionada ou torcida (**fig. 5**) ou um arco que pode ser flexionado (**fig. 6**) são exemplos de corpos que, quando deformados, armazenam momentaneamente energia potencial devido à deformação provocada. Essa energia potencial é denominada energia potencial elástica. Daremos maior atenção à energia potencial elástica armazenada em molas.

Figura 4. A mola helicoidal, quando comprimida ou tracionada, armazena energia potencial elástica.

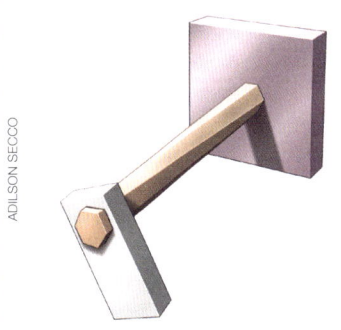

Figura 5. Energia potencial elástica armazenada por torção em uma barra.

Figura 6. Flexionado pela corda, o arco armazena energia potencial elástica.

Consideremos o sistema elástico constituído por um bloco de massa m e uma mola de constante elástica k **(fig. 7)**. Vamos aplicar ao bloco uma força $\vec{F}$ que provoca na mola a deformação $x = L - L_0$, em que L_0 é o comprimento inicial da mola, isto é, o comprimento da mola sem deformação (ponto O), e L é o comprimento final da mola deformada (ponto P).

Ao ser abandonado em P, o bloco se desloca pela ação da força elástica $\vec{F}_{elást.}$ e adquire energia cinética. Como não é possível criar nem destruir energia, concluímos que a energia cinética que o bloco adquire estava armazenada na mola deformada, com o bloco na posição P.

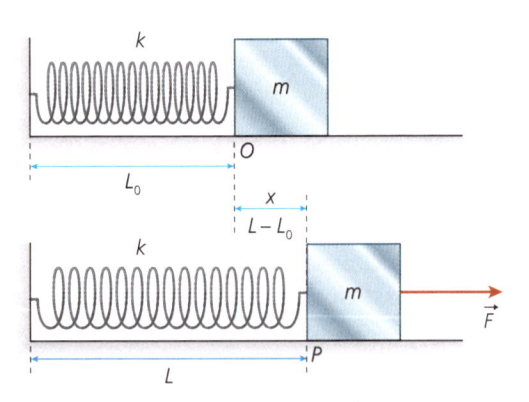

Figura 7. Mola distendida pela ação da força $\vec{F}$. Abandonando o bloco (com $\vec{F} = \vec{0}$), ele se desloca sob ação da força elástica $\vec{F}_{elást.}$.

Damos o nome de **energia potencial elástica ($E_{p_{elást.}}$)** a essa energia armazenada na mola não deformada. Ela é calculada pelo trabalho da força elástica ao deslocar o bloco de P até O (tomado como ponto de referência):

$$E_{p_{elást.}} = \frac{1}{2} kx^2$$

Analogamente ao trabalho da força peso, o trabalho da força elástica também é dado por:

$$\tau_{F_{elást.}} = -\Delta E_{p_{elást.}} \Rightarrow \tau_{F_{elást.}} = E_{p_{elást.(inicial)}} - E_{p_{elást.(final)}}$$

Exercícios resolvidos

4. a) Uma mola de constante elástica $k = 400$ N/m sofre uma deformação $x = 20$ cm. Determinar a energia potencial elástica armazenada na mola, em joule.
b) Uma mola de constante elástica k desconhecida armazena uma energia potencial elástica de 1,2 J, quando distendida 2,0 cm. Determinar o valor de k, em N/cm.

▶ **Solução**

a) $E_{p_{elást.}} = \frac{1}{2} kx^2 \Rightarrow E_{p_{elást.}} = \frac{1}{2} \cdot (400 \text{ N/m}) \cdot \underbrace{(20 \cdot 10^{-2} \text{ m})^2}_{20 \text{ cm}} \Rightarrow$

$\Rightarrow \boxed{E_{p_{elást.}} = 8{,}0 \text{ J}}$

b) $E_{p_{elást.}} = \frac{1}{2} kx^2 \Rightarrow 1{,}2 = \frac{1}{2} k \cdot (2{,}0 \cdot 10^{-2})^2 \therefore k = 6.000 \text{ N/m} \Rightarrow$

$\Rightarrow \boxed{k = 60 \text{ N/cm}}$

5. Um corpo de massa 250 g está comprimindo uma mola de constante elástica k desconhecida, sem estar preso a ela. Quando o sistema massa-mola é liberado, o corpo é impulsionado sobre um plano horizontal sem atrito e, ao perder contato com a mola, está com velocidade escalar $v = 2$ m/s. Na posição inicial, o corpo está em repouso e a mola apresenta comprimento 10 cm menor que o normal.

Para esse sistema, determinar:
a) a energia potencial elástica armazenada inicialmente na mola, $E_{p_{elást.(inicial)}}$;
b) o valor da constante elástica k;
c) a intensidade da força que a mola aplicava inicialmente no corpo, $F_{elást.}$.

▶ **Solução**

a) Inicialmente, vamos converter as unidades dadas para o SI.

Massa do corpo: $m = 250$ g $= 250 \cdot 10^{-3}$ kg $= 25 \cdot 10^{-2}$ kg

Compressão da mola: $x = 10$ cm $= 10 \cdot 10^{-2}$ m $= 10^{-1}$ m

A energia potencial elástica armazenada na mola é convertida em energia cinética do corpo imediatamente após perder o contato com ela. Portanto:

$E_{p_{elást.(inicial)}} = E_{c(final)} = \frac{1}{2} mv^2 \Rightarrow E_{p_{elást.(inicial)}} = \frac{1}{2} \cdot 25 \cdot 10^{-2} \cdot 2^2$

$\therefore E_{p_{elást.(inicial)}} = 50 \cdot 10^{-2}$ J $\Rightarrow \boxed{E_{p_{elást.(inicial)}} = 0{,}50 \text{ J}}$

b) $E_{p_{elást.(inicial)}} = \frac{1}{2} kx^2 \Rightarrow 50 \cdot 10^{-2} = \frac{1}{2} k \cdot (10^{-1})^2$

$\therefore \boxed{k = 100 \text{ N/m}} \Rightarrow \boxed{k = 1 \text{ N/cm}}$

c) $F_{elást.} = kx \Rightarrow F_{elást.} = (100 \text{ N/m}) \cdot (10^{-1} \text{ m}) \Rightarrow \boxed{F_{elást.} = 10 \text{ N}}$

ou

$F_{elást.} = kx \Rightarrow F_{elást.} = (1 \text{ N/cm}) \cdot (10 \text{ cm}) \Rightarrow \boxed{F_{elást.} = 10 \text{ N}}$

5 Conservação da energia mecânica

Em uma usina hidrelétrica, parte da energia potencial gravitacional da água represada é convertida em energia cinética com a abertura das comportas.

Podemos dividir as forças em dois grandes grupos. O primeiro grupo é o das **forças conservativas**. Essas forças sempre estão associadas a algum tipo de energia potencial (E_p). A força peso, a força elástica e a força de interação eletrostática são exemplos desse tipo de força, associadas respectivamente às energias potenciais gravitacional, elástica e elétrica. No segundo grupo, estão as forças não conservativas, que podem ou não realizar trabalho sobre o sistema. A força de atrito entre sólidos e as forças de resistência exercidas pelos fluidos são exemplos de forças que "degradam" a energia do sistema, em geral na forma de calor, e por esse motivo são denominadas **forças dissipativas**.

Em nosso estudo, os sistemas físicos serão analisados macroscopicamente, pois, a rigor, podemos dizer que microscopicamente não existem forças não conservativas, todas as forças têm origem nas quatro forças fundamentais da natureza que definem as interações das partículas que constituem a matéria. Essas forças, gravitacional, eletromagnética e nucleares forte e fraca, são todas conservativas.

Chamamos de **energia mecânica** de um sistema físico a soma de energias cinética, potencial gravitacional e potencial elástica, em um dado instante. Quando, em um sistema físico, a energia mecânica se conserva, dizemos que esse sistema é conservativo. Um sistema físico é considerado conservativo em duas situações:

- quando sobre ele só atuam forças conservativas;
- quando as forças não conservativas que atuam sobre ele não realizam trabalho.

Nos exemplos a seguir, são descritos alguns sistemas conservativos e não conservativos.

Em uma queda livre, podemos considerar o sistema conservativo, uma vez que a única força atuante nesse sistema é a força peso, que é conservativa.

Um pêndulo simples oscilando livremente pela ação da gravidade **(fig. 8)** é um sistema conservativo. Somente o peso do corpo oscilante realiza trabalho durante o movimento. A força de tração exercida pelo fio, que é não conservativa, não realiza trabalho, pois é sempre perpendicular à trajetória circular do corpo.

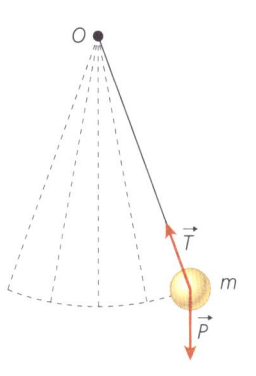

Figura 8. Pêndulo simples oscilando livremente.

Quando levantamos um corpo muito lentamente por meio de um fio, a partir do chão, até uma altura qualquer, atuam sobre o corpo pelo menos duas forças: seu peso e a força de tração **(fig. 9)**. Como esse é um deslocamento muito lento, pode-se desprezar a influência da força de resistência do ar. Contudo, esse sistema não pode ser considerado conservativo, uma vez que a força de tração no fio está realizando trabalho. A ação dessa força aumenta a energia mecânica do sistema e fornece ao corpo energia potencial gravitacional em relação ao chão. Portanto, a tração no fio é uma força não conservativa que está realizando trabalho.

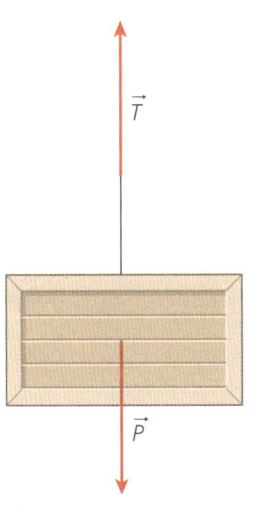

Figura 9. Forças que atuam em um corpo que é levantado por um fio.

Capítulo 12 • Energia mecânica

Quando um corpo escorrega por uma rampa (**fig. 10**), pelo menos duas forças atuam sobre ele: o peso do corpo e a força exercida pela rampa sobre ele, que, para simplificar, pode ser decomposta na força de reação normal exercida pela rampa e na força de atrito. Novamente, mesmo não considerando a força de resistência do ar, o sistema não é conservativo devido ao trabalho realizado pela força de atrito, que é uma força dissipativa e, portanto, não conservativa.

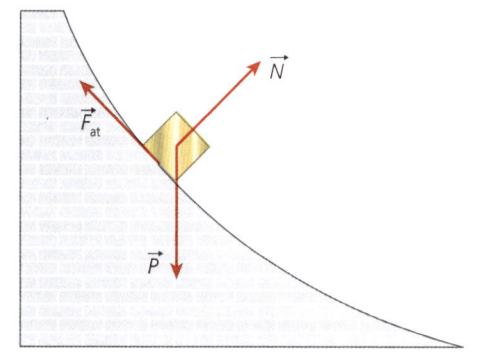

Figura 10. Forças que atuam em um corpo que escorrega por uma rampa.

No exemplo anterior, se desconsiderarmos a resistência do ar e o atrito entre as superfícies da rampa e do corpo, o sistema poderá ser considerado conservativo, pois a força de reação normal exercida pela rampa não realiza trabalho por ser perpendicular ao deslocamento do corpo em todo o trajeto. A força normal é uma força não conservativa que, nesse exemplo, não realiza trabalho.

Podemos sintetizar e simplificar o conceito de sistema conservativo dizendo que o sistema é conservativo quando somente as forças conservativas que atuam sobre ele realizam trabalho.

O enunciado a seguir é o **princípio da conservação da energia mecânica**:

> Em um sistema conservativo, é **constante** a soma dos valores das energias cinética (E_c), potencial gravitacional ($E_{p_{grav.}}$) e potencial elástica ($E_{p_{elást.}}$), em qualquer instante ou posição. Essa soma é a energia mecânica do sistema ($E_{mec.}$).

Em notação algébrica fica assim:

$$E_c + E_{p_{grav.}} + E_{p_{elást.}} = E_{mec.} = k \text{ (constante)}$$

ou

$$E_{mec.(inicial)} = E_{mec.(final)} \Rightarrow$$
$$\Rightarrow E_{c(inicial)} + E_{p_{grav.(inicial)}} + E_{p_{elást.(inicial)}} = E_{c(final)} + E_{p_{grav.(final)}} + E_{p_{elást.(final)}}$$

Eventualmente, uma ou outra dessas parcelas pode ser nula no instante considerado ou até pode não existir no sistema conservativo em estudo.

De modo geral, para qualquer sistema de forças conservativas, podemos escrever o trabalho (τ_{fc}) dessas forças como:

$$\tau_{fc} = E_{p(inicial)} - E_{p(final)}$$

A igualdade acima é conhecida como **teorema das forças conservativas**.

Quando o sistema não é conservativo, a variação da energia mecânica do sistema corresponde ao trabalho das forças não conservativas (τ_{fnc}):

$$\tau_{fnc} = \Delta E_{mec.}$$

Atividade prática

Neste experimento, você verificará a conservação da energia mecânica em um sistema simples.

Para realizá-lo, você vai precisar de uma bola de basquete e de uma corda de náilon com uns 2 m de comprimento.

Prenda firmemente uma das extremidades da corda à bola. Certifique-se de que a bola está bem presa à corda. Prenda a outra extremidade a um galho de árvore ou a um ponto qualquer, criando um pêndulo.

Desloque a bola da posição natural de equilíbrio e, mantendo a corda esticada, posicione-a junto a seu queixo. Solte a bola sem empurrar e permaneça imóvel. A bola irá se deslocar em seu movimento pendular e, na volta, retornará à posição inicial, a milímetros de seu queixo, conforme esquema abaixo.

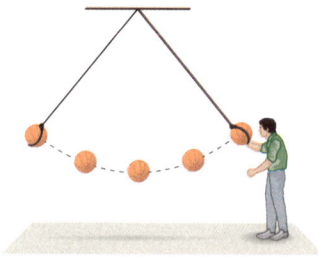

De acordo com o princípio da conservação da energia, no retorno, a bola não poderá ter uma energia potencial maior do que a que tinha quando partiu. Portanto, você não precisa se preocupar, pois ela não atingirá uma altura maior que a do momento inicial, quando foi abandonada.

Após oscilar durante certo intervalo de tempo, a bola para. Explique o que ocorreu em termos de energia e responda: houve conservação de energia? E de energia mecânica?

Exercícios resolvidos

6. Na figura abaixo, um esquiador passa pelo ponto A com velocidade escalar de 8,0 m/s. A pista de gelo é suficientemente lisa para que possamos desprezar a influência do atrito e o ar também não oferece resistência considerável.

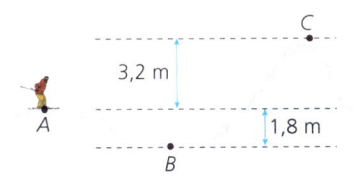

```
         C
    3,2 m
  A        1,8 m
         B
```

Adotando para a aceleração da gravidade o valor $g = 10$ m/s², determinar:
a) a velocidade escalar do esquiador ao passar pelo ponto B;
b) a velocidade escalar do esquiador ao atingir o ponto C.

▶ **Solução**

a) Vamos adotar o ponto A como nível de referência para a energia potencial gravitacional do esquiador, isto é, $E_{p_{grav.(A)}} = 0$.
Aplicando o princípio da conservação da energia mecânica nos pontos A e B, temos:
$E_{mec.(A)} = E_{mec.(B)} \Rightarrow$
$\Rightarrow E_{c(A)} + E_{p_{grav.(A)}} = E_{c(B)} + E_{p_{grav.(B)}} \Rightarrow$
$\Rightarrow \frac{1}{2}mv_A^2 + 0 = \frac{1}{2}mv_B^2 + mgh_B \Rightarrow$
$\Rightarrow \frac{1}{2}(8{,}0)^2 = \frac{1}{2}v_B^2 + 10 \cdot (-1{,}8) \Rightarrow$
$\Rightarrow v_B^2 = 100 \therefore \boxed{v_B = 10 \text{ m/s}}$

Observação

O sinal negativo de h_B se deve ao fato de B estar abaixo do nível do ponto A (nível de referência adotado).

b) Aplicando o princípio da conservação da energia mecânica nos pontos A e C, temos:
$E_{mec.(A)} = E_{mec.(C)} \Rightarrow E_{c(A)} + E_{p_{grav.(A)}} = E_{c(C)} + E_{p_{grav.(C)}} \Rightarrow$
$\Rightarrow \frac{1}{2}mv_A^2 + 0 = \frac{1}{2}mv_C^2 + mgh_C \Rightarrow$
$\Rightarrow \frac{1}{2}(8{,}0)^2 = \frac{1}{2}v_C^2 + 10 \cdot 3{,}2 \Rightarrow$
$\Rightarrow v_C^2 = 0 \Rightarrow \boxed{v_C = 0}$

Para calcular de outro modo a velocidade escalar do esquiador ao atingir C, podemos aplicar o princípio da conservação da energia mecânica nos pontos B e C, assim:

$E_{mec.(B)} = E_{mec.(C)} \Rightarrow$
$\Rightarrow E_{c(B)} + E_{p_{grav.(B)}} = E_{c(C)} + E_{p_{grav.(C)}} \Rightarrow$
$\Rightarrow \frac{1}{2} \cdot mv_B^2 + mgh_B = \frac{1}{2}mv_C^2 + mgh_C \Rightarrow$
$\Rightarrow \frac{1}{2} \cdot 10^2 + 10 \cdot (-1{,}8) = \frac{1}{2}v_C^2 + 10 \cdot 3{,}2 \Rightarrow$
$\Rightarrow v_C^2 = 0 \Rightarrow \boxed{v_C = 0}$

Exercícios propostos

1. Se o módulo da velocidade escalar de uma partícula triplicar de valor, a energia cinética associada ao movimento dessa partícula ficará multiplicada por:
a) 1
b) 3
c) 4,5
d) 6
e) 9

2. Se a energia cinética de uma partícula for reduzida para $\frac{1}{4}$ do seu valor inicial, o módulo da velocidade escalar dessa partícula ficará reduzido:
a) a $\frac{1}{4}$ do seu valor inicial.
b) à metade do seu valor inicial.
c) a $\frac{3}{4}$ do seu valor inicial.
d) a $\frac{1}{16}$ do seu valor inicial.
e) a $\frac{9}{16}$ do seu valor inicial.

3. Considere duas partículas A e B cujas massas são tais que $m_B = 2m_A$. Se a energia cinética de A é $\frac{1}{8}$ da energia cinética de B, podemos dizer que a razão $\frac{v_A}{v_B}$ entre os módulos de suas velocidades escalares é:
a) $\frac{1}{8}$
b) $\frac{1}{4}$
c) $\frac{1}{2}$
d) 1
e) 4

4. Dos gráficos a seguir, qual representa melhor a energia cinética de um móvel em queda livre a partir do repouso, em relação ao solo e em função do tempo?

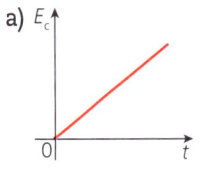

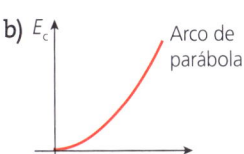

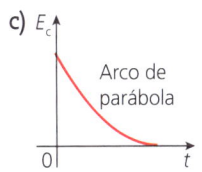

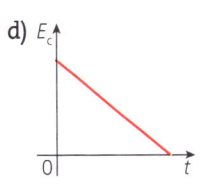

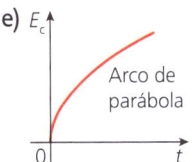

a) E_c vs t — reta crescente

b) E_c vs t — Arco de parábola (crescente côncava)

c) E_c vs t — Arco de parábola (decrescente)

d) E_c vs t — reta decrescente

e) E_c vs t — Arco de parábola (crescente convexa)

Capítulo 12 • Energia mecânica

5. Em relação à situação do exercício anterior, qual dos gráficos mostrados a seguir representa melhor a energia potencial gravitacional do móvel em função do tempo, sendo o solo o nível de referência para a energia potencial gravitacional?

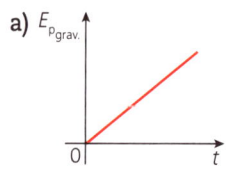

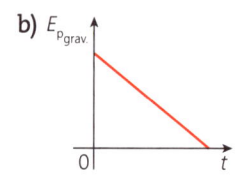

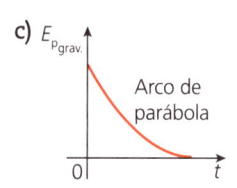

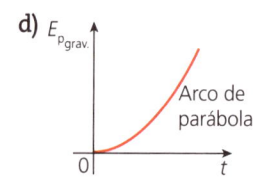

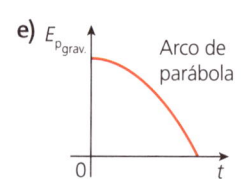

a) $E_{p_{grav.}}$

b) $E_{p_{grav.}}$

c) $E_{p_{grav.}}$ — Arco de parábola

d) $E_{p_{grav.}}$ — Arco de parábola

e) $E_{p_{grav.}}$ — Arco de parábola

6. Um corpo, de massa $m = 200$ g, é abandonado de uma altura de 20 m, acima do solo plano e horizontal, num local onde a influência do ar é desprezível e o módulo da aceleração da gravidade pode ser adotado como $g = 10$ m/s². Determine, para esse corpo:
a) a energia cinética ao chegar ao solo;
b) o módulo da velocidade escalar no instante em que ele chega ao solo;
c) a energia cinética 5 m abaixo do ponto de partida.

7. Um corpo é lançado verticalmente para cima partindo do solo plano e horizontal, com velocidade escalar inicial $v_0 = 30$ m/s, em um local onde a aceleração da gravidade tem módulo $g = 10$ m/s² e o ar exerce influência desprezível sobre o movimento. Sendo 100 g a massa desse corpo, determine:
a) a altura máxima H alcançada pelo corpo, em relação ao solo;
b) a altura h, em relação ao solo, do ponto de sua trajetória no qual as energias cinética e potencial gravitacional têm valores iguais;
c) a energia cinética do corpo quando ele estiver a 40 m acima do solo.

8. Três bolas A, B e C, consideradas pontos materiais, são lançadas do ponto P indicado na figura abaixo, com velocidades iniciais de módulos iguais a v_0.

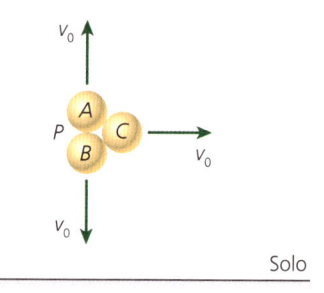

Desconsiderando quaisquer resistências aos movimentos das bolas, quando elas chegarem ao solo, plano e horizontal, suas velocidades vetoriais terão módulos v_A, v_B e v_C tais que:
a) $v_A > v_B > v_C$
b) $v_A < v_C < v_B$
c) $v_A > v_B = v_C$
d) $v_A = v_B = v_C$
e) $v_A > v_C > v_B$

9. Na figura abaixo está representado um diagrama para as energias mecânicas de um sistema conservativo, como função da posição x do móvel na trajetória. A linha tracejada horizontal representa o valor da energia mecânica do sistema, $E_{mec.}$. O eixo vertical, E, representa os valores de alguma energia mecânica do sistema.

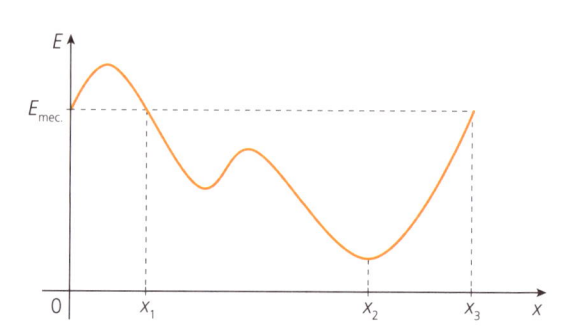

Considere as afirmações a seguir.
I. Nesse diagrama, E pode representar energia potencial gravitacional ou elástica.
II. E não pode ser energia potencial. Se assim fosse, no trecho entre $x = 0$ e $x = x_1$, a energia cinética do corpo seria negativa, o que é impossível.
III. Para o trecho mostrado, na posição x_2 a energia potencial é máxima.
IV. Para o intervalo $0 < x < x_1$, a energia potencial é negativa.
V. Nas posições $x = 0$, $x = x_1$ e $x = x_3$, a energia cinética do sistema é nula.

Agora, verifique se:
a) são todas corretas.
b) são todas erradas.
c) são corretas apenas I, III e V.
d) são corretas apenas II, III e IV.
e) são corretas apenas I e V.

10. O carro de Joaquim sofreu uma pane seca, isto é, acabou o combustível, quando sua velocidade era de 36 km/h. Por sorte, isso ocorreu no início de um pequeno vale que termina bem defronte a um posto de combustíveis e serviços, como se vê na figura abaixo. No local, podemos considerar o módulo da aceleração da gravidade igual a 10 m/s².

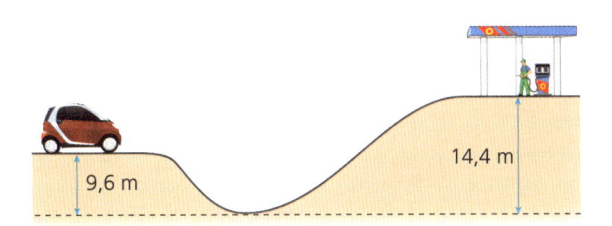

a) Numa situação ideal, desprezando quaisquer tipos de resistências ao movimento do veículo, qual seria o módulo da velocidade do carro de Joaquim ao chegar ao posto?

b) Na situação real, por muita sorte, Joaquim conseguiu chegar até o posto, parando bem em frente à primeira bomba de combustível. Calcule o trabalho realizado pelas forças de resistência que atuaram sobre o carro de massa 800 kg, nesta situação, a partir do instante da pane.

11. Em uma nova modalidade desportiva, proposta para os jogos de inverno, um atleta corre com a máxima velocidade possível, salta sobre um trenó parado e desliza rampa abaixo com ele até ser parado por um sistema de molas elásticas que, ao serem tracionadas, freiam o conjunto atleta e trenó, de modo semelhante ao que ocorre nos porta-aviões. Vence a prova quem provoca a maior distensão no sistema de molas.

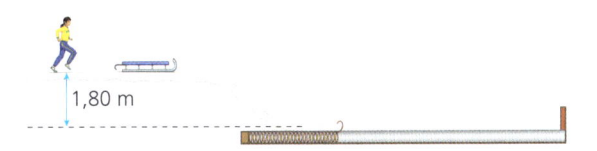

A atleta Lisa Quick, correndo o máximo que pode, atira-se sobre o trenó e o conjunto inicia a descida da rampa com velocidade de 8 m/s, sem que o seu movimento seja afetado por qualquer resistência externa antes de tocar nas molas. O conjunto atleta e trenó tem massa de 60 kg, o sistema de molas tem constante elástica igual a 15 N/cm e a aceleração local da gravidade tem módulo 10 m/s². Nessas condições, determine:

a) a distensão máxima que Lisa provocará nas molas;

b) o módulo da força que as molas exercerão sobre o conjunto no instante em que ele para.

12. Um pêndulo simples tem comprimento L e a esfera pendular tem massa m. A esfera é abandonada do ponto A, estando o fio na horizontal, e descreve a trajetória mostrada na figura abaixo. Considere conhecido o módulo g da aceleração da gravidade do local e despreze a resistência do ar.

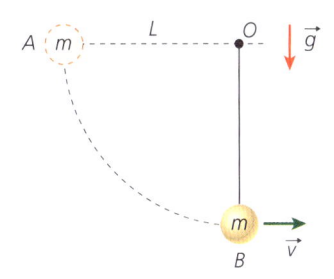

Determine no ponto B, que é o ponto mais baixo da trajetória:

a) o valor v da velocidade escalar da esfera;

b) o módulo T da tração exercida pelo fio.

13. Um bloco de massa 250 g está apenas apoiado sobre uma mola elástica que está comprimida e presa por um fio. A base que apoia o corpo tem massa desprezível. Ao cortar o fio, o bloco é lançado verticalmente até uma altura máxima de 2,0 m em relação à posição de repouso do sistema, como mostra a figura a seguir.

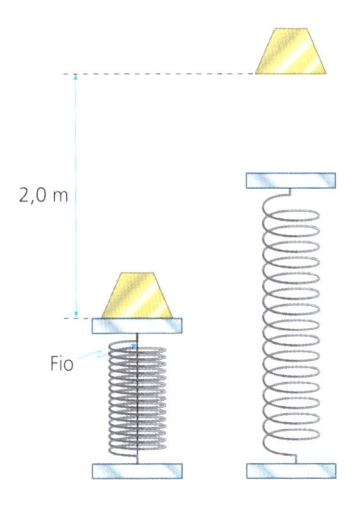

Considerando 10,0 m/s² o módulo da aceleração da gravidade local, 2,5 N/cm a constante elástica da mola e que o ar não exerce ação considerável sobre o bloco, determine:

a) a energia potencial elástica armazenada na mola inicialmente;

b) a compressão inicial da mola, em cm;

c) a intensidade da força que a mola estava exercendo sobre o bloco na posição inicial do sistema;

d) a intensidade da força de tração no fio antes de ele ser cortado.

Exercícios de revisão

Ficha-resumo 1

Energia cinética (E_c):

$$E_c = \frac{1}{2}mv^2$$

Energia potencial gravitacional ($E_{p_{grav.}}$):

$$E_{p_{grav.}} = mgh$$

Energia potencial elástica ($E_{elást.}$):

$$E_{p_{elást.}} = \frac{1}{2}kx^2$$

1. (Enem) Uma das modalidades presentes nas olimpíadas é o salto com vara. As etapas de um dos saltos de um atleta estão representadas na figura.

Etapa I — Atleta corre com a vara
Etapa II — Atleta apoia a vara no chão
Etapa III — Atleta atinge certa altura
Etapa IV — Atleta cai em um colchão

Desprezando-se as forças dissipativas (resistência do ar e atrito), para que o salto atinja a maior altura possível, ou seja, para que o máximo de energia seja conservada, é necessário que:
a) a energia cinética, representada na etapa I, seja totalmente convertida em energia potencial elástica representada na etapa IV.
b) a energia cinética, representada na etapa II, seja totalmente convertida em energia potencial gravitacional, representada na etapa IV.
c) a energia cinética, representada na etapa I, seja totalmente convertida em energia potencial gravitacional, representada na etapa III.
d) a energia potencial gravitacional, representada na etapa II, seja totalmente convertida em energia potencial elástica, representada na etapa IV.
e) a energia potencial gravitacional, representada na etapa I, seja totalmente convertida em energia potencial elástica, representada na etapa III.

2. Considere o solo como referência para as energias potenciais gravitacionais e para as energias cinéticas dos corpos A, B, C e D, de massas iguais, mostrados na figura a seguir. Coloque em ordem crescente:
a) as energias potenciais gravitacionais;
b) as energias cinéticas.

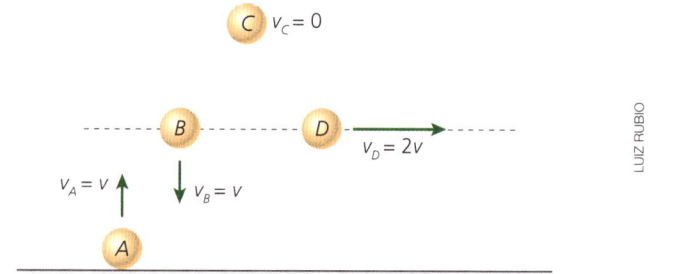

($v_C = 0$; $v_A = v$; $v_B = v$; $v_D = 2v$)

3. (Enem) Os carrinhos de brinquedo podem ser de vários tipos. Dentre eles, há os movidos a corda, em que uma mola em seu interior é comprimida quando a criança puxa o carrinho para trás. Ao ser solto, o carrinho entra em movimento enquanto a mola volta à sua forma inicial.
O processo de conversão de energia que ocorre no carrinho descrito também é verificado em:
a) um dínamo.
b) um freio de automóvel.
c) um motor a combustão.
d) uma usina hidrelétrica.
e) uma atiradeira (estilingue).

4. Dois corpos, 1 e 2, têm energias cinéticas iguais, isto é, $E_{c(1)} = E_{c(2)}$. Sendo conhecidas suas massas m_1 e m_2, a razão $\frac{v_1}{v_2}$ entre suas respectivas velocidades escalares é tal que:

a) $\frac{v_1}{v_2} = \sqrt{\frac{m_1}{m_2}}$

b) $\frac{v_1}{v_2} = \frac{m_1}{m_2}$

c) $\frac{v_1}{v_2} = \sqrt{\frac{m_2}{m_1}}$

d) $\frac{v_1}{v_2} = \frac{m_2}{m_1}$

e) 1

5. As massas e as velocidades escalares de dois corpos, 1 e 2, estão na seguinte proporção: $\frac{m_1}{m_2} = \frac{v_2}{v_1} = k$. Portanto, a razão $\frac{E_{c(1)}}{E_{c(2)}}$ entre suas energias cinéticas é igual a:

a) k^3
b) $\frac{1}{k^3}$
c) k^2
d) k
e) $\frac{1}{k}$

Ficha-resumo 2

Sistemas conservativos:

$$E_{mec.(inicial)} = E_{mec.(final)} \Rightarrow E_{c(inicial)} + E_{p(inicial)} = E_{c(final)} + E_{p(final)}$$

6. (UFPB) Três corpos idênticos, 1, 2 e 3, são abandonados de uma altura h, com velocidade inicial nula, e chegam ao solo com velocidades v_1, v_2 e v_3, respectivamente. O corpo 1 sofre uma queda livre, enquanto os corpos 2 e 3 deslizam sobre superfícies planas, inclinadas e sem atrito, conforme a figura a seguir.

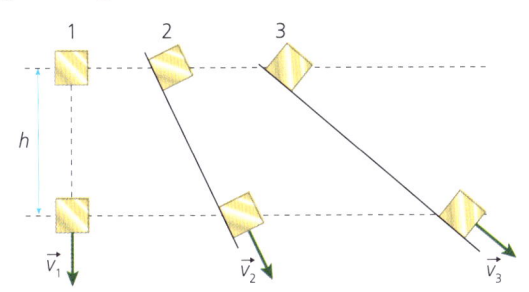

Considerando a situação descrita, é correto afirmar:

a) $v_1 > v_2 > v_3$
b) $v_1 > v_2 = v_3$
c) $v_1 = v_2 = v_3$
d) $v_1 = v_2 > v_3$
e) $v_1 < v_2 < v_3$

7. (Vunesp) Um bloco de massa m desliza sem atrito sobre a superfície indicada na figura.

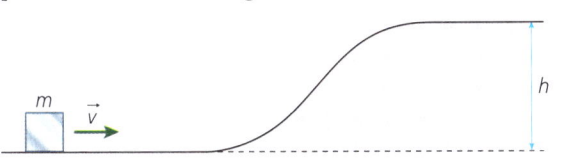

Se g é a aceleração da gravidade, a velocidade mínima v que o bloco deve ter para alcançar a altura h é:

a) $2\sqrt{gh}$
b) $\sqrt{2gh}$
c) $\dfrac{\sqrt{gh}}{2}$
d) $\sqrt{\dfrac{gh}{2}}$
e) $2\sqrt{2gh}$

8. (Puccamp-SP) Na borda de uma tigela hemisférica de raio R é abandonado um pequeno bloco de gelo.

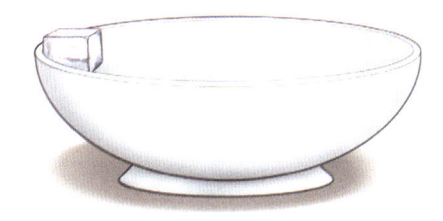

Desprezando o atrito e considerando g a aceleração local da gravidade, a velocidade máxima do pedaço de gelo é:

a) $\sqrt{2gR}$
b) $\sqrt{gR}$
c) $\sqrt{2}\,gR$
d) $2gR$
e) $4gR$

9. (Fuvest-SP) No salto com vara, um atleta corre segurando uma vara e, com perícia e treino, consegue projetar seu corpo por cima de uma barra.

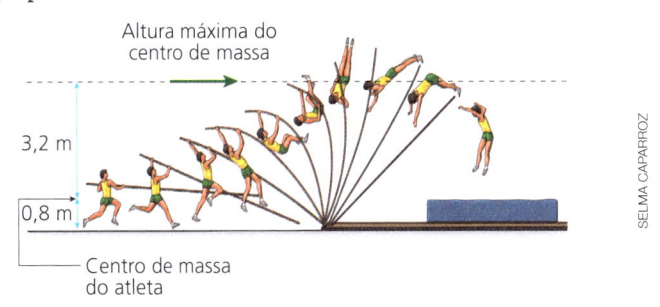

Para uma estimativa da altura alcançada nesses saltos, é possível considerar que a vara sirva apenas para converter o movimento horizontal do atleta (corrida) em movimento vertical, sem perdas ou acréscimos de energia. Na análise de um desses saltos, foi obtida a sequência de imagens reproduzida anteriormente. (Adote $g = 10$ m/s² e desconsidere os efeitos do trabalho muscular após o início do salto.)

Nesse caso, é possível estimar que a velocidade máxima atingida pelo atleta, antes do salto, foi de, aproximadamente:

a) 4 m/s
b) 6 m/s
c) 7 m/s
d) 8 m/s
e) 9 m/s

10. (ITA-SP) A figura a seguir ilustra um carrinho de massa m percorrendo um trecho de uma montanha-russa.

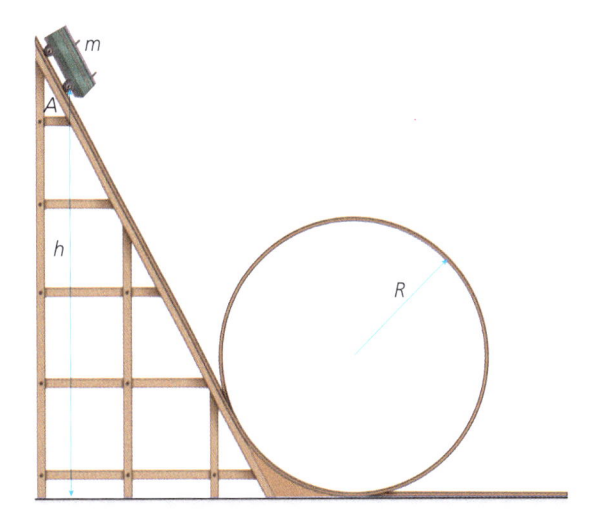

Desprezando-se todos os atritos que agem sobre ele e supondo que o carrinho seja abandonado em A, o menor valor de h para que o carrinho efetue a trajetória completa é:

a) $\dfrac{3R}{2}$
b) $\dfrac{5R}{2}$
c) $2R$
d) $\sqrt{\dfrac{5R}{2}}$
e) $3R$

Exercícios de revisão

11. (UEL-PR) Impulsiona-se um carrinho, como indicado na figura a seguir, fazendo-o subir por um trilho circular de raio R, em um plano vertical.

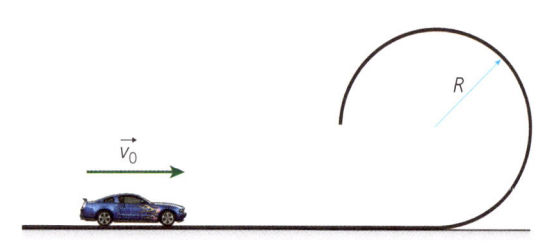

Desprezando os atritos e sendo g a aceleração da gravidade, a menor velocidade v_0 com que se deve impulsionar o carrinho para que ele percorra totalmente o trilho circular é:

a) $\sqrt{gR}$
b) $\sqrt{2gR}$
c) $\sqrt{3gR}$
d) $\sqrt{4gR}$
e) $\sqrt{5gR}$

12. Em um parque de diversões há um tobogã AB de altura H, relativamente ao solo plano e horizontal, que se liga pelo segmento BC a um *loop* vertical CD de raio R, como se vê na figura a seguir.

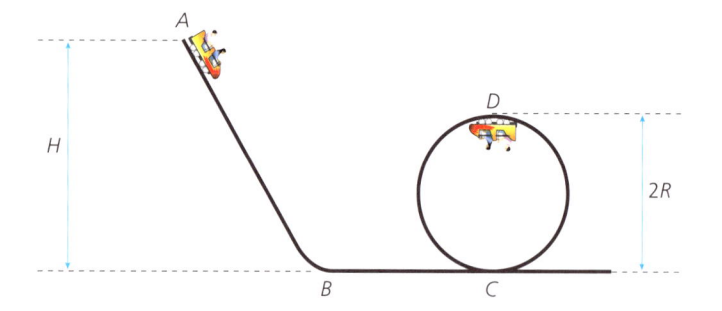

Por segurança, o tobogã foi projetado de modo que o carrinho que leva as pessoas passe pelo ponto D com uma velocidade exatamente igual ao dobro da mínima necessária para completar o percurso circular, partindo do repouso em A. Assim, desconsiderando quaisquer perdas por atritos, para satisfazer a condição de segurança, a relação entre H e R e a intensidade da força F recebida do assento por uma pessoa de peso P, no ponto D, devem ser tais que:

a) H = 2,5R e F = 0
b) H = 4R e F = 3P
c) H = 3R e F = 3P
d) H = 4R e F = 4P
e) H = 2,5R e F = 2P

13. (UFPE) Um objeto de massa M = 0,5 kg, apoiado sobre uma superfície horizontal sem atrito, está preso a uma mola cuja constante de força elástica é k = 50 N/m.

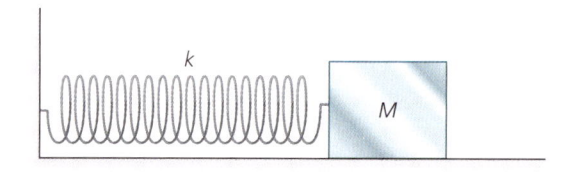

O objeto é puxado por 10 cm e então solto, passando a oscilar em relação à posição de equilíbrio. Qual a velocidade máxima do objeto, em m/s?

a) 0,5
b) 1,0
c) 2,0
d) 5,0
e) 7,0

14. (Fatec-SP) Um objeto de massa 400 g desce, a partir do repouso no ponto A, por uma rampa em forma de um quadrante de circunferência de raio R = 1,0 m. Na base B, choca-se com uma mola de constante elástica k = 200 N/m.

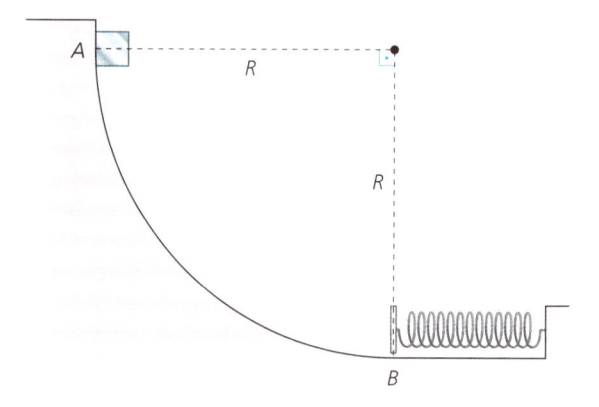

Desprezando-se a ação de forças dissipativas em todo o movimento e adotando-se g = 10 m/s², a máxima deformação da mola é de:

a) 40 cm
b) 20 cm
c) 10 cm
d) 4,0 cm
e) 2,0 cm

15. Um bloco de massa m = 500 g cai livremente, a partir do repouso, de uma altura h = 1,0 m sobre uma plataforma horizontal de massa desprezível, suspensa por duas molas elásticas, alongando ambas 0,50 m.

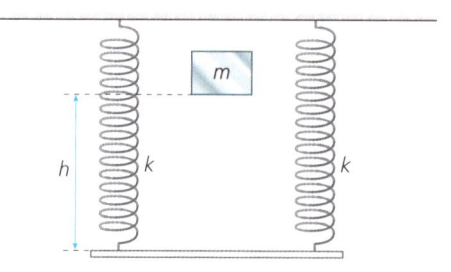

Considerando o módulo da aceleração da gravidade local g = 10 m/s² e que após a colisão o bloco se fixa à plataforma, determine:

a) o valor da constante elástica k de cada mola, em N/m;
b) a intensidade da força que cada mola está exercendo sobre a plataforma, na posição de distensão máxima;
c) o módulo da aceleração do bloco, na posição de máxima distensão.

Ficha-resumo 3

Trabalho realizado em sistemas não conservativos:

$$\tau_{fnc} = \Delta E_{mec.}$$

16. (PUC-SP) O automóvel da figura tem massa de $1,2 \cdot 10^3$ kg e, no ponto A, desenvolve uma velocidade de 10 m/s.

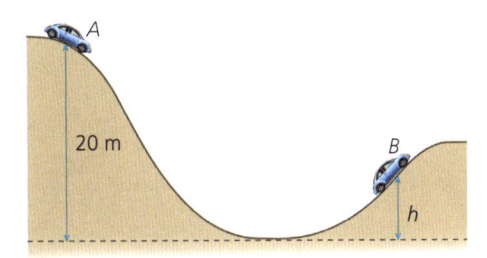

Estando com o motor desligado, descreve a trajetória mostrada, atingindo uma altura máxima h, chegando ao ponto B com velocidade nula. Considerando a aceleração da gravidade local como $g = 10$ m/s^2 e sabendo-se que, no trajeto AB, as forças não conservativas realizam um trabalho de módulo $1,56 \cdot 10^5$ J, concluímos que a altura h é de:

a) 12 m
b) 14 m
c) 16 m
d) 18 m
e) 20 m

17. (Fuvest-SP) Um pequeno corpo de massa m é abandonado em A com velocidade nula e escorrega ao longo do plano inclinado, percorrendo a distância $d = \overline{AB}$. Ao chegar a B, verifica-se que sua velocidade é igual a $\sqrt{gh}$.

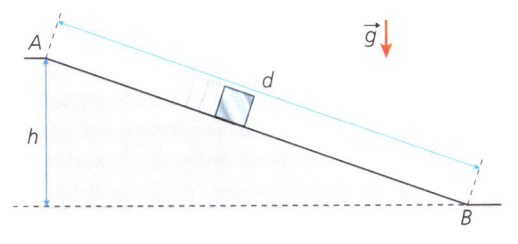

Pode-se então deduzir que o valor da força de atrito que agiu sobre o corpo, supondo-a constante, é:

a) zero
b) mgh
c) $\dfrac{mgh}{2}$
d) $\dfrac{mgh}{2d}$
e) $\dfrac{mgh}{4d}$

18. Retomando o exercício anterior, podemos afirmar que a energia mecânica dissipada no deslocamento do corpo foi:

a) $\sqrt{mgh}$
b) $\dfrac{1}{2}m\sqrt{gh}$
c) $\dfrac{1}{2}mgh$
d) mgh
e) $2mgh$

19. (Fuvest-SP) Um corpo de massa m é solto no ponto A de uma superfície e desliza, sem atrito, até atingir o ponto B. A partir deste ponto o corpo desloca-se numa superfície horizontal com atrito, até parar no ponto C, a 5 m de B.

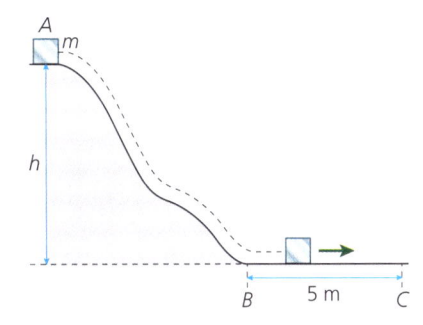

Sendo m medido em quilograma e h em metro, o valor da força de atrito F, suposta constante enquanto o corpo se movimenta, vale em newton:

a) $F = \dfrac{1}{2}mh$
b) $F = mh$
c) $F = 2mh$
d) $F = 5mh$
e) $F = 10mh$

(Dado: $g = 10$ m/s^2)

20. Na figura abaixo, o carrinho de massa $m = 200$ g está apenas encostado na mola de constante elástica $k = 0,50$ N/cm, comprimindo-a 20 cm. Ao ser liberado, o carrinho move-se ao longo da trajetória ABC e para no ponto C, que está a uma altura de 40 cm do solo plano e horizontal.

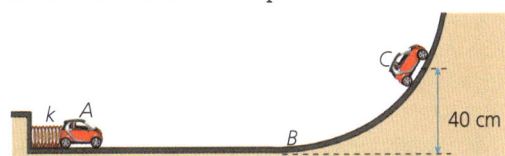

Assim, podemos afirmar que a aceleração escalar inicial do carrinho, imediatamente após ser liberado, vale:

a) 10 m/s^2
b) 20 m/s^2
c) 30 m/s^2
d) 40 m/s^2
e) 50 m/s^2

21. Para o sistema do exercício anterior, a energia mecânica dissipada no deslocamento do carrinho entre A e C foi igual a:

a) 0,2 J
b) 0,4 J
c) 0,8 J
d) 1,2 J
e) 1,8 J

22. Uma bola cai livremente do repouso, de uma altura inicial $H = 20$ m, e, cada vez que colide contra o solo plano e horizontal, alcança uma altura 20% menor que a altura de partida na queda anterior. Assim, após a segunda colisão da bola contra o solo, determine:

a) a altura h_2 atingida por ela;
b) a velocidade escalar v_2 da bola imediatamente após essa colisão.

Mais questões em **Vereda Digital Aprova Enem**, em **Vereda Digital Suplemento de revisão**, em **AprovaMax** (no *site*) e no livro digital.

CAPÍTULO 13

IMPULSO E QUANTIDADE DE MOVIMENTO

As discussões sobre as leis que regem o Universo remontam aos filósofos da Grécia antiga. Já na Idade Moderna, Isaac Newton (1643-1727) e René Descartes (1596-1650) verificaram que, durante a colisão de dois corpos, uma grandeza se conservava. Mesmo definida de maneiras diferentes, essa grandeza é o que chamamos de **quantidade de movimento**.

O princípio da conservação da quantidade de movimento, assim como o da conservação da energia, estudado no capítulo anterior, são alguns dos conceitos fundamentais que explicam muitos fenômenos físicos do nosso mundo. Mas em que condições a quantidade de movimento de um corpo se conserva?

Na foto desta página, na colisão com a raquete, a quantidade de movimento da bolinha de tênis de mesa varia em razão do **impulso** que ela recebe. Como essas grandezas estão relacionadas?

Objetivos do capítulo

- Conceituar impulso de uma força e quantidade de movimento de um corpo.
- Relacionar as grandezas impulso e quantidade de movimento.
- Conceituar forças internas e forças externas a um sistema de partículas.
- Aplicar o princípio da conservação da quantidade de movimento a diversas situações.
- Definir coeficiente de restituição e analisar os diferentes tipos de choques mecânicos.

1 Introdução

No estudo do movimento de um corpo são importantes duas grandezas: uma caracteriza-se pela força aplicada ao corpo e pelo intervalo de tempo durante o qual ela atua; a outra caracteriza-se pela massa do corpo e por sua velocidade. Essas duas grandezas vetoriais são importantes, por exemplo, na análise da colisão entre corpos (**fig. 1**) e são denominadas, respectivamente, **impulso de uma força** e **quantidade de movimento de um corpo**.

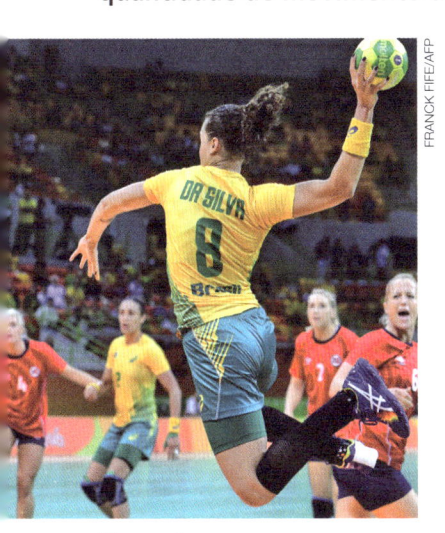

Figura 1.

No capítulo 12, estudamos o princípio da conservação da energia. Neste capítulo, estudaremos outro princípio de conservação, o princípio da conservação da quantidade de movimento em sistemas de corpos isolados de forças externas.

2 Impulso de uma força constante

Uma força constante $\vec{F}$ é aplicada num corpo durante um intervalo de tempo Δt.

O **impulso** $\vec{I}$ da força constante $\vec{F}$ que age no corpo, no intervalo de tempo Δt, é uma grandeza vetorial definida por:

$$\vec{I} = \vec{F} \cdot \Delta t$$

Observe que o impulso $\vec{I}$ tem a mesma direção e o mesmo sentido da força $\vec{F}$ (**fig. 2**).

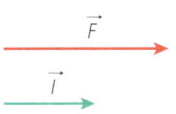

Figura 2. O impulso $\vec{I}$ e a força $\vec{F}$ têm a mesma direção ($\vec{I}$ é paralelo a $\vec{F}$) e o mesmo sentido (pois $\Delta t > 0$).

A intensidade do impulso de uma força é dada pelo produto entre a intensidade da força e o intervalo de tempo correspondente, isto é, $I = F\Delta t$. No Sistema Internacional de Unidades (SI), a unidade da intensidade do impulso é newton multiplicado por segundo (N · s).

O gráfico da intensidade da força (F) em função do tempo (t) está representado na **figura 3**. A área do retângulo, que tem por base o intervalo de tempo Δt, é numericamente igual à intensidade do impulso I da força F aplicada nesse intervalo de tempo. Essa área é dada por:

$$A \stackrel{N}{=} F\Delta t \Rightarrow \boxed{I \stackrel{N}{=} A}$$

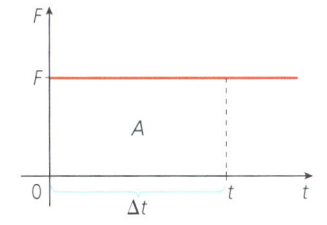

Figura 3. Gráfico da intensidade da força em função do tempo.

Se a força que age no corpo tem intensidade variável e direção constante, a intensidade do impulso **não** pode ser calculada pela expressão $I = F\Delta t$. Ela deve ser calculada numericamente por meio da área no diagrama $F \times t$ (**fig. 4**). Assim, para uma força de intensidade variável e direção constante, temos: $I \stackrel{N}{=} A$

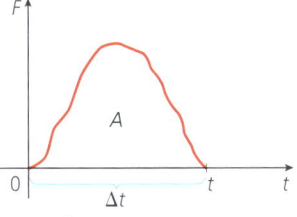

Figura 4. Se a força $\vec{F}$ tem intensidade variável e direção constante: $I \stackrel{N}{=} A$

A força constante que produz num corpo o mesmo impulso que uma força variável, no mesmo intervalo de tempo, é chamada de **força média** ($\vec{F}_m$) (fig. 5).

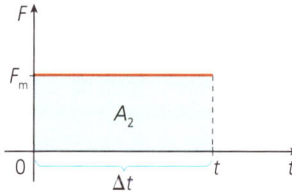

Figura 5. Para calcular a intensidade da força média é necessário: $A_2 = A_1$

Exercícios resolvidos

1. Uma caixa de peso $P = 30$ N sobe verticalmente por ação de uma força vertical de intensidade $F = 40$ N, conforme indica a figura. Determinar as características dos impulsos da força $\vec{F}$ e do peso $\vec{P}$ durante os 10 primeiros segundos do movimento.

▶ **Solução**

O impulso da força $\vec{F}$ tem direção vertical, sentido para cima e intensidade: $I_F = F\Delta t \Rightarrow I_F = 40 \cdot 10 \therefore I_F = 400$ N $\cdot$ s

Já o impulso do peso $\vec{P}$ tem direção vertical, sentido para baixo e intensidade $I_P = P\Delta t \Rightarrow I_P = 30 \cdot 10 \therefore I_P = 300$ N $\cdot$ s

Observe que o impulso da força resultante $\left(\vec{I}_{F_R}\right)$ que age na caixa tem direção vertical, sentido para cima e intensidade: $I_{F_R} = I_F - I_P = 400$ N $\cdot$ s $- 300$ N $\cdot$ s $= 100$ N $\cdot$ s

2. Uma caixa está em repouso sobre uma superfície horizontal e perfeitamente lisa. Aplica-se à caixa uma força horizontal $\vec{F}$, cuja intensidade varia com o tempo, conforme indica o gráfico abaixo.

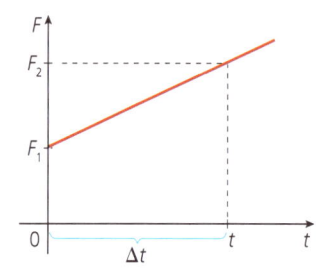

Determinar em função de F_1, F_2 e Δt.
a) a intensidade do impulso da força $\vec{F}$ durante o intervalo de tempo Δt;
b) a intensidade da força média que age na caixa nesse intervalo de tempo.

▶ **Solução**

a) A intensidade do impulso é numericamente igual à área do trapézio de bases F_1 e F_2 e altura Δt:

$$I \stackrel{N}{=} A_{\text{trapézio}} \Rightarrow \boxed{I = \frac{F_1 + F_2}{2} \cdot \Delta t}$$

b) $I = F_m \Delta t = \dfrac{F_1 + F_2}{2} \cdot \Delta t \Rightarrow \boxed{F_m = \dfrac{F_1 + F_2}{2}}$

Se a intensidade da força variar linearmente com o tempo, a intensidade da força média será a média aritmética das intensidades das forças nos instantes inicial e final do intervalo de tempo considerado para o cálculo do impulso.

Exercícios propostos

1. Uma bola de peso 5 N cai de uma certa altura e atinge o solo após 2 s. Dê as características do impulso do peso da bola durante sua queda.

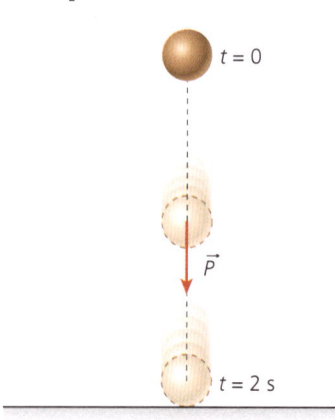

2. Retome o exercício anterior. O gráfico abaixo representa a intensidade F da força normal que o solo aplica na bola durante a colisão, cuja duração é de 0,1 s.

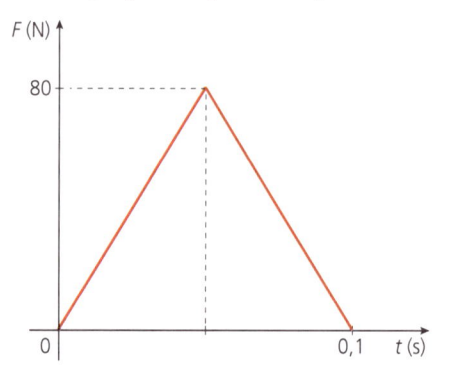

Determine, para esse intervalo de tempo:
a) a intensidade do impulso da força normal;
b) a intensidade da força normal média.

3 Quantidade de movimento

Considere um corpo de massa m que num certo instante tem velocidade $\vec{v}$. A **quantidade de movimento** do corpo, nesse instante, é a grandeza vetorial $\vec{Q}$, dada por:

$$\vec{Q} = m \cdot \vec{v}$$

Observe que a quantidade de movimento $\vec{Q}$ tem a mesma direção e o mesmo sentido da velocidade $\vec{v}$ **(fig. 6)**.

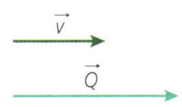

Figura 6. A quantidade de movimento $\vec{Q}$ e a velocidade $\vec{v}$ têm a mesma direção ($\vec{Q}$ é paralelo a $\vec{v}$) e o mesmo sentido (pois $m > 0$).

O módulo da quantidade de movimento é dado pelo produto entre a massa e o módulo da velocidade do corpo, isto é, $Q = mv$. No SI, a unidade do módulo da quantidade de movimento é quilograma multiplicado por metro por segundo (kg · m/s).

A quantidade de movimento é também chamada **momento linear**.

Exercícios resolvidos

3. Uma partícula de massa $m = 0,3$ kg realiza um movimento circular e uniforme, em um plano vertical, com velocidade de módulo $v = 5$ m/s.

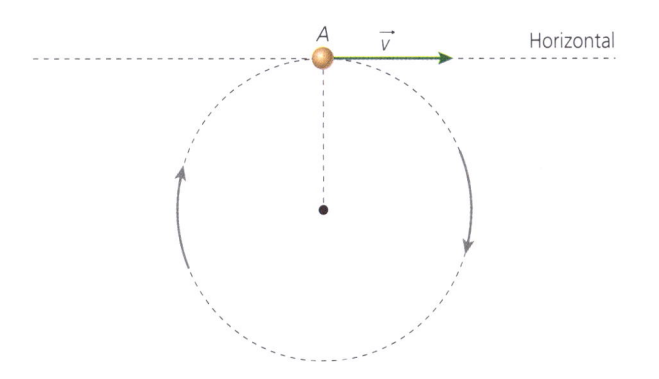

Determinar as características da quantidade de movimento da partícula ao passar pelo ponto A.

▶ **Solução**

A quantidade de movimento tem a mesma direção e o mesmo sentido da velocidade. Assim, ao passar pelo ponto A, a quantidade de movimento da partícula tem direção horizontal e sentido da esquerda para a direita. Seu módulo é dado por:

$$Q_A = mv \Rightarrow Q_A = 0,3 \text{ kg} \cdot 5 \text{ m/s} \Rightarrow \boxed{Q_A = 1,5 \text{ kg} \cdot \text{m/s}}$$

4. A função horária do espaço de uma partícula é dada por $s = 2 + 3t + 2t^2$ (SI).

Sendo $m = 0,2$ kg a massa da partícula, determinar o módulo de sua quantidade de movimento nos instantes $t = 0$ e $t = 2$ s.

▶ **Solução**

A função horária do espaço é de 2º grau em t. Trata-se, portanto, de um movimento uniformemente variado (MUV).

Comparando $s = 2 + 3t + 2t^2$ (SI) com $s = s_0 + v_0 t + \frac{1}{2}\alpha t^2$, temos: $v_0 = 3$ m/s e $\alpha = 4$ m/s^2

No instante $t = 0$, temos:

$$Q_0 = mv_0 \Rightarrow Q_0 = 0,2 \text{ kg} \cdot 3 \text{ m/s} \Rightarrow \boxed{Q_0 = 0,6 \text{ kg} \cdot \text{m/s}}$$

A partir da função horária da velocidade da partícula, no instante $t = 2$ s, temos:

$$v = v_0 + \alpha t \Rightarrow v = 3 + 4 \cdot 2 \therefore v = 11 \text{ m/s}$$

$$Q = mv \Rightarrow Q = 0,2 \text{ kg} \cdot 11 \text{ m/s} \Rightarrow \boxed{Q = 2,2 \text{ kg} \cdot \text{m/s}}$$

Exercícios propostos

3. Uma partícula de massa $m = 0,2$ kg, partindo do repouso, realiza um movimento retilíneo uniformemente variado com aceleração escalar de 2 m/s^2. Qual é o módulo da quantidade de movimento da partícula no instante 2 s?

4. O módulo da quantidade de movimento de uma partícula, que realiza um movimento retilíneo e uniforme, é igual a 2 kg · m/s. Sendo 0,1 kg a massa da partícula, qual é sua energia cinética?

4 Teorema do impulso

Considere uma caixa de massa m deslocando-se em MRU, sobre uma superfície horizontal e perfeitamente lisa, com velocidade $\vec{v}_0$. Aplicando-se à caixa uma força horizontal $\vec{F}$, ela adquire, após um intervalo de tempo Δt, uma velocidade $\vec{v}$ **(fig. 7)**. Vamos considerar a força $\vec{F}$ constante. Como o peso $\vec{P}$ da caixa e a força normal $\vec{N}$ têm sentidos opostos e mesma intensidade, a força resultante que age na caixa é $\vec{F}$.

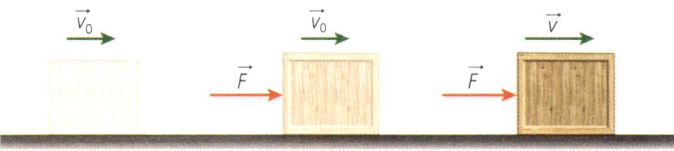

Figura 7. Movimento de uma caixa sob a ação de uma força $\vec{F}$.

Pelo princípio fundamental da Dinâmica, temos:

$$\vec{F}_R = \vec{F} = m \cdot \vec{a}$$

Sendo a aceleração $\vec{a} = \dfrac{\Delta \vec{v}}{\Delta t} = \dfrac{\vec{v} - \vec{v}_0}{\Delta t}$, obtemos:

$$\vec{F}_R = m \cdot \dfrac{\vec{v} - \vec{v}_0}{\Delta t} \Rightarrow \vec{F}_R \cdot \Delta t = m \cdot \vec{v} - m \cdot \vec{v}_0$$

Como $\vec{F}_R \cdot \Delta t = \vec{I}_{F_R}$ é o impulso da força resultante, $m \cdot \vec{v} = \vec{Q}$ é a quantidade de movimento final e $m \cdot \vec{v}_0 = \vec{Q}_0$ é a quantidade de movimento inicial, temos:

$$\boxed{\vec{I}_{F_R} = \vec{Q} - \vec{Q}_0}$$

O impulso da força resultante, que age num corpo num intervalo de tempo, é igual à variação da quantidade de movimento do corpo no mesmo intervalo de tempo.

O enunciado acima é conhecido como **teorema do impulso**.

Embora tenhamos demonstrado o teorema do impulso no caso de uma força resultante constante, numa trajetória retilínea, ele tem validade geral, qualquer que seja o tipo de movimento descrito pelo corpo.

Observação

Pelo teorema do impulso, concluímos, no SI, que a unidade do módulo do impulso (N · s) e a do módulo da quantidade de movimento (kg · m/s) são equivalentes.

Exercícios resolvidos

5. Um carrinho de massa $m = 0{,}3$ kg desloca-se sobre uma superfície horizontal com velocidade $v_0 = 5$ m/s. Desprezando todas as forças de resistência ao movimento, em certo instante, uma força horizontal $\vec{F}$ de intensidade 3 N e de sentido oposto ao da velocidade $\vec{v}_0$ é aplicada ao carrinho. Determinar o intervalo de tempo decorrido desde o instante de aplicação da força $\vec{F}$ até o instante em que o carrinho para.

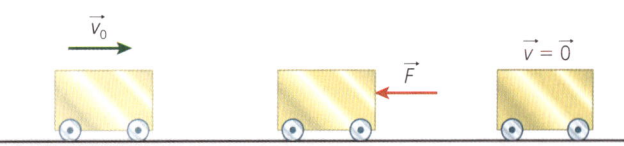

▶ **Solução**

Vamos aplicar o teorema do impulso:

$$\vec{I}_{F_R} = \vec{Q} - \vec{Q}_0 \Rightarrow \vec{I}_{F_R} = m \cdot \vec{v} - m \cdot \vec{v}_0$$

Como todos os vetores possuem mesma direção, vamos aplicar o teorema do impulso na forma escalar, projetando os vetores num eixo, como o eixo x da figura:

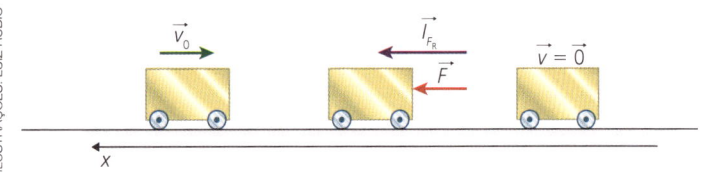

A projeção de $\vec{I}_{F_R}$ é $I_{F_R} = F_R \cdot \Delta t$, observando que $\vec{v}_0$ está orientado no sentido negativo do eixo x, $\vec{v} = \vec{0}$ e $F_R = F$, temos:

$F\Delta t = 0 - m \cdot (-v_0) \Rightarrow F\Delta t = mv_0 \Rightarrow$

$\Rightarrow 3 \cdot \Delta t = 0{,}3 \cdot 5 \therefore \boxed{\Delta t = 0{,}5 \text{ s}}$

6. Um bloco de massa m desloca-se sobre uma superfície horizontal, perfeitamente lisa, com velocidade de módulo v. Em certo instante, é aplicada ao bloco uma força horizontal constante $\vec{F}$, de sentido oposto ao do movimento. Decorrido o intervalo de tempo Δt, nota-se que a velocidade do bloco tem o mesmo módulo v, mas sentido oposto ao da velocidade inicial.

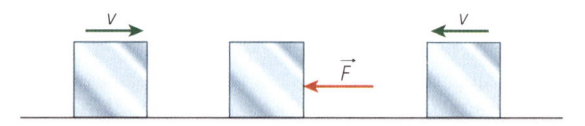

Pode-se afirmar que a intensidade F da força aplicada ao bloco é igual a:

a) $2mv$

b) mv

c) $\dfrac{2mv}{\Delta t}$

d) $\dfrac{mv}{\Delta t}$

e) $2mv\Delta t$

▶ **Solução**

Vamos aplicar o teorema do impulso:

$$\vec{I}_{F_R} = \vec{Q} - \vec{Q}_0 \Rightarrow \vec{I}_{F_R} = m \cdot \vec{v} - m \cdot \vec{v}_0$$

Em relação ao eixo x da figura, temos:

$I_{F_R} = mv - m \cdot (-v) \Rightarrow I_{F_R} = m \cdot (v + v) \Rightarrow$

$\Rightarrow I_{F_R} = 2mv \Rightarrow F\Delta t = 2mv \Rightarrow F = \dfrac{2mv}{\Delta t}$

Resposta: c

7. Uma bola de futebol, de massa $m = 0{,}4$ kg, cai verticalmente e atinge a cabeça de um jogador com velocidade $v_0 = 15$ m/s. Ao ser cabeceada, essa bola é lançada horizontalmente com velocidade $v = 20$ m/s.

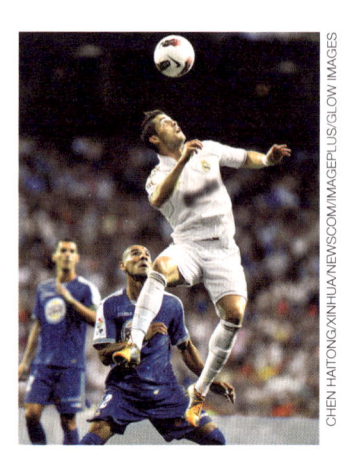

a) Representar graficamente o vetor quantidade de movimento da bola imediatamente antes de ela atingir a cabeça do jogador e imediatamente após ela ter sido cabeceada. Representar graficamente o vetor impulso da força resultante que o jogador aplica na bola.

b) Calcular os módulos dos vetores representados no item anterior.

▶ **Solução**

a) A quantidade de movimento da bola imediatamente antes de atingir a cabeça do jogador ($\vec{Q}_0$) tem direção vertical e sentido de cima para baixo. A quantidade de movimento da bola imediatamente após ter sido cabeceada ($\vec{Q}$) tem direção horizontal e sentido, por exemplo, da esquerda para a direita. O impulso da força resultante é dado pela diferença entre os vetores quantidade de movimento final e inicial ($\vec{Q} - \vec{Q}_0$) de acordo com o teorema do impulso. Assim, temos:

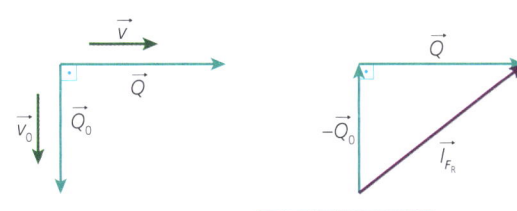

b) $Q_0 = mv_0 \Rightarrow Q_0 = 0{,}4 \cdot 15 \therefore \boxed{Q_0 = 6 \text{ kg} \cdot \text{m/s}}$

$Q = mv \Rightarrow Q = 0{,}4 \cdot 20 \therefore \boxed{Q = 8 \text{ kg} \cdot \text{m/s}}$

Aplicando o teorema de Pitágoras, temos:

$I_{F_R}^2 = Q^2 + Q_0^2 \Rightarrow I_{F_R}^2 = 8^2 + 6^2 \therefore \boxed{I_{F_R} = 10 \text{ N} \cdot \text{s}}$

Exercícios propostos

5. Um carrinho de massa $m = 1{,}5$ kg está em repouso ($\vec{v}_0 = \vec{0}$) sobre uma superfície horizontal perfeitamente lisa. No instante $t = 0$, uma força horizontal $\vec{F}$, de intensidade 0,75 N, é aplicada ao carrinho.

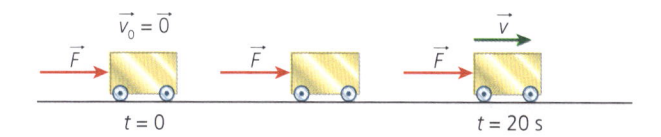

a) Determine o impulso da força $\vec{F}$ no intervalo de $t = 0$ a $t = 20$ s.

b) Calcule o módulo da velocidade v do carrinho no instante $t = 20$ s.

6. Uma pequena bola de borracha de massa $m = 0{,}2$ kg é lançada com velocidade de módulo $v_0 = 6$ m/s perpendicularmente a uma parede e retorna na mesma direção com velocidade de módulo $v = 4$ m/s. Sendo $\Delta t = 5 \cdot 10^{-2}$ s a duração da colisão, determine a intensidade da força média que a parede exerce na bola.

7. Uma bola de bilhar de massa $m = 0{,}5$ kg é lançada, de encontro à tabela da mesa, representada abaixo, com velocidade $v = 5$ m/s. Após sofrer reflexão, a bola volta com velocidade de mesmo módulo v. Despreze os atritos.

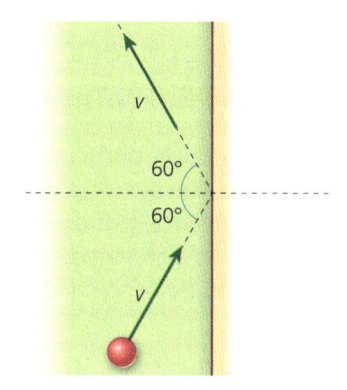

a) Represente graficamente o vetor quantidade de movimento da bola imediatamente antes de atingir a tabela e imediatamente após sofrer a reflexão. Represente também o vetor impulso da força resultante que a tabela aplica na bola.

b) Calcule os módulos dos vetores representados no item **a**.

Aplicação tecnológica

Air bag

Para evitar que o motorista e o passageiro do banco da frente sejam projetados contra o para-brisa numa colisão frontal (**fig. IA**), os automóveis, a partir de determinado ano, já saem da fábrica equipados com *air bags*, ou seja, bolsas infláveis instaladas no volante e no painel de instrumentos, acima do porta-luvas. Essas bolsas inflam quando o carro sofre desaceleração brusca, detectada por sensores eletrônicos (**fig. IB**). Estes enviam um sinal para uma unidade de controle que ativa um explosivo, provocando reações químicas. Nessas reações, determinado volume de gás nitrogênio (N_2) é liberado, inflando os *air bags* rápida e simultaneamente.

Figura I. Teste de colisão em automóvel sem *air bag* (A); teste de colisão em automóvel com *air bag* (B).

Capítulo 13 • Impulso e quantidade de movimento

Aplicação tecnológica

A mistura que provoca as reações químicas é constituída por nitreto de sódio (NaN_3) — também conhecido como azoteto de sódio ou azida sódica —, por nitrato de potássio (KNO_3) e dióxido de silício (SiO_2).

Com a detonação do explosivo, deflagra-se a seguinte reação química:

$$2\ NaN_3 \longrightarrow 2\ Na + 3\ N_2$$

Nessa reação, 130 g de NaN_3 produzem 67 L de N_2.

O sódio, que é altamente reativo, reage com o nitrato de potássio, gerando mais nitrogênio.

$$10\ Na + 2\ KNO_3 \longrightarrow K_2O + 5\ Na_2O + N_2$$

O óxido de potássio (K_2O) e o óxido de sódio (Na_2O) reagem com o dióxido de silício (SiO_2), formando um silicato alcalino, que é um composto estável e não inflamável.

$$K_2O + Na_2O + SiO_2 \longrightarrow \text{silicato alcalino}$$

Ao serem preenchidos pelo gás nitrogênio, os *air bags* rompem as capas protetoras existentes no volante e no painel, dando passagem às bolsas infladas.

As bolsas desinflam rapidamente e todo o processo ocorre em segundos, tempo suficiente para amortecer o impacto e evitar ferimentos graves, porém, é preciso que os bancos do automóvel estejam na posição correta, levemente inclinados para trás, para que o *air bag* funcione eficientemente, além disso, as pessoas devem estar com o cinto de segurança.

5 Princípio da conservação da quantidade de movimento

Considere um sistema de partículas. A força que uma partícula exerce sobre outra, devido à atração gravitacional, à atração ou repulsão elétrica, por exemplo, é chamada de **força interna**. A força que age numa partícula e é devida a outras partículas que não pertencem ao sistema é chamada de **força externa**.

Como exemplo, considere um sistema constituído de duas bolas de bilhar, A e B. A força aplicada pelo taco a uma das bolas, o peso da bola e a força normal são forças externas ao sistema. As forças que as bolas exercem uma sobre a outra durante a colisão são forças internas.

Na **figura 8**, representamos as bolas imediatamente antes da colisão **(fig. 8A)**, durante a colisão **(fig. 8B)** e imediatamente depois da colisão **(fig. 8C)**.

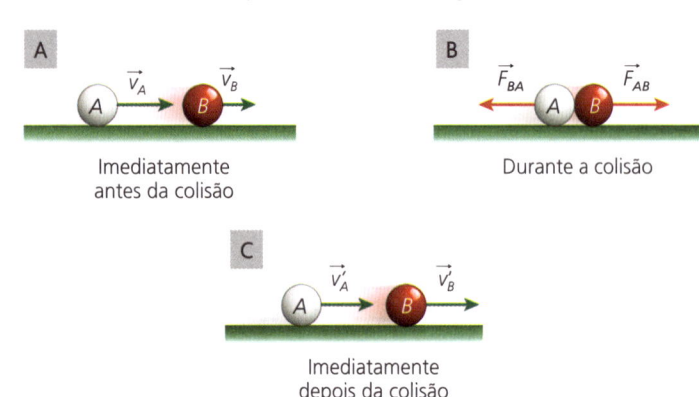

Figura 8.

Note que, durante a colisão, a força que A exerce em B ($\vec{F}_{AB}$) tem o mesmo módulo, a mesma direção e sentido oposto à força que B exerce em A ($\vec{F}_{BA}$), de acordo com a terceira lei de Newton. Isto é, $\vec{F}_{AB} = -\vec{F}_{BA}$.

Consequentemente, para os impulsos dessas forças, temos: $\vec{I}_{AB} = -\vec{I}_{BA}$

Pelo teorema do impulso aplicado a cada bola, temos:

$$\vec{I}_{AB} = m_B \cdot \vec{v}'_B - m_B \cdot \vec{v}_B \quad \text{e} \quad \vec{I}_{BA} = m_A \cdot \vec{v}'_A - m_A \cdot \vec{v}_A$$

De $\vec{I}_{AB} = -\vec{I}_{BA}$, resulta:

$$m_B \cdot \vec{v}'_B - m_B \cdot \vec{v}_B = -(m_A \cdot \vec{v}'_A - m_A \cdot \vec{v}_A)$$

Portanto:

$$m_A \cdot \vec{v}_A + m_B \cdot \vec{v}_B = m_A \cdot \vec{v}'_A + m_B \cdot \vec{v}'_B$$

Mas $m_A \cdot \vec{v}_A + m_B \cdot \vec{v}_B = \vec{Q}_0$ representa a quantidade de movimento total do sistema imediatamente antes da colisão e $m_A \cdot \vec{v}'_A + m_B \cdot \vec{v}'_B = \vec{Q}$ representa a quantidade de movimento total do sistema imediatamente depois da colisão.

Concluímos, então, que as forças internas produzem variações das quantidades de movimento das partículas que constituem o sistema, mas não produzem variações da quantidade de movimento total do sistema ($\vec{Q}_0 = \vec{Q} \Rightarrow \vec{Q}_{antes} = \vec{Q}_{depois}$), o que só ocorreria se forças externas, de resultante não nula, agissem nas partículas do sistema. Quando a resultante das forças externas que agem num sistema de partículas é nula, dizemos que o sistema é **isolado de forças externas**. Podemos, assim, enunciar o **princípio da conservação da quantidade de movimento**.

> A quantidade de movimento de um sistema de partículas isolado de forças externas é constante.

Exercícios resolvidos

8. Um garoto de massa M está em pé em um carrinho de massa $m = \dfrac{M}{5}$. O conjunto encontra-se inicialmente em repouso. O garoto passa a caminhar com velocidade de módulo V sobre o carrinho, que recua com velocidade de módulo v. Ambas as velocidades são dadas em relação à Terra. Qual é a relação entre v e V?

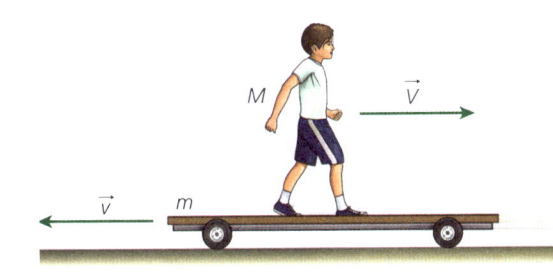

▶ **Solução**

O sistema constituído pelo garoto e pelo carrinho é isolado de forças externas. As forças de atrito do pé do garoto sobre o carrinho e do carrinho no pé do garoto são forças internas ao sistema. Podemos, assim, aplicar o princípio da conservação da quantidade de movimento. Estando o sistema em repouso, a quantidade de movimento inicial é nula; o mesmo acontece com a quantidade de movimento do sistema quando o garoto e o carrinho estão em movimento.

Assim, temos:

$$\vec{Q}_0 = \vec{Q} \Rightarrow \vec{Q}_{antes} = \vec{Q}_{depois} \Rightarrow \vec{0} = m \cdot \vec{v} + M \cdot \vec{V}$$

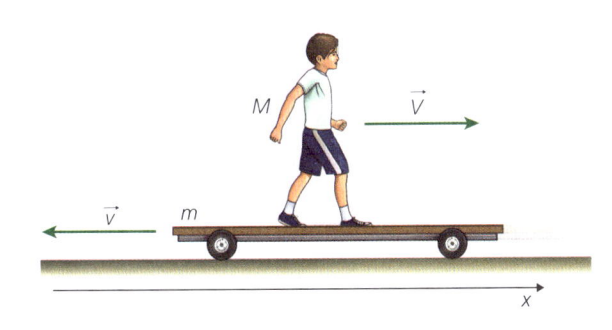

Em relação ao eixo x da figura, temos:

$$0 = MV + m \cdot (-v) \Rightarrow mv = MV \Rightarrow \dfrac{M}{5} \cdot v = MV \Rightarrow \boxed{v = 5V}$$

9. Um objeto de massa $m = 2$ kg desloca-se ao longo de um eixo x em MRU com velocidade de módulo $v = 10$ m/s. Num certo instante, o objeto explode em dois fragmentos, A e B, de massas 1,5 kg e 0,5 kg, respectivamente. O fragmento A desloca-se perpendicularmente ao eixo x com velocidade de módulo $v_A = 10$ m/s. Qual é o módulo da velocidade v_B do fragmento B?

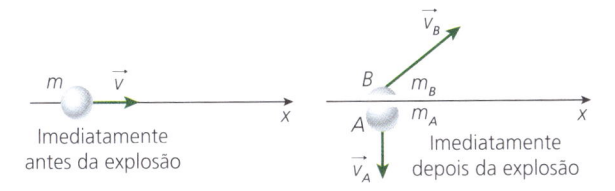

▶ **Solução**

Nas explosões, as forças internas são muito intensas, por isso podemos desprezar as forças externas, como o peso do objeto, por exemplo. Nessas condições, aplicamos o princípio da conservação da quantidade de movimento:

$$\vec{Q}_0 = \vec{Q} \Rightarrow \vec{Q}_{antes} = \vec{Q}_{depois} \Rightarrow \vec{Q}_{antes} = \vec{Q}_A + \vec{Q}_B$$

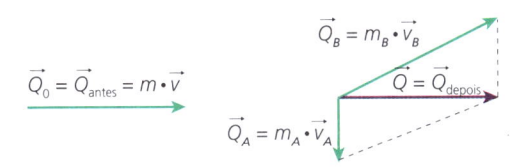

$Q_{antes} = 2$ kg $\cdot$ 10 m/s $= 20$ kg $\cdot$ m/s

$Q_A = 1,5$ kg $\cdot$ 10 m/s $= 15$ kg $\cdot$ m/s e $Q_B = 0,5 v_B$

Aplicando o teorema de Pitágoras, temos:

$$Q_B^2 = Q_{antes}^2 + Q_A^2 \Rightarrow (0,5 v_B)^2 = 20^2 + 15^2 \Rightarrow$$

$$\Rightarrow 0,5 v_B = 25 \therefore \boxed{v_B = 50 \text{ m/s}}$$

10. Duas bolinhas de argila, A e B, de mesma massa m, deslocam-se com velocidades de mesma direção e sentido e de módulos 3 m/s e 1 m/s, respectivamente. As bolas colidem de tal forma que uma gruda na outra e elas passam a se mover juntas com a mesma velocidade de módulo v. Qual é o valor de v?

▶ **Solução**

Considerando que o sistema de bolinhas está isolado de forças externas, de acordo com o princípio da conservação da quantidade de movimento, temos:

$$\vec{Q}_0 = \vec{Q} \Rightarrow \vec{Q}_{antes} = \vec{Q}_{depois}$$

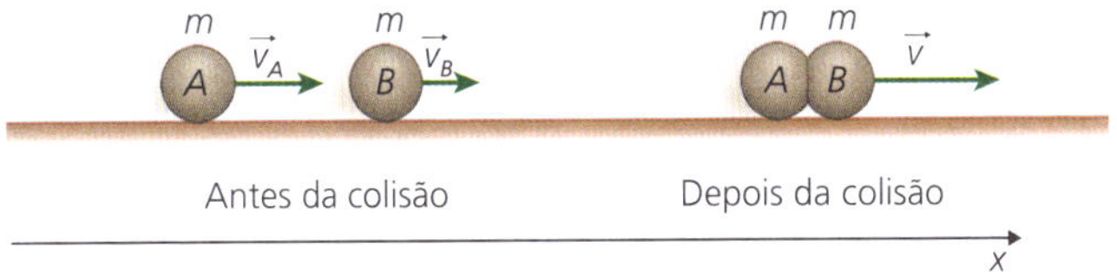

Em relação ao eixo x da figura, temos:

$Q_{antes} = m \cdot 3 + m \cdot 1 = 4m$ e $Q_{depois} = 2mv$

Aplicando o princípio da conservação da quantidade de movimento, temos:

$$4m = 2mv \therefore \boxed{v = 2 \text{ m/s}}$$

Capítulo 13 • Impulso e quantidade de movimento

Exercícios propostos

8. Dois blocos, A e B, de massas m e $3m$, respectivamente, estão em repouso sobre uma mesa e em contato com uma mola. Um fio, preso aos blocos, mantém a mola comprimida e os blocos em repouso. O fio é cortado e os blocos são lançados, conforme indica a figura.

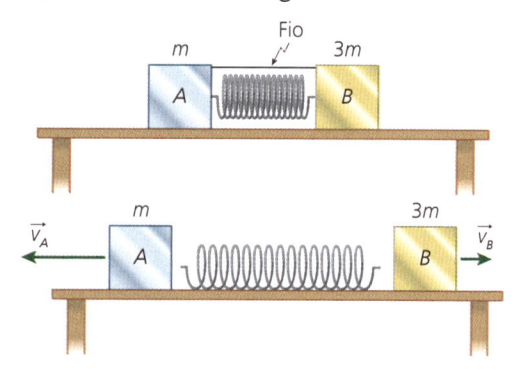

A superfície da mesa é perfeitamente lisa. Se o bloco A adquire a velocidade de módulo $v_A = 3$ m/s, qual é o módulo da velocidade v_B adquirida pelo bloco B?

9. Um objeto de massa m desloca-se ao longo de um eixo x em MRU com velocidade de módulo $v = 5$ m/s. Num certo instante, o objeto explode em três fragmentos, A, B e C, de massas iguais. Imediatamente após a explosão, os fragmentos A e B deslocam-se perpendicularmente ao eixo x com velocidades de módulos iguais a 3 m/s, enquanto o fragmento C desloca-se na direção e sentido do eixo x. A figura a seguir ilustra duas situações: imediatamente antes e imediatamente depois da explosão.

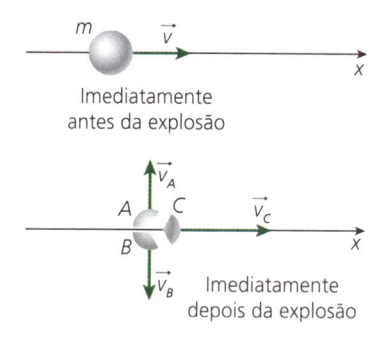

Qual é o módulo da velocidade v_C do fragmento C?

10. Dois carrinhos, A e B, de mesma massa $m = 0,4$ kg, deslocam-se com velocidades de mesma direção e sentido e de módulos 3 m/s e 4 m/s, respectivamente. Os carros colidem, grudam um no outro e passam a se mover unidos e com velocidade de módulo v. Qual é o valor de v?

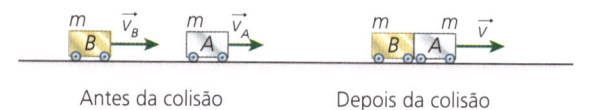

Atividade prática

Neste experimento, você vai observar, na prática, a conservação da quantidade de movimento.

Para realizá-lo, você vai precisar de duas bolas de basquete idênticas e de uma bolinha de tênis. Se possível, faça a experiência na quadra ou no pátio da escola.

Inicialmente, segure as duas bolas de basquete, uma apoiada sobre a outra, a determinada altura, por exemplo, a 1 m do solo. Se necessário, peça ajuda a um colega para manter a bola superior em repouso sobre a outra. Abandone as duas bolas ao mesmo tempo para que caiam de encontro ao piso **(fig. I)**. Observe o que acontece com a bola que estava por cima após o choque da primeira contra o solo.

Agora repita a experiência substituindo a bola de basquete que estava em cima por uma bolinha de tênis **(fig. II)** e, mais uma vez, abandone simultaneamente as duas bolas da mesma altura que no primeiro experimento. Observe o que acontece dessa vez com a bola que estava por cima, a bolinha de tênis.

Usando os conceitos, leis e princípios da Física que você já conhece, explique o comportamento das bolas nas duas situações.

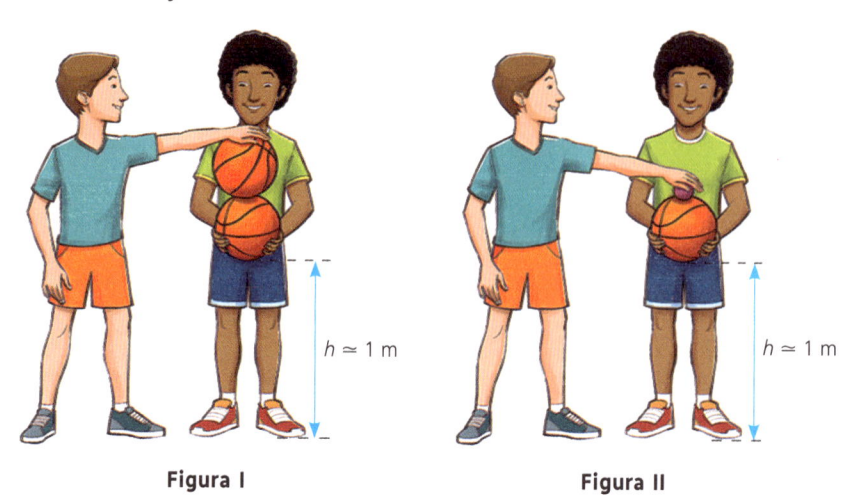

Figura I

Figura II

6 Choques mecânicos

Choque frontal ou unidimensional

As colisões entre os corpos são chamadas de **choques mecânicos**. Vamos analisar apenas os choques entre esferas ou entre esferas e superfícies planas. Neste estudo, consideraremos que as esferas não têm movimento de rotação, mas apenas de translação.

Quando os centros das esferas se deslocam sobre uma mesma reta, antes e depois da colisão, dizemos que o choque é **frontal** ou **unidimensional**.

Conservação da quantidade de movimento

Em muitas situações físicas, o sistema constituído pelos corpos que colidem é considerado um sistema isolado, pois as forças externas são desprezíveis em comparação com as forças internas. Portanto, durante a colisão, há conservação da quantidade de movimento, isto é:

> A quantidade de movimento do sistema de corpos imediatamente antes da colisão é igual à quantidade de movimento imediatamente depois da colisão.

Coeficiente de restituição

Dependendo das propriedades elásticas dos corpos que colidem, a energia cinética total do sistema imediatamente após o choque pode ser igual ou menor que a energia cinética total do sistema imediatamente antes do choque. Para caracterizar as propriedades elásticas dos corpos que colidem, define-se a grandeza **coeficiente de restituição (e)**.

Para isso, vamos considerar um choque frontal entre duas esferas A e B. Antes de ocorrer a colisão, as esferas estarão se aproximando. Vamos indicar por v_{ap} o módulo da **velocidade relativa de aproximação** entre A e B. Depois da colisão, as esferas estarão se afastando. Vamos indicar por v_{af} o módulo da **velocidade relativa de afastamento** entre A e B.

Quando as esferas A e B se movimentam no mesmo sentido, o módulo da velocidade relativa de aproximação (v_{ap}) ou de afastamento (v_{af}) é dado pela diferença entre os módulos das velocidades escalares das esferas (fig. 9).

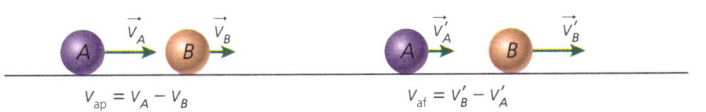

$$v_{ap} = v_A - v_B \qquad v_{af} = v'_B - v'_A$$

Figura 9. Esferas A e B se movendo no mesmo sentido, antes e depois do choque.

Quando as esferas A e B se movimentam em sentidos opostos, o módulo da velocidade relativa de aproximação (v_{ap}) ou de afastamento (v_{af}) é dado pela soma entre os módulos das velocidades escalares das esferas (fig. 10).

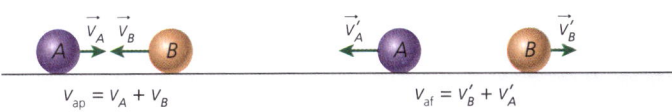

$$v_{ap} = v_A + v_B \qquad v_{af} = v'_B + v'_A$$

Figura 10. Esferas A e B se movendo em sentidos contrários, antes e depois do choque.

O coeficiente de restituição é, por definição, a razão entre o módulo da velocidade relativa de afastamento e o módulo da velocidade relativa de aproximação.

$$e = \frac{v_{af}}{v_{ap}}$$

O coeficiente de restituição é uma grandeza adimensional, podendo assumir valores entre 0 e 1, dependendo do tipo de choque.

Tipos de choque

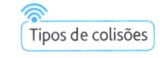

Choque perfeitamente elástico

Nesse tipo de choque, o coeficiente de restituição é igual a 1 ($e = 1$). Desse modo, a velocidade relativa de afastamento tem módulo igual ao da velocidade relativa de aproximação.

No choque perfeitamente elástico, há conservação da energia cinética, isto é, a energia cinética total do sistema imediatamente antes do choque é igual à energia cinética total do sistema depois do choque.

Choque perfeitamente inelástico

Nesse tipo de choque, o coeficiente de restituição é igual a zero ($e = 0$). Desse modo, a velocidade relativa de afastamento é nula. Isso significa que, após o choque, as esferas adquirem a mesma velocidade, permanecendo unidas.

O teste de colisão é uma situação que pode ser considerada um exemplo de choque perfeitamente inelástico.

Choque parcialmente elástico

Nesse tipo de choque, o coeficiente de restituição assume um valor intermediário entre 0 e 1 (0 < e < 1).

Para os choques perfeitamente inelástico e parcialmente elástico, a energia cinética total do sistema imediatamente antes do choque é maior que a energia cinética total do sistema imediatamente depois do choque e, portanto, não há conservação da energia cinética.

Exercícios resolvidos

11. Uma esfera A, de massa $m_A = 0{,}20$ kg, desloca-se com velocidade de módulo $v_A = 3{,}0$ m/s e colide frontalmente com uma esfera B, de massa $m_B = 0{,}10$ kg e que se encontra em repouso ($v_B = 0$).

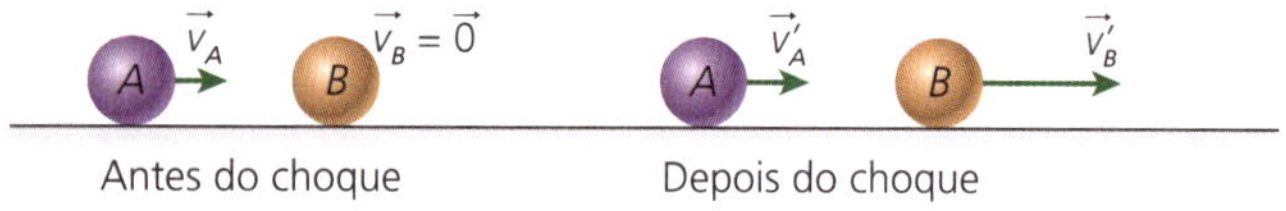

Antes do choque — Depois do choque

Sendo o choque perfeitamente elástico ($e = 1$), determinar os módulos das velocidades v'_A e v'_B que as esferas A e B adquirem imediatamente depois do choque.

▶ **Solução**

As duas equações que permitem determinar as velocidades depois do choque estão relacionadas à definição do coeficiente de restituição e ao princípio da conservação da quantidade de movimento.

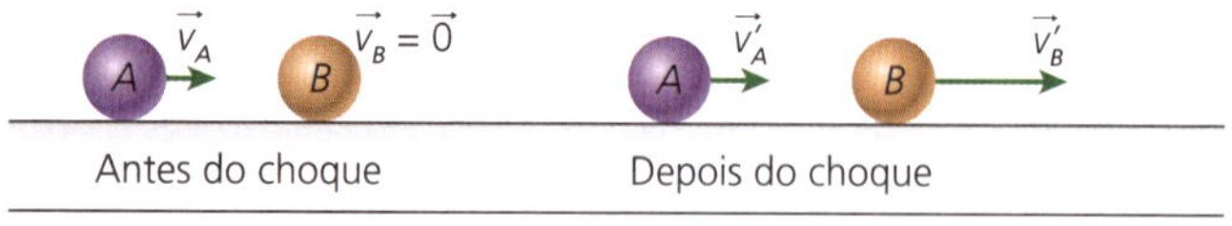

Antes do choque — Depois do choque

Sendo o choque perfeitamente elástico, temos:

$$e = \frac{v_{af}}{v_{ap}} \Rightarrow e = \frac{v'_B - v'_A}{v_A - v_B} \Rightarrow 1 = \frac{v'_B - v'_A}{3{,}0 - 0} \Rightarrow v'_B - v'_A = 3{,}0 \quad \text{①}$$

De acordo com o princípio da conservação da quantidade de movimento, para o sistema constituído pelas duas esferas, temos:

$$\vec{Q}_{antes} = \vec{Q}_{depois}$$

Em relação ao eixo x da figura, podemos escrever:

$Q_{antes} = Q_{depois} \Rightarrow m_A v_A + m_B v_B = m_A v'_A + m_B v'_B \Rightarrow$

$\Rightarrow 0{,}20 \cdot 3{,}0 + 0{,}10 \cdot 0 = 0{,}20 \cdot v'_A + 0{,}10 \cdot v'_B \Rightarrow$

$\Rightarrow 2v'_A + v'_B = 6{,}0 \quad \text{②}$

Resolvendo o sistema de equações ① e ②, temos:

$$\boxed{v'_A = 1{,}0 \text{ m/s}} \quad \text{e} \quad \boxed{v'_B = 4{,}0 \text{ m/s}}$$

12. Uma esfera A desloca-se com velocidade de módulo $v_A = 3{,}0$ m/s e colide frontalmente com uma esfera B, que se encontra em repouso ($v_B = 0$). As massas dessas esferas são iguais a m. Sendo o choque perfeitamente elástico ($e = 1$), determinar os módulos das velocidades v'_A e v'_B das esferas A e B imediatamente depois do choque.

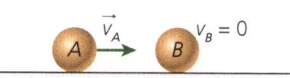

▶ **Solução**

Antes do choque — Depois do choque

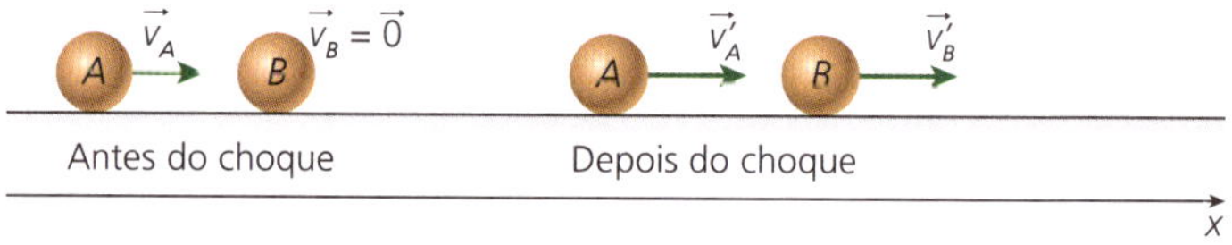

Da definição de coeficiente de restituição, temos:

$$e = \frac{v_{af}}{v_{ap}} \Rightarrow e = \frac{v'_B - v'_A}{v_A - v_B} \Rightarrow 1 = \frac{v'_B - v'_A}{3{,}0 - 0} \Rightarrow v'_B - v'_A = 3{,}0 \quad \text{①}$$

Pelo princípio da conservação da quantidade de movimento, tomando o eixo da figura como referência, temos:

$Q_{antes} = Q_{depois} \Rightarrow m_A v_A + m_B v_B = m_A v'_A + m_B v'_B \Rightarrow$

$\Rightarrow m \cdot 3{,}0 + m \cdot 0 = m v'_A + m v'_B \Rightarrow v'_A + v'_B = 3{,}0 \quad \text{②}$

Resolvendo o sistema de equações ① e ②, resulta:

$$\boxed{v'_A = 0} \quad \text{e} \quad \boxed{v'_B = 3{,}0 \text{ m/s}}$$

> **Observação**
>
> O resultado desse exercício permite concluir que, nos choques frontais e perfeitamente elásticos entre corpos de massas iguais, ocorre troca de velocidades.

13. Uma pequena esfera A de massa m, presa à extremidade de um fio de massa desprezível, é abandonada da posição horizontal, conforme a figura. No ponto mais baixo de sua trajetória, a esfera A colide inelasticamente com uma esfera B, também de massa m, que está em repouso. O fio tem comprimento $L = 45$ cm.

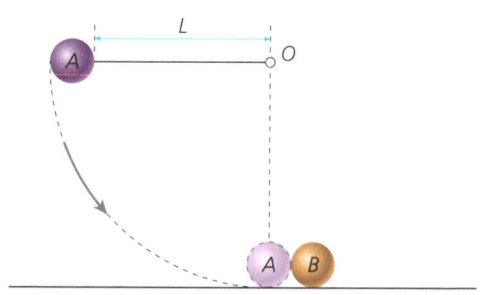

Considerando a aceleração da gravidade $g = 10{,}0$ m/s², determinar:
a) o módulo da velocidade da esfera A imediatamente antes do choque;
b) o módulo da velocidade das esferas A e B imediatamente depois do choque.

▶ **Solução**

a) Para o cálculo da velocidade de A imediatamente antes do choque, vamos aplicar o princípio da conservação da energia mecânica.

168 Física – Nicolau • Torres • Penteado

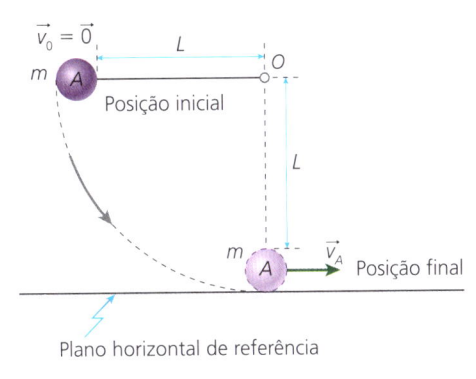

$E_{\text{mec.(inicial)}} = E_{\text{mec.(final)}} \Rightarrow mgL = \dfrac{mv_A^2}{2} \Rightarrow$

$\Rightarrow v_A = \sqrt{2gL} \Rightarrow v_A = \sqrt{2 \cdot 10{,}0 \cdot 0{,}45} \therefore v_A = 3{,}0 \text{ m/s}$

b) Pelo princípio da conservação da quantidade de movimento, temos:

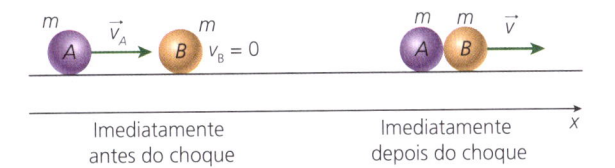

Em relação ao eixo x da figura, temos:
$Q_{\text{antes}} = Q_{\text{depois}} \Rightarrow mv_A + mv_B = (m+m) \cdot v \Rightarrow$

$\Rightarrow m \cdot 3{,}0 + m \cdot 0 = 2mv \therefore \boxed{v = 1{,}5 \text{ m/s}}$

Exercícios propostos

11. Um carrinho A desloca-se com velocidade de módulo $v_A = 2{,}0$ m/s e colide frontalmente com um carrinho B, que está em repouso ($v_B = 0$), conforme a figura.

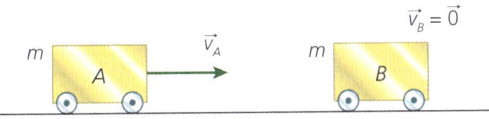

Os carrinhos têm mesma massa $m = 0{,}10$ kg. Imediatamente após a colisão, eles adquirem velocidades de módulos v'_A e v'_B, respectivamente.

Determine as velocidades v'_A e v'_B nos seguintes casos:
a) o choque é perfeitamente elástico ($e = 1$);
b) o choque é perfeitamente inelástico ($e = 0$).

12. Três esferas idênticas estão em repouso sobre uma mesa de bilhar. A esfera A é lançada com velocidade de módulo v, conforme indica a figura.

Tabela

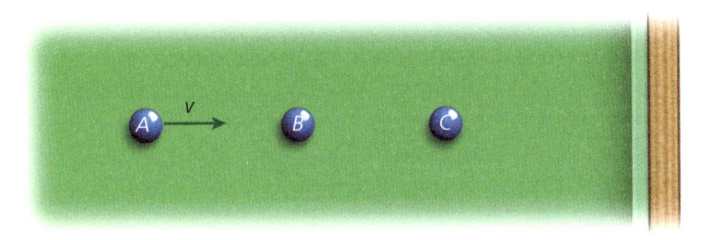

Todos os choques, inclusive com a tabela, são perfeitamente elásticos. Descreva o que ocorre com as esferas depois de todos os choques ocorrerem.

13. A **figura I** representa um pêndulo múltiplo constituído de cinco esferas idênticas (A, B, C, D e E). A esfera A é elevada, conforme indica a **figura II**, sendo em seguida abandonada.

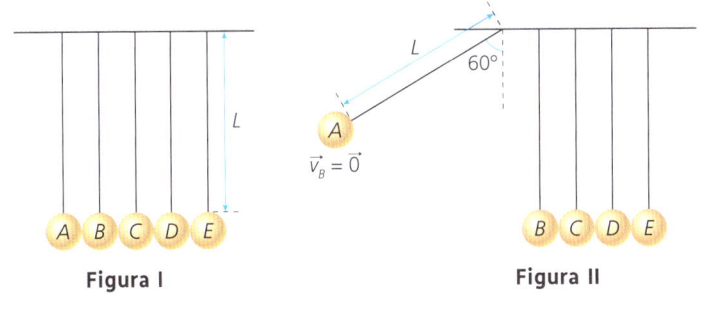

Figura I   **Figura II**

a) Qual é o módulo da velocidade da esfera A imediatamente antes de colidir com a esfera B?
b) Após a colisão de A com B, o choque se propaga para as esferas C, D e E. Qual é o módulo da velocidade com que a esfera E é lançada? Considere os choques frontais e perfeitamente elásticos.
(Dados: $L = 40$ cm; $g = 10{,}0$ m/s²; cos 60° = 0,50)

Atividade prática

Neste experimento, você vai medir o coeficiente de restituição usando diferentes materiais. Para isso, vai precisar de:
- uma bolinha de tênis;
- uma bolinha de massa de modelar ou de massa de vidraceiro;
- uma trena ou uma fita métrica.

Solte cada uma das bolinhas de uma certa altura H; por exemplo, $H = 2$ m. Após o primeiro choque com o solo, determine a correspondente altura máxima h que cada bolinha atinge.

O coeficiente de restituição depende das propriedades elásticas dos materiais que constituem os corpos que colidem (no caso, a bolinha de tênis e o solo e a bolinha de massa de modelar e o solo). Nesse experimento, o coeficiente de restituição pode ser determinado pela relação: $e\sqrt{\dfrac{h}{H}}$

Determine o coeficiente de restituição referente a cada um dos choques no experimento que você realizou.

Classifique cada um dos choques em: perfeitamente elástico ($h = H$), perfeitamente inelástico ($h = 0$) ou parcialmente elástico ($0 < h < H$).

Exercícios de revisão

Ficha-resumo 1

O **impulso** $\vec{I}$ de uma força constante $\vec{F}$ no intervalo de tempo Δt é a grandeza vetorial:

$$\vec{I} = \vec{F} \cdot \Delta t$$

em que $\vec{I}$ tem a mesma direção e o mesmo sentido da força $\vec{F}$.

Se a força tem intensidade variável e direção constante, a intensidade do impulso é calculada numericamente por meio da área entre a linha do gráfico e o eixo das abscissas no diagrama $F \times t$.

$$I \stackrel{N}{=} A$$

A **quantidade de movimento** é a grandeza vetorial:

$$\vec{Q} = m \cdot \vec{v}$$

em que $\vec{Q}$ tem a mesma direção e o mesmo sentido da velocidade $\vec{v}$.

Teorema do impulso: o impulso da força resultante, que age num corpo, num intervalo de tempo é igual à variação da quantidade de movimento do corpo no mesmo intervalo de tempo.

$$\vec{I}_{F_R} = \vec{Q} - \vec{Q}_0$$

1. (Uniube-MG) Uma partícula de massa 4 kg, inicialmente em repouso, é submetida a uma força resultante de direção e sentido invariáveis, e cuja intensidade varia de acordo com o gráfico a seguir.

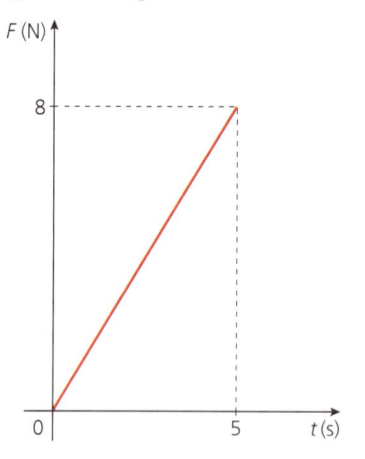

O trabalho realizado sobre a partícula é, em J, igual a:
a) 50   b) 30   c) 20   d) 10   e) zero

2. (Unifesp) Uma menina deixa cair uma bolinha de massa de modelar que se choca verticalmente com o chão e para; a bolinha tem massa 10 g e atinge o chão com velocidade de 3,0 m/s. Pode-se afirmar que o impulso exercido pelo chão sobre essa bolinha é vertical e tem sentido para:
a) cima e módulo $3{,}0 \cdot 10^{-2}$ N · s.
b) baixo e módulo $3{,}0 \cdot 10^{-2}$ N · s.
c) cima e módulo $6{,}0 \cdot 10^{-2}$ N · s.
d) baixo e módulo $6{,}0 \cdot 10^{-2}$ N · s.
e) cima e módulo igual a zero.

3. (Unicamp-SP) Muitos carros possuem um sistema de segurança para os passageiros chamado *air bag*. Este sistema consiste em uma bolsa de plástico que é rapidamente inflada quando o carro sofre desaceleração brusca, interpondo-se entre o passageiro e o painel do veículo. Em uma colisão, a função do *air bag* é:
a) aumentar o intervalo de tempo de colisão entre o passageiro e o carro, reduzindo assim a força recebida pelo passageiro.
b) aumentar a variação de momento linear do passageiro durante a colisão, reduzindo assim a força recebida pelo passageiro.
c) diminuir o intervalo de tempo de colisão entre o passageiro e o carro, reduzindo assim a força recebida pelo passageiro.
d) diminuir o impulso recebido pelo passageiro devido ao choque, reduzindo assim a força recebida pelo passageiro.

Ficha-resumo 2

Princípio da conservação da quantidade de movimento: a quantidade de movimento de um sistema de partículas isolado de forças externas é constante.

$$\vec{Q}_0 = \vec{Q} \Rightarrow \vec{Q}_{antes} = \vec{Q}_{depois}$$

4. (Unicamp-SP) Tempestades solares são causadas por um fluxo intenso de partículas de altas energias ejetadas pelo Sol durante erupções solares. Esses jatos de partículas podem transportar bilhões de toneladas de gás eletrizado em altas velocidades, que podem trazer riscos de danos aos satélites em torno da Terra.

Considere que, em uma erupção solar em particular, um conjunto de partículas de massa total $m_p = 5$ kg, deslocando-se com velocidade de módulo $v_p = 2 \cdot 10^5$ m/s, choca-se com um satélite de massa $M_s = 95$ kg que se desloca com velocidade de módulo igual a $V_s = 4 \cdot 10^3$ m/s na mesma direção e em sentido contrário ao das partículas. Se a massa de partículas adere ao satélite após a colisão, o módulo da velocidade final do conjunto será de:
a) 102.000 m/s
b) 14.000 m/s
c) 6.200 m/s
d) 3.900 m/s

5. (Unifap) Uma patinadora de 50 kg e um patinador de 75 kg estão em repouso sobre a pista de patinação, na qual o atrito é desprezível. O patinador empurra a patinadora e se desloca para trás com velocidade de 0,3 m/s em relação ao gelo. Após 5 s, qual será a separação entre eles, supondo que suas velocidades permaneçam praticamente constantes?
a) 3,0 m
b) 4,0 m
c) 1,5 m
d) 4,5 m
e) 3,75 m

6. (FGV-RJ) Leonardo, de 75 kg, e sua filha Beatriz, de 25 kg, estavam patinando em uma pista horizontal de gelo, na mesma direção e em sentidos opostos, ambos com velocidade de módulo $v = 1,5$ m/s. Por estarem distraídos, colidiram frontalmente, e Beatriz passou a se mover com velocidade de módulo u = 3,0 m/s, na mesma direção, mas em sentido contrário ao de seu movimento inicial. Após a colisão, a velocidade de Leonardo é:

a) nula.
b) 1,5 m/s no mesmo sentido de seu movimento inicial.
c) 1,5 m/s em sentido oposto ao de seu movimento inicial.
d) 3,0 m/s no mesmo sentido de seu movimento inicial.
e) 3,0 m/s em sentido oposto ao de seu movimento inicial.

7. (Fuvest-SP) Um núcleo de polônio-204 (^{204}Po), em repouso, transmuta-se em um núcleo de chumbo-200 (^{200}Pb), emitindo uma partícula alfa (α) com energia cinética E_α. Nesta reação, a energia cinética do núcleo de chumbo é igual a:

a) E_α
b) $\dfrac{E_\alpha}{200}$
c) $\dfrac{E_\alpha}{50}$
d) $\dfrac{E_\alpha}{150}$
e) $\dfrac{E_\alpha}{204}$

Note e adote

Núcleo	Massa (u)
^{204}Po	204
^{200}Pb	200
α	4
1 u = 1 unidade de massa atômica	

8. (Escola Naval-RJ) Analise a figura abaixo.

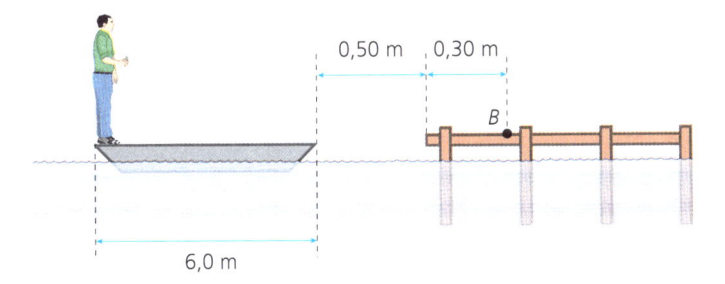

A figura acima mostra um homem de 69 kg segurando um pequeno objeto de 1,0 kg, em pé na popa de um flutuador de 350 kg e 6,0 m de comprimento, que está em repouso sobre águas tranquilas. A proa do flutuador está a 0,50 m de distância do píer. O homem se desloca a partir da popa até a proa do flutuador, para, e, em seguida, lança horizontalmente o objeto, que atinge o píer no ponto B, indicado na figura acima. Sabendo que o deslocamento vertical do objeto durante o voo é de 1,25 m, qual a velocidade, em relação ao píer, com que o objeto inicia o voo?

(Dado: $g = 10$ m/s²)

a) 2,40 m/s
b) 61,0 cm/s
c) 360 cm/s
d) 3,00 km/h
e) 15,0 km/h

Ficha-resumo 3

O **coeficiente de restituição** é a razão entre o módulo da velocidade relativa de afastamento (v_{af}) e o módulo da velocidade relativa de aproximação (v_{ap}), ou seja:

$$e = \dfrac{V_{af}}{V_{ap}}$$

Se $e = 1$, o choque é perfeitamente elástico.
Se $e = 0$, o choque é perfeitamente inelástico.
Se $0 < e < 1$, o choque é parcialmente elástico.

9. (Mackenzie-SP) Uma pequena esfera E_1, de massa 100 g, é abandonada do repouso no ponto A de um trilho altamente polido, deslizando até se chocar frontalmente com uma esfera E_2, de massa 300 g, inicialmente em repouso no ponto B.

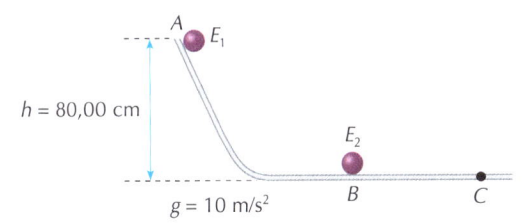

$h = 80,00$ cm
$g = 10$ m/s²

O choque ocorre com coeficiente de restituição 1. Após o choque:

a) a esfera E_1 retorna pelo trilho e atingirá a altura máxima de 20,00 cm em relação à parte horizontal, enquanto a esfera E_2 se deslocará no sentido de B para C, com velocidade de 2,0 m/s.
b) a esfera E_1 retorna pelo trilho e atingirá a altura máxima de 40,00 cm em relação à parte horizontal, enquanto a esfera E_2 se deslocará no sentido de B para C, com velocidade de 2,0 m/s.
c) ambas as esferas se deslocarão sobre o trilho no sentido de B para C, cada qual com velocidade de 2,0 m/s.
d) as esferas E_1 e E_2 se deslocarão sobre o trilho no sentido de B para C, com velocidades respectivamente iguais a 1,0 m/s e 3,0 m/s.
e) a esfera E_1 permanecerá parada em B e a esfera E_2 se deslocará sobre o trilho no sentido de B para C, com velocidade de 4,0 m/s.

10. (AFA-SP) De acordo com a figura a seguir, a partícula A, ao ser abandonada de uma altura H, desce a rampa sem atritos ou resistência do ar até sofrer uma colisão, perfeitamente elástica, com a partícula B, que possui o dobro da massa de A e que se encontra inicialmente em repouso.

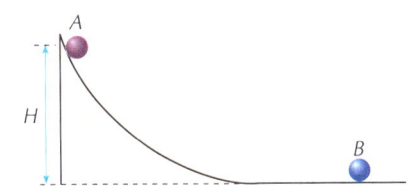

Após essa colisão, B entra em movimento e A retorna, subindo a rampa e atingindo uma altura igual a:

a) H
b) $\dfrac{H}{2}$
c) $\dfrac{H}{3}$
d) $\dfrac{H}{9}$

Exercícios de revisão

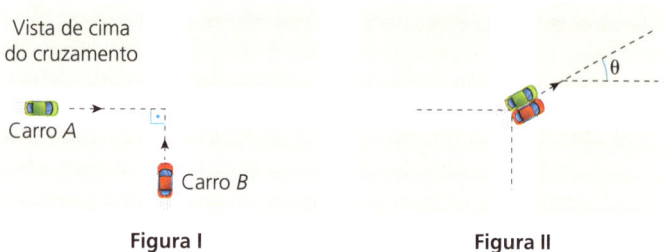

11. (Uespi) Em um acidente de trânsito, os carros A e B colidem no cruzamento mostrado nas **figuras** I e II a seguir. Logo após a colisão perfeitamente inelástica, os carros movem-se ao longo da direção que faz um ângulo de θ = 37° com a direção inicial do carro A (**fig. II**). Sabe-se que a massa do carro A é o dobro da massa do carro B, e que o módulo da velocidade dos carros logo após a colisão é de 20 km/h. Desprezando o efeito das forças de atrito entre o solo e os pneus e considerando sen 37° = 0,6 e cos 37° = 0,8, qual é a velocidade do carro A imediatamente antes da colisão?

Vista de cima do cruzamento

Carro A
Carro B

Figura I   Figura II

a) 24 km/h
b) 39 km/h
c) 63 km/h
d) 82 km/h
e) 92 km/h

12. (Unifesp) Uma pequena pedra de 10 g é lançada por um dispositivo com velocidade horizontal de módulo igual a 600 m/s, incide sobre um pêndulo em repouso e nele se engasta, caracterizando uma colisão totalmente inelástica. O pêndulo tem 6,0 kg de massa e está pendurado por uma corda de massa desprezível e inextensível, de 1,0 m de comprimento. Ele pode girar sem atrito no plano vertical, em torno da extremidade fixa da corda, de modo que a energia mecânica seja conservada após a colisão.

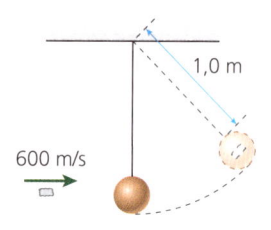

1,0 m
600 m/s

Considerando $g = 10,0$ m/s^2, calcule:
a) a velocidade do pêndulo com a pedra engastada, imediatamente após a colisão;
b) a altura máxima atingida pelo pêndulo com a pedra engastada e a tensão T na corda nesse instante.

13. (UFSC) Um pêndulo balístico é um aparato experimental que permite determinar a velocidade de um projétil. Na **figura** I, estão representados o projétil de massa m e velocidade inicial V_i, bem como um bloco de massa M, inicialmente em repouso. Após o impacto, o projétil se aloja no bloco e este se eleva a uma altura máxima y, conforme representação na **figura** II.

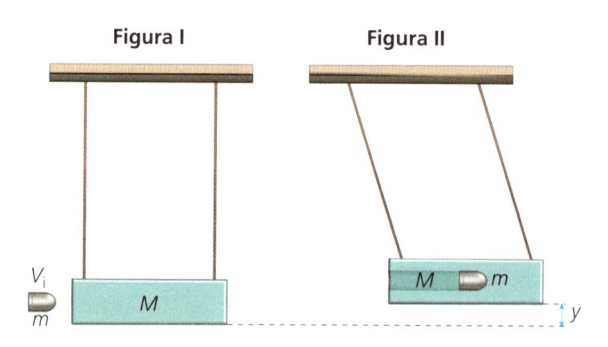

Figura I   Figura II

Assinale a(s) proposição(ões) correta(s).
(01) O projétil, logo após se alojar no interior do bloco, perde toda a sua energia cinética e toda a sua quantidade de movimento.
(02) O sistema formado pelo projétil mais o bloco atingirá uma altura máxima, à direita, a qual dependerá da velocidade inicial do projétil.
(04) Sendo a colisão característica desse processo perfeitamente inelástica, haverá perda de energia cinética.
(08) É impossível aplicar a lei de conservação da quantidade de movimento ao processo acima.
(16) Utilizando-se o princípio de conservação da energia mecânica, pode-se calcular a altura máxima atingida pelo bloco de massa M.
(32) A energia cinética inicial é igual à metade da energia cinética final para o processo dado.
(64) O sistema formado pelo projétil mais o bloco atingirá uma altura máxima, à direita, que dependerá das massas M e m.

Dê como resposta a soma dos números que precedem as proposições corretas.

Mais questões em **Vereda Digital Aprova Enem**, em **Vereda Digital Suplemento de revisão**, em **AprovaMax** (no *site*) e no livro digital.

CAPÍTULO
14
GRAVITAÇÃO UNIVERSAL

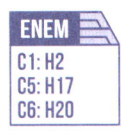

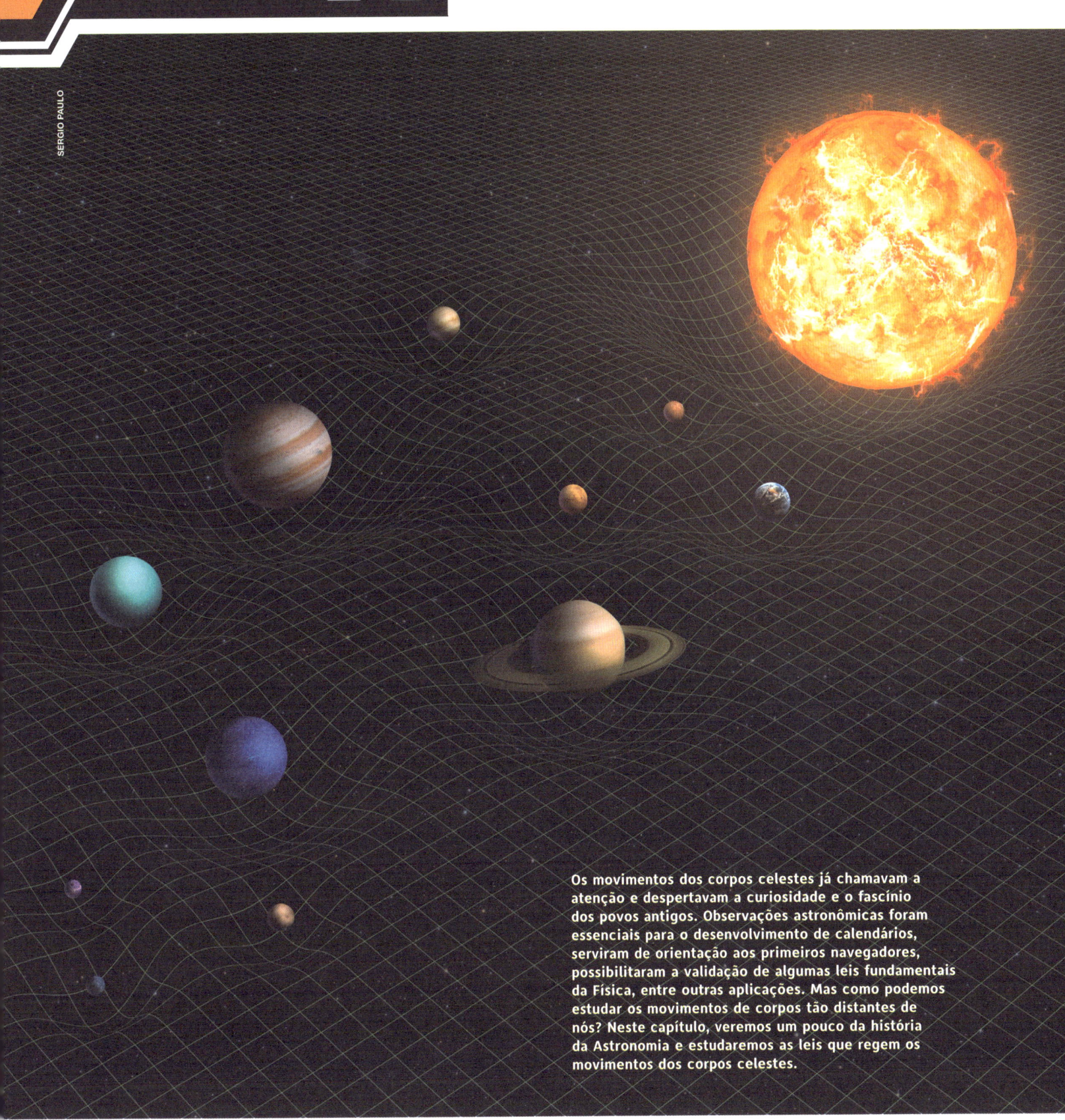

ENEM
C1: H2
C5: H17
C6: H20

Os movimentos dos corpos celestes já chamavam a atenção e despertavam a curiosidade e o fascínio dos povos antigos. Observações astronômicas foram essenciais para o desenvolvimento de calendários, serviram de orientação aos primeiros navegadores, possibilitaram a validação de algumas leis fundamentais da Física, entre outras aplicações. Mas como podemos estudar os movimentos de corpos tão distantes de nós? Neste capítulo, veremos um pouco da história da Astronomia e estudaremos as leis que regem os movimentos dos corpos celestes.

> **Objetivos do capítulo**
>
> - Apresentar e situar historicamente os modelos astronômicos de Aristóteles, Ptolomeu, Copérnico e Kepler.
> - Apresentar as leis de Kepler e aplicá-las aos movimentos dos corpos em torno de outros, como planetas e satélites, reconhecendo sua universalidade.
> - Apresentar a teoria da gravitação de Isaac Newton e aplicá-la aos movimentos dos corpos em torno do Sol, reconhecendo seu caráter universal.
> - Estudar os movimentos orbitais aplicando os conceitos de energia cinética e energia potencial gravitacional.

1 Introdução

A Terra em sua órbita em torno do Sol

A Astronomia é uma das ciências mais antigas. Várias culturas pré-históricas deixaram vestígios do que teriam sido práticas e rituais regidos pelos astros, como o Sol e a Lua.

A observação do céu e dos ciclos da natureza era uma experiência importante para o dia a dia de povos como os babilônios, egípcios, chineses, maias e gregos, fornecendo informações sobre as estações do ano, os períodos de chuva e de seca, entre outras.

Com base nessas observações, os povos da Antiguidade criavam representações do céu, da Terra e das estrelas.

No século IV a.C., o filósofo grego Aristóteles (384 a.C.-322 a.C.) propôs um modelo do Cosmo, ou Universo, em que todos os corpos celestes se moviam ao redor da Terra. Era o chamado **sistema geocêntrico** de Aristóteles **(fig. 1)**. O que mudou desde essa época até os dias atuais?

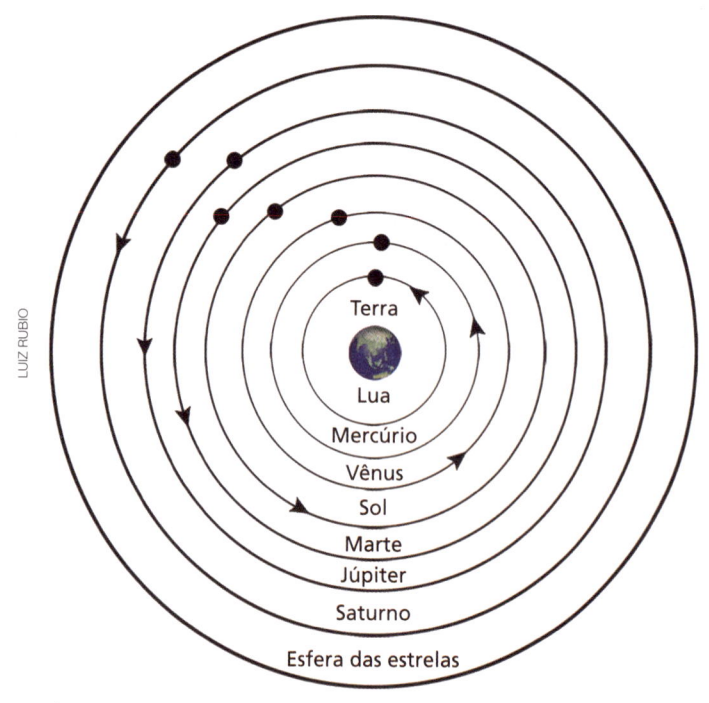

Figura 1. Representação do sistema geocêntrico de Aristóteles.

Desde a invenção, do uso e do aprimoramento do telescópio, entre 1608 e 1668, passando pela descoberta do planeta Netuno (1846), pela constatação da expansão do Universo (1929) e chegando até os últimos anos, com a identificação de mais de 3.500 planetas extrassolares (planetas localizados fora do Sistema Solar), nosso deslumbramento pelo Cosmo só tem aumentado, embora tenhamos diversificado bastante nossos interesses. As novas tecnologias para observações astronômicas permitem que enxerguemos bem mais longe e com muito mais precisão que os antigos astrônomos. A formação e a dinâmica das galáxias, a existência dos buracos negros, o *big bang* – a grande explosão que teria dado origem ao Universo – e suas consequências, a matéria escura, a energia escura e o destino final do Universo talvez sejam atualmente algumas das nossas maiores motivações para o estudo do espaço infinito.

Uma das grandes descobertas da humanidade está relacionada ao fato de que a força que provoca a queda de um corpo aqui na Terra é de mesma natureza da que mantém a Lua em órbita; é a **força da gravidade**, que aglutina pequenas partículas de poeira interestelar e forma gigantescos corpos que dão origem a imensos sistemas planetários. Em escala ainda maior, a gravidade é fundamental na formação das galáxias e nas colossais colisões entre elas. Assim, podemos dizer que a gravidade, embora não seja a única, é a principal força que rege o Universo.

A formulação da lei da gravitação universal por Isaac Newton (1643-1727) foi um marco na história da humanidade. Apresentada ao mundo em 1687 pela Royal Society de Londres, a teoria da gravitação de Newton foi a primeira teoria científica com enorme potencial de aplicação, previsão e explanação e até hoje fornece resultados com excelente precisão.

Neste capítulo, estudaremos as leis que regem os movimentos dos planetas, dos satélites e, de modo geral, todos os movimentos gravitacionais.

2 Evolução dos sistemas planetários e cosmológicos

Ao olhar para o céu, temos a impressão de que todos os corpos celestes giram em torno de nós, na Terra. Dizemos que "o Sol nasceu às tantas horas da manhã" e que "vai se pôr às tantas horas da tarde". Dizemos que as constelações, como o Cruzeiro do Sul, "aparecem" em posições diferentes em distintas épocas do ano. Essa falsa impressão de que a Terra é estática e os corpos celestes giram em torno dela prevaleceu como modelo cosmológico por mais de 1.700 anos. Era o **modelo geocêntrico** do Cosmo que, na Grécia antiga, havia sido defendido por Aristóteles na obra *Physica* e, no século II d.C., foi novamente proposto por Claudio Ptolomeu (c. 90 d.C.-c. 168 d.C.) no tratado astronômico *Estrutura matemática*, mais conhecido como *Almagesto*, forma aportuguesada do título em árabe **(fig. 2)**.

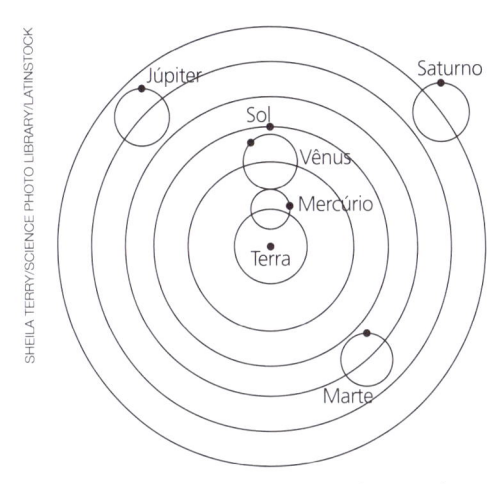

Figura 2. Representação do sistema geocêntrico de Ptolomeu. O Sol descreve uma circunferência em torno da Terra, enquanto os planetas descrevem uma circunferência em torno de um ponto imaginário, que, por sua vez, move-se em torno da Terra, descrevendo outra circunferência, denominada *deferente*.

Embora Ptolomeu afirmasse que seu sistema estava geometricamente embasado em seletas observações de astrônomos que o precederam ao longo de 800 anos, astrônomos e cientistas, como Galileu Galilei (1564-1642), Newton e outros, no decorrer dos séculos posteriores, sempre suspeitaram de que os parâmetros do modelo de Ptolomeu tinham sido adotados independentemente de registros astronômicos.

O modelo geocêntrico colocava a Terra e, indiretamente, a humanidade – obra-prima da criação divina – no centro do Universo. Como esse modelo agradava muito à Igreja Católica, o *Almagesto* foi a obra de referência em Astronomia até a Idade Média, e seu autor, considerado quase um mito, era chamado de "Ptolomeu, o rei de Alexandria", colônia grega no Egito onde viveu e morreu.

Entretanto, na antiga Grécia, Aristarco de Samos (310 a.C.-230 a.C.), em seu trabalho *Sobre os tamanhos e as distâncias do Sol e da Lua*, havia proposto o primeiro **modelo heliocêntrico** do Cosmo, com o Sol no centro do Universo observável e os planetas conhecidos ordenados de acordo com suas distâncias em relação ao Sol.

O sistema heliocêntrico de Aristarco foi refutado, por mais de 1.700 anos, em favor dos sistemas geocêntricos de Aristóteles e de Ptolomeu. A credibilidade desses sistemas durou até 1543, ano da publicação da obra *De revolutionibus orbium cœlestium* (*Sobre a revolução das esferas celestes*), de Nicolau Copérnico (1473-1543). Considerado o marco zero da Astronomia moderna, o trabalho de Copérnico provocou uma verdadeira revolução na ciência da época e estimulou outros trabalhos científicos, tornando-se uma referência na história da ciência.

No século XVII, os estudos de Galileu Galilei confirmaram plenamente o modelo heliocêntrico de Copérnico, que colocava o Sol no centro das **trajetórias circulares** dos planetas e a Lua girando em torno da Terra, também em **órbita circular (fig. 3)**.

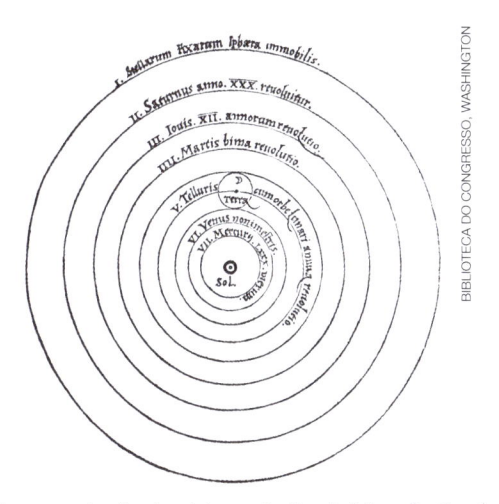

Figura 3. Representação do sistema heliocêntrico de Copérnico. Nele estão representadas as órbitas da Terra, da Lua, dos outros cinco planetas do Sistema Solar conhecidos até então e a esfera das "estrelas fixas".

No século XVII, Johannes Kepler (1571-1630), usando os estudos de Copérnico e os dados astronômicos compilados por Tycho Brahe (1546-1601), enunciou três leis para descrever os movimentos dos corpos celestes.

3 Leis de Kepler do movimento planetário

Em suas teorias, Kepler se baseou nos estudos de outros astrônomos e nos dados que coletou em suas observações sobre a periodicidade das órbitas e na sua relação com a posição e a órbita do Sol.

As **leis de Kepler** descrevem os movimentos dos planetas ao redor do Sol. Embora tenham sido enunciadas para os planetas do Sistema Solar, com o conhecimento proporcionado pela teoria da gravitação universal de Newton, sabemos que essas leis valem para qualquer corpo que orbite outro.

Primeira lei de Kepler: lei das órbitas

Os planetas do Sistema Solar descrevem órbitas elípticas, com o Sol em um dos focos (**fig. 4**).

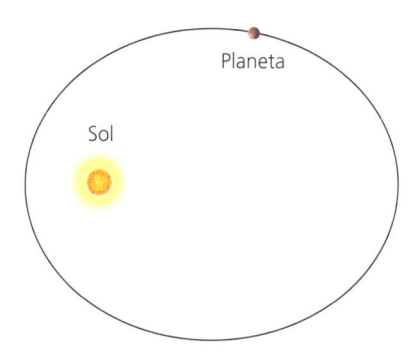

Figura 4. Órbita elíptica. O Sol ocupa um dos focos.

O ponto da órbita mais próximo do Sol chama-se **periélio**; o ponto da órbita mais afastado do Sol chama-se **afélio** (**fig. 5**).

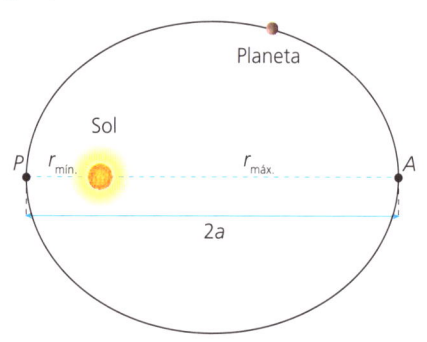

Figura 5. P é o ponto da órbita mais próximo do Sol e é denominado periélio; A é o ponto mais distante do Sol e é denominado afélio.

Como podemos ver, $r_{máx.}$ é a distância máxima do planeta ao Sol e $r_{mín.}$ é a distância mínima do planeta ao Sol. A soma das distâncias $r_{máx.}$ e $r_{mín.}$ é a medida do eixo maior da elipse (2a). Portanto:

$$2a = r_{máx.} + r_{mín.} \quad \text{ou} \quad a = \frac{r_{máx.} + r_{mín.}}{2}$$

A medida a é o **semieixo maior** da elipse ou **raio médio da órbita**, que representamos por R.

Para uma órbita circular, temos: $r_{máx.} = r_{mín.} = R$

Segunda lei de Kepler: lei das áreas

O segmento de reta que liga o centro do Sol ao centro do planeta varre **áreas proporcionais** aos intervalos de tempo correspondentes.

A **figura 6** mostra um mesmo planeta descrevendo dois trechos da sua órbita, nos intervalos de tempo Δt_1 e Δt_2. Assim, para a situação mostrada, podemos escrever:

$$\frac{A_1}{\Delta t_1} = \frac{A_2}{\Delta t_2} = \cdots = k \text{ (constante)}$$

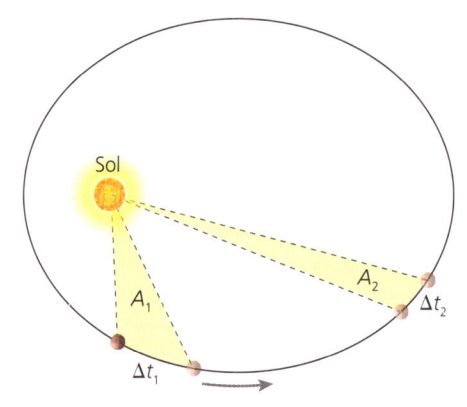

Figura 6. As áreas A_1 e A_2 são proporcionais aos intervalos Δt_1 e Δt_2, respectivamente.

Uma consequência da segunda lei de Kepler é:

O segmento que une o planeta ao Sol varre áreas iguais em intervalos de tempo iguais.

Assim, se tivermos $\Delta t_1 = \Delta t_2$, teremos $A_1 = A_2$.

A razão entre as áreas varridas e os intervalos de tempo correspondentes é denominada **velocidade areolar** do planeta e é uma constante do seu movimento.

Como consequência da segunda lei de Kepler, podemos demonstrar que para o afélio, para o periélio e para um ponto qualquer da órbita valem as seguintes igualdades:

$$v_A \cdot r_{máx.} = v_P \cdot r_{mín.} = v_y \cdot r$$

em que v_A é a velocidade do planeta no afélio, v_P a velocidade do planeta no periélio e v_y a componente da velocidade orbital $\vec{v}$ perpendicular ao segmento que liga o planeta ao Sol.

Da primeira igualdade, temos: $\dfrac{v_A}{v_P} = \dfrac{r_{mín.}}{r_{máx.}}$

Essa razão mostra que $v_A < v_P$, isto é, no afélio, a velocidade do planeta é mínima e, no periélio, ela é máxima (**fig. 7**).

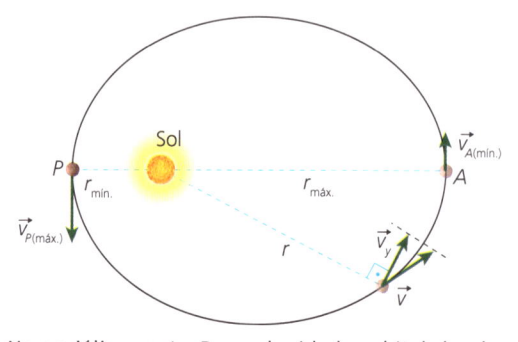

Figura 7. No periélio, ponto P, a velocidade orbital do planeta é máxima. No afélio, ponto A, a velocidade orbital do planeta é mínima. Numa órbita circular, ambas têm o mesmo valor.

Quando consideramos uma órbita circular, temos $r_{máx.} = r_{mín.}$ e, portanto, temos: $v_P = v_A$

Terceira lei de Kepler: lei dos períodos

O quadrado do período de translação do planeta, ou período orbital, é proporcional ao cubo do raio médio da sua órbita, ou semieixo maior.

Assim, temos:

$$T^2 = kR^3 \quad \text{ou} \quad \frac{T_1^2}{R_1^3} = \frac{T_2^2}{R_2^3} = \cdots = k$$

A igualdade das razões só é válida entre corpos que gravitam em torno de um mesmo corpo. Por exemplo, para todos os planetas do Sistema Solar, o valor da constante k é o mesmo, pois todos giram em torno do Sol. Para a Lua e os satélites artificiais da Terra, a constante k tem um mesmo valor, porém diferente daquele para os planetas em órbita ao redor do Sol.

A tabela a seguir mostra os valores do período orbital (T) e do raio médio da órbita (R) usados por Kepler, para alguns corpos do Sistema Solar.

Tabela 1. Dados usados por Kepler (1618)

Planeta	Raio médio (R) (ua)	Período (T) (anos terrestres)	$\frac{R^3}{T^2}\left[\frac{(ua)^3}{(anos)^2}\right]$
Mercúrio	0,389	0,240	1,0219
Vênus	0,724	0,615	1,0034
Terra	1,000	1,000	1,0000
Marte	1,524	1,881	1,0004
Júpiter	5,200	11,862	0,9993
Saturno	9,510	29,457	0,9912

A **unidade astronômica (ua)** é, por definição, a distância média da Terra ao Sol. Assim, 1 ua = 149.597.870,7 km ≃ ≃ 149,6 · 10⁶ km, valor que costuma ser aproximado para 150 milhões de quilômetros ou 1,50 · 10⁸ km.

Sobre suas conclusões acerca dos movimentos dos planetas, Kepler escreveu com base nos dados da tabela acima: "Primeiro pensei que eu estava sonhando, mas é absolutamente certo que a razão entre os períodos dos movimentos é igual à potência $\frac{3}{2}$ da razão entre as distâncias médias".

Ou seja:
$$\frac{T_1}{T_2} = \left(\frac{R_1}{R_2}\right)^{\frac{3}{2}}$$

Essa última forma é equivalente às duas apresentadas anteriormente para a terceira lei de Kepler, porém menos prática.

Exercícios resolvidos

1. O planeta Z, representado na figura, descreve uma órbita elíptica em relação à estrela E, considerada estacionária. Os pontos A e P são, respectivamente, o afélio e o periélio de Z. Discutir o tipo de movimento do planeta no deslocamento de A para P e de P para A, identificando onde sua velocidade escalar orbital é maior e onde é menor.

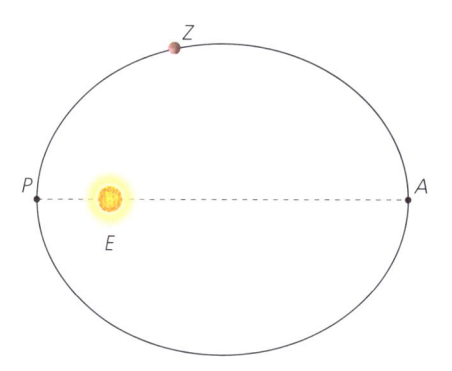

▶ **Solução**

No sentido de A para P, o movimento de Z é acelerado; ao passar por P, sua velocidade escalar é máxima. No sentido de P para A, o movimento de Z é retardado; ao passar por A, sua velocidade escalar é mínima.

2. Para uma órbita elíptica, como a representada a seguir, sendo d a distância mínima do planeta ao Sol e D a distância máxima do planeta ao Sol, determinar:
   a) a medida do semieixo maior (a);
   b) a medida da distância entre os focos da elipse ($2c$);
   c) a excentricidade da elipse (e).

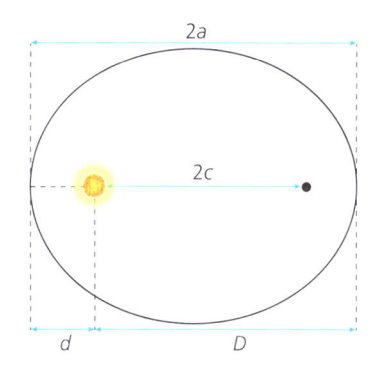

▶ **Solução**

a) Da figura, temos: $2a = d + D \Rightarrow \boxed{a = \dfrac{d+D}{2}}$

b) Novamente, da figura, temos:
$$2c + d = D \Rightarrow \boxed{2c = D - d}$$

c) A excentricidade (e) é dada pela razão entre a distância do foco ao centro da elipse e o semieixo maior e pode ser assim representada:
$$e = \frac{c}{a} = \frac{2c}{2a} \Rightarrow \boxed{e = \frac{D-d}{D+d}}$$

3. Na órbita elíptica representada a seguir, o módulo r do vetor posição do planeta P, em função do ângulo θ, é dado pela expressão $r = \dfrac{6 \cdot 10^8}{2 - \cos \theta}$, com $0° \leq \theta \leq 360°$ e r medido em quilômetro.

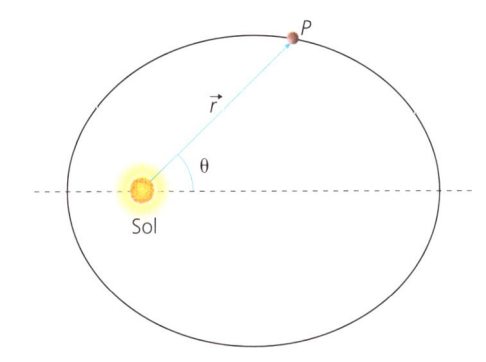

Determinar, para essa órbita:
a) as distâncias máxima ($r_{máx.}$) e mínima ($r_{mín.}$) do planeta ao Sol;
b) a medida a do semieixo maior;
c) sua excentricidade e.

▶ **Solução**

a) O valor de $r_{máx.}$ é obtido considerando $\theta = 0°$. Assim:

$$r = \dfrac{6 \cdot 10^8}{2 - \cos 0°} \Rightarrow r = \dfrac{6 \cdot 10^8}{2 - 1}$$

$$\therefore \boxed{r_{máx.} = 6 \cdot 10^8 \text{ km}}$$

O valor de $r_{mín.}$ é obtido considerando $\theta = 180°$. Assim:

$$r = \dfrac{6 \cdot 10^8}{2 - \cos 180°} \Rightarrow r = \dfrac{6 \cdot 10^8}{2 - (-1)}$$

$$\therefore \boxed{r_{mín.} = 2 \cdot 10^8 \text{ km}}$$

b) A medida do eixo maior ($2a$) é a soma das medidas de $r_{máx.}$ e $r_{mín.}$. Assim:

$$2a = r_{máx.} + r_{mín.} \Rightarrow 2a = 6 \cdot 10^8 + 2 \cdot 10^8 \Rightarrow$$

$$\Rightarrow 2a = 8 \cdot 10^8$$

$$\therefore \boxed{a = 4 \cdot 10^8 \text{ km}}$$

c) Para o cálculo da excentricidade, podemos usar a expressão obtida no item **c** do exercício 2, com $d = r_{mín.}$ e $D = r_{máx.}$:

$$e = \dfrac{r_{máx.} - r_{mín.}}{r_{máx.} + r_{mín.}} = \dfrac{6 \cdot 10^8 - 2 \cdot 10^8}{6 \cdot 10^8 + 2 \cdot 10^8} \Rightarrow$$

$$\Rightarrow \boxed{e = \dfrac{1}{2} = 0{,}5}$$

4. Considerar que o raio médio da órbita da Lua em torno da Terra seja de aproximadamente 60 raios terrestres (60R_{Terra}) e seu período orbital, de 651 horas (27,13 dias). Com esses dados, determinar o período de translação T_S de um satélite artificial da Terra em órbita circular rasante de raio 6.400 km, isto é, aproximadamente igual a 1R_{Terra}. A órbita de um satélite é considerada rasante quando sua altitude é muito pequena quando comparada ao raio da Terra.
(Dado: $\sqrt{2.160} \simeq 46{,}5$)

▶ **Solução**

Vamos aplicar a terceira lei de Kepler aos dois satélites da Terra, a Lua e o satélite artificial:

$$\dfrac{T_{Lua}^2}{r_{Lua}^3} = \dfrac{T_S^2}{r_S^3} \Rightarrow \left(\dfrac{T_S}{T_{Lua}}\right)^2 = \left(\dfrac{r_S}{r_{Lua}}\right)^3 \Rightarrow T_S^2 = T_{Lua}^2 \cdot \left(\dfrac{r_S}{r_{Lua}}\right)^3 \Rightarrow$$

$$\Rightarrow T_S^2 = 651^2 \cdot \left(\dfrac{1R_{Terra}}{60R_{Terra}}\right)^3 \Rightarrow T_S = 651 \cdot \sqrt{\left(\dfrac{1}{60}\right)^3} \Rightarrow$$

$$\Rightarrow T_S = \dfrac{651}{\sqrt{2.160} \cdot \sqrt{100}} \therefore T_S \simeq \dfrac{651}{465} \text{ h}$$

Portanto: $\boxed{T_S \simeq 1{,}40 \text{ h}}$ ou $\boxed{T_S \simeq 1 \text{ h } 24 \text{ min}}$

Se considerarmos uma órbita com 6.750 km de raio, o satélite estará fora da atmosfera terrestre, ou seja, livre da influência do ar, e seu período orbital será de aproximadamente 1,5 h (ou 1 h 31 min 2 s). Podemos, portanto, considerar essa órbita rasante. A Estação Espacial Internacional orbita a Terra a uma altitude média de 415 km. Sua órbita também pode ser considerada rasante, embora não seja circular.

5. Um satélite artificial da Terra tem período T_S = 24 h e move-se no mesmo sentido de rotação da Terra em órbita circular (satélite geoestacionário). Considerando o raio da órbita da Lua aproximadamente 60 raios terrestres (60R_{Terra}) e seu período orbital 27 dias terrestres, determinar o raio R_S da órbita desse satélite.
(Dado: R_{Terra} = 6.378 km)

▶ **Solução**

Vamos aplicar a terceira lei de Kepler ao satélite artificial e à Lua, considerando que um dia terrestre tem 24 horas:

$$\dfrac{R_S^3}{T_S^2} = \dfrac{R_{Lua}^3}{T_{Lua}^2} \Rightarrow \dfrac{R_S^3}{1^2} = \dfrac{(60R_{Terra})^3}{27^2} \Rightarrow$$

$$\Rightarrow R_S = \dfrac{60R_{Terra}}{\sqrt[3]{27^2}} \Rightarrow R_S = \dfrac{60R_{Terra}}{\left(\sqrt[3]{27}\right)^2} = \dfrac{60 \cdot 6.378}{9}$$

$$\therefore \boxed{R_S = 42.520 \text{ km}}$$

Nesse exercício, consideramos o raio médio do planeta Terra igual a 6.378 km e valores aproximados para T_S, R_{Lua} e T_{Lua}.

Exercícios propostos

1. A tabela a seguir mostra dados aproximados relativos aos movimentos dos planetas Terra e Marte, em órbita do Sol.

	Raio da órbita	Período
Terra	R	T
Marte	$1{,}5R$	$2T$

Considerando as órbitas circulares, podemos afirmar que a razão entre as velocidades areolares da Terra e de Marte vale:

a) $\dfrac{2}{3}$ c) $\dfrac{8}{9}$ e) $\dfrac{3}{2}$

b) $\dfrac{3}{4}$ d) $\dfrac{4}{3}$

2. Um asteroide, em órbita elíptica, dista $36 \cdot 10^8$ km do Sol no afélio e $14 \cdot 10^8$ km no periélio. Com esses dados, podemos afirmar que a excentricidade da sua órbita vale:
   a) aproximadamente 0,39.
   b) exatamente 0,39.
   c) aproximadamente 0,44.
   d) exatamente 0,44.
   e) aproximadamente 2,56.

3. Para o asteroide do exercício anterior, é correto afirmar que os módulos de suas velocidades orbitais no periélio e no afélio estão na razão:
   a) 1 : 2
   b) 25 : 11
   c) 11 : 25
   d) 18 : 7
   e) 7 : 18

4. Um cometa do nosso Sistema Solar tem o periélio a $3,0 \cdot 10^8$ km e o afélio a $2,7 \cdot 10^9$ km do Sol. Considere $1,5 \cdot 10^8$ km o raio médio da órbita da Terra e determine para esse cometa:
   a) a excentricidade e da sua órbita;
   b) a razão $\frac{v_P}{v_A}$ entre as velocidades orbitais do cometa no periélio e no afélio;
   c) o período T_C do seu movimento orbital em anos terrestres.

5. Dois satélites naturais de um mesmo planeta, isto é, suas luas, têm períodos orbitais $T_1 = 12$ dias e $T_2 = 96$ dias. Se o raio médio da órbita do primeiro satélite, o de período T_1, vale $R_1 = R$, o raio médio da órbita do segundo vale:
   a) $R_2 = 2R$
   b) $R_2 = 4R$
   c) $R_2 = 8R$
   d) $R_2 = 16R$
   e) $R_2 = 64R$

6. Dois satélites artificiais da Terra, A e B, descrevem órbitas circulares tais que R é o raio da órbita de A e T é o período orbital de A. Portanto, se o raio da órbita de B vale 9R, seu período orbital é igual a:
   a) 3T
   b) 9T
   c) 27T
   d) 81T
   e) 729T

7. Considerando T o período orbital e R o raio médio das órbitas dos planetas do nosso Sistema Solar, analise as afirmações abaixo e assinale o item correto.
   I. O quociente $\frac{T^2}{R^3}$, para um dado planeta, tem valor tanto menor quanto mais afastado do Sol estiver esse planeta.
   II. O quociente $\frac{T^2}{R^2}$ é o mesmo para todos os planetas.
   III. O quociente $\frac{T}{R}$, para um dado planeta, tem valor tanto maior quanto mais afastado do Sol estiver esse planeta.
   a) Todas estão corretas.
   b) Todas estão erradas.
   c) Estão corretas as afirmações I e III.
   d) Está correta somente a afirmação I.
   e) Está correta somente a afirmação III.

4 Lei da gravitação universal

Vejamos a seguir uma citação de Isaac Newton sobre a gravitação na obra *Princípios matemáticos de filosofia natural*:

"Se de modo geral parece, por experiências e observações astronômicas, que todos os corpos ao redor da Terra gravitam em direção à Terra na proporção da quantidade de matéria que eles individualmente contêm, que da mesma forma a Lua [...] gravita em direção à Terra [...] e todos os planetas gravitam uns em direção aos outros, e os cometas, de maneira semelhante, em direção ao Sol, devemos, em consequência dessa regra, universalmente aceitar que todos os corpos de quaisquer natureza são dotados de um princípio de gravitação mútua. [...]"

Com base nas leis dos movimentos dos corpos, Newton provou que o Sol era o "local" que concentrava as forças que provocavam as alterações nos movimentos dos planetas **(fig. 8)**. O fato de o vetor posição do planeta varrer áreas iguais em intervalos de tempo iguais (segunda lei de Kepler) é uma consequência direta de ser **radial** a força $\vec{F}$ que governa o movimento dos planetas.

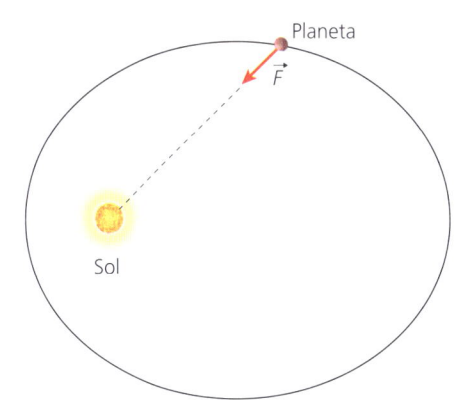

Figura 8. Força radial $\vec{F}$ com direção que passa pelo Sol.

No final do século XVII, como já se sabia que Júpiter tinha luas ao seu redor, Newton se sentiu seguro para afirmar que todos os planetas mantinham suas luas em órbita por meio de algum tipo de força. Com base nessa ideia, ele propôs que essa força seria universal, do mesmo tipo da que nos mantém sobre a superfície da Terra, e que cada corpo atrai todos os demais com forças dessa mesma natureza. Estava assim criada a lei da gravitação universal de Newton.

Newton já havia demonstrado que a aceleração da Lua, em uma órbita supostamente circular, deveria ser centrípeta, isto é, a aceleração deveria "puxar" a Lua para o centro da Terra.

Considerando R o raio da órbita da Lua e T seu período orbital, temos:

$$a_{cp} = \frac{v^2}{R} \quad ① \quad e \quad v = \frac{2\pi R}{T} \quad ②$$

Substituindo ② em ①, obtemos:

$$a_{cp} = \frac{\left(\frac{2\pi R}{T}\right)^2}{R} \Rightarrow a_{cp} = \frac{4\pi^2 R}{T^2}$$

De acordo com a segunda lei de Newton, a intensidade da força de atração gravitacional que a Terra exerce sobre a Lua pode ser escrita como:

$$F_{Lua} = m_{Lua} \cdot a_{cp} \Rightarrow F_{Lua} = 4\pi^2 \cdot m_{Lua} \cdot \frac{R}{T^2}$$

Da terceira lei de Kepler, $T^2 = kR^3$, então:

$$F_{Lua} = 4\pi^2 \cdot m_{Lua} \cdot \frac{R}{kR^3} \Rightarrow F_{Lua} = \frac{4\pi^2}{k} \cdot \frac{m_{Lua}}{R^2} \Rightarrow$$

$$\Rightarrow F_{Lua} = k \cdot \frac{m_{Lua}}{R^2} \quad ③$$

Quanto à constante $k = \frac{4\pi^2}{k}$ na última expressão, Newton concluiu que seu valor deveria ser proporcional à massa da Terra, de acordo com o princípio da ação e reação: $k = G \cdot M_{Terra}$

Assim, a expressão ③ pode ser escrita da seguinte forma:

$$F_{Lua} = G \cdot \frac{M_{Terra} \cdot m_{Lua}}{R^2}$$

Ficava assim demonstrada a **lei da atração das massas**, também conhecida como **lei do inverso do quadrado da distância**, para as interações gravitacionais.

Portanto, para duas massas m_1 e m_2, consideradas pontos materiais e separadas por uma distância r entre si **(fig. 9)**, temos:

$$\boxed{F = G \cdot \frac{m_1 m_2}{r^2}}$$

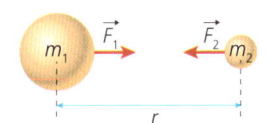

Figura 9. $|\vec{F}_1| = |\vec{F}_2| = F$

A constante G da expressão anterior, denominada **constante universal de gravitação**, só foi determinada experimentalmente no ano de 1728 pelo físico britânico Henry Cavendish. Atualmente, adota-se:

$$G = 6{,}67428 \cdot 10^{-11} \, N \cdot m^2/kg^2$$

Podemos enunciar a **lei da gravitação universal** da seguinte forma:

> Matéria atrai matéria na razão direta das massas e na razão inversa do quadrado da distância que separa essas massas.

Exercícios resolvidos

6. A partir da lei da atração das massas de Newton, obter a relação entre o período de translação T da Lua ao redor da Terra e o raio R da sua órbita, considerada circular, em função da constante universal de gravitação G e da massa da Terra (M_{Terra}).

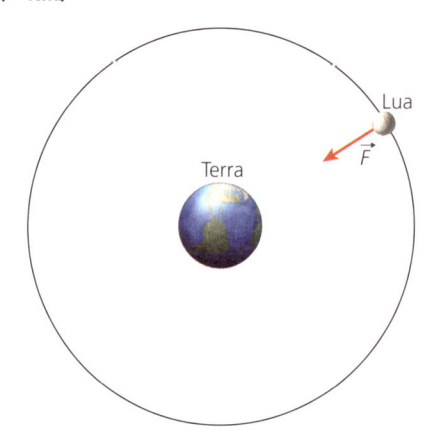

▶ **Solução**

A força de atração gravitacional é a resultante centrípeta do movimento circular da Lua. Assim:

$$F = F_{cp} \Rightarrow G \cdot \frac{M_{Terra} \cdot m_{Lua}}{R^2} = m_{Lua} \cdot \frac{4\pi^2 R}{T^2} \Rightarrow G \cdot \frac{M_{Terra}}{R^2} = \frac{4\pi^2 R}{T^2}$$

Portanto: $\boxed{\frac{T^2}{R^3} = \frac{4\pi^2}{GM_{Terra}}}$ ou $\boxed{\frac{R^3}{T^2} = \frac{GM_{Terra}}{4\pi^2}}$

O quociente $\frac{4\pi^2}{GM_{Terra}}$ é a constante k da terceira lei de Kepler, para o sistema Terra-Lua.

7. Em relação à lei da gravitação universal, faça o que se pede.
   a) Determinar, em função da constante G, da massa M_{Terra} e do raio R_{Terra}, a aceleração da gravidade (g_0) para pontos próximos da superfície da Terra, considerada estacionária.
   b) Determinar a velocidade escalar orbital v de um satélite de massa m, que gravita em órbita circular de raio r em torno de um planeta de massa M, suposto estacionário. Considerar conhecida a constante universal de gravitação G.
   c) Escrever o resultado do item **b** em função de g_0 e R_{Terra}, para um corpo em órbita rasante em torno da Terra.
   d) Considerando $g_0 = 10$ m/s² e $R_{Terra} = 6.400$ km, estimar a velocidade escalar de um satélite em órbita rasante à superfície da Terra.

▶ **Solução**

a) Nas proximidades da superfície da Terra, o peso mg_0 de um corpo deve ter a mesma intensidade da força de atração gravitacional que a Terra exerce sobre ele. Assim:

$$mg_0 = G \cdot \frac{M_{Terra} \cdot m}{R_{Terra}^2} \Rightarrow \boxed{g_0 = G \cdot \frac{M_{Terra}}{R_{Terra}^2}}$$

Substituindo M_{Terra} por $5{,}974 \cdot 10^{24}$ kg, R_{Terra} por $6{,}378 \cdot 10^6$ m e G por $6{,}674 \cdot 10^{-11}$ N $\cdot$ m²/kg², obtemos: $g_0 \approx 9{,}801$ m/s²

b) A força de atração gravitacional que o planeta exerce sobre o satélite é a resultante centrípeta do movimento circular do satélite. Assim:

$$F = F_{cp} \Rightarrow G \cdot \frac{Mm}{r^2} = \frac{mv^2}{r} \Rightarrow \boxed{v = \sqrt{\frac{GM}{r}}}$$

Observe que o valor dessa velocidade decresce à medida que r aumenta.

c) Vamos reescrever o resultado anterior para um corpo em órbita rasante em torno da Terra. Fazendo $M = M_{Terra}$ e $r = R_{Terra}$, obtemos:

$$v = \sqrt{\frac{GM_{Terra}}{R_{Terra}} \cdot \frac{R_{Terra}}{R_{Terra}}} \Rightarrow v = \sqrt{\frac{GM_{Terra}}{R_{Terra}^2} \cdot R_{Terra}}$$

Como $g_0 = \frac{GM_{Terra}}{R_{Terra}^2}$, então: $\boxed{v = \sqrt{g_0 \cdot R_{Terra}}}$

d) Substituindo na expressão do item **c** os valores adotados para g_0 e R_{Terra}, obtemos para a primeira velocidade orbital o valor $v = 8 \cdot 10^3$ m/s = 8 km/s = 28.800 km/h.

Com os valores encontrados no item **a** para g_0 e R_{Terra}, obtemos $v \simeq 7{,}91$ km/s.

Exercícios propostos

8. Considerando que a massa do planeta Saturno seja cerca de 95 vezes a massa da Terra e sua distância média ao Sol de aproximadamente 9,5 vezes a da Terra, a razão entre as intensidades das forças gravitacionais exercidas pelo Sol sobre a Terra e sobre Saturno tem valor:
a) pouco menor que 1,0.
b) aproximadamente igual a 9,5.
c) aproximadamente igual a 100.
d) exatamente igual a 10.
e) exatamente igual a 95.

9. A massa da Terra é cerca de 81 vezes a massa da Lua. Ao longo do segmento de reta que liga os centros da Terra e da Lua, há um ponto neutro, onde as forças gravitacionais da Terra e da Lua, que agem sobre um mesmo corpo, se equilibram. Esse ponto divide a distância D entre Terra e Lua em duas partes que estão na proporção:
a) 1 : 1
b) 1 : 2
c) 1 : 9
d) 1 : 10
e) 80 : 81

10. Um satélite artificial da Terra, de massa m, é colocado em órbita circular de raio $16R_T$, sendo R_T o raio da Terra. Assim, a velocidade escalar orbital v_S desse satélite é igual:
a) a 4 vezes a velocidade escalar orbital para uma órbita rasante.
b) a $\frac{1}{4}$ da velocidade escalar orbital para uma órbita rasante.
c) à metade da velocidade escalar orbital para uma órbita rasante.
d) a $\frac{1}{16}$ da velocidade escalar orbital para uma órbita rasante.
e) a 16 vezes o valor da velocidade escalar orbital para uma órbita rasante.

11. Considere M a massa da Terra e m a massa de um satélite artificial da Terra em órbita circular de raio r. A velocidade angular ω do movimento do satélite vale:
a) $\omega = \sqrt{GMr}$
b) $\omega = \sqrt{GMr^3}$
c) $\omega = \sqrt{\frac{GM}{r}}$
d) $\omega = \sqrt{\frac{GM}{r^3}}$
e) $\omega = \sqrt{\frac{r}{GM}}$

12. Para um corpo que gravita em torno da Terra em uma órbita circular rasante, o período do seu movimento vale aproximadamente:
a) 24 horas.
b) 12 horas.
c) 4,5 horas.
d) 3,0 horas.
e) 1,5 hora.

(Adote: $\pi \simeq 3$, $R_T \simeq 6{,}4 \cdot 10^6$ m e $g_0 \simeq 10$ m/s²)

5 Energias mecânicas orbitais

De modo geral, os sistemas gravitacionais são mantidos apenas pela força de atração gravitacional (uma força conservativa) entre os corpos que fazem parte do sistema. Portanto, nesses sistemas, a soma das energias cinética (E_c) e potencial gravitacional ($E_{p_{grav.}}$) é constante, isto é, a energia mecânica total do sistema ($E_{mec.}$) se conserva.

A energia potencial gravitacional $E_{p_{grav.}}$ de um sistema de dois corpos de massas M e m, separados pela distância r, é dada por:

$$\boxed{E_{p_{grav.}} = -G \cdot \frac{Mm}{r}}$$

A velocidade escalar orbital de um corpo de massa m que gravita em órbita circular de raio r em torno de outro de massa M é $v = \sqrt{\frac{GM}{r}}$. Portanto, a energia cinética E_c do corpo em órbita será:

$$E_c = \frac{mv^2}{2} \Rightarrow E_c = \frac{m}{2} \cdot \left(\sqrt{\frac{GM}{r}}\right)^2 \Rightarrow \boxed{E_c = G \cdot \frac{Mm}{2r}}$$

Assim, a energia mecânica total no movimento orbital será:

$$E_{mec.} = E_{p_{grav.}} + E_c \Rightarrow E_{mec.} = -G \cdot \frac{Mm}{r} + G \cdot \frac{Mm}{2r} \Rightarrow$$

$$\Rightarrow \boxed{E_{mec.} = -G \cdot \frac{Mm}{2r}}$$

No SI, as energias mecânicas orbitais são dadas em joule (J).

Exercícios resolvidos

8. A partir da superfície de um planeta esférico de raio R e massa M, lança-se um corpo de massa m com velocidade inicial v_0, suficiente para que ele atinja uma distância máxima D, em relação ao centro do planeta.

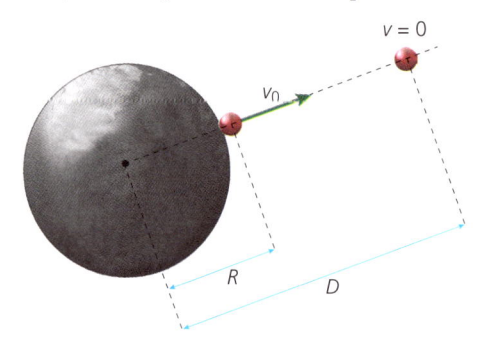

a) Determinar v_0.
b) Usando o resultado do item **a**, determinar a velocidade de escape, v_e, na superfície desse planeta.

▶ **Solução**

a) Do princípio da conservação da energia mecânica, temos:
$$E_{c(inicial)} + E_{p_{grav.(inicial)}} = E_{c(final)} + E_{p_{grav.(final)}}$$

$$\frac{mv_0^2}{2} - G \cdot \frac{Mm}{R} = 0 - G \cdot \frac{Mm}{D} \Rightarrow \boxed{v_0 = \sqrt{2GM \cdot \left(\frac{1}{R} - \frac{1}{D}\right)}}$$

b) Chamamos de velocidade de escape v_e, ou segunda velocidade cósmica, a menor velocidade inicial de lançamento necessária para que um corpo se afaste indefinidamente da superfície do planeta, isto é, para que a distância D seja infinitamente grande se comparada com R ($D \to \infty$).

Quando $D \to \infty$, temos $\frac{1}{D} \to 0$. Assim, utilizando o resultado do item **a**, temos:

$$v_e = \sqrt{2GM \cdot \left(\frac{1}{R} - 0\right)} \Rightarrow \boxed{v_e = \sqrt{\frac{2GM}{R}}}$$

Exercícios propostos

13. Considere v_1 o módulo da velocidade em órbita rasante e v_2 o módulo da velocidade de escape na superfície de um planeta de massa M e raio R.

a) Determine a razão $\frac{v_2}{v_1}$.
b) Determine, em função de v_1, o módulo da velocidade inicial v_0 necessária para que um corpo de massa m, lançado verticalmente da superfície do planeta, atinja uma altura igual ao raio desse planeta, acima da sua superfície.

14. Sendo G a constante universal de gravitação e M_{Terra} e M_{Lua} as massas da Terra e da Lua, respectivamente, são dados os produtos:

$G \cdot M_{Terra} \simeq 4{,}0 \cdot 10^{14}$ m³ · s⁻² e $G \cdot M_{Lua} \simeq 5{,}0 \cdot 10^{12}$ m³ · s⁻²

a) Estime quantas vezes a massa da Terra é maior que a massa da Lua.
b) Determine a velocidade de escape na superfície da Terra, em km/s, considerando $6{,}4 \cdot 10^6$ m a medida do seu raio.
c) Sendo aproximadamente 2,4 km/s a velocidade de escape na superfície da Lua, estime quantas vezes o raio da Terra R_{Terra} é maior que o raio da Lua R_{Lua}.

Exercícios de revisão

Ficha-resumo 1

Primeira lei de Kepler

As órbitas planetárias são elípticas, com o Sol em um dos focos da elipse.

Segunda lei de Kepler

O segmento de reta que liga o centro do Sol ao centro do planeta varre áreas proporcionais aos intervalos de tempo correspondentes.

Terceira lei de Kepler

$$T^2 = kR^3$$

em que T é o período de translação, R é o raio médio da órbita e k é a constante planetária de Kepler que depende da massa do Sol.

1. Uma das consequências da segunda lei de Kepler é o planeta desenvolver velocidade escalar orbital maior quanto mais próximo ele estiver do seu periélio. Considere um planeta cuja órbita é descrita na figura a seguir.

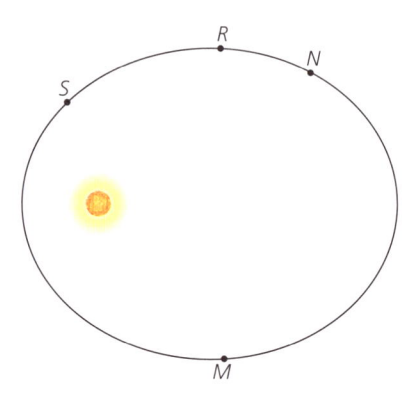

Sabendo que os pontos M e R são equidistantes do periélio e considerando as velocidades escalares orbitais do planeta nos pontos M, N, R e S, assinale a alternativa correta.

a) $v_N > v_R = v_M > v_S$
b) $v_N = v_S < v_M = v_R$
c) $v_N < v_R = v_M < v_S$
d) $v_N = v_S > v_M = v_R$
e) $v_N < v_R < v_M < v_S$

2. (Enem) A tabela a seguir resume alguns dados importantes sobre os satélites de Júpiter.

Nome	Diâmetro (km)	Distância média ao centro de Júpiter (km)	Período orbital (dias terrestres)
Io	3.642	421.800	1,8
Europa	3.138	670.900	3,6
Ganimedes	5.262	1.070.000	7,2
Calisto	4.800	1.880.000	16,7

Ao observar os satélites de Júpiter pela primeira vez, Galileu Galilei fez diversas anotações e tirou importantes conclusões sobre a estrutura de nosso universo. A figura abaixo reproduz uma anotação de Galileu referente a Júpiter e seus satélites.

De acordo com essa representação e com os dados da tabela, os pontos indicados por 1, 2, 3 e 4 correspondem, respectivamente, a:

a) Io, Europa, Ganimedes e Calisto.
b) Ganimedes, Io, Europa e Calisto.
c) Europa, Calisto, Ganimedes e Io.
d) Calisto, Ganimedes, Io e Europa.
e) Calisto, Io, Europa e Ganimedes.

3. A distância média da Terra ao Sol, aproximadamente $1,5 \cdot 10^8$ km, é denominada unidade astronômica (ua); o período orbital terrestre, aproximadamente $3,2 \cdot 10^7$ s, é chamado de ano terrestre (AT).
   a) Considerando que a distância média de Júpiter ao Sol é $D_J \simeq 5,0$ ua, determine o período orbital desse planeta (T_J), em AT.
   b) Considerando que o período orbital de Marte é $T_M \simeq 2,0$ AT, determine a distância média de Marte ao Sol (D_M), em ua.

4. (PUC-SP) A sonda Galileo terminou sua tarefa de capturar imagens do planeta Júpiter quando, em 29 de setembro deste ano [2003], foi lançada contra a superfície do planeta depois de orbitá-lo por 8 anos terrestres. Considerando que Júpiter está 5 vezes mais distante do Sol que a Terra, é correto afirmar que, nesse intervalo de tempo, Júpiter executou em torno do Sol:
   a) cerca de 1,6 volta.
   b) menos de meia volta.
   c) aproximadamente de 8 voltas.
   d) aproximadamente 11 voltas.
   e) aproximadamente $\frac{3}{4}$ de volta.

5. Antes de Plutão ser "rebaixado" à categoria de *planeta anão* em 2006, o Sistema Solar era constituído por **nove** planetas, mas, eventualmente, surgia a notícia da descoberta de outro planeta, chamado de planeta X – que seria o décimo. Supondo que o período orbital de um desses planetas X fosse de 64 anos terrestres, sua distância média ao Sol, em ua (unidade astronômica = distância média da Terra ao Sol), seria de:

a) 4 ua   b) 8 ua   c) 16 ua   d) 24 ua   e) 32 ua

6. (Uece) O ano terrestre é, por definição, o tempo de que a Terra precisa para fazer, no seu movimento circular, uma volta completa em torno do Sol. Imagine um planeta P, descrevendo também uma órbita circular em torno do Sol, em um tempo igual a 8 anos terrestres. Considerando r_{ST} a distância do centro do Sol ao centro da Terra e r_{SP} a distância do centro do Sol ao centro do planeta P, a razão $\frac{r_{SP}}{r_{ST}}$ é igual a:

a) 2   b) 4   c) 8   d) 16

Ficha-resumo 2

Lei da gravitação universal ou lei da atração das massas

$$F = G \cdot \frac{m_1 m_2}{r^2}$$

Em função da constante G, a aceleração da gravidade na superfície de um planeta esférico de massa M e raio R é dada por:

$$g_0 = G \cdot \frac{M}{R^2}$$

7. Considere g_0 o valor da aceleração da gravidade na superfície de um planeta esférico de raio R e massa M.
   a) Determine o valor g da aceleração da gravidade em um ponto a uma altura h acima da superfície desse planeta.
   b) Determine, em função de R, a altura h para que o módulo da aceleração da gravidade nessa posição seja um quarto do valor na superfície do planeta.

8. (Uniube-MG) Um satélite de massa m gira com velocidade angular ω constante, em torno da Terra, cuja massa é M, em órbita circular de raio R. Considerando G a constante de gravitação universal, a velocidade ω do satélite é:

a) $\frac{1}{R}\sqrt{\frac{GM}{R}}$
b) $\sqrt{\frac{2GM}{R}}$
c) $\frac{GMm}{R}$
d) $\frac{GMm}{R^2}$
e) $\frac{GM}{R^2}$

9. (Vunesp) Ao se colocar um satélite em órbita circular em torno da Terra, a escolha de sua velocidade v não pode ser feita independentemente do raio R da órbita. Se M é a massa da Terra e G a constante universal de gravitação, v e R devem satisfazer a condição:

a) $v^2 R = GM$
b) $vR^2 = GM$
c) $\frac{v}{R^2} = GM$
d) $\frac{v^2}{R} = GM$
e) $vR = GM$

10. (Uesb-BA) Um planeta X tem massa três vezes maior que a massa da Terra e raio cinco vezes maior que o raio da Terra. Uma pessoa de massa 50 kg deve pesar, na superfície do planeta X, aproximadamente:

a) 40 N   b) 60 N   c) 50 N   d) 70 N   e) 80 N

Exercícios de revisão

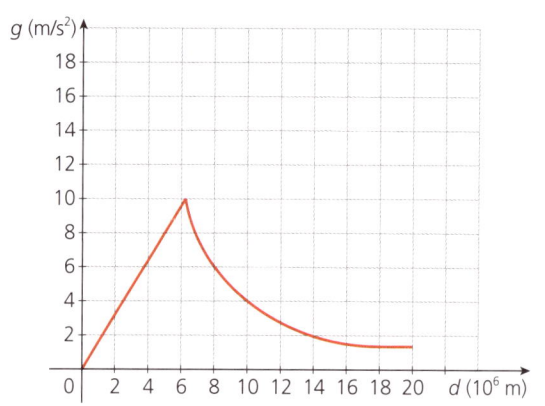

11. (Fuvest-SP) O gráfico da figura representa a aceleração da gravidade g da Terra em função da distância d ao seu centro.

Considere uma situação hipotética em que o valor do raio R_T da Terra seja diminuído para R', sendo $R' = 0{,}8R_T$, e em que seja mantida (uniformemente) sua massa total. Nessas condições, os valores aproximados das acelerações da gravidade g_1 à distância R' e g_2 a uma distância igual a R_T do centro da "Terra hipotética" são, respectivamente:

	g_1 (m/s²)	g_2 (m/s²)
a)	10	10
b)	8	6,4
c)	6,4	4,1
d)	12,5	10
e)	15,6	10

12. A nave Apolo 11 circundou a Lua em julho de 1969, em uma órbita circular de raio r. Considere a massa da nave igual a m e seu período orbital T. Admitindo a Lua como uma esfera perfeita, determine:

a) a velocidade orbital v da nave;

b) a massa da Lua.

Ficha-resumo 3

Em um sistema de dois corpos de massas M e m, separados pela distância r, as energias mecânicas orbitais são:

Energia potencial gravitacional

$$E_{p_{grav.}} = -G \cdot \frac{Mm}{r}$$

Energia cinética orbital

$$E_c = \frac{mv^2}{2} = G \cdot \frac{Mm}{2r}$$

Energia mecânica total

$$E_{mec.} = E_{p_{grav.}} + E_c = -G \cdot \frac{Mm}{2r}$$

A **velocidade de escape** é dada por:

$$v_e = \sqrt{\frac{2GM}{R}}$$

13. Considere a Terra perfeitamente esférica com raio R e campo gravitacional na superfície com intensidade g_0. Assim, o módulo da velocidade inicial vertical v_0 que deve ser comunicada a um corpo de massa m, partindo da superfície terrestre, para que ele atinja uma altitude máxima igual ao raio da Terra deve ser igual a:

a) $\sqrt{2 \cdot R \cdot g_0}$

b) $\sqrt{R \cdot g_0}$

c) $\sqrt{m \cdot g_0 \cdot R}$

d) $\sqrt{\dfrac{m \cdot g_0}{R}}$

e) $\sqrt{\dfrac{m \cdot g_0}{2R}}$

14. Um satélite de massa m está em órbita circular em torno de um planeta esférico de raio R e massa M, a uma altitude $h = 3R$.

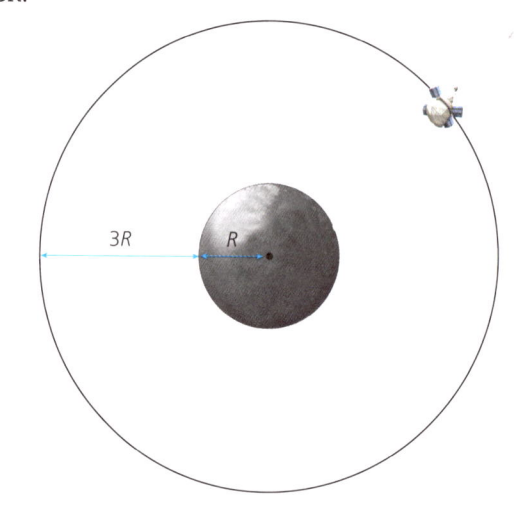

Determine para esse satélite nessa órbita:

a) a velocidade orbital v;

b) a energia cinética E_c;

c) a energia potencial gravitacional $E_{p_{grav.}}$;

d) a energia mecânica total $E_{mec.}$.

15. Um satélite de massa m está em órbita circular ao redor da Terra, de massa M, a uma altitude igual ao raio da Terra, R.

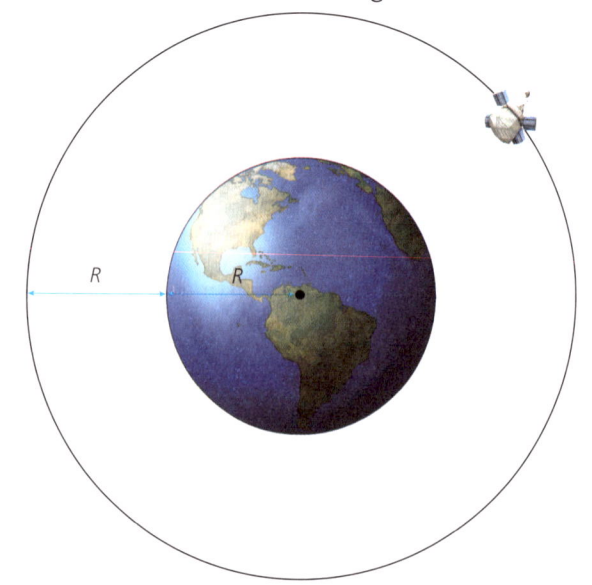

Determine para esse satélite nessa órbita:

a) a velocidade orbital v;

b) a energia mecânica total $E_{mec.}$.

Mais questões em **Vereda Digital Aprova Enem**, em **Vereda Digital Suplemento de revisão**, em **AprovaMax** (no *site*) e no livro digital.

CAPÍTULO 15

ESTÁTICA DO PONTO MATERIAL E DO CORPO EXTENSO

ENEM
C5: H17
C6: H20

Arthur Zanetti, atleta brasileiro que conquistou a medalha de prata nas argolas, modalidade da ginástica artística masculina, nos Jogos Olímpicos do Rio, em 2016, apresenta-se na posição conhecida como crucifixo. Para se manter nessa posição por, pelo menos, 2 segundos, é preciso intenso esforço da musculatura dos ombros. Neste capítulo, vamos estudar as condições necessárias para o equilíbrio de um corpo que depende das forças que atuam sobre ele e como essas forças são direcionadas. A Estática, área da Física em que se estuda o equilíbrio dos corpos, tem importância fundamental nas engenharias, notadamente, na engenharia civil.

Objetivos do capítulo

- Estabelecer os conceitos de ponto material e de corpo extenso.
- Estabelecer a condição de equilíbrio de um ponto material.
- Definir e calcular o momento de uma força.
- Estabelecer as condições de equilíbrio de um corpo extenso.
- Resolver situações-problema que exijam a aplicação das condições de equilíbrio do ponto material e do corpo extenso.

1 Introdução

Neste capítulo, vamos estudar Estática, área da Física em que se estudam as condições de equilíbrio do ponto material e do corpo extenso. Essa teoria é aplicada especialmente nas áreas de engenharia civil e de engenharia mecânica, nas quais os projetos de edifícios, pontes, viadutos (fig. 1) e de muitas peças de maquinário exigem a estabilidade das estruturas, empregando-se para isso as condições de equilíbrio.

Figura 1. Em muitos projetos, os engenheiros civis aplicam os conceitos da Estática. As pontes estaiadas, como a da foto, são sustentadas por cabos, obedecendo às condições de equilíbrio.

Na Física, chamamos de **ponto material** todo corpo que pode ter suas dimensões desprezadas, desde que isso não interfira na análise do seu movimento. Nesse caso, toda a massa do corpo é concentrada em um único ponto: o ponto material. No exemplo visto, durante a travessia do oceano Atlântico, o navio pode ser considerado um ponto material para efeito de estudo do seu movimento entre os dois portos.

Se as dimensões de um corpo influem na análise do seu movimento e esse corpo não sofre deformação quando está sob a ação de forças, então ele será considerado um **corpo extenso rígido**. Por exemplo, aquele mesmo navio, considerado um ponto material durante a travessia do oceano, deve ser considerado um corpo extenso durante a partida e a atracação.

2 Ponto material e corpo extenso

Considere que queremos estudar os movimentos de um grande navio de passageiros que parte de um porto brasileiro e se dirige, pelo oceano Atlântico, para um porto europeu. As dimensões desse navio, como largura, comprimento e calado (distância vertical entre a parte inferior da quilha e a linha-d'água), devem necessariamente ser levadas em conta durante as manobras que ele realiza para zarpar do porto brasileiro e, mais tarde, atracar no porto europeu. Mas, durante a travessia do oceano, essas dimensões são desprezíveis quando comparadas com a distância percorrida pelo navio entre os dois portos.

3 Centro de gravidade (CG) ou baricentro

No estudo do equilíbrio de um corpo extenso rígido, é importante que saibamos localizar o ponto de aplicação da força peso do corpo. Na realidade, para um corpo extenso, seu peso é a resultante de um grande número de forças, pois cada partícula que constitui o corpo está sob o efeito de uma força gravitacional. O ponto de aplicação da força gravitacional resultante, equivalente ao peso do corpo, é denominado **centro de gravidade** ou **baricentro**.

Na **figura 2**, podemos observar a posição do centro de gravidade de alguns corpos planos, de espessura desprezível, quando comparada com as demais medidas, e massa homogeneamente distribuída.

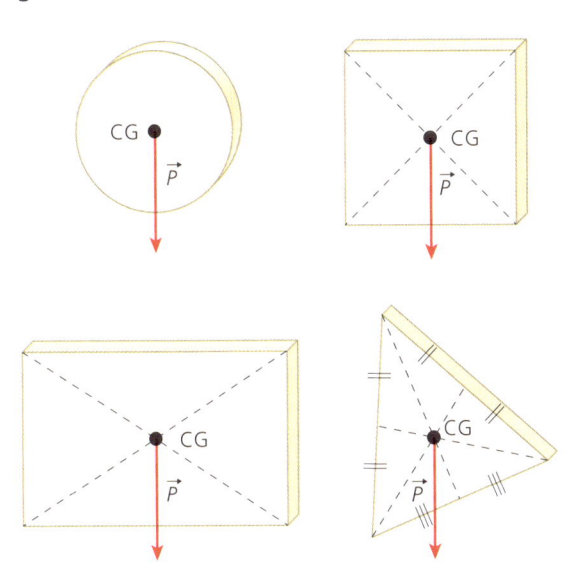

Figura 2. O centro de gravidade, CG, é o ponto de aplicação da força peso do corpo. Nos corpos triangulares, o centro de gravidade é o ponto de intersecção das três medianas.

4 Movimento de translação e movimento de rotação

Quando falamos em movimento de um corpo extenso rígido, devemos ficar atentos para identificar as trajetórias descritas pelos diferentes pontos do corpo e, consequentemente, classificar seu movimento.

Dizemos que um corpo rígido sofre um movimento de **translação** quando todos os pontos do corpo seguem trajetórias paralelas **(fig. 3)**.

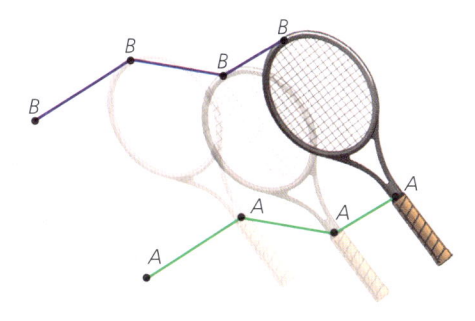

Figura 3. No movimento de **translação**, todos os pontos do corpo rígido têm, em dado instante, velocidade numa mesma direção.

No movimento de **rotação** de um corpo rígido, todos os pontos do corpo seguem trajetórias circulares em torno de um mesmo ponto O **(fig. 4)**.

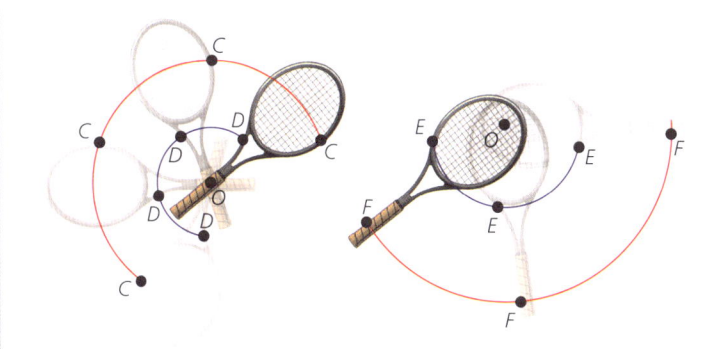

Figura 4. No movimento de **rotação**, todos os pontos do corpo rígido descrevem um movimento circular ao redor de um mesmo ponto.

5 Equilíbrio do ponto material

De acordo com a primeira lei de Newton, ou princípio da inércia, a condição necessária e suficiente para que um ponto permaneça em **equilíbrio estático**, isto é, para que sua velocidade se mantenha constante e nula, é que a resultante do sistema de forças que atua sobre o ponto seja nula.

Assim, para que ocorra o equilíbrio estático de um ponto material, basta impor a condição descrita anteriormente. Ou seja:

$$\vec{F}_1 + \vec{F}_2 + \vec{F}_3 + \ldots + \vec{F}_n = \vec{0}$$

ou

$$\vec{F}_R = \vec{0}$$

Condição de equilíbrio do ponto material

Tal condição impede que o ponto material sofra movimento de translação.

Portanto, se considerarmos um ponto material P em **repouso** e sujeito a um sistema de forças $\vec{F}_1, \vec{F}_2, \vec{F}_3, \ldots, \vec{F}_n$ **(fig. 5A)**, a linha poligonal dessas forças deve resultar em um **polígono fechado (fig. 5B)**.

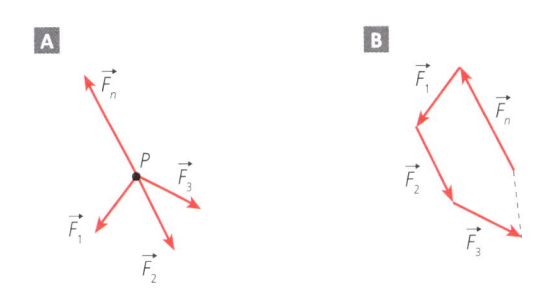

Figura 5. Ponto material em repouso sujeito a um sistema de forças.

Capítulo 15 • Estática do ponto material e do corpo extenso

Exercícios resolvidos

1. Um corpo de 50 kg é sustentado por três cordas, unidas conforme a figura a seguir, permanecendo o sistema em equilíbrio.

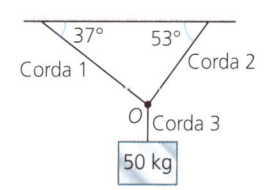

Sabendo que sen 37° = cos 53° = 0,60, sen 53° = cos 37° = = 0,80 e que a tração na corda 1 é de 300 N, determinar a tração na corda 2. (Considerar: $g = 10$ m/s²)

➤ **Solução**

Vamos calcular o módulo da força peso do corpo suspenso pela corda 3:

$$P = mg \Rightarrow P = 50 \cdot 10 \therefore P = 500 \text{ N}$$

Como o corpo está em equilíbrio, a tração exercida pela corda 3 equilibra o peso do corpo. Então:

$$T_3 = P \therefore T_3 = 500 \text{ N}$$

As forças que atuam no ponto O, ponto de união das três cordas, são mostradas a seguir. Note que a medida do ângulo entre as cordas 1 e 2 é de 90°.

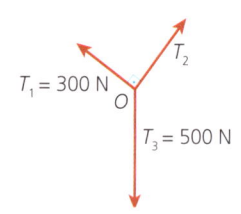

Como o ponto O está em equilíbrio, a resultante dessas três forças é nula.

Graficamente, podemos obter essa resultante pelo **método do polígono**. As forças devem formar uma linha poligonal fechada (nesse caso, um triângulo).

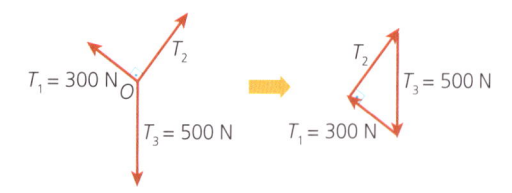

Observe que o triângulo obtido é um triângulo retângulo. Então, pelo teorema de Pitágoras:

$$T_3^2 = T_1^2 + T_2^2 \Rightarrow 500^2 = 300^2 + T_2^2$$

$$\therefore \boxed{T_2 = 400 \text{ N}}$$

Poderíamos ter resolvido esse exercício de outra maneira, colocando as forças que agem no ponto O em um sistema de eixos ortogonais x e y e considerando, a seguir, a condição de equilíbrio, ou seja, considerando que suas projeções nas direções dos eixos x e y devem se anular.

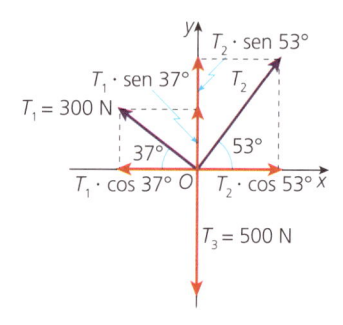

Na direção do eixo x:

$$T_2 \cdot \cos 53° = T_1 \cdot \cos 37° \Rightarrow T_2 \cdot 0,60 = 300 \cdot 0,80$$

$$\therefore \boxed{T_2 = 400 \text{ N}}$$

Observação

Considerando que as projeções no eixo y devem se anular, poderemos obter a mesma intensidade para T_2, ou seja, 400 N.

2. Uma esfera homogênea de peso 300 N está em equilíbrio, conforme mostra a figura.

Desprezando o atrito e considerando sen θ = 0,6 e cos θ = 0,8, determinar a intensidade da:
a) tração no fio;
b) força que a parede aplica na esfera.

➤ **Solução**

a) Na esfera, atuam três forças: o peso P, a tração T no fio e a força N aplicada pela parede (reação normal do apoio).

Como a esfera está em equilíbrio, tais forças devem apresentar uma resultante nula, e o polígono formado por elas será, portanto, um triângulo.

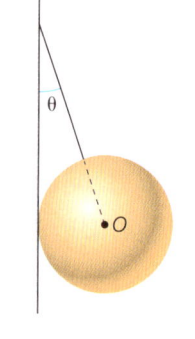

Observe que, neste caso, a esfera se comporta como um ponto material (centro O da esfera).

Aplicando a relação trigonométrica do cosseno no triângulo retângulo, temos:

$$\cos \theta = \frac{P}{T} \Rightarrow 0,8 = \frac{300}{T} \therefore \boxed{T = 375 \text{ N}}$$

b) A força que a parede aplica na esfera é a reação normal do apoio, N, que pode ser obtida usando-se a relação trigonométrica do seno no mesmo triângulo retângulo.
Assim, temos:

$$\operatorname{sen} \theta = \frac{N}{T} \Rightarrow 0{,}6 = \frac{N}{375} \therefore \boxed{N = 225\ N}$$

Observação

Poderíamos, como no exercício anterior, ter resolvido essa questão pela decomposição das forças em dois eixos ortogonais x e y, considerando que suas projeções, em cada um dos eixos, devem se anular.

Exercícios propostos

1. Um ponto material P está em equilíbrio sob a ação de um sistema de forças coplanares, como indicado na figura abaixo.

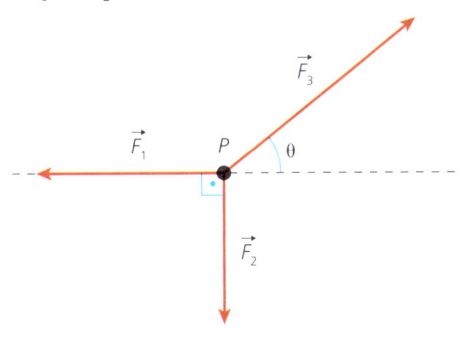

   Se $F_1 = 8\ N$ e $F_2 = 6\ N$, determine a intensidade da força $\vec{F}_3$ e a medida do ângulo θ.

2. Na figura abaixo, os fios são ideais e o corpo C tem peso 300 N. Determine a intensidade das trações T_1, T_2 e T_3 aplicadas, respectivamente, nos fios 1, 2 e 3.
   (Dados: sen θ = 0,6 e cos θ = 0,8)

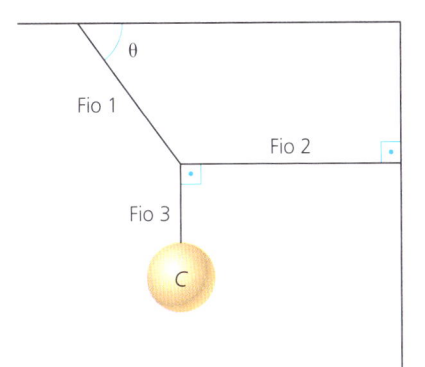

3. O sistema mostrado abaixo está em equilíbrio, e o corpo P, apoiado na superfície horizontal, está prestes a se movimentar. As massas de P e Q valem, respectivamente, 20 kg e 10 kg.

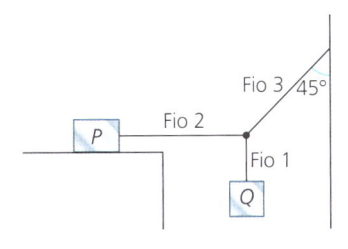

   Adotando $g = 10\ m/s^2$, determine a intensidade das trações T_1, T_2 e T_3 aplicadas, respectivamente, nos fios 1, 2 e 3 e o coeficiente de atrito μ entre o corpo P e a superfície de apoio.

   $$\left(\text{Dado: sen } 45° = \cos 45° = \frac{\sqrt{2}}{2}\right)$$

4. A esfera mostrada na figura abaixo tem peso P = 100 N. Desprezando os atritos, determine as intensidades da tração T no fio ideal e da força N que a parede aplica na esfera.

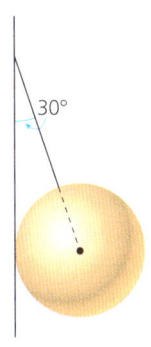

   $$\left(\text{Dados: } \cos 30° = \frac{\sqrt{3}}{2},\ \operatorname{sen} 30° = \frac{1}{2}\ \text{e tg } 30° = \frac{\sqrt{3}}{3}\right)$$

6 Momento de uma força

Antes de iniciar o estudo das condições necessárias e suficientes para o equilíbrio de um corpo extenso, precisamos introduzir o conceito de uma nova grandeza física, necessária a este estudo: a grandeza vetorial **momento de uma força**.

O momento de uma força aplicada a um corpo extenso, em relação a um ponto, é a grandeza vetorial que indica a tendência de uma força de provocar a rotação do corpo em torno daquele ponto.

Consideremos, por exemplo, uma placa de madeira presa a uma parede por um prego no ponto O e sujeita a uma força externa $\vec{F}$ (fig. 6).

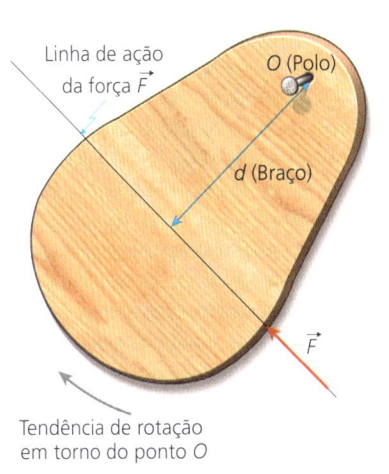

Figura 6. O ponto O, em relação ao qual calculamos o momento da força $\vec{F}$, é denominado **polo**. A distância da linha de ação da força ao polo, d, é denominada **braço**.

Capítulo 15 • Estática do ponto material e do corpo extenso **189**

O momento $\vec{M}_F$ da força $\vec{F}$, em relação ao polo O, tem intensidade dada por:

$$M_F = \pm Fd$$

O sinal positivo ou negativo do momento da força $\vec{F}$ indica o sentido da tendência de rotação gerada por essa força (horário ou anti-horário). Esse sinal é estabelecido por uma **convenção**: por exemplo, podemos dizer que a tendência de rotação no sentido anti-horário terá momento positivo, e a tendência de rotação no sentido horário terá momento negativo.

No Sistema Internacional de Unidades (SI), o módulo F da força é medido em newton (N) e o braço d é medido em metro (m). Portanto, no SI, a unidade de medida do momento de uma força é o newton $\times$ metro (N $\cdot$ m).

O vetor $\vec{M}_F$ tem direção perpendicular ao plano definido pela linha de ação da força e o polo.

Exercícios resolvidos

3. A placa de madeira abaixo, de peso 50 N, está colocada em uma parede vertical, suspensa pelo prego em O e sujeita às forças indicadas na figura.

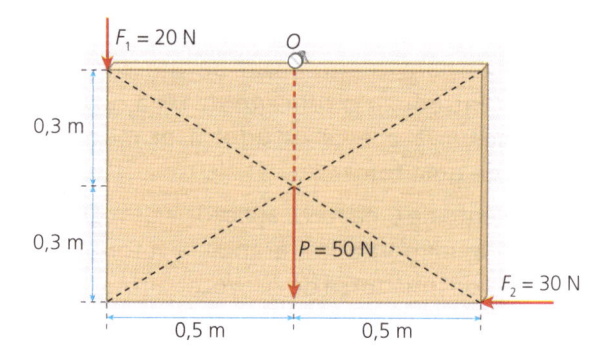

a) Determinar a intensidade do momento de cada uma das forças indicadas em relação ao ponto O.
b) A placa de madeira gira em torno de O no sentido horário ou no sentido anti-horário? Justificar.

▶ **Solução**

a) A intensidade do momento de uma força, em relação a um dado ponto, é dada por: $M_F = \pm Fd$, em que d é a distância da linha de ação da força até o ponto considerado (ponto O).

Vamos considerar que o momento da força seja positivo, caso a força tenha a tendência de girar a placa em torno de O no sentido anti-horário, e negativo, caso a força tenha a tendência de girar essa placa no sentido horário.

Para a força P = 50 N, temos:

$M_P = \pm 50 \cdot 0 \Rightarrow \boxed{M_P = 0}$

Para a força F_1 = 20 N, temos:

$M_{F_1} = +20 \cdot 0,5 \therefore \boxed{M_{F_1} = +10 \text{ N} \cdot \text{m}}$

Para a força F_2 = 30 N, temos:

$M_{F_2} = -30 \cdot (0,3 + 0,3) \therefore \boxed{M_{F_2} = -18 \text{ N} \cdot \text{m}}$

b) Calculemos agora o momento resultante:

$M_R = M_P + M_{F_1} + M_{F_2}$

Então:

$M_R = 0 + 10 - 18 \therefore M_R = -8 \text{ N} \cdot \text{m}$

Como o momento resultante é negativo, pela convenção de sinais, a placa gira em torno de O no **sentido horário**.

Exercícios propostos

5. Uma chave fixa é submetida ao sistema de forças mostrado na figura abaixo.

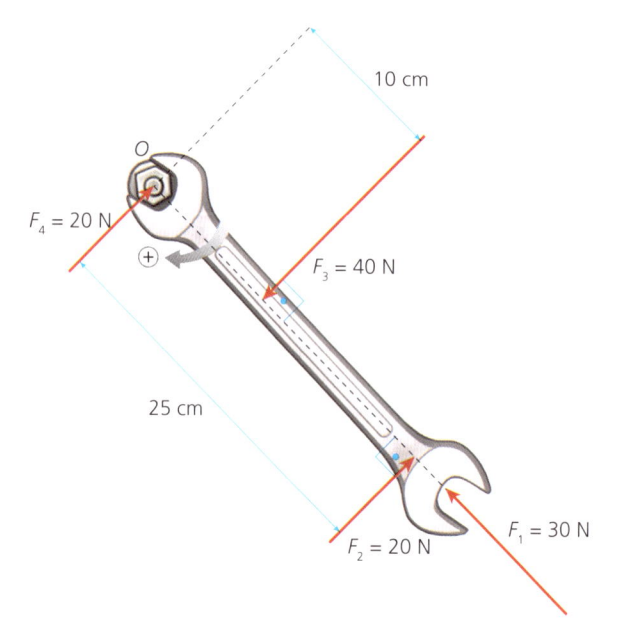

a) Considerando a convenção de sinais indicada na figura, determine o módulo do momento de cada força aplicada à chave, em relação ao ponto O.
b) A chave irá girar em torno de O no sentido horário ou no sentido anti-horário? Justifique.

6. Sobre uma barra, esquematizada na figura a seguir, atuam as forças $\vec{F}_1$ e $\vec{F}_2$, de mesma intensidade F e mesma direção, porém de sentidos opostos.

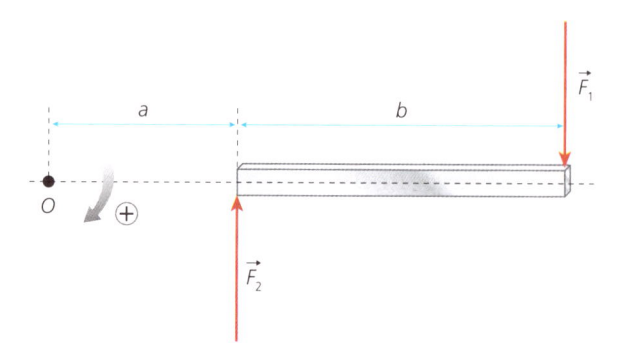

Determine o módulo do momento resultante em relação ao ponto O.

7 Equilíbrio do corpo extenso

Ao considerar um corpo extenso sujeito a um sistema de forças ($\vec{F}_1, \vec{F}_2, \vec{F}_3, ..., \vec{F}_n$) e em **equilíbrio estático**, devemos impor duas condições:

I. A primeira condição deve garantir que o corpo não sofra movimento de translação. Para isso, assim como fizemos para o caso do ponto material, devemos impor que a resultante do sistema de forças seja nula. Ou seja:

$$\vec{F}_1 + \vec{F}_2 + \vec{F}_3 + ... + \vec{F}_n = \vec{0} \quad \text{ou} \quad \vec{F}_R = \vec{0}$$

II. A segunda condição deve garantir que o corpo não sofra movimento de rotação. Para isso, o momento resultante de todas as forças coplanares que agem no corpo deve ser nulo em relação a qualquer ponto do plano que contém essas forças.

$$\vec{M}_{F_1} + \vec{M}_{F_2} + \vec{M}_{F_3} + ... + \vec{M}_{F_n} = \vec{0} \quad \text{ou} \quad \vec{M}_R = \vec{0}$$

Atividade prática

Para este experimento, você vai precisar do seguinte material:

- uma régua de madeira ou de plástico não flexível de 20 cm;
- um copinho de plástico daqueles usados para café, contendo areia ou moedas;
- um lápis;
- fita adesiva.

Com a fita adesiva, fixe o lápis na mesa pelas extremidades. Apoie a régua no lápis na marca de 5 cm. Coloque o copinho na extremidade da régua mais próxima do lápis (**fig. I**). Exerça uma força perpendicular à régua na marca de 20 cm, equilibrando-a na posição horizontal.

Repita esse experimento exercendo força perpendicular à régua nas marcas de 15 cm, 10 cm e 7 cm. Em qual marca a força que você exerceu foi mais intensa? E menos intensa? Explique.

Em seguida, apoie a régua no lápis na marca zero. Coloque o copinho na marca de 5 cm (**fig. II**). Para equilibrar a régua na posição horizontal, exerça uma força vertical erguendo-a pela marca de 20 cm. Em seguida, desloque o copinho para a marca de 15 cm e erga a régua, como fez anteriormente. A força vertical exercida agora, na marca de 20 cm, tem intensidade maior, menor ou igual à anterior? Explique.

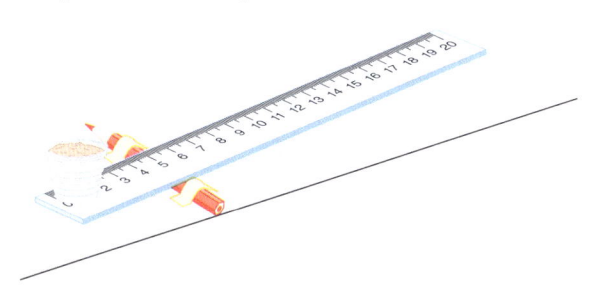

Figura I

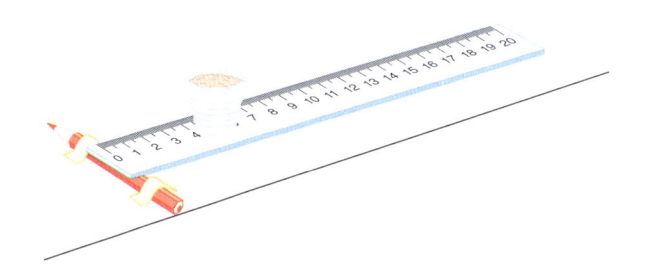

Figura II

Exercícios resolvidos

4. Um garoto, com massa de 30 kg, está parado a 2 m da extremidade A de uma tábua AB de 3 m de comprimento e massa desprezível, disposta na horizontal e sustentada por apoios em suas extremidades.

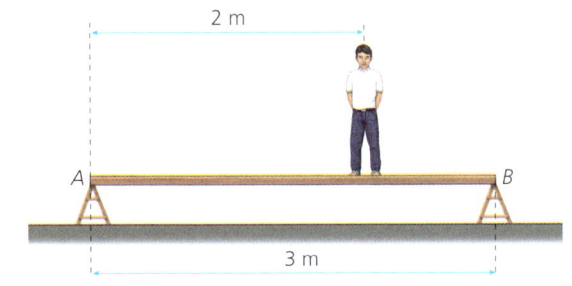

Determinar as intensidades das forças de reação normal do apoio em A e em B. (Considerar: $g = 10$ m/s^2)

▶ **Solução**

As forças que atuam no menino são seu peso P = 300 N e a força de reação normal do apoio N, que é aplicada pela tábua ao corpo do menino. Como o menino está em equilíbrio, a resultante sobre ele deve ser nula. Então: N = P = 300 N. A força N está aplicada na tábua a uma distância de 2 m da extremidade A.

A figura a seguir mostra as forças que atuam no menino e na tábua.

Capítulo 15 • Estática do ponto material e do corpo extenso **191**

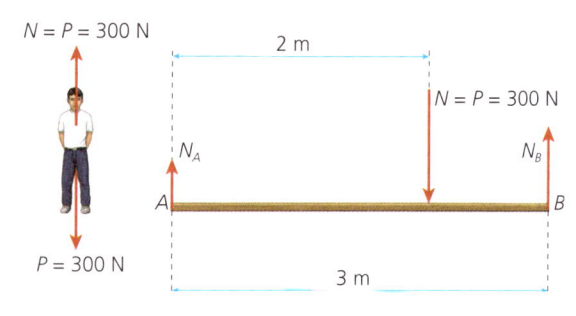

$N = P = 300$ N

N_A N_B

$N = P = 300$ N

$P = 300$ N

2 m

3 m

Para garantir o equilíbrio da tábua, devemos impor as duas condições de equilíbrio.

Da primeira condição de equilíbrio, $\vec{F}_R = \vec{0}$, temos:

$N_A + N_B - N = 0 \Rightarrow N_A + N_B = N \Rightarrow N_A + N_B = 300$ ①

Da segunda condição de equilíbrio, $\vec{M}_R = \vec{0}$, e adotando como polo o ponto A, temos:

$$P \cdot 2 = N_B \cdot 3 \Rightarrow 300 \cdot 2 = N_B \cdot 3 \quad ②$$

Da equação ②, obtemos: $N_B = 200$ N

Substituindo N_B na equação ①: $N_A = 100$ N

5. No sistema esquematizado ao lado, os fios e a polia são ideais, e a massa da barra rígida AB é desprezível. Adotar $g = 10$ m/s² e considerar que o conjunto está em equilíbrio, com a barra AB na posição horizontal.

a) Qual é o valor da massa m_A?
b) Qual é o valor da distância x?

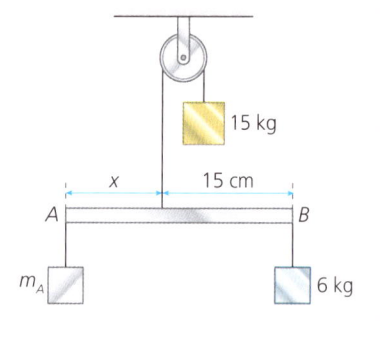

▶ **Solução**

a) A massa m_A pode ser obtida a partir da igualdade das massas em cada extremidade do fio que passa pela polia. Então:

$$m_A + 6 = 15 \therefore \boxed{m_A = 9 \text{ kg}}$$

b) A figura a seguir mostra as forças que atuam na barra AB.

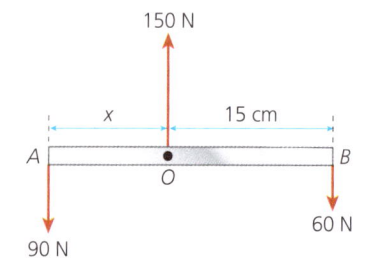

150 N

x   15 cm

A   O   B

90 N   60 N

Podemos determinar o valor da distância x impondo a segunda condição de equilíbrio, que impede o movimento de rotação da barra AB, ou seja, $\vec{M}_R = \vec{0}$, considerando como polo o ponto O.
Temos, então:

$$90 \cdot x = 60 \cdot 15 \therefore \boxed{x = 10 \text{ cm}}$$

Exercícios propostos

7. A barra da figura a seguir tem peso de 500 N, comprimento de 4 m e está em equilíbrio na posição horizontal.

400 N

x

A

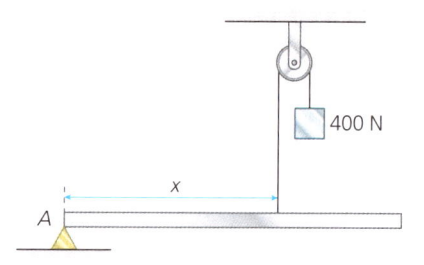

Determine:
a) o módulo da força de reação normal do apoio em A;
b) o valor da distância x.

8. A barra da figura a seguir tem peso de 100 N e comprimento de 4 m e está apoiada nas extremidades A e B. O corpo C tem peso 400 N e está apoiado sobre a barra, a 1 m da extremidade A.

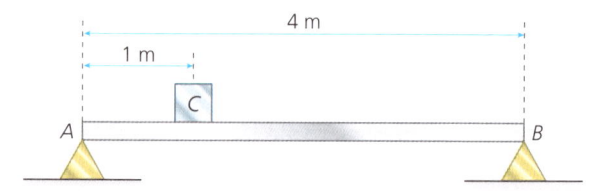

4 m
1 m
A   C   B

Determine as intensidades das forças de reação normal do apoio em A e em B.

9. Duas crianças, com massas diferentes, brincam numa gangorra homogênea, AB, de 3,0 m de comprimento e 10 kg de massa, que está apoiada no centro. A criança de massa menor, com 30 kg, está sentada a 20 cm da extremidade A, e a outra criança, para manter a gangorra em equilíbrio na posição horizontal, está sentada a 50 cm da extremidade B, como esquematizado a seguir.

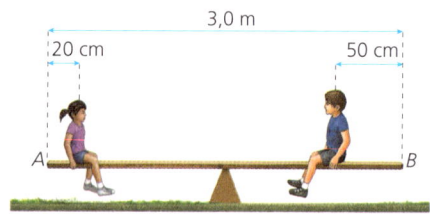

3,0 m
20 cm   50 cm
A   B

Qual é a massa da criança maior?
(Dado: $g = 10$ m/s²)

10. A figura a seguir mostra uma barra de peso desprezível em equilíbrio na posição horizontal.

200 N

F

2 m   5 m

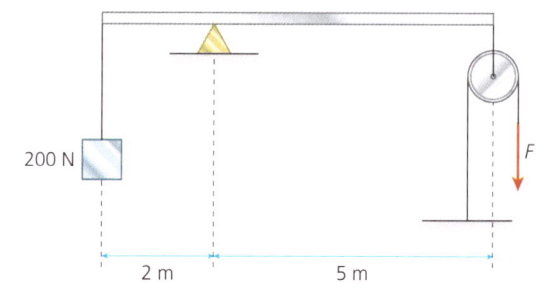

Considerando que a polia também tem peso desprezível, determine o módulo da força F que equilibra o conjunto.

Exercícios de revisão

Ficha-resumo 1

Equilíbrio do ponto material

$$\vec{F}_1 + \vec{F}_2 + \vec{F}_3 + \ldots + \vec{F}_n = \vec{0}$$

ou

$$\vec{F}_R = \vec{0}$$

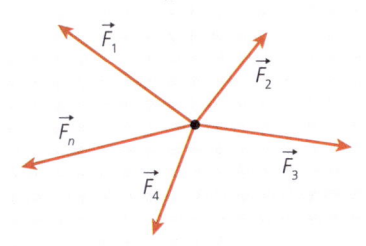

Tal condição impede que o ponto material sofra um movimento de translação.

1. (UFRRJ) A figura a seguir mostra um atleta de ginástica olímpica no aparelho de argolas. O ginasta encontra-se parado na posição mostrada.

Assinale a alternativa que melhor representa as forças que atuam sobre ele, desprezando as forças do ar.

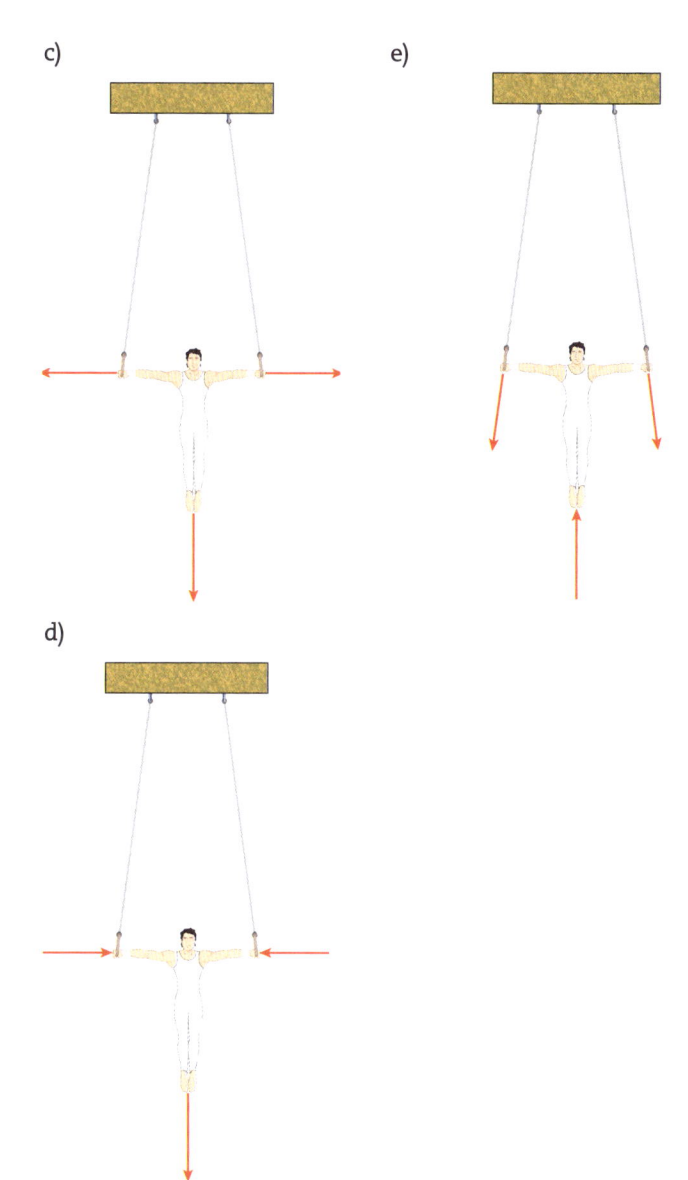

a) b) c) d) e)

2. (PUC-PR) Duas esferas rígidas, 1 e 2, de mesmo diâmetro, estão em equilíbrio dentro de uma caixa, como mostra a figura a seguir.

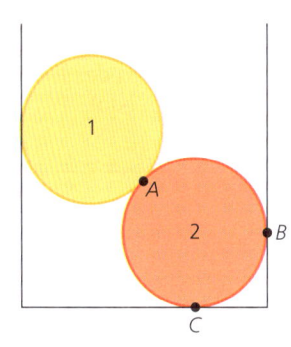

Considerando nulo o atrito entre todas as superfícies, assinale o diagrama que representa corretamente as forças de contato que agem sobre a esfera 2 nos pontos A, B e C.

Capítulo 15 • Estática do ponto material e do corpo extenso 193

Exercícios de revisão

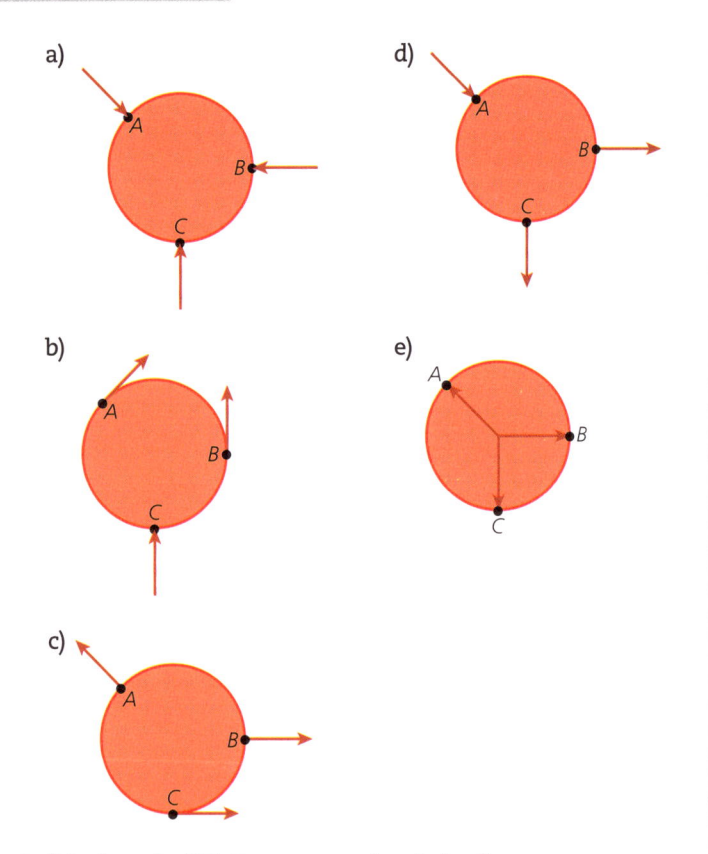

a)
b)
c)
d)
e)

3. (Mackenzie-SP) Os garotos A e B da figura puxam, por meio de cordas, uma caixa de 40 kg, que repousa sobre uma superfície horizontal, aplicando forças paralelas a essa superfície e perpendiculares entre si de intensidades 160 N e 120 N, respectivamente. O garoto C, para impedir que a caixa se desloque, aplica outra força horizontal, em determinada direção e sentido.

Desprezando o atrito entre a caixa e a superfície de apoio, a força aplicada pelo garoto C tem intensidade de:
a) 150 N
b) 160 N
c) 180 N
d) 190 N
e) 200 N

4. (Unirio-RJ) Na figura, o corpo suspenso tem o peso de 100 N. Os fios são ideais e têm pesos desprezíveis, e o sistema está em equilíbrio estático (repouso).

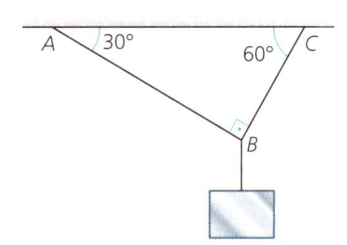

A tração na corda AB, em N, é:
a) 20
b) 40
c) 50
d) 80
e) 100

5. (Mackenzie-SP) As forças $\vec{F}_1$, $\vec{F}_2$ e $\vec{F}_3$, de intensidades respectivamente iguais a 10 N, 11 N e 10 N, agem sobre um corpo, conforme mostra o desenho a seguir.

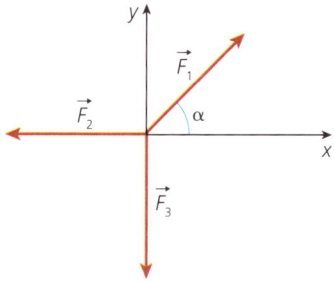

(Dados: cos α = 0,8 e sen α = 0,6)
Para que o corpo fique em equilíbrio, a força que devemos adicionar ao sistema terá módulo igual a:
a) 6 N
b) 5 N
c) 4 N
d) 3 N
e) 2 N

6. (Fatec-SP) Em um ginásio esportivo, há dois pontos fixos, A e B, nos quais se suspende uma luminária de peso P = 600 N, mediante fios leves AC e BC, conforme mostrado no esquema a seguir.

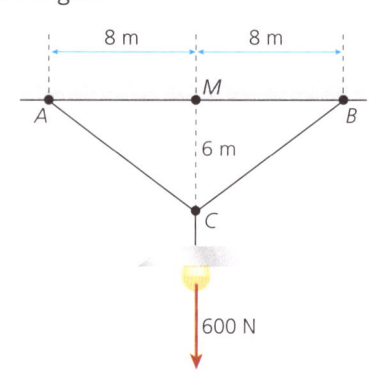

A força de tração de cada fio tem intensidade de:
a) 200 N
b) 600 N
c) 500 N
d) 450 N
e) 400 N

7. (Unicamp-SP) Uma das modalidades de ginástica olímpica é a das argolas. Nessa modalidade, os músculos mais solicitados são os dos braços, que suportam as cargas horizontais, e os da região dorsal, que suportam os esforços verticais.

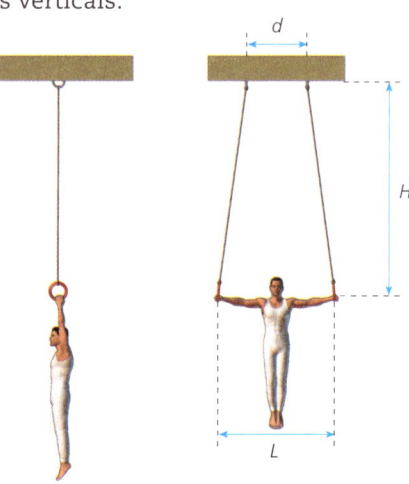

Considerando um atleta cuja massa é de 60 kg e sendo os comprimentos indicados na figura H = 3,0 m; L = 1,5 m e d = 0,5 m, responda:

a) Qual a tensão em cada corda quando o atleta se encontra pendurado no início do exercício com os braços na vertical?

b) Quando o atleta abre os braços na horizontal, qual a componente horizontal da tensão em cada corda?

Ficha-resumo 2

Momento de uma força

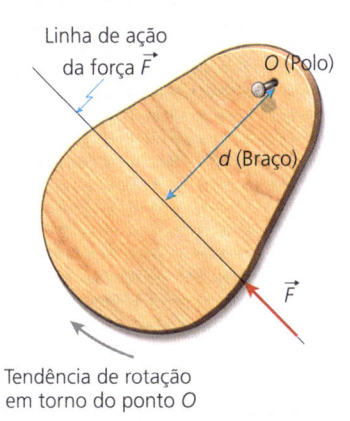

O momento $\vec{M_F}$ da força $\vec{F}$, em relação ao polo O, tem intensidade dada por: $M_F = \pm Fd$

Equilíbrio do corpo extenso

$\vec{F_R} = \vec{0}$ (impede a translação do corpo)

e

$\vec{M_R} = \vec{0}$ (impede a rotação do corpo)

8. (Fuvest-SP) Três homens tentam fazer girar, em torno do pino fixo O, uma placa retangular de largura a e comprimento $2a$, que está inicialmente em repouso sobre um plano horizontal, de atrito desprezível, coincidente com o plano de papel. Eles aplicam as forças $\vec{F_A} = \vec{F_B}$ e $\vec{F_C} = 2\vec{F_A}$, nos pontos A, B e C, como representadas na figura.

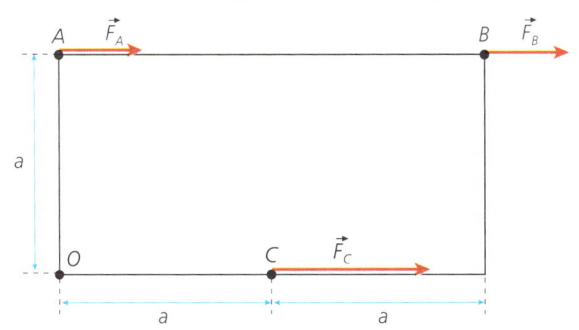

Designando, respectivamente, por M_A, M_B e M_C as intensidades dos momentos dessas forças em relação ao ponto O, é correto afirmar que:

a) $M_A = M_B > M_C$ e a placa gira no sentido horário.
b) $M_A < M_B = M_C$ e a placa gira no sentido horário.
c) $M_A = M_B < M_C$ e a placa gira no sentido anti-horário.
d) $2M_A = 2M_B = M_C$ e a placa não gira.
e) $2M_A = M_B = M_C$ e a placa não gira.

9. (UFJF-MG) Um menino quer ir ao banheiro num restaurante. A porta do banheiro é larga (1,0 m) e é mantida fechada por uma mola. Quando se empurra a porta numa distância d = 0,4 m do eixo de rotação da porta, é preciso uma força de 20 N para abri-la. O menino consegue empurrar com uma força de, no máximo, 10 N. Considere que todas as forças aplicadas sejam perpendiculares ao plano da porta. Assinale a afirmação verdadeira:

a) O menino consegue abrir a porta empurrando-a numa distância d = 0,5 m.
b) O menino consegue abrir a porta empurrando-a em distâncias d < 0,5 m.
c) O menino consegue abrir a porta empurrando-a em distâncias d > 0,5 m.
d) O menino não consegue abrir a porta.
e) O menino consegue abrir a porta empurrando em distâncias d < 0,8 m.

10. (Enem) Um portão está fixo em um muro por duas dobradiças, A e B, conforme mostra a figura, sendo P o peso do portão.

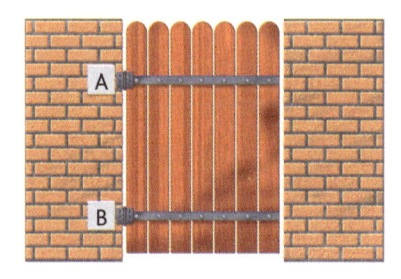

Caso um garoto se dependure no portão pela extremidade livre, e supondo que as reações máximas suportadas pelas dobradiças sejam iguais:

a) é mais provável que a dobradiça A arrebente primeiro que a B.
b) é mais provável que a dobradiça B arrebente primeiro que a A.
c) seguramente as dobradiças A e B arrebentarão simultaneamente.
d) nenhuma delas sofrerá qualquer esforço.
e) o portão quebraria ao meio, ou nada sofreria.

11. (UFMG) Gabriel está na ponta de um trampolim, que está fixo em duas estacas, I e II, como representado nesta figura:

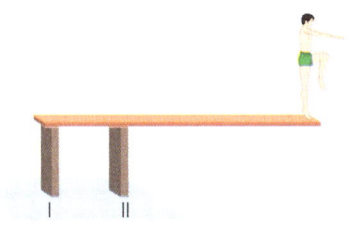

Sejam F_1 e F_2 forças que as estacas I e II fazem, respectivamente, no trampolim. Com base nessas informações, é correto afirmar que essas forças estão na direção vertical e:

a) têm sentido contrário, F_1 para cima e F_2 para baixo.
b) ambas têm sentido para baixo.
c) têm sentido contrário, F_1 para baixo e F_2 para cima.
d) ambas têm sentido para cima.

12. (PUC-MG) Uma haste, com massa uniformemente distribuída ao longo do seu comprimento, encontra-se em equilíbrio, na horizontal, apoiada no ponto P, tendo duas massas, M e M', nas suas extremidades, conforme a figura a seguir.

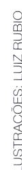

Exercícios de revisão

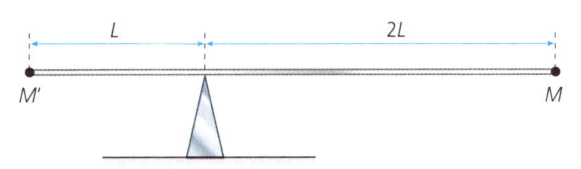

Nessas condições, é correto afirmar:
a) M' < M
b) M' = M
c) M < M' < 2M
d) M' > 2M

13. (Etec-SP) Você já deve ter visto em seu bairro pessoas que vieram diretamente da roça e, munidas de carrinhos de mão e uma simples balança, vendem mandioca de casa em casa. A balança mais usada nessas situações é a apresentada na figura a seguir.

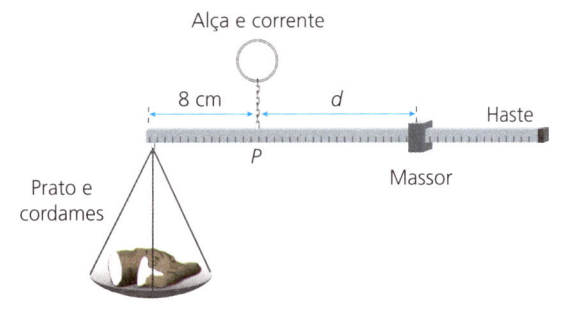

Considere desprezíveis as massas do prato com seus cordames e a massa da haste por onde corre o massor.

A balança representada está em equilíbrio, pois o produto da massa do massor pela distância que o separa do ponto P é igual ao produto da massa que se deseja medir pela distância que separa o ponto em que os cordames do prato são amarrados na haste até o ponto P.

Considere que no prato dessa balança haja 3 kg de mandioca e que essa balança tenha um massor de 0,6 kg. Para que se atinja o equilíbrio, a distância d do massor em relação ao ponto P deverá ser, em cm:
(Considere $g = 10$ m/s^2)
a) 16
b) 20
c) 24
d) 36
e) 40

14. (UFSM-RS) A figura representa uma barra homogênea em equilíbrio horizontal, de massa m e comprimento L, estando uma das extremidades articulada a uma parede. Na extremidade oposta, está suspenso um corpo de massa M, estando essa barra sustentada em sua metade por uma mola de constante elástica k.

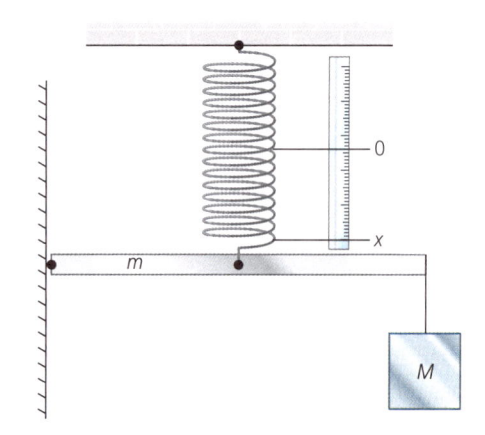

Nessa situação, a mola está distendida de:
a) $\frac{M}{k} \cdot g$
b) $\frac{2M}{k} \cdot g$
c) $\frac{(M+m)}{k} \cdot g$
d) $\frac{(2M+m)}{k} \cdot g$

15. (PUC-MG) Na figura desta questão, um jovem de peso igual a 600 N corre por uma prancha homogênea, apoiada em A e articulada no apoio B. A prancha tem o peso de 900 N e mede 9,0 m. Ela não está presa em A e pode girar em torno de B.

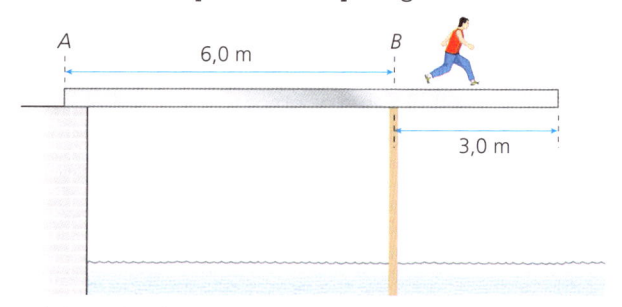

A máxima distância que o jovem pode percorrer, medida a partir de B, sem que a prancha gire, é:
a) 1,75 m
b) 2,00 m
c) 2,25 m
d) 2,50 m

16. (ITA-SP) Um atleta está fazendo flexões apoiado no solo. No instante considerado na figura, ele está em repouso e tanto a força do solo sobre seus pés, de módulo F_P, quanto a força do solo sobre suas mãos, de módulo F_M, são verticais. Suponha que o peso $\vec{P}$ do atleta atue em seu centro de massa, com linha de ação a 90 cm de distância de seus pés, e que suas mãos estejam a 120 cm de seus pés, como indica a figura a seguir:

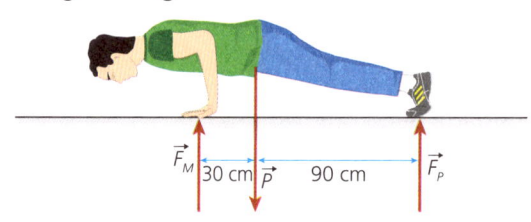

Se o módulo do peso do atleta é 600 N, então F_M e F_P valem, respectivamente:
a) 300 N e 300 N
b) 400 N e 200 N
c) 450 N e 150 N
d) 300 N e 150 N
e) 450 N e 300 N

17. (PUC-MG) Uma placa de publicidade, para ser colocada em local visível, foi afixada com uma barra homogênea e rígida e um fino cabo de aço à parede de um edifício, conforme ilustração.

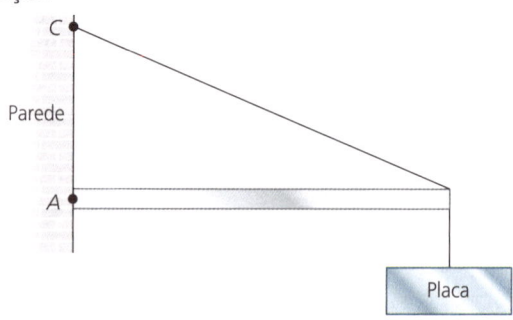

Considerando-se a aceleração da gravidade como 10 m/s^2, o peso da placa como 200 N, o comprimento da barra como 8 m, sua massa como 10 kg, a distância AC como 6 m e as demais massas desprezíveis, pode-se afirmar que a força de tração sobre o cabo de aço tem intensidade:
a) 417 N
b) 870 N
c) 300 N
d) 1.200 N

Mais questões em **Vereda Digital Aprova Enem**, em **Vereda Digital Suplemento de revisão**, em **AprovaMax** (no *site*) e no livro digital.

CAPÍTULO

16

HIDROSTÁTICA

ENEM
C1: H3
C5: H17, H18
C6: H20

Balões e dirigíveis

Primeira aparição pública
Em 1783, dois fabricantes de papel, os irmãos Montgolfier, fizeram um balão de papel subir 2 km de altura ao enchê-lo com ar quente produzido por uma chama. Dois meses depois, o cientista Jacques Charles (1746-1823) lançou um segundo balão preenchido com um gás recém-descoberto: o hidrogênio.

Balomania
Ainda em 1783, os irmãos Montgolfier produziram um balão grande, resistente e suficientemente leve para transportar duas pessoas. Apenas na França, foram registrados 76 voos tripulados entre 1783 e 1790.

Santos Dumont n. 6
O primeiro a construir um balão dirigível, capaz de navegar contra o vento e fazer manobras, foi Santos Dumont (1873-1932). Além de incorporar as melhorias de seus antecessores, como a forma em elipse para reduzir o arrasto, incluiu um motor a explosão.

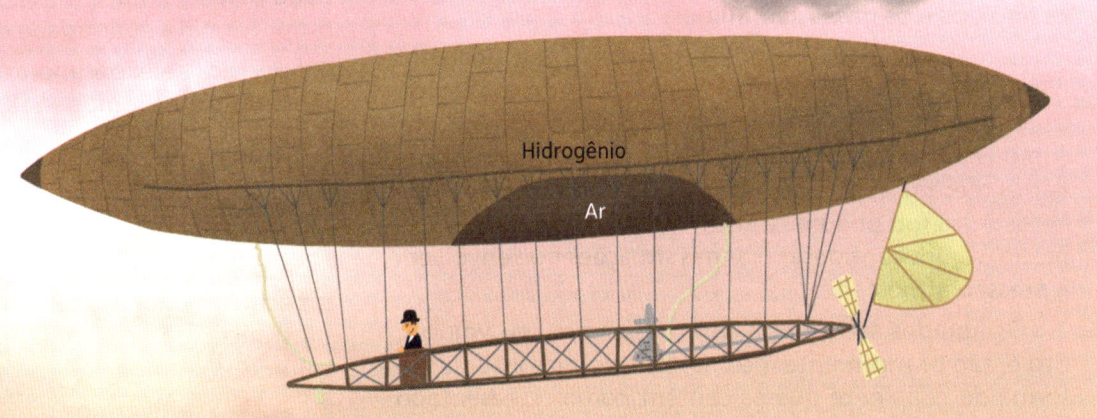

Hidrogênio
Ar

O grande desastre
Nas primeiras décadas do século XX, os dirigíveis transportavam passageiros e cargas entre os continentes. O incêndio do dirigível Hindenburg, em 1937, vitimou 36 pessoas e causou a suspensão definitiva dos voos comerciais.

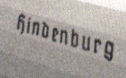

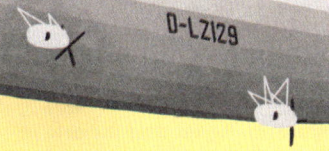

Hindenburg
D-LZ129

Fontes: BIZERRA, E. A. *Santos Dumont e o desenvolvimento da dirigibilidade de balões.* São Paulo, 2008. 106 p. Dissertação (Mestrado em História da Ciência) – PUC-SP. PASTERNAK, I.; LIAO, L. A review of airship structural research and development. *Progress in Aerospace Sciences*, v. 45, p. 83-96, maio/jul. 2009.

Objetivos do capítulo

- Conceituar fluido.
- Apresentar e diferenciar os conceitos de massa específica e densidade.
- Conceituar pressão e aplicar o conceito aos líquidos.
- Apresentar o princípio de Pascal e suas aplicações práticas.
- Apresentar e aplicar o princípio de Arquimedes.

1 Introdução

Neste capítulo, iniciamos o estudo da Hidrostática, ramo da Física que abrange as leis e as propriedades do equilíbrio dos líquidos e dos corpos em meio líquido.

Antes de definir o que é um líquido, vamos entender o conceito de fluido.

Um **fluido** é uma substância que tem a capacidade de fluir, isto é, de se deslocar por algum duto (tubulação ou canal), assumindo a forma desse duto em cada ponto do caminho. Devido a essa capacidade, os fluidos oferecem pouca resistência às mudanças na sua forma.

De acordo com esse conceito, podemos afirmar que **os líquidos e os gases são fluidos**.

Os gases são fluidos muito compressíveis, portanto não conservam seu volume e assumem a forma do recipiente que os contém, ocupando todo o seu volume, como representado na **figura 1**. O estudo das propriedades mecânicas dos gases em equilíbrio é chamado de aerostática (ou pneumostática, no caso do ar). Neste capítulo, vamos considerar o ar nas situações que envolvem a pressão atmosférica.

Os líquidos são fluidos que conservam seu volume, isto é, são praticamente incompressíveis, mas assumem a forma do recipiente que os contém, como representado na **figura 2**.

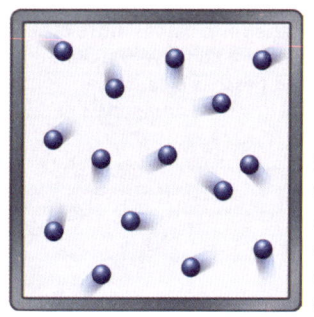

Figura 1. Em um **gás**, as moléculas colidem umas contra as outras e contra as paredes do recipiente. Moléculas muito distantes entre si tornam os gases muito compressíveis.

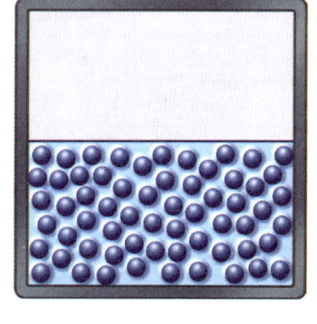

Figura 2. Por ter uma superfície bem definida e moléculas que deslizam umas entre as outras, o **líquido** pode assumir a forma do recipiente que o contém. Moléculas muito próximas entre si tornam os líquidos praticamente incompressíveis.

Os fluidos são muito presentes em nossa vida. O ar que respiramos, a água que bebemos, os combustíveis que movem veículos e acionam outros equipamentos e até mesmo os gases que intensificam o efeito estufa e alteram as condições da nossa biosfera são fluidos.

2 Conceito de massa específica e densidade

Um dos parâmetros que caracterizam um sistema físico é seu volume (V), que define a quantidade de espaço ocupado pelo sistema. Outro parâmetro é a massa (m), que é proporcional à quantidade de matéria contida no sistema.

Verifica-se experimentalmente que, para uma substância pura e homogênea, a razão entre sua massa e seu volume, $\frac{m}{V}$, é constante, desde que sejam mantidas as condições de temperatura e pressão. Essa razão é denominada **massa específica** e costuma ser representada pela letra grega minúscula μ (lê-se: mi). A massa específica é uma das características que identificam uma substância, não dependendo de sua massa m ou de seu volume V.

Assim, se tivermos um volume V de uma substância X, teremos uma massa m dessa substância proporcional a V. Se considerarmos um volume $2V$ da mesma substância X, nas mesmas condições de temperatura e pressão, teremos uma massa $2m$ de tal substância. Para um volume $n \cdot V$ de X, nas mesmas condições de temperatura e pressão, teremos uma massa $n \cdot m$ dessa substância. Portanto:

> A massa específica μ de uma substância pura e homogênea é dada pela razão entre a massa da substância e o volume ocupado por essa massa. Ou seja:
>
> $$\mu = \frac{m}{V}$$

No Sistema Internacional de Unidades (SI), a massa específica é medida em kg/m³. Entretanto, as unidades g/cm³ e kg/L são, também, muito utilizadas.

A **tabela 1** a seguir mostra os valores das massas específicas de algumas substâncias puras e homogêneas a 0 °C e 1,0 atm.

Tabela 1. Massa específica de algumas substâncias puras e homogêneas

Substância (a 0 °C e 1,0 atm)	Massa específica (g/cm³)
Água (líquida)	0,99984 (≃ 1,000)
Gelo	0,917
Alumínio	2,70
Cobre	8,94
Chumbo	11,34
Ferro	7,87
Mercúrio	13,55
Óleo mineral	0,75-0,85
Ouro	19,32
Prata	10,50
Platina	21,45

Quando a substância que constitui o corpo não está uniformemente distribuída no seu volume, o valor do quociente $\frac{m_{corpo}}{V_{corpo}}$ pode variar e diferir do valor da massa específica da substância que constitui o corpo. Nesses casos, a razão $\frac{m_{corpo}}{V_{corpo}}$ é denominada **densidade** do corpo e costuma ser representada pela letra d. Portanto:

$$d = \frac{m_{corpo}}{V_{corpo}}$$

A densidade de um **corpo homogêneo** é, no máximo, igual à massa específica da substância que o constitui, isto é, $d_{corpo} \leq \mu_{substância}$. Quando o corpo homogêneo é também **maciço**, sua densidade é **igual** à massa específica da substância que o compõe.

Se o corpo é constituído de diversas substâncias, como a embarcação na **figura 3**, a razão $\frac{m_{corpo}}{V_{corpo}}$ é denominada **densidade média** do corpo (d_m).

Figura 3. A densidade média da embarcação é menor que a massa específica do aço do qual ela é feita.

A **tabela 2** apresenta os valores das densidades médias de algumas substâncias.

Tabela 2. Densidade média de algumas substâncias

Substância	Densidade (g/cm³)
Ar (a 0 °C, 1,0 atm e ao nível do mar)	$1{,}293 \cdot 10^{-3}$
Água do mar (a 0 °C e 1,0 atm)	1,020-1,050
Terra (valor médio)	5,52
Terra (núcleo)	11,92
Madeira (seca)	0,430-0,750
Madeira (verde)	1,010-1,320
Núcleo atômico	$\simeq 2{,}30 \cdot 10^{14}$
Buraco negro (com a mesma massa do Sol)	$\simeq 1{,}90 \cdot 10^{16}$

Exercícios resolvidos

1. Converter:
   a) 1,0 g/cm³ em kg/m³
   b) 1,0 g/cm³ em kg/L

   ▶ **Solução**

   a) $1{,}0 \frac{g}{cm^3} = 1{,}0 \cdot \frac{10^{-3} \, kg}{(10^{-2} \, m)^3} \Rightarrow \boxed{1{,}0 \, g/cm^3 = 10^3 \, kg/m^3}$

   b) $1{,}0 \frac{g}{cm^3} = 1{,}0 \cdot \frac{10^{-3} \, kg}{(10^{-1} \, L)^3} \Rightarrow \boxed{1{,}0 \, g/cm^3 = 1{,}0 \, kg/L}$

2. Qual é a massa do ar contido em uma sala de 6,0 m de comprimento, 4,0 m de largura e 2,5 m de altura? Considerar a densidade do ar, nas condições do ambiente, igual a 1,28 g/L.

   ▶ **Solução**
   O volume do ar contido na sala é:
   $V_{ar} = 4{,}0 \, m \cdot 6{,}0 \, m \cdot 2{,}5 \, m = 60 \, m^3$. Assim:
   $m_{ar} = d_{ar} \cdot V_{ar} \Rightarrow m_{ar} = 1{,}28 \, kg/m^3 \cdot 60 \, m^3 \Rightarrow \boxed{m_{ar} = 76{,}8 \, kg}$

3. Um bloco de alumínio tem massa de 270 g, volume de 135 cm³ e uma cavidade interna. A massa específica do alumínio é $\mu_{A\ell} = 2{,}7 \, g/cm^3$. Determinar para esse bloco:
   a) sua densidade;
   b) o volume da cavidade interna.

   ▶ **Solução**

   a) $d_{bloco} = \frac{m_{bloco}}{V_{bloco}} \Rightarrow d_{bloco} = \frac{270 \, g}{135 \, cm^3} \Rightarrow \boxed{d_{bloco} = 2{,}0 \, g/cm^3}$

   b) Cálculo do volume de alumínio que constitui o bloco:

   $\mu_{A\ell} = \frac{m_{bloco}}{V_{A\ell}} \Rightarrow V_{A\ell} = \frac{m_{bloco}}{\mu_{A\ell}} \Rightarrow V_{A\ell} = \frac{270 \, g}{2{,}7 \, g/cm^3} \Rightarrow$

   $\Rightarrow V_{A\ell} = 100 \, cm^3$

   Cálculo do volume da cavidade interna:
   $V_{cavidade} = V_{bloco} - V_{A\ell} \Rightarrow V_{cavidade} = 135 \, cm^3 - 100 \, m^3 \Rightarrow$
   $\Rightarrow \boxed{V_{cavidade} = 35 \, cm^3}$

4. Misturam-se 200 cm³ de um líquido A, de massa específica 0,90 g/cm³, com 300 cm³ de um líquido B, de massa específica 0,50 g/cm³. Determinar:
   a) a densidade média da mistura dos dois líquidos;
   b) o volume de líquido A a ser misturado com 300 cm³ de líquido B para que a densidade da mistura seja exatamente igual a 0,60 g/cm³.

▶ **Solução**

a) Cálculo das massas dos líquidos A e B:
$m_A = \mu_A \cdot V_A \Rightarrow m_A = 0{,}90 \text{ g/cm}^3 \cdot 200 \text{ cm}^3 \Rightarrow m_A = 180 \text{ g}$
$m_B = \mu_B \cdot V_B \Rightarrow m_B = 0{,}50 \text{ g/cm}^3 \cdot 300 \text{ cm}^3 \Rightarrow m_B = 150 \text{ g}$

A densidade média da mistura dos líquidos A e B é dada por:

$d_{mistura} = \dfrac{m_{mistura}}{V_{mistura}} = \dfrac{m_A + m_B}{V_A + V_B} = \dfrac{180 \text{ g} + 150 \text{ g}}{200 \text{ cm}^3 + 300 \text{ cm}^3} \Rightarrow$

$\Rightarrow \boxed{d_{mistura} = 0{,}66 \text{ g/cm}^3}$

b) Cálculo das massas dos líquidos A e B, considerando $V_A = x$:
$m_A = \mu_A \cdot V_A \Rightarrow m_A = 0{,}90 \text{ g/cm}^3 \cdot x \text{ cm}^3 \Rightarrow m_A = 0{,}90x \text{ g}$
$m_B = \mu_B \cdot V_B \Rightarrow m_B = 0{,}50 \text{ g/cm}^3 \cdot 300 \text{ cm}^3 \Rightarrow m_B = 150 \text{ g}$

Cálculo do volume do líquido A:

$d_{mistura} = \dfrac{m_{mistura}}{V_{mistura}} \Rightarrow d_{mistura} = \dfrac{m_A + m_B}{V_A + V_B} \Rightarrow$

$\Rightarrow 0{,}60 = \dfrac{0{,}90x + 150}{x + 300} \Rightarrow 0{,}60x + 180 = 0{,}90x + 150$

$\therefore \boxed{x = 100 \text{ cm}^3}$

Exercícios propostos

1. Considere $\mu_{água} = 1{,}0 \text{ g/cm}^3$ e $\mu_{álcool} = 0{,}80 \text{ g/cm}^3$. Determine a densidade média da mistura de:
   a) 50 g de água com 40 g de álcool;
   b) 50 cm³ de água com 150 cm³ de álcool.

2. A densidade do gelo (água no estado sólido) é 0,92 g/cm³ a 0 °C. Nessa mesma temperatura, a água líquida tem densidade 1,00 g/cm³. Ao solidificar 230 g de água a 0 °C, teremos um bloco de gelo de volume:
   a) 500 cm³
   b) 460 cm³
   c) 365 cm³
   d) 250 cm³
   e) 230 cm³

3. A massa específica do ouro puro, chamado ouro 24 quilates, é aproximadamente 19 g/cm³ no estado sólido e 17 g/cm³ no estado líquido. Assim, para um bloco compacto de ouro puro, de volume 85 cm³, determine:
   a) sua massa, em grama;
   b) o volume de ouro líquido obtido após a fusão total desse bloco.

4. Um paralelepípedo de arestas 4,0 cm, 6,0 cm e 15 cm, ortogonais entre si, tem 1,8 kg de massa. Determine:
   a) a densidade desse paralelepípedo, em g/cm³;
   b) a massa, em grama, de um paralelepípedo de alumínio ($\mu_{Al} = 2{,}7 \text{ g/cm}^3$), de mesmo volume.

5. Leia as afirmações a seguir e determine o que se pede.
   I. A massa do Sol vale aproximadamente $2{,}0 \cdot 10^{30}$ kg.
   II. A massa da Terra vale aproximadamente $6{,}0 \cdot 10^{24}$ kg.
   III. O volume da Terra vale aproximadamente $1{,}08 \cdot 10^{21}$ m³.

O Sol é o gigante gasoso que domina nosso sistema planetário. Sua densidade média é de apenas 1,41 g/cm³, isto é, o Sol é um pouco mais denso que a água. Assim, podemos estimar que o volume do Sol equivale a aproximadamente:
   a) 1.300 "Terras".
   b) 1.300.000 "Terras".
   c) 13 milhões de "Terras".
   d) 130 milhões de "Terras".
   e) 13 bilhões de "Terras".

3 Pressão

Experimente sustentar um pacote de açúcar de 1 kg sobre a palma de sua mão e depois sobre a ponta de um único dedo. Parece que, na segunda situação, fazemos maior "esforço", não é?

Na verdade, a força exercida para sustentar o pacote tem a mesma intensidade nas duas situações, mas a superfície do pacote sofre maior deformação quando apoiada sobre a ponta do dedo do que quando apoiada sobre a palma da mão. Portanto, essa maior deformação não é consequência da força aplicada, mas da concentração dessa força em uma área menor na segunda situação. A grandeza física que mede a distribuição da intensidade de uma força sobre uma superfície chama-se **pressão**.

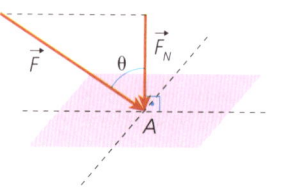

Figura 4. Força $\vec{F}$ aplicada sobre uma superfície e sua componente normal $\vec{F}_N$.

Considere uma força $\vec{F}$ aplicada sobre uma superfície de área A. Chamando de $\vec{F}_N$ a componente de $\vec{F}$ normal à superfície (**fig. 4**), definimos a pressão p de uma força $\vec{F}$, aplicada sobre uma superfície de área A, como a grandeza física dada pela razão entre o módulo da componente normal à superfície e a área na qual essa força é aplicada.

$$\boxed{p = \dfrac{|\vec{F}_N|}{A}}$$

Observe que a pressão é uma **grandeza escalar**. Não tem significado físico falar em "pressão de cima para baixo" ou "pressão da esquerda para a direita". A pressão age em todas as direções. Essa característica escalar ficará mais clara quando estudarmos a pressão exercida pelos fluidos.

Na **figura 5**, o prego perfura a madeira, pois a força está concentrada na área de sua ponta, que é muito pequena. Na **figura 6**, entretanto, mesmo comprimido contra as pontas de vários pregos com relativa força, o balão resiste e não estoura, pois a força está distribuída sobre uma área de contato, correspondente às pontas de vários pregos, que é muito maior que a mostrada na **figura 5**.

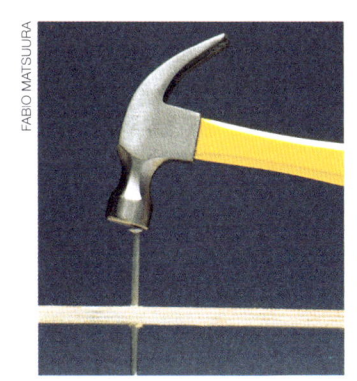

Figura 5. A força exercida pela ponta do prego sobre a minúscula área de contato entre ela e a superfície de madeira é suficiente para perfurá-la.

Figura 6. O peso do balão e o peso da carga em cima dele são distribuídos sobre as pontas de vários pregos. A força exercida em cada ponto de contato não é suficiente para perfurar o material do balão.

No SI, a pressão é medida em N/m², unidade denominada **pascal (Pa)**. Existem outras unidades muito utilizadas na engenharia, na meteorologia ou mesmo na medicina. As mais comuns são: **atmosfera normal (atm)**, que vale $1,01325 \cdot 10^5$ Pa e é frequentemente aproximada para $1,0 \cdot 10^5$ Pa, **milímetro de mercúrio (mmHg)**, **torricelli (torr)**, e **psi** (*pound per square inch*, que significa libra-força por polegada quadrada). Relacionando essas unidades, temos:

$$1,0 \text{ atm} \simeq 1,0 \cdot 10^5 \text{ Pa} \simeq 760 \text{ mmHg} \simeq 760 \text{ torr} \simeq 14,7 \text{ psi}$$

Assim, quando "calibramos" o pneu do nosso carro com "30 libras", por exemplo, o ar interno está exercendo uma pressão de, aproximadamente, duas atmosferas, já que $2,0 \text{ atm} \simeq 29,4$ psi.

Exercícios resolvidos

5. Uma força de intensidade 10 N, isto é, aproximadamente o peso de um corpo de massa 1,0 kg, é aplicada sobre uma superfície plana de área 1,0 cm². Determinar a pressão sobre essa superfície quando:
 a) a direção da força é normal à superfície;
 b) a direção da força forma 60° com a normal à superfície;
 c) a direção da força forma 90° com a normal à superfície.
(Considerar 1 atm = $1,0 \cdot 10^5$ Pa e dar as respostas em Pa.)

▶ **Solução**
a) Se a força é normal à superfície, a pressão p será:

$$p = \frac{|\vec{F_N}|}{A} \Rightarrow p = \frac{10 \text{ N}}{1,0 \text{ cm}^2} = \frac{10 \text{ N}}{10^{-4} \text{ m}^2} \Rightarrow$$

$$\Rightarrow \boxed{p = 1,0 \cdot 10^5 \text{ Pa} = 1,0 \text{ atm}}$$

Observação

Esse é o valor aproximado da pressão exercida por um corpo de 1 kg sobre a ponta do dedo.

b) Na figura a seguir, $\vec{F_N}$ é o cateto adjacente ao ângulo θ.
Portanto:
$F_N = F \cdot \cos \theta \Rightarrow$
$\Rightarrow F_N = 10 \text{ N} \cdot \cos 60° \Rightarrow$
$\Rightarrow F_N = 10 \text{ N} \cdot \frac{1}{2} \Rightarrow F_N = 5,0 \text{ N}$

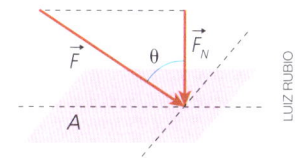

Assim, a pressão de $\vec{F}$ sobre a superfície vale:

$$p = \frac{|\vec{F_N}|}{A} \Rightarrow p = \frac{5,0 \text{ N}}{10^{-4} \text{ m}^2} \Rightarrow p = 5,0 \cdot 10^4 \text{ Pa} = 0,5 \cdot 10^5 \text{ Pa} \Rightarrow$$

$$\Rightarrow \boxed{p = 0,5 \text{ atm}}$$

c) Neste caso, como a direção de $\vec{F}$ forma 90° com a normal, $\vec{F}$ está no plano que contém a superfície, sendo, portanto, tangencial a ela. Assim:

$F_N = F \cdot \cos \theta \Rightarrow F_N = 10 \text{ N} \cdot \cos 90° \Rightarrow F_N = 10 \text{ N} \cdot 0 \Rightarrow F_N = 0$

A pressão de $\vec{F}$ sobre a superfície será:

$$p = \frac{|\vec{F_N}|}{A} \Rightarrow p = \frac{0}{10^{-4} \text{ m}^2} \Rightarrow \boxed{p = 0}$$

Assim, podemos concluir que uma **força tangencial** a uma superfície **não exerce pressão** sobre ela.

6. Um cubo de aresta 2,0 cm está apoiado sobre uma de suas faces em uma superfície plana e horizontal. O material do cubo tem densidade $d_{cubo} = 8,0$ g/cm³. Considerando o módulo da aceleração da gravidade local igual a 10 m/s², determinar:
 a) a massa do cubo, em grama;
 b) a pressão exercida pelo cubo sobre a face de apoio, em N/m².

▶ **Solução**
a) Cálculo do volume do cubo:

$V_{cubo} = (2,0 \text{ cm})^3 \Rightarrow V_{cubo} = 8,0 \text{ cm}^3$

Cálculo da massa do cubo:

$m_{cubo} = d_{cubo} \cdot V_{cubo} \Rightarrow m_{cubo} = 8,0 \cdot 8,0 \therefore \boxed{m_{cubo} = 64 \text{ g}}$

b) Cálculo da área da face de apoio:

$A = (2,0 \text{ cm})^2 \Rightarrow A = 4,0 \text{ cm}^2 \Rightarrow A = 4,0 \cdot 10^{-4} \text{ m}^2$

Nesse caso, a força normal à face de apoio é o peso do cubo.
Cálculo do peso do cubo:
$P_{cubo} = m_{cubo} \cdot g \Rightarrow P_{cubo} = 64 \cdot 10^{-3} \text{ kg} \cdot 10 \text{ m/s}^2 \Rightarrow P_{cubo} = 0,64 \text{ N}$

Assim: $p = \frac{|\vec{F_N}|}{A} = \frac{P_{cubo}}{A} \Rightarrow p = \frac{0,64 \text{ N}}{4,0 \cdot 10^{-4} \text{ m}^2} \Rightarrow$

$$\Rightarrow \boxed{p = 1.600 \text{ N/m}^2}$$

Capítulo 16 • Hidrostática **201**

Exercícios propostos

6. Um estudante segura um lápis como indicado na figura ao lado. Considere F_1 e F_2 as respectivas intensidades das forças que as extremidades 1 e 2 do lápis exercem sobre as pontas dos dedos do estudante e p_1 e p_2 as pressões exercidas pelas forças F_1 e F_2. Assim, podemos dizer que:

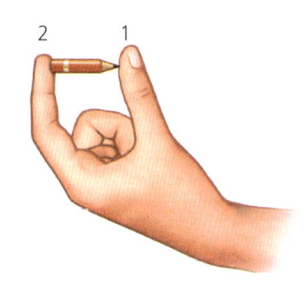

a) $F_1 = F_2$ e $p_1 = p_2$
b) $F_1 > F_2$ e $p_1 > p_2$
c) $F_1 < F_2$ e $p_1 < p_2$
d) $F_1 = F_2$ e $p_1 > p_2$
e) $F_1 = F_2$ e $p_1 < p_2$

7. Ao escrever, um estudante aperta o lápis contra o papel exercendo uma força de intensidade média 3,6 N, perpendicular ao plano da escrita. A ponta do lápis tem uma área de 0,30 mm². Determine a pressão exercida sobre o papel, em atmosfera. Adote 1 atm = $1,0 \cdot 10^5$ Pa.

8. Considere esta situação inicial: uma pessoa está parada em uma fila, em pé, distribuindo igualmente seu peso sobre seus dois pés que se apoiam no solo plano e horizontal. Considere agora esta situação final: em dado instante, essa pessoa levanta um dos pés, ficando apoiada apenas sobre o outro. Os pés dessa pessoa mantêm iguais áreas de contato com o solo. Seja p a pressão exercida pela pessoa sobre a área de contato com o solo, na situação inicial. Determine, em função de p:

a) a pressão p_1 exercida sobre cada um dos pés, na situação inicial;
b) a pressão p_2 exercida sobre o pé de apoio, na situação final.

9. O tijolo da figura a seguir tem arestas a, b e c tais que $b = \dfrac{a}{2}$ e $c = \dfrac{a}{3}$.

Seja p_1 a pressão exercida pelo tijolo sobre uma das faces de arestas a e b. Quando o tijolo se apoia sobre uma das faces de arestas a e c, a pressão é p_2. Quando ele se apoia sobre uma das faces de arestas b e c, a pressão é p_3. Assim, a relação correta entre p_1, p_2 e p_3 é:

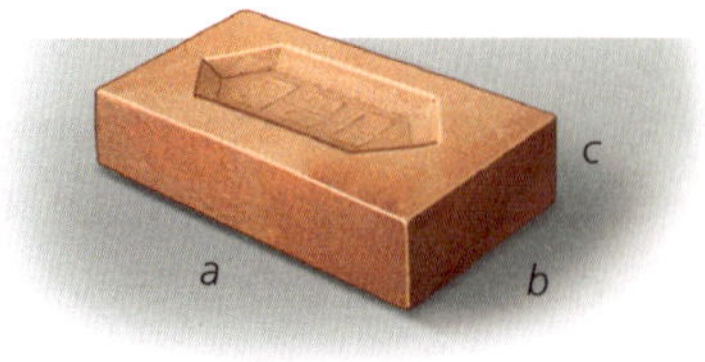

a) $\dfrac{p_1}{2} = \dfrac{p_2}{3} = \dfrac{p_3}{6}$
b) $\dfrac{p_1}{6} = \dfrac{p_2}{3} = \dfrac{p_3}{2}$
c) $\dfrac{p_1}{2} = \dfrac{p_2}{6} = \dfrac{p_3}{3}$
d) $2p_1 = 3p_2 = 6p_3$
e) $\dfrac{p_1}{6} = \dfrac{p_2}{2} = \dfrac{p_3}{3}$

10. Os quatro cubos da figura a seguir são feitos de um material cuja densidade é d e suas arestas medem a.

No local, a aceleração da gravidade tem valor g. Determine, em função de a, d e g:

a) o peso P do conjunto dos quatro blocos;
b) a pressão exercida pelos blocos sobre a face que os apoia.

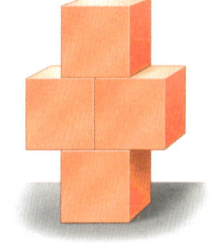

4 Pressão em fluidos

Como já vimos na introdução, os gases e os líquidos são fluidos. A principal diferença no comportamento macroscópico desses fluidos é a **compressibilidade**. Gases são facilmente compressíveis. Líquidos oferecem grande resistência ao esforço de compressão, ou seja, são praticamente incompressíveis.

A **figura 7** mostra a representação de um modelo microscópico da origem da pressão exercida por um gás, que se deve às colisões das moléculas do gás contra as paredes do recipiente.

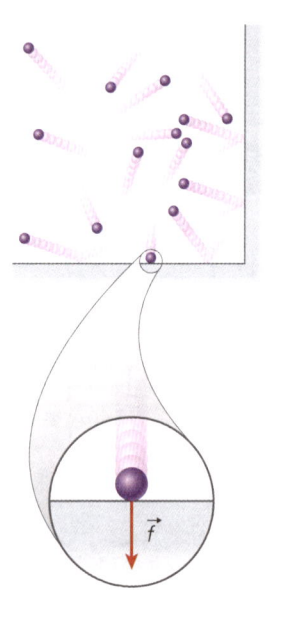

Figura 7. Cada colisão exerce uma pequena força f contra a parede do recipiente, conforme mostrado no detalhe ao lado. A pressão do gás deve-se à resultante das forças gerada pelas inúmeras colisões das moléculas contra as paredes do recipiente.

Na **figura 8**, devido à ação da gravidade e das forças de coesão molecular, o líquido concentra-se nas partes mais próximas da base do recipiente, exercendo pressão no fundo e nas paredes laterais com as quais está em contato. Portanto, o líquido não exerce pressão nas partes do recipiente com as quais não está em contato.

Figura 8. O líquido só exerce pressão nas superfícies com as quais tem contato.

Assim, há duas contribuições para a pressão exercida pelos fluidos: a térmica e a gravitacional.

A **contribuição térmica** é devida ao movimento de agitação molecular causado pela temperatura. Essa parcela é muito mais significativa nos gases do que nos líquidos.

A **contribuição gravitacional**, associada às forças de coesão, mantém as moléculas aglutinadas no fundo do recipiente. Essa parcela é muito mais significativa nos líquidos do que nos gases.

5 Pressão atmosférica

Em um recipiente usado em experiências de laboratório, ou mesmo dentro de uma ampla sala, o peso do ar tem pouca influência na pressão por ele exercida. No exercício 2 da seção "Exercícios resolvidos", se dividirmos o peso do ar da sala (768 N) pela área do piso (24 m²), teremos uma pressão de apenas 32 Pa, equivalente à pressão exercida por uma laranja equilibrada sobre a ponta do seu dedo. Esse valor é desprezível quando comparado com a pressão de 10^5 Pa (100.000 Pa) exercida pela atmosfera terrestre.

No entanto, a atmosfera terrestre pode ser entendida como uma região de grande altitude (cerca de 500 km de altura). Nesse caso, a contribuição gravitacional à pressão torna-se significativa.

Se desenharmos no chão, no nível do mar, um quadrado de 10 cm de lado, a massa de ar acima dele será de 100 kg. Se o quadrado tiver 1,0 m de lado, a massa de ar dentro da coluna imaginária será de 10 toneladas. A massa total da atmosfera terrestre é aproximadamente 5.300 trilhões de toneladas, ou seja, não é nada desprezível.

Devido à distribuição não uniforme do ar atmosférico em relação à altura, a pressão atmosférica diminui à medida que nos afastamos da superfície da Terra, conforme representado na **figura 9**.

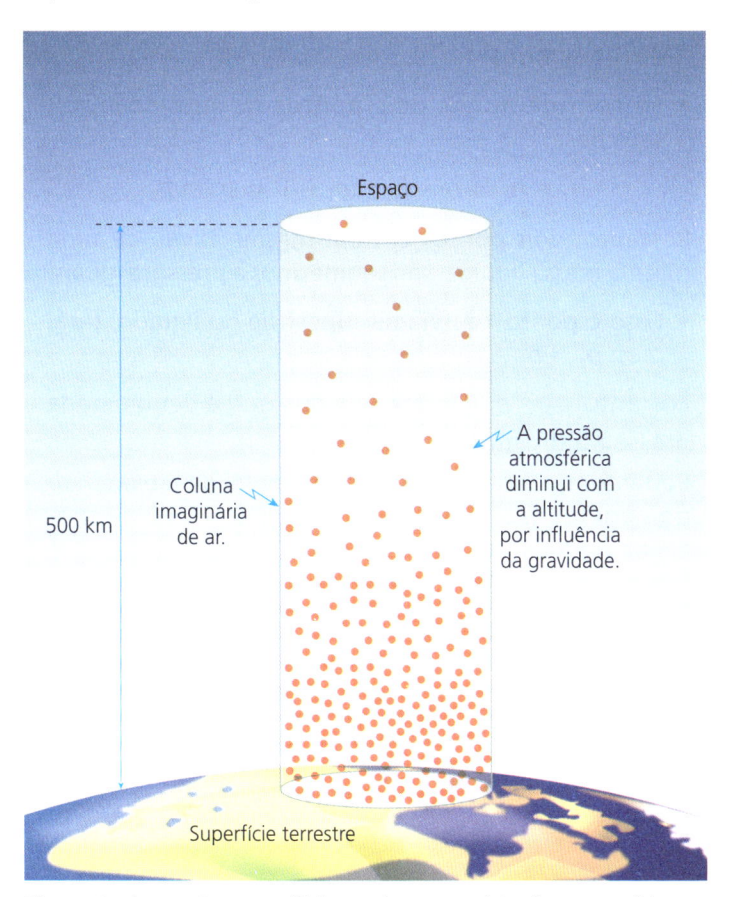

Figura 9. A pressão atmosférica varia com a altitude, na medida em que o ar fica mais rarefeito.

A **tabela 3** fornece alguns valores da pressão atmosférica terrestre (p) em determinadas altitudes (h).

Tabela 3. Valores da pressão atmosférica terrestre (p) em função da altitude (h)

h (km)	p (atm)
0	1,00
5	0,53
10	0,26
15	0,12
50	$7{,}88 \cdot 10^{-2}$
100	$3{,}16 \cdot 10^{-7}$
200	$8{,}36 \cdot 10^{-9}$
300	$8{,}77 \cdot 10^{-11}$
500	$3{,}02 \cdot 10^{-12}$

Não há um limite preciso para o fim da camada atmosférica terrestre, mas para altitudes acima de 500 km os valores da pressão do ar atmosférico aproximam-se dos encontrados no espaço sideral ($\simeq 10^{-18}$ atm).

A pressão atmosférica na superfície da Lua varia entre $4{,}0 \cdot 10^{-16}$ atm e $8{,}0 \cdot 10^{-15}$ atm. Portanto, podemos considerar que a pressão atmosférica lunar é quase nula, isto é, na superfície da Lua, temos praticamente vácuo.

Exercícios resolvidos

7. Um bloco de massa m deve ficar pendente do teto sustentado por uma ventosa circular de 20 cm de diâmetro. Qual é o valor máximo $m_{máx.}$ possível para a massa do bloco? Adotar 10 m/s² para o módulo da aceleração da gravidade local, $1{,}0 \cdot 10^5$ Pa para a pressão atmosférica local e $\pi = 3$.

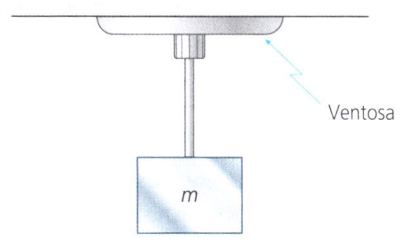

▶ **Solução**

Vamos admitir que, ao comprimir a ventosa contra o teto, retiramos praticamente todo o ar da região por ela coberta. Assim, a pressão interna à ventosa pode ser considerada nula. Portanto, **no limite**, a força F devida à pressão atmosférica, exercida contra a ventosa, deve ter intensidade igual ao peso do bloco.

Área da superfície coberta pela ventosa:
$A = \pi r^2 = 3 \cdot (10 \text{ cm})^2 \Rightarrow A = 300 \text{ cm}^2 \Rightarrow A = 3{,}0 \cdot 10^{-2} \text{ m}^2$

Força devida à pressão atmosférica:
$F = p_{atm} \cdot A \Rightarrow F = 1{,}0 \cdot 10^5 \text{ N/m}^2 \cdot 3{,}0 \cdot 10^{-2} \text{ m}^2 \Rightarrow F = 3{,}0 \cdot 10^3 \text{ N}$

Valor máximo possível para a massa do bloco:
$F = P_{máx.} = m_{máx.} \cdot g \Rightarrow 3{,}0 \cdot 10^3 = m_{máx.} \cdot 10 \therefore \boxed{m_{máx.} = 300 \text{ kg}}$

Exercícios propostos

11. Uma sala tem dimensões de 3,5 m × 4,2 m no piso e 2,4 m de altura. No local, a pressão atmosférica vale $1,0 \cdot 10^5$ Pa e a aceleração da gravidade tem módulo 10 m/s². Assim, a intensidade da força, devida à pressão atmosférica sobre o piso da sala, equivale ao peso de uma massa de:
a) 147 kg
b) 1.470 kg
c) 14,7 t
d) 147 t
e) 1.470 t

12. A porta de um *freezer* doméstico tem dimensões de 50 cm × 40 cm. Devido à sua baixa temperatura, o ar interno exerce uma pressão de 0,98 atm. Externamente, a pressão atmosférica vale 1,0 atm ou $1,0 \cdot 10^5$ Pa. Determine, em newton:
a) a intensidade da força exercida pelo ar externo sobre a porta do *freezer*;
b) a intensidade da força exercida pelo ar interno sobre a porta do *freezer*;
c) a intensidade da força que comprime a porta do *freezer* para vedá-lo.

13. Um pequeno frasco de conserva tem uma tampa vedante de 80 cm² de área. A pressão atmosférica no local é considerada igual a 1,0 atm ($1,0 \cdot 10^5$ N/m²). Se foi necessária uma força de 480 N para abrir a tampa, podemos afirmar que a pressão do ar interno, imediatamente antes de abri-la, era igual a:
a) 0,8 atm
b) 0,6 atm
c) 0,4 atm
d) 0,2 atm
e) 0,1 atm

6 Pressão em líquidos e a lei de Stevin

Vimos que os líquidos exercem pressão contra as paredes dos recipientes que os contêm, principalmente pela ação da gravidade. Agora, vamos determinar a pressão exercida por um líquido em equilíbrio, em pontos abaixo da sua superfície livre. Consideraremos conhecidos a densidade d do líquido, o desnível h entre as bases 1 e 2 do cilindro vertical constituído do próprio líquido e o módulo g da aceleração da gravidade no local **(fig. 10)**.

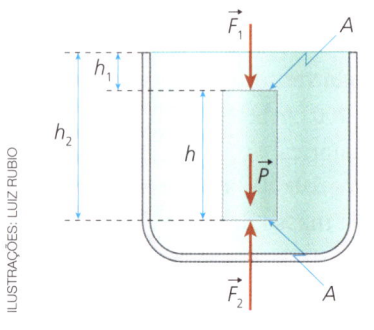

Figura 10. Na coluna de líquido em equilíbrio, de peso $\vec{P}$, $\vec{F_1}$ age na base superior e $\vec{F_2}$, na base inferior.

Na **figura 10**, seja $V = Ah$ o volume do cilindro líquido em equilíbrio. Na base 1, atua a força hidrostática F_1, e, na base 2, a força hidrostática F_2. Como, na direção vertical, as forças F_1 e F_2 e o peso P do líquido contido no cilindro devem ter resultante nula, temos:

$$F_2 = F_1 + P \Rightarrow F_2 - F_1 = P$$

Sendo F_1 e F_2 as forças exercidas pelo líquido, temos:

$p_2 A - p_1 A = mg \Rightarrow$
$\Rightarrow p_2 A - p_1 A = dVg \Rightarrow$
$\Rightarrow p_2 A - p_1 A = dAhg$

Dividindo a última igualdade por A, obtemos:

$$\boxed{p_2 - p_1 = dgh}$$

Essa fórmula exprime a **lei de Stevin**, enunciada a seguir.

> A diferença de pressão entre dois pontos de um líquido em equilíbrio é igual ao produto do desnível entre esses pontos (h) pela densidade do líquido (d) e pelo módulo da aceleração da gravidade no local (g).

Observação

- A diferença de pressão entre os níveis 1 e 2 não depende da área A das bases do cilindro líquido em equilíbrio.
- Se considerarmos dois pontos no mesmo nível, teremos:

$$h_1 = h_2 \Rightarrow h = h_2 - h_1 = 0 \Rightarrow p_1 = p_2$$

Portanto: dois pontos em um mesmo nível, de uma mesma massa líquida, são submetidos a pressões iguais.

- Caso o ponto 1 esteja na superfície do líquido, teremos: $p_1 = p_{atm}$

Portanto: $p_2 = p_{atm} + dgh$, em que dgh é denominada **pressão hidrostática**.

Podemos generalizar o resultado da lei de Stevin para dois pontos quaisquer da massa líquida, como mostrado na **figura 11**.

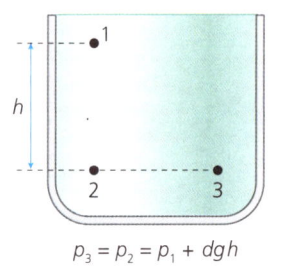

$p_3 = p_2 = p_1 + dgh$

Figura 11. Lei de Stevin aplicada aos pontos 1, 2 e 3.

7 Experiência de Torricelli

O barômetro, criado para medir a pressão atmosférica, é um dos instrumentos utilizados na meteorologia. A construção do primeiro barômetro, em meados do século XVII, é atribuída ao físico e matemático italiano Evangelista Torricelli (1608-1647), da Academia Florentina de Arte. A **figura 12** mostra o arranjo experimental necessário para a realização da experiência de Torricelli.

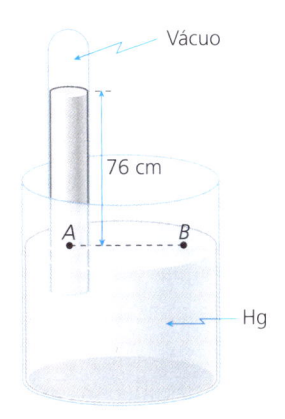

Figura 12. Representação do barômetro de mercúrio no nível do mar.

Nesse arranjo, o tubo de vidro é totalmente preenchido com mercúrio (Hg) e emborcado em um recipiente que também contém mercúrio. Na parte superior do tubo, fica uma região denominada **vácuo torricelliano**, que, na verdade, encerra um pouco do vapor de mercúrio. Porém a pressão exercida por esse vapor é desprezível quando comparada com a pressão atmosférica.

No nível do mar, observa-se que a coluna de mercúrio dentro do tubo eleva-se a aproximadamente 76 cm acima da superfície do mercúrio no recipiente. Assim, podemos medir a pressão atmosférica em termos da altura da coluna de líquido.

De acordo com a lei de Stevin, a pressão na superfície do mercúrio do recipiente, ponto B, deve ser igual à pressão do mercúrio na seção da coluna dentro do tubo, ponto A. Assim:

$$p_B = p_A \Rightarrow p_{atm} = d_{Hg} \cdot g \cdot h_{Hg}$$

Substituindo $d_{Hg} = 13,6 \cdot 10^3$ kg/m³, $g = 9,8$ m/s² e $h = 0,76$ m na última igualdade, temos:

$$p_{atm} = 1,013 \cdot 10^5 \text{ Pa}$$

Esse valor é conhecido como **atmosfera normal**. É comum e prático o uso da unidade **mmHg**, que foi oficialmente denominada **torr**, em homenagem a Evangelista Torricelli. Portanto, temos:

$$p_{atm} = 1,013 \cdot 10^5 \text{ Pa} = 760 \text{ mmHg} = 760 \text{ torr}$$

Exercícios resolvidos

8. O recipiente representado na figura ao lado contém um só líquido, de densidade d. Supondo que o sistema esteja em equilíbrio na posição mostrada, o que se pode afirmar sobre h_1 e h_2?

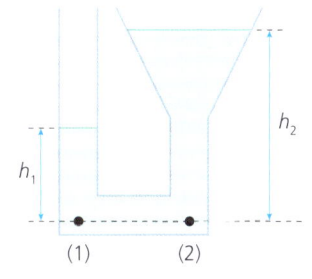

> **Solução**

Como os pontos 1 e 2 estão no mesmo nível de um mesmo líquido, as pressões sobre esses pontos devem ser iguais. Assim:

$$p_1 = p_2 \Rightarrow p_{atm} + dgh_1 = p_{atm} + dgh_2 \Rightarrow \boxed{h_1 = h_2}$$

Conforme vemos na figura a seguir, isso ocorre quaisquer que sejam as formas e a quantidade de ramos do vaso. As superfícies livres do líquido em equilíbrio estão sempre no mesmo nível.

9. No tubo em U mostrado a seguir, temos dois líquidos homogêneos e não miscíveis A e B, de densidades d_A e d_B, sendo $d_A > d_B$. Determinar a relação entre d_A, d_B, h_A e h_B.

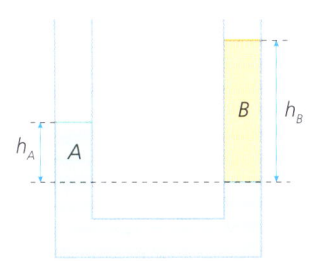

> **Solução**

Vamos tomar dois pontos sobre a linha horizontal que passa pela interface desses líquidos: o ponto 1 no líquido A e o ponto 2 no líquido B.

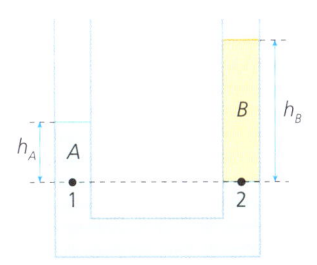

De acordo com a lei de Stevin, devemos ter:
$$p_1 = p_2 \Rightarrow p_{atm} + d_A g h_A = p_{atm} + d_B g h_B \Rightarrow$$

$$\Rightarrow \boxed{d_A \cdot h_A = d_B \cdot h_B \text{ ou } \frac{h_A}{h_B} = \frac{d_B}{d_A}}$$

Isto é, as alturas dos líquidos são **inversamente proporcionais** às suas densidades.

10. Se a experiência de Torricelli fosse realizada no nível do mar, mas utilizando-se água no lugar de mercúrio, qual seria a altura da coluna barométrica?

(Dados: $d_{Hg} = 13{,}6$ g/cm³ e $d_{água} = 1{,}0$ g/cm³)

> **Solução**

Nos dois casos, as colunas de líquido exercem, nas suas bases, pressões iguais à pressão atmosférica. Portanto:

$p_{atm} = d_{Hg} \cdot g \cdot h_{Hg} = d_{água} \cdot y \cdot h_{água} \Rightarrow d_{Hg} \cdot h_{Hg} = d_{água} \cdot h_{água} \rightarrow$

$\Rightarrow 13{,}6$ g/cm³ $\cdot 0{,}76$ m $= 1{,}0$ g/cm³ $\cdot h_{água} \Rightarrow$ $\boxed{h_{água} = 10{,}33 \text{ m}}$

> **Observação**

> Quanto menos denso for o líquido usado, maior será a altura da sua coluna. Como o mercúrio é o líquido mais denso que se conhece nas condições da experiência, a altura da sua coluna é a menor possível, por isso é usado nos barômetros.

11. A cidade de São Paulo está a aproximadamente 800 m acima do nível do mar. A pressão atmosférica, a 20 °C, vale cerca de 0,92 atm. Se realizarmos a experiência de Torricelli em São Paulo, a 20 °C, qual será a altura da coluna de mercúrio?

> **Solução**

No nível do mar, temos $p_0 = d_{Hg} \cdot g \cdot h_0$ ①,

sendo $p_0 = 1{,}0$ atm e $h_0 = 76$ cm

Em São Paulo, temos $p_{atm(SP)} = d_{Hg} \cdot g \cdot h_{SP}$ ②,

sendo $p_{atm(SP)} = 0{,}92$ atm

Dividindo a igualdade ① pela igualdade ②, obtemos:

$\dfrac{p_{atm(SP)}}{p_0} = \dfrac{h_{SP}}{h_0} \Rightarrow \dfrac{0{,}92 \text{ atm}}{1{,}0 \text{ atm}} = \dfrac{h_{SP}}{76 \text{ cm}} \Rightarrow$ $\boxed{h_{SP} \approx 70 \text{ cm}}$

Exercícios propostos

14. Na figura a seguir, os recipientes 1 e 2 têm áreas $A_1 = 0{,}4$ m² e $A_2 = 0{,}3$ m² nos respectivos fundos. O recipiente 1 contém um líquido A de densidade $d_A = 600$ kg/m³ e o recipiente 2 contém um líquido B de densidade $d_B = 800$ kg/m³, ambos até uma altura de 50 cm.

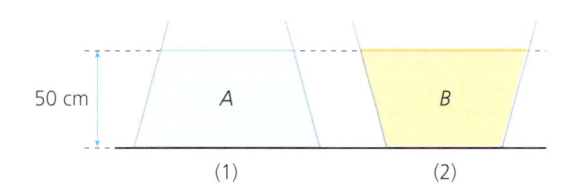

Considere 10 m/s² o módulo da aceleração da gravidade local e determine:

a) as pressões p_1 e p_2 exercidas pelos líquidos nos fundos dos recipientes;

b) as intensidades F_1 e F_2 das forças exercidas pelos líquidos nos fundos dos recipientes.

15. Mercúrio (Hg) e água (H₂O) não se misturam. Se colocamos mercúrio em um tubo em forma de U e em um dos ramos vertemos água, os dois líquidos se dispõem como mostra a figura.

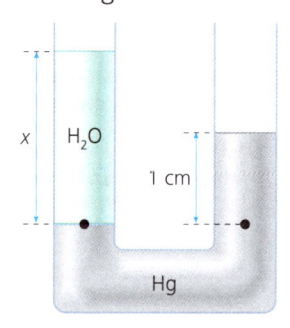

Considerando que, em relação à superfície de separação dos dois líquidos, a coluna de mercúrio tem 1 cm, responda:

a) Qual é a altura da coluna de água em relação ao mesmo nível?

b) Se a coluna de mercúrio tivesse 0,50 m, qual seria a altura da coluna de água?

(Dados: densidade do mercúrio = 13,6 g/cm³; densidade da água = 1,0 g/cm³)

16. Um cubo de certo material, com aresta de 20 cm, flutua em água de densidade 1,0 g/cm³. A face superior do cubo coincide exatamente com a superfície livre da água.

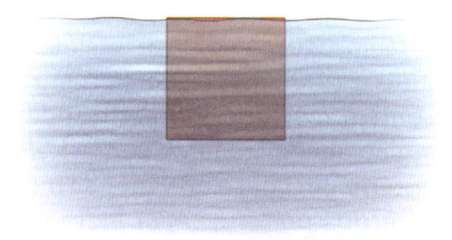

Adote $g = 10$ m/s² e determine:

a) a pressão hidrostática na face inferior do cubo, em Pa;

b) a intensidade da força hidrostática na face inferior do cubo, em N;

c) a massa do cubo, em kg;

d) a densidade do cubo, em g/cm³.

17. Um balão contendo ar está conectado a um barômetro em forma de um tubo em U, contendo mercúrio.

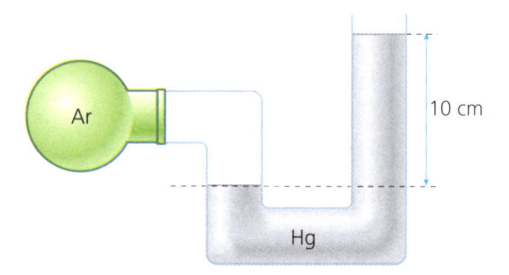

Se a pressão atmosférica local vale 690 mmHg, a pressão do ar interno ao balão tem valor:

a) 10 mmHg maior que a pressão atmosférica normal.

b) 30 mmHg maior que a pressão atmosférica normal.

c) 10 mmHg menor que a pressão atmosférica normal.

d) 30 mmHg menor que a pressão atmosférica normal.

e) 890 mmHg

18. Um manômetro de mercúrio é utilizado para medir a pressão p do gás contido em um balão, como mostrado na figura ao lado.

No local, a pressão atmosférica vale 0,95 atm. Considerando 1 atm = 760 mmHg, o valor de p será igual a:

a) 737 mmHg
b) 775 mmHg
c) 872 mmHg
d) 892 mmHg
e) 965 mmHg

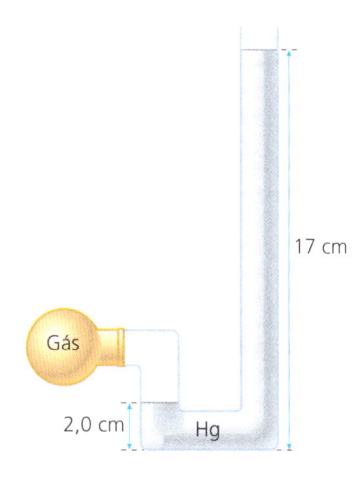

8 Princípio de Pascal

Ao fechar bruscamente a porta do carro em que estamos, com as janelas fechadas, sentimos que o ar interno pressiona nossas orelhas. O aumento de pressão provocado no ar que está na região da porta é transmitido para todo o ar do interior do carro, atingindo nossas orelhas.

Na **figura 13**, a superfície do líquido sofre um aumento de pressão devido ao êmbolo. Esse aumento é transmitido igualmente para o ponto A, que está a uma profundidade h. Vamos mostrar como isso ocorre.

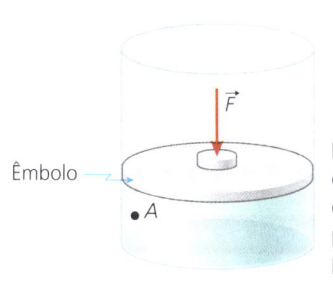

Figura 13. O aumento de pressão na superfície do líquido é transmitido para todos os outros pontos do líquido.

Situação inicial (sem o êmbolo):
- Na superfície: $p_{sup.} = p_{atm}$ ①
- No ponto A: $p_A = p_{sup.} + d_{líq.} \cdot g \cdot h \Rightarrow$
$\Rightarrow p_A = p_{atm} + d_{líq.} \cdot g \cdot h$ ③

Situação final (com o êmbolo):
- Na superfície: $p'_{sup.} = p_{atm} + \Delta p_{êmbolo}$ ②
- No ponto A: $p'_A = p'_{sup.} + d_{líq.} \cdot g \cdot h \Rightarrow$
$\Rightarrow p'_A = p_{atm} + \Delta p_{êmbolo} + d_{líq.} \cdot g \cdot h$ ④

Como a pressão atmosférica nas situações inicial e final é a mesma, subtraindo a expressão ② da expressão ① para a pressão na superfície, temos:

$$\Delta p_{sup.} = \Delta p_{êmbolo}$$

Da mesma forma, subtraindo a expressão ④ da expressão ③ para a pressão atmosférica no ponto A nas situações inicial e final, temos:

$$\Delta p_A = \Delta p_{êmbolo}$$

Portanto, a variação de pressão nos pontos da superfície do líquido e no ponto A é a mesma. Podemos, então, enunciar o **princípio de Pascal**:

> Qualquer variação de pressão em um ponto de um líquido é transmitida integralmente para todos os outros pontos do líquido.

Essa variação de pressão que se propaga pela massa líquida pode ser aproveitada na forma de trabalho. Um dos dispositivos utilizados para esse aproveitamento é o **elevador hidráulico**.

A **figura 14** mostra um esquema simplificado de um elevador hidráulico, desses usados nos postos de serviços automotivos.

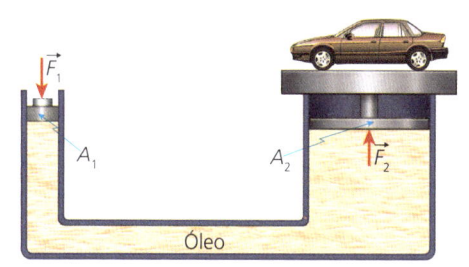

Figura 14. Elevador hidráulico.

De acordo com o princípio de Pascal, o aumento de pressão Δp_1, exercida pela força F_1 sobre o êmbolo de área A_1, é igual ao aumento de pressão Δp_2, exercida pela força F_2 na base do êmbolo de área A_2. Assim:

$$\Delta p_1 = \Delta p_2 \Rightarrow \frac{F_1}{A_1} = \frac{F_2}{A_2} \Rightarrow \boxed{\frac{F_1}{F_2} = \frac{A_1}{A_2}}$$

Observação

A relação acima vale somente quando os êmbolos estão no mesmo nível. Quando há desnível, devemos considerar a pressão da coluna de líquido.

A **figura 15** mostra o esquema simplificado do sistema de um **freio a disco** automotivo, cuja operação se fundamenta no princípio de Pascal.

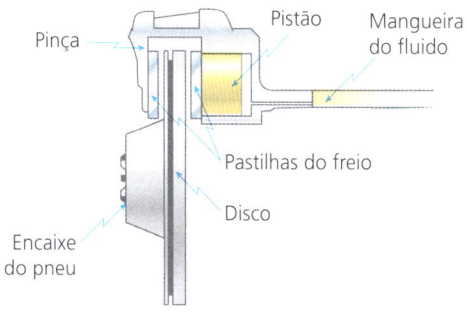

Figura 15. Sistema de freio a disco.

Exercícios resolvidos

12. Estabeleça uma relação de igualdade ou de desigualdade entre as intensidades das forças F_a, F_b e F_c, considerando iguais as áreas dos êmbolos de menor diâmetro, o mesmo ocorrendo com os de maior diâmetro.

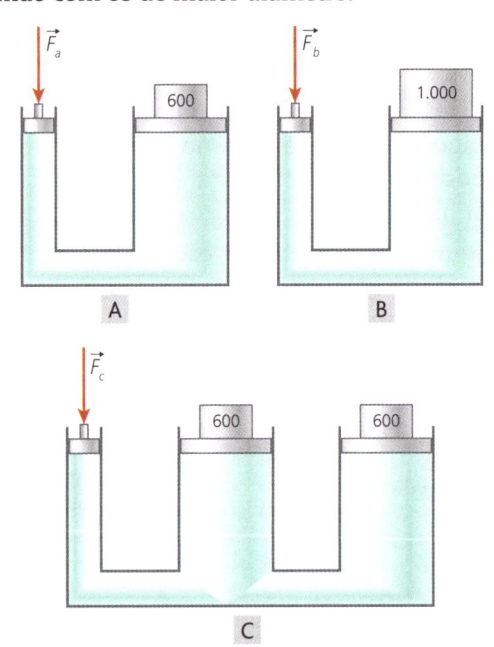

Considere ainda que $g = 10$ m/s² e que os valores numéricos na figura como massas dadas em quilograma.

▶ **Solução**

Vamos chamar de S a área dos êmbolos de menor diâmetro e de A a área dos êmbolos de maior diâmetro. Assim:

Na **figura A**: $\dfrac{F_a}{S} = \dfrac{600 \cdot 10}{A} \Rightarrow F_a = \dfrac{S}{A} \cdot 6.000$

Na **figura B**: $\dfrac{F_b}{S} = \dfrac{1.000 \cdot 10}{A} \Rightarrow F_b = \dfrac{S}{A} \cdot 10.000$

Na **figura C**: como o acréscimo de pressão é o mesmo nos três ramos, temos:

$$\dfrac{F_c}{S} = \dfrac{600 \cdot 10}{A} \Rightarrow F_c = \dfrac{S}{A} \cdot 6.000$$

Comparando os resultados obtidos, temos: $F_b > F_a = F_c$

13. O sistema hidráulico representado na figura a seguir está em equilíbrio.

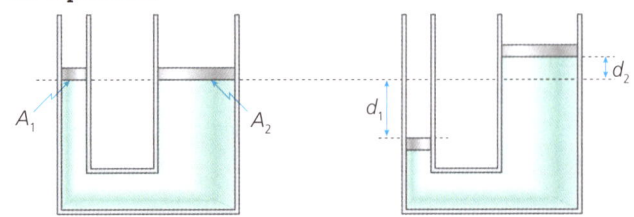

Se provocarmos um deslocamento d_1 no êmbolo de área A_1, qual será o deslocamento d_2 do êmbolo de área A_2? Ambos os ramos dos êmbolos são cilíndricos.

▶ **Solução**

Ao deslocar o êmbolo de menor diâmetro para baixo, empurramos um volume V_1 de líquido igual a $V_1 = A_1 \cdot d_1$. Devido à incompressibilidade do líquido, esse volume deve ser igual ao volume $V_2 = A_2 \cdot d_2$ que entra no ramo do êmbolo de maior diâmetro. Assim:

$$A_1 \cdot d_1 = A_2 \cdot d_2 \Rightarrow \dfrac{A_1}{A_2} = \dfrac{d_2}{d_1} \Rightarrow \boxed{d_2 = \dfrac{A_1}{A_2} \cdot d_1}$$

Observação

- Podemos completar o resultado obtido anteriormente para o elevador hidráulico com o resultado desse exercício:

$$\dfrac{F_1}{A_1} = \dfrac{F_2}{A_2} \Rightarrow \boxed{\dfrac{F_1}{F_2} = \dfrac{A_1}{A_2} = \dfrac{d_2}{d_1}}$$

- Se $\dfrac{F_1}{F_2} = \dfrac{d_2}{d_1}$, então $F_1 \cdot d_1 = F_2 \cdot d_2$, isto é, os trabalhos das forças F_1 e F_2 são iguais.

14. O elevador hidráulico esquematizado na figura a seguir está em equilíbrio.

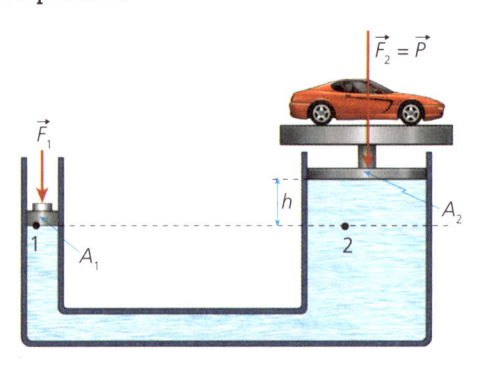

Determinar a intensidade da força F_1, em função do peso P do carro, das áreas A_1 e A_2 dos êmbolos, da densidade d do líquido, do módulo g da aceleração da gravidade local e do desnível h.

Considerar $P = 10.000$ N, $A_1 = 100$ cm², $A_2 = 50A_1$, $d = 0,80$ g/cm³, $g = 10$ m/s² e $h = 1,5$ m.

▶ **Solução**

Os pontos 1 e 2 do líquido estão no mesmo nível. Portanto, pela lei de Stevin, temos:

$$p_1 = p_2 \Rightarrow p_{atm} + \dfrac{F_1}{A_1} = p_{atm} + \dfrac{F_2}{A_2} + dgh \Rightarrow$$

$$\Rightarrow \dfrac{F_1}{A_1} = \dfrac{P}{A_2} + dgh \Rightarrow F_1 = \dfrac{A_1}{A_2} \cdot P + A_1 \cdot dgh$$

Substituindo os valores do enunciado no resultado anterior, obtemos $F_1 = 320$ N. Esse resultado indica que um corpo de massa aproximadamente igual a 32 kg equilibraria o carro de uma tonelada. Se não houvesse desnível ($h = 0$), teríamos $F_1 = 200$ N, isto é, uma massa de apenas 20 kg seria suficiente para equilibrar o carro.

Exercícios propostos

19. A figura a seguir apresenta uma prensa hidráulica rudimentar de uma pequena empresa, usada para compactar fardos de algodão.

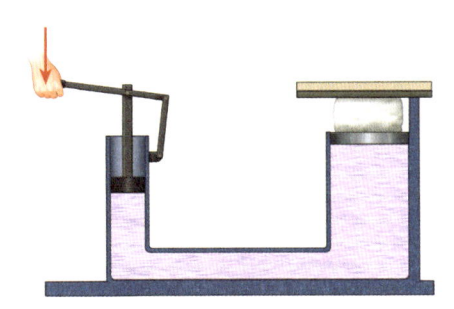

Por meio de uma alavanca, o operador transfere uma força de intensidade igual a 100 N ao êmbolo menor da máquina, cuja área é de 400 cm². Cada fardo é prensado pelo êmbolo maior, de área igual a seis vezes a área do primeiro.
a) Qual é a intensidade da força exercida sobre o fardo na sua prensagem?
b) Se o operador provoca um deslocamento de 30 cm no êmbolo menor, qual é o deslocamento do êmbolo maior ao prensar o fardo?
c) Qual é o volume de fluido hidráulico transferido de um êmbolo para o outro, em litro?

20. O sistema hidráulico da figura a seguir está em equilíbrio.

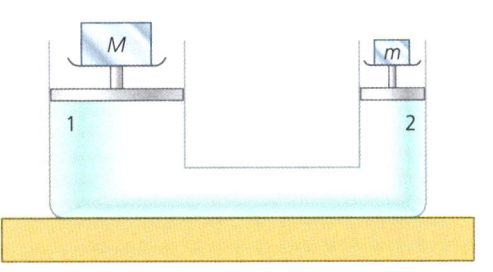

Os êmbolos 1 e 2 têm áreas A = 80 cm² e a = 16 cm², respectivamente. Os pesos dos êmbolos e os atritos no sistema são desprezíveis. Se M = 12 kg, então o valor de m, em quilograma, deve ser igual a:
a) 2,0
b) 2,4
c) 4,0
d) 8,0
e) 60

21. O esquema a seguir representa uma prensa hidráulica composta de dois reservatórios cilíndricos cujos diâmetros valem D_1, o menor, e D_2, o maior.

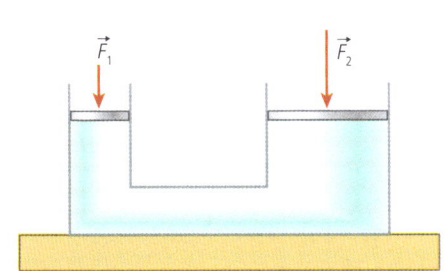

Os êmbolos dessa prensa são extremamente leves e podem mover-se praticamente sem atrito e perfeitamente ajustados aos seus respectivos cilindros. O fluido que preenche os reservatórios da prensa é de baixa densidade e pode ser considerado incompressível. Para que haja equilíbrio, a intensidade da força F_2 aplicada sobre o êmbolo maior deve ser 50 vezes a intensidade da força F_1 aplicada ao êmbolo menor. Portanto, a razão $\frac{D_2}{D_1}$ tem valor aproximadamente igual a:
a) 5
b) 7
c) 50
d) 1.000
e) 2.500

22. Como foi demonstrado no exercício 14 da seção "Exercícios resolvidos", na posição de equilíbrio do sistema hidráulico mostrado a seguir, temos: $\frac{F_1}{a} = \frac{F_2}{A} + dgh$

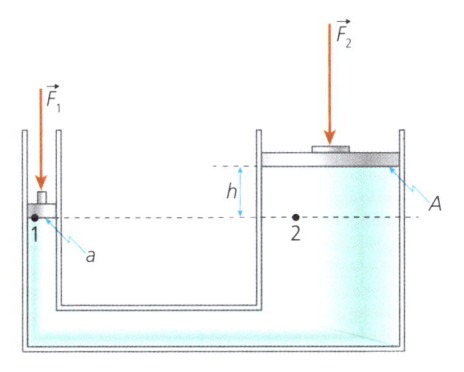

Supondo que a intensidade de F_2 seja constante e igual a F e que a, A, d e g sejam conhecidos, determine:
a) a intensidade f da força F_1, para manter o equilíbrio do sistema com os êmbolos nivelados;
b) o acréscimo Δf na intensidade da força F_1, necessário para manter o equilíbrio do sistema desnivelado, isto é, para $h \neq 0$.

9 Princípio de Arquimedes

Talvez você já tenha feito perguntas semelhantes a estas:
- Por que uma pequena moeda de metal afunda na água, enquanto um transatlântico, feito quase totalmente em aço, consegue flutuar na água?
- Por que um balão de borracha, desses usados em festas infantis, sobe quando cheio de gás hélio?
- Por que a pessoa na **figura 16** não afunda?

Figura 16. A alta salinidade da água do Mar Morto permite que uma pessoa flutue facilmente.

Perguntas como essas foram respondidas há muitos séculos pelo matemático, astrônomo e engenheiro grego Arquimedes de Siracusa (c. 287 a.C.-c. 212 a.C.).

A resposta está no **princípio de Arquimedes**, enunciado a seguir:

> Um corpo sólido, total ou parcialmente mergulhado em um fluido em equilíbrio, recebe deste uma força de direção vertical e sentido de baixo para cima, cuja intensidade é igual à do peso do fluido deslocado pela parte imersa do corpo.

A **figura 17** mostra a origem da força de empuxo.

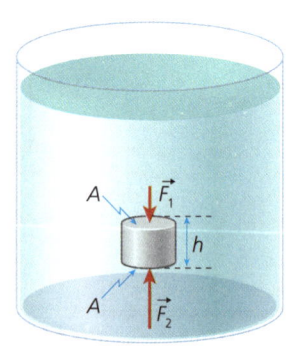

Figura 17. A força de empuxo é a resultante das forças hidrostáticas que atuam no corpo.

Vamos considerar um corpo de forma cilíndrica com bases de áreas iguais a A e que distam h, entre si, totalmente imerso no fluido. A força denominada **empuxo** ($\vec{E}$) é a resultante das forças hidrostáticas $\vec{F}_1$ e $\vec{F}_2$ que atuam nas bases superior e inferior do cilindro. Assim:

$E = F_2 - F_1 \Rightarrow E = p_2 A - p_1 A \Rightarrow$

$\Rightarrow E = A \cdot (p_2 - p_1)$

Mas, pela lei de Stevin: $p_2 - p_1 = d_{fluido} \cdot g \cdot h$

Então: $E = d_{fluido} \cdot g \cdot A \cdot h$

em que $A \cdot h$ é o volume do corpo imerso

$E = d_{fluido} \cdot g \cdot V_{corpo}$

De modo geral, podemos escrever:

$$\boxed{E = d_{fluido} \cdot g \cdot V_{imerso}}$$

Na expressão anterior, V_{imerso} é o volume de fluido deslocado pela parte imersa do corpo.

Observe, na **figura 18**, que se um corpo ocupar o mesmo volume do "corpo de fluido", ele receberá do fluido uma força de empuxo $\vec{E}$ de intensidade igual ao peso do "corpo de fluido", independentemente do seu peso. Por isso, a intensidade do empuxo é igual à do peso de fluido deslocado.

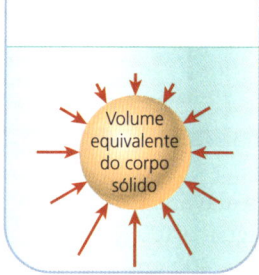

Figura 18. O empuxo é a força resultante das forças hidrostáticas exercidas pelo fluido sobre a superfície do corpo imerso.

Os corpos representados na **figura 19** estão totalmente imersos em um mesmo fluido e têm **volumes iguais**. Portanto, eles recebem do fluido forças de empuxo $\vec{E}$ de mesma intensidade. Os corpos têm pesos diferentes.

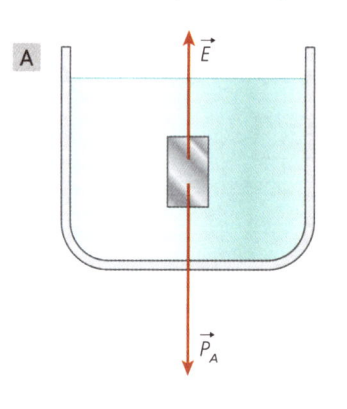

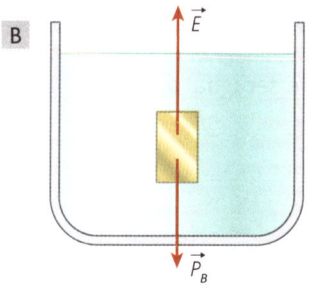

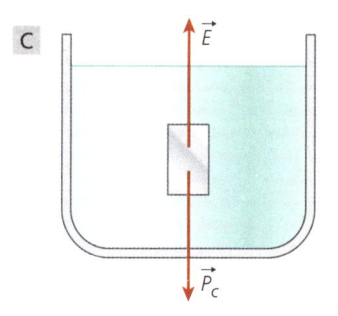

Figura 19. (A) $P_A > E$; (B) $P_B < E$; (C) $P_C = E$

Na situação da **figura 19A**, o corpo afunda, pois $P_A > E$. Na situação da **figura 19B**, o corpo desloca-se para a superfície do fluido, pois $P_B < E$. Na situação da **figura 19C**, o corpo fica em equilíbrio hidrostático, em qualquer profundidade, pois $P_C = E$. As causas para essas possíveis situações serão discutidas a seguir, no exercício 15 da seção "Exercícios resolvidos".

Atividade prática

Neste experimento, realizado com seus colegas de grupo, você poderá verificar que o empuxo de um líquido age de baixo para cima sobre um corpo nele mergulhado.

Para realizá-lo, o grupo vai precisar de dois ou três canudos de refresco, daqueles articulados, como mostra a figura, um pedaço de linha de costura ou de barbante fino, um balão de borracha e uma garrafa PET vazia. Conecte os canudos, formando um tubo longo, introduza-o no bico do balão de borracha e amarre-o com a linha ou com o barbante.

A seguir, coloque o balão de borracha vazio dentro da garrafa PET vazia e complete-a com água.

Mergulhe a garrafa em um recipiente cheio de água, mantendo para fora a extremidade do tubo, como indicado na figura.

Assopre na extremidade do tubo, injetando ar no interior do balão. Observe o que acontece à medida que o ar entra no balão e explique por que isso ocorre.

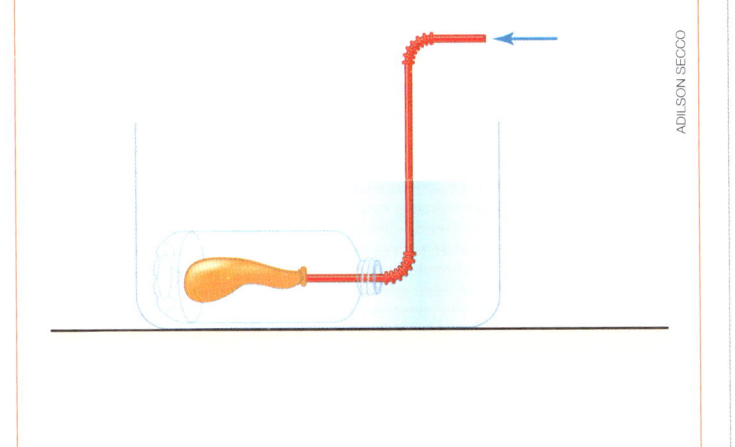

Exercícios resolvidos

15. Discutir a flutuabilidade de um corpo totalmente imerso em um mesmo fluido, considerando a densidade do corpo e do fluido, em comparação com as intensidades da força peso $\vec{P}$ e do empuxo $\vec{E}$, para os casos $P > E$, $P < E$ e $P = E$.

▶ **Solução**

1º caso: $P > E$ (o corpo afunda)

$P > E \Rightarrow m_{corpo} \cdot g > d_{fluido} \cdot g \cdot V_{imerso} \Rightarrow$

$\Rightarrow d_{corpo} \cdot V_{corpo} > d_{fluido} \cdot V_{corpo} \Rightarrow$

$\Rightarrow \boxed{d_{corpo} > d_{fluido}}$

2º caso: $P < E$ (o corpo emerge)

$P < E \Rightarrow m_{corpo} \cdot g < d_{fluido} \cdot g \cdot V_{imerso} \Rightarrow$

$\Rightarrow d_{corpo} \cdot V_{corpo} < d_{fluido} \cdot V_{corpo} \Rightarrow$

$\Rightarrow \boxed{d_{corpo} < d_{fluido}}$

3º caso: $P = E$ (o corpo fica em repouso)

$P = E \Rightarrow m_{corpo} \cdot g = d_{fluido} \cdot g \cdot V_{imerso} \Rightarrow$

$\Rightarrow d_{corpo} \cdot V_{corpo} = d_{fluido} \cdot V_{corpo} \Rightarrow$

$\Rightarrow \boxed{d_{corpo} = d_{fluido}}$

Observação

Os dois primeiros casos respondem a duas perguntas feitas, respectivamente, no início desta seção e no início deste capítulo.

- Por que uma pequena moeda afunda na água?

  Porque a densidade da moeda é **maior** que a densidade da água.

- Por que um transatlântico, feito quase totalmente de aço, flutua na água?

  Porque a densidade média do transatlântico é **menor** que a densidade da água.

16. Define-se peso aparente ($P_{ap.}$), para um corpo totalmente mergulhado em um fluido, como a diferença entre as intensidades do peso do corpo e do empuxo recebido. Calcular o peso aparente de um corpo de volume V, totalmente submerso, em função das densidades do corpo d_{corpo} e do fluido d_{fluido}, e discutir sua flutuabilidade, em termos das densidades do corpo e do fluido.

▶ **Solução**

$P_{ap.} = P - E$

$P_{ap.} = m_{corpo} \cdot g - d_{fluido} \cdot g \cdot V_{imerso}$

$P_{ap.} = d_{corpo} \cdot V_{corpo} \cdot g - d_{fluido} \cdot g \cdot V_{corpo}$

$\boxed{P_{ap.} = (d_{corpo} - d_{fluido}) \cdot g \cdot V}$

Assim:

Se $P > E \Rightarrow P_{ap.} > 0 \Rightarrow \boxed{d_{corpo} > d_{fluido}}$

Se $P < E \Rightarrow P_{ap.} < 0 \Rightarrow \boxed{d_{corpo} < d_{fluido}}$

Se $P = E \Rightarrow P_{ap.} = 0 \Rightarrow \boxed{d_{corpo} = d_{fluido}}$

Exercícios propostos

23. Uma bola flutua na água com $\frac{1}{4}$ do seu volume submerso. Adotando 1,0 g/cm³ para a densidade da água, determine a densidade da bola.

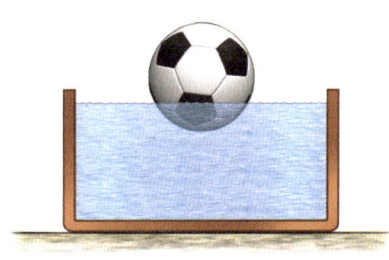

24. Um bloco de volume V, feito de um composto de densidade d_c, está em equilíbrio com dois terços do seu volume mergulhados em um líquido A de densidade, $d_A = 1,80$ g/cm³, e o outro terço mergulhado em um líquido B de densidade $d_B = 0,90$ g/cm³. Determine d_c.

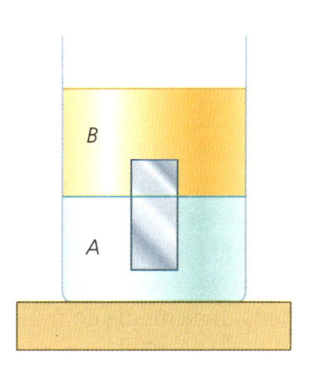

25. Considere as seguintes afirmações:
  I. Devido à sua altíssima salinidade, as águas do Mar Morto têm densidade média $d_{MM} = 1,250$ kg/L.
  II. As águas do oceano Atlântico têm densidade média $d_{OA} = 1,025$ kg/L.
  III. A densidade média aproximada do corpo humano é $d_{CH} = 1,050$ kg/L.

  Agora, responda às questões a seguir.
  a) Uma mesma pessoa mergulha totalmente no Mar Morto e depois no oceano Atlântico. Em qual situação a pessoa recebe maior empuxo da água? Por quê?
  b) Uma pessoa está boiando tranquilamente no Mar Morto. Determine a porcentagem do volume do seu corpo que está submersa.

26. Nas figuras a seguir, temos três recipientes idênticos com água até a borda.

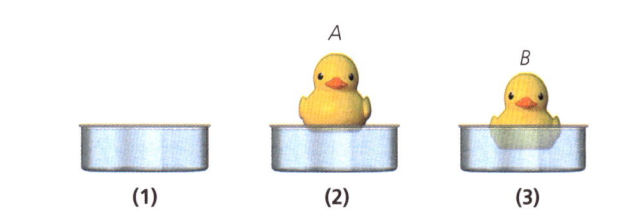

Os patinhos de brinquedo A e B, idênticos na aparência, flutuam nos recipientes 2 e 3, sem tocar os respectivos fundos.
  a) Pela observação das figuras, o que você pode afirmar sobre as densidades dos patinhos, comparadas entre si e comparadas com a densidade da água?
  b) Se P_1, P_2 e P_3 são os pesos dos conjuntos 1, 2 e 3 da figura, escreva as relações de igualdade ou de desigualdade entre essas forças.
  c) Refaça o item **b** considerando que os patinhos tenham sido cuidadosamente retirados da água.

27. Na figura, vemos a representação da seção transversal de um barco flutuando na água de um tanque, tendo no seu interior um bloco B menos denso que a água. Nessa situação, o barco mantém uma medida vertical submersa h, denominada **calado**, e o nível da água no tanque tem altura H.

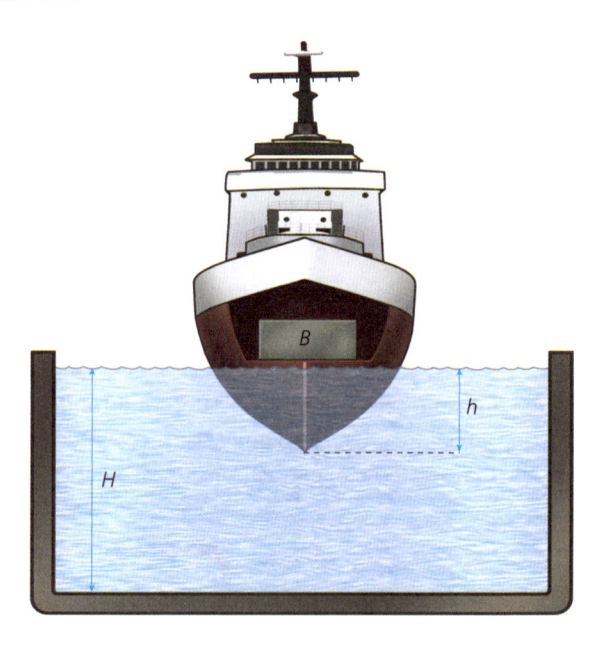

Qual das opções abaixo descreve o que ocorre quando B é retirado do interior do barco e abandonado cuidadosamente na superfície da água?
  a) h aumenta e H diminui.
  b) h e H aumentam.
  c) h diminui e H aumenta.
  d) h e H diminuem.
  e) h diminui e H não muda.

28. Supondo que o bloco B do exercício anterior fosse mais denso que a água, qual seria a opção correta, dentre as apresentadas?

29. Um corpo de massa 10 kg, feito de uma liga metálica de densidade 4,0 g/cm³, é totalmente mergulhado em álcool, cuja densidade vale 0,8 g/cm³. Considerando g = 10 m/s², calcule para esse bloco:
  a) a intensidade E do empuxo exercido pelo álcool sobre ele;
  b) seu peso aparente $P_{ap.}$ dentro do álcool;
  c) o módulo a da sua aceleração, após ser abandonado no interior do álcool.

Exercícios de revisão

Ficha-resumo 1

A **massa específica** μ de uma substância pura e homogênea de massa m e volume V é dada por:

$$\mu = \frac{m}{V}$$

A **densidade média (d_m)** de um corpo é dada por:

$$d_m = \frac{m_{corpo}}{V_{corpo}}$$

1. (Vunesp) Geralmente, acoplado às bombas de abastecimento, existe um indicador da densidade do álcool combustível, constituído de duas esferas, de densidades ligeiramente diferentes (d_1 e d_2), mantidas no interior de uma câmara cilíndrica de vidro em posição vertical e sempre repleta de álcool. O álcool está dentro das especificações quando sua densidade d se situa entre d_1 e d_2. Analisando as três possíveis configurações das esferas dentro da câmara, mostradas nas **figuras A**, **B** e **C**, um usuário chegou às seguintes conclusões:

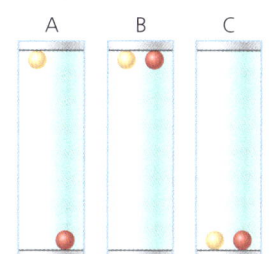

  I. Quando as esferas se apresentam como na **figura A**, o álcool está de acordo com as especificações.
  II. Quando as esferas se apresentam como na **figura B**, o álcool tem densidade menor do que a especificada.
  III. Quando as esferas se apresentam como na **figura C**, o álcool tem densidade maior do que a especificada.

Dentre as conclusões apresentadas:
a) somente I está correta.
b) somente I e II estão corretas.
c) somente I e III estão corretas.
d) somente II e III estão corretas.
e) I, II e III estão corretas.

2. (Fesp-SP) Um cubo oco de alumínio tem 100 g de massa e 50 cm³ de volume. O volume da parte vazia é 10 cm³. Determine a densidade do cubo e a massa específica do alumínio.

3. (Fuvest-SP) Uma chapa de cobre de 2 m², utilizada em um coletor de energia solar, é pintada com tinta preta, cuja densidade, após a secagem, é 1,7 g/cm³. A espessura da camada de tinta é da ordem de 5 μm (cinco micrômetros). Qual é a massa de tinta seca existente sobre a chapa?

4. Suponhamos que o ourives da corte, na famosa história de Arquimedes, tivesse apresentado ao rei uma vistosa coroa de volume 62,5 cm³ e massa 1,0 kg. Considerando ser igual a 20,0 g/cm³ a densidade do ouro e 10,0 g/cm³ a densidade da prata, responda:
a) Nessa versão da história, houve ou não fraude do ourives? Por quê?
b) Qual é a massa de ouro presente na coroa?

Ficha-resumo 2

A **pressão (p)** de uma força $\vec{F}$ aplicada sobre uma superfície de área A é dada pela razão $p = \frac{|\vec{F}_N|}{A}$, sendo $\vec{F}_N$ a componente de $\vec{F}$ normal à superfície.

Pressão atmosférica:

$$p_{atm} = 760 \text{ mmHg} \simeq 1{,}0 \cdot 10^5 \text{ Pa}$$

Lei de Stevin: A diferença de pressão entre dois pontos de um líquido em equilíbrio é igual ao produto do desnível entre esses pontos (h) pela massa específica do líquido (μ) e pelo módulo da aceleração da gravidade no local (g).

$$p_2 - p_1 = dgh$$

Princípio de Pascal: Qualquer variação de pressão em um ponto de um líquido é transmitida integralmente para todos os outros pontos do líquido.

$$\Delta p_1 = \Delta p_2 \Rightarrow \frac{F_1}{F_2} = \frac{A_1}{A_2} = \frac{d_2}{d_1}$$

5. (Unifor-CE) Um bloco maciço de metal, em forma de cubo, tem massa de 800 kg e está apoiado sobre uma superfície horizontal por uma de suas faces. A pressão que ele exerce tem intensidade de 5,0 · 10⁴ Pa. Nessas condições, a medida da aresta desse cubo, em centímetro, vale:
a) 20
b) 30
c) 40
d) 50
e) 60

6. (Unifei-SP) Um cubo regular de lado L apoia-se sobre uma mesa. Se um cubo de lado $2L$ e mesmo material estiver sobre a mesa, a pressão exercida pelo cubo maior será:
a) a mesma.
b) metade.
c) duas vezes maior.
d) três vezes maior.
e) quatro vezes maior.

7. (Fuvest-SP) Um motorista para em um posto e pede ao frentista para regular a pressão dos pneus de seu carro em 25 "libras" (abreviação da unidade libra-força por polegada quadrada ou psi). Essa unidade corresponde à pressão exercida por uma força igual ao peso da massa de 1 libra, distribuída sobre uma área de 1 polegada quadrada. Uma libra corresponde a 0,5 kg e 1 polegada a 25 · 10²³ m, aproximadamente. Como 1 atm corresponde a cerca de 1 · 10⁵ Pa no SI (e 1 Pa = 1 N/m²), aquelas 25 "libras" pedidas pelo motorista equivalem aproximadamente a:
a) 2 atm
b) 1 atm
c) 0,5 atm
d) 0,2 atm
e) 0,01 atm

Exercícios de revisão

8. (Enem) Para realizar um experimento com uma garrafa PET cheia de água, perfurou-se a lateral da garrafa em três posições a diferentes alturas. Com a garrafa tampada, a água não vazou por nenhum dos orifícios, e, com a garrafa destampada, observou-se o escoamento da água, conforme ilustrado na figura.

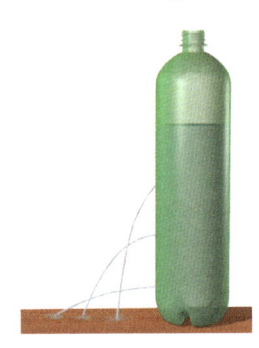

Como a pressão atmosférica interfere no escoamento da água, nas situações com a garrafa tampada e destampada, respectivamente?
a) Impede a saída de água por ser maior que a pressão interna; não muda a velocidade de escoamento, que só depende da pressão da coluna de água.
b) Impede a saída de água por ser maior que a pressão interna; altera a velocidade de escoamento, que é proporcional à pressão atmosférica na altura do furo.
c) Impede a entrada de ar por ser menor que a pressão interna; altera a velocidade de escoamento, que é proporcional à pressão atmosférica na altura do furo.
d) Impede a saída de água por ser maior que a pressão interna; regula a velocidade de escoamento, que só depende da pressão atmosférica.
e) Impede a entrada de ar por ser menor que a pressão interna; não muda a velocidade de escoamento, que só depende da pressão da coluna de água.

9. O gráfico a seguir representa como varia a pressão em função da profundidade h em um líquido homogêneo contido em um tanque. (Adote: $g = 10$ m/s²)

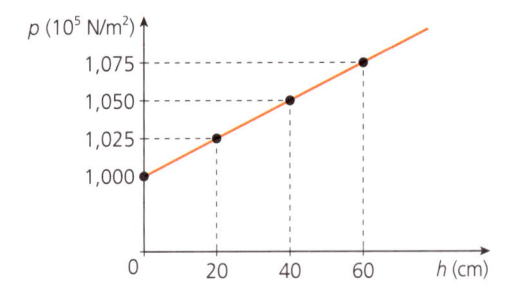

Determine:
a) a densidade do líquido, em g/cm³;
b) a pressão total exercida em um ponto a 10 m de profundidade.

10. (UCDB-MS) Três recipientes foram preenchidos com volumes diferentes de água: V_1, $V_2 = 2V_1$ e $V_3 = 1,5V_1$. A altura da água em todos eles é a mesma.

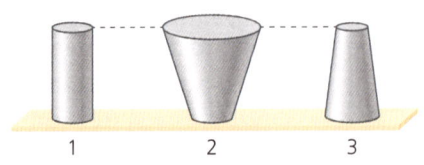

A relação entre as respectivas pressões p_1, p_2 e p_3, exercidas pela água no fundo de cada recipiente, é:

a) $p_2 = 2p_1 = \dfrac{4p_3}{3}$

b) $p_2 = \dfrac{p_1}{2} = \dfrac{3p_3}{4}$

c) $p_1 = 4p_2 = 3p_3$

d) $p_1 = p_2 = p_3$

e) $p_1 = \dfrac{p_2}{4} = \dfrac{p_3}{3}$

11. (Vunesp) A figura mostra dois líquidos, A e B, incompressíveis e não miscíveis, em equilíbrio num tubo em forma de U, de seção constante, aberto nas extremidades.

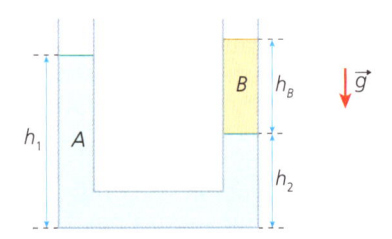

Se a densidade do líquido A for duas vezes maior que a do líquido B, a altura h_2 indicada na figura, será:

a) $h_1 - \dfrac{h_B}{2}$

b) $h_1 - h_B$

c) $h_1 - 2h_B$

d) $2h_1 - h_B$

e) $\dfrac{h_1}{2} - h_B$

12. (FEI-SP) Um oceanógrafo construiu um aparelho para medir profundidades no mar. Sabe-se que o aparelho suporta uma pressão até $2 \cdot 10^6$ N/m². Qual a máxima profundidade que o aparelho pode medir? São dados a pressão atmosférica de 10^5 N/m², a massa específica da água do mar, que vale 1.030 kg/m³, e a aceleração da gravidade de 10 m/s².

13. (Mackenzie-SP) Quando um mergulhador se encontra a 25,0 m de profundidade na água do mar, a pressão que ele suporta é de:
a) $3,55 \cdot 10^5$ Pa
b) $2,85 \cdot 10^5$ Pa
c) $2,35 \cdot 10^5$ Pa
d) $2,00 \cdot 10^5$ Pa
e) $1,85 \cdot 10^5$ Pa

(Dados: $g = 10$ m/s²; densidade da água do mar = 1,02 g/cm³; $p_{atm} = 1,00 \cdot 10^5$ Pa)

14. (PUC-MG) A figura mostra um frasco contendo ar, conectado a um manômetro (medidor de pressão) constituído por um tubo em U contendo mercúrio.

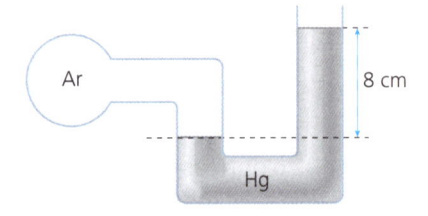

O desnível indicado vale 8 cm. A pressão atmosférica é 69 cmHg. A pressão do ar dentro do frasco, em cmHg, é:
a) 61
b) 69
c) 76
d) 77
e) 85

Ficha-resumo 3

O **empuxo** ($\vec{E}$) é a força resultante das forças de pressão exercidas pelo fluido sobre a superfície do corpo imerso.

$$E = P_{\text{fluido deslocado}} = d_{\text{fluido}} \cdot g \cdot V_{\text{imerso}}$$

O **peso aparente** ($\vec{P}_{\text{ap.}}$) de um corpo totalmente submerso é a diferença entre as intensidades do peso do corpo e do empuxo recebido.

$$P_{\text{ap.}} = P - E = (d_{\text{corpo}} - d_{\text{fluido}}) \cdot g \cdot V_{\text{corpo}}$$

15. (Univest-SP) Na figura a seguir, um balão de aniversário A é preso por um fio a um bloco B totalmente imerso em um líquido. O sistema está em equilíbrio, e as massas do fio e do balão são consideradas desprezíveis.

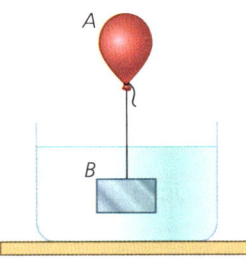

Sendo E_A e E_B os módulos dos empuxos sobre o balão e o bloco, respectivamente, e P o módulo do peso do bloco, pode-se afirmar para o sistema A + B que:

a) $E_A > E_B$
b) $E_A < E_B$
c) $E_A = E_B + P$
d) $E_A + E_B = P$
e) $E_A + P = E_B$

16. (Vunesp) A massa específica de certa espécie de madeira vale 0,80 g/cm³. Jogando-se um bloco dessa madeira na água ($\mu_{\text{água}} = 1{,}0$ g/cm³), a fração do volume do bloco que emergirá da água, após o equilíbrio, será de:

a) 20% b) 25% c) 42% d) 75% e) 80%

17. (UFPE) Uma esfera maciça é colocada dentro de um recipiente contendo água. A densidade da esfera é 0,8 g/cm³. Qual das figuras a seguir melhor representa a posição de equilíbrio?

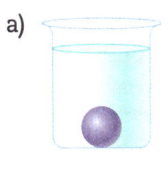

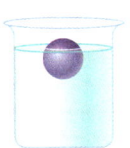

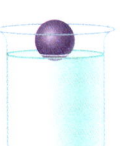

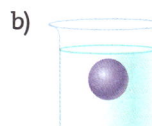

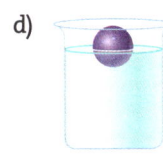

a) b) c) d) e)

18. (UFMA) Uma esfera homogênea, quando flutua em água, fica com um hemisfério submerso. Quando flutua no óleo, fica com $\frac{3}{4}$ do seu volume submerso. Assim, a razão entre as densidades da água e do óleo, nessa ordem, é:

a) $\frac{2}{3}$ b) $\frac{3}{4}$ c) 1 d) $\frac{4}{3}$ e) $\frac{3}{2}$

19. (Fuvest-SP) As esferas maciças A e B têm volumes iguais, foram coladas entre si e estão em equilíbrio imersas em água. Quando a cola que as une se desfaz, a esfera A sobe e passa a flutuar, com metade do seu volume fora da água. Determine:

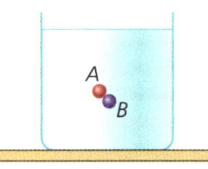

a) a densidade da esfera A;
b) a densidade da esfera B.

Considere a densidade da água igual a 1,0 g/cm³.

20. (Fuvest-SP) Um bloco de madeira impermeável, de massa M e dimensões (2 × 2 × 3) m³, é inserido muito lentamente na água de um balde, até a condição de equilíbrio, com metade de seu volume submersa. A água que vaza do balde é coletada em um copo e tem massa m. A figura ilustra as situações inicial e final; em ambos os casos, o balde encontra-se cheio de água até sua capacidade máxima.

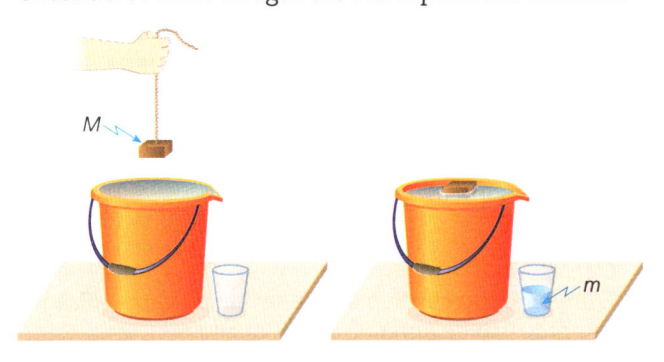

A relação entre as massas m e M é tal que:

a) $m = \frac{M}{3}$
b) $m = \frac{M}{2}$
c) $m = M$
d) $m = 2M$
e) $m = 3M$

21. (UFMG) A **figura I** mostra uma vasilha, cheia de água até a borda, sobre uma balança. Nessa situação, a balança registra um peso P_1. Um objeto de peso P_2 é colocado nessa vasilha e flutua, ficando parcialmente submerso, como mostra a **figura II**. Um volume de água igual ao volume da parte submersa do objeto cai para fora da vasilha.

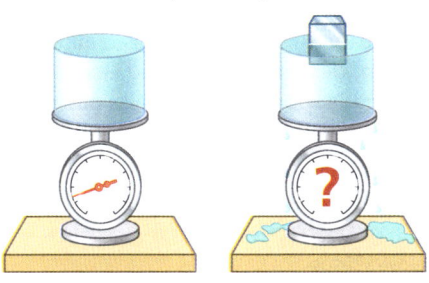

Figura I   Figura II

Com base nessas informações, é correto afirmar que, na **figura II**, a leitura da balança é:

a) igual a P_1.
b) igual a $P_1 + P_2$.
c) maior que P_1 e menor que $P_1 + P_2$.
d) menor que P_1.

Mais questões em **Vereda Digital Aprova Enem**, em **Vereda Digital Suplemento de revisão**, em **AprovaMax** (no *site*) e no livro digital.

EXTRA!

Os textos desta seção abordam assuntos diversificados e voltados para sua formação pessoal e cultural e têm o propósito de oferecer ideias para você refletir com seus colegas de turma ou sozinho.

Assistir aula × estudar em casa

Conseguir bom desempenho nas provas e passar de ano é o mesmo que adquirir conhecimento? Quantas vezes você passou horas estudando, foi bem na prova, mas uma semana depois nem se lembrava do que havia estudado?

Em um seminário que reuniu especialistas em Educação, como professores e educadores, esse tema foi amplamente debatido. Um ponto de vista comum a muitos professores é que "assistir aula é um processo coletivo e passivo e o estudo em casa é um processo solitário e ativo", concluindo: "assistir a uma aula não é estudar...".

Já outros educadores ressaltaram que: "assistir a uma aula é de fato um processo coletivo, mas não passivo", salientando que a postura do professor é decisiva para os estudantes participarem da aula. Destacaram ainda que a função do professor é despertar a participação do aluno no processo ensino-aprendizagem. "O professor deve acompanhar o aprendizado, expondo o conteúdo num ritmo que leve em conta o tempo de raciocínio do aluno, sempre procurando fazer com que ele tenha uma participação efetiva".

Esses educadores concluíram que "assistir aula e estudar em casa são atos que se complementam".

Mas qual é o seu papel de estudante nesse processo? Estudar para contentar seus pais e não levar bronca? Estudar o suficiente para passar de ano? Quem deve ser o maior interessado em adquirir conhecimento e se sentir satisfeito com o próprio desempenho?

Assistir aula

É um processo coletivo e deve ser ativo. A aprendizagem torna-se ativa, isto é, o estudante participa efetivamente do seu processo de aprendizagem, quando:

- valoriza a escola;
- tem bom relacionamento com os professores e os colegas;
- procura conhecer o livro que utiliza na escola;
- é atento às aulas, faz suas tarefas, expõe suas dúvidas ao professor e as discute com os colegas;
- auxilia os colegas que têm dificuldade em algum conteúdo ou exercício e pede ajuda quando precisa;
- participa dos debates em sala de aula com argumentos coerentes e baseados em pesquisa e estudo, respeitando o ponto de vista dos colegas.

O estudo em casa

Em primeiro lugar, criar o hábito de estudo é fundamental! Para isso, você pode reservar um tempo de acordo com sua disposição: à tarde, logo após o almoço ou à noite, se estudar de manhã; ou de manhã, se estudar à tarde ou à noite. Enfim, deve ser um período em que você possa se dedicar integralmente ao estudo e com a duração que julgar mais adequada, pois não há receita pronta para todos.

Esse período pode ser usado para revisar todos os conteúdos abordados em sala de aula e fazer as tarefas. Desse modo, uma boa fórmula vem à mente: *aula dada = aula estudada*.

Se você conseguir se organizar assim, já estará se preparando para as provas semanais, mensais, para o Enem e os vestibulares.

Estudar não é somente ler um livro, um caderno de atividades ou uma apostila. Para tornar seu aprendizado ativo, aqui vão algumas dicas: grife os pontos mais importantes, anote palavras-chave, faça resumos em fichas ou use seu celular ou *tablet* para isso; procure formular perguntas e respondê-las; faça pequenas pausas para refletir sobre o item que acaba de ser visto; resolva os exercícios para fixar a matéria. As dúvidas que você ainda tiver podem ser anotadas e esclarecidas com seu grupo de estudo, com o professor ou consultando outros livros e/ou a internet.

Outra dica: estudar Física não é decorar fórmulas.

Ao estudar Física, procure entender a natureza do fenômeno físico e as grandezas nele envolvidas. Relacione a teoria e os conceitos com sua experiência do dia a dia. Como sabemos, a Matemática nos auxilia a sintetizar o estudo realizado, pois é uma ferramenta essencial para a Física, sistematizando a compreensão dos fenômenos.

E, ainda, ampliando nosso universo de conhecimento, podemos descobrir interesses que, às vezes, demoram muito a aparecer, isto é, a nos entusiasmar. Da sua prática diária de estudos, pode surgir uma vocação. É a aprendizagem que facilita o despertar de nossa curiosidade.

O uso das novas tecnologias no aprendizado de ciências

Boa parte dos estudantes utiliza celulares e *tablets* para acessar várias redes sociais, mas não os utiliza para estudar. Entretanto, o uso combinado das tecnologias disponíveis atualmente, notadamente os vídeos, os simuladores e os aplicativos *on-line*, que dispensam instalação, pode favorecer o aprendizado significativo. Mas, para utilizá-los, é preciso adotar alguns critérios. O primeiro cuidado que se deve ter ao consultar qualquer conteúdo *on-line* é verificar sua origem, isto é, se a instituição que o disponibiliza é confiável. Um bom critério é acessar *sites* de universidades, de sociedades especializadas na área de estudo que se pretende aprofundar, entre outras fontes.

Os vídeos, gráficos e simuladores disponibilizados em vários *sites* podem ser úteis para ilustrar coisas que não podem ser observadas diretamente em sala de aula, como a variação do som de uma sirene de ambulância em movimento devido ao efeito Doppler, o movimento de elétrons em um fio condutor percorrido por corrente elétrica ou a distância percorrida por um carro até parar completamente, em função do tempo de reação do motorista, entre outras situações que estudamos no nosso livro.

Este texto tem como primeiro objetivo apresentar a você uma das muitas ferramentas disponíveis na internet capazes de auxiliar seus estudos e aprendizado. Trata-se das simulações disponíveis no PhET, sigla em inglês para Tecnologia Educacional em Física (**Ph**ysics **E**ducation **T**echnology).

O projeto PhET, fundado em 2002 pelo físico norte-americano Carl Wieman, ganhador do Nobel de Física de 2001, e desenvolvido pela Universidade do Colorado, tem por objetivos criar e oferecer um conjunto de simulações *on-line* gratuitas para facilitar o ensino e a aprendizagem de Matemática, Física, Química e Ciências desde o Ensino Fundamental até o Ensino Superior. Atualmente, estão disponíveis 169 simulações relacionadas a diferentes áreas do conhecimento e 166 delas já foram traduzidas para o português. Essas simulações animadas, em Java^{TM}, em Flash^{TM} e em HTML5, criam ambientes de jogos interativos que enfatizam as conexões entre os fenômenos da vida real e os da Ciência.

Para ajudar o usuário a visualizar conceitos, as simulações do PhET apresentam o que não pode ser visto diretamente por meio de elementos gráficos e controles intuitivos, propondo a opção de clicar e arrastar, com controles deslizantes e botões. A fim de incentivar a exploração quantitativa, as simulações também oferecem instrumentos de medição, como réguas, cronômetros, voltímetros, amperímetros e termômetros.

Para conferir o *site* do PhET, digite o endereço a seguir na barra do seu navegador: <https://phet.colorado.edu/pt/simulations> e aprenda se divertindo.

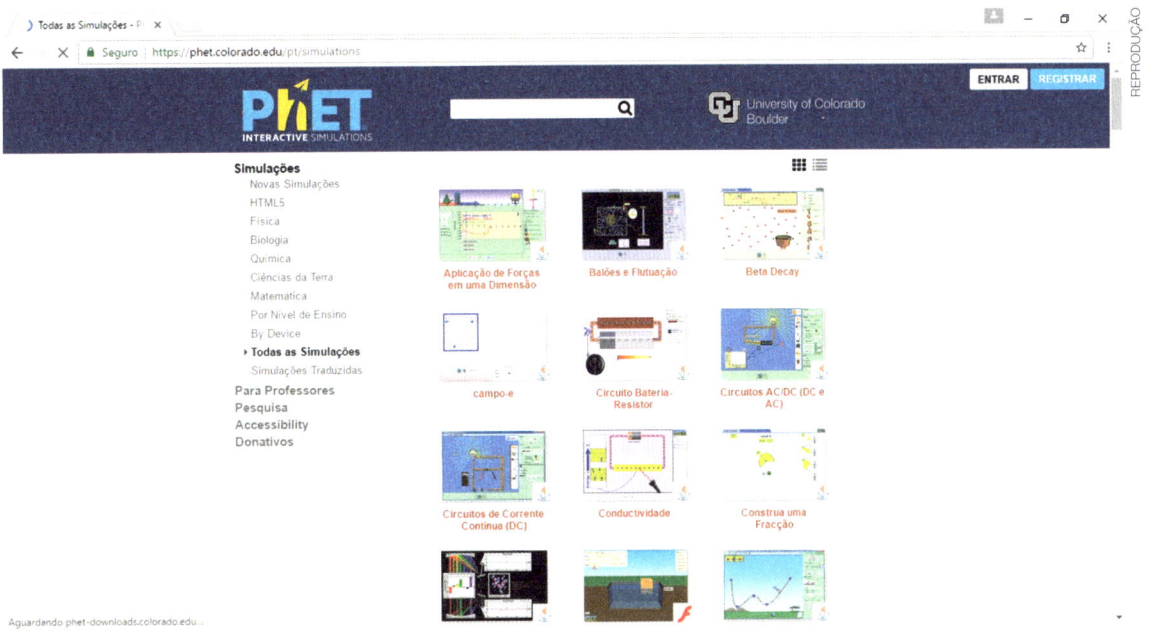

Página de abertura do *site* do PhET, 27 jan. 2017.

O segundo objetivo deste texto é apresentar um dos canais mais interessantes do YouTube Brasil, que já conta com mais de 7,4 milhões de inscritos. Quem é ligado em coisas curiosas e criativas vai se divertir muito com os vídeos do *Manual do Mundo*, lançado em 2006.

No canal, o jornalista Iberê Thenório, com a colaboração de sua mulher, Mariana Fulfaro, faz experiências científicas de Química e Física e ainda ensina mágicas e truques para você impressionar aquela rodinha de amigos. Dentre os mais de 1.500 vídeos, você vai aprender, por exemplo, a congelar água em um segundo, fazer bolhas de sabão gigantes e construir coisas muito legais, como um microscópio digital usando uma *webcam* comum. Acesse o canal do YouTube via <https://www.youtube.com/user/iberethenorio> ou a página do *Manual do Mundo* em <http://www.manualdomundo.com.br/>.

Página de abertura do *site Manual do Mundo*, 27 jan. 2017.

O hábito de ler

O jovem não lê! O jovem precisa ler mais! O jovem só lê quando a escola obriga!

Será que essas afirmações são verdadeiras? As listas de livros mais vendidos, tanto impressos quanto *ebooks*, indicam que o jovem lê, o que é muito positivo.

Atualmente, não precisamos ir à livraria para comprar um livro impresso, podemos adquiri-lo pela internet e recebê-lo em casa, ou comprá-lo e baixá-lo em algum suporte eletrônico, como o *tablet* ou mesmo o celular. Além disso, há *sites* que oferecem obras de domínio público que podem ser acessadas gratuitamente e bibliotecas públicas que reúnem obras clássicas e de referência e atuais. Portanto, são muitas as ofertas de obras acessíveis para todos.

Apesar disso, dados indicam que, no geral, a população brasileira lê pouco. Segundo a pesquisa *Retratos da leitura*, de 2016, cerca de 44% da população brasileira não lê e 30% nunca comprou um livro. As causas para isso são várias; entre elas, destacamos a instituição tardia do ensino público obrigatório, que data da década de 1930, e o fato de a televisão, com sua cultura visual, ter chegado à casa das pessoas antes que as escolas públicas se estendessem a todo o território nacional. Mas houve outros motivos, como a falta de bibliotecas e livrarias em muitas cidades.

As opiniões dos jovens se dividem quando questionados sobre o hábito de leitura. Muitos afirmam que não leem porque não têm paciência, outros porque preferem usar o tempo livre para jogar *videogame*, outros porque preferem conversar com os amigos por alguma rede social e outros, ainda, afirmam que não têm tempo para se dedicar à leitura ou que nunca pensaram em um livro como forma de lazer.

Você se identifica com alguma dessas opiniões?

Entre os que leem, as opiniões também são interessantes. Muitos consideram a leitura a melhor forma de lazer, afirmando que "viajam" com as histórias e os personagens, que, dependendo do livro, não conseguem parar de ler até saber como a história termina. Outros só vão buscar o livro que deu origem a uma série de TV ou a um filme após assisti-los, caso de *Guerra dos tronos*, *Jogos vorazes*, *Divergente*, *Como eu era antes de você*, *O Orfanato da Srta. Peregrine para crianças peculiares*, entre outros. Mas há aqueles que primeiro "devoram" os livros e depois assistem aos filmes ou às séries. Destacam-se também os jovens leitores que preferem as leituras informativas de assuntos variados.

Em qual desses grupos você se integra? Mas qual é a importância de ler? Ler faz diferença na vida de uma pessoa? Por que se exige tanta leitura dos estudantes?

Para responder a essas questões, podemos lembrar que ler e compreender o que lê é essencial na vida de qualquer pessoa, considerando desde as ações mais básicas do dia a dia, como ler uma mensagem ou identificar o letreiro de um ônibus, até as mais complexas, como fazer uma prova de vestibular ou escrever uma dissertação para obter um título universitário. O hábito de ler possibilita que qualquer pessoa se divirta e se fascine com personagens maravilhosos, adquira bagagem cultural, analise criticamente um texto, obtenha conhecimento sobre as mais variadas áreas e, em especial, exerça conscientemente seus direitos e deveres de cidadão, tanto para usufruí-los quanto para cumpri-los.

Esperamos que você já faça parte do grupo de leitores, mas, se não fizer, pense em integrá-lo, temos certeza de que você fará muitas descobertas interessantes. A seguir, sugerimos alguns títulos que podem ser de seu interesse.

Sugestões de leitura

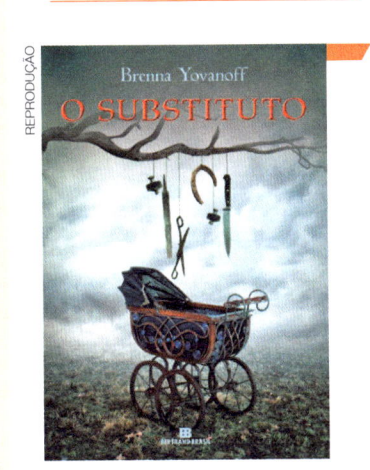

O substituto
Brenna Yovanoff
Rio de Janeiro: Bertrand Brasil, 2012, 336 páginas.
O livro narra uma história sobrenatural de amor e de mistério, com personagens sombrios e intrigantes.

O menino do pijama listrado
John Boyne
São Paulo: Seguinte, 2007, 192 páginas.
O livro narra a amizade entre um garoto que está em um campo de concentração e o filho de um oficial nazista. A perseguição aos judeus durante a Segunda Guerra Mundial (1939-
-1945) é o foco da história.

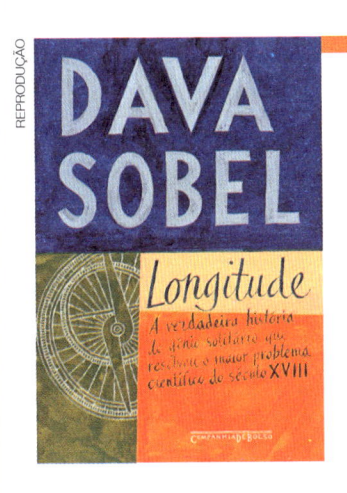

Longitude
Dava Sobel
São Paulo: Companhia de Bolso, 2008, 160 páginas.
O livro narra como foi resolvido o problema da criação de marcos de orientação marítima, no caso os meridianos de longitude, pelo relojoeiro inglês John Harrison, no século XVIII.

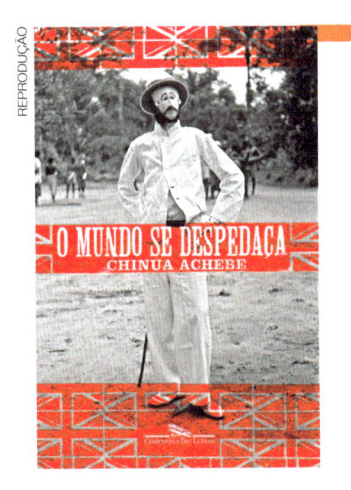

O mundo se despedaça
Chinua Achebe
São Paulo: Companhia das Letras, 2009, 240 páginas.
O autor, o nigeriano Chinua Achebe, conta a história do choque cultural e da destruição do seu povo após o colonizador inglês tomar o território da atual Nigéria.

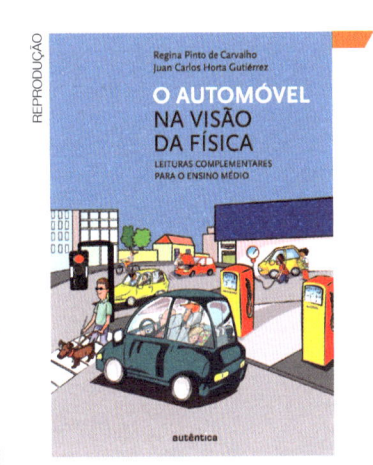

O automóvel na visão da Física
Juan Carlos Horta Gutiérrez e Regina Pinto de Carvalho
Belo Horizonte: Autêntica, 2013, 96 páginas.
Sem a física, o automóvel não existiria. Descubra, de forma simples e objetiva, como os conceitos da Física são aplicados ao automóvel.

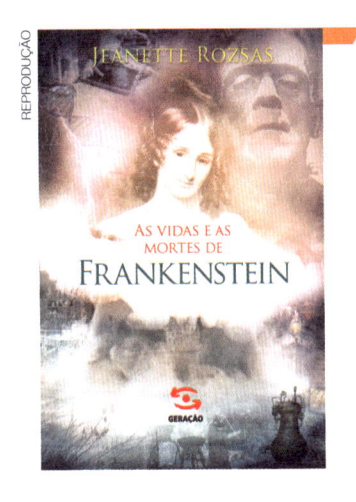

As vidas e as mortes de Frankenstein
Jeanette Rozsas
São Paulo: Geração, 2015, 176 páginas.
Escapar da morte, viver para sempre... Esse é um sonho presente na história da humanidade. Mas, para atingir esse objetivo, a ciência pode desconsiderar os limites da ética e da moral? A história narrada nesse livro mistura personagens da realidade e da ficção em uma interessante trama que aborda os dilemas e os limites da ciência.

RESPOSTAS DA PARTE I

Cap. 1 Introdução à Física

Exercícios propostos

1. a) $1,8 \cdot 10^4$ m
   b) $4 \cdot 10^{-1}$ m
   c) $3,5 \cdot 10^{-2}$ m
2. a) $2 \cdot 10^6$ m^2
   b) $5 \cdot 10^{-6}$ m^2
   c) $3 \cdot 10^{-2}$ m^2
3. 3,6 ares
4. 36.000 L
5. 6,54 kg
6. 157 s
7. $1,2 \cdot 10^{-1}$ m^2
8. a) $1,28 \cdot 10^2$
   b) $8 \cdot 10^{-4}$
   c) $2,67 \cdot 10^{-7}$
9. $6 \cdot 10^{23}$ moléculas
10. 10^5 voltas
11. 10^9 batimentos
12. 10^5 gotas
13. 10^5 latinhas
14. 10^2 m

Exercícios de revisão

1. c
2. b
3. c
4. d
5. e
6. c
7. b
8. d
9. e
10. c
11. d
12. a
13. c

Cap. 2 Introdução à Cinemática

Exercícios propostos

1. Os aviões de caça estão em repouso em relação ao avião-tanque, para que possam ser reabastecidos. Em relação à Terra, eles estão em movimento, assim como o avião-tanque.
2. a) Em relação a um observador situado dentro do helicóptero, o ponto P descreve um movimento circular. Desse modo, a trajetória descrita por P, em relação a esse observador, é uma **circunferência**.

   b) Em relação a um observador situado no solo, P realiza um movimento helicoidal. Assim, em relação a esse observador, a trajetória de P é uma **hélice cilíndrica**.

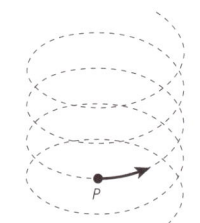

3. a) O espaço inicial é o espaço do móvel no instante $t = 0$: $s_0 = 2$ m
   b) entre 0 s e 20 s: $\Delta s = 6$ m $- 2$ m $= 4$ m
      entre 10 s e 40 s: $\Delta s = 6$ m $- 4$ m $= 2$ m
      entre 30 s e 50 s: $\Delta s = 4$ m $- 8$ m $= -4$ m
4. 4 h
5. 50 m
6. a) para $t = 0$, $s = 0$ m
      para $t = 2$ s, $s = 16$ m
      para $t = 6$ s, $s = 4$ m
   b) de 0 a 2 s: $v_m = 3$ m/s
      de 0 a 6 s: $v_m = -1$ m/s
7. aproximadamente 4,3 vezes
8. O movimento é acelerado nas duas situações; no item **a**, o movimento é progressivo e, no item **b**, o movimento é retrógrado.
9. A velocidade escalar é positiva.

Exercícios de revisão

1. c
2. b
3. c
4. d
5. d
6. b
7. d
8. b
9. 36 km/h
10. d
11. A conclusão do aluno está errada. Para afirmar se o movimento é acelerado ou retardado, deve-se conhecer o sinal da velocidade e da aceleração. Se a aceleração é negativa, $v < 0$, então, o movimento é acelerado; se $v > 0$, o movimento é retardado.

Cap. 3 Movimento uniforme (MU)

Exercícios propostos

1. a) $9,45 \cdot 10^{12}$ km
   b) 8,5 min-luz. Esse resultado mostra que a luz do Sol gasta 8,5 min para chegar até nós.
2. b
3. c
4. d
5. c
6. a) 1,25 km
   b) $s = 30 + 1,25t$ ($s \to$ km e $t \to$ min)
   c) 55 km
7. a
8. a)

   B $\to$ 8 m/s .... A $\to$ 5 m/s
   |—— 75 m ——|

   b) $s_A = 75 + 5t$ (SI)
      $s_B = 8t$ (SI)
   c) 25 s
   d) $\Delta s_A = 125$ m
      $\Delta s_B = 200$ m
9. d
10. a) 4 km
    b) 12 min
    c) 12 km
    d) 16 km
11. c
12. a) 270 km/h ou 75 m/s
    b) 4 s
13. a) 36 s
    b) T_1: 1.500 m
       T_2: 900 m

14. a) trecho I: s crescente, então: $v > 0$
       trecho II: s constante, então: $v = 0$
       trechos III e IV: s decrescente, então: $v < 0$
       trecho V: s crescente, então: $v > 0$
    b) trecho I: $v > 0$, então, temos movimento uniforme progressivo.
       trecho II: $v = 0$, então, o móvel está em repouso.
       trechos III e IV: $v < 0$, então, temos movimento uniforme retrógrado.
       trecho V: $v > 0$, então, temos movimento uniforme progressivo.

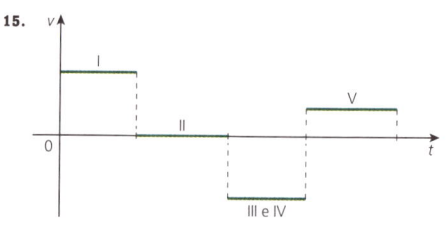

15. (gráfico v × t com trechos I, II, III e IV, V)

16. a) 10 km/h
    b) $s = -2,0 + 10t$ ($s \to$ km e $t \to$ h)
17. a) $-5,0$ m/s
    b) $s = -2,0 - 5,0t$ (SI)
18. a) 24 m
    b) $s = -30 + 4t$ (SI)
    c) 7,5 s
19. a) -50 m
    b) $s = 80 - 10t$ (SI)
    c) 8 s

Exercícios de revisão

1. b
2. c
3. c
4. a
5. b
6. e
7. b
8. c
9. a) $v = 3$ m/s
   b) $s_0 = -15$ m
   c) $s = -15 + 3t$ (SI)
   d) $x = 9$ m
      $y = 12$ s
   e) $\Delta s = 45$ m
10. d
11. d
12. a) 60 s
    b) 40 m
13. c
14. c
15. a
16. c
17. a

Cap. 4 Movimento uniformemente variado (MUV)

Exercícios propostos

1. a
2. e
3. a) 5,0 m/s^2
   b) $v_0 = 10,0$ m/s
4. a) $\alpha = +4$ m/s^2
   b) $v = 3 + 4t$ (SI)
   c) 7 m/s
   d) 22 m
   e) 11 m/s

5. a) $\alpha = +2$ m/s^2
b) $v_0 = -10$ m/s
c) $x = 0$
d)

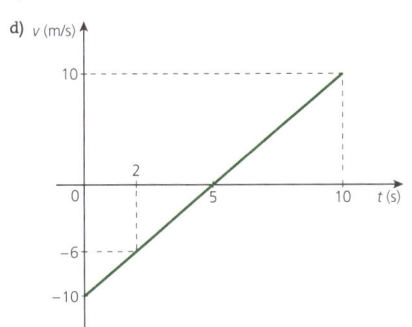

e) $\Delta s_{total} = 0$
f) $v_m = 11$ m/s

6. a) $3{,}0$ m/s^2
b) $1{,}5$ m
c) $6{,}0$ m/s
d) $6{,}0$ m

7. a) $2{,}0$ m/s^2
b) $4{,}0$ m
c) $9{,}0$ m
d) $3{,}0$ m
d) $5{,}0$ m

8. b

9. d

10. a) $t_0 = 10$ s
b) $s_u = 200$ m
c) A: 40 m/s e B: 20 m/s
d) 5 s

11. a) $s_A = 2t^2$ (SI) e $s_B = 64 + t^2$ (SI)
b) $t_u = 8$ s
c) $s_u = 128$ m
d) A: 32 m/s e B: 16 m/s

12. b
13. c
14. a
15. d
16. $x = 45$ cm e $y = 135$ cm
17. a) 3 s
b) 30 m/s
c) 40 m/s
18. a
19. b
20. a) 1,2 s
b) 7,2 m

Exercícios de revisão

1. a) 1,5 m/s
b) 3,0 m/s
c) 1,5 m/s^2
2. b
3. c
4. b
5. d
6. a) -16 m/s
b) $3{,}2$ m/s^2
c) $s = 25 - 16t + 1{,}6t^2$ (SI)
7. a
8. a) 10 m/s^2
b) 30 m/s = 108 km/h
9. b
10. d
11. b
12. c
13. e
14. b
15. a) $\approx 9{,}0$ m/s^2
b) ≈ 27 m/s ($\approx 97{,}2$ km/h)

16. a) $\dfrac{1}{2}g \cdot (t_1 + t_2)$
b) $t_r = t_1 + t_2$
c) $h = \dfrac{1}{2}g \cdot t_1 \cdot t_2$

Cap. 5 Vetores

Exercícios propostos

1. a) Vetor $\vec{u}$. Ver gráfico a seguir.
b) Vetor $\vec{v}$. Ver gráfico a seguir.
c) Vetor $\vec{w}$. Ver gráfico a seguir.

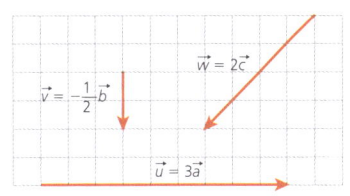

2. a) Os vetores pedidos estão representados na figura a seguir.

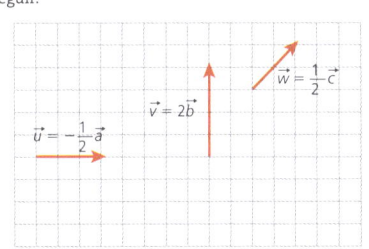

b) $\vec{u} = \vec{e}$, $\vec{v} = \vec{d}$ e $\vec{w} = \vec{f}$

3. a) $\alpha = -\dfrac{1}{2}$
b) $\beta = -1$
c) $\delta = -2$

4. $S = 7$ u

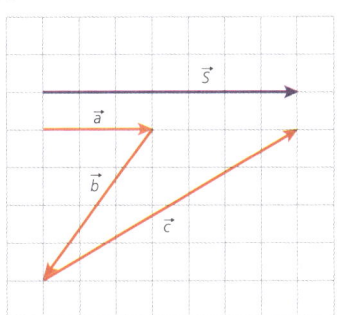

5. $S = 5$ u

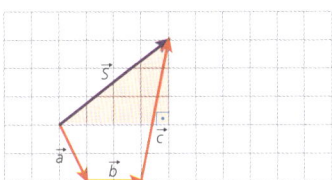

6. a) 35 u
b) 5 u
c) 25 u

7. c

8. $|\vec{x} - \vec{y}| = 5$ u

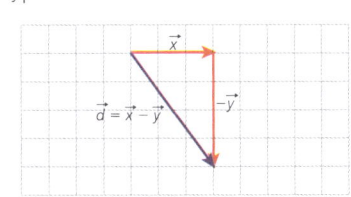

9. $w = 10$ u

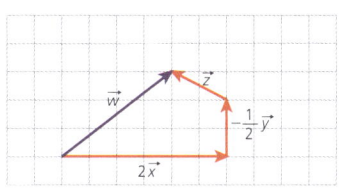

10. d
11. $F_x = 20$ u; $F_y = 20\sqrt{3}$ u
12. $V_x = 10\sqrt{3}$ u; $V_y = 10$ u
13. a) $V = 60\sqrt{2}$ u
b) $V_y = 60$ u

Exercícios de revisão

1. b
2. d
3. c
4. d
5. 01 + 02 + 16 = 19
6. a
7. a
8. b
9. a
10. b
11. 01 + 04 + 16 = 21
12. b

Cap. 6 Cinemática vetorial

Exercícios propostos

1. $|\vec{d}| = 1.300$ m

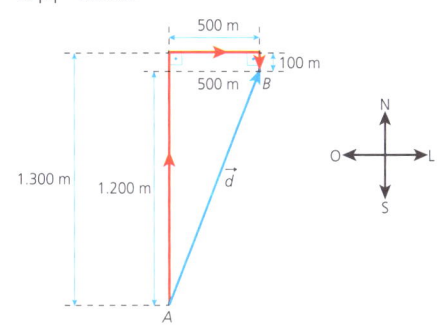

2. $|\vec{v}_m| = 14$ km/h
$|v_m| = 15$ km/h

3. $|\vec{v}_m| = |v_m| = 7{,}5$ m/s; pois a trajetória é retilínea.

4. Como se trata de um movimento circular uniforme, o módulo da velocidade vetorial permanece constante:
$|\vec{v}_A| = |\vec{v}_B| = |\vec{v}_C|$

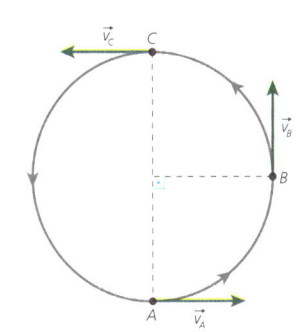

5. A afirmativa está correta. Como a trajetória é retilínea, a direção da velocidade vetorial, sempre tangente à trajetória, é a mesma ao longo do movimento. Como o movimento é uniformemente variado, o módulo do vetor velocidade varia. O sentido do movimento pode variar no decorrer do tempo.

6. $|\vec{a}_m| = \dfrac{2}{3}$ m/s^2

7. a) [figura: círculo com vetores $\vec{v}_A$ e $\vec{v}_B$ formando 60°]

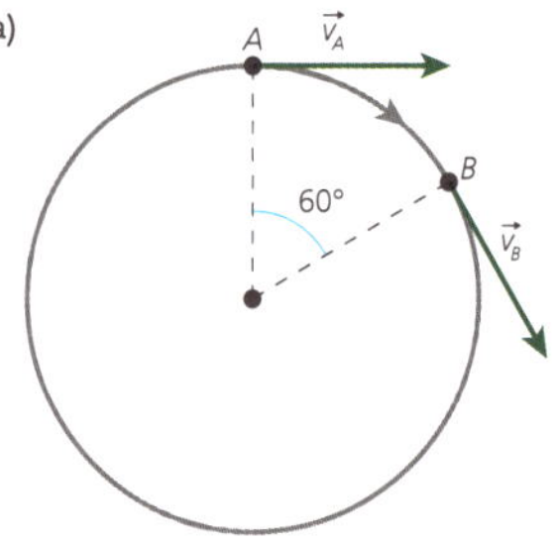

b) $|\Delta \vec{v}| = 10$ m/s

c) $|\vec{a}_m| = 0,5$ m/s²

8. $|\vec{a}_t| = 3$ m/s²
$|\vec{a}_{cp}| = 4$ m/s²
$|\vec{a}| = 5$ m/s²

9. a) $|\vec{a}_{cp}| = 2,5$ m/s²

b) [figura com vetores aceleração em trajetória]

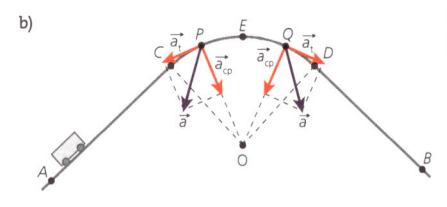

10. a) Ponto D
b) $|\vec{a}_{cp}| = 18,0$ m/s²
c) $|\vec{a}_t| = 2,0$ m/s²
d) $|\vec{a}| = 18,1$ m/s²
e) [figura: círculo com pontos A, B, C, D]

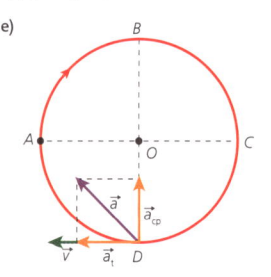

Exercícios de revisão

1. a) 3 min
b) $|\vec{v}_m| = 10$ km/h

2. a

3. $|\vec{v}_m| \approx 1,4$ m/s

4. a) $v_m = 5,5$ cm/s
b) $|\vec{v}_m| = 2,5$ cm/s

5. b
6. e
7. b
8. c

Cap. 7 — Movimentos bidimensionais

Exercícios propostos

1. a) 14 s
b) 700 m
c) $v_x = 50$ m/s e $v_y = 140$ m/s

2. 3 m/s

3. O ponto D em $t = 2$ s e o ponto K em $t = 3$ s.

4. a) 2 s
b) 20 m/s
c) Em $t = 1$ s: $v_x = 20$ m/s; $v_y = 10$ m/s e $v \approx 22,4$ m/s
Em $t = 3$ s: $v_x = 20$ m/s; $v_y = -10$ m/s e $v \approx 22,4$ m/s

5. a) $20\sqrt{3}$ m
b) $20\sqrt{3}$ m

6. ponto D

Exercícios de revisão

1. c
2. c
3. d
4. c
5. b
6. c
7. a
8. c

Cap. 8 — Movimentos circular e uniforme

Exercícios propostos

1. a
2. a
3. c
4. d
5. a
6. d
7. d

8. a) $2\pi^2$ m/s
b) $80\pi^3$ m/s²

9. c
10. b
11. d
12. c
13. b

14. a) ≈ 60 rad/s
b) 800 rpm
c) ≈ 80 rad/s
d) $\approx 14,4$ m/s

15. d
16. b

Exercícios de revisão

1. c

2. a) $N = 3.000$ voltas
b) 2,5 Hz

3. e

4. a) $v = 20$ m/s
b) $\omega \approx 0,5$ rad/s
c) $R = 40$ m

5. a) 1
b) $\dfrac{r}{R}$
c) $\dfrac{r}{R}$

6. a) $\dfrac{R}{r}$
b) $\dfrac{r}{R}$

7. a

8. $\dfrac{a_A}{1} = \dfrac{a_B}{2} = \dfrac{a_C}{3}$

9. a) 600 m
b) ≈ 200 m
c) $\approx 4,5$ m/s²

10. 5 vezes
11. b
12. b
13. a
14. c
15. a

16. a) $\dfrac{2\pi a}{T}$
b) $\dfrac{b}{a} T$

17. b

Cap. 9 — Leis de Newton

Exercícios propostos

1. a) 13 N
b) 2 m/s²

2. A resultante das forças que agem nesse bloco é nula, pois ele está em equilíbrio dinâmico, deslocando-se em MRU.

3. 60 N

4. a) 3 m/s²
b) 15 N

5. A afirmação está incorreta. As forças que constituem o par ação-reação sempre atuam em dois corpos distintos e, portanto, nunca se anulam.

6. a) A aceleração é nula, pois o movimento é um MRU na vertical.
b) 800 N

7. a) 5 m/s²
b) 15 m/s

8. $T = \dfrac{ma}{\cos \theta}$

9. a) 50 N
b) 50 N
c) 15 N
d) 35 N

10. 4 m/s² e 0,8 N

11. a) 2 m/s²
b) 2,4 N

12. a) 5 m/s²
b) 150 N
c) 50 N

13. a) 2 m/s²
b) 80 N

14. a) 2 m/s²
b) 10 m/s

15. a) bloco A: -56 N; bloco B: 14 N
b) 3 m/s²
c) 20 N

16. 1 m/s² e 0,8 N

Exercícios de revisão

1. c
2. a
3. a
4. $02 + 08 + 32 = 42$
5. b
6. e
7. c
8. e
9. a
10. e
11. a
12. a) 0,5
b) 1,5 kg
13. b
14. d
15. c
16. $04 + 08 + 16 + 64 = 92$

Cap. 10 — Dinâmica dos movimentos curvilíneos

Exercícios propostos

1. a) 50 m/s²
b) 30.000 N

2. a) $\approx 0,63$ m/s
b) $\approx 0,4$ m/s²
c) ≈ 12 N

3. a) 1 m/s
b) $a_{cp(A)} = 30$ m/s²
$a_{cp(B)} = 10$ m/s²
c) $T_1 = 30$ N e $T_2 = 40$ N

4. 90 N
5. 3.500 N
6. a) 11.600 N
   b) 7.600 N
7. 1.000 m
8.

Movimento	Aceleração tangencial	Aceleração centrípeta
MRU	nula	nula
MRUV	não nula	nula
MCU	nula	não nula
MCUV	não nula	não nula

9. 10 m/s
10. a) 4.500 N
    b) 20 m/s
11. a)

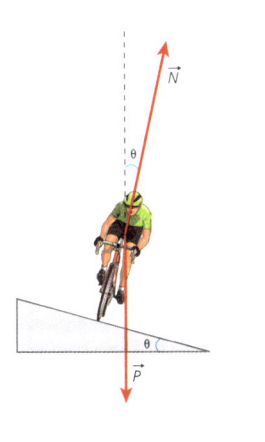

   b) $\theta = \text{arctg } 0,5 \simeq 26,6°$
12. 100 m/s

Exercícios de revisão

1. d
2. b
3. b
4. d
5. 08 + 16 = 24
6. e
7. a
8. c
9. R = 80 m
10. d
11. c
12. a
13. 01 + 04 = 05
14. b
15. b

Cap. 11 Trabalho e potência

Exercícios propostos

1. $\tau_F = 50$ J; $\tau_{F_{at}} = -30$ J; $\tau_P = 0$ J; $\tau_N = 0$ J e $\tau_{F_R} = 20$ J
2. $\tau_F = 800$ J; $\tau_{F_{at}} = -500$ J; $\tau_P = 0$ J; $\tau_N = 0$ J e $\tau_{F_R} = 300$ J
3. 160.000 J = 160 kJ
4. a) No trecho I, o movimento é variado (a aceleração escalar varia). No trecho II, o movimento é uniformemente variado (a aceleração escalar é constante). No trecho III, o movimento é variado (a aceleração escalar varia).
   b) 5 m/s²
   c) 140 J
5. 1.100 J
6. 2.000 J
7. 480 J
8. a) 400 N/m
   b) 2 J
9. 0,9 J
10. a) 2E
    b) 4E
    c) 8E
11. a) 60 N
    b) 2.250 J
12. a) 10 J
    b) 10 m/s
13. 10 m/s
14. a) $\frac{1}{3}$ m/s
    b) 50 kW
15. a) 250 W
    b) 30.000 J
16. a) 3 m/s²
    b) 54.000 W = 54 kW
17. a) 3.500 J
    b) 700 W
    c) 0,70 = 70%
18. D: $P_{m(D)} = 220,6$ W e C: $P_{m(C)} = 160,0$ W
19. 2 MW

Exercícios de revisão

1. d
2. b
3. c
4. d
5. c
6. d
7. d
8. 01 + 02 + 04 = 07
9. c
10. c
11. e
12. d
13. a
14. b
15. e
16. a
17. a
18. a
19. b
20. c

Cap. 12 Energia mecânica

Exercícios propostos

1. e
2. b
3. c
4. b
5. e
6. a) 40 J
   b) 20 m/s
   c) 10 J
7. a) H = 45 m
   b) h = 22,5 m
   c) 5 J
8. d
9. d
10. a) 2,0 m/s = 7,2 km/h
    b) −1600 J
11. a) 2 m
    b) 3.000 N
12. a) $v = \sqrt{2gL}$
    b) $T = 3mg$
13. a) 5,0 J
    b) 20,0 cm
    c) 50,0 N
    d) 47,5 N

Exercícios de revisão

1. c
2. a) $E_{P_{grav}(A)} < E_{P_{grav}(B)} = E_{P_{grav}(D)} < E_{P_{grav}(C)}$
   b) $E_{c(C)} < E_{c(A)} = E_{c(B)} < E_{c(D)}$
3. e
4. c
5. e
6. c
7. b
8. a
9. d
10. b
11. e
12. b
13. b
14. b
15. a) k = 30 N/m
    b) 15 N
    c) 50 m/s²
16. a
17. d
18. c
19. c
20. e
21. a
22. a) $h_2 = 12,8$ m
    b) $v_2 = 16$ m/s

Cap. 13 Impulso e quantidade de movimento

Exercícios propostos

1. direção: vertical
   sentido: para baixo
   intensidade: 10 N · s
2. a) 4 N · s
   b) 40 N
3. 0,8 kg · m/s
4. 20 J
5. a) 15 N · s
   b) v = 10 m/s
6. 40 N
7. a)

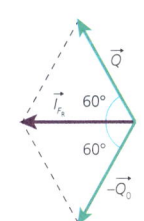

   b) $Q_0 = Q = 2,5$ kg · m/s
      $I_{F_R} = 2,5$ N · s
8. $v_B = 1$ m/s
9. $v_C = 15$ m/s
10. $v = 3,5$ m/s
11. a) $v'_A = 0$ e $v'_B = 2,0$ m/s
    b) $v'_A = v'_B = 1,0$ m/s
12. Após os choques, a esfera A retorna com velocidade de módulo v. As esferas B e C param.
13. a) 2,0 m/s
    b) 2,0 m/s

Exercícios de revisão

1. a
2. a
3. a
4. c
5. e
6. a
7. c

RESPOSTAS

8. c
9. a
10. d
11. a
12. a) 1,0 m/s
b) 5,0 cm e T = 57,0 N
13. 02 + 04 + 16 + 64 = 86

Cap. 14 Gravitação universal

Exercícios propostos

1. c
2. d
3. d
4. a) $e = 0,8$
b) $\dfrac{v_P}{v_A} = 9,0$
c) T_C é aproximadamente 31,6 anos terrestres.
5. b
6. c
7. e
8. a
9. c
10. b
11. d
12. e
13. a) $\dfrac{v_2}{v_1} = \sqrt{2}$
b) $v_0 = v_1$
14. a) $M_{Terra} \simeq 80\, M_{Lua}$
b) $\simeq 11,2$ km/s
c) $R_{Terra} \simeq 3,8\, R_{Lua}$

Exercícios de revisão

1. c
2. b
3. a) 11,2 AT
b) 1,6 ua
4. e
5. c
6. b
7. a) $g = \dfrac{GM}{(R+h)^2}$ ou $g = g_0 \cdot \left(\dfrac{R}{R+h}\right)^2$
b) $h = R$
8. a
9. a
10. b
11. e
12. a) $v = \dfrac{2\pi r}{T}$
b) $M_{Lua} = \dfrac{4\pi^2 r^3}{GT^2}$
13. b
14. a) $v = \dfrac{1}{2}\sqrt{\dfrac{GM}{R}}$
b) $E_c = G \cdot \dfrac{Mm}{8R}$
c) $E_{P_{grav.}} = -G \cdot \dfrac{Mm}{4R}$
d) $E_{mec.} = -G \cdot \dfrac{Mm}{8R}$
15. a) $v = \sqrt{\dfrac{GM}{2R}}$
b) $E_{mec.} = -G \cdot \dfrac{Mm}{4R}$

Cap. 15 Estática do ponto material e do corpo extenso

Exercícios propostos

1. $F_3 = 10$ N e $\theta \simeq 36,87°$
2. $T_1 = 500$ N; $T_2 = 400$ N e $T_3 = 300$ N
3. $T_1 = 100$ N; $T_2 = 100$ N, $T_3 = 100\sqrt{2}$ N e $\mu = 0,5$
4. $T = \dfrac{200\sqrt{3}}{3}$ N e $N = \dfrac{100\sqrt{3}}{3}$ N
5. a) $M_{F_1} = 0$; $M_{F_2} = -5$ N · m; $M_{F_3} = +4$ N · m e $M_{F_4} = 0$
b) A chave irá girar no sentido anti-horário, pois o momento resultante é negativo ($M_R = -1$ N · m)
6. $+Fb$
7. a) 100 N
b) $x = 2,5$ m
8. em A: 350 N; em B: 150 N
9. 39 kg
10. $F = 40$ N

Exercícios de revisão

1. a
2. a
3. e
4. c
5. b
6. c
7. a) 300 N
b) 50 N
8. a
9. c
10. a
11. c
12. d
13. d
14. d
15. c
16. c
17. a

Cap. 16 Hidrostática

Exercícios propostos

1. a) 0,90 g/cm³
b) 0,85 g/cm³
2. d
3. a) 1.615 g
b) 95 cm³
4. a) 5,0 g/cm³
b) 972 g
5. b
6. d
7. 120 atm
8. a) p
b) $2p$
9. a
10. a) $4dga^3$
b) $4dga$
11. d
12. a) $2,00 \cdot 10^4$ N
b) $1,96 \cdot 10^4$ N
c) 400 N
13. c
14. a) $p_1 = 3.000$ Pa; $p_2 = 4.000$ Pa
b) $F_1 = F_2 = 1.200$ N
15. a) 13,6 cm
b) 6,80 m
16. a) $2,0 \cdot 10^3$ Pa
b) 80 N
c) 8,0 kg
d) 1,0 g/cm³
17. b
18. c
19. a) 600 N
b) 5,0 cm
c) 12 L
20. b
21. b
22. a) $\dfrac{a}{A} \cdot F$
b) $dgha$
23. 0,25 g/cm³
24. $d_c = 1,50$ g/cm³
25. a) No Mar Morto, pois sua densidade é maior que a da água do oceano Atlântico.
b) 84%
26. a) $d_A < d_B < d_{água}$
b) $P_1 = P_1 = P_3$
c) $P'_1 > P'_2 > P'_3$
27. e
28. d
29. a) 20 N
b) 80 N
c) 8,0 m/s²

Exercícios de revisão

1. a
2. $d_{cubo} = 2,0$ g/cm³; $\mu_{Aℓ} = 2,5$ g/cm³
3. 17 g
4. a) Sim, pois a densidade da coroa é 16 g/cm³.
b) 750 g
5. c
6. c
7. a
8. a
9. a) 1,25 g/cm³
b) $2,25 \cdot 10^4$ Pa $\simeq 2,25$ atm
10. d
11. a
12. $\simeq 184,5$ m
13. a
14. d
15. d
16. a
17. c
18. e
19. a) 0,5 g/cm³
b) 1,5 g/cm³
20. c
21. a

Vereda Digital

FÍSICA
NICOLAU TORRES PENTEADO

VOLUME ÚNICO ■ PARTE I

Nicolau Gilberto Ferraro
Carlos Magno A. Torres
Paulo Cesar M. Penteado

O caminho mais moderno e seguro rumo ao Enem e à universidade.

A coleção *Vereda Digital* é uma proposta educacional composta de obras em volume único que dão maior flexibilidade ao desenvolvimento dos programas das diversas disciplinas do Ensino Médio e dos conteúdos avaliados no Enem e nos principais vestibulares do país.

Um dos diferenciais dessa coleção é a apresentação de obras de grandes autores e de um time de editores especialistas nas diversas áreas do conhecimento e em tecnologia educacional, para garantir a integração entre o livro impresso, o livro digital e o *site*.

Para garantir maior praticidade, o seu livro está dividido em três partes: você leva para a escola apenas o que vai utilizar.

Cada obra possibilita o acesso ao livro digital e também ao *site* exclusivo da coleção: www.moderna.com.br/veredadigital.

A seguir os principais destaques da obra *Física*, de Nicolau, Torres e Penteado, 2ª edição.

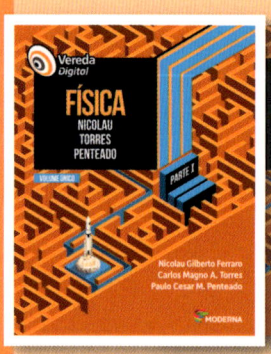

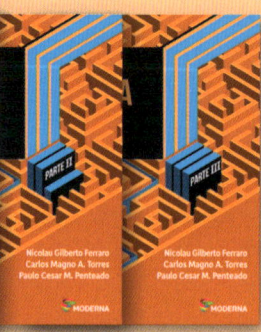

LIVRO IMPRESSO

- As **aberturas de capítulo** foram criadas para despertar a curiosidade sobre o assunto que será estudado.
- Exercícios diversificados e com gradação adequada.
- A seção **Aplicação tecnológica** aborda aplicações da Física no cotidiano.
- Em **Atividade prática**, há experimentos que possibilitam comprovar os conceitos estudados.
- A seção **Trocando ideias** favorece a construção de argumentação, incentivando a reflexão e o posicionamento sobre assuntos relevantes para a Física.
- A seção **Extra!** amplia seus conhecimentos e favorece discussões e reflexões sobre assuntos relacionados aos temas transversais.

SITE VEREDA DIGITAL

Livro digital em HTML5

Serviços Educacionais

- **Simulador AprovaMax** com dois módulos de prática de estudo: atividade e simulado. Você pode gerar testes customizados para acompanhar seu desempenho e autoavaliar seu entendimento.

LIVRO DIGITAL – em HTML5 – apresenta:

- **Livro** com *objetos educacionais digitais* e ferramentas que possibilitam buscar termos, destacar trechos e fazer anotações para posterior consulta.
- *Aprova Enem* com questões comentadas do Enem e outras questões elaboradas de acordo com as especificações desse exame de avaliação.
- *Suplemento de revisão e vestibulares* com síntese dos principais temas do curso e questões de vestibulares de todo o país.

VEREDA APP

Aplicativo que permite a busca de termos e conceitos da disciplina e **simulações** com questões de vestibulares associadas. Você relembra o conceito e realiza uma **autoavaliação**. É uma ferramenta que auxilia você a desenvolver sua **autonomia**.

MODERNA

ISBN 978-85-16-10733-8

Vereda Digital

FÍSICA
NICOLAU
TORRES
PENTEADO

VOLUME ÚNICO

PARTE II

Nicolau Gilberto Ferraro
Carlos Magno A. Torres
Paulo Cesar M. Penteado

MODERNA

PARTE II

Capítulo 17
Termometria, 226

Capítulo 18
Dilatação térmica dos sólidos e dos líquidos, 236

Capítulo 19
Calorimetria, 247

Capítulo 20
Mudanças de estado, 258

Capítulo 21
Transmissão de calor, 269

Capítulo 22
Estudo dos gases perfeitos, 281

Capítulo 23
Termodinâmica, 291

Capítulo 24
Introdução à Óptica geométrica, 306

Capítulo 25
Reflexão da luz, 315

Capítulo 26
Refração da luz, 336

Capítulo 27
Óptica da visão, 366

Capítulo 28
Estudo das ondas, 375

Capítulo 29
Acústica, 398

Extra!, 423

Respostas da Parte II, 429

CAPÍTULO 17

TERMOMETRIA

A termografia infravermelha, técnica de diagnóstico médico por imagem, é usada para detectar mudanças da atividade funcional de órgãos e tecidos do corpo com base na diferença de temperaturas. Nesse exame, uma câmera capta a radiação infravermelha emitida pelo corpo e converte-a em sinais elétricos, que são associados a determinada temperatura. A imagem formada utiliza uma escala de cores correspondente à temperatura esperada em cada ponto da região analisada. A temperatura que não se enquadra na escala pode indicar um processo inflamatório ou até mesmo a formação de um tumor.

Você saberia dizer que regiões do corpo, mostrado na foto, são mais frias?

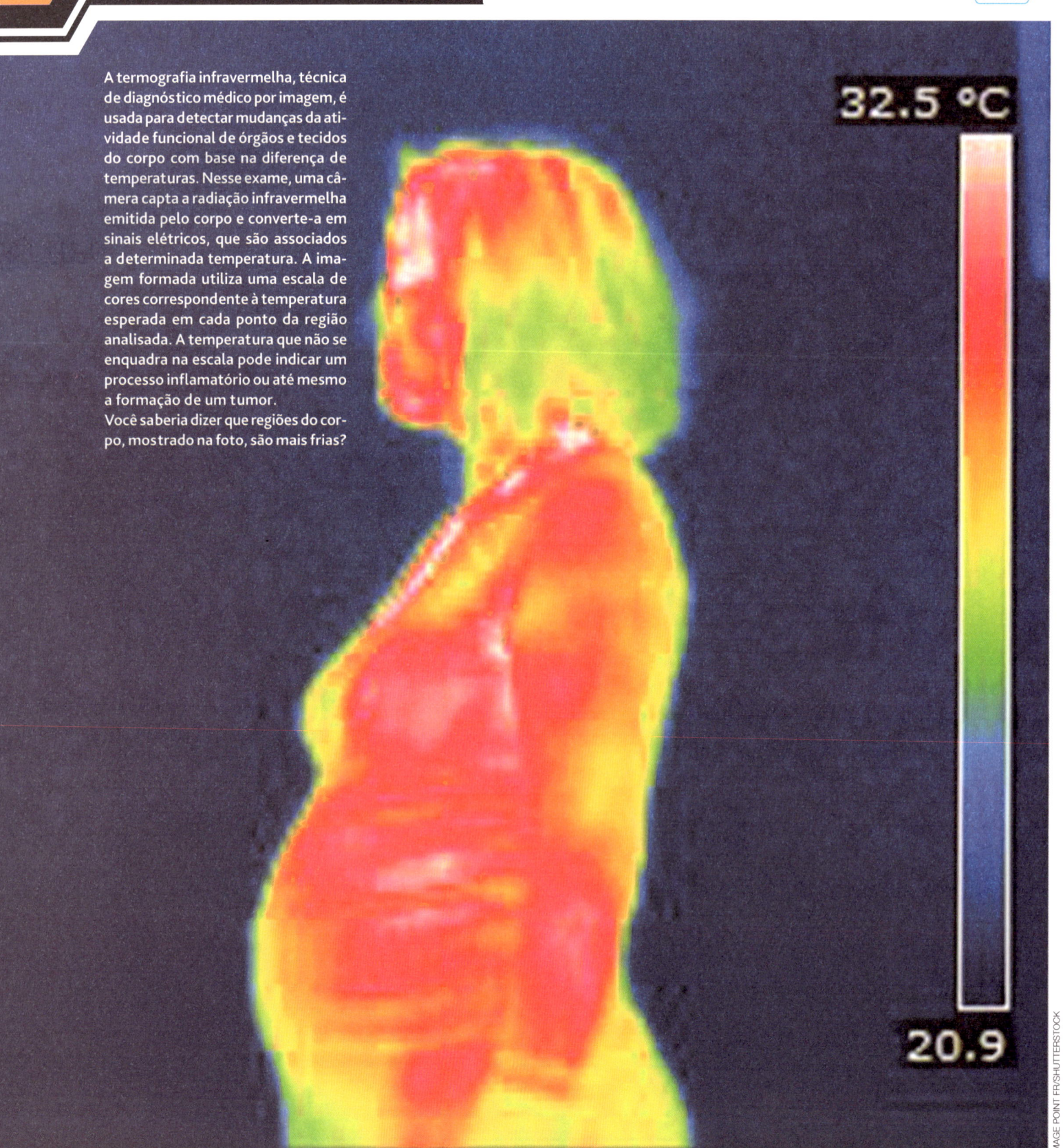

> **Objetivos do capítulo**
>
> - Estabelecer o conceito de temperatura.
> - Apresentar diferentes tipos de termômetros.
> - Determinar a função termométrica de um dado termômetro.
> - Mostrar a calibração de um termômetro.
> - Apresentar as escalas termométricas Celsius, Fahrenheit e Kelvin.
> - Estabelecer as relações entre as principais escalas termométricas.

1 Temperatura

Neste capítulo, iniciamos o estudo da Termologia, área da Física em que se investigam os fenômenos relacionados especificamente com a energia térmica.

No dia a dia, estamos familiarizados com a grandeza física **temperatura**. Para avaliar se um corpo está quente ou frio, muitas vezes nos baseamos em uma sensação tátil, colocando a mão em contato com aquele corpo. Mas essa sensação tátil nem sempre é confiável.

Para entender melhor essa afirmação, imagine, por exemplo, que sua mão direita está imersa em um balde com água e gelo e sua mão esquerda está imersa em um balde com água quente.

Se você tirasse as mãos dos baldes e as colocasse em um balde com água à temperatura ambiente, como avaliaria a temperatura dessa água?

Pela sensação recebida de sua mão direita, você diria que a água está quente. Mas, pela sensação transmitida por sua mão esquerda, você diria que a água está fria.

> A temperatura é uma grandeza física que está relacionada com a energia cinética média das partículas (átomos e moléculas) que constituem os corpos.

Assim, de maneira informal, podemos dizer que a temperatura de um corpo está relacionada com o "grau de agitação" das partículas que o constituem.

A **figura 1** mostra um modelo usado para representar as partículas que formam um corpo no estado sólido, como uma barra de cobre.

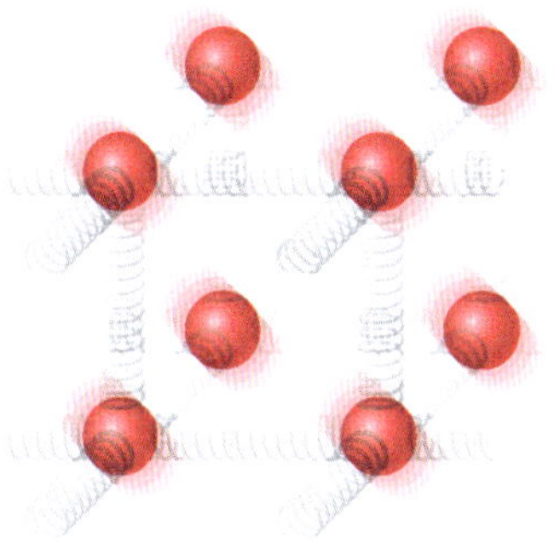

Nesse modelo, as bolinhas representam as partículas (átomos ou moléculas) que constituem o corpo, distribuídas no espaço de maneira bem organizada, formando o retículo cristalino do sólido, ou seja, uma disposição bastante simétrica e repetitiva. Para indicar que essas partículas não têm liberdade total de movimentação, como ocorreria com as partículas de um corpo gasoso, as forças de coesão entre elas estão representadas por pequenas molas interligando as bolinhas. Essas bolinhas estão em constante estado de agitação, vibrando em torno de uma posição de equilíbrio. Quanto maior a temperatura do corpo, mais intensamente as partículas vibrarão.

A partir desse modelo, podemos perceber que, se o estado de agitação das bolinhas aumentar, elas precisarão de mais espaço para vibrar e, por isso, todas irão se afastar um pouco mais umas das outras. Isso levará a um aumento de todas as dimensões do corpo, ou seja, ele sofrerá uma expansão.

Se o estado de agitação das bolinhas aumentar ainda mais, teremos um ponto em que a energia fornecida ao corpo será usada para "romper as molas". Desse modo, as bolinhas terão maior liberdade de movimentação, e o corpo passará do estado sólido para o estado líquido.

Apesar de simples, esse modelo ajuda a compreender alguns dos fenômenos estudados em Termologia, como a **dilatação dos corpos** e as **mudanças de estado físico**.

2 Termômetros

Termômetro é o aparelho usado para medir, de maneira indireta, a temperatura de um corpo. Por que "de maneira indireta"?

De acordo com a definição dada para a grandeza temperatura, fica claro que não podemos medir diretamente o valor da velocidade de cada átomo ou molécula de um corpo para obter a energia cinética média das partículas, isto é, não podemos medir o "grau de agitação" das partículas de um corpo.

Entretanto, quando o "grau de agitação" dessas partículas é alterado, outras grandezas físicas se alteram, e muitas podem ser medidas.

Figura 1. Representação do modelo de um corpo no estado sólido.

Ao alterar a temperatura de um líquido, por exemplo, seu volume também se altera. A luminosidade emitida pelo filamento de uma lâmpada incandescente varia quando alteramos a temperatura do filamento. Uma grandeza física que varia com a temperatura e é utilizada para medi-la é denominada **grandeza termométrica**.

Todo termômetro usa uma grandeza termométrica para medir a temperatura de um corpo.

Vejamos como isso é feito tomando como exemplo o termômetro de tubo de vidro mostrado na **figura 2**.

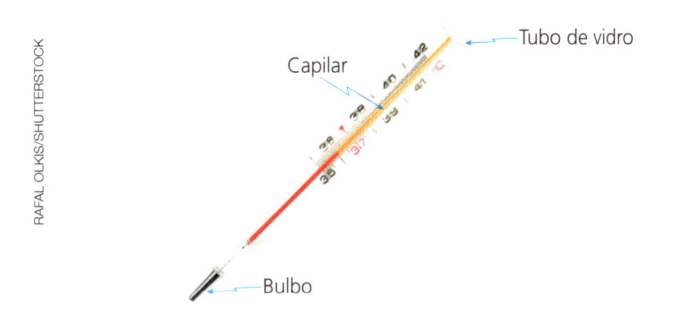

Figura 2. Termômetro clínico de tubo de vidro, usado para medir a temperatura corporal.

Observe que esse tipo de termômetro possui um reservatório (o bulbo) preenchido com um líquido, geralmente mercúrio (Hg) ou álcool, ao qual se adiciona corante para melhorar a visualização, e um tubo fechado de vidro (tubo capilar), conectado ao bulbo do qual foi retirado o ar.

Para medir a temperatura de um corpo com esse termômetro, devemos colocar o bulbo em contato com o corpo.

Para facilitar o entendimento, vamos supor que o corpo esteja "mais quente" que o termômetro. Nesse caso, parte da energia de agitação das partículas do corpo é transferida para o bulbo de vidro e para o líquido nele contido. Assim, a temperatura do vidro e a temperatura do líquido aumentam.

A consequência desse aumento de temperatura é que tanto o bulbo como o líquido sofrem uma dilatação e se expandem. Mas como os líquidos se dilatam mais que os sólidos, o resultado final é que o líquido sobe pelo tubo capilar de vidro. Assim, quanto maior a temperatura do corpo, maior será a altura da coluna de líquido no tubo capilar.

Quando o termômetro e o corpo atingem a mesma temperatura, ou seja, entram em **equilíbrio térmico**, a altura da coluna de líquido estabiliza e podemos, em uma escala previamente calibrada, fazer a leitura da temperatura correspondente. Nesse tipo de termômetro, a grandeza termométrica é a **altura da coluna de líquido** no tubo capilar.

3 Função termométrica

Denominamos **função termométrica** de um termômetro a função do 1º grau que relaciona cada valor de uma grandeza termométrica ao valor correspondente de temperatura.

Assim, para um termômetro de tubo de vidro, podemos associar cada valor da altura h da coluna de líquido a uma temperatura θ correspondente. A função termométrica, para esse termômetro, seria do tipo $\theta = f(h)$.

Vamos considerar um termômetro que registra uma temperatura θ_1 para uma coluna de altura h_1 e uma temperatura θ_2 para uma coluna de altura h_2 (**fig. 3**). Qual seria a temperatura θ correspondente a uma altura h?

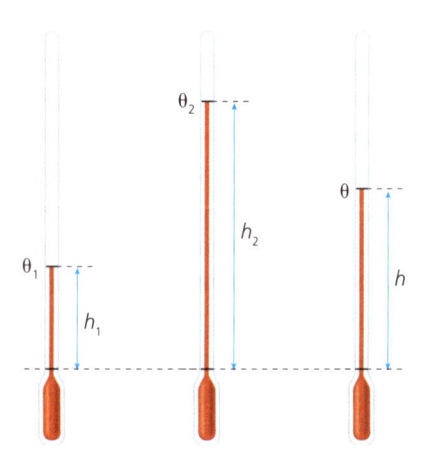

Figura 3. A cada valor da altura h corresponde uma temperatura θ.

Vamos obter a função termométrica desse termômetro relacionando a escala de temperaturas com a escala de alturas correspondentes, como indicado na **figura 4**.

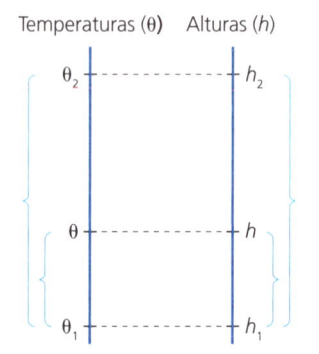

Figura 4. Relação entre a escala de temperaturas θ e a escala de alturas h.

Observe que existe uma relação de proporcionalidade entre os segmentos das duas escalas. Podemos escrever, por exemplo:

$$\frac{\theta - \theta_1}{\theta_2 - \theta_1} = \frac{h - h_1}{h_2 - h_1}$$

Exercícios resolvidos

1. Roberto construiu um termômetro de tubo de vidro e considerou que, para uma coluna de 5 mm de altura, o termômetro indicaria uma temperatura de 20 °R, ou seja, 20 graus Roberto, e indicaria 70 °R quando a altura da coluna fosse de 30 mm.

   a) Determinar a função termométrica desse termômetro.
   b) Qual é a temperatura indicada pelo termômetro quando a altura da coluna é de 18 mm?
   c) Para uma temperatura de 50 °R, qual é a altura da coluna?

▶ **Solução**

a) Vamos comparar a escala de temperaturas, em °R, e a escala de alturas, em mm.

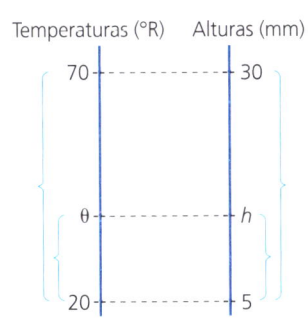

Analisando as duas escalas, obtemos a seguinte relação:

$$\frac{\theta - 20}{70 - 20} = \frac{h - 5}{30 - 5} \Rightarrow \frac{\theta - 20}{50} = \frac{h - 5}{25} \Rightarrow$$

$$\Rightarrow \frac{\theta - 20}{2} = \frac{h - 5}{1} \Rightarrow \boxed{\theta = 2h + 10}$$

Essa função termométrica é válida quando a altura h é medida em mm e a temperatura θ em °R.

b) Para $h = 18$ mm, temos:

$$\theta = 2 \cdot 18 + 10 \Rightarrow \theta = 36 + 10 \therefore \boxed{\theta = 46 \text{ °R}}$$

c) Para $\theta = 50$ °R, temos:

$$50 = 2h + 10 \Rightarrow 40 = 2h \therefore \boxed{h = 20 \text{ mm}}$$

2. O diagrama abaixo mostra a relação entre o volume V de um gás, em um termômetro a gás de pressão constante, e a correspondente temperatura θ em uma escala arbitrária X, calibrada em °X.

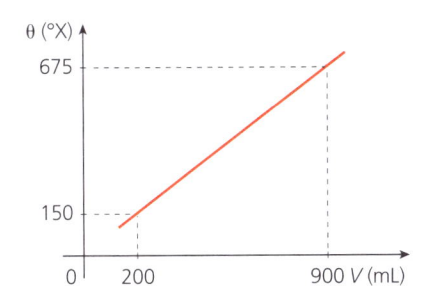

   a) Qual é a função termométrica para esse termômetro?
   b) Qual é a temperatura indicada pelo termômetro, em °X, quando o volume do gás é de 480 mL?
   c) Para uma temperatura de 450 °X, qual é o volume do gás?

▶ **Solução**

a) Vamos comparar a escala de temperaturas, em °X, e a escala de volumes, em mL.

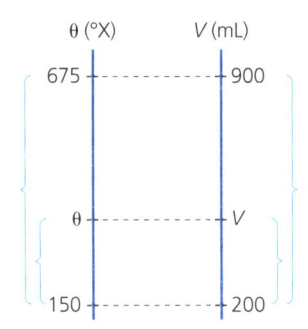

Agora, podemos obter a relação:

$$\frac{\theta - 150}{675 - 150} = \frac{V - 200}{900 - 200} \Rightarrow \frac{\theta - 150}{525} = \frac{V - 200}{700}$$

Dividindo os denominadores por 175, obtemos:

$$\frac{\theta - 150}{3} = \frac{V - 200}{4} \Rightarrow 4\theta - 600 = 3V - 600 \Rightarrow \boxed{\theta = \frac{3V}{4}}$$

b) Usando a função termométrica para V = 480 mL, obtemos:

$$\theta = \frac{3 \cdot 480}{4} \Rightarrow \theta = 3 \cdot 120 \therefore \boxed{\theta = 360 \text{ °X}}$$

c) Usando a função termométrica para θ = 450 °X, obtemos:

$$450 = \frac{3V}{4} \Rightarrow 150 = \frac{V}{4} \therefore \boxed{V = 600 \text{ mL}}$$

Exercícios propostos

1. Um termômetro a gás de volume constante utiliza como grandeza termométrica a pressão do gás contido em um recipiente. Considerando um termômetro a gás de volume constante que adota a temperatura de 200 °X quando a pressão do gás é de 300 mmHg e a temperatura de 400 °X para a pressão de 800 mmHg, determine:

   a) a função termométrica desse termômetro;
   b) a temperatura correspondente a uma pressão de 600 mmHg;
   c) a pressão do gás para uma temperatura de 250 °X.

2. O gráfico a seguir mostra a relação entre a temperatura θ em uma escala termométrica arbitrária, medida em °W, e a altura h da coluna de mercúrio, em mm.

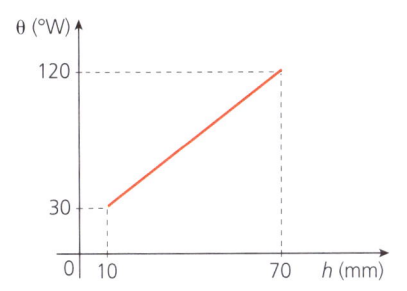

Para esse termômetro, determine:
a) a função termométrica;
b) a temperatura θ, em °W, correspondente a uma coluna de 60 mm;
c) a altura h da coluna, em mm, para uma temperatura de 60 °W.

Capítulo 17 • Termometria

4 Escalas termométricas Celsius e Fahrenheit

Antes de poder ser usado para medir temperaturas, o termômetro deve ser devidamente calibrado.

Para calibrar um termômetro, devemos utilizar dois estados térmicos com temperaturas bem definidas. Tais estados térmicos são denominados **pontos fixos**.

Dentre os diferentes pontos fixos usados na calibração de diferentes tipos de termômetro, citaremos apenas os que costumam ser empregados na calibração dos termômetros de tubo de vidro. São eles: o **ponto do gelo** e o **ponto do vapor**.

O ponto do gelo corresponde ao estado térmico de fusão (derretimento) do gelo sob pressão normal. O ponto do vapor corresponde ao estado térmico de ebulição (fervura) da água sob pressão normal (1 atm).

Ao calibrar um termômetro de tubo de vidro, inicialmente sem a indicação da escala termométrica, devemos colocá-lo em equilíbrio com gelo em fusão e depois em equilíbrio com água em ebulição, ambos sob pressão normal. Para cada um desses estados térmicos, adotamos uma temperatura correspondente: θ_{PG} para a temperatura do ponto do gelo e θ_{PV} para a temperatura do ponto do vapor (**fig. 5**).

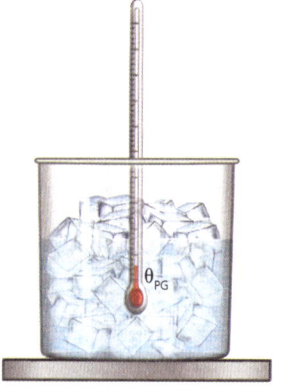

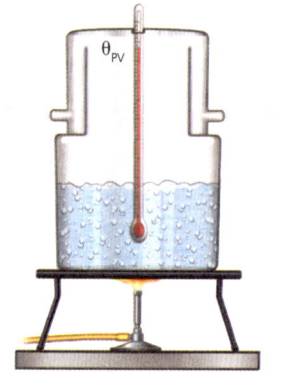

1º ponto fixo
Ponto do gelo (gelo em fusão)

2º ponto fixo
Ponto do vapor (água em ebulição)

Figura 5. Ao criar uma escala termométrica, devemos adotar, arbitrariamente, as temperaturas dos pontos fixos θ_{PG} e θ_{PV}.

A partir desse procedimento, podemos criar outras escalas termométricas para determinado termômetro.

Dentre as muitas e diferentes escalas criadas e usadas ao longo do tempo, duas se destacaram e são utilizadas até hoje: a **escala Celsius** e a **escala Fahrenheit** (**fig. 6**).

Vejamos as características dessas duas escalas termométricas.

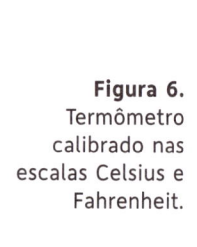

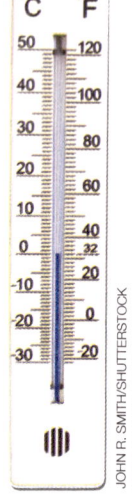

Figura 6. Termômetro calibrado nas escalas Celsius e Fahrenheit.

Escala Celsius

A escala termométrica Celsius foi proposta, em 1742, pelo astrônomo sueco Anders Celsius (1701-1744).

Celsius adotou para o ponto do gelo a temperatura de 0 °C (zero grau Celsius) e para o ponto do vapor a temperatura de 100 °C (cem graus Celsius).

Durante muito tempo, essa escala foi chamada de escala centígrada, pois, entre essas duas temperaturas, a escala é dividida em 100 partes. Em 1948, a 9ª Conferência Geral de Pesos e Medidas modificou seu nome para escala termométrica Celsius, em reconhecimento a Anders Celsius e para evitar confusão com o prefixo *centi* (10^{-2}). Essa escala é utilizada na maioria dos países.

Escala Fahrenheit

A escala termométrica Fahrenheit foi proposta pelo físico alemão Daniel Gabriel Fahrenheit (1686-1736) em 1724. Nessa escala, adotou-se para o ponto do gelo a temperatura de 32 °F (trinta e dois graus Fahrenheit) e para o ponto do vapor a temperatura de 212 °F (duzentos e doze graus Fahrenheit).

Apesar de essa escala ter sido amplamente utilizada nos países colonizados pelos britânicos, seu uso hoje em dia se restringe a alguns poucos países de língua inglesa, como os Estados Unidos, a Austrália e Belize.

Relação de conversão de temperaturas entre as escalas Celsius e Fahrenheit

Considerando um termômetro calibrado, simultaneamente, nas escalas Celsius e Fahrenheit, como mostra a **figura 7**, vamos encontrar as funções termométricas para esse termômetro, relacionando cada uma das escalas com a escala de alturas correspondente.

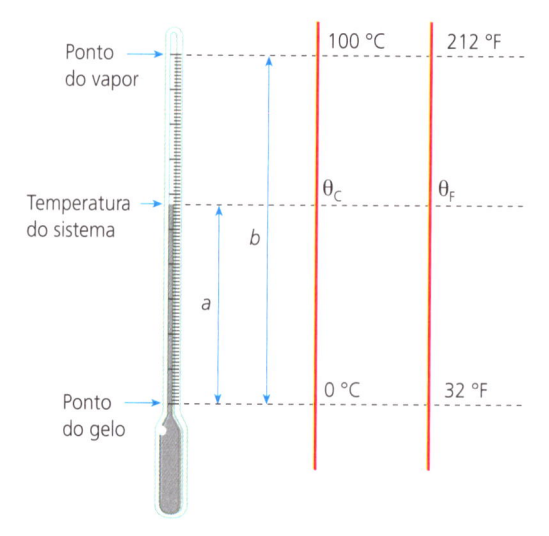

Figura 7. Termômetro calibrado em °C e °F.

Para a escala Celsius, temos: $\dfrac{\theta_C - 0}{100 - 0} = \dfrac{a}{b}$ ①

Para a escala Fahrenheit, temos: $\dfrac{\theta_F - 32}{212 - 32} = \dfrac{a}{b}$ ②

Das equações ① e ②, obtemos:

$$\frac{\theta_C - 0}{100 - 0} = \frac{\theta_F - 32}{212 - 32} \Rightarrow \frac{\theta_C}{100} = \frac{\theta_F - 32}{180} \Rightarrow \boxed{\frac{\theta_C}{5} = \frac{\theta_F - 32}{9}} \quad ③$$

A expressão ③ representa a relação de conversão de temperaturas entre as escalas Celsius e Fahrenheit.

Note que, da mesma forma que procedemos para obter essa relação de conversão entre as escalas Celsius e Fahrenheit, podemos obter a relação de conversão de temperaturas entre duas escalas quaisquer.

Exercícios resolvidos

3. Um termômetro indica que a temperatura de uma porção de água é 10 °C. Se fosse usado um termômetro graduado na escala Fahrenheit, qual seria a temperatura indicada?

▶ **Solução**

Dado que $\theta_C = 10$ °C, podemos usar a relação de conversão de temperaturas entre as escalas Celsius e Fahrenheit e obter a correspondente temperatura θ_F.

$$\frac{10}{5} = \frac{\theta_F - 32}{9} \Rightarrow 2 = \frac{\theta_F - 32}{9} \Rightarrow 18 = \theta_F - 32 \therefore \boxed{\theta_F = 50\ °F}$$

4. Uma temperatura é indicada na escala Fahrenheit pelo quádruplo de sua correspondente indicação na escala Celsius. Determinar essa temperatura na escala Celsius.

▶ **Solução**

O enunciado indica que $\theta_F = 4\theta_C$.

Substituindo na relação de conversão entre as escalas, obtemos:

$$\frac{\theta_C}{5} = \frac{4\theta_C - 32}{9} \Rightarrow 9\theta_C = 20\theta_C - 160 \Rightarrow \theta_C = \frac{160}{11}$$

$$\therefore \boxed{\theta_C \simeq 14,5\ °C}$$

5. Uma escala termométrica arbitrária X adota para o ponto do gelo o valor 20 °X e para o ponto do vapor o valor 140 °X. Determinar:

a) a relação de conversão de temperaturas entre a escala X e a escala Celsius;
b) a temperatura, em °C, correspondente a 80 °X.

▶ **Solução**

a) Do enunciado, temos a seguinte correspondência de temperaturas entre as escalas Celsius e X:

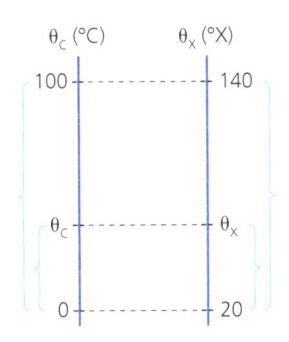

θ_C (°C)	θ_X (°X)
100	140
θ_C	θ_X
0	20

Podemos, então, estabelecer a relação de proporcionalidade:

$$\frac{\theta_C - 0}{100 - 0} = \frac{\theta_X - 20}{140 - 20} \Rightarrow \frac{\theta_C}{100} = \frac{\theta_X - 20}{120} \Rightarrow \theta_C = \frac{5 \cdot (\theta_X - 20)}{6}$$

b) Para $\theta_X = 80$ °X, temos:

$$\theta_C = \frac{5 \cdot (80 - 20)}{6} \Rightarrow \theta_C = \frac{5 \cdot 60}{6} \therefore \boxed{\theta_C = 50\ °C}$$

Exercícios propostos

3. Um termômetro indica uma temperatura ambiente de 25 °C. Nas mesmas condições, qual é a temperatura indicada por um termômetro graduado na escala Fahrenheit?

4. No ser humano, a temperatura corpórea pode variar no intervalo de 35 °C a 42 °C. Quais seriam esses limites na escala Fahrenheit?

5. Em alguns desertos, próximos à linha do Equador, as temperaturas são as mais altas encontradas na superfície da Terra, podendo atingir até 130 °F. Qual é o valor dessa temperatura quando expressa em grau Celsius?

6. Em uma escala arbitrária A, adota-se o valor de 30 °A para o ponto do gelo e 190 °A para o ponto do vapor.
a) Qual é a relação de conversão de temperaturas entre as escalas A e Celsius?
b) Determine, em °A, a temperatura correspondente a 40 °C.

7. Um termômetro mal construído indica +2 °C no ponto do gelo e +98 °C no ponto do vapor.
a) Determine a função de correção desse termômetro.
b) Qual é a temperatura correta quando a indicação do termômetro defeituoso é 40 °C?
c) Existe alguma temperatura que o termômetro mal construído indica corretamente? Em caso afirmativo, qual seria essa temperatura?

8. Uma escala arbitrária X relaciona-se com a escala Celsius de acordo com o diagrama abaixo.

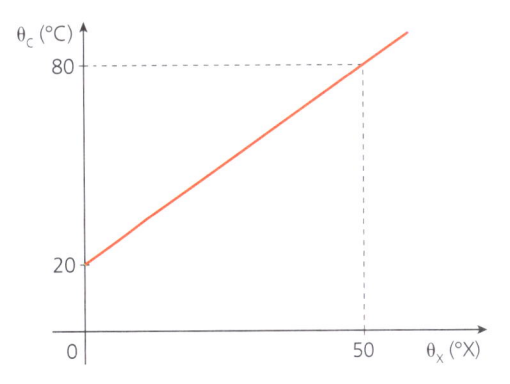

Qual é a temperatura na escala X correspondente à temperatura de ebulição da água?

9. Duas escalas termométricas A e B relacionam-se de acordo com a função $\theta_A = 2\theta_B + 120$. Sabendo que a escala A adota o valor 20 °A para o ponto do gelo e a escala B adota o valor 50 °B para o ponto do vapor, determine:
a) o valor adotado no ponto do vapor para a escala A;
b) o valor adotado no ponto do gelo para a escala B;
c) as temperaturas, em °A e em °B, correspondentes a 25 °C.

5 Escala Kelvin

William Thomson (1824-1907) foi um físico, matemático e engenheiro britânico, nascido na Irlanda, que contribuiu muito nas análises matemáticas da Eletricidade e da Termodinâmica. Por seus trabalhos, recebeu o título de lord Kelvin.

Ao realizar medições de temperaturas com um termômetro a gás de volume constante, Kelvin observou que, ao diminuir a temperatura do gás de 0 °C para −1 °C, a pressão do gás diminuía em $\frac{1}{273}$ da pressão inicial; ao resfriar o gás de 0 °C para −2 °C, a pressão diminuía em $\frac{2}{273}$ da pressão inicial, e assim por diante.

Como a pressão de um gás se deve aos choques das moléculas contra as paredes do recipiente em que está contido, Kelvin concluiu que a diminuição da pressão era decorrente de uma diminuição da velocidade das moléculas do gás. Extrapolando os resultados das medidas experimentais, ele sugeriu que, à temperatura de −273 °C, a pressão do gás se anularia, ou seja, as moléculas teriam uma energia cinética nula. A essa temperatura, Kelvin atribuiu o valor 0, denominado zero absoluto, por ser a temperatura na qual a energia cinética de translação das partículas é nula. Assim, na escala Kelvin, o zero absoluto tem valor **0 K**.

Por definição, entre o ponto do gelo e o zero absoluto teremos um mesmo número de divisões na escala Celsius e na escala proposta por Kelvin.

Assim, podemos relacionar as temperaturas nessas duas escalas: −273 °C e 0 K (no zero absoluto), 0 °C e 273 K (no ponto do gelo) e 100 °C e 373 K (no ponto do vapor).

Observe que, ao expressar uma temperatura na escala Kelvin, omitimos o símbolo do grau (°), escrevendo, por exemplo, 273 K ou 273 kelvins.

Da comparação entre as escalas Celsius e Kelvin **(fig. 8)**, podemos obter a relação de conversão de temperaturas entre elas.

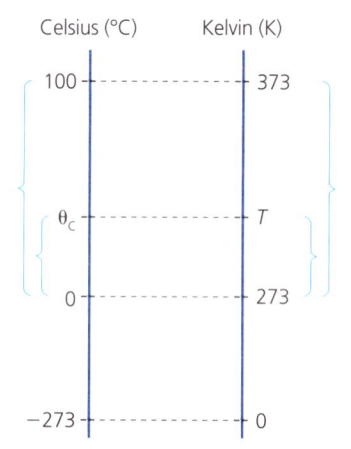

Figura 8. Relação entre a escala Celsius e a escala Kelvin.

Temos, então:

$$\frac{\theta_C - 0}{100 - 0} = \frac{T - 273}{373 - 273} \Rightarrow \frac{\theta_C}{100} = \frac{T - 273}{100} \Rightarrow$$

$$\Rightarrow \boxed{T = \theta_C + 273}$$

Da mesma forma, podemos comparar as escalas Fahrenheit e Kelvin **(fig. 9)** e obter uma relação de conversão de temperaturas entre elas.

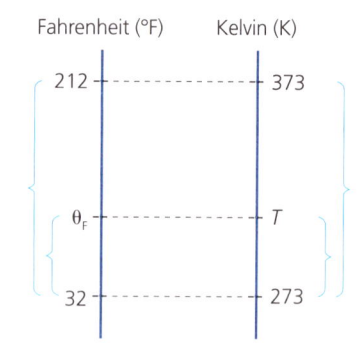

Figura 9. Relação entre a escala Fahrenheit e a escala Kelvin.

Assim, temos:

$$\frac{\theta_F - 32}{212 - 32} = \frac{T - 273}{373 - 273} \Rightarrow \frac{\theta_F - 32}{180} = \frac{T - 273}{100} \Rightarrow$$

$$\Rightarrow \boxed{\frac{\theta_F - 32}{9} = \frac{T - 273}{5}}$$

Trocando ideias

Antigos registros históricos indicam que, entre 130 d.C. e 200 d.C., Cláudio Galeno, médico grego, tentou estabelecer uma escala para medir a temperatura corporal. Galeno propôs uma escala com quatro graus acima e quatro graus abaixo de um ponto neutro (definido pela proporção igual de uma mistura de água fervendo e gelo). Em meados do século XVI, Galileu Galilei criou o primeiro termoscópio, dispositivo usado para avaliar temperaturas, que era formado por um tubo fino de vidro conectado a uma esfera. Galileu aquecia a esfera com as mãos para que parte do ar saísse e, a seguir, imergia a ponta do tubo em um recipiente com água. Quando a temperatura do ar dentro da esfera voltava ao valor inicial, a pressão atmosférica forçava a água a subir pelo tubo. Dessa maneira, Galileu podia avaliar temperaturas conforme a variação da altura da coluna de água no tubo. Ao longo do tempo, muitas escalas termométricas foram criadas: algumas caíram no esquecimento, outras permaneceram e ainda hoje são utilizadas. Dessas, as mais empregadas são a escala absoluta Kelvin, de utilização mais restrita aos trabalhos científicos, e as escalas relativas Celsius e Fahrenheit.

Nesta atividade, você e seus colegas de grupo vão pesquisar informações sobre o zero absoluto. Procurem saber se esse estado térmico é ou não atingível na prática, qual é a temperatura mais baixa até hoje conseguida, quais são as técnicas utilizadas para obter temperaturas próximas desse estado e as aplicações tecnológicas que envolvem o uso de temperaturas extremamente baixas. Conversem com seu professor de Química sobre a influência da temperatura na rede cristalina de certos materiais. Selecionem fontes confiáveis e não se esqueçam de indicá-las por escrito. Para apresentar o trabalho, o grupo pode utilizar um *software*, um aplicativo de celular que permita compartilhar o estudo ou outra forma que julgar interessante.

Aplicação tecnológica

Criogenia

Os sistemas de refrigeração, utilizados desde o começo do século XX, têm função fundamental na vida cotidiana. Sem eles, seria impossível transportar e conservar alimentos perecíveis e manter em temperatura adequada ambientes de lazer, como as salas de cinema, e de trabalho, como as salas de cirurgia, por exemplo.

Há muitas aplicações tecnológicas que também utilizam temperaturas extremamente baixas, geralmente obtidas por meio da liquefação de gases como o hélio, o hidrogênio e o nitrogênio. As temperaturas de liquefação desses gases são: −268,8 °C (4,2 K) para o hélio, −252,6 °C (20,4 K) para o hidrogênio e −196 °C (77 K) para o nitrogênio. A ciência que estuda a obtenção de baixas temperaturas é chamada de **criogenia**, palavra derivada do grego *kryos*, frio, e *genos*, geração, que literalmente significa "geração do frio".

Em medicina, emprega-se a criogenia não apenas na estocagem de sangue e derivados, mas também na conservação de órgãos destinados a transplantes. O sangue do cordão umbilical de um recém-nascido pode ser conservado em baixas temperaturas para eventual utilização das células-tronco nele contidas. Algumas cirurgias são realizadas com um bisturi criogênico, no qual circula nitrogênio líquido. Com esse bisturi, é possível remover a parte afetada que fica sujeita à baixa temperatura, preservando o tecido sadio. Na inseminação artificial, também se aplica a criogenia, pois, para não perder suas características, o sêmen deve ser mantido a temperaturas extremamente baixas, com o uso do nitrogênio líquido.

Entre os combustíveis criogênicos, destacam-se o hidrogênio líquido e o oxigênio líquido, utilizados na propulsão de foguetes.

Na indústria alimentícia, a utilização de líquidos criogênicos reduz a proliferação de microrganismos.

A estrutura microscópica de metais se altera quando submetidos a baixas temperaturas. Assim, o aço tratado com nitrogênio líquido é mais resistente ao desgaste.

A criogenia também é aplicada na reciclagem de latas de tinta. Em contato com o líquido criogênico, a tinta remanescente se solidifica e pode ser facilmente removida.

Pneus usados são um problema para o meio ambiente. Pneus velhos podem ser congelados com nitrogênio líquido e, em seguida, pulverizados e misturados com asfalto. Essa mistura, empregada na pavimentação de estradas, produz uma superfície de maior aderência.

Outra aplicação importante da criogenia resultou na supercondutividade: supercondutores são materiais que, em temperaturas extremamente baixas, conduzem a corrente elétrica praticamente sem resistência. Entre suas inúmeras aplicações tecnológicas, os supercondutores estão presentes em eletroímãs utilizados em aceleradores de partículas e em reatores nucleares. A supercondutividade também é aproveitada nos trens-bala japoneses, que, graças a essa propriedade, atingem velocidades altíssimas, sem contato com o solo. Neles, os ímãs levitam sobre supercondutores. É a chamada levitação magnética.

Banco de sêmen.

Nitrogênio líquido.

Exercícios resolvidos

6. O tungstênio é um metal muito usado na fabricação dos filamentos das lâmpadas incandescentes. A temperatura de fusão desse metal é de 3.414 °C e a de vaporização é de 5.555 °C. Converter essas temperaturas para a escala Kelvin.

▶ **Solução**

Vamos usar a relação de conversão: $T = \theta_C + 273$

Para a temperatura de fusão, temos:

$$T_{fusão} = 3.414 + 273 \therefore \boxed{T_{fusão} = 3.687 \text{ K}}$$

Para a temperatura de vaporização, temos:

$$T_{vaporização} = 5.555 + 273 \therefore \boxed{T_{vaporização} = 5.828 \text{ K}}$$

Exercícios propostos

10. A temperatura de solidificação do gás hidrogênio é próxima de −259 °C. Expresse essa temperatura na escala Kelvin.

11. Converta as temperaturas a seguir.
   a) 600 K em °C e °F;
   b) 104 °F em °C e K;
   c) −40 °C em °F e K.

Exercícios de revisão

Ficha-resumo 1

Temperatura é uma grandeza relacionada ao "grau de agitação" das partículas (átomos e moléculas) constituintes de um corpo.

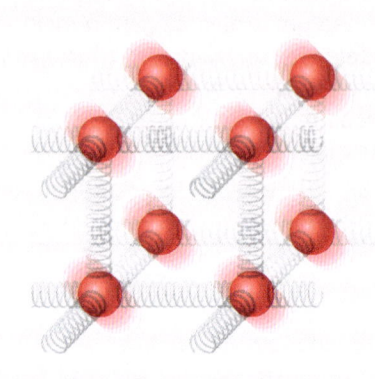

Função termométrica

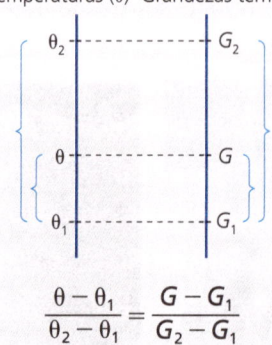

$$\frac{\theta - \theta_1}{\theta_2 - \theta_1} = \frac{G - G_1}{G_2 - G_1}$$

Relação entre as escalas Celsius e Fahrenheit

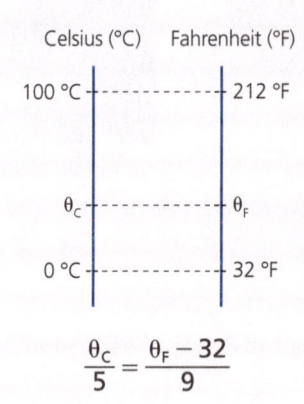

$$\frac{\theta_C}{5} = \frac{\theta_F - 32}{9}$$

1. (Fatec-SP) Uma escala termométrica arbitrária X atribui o valor –20 °X para a temperatura de fusão do gelo e 120 °X para a temperatura de ebulição da água, sob pressão normal. A temperatura em que a escala X dá a mesma indicação que a Celsius é:
a) 80
b) 70
c) 50
d) 30
e) 10

2. (Unifor-CE) Um estudante resolveu criar uma escala E de temperaturas e, comparando-a com a escala Celsius, obteve o gráfico abaixo.

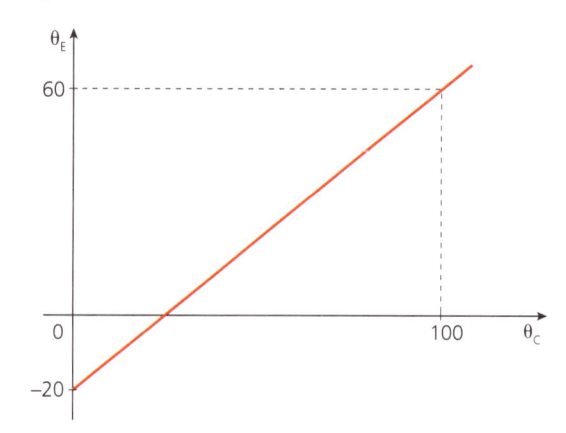

Na escala E do estudante, a temperatura do corpo humano é mais próxima de:
a) 25 °E
b) 20 °E
c) 15 °E
d) 10 °E
e) 5 °E

3. (UFRJ) Em uma escala termométrica, que chamaremos de escala médica, o grau é chamado de grau médico e representado por °M. A escala médica é definida por dois procedimentos básicos: no primeiro, faz-se corresponder 0 °M a 36 °C e 100 °M a 44 °C, no segundo, obtém-se uma unidade de °M pela divisão do intervalo de 0 °M a 100 °M em 100 partes iguais.
a) Calcule a variação em grau médico que corresponde à variação de 1 °C.
b) Calcule, em grau médico, a temperatura de um paciente que apresenta uma febre de 40 °C.

4. (ITA-SP) Para medir a febre de pacientes, um estudante de medicina criou sua própria escala linear de temperatura. Nessa nova escala, os valores de 0 (zero) a 10 (dez) correspondem respectivamente a 37 °C e 40 °C. A temperatura de mesmo valor numérico em ambas escalas é aproximadamente:
a) 52,9 °C
b) 28,5 °C
c) 74,3 °C
d) –8,5 °C
e) –28,5 °C

5. (Mackenzie-SP) Um termômetro mal graduado na escala Celsius assinala 2 °C para a fusão da água e 107 °C para sua ebulição, sob pressão normal. Sendo θ_E o valor lido no termômetro mal graduado e θ_C o valor correto da temperatura, a função de correção do valor lido é:

a) $\theta_C = \left(\frac{50}{51}\right)(\theta_E - 2)$

b) $\theta_C = \left(\frac{20}{22}\right)(2 \cdot \theta_E - 1)$

c) $\theta_C = \left(\frac{30}{25}\right)(\theta_E - 2)$

d) $\theta_C = \left(\frac{20}{21}\right)(\theta_E - 2)$

e) $\theta_C = \left(\frac{21}{20}\right)(\theta_E - 4)$

6. (Unifor-CE) A escala Réamur de temperatura, que hoje está em desuso, adotava para o ponto de gelo 0 °R e para o ponto de vapor 80 °R. A indicação que, nessa escala, corresponde a 86 °F é:
a) 16 °R
b) 20 °R
c) 24 °R
d) 36 °R
e) 48 °R

7. (PUC-PR) Um termômetro foi construído de tal modo que a 0 °C e 100 °C da escala Celsius correspondem −5 °Y e 105 °Y, respectivamente. Qual a temperatura de mesmo valor numérico nas duas escalas?
a) 45
b) 48
c) 50
d) 52
e) 55

8. (Mackenzie-SP) Um profissional, necessitando efetuar uma medida de temperatura, utilizou um termômetro cujas escalas termométricas inicialmente impressas ao lado da coluna de mercúrio estavam ilegíveis. Para atingir seu objetivo, colocou o termômetro inicialmente numa vasilha com gelo fundente, sob pressão normal, e verificou que, no equilíbrio térmico, a coluna de mercúrio atingiu 8,0 cm. Ao colocar o termômetro em contato com água fervente, também sob pressão normal, o equilíbrio térmico se deu com a coluna de mercúrio atingindo 20,0 cm de altura. Se nesse termômetro utilizarmos as escalas Celsius e Fahrenheit e a temperatura a ser medida for expressa pelo mesmo valor nas duas escalas, a coluna de mercúrio terá altura de:
a) 0,33 cm
b) 0,80 cm
c) 3,2 cm
d) 4,0 cm
e) 6,0 cm

9. (Etec-SP) Em algumas cidades brasileiras, encontramos, em vias de grande circulação, termômetros que indicam a temperatura local medida na escala Celsius. Por causa dos jogos da Copa, no Brasil [2014], os termômetros [deveriam passar] por modificações que [permitissem] a informação da temperatura também na escala Fahrenheit, utilizada por alguns países. Portanto, após essa adaptação, um desses termômetros que [indicasse], por exemplo, 25 °C, também [apontaria] a temperatura de:
a) 44 °F
b) 58 °F
c) 64 °F
d) 77 °F
e) 86 °F

10. (FMTM-MG) Um estudante traduziu um texto, originalmente em língua inglesa, no qual se dizia que no estado da Califórnia está a região mais quente do planeta, conhecida como "Vale da Morte". Como desejava uma tradução perfeita, também converteu o valor da maior temperatura registrada naquele local, encontrando 57 °C. Supondo-se que a conversão tenha sido feita corretamente, a versão original que estava escrita, na escala Fahrenheit, tinha o valor de:
a) 13,7 °F
b) 44,6 °F
c) 120,6 °F
d) 134,6 °F
e) 192,0 °F

11. (Mackenzie-SP) Um viajante, ao desembarcar no aeroporto de Londres, observou que o valor da temperatura do ambiente na escala Fahrenheit é o quíntuplo do valor da temperatura na escala Celsius. Esta temperatura é de:
a) 5 °C
b) 10 °C
c) 15 °C
d) 20 °C
e) 25 °C

12. (UFF-RJ) Um turista brasileiro, ao desembarcar no aeroporto de Chicago, observou que o valor da temperatura lá indicado, em °F, era um quinto do valor correspondente em °C. O valor observado foi:
a) −2 °F
b) 2 °F
c) 4 °F
d) 0 °F
e) −4 °F

13. (UPE) Foram mergulhados, num mesmo líquido, dois termômetros: um graduado na escala Celsius, e o outro, na escala Fahrenheit. A leitura em Fahrenheit supera em 100 unidades a leitura em Celsius. Qual era a temperatura desse líquido?
a) 85 °F
b) 100 °F
c) 130 °F
d) 165 °F
e) 185 °F

Ficha-resumo 2

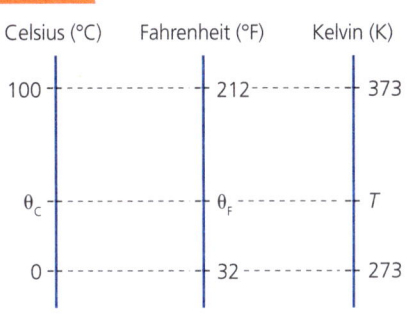

Relação entre as escalas Celsius (°C) e Fahrenheit (°F)

$$\frac{\theta_C}{5} = \frac{\theta_F - 32}{9}$$

Relação entre as escalas Celsius (°C) e Kelvin (K)

$$T = \theta_C + 273$$

Relação entre as escalas Fahrenheit (°F) e Kelvin (K)

$$\frac{\theta_F - 32}{9} = \frac{T - 273}{5}$$

14. (Fatec-SP) Um cientista coloca um termômetro em um béquer contendo água no estado líquido. Supondo que o béquer esteja num local ao nível do mar, a única leitura que pode ter sido feita pelo cientista é:
a) −30 K
b) 36 K
c) 130 °C
d) 250 K
e) 350 K

15. (Unifor-CE) A temperatura de determinada substância é 50 °F. A temperatura absoluta dessa substância, em kelvin, é:
a) 343
b) 323
c) 310
d) 283
e) 273

16. (UFF-RJ) Quando se deseja realizar experimentos a baixas temperaturas, é muito comum a utilização de nitrogênio líquido como refrigerante, pois seu ponto normal de ebulição é de −196 °C. Na escala Kelvin, esta temperatura vale:
a) 77 K
b) 100 K
c) 196 K
d) 273 K
e) 469 K

17. (Ufac) Uma variação de temperatura de 300 K equivale na escala Fahrenheit a uma variação de:
a) 540 °F
b) 54 °F
c) 300 °F
d) 2.700 °F

Mais questões em **Vereda Digital Aprova Enem**, em **Vereda Digital Suplemento de revisão**, em **AprovaMax** (no *site*) e no livro digital.

CAPÍTULO 18

DILATAÇÃO TÉRMICA DOS SÓLIDOS E DOS LÍQUIDOS

ENEM
C5: H17, H18

A foto desta página mostra uma junta de dilatação. Esse dispositivo, instalado em pontes e viadutos e em estradas de ferro, permite que a estrutura sofra expansões ou contrações sem ficar danificada. Pelo mesmo motivo, os pisos e revestimentos de parede são assentados com um pequeno espaço entre um e outro, que, posteriormente, é preenchido com rejunte.

Neste capítulo, estudaremos as leis e os conceitos relacionados à dilatação dos sólidos e dos líquidos e veremos como esses fenômenos, tão frequentes em nosso dia a dia, têm aplicações úteis e são fundamentais em projetos de engenharia.

> **Objetivos do capítulo**
>
> - Explicar a causa da dilatação dos corpos.
> - Apresentar os diferentes tipos de dilatação dos sólidos.
> - Mostrar como a dilatação é mensurada.
> - Apresentar a dilatação dos líquidos.
> - Apresentar a dilatação anômala da água.

1 Agitação térmica

Como vimos no capítulo anterior, a temperatura de um corpo está relacionada à "agitação das partículas" (átomos e moléculas) que o constituem: quanto maior a temperatura de um corpo, maior será a agitação de suas partículas em torno de uma posição de equilíbrio.

Vamos considerar um corpo sólido inicialmente a uma temperatura θ_0. Se a temperatura desse corpo aumentar para um novo valor θ, a agitação térmica de suas partículas aumentará e, consequentemente, a distância média entre elas deverá aumentar, pois as partículas passarão a vibrar com maior amplitude **(fig. 1)**.

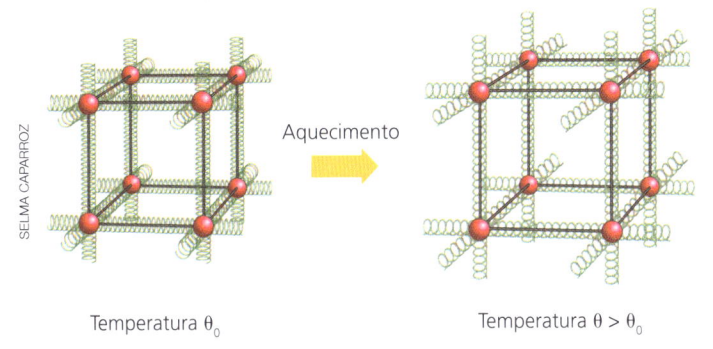

Figura 1. O aquecimento provoca dilatação térmica.

Assim, o **aquecimento** faz com que todas as dimensões do corpo (comprimento, largura e altura) aumentem. Nesse caso, dizemos que o corpo sofreu uma **dilatação térmica**.

Já o **resfriamento** provoca a diminuição da agitação das partículas e, consequentemente, a diminuição nas dimensões do corpo. Dizemos, então, que o corpo sofreu uma **contração térmica**.

Vamos tomar como exemplo um corpo metálico de formato cúbico inicialmente a uma temperatura θ_0 e aquecê-lo até uma temperatura final θ.

Com esse aquecimento, as dimensões do corpo se alteram **(fig. 2)**: suas arestas passam de um valor inicial L_0 para um valor final L; as áreas de suas faces passam de um valor inicial A_0 para um valor final A; e, finalmente, seu volume inicial V_0 altera-se para um valor final V.

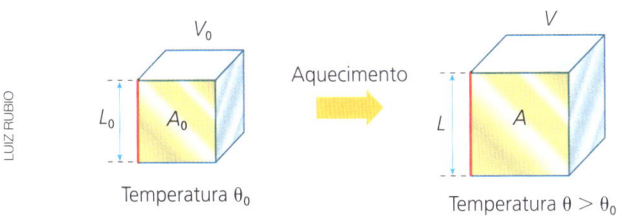

Figura 2. Quando um corpo é aquecido, todas as suas dimensões se alteram.

Podemos classificar a dilatação térmica de um corpo, quando sua temperatura aumenta, da seguinte maneira:

- **Dilatação térmica linear** – é o aumento em qualquer medida de comprimento; por exemplo, $\Delta L = L - L_0$
- **Dilatação térmica superficial** – é o aumento em qualquer medida de área da superfície; por exemplo, $\Delta A = A - A_0$
- **Dilatação térmica volumétrica** – é o aumento na medida de qualquer elemento de volume; por exemplo, $\Delta V = V - V_0$

As três formas de dilatação, linear, superficial e volumétrica, ocorrem simultaneamente. Entretanto, para fins didáticos, vamos analisá-las separadamente.

2 Dilatação térmica linear dos sólidos

Vamos considerar uma viga metálica de comprimento inicial L_0 a uma temperatura θ_0 e que passa por um aquecimento até alcançar uma temperatura final θ, como mostra a **figura 3**.

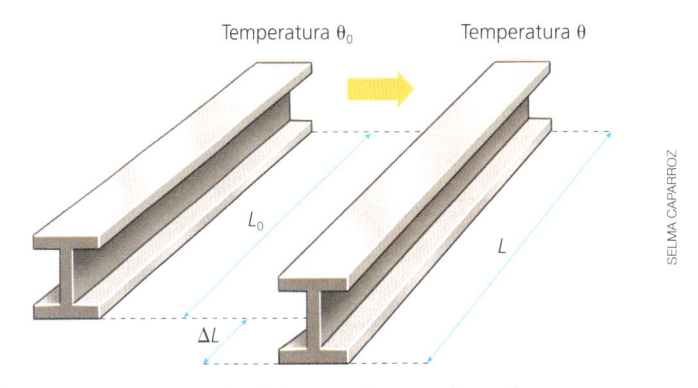

Figura 3. Com o aumento da temperatura, a viga sofre uma dilatação linear: $\Delta L = L - L_0$

Alguns experimentos de laboratório ajudam a entender melhor a dilatação térmica linear dessa viga. Por meio deles, podemos concluir que a dilatação térmica linear, ΔL:

- **é diretamente proporcional à variação de temperatura** $\Delta \theta = \theta - \theta_0$, ou seja, quanto maior a variação de temperatura, maior a dilatação térmica linear ($\Delta L \propto \Delta \theta$);
- **é diretamente proporcional ao comprimento inicial** L_0 do corpo, ou seja, quanto maior o comprimento inicial, maior a dilatação térmica linear ($\Delta L \propto L_0$);
- **depende do material** de que é feito o corpo.

Capítulo 18 • Dilatação térmica dos sólidos e dos líquidos

Assim, podemos estabelecer uma lei geral que rege a **dilatação térmica linear** de um sólido:

$$\Delta L = L_0 \alpha \Delta \theta$$

Nessa expressão, a constante de proporcionalidade α é chamada de **coeficiente de dilatação térmica linear** e seu valor muda de acordo com o material de que é feito o corpo. Esse coeficiente geralmente é medido em $°C^{-1}$.

A **tabela 1**, a seguir, mostra o valor do coeficiente de dilatação térmica linear de alguns materiais à temperatura de 20 °C.

Tabela 1. Coeficiente de dilatação térmica linear de alguns materiais a 20 °C

Material	Coeficiente de dilatação térmica linear ($10^{-6}\ °C^{-1}$)
Chumbo	28,3
Alumínio	22,9
Estanho	21,4
Bronze	17,5
Ferro forjado	11,9
Aço carbono	11,1-12,6
Aço inoxidável	9,6-16,0
Alvenaria de tijolo	5,5
Porcelana	3,0

Fonte: KOCHKIN, N. I.; CHIRKÉVITCH, M. G. *Prontuário de Física elementar.* Moscou: Mir, 1986.

Os projetos de grandes estruturas da engenharia civil, como pontes e viadutos, devem considerar a dilatação que essas obras podem sofrer entre dias frios e dias quentes. Pelo mesmo motivo, ao assentar pisos e azulejos, o profissional deve utilizar espaçadores **(fig. 4)** para permitir a livre expansão ou contração das peças e evitar trincas.

Figura 4. Espaçadores de pisos e de azulejos determinam o espaço e a junta de dilatação desses revestimentos.

Na instalação de linhas de transmissão de energia elétrica, os cabos não devem ficar muito esticados, pois eles se contraem em dias frios e podem se romper.

Atividade prática

Para realizar este experimento, você precisará de:
- uma tira de papel de 3 cm $\times$ 15 cm com uma das faces aluminizada e a outra não, como a de papel laminado, ou uma tira com as mesmas dimensões de uma embalagem longa vida;
- uma vela fixada em um apoio (castiçal ou pires).

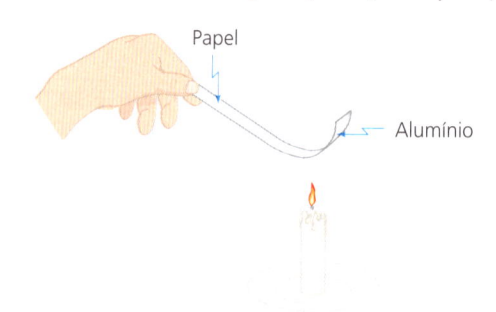

Observação

Tome muito cuidado ao manipular a vela acesa para não se queimar com a chama ou com a parafina derretida.

Segure a tira na posição horizontal, de modo que a face aluminizada fique para baixo, e aproxime-a da chama de uma vela, como mostra a figura, porém não aproxime muito, para não queimar o papel. Você verá que a tira se encurva para cima. Mas, se inverter, mantendo a tira com o alumínio na parte superior, notará que o encurvamento ocorre para baixo.

Levando em conta que isso acontece devido à diferença entre os coeficientes de dilatação dos materiais que constituem a tira, escreva um texto explicando os encurvamentos observados. Nesse texto, você deve descrever o objetivo da experiência, relacionar o material utilizado e expor sua conclusão.

Exercícios resolvidos

1. Uma linha de transmissão de energia elétrica utiliza cabos de alumínio ($\alpha = 23 \cdot 10^{-6}\ °C^{-1}$) para interligar suas torres. Considere uma linha com um total de 50 km de cabos a 0 °C. Determinar o aumento total no comprimento desses cabos à temperatura de 40 °C.

Solução

Do enunciado, temos: $L_0 = 50$ km $= 5 \cdot 10^4$ m, $\alpha = 23 \cdot 10^{-6}$ °C^{-1} e $\Delta\theta = 40$ °C

Aplicando a lei da dilatação térmica linear, obtemos:

$$\Delta L = L_0 \alpha \Delta\theta \Rightarrow \Delta L = 5 \cdot 10^4 \cdot 23 \cdot 10^{-6} \cdot 40$$

$$\therefore \boxed{\Delta L = 46 \text{ m}}$$

2. Uma barra constituída por material com coeficiente de dilatação linear $5 \cdot 10^{-6}$ °C^{-1} tem comprimento L_0 a 20 °C. Determinar a que temperatura essa barra deve ser aquecida para seu comprimento aumentar 0,1%.

Solução

O aumento do comprimento da barra, de acordo com o enunciado, deverá ser 0,1% de seu comprimento a 20 °C.

Portanto:

$$\Delta L = \frac{0{,}1}{100} \cdot L_0 = 0{,}001 \cdot L_0 = 10^{-3} \cdot L_0$$

Aplicando a lei da dilatação térmica linear, obtemos:

$$10^{-3} \cdot L_0 = L_0 \cdot 5 \cdot 10^{-6} \cdot \Delta\theta \Rightarrow \Delta\theta = \frac{10^{-3}}{5 \cdot 10^{-6}}$$

$$\therefore \Delta\theta = 200 \text{ °C}$$

Então, a temperatura deverá variar 200 °C.

Mas:

$$\Delta\theta = \theta - \theta_0 \Rightarrow 200 = \theta - 20 \therefore \boxed{\theta = 220 \text{ °C}}$$

Logo, a barra deverá ser aquecida até 220 °C para que seu comprimento aumente em 0,1%.

Exercícios propostos

1. Uma barra de cobre tem comprimento de 100,00 m a 30 °C. Calcule o comprimento dessa barra a 230 °C. Use o valor de $17 \cdot 10^{-6}$ °C^{-1} para o coeficiente de dilatação linear do cobre.

2. O gráfico abaixo mostra como varia o comprimento de uma barra metálica em função de sua temperatura.

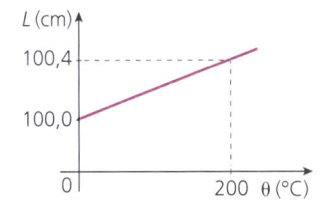

Determine:
a) o coeficiente de dilatação linear do material que constitui a barra;
b) o comprimento, a 100 °C, de uma barra constituída pelo mesmo material cujo comprimento a 0 °C é 300,0 m.

3. Duas barras com comprimentos L_1 e L_2, feitas de materiais com coeficientes de dilatação linear α_1 e α_2, respectivamente, são soldadas de modo a formar uma barra composta de comprimento total $L_1 + L_2$. Determine o coeficiente de dilatação linear médio da barra composta.

4. No sistema representado a seguir, a barra sobre a qual se equilibra uma bola é mantida na horizontal, sustentada por dois fios verticais de comprimentos L_1 e L_2.

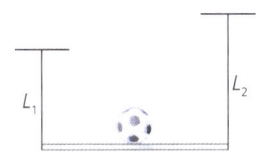

Determine a relação $\frac{\alpha_1}{\alpha_2}$, entre os coeficientes de dilatação linear dos materiais dos fios 1 e 2, para que a bola permaneça em equilíbrio sobre a barra em qualquer temperatura.

Aplicação tecnológica

Lâmina bimetálica

A **lâmina bimetálica** é um dispositivo utilizado em alguns aparelhos bem conhecidos, como o pisca-pisca, enfeite utilizado em árvores de Natal, e o ferro elétrico de passar roupa. Ela consta basicamente de dois metais de diferentes coeficientes de dilatação, colados fortemente. A lâmina só se mantém retilínea na temperatura em que foi feita a colagem. Se a temperatura variar, a lâmina encurva, pois os dois metais vão sofrer diferentes dilatações ou contrações.

As ilustrações a seguir mostram uma lâmina constituída de dois metais, A e B, de coeficientes de dilatação α_A e α_B, tais que $\alpha_A > \alpha_B$, colados à temperatura $\theta = 20$ °C. Nessa temperatura, a lâmina é reta. Quando a temperatura aumenta ($\theta > 20$ °C), a lâmina encurva, pois a parte que corresponde ao metal A se dilata mais. Quando a temperatura diminui ($\theta < 20$ °C), a lâmina encurva ao contrário, pois a parte que corresponde ao metal B se contrai menos. Observe que o material que se dilata mais ao ser aquecido é o que se contrai mais ao ser resfriado.

No ferro elétrico, a lâmina bimetálica funciona como um termostato, isto é, um regulador de temperatura, mantendo a temperatura do ferro praticamente constante. O princípio é o mesmo: quando o ferro se aquece, a lâmina encurva, desligando o circuito. Com isso, a temperatura diminui, a lâmina retoma sua posição inicial e o circuito se fecha. Novo aquecimento faz com que o ciclo se repita, de modo que a temperatura se mantém praticamente constante.

A lâmina bimetálica também é utilizada como dispositivo interruptor de corrente elétrica em vários outros aparelhos, como relês e disjuntores térmicos. Nessas aplicações, quando a intensidade da corrente elétrica atinge um valor acima de um máximo estabelecido, a energia dissipada aquece a lâmina que, ao encurvar, desliga o circuito.

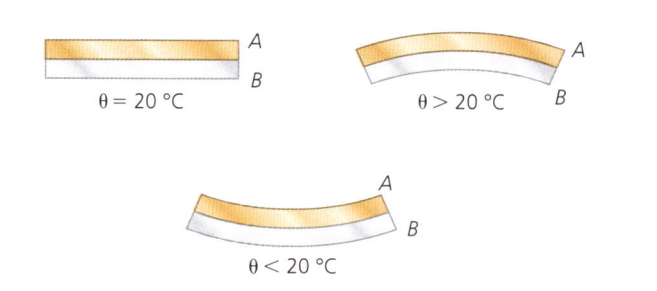

3 Dilatação térmica superficial dos sólidos

Vamos considerar uma placa, com área inicial A_0 à temperatura inicial θ_0, e que, a uma temperatura θ, mais alta, sofre um aumento ΔA em sua área de superfície (fig. 5).

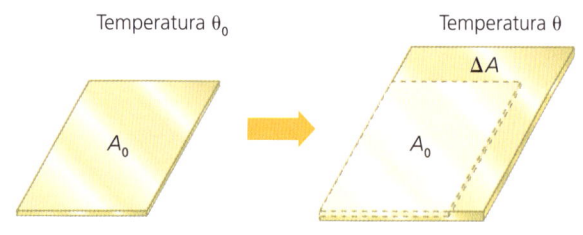

Figura 5. A placa apresenta uma dilatação térmica superficial ΔA quando sua temperatura aumenta $\Delta \theta$.

A partir da lei da dilatação térmica linear dos sólidos, $\Delta L = L_0 \alpha \Delta \theta$, podemos demonstrar que a **dilatação térmica superficial** dos sólidos é regida pela lei:

$$\Delta A = A_0 \beta \Delta \theta$$

Nessa expressão, β é o **coeficiente de dilatação térmica superficial** do material, também medido em $°C^{-1}$. Pode-se demonstrar que:

$$\beta \simeq 2\alpha$$

Exercícios resolvidos

3. A 0 °C, uma placa de alumínio, cujo coeficiente de dilatação linear vale $22 \cdot 10^{-6}$ °C^{-1}, tem área igual a 10,000 m². Qual será a área dessa placa quando aquecida a 200 °C?

▶ **Solução**

Devemos aplicar a lei da dilatação superficial e lembrar que $\beta \simeq 2\alpha$.

Então, com $A_0 = 10,000$ m², $\beta = 44 \cdot 10^{-6}$ °C^{-1} e $\Delta \theta = 200$ °C, obtemos:

$$\Delta A = A_0 \beta \Delta \theta \Rightarrow \Delta A = 10,000 \cdot 44 \cdot 10^{-6} \cdot 200$$

$$\therefore \Delta A = 0,088 \text{ m}^2$$

Como $\Delta A = A - A_0$, temos:

$$0,088 = A - 10,000 \therefore \boxed{A = 10,088 \text{ m}^2}$$

4. O gráfico abaixo mostra a variação do comprimento de uma barra metálica em função de sua temperatura.

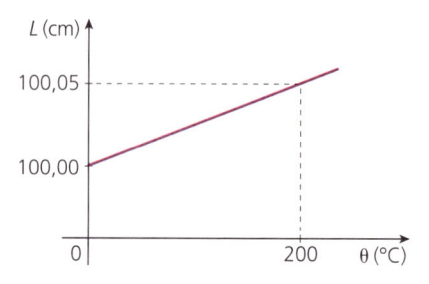

Deseja-se que um disco circular, inicialmente a 0 °C, constituído do mesmo material da barra, dilate o correspondente a 0,05% de sua área ao ser aquecido. Qual é a variação de temperatura que esse disco deve sofrer?

▶ **Solução**

A partir dos dados do gráfico e da lei da dilatação linear, podemos obter o coeficiente de dilatação linear α e, com ele, o coeficiente de dilatação superficial $\beta \simeq 2\alpha$. Temos, então:

$$\Delta L = L_0 \alpha \Delta \theta \Rightarrow 100,05 - 100,00 = 100 \cdot \alpha \cdot (200 - 0)$$

$$\therefore \alpha = 2,5 \cdot 10^{-6} \text{ °C}^{-1}$$

Logo:

$$\beta \simeq 2\alpha \Rightarrow \beta \simeq 2 \cdot 2,5 \cdot 10^{-6} \therefore \beta \simeq 5 \cdot 10^{-6} \text{ °C}^{-1}$$

Para o disco:

$$\Delta A = 0,05\% \, A_0 \Rightarrow \Delta A = \frac{0,05}{100} \cdot A_0 \Rightarrow \Delta A = 5 \cdot 10^{-4} \cdot A_0$$

Com a lei da dilatação superficial, obtemos:

$$\Delta A = A_0 \beta \Delta \theta \Rightarrow 5 \cdot 10^{-4} \cdot A_0 = A_0 \cdot 5 \cdot 10^{-6} \cdot \Delta \theta$$

$$\therefore \boxed{\Delta \theta = 100 \text{ °C}}$$

Exercícios propostos

5. Em um dia de inverno, à temperatura de 5 °C, a cobertura metálica de um galpão industrial tem área de 600,0 m². Sabendo que o material da cobertura tem coeficiente de dilatação linear igual a $20 \cdot 10^{-6}$ °C^{-1}, determine sua área em um dia de verão com temperatura de 30 °C.

6. Um espelho de vidro de 2 m² de superfície sofre um aumento de temperatura de 50 °C. Calcule sua dilatação superficial, em cm², considerando que $\beta_{vidro} = 16 \cdot 10^{-6}$ °C^{-1}.

4 Dilatação térmica volumétrica dos sólidos

Vamos considerar um cubo, com volume inicial V_0 à temperatura inicial θ_0, e que, em uma temperatura θ, mais alta, sofre um aumento ΔV em seu volume **(fig. 6)**.

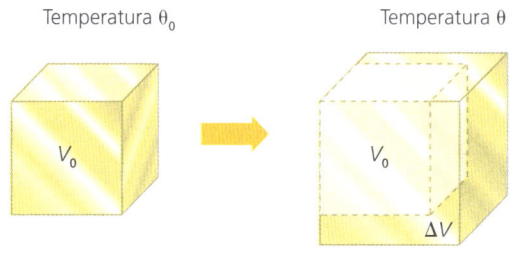

Figura 6. O sólido apresenta uma dilatação térmica volumétrica ΔV quando sua temperatura varia $\Delta \theta$.

Mais uma vez, a partir da lei da dilatação térmica linear dos sólidos, $\Delta L = L_0 \alpha \Delta \theta$, podemos demonstrar que a **dilatação térmica volumétrica** dos sólidos é regida pela lei:

$$\Delta V = V_0 \gamma \Delta \theta$$

Nessa expressão, γ é o **coeficiente de dilatação térmica volumétrica** do material, também medido em °C^{-1}.

O coeficiente de dilatação volumétrica de um material, assim como o coeficiente de dilatação superficial, também pode ser escrito em função do coeficiente de dilatação linear desse material. Nesse caso, podemos demonstrar que:

$$\gamma \simeq 3\alpha$$

Exercícios resolvidos

5. Um tambor metálico tem capacidade de 200,000 L a 0 °C e é feito de um material com coeficiente de dilatação volumétrica $\gamma = 72 \cdot 10^{-6}$ °C^{-1}. Determinar sua capacidade quando a temperatura chegar a 30 °C.

▶ **Solução**
Vamos aplicar a lei da dilatação volumétrica:
$\Delta V = V_0 \gamma \Delta \theta \Rightarrow \Delta V = 200,000 \cdot 72 \cdot 10^{-6} \cdot 30 \therefore \Delta V = 0{,}432$ L

Assim: $\Delta V = V - V_0 \Rightarrow 0{,}432 = V - 200{,}000 \therefore$ $\boxed{V = 200{,}432 \text{ L}}$

Exercícios propostos

7. Um paralelepípedo, constituído por um material com coeficiente de dilatação linear $5 \cdot 10^{-6}$ °C^{-1}, tem dimensões 10 cm × 20 cm × 40 cm, a 30 °C. Determine o acréscimo de volume, em cm³, sofrido por ele ao ser aquecido até 130 °C.

8. A 20 °C, um obelisco tem base quadrada de lado 1 m e altura de 5 m. Sabendo que esse obelisco é feito de bronze ($\alpha = 17{,}5 \cdot 10^{-6}$ °C^{-1}), determine a variação de seu volume, em litro, quando a temperatura aumenta para 40 °C.

9. O gráfico a seguir mostra a variação do comprimento de uma barra metálica em função da temperatura.

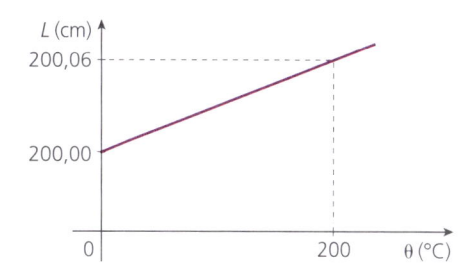

Uma panela feita com o mesmo material da barra tem capacidade de 1.000,00 mL a 0 °C. Calcule a capacidade dessa panela a 100 °C.

5 Dilatação térmica dos líquidos

Estudamos apenas a dilatação volumétrica dos líquidos, pois não tem sentido falar em dilatação linear ou dilatação superficial de um líquido.

A lei que rege a **dilatação volumétrica de um líquido** é a mesma que a dos sólidos:

$$\Delta V = V_0 \gamma \Delta \theta$$

Nesse caso, a constante γ é o **coeficiente de dilatação volumétrica real** do líquido, também medido em °C^{-1}.

Observamos ainda que um líquido geralmente se dilata muito mais que um sólido, o que pode ser explicado pela maior distância entre as partículas que o constituem em comparação com as distâncias entre as partículas da mesma substância no estado sólido.

Devemos ressaltar, finalmente, que é impossível aquecer um líquido sem aquecer também o recipiente em que ele está contido. Por esse motivo, quando um líquido preenche completamente um recipiente de vidro ou de metal e o conjunto é aquecido, parte do líquido transborda ao se dilatar mais que o recipiente **(fig. 7)**.

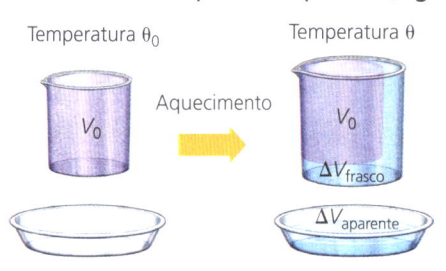

Figura 7. O volume de líquido que transborda é chamado de **dilatação aparente**.

Observe que a dilatação real (total) do líquido, ΔV_{real}, é dada pela soma do volume de líquido que transbordou, $\Delta V_{aparente}$, com a dilatação do volume do recipiente, ΔV_{frasco}. Assim, temos:

$$\Delta V_{real} = \Delta V_{aparente} + \Delta V_{frasco}$$

Usando a lei da dilatação volumétrica, podemos concluir que para um líquido:

$$\gamma_{real} = \gamma_{aparente} + \gamma_{frasco}$$

Exercícios resolvidos

6. Um posto de combustível compra 15.000 L de etanol ($\gamma = 11 \cdot 10^{-4}$ °C^{-1}) em um dia em que a temperatura é 18 °C. Qual será o volume de etanol disponível para venda em um dia em que a temperatura estiver a 28 °C?

▶ **Solução**

Aplicando a lei da dilatação volumétrica, obtemos:

$\Delta V = V_0 \gamma \Delta \theta \Rightarrow \Delta V = 15.000 \cdot 11 \cdot 10^{-4} \cdot (28 - 18) \therefore \Delta V = 165$ L

Portanto, o volume de etanol disponível para venda a 28 °C será de:

$\Delta V = V - V_0 \Rightarrow 165 = V - 15.000 \therefore \boxed{V = 15.165 \text{ L}}$

7. Um líquido cujo coeficiente de dilatação é $20 \cdot 10^{-4}$ °C^{-1}, a 0 °C, preenche completamente um frasco cuja capacidade é de 1.000 mL. Se o material que compõe o frasco tem coeficiente de dilatação linear igual a $20 \cdot 10^{-6}$ °C^{-1}, qual volume de líquido transborda quando o conjunto é aquecido a 50 °C?

▶ **Solução**

Vamos calcular o volume final do líquido e o volume final do frasco.

Para o líquido:

$\Delta V = V_0 \gamma \Delta \theta \Rightarrow \Delta V = 1.000 \cdot 20 \cdot 10^{-4} \cdot 50 \therefore \Delta V = 100$ mL

Então, para o volume final do líquido, temos:

$\Delta V = V - V_0 \Rightarrow 100 = V_{líquido} - 1.000 \therefore V_{líquido} = 1.100$ mL

E, para o frasco:

$\Delta V = V_0 3\alpha \Delta \theta \Rightarrow \Delta V = 1.000 \cdot 3 \cdot 20 \cdot 10^{-6} \cdot 50 \therefore \Delta V = 3$ mL

Portanto, para o volume final do frasco, temos:

$\Delta V = V - V_0 \Rightarrow 3 = V_{frasco} - 1.000 \therefore V_{frasco} = 1.003$ mL

Podemos concluir, então, que o volume de líquido que transbordará do frasco será:

$\Delta V_{aparente} = V_{líquido} - V_{frasco} \Rightarrow \Delta V_{aparente} = 1.100 - 1.003$

$\therefore \boxed{\Delta V_{aparente} = 97 \text{ mL}}$

Exercícios propostos

10. Se os líquidos se dilatassem menos que os sólidos, como deveria ser a escala termométrica em um termômetro de tubo de vidro?

11. Sabendo que a gasolina tem coeficiente de dilatação volumétrica de $12 \cdot 10^{-4}$ °C^{-1}, determine a variação percentual do volume de determinada quantidade de gasolina quando esta sofre uma variação de temperatura de 20 °C.

12. Em um laboratório, um cientista possui um recipiente de vidro de capacidade $2,5 \cdot 10^3$ cm^3 que está completamente cheio de mercúrio, a 0 °C. Sabendo que os coeficientes de dilatação volumétrica do vidro e do mercúrio são, respectivamente, $4,0 \cdot 10^{-5}$ °C^{-1} e $1,8 \cdot 10^{-4}$ °C^{-1}, determine o volume de mercúrio, em cm^3, que extravasará do recipiente quando o conjunto for aquecido a 100 °C.

6 Dilatação anômala da água

A água é o líquido mais comum da Terra e cobre aproximadamente três quartos de nosso planeta. Entretanto, em termos de dilatação térmica, seu comportamento é uma exceção.

Sabemos que uma garrafa de vidro cheia de água, e fechada, quebra-se ao ser mantida no *freezer* ou no congelador. Isso ocorre porque ao passar do estado líquido para o estado sólido a água aumenta seu volume. Naturalmente, ao se fundir, o volume daquela massa de gelo diminui.

Entretanto, caso se eleve continuamente a temperatura da água resultante da fusão, inicialmente a 0 °C, seu volume continua a diminuir e só aumenta a partir de 4 °C.

A **figura 8** traz os diagramas volume (V) × temperatura (θ) e densidade (d) × temperatura (θ) para a água líquida.

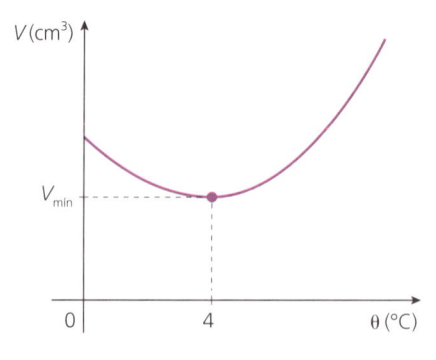

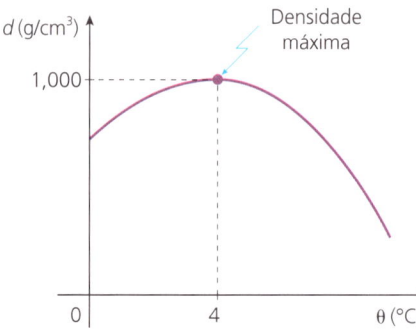

Figura 8. Na faixa de 0 °C a 4 °C, a água apresenta comportamento diferente do esperado: ao ser aquecida, seu volume diminui e sua densidade aumenta.

O comportamento particular da água explica por que lagos localizados em regiões de inverno rigoroso ou extremamente frias congelam apenas na superfície, enquanto a água do fundo permanece líquida.

Esse comportamento é justificado pela existência de um tipo especial de ligação entre as moléculas da água: as pontes de hidrogênio, ou seja, uma ligação de natureza elétrica que ocorre entre átomos de hidrogênio e de oxigênio de moléculas diferentes (fig. 9). As pontes de hidrogênio se estabelecem pelo fato de as moléculas de água serem polares, isto é, apresentarem certa polaridade elétrica.

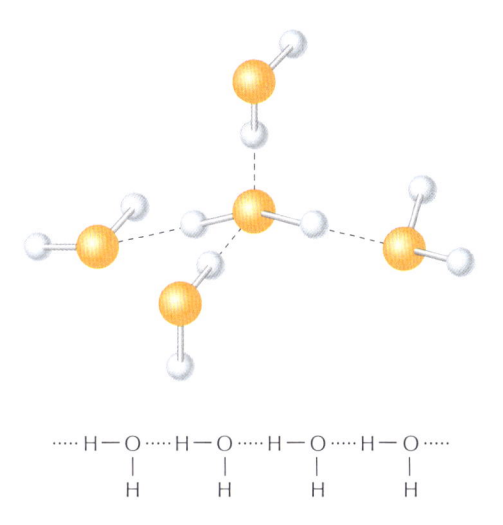

Figura 9. Modelos de ponte de hidrogênio. As cores não são reais; foram utilizadas para destacar os átomos de hidrogênio (em cinza) e de oxigênio (em amarelo).

Na **figura 10A**, a seguir, temos a representação do corte de um lago. Quando a temperatura ambiente cai, a água da superfície resfria e, com isso, desce, pois adquire densidade maior que a água do fundo. Esta, sendo mais quente (menos densa), sobe. Quando a temperatura fica menor que 4 °C, a movimentação por diferença de densidade deixa de ocorrer, pois, a essa temperatura, a água tem densidade máxima. Se o resfriamento do ambiente continuar, a densidade da água superficial irá diminuir, com isso, a água não descerá mais. Assim, forma-se gelo na superfície e a água no fundo permanece líquida. O fato de a água e o gelo serem isolantes térmicos contribui para esse fenômeno. Na **figura 10B**, temos a representação de uma situação em que o ambiente está a –5 °C e a água no fundo do lago está a 4 °C.

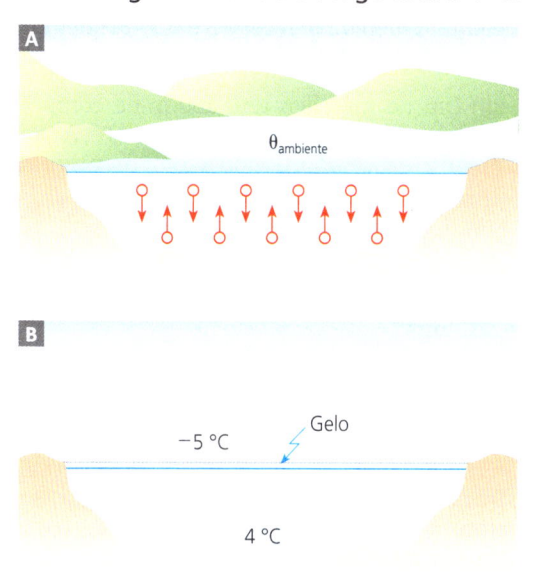

Figura 10. (A) Lago com água congelada somente na superfície. (B) Diferentes temperaturas na superfície e na água do fundo do lago.

Exercícios de revisão

Ficha-resumo 1

Dilatação térmica linear

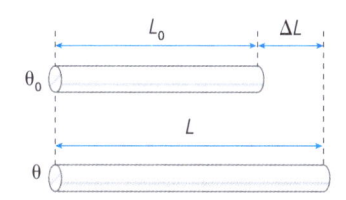

$\Delta L = L - L_0$

$\Delta L = L_0 \alpha \Delta \theta$

α: coeficiente de dilatação térmica linear do material

1. (Vunesp) Dois copos de vidro iguais, em equilíbrio térmico com a temperatura ambiente, foram guardados, um dentro do outro, conforme mostra a figura. Uma pessoa, ao tentar desencaixá-los, não obteve sucesso. Para separá-los, resolveu colocar em prática seus conhecimentos da física térmica.

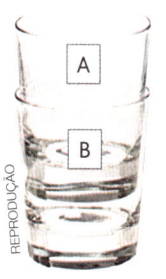

Capítulo 18 • Dilatação térmica dos sólidos e dos líquidos

Exercícios de revisão

De acordo com a física térmica, o único procedimento capaz de separá-los é:
a) mergulhar o copo B em água em equilíbrio térmico com cubos de gelo e encher o copo A com água à temperatura ambiente.
b) colocar água quente (superior à temperatura ambiente) no copo A.
c) mergulhar o copo B em água gelada (inferior à temperatura ambiente) e deixar o copo A sem líquido.
d) encher o copo A com água quente (superior à temperatura ambiente) e mergulhar o copo B em água gelada (inferior à temperatura ambiente).
e) encher o copo A com água gelada (inferior à temperatura ambiente) e mergulhar o copo B em água quente (superior à temperatura ambiente).

2. (PUC-RS) Um fio metálico tem 100 m de comprimento e coeficiente de dilatação igual a $17 \cdot 10^{-6}$ °C^{-1}. A variação de comprimento desse fio, quando a temperatura varia 10 °C, é de:
a) 17 mm
b) 1,7 m
c) 17 m
d) $17 \cdot 10^{-3}$ mm
e) $17 \cdot 10^{-6}$ m

3. (Uece) Um ferreiro deseja colocar um anel de aço ao redor de uma roda de madeira de 1,200 m de diâmetro. O diâmetro interno do anel de aço é 1,198 m. Sem o anel, ambos estão inicialmente à temperatura ambiente de 28 °C. A que temperatura é necessário aquecer o anel de aço para que ele encaixe exatamente na roda de madeira?
(Observação: Use $\alpha = 1{,}1 \cdot 10^{-5}$ °C^{-1} para o aço)
a) 180 °C
b) 190 °C
c) 290 °C
d) 480 °C

4. (Unemat-MT) Uma esfera metálica de 12 cm de raio e $\alpha = 1{,}8 \cdot 10^{-5}$ °C^{-1} é aquecida de -30 °C a uma temperatura t, e seu raio se dilata 0,6 mm.
Com os dados acima, pode-se dizer que, após a variação de temperatura, o valor de t será aproximadamente de:
a) 200,50 °C
b) 280,57 °C
c) 247,77 °C
d) 268,27 °C
e) 289,28 °C

5. (UFPB) Ultimamente, o gás natural tem se tornado uma importante e estratégica fonte de energia para indústrias. Um dos modos mais econômicos de fazer o transporte do gás natural de sua origem até um mercado consumidor distante é através de navios, denominados metaneiros. Nestes, o gás é liquefeito a uma temperatura muito baixa, para facilitar o transporte. As cubas onde o gás liquefeito é transportado são revestidas por um material de baixo coeficiente de dilatação térmica, denominado invar, para evitar tensões devido às variações de temperatura. Em um laboratório, as propriedades térmicas do invar foram testadas, verificando a variação do comprimento (L) de uma barra de invar para diferentes temperaturas (T). O resultado da experiência é mostrado a seguir na forma de um gráfico.

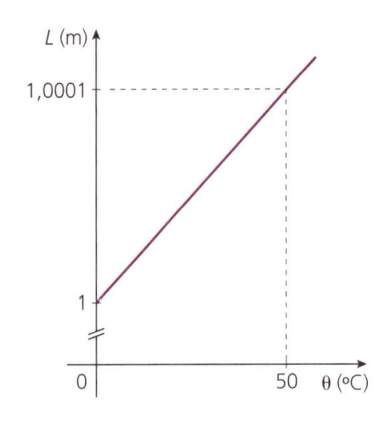

Com base nesse gráfico, conclui-se que o coeficiente de dilatação térmica linear da barra de invar é:
a) $1 \cdot 10^{-6}$ °C
b) $2 \cdot 10^{-6}$ °C
c) $5 \cdot 10^{-6}$ °C
d) $10 \cdot 10^{-6}$ °C
e) $20 \cdot 10^{-6}$ °C

6. (Urca-CE) O coeficiente de dilatação linear do aço é $1{,}1 \cdot 10^{-5}$ °C^{-1}. Os trilhos da linha férrea do Cariri têm 12 m cada um à temperatura de 0 °C. Sabendo-se que a temperatura máxima na região onde se encontra a estrada é 40 °C, o espaçamento mínimo entre dois trilhos consecutivos deve ser, aproximadamente, de:
a) 0,40 cm
b) 0,44 cm
c) 0,46 cm
d) 0,48 cm
e) 0,53 cm

7. (UFMG) O comprimento L de uma barra, em função de sua temperatura θ, é descrito pela expressão $L = L_0 + [L_0 \alpha (\theta - \theta_0)]$, sendo L_0 o seu comprimento à temperatura θ_0 e α o coeficiente de dilatação do material da barra. Considere duas barras, X e Y, feitas de um mesmo material. A uma certa temperatura, a barra X tem o dobro do comprimento da barra Y. Essas barras são, então, aquecidas até outra temperatura, o que provoca uma dilatação ΔX na barra X e ΔY na barra Y. A relação correta entre as dilatações das duas barras é:
a) $\Delta X = \Delta Y$
b) $\Delta X = 4\Delta Y$
c) $\Delta X = \frac{1}{2}\Delta Y$
d) $\Delta X = 2\Delta Y$

8. (Fuvest-SP) Uma lâmina bimetálica de bronze e ferro, na temperatura ambiente, é fixada por uma de suas extremidades, como visto na figura abaixo.

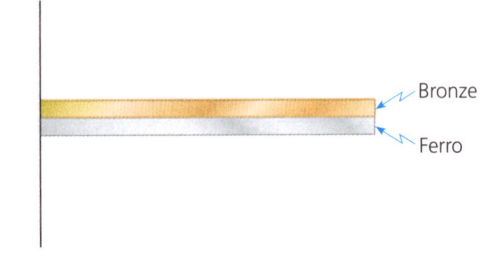

Nessa situação, a lâmina está plana e horizontal. A seguir, ela é aquecida por uma chama de gás. Após algum tempo de aquecimento, a forma assumida pela lâmina será mais adequadamente representada pela figura:

a)

b)

c)

d)

e)

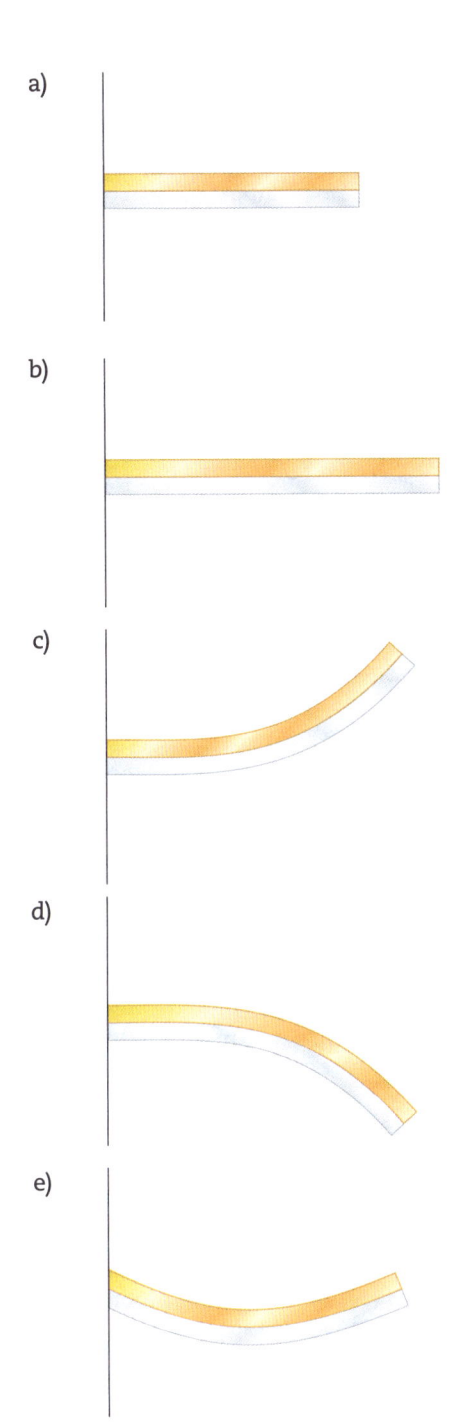

Note e adote: O coeficiente de dilatação térmica linear do ferro é $1{,}2 \cdot 10^{-5}\ °C^{-1}$. O coeficiente de dilatação térmica linear do bronze é $1{,}8 \cdot 10^{-5}\ °C^{-1}$. Após o aquecimento, a temperatura da lâmina é uniforme.

Ficha-resumo 2

Dilatação térmica superficial

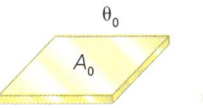

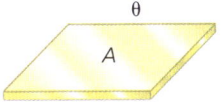

$\Delta A = A - A_0$

$\Delta A = A_0 \beta \Delta \theta$

$\beta = 2\alpha$

β: coeficiente de dilatação térmica superficial do material

---

9. (Unifor-CE) As dimensões da face de uma placa metálica retangular, a 0 °C, são 40,0 cm por 25,0 cm. Sabendo-se que o coeficiente de dilatação linear do material que constitui a placa é $\alpha = 2{,}5 \cdot 10^{-5}\ °C^{-1}$, a área dessa face da placa, a 60 °C, valerá, em cm²:
   a) 1.000
   b) 1.003
   c) 1.025
   d) 1.250
   e) 2.500

10. (Unirio-RJ) Um aluno pegou uma fina placa metálica e nela recortou um disco de raio r. Em seguida, fez um anel também de raio r com um fio muito fino do mesmo material da placa. Inicialmente, todos os corpos encontravam-se à mesma temperatura e, nessa situação, tanto o disco quanto o anel encaixavam-se perfeitamente no orifício da placa. Em seguida, a placa, o disco e o anel foram colocados dentro de uma geladeira até alcançarem o equilíbrio térmico com ela. Depois de retirar o material da geladeira, o que o aluno pôde observar?
    a) Tanto o disco quanto o anel continuam encaixando-se no orifício na placa.
    b) O anel encaixa-se no orifício, mas o disco não.
    c) O disco passa pelo orifício, mas o anel não.
    d) Nem o disco nem o anel se encaixam mais no orifício, pois ambos aumentaram de tamanho.
    e) Nem o disco nem o anel se encaixam mais no orifício, pois ambos diminuíram de tamanho.

11. (Vunesp) Uma placa circular metálica apresenta um orifício, também circular, concêntrico.

    Se ao ser aquecida uniformemente a placa circular metálica tem sua parte externa aumentada em 4%, a circunferência do orifício concêntrico irá:
    a) aumentar em 8%.
    b) aumentar em 4%.
    c) diminuir em 4%.
    d) diminuir em 8%.
    e) diminuir em 16%.

12. (Ueba) Uma peça de zinco é construída a partir de uma chapa quadrada de lado 30 cm, da qual foi retirado um pedaço de área de 500 cm². Elevando-se de 50 °C a temperatura da peça restante, sua área final, em cm², será mais próxima de:

    (Dado: coeficiente de dilatação linear do zinco = $2{,}5 \cdot 10^{-5}\ °C^{-1}$)
    a) 400
    b) 401
    c) 405
    d) 408
    e) 416

Exercícios de revisão

13. (Mackenzie-SP) Uma chapa de uma liga metálica de coeficiente de dilatação superficial $2 \cdot 10^{-5}\ °C^{-1}$ tem área A_0 à temperatura de 20 °C. Para que a área da placa aumente 1%, devemos elevar a temperatura para:
a) 520 °C
b) 470 °C
c) 320 °C
d) 270 °C
e) 170 °C

Ficha-resumo 3
Dilatação térmica volumétrica

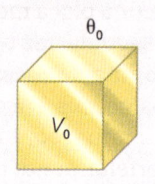

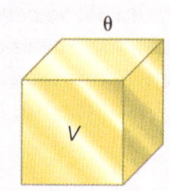

$\Delta V = V - V_0$

$\Delta V = V_0 \gamma \Delta \theta$

$\gamma = 3\alpha$

γ: coeficiente de dilatação térmica volumétrica do material

14. (UEM-PR) Quando uma moeda homogênea que possui um orifício circular concêntrico tem sua temperatura elevada em 1.000 °C, seu diâmetro externo aumenta 0,1%. Nessa situação, julgue as proposições a seguir e dê como resposta a soma dos números que precedem as proposições corretas:
(01) A espessura da moeda também aumenta 0,1%.
(02) A área superficial da moeda também aumenta 0,1%.
(04) O volume da moeda também aumenta 0,1%.
(08) O diâmetro do orifício da moeda também aumenta 0,1%.
(16) O coeficiente de dilatação linear da moeda é $10^{-6}\ °C$.

15. (Mackenzie-SP) Uma esfera de certa liga metálica, ao ser aquecida de 100 °C, tem seu volume aumentado de 4,5%. Uma haste desta mesma liga metálica, ao ser aquecida de 100 °C terá seu comprimento aumentado de:
a) 1,0%
b) 1,5%
c) 2,0%
d) 3,0%
e) 4,5%

16. (Mackenzie-SP) Quando um recipiente totalmente preenchido com um líquido é aquecido, a parte que transborda representa sua dilatação _____. A dilatação _____ do líquido é dada pela _____ da dilatação do frasco e da dilatação _____ .

Com relação à dilatação dos líquidos, assinale a alternativa que, ordenadamente, preenche de modo correto as lacunas do texto acima.
a) aparente — real — soma — aparente
b) real — aparente — soma — real
c) aparente — real — diferença — aparente
d) real — aparente — diferença — aparente
e) aparente — real — diferença — real

17. (UEL-PR) Um recipiente de vidro ($\gamma_{vid.} = 4 \cdot 10^{-5}\ °C^{-1}$) de capacidade $2,0 \cdot 10^2\ cm^3$ está completamente cheio de mercúrio ($\gamma_{Hg} = 1,8 \cdot 10^{-4}\ °C^{-1}$), a 0 °C. Aquecendo o conjunto a 100 °C, o volume de mercúrio que extravasa, em cm^3, vale:
a) $2,8 \cdot 10^{-4}$
b) $2,8 \cdot 10^{-3}$
c) $2,8 \cdot 10^{-2}$
d) $2,8 \cdot 10^{-1}$
e) 2,8

18. (PUC-RS) As variações de volume de certa quantidade de água e do volume interno de um recipiente em função da temperatura foram medidas separadamente e estão representadas no gráfico abaixo, respectivamente, pela linha contínua (água) e pela linha tracejada (recipiente).

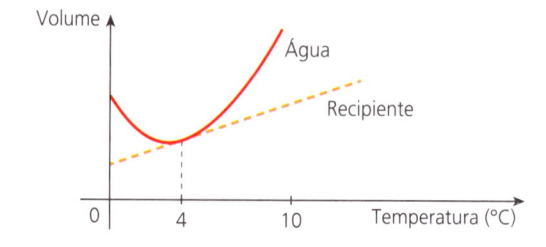

Estudantes, analisando os dados apresentados no gráfico e supondo que a água seja colocada dentro do recipiente, fizeram as seguintes previsões:
I. O recipiente estará completamente cheio de água, sem haver derramamento, apenas quando a temperatura for 4 °C.
II. A água transbordará apenas se sua temperatura e a do recipiente assumirem simultaneamente valores acima de 4 °C.
III. A água transbordará se sua temperatura e a do recipiente assumirem simultaneamente valores acima de 4 °C ou se assumirem simultaneamente valores abaixo de 4 °C.

A(s) afirmativa(s) correta(s) é (são):
a) I, apenas.
b) I e II, apenas.
c) I e III, apenas.
d) II e III, apenas.
e) I, II e III.

19. (Enem) A gasolina é vendida por litro, mas, em sua utilização como combustível, a massa é o que importa. Um aumento da temperatura do ambiente leva a um aumento no volume da gasolina. Para diminuir os efeitos práticos dessa variação, os tanques dos postos de gasolina são subterrâneos. Se os tanques não fossem subterrâneos:
I. Você levaria vantagem ao abastecer o carro na hora mais quente do dia, pois estaria comprando mais massa por litro de combustível.
II. Abastecendo com a temperatura mais baixa, você estaria comprando mais massa de combustível para cada litro.
III. Se a gasolina fosse vendida por kg em vez de por litro, o problema comercial decorrente da dilatação da gasolina estaria resolvido.

Destas considerações, somente:
a) I é correta.
b) II é correta.
c) III é correta.
d) I e II são corretas.
e) II e III são corretas.

CAPÍTULO 19

CALORIMETRIA

ENEM
C5: H17

O domínio do fogo pelos seres humanos foi determinante para as transformações culturais e sociais que ocorreram a partir desse momento. Com o controle do fogo, tornou-se possível cozinhar alimentos, manter as feras afastadas, obter aquecimento e iluminação à noite e, especialmente, fundir metais, para criar ferramentas e armas. Ainda hoje, em alguns locais e ocasiões, as pessoas se reúnem ao redor de uma fogueira para se aquecer e conversar. Neste capítulo, faremos o estudo de uma forma de energia presente em todos os campos da Física e fundamental para nosso dia a dia: o calor. Quanta energia você utiliza para aquecer a água necessária para fazer um café? E para aquecer a água de um banho?

Objetivos do capítulo

- Estabelecer o conceito de calor.
- Definir calor sensível de calor latente.
- Conceituar capacidade térmica de um corpo.
- Conceituar calor específico de um material.
- Calcular a quantidade de calor sensível trocado por um corpo utilizando a equação fundamental da Calorimetria.
- Resolver situações-problema que envolvem trocas de calor.

1 O conceito de calor

Os físicos dos séculos XVII e XVIII explicavam o efeito do calor sobre a temperatura dos corpos postulando a existência de um fluido invisível e sem peso que chamavam de **calórico**. De acordo com essa teoria, um corpo de maior temperatura conteria mais calórico do que outro corpo de menor temperatura e, conforme esse raciocínio, se um corpo perdesse calórico, sua temperatura diminuiria.

A teoria do calórico foi contestada por Benjamin Thompson (1753-1814), norte-americano que lutou ao lado dos ingleses durante a Guerra da Independência dos Estados Unidos **(fig. 1)**. Após a guerra, Thompson mudou-se para a Europa e passou a servir como militar para o príncipe Maximiliano da Baviera, que o nomeou ministro da Guerra e lhe deu o título de conde de Rumford. Como ministro, uma de suas tarefas era supervisionar a fabricação de canhões para o exército.

Figura 1. Benjamin Thompson, conde de Rumford.

Rumford observou que, durante a perfuração dos canos dos canhões pelas brocas, muito calor era gerado e que, para resfriar os canos, jogava-se sobre eles grande quantidade de água.

Dizia-se na época que a broca usada na perfuração liberava o calórico contido no metal do cano ao retirar pedaços dele.

Rumford não aceitava essa explicação, pois, enquanto estava em funcionamento, a broca conseguia produzir quantidades ilimitadas de calor, mesmo depois de perder o corte por desgaste e deixar de retirar material dos canos. Para ele, devia existir uma relação entre a energia mecânica da broca e a quantidade de calor, de maneira que o calor devia estar associado ao movimento da broca. Desse modo, Rumford constatou a transformação de energia mecânica em calor.

Depois de muitos experimentos, ele relatou suas conclusões à Royal Society de Londres em 1798, mas suas descobertas foram rejeitadas e a teoria do calórico persistiu ainda por quase cinquenta anos.

Apenas em 1843 o físico britânico James Prescott Joule (1818-1889) derrubou a teoria do calórico, demonstrando que calor é uma forma de **energia em trânsito**.

De fato, já sabemos que as partículas que constituem um corpo (átomos e moléculas) estão em constante estado de agitação. A essa agitação das partículas associamos uma energia que denominamos **energia térmica**.

Quando dois corpos, A e B, a temperaturas diferentes θ_A e θ_B, com $\theta_A > \theta_B$, são colocados em contato **(fig. 2A)**, observamos que parte da energia térmica das partículas de A é transferida para as partículas de B até que ambos os corpos atinjam uma mesma temperatura final. Esse estado, no qual os corpos em contato têm a mesma temperatura, é denominado **equilíbrio térmico (fig. 2B)**.

A
$\theta_A > \theta_B$

B
Equilíbrio térmico
$\theta'_A = \theta'_B$

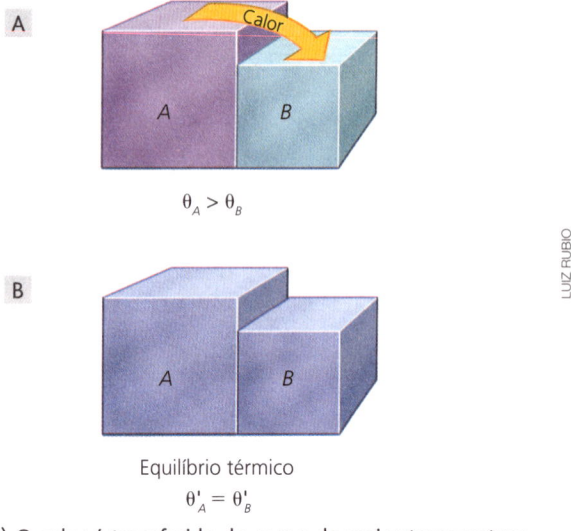

Figura 2. (A) O calor é transferido do corpo de maior temperatura para o corpo de menor temperatura; (B) no equilíbrio térmico, as temperaturas dos corpos se igualam e cessa o fluxo de energia térmica entre eles.

Essa energia térmica, transferida espontaneamente do corpo de maior temperatura para o corpo de menor temperatura, recebe o nome de **calor**.

> Calor é energia térmica em trânsito entre corpos a diferentes temperaturas.

Para avaliar quantitativamente o calor transferido (trocado) entre os corpos, usaremos, a partir de agora, a grandeza denominada **quantidade de calor**, representada por Q.

Por ser uma forma de energia, a quantidade de calor tem como unidade de medida, no Sistema Internacional de Unidades (SI), o **joule (J)**. Entretanto, por razões históricas, as unidades mais utilizadas para medir a quantidade de calor são a **caloria (cal)** e a **quilocaloria (kcal)**.

> Uma caloria (1 cal), por definição, é a quantidade de calor que, ao ser recebida por um grama de água, provoca uma variação de temperatura de 1 °C (de 14,5 °C para 15,5 °C), sob pressão normal (1 atm).

A seguir, apresentamos algumas conversões de unidades de quantidade de calor:

$$1 \text{ cal} = 4,186 \text{ J}$$
$$1 \text{ kcal} = 1.000 \text{ cal}$$

2 Calor sensível e calor latente

Ao definir calor, admitimos que a troca de energia térmica entre os corpos A e B provocou apenas variações de temperatura nesses corpos. Contudo, há situações em que a troca de calor não acarreta necessariamente mudança de temperatura.

Considere, por exemplo, um recipiente com determinada quantidade de água inicialmente a 30 °C sob pressão normal. Se colocamos esse recipiente com água sobre a chama de um fogão a gás, verificamos que a temperatura da água aumenta gradativamente até atingir 100 °C. Nessa temperatura, a água começa a ferver, passando gradativamente do estado líquido para o estado gasoso, em dado instante *t*, como indicado no gráfico **(fig. 3)**.

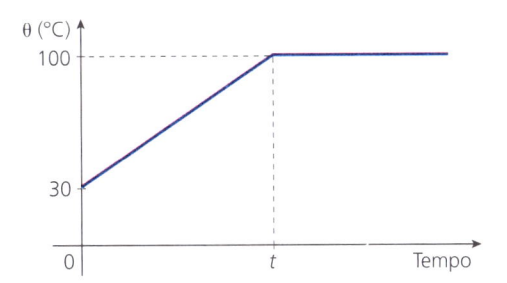

Figura 3. Durante a mudança de estado físico, o calor fornecido ao corpo não altera sua temperatura.

A partir do instante *t*, se mantivermos o aquecimento, veremos que a água continua a ferver e a mudar de estado físico, mas sua temperatura permanecerá inalterada em 100 °C até que toda a água passe para o estado gasoso.

Portanto, quando um corpo recebe ou cede calor, teremos dois efeitos: variação de temperatura ou mudança de estado.

Quando o efeito é a variação de temperatura, o calor recebido ou cedido pelo corpo é chamado de **calor sensível**. Quando o efeito é a mudança de estado físico, o calor recebido ou cedido pelo corpo é chamado de **calor latente**.

Esses efeitos nunca ocorrem simultaneamente no caso de substâncias puras. Assim, se uma substância pura troca calor, ou sua temperatura varia, ou ela muda de estado físico.

Neste capítulo, vamos analisar apenas situações em que as trocas de calor acarretam variações de temperatura dos corpos, ou seja, apenas o calor sensível. No próximo capítulo, serão analisadas situações que envolvem as trocas de calor latente.

3 Capacidade térmica

Vamos considerar um corpo ao qual fornecemos quantidades diferentes de calor: $Q_1, Q_2, ..., Q_n$. Admitindo que o corpo não mude de estado físico, a cada quantidade de calor que lhe fornecermos, teremos correspondentes variações de temperaturas: $\Delta\theta_1, \Delta\theta_2, ..., \Delta\theta_n$ **(fig. 4)**.

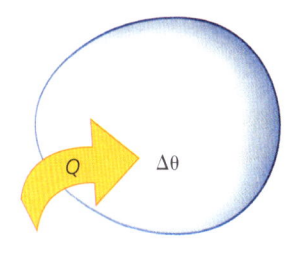

Figura 4. Cada quantidade de calor Q fornecida ao corpo provoca uma variação de temperatura $\Delta\theta$ correspondente.

A razão entre a quantidade de calor Q fornecida ao corpo e a correspondente variação de temperatura $\Delta\theta$ é constante para esse corpo. Essa relação representa, por definição, a **capacidade térmica** do corpo, indicada por C. Então:

$$C = \frac{Q}{\Delta\theta}$$

Como, em geral, a quantidade de calor Q é medida em caloria e a variação de temperatura $\Delta\theta$ é medida em grau Celsius, a capacidade térmica C do corpo é medida em cal/°C.

Desse modo, se a capacidade térmica de um corpo é, por exemplo, de 20 cal/°C, esse corpo precisa receber 20 cal para que sua temperatura aumente 1 °C. Naturalmente, se o corpo perder 20 cal, sua temperatura diminuirá 1 °C.

A capacidade térmica C é uma característica do corpo. Portanto, para um dado corpo, quanto maior a quantidade de calor (Q) que lhe fornecermos, maior será a variação de sua temperatura ($\Delta\theta$) e vice-versa.

Exercícios resolvidos

1. Determinar a capacidade térmica de um bloco de ferro que, ao receber 200 cal, tem sua temperatura aumentada de –10 °C para 30 °C.

▶ Solução

Por definição, a capacidade térmica C do corpo é dada por:
$C = \dfrac{Q}{\Delta\theta}$

Para calcular a variação de temperatura $\Delta\theta$ do bloco de ferro, temos:

$$\Delta\theta = \theta - \theta_0 \Rightarrow \Delta\theta = 30 - (-10) \therefore \Delta\theta = 40 \text{ °C}$$

Então, para esse bloco de ferro:

$C = \dfrac{200}{40} \therefore \boxed{C = 5 \text{ cal/°C}}$

2. Uma fonte de calor fornece 50 cal a cada minuto. Certa quantidade de líquido é aquecida por essa fonte de calor durante 20 min e sua temperatura aumenta 80 °C. Qual é a capacidade térmica dessa quantidade de líquido?

▶ Solução

Vamos calcular, inicialmente, a quantidade de calor fornecida pela fonte:

$Q = 50 \text{ cal/min} \cdot 20 \text{ min} \Rightarrow Q = 1.000 \text{ cal}$

Da definição da capacidade térmica, temos:

$C = \dfrac{Q}{\Delta\theta} \Rightarrow C = \dfrac{1.000}{80} \therefore \boxed{C = 12,5 \text{ cal/°C}}$

Exercícios propostos

1. Um corpo sólido está inicialmente a 20 °C e é aquecido até 50 °C, sem que ocorra mudança em seu estado físico. Supondo que nesse processo o corpo tenha recebido 900 cal, determine sua capacidade térmica para o intervalo de temperaturas considerado.

2. Uma fonte térmica fornece calor à razão de 10 cal/min. Um corpo é aquecido nessa fonte durante meia hora e sua temperatura, então, sobe de 10 °C para 60 °C. Desprezando as perdas de calor para o ambiente, determine para esse corpo:
a) a quantidade de calor recebida;
b) a capacidade térmica.

3. Dois corpos são aquecidos, separadamente, pela mesma fonte de calor, que fornece 120 cal/min.

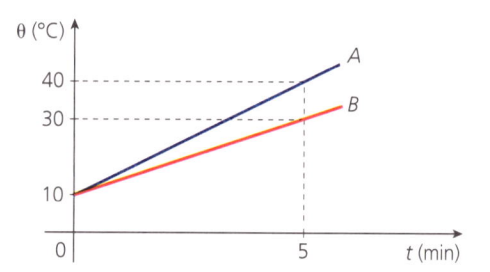

Analisando o gráfico, determine a razão entre a capacidade térmica do corpo A (C_A) e a capacidade térmica do corpo B (C_B).

4. A capacidade térmica de um corpo A é o triplo da capacidade térmica de um corpo B. Fornecendo uma mesma quantidade de calor aos dois corpos, observa-se que a temperatura do corpo A varia 30 °C. Qual é a variação de temperatura do corpo B?

4 Calor específico

A capacidade térmica de um corpo é uma grandeza que depende da massa do corpo.

Para investigar a influência da massa de um corpo na sua capacidade térmica, poderíamos aquecer corpos de massas diferentes, porém todos feitos de um mesmo material.

Vamos tomar como exemplo um corpo de ferro com 100 g de massa e admitir que a capacidade térmica desse corpo seja de 10 cal/°C. Isso significa que a cada 10 cal fornecidas a esse corpo sua temperatura deverá aumentar 1 °C.

Entretanto, outro corpo, também de ferro, mas com 200 g de massa, deverá receber mais que 10 cal para sua temperatura aumentar 1 °C. Na verdade, para haver esse aumento de temperatura (1 °C), esse corpo deveria receber 20 cal.

Portanto, concluímos que, quanto maior a massa do corpo, maior sua capacidade térmica.

A partir de experimentos como esse, podemos concluir que, para corpos de um mesmo material, a capacidade térmica é diretamente proporcional à massa do corpo. Matematicamente, podemos escrever: $C \propto m$

Para aplicar essa relação de proporcionalidade a corpos de diferentes materiais, devemos introduzir um coeficiente de proporcionalidade que leve em conta o material de que o corpo é feito.

Esse coeficiente de proporcionalidade, que representaremos por c, é denominado **calor específico** do material.

Então:

$$C = cm \text{ ou } \boxed{C = mc}$$

Como a capacidade térmica C é medida em cal/°C e a massa m é medida em g, o calor específico de um material será medido em cal/(g · °C).

> Calor específico de uma substância é a quantidade de calor necessária para aumentar (ou diminuir) em 1 °C a temperatura de um grama da substância.

O calor específico é uma característica que depende do material, do seu estado físico e de sua temperatura.

Entretanto, a temperatura interfere pouco na variação do calor específico, por isso consideramos que este depende apenas do material e do seu estado físico.

Da definição de caloria, concluímos que o calor específico da água líquida vale 1,0 cal/(g · °C).

$$c_{\text{água líquida}} = 1,0 \text{ cal/(g · °C)} \simeq 4,2 \text{ J/(g · °C)}$$

A **tabela 1** a seguir mostra o valor do calor específico médio de alguns materiais.

Tabela 1. Calor específico médio de alguns materiais

Material	c [cal/(g · °C)]
Água	1,000
Gelo	0,489
Vapor-d'água	0,447
Alumínio	0,217
Latão	0,091
Cobre	0,092
Vidro	0,200
Ferro	0,108
Chumbo	0,031
Mercúrio	0,033
Prata	0,056

Fonte: LIDE, David R. *CRC Handbook*. 95th ed. Boca Raton, FL: CRC Press 2014.

A partir dos valores da **tabela 1**, podemos notar que o calor específico da água líquida é muito maior que o dos outros materiais.

O calor específico da água é um dos maiores encontrados na natureza e isso confere a essa substância a capacidade de atuar como um **regulador térmico**. Por esse motivo, em regiões onde a água é abundante, não há grandes diferenças entre as temperaturas máxima e mínima num mesmo dia.

Você também já deve ter observado que, em uma manhã ensolarada na praia, a areia se aquece mais rapidamente que a água do mar e, à noite, a areia se resfria mais rapidamente que a água do mar. Isso acontece porque o calor específico da areia é cerca de cinco vezes menor que o da água.

Atividade prática

Nessa atividade, vamos comprovar o elevado calor específico da água em comparação com o calor específico do ar e da areia. Para isso, você precisará de:

- 3 balões (bexigas) iguais;
- 100 g de água, massa correspondente a um volume de 100 mL;
- 100 g de areia;
- 1 vela;
- fósforos;
- óculos de proteção.

Observação

Tome muito cuidado ao manipular a vela acesa para não se queimar com a chama ou com a parafina derretida. Use os óculos de proteção ao aproximar os balões da chama da vela.

Coloque a água em um dos balões, encha-o com um pouco de ar e feche-o com um nó. Em outro balão, coloque a areia e complete com ar até que fique com, aproximadamente, o mesmo tamanho do primeiro. Encha o último balão com ar até que atinja um tamanho equivalente aos outros dois.

Usando os óculos de proteção, acenda a vela e aproxime o balão cheio de ar da chama. O que acontece?

Repita o procedimento com o balão que está com a areia. O que acontece? Quais diferenças foram observadas em relação ao que ocorre com o balão cheio de ar?

Finalmente, repita o procedimento com o balão que está com a água. O que acontece? Houve diferença em relação ao aquecimento dos balões com ar e com areia?

Você saberia explicar, utilizando o conceito de calor específico, o que acontece em cada um dos casos? Escreva um texto explicando suas conclusões.

Exercícios resolvidos

3. Um corpo de massa 3 kg é colocado na presença de uma fonte térmica que fornece 60 cal/s e apresenta, em 5 min, um aumento de temperatura de 30 °C. Determinar:
   a) a capacidade térmica do corpo;
   b) o calor específico do material de que o corpo é feito.

   ▶ **Solução**
   a) A quantidade de calor recebida pelo corpo é dada por:
   $$Q = 60 \text{ cal/s} \cdot 5 \text{ min} \Rightarrow Q = 60 \text{ cal/s} \cdot 300 \text{ s} \Rightarrow Q = 18.000 \text{ cal}$$

   A capacidade térmica desse corpo é dada por:
   $$C = \frac{Q}{\Delta\theta} \Rightarrow C = \frac{18.000}{30} \Rightarrow \therefore \boxed{C = 600 \text{ cal/°C}}$$

   b) Para o calor específico do material, temos:
   $$C = mc \Rightarrow 600 = 3.000 \cdot c \Rightarrow c = \frac{600}{3.000}$$
   $$\therefore \boxed{c = 0,2 \text{ cal/(g · °C)}}$$

4. O gráfico a seguir mostra a variação da temperatura de um corpo, com massa 500 g, durante seu aquecimento por uma fonte de calor que fornece 10 cal/s.

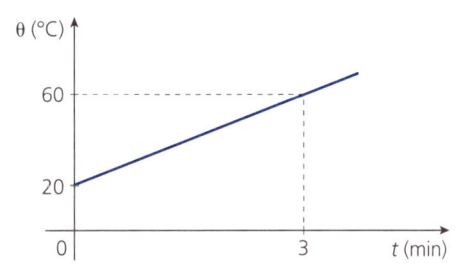

Determinar:
a) a capacidade térmica do corpo;
b) o calor específico do material que constitui esse corpo.

▶ **Solução**

a) Analisando o gráfico, podemos concluir que o corpo apresenta uma variação de temperatura de 40 °C em um intervalo de tempo de 3 min (passando de 20 °C em t = 0 para 60 °C em t = 3 min).
A quantidade de calor recebida pelo corpo, nesse intervalo de tempo, é dada por:
Q = 10 cal/s · 3 min ⇒ Q = 10 cal/s · 180 s ⇒ Q = 1.800 cal
A capacidade térmica desse corpo é dada por:
$C = \dfrac{Q}{\Delta\theta} \Rightarrow C = \dfrac{1.800}{40} \therefore \boxed{C = 45 \text{ cal/°C}}$

b) Para o calor específico do material, temos:
$C = mc \Rightarrow 45 = 500 \cdot c \Rightarrow c = \dfrac{45}{500} \therefore \boxed{c = 0{,}09 \text{ cal/(g · °C)}}$

Exercícios propostos

5. Em um dia de verão, uma pessoa bebe 250 g de água gelada, cujo calor específico é igual a 1,0 cal/(g · °C), a 10 °C. Sabendo que a temperatura do corpo dessa pessoa é praticamente constante e vale 36,5 °C, determine a quantidade de calor Q que será absorvida pela água.

6. Durante 10 min, um corpo permanece em contato com uma fonte que fornece 20 cal/s. Sua temperatura sobe então de 10 °C para 60 °C. Se houve uma perda para o ambiente de 20% da energia fornecida e sendo de 300 g a massa do corpo, determine:
a) a quantidade de calor absorvida pelo corpo;
b) a capacidade térmica do corpo;
c) o calor específico do material que constitui o corpo.

5 Equação fundamental da Calorimetria

Até este ponto do nosso estudo sobre calor, definimos duas grandezas importantes: a capacidade térmica C de um corpo e o calor específico c do material de que é feito o corpo. Vimos também que o calor sensível, recebido ou cedido por um corpo, provoca apenas variação de temperatura.

Vamos utilizar essas duas grandezas para obter uma expressão que permite calcular a quantidade de calor que provoca apenas variação de temperatura em um corpo.

Sabemos que a capacidade térmica de um corpo é dada por:

$$C = \dfrac{Q}{\Delta\theta} \Rightarrow Q = C\Delta\theta \qquad ①$$

O calor específico de um material é dado por:

$$c = \dfrac{C}{m} \Rightarrow C = mc \qquad ②$$

Substituindo a expressão ② na expressão ①, temos:

$$\boxed{Q = mc\Delta\theta}$$

Essa expressão, conhecida como **equação fundamental da Calorimetria**, permite calcular a quantidade de calor (sensível) recebida ou cedida por um corpo.

Note que, nessa expressão, os valores numéricos da massa m e do calor específico c são sempre positivos. Assim, o sinal da quantidade de calor Q depende apenas do sinal da variação de temperatura $\Delta\theta$.

- Se a temperatura do corpo aumenta ($\Delta\theta > 0$), ele recebe calor ($Q > 0$) e, se o corpo recebe calor, sua temperatura aumenta.

$$\boxed{\Delta\theta > 0 \Leftrightarrow Q > 0}$$

- Se a temperatura do corpo diminui ($\Delta\theta < 0$), ele cede calor ($Q < 0$) e, se o corpo cede calor, sua temperatura diminui.

$$\boxed{\Delta\theta < 0 \Leftrightarrow Q < 0}$$

Exercícios resolvidos

5. O gráfico a seguir mostra a variação da temperatura de um corpo sólido em função da quantidade de calor por ele absorvida.

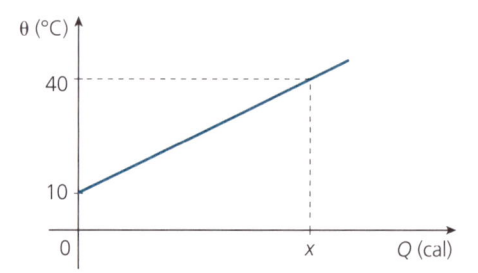

Determinar:
a) o calor específico do material que constitui esse corpo, sabendo que sua massa é de 150 g e sua capacidade térmica é de 60 cal/°C;
b) a quantidade x de calor sensível recebida pelo corpo.

▶ **Solução**

a) Conhecendo a capacidade térmica do corpo e sua massa, podemos calcular o calor específico do material que o constitui.

$C = mc \Rightarrow 60 = 150 \cdot c \Rightarrow c = \dfrac{60}{150} \therefore \boxed{c = 0{,}4 \text{ cal/(g} \cdot {}^\circ\text{C})}$

b) De acordo com o gráfico, o corpo apresenta uma variação de temperatura de 30 °C (passando de 10 °C para 40 °C) ao receber uma quantidade de calor Q = x.

Aplicando a equação fundamental da Calorimetria, temos:

$Q = mc\Delta\theta \Rightarrow x = 150 \cdot 0{,}4 \cdot 30 \therefore \boxed{x = 1.800 \text{ cal}}$

6. Uma mesma quantidade de calor Q é fornecida a dois corpos, A e B. Sabe-se que a massa do corpo A é o dobro da massa de B e que o calor específico do material que constitui o corpo B é o triplo do calor específico do material de A. Determinar o valor da relação entre as variações de temperatura, $\dfrac{\Delta\theta_A}{\Delta\theta_B}$, apresentadas pelos corpos A e B.

▶ **Solução**

A figura a seguir resume os dados fornecidos no enunciado.

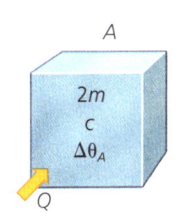

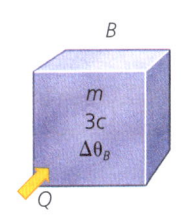

Para o corpo A, temos: $Q = 2mc\Delta\theta_A$ ①

E, para o corpo B: $Q = m \cdot 3c\Delta\theta_B$ ②

Igualando as expressões 1 e 2, temos:

$2mc\Delta\theta_A = m \cdot 3c\Delta\theta_B \Rightarrow \boxed{\dfrac{\Delta\theta_A}{\Delta\theta_B} = \dfrac{3}{2}}$

Exercícios propostos

7. Um corpo metálico com massa 200 g, constituído por um material cujo calor específico vale 0,3 cal/(g · °C), inicialmente a 15 °C, é aquecido por uma fonte de calor que fornece 50 cal/s. Determine:
a) a temperatura do corpo após um aquecimento por 2 min;
b) o intervalo de tempo de aquecimento necessário para o corpo metálico atingir a temperatura de 165 °C.

8. Usando uma fonte de calor que fornece 25 cal/min, aquecem-se 100 g de um líquido durante 20 min. Nesse intervalo de tempo, o líquido apresenta uma variação de temperatura de 50 °C, sem que se verifique mudança de estado físico. Calcule o calor específico c do líquido.

9. Para determinar o calor específico de um líquido faz-se a seguinte experiência.
Usando uma fonte de calor de potência constante, aquecem-se 200 g de água de 20 °C a 50 °C durante 5 min. Em seguida, usando a mesma fonte de calor, 500 g do líquido são aquecidos de 30 °C a 60 °C durante 2 min.
Considerando que o calor específico da água é 1,0 cal/(g · °C), determine o calor específico desse líquido desconhecido.

10. Dois corpos, A e B, têm volumes iguais; a densidade do corpo A é o dobro da densidade de B e o calor específico de A vale $\dfrac{3}{2}$ do calor específico de B. Sendo fornecidas quantidades de calor iguais aos dois corpos, determine o valor da relação entre as variações de temperatura apresentadas por A ($\Delta\theta_A$) e por B ($\Delta\theta_B$), $\dfrac{\Delta\theta_A}{\Delta\theta_B}$.

6 Princípio geral das trocas de calor

De acordo com o que vimos até aqui, calor é uma forma de energia que espontaneamente se transfere do corpo de maior temperatura para o corpo de menor temperatura.

Pelo princípio da conservação da energia, sabemos que a energia não pode ser criada nem destruída, mas apenas convertida de um tipo em outro.

Vamos considerar, então, um sistema termicamente isolado constituído por dois corpos, A e B, a temperaturas diferentes, tais que: $\theta_A > \theta_B$

Entende-se por **sistema termicamente isolado**, ou **sistema adiabático**, aquele sistema que não pode receber calor do meio externo e tampouco perder calor para o exterior. Nesse caso, podemos considerar que os corpos A e B estão, por exemplo, no interior de uma caixa de isopor cujas paredes podem ser consideradas adiabáticas (**fig. 5**).

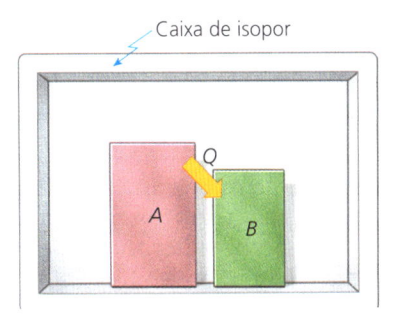

Figura 5. Em um sistema termicamente isolado, os corpos A e B não trocam calor com o meio exterior.

Nesse caso, todo o calor recebido por B ($Q_B > 0$) só pode ter sido cedido por A ($Q_A < 0$), de tal forma que:

$Q_B = -Q_A \Rightarrow Q_A + Q_B = 0$

O que consideramos para os corpos A e B vale para qualquer número de corpos que troquem calor em um sistema termicamente isolado, até que se estabeleça o equilíbrio térmico. Assim:

$\boxed{Q_1 + Q_2 + Q_3 + Q_4 + \ldots + Q_n = 0}$

Podemos então enunciar o **princípio geral das trocas de calor**:

Em um sistema termicamente isolado, quando dois ou mais corpos trocam calor entre si até ser atingido o equilíbrio térmico, a soma algébrica das quantidades de calor trocadas por esses corpos é nula.

Exercícios resolvidos

7. Um cilindro de ferro com massa 1.000 g e calor específico 0,1 cal/(g · °C) a 80 °C é mergulhado em 200 g de água inicialmente a 10 °C. Admitindo que ocorra troca de calor apenas entre a água e o ferro, determinar a temperatura de equilíbrio térmico do sistema $\theta_{eq.}$. [Dado: $c_{água} = 1,0$ cal/(g · °C)]

▶ **Solução**

O diagrama a seguir mostra a variação de temperatura da água e do ferro em função do tempo.

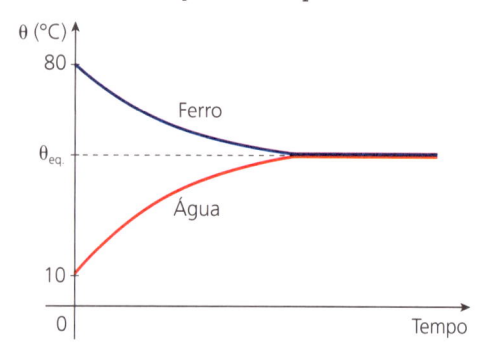

Aplicando o princípio geral das trocas de calor, temos:

$Q_{ferro} + Q_{água} = 0 \Rightarrow$

$\Rightarrow m_{ferro} \cdot c_{ferro} \cdot \Delta\theta_{ferro} + m_{água} \cdot c_{água} \cdot \Delta\theta_{água} = 0$

Substituindo os valores fornecidos no enunciado na expressão anterior, obtemos:

$1.000 \cdot 0,1 \cdot (\theta_{eq.} - 80) + 200 \cdot 1,0 \cdot (\theta_{eq.} - 10) = 0 \Rightarrow$

$\Rightarrow 1 \cdot (\theta_{eq.} - 80) + 2 \cdot (\theta_{eq.} - 10) = 0 \Rightarrow$

$\Rightarrow \theta_{eq.} - 80 + 2\theta_{eq.} - 20 = 0 \therefore \boxed{\theta_{eq.} \simeq 33,3 \text{ °C}}$

8. Um bloco de cobre de massa 100 g é retirado de um forno e rapidamente colocado em uma garrafa térmica que contém 500 g de álcool etílico. A temperatura do álcool etílico aumenta de 30 °C para 40 °C. Se o calor específico do cobre é 0,1 cal/(g · °C) e o do álcool etílico 0,6 cal/(g · °C), determinar a temperatura do forno.

▶ **Solução**

O diagrama a seguir mostra a variação de temperatura do cobre e do álcool em função do tempo:

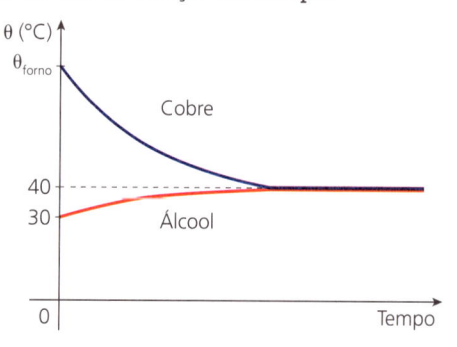

Aplicando o princípio geral das trocas de calor, temos:

$Q_{cobre} + Q_{álcool} = 0 \Rightarrow$

$\Rightarrow m_{cobre} \cdot c_{cobre} \cdot \Delta\theta_{cobre} + m_{álcool} \cdot c_{álcool} \cdot \Delta\theta_{álcool} = 0$

Substituindo os valores fornecidos no enunciado na expressão anterior, obtemos:

$100 \cdot 0,1 \cdot (40 - \theta_{forno}) + 500 \cdot 0,6 \cdot (40 - 30) = 0 \Rightarrow$

$\Rightarrow 10 \cdot (40 - \theta_{forno}) + 3.000 = 0 \Rightarrow$

$\Rightarrow 40 - \theta_{forno} = -300 \therefore \boxed{\theta_{forno} = 340 \text{ °C}}$

Exercícios propostos

11. Misturam-se 2 kg de água a 10 °C com 3 kg de água a 60 °C. Qual é a temperatura final da mistura?

12. Um calorímetro, de capacidade térmica desprezível, contém 600 g de água [$c_{água} = 1$ cal/(g · °C)] a 80 °C. Colocam-se nesse calorímetro 300 g de óleo [$c_{óleo} = 0,5$ cal/(g · °C)] e a temperatura de equilíbrio térmico é estabelecida em 75 °C. Qual era a temperatura inicial do óleo?

13. Um bloco metálico a 270 °C é colocado em um recipiente adiabático que contém água a 50 °C. Admitindo que as trocas de calor ocorrem apenas entre o bloco e a água, determine o calor específico do metal, sabendo que as massas de água e de metal são iguais e que a temperatura final de equilíbrio é de 70 °C. [Dado: $c_{água} = 1,0$ cal/(g · °C)]

Exercícios de revisão

Ficha-resumo 1

Calor é energia térmica em trânsito entre corpos a diferentes temperaturas.

Trocas de calor podem provocar dois efeitos: variação de temperatura, em que o corpo troca **calor sensível**, ou mudança de estado físico, em que o corpo troca **calor latente**.

No SI, o calor é medido em joule (J), mas a unidade caloria (cal) também é muito usada.

Capacidade térmica de um corpo (C):

$$C = \frac{Q}{\Delta\theta} \text{ (cal/°C)}$$

Calor específico de uma substância (c):

$$c = \frac{C}{m} \text{ [cal/(g · °C)]}$$

Calor sensível (equação fundamental da Calorimetria):

$$Q = mc\Delta\theta$$

1. (IFSP) A temperatura normal do corpo humano é de 36,5 °C. Considere uma pessoa de 80 kg de massa e que esteja com febre a uma temperatura de 40 °C. Admitindo que o corpo seja feito basicamente de água, podemos dizer que a quantidade de energia, em quilocaloria (kcal), que o corpo dessa pessoa gastou para elevar sua temperatura até este estado febril, deve ser mais próxima de:
   a) 200
   b) 280
   c) 320
   d) 360
   e) 420

   [Dado: calor específico da água $c = 1,0$ cal/(g · °C)]

2. (Vunesp)

   A energia contida nos alimentos

   Para determinar o valor energético de um alimento, podemos queimar certa quantidade desse produto e, com o calor liberado, aquecer determinada massa de água. Em seguida, mede-se a variação de temperatura sofrida pela água depois que todo o produto foi queimado e determina-se a quantidade de energia liberada na queima do alimento. Essa é a energia que tal alimento nos fornece se for ingerido.

   No rótulo de um pacote de castanha-de-caju, está impressa a tabela a seguir, com informações nutricionais sobre o produto.

INFORMAÇÃO NUTRICIONAL Porção 15 g	
Quantidade por porção	
Valor energético	90 kcal
Carboidratos	4,2 g
Proteínas	3 g
Gorduras totais	7,3 g
Gorduras saturadas	1,5 g
Gorduras trans	0 g
Fibra alimentar	1 g
Sódio	45 mg

   (www.brcaju.com.br)

   Considere que 150 g de castanha tenham sido queimados e que determinada massa m de água, submetida à chama dessa combustão, tenha sido aquecida de 15 °C para 87 °C. Sabendo que o calor específico da água líquida é igual a 1 cal/(g · °C) e que apenas 60% da energia liberada na combustão tenha efetivamente sido utilizada para aquecer a água, é correto afirmar que a massa m, em grama, de água aquecida era igual a:
   a) 10.000
   b) 5.000
   c) 12.500
   d) 7.500
   e) 2.500

3. (Mackenzie-SP) Uma panela de ferro de calor específico igual a 0,1 cal/(g · °C) está sobre um armário de 2,10 m de altura e cai no piso da cozinha. Admitindo que toda a energia mecânica da panela tenha sido convertida em calor e que 80% dela foi absorvida pela panela, a sua elevação de temperatura será de:
   a) 0,04 °C
   b) 0,08 °C
   c) 0,12 °C
   d) 0,16 °C
   e) 0,20 °C

   Adote: $g = 10$ m/s² e 1 cal = 4,2 J

4. (Vunesp) O gráfico representa, aproximadamente, como varia a temperatura ambiente no período de um dia, em determinada época do ano, no deserto do Saara. Nessa região, a maior parte da superfície do solo é coberta por areia e a umidade relativa do ar é baixíssima.

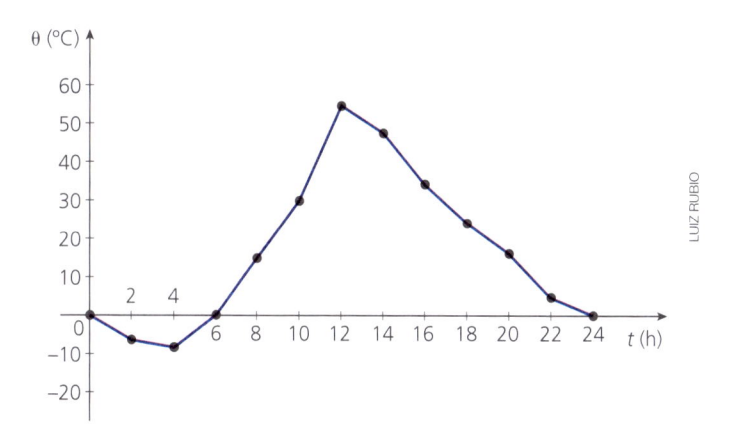

   A grande amplitude térmica diária observada no gráfico pode, dentre outros fatores, ser explicada pelo fato de que:
   a) a água líquida apresenta calor específico menor do que o da areia sólida e, assim, devido à maior presença de areia do que de água na região, a retenção de calor no ambiente torna-se difícil, causando a drástica queda de temperatura na madrugada.
   b) o calor específico da areia é baixo e, por isso, ela esquenta rapidamente quando ganha calor e esfria rapidamente quando perde. A baixa umidade do ar não retém o calor perdido pela areia quando ela esfria, explicando a queda de temperatura na madrugada.
   c) a falta de água e, consequentemente, de nuvens no ambiente do Saara intensifica o efeito estufa, o que contribui para uma maior retenção de energia térmica na região.
   d) o calor se propaga facilmente na região por condução, uma vez que o ar seco é um excelente condutor de calor. Dessa forma, a energia retida pela areia durante o dia se dissipa pelo ambiente à noite, causando a queda de temperatura.
   e) a grande massa de areia existente na região do Saara apresenta grande mobilidade, causando a dissipação do calor absorvido durante o dia e a drástica queda de temperatura à noite.

5. (Enem) As altas temperaturas de combustão e o atrito entre suas peças móveis são alguns dos fatores que provocam o aquecimento dos motores à combustão interna. Para evitar o superaquecimento e consequentes danos a esses motores, foram desenvolvidos os atuais sistemas de refrigeração, em que um fluido arrefecedor com propriedades especiais circula pelo interior do motor, absorvendo o calor que, ao passar pelo radiador, é transferido para a atmosfera.

Exercícios de revisão

Qual propriedade o fluido arrefecedor deve possuir para cumprir seu objetivo com maior eficiência?
a) alto calor específico
b) alto calor latente de fusão
c) baixa condutividade térmica
d) baixa temperatura de ebulição
e) alto coeficiente de dilatação térmica

6. (Unicamp-SP) Recentemente, uma equipe de astrônomos afirmou ter identificado uma estrela com dimensões comparáveis às da Terra, composta predominantemente de diamante. Por ser muito frio, o astro, possivelmente uma estrela anã branca, teria tido o carbono de sua composição cristalizado em forma de um diamante praticamente do tamanho da Terra.

Os cálculos dos pesquisadores sugerem que a temperatura média dessa estrela é de $T_i = 2.700$ °C. Considere uma estrela como um corpo homogêneo de massa $M = 6,0 \cdot 10^{24}$ kg constituída de um material com calor específico $c = 0,5$ kJ/(kg · °C). A quantidade de calor que deve ser perdida pela estrela para que ela atinja uma temperatura final de $T_f = 700$ °C é igual a:
a) $24,0 \cdot 10^{27}$ kJ
b) $6,0 \cdot 10^{27}$ kJ
c) $8,1 \cdot 10^{27}$ kJ
d) $2,1 \cdot 10^{27}$ kJ

7. (Cefet-AL) Um estudante estava fazendo um experimento com uma fonte térmica que fornece calor à razão de 100 cal/min. A experiência consistia em aquecer um corpo de 300 g, depois construir um gráfico da temperatura θ do corpo em função do tempo t e, finalmente, determinar o calor específico do material que constitui o corpo.

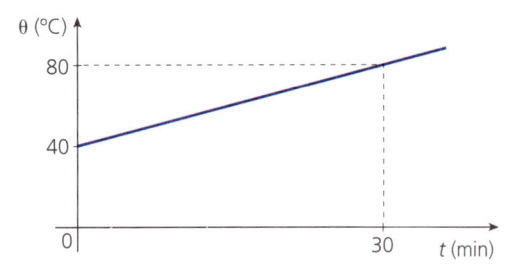

Considerando que o gráfico obtido foi o da figura anterior, qual das opções a seguir representa o calor específico do material que constitui o corpo?
a) 0,02 cal/(g · °C)
b) 0,12 cal/(g · °C)
c) 0,18 cal/(g · °C)
d) 0,21 cal/(g · °C)
e) 0,25 cal/(g · °C)

8. (Unicamp-SP) Por sua baixa eficiência energética, as lâmpadas incandescentes deixarão de ser comercializadas para uso doméstico comum no Brasil. Nessas lâmpadas, apenas 5% da energia elétrica consumida é convertida em luz visível, sendo o restante transformado em calor. Considerando uma lâmpada incandescente que consome 60 W de potência elétrica, qual a energia perdida em forma de calor em uma hora de operação?
a) 10.800 J
b) 34.200 J
c) 205.200 J
d) 216.000 J

9. (UFGD-MS) No vestibular da UFGD, um candidato levou duas garrafas de água de 500 mL para tomar durante a prova de 4 horas de duração. No início da prova, as garrafas de água estavam a 2 °C. A temperatura da sala manteve-se constante em 26 °C. O fluxo de calor entre as garrafas e a sala é constante e da ordem de 15 W. Considerando que o candidato consumiu apenas uma garrafa de água, após quanto tempo, aproximadamente, a garrafa fechada entra em equilíbrio térmico com a sala?
a) O tempo será maior do que a duração da prova.
b) 11 minutos
c) 0,8 minutos
d) 1 hora e 45 minutos
e) 56 minutos

[Dado: $c_{água} = 4,2 \cdot 10^3$ J/(kg · K)]

10. (UFPI) Um aquecedor tem potência útil constante de 500 W. Ele é usado para elevar de 10 °C a temperatura de uma panela de alumínio, que contém 1 litro de água à temperatura ambiente. A panela tem massa de 1 kg. O tempo gasto para esse aquecimento é dado, aproximadamente, por:
a) 0,7 min
b) 1,7 min
c) 2,7 min
d) 3,7 min
e) 4,7 min

[Dados: calor específico da água $c_{água} = 1$ cal/(g · °C); calor específico do alumínio $c_{alumínio} = 0,22$ cal/(g · °C); densidade da água $\rho = 10^3$ kg/m³; 1 cal = 4,18 J]

11. (UEA-AM) O aquecimento solar de água para banho é uma solução energética ecológica e econômica. Sistemas como esses, em dias de baixa insolação, devem compensar a falta de insolação solar com o acionamento de resistores elétricos dentro dos *boilers*, recipientes nos quais a água é mantida aquecida. Um desses *boilers*, de capacidade 100 L, reteve a água a 24 °C e, por isso, um termostato teve que acionar o resistor elétrico para que a temperatura fosse elevada para 32 °C. Sendo o calor específico da água 1 cal/(g ·°C), 1 cal igual a 4,2 J e a densidade da água igual a 10^3 g/L, a energia elétrica, em J, que teve de ser empregada para promover esse aquecimento foi, aproximadamente:
a) 420.000
b) 860.000
c) 3.400.000
d) 3.800.000
e) 5.300.000

12. (UEM-PR) Um cientista deseja determinar o calor específico de um material. Para isso, utilizando um calorímetro, ele aquece 20 mg desse material, mede a quantidade de calor fornecida ao material e a sua temperatura a cada instante. Na figura a seguir, é apresentado um gráfico da quantidade de calor absorvida pelo material em função da temperatura. Analise cuidadosamente o gráfico e assinale o que for **correto**.

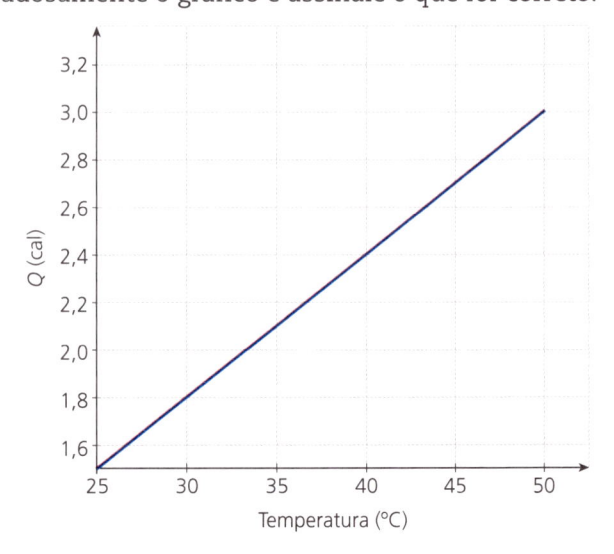

(01) O coeficiente angular da reta descrita pelos dados experimentais é a capacidade térmica dos 20 mg desse material.
(02) O valor da capacidade térmica dos 20 mg desse material é 0,06 cal/°C.
(04) O valor do calor específico desse material é 3 cal/(g · °C).
(08) No Sistema Internacional de Unidades, a unidade de capacidade térmica é cal/(g · °C).
(16) Esses dados experimentais do cientista descrevem uma função do segundo grau.

Dê como resposta a soma dos números que precedem as proposições corretas.

Ficha-resumo 2

Princípio geral das trocas de calor

Em um sistema termicamente isolado, quando dois ou mais corpos trocam calor entre si, até o equilíbrio térmico ser atingido, a soma algébrica das quantidades de calor trocadas por esses corpos é nula.

$$Q_1 + Q_2 + Q_3 + Q_4 + ... + Q_n = 0$$

13. (FGV-SP) Em um recipiente adiabático, contendo 2,0 L de água [densidade = 1,0 g/cm³, calor específico = 1,0 cal/(g · °C)], há uma barra metálica imersa, de capacidade térmica 1.000 cal/°C, que mede inicialmente 40,00 cm. O sistema recebe 150 kcal de uma fonte de calor e, ao fim do processo, a barra acusa uma dilatação linear de 0,01 cm.

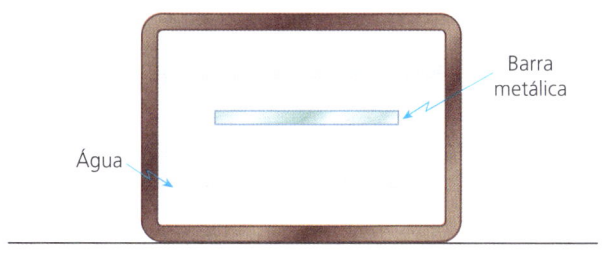

O coeficiente de dilatação linear do material da barra vale, em 10^{-6} °C^{-1}:
a) 1,0
b) 2,0
c) 3,0
d) 4,0
e) 5,0

14. (Mackenzie-SP) Um estudante no laboratório de Física, por descuido, colocou 200 g de água líquida [calor específico 1 cal/(g · °C)] a 100 °C no interior de um calorímetro de capacidade térmica 5 cal/°C, que contém 100 g de água a 20 °C. A massa de água líquida a 0 °C que esse aluno deverá adicionar no calorímetro, para que a temperatura de equilíbrio térmico volte a ser 20 °C, é:
a) 900 g
b) 800 g
c) 700 g
d) 600 g
e) 500 g

15. (UFPE) Uma bebida refrescante pode ser obtida pela mistura de chá quente com água gelada. Qual a temperatura final (em °C) de uma mistura preparada a partir de 100 g de chá a 80 °C com 400 g de água a 5,0 °C? Considere o calor específico do chá igual ao da água [1,0 cal/(g · °C)].
a) 12
b) 14
c) 16
d) 18
e) 20

16. (Unifor-CE) Deseja-se obter água morna a 36 °C, misturando-se certa massa m_Q de água quente a 64 °C com a massa m_F de água fria a 12 °C. Desprezando-se trocas de calor com o recipiente e com o ar, a razão $\dfrac{m_Q}{m_F}$ vale:
a) $\dfrac{2}{3}$
b) $\dfrac{3}{4}$
c) $\dfrac{4}{5}$
d) $\dfrac{5}{6}$
e) $\dfrac{6}{7}$

17. (UEFS-BA) O calorímetro é um aparelho utilizado em laboratórios para determinação do calor específico das substâncias. Um estudante em um laboratório didático utilizou um calorímetro ideal para misturar 200,0 g de um líquido de calor específico 0,79 cal/(g · °C) a 35 °C, com uma amostra de metal desconhecido de massa 300,0 g, a 150 °C.

Considerando-se que a temperatura de equilíbrio térmico foi de 40 °C, o calor específico da substância, em cal/(g · °C), é, aproximadamente, igual a:
a) 0,02
b) 0,05
c) 0,8
d) 1,0
e) 1,5

18. (Enem) Uma garrafa térmica tem como função evitar a troca de calor entre o líquido nela contido e o ambiente, mantendo a temperatura de seu conteúdo constante. Uma forma de orientar os consumidores na compra de uma garrafa térmica seria criar um selo de qualidade, como se faz atualmente para informar o consumo de energia de eletrodomésticos. O selo identificaria cinco categorias e informaria a variação de temperatura do conteúdo da garrafa, depois de decorridas seis horas de seu fechamento, por meio de uma porcentagem do valor inicial da temperatura de equilíbrio do líquido na garrafa.

O quadro apresenta as categorias e os intervalos de variação percentual da temperatura.

Tipo de selo	Variação de temperatura
A	menor que 10%
B	entre 10% e 25%
C	entre 25% e 40%
D	entre 40% e 55%
E	maior que 55%

Para atribuir uma categoria a um modelo de garrafa térmica, são preparadas e misturadas, em uma garrafa, duas amostras de água, uma a 10°C e outra a 40°C, na proporção de um terço de água fria para dois terços de água quente. A garrafa é fechada. Seis horas depois, abre-se a garrafa e mede-se a temperatura da água, obtendo-se 16 °C.

Qual selo deveria ser posto na garrafa térmica testada?
a) A
b) B
c) C
d) D
e) E

CAPÍTULO 20

MUDANÇAS DE ESTADO

ENEM
C5: H17, H18

Você sabe para onde vão as latinhas de alumínio coletadas por catadores? No Brasil, mais de 98% das latinhas de alumínio são recicladas, por isso somos considerados os campeões mundiais da reciclagem de alumínio. A foto mostra o alumínio no estado líquido, isto é, fundido a mais de 660 °C, sendo despejado em moldes. Essa é a técnica utilizada para a obtenção de lingotes, que serão usados para produzir novas latinhas. Neste capítulo, estudaremos as mudanças de estado físico de uma substância, analisando as condições de temperatura e pressão em que elas acontecem, e calcularemos a quantidade de calor a ser recebida ou cedida pela substância, necessária para que essas mudanças de estado ocorram.

Objetivos do capítulo

- Apresentar os estados físicos e as mudanças de estado físico da matéria.
- Definir calor latente de uma substância.
- Resolver situações-problema que envolvem calor sensível e calor latente.
- Apresentar o diagrama de fases de uma substância.
- Fazer a distinção entre gás e vapor.
- Definir pressão máxima de vapor de uma substância.

1 Estados físicos da matéria

Na natureza, as substâncias podem ser encontradas em, basicamente, três **estados de agregação** diferentes: sólido, líquido e gasoso. Os estados de agregação também são denominados **estados físicos da matéria** ou **fases da matéria**.

No **estado sólido**, as partículas (átomos e/ou moléculas) que constituem a substância estão distribuídas no espaço em um padrão bem organizado, ocupando posições bem definidas, em função da grande força de atração entre elas. Por esse motivo, um corpo no estado sólido tem forma e volume bem definidos.

No **estado líquido**, as partículas (átomos e/ou moléculas) que constituem a substância não estão fortemente ligadas como no estado sólido. Assim, um corpo no estado líquido, apesar de ter um volume bem definido, não tem forma própria, pois assume a forma do recipiente em que está contido, em razão da movimentação dos átomos e/ou das moléculas.

No **estado gasoso**, as partículas (átomos e/ou moléculas) que constituem a substância apresentam uma grande liberdade de movimentação e praticamente não exercem forças umas sobre as outras. Assim, um corpo no estado gasoso não apresenta forma e volume definidos, assumindo a forma e o volume do recipiente em que está contido.

O estado de agregação de cada substância é determinado pela pressão e pela temperatura a que ela está submetida. Portanto, existem diversos valores de pressão e de temperatura que determinam se uma substância está no estado sólido; outros que determinam se está no estado líquido; e outros que determinam se está no estado gasoso.

Assim, uma alteração de temperatura ou de pressão pode provocar na substância uma alteração em seu estado de agregação. A **figura 1** a seguir mostra as denominações das mudanças de estado físico.

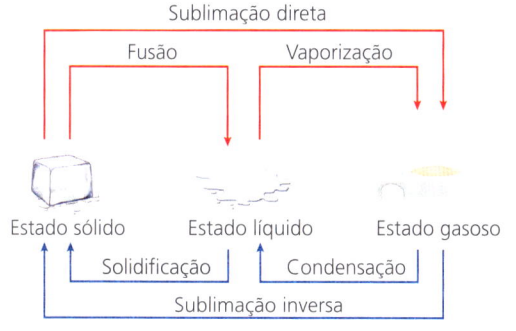

A fusão, a vaporização e a sublimação direta são mudanças de estado que ocorrem com absorção de calor (**processo endotérmico**); a solidificação, a condensação e a sublimação inversa são processos que ocorrem com liberação de calor (**processo exotérmico**).

2 Curvas de aquecimento e de resfriamento de uma substância pura

Agora, vamos analisar as mudanças de estado físico de substâncias puras.

Denominamos **substância pura** aquela que é formada de partículas quimicamente idênticas. Ou seja, se a substância for constituída de átomos, eles devem ser idênticos; se for constituída de moléculas, elas também devem ser idênticas. Água destilada, por exemplo, composta apenas de moléculas de H_2O, é uma substância pura, mas água do mar (ou qualquer água não destilada) é uma mistura na qual existem sais e outras substâncias dissolvidas ou em suspensão.

Observa-se experimentalmente que, para uma dada pressão, a temperatura na qual uma substância pura muda de estado físico é constante. Para exemplificar, vamos considerar uma porção de água sob pressão normal e a $-20\ °C$. Nessas condições, essa porção de água está no estado sólido (gelo).

Se fornecermos calor continuamente a essa porção de água, observaremos que:

I. inicialmente, a temperatura do bloco de gelo aumenta até atingir $0\ °C$, quando o gelo começa a se fundir (derreter);

II. a partir desse instante, o fornecimento de calor provoca o derretimento (fusão) do gelo, porém sua temperatura permanece estável em $0\ °C$;

III. após a fusão de todo o gelo, a temperatura da água líquida aumenta até $100\ °C$, quando começa a ferver e a vaporizar;

IV. a partir do início da fervura da água, o fornecimento de calor provoca sua vaporização, mas a temperatura permanece estável em $100\ °C$;

V. após a vaporização de toda a água, se continuarmos fornecendo calor, a temperatura do vapor aumentará.

Figura 1. Mudanças de estado físico de uma substância.

Essas cinco etapas podem ser visualizadas em um diagrama que mostra a temperatura da água em função da quantidade de calor recebido **(fig. 2)**. Esse diagrama é conhecido como **curva de aquecimento** da substância pura, no nosso caso, a água, sob pressão normal.

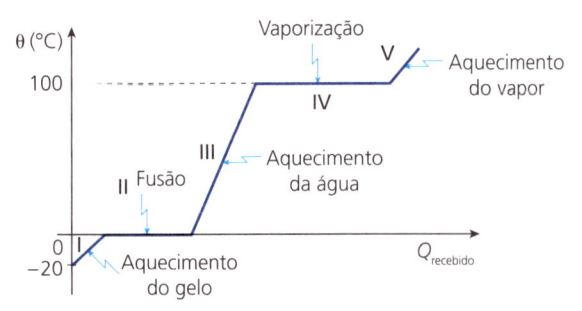

Figura 2. Nas curvas de aquecimento, os patamares (linhas horizontais II e IV) representam as mudanças de estado físico da substância.

O processo físico de aquecimento é reversível, ou seja, se retirarmos calor continuamente de uma porção de vapor, inicialmente a 120 °C, por exemplo, obteremos a **curva de resfriamento** da água sob pressão normal **(fig. 3)**.

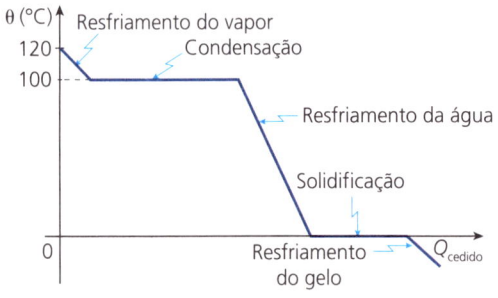

Figura 3. Curva de resfriamento da água sob pressão normal.

3 Calor latente

Como vimos, ao receber ou ceder calor, uma substância pura sob pressão constante pode sofrer uma variação de temperatura ou uma mudança de estado físico.

> O calor que, recebido ou cedido por uma substância, provoca somente mudança no estado físico dessa substância é denominado **calor latente**.

Experimentalmente, observa-se que a quantidade de calor Q que provoca a mudança de estado físico da substância é diretamente proporcional à massa m da substância que sofre a mudança de estado, isto é, $Q \propto m$.

Assim, a quantidade de calor que, recebida ou cedida, provoca uma mudança de estado em uma substância é dada por:

$$Q = mL$$

Nessa expressão, L é um coeficiente de proporcionalidade relacionado à quantidade de calor necessária para a mudança de estado de uma unidade de massa de uma substância. Esse coeficiente é denominado calor latente de mudança de estado da substância.

Para a água, o calor latente de fusão do gelo é de 80 cal/g e o calor latente de vaporização é de 540 cal/g.

Isso significa que, para derreter 1 g de gelo, a 0 °C, é necessário lhe fornecer 80 cal; de forma análoga, para vaporizar 1 g de água, a 100 °C, é necessário lhe fornecer 540 cal.

Exercícios resolvidos

1. Determinar a quantidade de calor necessária para fundir totalmente um bloco de gelo de 500 g a 0 °C. (Dado: $L_{f(gelo)} = 80$ cal/g)

▶ **Solução**

Como o bloco de gelo já está na temperatura de fusão, podemos afirmar que a quantidade de calor necessária para fundir totalmente o bloco é dada apenas pela quantidade de calor latente.
Assim:

$Q = mL \Rightarrow Q = 500 \cdot 80$

∴ $Q = 40.000$ cal $= 40$ kcal

2. Determinar a quantidade de calor que deve ser fornecida a uma massa de 500 g de água, inicialmente a 30 °C, para convertê-la em vapor a 160 °C.

[Dados: $c_{água} = 1,0$ cal/(g · °C); $c_{vapor} = 0,5$ cal/(g · °C) e $L_{v(água)} = 540$ cal/g]

▶ **Solução**

Observe que, nesse caso, o processo físico para transformar 500 g de água, a 30 °C, em vapor a 160 °C envolve três etapas:

I. a água, inicialmente a 30 °C, deverá ser aquecida até atingir a temperatura de 100 °C (calor sensível);
II. na próxima etapa, a massa de 500 g de água, a 100 °C, deverá ser totalmente vaporizada (calor latente);
III. finalmente, na última etapa, toda a massa de 500 g de vapor deverá ser aquecida de 100 °C até 160 °C (calor sensível).

Assim:

$$Q = \underbrace{m_{água} \cdot c_{água} \cdot \Delta\theta_{água}}_{(I)} + \underbrace{m_{água} \cdot L_{v(água)}}_{(II)} + \underbrace{m_{vapor} \cdot c_{vapor} \cdot \Delta\theta_{vapor}}_{(III)} \Rightarrow$$

$\Rightarrow Q = 500 \cdot 1,0 \cdot 70 + 500 \cdot 540 + 500 \cdot 0,5 \cdot 60 \Rightarrow$

$\Rightarrow Q = 35.000 + 270.000 + 15.000$

∴ $Q = 320.000$ cal $= 320$ kcal

Exercícios propostos

1. Um bloco de chumbo, cujo calor latente de fusão vale 94,5 cal/g, é aquecido por uma fonte de calor que fornece 100,0 cal/min. Ao ser atingida a temperatura de fusão, 327,0 °C, o bloco demora 5,0 minutos para se fundir completamente. Determine a massa desse bloco de chumbo.

2. Uma garrafa térmica contém, em equilíbrio e sob pressão de 1 atm, 0,5 litro de água e 400 g de gelo. Sabendo que entra calor na garrafa a uma taxa de 0,2 kcal por minuto, determine, em minuto, o intervalo de tempo necessário para que o gelo derreta totalmente.

(Dado: $L_{f(gelo)} = 80$ cal/g)

3. Se fornecermos calor à taxa constante de 100 cal/s ao interior de um recipiente contendo inicialmente 100 g de gelo puro a −10 °C, depois de quanto tempo teremos 100 g de água a 40 °C?

[Dados: $L_{f(gelo)} = 80$ cal/g; $c_{gelo} = 0,5$ cal/(g · °C) e $c_{água} = 1$ cal/(g · °C)]

4. Deseja-se transformar 200 g de gelo a −20 °C em água a 40 °C.

a) Qual é a quantidade total de calor Q utilizada nesse processo?

b) Esboce a curva de temperatura do sistema em função da quantidade de calor fornecida.

[Dados: $c_{gelo} = 0,5$ cal/(g · °C); $c_{água} = 1$ cal/(g · °C)$ e $L_{f(gelo)} = 80$ cal/g]

4 Trocas de calor com mudanças de estado físico

No capítulo anterior, ao estabelecer uma troca de calor entre dois corpos, A e B, admitimos que essa troca de energia térmica provoca apenas variações de temperatura. Pelo princípio geral das trocas de calor, temos: $Q_A + Q_B = 0$

O princípio geral das trocas de calor é válido quando o calor total trocado pelos corpos envolver não só calor sensível, mas também calor latente.

Em outras palavras, esse princípio pode ser aplicado também para as trocas de calor que provoquem mudanças de estado físico em uma ou mais substâncias.

Exercícios resolvidos

3. Em um recipiente contendo água a 100 °C, coloca-se um bloco metálico de 200 g a 300 °C. Considerando 0,2 cal/(g · °C) o calor específico do metal que constitui o bloco e 540 cal/g o calor latente de vaporização da água, determinar a quantidade de vapor que se forma até ser atingida a temperatura de equilíbrio térmico do sistema, sabendo que ainda restará água líquida no recipiente.

▶ Solução
Como sabemos que ainda restará água líquida no recipiente, concluímos que a temperatura de equilíbrio térmico do sistema será 100 °C. Assim, o bloco metálico vai resfriar e sua temperatura passará de 300 °C para 100 °C, enquanto parte da água a 100 °C vai vaporizar. O diagrama a seguir mostra as temperaturas das substâncias em função do tempo até o instante em que o equilíbrio térmico é atingido.

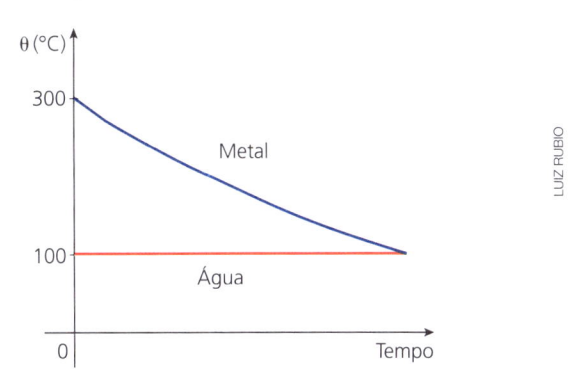

Aplicando o princípio geral das trocas de calor, temos:

$Q_{água} + Q_{metal} = 0 \Rightarrow$

$\Rightarrow m_{vapor} \cdot L_{v(água)} + m_{metal} \cdot c_{metal} \cdot \Delta\theta_{metal} = 0 \Rightarrow$

$\Rightarrow m_{vapor} \cdot 540 + 200 \cdot 0,2 \cdot (100 - 300) = 0 \Rightarrow$

$\Rightarrow m_{vapor} \cdot 540 = 8.000 \therefore \boxed{m_{vapor} \simeq 14,8 \text{ g}}$

4. Um recipiente termicamente isolado e de capacidade térmica desprezível contém 500 g de água a 80 °C. Coloca-se em seu interior um bloco de gelo a 0 °C. Se o equilíbrio térmico da mistura é alcançado a 20 °C, qual é a massa m do bloco de gelo?

[Dados: $c_{água} = 1$ cal/(g · °C) e $L_{f(gelo)} = 80$ cal/g]

▶ Solução
Devemos observar que o bloco de gelo sofrerá fusão completa e a água resultante da fusão será aquecida até 20 °C (temperatura final de equilíbrio). Então, do princípio geral das trocas de calor, temos:

$Q_{água} + Q_{gelo} = 0 \Rightarrow$

$\Rightarrow 500 \cdot 1 \cdot (20 - 80) + m \cdot 80 + m \cdot 1 \cdot (20 - 0) = 0 \Rightarrow$

$\Rightarrow 100m = 500 \cdot 60 \therefore \boxed{m = 300 \text{ g}}$

Exercícios propostos

5. Numa cavidade aberta em um grande bloco de gelo a 0 °C, é colocado um pedaço de 100 g de cobre à temperatura de 200 °C. Calcule a massa de gelo que será fundida.

[Dados: $c_{gelo} = 0,5$ cal/(g · °C); $c_{cobre} = 0,09$ cal/(g · °C) e $L_{f(gelo)} = 80$ cal/g]

6. Um recipiente, de massa desprezível, contém 500 g de água à temperatura de 80 °C. Quantos gramas de gelo à temperatura de −40 °C devem ser adicionados à água para que a temperatura final da mistura seja de 50 °C?

[Dados: $c_{gelo} = 0,5$ cal/(g · °C); $c_{água} = 1$ cal/(g · °C) e $L_{f(gelo)} = 80$ cal/g]

7. Em um calorímetro de capacidade térmica desprezível, misturam-se 100 g de água a 80 °C e 200 g de gelo fundente à temperatura de 0 °C. Considerando $c_{água} = 1$ cal/(g · °C) e $L_{f(gelo)} = 80$ cal/g, qual é a fração de gelo que se funde ao ser atingido o equilíbrio térmico?

8. Uma massa de 100 g de água à temperatura de θ °C e uma massa de 180 g de gelo à temperatura de 0 °C são misturadas em um calorímetro ideal. Determine o valor da temperatura θ da água de modo que, no equilíbrio térmico a 0 °C, haja massas iguais de água e gelo.

[Dados: $c_{água} = 1$ cal/(g · °C) e $L_{f(gelo)} = 80$ cal/g]

5 Diagrama de fases

O estado físico ou fase de uma substância depende da temperatura e da pressão a que está submetida. Assim, existem infinitos pares de valores de temperatura θ e de pressão p que determinam se a substância está no estado sólido; outros infinitos pares (θ, p) que determinam se está no estado líquido; e, ainda, mais infinitos pares (θ, p) que determinam se está no estado gasoso.

Observe que a temperatura mínima deve ser 0 K e a pressão mínima deve ser 0 atm.

Para uma dada substância, o gráfico temperatura × pressão, que mostra os diferentes estados físicos, é denominado **diagrama de fases** ou **diagrama de estado**.

A **figura 4** mostra o aspecto geral de um diagrama de fases.

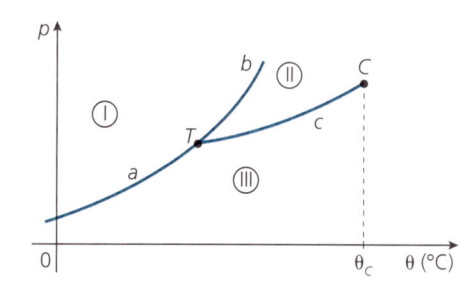

Figura 4.

Os diagramas de fases sempre são compostos de três curvas que se unem num mesmo ponto T, chamado **ponto triplo**, e dividem o plano (θ, p) em três regiões: I. região da substância no estado sólido; II. região da substância no estado líquido; III. região da substância no estado gasoso. As três curvas, a, b e c, indicam as condições de temperatura e de pressão em que existem, em equilíbrio, dois estados da mesma substância no mesmo ambiente:

• a é a **curva de sublimação** (equilíbrio sólido-gasoso);
• b é a **curva de fusão** (equilíbrio sólido-líquido);
• c é a **curva de vaporização** (equilíbrio líquido-gasoso).

O ponto triplo T indica as condições de temperatura e pressão em que existem, em equilíbrio, os três estados da mesma substância no mesmo ambiente.

O ponto C, extremo da curva de vaporização, é denominado **ponto crítico**.

A **figura 5** mostra o diagrama de fases típico para a maioria das substâncias puras (diagrama 1) e o diagrama de fases para algumas exceções (diagrama 2), como a água, o ferro, o bismuto e o antimônio.

Diagrama 1

Diagrama 2

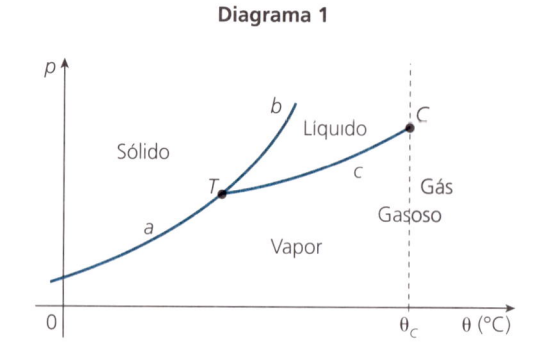

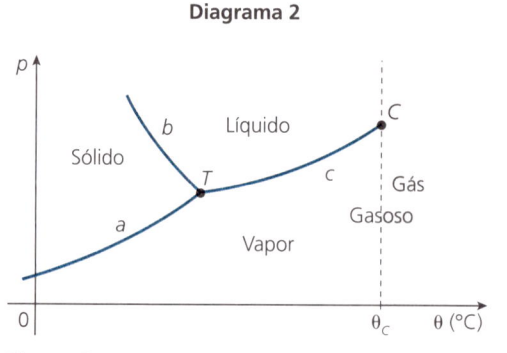

Figura 5.

Conforme vimos, para uma dada pressão, a temperatura da mudança de estado é constante. Entretanto, quando a pressão varia, a temperatura da mudança de estado também varia.

Observe no diagrama 1 que um aumento da pressão exercida sobre a substância implica um aumento da temperatura de mudança de estado físico.

No diagrama 2, note que um aumento da pressão acarreta uma diminuição da temperatura de fusão da substância. Isso acontece porque substâncias como essa, ao contrário da maioria das encontradas na natureza, contraem-se ao sofrer fusão. Como o aumento da pressão contribui para essa contração, a temperatura necessária para atingir o ponto de fusão diminui.

Note ainda que, para cada substância, o ponto crítico C determina uma temperatura $θ_C$, denominada **temperatura crítica**, acima da qual a substância no estado gasoso é denominada **gás**. Abaixo da temperatura crítica, a substância no estado gasoso é chamada de **vapor**.

Observe que, diferentemente de um gás, o vapor de uma substância pode ser convertido em líquido apenas aumentando a pressão exercida sobre ele. Para exemplificar, vamos considerar as situações a seguir. Um recipiente, provido de um êmbolo, contém apenas vapor de uma substância a determinada temperatura **(fig. 6A)**. Nessa situação, o vapor é chamado de **vapor seco**.

Se diminuirmos o volume do vapor, a pressão aumentará até que as primeiras porções de líquido comecem a se formar **(fig. 6B)**. O vapor, quando na presença de seu líquido, é denominado **vapor saturado** ou **vapor saturante**.

Figura 6. (A) Apenas vapor (vapor seco); (B) vapor (vapor saturado) e líquido; (C) apenas líquido.

Depois desse instante, a diminuição do volume do vapor intensifica a formação de líquido e a pressão permanece constante. Essa pressão é denominada **pressão máxima de vapor**, naquela temperatura.

Assim, a quantidade de vapor diminui e a de líquido aumenta. Após a condensação de todo o vapor **(fig. 6C)**, para ocorrer uma pequena diminuição do volume do líquido, deve haver um grande aumento da pressão exercida sobre ele.

Observe que:

- a pressão máxima de vapor, para uma dada substância, depende apenas da temperatura;
- a curva de vaporização também é chamada de curva das pressões máximas de vapor.

Aplicação tecnológica

Panela de pressão

Numa panela comum, destampada, a água ferve a 100 °C se a pressão atmosférica é normal (1 atm), como nas localidades situadas no nível do mar. Em cidades mais altas, a fervura da água, também em uma panela comum destampada, se dá a temperaturas menores que 100 °C, pois a pressão atmosférica é inferior a 1 atm. Com base no fato de que a temperatura de ebulição da água depende da pressão, foi criada a **panela de pressão**, utensílio que permite submeter a água a uma pressão superior a 1 atm, fervendo a uma temperatura maior que 100 °C.

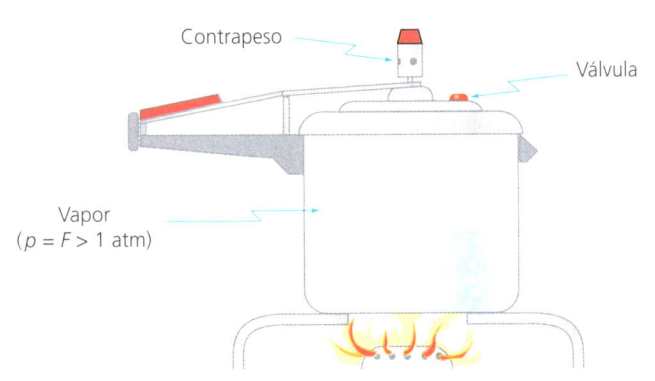

Representação esquemática de uma panela de pressão.

Nessa panela, os vapores que se formam quando a água é aquecida não podem escapar para o ambiente, o que faz a pressão interna sobre o líquido aumentar gradativamente. É óbvio que, se não houvesse escape de vapor em nenhum momento, a elevação da pressão acabaria fazendo com que o material da panela não resistisse, e ela explodiria. Então, para que isso não aconteça, um "contrapeso" é acoplado na parte central da tampa da panela, para permitir a saída de vapor apenas quando a pressão interna atingir um determinado valor superior a 1 atm. Nesse momento, o vapor começa a sair, de modo que a pressão interna se estabiliza e a água começa a ferver, numa temperatura superior a 100 °C. Por razões de segurança, além do contrapeso, a tampa da panela dispõe de uma válvula, constituída por uma rolha de borracha que veda um orifício: se, por qualquer razão, houver um entupimento na canalização de saída do vapor, essa rolha será expelida quando a pressão atingir um valor muito alto, aliviando a pressão interna e impedindo um acidente.

Panela de pressão.

A grande vantagem da panela de pressão é permitir que o cozimento dos alimentos seja mais rápido, o que ocorre porque a água atinge uma temperatura superior a 100 °C. Observe que, numa panela comum, a temperatura nunca passa de 100 °C quando a água está fervendo: de nada adianta aumentar a chama; o tempo de cozimento não será alterado.

Aplicação tecnológica

Um dispositivo denominado **autoclave**, amplamente utilizado em clínicas, hospitais e consultórios, entre outros locais, para a esterilização de instrumentos médicos, cirúrgicos, entre outros, baseia-se no mesmo princípio. Os bisturis, pinças, tesouras etc. a serem esterilizados são colocados no interior da autoclave, mergulhados em água, que ferve sob pressão, numa temperatura superior a 100 °C. A temperatura elevada provoca a eliminação dos germes patogênicos, garantindo a assepsia do material.

De certo modo, também podemos chamar a panela de pressão de autoclave.

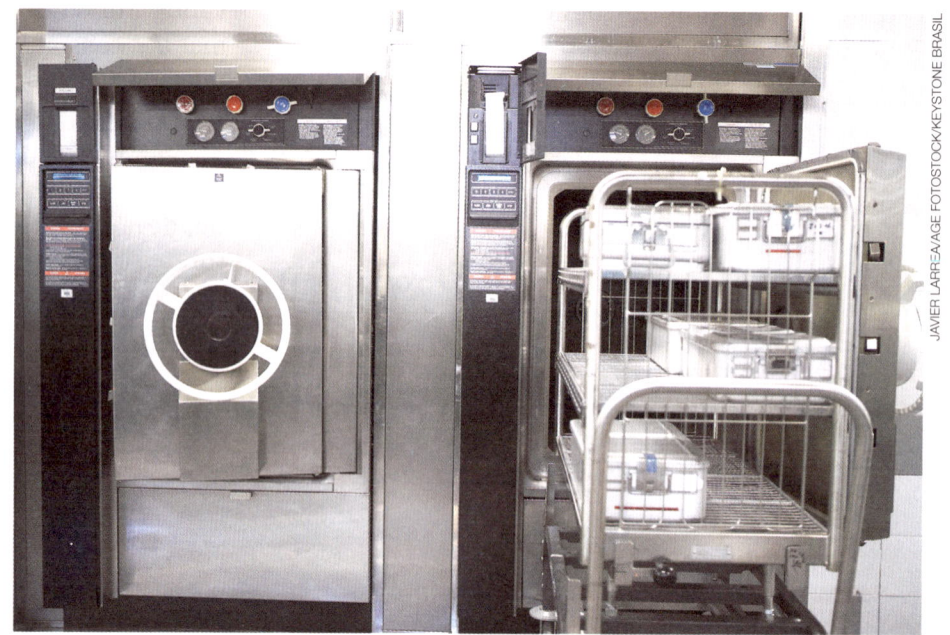

Autoclaves hospitalares.

Exercícios resolvidos

5. O diagrama de fases representado na figura a seguir refere-se a uma substância pura.

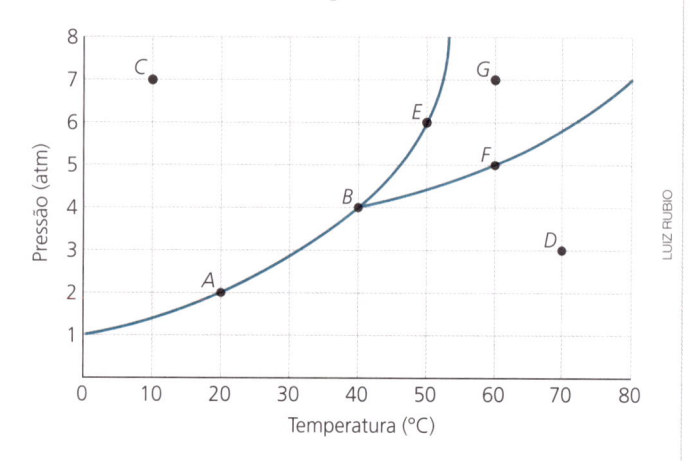

a) Essa substância, ao sofrer fusão, se dilata ou se contrai? Justificar.

b) Baseando-se nos dados do diagrama de fases dessa substância, criar uma tabela listando a temperatura (em °C), a pressão (em atm) e o estado físico da substância nos pontos A, B, C, D, E, F e G.

▶ **Solução**

a) Pela curva de fusão da substância, podemos perceber que um aumento da pressão implica um aumento na temperatura de fusão do material. Em outras palavras, o aumento da pressão dificulta a fusão do material. Podemos, então, concluir que a substância, ao se fundir, **dilata-se**, como ocorre com a maioria das substâncias.

b) Para criar a tabela, obtemos os dados diretamente do diagrama. Assim:

Ponto	Temperatura (°C)	Pressão (atm)	Estado físico
A	20	2	sólido + vapor
B	40	4	sólido + líquido + vapor
C	10	7	sólido
D	70	3	vapor
E	50	6	sólido + líquido
F	60	5	líquido + vapor
G	60	7	líquido

6. Considerando o diagrama anterior:

a) qual é o nome da mudança de estado de C para G, considerando a pressão constante?

b) se, a partir do ponto D, provocarmos uma compressão na substância, mantendo a temperatura constante, o que poderá ocorrer?

▶ **Solução**

a) No ponto C, a substância está na fase sólida e, em G, na fase líquida. Portanto, a mudança de estado de C para G é uma **fusão**.

b) No ponto D, a substância está a 70 °C e sob pressão de 3 atm na forma de vapor. Aumentando a pressão sobre ela, mas mantendo a temperatura constante (compressão isotérmica), a substância poderá, ao atingir a pressão de aproximadamente 5,8 atm, passar para a fase líquida, ou seja, poderá sofrer **condensação**.

Exercícios propostos

9. A figura abaixo mostra o diagrama de fases de uma substância.

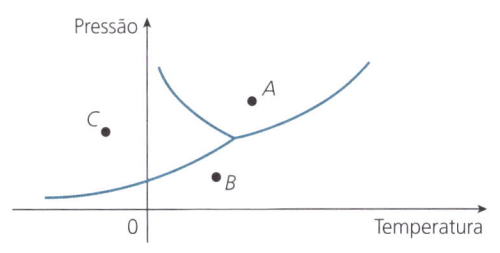

a) Durante a fusão, essa substância se dilata ou se contrai? Justifique.
b) Em que estado de agregação a substância está nas situações A, B e C?
c) Qual é o nome da mudança de fase do estado A para o estado C, considerando que a substância é submetida a uma pressão constante?
d) Se, a partir do estado B, a substância sofrer um resfriamento isobárico, que mudança de fase poderá ocorrer?

10. A figura abaixo mostra o diagrama de fases de uma substância.

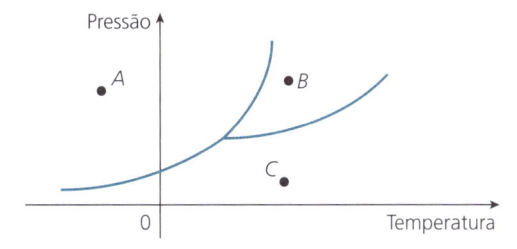

a) Durante a fusão, essa substância se dilata ou se contrai? Justifique.
b) Em que estado de agregação a substância está em A, B e C?
c) Qual é o nome da mudança de fase do estado A para o C?
d) Se, a partir do estado B, a substância sofrer um aquecimento sob pressão constante, que mudança de fase poderá ocorrer?

11. Dois recipientes com água à mesma temperatura estão, no mesmo instante, nas cidades A e B. A água contida no recipiente na cidade A está fervendo, enquanto a água do recipiente na cidade B não. É possível que isso aconteça? Justifique.

Trocando ideias

Você já se perguntou como é possível armazenar alimentos em quantidade suficiente para os astronautas consumirem durante os meses em que permanecem isolados na Estação Espacial Internacional? Ou como os navegadores solitários armazenam alimentos para as longas travessias oceânicas?

Nesta proposta, você e seus colegas de grupo vão pesquisar alguns processos de conservação de alimentos que se baseiam em desidratação e em variações de temperatura, como a liofilização e a pulverização, utilizados para tornar os alimentos apropriados para consumo por longos períodos. A pesquisa também deve explicar se esses processos protegem os alimentos da proliferação de bactérias e como o fazem, se for o caso.

Para a realização desse estudo, vocês devem buscar informações em fontes confiáveis, como livros de Física, de Biologia e de Química, *sites* de instituições universitárias ou de publicações científicas. Caso necessitem, peçam auxílio aos professores de Biologia e de Química. Os resultados podem ser descritos em textos, tabelas e/ou gráficos. O grupo pode gravar a apresentação do trabalho em vídeo e disponibilizá-lo para os colegas e os professores.

Exercícios de revisão

Ficha-resumo 1

O calor que, recebido ou cedido por uma substância, provoca somente mudança no estado físico dessa substância é denominado **calor latente**.

Quantidade de calor latente: $Q = mL$

Em que m é a massa de substância que muda de estado físico.

Durante a mudança de estado de uma substância pura para uma dada pressão, a temperatura θ permanece constante.

Curva de aquecimento de uma substância pura:

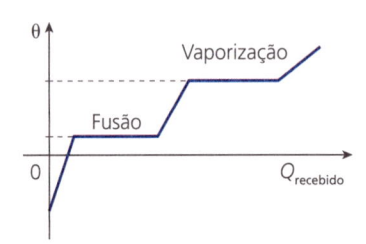

Curva de resfriamento de uma substância pura:

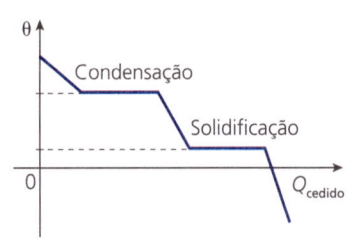

1. (Mackenzie-SP) Uma das características meteorológicas da cidade de São Paulo é a grande diferença de temperatura registrada em um mesmo instante em diversos pontos do município. Segundo dados do Instituto Nacional de Meteorologia, a menor temperatura registrada nessa cidade foi -2 °C, no dia 2 de agosto de 1955, embora haja algumas indicações, não oficiais, de que, no dia 24 de agosto de 1898, registrou-se a temperatura de -4 °C. Em contrapartida, a maior temperatura teria sido 37 °C, medida em 20 de janeiro de 1999. Considerando-se 100 g de água sob pressão atmosférica normal, inicialmente a -4 °C, para chegar a 37 °C, a quantidade de energia térmica que esta massa deverá receber é:
   a) 11,3 kcal
   b) 11,5 kcal
   c) 11,7 kcal
   d) 11,9 kcal
   e) 12,1 kcal

   [Dados: água; calor latente de fusão (L_f) = 80 cal/g; calor específico no estado sólido (c) = 0,50 cal/(g · °C); calor específico no estado líquido (c) = 1,0 cal/(g · °C)]

2. (UFT-TO) Considere que os calores específicos do gelo e da água são constantes e valem $2,05 \cdot 10^3$ J/(kg · K) e $4,18 \cdot 10^3$ J/(kg · K), respectivamente. O calor latente de fusão e o calor latente de vaporização da água são $333,5 \cdot 10^3$ J/kg e $2.257 \cdot 10^3$ J/kg, respectivamente. Baseado nestas informações, pode-se dizer que o valor que melhor representa a quantidade mínima de calor necessária para transformar 10 g de gelo a 0 °C, sujeito a uma pressão de 1 atm, em vapor, é de:
   a) $22,57 \cdot 10^3$ J
   b) $52,07 \cdot 10^3$ J
   c) $42,18 \cdot 10^3$ J
   d) $30,09 \cdot 10^3$ J
   e) $35,05 \cdot 10^3$ J

3. (Ufac) Em geral, a temperatura do corpo humano é constante e igual a 37 °C. A hipotermia é caracterizada pela redução da temperatura padrão de nosso corpo. A medicina faz uso controlado da hipotermia em determinadas cirurgias cerebrais e cardíacas. Esse procedimento diminui o consumo de oxigênio do cérebro e do coração, bem como reduz a chance de danos ocasionados pela falta de circulação do sangue. Suponha que um paciente, de massa 60 kg, seja submetido a uma cirurgia do coração.

   A temperatura inicial de seu corpo é 37 °C e pretende-se diminuí-la para 30 °C. Considere o calor específico do corpo humano igual a 1,0 cal/(g · °C) e o calor latente de fusão do gelo igual a 80 cal/g. A massa mínima de gelo necessária para diminuir a temperatura do paciente até 30 °C é:
   a) 10 g
   b) 4,25 g
   c) 4,25 kg
   d) 5,25 g
   e) 5,25 kg

4. (UPE) Qual massa de gelo a 0 °C deve ser misturada com 100 g de água a 80 °C, para que a temperatura de equilíbrio seja de 20 °C, sabendo-se que o calor específico da água vale 1 cal/(g · °C) e que o calor latente de fusão da água vale 80 cal/g?
   a) 30 g
   b) 60 g
   c) 72 g
   d) 120 g
   e) 180 g

5. (Puccamp-SP) Um bloco de gelo, de massa 10 g, é retirado de um congelador a -16 °C e colocado num calorímetro ideal, contendo 50 g de água a 26 °C. A temperatura final de equilíbrio térmico é, em °C:
   a) zero
   b) 3
   c) 5
   d) 7
   e) 11

   [Dados: calor específico sensível do gelo = 0,50 cal/(g · °C); calor específico latente de fusão do gelo = 80 cal/g; calor específico sensível da água = 1,0 cal/(g · °C)]

6. (Faap-SP) Uma pedra de gelo a 0 °C e de massa m é colocada num copo que contém uma massa m' de água a 20 °C. Pretende-se, ao final, no equilíbrio térmico, obter apenas água no estado líquido a 0 °C. Considere que as trocas de calor ocorram apenas entre a água e o gelo.

   [Dados: calor específico da água: 1 cal/(g · °C); calor latente do gelo: 80 cal/g]

   A relação entre as massas m e m' é:
   a) $m' = 16 \cdot m$
   b) $m' = 4 \cdot m$
   c) $m' = m$
   d) $m' = \dfrac{m}{4}$
   e) $m' = 8 \cdot m$

7. (Fatec-SP) Aviões a jato, ao voarem em altitudes aproximadas de 25 mil pés, geram rastros chamados de *contrails* (ou trilhas de condensação), que nada mais são do que os rastros do ar, ejetados das turbinas das aeronaves.

<http://tinyurl.com/gol3rq8>
Acesso em: 20 mar. 2016.

A formação desses *contrails* ocorre devido:
a) ao choque térmico entre o ar frio (a cerca de −20 °C), que sai da turbina, e o ar à temperatura ambiente (a cerca de 25 °C), atrás da aeronave.
b) à rápida sucção das nuvens à frente da aeronave, e à rápida ejeção delas para trás do avião.
c) ao gelo seco, despejado no ar pelo acionamento intencional do piloto.
d) à rápida sucção de partículas de poeira à frente da aeronave e à rápida ejeção das mesmas para trás do avião.
e) ao choque térmico entre o ar quente (a cerca de 300 °C), que sai da turbina, e o ar à temperatura muito baixa (a cerca de −25 °C) atrás da aeronave.

8. (OBC) Num calorímetro, de capacidade térmica desprezível, misturam-se 100 g de gelo a −40 °C com 80 g de água líquida a uma temperatura θ. O valor de θ, para que no final a massa de gelo seja o dobro da massa de água líquida, é igual a:
[Dados: calor específico sensível do gelo = 0,50 cal/(g · °C); calor específico sensível da água líquida = 1,0 cal/(g · °C); calor específico latente de fusão do gelo = 80 cal/g]
a) 5,0 °C   c) 15 °C   e) 45 °C
b) 10 °C   d) 25 °C

Ficha-resumo 2

Diagramas de fases

Substâncias puras (caso geral)

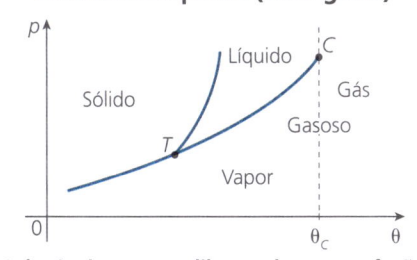

Substâncias que se dilatam durante a fusão

Substâncias puras (exceções)

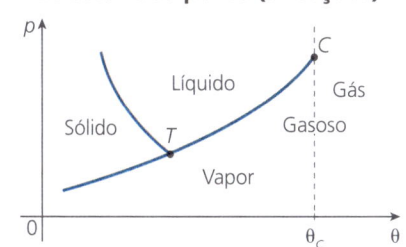

Substâncias que se contraem durante a fusão

9. (Udesc-SC) Para cada substância simples, pode-se fazer um gráfico, denominado diagrama de fase, em que cada ponto corresponde a uma combinação de pressão e temperatura bem definidas. Essa combinação de pressão e temperatura determina a fase da substância. A figura mostra o diagrama de fase da água.

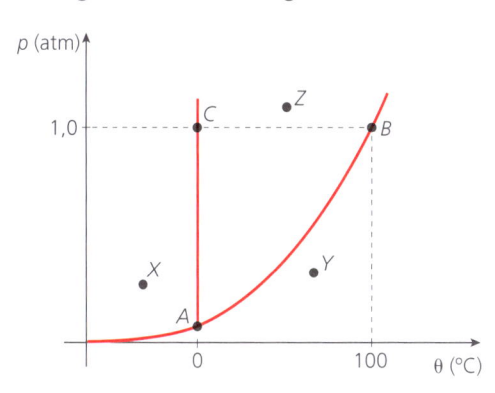

Analisando o diagrama de fase da água, todas as alternativas estão corretas, exceto a:
a) O ponto A é o ponto triplo da água.
b) A água está na fase gasosa no ponto Z.
c) A curva AB é a curva de vaporização.
d) A água está na fase sólida no ponto X.
e) O ponto B é o ponto de ebulição da água nas condições normais de temperatura (0 °C) e pressão (1 atm).

10. (Fatec-SP) Uma porção de certa substância está passando do estado líquido para o estado sólido. Verifica-se que o sólido que se forma flutua sobre a parte ainda líquida. Com essa observação, é correto concluir que:
a) a densidade da substância aumenta com a solidificação.
b) a massa da substância aumenta com a solidificação.
c) a massa da substância aumenta com a fusão.
d) o volume da substância aumenta com a fusão.
e) o volume da substância aumenta com a solidificação.

11. (Acafe-SC) Em Criciúma (SC), uma mina de carvão tem 500 m de profundidade. Coloca-se no fundo da mina um recipiente aberto com água a ferver. O que acontece com a água nessa situação?
a) Entra em ebulição a uma temperatura superior a 100 °C.
b) Entra em ebulição a uma temperatura inferior a 100 °C.
c) Entra em ebulição a 100 °C.
d) Não consegue entrar em ebulição.

12. (Unifor-CE) Acerca das mudanças de fase das substâncias, considere as afirmativas que seguem.
I. Se uma substância aumenta de volume ao sofrer fusão, um aumento de pressão sobre ela deverá diminuir o seu ponto de fusão.
II. Um líquido pode se solidificar, à temperatura constante, apenas por elevação da pressão sobre ele.
III. Uma substância, mantida à temperatura constante e menor que a do ponto tríplice, pode passar do estado sólido ao gasoso apenas por redução da pressão.

Dentre essas afirmativas, somente:
a) I é correta.   d) I e II são corretas.
b) II é correta.   e) II e III são corretas.
c) III é correta.

Exercícios de revisão

13. (UFPEL-RS) Na patinação sobre o gelo, o deslizamento é facilitado porque, quando o patinador passa, parte do gelo se transforma em água, reduzindo o atrito. Estando o gelo a uma temperatura inferior a 0 °C, isso ocorre porque a pressão da lâmina do patim sobre o gelo faz com que ele derreta.

De acordo com seus conhecimentos e com as informações do texto, é correto afirmar que a fusão do gelo acontece porque:

a) a pressão não influencia no ponto de fusão.
b) o aumento da pressão aumenta o ponto de fusão.
c) a diminuição da pressão diminui o ponto de fusão.
d) a pressão e o ponto de fusão não se alteram.
e) o aumento da pressão diminui o ponto de fusão.

14. (Enem) A elevação da temperatura das águas de rios, lagos e mares diminui a solubilidade do oxigênio, pondo em risco as diversas formas de vida aquática que dependem desse gás. Se essa elevação de temperatura acontece por meios artificiais, dizemos que existe poluição térmica. As usinas nucleares, pela própria natureza do processo de geração de energia, podem causar esse tipo de poluição. Que parte do ciclo de geração de energia das usinas nucleares está associada a esse tipo de poluição?

a) Fissão do material radioativo.
b) Condensação do vapor de água no final do processo.
c) Conversão de energia das turbinas pelos geradores.
d) Aquecimento da água líquida para gerar vapor de água.
e) Lançamento do vapor de água sobre as pás das turbinas.

15. (Enem) A tabela a seguir registra a pressão atmosférica em diferentes altitudes, e o gráfico relaciona a pressão de vapor da água em função da temperatura.

Altitude (km)	Pressão atmosférica (mmHg)
0	760
1	600
2	480
4	300
6	170
8	120
10	100

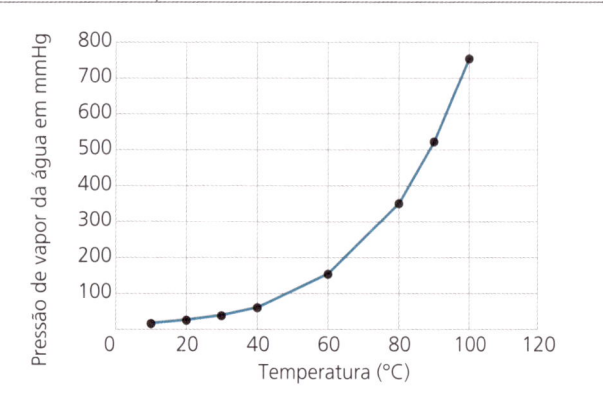

Um líquido, num frasco aberto, entra em ebulição a partir do momento em que a sua pressão de vapor se iguala à pressão atmosférica. Assinale a opção correta, considerando a tabela, o gráfico e os dados apresentados, sobre os seguintes locais:

Natal (RN)	Nível do mar
Campos do Jordão (SP)	Altitude 1.628 m
Pico da Neblina (RR)	Altitude 3.014 m

A temperatura de ebulição será:

a) maior em Campos do Jordão.
b) menor em Natal.
c) menor no Pico da Neblina.
d) igual em Campos do Jordão e Natal.
e) não dependerá da altitude.

16. (FMABC-SP) O gráfico representa o diagrama de fases do gelo-seco, PT e PC representam, respectivamente, ponto triplo e ponto crítico da substância.

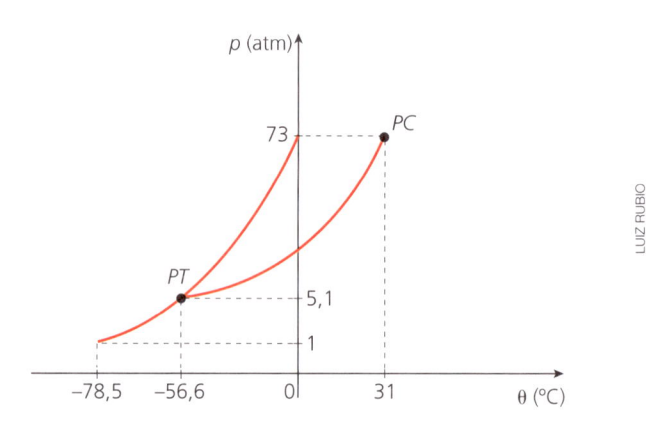

Analise este diagrama e assinale a alternativa correta.

a) Acima de 31 °C, a substância apresenta-se no estado gasoso.
b) É possível liquefazer o gás apenas aumentando a temperatura de −56,6 °C para 31 °C.
c) A substância apresenta-se no estado sólido para valores de pressão acima de uma atmosfera.
d) A substância apresenta-se sempre no estado líquido para a temperatura de 20 °C.
e) A substância apresenta-se em mudança de estado para a pressão de 5,1 atm e temperatura de −10 °C.

CAPÍTULO 21

TRANSMISSÃO DE CALOR

O conhecimento dos conceitos sobre a transmissão de calor é fundamental para entender como funcionam muitos equipamentos e procedimentos presentes no dia a dia.

Uma estufa de plantas, por exemplo, pode mostrar, em pequena escala, como nosso planeta se mantém aquecido.

A Terra recebe, em média, cerca de 1.360 W/m² de energia solar. Essa energia pode ser aproveitada por meio de usinas solares térmicas, como a de Ivanpah (foto), localizada no deserto de Mojave, estado de Nevada, EUA. Nessa usina, são utilizados 35 mil espelhos curvos para concentrar a luz solar em três torres, onde a energia solar coletada é utilizada para aquecer água e obter vapor a aproximadamente 400 °C. Esse vapor aciona turbinas para produzir energia elétrica.

Neste capítulo, estudaremos os mecanismos e os processos pelos quais a energia térmica se transfere de um corpo para outro.

Objetivos do capítulo

- Apresentar e caracterizar os processos de transmissão de calor.
- Diferenciar os mecanismos de transmissão de calor.
- Identificar o principal processo envolvido na transmissão de calor em diferentes situações.

1 Transmissão de calor

Vimos no capítulo 19 que calor é a energia térmica em trânsito entre corpos ou sistemas a diferentes temperaturas.

Também vimos que, ao receber ou ceder calor, um corpo pode apresentar variação de temperatura ou mudança de estado físico.

Entretanto, até agora, não explicamos como a energia térmica se transfere de um sistema ou corpo para outro.

O calor pode ser transmitido de um corpo para outro, ou de um sistema para outro, por três processos distintos: **condução**, **convecção** e **irradiação**.

A transmissão de calor geralmente se dá por dois ou até mesmo três processos simultaneamente. Contudo, sempre há a predominância de um deles.

Ao final deste capítulo, teremos condições de identificar o principal processo pelo qual o calor é transmitido em diferentes situações cotidianas.

2 Condução de calor

O que você espera que aconteça ao segurar a extremidade de um pedaço reto de arame, que tem a outra ponta em contato com a chama de uma vela, como mostrado na **figura 1**.

Figura 1.
A temperatura da extremidade do arame em contato com a mão aumenta no decorrer do tempo.

Não é preciso realizar esse experimento para concluir que a temperatura do arame aumenta gradativamente da extremidade em contato com a chama até a extremidade em contato com sua mão e que você corre o risco de queimar as pontas dos dedos se não estiver usando uma luva protetora.

Você poderia se perguntar como o calor da chama, distante de sua mão, foi transmitido até a luva protetora. A resposta é que o calor foi transmitido através do arame, mas como isso aconteceu?

O arame é constituído de partículas (átomos) que, como sabemos, estão em constante estado de agitação térmica. Quanto mais intensa a agitação dessas partículas, maior a temperatura do arame.

As partículas da extremidade do arame em contato direto com a chama da vela recebem energia térmica e, consequentemente, seu estado de agitação térmica aumenta, ou seja, sua temperatura se eleva. Como o fluxo de energia é constante, as partículas da extremidade do arame continuam a receber energia, aumentam seu estado de agitação e passam a colidir mais intensamente com as partículas vizinhas. Estas, por sua vez, também passam a se agitar mais intensamente, apresentando um aumento de temperatura.

O processo se repete sucessivamente entre partículas vizinhas e, assim, a energia da chama é transmitida ao longo do comprimento do arame, transferindo-se de uma partícula para outra, resultando em um aumento de temperatura de todo o arame.

A **figura 2** mostra uma ampliação da extremidade do arame em contato com a chama da vela.

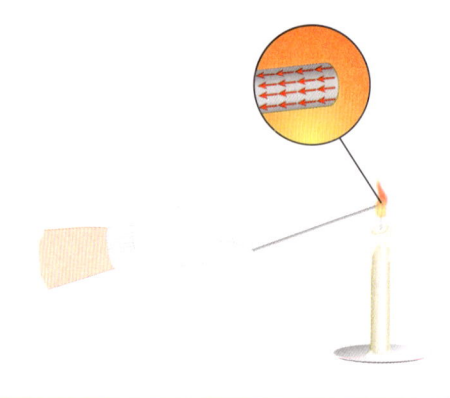

Figura 2.
A energia da chama é transmitida de uma partícula para outra ao longo do arame.

> No processo de transmissão de calor por **condução**, a energia térmica é transmitida diretamente de uma partícula (átomo, molécula ou íon) para outra através do material que constitui o corpo.

A quantidade de calor transmitida por condução depende das ligações das partículas que formam o corpo.

Alguns sólidos, por exemplo, são formados por átomos que têm elétrons livres em sua estrutura, ou seja, elétrons cuja ligação com o núcleo do átomo é mais fraca. Esses elétrons livres podem transmitir mais facilmente a energia por meio de colisões.

Os metais têm muitos elétrons livres e por isso são bons condutores de calor (**condutores térmicos**) e de eletricidade. Dentre os metais, a prata é o melhor condutor de calor, seguida do cobre, do alumínio e do ferro.

Já os materiais com poucos elétrons livres ou cujas partículas estão relativamente distantes umas das outras conduzem mal o calor e são denominados **isolantes térmicos**.

Os gases são formados por partículas relativamente distantes umas das outras e são, portanto, maus condutores de calor. O ar seco é melhor isolante térmico que o ar úmido porque este último contém partículas de água, que conduz melhor o calor que os gases componentes do ar seco. Além dos gases, também podemos citar como exemplos de isolantes térmicos a madeira, o vidro, o isopor, os plásticos, o gelo e a lã.

Observação

- O **fluxo de calor** corresponde à quantidade de calor que atravessa uma seção reta do corpo que o conduz, na unidade de tempo.
- A propriedade física associada à condução de calor nos materiais é a **condutividade térmica** (ou condutibilidade). Seu valor é elevado para os bons condutores de calor (condutores térmicos), e baixo para os isolantes térmicos.

Exercícios resolvidos

1. Por que a serragem (material composto de pó e resíduos que se desprendem da madeira serrada) é melhor isolante térmico que a madeira compacta da qual foi retirada?

   ▶ **Solução**
   O ar, que é um ótimo isolante térmico, fica armazenado nos componentes que formam a serragem. Assim, a combinação madeira e ar é um isolante térmico melhor que apenas madeira.

2. Um menino está descalço em uma sala com um dos pés apoiado em um piso cerâmico e o outro em um piso de madeira, ambos a uma mesma temperatura, menor que a de seus pés. Apesar de os dois pisos estarem a uma mesma temperatura, por que o menino tem a impressão de que o piso cerâmico está mais frio que o piso de madeira?

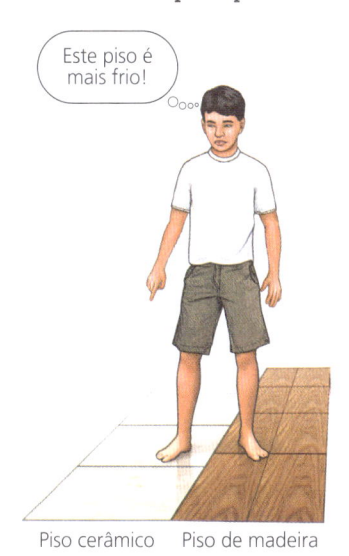

   ▶ **Solução**
   Considerando que ambos os pisos estão a uma temperatura menor que a dos pés do menino, o calor fluirá dos pés para os pisos. O piso cerâmico conduz o calor melhor que o de madeira (isolante), por isso o pé em contato com ele perderá mais calor que o pé em contato com o piso de madeira. Assim, o piso cerâmico parecerá mais frio que o de madeira.

   ### Observação
   Se ambos os pisos estivessem a uma temperatura maior que a dos pés do menino, o piso cerâmico pareceria mais quente que o de madeira.

Exercícios propostos

1. Por que, em uma noite fria, temos a impressão de que a maçaneta metálica de uma porta está mais fria que a própria porta de madeira?

2. Em países de inverno rigoroso, é difícil manter as casas aquecidas, pois grande quantidade de calor é transferida do interior para o exterior da casa através das janelas de vidro. Com o objetivo de reduzir as perdas de calor para o exterior, costuma-se usar janelas de vidraças duplas com ar entre elas.

   Explique qual é o principal fator que favorece a redução nas perdas de calor para o exterior da casa com o uso dessas janelas.

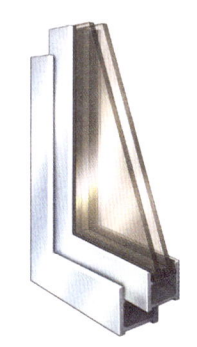

   Esquadria de janela com vidro duplo.

3. Numa noite de inverno, usamos cobertores para nos proteger do frio. No entanto, antes de nos deitar, mesmo que haja vários cobertores sobre a cama, o colchão continua frio. Quando nos deitamos, somente depois de algum tempo nos aquecemos sob os cobertores. Como isso pode ser explicado?

4. As panelas geralmente possuem cabos revestidos de madeira ou de baquelite, um tipo de resina sintética estável e resistente ao calor. Após o preparo dos alimentos, com a panela ainda a uma temperatura elevada, podemos segurá-la pelo cabo sem o risco de nos queimar.

   Frigideira com cabo de baquelite.

   Qual é a propriedade física da madeira ou da baquelite que torna apropriado seu uso em cabos de panela?

3 Convecção de calor

Para entender o processo de transmissão de calor por convecção, vamos analisar como acontece o aquecimento da água contida em uma panela de alumínio colocada sobre a chama de um fogão a gás **(fig. 3)**.

Como podemos explicar o aquecimento da massa de água dentro da panela?

O calor da chama é transmitido através do fundo da panela, de um átomo de alumínio para outro, pelo processo de condução.

Inicialmente, a água no fundo da panela começa a se aquecer pelo processo de condução, recebendo a energia diretamente dos átomos de alumínio com os quais está em contato. A partir daí, a transmissão de calor por condução é pouco eficiente, visto que, nos líquidos, as moléculas estão relativamente afastadas umas das outras.

O que ocorre a seguir é que a água em contato com o fundo da panela, ao se aquecer, sofre dilatação térmica e, ao se expandir, torna-se menos densa que o restante da água contida na panela. Então, essa porção de água aquecida sobe, cedendo lugar para porções mais frias de água, que estavam na parte superior da panela e agora descem para o fundo.

Enquanto a chama estiver acesa, porções mais quentes de água continuarão a subir e porções mais frias de água continuarão a descer. Essas correntes de água quente subindo e de água fria descendo, originadas pela diferença em suas densidades, são chamadas **correntes de convecção (fig. 4)**.

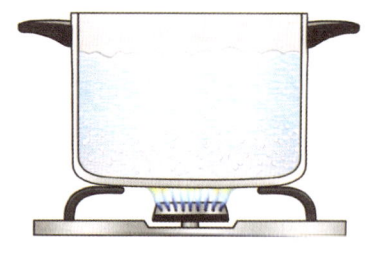

Figura 3. A água dentro da panela é aquecida pela chama.

> Na **convecção**, o calor é transmitido juntamente com porções do material aquecido. Por esse motivo, a convecção é um processo de transmissão de calor que ocorre exclusivamente nos fluidos (líquidos, gases e vapores), nunca nos sólidos.

Podemos dizer que, em um aquecimento por convecção, deve-se aquecer a massa fluida das **regiões inferiores**, para favorecer a subida do material aquecido **(fig. 5)**. Mas, em um resfriamento, deve-se resfriar a massa fluida das **regiões superiores**, para favorecer sua descida **(fig. 6)**.

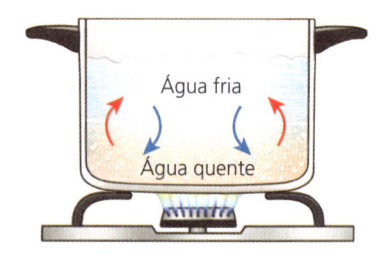

Figura 4. A diferença de densidades entre a água quente e a água fria dá origem às correntes de convecção (representadas pelas setas).

Figura 5. Os aquecedores portáteis geralmente ficam apoiados no chão para favorecer a subida do ar quente e, consequentemente, a descida do ar frio. O resultado é o aquecimento gradativo e uniforme do ambiente.

Figura 6. Nas geladeiras antigas, o congelador era sempre posicionado na parte superior para favorecer a descida do ar frio. As grades sobre as quais são colocados os alimentos permitem a livre circulação das correntes de convecção do ar no interior da geladeira.

Atividade prática

Experimento 1

Neste experimento, você poderá observar o que acontece com a fumaça quando se impede a formação de correntes de convecção. Você precisará do seguinte material:

- uma garrafa PET transparente de refrigerante de 2 litros com tampa (tire o rótulo para favorecer a visualização do experimento);
- uma folha de papel;
- um lápis ou uma caneta;
- uma caixa de fósforos;
- uma tesoura;
- um copinho descartável com água.

Observação

Cuidado ao manusear o tubo de papel com fogo e certifique-se de que ele estará apagado ao colocá-lo no lixo.

Com muito cuidado, use a tesoura para recortar um pequeno orifício, de 1 cm de diâmetro, na lateral da garrafa e próximo ao gargalo. A seguir, enrole a folha de papel, no sentido do comprimento, em torno do lápis ou da caneta e forme um tubo que caiba no orifício feito na lateral da garrafa. Introduza cerca de 5 cm do tubo de papel na garrafa, deixando-o na horizontal. Usando o fósforo, e com muito cuidado, ateie fogo à ponta do tubo de papel (**fig. I**).

Observe o comportamento da fumaça no interior da garrafa. Com a água do copinho, apague o fogo antes que ele chegue à garrafa. Com base nos conceitos estudados até aqui, escreva um texto curto explicando esse comportamento.

Figura I

Experimento 2

Neste outro experimento, você poderá impressionar seus amigos que ainda não estudaram os conceitos de convecção. Você precisará do seguinte material:

- um pedaço pequeno de isopor para servir de base;
- um alfinete;
- um pedaço de papel quadrado, com 5 cm a 6 cm de lado.

Para começar, dobre o papel ao meio duas vezes, nas diagonais (indicadas nos tracejados da **figura II**), para marcar seu centro de gravidade.

Espete o alfinete na base de isopor e apoie o centro do papel na cabeça do alfinete, conforme mostrado na **figura III**.

Figura II

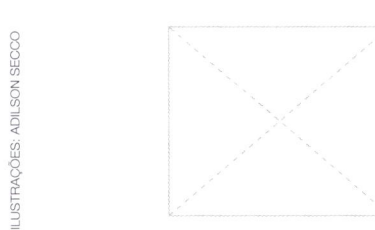

Figura III

A seguir, esfregue as mãos, coloque uma mão em concha por baixo e próxima do papel apoiado no alfinete e espere um pouco.

O que acontece com o papel?

Usando seus conhecimentos sobre a convecção térmica, desenhe uma figura para explicar o fenômeno observado. Para isso, use setas para indicar o sentido de movimentação do ar abaixo do papel.

Exercícios resolvidos

3. Em supermercados e mercearias, os produtos perecíveis ficam em *freezers* horizontais expostos ao ambiente. Apesar disso, esses produtos mantêm-se em baixa temperatura e, assim, conservam-se por mais tempo. Explicar por que não ocorre o aquecimento desses produtos.

> **Solução**

Os produtos perecíveis não se aquecem porque o ar frio que os envolve tem densidade maior que o ar à temperatura ambiente (ar quente) e, por esse motivo, o ar frio tende a ficar na parte inferior do *freezer*. Observe o esquema a seguir.

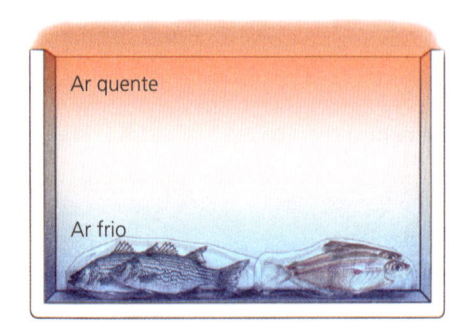

4. No inverno, sobretudo nas grandes cidades, ocorre um fenômeno denominado **inversão térmica**, que dificulta a dispersão dos poluentes atmosféricos. Explicar por que ocorre a inversão térmica.

> **Solução**

Em condições normais, os poluentes atmosféricos, como os produzidos pelos veículos automotores e pelas indústrias, são dispersados na atmosfera por correntes de convecção. O ar poluído, próximo ao solo, está mais quente que o ar das camadas atmosféricas superiores e por isso tende a subir, sendo substituído pelo ar mais frio, que é mais denso e por isso tende a descer. Entretanto, no inverno, é comum a ocorrência do fenômeno denominado **inversão térmica**. Nesse caso, o ar poluído, próximo ao solo, fica mais frio que o ar das camadas superiores dificultando a convecção, o que aumenta consideravelmente a concentração de poluentes no ar e provoca sérios problemas respiratórios, sobretudo em crianças, idosos e em pessoas que têm alergias e doenças pulmonares. A falta de chuvas e de ventos pode agravar o problema, pois dificulta ainda mais a dispersão dos poluentes atmosféricos.

Exercícios propostos

5. Você dispõe de um galão de água, à temperatura ambiente, e de uma barra de gelo. Para refrigerar a água, você colocaria o galão sobre a barra ou a barra sobre o galão? Justifique.

6. Os ventos são correntes de convecção do ar atmosférico. Com base nessa informação, explique a formação dos ventos.

7. Após a limpeza de uma geladeira como a da **figura 6**, suas prateleiras foram revestidas com papel-alumínio. Quais são as consequências desse procedimento?

8. No interior de uma casa, um aparelho de refrigeração de ar deve ser instalado em local mais próximo do chão ou do teto? E um aquecedor de ar? Justifique.

4 Irradiação de calor

Para entender o mecanismo da transmissão de calor por irradiação ou radiação, imagine-se sentado próximo a uma fogueira em uma noite fria e de frente para ela **(fig. 7)**.

Naturalmente, você sentirá o calor transmitido da fogueira até você e perceberá que a parte do seu corpo, voltada para a fogueira, se aquece mais que o restante. Mas como esse calor chega até você?

A quantidade de calor transmitida por condução é desprezível, visto que o ar é um bom isolante térmico. Também é desprezível a quantidade de calor recebida por convecção, visto que o ar aquecido, por ser menos denso, irá subir.

Podemos afirmar que o calor chegará até você por um processo diferente da condução e da convecção. Esse processo é denominado irradiação.

> Na **irradiação**, o calor é transmitido por ondas eletromagnéticas (como as ondas de rádio, raios infravermelhos, luz visível, raios ultravioleta, entre outras).

Quando essas ondas são raios infravermelhos, também chamadas de ondas de calor ou calor radiante, utilizamos o termo **irradiação térmica**.

Figura 7. O calor é transmitido da fogueira para as pessoas por irradiação térmica.

De modo geral, qualquer corpo emite radiação eletromagnética, dependendo apenas de sua temperatura. Quanto maior a temperatura do corpo, maior a quantidade de calor transmitido por irradiação.

As ondas eletromagnéticas, como a luz e os raios infravermelhos, podem se propagar no vácuo e, por esse motivo, ao contrário da condução e da convecção, que só ocorrem através de meios materiais, a irradiação também pode ocorrer no vácuo.

É por meio da irradiação que o calor do Sol, por exemplo, é transmitido à Terra, possibilitando a existência de vida em nosso planeta.

As ondas de calor não se propagam com a mesma eficiência em todos os meios. O vácuo tem transparência total para a propagação dos raios infravermelhos; os metais e o concreto, por exemplo, são praticamente opacos para esse tipo de radiação (absorvem a maior parte da radiação incidente) e certos materiais, como o vidro, o plástico, o ar e a água, por exemplo, são semitransparentes.

Em um corpo de material semitransparente, uma parte dos raios infravermelhos incidentes sofre reflexão, uma parte o atravessa e outra parte é absorvida pelo material. A parte da radiação que é absorvida pelo corpo provoca seu aquecimento **(fig. 8)**.

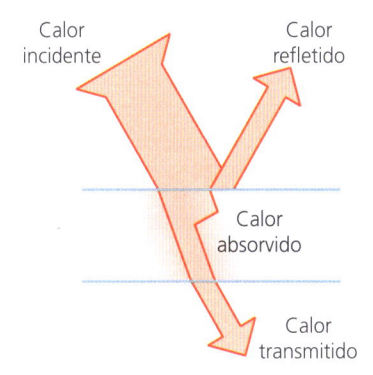

Figura 8. A quantidade de calor incidente em um corpo é a soma das quantidades de calor refletidas, absorvidas e transmitidas.

Devemos ressaltar, ainda, que as superfícies escuras absorvem mais calor radiante que as superfícies claras, e as superfícies polidas ou espelhadas refletem mais calor radiante que as superfícies foscas.

Trocando ideias

Você já deve ter ouvido falar no efeito estufa e nas consequências que a sua intensificação pode causar. O efeito estufa é necessário para a existência de vida na Terra, mas seu aumento descontrolado pode provocar alterações ambientais desastrosas. Com seus colegas de grupo, pesquise a função do efeito estufa na natureza, os fatores que vêm provocando sua intensificação e as consequências desse processo. Assistam ao documentário *Uma verdade inconveniente* (EUA, 2006) e discutam as ideias apresentadas.

Escrevam um relatório para apresentar as informações obtidas na pesquisa e suas conclusões e o compartilhem com os colegas de turma em um mural de sala, se houver, ou por meio de uma rede social.

Aplicação tecnológica

Aquecimento da água por energia solar

O uso de novas fontes de energia, especialmente aquelas que não poluem, não dependem de construções dispendiosas, nem provocam danos ambientais, vem ocorrendo há algumas décadas. As razões para utilizá-las são econômicas e ambientais. Uma dessas fontes é a energia solar. Os **aquecedores solares** vêm sendo utilizados no aquecimento da água de residências **(fig. I)**, piscinas, hotéis, indústrias, hospitais, propriedades rurais, entre outros locais.

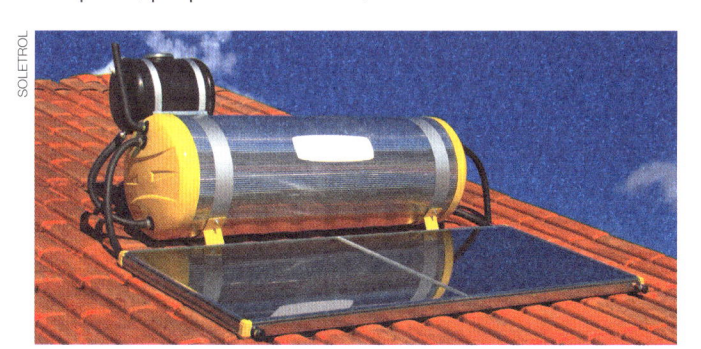

Figura I. Coletor solar e reservatório térmico (*boiler*) no telhado de uma casa.

Um sistema básico de aquecimento de água por energia solar é composto de placas coletoras solares e um reservatório térmico (*boiler*). As placas coletoras absorvem a radiação solar que é transmitida para a água que circula no interior de tubulações de cobre **(fig. II)**. O reservatório térmico, geralmente um cilindro de cobre ou aço inoxidável, armazena a água aquecida. Para isso, é isolado termicamente com poliuretano expandido sem CFC (clorofluorcarbonetos) para diminuir as perdas de calor por condução. Dessa forma, a água permanece aquecida e pronta para consumo a qualquer hora do dia ou da noite. A caixa-d'água (à temperatura ambiente) alimenta o *boiler*, mantendo-o sempre cheio **(fig. II)**.

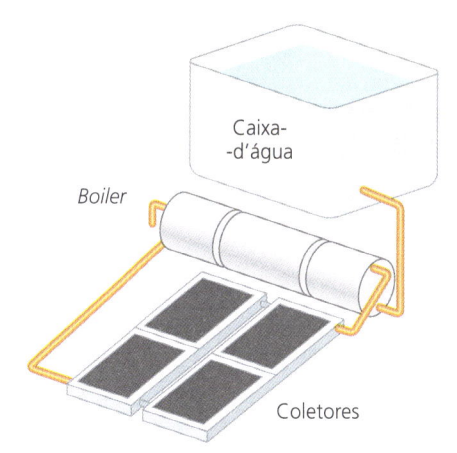

Figura II. Representação esquemática de um aquecedor solar acoplado a uma caixa-d'água.

A circulação da água entre os coletores e o reservatório é realizada por um mecanismo natural e espontâneo, chamado de **termossifão**. Nesse sistema, a água dos coletores, por estar mais quente, é menos densa que a água do reservatório. Então, a água fria, mais densa, "empurra" a água quente para o reservatório, provocando a circulação da água no sistema. Em sistemas maiores, em que o volume de água é muito grande, como em piscinas, a circulação da água é feita por meio de motobombas.

Exercícios resolvidos

5. Uma garrafa térmica é construída de modo a minimizar as trocas de calor entre seu conteúdo e o meio externo. Suas paredes duplas, entre as quais o ar é muito rarefeito, são de vidro espelhado e sua tampa é feita de material isolante térmico.

Como esses recursos minimizam as trocas de calor?

▶ **Solução**

O material isolante térmico da tampa impede a formação de correntes de convecção no ar acima do conteúdo da garrafa e também dificulta as trocas de calor com o meio externo por condução.

As paredes de vidro, que é um bom isolante térmico, e o ar rarefeito entre elas também dificultam as trocas de calor por condução.

O espelhamento das paredes de vidro minimiza as trocas de calor por irradiação.

6. As estufas, estruturas com paredes e teto de vidro ou de plástico transparente, são muito utilizadas para o cultivo de plantas fora da estação.

Plantas cultivadas em uma estufa.

Na maior parte do tempo, o interior da estufa mantém-se a uma temperatura maior que a do exterior. Como isso é possível?

▶ **Solução**

O interior da estufa se mantém a uma temperatura maior que a do exterior devido à propagação do calor por irradiação.

Como sabemos, todo corpo emite alguma quantidade de calor radiante, que depende de sua temperatura. O calor que aquece o planeta é irradiado pelo Sol e parte desse calor consegue penetrar o interior da estufa e aquecê-la, pois o teto e as paredes de vidro ou de plástico são totalmente transparentes para algumas radiações. Entretanto, os corpos que estão na estufa reemitem calor na forma de raios infravermelhos de baixa frequência, para a qual as paredes e o teto da estufa são semitransparentes. Assim, a quantidade de calor perdida pela estufa é menor que a quantidade de calor recebida, o que provoca o aumento da temperatura em seu interior.

Algo semelhante acontece quando deixamos um carro, com as janelas fechadas, estacionado ao sol. Depois de algum tempo, o interior do carro estará a uma temperatura maior que a do exterior.

Em escala global temos o **efeito estufa**, um processo natural que mantém o planeta em equilíbrio térmico, já que a quantidade de calor radiante recebida pela Terra é maior que a quantidade de calor radiante reemitida para o espaço.

O aumento na concentração de certos gases — dióxido de carbono (CO_2), metano (CH_4), óxido nitroso (N_2O) e clorofluorcarbonetos (CFCs) —, devido à atividade humana, torna a atmosfera do nosso planeta menos transparente para a radiação reemitida pela Terra, intensificando o efeito estufa e contribuindo para o aumento da temperatura média do planeta.

Exercícios propostos

9. Profissionais da área da saúde recomendam o uso de roupas claras para a prática de exercícios físicos, como caminhar ou correr, principalmente no verão. Justifique essa recomendação.

10. Levando em conta os efeitos do calor, responda:
a) Por que sentimos frio quando aproximamos nossas mãos de um bloco de gelo?
b) Por que sentimos calor quando aproximamos nossas mãos de um forno ligado?

11. No Brasil, um país de clima quente, é muito comum a presença de grandes edifícios envidraçados. A climatização desses edifícios exige a utilização de muitos aparelhos de ar-condicionado. Por quê?

12. Analise as afirmativas a seguir e assinale a alternativa com a afirmativa incorreta.
a) O calor do Sol chega até nós por irradiação.
b) Uma moeda bem polida apresenta temperatura maior que uma moeda revestida de tinta preta, quando ambas são expostas ao sol.
c) Para uma barra metálica aquecida em uma extremidade, a propagação do calor até a extremidade oposta se dá por condução.
d) Os raios infravermelhos incidentes em um corpo semitransparente são totalmente absorvidos pelo corpo.

Exercícios de revisão

Ficha-resumo 1

Transmissão de calor por condução

- A energia térmica é transmitida diretamente de uma partícula para outra (átomo, molécula ou íon).
- A condução exige a presença de um meio material e, portanto, não ocorre no vácuo.

GASES — LÍQUIDOS — SÓLIDOS
Bom isolante térmico ← → Bom condutor térmico

1. (Enem) Uma garrafa de vidro e uma lata de alumínio, cada uma contendo 330 mL de refrigerante, são mantidas em um refrigerador pelo mesmo longo período de tempo. Ao retirá-las do refrigerador com as mãos desprotegidas, tem-se a sensação de que a lata está mais fria que a garrafa.

É correto afirmar que:
a) a lata está realmente mais fria, pois a capacidade calorífica da garrafa é maior que a da lata.
b) a lata está de fato menos fria que a garrafa, pois o vidro possui condutividade menor que a do alumínio.
c) a garrafa e a lata estão à mesma temperatura, possuem a mesma condutividade térmica, e a sensação deve-se à diferença nos calores específicos.
d) a garrafa e a lata estão à mesma temperatura e a sensação é devida ao fato de a condutividade térmica do alumínio ser maior que a do vidro.
e) a garrafa e a lata estão à mesma temperatura e a sensação é devida ao fato de a condutividade térmica do vidro ser maior que a do alumínio.

2. (OBF) Um estudante caminha descalço em um dia em que a temperatura ambiente é de 28 °C. Em um certo ponto, o piso de cerâmica muda para um assoalho de madeira, estando ambos em equilíbrio térmico. O estudante tem então a sensação de que a cerâmica estava mais fria que a madeira. Refletindo um pouco, ele conclui corretamente, que:
a) a sensação de que as temperaturas são diferentes de fato representa a realidade física, uma vez que a cerâmica tem uma capacidade calorífica menor que a madeira.
b) a sensação de que as temperaturas são diferentes não representa a realidade física, uma vez que a cerâmica tem uma capacidade calorífica menor que a madeira.
c) a sensação de que as temperaturas são diferentes de fato representa a realidade física, uma vez que a condutividade térmica da cerâmica é maior que a da madeira.
d) a sensação de que as temperaturas são diferentes não representa a realidade física, uma vez que a condutividade térmica da cerâmica é maior que a da madeira.

3. (PUC-SP) Analise as afirmações referentes à condução térmica.
I. Para que um pedaço de carne cozinhe mais rapidamente, pode-se introduzir nele um espeto metálico. Isso se justifica pelo fato de o metal ser um bom condutor de calor.
II. Os agasalhos de lã dificultam a perda de energia (na forma de calor) do corpo humano para o ambiente, devido ao fato de o ar aprisionado entre suas fibras ser um bom isolante térmico.
III. Devido à condução térmica, uma barra de metal mantém-se a uma temperatura inferior à de uma barra de madeira colocada no mesmo ambiente.

Podemos afirmar que:
a) I, II e III estão corretas.
b) I, II e III estão erradas.
c) apenas I está correta.
d) apenas II está correta.
e) apenas I e II estão corretas.

4. (UFSCar-SP) Um grupo de amigos compra barras de gelo para um churrasco, num dia de calor. Como as barras chegam com algumas horas de antecedência, alguém sugere que sejam envolvidas num grosso cobertor para evitar que derretam demais. Essa sugestão:
a) é absurda, porque o cobertor vai aquecer o gelo, derretendo-o ainda mais depressa.
b) é absurda, porque o cobertor facilita a troca de calor entre o ambiente e o gelo fazendo com que ele derreta ainda mais depressa.
c) é inócua, pois o cobertor não fornece nem absorve calor ao gelo, não alterando a rapidez com que o gelo derrete.
d) faz sentido, porque o cobertor facilita a troca de calor entre o ambiente e o gelo, retardando o seu derretimento.
e) faz sentido, porque o cobertor dificulta a troca de calor entre o ambiente e o gelo, retardando o seu derretimento.

5. (UFSM-RS) "Os habitantes dos cerritos, com o tempo, foram aprendendo a plantar e a moldar potes de barro cozido."

Os índios usavam panelas de barro. Modernamente usamos panelas de metais, como alumínio e aço inoxidável, com cabos de madeira ou baquelite. Os metais são _____ de energia na forma de calor, pois possuem _____ condutividade térmica. O material do cabo possui _____ condutividade térmica.

Assinale a alternativa que preenche corretamente as lacunas.
a) bons condutores – baixa – baixa
b) maus condutores – baixa – alta
c) bons condutores – alta – alta
d) maus condutores – baixa – baixa
e) bons condutores – alta – baixa

Ficha-resumo 2

Transmissão de calor por convecção

- O calor é transmitido juntamente com porções do material aquecido, pelas correntes de convecção.
- As correntes de convecção são originadas pela diferença de densidade entre porções mais quentes e porções mais frias do mesmo material.
- A convecção ocorre exclusivamente nos fluidos (líquidos, gases e vapores), nunca nos sólidos.
- A convecção exige a presença de um meio material e, portanto, não ocorre no vácuo.

Exercícios de revisão

6. (UEPG-PR) Calor pode ser conceituado como sendo uma forma de energia que é transferida de um sistema físico para outro sistema físico devido, exclusivamente, à diferença de temperatura existente entre os dois sistemas. Sobre o fenômeno da transferência de calor, assinale o que for correto.

(01) A transmissão do calor por convecção, em um meio, consiste essencialmente no deslocamento de moléculas de diferentes densidades, de uma região para outra desse meio.

(02) A condução do calor pode ser atribuída à transmissão da energia através de colisões entre as moléculas constituintes de um corpo. Por isso, os sólidos são melhores condutores de calor do que os líquidos e do que os gases.

(04) Fluxo de calor corresponde à quantidade de calor que atravessa uma seção reta do corpo que o conduz, na unidade de tempo.

(08) O calor, espontaneamente, se propaga do corpo de maior temperatura para o corpo de menor temperatura.

(16) Quando dois corpos, em contato, estão em equilíbrio térmico, pode-se afirmar que o fluxo de calor entre eles é constante.

Dê como resposta a soma dos números que precedem as proposições corretas.

7. (UEA-AM) Os exaustores na foto ao lado são dispositivos usados para retirar o ar quente do interior de um ambiente, sem qualquer acionamento artificial.

Mesmo assim, as hélices dos exaustores giram. Uma explicação correta para o movimento das hélices é:

a) a passagem do ar quente da parte interna para a externa, através do exaustor.
b) a passagem do ar quente da parte externa para a interna, através do exaustor.
c) a passagem do ar frio da parte externa para a interna, através do exaustor.
d) a propagação do calor por condução da parte interna para o meio exterior.
e) a propagação do calor por irradiação do meio exterior para a parte interna.

8. (Enem) Numa área de praia, a brisa marítima é uma consequência da diferença no tempo de aquecimento do solo e da água, apesar de ambos estarem submetidos às mesmas condições de irradiação solar. No local que se aquece mais rapidamente (solo), o ar fica mais quente e sobe, deixando uma área de baixa pressão, provocando o deslocamento do ar da superfície que está mais fria (mar).

À noite, ocorre um processo inverso ao que se verifica durante o dia.

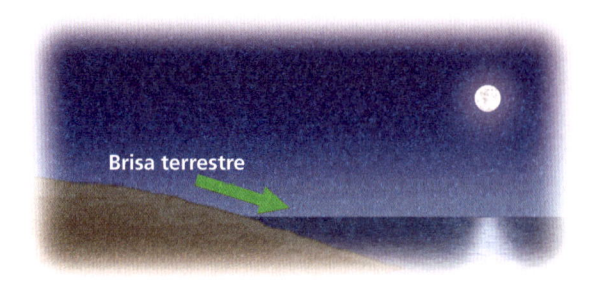

Como a água leva mais tempo para esquentar (de dia), mas também leva mais tempo para esfriar (à noite), o fenômeno noturno (brisa terrestre) pode ser explicado da seguinte maneira:

a) O ar que está sobre a água se aquece mais; ao subir, deixa uma área de baixa pressão, causando um deslocamento de ar do continente para o mar.
b) O ar mais quente desce e se desloca do continente para a água, a qual não conseguiu reter calor durante o dia.
c) O ar que está sobre o mar se esfria e dissolve-se na água; forma-se, assim, um centro de baixa pressão, que atrai o ar quente do continente.
d) O ar que está sobre a água se esfria, criando um centro de alta pressão que atrai massas de ar continental.
e) O ar sobre o solo, mais quente, é deslocado para o mar, equilibrando a baixa temperatura do ar que está sobre o mar.

9. (Enem) A refrigeração e o congelamento de alimentos são responsáveis por uma parte significativa do consumo de energia elétrica numa residência típica.

Para diminuir as perdas térmicas de uma geladeira, podem ser tomados alguns cuidados operacionais:

I. Distribuir os alimentos nas prateleiras deixando espaços vazios entre eles, para que ocorra a circulação do ar frio para baixo e do ar quente para cima.

II. Manter as paredes do congelador com camada bem espessa de gelo, para que o aumento da massa de gelo aumente a troca de calor no congelador.

III. Limpar o radiador ("grade" na parte de trás) periodicamente, para que a gordura e a poeira que nele se depositam não reduzam a transferência de calor para o ambiente.

Para uma geladeira tradicional é correto indicar, apenas:
a) a operação I.
b) a operação II.
c) as operações I e II.
d) as operações I e III.
e) as operações II e III.

10. (Mackenzie-SP) Uma das razões que faz a água, próxima à superfície livre de alguns lagos, congelar no inverno, em regiões de baixas temperaturas, é o fato de que ao ser resfriada, no intervalo aproximado de 4 °C a 0 °C, ela sofre um processo de dilatação. Com isso, seu volume _____ e sua densidade _____. Desprezando os efeitos da irradiação térmica, durante esse resfriamento a água do fundo do lago não consegue atingir a superfície livre, pois não ocorre mais a _____ e sua temperatura diminuirá, devido ao processo de _____.

As informações que preenchem corretamente as lacunas, na ordem de leitura são, respectivamente:

a) aumenta, diminui, convecção térmica e condução térmica.
b) diminui, aumenta, convecção térmica e condução térmica.
c) aumenta, diminui, condução térmica e convecção térmica.
d) diminui, aumenta, condução térmica e convecção térmica.
e) aumenta, aumenta, condução térmica e convecção térmica.

11. (Enem) Júpiter, conhecido como o gigante gasoso, perdeu uma das suas listras mais proeminentes, deixando o seu hemisfério sul estranhamente vazio. Observe a região em que a faixa sumiu, destacada pela seta.

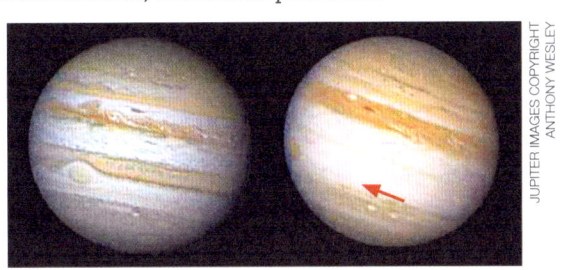

Disponível em: <http://www.inovacaotecnologica.com.br>. Acesso em: 12 maio 2010 (adaptado).

A aparência de Júpiter é tipicamente marcada por duas faixas escuras em sua atmosfera – uma no hemisfério norte e outra no hemisfério sul. Como o gás está constantemente em movimento, o desaparecimento da faixa no planeta relaciona-se ao movimento das diversas camadas de nuvens em sua atmosfera. A luz do Sol, refletida nessas nuvens, gera a imagem que é captada pelos telescópios, no espaço ou na Terra.

O desaparecimento da faixa sul pode ter sido determinado por uma alteração:

a) na temperatura da superfície do planeta.
b) no formato da camada gasosa do planeta.
c) no campo gravitacional gerado pelo planeta.
d) na composição química das nuvens do planeta.
e) na densidade das nuvens que compõem o planeta.

Ficha-resumo 3

Transmissão de calor por irradiação

- O calor é transmitido por ondas eletromagnéticas, principalmente por raios infravermelhos.
- Todos os corpos emitem alguma quantidade de calor por irradiação, que depende de sua temperatura. Quanto maior a temperatura do corpo, maior a quantidade de calor transmitida por irradiação.
- A irradiação não necessita de um meio material, portanto, pode ocorrer no vácuo.
- A energia radiante que incide em um corpo pode ser absorvida, refletida e transmitida, dependendo das características do material que constitui o corpo.

12. (PUC-RS) Uma garrafa térmica é feita de vidro com face interna espelhada para:

a) reduzir as perdas de calor por irradiação.
b) reduzir as perdas de calor por convecção.
c) reduzir as perdas de calor por condução.
d) elevar o ponto de ebulição da água.
e) impedir a formação de vapor de água.

13. (Enem) O uso mais popular de energia solar está associado ao fornecimento de água quente para fins domésticos. Na figura a seguir, é ilustrado um aquecedor de água constituído de dois tanques pretos, os quais absorvem energia solar, dentro de uma caixa termicamente isolada e com cobertura de vidro.

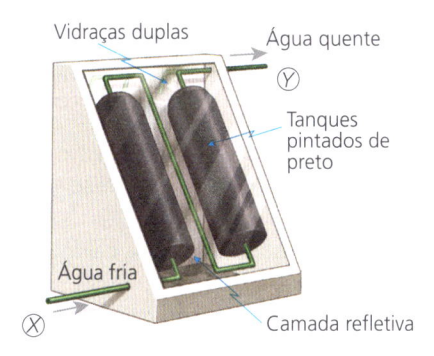

Nesse sistema de aquecimento:

a) os tanques, por serem de cor preta, são maus absorvedores de calor e reduzem as perdas de energia.
b) a cobertura de vidro deixa passar a energia luminosa e reduz a perda de energia térmica utilizada para o aquecimento.
c) a água circula devido à variação de energia luminosa existente entre os pontos X e Y.
d) a camada refletiva tem como função armazenar energia luminosa.
e) o vidro, por ser bom condutor de calor, permite que se mantenha constante a temperatura no interior da caixa.

14. (Enem) O resultado da conversão direta de energia solar é uma das várias formas de energia alternativa de que se dispõe. O aquecimento solar é obtido por uma placa escura coberta por vidro, pela qual passa um tubo contendo água. A água circula conforme mostra o esquema a seguir.

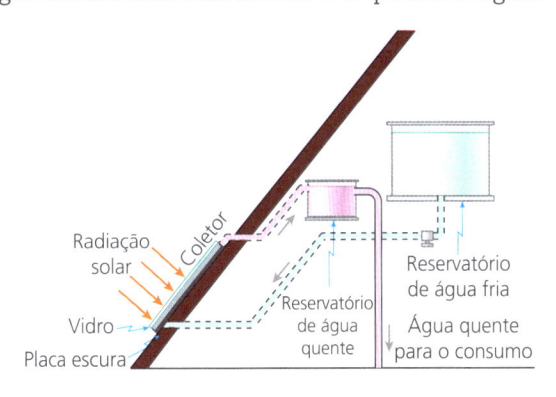

São feitas as seguintes afirmações quanto aos materiais utilizados no aquecedor solar:

I. O reservatório de água quente deve ser metálico para conduzir melhor o calor.
II. A cobertura de vidro tem como função reter melhor o calor, de forma semelhante ao que ocorre em uma estufa.
III. A placa utilizada é escura para absorver melhor a energia radiante do Sol, aquecendo a água com maior eficiência.

Dentre as afirmações acima, pode-se dizer que está(ão) correta(s) apenas:

a) I.
b) I e II.
c) II.
d) I e II.
e) II e III.

Exercícios de revisão

15. (Enem) As cidades industrializadas produzem grandes proporções de gases como o CO_2, o principal gás causador do efeito estufa. Isso ocorre por causa da quantidade de combustíveis fósseis queimados, principalmente no transporte, mas também em caldeiras industriais. Além disso, nessas cidades concentram-se as maiores áreas com solos asfaltados e concretados, o que aumenta a retenção de calor, formando o que se conhece por "ilhas de calor". Tal fenômeno ocorre porque esses materiais absorvem o calor e o devolvem para o ar sob a forma de radiação térmica.

Em áreas urbanas, devido à atuação conjunta do efeito estufa e das "ilhas de calor", espera-se que o consumo de energia elétrica:
a) diminua devido à utilização de caldeiras por indústrias metalúrgicas.
b) aumente devido ao bloqueio da luz do sol pelos gases do efeito estufa.
c) diminua devido à não necessidade de aquecer a água utilizada em indústrias.
d) aumente devido à necessidade de maior refrigeração de indústrias e residências.
e) diminua devido à grande quantidade de radiação térmica reutilizada.

16. (Cefet-MG)

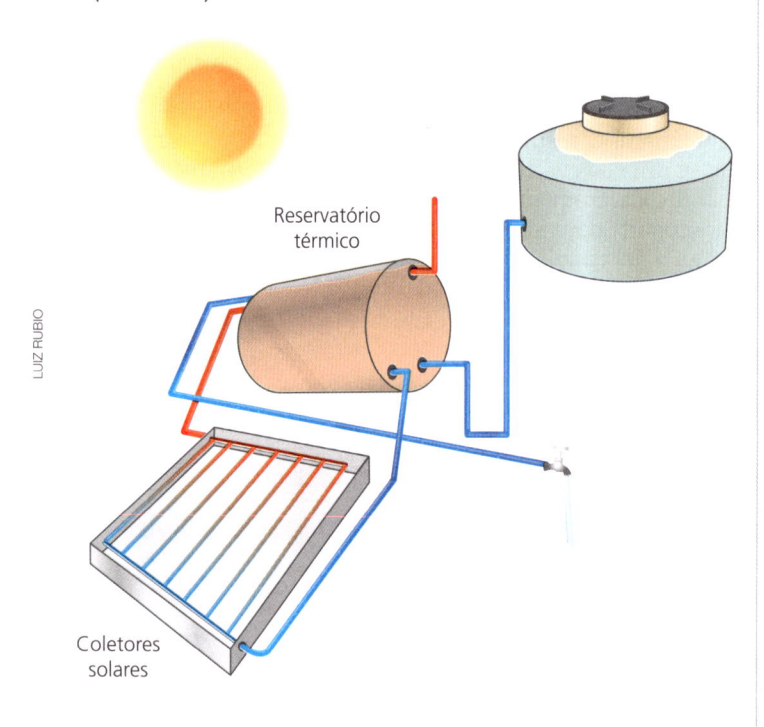

Disponível em: <http://www.infoescola.com>.
Acesso em: 6 set. 2013.

Na construção dos coletores solares, esquematizado na figura anterior, um grupo de estudantes afirmou que o tubo:
I. é metálico;
II. possui a forma de serpentina;
III. é pintado de preto;
IV. recebe água fria em sua extremidade inferior.

E a respeito dos coletores afirmaram que:
V. a base e as laterais são revestidas de isopor;
VI. a tampa é de vidro.

Considerando-se as afirmações feitas pelos estudantes, aquelas que favorecem a absorção de radiação térmica nesses coletores são apenas:
a) I e V.   c) II e V.   e) IV e V.
b) II e III.   d) III e VI.

17. (Vunesp)

Por que o deserto do Atacama é tão seco?

A região situada no norte do Chile, onde se localiza o deserto do Atacama, é seca por natureza. Ela sofre a influência do Anticiclone Subtropical do Pacífico Sul (ASPS) e da cordilheira dos Andes. O ASPS, região de alta pressão na atmosfera, atua como uma "tampa", que inibe os mecanismos de levantamento do ar necessários para a formação de nuvens e/ou chuva. Nessa área, há umidade perto da costa, mas não há mecanismo de levantamento. Por isso não chove. A falta de nuvens na região torna mais intensa a incidência de ondas eletromagnéticas vindas do Sol, aquecendo a superfície e elevando a temperatura máxima. De noite, a [região] perde calor mais rapidamente, devido à falta de nuvens e à pouca umidade da atmosfera, o que torna mais baixas as temperaturas mínimas. Essa grande amplitude térmica é uma característica dos desertos.

Ciência Hoje, novembro de 2012. Adaptado.

Baseando-se na leitura do texto e nos seus conhecimentos de processos de condução de calor, é correto afirmar que o ASPS _____ e a escassez de nuvens na região do Atacama _____.

As lacunas são, correta e respectivamente, preenchidas por:
a) favorece a convecção – favorece a irradiação de calor
b) favorece a convecção – dificulta a irradiação de calor
c) dificulta a convecção – favorece a irradiação de calor
d) permite a propagação de calor por condução – intensifica o efeito estufa
e) dificulta a convecção – dificulta a irradiação de calor

18. (UFRGS-RS) A seguir, são feitas três afirmações sobre processos termodinâmicos envolvendo transferência de energia de um corpo para outro.
  I. A irradiação é um processo de transferência de energia que não ocorre se os corpos estiverem no vácuo.
  II. A convecção é um processo de transferência de energia que ocorre em meios fluidos.
  III. A condução é um processo de transferência de energia que não ocorre se os corpos estiverem à mesma temperatura.

Quais estão corretas?
a) I   c) III   e) II e III
b) II   d) I e II

CAPÍTULO 22

ESTUDO DOS GASES PERFEITOS

Um mergulhador observa as belezas do fundo do mar. Para suportar o tempo submerso, ele leva às costas um cilindro que contém uma mistura composta por 79% de nitrogênio e 21% de oxigênio, sob pressão de 200 atm. Nessas condições, o cilindro contém 3,2 kg de ar, permitindo até 50 minutos em submersão. Entretanto, se o ar for inalado diretamente sob essa pressão, os pulmões do mergulhador serão irreversivelmente danificados, por isso a pressão deve ser reduzida para cerca de 1 atm. Em 1943, o oceanógrafo francês Jacques-Yves Cousteau (1910-1997), o engenheiro Émile Gagnan (1900-1979) e a Marinha francesa desenvolveram a válvula reguladora do cilindro de ar comprimido. Essa válvula permitiu reduzir a pressão e ampliar a mobilidade dos mergulhadores, que até então dependiam do ar fornecido por tubos presos a um compressor em uma embarcação.

Neste capítulo, estudaremos o modelo do gás perfeito, ou ideal e suas transformações.

> **Objetivos do capítulo**
> - Apresentar o modelo do gás perfeito.
> - Apresentar a equação de estado do gás perfeito.
> - Analisar diferentes transformações gasosas.
> - Identificar as transformações isobáricas, isotérmicas e isocóricas.

1 Modelo do gás perfeito ou gás ideal

O **gás perfeito** ou **gás ideal** é um **modelo teórico** que permite estudar, de maneira simplificada, o comportamento dos gases reais, para que as grandezas que o caracterizam possam ser relacionadas por expressões matemáticas simples. O gás ideal não existe na prática.

No modelo do gás ideal:

- as moléculas têm massa, mas o volume de cada uma é desprezível;
- as moléculas estão em constante estado de movimentação desordenada e aleatória e, entre um choque com outra molécula ou com as paredes do recipiente, deslocam-se em movimento retilíneo e uniforme;
- as moléculas interagem umas com as outras apenas durante as colisões;
- todas as colisões, entre moléculas ou entre uma molécula e a parede do recipiente, são perfeitamente elásticas e têm duração desprezível;
- o volume total das moléculas é desprezível em comparação aos espaços entre elas. Portanto, o volume ocupado pelo gás corresponde ao volume dos espaços entre as moléculas, ou seja, é igual ao volume do recipiente em que o gás está contido.

A altas temperaturas e a baixas pressões, os gases reais, sobretudo os gases monoatômicos, como o hélio (He) e o xenônio (Xe), entre outros, comportam-se aproximadamente como o previsto para os gases ideais.

Antes de iniciar o estudo dos gases, precisamos conhecer alguns conceitos que usaremos adiante.

Lei de Avogadro

Em 1811, o químico e físico italiano Lorenzo Avogadro (1776-1856) enunciou uma hipótese que atualmente é conhecida como **lei de Avogadro** e que pode ser enunciada como segue:

> Iguais volumes de quaisquer gases encerram o mesmo número de moléculas, quando medidos nas mesmas condições de temperatura e pressão.

Uma confirmação da lei de Avogadro é constatada na seguinte propriedade experimental:

> 1 mol de qualquer gás ($n = 1$ mol) à temperatura de 0 °C (273 K) e sob pressão de 1 atm ocupa um volume de 22,4 L.

Número de Avogadro

A quantidade de matéria equivalente a 1 mol de um gás é o conjunto constituído por $6{,}02 \cdot 10^{23}$ moléculas desse gás. Esse número, geralmente representado por N_0, é denominado **número de Avogadro**.

$$N_0 = 6{,}02 \cdot 10^{23}$$

O **número de mols** n de um gás é dado pelo quociente entre a massa m do gás e a massa molar da substância que o compõe, M (massa de 1 mol de moléculas do gás), ou pelo quociente entre o número de moléculas N do gás e o número de Avogadro N_0. Assim, temos:

$$n = \frac{m}{M} \quad \text{ou} \quad n = \frac{N}{N_0}$$

2 Equação de estado do gás perfeito

O estado de uma certa massa de gás ideal **(fig. 1)** pode ser descrito de forma simplificada a partir de três grandezas, denominadas **variáveis de estado**.

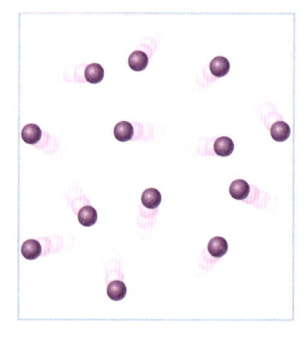

Figura 1. Representação de uma quantidade de gás ideal mantida em um recipiente.

Essas três variáveis de estado são:

- **pressão p** (associada ao choque das moléculas contra as paredes do recipiente em que o gás está contido);
- **volume V** (volume do gás, equivalente ao volume do recipiente em que o gás está contido);
- **temperatura absoluta T** (associada ao grau de agitação térmica das moléculas ou átomos do gás, sempre medida na escala Kelvin).

É importante relembrar que a temperatura absoluta T, em kelvin, relaciona-se com a temperatura θ_c, em grau Celsius, por meio da seguinte expressão:

$$T = \theta_c + 273$$

Em 1834, reunindo as leis de Boyle-Mariotte, Charles e Gay-Lussac, que veremos adiante, e a lei de Avogadro, o físico e engenheiro francês Benoît Paul Émile Clapeyron (1799-1864) concluiu que a relação $\dfrac{pV}{T}$ é diretamente proporcional ao número de mols n do gás.

Assim, matematicamente, podemos escrever: $\dfrac{pV}{T} = Rn$

A constante de proporcionalidade, representada por R, não depende das condições, da massa ou do tipo de gás, apresentando o mesmo valor para todos os gases. A constante R é denominada **constante universal dos gases perfeitos** e seu valor numérico não depende das condições, da massa ou do tipo de gás e assume o mesmo valor para todos os gases.

Temos, então, a equação que rege o comportamento dos gases ideais:

$$\dfrac{pV}{T} = Rn \Rightarrow \boxed{pV = nRT}$$

Essa equação é denominada **equação de estado do gás perfeito** ou, mais comumente, **equação de Clapeyron**.

Considerando que 1 mol de qualquer gás à temperatura de 0 °C (equivalente a 273 K) e à pressão de 1 atm ocupa um volume de 22,4 L, podemos calcular o valor da constante R utilizando a equação de Clapeyron:

$$1 \text{ atm} \cdot 22,4 \text{ L} = 1 \text{ mol} \cdot R \cdot 273 \text{ K} \Rightarrow R = \dfrac{22,4}{273} \dfrac{\text{atm} \cdot \text{L}}{\text{mol} \cdot \text{K}}$$

Portanto:

$$R = 0,082 \text{ atm} \cdot \text{L}/(\text{mol} \cdot \text{K})$$

Como 1 atm = $1,013 \cdot 10^5$ N/m² e 1 L = 10^{-3} m³, a constante R no Sistema Internacional de Unidades (SI) é dada por:

$$R = 0,082 \cdot \dfrac{1,013 \cdot 10^5 \text{ N/m}^2 \cdot 10^{-3} \text{ m}^3}{\text{mol} \cdot \text{K}} \Rightarrow$$

$$\Rightarrow \boxed{R = 8,31 \text{ J}/(\text{mol} \cdot \text{K})}$$

Como $n = \dfrac{m}{M}$, a equação de Clapeyron também pode ser escrita como segue:

$$pV = \dfrac{m}{M} RT$$

Observação

Uma determinada quantidade de gás sofre mudança de estado quando pelo menos duas das três variáveis de estado são modificadas, ou seja, é impossível ocorrer mudança de estado com a alteração de apenas uma variável de estado.

Exercícios resolvidos

1. Um recipiente contém $9 \cdot 10^{23}$ moléculas de certo gás. Considerando o número de Avogadro $N_0 = 6 \cdot 10^{23}$, determinar o número de mols do gás contido nesse recipiente.

▶ **Solução**

Como conhecemos o número N de moléculas do gás no recipiente e o número de Avogadro N_0, que indica o número de moléculas em 1 mol de gás, temos:

$$n = \dfrac{N}{N_0} \Rightarrow n = \dfrac{9 \cdot 10^{23}}{6 \cdot 10^{23}} \Rightarrow n = \dfrac{9}{6} \Rightarrow n = \dfrac{3}{2} \therefore \boxed{n = 1,5 \text{ mol}}$$

2. Tem-se $18 \cdot 10^{23}$ moléculas de um gás ideal em um recipiente de volume 30 L à temperatura de 27 °C. Considerando a constante universal dos gases perfeitos igual a 0,082 atm·L/(mol·K) e o número de Avogadro $N_0 = 6 \cdot 10^{23}$, determinar:
   a) o número de mols do gás contido nesse recipiente;
   b) a pressão exercida pelo gás nas condições do enunciado;
   c) a pressão que o gás passará a exercer se a temperatura for aumentada para 127 °C e o volume do recipiente for reduzido para 15 L.

▶ **Solução**

a) Sabendo que $N = 18 \cdot 10^{23}$ é o número de moléculas do gás no recipiente, podemos determinar o número n de mols de gás como segue:

$$n = \dfrac{N}{N_0} \Rightarrow n = \dfrac{18 \cdot 10^{23}}{6 \cdot 10^{23}} \therefore \boxed{n = 3 \text{ mol}}$$

b) As variáveis de estado do gás são: o volume $V = 30$ L; a temperatura $T = 300$ K e a pressão p. Pela equação de estado do gás perfeito (equação de Clapeyron), teremos:

$$pV = nRT \Rightarrow p \cdot 30 = 3 \cdot 0,082 \cdot 300 \Rightarrow p = \dfrac{3 \cdot 0,082 \cdot 300}{30}$$

$$\therefore \boxed{p = 2,46 \text{ atm}}$$

c) Na nova situação, as variáveis de estado serão: $V = 15$ L e $T = 400$ K
   Então, pela equação de Clapeyron, obtemos:

$$pV = nRT \Rightarrow p \cdot 15 = 3 \cdot 0,082 \cdot 400 \Rightarrow p = \dfrac{3 \cdot 0,082 \cdot 400}{15}$$

$$\therefore \boxed{p = 6,56 \text{ atm}}$$

Exercícios propostos

1. Um recipiente que contém um gás perfeito sob pressão de 5,00 atm é momentaneamente aberto, permitindo a saída de $\frac{1}{5}$ da massa gasosa contida em seu interior, sem variar sua temperatura. Nessas condições, determine o valor da pressão que o gás passa a exercer no recipiente após a saída da massa gasosa.

2. Um recipiente contém 100 L de um gás ideal sob pressão de 10 atm à temperatura de 227 °C. Considerando que a massa molar desse gás vale 2 g e que a constante universal dos gases perfeitos é igual a 0,082 atm·L/(mol·K), determine:
   a) a massa do gás contida no recipiente;
   b) o número de moléculas do gás contido no recipiente;
   c) o volume que esse gás passará a ocupar, se for totalmente transferido para outro recipiente onde exercerá pressão de 1 atm a 0 °C.

3. Dois recipientes, A e B, contêm um mesmo gás. No recipiente A, o gás ocupa volume V, exerce pressão p e está à temperatura T. No recipiente B, o gás ocupa volume 3V, exerce pressão $2p$ e está à temperatura $\frac{T}{2}$. Determine a relação $\frac{n_B}{n_A}$ entre o número de mols do gás contido no recipiente B e o número de mols do gás contido no recipiente A.

4. Um recipiente cilíndrico provido de êmbolo contém n mols de um gás ocupando o volume V à temperatura T. Determine o número de mols do gás que deve sair do recipiente para manter a pressão constante, se o gás for aquecido à temperatura 2T, e o volume, reduzido a $\frac{V}{3}$.

3 Lei geral dos gases perfeitos

Vamos considerar determinada quantidade de gás inicialmente no estado 1 (definido pela pressão p_1, volume V_1 e temperatura T_1).

Ao sofrer uma transformação sem variação de massa, esse gás passa para o estado 2 (definido pela pressão p_2, volume V_2 e temperatura T_2), conforme mostrado na **figura 2**.

Estado 1
(p_1, V_1, T_1)

Estado 2
(p_2, V_2, T_2)

$n_1 = n_2$

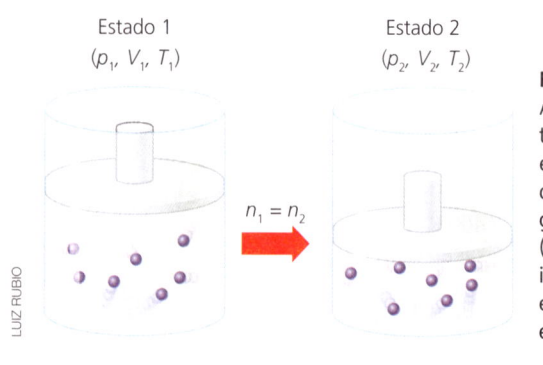

Figura 2. Após uma transformação em que a quantidade de gás não varia ($n_1 = n_2$), o gás ideal passa do estado 1 para o estado 2.

Aplicando a equação de Clapeyron aos estados 1 e 2, obtemos:

$$\frac{p_1 V_1}{T_1} = n_1 R \text{ (estado 1)} \quad \text{e} \quad \frac{p_2 V_2}{T_2} = n_2 R \text{ (estado 2)}$$

Como a quantidade de gás não variou na transformação ($n_1 = n_2$), podemos igualar o primeiro membro da equação de Clapeyron dos dois estados e obter a **lei geral dos gases perfeitos**. Assim:

$$\boxed{\frac{p_1 V_1}{T_1} = \frac{p_2 V_2}{T_2}}$$

Observação

Por meio da lei geral dos gases perfeitos, é possível relacionar dois estados quaisquer de uma mesma massa gasosa.

Exercícios resolvidos

3. Um cilindro provido de êmbolo e com volume inicial V contém determinada quantidade de gás exercendo pressão p à temperatura T. Determinar, em função da pressão inicial p, a pressão que esse gás passará a exercer se a temperatura absoluta for triplicada e o volume reduzido a um quinto do inicial.

   ▶ **Solução**
   No estado inicial, temos: $T_1 = T$, $p_1 = p$ e $V_1 = V$
   e, no estado final: $T_2 = 3T$ e $V_2 = \frac{V}{5}$

   Para determinar a pressão final p_2, aplicaremos a lei geral dos gases perfeitos. Assim:

   $$\frac{p_1 V_1}{T_1} = \frac{p_2 V_2}{T_2} \Rightarrow \frac{pV}{T} = \frac{p_2 \cdot \frac{V}{5}}{3T} \Rightarrow p = \frac{p_2}{5 \cdot 3} \Rightarrow \boxed{p_2 = 15p}$$

4. Um gás ideal, contido em um recipiente de volume V_1, exerce uma pressão p_1 à temperatura de 27 °C. O gás sofre, então, uma transformação tal que sua temperatura atinge 127 °C e seu volume passa a ser $V_2 = 2V_1$. Determinar a pressão final p_2 do gás.

   ▶ **Solução**
   No estado inicial, temos: $T_1 = 27 \text{ °C} = 300 \text{ K}$, p_1 e V_1
   e, no estado final: $T_2 = 127 \text{ °C} = 400 \text{ K}$, $V_2 = 2V_1$

   Para determinar a pressão final p_2, aplicaremos mais uma vez a lei geral dos gases perfeitos:

   $$\frac{p_1 V_1}{T_1} = \frac{p_2 V_2}{T_2} \Rightarrow \frac{p_1 V_1}{300} = \frac{p_2 \cdot 2V_1}{400} \Rightarrow \frac{p_1}{3} = \frac{p_2}{2} \Rightarrow \boxed{p_2 = \frac{2}{3} p_1}$$

Exercícios propostos

5. Um gás perfeito, contido em um recipiente de volume 8,0 L, exerce uma pressão de 4,0 atm à temperatura de 7 °C. Reduzindo o volume para 6,0 L e aquecendo o gás, a pressão exercida por ele passa a valer 10 atm. A que temperatura o gás foi aquecido?

6. Um gás, à temperatura de 100 K, ocupa um recipiente de volume 3 L e exerce pressão de 700 mmHg. O gás é totalmente transferido para outro recipiente de volume 10 L e aquecido a 300 K. Qual é a pressão que o gás passa a exercer sobre as paredes do novo recipiente?

7. Uma determinada massa gasosa sofre uma transformação, de um estado inicial A para um estado final B, e sua pressão varia, em função do volume, de acordo com o diagrama a seguir.

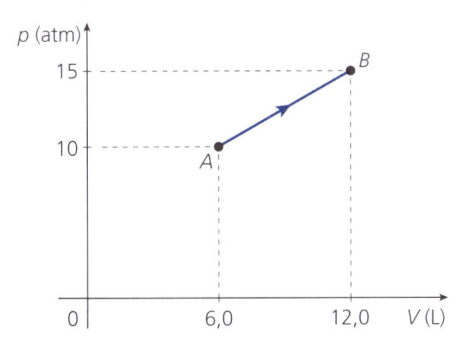

Considerando R = 0,082 atm·L/(mol·K) e sabendo que o gás se encontrava inicialmente a 100 K, determine:
a) o número de mols do gás, considerado um gás ideal;
b) a temperatura final do gás.

8. Um cilindro, cuja área de secção transversal reta vale S, é provido de um êmbolo móvel, podendo-se variar, assim, o volume de um gás ideal contido em seu interior.

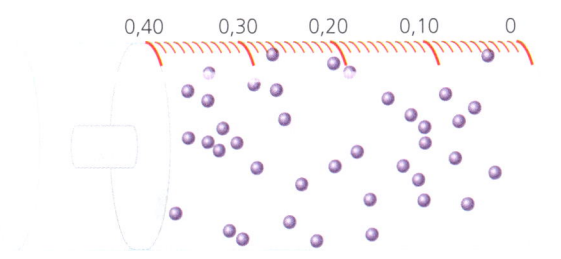

Quando o êmbolo está na marca 0,40, como mostra a figura, a temperatura do gás é de 300 K e a pressão é p. Levando o êmbolo até a marca 0,10 e aumentando a temperatura para 400 K, qual será a nova pressão do gás p' em função da pressão inicial p?

4 Transformações gasosas particulares

Como vimos, Émile Clapeyron obteve uma relação entre as variáveis de estado do gás (p, V e T) e a quantidade de gás (n) ao analisar as leis experimentais de Boyle-Mariotte, de Charles e de Gay-Lussac. Essas leis correspondem a transformações particulares de um gás, em que apenas uma das variáveis de estado se mantém constante, enquanto as outras duas variam.

Lei de Boyle-Mariotte

Uma transformação na qual a temperatura permanece constante é chamada de **transformação isotérmica** (do grego: *isos*, igual; *thermos*, temperatura).

A lei de Boyle-Mariotte, enunciada em 1662 pelo cientista irlandês Robert Boyle (1627-1691) e pelo cientista francês Edme Mariotte (1620-1684), estabelece que:

> Sob temperatura absoluta constante, a pressão e o volume de uma dada massa de gás ideal são grandezas inversamente proporcionais: $p \propto \dfrac{1}{V}$

A partir da equação geral dos gases perfeitos e considerando que a temperatura absoluta é constante ($T_1 = T_2 = T$), obtemos a expressão da transformação isotérmica, como segue:

$$\frac{p_1 V_1}{T_1} = \frac{p_2 V_2}{T_2} \Rightarrow \frac{p_1 V_1}{T} = \frac{p_2 V_2}{T} \Rightarrow \boxed{p_1 V_1 = p_2 V_2}$$

As transformações gasosas particulares podem ser representadas em diagramas cartesianos. A **figura 3** mostra a transformação isotérmica nos três diagramas cartesianos mais comuns: pressão × volume (também chamado de **diagrama de Clapeyron**), pressão × temperatura e volume × temperatura.

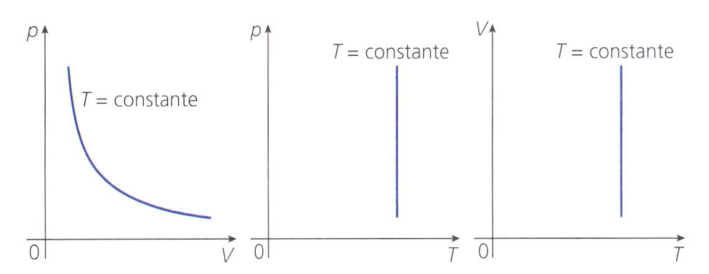

Figura 3. Diagramas $p \times V$, $p \times T$ e $V \times T$ da transformação isotérmica.

Lei de Charles

Uma transformação na qual a pressão permanece constante é chamada de **transformação isobárica** (do grego: *isos*, igual; *baros*, pressão).

A lei de Charles, enunciada em 1787 pelo físico francês Jacques Charles (1746-1823), estabelece que:

> Sob pressão constante, o volume e a temperatura absoluta de uma dada massa de gás ideal são grandezas diretamente proporcionais: $V \propto T$

A partir da equação geral dos gases perfeitos e considerando que a pressão é constante ($p_1 = p_2 = p$), obtemos a expressão da transformação isobárica, como segue:

$$\frac{p_1 V_1}{T_1} = \frac{p_2 V_2}{T_2} \Rightarrow \frac{p V_1}{T_1} = \frac{p V_2}{T_2} \Rightarrow \boxed{\frac{V_1}{T_1} = \frac{V_2}{T_2}}$$

A **figura 4** mostra a transformação isobárica nos três diagramas: pressão × volume, pressão × temperatura e volume × temperatura.

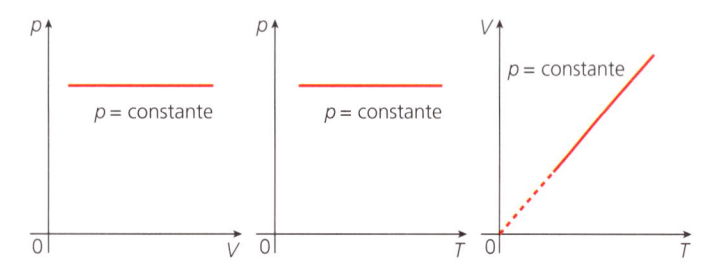

Figura 4. Diagramas $p \times V$, $p \times T$ e $V \times T$ da transformação isobárica.

Lei de Gay-Lussac

Uma transformação na qual o volume permanece constante é chamada **transformação isocórica** (do grego: *isos*, igual; *koros*, espaço), **transformação isométrica** ou **transformação isovolumétrica**.

A lei de Gay-Lussac, enunciada em 1809 pelo físico francês Joseph Gay-Lussac (1778-1850), estabelece que:

> Sob volume constante, a pressão e a temperatura absoluta de uma dada massa de gás ideal são grandezas diretamente proporcionais: $p \propto T$

A partir da equação geral dos gases perfeitos e considerando que o volume é constante ($V_1 = V_2 = V$), obtemos a expressão da transformação isocórica, como segue:

$$\frac{p_1 V_1}{T_1} = \frac{p_2 V_2}{T_2} \Rightarrow \frac{p_1 V}{T_1} = \frac{p_2 V}{T_2} \Rightarrow \boxed{\frac{p_1}{T_1} = \frac{p_2}{T_2}}$$

A **figura 5** mostra a transformação isocórica nos três diagramas: pressão × volume, pressão × temperatura e volume × temperatura.

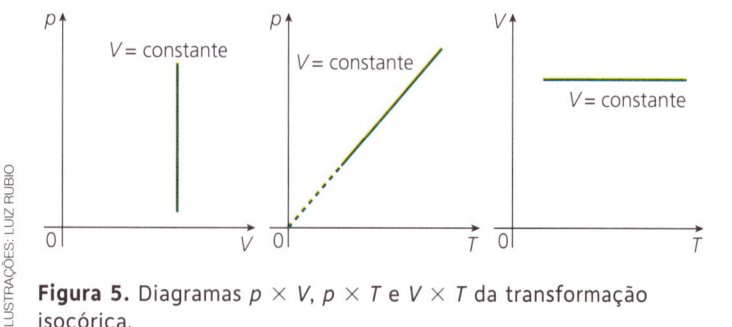

Figura 5. Diagramas $p \times V$, $p \times T$ e $V \times T$ da transformação isocórica.

Atividade prática

Nesta atividade, vamos verificar a Lei de Boyle-Mariotte para as transformações isotérmicas. Para isso, você precisará de:

- uma garrafa PET;
- um conta-gotas;
- um copo.

Coloque água no copo e no conta-gotas. Depois, ponha o conta-gotas no copo de tal modo que ele flutue na vertical, mantendo apenas a parte flexível acima do nível da água (**fig. I**). Talvez seja necessário testar algumas vezes a quantidade de água que deve ser colocada no conta-gotas para que ele flutue como indicado.

Figura I

A seguir, remova o rótulo da garrafa PET e encha-a completamente com água, sem deixar espaço para o ar. Coloque cuidadosamente o conta-gotas no interior da garrafa e tampe-a (**fig. II**).

Figura II

Aperte a garrafa, mantendo a pressão por alguns segundos; depois, diminua gradativamente a pressão. O que ocorre com o nível da água do conta-gotas?

Como você explica o comportamento do conta-gotas?

Caso seja necessário, reveja os princípios de Pascal e de Arquimedes.

Exercícios resolvidos

5. Dois recipientes se comunicam por meio de uma válvula inicialmente fechada. Um dos recipientes contém 15 L de um gás sob pressão de 1,0 atm, e o outro, com capacidade de 10 L, está completamente vazio. Supondo que a temperatura se mantenha constante, qual será a pressão do gás, nos dois recipientes, após a abertura da válvula?

▶ **Solução**

A transformação sofrida pelo gás é **isotérmica**, pois a temperatura se mantém constante. Pela lei geral dos gases perfeitos, com $T_1 = T_2 = T$, temos:

$$\frac{p_1 V_1}{T_1} = \frac{p_2 V_2}{T_2} \Rightarrow \frac{p_1 V_1}{T} = \frac{p_2 V_2}{T} \Rightarrow p_1 V_1 = p_2 V_2$$

Do enunciado: $V_1 = 15$ L, $p_1 = 1,0$ atm e
$V_2 = 15$ L $+ 10$ L $= 25$ L. Então:

$$p_1 V_1 = p_2 V_2 \Rightarrow 1,0 \cdot 15 = p_2 \cdot 25 \Rightarrow p_2 = \frac{15}{25} \therefore \boxed{p_2 = 0,6 \text{ atm}}$$

6. Um recipiente cilíndrico, fechado por um êmbolo móvel, contém 10 mol de um gás ideal sob pressão de 1 atm à temperatura de 127 °C. O gás é, então, aquecido isobaricamente até que sua temperatura absoluta triplique. Sabendo que a constante universal dos gases perfeitos vale 0,082 atm · L/(mol · K), determinar:

a) o volume inicial ocupado pelo gás;
b) o volume final do gás.

▶ **Solução**

a) Na situação inicial, temos: $n = 10$ mol, $T_1 = 400$ K e $p_1 = 1$ atm. Pela equação de Clapeyron, obtemos o volume inicial V_1 ocupado pelo gás:

$$p_1 V_1 = nRT_1 \Rightarrow 1 \cdot V_1 = 10 \cdot 0,082 \cdot 400 \therefore \boxed{V_1 = 328 \text{ L}}$$

b) A transformação sofrida pelo gás é **isobárica** (a pressão se mantém constante). Pela lei geral dos gases perfeitos, com $p_1 = p_2 = p$, temos:

$$\frac{p_1 V_1}{T_1} = \frac{p_2 V_2}{T_2} \Rightarrow \frac{p V_1}{T_1} = \frac{p V_2}{T_2} \Rightarrow \frac{V_1}{T_1} = \frac{V_2}{T_2}$$

Do enunciado: $T_1 = 400$ K e $T_2 = 1.200$ K. Então, com o valor $V_1 = 328$ L calculado no item **a**, obtemos o volume final V_2 do gás:

$$\frac{V_1}{T_1} = \frac{V_2}{T_2} \Rightarrow \frac{328}{400} = \frac{V_2}{1.200} \therefore \boxed{V_2 = 984 \text{ L}}$$

7. Um *freezer* foi fechado e ligado quando a temperatura ambiente era de 27 °C. Considerando que o ar se comporta como um gás ideal e que a vedação da porta é perfeita, determinar a pressão no interior do *freezer* quando a temperatura atingir −19 °C.

▶ **Solução**

A quantidade de ar dentro do *freezer* não varia durante o resfriamento, pois a vedação da porta é perfeita. Além disso, a transformação sofrida por esse ar é **isocórica**, pois a variação do volume interno do *freezer* é desprezível. Pela lei geral dos gases perfeitos, com $V_1 = V_2 = V$, temos:

$$\frac{p_1 V_1}{T_1} = \frac{p_2 V_2}{T_2} \Rightarrow \frac{p_1 V}{T_1} = \frac{p_2 V}{T_2} \Rightarrow \frac{p_1}{T_1} = \frac{p_2}{T_2}$$

Do enunciado: $p_1 = 1,0$ atm, $T_1 = 300$ K e $T_2 = 254$ K.

Então: $\frac{p_1}{T_1} = \frac{p_2}{T_2} \Rightarrow \frac{1,0}{300} = \frac{p_2}{254} \therefore \boxed{p_2 \approx 0,85 \text{ atm}}$

Exercícios propostos

9. Um gás perfeito, inicialmente a uma pressão p, sofre uma transformação isotérmica na qual seu volume é reduzido à terça parte do valor inicial. Determine a pressão p' final do gás em função de p.

10. O diagrama pressão × volume mostrado a seguir representa uma transformação isotérmica sofrida por uma dada massa de gás perfeito.

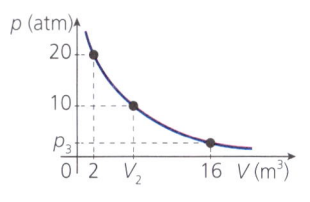

Determine:
a) o volume V_2;
b) a pressão p_3.

11. Um gás ideal, inicialmente ocupando um volume de 20 L, é resfriado de modo que sua temperatura absoluta se reduza à metade da inicial, sem que sua pressão varie. Determine o volume final ocupado pelo gás.

12. Um gás ideal sob pressão de 1 atm e ocupando um volume de 10 L é aquecido isobaricamente de 27 °C a 327 °C.

a) Determine o volume final ocupado pelo gás.
b) Esboce o diagrama pressão × volume para essa transformação.

13. Um recipiente que resiste a uma pressão de até $3,0 \cdot 10^5$ Pa contém gás perfeito sob pressão de $1,0 \cdot 10^5$ Pa à temperatura de 27 °C. Desprezando a dilatação térmica do recipiente, calcule a máxima temperatura a que o gás pode ser aquecido.

14. Uma garrafa aberta contém ar à temperatura ambiente de 27 °C. A garrafa é, então, hermeticamente vedada e, posteriormente, aquecida. Considerando o ar como gás ideal e desprezando a variação de volume da garrafa, determine a que temperatura o conjunto deve ser aquecido para que a pressão exercida pelo ar aumente 20%.

Exercícios de revisão

Ficha-resumo 1

Lei de Avogadro

1 mol de qualquer gás ($n = 1$ mol), à temperatura de 0 °C (273 K) e sob pressão de 1 atm, ocupa um volume de 22,4 L.

Número de Avogadro

$$N_0 = 6,02 \cdot 10^{23}$$

Número de mols de um gás (n)

$$n = \frac{m}{M} = \frac{N}{N_0}$$

em que m é a massa do gás, M é a massa molar da substância que o compõe e N é o número de moléculas do gás.

Equação de Clapeyron (equação de estado do gás perfeito)

$$pV = nRT$$

em que $R = 0,082$ atm·L/(mol·K) = 8,31 J/(mol·K) é a constante universal dos gases perfeitos.

---

1. (Uerj) A bola utilizada em uma partida de futebol é uma esfera de diâmetro interno igual a 20 cm. Quando cheia, a bola apresenta, em seu interior, ar sob pressão de 1,0 atm e temperatura de 27 °C.

Considere $\pi = 3$, $R = 0,080$ atm · L · mol^{-1} · K^{-1} e, para o ar, comportamento de gás ideal e massa molar igual a 30 g · mol^{-1}.

No interior da bola cheia, a massa de ar, em grama, corresponde a:

a) 2,5
b) 5,0
c) 7,5
d) 10,0

2. (Fuvest-SP) Um bujão de gás de cozinha contém 13 kg de gás liquefeito a alta pressão. Um mol desse gás tem massa de, aproximadamente, 52 g. Se todo o conteúdo do bujão fosse utilizado para encher um balão à pressão atmosférica e à temperatura de 300 K, o volume final do balão seria aproximadamente de:

a) 13 m³
b) 6,2 m³
c) 3,1 m³
d) 0,98 m³
e) 0,27 m³

Dados: $R = 8,3$ J/(mol · K) ou $R = 0,082$ atm · L/(mol · K); $P_{atmosférica} = 1$ atm $= 1 \cdot 10^5$ Pa; 1 Pa = 1 N/m² e 1 m³ = 1.000 L

3. (Vunesp) Um frasco para medicamento com capacidade de 50 mL contém 35 mL de remédio, sendo o volume restante ocupado por ar. Uma enfermeira encaixa uma seringa nesse frasco e retira 10 mL do medicamento, sem que tenha entrado ou saído ar do frasco. Considere que durante o processo a temperatura do sistema tenha permanecido constante e que o ar dentro do frasco possa ser considerado um gás ideal.

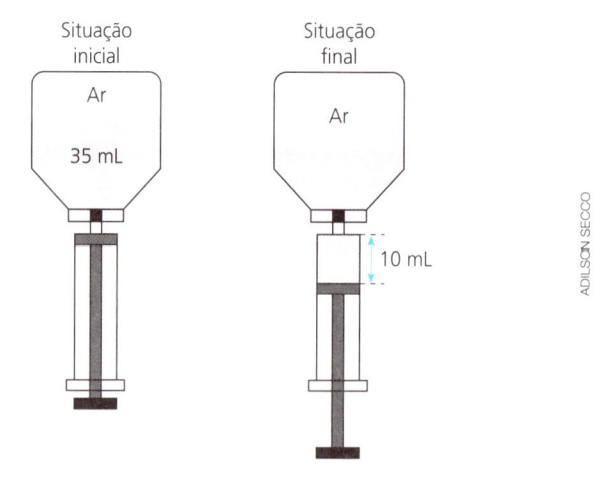

Na situação final em que a seringa com o medicamento ainda estava encaixada no frasco, a retirada dessa dose fez com que a pressão do ar dentro do frasco passasse a ser em relação à pressão inicial:

a) 60% maior.
b) 40% maior.
c) 60% menor.
d) 40% menor.
e) 25% menor.

4. (Unimontes-MG) Um quarto de dimensões 3 m × 4 m × × 3 m está preenchido com ar a uma pressão de 1 atm = = 1,0 · 10⁵ Pa e à temperatura de 16 °C. Considere a massa molar equivalente do ar igual a 28,9 g/mol. A massa de ar no quarto é igual a, aproximadamente:

a) 43 kg
b) 23 g
c) 43 g
d) 23 kg

Dado: $R = 8,31$ J/(mol · K)

5. (Urca-CE) Uma certa quantidade de gás ideal está encerrada dentro de um recipiente cilíndrico. Comprime-se isotermicamente o gás à temperatura de 127 °C até a pressão de 2 atm. Em seguida, libera-se a metade do gás do recipiente. Depois, verifica-se que, mantendo o gás a volume constante, a nova temperatura de equilíbrio passa a ser de 7 °C. Calcule a nova pressão, em atm, do gás no recipiente.

a) 0,5
b) 0,7
c) 0,9
d) 1,0
e) 1,3

6. (IJSO) Dois recipientes, A e B, indilatáveis e de mesmo volume V estão conectados por um tubo cilíndrico de volume desprezível. Um gás perfeito ocupa os dois recipientes, exercendo uma pressão de 1,0 atm. A temperatura é de 27 °C e em cada recipiente há 10 mols do gás.

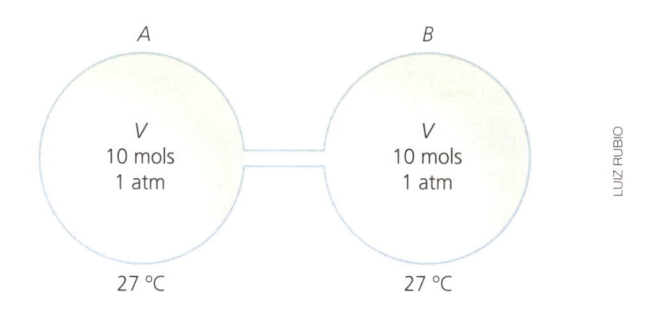

O recipiente B permanece à temperatura de 27 °C, enquanto o A é aquecido e mantido a 227 °C. Em consequência, x mols de gás passam do recipiente A para o recipiente B, até que as pressões nos dois recipientes se tornem iguais a um determinado valor p.

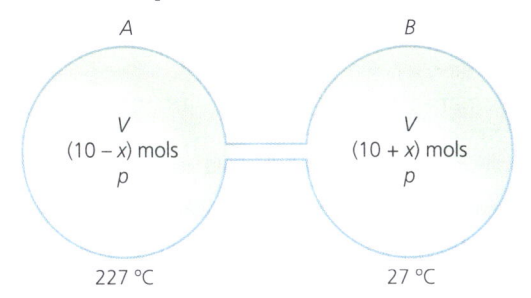

```
         A                    B
      V                    V
   (10 − x) mols        (10 + x) mols
      p                    p
    227 °C               27 °C
```

Os valores de x e p são, respectivamente, iguais a:
a) 2,5 mols e 1,25 atm.
b) 5,0 mols e 2,5 atm.
c) 1,25 mol e 2,5 atm.
d) 10 mols e 2,0 atm.
e) 0 e 1,0 atm.

7. (Uece) Uma dada quantidade de um gás ideal é armazenada em um recipiente de volume fixo, de paredes não condutoras de calor, e a uma temperatura T constante. Suponha que outra porção do mesmo gás, com massa igual à primeira, seja colocada em outro recipiente de paredes não condutoras de calor e à mesma temperatura do primeiro. Entretanto, o volume do segundo recipiente é igual a x% do volume do primeiro. Pode-se afirmar corretamente que a razão entre a pressão do gás no segundo recipiente e a pressão no primeiro é:
a) $\dfrac{1}{x}$
b) $\dfrac{100}{x} - 1$
c) $1 - \dfrac{100}{x}$
d) $\dfrac{100}{x}$

Ficha-resumo 2

Lei geral dos gases perfeitos

$$\frac{p_1 V_1}{T_1} = \frac{p_2 V_2}{T_2}$$

Observação

- Nessa lei, a temperatura T deve ser, obrigatoriamente, medida na escala Kelvin:

$$T = \theta_C + 273$$

- A lei geral dos gases perfeitos só pode ser aplicada nas situações em que o número de mols, n, permanece constante na transformação gasosa.

8. (UFRGS-RS) Um balão meteorológico fechado tem volume de 50,0 m³ ao nível do mar, onde a pressão atmosférica é de $1{,}0 \cdot 10^5$ Pa e a temperatura é de 27 °C. Quando o balão atinge a altitude de 25 km na atmosfera terrestre, a pressão e a temperatura assumem, respectivamente, os valores de $5{,}0 \cdot 10^3$ Pa e −63 °C.

Considerando que o gás contido no balão se comporta como um gás ideal, o volume do balão nessa altitude é de:
a) 14,0 m³
b) 46,7 m³
c) 700,0 m³
d) 1.428,6 m³
e) 2.333,3 m³

9. (UFF-RJ) Uma quantidade de um gás ideal é colocada em um recipiente de vidro hermeticamente fechado e exposto ao sol por um certo tempo. Desprezando a dilatação do recipiente, assinale a alternativa que representa corretamente, de forma esquemática, os estados inicial (i) e final (f) do gás em um diagrama p × T (pressão × temperatura).

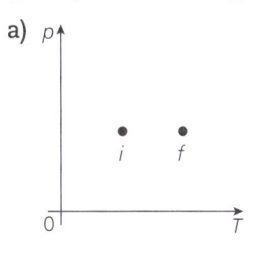

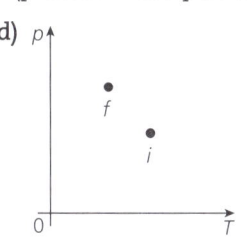

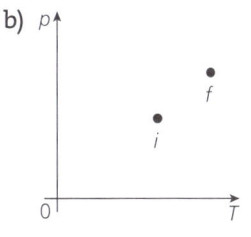

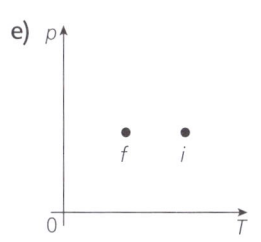

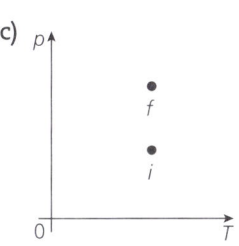

a), b), c), d), e) (diagramas p × T)

10. (IFSP) No alto de uma montanha a 8 °C, um cilindro munido de um êmbolo móvel de peso desprezível possui 1 L de ar no seu interior. Ao levá-lo ao pé da montanha, cuja pressão é de 1 atm, o volume do cilindro se reduz a 900 cm³ e a sua temperatura se eleva em 6 °C. A pressão no alto da montanha é aproximadamente, em atm, de:
a) 0,66
b) 0,77
c) 0,88
d) 0,99
e) 1,08

11. (UEFS-BA) Um cilindro, dotado de um êmbolo, contém inicialmente no seu interior 2,0 L de um gás ideal a uma pressão p e temperatura T.
Diminuindo-se sua pressão em 40% e aumentando-se seu volume em 60%, sua temperatura será igual a:
a) 1,8T
b) 0,96T
c) 0,85T
d) 0,79T
e) 0,63T

Ficha-resumo 3

Transformações gasosas particulares

$$\frac{p_1 V_1}{T_1} = \frac{p_2 V_2}{T_2} \begin{cases} \text{Se } T = \text{constante} \Rightarrow p_1 V_1 = p_2 V_2 \\ \quad \text{(lei de Boyle-Mariotte)} \\ \text{Se } p = \text{constante} \Rightarrow \dfrac{V_1}{T_1} = \dfrac{V_2}{T_2} \\ \quad \text{(lei de Charles)} \\ \text{Se } V = \text{constante} \Rightarrow \dfrac{p_1}{T_1} = \dfrac{p_2}{T_2} \\ \quad \text{(lei de Gay-Lussac)} \end{cases}$$

Exercícios de revisão

12. (PUC-MG) A figura a seguir representa um gás contido em um cilindro cuja parte superior é vedada por um êmbolo que pode deslizar, sem atrito, para cima e para baixo, ao longo das paredes do cilindro.

Sobre o êmbolo está um objeto de massa m constante. Se esse sistema for aquecido lentamente, a transformação a que ele será submetido é:
a) adiabática.
b) isobárica.
c) isotérmica.
d) isocórica.
e) isostática.

13. (UFU-MG) Um gás ideal encontra-se inicialmente a uma temperatura de 150 °C e a uma pressão de 1,5 atmosfera. Mantendo-se a pressão constante, seu volume será dobrado se sua temperatura aumentar para, aproximadamente:
a) 75 °C
b) 450 °C
c) 300 °C
d) 846 °C
e) 573 °C

14. (Unimontes-MG) A figura representa uma isoterma correspondente à transformação de um gás ideal.

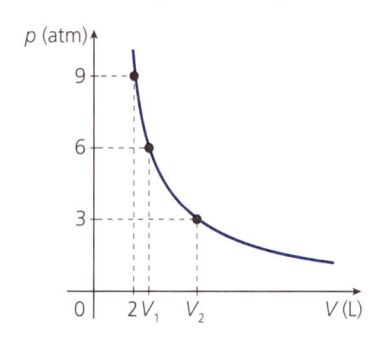

Os valores dos volumes V_1 e V_2 são, respectivamente,
a) 4 L e 9 L
b) 4 L e 8 L
c) 3 L e 9 L
d) 3 L e 6 L

15. (Furg-RS) Uma certa quantidade de gás ideal, inicialmente a pressão p_0, volume V_0 e temperatura T_0, é submetida à seguinte sequência de transformações:
 I. É aquecida a pressão constante até que sua temperatura atinja o valor $3T_0$.
 II. É resfriada a volume constante até que a temperatura atinja o valor inicial T_0.
 III. É comprimida a temperatura constante até que atinja a pressão inicial p_0.

Ao final destes três processos, podemos afirmar que o volume final do gás será igual a:
a) $\dfrac{V_0}{9}$
b) $\dfrac{V_0}{3}$
c) V_0
d) $3V_0$
e) $9V_0$

16. (Ueba) Um balão de propaganda cheio de gás hélio, ao nível do mar, ocupa um volume de 250 L. Seu volume após lançamento, numa altitude de 3.000 m, admitindo-se que a temperatura do gás contido no balão tenha se mantido constante, será:
a) menor, pois a pressão externa aumenta com a altitude.
b) maior, pois a pressão externa diminui com a altitude.
c) permanecerá constante, pois a pressão não varia com a altitude.
d) permanecerá constante, pois a temperatura se manteve constante.
e) maior, pois a pressão externa aumenta com a altitude.

17. (FMTM-MG) Nas lições iniciais de um curso de mergulho com equipamento autônomo – cilindro de ar comprimido – os alunos são instruídos a voltarem lentamente à superfície, sem prender sua respiração em hipótese alguma, a fim de permitir que ocorra a gradativa descompressão. O aprisionamento do ar nos pulmões pode ser fatal para o mergulhador durante a subida, pois, nesse caso, a transformação sofrida pelo ar nos pulmões é:
a) isobárica, com redução do volume do ar.
b) isobárica, com aumento da temperatura do ar.
c) isotérmica, com aumento da pressão do ar.
d) isotérmica, com aumento do volume do ar.
e) isovolumétrica, com diminuição da pressão do ar.

18. (FGV-SP)

Na Coreia do Sul, a caça submarina é uma profissão feminina por tradição. As *haenyeos* são "mulheres-peixe" que ganham dinheiro mergulhando atrás de frutos do mar e crustáceos. O trabalho é realizado com equipamentos precários o que não impede a enorme resistência dessas senhoras que conseguem submergir por dois minutos e descer até 20 metros abaixo da superfície.

Revista dos Curiosos, 2003.

Supondo que o ar contido nos pulmões de uma dessas mergulhadoras não sofresse variação significativa de temperatura e se comportasse como um gás ideal, e levando em conta que a pressão exercida por uma coluna de água de 10 m de altura equivale aproximadamente a 1 atm, a relação entre o volume do ar contido nos pulmões, durante um desses mergulhos de 20 m de profundidade, e o volume que esse ar ocuparia ao nível do mar, se a estrutura óssea e muscular do tórax não oferecesse resistência, corresponderia, aproximadamente, a:
a) 0,3
b) 0,5
c) 0,6
d) 1,0
e) 1,5

Dado: pressão na superfície da água = 1 atm

Mais questões em **Vereda Digital Aprova Enem**, em **Vereda Digital Suplemento de revisão**, em **AprovaMax** (no *site*) e no livro digital.

CAPÍTULO 23

TERMODINÂMICA

ENEM
C5: H17
C6: H21

Você já deve ter estudado em História que as formas de produção passaram por muitas transformações ao longo dos séculos com a gradativa especialização da mão de obra e a invenção de máquinas. A passagem do trabalho artesanal para a produção em quantidades cada vez maiores caracterizou a Revolução Industrial, iniciada no final do século XVIII na Inglaterra. A disponibilidade de capital, a criação e o aperfeiçoamento de máquinas foram essenciais para esse processo. Uma delas foi a máquina a vapor de James Watt, aperfeiçoada e patenteada por ele em 1769.

As máquinas térmicas, como os motores usados em automóveis, caminhões, aviões, continuam a movimentar nosso mundo.

Numa usina termelétrica, como a da foto, as turbinas são movimentadas pelo vapor de água produzido pela queima de combustíveis fósseis, como o carvão mineral.

Objetivos do capítulo

- Apresentar o conceito de energia interna de um gás.
- Calcular o trabalho em uma transformação gasosa.
- Estabelecer a primeira lei da Termodinâmica.
- Analisar as principais transformações gasosas com base na primeira lei da Termodinâmica.
- Definir e analisar uma transformação cíclica.
- Estabelecer a segunda lei da Termodinâmica.
- Apresentar o ciclo de Carnot.

1 Introdução

Termodinâmica, palavra de origem grega que significa "movimento de calor", é a área da Física em que se estudam os processos que permitem a conversão de calor em trabalho ou vice-versa. Em nosso estudo da Termodinâmica, relacionaremos as propriedades macroscópicas de um gás, caracterizadas pelas variáveis de estado (pressão, volume e temperatura), com a energia trocada entre esse gás e outros sistemas.

Por meio das leis da Termodinâmica, elaboradas no século XIX depois de exaustivas experimentações, é possível explicar a natureza dos processos termodinâmicos e reconhecer a existência de limites. Por isso, essas leis são fundamentais para todos os ramos da Física e da engenharia.

Trocando ideias

O aperfeiçoamento da máquina a vapor foi determinante para a Revolução Industrial por impulsionar principalmente a indústria têxtil, uma das que mais se desenvolvia na época. Com seus colegas de grupo, pesquise sobre a indústria têxtil na Inglaterra durante a Revolução Industrial e a evolução dos teares. Reúna informações sobre as jornadas de trabalho nas fábricas e sobre o emprego de mão de obra feminina e infantil. Verifique se os operários contavam com alguma garantia caso perdessem o emprego ou ficassem incapacitados para o trabalho e compare as condições de trabalho daquela época com as atuais.

No dia marcado, apresentem o trabalho para seus colegas de turma, utilizando textos e os recursos visuais que considerarem mais interessantes.

Réplica da máquina a vapor de James Watt, baseada em modelo de 1781.

2 Energia interna de um gás

Considere uma determinada quantidade de gás contida em um recipiente, como esquematizado na **figura 1**.

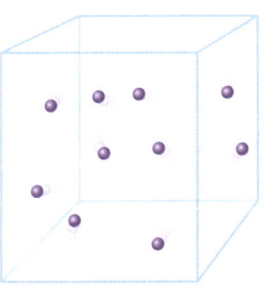

Figura 1. Esquema representando algumas moléculas de um gás em constante movimentação.

As moléculas de um gás, como já sabemos, estão em constante estado de movimentação aleatória e desordenada. Sabemos ainda que essa movimentação depende da temperatura do gás: quanto maior for a temperatura do gás, maior será a agitação de suas moléculas, maiores serão as velocidades e, consequentemente, a energia cinética dessas moléculas.

A **energia interna** de uma dada massa de gás, que passaremos a representar por U, corresponde à soma de várias parcelas, entre as quais podemos citar a energia cinética média de translação das moléculas, a energia potencial de configuração, relacionada às forças intermoleculares, e a energia cinética de rotação das moléculas.

Por meio das leis da Mecânica e da equação de Clapeyron, é possível demonstrar que a energia interna U de uma massa de gás perfeito monoatômico pode ser calculada por:

$$U = \frac{3}{2}nRT$$

Nessa expressão, U é a energia interna da massa gasosa, correspondente à energia cinética média de translação de suas moléculas, n é o número de mols do gás, T é sua temperatura absoluta (em kelvin) e R a constante universal dos gases perfeitos.

A partir da expressão anterior, podemos enunciar a **lei de Joule** para os gases perfeitos:

A energia interna de uma dada massa de gás perfeito é função exclusiva de sua temperatura absoluta T.

Portanto, para um gás perfeito, a energia interna U é diretamente proporcional à temperatura absoluta T do gás.

Entretanto, na Termodinâmica, não fazemos a quantificação direta da energia interna U do gás, mas, sim, de sua variação ΔU. Assim:

- se a temperatura T do gás aumentar ($\Delta T > 0$), U aumentará e teremos: $\Delta U > 0$
- se a temperatura T do gás diminuir ($\Delta T < 0$), U diminuirá e teremos: $\Delta U < 0$
- se a temperatura T do gás não variar (**transformação isotérmica**) ou se a temperatura final do gás for igual à temperatura inicial ($\Delta T = 0$), U não variará e teremos: $\Delta U = 0$

Exercícios resolvidos

1. Tem-se 5 mols de um gás perfeito monoatômico inicialmente a 200 K. Com um aquecimento isobárico, esse gás é levado à temperatura de 500 K. Sendo R = 8,31 J/(mol · K), determinar a variação da energia interna dessa massa gasosa nessa transformação.

▶ **Solução**

Vamos usar a expressão para o cálculo da energia interna do gás, $U = \frac{3}{2}nRT$, em cada uma das situações.

Na situação inicial ($T_1 = 200$ K): $U_1 = \frac{3}{2}nRT_1$

Na situação final ($T_2 = 500$ K): $U_2 = \frac{3}{2}nRT_2$

Portanto, a variação da energia interna da massa gasosa (ΔU) é dada por:

$$\Delta U = U_2 - U_1 \Rightarrow \Delta U = \frac{3}{2}nR(T_2 - T_1) \Rightarrow \Delta U = \frac{3}{2}nR\Delta T$$

Com os valores do enunciado, obtemos:

$$\Delta U = \frac{3}{2}nR\Delta T \Rightarrow \Delta U = \frac{3}{2} \cdot 5 \cdot 8{,}31 \cdot (500 - 200)$$

$$\therefore \boxed{\Delta U = 18.697{,}5 \text{ J}}$$

2. Um gás perfeito monoatômico encontra-se inicialmente sob pressão de $2{,}0 \cdot 10^5$ N/m² e ocupa um volume de 2,0 m³. Esse gás é levado a uma nova situação, na qual fica sob pressão de $5{,}0 \cdot 10^5$ N/m² e passa a ocupar um volume de 1,0 m³. Qual é a variação da energia interna do gás nessa transformação? A temperatura do gás aumentou, diminuiu ou permaneceu a mesma?

▶ **Solução**

Utilizando a equação de Clapeyron, $pV = nRT$, podemos calcular a energia interna da massa gasosa em função da pressão e do volume do gás.

Teremos: $U = \frac{3}{2}nRT \Rightarrow U = \frac{3}{2}pV$

Na situação inicial: $U_1 = \frac{3}{2}p_1V_1$

Na situação final: $U_2 = \frac{3}{2}p_2V_2$

Portanto, a variação da energia interna da massa gasosa (ΔU) é dada por:

$$\Delta U = U_2 - U_1 \Rightarrow \Delta U = \frac{3}{2} \cdot (p_2V_2 - p_1V_1)$$

Com os valores fornecidos no enunciado, obtemos:

$$\Delta U = \frac{3}{2} \cdot (5{,}0 \cdot 10^5 \cdot 1{,}0 - 2{,}0 \cdot 10^5 \cdot 2{,}0) \Rightarrow \Delta U = \frac{3}{2} \cdot 1{,}0 \cdot 10^5$$

$$\therefore \boxed{\Delta U = +1{,}5 \cdot 10^5 \text{ J}}$$

Como a variação da energia interna da massa gasosa é positiva ($\Delta U > 0$), podemos concluir, pela lei de Joule, que a temperatura do gás aumentou ($\Delta T > 0$).

Exercícios propostos

1. A energia interna de determinada quantidade de gás é U.
   a) Qual será a energia interna do gás se duplicarmos sua quantidade?
   b) Qual será a energia interna do gás se duplicarmos sua quantidade e triplicarmos sua temperatura absoluta?

2. Com um resfriamento isobárico, 10 mols de um gás ideal monoatômico sofrem uma compressão e o volume ocupado pelo gás passa de 2 m³ para 1 m³. Sabendo que no início do processo o gás estava à temperatura de 500 K e sendo R = 8,31 J/(mol · K), determine:
   a) a pressão p exercida pelo gás sobre as paredes do recipiente onde está contido;
   b) a temperatura final do gás, T_2;
   c) a variação de sua energia interna, ΔU.

3. Uma massa de gás ideal monoatômico sofre uma expansão isobárica, sob pressão de 5 atm, e seu volume passa de 10 L para 18 L. Qual é a variação da energia interna do gás nessa transformação?

3 Trabalho em uma transformação gasosa

Quando, durante uma transformação termodinâmica, o volume V de um gás apresentar uma variação ΔV, haverá realização de um trabalho τ e, consequentemente, troca de energia mecânica com o meio externo. A realização de trabalho durante a transformação gasosa pode, então, ser interpretada como uma medida da energia trocada pelo sistema gasoso com o meio externo.

Vamos considerar determinada quantidade de gás contida em um cilindro provido de um êmbolo que pode deslizar sem atrito (**fig. 2A**, na página seguinte). Os choques das moléculas do gás contra o êmbolo resultam numa força $\vec{F}$. Com isso, se o gás sofrer uma expansão ($\Delta V > 0$), o êmbolo se deslocará no mesmo sentido da força (**fig. 2B**). Portanto, o trabalho τ é **positivo** e dizemos que **o gás realizou trabalho** sobre o meio externo.

Se o gás sofrer uma contração ($\Delta V < 0$), o êmbolo se deslocará no sentido oposto ao da força **(fig. 2C)**. Nesse caso, o trabalho τ é **negativo** e dizemos que **o gás recebeu trabalho** do meio externo.

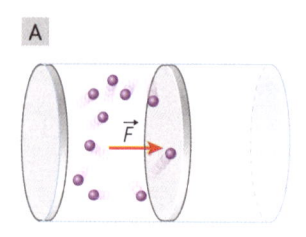

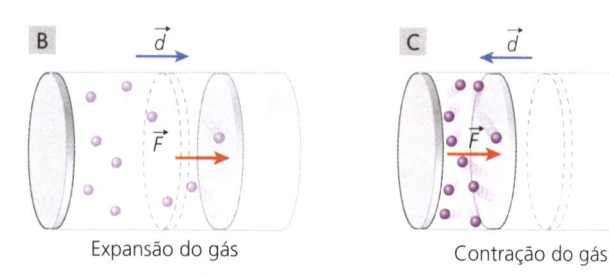

Figura 2. A força $\vec{F}$ é a força exercida pelas moléculas do gás sobre o êmbolo. Na variação de volume do gás, este realiza trabalho ao se expandir (B) e recebe trabalho ao se contrair (C).

Vamos considerar uma **expansão isobárica** do gás, ou seja, um **aumento de volume sob pressão constante** para obter uma expressão do trabalho τ em uma transformação gasosa.

Nesse caso, a força $\vec{F}$ é constante, pois $p = \dfrac{F}{S}$ e, portanto, $F = pS$, em que S é a área do êmbolo, que também é um valor constante.

Como vimos anteriormente, para uma força $\vec{F}$ constante e na direção do deslocamento, o trabalho τ é dado por: $\tau = Fd$

Então: $\tau = Fd \Rightarrow \tau = pSd$

Entretanto, o produto Sd na expressão acima corresponde à variação de volume ΔV do gás.

Portanto, o trabalho τ numa transformação isobárica de um gás perfeito é dado por:

$$\tau = p\Delta V$$

A representação de uma transformação gasosa em um diagrama pressão $\times$ volume recebe o nome de **diagrama de Clapeyron** ou **diagrama de trabalho**.

Observe que o sinal do trabalho τ depende do sinal da variação de volume ΔV do gás:

- se $\Delta V > 0$, V aumenta e $\tau > 0$, o gás realiza trabalho sobre o meio externo;
- se $\Delta V < 0$, V diminui e $\tau < 0$, o gás recebe trabalho do meio externo;
- se $\Delta V = 0$, V não varia (**transformação isocórica**) e $\tau = 0$.

No caso de uma transformação isobárica, o diagrama de Clapeyron é uma reta paralela ao eixo dos volumes e o módulo do trabalho na transformação, $|\tau| = p\Delta V$, corresponde, numericamente, à área A do retângulo destacado na **figura 3**.

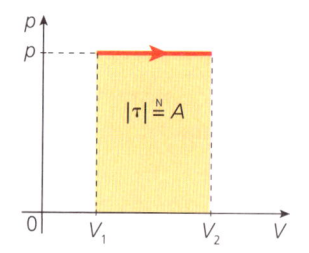

Figura 3. O módulo do trabalho na transformação isobárica é numericamente igual à área A do retângulo destacado no diagrama $p \times V$.

Essa propriedade também pode ser generalizada para o caso em que a pressão p exercida pelo gás é variável durante a transformação.

Então, em qualquer transformação gasosa:

$|\tau| \stackrel{N}{=}$ área sob a curva no diagrama de Clapeyron

Exercícios resolvidos

3. Com um resfriamento isobárico, 10 mols de um gás ideal passam por uma expansão e seu volume aumenta de 2 m³ para 3 m³. Sabendo que no início do processo o gás estava a 500 K e sendo $R = 8,31$ J/(mol · K), determinar:
   a) a pressão exercida pelo gás sobre as paredes do recipiente onde está contido;
   b) o trabalho realizado pelo gás durante a transformação.

   ▶ **Solução**

   a) O valor da pressão exercida pelo gás pode ser calculado a partir da equação de Clapeyron:

   $pV = nRT \Rightarrow p \cdot 2 = 10 \cdot 8,31 \cdot 500 \therefore \boxed{p = 20.775 \text{ N/m}^2}$

   b) Numa transformação isobárica: $\tau = p\Delta V$

   Então: $\tau = 20.775 \cdot (3-2) \therefore \boxed{\tau = 20.775 \text{ J}}$

4. O diagrama abaixo representa a transformação de uma dada massa de gás ideal ao passar do estado A para o estado B.

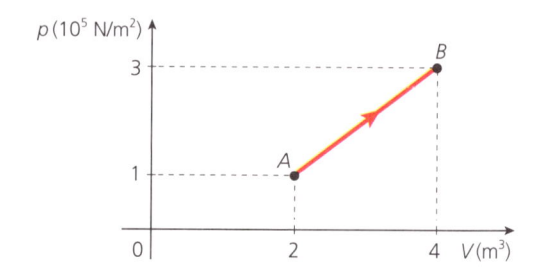

   Determinar o trabalho realizado pelo gás na transformação A → B.

   ▶ **Solução**

   O módulo do trabalho na transformação AB é dado, numericamente, pela área sob a curva; nesse caso, a área de um trapézio, como mostrado na figura a seguir.

294 Física – Nicolau • Torres • Penteado

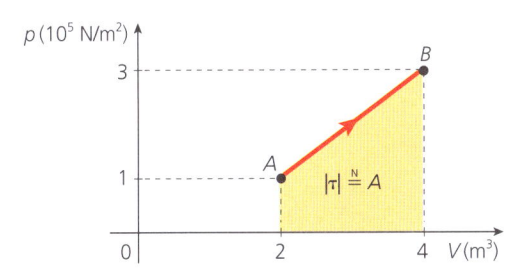

Lembre que a área A de um trapézio é dada por:

$$A = \frac{(\text{base maior} + \text{base menor})}{2} \cdot \text{altura}$$

Então:

$$|\tau| \stackrel{N}{=} A = \frac{3 \cdot 10^5 + 1 \cdot 10^5}{2} \cdot 2 \therefore |\tau| = 4 \cdot 10^5 \text{ J}$$

Na transformação AB, o gás sofreu uma expansão (seu volume aumentou de 2 m³ para 4 m³) e realizou trabalho sobre o meio externo. Portanto, o trabalho é **positivo**. Assim, o trabalho na transformação A → B é:

$$\tau = +4 \cdot 10^5 \text{ J}$$

Exercícios propostos

4. Em um processo à pressão constante de 2,0 · 10⁵ N/m², determinada massa de gás ideal aumenta seu volume de 8 · 10⁻³ m³ para 12 · 10⁻³ m³. Indique o trabalho, em joule, realizado pelo gás durante essa expansão.

5. Uma dada massa de gás ideal sofre a transformação mostrada a seguir no diagrama de Clapeyron.

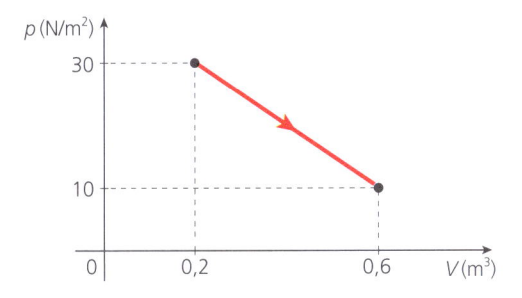

   Qual é o trabalho, em joule, realizado pelo gás durante a transformação?

6. Uma determinada quantidade de gás, inicialmente a 100 K, passa pela transformação mostrada a seguir.

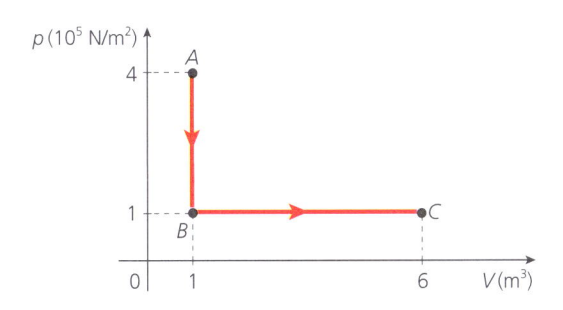

   a) Qual é a temperatura final do gás?
   b) Qual é o trabalho, em joule, realizado pelo gás?

4 Primeira lei da Termodinâmica

Em qualquer processo termodinâmico, a energia pode ser transferida de um sistema para outro sob a forma de calor Q ou sob a forma de trabalho τ.

Como a energia não pode ser criada nem destruída, a quantidade de calor Q transferida de um sistema para outro e o trabalho τ estão relacionados com a variação da energia interna ΔU do sistema.

A variação da energia interna ΔU de um sistema termodinâmico é, portanto, o resultado de um balanço energético entre a quantidade de calor Q trocada pelo sistema com o meio externo e o trabalho τ envolvido na transformação **(fig. 4)**.

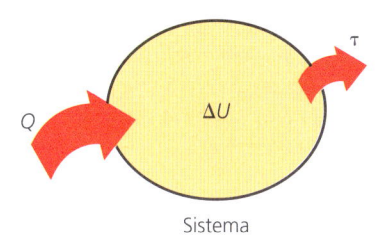

Figura 4. Num processo termodinâmico, a variação da energia interna ΔU do sistema depende da quantidade de calor Q trocada pelo sistema e do trabalho τ.

A **primeira lei da Termodinâmica** estabelece que, em qualquer transformação:

$$\Delta U = Q - \tau$$

Essa lei de conservação de energia pode ser assim enunciada:

> A variação da energia interna ΔU do sistema é igual à diferença entre a quantidade de calor Q trocada pelo sistema com o meio externo e o trabalho τ envolvido na transformação.

O sinal da quantidade de calor Q é dado, como vimos no capítulo 19, por:

- Q > 0, quando o calor é recebido pelo gás;
- Q < 0, quando o calor é cedido pelo gás;
- Q = 0, quando o gás não troca calor com o meio externo; nesse caso, temos uma **transformação adiabática**.

Exercícios resolvidos

5. Certa quantidade de um gás passa por uma transformação durante a qual recebe do meio externo 200 J de calor enquanto se expande e realiza um trabalho de 300 J. Determinar a variação de energia interna dessa massa gasosa.

   ▶ **Solução**

   Pelo enunciado: Q = +200 J (calor recebido pelo gás) e τ = +300 J (trabalho realizado pelo gás).

Pela primeira lei da Termodinâmica, $\Delta U = Q - \tau$, obtemos:

$\Delta U = (+200) - (+300) \Rightarrow \Delta U = 200 - 300$

$\therefore \boxed{\Delta U = -100 \text{ J}}$ (diminuição da energia interna)

Podemos resumir o balanço energético do sistema gasoso em uma figura:

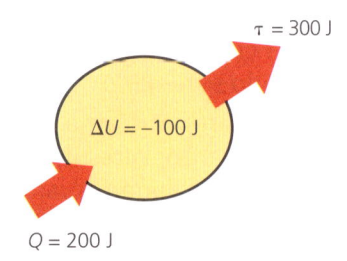

$\tau = 300$ J
$\Delta U = -100$ J
$Q = 200$ J

6. Uma determinada quantidade de gás, ao ser aquecida, se expande realizando um trabalho de 42 J, enquanto sua energia interna aumenta de 5 cal. Determinar, em caloria, a quantidade de calor trocada pelo gás com o meio externo. Considerar 1 cal = 4,2 J.

▶ **Solução**

De acordo com o enunciado:

$\tau = +42$ J (trabalho realizado pelo gás) e
$\Delta U = +5$ cal $= +5 \cdot 4{,}2$ J $= 21$ J

Portanto, de acordo com a primeira lei da Termodinâmica, $\Delta U = Q - \tau$, teremos:

$+21 = Q - (+42) \Rightarrow Q = +21 + 42 \therefore Q = +63$ J

Convertendo essa quantidade de calor, em joule, para caloria, teremos:

$Q = +\dfrac{63}{4{,}2}$ cal $\Rightarrow \boxed{Q = +15 \text{ cal}}$ (calor recebido pelo gás)

Podemos, mais uma vez, resumir o balanço energético do sistema gasoso em uma figura:

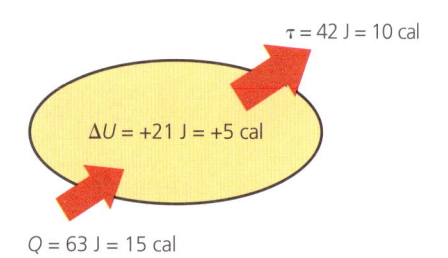

$\tau = 42$ J $= 10$ cal
$\Delta U = +21$ J $= +5$ cal
$Q = 63$ J $= 15$ cal

Exercícios propostos

7. Uma quantidade de gás ideal sofre um aquecimento isocórico durante o qual recebe 1.000 J de calor de uma fonte térmica. Determine, para essa transformação:
a) o trabalho realizado pelo gás;
b) a variação de energia interna do gás.

8. O diagrama a seguir mostra como varia a pressão de uma dada massa de gás perfeito monoatômico, em função do volume por ela ocupado, durante uma transformação em que o gás recebeu 600 J de calor de uma fonte térmica.

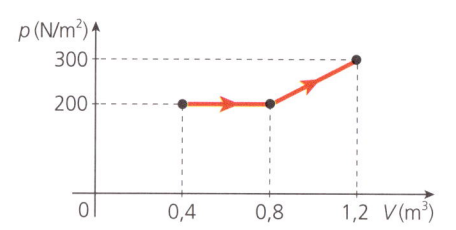

Determine:
a) o trabalho na transformação;
b) a variação de energia interna do gás durante o processo.

9. Uma determinada massa de gás perfeito é aquecida por 30 min em uma fonte de calor de potência constante e igual a 100 W. Durante esse aquecimento, o gás se expande e realiza um trabalho de $1{,}2 \cdot 10^5$ J. Determine a variação de energia interna do gás durante o aquecimento.

5 Transformações cíclicas

Uma transformação gasosa é chamada de **transformação cíclica** ou **ciclo** quando o estado final do gás coincide com seu estado inicial, isto é, no estado final, os valores de pressão, temperatura e volume do gás coincidem com os valores no estado inicial.

A energia interna do gás varia durante as transformações, pois a temperatura do gás pode variar continuamente. Entretanto, como o estado final coincide com o estado inicial, a energia interna final é igual à energia interna inicial e, consequentemente, a variação da energia interna na realização de um ciclo é sempre nula.

Portanto, na realização de qualquer ciclo, temos:

$$\boxed{\Delta U = 0}$$

A **figura 5** mostra uma transformação cíclica sofrida por determinada massa de gás ideal que passa de um estado inicial A para um estado intermediário B pelo processo 1 e, em seguida, é levado de volta ao estado inicial A pelo processo 2.

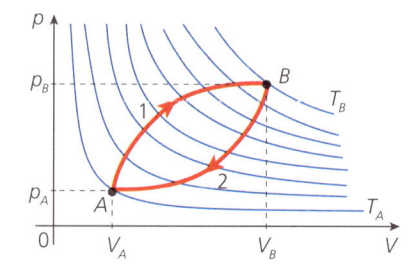

Figura 5. No processo 1, a temperatura do gás aumenta de T_A para T_B. No processo 2, sua temperatura diminui de T_B para T_A.

Durante um ciclo, o trabalho τ realizado pelo gás corresponde à soma algébrica dos trabalhos envolvidos em todas as etapas. No exemplo da **figura 5**, o trabalho realizado pelo gás é igual à soma algébrica dos trabalhos envolvidos nas etapas 1 e 2. Ou seja: $\tau = \tau_1 + \tau_2$

No diagrama de Clapeyron, podemos calcular o módulo do trabalho realizado pelo gás em cada etapa do ciclo pela área sob a curva. Como o trabalho é positivo na expansão do gás e negativo na contração, podemos concluir que, na transformação cíclica, o módulo do trabalho realizado pelo gás é numericamente igual à área interna A do ciclo (**fig. 6**).

Observe na **figura 6** que o trabalho realizado pelo gás no processo 1 é maior que o módulo do trabalho recebido pelo gás no processo 2.

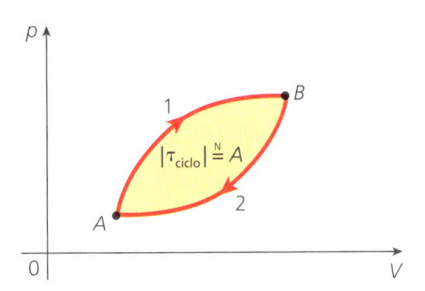

Figura 6. Em uma transformação cíclica, o módulo do trabalho realizado pelo gás é numericamente igual à área interna A do ciclo.

Assim, o saldo líquido de trabalho no ciclo da **figura 6** é positivo e o gás realiza trabalho (ciclo de sentido horário). Portanto, em um ciclo de sentido horário, calor é convertido em trabalho.

A conversão de calor em trabalho ocorre nas **máquinas térmicas**, um motor de automóvel é um exemplo.

Se o sentido das transformações em um ciclo for invertido, o saldo líquido de trabalho será negativo e o gás receberá trabalho (ciclo de sentido anti-horário). Então, em um ciclo de sentido anti-horário, trabalho é convertido em calor, ou seja, ocorre a retirada de calor por meio do trabalho realizado sobre o gás. Isso acontece, por exemplo, em uma geladeira, que é uma **máquina frigorífica**.

Como em uma transformação cíclica, a variação da energia interna é nula, aplicando a primeira lei da Termodinâmica, teremos:

$$\Delta U = Q - \tau \Rightarrow 0 = Q - \tau \Rightarrow \boxed{\tau = Q}$$

Portanto, em uma transformação cíclica existe uma equivalência entre a quantidade de calor total Q trocada pelo gás e o trabalho total realizado por ele (τ), como mostrado na **figura 7**.

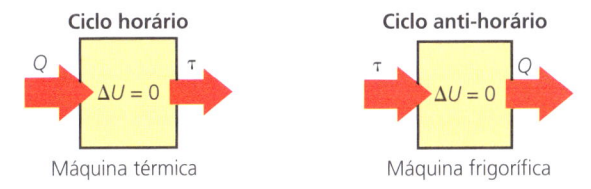

Figura 7. Nas **máquinas térmicas**, calor é convertido em trabalho; e, nas **máquinas frigoríficas** (ou bombas de calor), trabalho é convertido em calor.

Aplicação tecnológica

Refrigerador doméstico

O refrigerador doméstico, como já foi dito, é uma máquina frigorífica. Nele, há retirada de calor do congelador (fonte fria) e rejeição de calor para o ar atmosférico (fonte quente). Essa rejeição é feita por meio de um dissipador de calor, a **serpentina**, colocada na parte traseira do aparelho. A transferência de calor do **congelador** para a atmosfera não é espontânea, pois, se isso acontecesse, a segunda lei da Termodinâmica seria violada, como veremos adiante. Ela só é possível porque o compressor realiza trabalho externo sobre o fluido de trabalho que circula pelos tubos (**fig. I**).

A substância utilizada nos refrigeradores é denominada **refrigerante**. Desde a década de 1930, usava-se o gás fréon, mas, por ser um clorofluorcarboneto (CFC), que agride a camada de ozônio da atmosfera, um acordo internacional propôs sua substituição por outras substâncias que não produzam esse composto.

No processo de funcionamento do refrigerador, essa substância é alternadamente evaporada (o líquido se transforma em vapor) e condensada (o vapor se transforma em líquido). No processo de evaporação, a substância absorve calor; por isso, durante essa fase, ela deve estar em contato com o congelador.

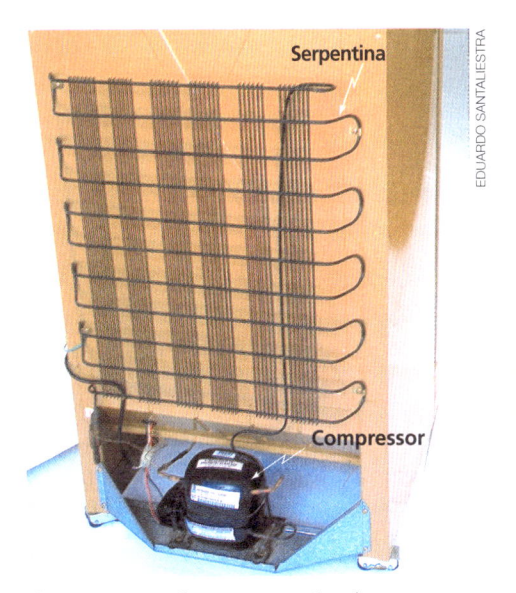

Figura I. Vista da parte traseira de um refrigerador antigo.

Aplicação tecnológica

Em contrapartida, a condensação do vapor ocorre com perda de calor; portanto, nessa etapa do processo, a substância deve estar em contato com a serpentina, rejeitando calor para o meio externo.

Como mostra a **figura II**, a substância circula continuamente por dois tubos conectados por um dispositivo denominado válvula de expansão. O líquido que percorre o primeiro tubo, em vermelho no esquema (condensador), ao passar pelo orifício dessa válvula sob alta pressão, sofre uma rápida expansão e vaporiza. Essa vaporização ocorre no segundo tubo, o evaporador, em azul, que está em contato com o congelador, retirando calor. O vapor resultante vai para o compressor, onde recebe trabalho e, sob alta pressão, condensa-se no condensador, que está em contato com a serpentina, onde perde calor para a atmosfera. O líquido formado vai para a válvula de expansão, e o processo se repete.

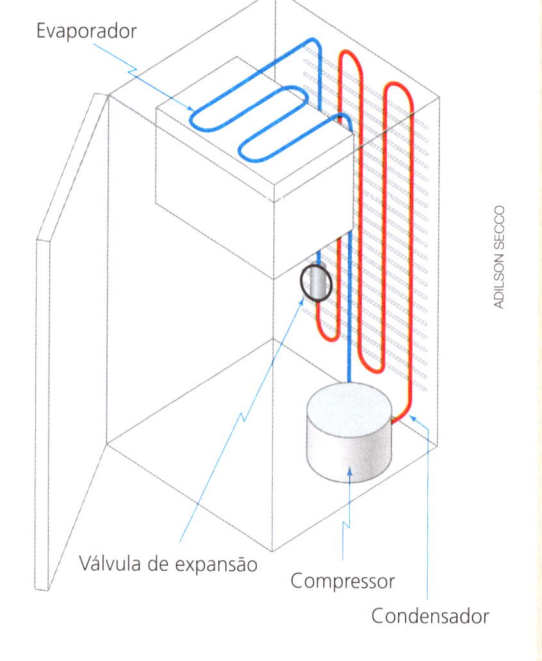

Figura II. Representação esquemática do funcionamento de um refrigerador.

Exercícios resolvidos

7. Uma determinada quantidade de gás ideal sofre a transformação cíclica *ABCDA* mostrada no diagrama $p \times V$ abaixo.

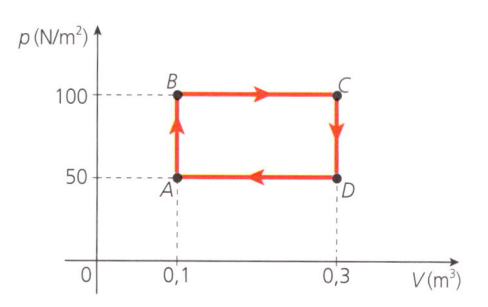

No estado A, a temperatura do gás é 100 K.
a) Determinar a temperatura do gás nos estados B, C e D.
b) Qual é o trabalho realizado pelo gás em cada ciclo?

▶ **Solução**

a) Poderíamos calcular a temperatura em cada ponto do ciclo usando a lei geral dos gases perfeitos: $\dfrac{p_1 V_1}{T_1} = \dfrac{p_2 V_2}{T_2}$

Entretanto, é mais fácil obter a temperatura por meio da equação de Clapeyron. Observe que, como a quantidade de gás permanece constante durante todo o ciclo, podemos concluir que o produto da pressão pelo volume do gás é diretamente proporcional à sua temperatura, pois:

$$pV = nRT \Rightarrow pV = kT \Rightarrow \boxed{pV \propto T}$$

No ponto A:
$p_A V_A = 50 \cdot 0{,}1 = 5 \text{ J}$ e $T_A = 100 \text{ K}$

No ponto B:
$p_B V_B = 100 \cdot 0{,}1 = 10 \text{ J}$
Logo, $T_B = 2T_A \Rightarrow T_B = 2 \cdot 100$ ∴ $\boxed{T_B = 200 \text{ K}}$

No ponto C:
$p_C V_C = 100 \cdot 0{,}3 = 30 \text{ J}$
Logo, $T_C = 6T_A \Rightarrow T_C = 6 \cdot 100$ ∴ $\boxed{T_C = 600 \text{ K}}$

No ponto D:
$p_D V_D = 50 \cdot 0{,}3 = 15 \text{ J}$
Logo, $T_D = 3T_A \Rightarrow T_D = 3 \cdot 100$ ∴ $\boxed{T_D = 300 \text{ K}}$

b) O módulo do trabalho na transformação cíclica é dado, numericamente, pela área interna ao ciclo, nesse caso, um retângulo. Então:

$$|\tau| \stackrel{N}{=} A = (0{,}3 - 0{,}1) \cdot (100 - 50) \therefore |\tau| = 10 \text{ J}$$

Como o ciclo é de sentido horário, concluímos que o gás realiza trabalho. Portanto, o trabalho é **positivo**.

Assim, o trabalho na transformação ABCDA é:

$$\boxed{\tau = +10 \text{ J}}$$

8. Uma dada massa de gás ideal, inicialmente no estado A, sob pressão de 6 atm, à temperatura de 300 K e ocupando um volume de 4 L, passa a executar um ciclo termodinâmico constituído por quatro transformações:
- A → B: aquecimento isobárico até 900 K;
- B → C: resfriamento isocórico até 300 K;
- C → D: resfriamento isobárico até 100 K;
- D → A: aquecimento isocórico até 300 K.

Representar a transformação cíclica em um diagrama de Clapeyron e determinar o trabalho realizado pelo gás.

> **Solução**

Lembrando que o produto pV é diretamente proporcional à temperatura T quando a quantidade de gás permanece constante, podemos, a partir da temperatura, obter a pressão ou o volume em cada ponto do ciclo.

A tabela a seguir facilita o cálculo das variáveis de estado.

Ponto	p (atm)	V (L)	pV (atm · L)	T (K)
A	6	4	24	300
B	6	12	72	900
C	2	12	24	300
D	2	4	8	100

O diagrama de Clapeyron que representa a transformação cíclica correspondente é mostrado a seguir.

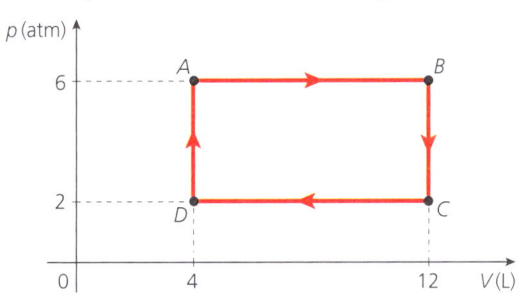

O trabalho na transformação é dado, numericamente, pela área do retângulo interna ao ciclo. Então:

$$|\tau| \stackrel{N}{=} A = (6-2) \cdot (12-4) \therefore |\tau| = 32 \text{ atm} \cdot \text{L}$$

Como o ciclo é de sentido horário, o gás realiza trabalho ($\tau > 0$), ou seja, há conversão de calor em trabalho. Então:

$$\tau = +32 \text{ atm} \cdot \text{L}$$

Exercícios propostos

10. Uma dada massa de gás ideal descreve o ciclo representado a seguir.

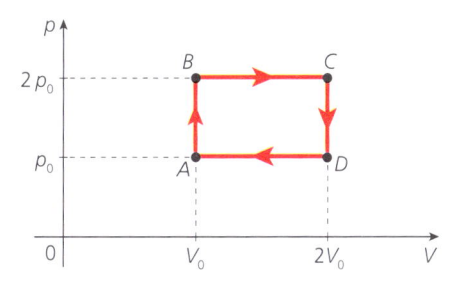

a) Em que ponto do ciclo a temperatura é mínima e em que ponto ela é máxima? Justifique.
b) Nesse ciclo, o gás realiza ou recebe trabalho? Justifique.
c) Nesse ciclo, o gás recebe ou cede calor para o ambiente? Justifique.
d) Determine o trabalho do gás e a quantidade de calor trocada durante um ciclo.

11. Determine o trabalho realizado pelo gás no ciclo mostrado abaixo.

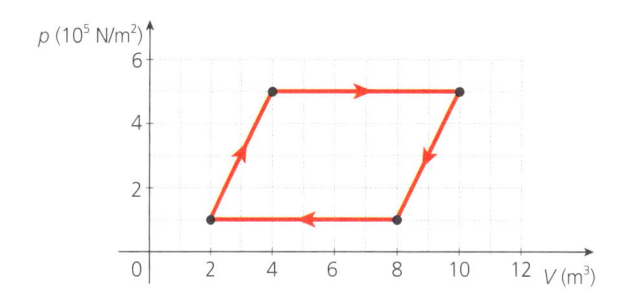

12. Certa quantidade de gás ideal realiza o ciclo ABCDA representado na figura abaixo.

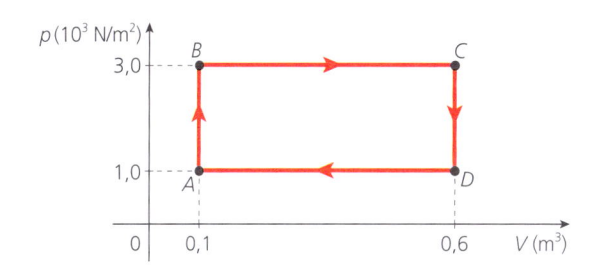

Analise as proposições a seguir e anote V para as verdadeiras e F para as falsas.

( ) Na transformação A → B, o trabalho realizado pelo gás é nulo.
( ) Na transformação B → C, o trabalho realizado pelo gás é $1,0 \cdot 10^3$ J.
( ) Na transformação C → D, ocorre aumento de energia interna do gás.
( ) Na transformação D → A, ocorre diminuição da temperatura do gás.
( ) Ao completar cada ciclo, há conversão de calor em trabalho.
( ) O trabalho realizado pelo gás em cada ciclo tem módulo igual a $1,0 \cdot 10^3$ J.

6 Segunda lei da Termodinâmica e ciclo de Carnot

O princípio da conservação da energia estabelece que as conversões de energia de uma forma em outra devem ocorrer de modo que a energia total permaneça constante.

A primeira lei da Termodinâmica é uma reafirmação desse princípio de conservação e, portanto, deve sempre ser obedecida. Entretanto, por meio dela, não é possível prever a realização de determinado processo, ou seja, nem todos os processos que obedecem à primeira lei da Termodinâmica podem ser realizados na prática.

Por exemplo, uma xícara de café quente deixada sobre uma mesa esfria até atingir a temperatura ambiente. Esse processo está de acordo com a primeira lei da Termodinâmica.

Contudo, se deixarmos uma xícara com café à temperatura ambiente sobre uma mesa, é muito pouco provável que ela espontaneamente se aqueça, apesar de esse processo inverso também obedecer à primeira lei da Termodinâmica.

A **segunda lei da Termodinâmica** tem um caráter estatístico e estabelece um sentido preferencial de ocorrência dos processos naturais.

De acordo com o físico e matemático alemão Rudolf Clausius (1822-1888):

O calor não flui espontaneamente de um corpo com menor temperatura para um corpo com maior temperatura.

Se levarmos em conta que calor é uma forma de energia e que sua conversão em energia mecânica, por exemplo, não é integral, como estabelecido pela primeira lei da Termodinâmica, podemos enunciar a segunda lei da Termodinâmica em outros termos:

É impossível para uma máquina térmica, operando em ciclos, converter integralmente calor em trabalho.

Esse enunciado é conhecido como **enunciado de Kelvin-Planck**.

De acordo com a segunda lei da Termodinâmica, uma máquina térmica funcionando em ciclos deve operar entre duas temperaturas constantes. A máquina recebe uma quantidade de calor Q_1 de uma **fonte quente**, à temperatura maior, T_1, converte parte desse calor em trabalho útil τ e rejeita uma quantidade de calor Q_2 para uma **fonte fria**, à temperatura menor, T_2 **(fig. 8)**.

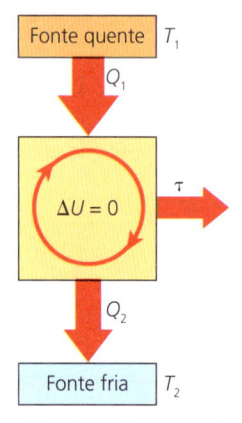

Figura 8. Uma máquina térmica não converte em trabalho todo o calor recebido.

Dessa maneira, pelo princípio de conservação de energia e pela primeira lei da Termodinâmica, o trabalho útil τ é dado por:

$$\tau = Q_1 - Q_2$$

Como nem toda energia recebida é convertida em trabalho, o ciclo térmico apresenta um **rendimento η**, definido como:

$$\eta = \frac{\tau}{Q_1}$$

Como o trabalho útil τ é sempre menor que a quantidade de calor Q_1, podemos ainda enunciar a segunda lei da Termodinâmica como segue:

Todas as máquinas térmicas cíclicas reais têm rendimento menor que 100%.

Ciclo de Carnot

O **ciclo de Carnot** é um **ciclo teórico** proposto pelo físico, matemático e engenheiro francês Nicolas Léonard Sadi Carnot (1796-1832).

Esse ciclo é importante porque, ao operar entre as temperaturas T_1 (fonte quente) e T_2 (fonte fria), apresenta rendimento maior que o de qualquer outro ciclo.

O ciclo de Carnot é constituído por duas transformações adiabáticas alternadas com duas transformações isotérmicas **(fig. 9)**.

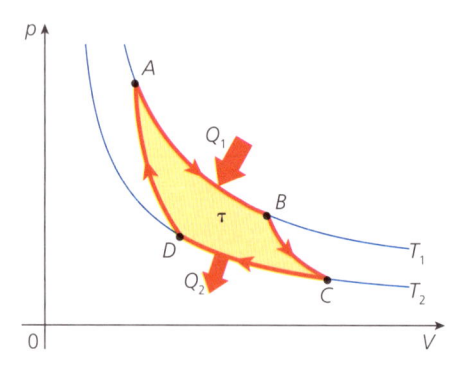

Figura 9. Representação do ciclo de Carnot: $A \rightarrow B$ e $C \rightarrow D$ são transformações isotérmicas; $B \rightarrow C$ e $D \rightarrow A$ são transformações adiabáticas.

Assim:
- $A \rightarrow B$ é uma **expansão isotérmica** durante a qual o gás recebe a quantidade de calor Q_1 da fonte quente;
- $B \rightarrow C$ é uma **expansão adiabática** durante a qual o gás se resfria e sua temperatura varia de T_1 (temperatura da fonte quente) para T_2 (temperatura da fonte fria);
- $C \rightarrow D$ é uma **compressão isotérmica** durante a qual o gás rejeita a quantidade de calor Q_2 para a fonte fria;
- $D \rightarrow A$ é uma **compressão adiabática** durante a qual o gás se aquece e sua temperatura varia de T_2 (temperatura da fonte fria) para T_1 (temperatura da fonte quente).

O rendimento de uma máquina térmica, como visto anteriormente, é dado por:

$$\eta = \frac{\tau}{Q_1} \Rightarrow \eta = \frac{Q_1 - Q_2}{Q_1} \Rightarrow \boxed{\eta = 1 - \frac{Q_2}{Q_1}}$$

Para um ciclo de Carnot, pode-se demonstrar que a quantidade de calor trocada pelo gás é diretamente proporcional à temperatura da fonte, ou seja, $Q = kT$, em que k é uma constante.

Assim, o rendimento de uma máquina de Carnot é dado por:

$$\eta = 1 - \frac{Q_2}{Q_1} \Rightarrow \eta_{Carnot} = 1 - \frac{kT_2}{kT_1} \Rightarrow \boxed{\eta_{Carnot} = 1 - \frac{T_2}{T_1}}$$

Note que o rendimento de um ciclo de Carnot é máximo quando opera entre duas fontes a temperaturas T_1 e T_2, mas nunca é igual a 100%.

Observação

O rendimento no ciclo de Carnot é função exclusiva das temperaturas absolutas das fontes quente (T_1) e fria (T_2), não dependendo, portanto, do fluido de trabalho utilizado.

Trocando ideias

Os motores de motocicletas, automóveis, ônibus e caminhões funcionam de acordo com as leis da Termodinâmica e operam em ciclos.

Motores a gasolina, etanol ou GLP, conhecidos como **motores de combustão interna de ignição por faísca**, operam segundo um ciclo termodinâmico chamado de **ciclo de Otto**. Mas um motor a diesel, conhecido como **motor de combustão interna por compressão**, trabalha em um ciclo termodinâmico denominado **ciclo Diesel**.

Com seus colegas de grupo, pesquise as características de cada um desses ciclos e explique suas etapas durante o funcionamento do motor. No dia marcado, utilizando os recursos visuais que considerarem mais adequados e interessantes, você e seus colegas de grupo deverão apresentar o resultado de sua pesquisa para a turma.

Modelo de motor de automóvel atual.

Exercícios resolvidos

9. Uma máquina térmica tem rendimento de 40% e realiza um trabalho de 800 J a cada ciclo.
   a) Qual é a quantidade de calor que a máquina recebe da fonte quente a cada ciclo?
   b) Qual é a quantidade de calor que a máquina rejeita para a fonte fria a cada ciclo?

▶ **Solução**
a) Pela definição de rendimento de uma máquina térmica, temos:

$$\eta = \frac{\tau}{Q_1} \Rightarrow 0{,}40 = \frac{800}{Q_1} \Rightarrow Q_1 = \frac{800}{0{,}4} \therefore \boxed{Q_1 = 2.000\ J}$$

b) Numa máquina térmica, pelo princípio da conservação da energia, obtemos:

$$\tau = Q_1 - Q_2 \Rightarrow 800 = 2.000 - Q_2 \therefore \boxed{Q_2 = 1.200\ J}$$

10. Uma máquina térmica opera entre as temperaturas −73 °C e 227 °C, por meio de um ciclo de Carnot, recebendo da fonte quente 1.000 J a cada ciclo. Determinar:

a) o rendimento dessa máquina;
b) o trabalho útil a cada ciclo;
c) o calor rejeitado para a fonte fria a cada ciclo.

▶ **Solução**
a) As temperaturas absolutas das fontes quente (T_1) e fria (T_2) são:

$T_1 = 227\ °C = 500\ K$ e $T_2 = -73\ °C = 200\ K$

No ciclo de Carnot, o rendimento é dado por:

$$\eta_{Carnot} = 1 - \frac{T_2}{T_1} \Rightarrow \eta_{Carnot} = 1 - \frac{200}{500} \therefore \boxed{\eta_{Carnot} = 0{,}60 = 60\%}$$

b) Pela definição de rendimento, temos:

$$\eta = \frac{\tau}{Q_1} \Rightarrow 0{,}60 = \frac{\tau}{1.000} \Rightarrow \tau = 0{,}60 \cdot 1.000 \therefore \boxed{\tau = 600\ J}$$

c) Numa máquina térmica, pelo princípio da conservação da energia, obtemos:

$$\tau = Q_1 - Q_2 \Rightarrow 600 = 1.000 - Q_2 \therefore \boxed{Q_2 = 400\ J}$$

Exercícios propostos

13. Uma máquina térmica, ao realizar um ciclo, retira 2 kcal de uma fonte quente e libera 1,8 kcal para uma fonte fria. Qual é o rendimento dessa máquina térmica?

14. Um gás ideal realiza o ciclo descrito no diagrama de Clapeyron mostrado a seguir. Em cada ciclo, o gás recebe de uma fonte térmica 100 J de calor.

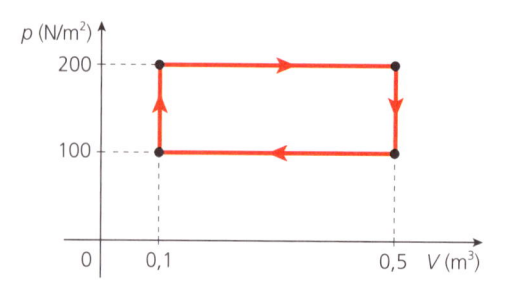

Determine:
a) o trabalho realizado pelo gás em cada ciclo;
b) o calor rejeitado para a fonte fria em cada ciclo;
c) o rendimento dessa máquina térmica.

15. Uma máquina térmica, operando em um ciclo de Carnot, trabalha entre as temperaturas 0 °C e 100 °C. Em cada ciclo, a máquina recebe da fonte quente uma quantidade de calor igual a 500 J. Determine:
a) o rendimento dessa máquina térmica;
b) o trabalho realizado pelo fluido de trabalho em cada ciclo;
c) o calor rejeitado, por ciclo, para a fonte fria.

Exercícios de revisão

Ficha-resumo 1

Energia interna de um gás

Para um gás ideal monoatômico, temos:

$$U = \frac{3}{2}nRT = \frac{3}{2}pV$$

- se T aumenta ($\Delta T > 0$), U aumenta e $\Delta U > 0$
- se T não varia ($\Delta T = 0$), U não varia e $\Delta U = 0$
- se T diminui ($\Delta T < 0$), U diminui e $\Delta U < 0$

Trabalho em uma transformação gasosa

O módulo do trabalho na transformação gasosa corresponde, numericamente, à área A destacada na figura a seguir.

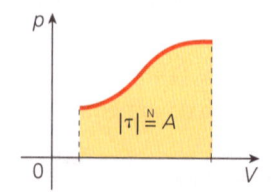

Como p é constante, temos: $|\tau| = p\Delta V$

- Se V aumenta ($\Delta V > 0$): $\tau > 0$
- Se V não varia ($\Delta V = 0$): $\tau = 0$
- se V diminui ($\Delta V < 0$): $\tau < 0$

1. (Cefet-MG) Considere dois mols de gás ideal em uma expansão isobárica a 760 mmHg em que seu volume varia de 10 litros a 40 litros. O trabalho realizado por esse gás e sua temperatura final valem, respectivamente, em joule e kelvin:
a) 3.030 e 243
b) 3.030 e 486
c) 3.030 e 729
d) 6.060 e 243
e) 6.060 e 486

Dados: 760 mmHg = 1 atm = $1,01 \cdot 10^5$ Pa;
R = 0,082 atm $\cdot$ L/(K $\cdot$ mol)

2. (Ufes) Um gás é submetido ao processo ABC indicado no gráfico $p \times V$.

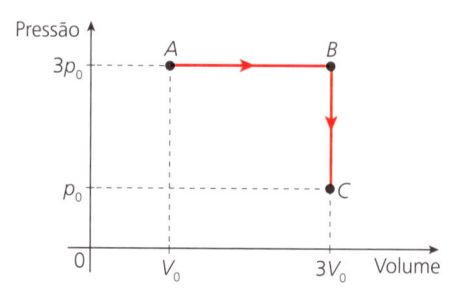

O trabalho total realizado pelo gás, nesse processo, é:
a) $4p_0V_0$
b) $6p_0V_0$
c) $9p_0V_0$
d) $-4p_0V_0$
e) $-9p_0V_0$

3. (Unifesp) O diagrama pV da figura mostra a transição de um sistema termodinâmico de um estado inicial A para o estado final B, segundo três caminhos possíveis.

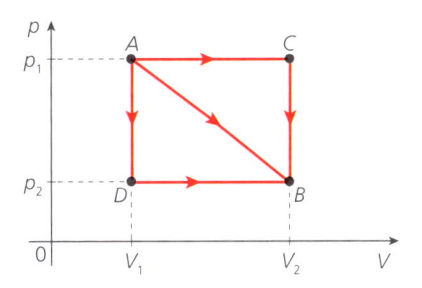

O caminho pelo qual o gás realiza o menor trabalho e a expressão correspondente são, respectivamente:
a) $A \to C \to B$ e $p_1 \cdot (V_2 - V_1)$
b) $A \to D \to B$ e $p_2 \cdot (V_2 - V_1)$
c) $A \to B$ e $\dfrac{(p_1 + p_2) \cdot (V_2 - V_1)}{2}$
d) $A \to B$ e $\dfrac{(p_1 - p_2) \cdot (V_2 - V_1)}{2}$
e) $A \to D \to B$ e $\dfrac{(p_1 + p_2) \cdot (V_2 - V_1)}{2}$

Ficha-resumo 2

Primeira lei da Termodinâmica

$$\Delta U = Q - \tau$$

A variação de energia interna ΔU do sistema é igual à diferença entre a quantidade de calor Q trocada pelo sistema e o trabalho τ.

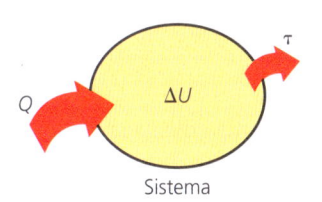

- Se $\Delta U > 0$, T aumenta;
- se $\Delta U = 0$, T não varia (**transformação isotérmica**) ou $T_{inicial} = T_{final}$;
- se $\Delta U < 0$, T diminui.
- Se $Q > 0$, o calor é recebido pelo gás;
- se $Q = 0$, o gás não troca calor (**transformação adiabática**);
- se $Q < 0$, o calor é cedido pelo gás.
- Se $\tau > 0$, V aumenta;
- se $\tau = 0$, V não varia (**transformação isocórica**);
- se $\tau < 0$, V diminui.

4. (UFRGS-RS) É correto afirmar que durante a expansão isotérmica de uma amostra de gás ideal:
a) a energia cinética média das moléculas do gás aumenta.
b) o calor absorvido pelo gás é nulo.
c) o trabalho realizado pelo gás é nulo.
d) o trabalho realizado pelo gás é igual à variação da sua energia interna.
e) o trabalho realizado pelo gás é igual ao calor absorvido pelo mesmo.

5. (UFSM-RS) Um gás ideal sofre uma transformação em que absorve 50 cal de energia na forma de calor e expande-se realizando um trabalho de 300 J. Considerando 1 cal = 4,2 J, a variação da energia interna do gás é, em J, de:
a) 250
b) −250
c) 510
d) −90
e) 90

6. (Urca-CE) Quando um sistema termodinâmico vai de um estado A para um estado B, sua energia interna aumenta de 200 J. Ao retornar ao estado A o sistema cede 80 J de calor à sua vizinhança e realiza trabalho τ. O valor de τ é:
a) 120 J
b) −120 J
c) 120 cal
d) 80 J
e) 200 J

7. (Ufla-MG) O diagrama $p \times V$ da figura mostra uma transformação sofrida por 0,4 mol de um gás monoatômico ideal.

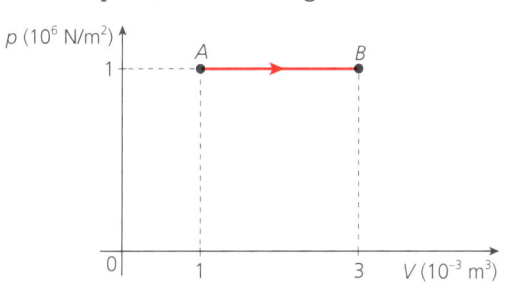

Considerando $T_A = 300$ K e $T_B = 900$ K, a quantidade de calor envolvida na transformação será
(Considere: 1 cal = 4 J e R = 2 cal/mol · K):
a) 220 cal
b) −1.220 cal
c) 2.500 cal
d) −2.500 cal
e) 1.220 cal

8. (Udesc) Analise as duas situações:
 I. Um processo termodinâmico adiabático em que a energia interna do sistema cai pela metade.
 II. Um processo termodinâmico isovolumétrico em que a energia interna do sistema dobra.

Assinale a alternativa incorreta em relação aos processos termodinâmicos I e II.
a) Para a situação I, o fluxo de calor é nulo, e, para a situação II, o trabalho termodinâmico é nulo.
b) Para a situação I, o fluxo de calor é nulo, e, para a situação II, o fluxo de calor é igual à energia interna inicial do sistema.
c) Para a situação I, o trabalho termodinâmico é igual à energia interna inicial do sistema, e, para a situação II, o fluxo de calor é igual à energia interna final do sistema.

Exercícios de revisão

d) Para a situação I, o trabalho termodinâmico é a metade da energia interna inicial do sistema, e, para a situação II, o trabalho termodinâmico é nulo.

e) Para ambas as situações, a variação da energia interna do sistema é igual ao fluxo de calor menos o trabalho termodinâmico.

9. (UEMG) Um gás está no interior de um recipiente dotado de um êmbolo móvel. De repente, o êmbolo é puxado bruscamente.

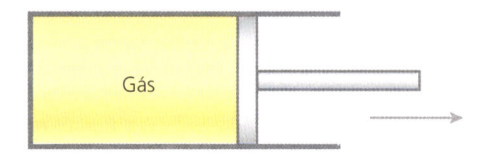

Em relação ao gás no interior do recipiente, assinale a alternativa que traz uma informação incorreta:
a) A temperatura do gás diminui porque ele libera calor para o ambiente durante a expansão.
b) A pressão do gás diminui e seu volume aumenta.
c) A agitação das partículas do gás diminui, bem como a pressão do gás.
d) Os choques das partículas do gás contra as paredes do recipiente diminuem.

Ficha-resumo 3

Transformações cíclicas

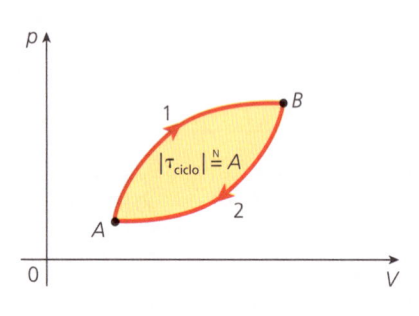

$|\tau_{ciclo}| \stackrel{N}{=} A$

Segunda lei da Termodinâmica

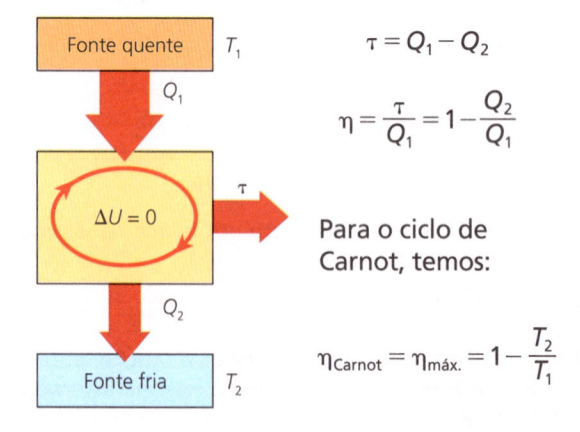

$\tau = Q_1 - Q_2$

$\eta = \dfrac{\tau}{Q_1} = 1 - \dfrac{Q_2}{Q_1}$

Para o ciclo de Carnot, temos:

$\eta_{Carnot} = \eta_{máx.} = 1 - \dfrac{T_2}{T_1}$

- Ciclo horário: $\tau_{ciclo} > 0$, o gás realiza trabalho
- Ciclo anti-horário: $\tau_{ciclo} < 0$, o gás recebe trabalho

10. (UEL-PR) Uma dada massa de gás perfeito realiza uma transformação cíclica, como está representada no gráfico $p \times V$ a seguir.

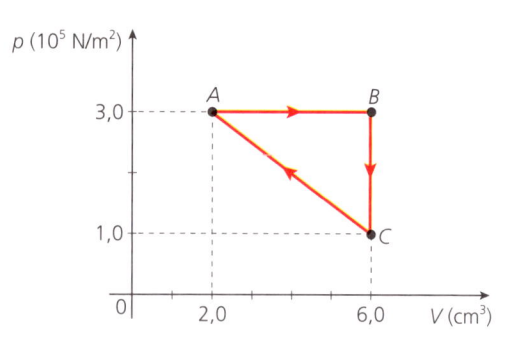

O trabalho realizado pelo gás ao descrever o ciclo ABCA, em joule, vale:
a) $3,0 \cdot 10^{-1}$
b) $4,0 \cdot 10^{-1}$
c) $6,0 \cdot 10^{-1}$
d) $8,0 \cdot 10^{-1}$
e) $9,0 \cdot 10^{-1}$

11. (PUC-SP) O diagrama representa uma transformação cíclica de um gás perfeito.

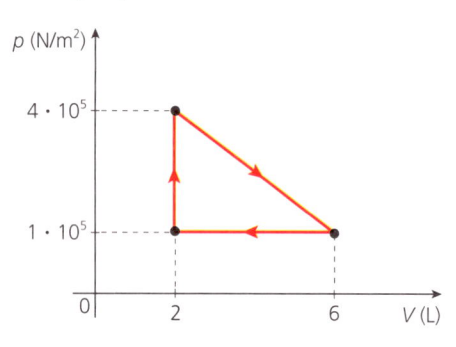

Uma máquina opera segundo este ciclo à taxa de 50 ciclos por minuto. A potência dessa máquina será igual a:
a) $1 \cdot 10^4$ W
b) $5 \cdot 10^4$ W
c) $1 \cdot 10^3$ W
d) $5 \cdot 10^5$ W
e) $5 \cdot 10^2$ W

12. (UFRGS-RS) Uma máquina térmica ideal opera recebendo 450 J de uma fonte de calor e liberando 300 J no ambiente. Uma segunda máquina térmica ideal opera recebendo 600 J e liberando 450 J. Se dividirmos o rendimento da segunda máquina pelo rendimento da primeira máquina, obteremos:
a) 1,50
b) 1,33
c) 1,00
d) 0,75
e) 0,25

13. (Enem)

Um motor só poderá realizar trabalho se receber uma quantidade de energia de outro sistema. No caso, a energia armazenada no combustível é, em parte, liberada durante a combustão para que o aparelho possa funcionar. Quando o motor funciona, parte da energia convertida ou transformada na combustão não pode ser utilizada para a realização de trabalho. Isso significa dizer que há vazamento da energia em outra forma.

CARVALHO, A. X. Z. Física térmica.
Belo horizonte: Pax, 2009. (Adaptado).

De acordo com o texto, as transformações de energia que ocorrem durante o funcionamento do motor são decorrentes de a:
a) liberação de calor dentro do motor ser impossível.
b) realização de trabalho pelo motor ser incontrolável.
c) conversão integral de calor em trabalho ser impossível.
d) transformação de energia térmica em cinética ser impossível.
e) utilização de energia potencial do combustível ser incontrolável.

14. (Udesc) Considere as proposições relacionadas à teoria da Termodinâmica.
I. Em uma expansão isotérmica de um gás ideal, todo calor absorvido é completamente convertido em trabalho.
II. Em uma expansão adiabática, a densidade e a temperatura de um gás ideal diminuem.
III. A primeira lei da Termodinâmica refere-se ao princípio de conservação de energia.
IV. De acordo com a segunda lei da Termodinâmica, uma máquina térmica, que opera em ciclos, jamais transformará calor integralmente em trabalho, se nenhuma mudança ocorrer no ambiente.

Assinale a alternativa **correta**:
a) Somente as afirmativas I, II e III são verdadeiras.
b) Somente as afirmativas I, III e IV são verdadeiras.
c) Somente as afirmativas II, III e IV são verdadeiras.
d) Somente as afirmativas I e II são verdadeiras.
e) Todas as afirmativas são verdadeiras.

15. (UFSC) Assinale a(s) proposição(ões) correta(s) a respeito do ciclo de Carnot:
(01) Por ser ideal e imaginária, a máquina proposta por Carnot contraria a segunda lei da Termodinâmica.
(02) Nenhuma máquina térmica que opere entre duas determinadas fontes, às temperaturas T_1 e T_2, pode ter maior rendimento do que uma máquina de Carnot operando entre essas mesmas fontes.
(04) Uma máquina térmica, operando segundo o ciclo de Carnot entre uma fonte quente e uma fonte fria, apresenta um rendimento igual a 100%, isto é, todo o calor a ela fornecido é transformado em trabalho.
(08) O rendimento da máquina de Carnot depende apenas das temperaturas da fonte quente e da fonte fria.
(16) O ciclo de Carnot consiste em duas transformações adiabáticas, alternadas com duas transformações isotérmicas.

Dê como resposta a soma dos números que precedem as proposições corretas.

16. (UFPel-RS) Um ciclo de Carnot trabalha entre duas fontes térmicas: uma quente em temperatura de 227 °C e uma fria em temperatura −73 °C. O rendimento desta máquina, em percentual, é de:
a) 10
b) 25
c) 35
d) 50
e) 60

17. (Urca-CE) O ciclo de Carnot apresenta o máximo rendimento para uma máquina térmica operando entre duas temperaturas. Sobre ele podemos afirmar:
I. É formado por duas transformações adiabáticas alternadas com duas transformações isotérmicas, todas reversíveis;
II. A área do ciclo de Carnot é numericamente igual ao trabalho realizado no ciclo;
III. As quantidades de calor trocadas com as fontes quente e fria são inversamente proporcionais às respectivas temperaturas absolutas das fontes.

Assinale a opção que indica o(s) item(ns) correto(s):
a) I, II e III
b) somente I e III
c) somente II e III
d) somente I
e) somente I e II

18. (UFC-CE) A figura a seguir mostra um ciclo de Carnot, representado no diagrama $p \times V$.

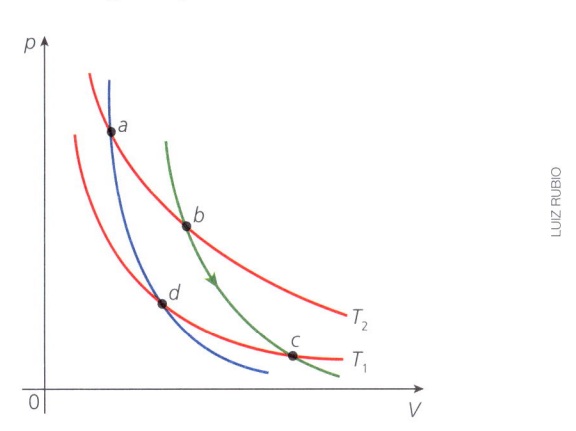

Se no trecho $b \to c$, desse ciclo, o sistema fornece 60 J de trabalho ao meio externo, então é verdade que, nesse trecho:
a) o sistema recebe 60 J de calor e sua energia interna diminui.
b) o sistema recebe 60 J de calor e sua energia interna não varia.
c) o sistema rejeita 60 J de calor e sua energia interna não varia.
d) não há troca de calor e sua energia interna aumenta de 60 J.
e) não há troca de calor e sua energia interna diminui de 60 J.

CAPÍTULO 24

INTRODUÇÃO À ÓPTICA GEOMÉTRICA

ENEM
C5: H17

A Óptica geométrica estuda os fenômenos luminosos, como a reflexão e a refração, sem considerar a natureza da luz. Essa área da Física tem inúmeras aplicações, uma delas é a transmissão de informações por meio de sinais luminosos nas fibras ópticas.

Objetivos do capítulo

- Estabelecer a diferença entre fontes de luz primárias e fontes de luz secundárias.
- Caracterizar as fontes de luz de acordo com suas dimensões relativas.
- Definir ano-luz.
- Conceituar raio e feixe de luz.
- Estabelecer a diferença entre meios opacos, transparentes e translúcidos.
- Apresentar o princípio da propagação retilínea da luz.
- Mostrar como ocorrem os eclipses do Sol e da Lua.

1 Introdução

Na **Óptica geométrica**, estudamos os fenômenos que ocorrem devido à propagação da luz. Nesse estudo, não é necessário conhecer a natureza da luz, basta considerá-la o agente físico que, ao atingir nossos olhos, determina a sensação visual.

Todos os objetos que vemos enviam luz aos nossos olhos. O Sol e a chama de uma vela **(fig. 1)** são exemplos de **corpos luminosos** ou **fontes de luz primárias**, aquelas que emitem luz própria. A Lua, no entanto, não tem luz própria, ela reenvia a luz que recebe do Sol. A Lua, as paredes de uma casa **(fig. 2)** e os objetos de uma sala são exemplos de **corpos iluminados** ou **fontes de luz secundárias**.

Figura 1. O Sol e a chama de uma vela são fontes de luz primárias.

Figura 2. A Lua e as paredes de uma casa são fontes de luz secundárias.

Fontes de luz de dimensões desprezíveis, se comparadas às distâncias que as separam de outros corpos, são denominadas **fontes de luz puntiformes**. Já as fontes de luz de dimensões consideráveis são denominadas **fontes de luz extensas (fig. 3)**.

Figura 3. A lâmpada L, que ilumina o livro que a pessoa lê, não tem dimensões desprezíveis em relação à distância que a separa do livro e da pessoa. Neste caso, L é uma fonte de luz extensa. Já a mesma lâmpada em relação à pessoa que está distante é considerada uma fonte de luz puntiforme.

A luz emitida por uma fonte pode ser classificada como luz **monocromática**, quando composta de uma só cor, ou luz **policromática**, quando resulta da composição de luzes de cores diferentes. A luz emitida pelo Sol, chamada de luz branca, é composta de uma infinidade de luzes monocromáticas, que podem ser divididas em sete cores principais:

vermelho – alaranjado – amarelo – verde – azul – anil – violeta

A luz monocromática e a luz policromática propagam-se no vácuo com a mesma velocidade de, aproximadamente, $3 \cdot 10^5$ km/s.

A distância percorrida pela luz no vácuo em um ano terrestre recebe o nome de **ano-luz**.

Vamos determinar a distância equivalente a 1 ano-luz em quilômetro.

Sendo:

$v \simeq 3 \cdot 10^5$ km/s e $\Delta t = 1$ ano terrestre $\simeq 365,2$ dias $\simeq$
$\simeq 365,2 \cdot 24 \cdot 3.600$ s $\simeq 3,16 \cdot 10^7$ s, temos:

$d = v\Delta t \Rightarrow d = 3 \cdot 10^5$ km/s $\cdot 3,16 \cdot 10^7$ s

$d \simeq 9,5 \cdot 10^{12}$ km

1 ano-luz $\simeq 9.500.000.000.000$ km (nove trilhões e quinhentos bilhões de quilômetros)

2 Raios de luz e feixe de luz

Raios de luz são linhas orientadas que representam graficamente a direção e o sentido de propagação da luz emitida por uma fonte.

Um conjunto de raios de luz recebe o nome de **feixe de luz**. Os feixes de luz podem ser **cilíndricos**, **convergentes** ou **divergentes** (fig. 4).

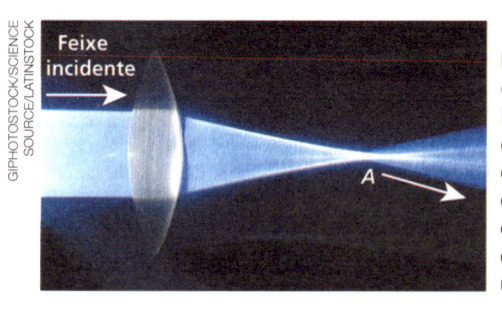

Figura 4. Um feixe cilíndrico de luz incide em uma lente e, ao emergir, dá origem a um feixe que converge para o ponto A; a partir desse ponto, tem-se um feixe divergente.

3 Meios opacos, transparentes e translúcidos

Os meios que não permitem a propagação da luz são chamados de **meios opacos (fig. 5A)**, caso, por exemplo, de uma parede de tijolos. Entretanto, muitos meios permitem a propagação da luz. Através deles, os objetos podem ser vistos com ou sem nitidez, figuras **5B** e **5C**, respectivamente.

No primeiro caso, os meios são denominados **transparentes**, como o ar atmosférico de uma sala. No segundo caso, temos os **meios translúcidos**, como a neblina.

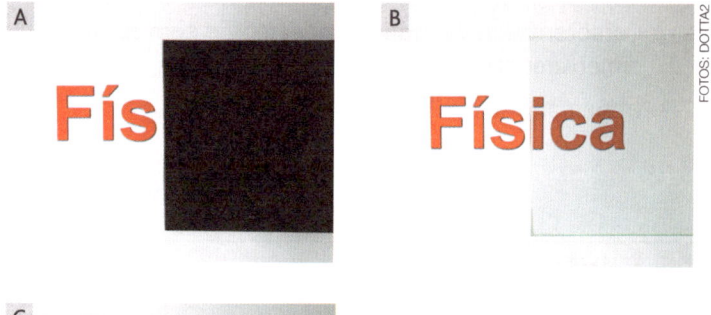

Figura 5. Meios opaco (A), transparente (B) e translúcido (C).

4 Princípios da propagação da luz

Princípio da propagação retilínea da luz

Ao observar a luz do Sol que passa por um pequeno orifício existente na parede de um quarto escuro ou entre as árvores de um bosque **(fig. 6)**, notamos que a luz se propaga em linha reta. Esse fato ocorre sempre que a luz se propaga num meio transparente e homogêneo, e é conhecido como **princípio da propagação retilínea**.

Figura 6. A propagação retilínea da luz pode ser observada quando a luz do Sol passa entre as árvores de um bosque.

Ao passar de um meio para outro, por exemplo, do ar para a água, a luz pode sofrer mudança em sua direção de propagação, isto é, ela não se propaga sempre em linha reta **(fig. 7)**. Embora o ar e a água sejam meios transparentes, eles não formam um sistema homogêneo.

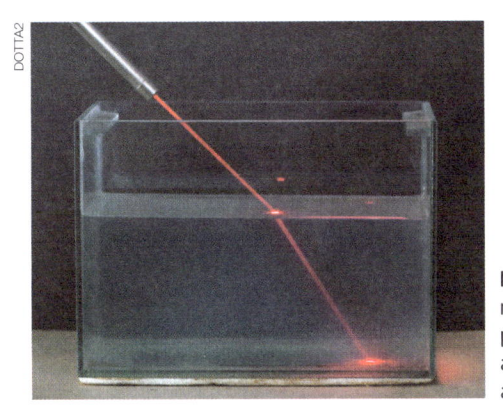

Figura 7. Mudança na direção de propagação da luz ao passar do ar para a água.

Princípio da independência dos raios de luz

Quando dois ou mais raios de luz se cruzam, cada raio continua se propagando como se os demais não existissem.

Considere uma fonte de luz A iluminando o canto de uma sala. Quando se acende a fonte de luz B, no lado oposto da sala, outro canto será iluminado, embora ocorra um cruzamento entre os raios das duas fontes **(fig. 8)**.

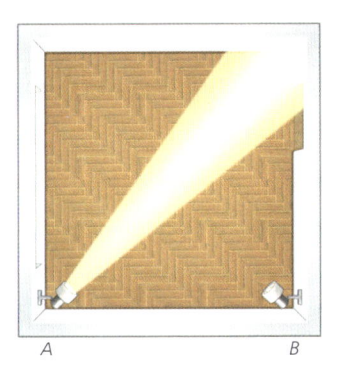

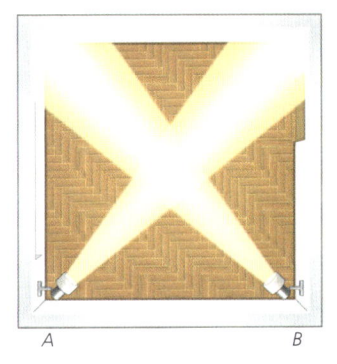

Figura 8.

Princípio da reversibilidade da luz

Um motorista, ao olhar para o espelho retrovisor interno do carro, vê o passageiro sentado no banco traseiro. O passageiro, ao olhar para o espelho, vê o motorista. Esse fato se explica pelo princípio da reversibilidade da luz, isto é, a luz que vem do passageiro incide no espelho e é refletida, atingindo o motorista; a luz que vem do motorista e chega ao passageiro segue o mesmo caminho, porém em sentido contrário **(fig. 9)**.

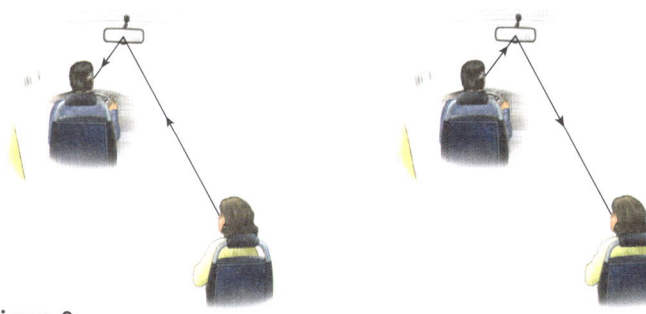

Figura 9.

O **princípio da reversibilidade da luz** estabelece que a trajetória seguida pela luz não depende do sentido de sua propagação.

Exercícios resolvidos

1. A distância da Terra ao Sol é de aproximadamente 150 milhões de quilômetros. Quanto tempo a luz do Sol leva para chegar à Terra considerando que a velocidade de propagação da luz no vácuo é de $3{,}0 \cdot 10^5$ km/s?

▶ **Solução**

A luz se propaga em movimento uniforme e, portanto, sua velocidade é o quociente entre a distância percorrida e o correspondente intervalo de tempo:

$$v = \frac{d}{\Delta t}$$

Sendo $v = 3 \cdot 10^5$ km/s e $d \simeq 150 \cdot 10^6$ km, temos:

$$v = \frac{d}{\Delta t} \Rightarrow 3 \cdot 10^5 = \frac{150 \cdot 10^6}{\Delta t} \Rightarrow \Delta t \simeq 5 \cdot 10^2 \text{ s} \Rightarrow$$

$$\Rightarrow \boxed{\Delta t \simeq 8 \text{ min } 20 \text{ s}}$$

2. O diâmetro da nossa galáxia, a Via Láctea, é de aproximadamente 100.000 anos-luz. Qual é o diâmetro da Via Láctea em quilômetro? Comparar este diâmetro com a distância da Terra ao Sol, $150 \cdot 10^6$ km.

▶ **Solução**

Sabemos que 1 ano-luz é aproximadamente $9{,}5 \cdot 10^{12}$ km. Logo, 100.000 anos-luz correspondem a:

$$D = 100.000 \cdot 9{,}5 \cdot 10^{12} \text{ km} \Rightarrow D = 9{,}5 \cdot 10^{17} \text{ km}$$

Comparando o diâmetro da Via Láctea (D) com a distância da Terra ao Sol (d), temos:

$$\frac{D}{d} = \frac{9{,}5 \cdot 10^{17} \text{ km}}{150 \cdot 10^6 \text{ km}} \Rightarrow \boxed{D \simeq 6{,}3 \cdot 10^9 \cdot d}$$

Portanto, o diâmetro da Via Láctea é cerca de 6,3 bilhões de vezes maior que a distância da Terra ao Sol.

3. Considerando as seguintes fontes de luz: o Sol, a Terra, a Lua, a chama de uma vela acesa, uma lanterna apagada, o planeta Mercúrio, as páginas deste livro e um DVD, quais delas são fontes de luz primárias?

▶ **Solução**

O Sol e a chama de uma vela acesa produzem a luz que emitem; são, portanto, fontes de luz primárias.

Exercícios propostos

1. A distância da Terra à Lua é estimada em $390 \cdot 10^3$ km. Quanto tempo a luz refletida pela Lua leva para chegar à Terra? Considere que a luz se propaga no vácuo com velocidade de $3{,}0 \cdot 10^5$ km/s.

2. A distância do Sol ao centro da Via Láctea é de aproximadamente 26.000 anos-luz. Transforme essa distância em quilômetros. Compare a distância obtida com a distância da Terra ao Sol, que é de aproximadamente $150 \cdot 10^6$ km.

3. Considere as seguintes fontes de luz: o planeta Terra, o filamento de uma lâmpada incandescente acesa, um palito

de fósforo apagado, o planeta Júpiter, os satélites de Júpiter descobertos por Galileu Galilei (Io, Europa, Ganimedes e Calisto), um cartão magnético e o sistema de estrelas Alpha Centauri. Classifique essas fontes de luz como fontes de luz primárias ou fontes de luz secundárias.

5 Sombras e eclipses

Uma evidência do princípio da propagação retilínea da luz é a formação de sombras. A luz emitida pela fonte puntiforme F se propaga em todas as direções; vamos considerar os raios que tangenciam um objeto opaco situado entre a fonte e um anteparo **(fig. 10)**. A região do anteparo não iluminada pela fonte constitui a **sombra projetada** do objeto.

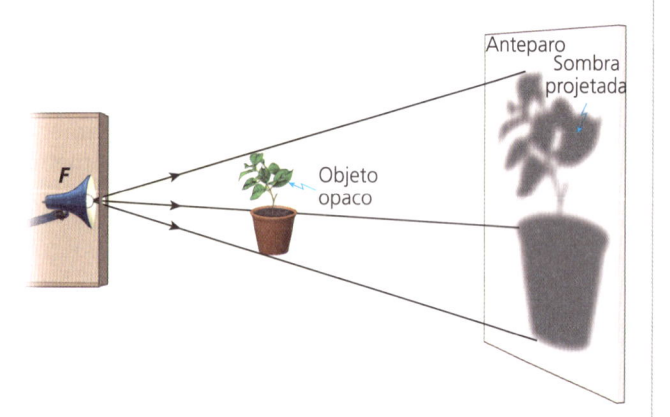

Figura 10. Exemplo de sombra projetada num anteparo por um objeto opaco.

Quando o Sol for a fonte de luz, a Lua, objeto opaco e a Terra for o anteparo, uma região de sombra será projetada sobre a Terra. Como o Sol não é uma fonte puntiforme, além da sombra projetada, temos uma região parcialmente iluminada, denominada **penumbra**. Um **eclipse total do Sol** é observado pelos habitantes da Terra situados na região de sombra e um **eclipse parcial** é observado por aqueles situados na região de penumbra **(fig. 11)**.

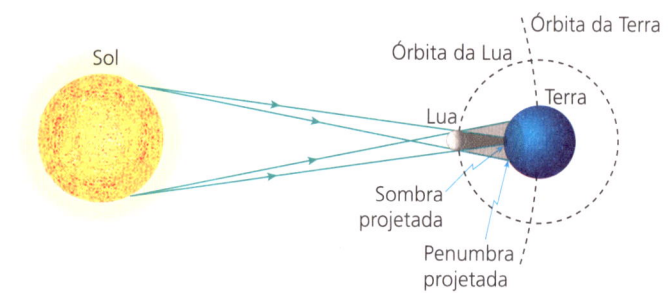

Figura 11. Representação de eclipse do Sol.

Quando o Sol for a fonte de luz, a Terra, o objeto opaco e a Lua for o anteparo, teremos um **eclipse da Lua (fig. 12)**. Quando a Lua não envia para a Terra a luz recebida do Sol, o eclipse é total (posição 1). Quando a Lua está passando da região de penumbra para a região de sombra (posição 2), o eclipse é parcial.

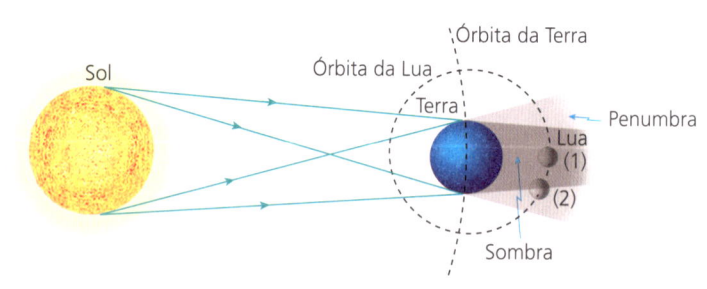

Figura 12. Eclipse da Lua. (1) Eclipse total; (2) eclipse parcial.

Exercícios resolvidos

4. Num eclipse total do Sol, a posição relativa dos três astros: Sol (S), Terra (T) e Lua (L), é:

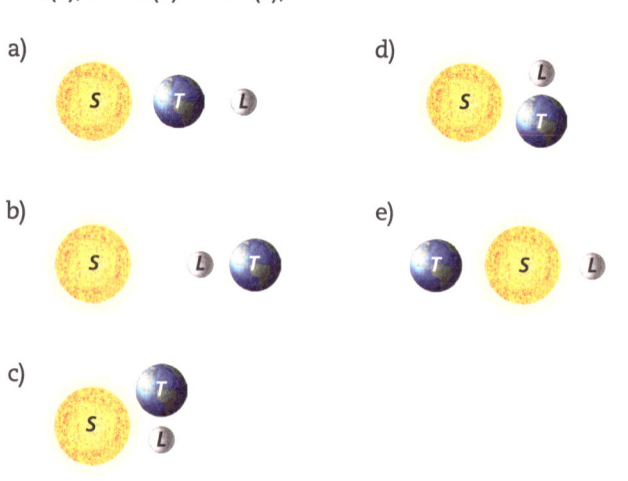

a) S T L

b) S L T

c) S / T L

d) L / S T

e) T S L

▶ **Solução**

Um eclipse total do Sol ocorre quando a Lua projeta na Terra uma região de sombra. Por isso, a posição relativa dos três astros é: Sol, Lua e Terra.

Resposta: b

5. O professor de Óptica geométrica propôs a seus alunos a seguinte questão: um prédio possui n andares, a altura do térreo é de 6 m e a dos demais andares é de 3 m cada um. Num dia ensolarado, uma pessoa mediu a sombra projetada do prédio, encontrando o valor de 20 m. No mesmo instante, outra pessoa de 1,8 m, próxima ao prédio, projetou no solo uma sombra de 60 cm. O professor pediu aos alunos que calculassem o número n de andares do prédio. Qual foi o valor correto encontrado?

▶ **Solução**

Os raios solares que atingem uma pequena região da Terra são praticamente paralelos, conforme indicado na figura.

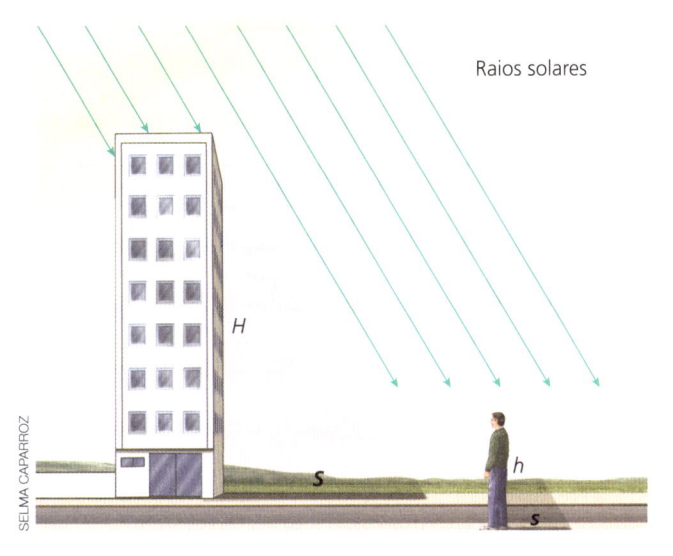

Desse modo, os triângulos indicados na figura são semelhantes:

$$\frac{H}{S} = \frac{h}{s} \Rightarrow \frac{H}{20} = \frac{1,8}{0,6} \Rightarrow H = 60 \text{ m}$$

A altura do térreo é de 6 m, assim, resta para os andares a altura:

$$60 \text{ m} - 6 \text{ m} = 54 \text{ m}$$

Como a altura de cada andar é de 3 m, temos o seguinte número de andares:

$$n = \frac{54 \text{ m}}{3 \text{ m}} \Rightarrow \boxed{n = 18}$$

Exercícios propostos

4. Esquematize a posição relativa dos astros Sol (S), Terra (T) e Lua (L) durante um eclipse total da Lua. Identifique a fonte de luz, o objeto opaco e o anteparo.

5. Um aluno nota a sombra de um poste projetada no solo. Com uma trena, ele mede o comprimento da sombra e encontra o valor de 2 m. No mesmo instante, o aluno, que tem 1,7 m de altura e está próximo ao poste, pede a um colega que meça o comprimento da sua sombra. O valor encontrado é de 68 cm. Com essas medidas, eles calculam a altura H do poste. Qual foi o valor encontrado?

Atividade prática

Neste experimento, vamos determinar a altura de um poste. Para isso, você vai precisar do seguinte material:

- uma trena;
- um pedaço de giz;
- um lápis;
- uma folha de papel.

Num dia ensolarado, por volta das 10 h ou das 16 h, numa região onde o solo seja plano e horizontal, marque com giz o limite extremo da sombra de um poste ou do mastro da bandeira da sua escola. Em seguida, com a ajuda de um colega que esteja perto do poste ou do mastro, meça a altura dele e da sombra que ele projeta no solo.

Conhecidos os comprimentos S e s das sombras do poste e do colega e a altura h de seu colega, escreva um texto explicando como você pode, com essas medidas, determinar a altura H do poste. Se necessário, faça figuras para complementar a explicação do procedimento.

6 Câmara escura de orifício

Imagine um pequeno orifício O em uma das faces de uma caixa de paredes opacas **(fig. 13)**. Um objeto retilíneo vertical AB, luminoso ou iluminado, é posicionado diante da face que contém o orifício.

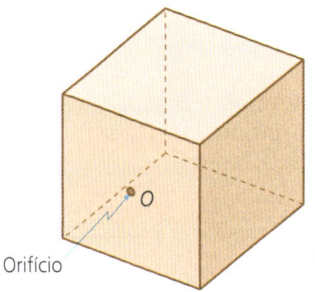

Figura 13. Câmara escura de orifício.

Os raios de luz emitidos pelo objeto e que passam pelo orifício O determinam, na face oposta àquela que contém o orifício, uma figura A'B' com o mesmo formato do objeto e invertida, evidenciando a propagação retilínea da luz **(fig. 14)**. Embora A'B' não seja uma imagem como a que vamos definir ao estudar a reflexão da luz, é comum chamar A'B' de imagem do objeto AB.

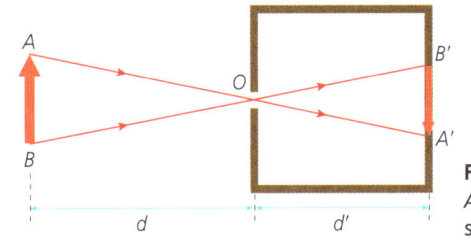

Figura 14. Os triângulos ABO e A'B'O são semelhantes.

A semelhança entre os triângulos ABO e A'B'O permite relacionar as alturas do objeto e da imagem, AB e A'B', com as distâncias d e d', respectivamente, do objeto e da imagem à face que contém o orifício.

$$\frac{A'B'}{AB} = \frac{d'}{d}$$

Para que um observador veja a imagem, basta que a parede na qual ela é projetada seja translúcida. Note que a imagem é invertida e reversa (troca a direita pela esquerda) **(fig. 15)**.

Figura 15. A imagem obtida por meio de uma câmara escura de orifício é invertida e reversa.

Exercícios resolvidos

6. Um objeto retilíneo vertical de 10 cm de altura está a 20 cm de distância de uma câmara escura de orifício de 15 cm de profundidade. Qual é a altura da imagem projetada?

▶ **Solução**

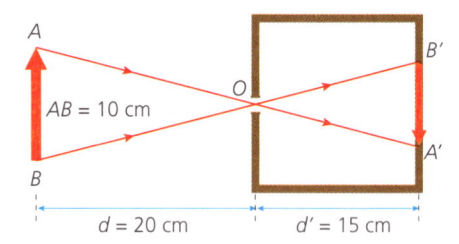

Na figura, representamos o objeto, a câmara escura de orifício e a imagem produzida. Da semelhança entre os triângulos ABO e A'B'O, temos:

$$\frac{A'B'}{AB} = \frac{d'}{d} \Rightarrow \frac{A'B'}{10} = \frac{15}{20} \Rightarrow \boxed{A'B' = 7,5 \text{ cm}}$$

7. Um objeto iluminado, com o formato da letra F, é colocado em frente a uma câmara escura de orifício, como mostra a figura. Como o observador O vê a imagem desse objeto? (A face na qual se forma a imagem é de vidro fosco.)

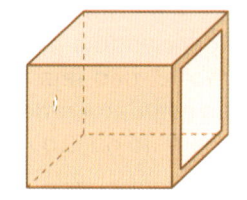

▶ **Solução**
A imagem fornecida pela câmara escura de orifício é invertida e reversa; portanto, a imagem vista pelo observador O é:

Exercícios propostos

6. Um objeto retilíneo vertical AB de 8 cm de altura está a 40 cm de uma câmara escura de orifício de 30 cm de profundidade. A posição do objeto é alterada de modo que ele fique a 15 cm da câmara. Nessas condições, a altura da imagem aumenta ou diminui? Calcule a variação da altura da imagem.

7. O orifício de uma câmara escura está voltado para um cartão iluminado, indicado na figura ao lado.
A parede da câmara oposta ao orifício é feita de papel vegetal. Um observador, atrás da câmara, vê a imagem do cartão projetada no papel vegetal, de acordo com:

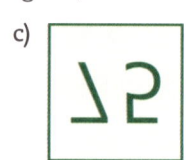

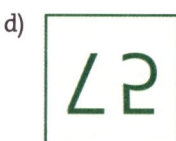

Atividade prática

Neste experimento, vamos construir uma câmara escura de orifício. Para isso, você vai precisar do seguinte material:
- uma lata de conserva vazia;
- um pedaço de papel vegetal e um elástico;
- um abridor de latas;
- um prego e um martelo.

Observação

Tenha cuidado para não se ferir ao abrir e furar a lata e para não se queimar com a vela acesa.

Abra completamente uma das bases da lata. A seguir, com o prego e o martelo, faça um orifício na outra base, bem no centro. Tampe a extremidade aberta com o papel vegetal, prendendo-o com o elástico.

Coloque diante do orifício um objeto luminoso (como uma lâmpada acesa ou a chama de uma vela) ou um objeto bem iluminado. Olhe pelo lado tampado com o papel vegetal.
- A imagem observada é direita ou invertida?
- Ocorre a troca da direita pela esquerda e vice-versa?

Escreva um texto curto explicando o princípio de funcionamento da câmara escura de orifício e as características do que você observou no papel vegetal.

Exercícios de revisão

Ficha-resumo 1

Corpos luminosos ou **fontes de luz primárias**: emitem luz própria.

Corpos iluminados ou **fontes de luz secundárias**: reenviam a luz que recebem de outros corpos. Não emitem luz própria.

Fontes de luz puntiformes: têm dimensões desprezíveis em relação às distâncias que as separam de outros corpos.

Fontes de luz extensas: têm dimensões que não podem ser desprezadas.

Meios opacos: não permitem a propagação da luz.

Meios transparentes: permitem a propagação da luz. Através deles, os objetos podem ser vistos com nitidez.

Meios translúcidos: permitem a propagação da luz. Através deles, os objetos não podem ser vistos com nitidez.

1. Considere as seguintes proposições:
  I. A Terra é uma fonte de luz primária e a Lua é uma fonte de luz secundária.
  II. Dependendo das distâncias envolvidas no estudo de determinado fenômeno, o Sol pode ser considerado uma fonte de luz puntiforme.
  III. Um meio translúcido permite a propagação da luz; através dele os objetos são vistos com todos os seus detalhes.

Pode-se afirmar que:
a) apenas I é correta.
b) apenas II é correta.
c) apenas III é correta.
d) apenas I e II são corretas.
e) todas as afirmações são corretas.

2. (UEL-PR) Considere as seguintes afirmativas:
  I. A água pura é um meio translúcido.
  II. O vidro fosco é um meio opaco.
  III. O ar de uma sala é um meio transparente.

Sobre as afirmativas acima, assinale a alternativa correta:
a) Apenas a afirmativa I é verdadeira.
b) Apenas a afirmativa II é verdadeira.
c) Apenas a afirmativa III é verdadeira.
d) Apenas as afirmativas I e a III são verdadeiras.
e) Apenas as afirmativas II e a III são verdadeiras.

Ficha-resumo 2

Ano-luz: distância que a luz percorre no vácuo em um ano terrestre.

$$1 \text{ ano-luz} \simeq 9,5 \cdot 10^{12} \text{ km}$$

3. (Fuvest-SP) No mês de agosto de 1988, o planeta Marte teve a máxima aproximação da Terra. Nesse dia, as pessoas, ao observarem o planeta, estavam vendo a luz emitida pelo Sol algum tempo antes. Aproximadamente quanto tempo antes? Considere as órbitas da Terra e de Marte circulares e coplanares, com raios de 150.000.000 km e 231.000.000 km, respectivamente.

(Dado: velocidade da luz = 300.000 km/s)

a) 81 anos-luz
b) 2 horas
c) 30 segundos
d) 8 minutos
e) 17 minutos

4. A luz emitida por uma estrela atingiu a Terra depois de 4,5 anos. Qual era a distância entre a estrela e a Terra no instante em que a luz foi emitida? Dê a resposta em anos-luz e em quilômetros.

5. (Puccamp-SP) Andrômeda é uma galáxia distante $2,3 \cdot 10^6$ anos-luz da Via Láctea, a nossa galáxia. A luz proveniente de Andrômeda, viajando à velocidade de $3,0 \cdot 10^5$ km/s, percorre a distância aproximada até a Terra, em km, igual a:
a) $4 \cdot 10^{15}$
b) $6 \cdot 10^{17}$
c) $2 \cdot 10^{19}$
d) $7 \cdot 10^{21}$
e) $9 \cdot 10^{23}$

Ficha-resumo 3

Princípio da propagação retilínea da luz: nos meios transparentes e homogêneos, a luz se propaga em linha reta.

6. (Uniube-MG) Considere as proposições:
  I. No vácuo, a luz propaga-se em linha reta.
  II. Em quaisquer circunstâncias, a luz propaga-se em linha reta.
  III. Nos meios transparentes e homogêneos, a luz propaga-se em linha reta.
  IV. Para que a luz se propague em linha reta, é suficiente que o meio seja transparente.

Responda mediante o código:
a) Se somente I for correta.
b) Se somente I e III forem corretas.
c) Se somente II e III forem corretas.
d) Se todas forem corretas.
e) Se todas forem erradas.

Ficha-resumo 4

Eclipse do Sol: ocorre quando a sombra e a penumbra da Lua, determinadas pela luz do Sol, interceptam a superfície terrestre.

Eclipse da Lua: ocorre quando a Lua penetra nas regiões de penumbra ou de sombra.

7. (FGV-SP) O porão de uma antiga casa possui uma estreita claraboia quadrada de 100 cm² de área, que permite a entrada da luz do exterior, refletida difusamente pelas construções que a cercam. Na ilustração, vemos uma aranha, um rato e um gato, que se encontram parados no mesmo plano vertical que intercepta o centro da geladeira e o centro da claraboia. Sendo a claraboia a fonte luminosa, pode-se dizer que, devido à interposição da geladeira, a aranha, o rato e o gato, nesta ordem, estão em regiões de:

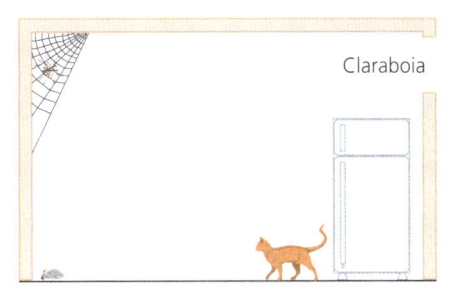

a) luz, luz e penumbra.
b) penumbra, luz e penumbra.
c) sombra, penumbra e luz.
d) luz, penumbra e sombra.
e) penumbra, sombra e sombra.

Exercícios de revisão

8. (UFRJ) A figura a seguir (evidentemente fora de escala) mostra o ponto O em que está o olho de um observador da Terra olhando um eclipse solar total, isto é, aquele no qual a Lua impede toda luz do Sol de chegar ao observador.

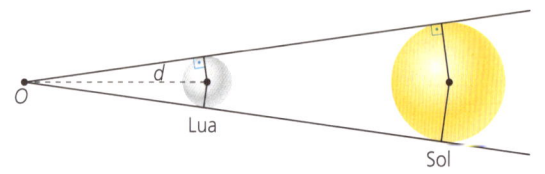

a) Para que o eclipse seja anelar, isto é, para que a Lua impeça a visão dos raios emitidos por uma parte central do Sol, mas permita a visão da luz emitida pelo restante do Sol, a Lua deve estar mais próxima ou mais afastada do observador do que na situação da figura? Justifique sua resposta com palavras ou com um desenho.

b) Sabendo que o raio do Sol é $0{,}70 \cdot 10^6$ km, o da Lua $1{,}75 \cdot 10^3$ km e que a distância entre o centro do Sol e o observador na Terra é de $150 \cdot 10^6$ km, calcule a distância d entre o observador e o centro da Lua para a qual ocorre o eclipse total indicado na figura.

9. (UFRJ) No dia 3 de novembro de 1994, ocorreu o último eclipse total do Sol desse milênio. No Brasil, o fenômeno foi mais bem observado na região Sul. A figura mostra a Terra, a Lua e o Sol alinhados num dado instante durante o eclipse; nesse instante, para um observador no ponto P, o disco da Lua encobre exatamente o disco do Sol.

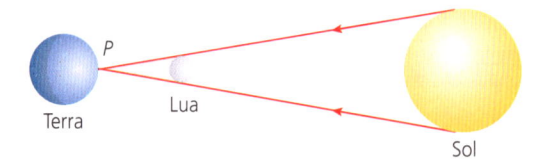

Sabendo que a razão entre o raio do Sol (R_S) e o raio da Lua (R_L) vale $\dfrac{R_S}{R_L} = 4{,}00 \cdot 10^2$ e que a distância do ponto P ao centro da Lua vale $3{,}75 \cdot 10^5$ km, calcule a distância entre P e o centro do Sol. Considere propagação retilínea para a luz.

Ficha-resumo 5

Câmara escura de orifício

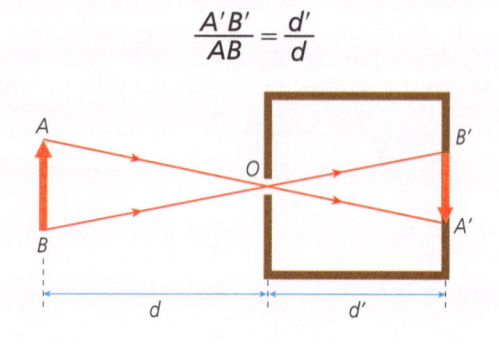

$$\frac{A'B'}{AB} = \frac{d'}{d}$$

10. (Cesgranrio-RJ) O esquema a seguir representa um objeto situado em frente a uma câmara escura com orifício. No esquema, o é a altura do objeto, p a distância do objeto ao orifício da câmara e p' a distância do orifício à imagem ou o comprimento da caixa. Esse dispositivo ilustra como funciona uma máquina fotográfica, na qual a luz atravessa o diafragma e atinge o filme, sensibilizando-o.

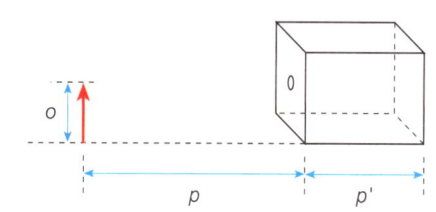

Chamando a altura da imagem formada de i, o gráfico que melhor representa a relação entre i e p é:

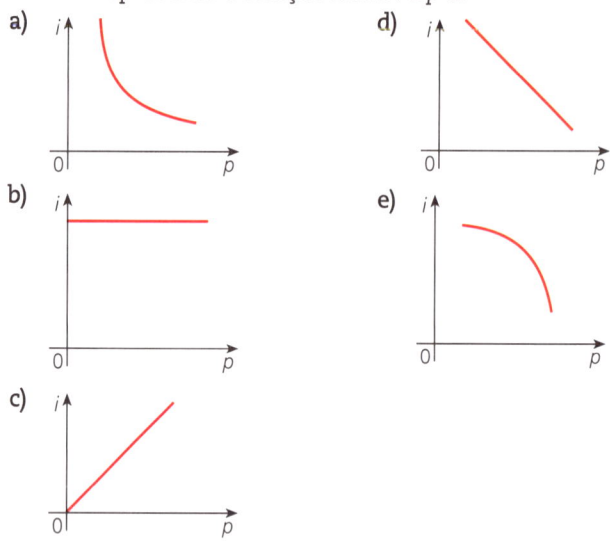

a)
b)
c)
d)
e)

11. (UFRJ) No mundo artístico, as antigas "câmaras escuras" voltaram à moda. Uma câmara escura é uma caixa fechada de paredes opacas que possui um orifício em uma de suas faces. Na face oposta à do orifício, fica preso um filme fotográfico, onde se formam as imagens dos objetos localizados no exterior da caixa, como mostra a figura.

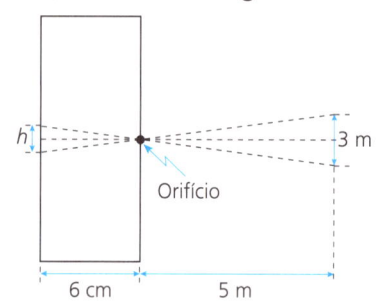

Suponha que um objeto de 3 m de altura esteja a uma distância de 5 m do orifício, e que a distância entre as faces seja de 6 cm. Calcule a altura h da imagem.

12. Um objeto retilíneo vertical AB de 8 cm de altura e iluminado é colocado diante de uma câmara escura de orifício, conforme indica a figura. A câmara tem a forma de um cubo de aresta $a = 20$ cm. Qual deve ser a distância d do objeto à câmara para que a imagem formada tenha a maior altura possível?

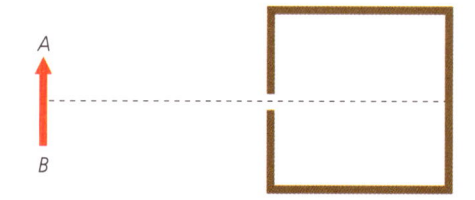

Mais questões em **Vereda Digital Aprova Enem**, em **Vereda Digital Suplemento de revisão**, em **AprovaMax** (no *site*) e no livro digital.

CAPÍTULO 25

REFLEXÃO DA LUZ

ENEM
C5: H17

Observe a escultura *Cloud Gate* (Millennium Park, em Chicago, EUA), do artista plástico Anish Kapoor. Criada em aço inoxidável polido e de massa 110 t, a escultura reflete a luz como se fosse vários espelhos esféricos. A reflexão é um dos fenômenos mais comuns envolvendo a propagação da luz. Diariamente usamos espelhos para diversas finalidades. Por que, por exemplo, são empregados espelhos esféricos nos retrovisores externos dos automóveis? Como o formato de um espelho influencia na formação da imagem?

Neste capítulo, estudaremos as leis e as propriedades da reflexão da luz em espelhos planos e esféricos e analisaremos as características das imagens formadas por eles.

Objetivos do capítulo

- Apresentar as reflexões regular e difusa da luz.
- Explicar os princípios que determinam a cor de um corpo.
- Apresentar as leis da reflexão.
- Explicar a formação de imagens nos espelhos planos.
- Explicar como se determina o campo visual de um espelho plano.
- Explicar a formação de imagens em uma associação de espelhos planos.
- Explicar a formação de imagens nos espelhos côncavos e convexos.
- Apresentar a equação de Gauss e a definição de aumento linear transversal para os espelhos esféricos.

1 Introdução

Um espelho e uma parede refletem a luz que neles incide, isto é, a luz se propaga, por exemplo, no ar, incide no espelho ou na parede e volta a se propagar no ar. Observe que a superfície do espelho é polida, o que não acontece com a superfície da parede.

As superfícies polidas refletem a luz de modo regular, ou seja, se um feixe de luz cilíndrico incidir em uma superfície plana polida, o feixe de luz refletido também será cilíndrico (**fig. 1**).

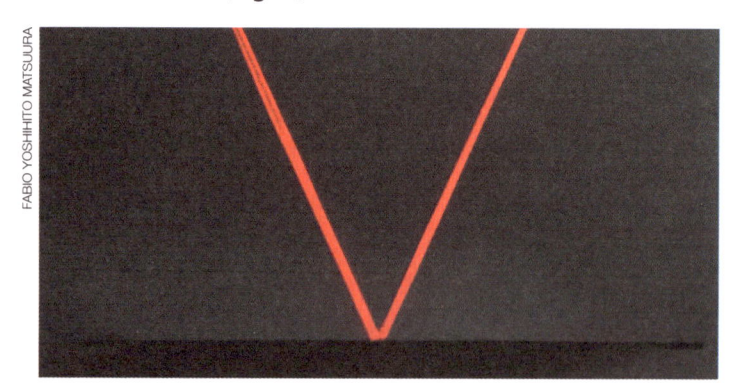

Figura 1. Feixe de *laser* refletido em um espelho.

As superfícies não polidas refletem a luz de forma difusa, isto é, os raios refletidos perdem o paralelismo e se espalham em todas as direções (**fig. 2**).

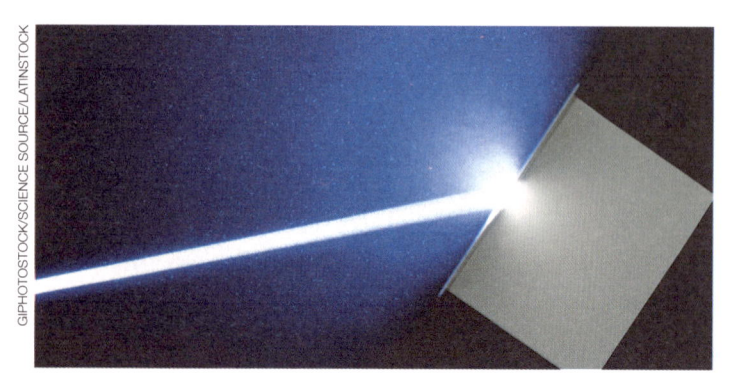

Figura 2. Reflexão difusa.

As superfícies que refletem a luz de modo regular formam imagens. É o que ocorre com as superfícies metálicas polidas, o vidro liso, a água parada, entre outras (**fig. 3**).

Figura 3. Reflexão da luz na superfície de um lago.

As superfícies que refletem a luz difusamente não formam imagens, pois a luz é refletida em várias direções. Isso ocorre com a maioria dos objetos que nos cercam. É a reflexão difusa que permite a visualização dos objetos (**fig. 4**).

Figura 4. É possível ver os livros de qualquer posição, pois a luz é refletida em todas as direções.

2 Cor de um corpo por reflexão

A cor que um corpo apresenta depende da luz monocromática ou policromática que nele incide e da luz que ele reflete difusamente.

Já estudamos que a luz solar é policromática, ou seja, é constituída por uma infinidade de luzes monocromáticas, as quais podem ser divididas em sete cores principais: vermelho, alaranjado, amarelo, verde, azul, anil e violeta.

Assim, se um corpo iluminado pela luz do Sol apresenta-se azul, por exemplo, é porque reflete difusamente a luz azul e absorve as luzes das demais cores (**fig. 5**).

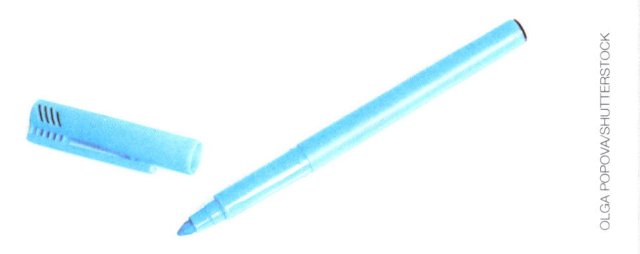

Figura 5. Corpo azul: reflete difusamente a luz azul.

Um corpo que absorve todas as cores e não reflete nenhuma é denominado **corpo negro**. Já um corpo que, iluminado com luz branca, reflete difusamente todas as cores e não absorve nenhuma apresenta-se **branco**.

Todas essas considerações são ideais. Na realidade, os corpos refletem porcentagens diferentes das diversas luzes monocromáticas que compõem a luz solar. Desse modo, o corpo é visto numa cor que resulta da superposição das cores refletidas. Em nosso estudo, vamos sempre considerar as situações ideais descritas anteriormente, isto é, vamos admitir que os corpos em estudo têm **cores puras**.

Exercícios resolvidos

1. Uma pessoa olha para a água parada de um tanque e vê sua imagem. A seguir, ela agita a água e sua imagem desaparece. Como se explica o que ocorreu?

   ▶ **Solução**
   A água parada do tanque reflete a luz regularmente, permitindo a formação da imagem. Quando a água é agitada, a reflexão passa a ser difusa e, nesse caso, não ocorre a formação de imagens.

2. Em 1998, a França sediou a Copa do Mundo de Futebol e conquistou seu primeiro título em 12 de julho de 1998, no Stade de France, em Paris.
   Na final, o Brasil foi derrotado pela França por 3 a 0. Na foto a seguir, um torcedor exibe a bandeira da França. Sob a luz solar, a bandeira apresenta as cores azul, branca e vermelha. Se levarmos essa bandeira para um ambiente iluminado com luz monocromática vermelha, que cores passaremos a enxergar? Considere os pigmentos puros.

   ▶ **Solução**
   Iluminada com luz monocromática vermelha, a cor branca será vista na cor vermelha, uma vez que reflete difusamente qualquer cor nela incidente. A cor azul será vista preta, pois absorve a luz vermelha. A cor vermelha reflete difusamente a luz vermelha e absorve qualquer outra; portanto, ao ser iluminada com luz vermelha, será vista na cor vermelha.

Exercícios propostos

1. Um feixe de raios paralelos incide na superfície plana de um corpo opaco. Assinale a alternativa correta.
   a) Sendo a superfície polida, os raios refletidos perdem o paralelismo.
   b) Sendo a superfície rugosa, os raios refletidos serão paralelos entre si.
   c) Sendo a superfície rugosa, não ocorre o fenômeno da reflexão.
   d) Sendo a superfície polida, não ocorre o fenômeno da reflexão.
   e) Sendo a superfície rugosa, ao feixe incidente corresponde um feixe refletido em todas as direções.

2. Por que, sob a luz solar, a rosa apresenta-se vermelha e as folhas verdes? Em que cores a rosa e as folhas serão vistas em um ambiente iluminado por luz monocromática verde?

3. O pintor modernista holandês Piet Mondrian (1872-1944) desenvolveu, desde 1917 até o início da década de 1940, um novo conceito artístico conhecido como Neoplasticismo. Mondrian propunha a abstração e a redução dos elementos da realidade a uma linguagem formal estritamente geométrica, limitada à representação de linhas horizontais e verticais e à utilização das cores básicas vermelha, azul e amarela combinadas com as cores preta, cinza e branca. Abaixo, destacamos uma de suas obras.

   Piet Mondrian, *Composição com vermelho, azul e amarelo*, 1930.

   Ao serem expostos à luz solar, os diversos elementos (quadrados e retângulos) apresentam-se nas cores branca, vermelha, amarela e azul. Em um ambiente iluminado com luz monocromática amarela, em que cores os elementos do quadro serão vistos? Considere os pigmentos puros.

Trocando ideias

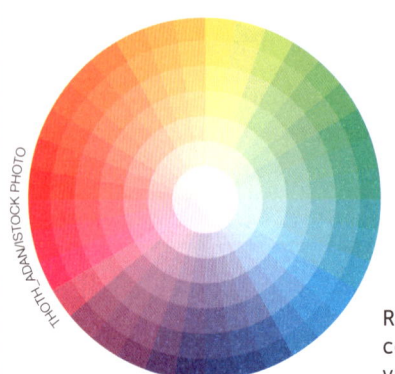

Representação das sete cores do arco-íris e suas variações.

Você consegue imaginar como seria estudar em uma sala de aula que tivesse as paredes e o teto na cor vermelha? Como você se sentiria em um ambiente assim? É inegável a influência que as cores exercem sobre o ser humano.

Com seus colegas de grupo, pesquise sobre a influência das cores na publicidade, na decoração, na pintura de casas, escolas e hospitais e nos aspectos físico, mental e emocional das pessoas.

O grupo poderá apresentar o resultado da pesquisa em cartazes classificando as cores, por exemplo, em quentes e frias, leves e pesadas, calmantes e irritantes, e apontar as cores mais adequadas a cada ambiente.

3 Leis da reflexão

Um raio de luz R incide em um ponto I de uma superfície plana e sofre reflexão. Seja R' o raio de luz refletido. Vamos indicar por N uma reta normal à superfície plana, em I, isto é, perpendicular à superfície refletora e que passa pelo ponto I. Os ângulos i e r que o raio incidente e o raio refletido formam com a normal N são chamados, respectivamente, de ângulo de incidência e ângulo de reflexão **(fig. 6)**.

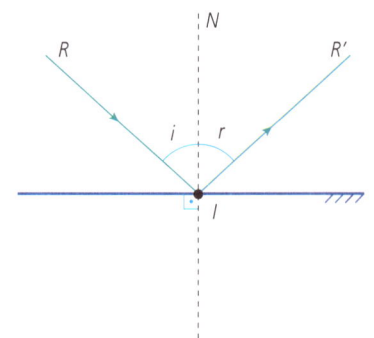

Figura 6. Os ângulos de reflexão (r) e de incidência (i) são iguais.

Primeira lei da reflexão

O raio incidente, a reta normal e o raio refletido estão contidos no mesmo plano.

Segunda lei da reflexão

O ângulo de reflexão e o ângulo de incidência são iguais: $r = i$

4 Imagem de um ponto em um espelho plano

Nos espelhos planos, a superfície refletora geralmente é obtida por meio do depósito de uma película de prata sobre uma das faces de uma lâmina de vidro. A finalidade do vidro é proteger a película.

Vamos determinar a posição da imagem de um ponto P, luminoso ou iluminado, colocado diante da face refletora de um espelho plano E **(fig. 7A)**.

Sejam PI e PJ dois raios de luz que incidem no espelho **(fig. 7B)**; aplicando as leis da reflexão, determinamos os raios refletidos **(fig. 7C)**. Os prolongamentos dos raios refletidos se interceptam num ponto P' **(fig. 7D)**.

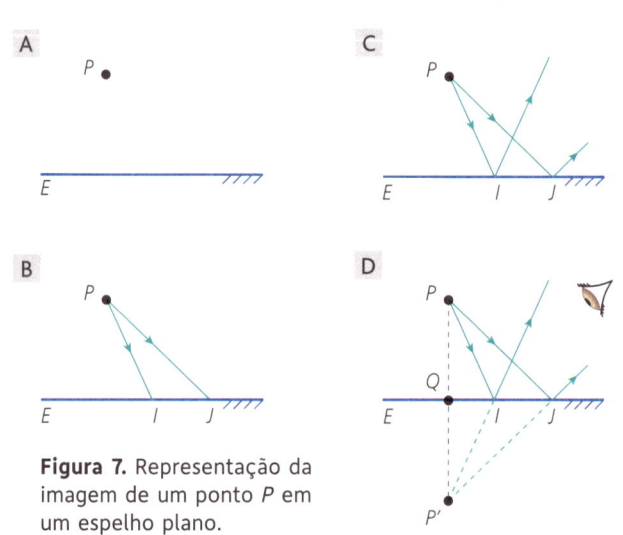

Figura 7. Representação da imagem de um ponto P em um espelho plano.

O observador recebe os raios refletidos e assim vê P'. Para ele, é como se os raios se originassem de P'. O ponto P, vértice do feixe de luz incidente, é um **ponto objeto** em relação ao espelho. O ponto P', vértice do feixe de luz emergente do espelho, é um **ponto imagem** em relação ao espelho.

Quando os raios do feixe incidente se encontram efetivamente, o ponto objeto é chamado de **real**. Quando esses raios se encontram através de prolongamentos (representados por tracejados), o ponto objeto é chamado de **virtual**. No caso em estudo, o ponto P é um ponto objeto real.

Quando os raios do feixe emergente se encontram efetivamente, o ponto imagem é chamado de **real**. Quando esses raios se encontram através de prolongamentos, o ponto imagem é chamado de **virtual**. No caso em estudo, o ponto P' é um ponto imagem virtual.

Os triângulos PQI e $P'QI$ da **figura 7D** são congruentes. Logo, a distância PQ é igual à distância $P'Q$. Concluímos, então, que **o ponto objeto P e o ponto imagem P' são simétricos em relação à superfície refletora**.

Exercícios resolvidos

3. Com um apontador *laser*, incide-se um estreito feixe de luz em uma superfície metálica polida. Seja α o ângulo que o feixe forma com a superfície metálica. Determinar os ângulos de incidência e de reflexão nos casos de α = 30° e α = 90°.

▶ **Solução**

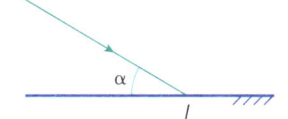

O ângulo de incidência i é o ângulo que o estreito feixe incidente forma com a normal N no ponto de incidência I. No caso em que α = 30°, o ângulo i será igual a 60° e, pela lei da reflexão, concluímos que o ângulo de reflexão r também é 60°:

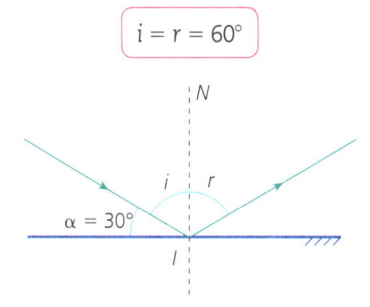

$$i = r = 60°$$

No caso de α = 90°, o raio incide perpendicularmente à superfície metálica e, portanto, coincide com a normal N. Assim, os ângulos de incidência e de reflexão são nulos:

$$i = r = 0°$$

4. Um ponto objeto P está diante de um espelho plano. A distância entre o ponto P e o correspondente ponto imagem P' é de 30 cm.
a) Qual é a distância do ponto objeto P ao espelho?
b) Ao transladar o espelho 10 cm, afastando-o do ponto objeto P que é mantido fixo, quanto se desloca o ponto imagem?

▶ **Solução**

a) P e P' são simétricos em relação ao espelho.

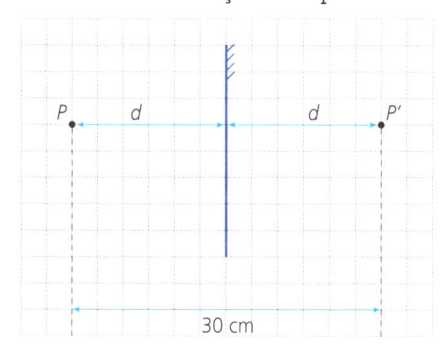

Se P está à distância d do espelho, o ponto imagem P' está "atrás" do espelho também à distância d.

Assim, $d + d = 30$ cm e, portanto: $d = 15$ cm

b) Se o espelho é transladado 10 cm, afastando-se do ponto objeto P, este fica a 25 cm da nova posição do espelho, acontecendo o mesmo com a nova imagem P".

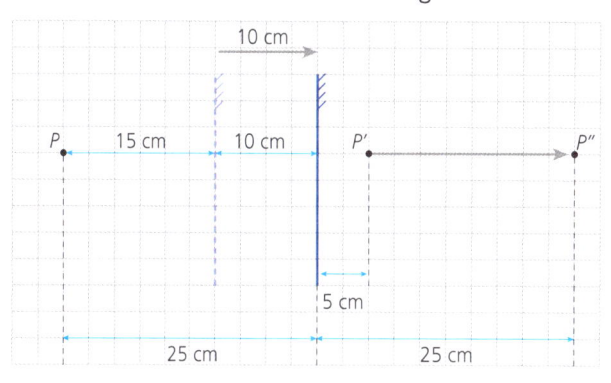

Portanto: P'P" = PP" − PP' = 50 cm − 30 cm ⇒ P'P" = 20 cm

Observe que o espelho deslocou-se 10 cm e o ponto imagem deslocou-se, no mesmo sentido, o dobro da distância, ou seja, 20 cm.

Exercícios propostos

4. O ângulo entre um raio de luz que incide em uma superfície metálica polida e o correspondente raio refletido mede 40°. Quanto mede o ângulo que o raio refletido forma com a superfície metálica?

5. Dois espelhos planos, E_1 e E_2, formam entre si um ângulo α. Um raio de luz R incide no espelho E_1, segundo um ângulo de incidência igual a 30°. Após refletir em E_1, incide perpendicularmente no espelho E_2. Para que isso ocorra, qual deve ser o valor de α?

6. Um ponto objeto P está a 20 cm da face refletora de um espelho plano. Translada-se o espelho de uma distância d, afastando-o do ponto objeto P que é mantido fixo. O ponto imagem sofre um deslocamento de 30 cm. Determine:
a) a distância d que se transladou o espelho;
b) as distâncias do ponto imagem à superfície do espelho antes e depois de o espelho ser transladado.

7. Um observador, no ponto O, e um ponto objeto P estão diante de um espelho plano, conforme mostra a figura. A que distância de O se forma a imagem de P? Cada quadradinho tem lado igual a 5 cm.

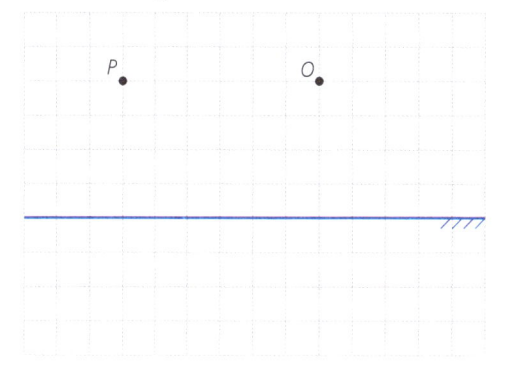

5 Imagem de um objeto extenso em um espelho plano

A imagem de um objeto extenso fornecida por um espelho plano tem as mesmas dimensões do objeto. Cada ponto da imagem é obtido aplicando-se a propriedade de simetria. Assim, objeto e imagem equidistam do espelho **(fig. 8)**.

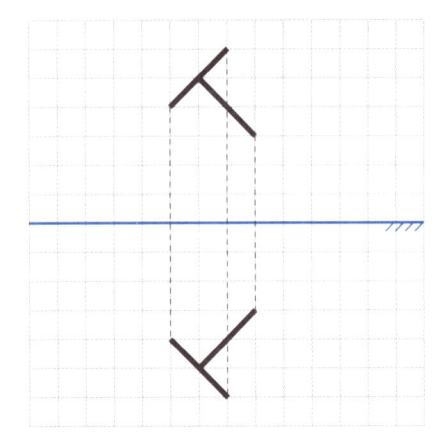

Figura 8. Imagem de um objeto extenso.

O espelho plano não inverte a imagem, mas troca a direita pela esquerda e vice-versa **(fig. 9)**. O fenômeno é chamado de **reversão**, e a imagem é dita revertida.

Figura 9. O espelho plano troca a direita pela esquerda. Observe que a pata direita do cão aparece na imagem à esquerda.

Atividade prática

Neste experimento, vamos estudar algumas características da imagem gerada por um espelho plano e discutir o que ocorre com a distância da imagem devido à translação do espelho. Para isso, você vai precisar do seguinte material:

- uma placa de vidro transparente;
- duas velas idênticas fixadas a apoios (castiçais ou pires);
- uma caixa de fósforos;
- uma folha de papel;
- um lápis;
- uma régua.

Observação

Cuidado para não se cortar ao manipular a placa e para não se queimar ao acender a vela.

Sobre uma folha de papel, coloque uma placa de vidro em pé e, diante dela, uma vela acesa conforme indica a figura. Para a parcela da luz que se reflete, a placa funciona como espelho plano, tornando possível visualizar a imagem da vela. Olhando para a placa, localize a imagem da vela e coloque a segunda vela apagada exatamente onde está a imagem da primeira. Marque na folha de papel as posições das velas e da placa de vidro. Meça, agora, as distâncias de cada vela à placa.

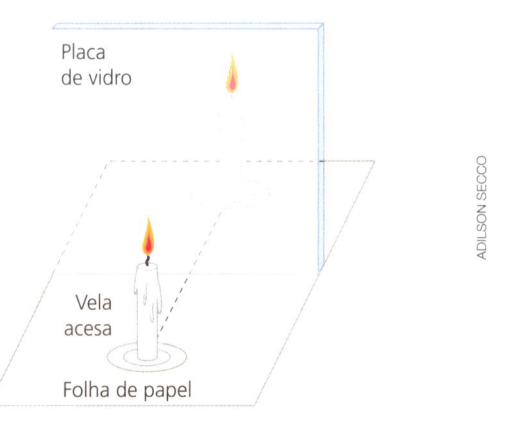

O que você conclui a respeito dessas distâncias e dos tamanhos do objeto e da imagem?

Por que a segunda vela parece estar acesa?

Translade a placa, afastando-a do objeto mantido fixo. Localize, como foi feito anteriormente, a nova posição da imagem. Determine os deslocamentos sofridos pela placa de vidro e pela imagem. Escreva um texto explicando o objetivo do experimento, o material utilizado, os procedimentos experimentais adotados, os resultados e as conclusões.

6 Campo visual de um espelho plano

Quando olhamos no espelho retrovisor interno de um carro **(fig. 10)**, vemos uma região do espaço refletida no espelho. Essa região recebe o nome de **campo visual do espelho**.

Figura 10. O espelho retrovisor interno de um carro é plano.

O campo visual depende do tamanho e da posição do espelho e da posição do olho do observador no ponto O (**fig. 11**).

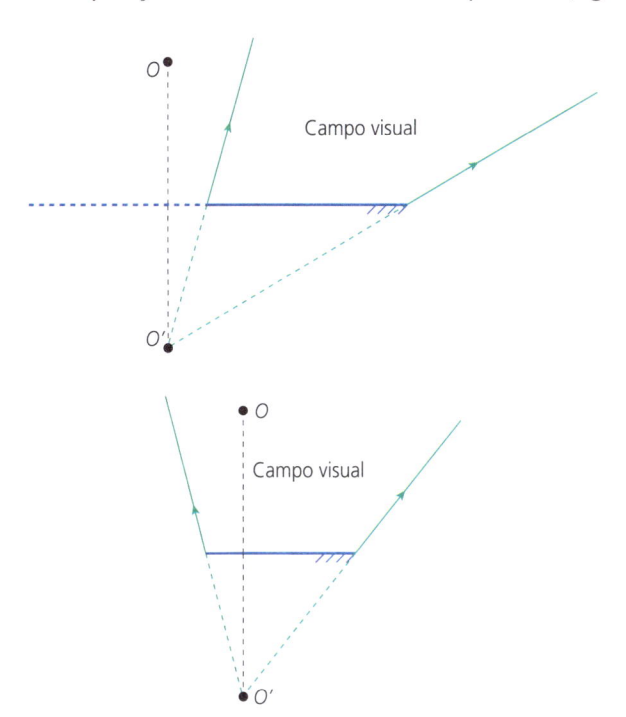

Figura 11. Para obter o campo visual, determinamos a imagem O' de O e, em seguida, traçamos semirretas com origem em O' e que passam pelas bordas do espelho.

Exercícios resolvidos

5. Um objeto é colocado diante de um espelho plano E, conforme indica a figura.

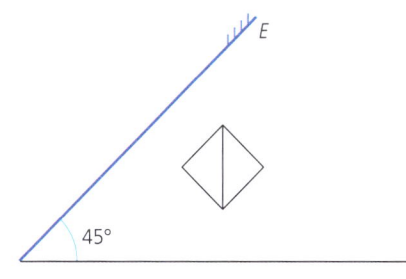

Representar graficamente a imagem do objeto formada pelo espelho.

> **Solução**

Aplicando a propriedade de simetria, encontramos as imagens dos pontos A, B C e D e, portanto, a imagem do objeto dado.

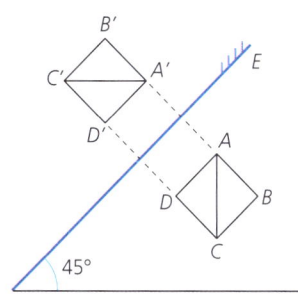

6. Um motorista, por meio do espelho plano retrovisor de seu carro, lê a palavra EMERGÊNCIA na imagem do capô de uma ambulância. Reproduza o que estava escrito no capô do veículo.

> **Solução**

Sabemos que o espelho plano não inverte a imagem, mas troca a direita pela esquerda e vice-versa. Logo, no capô da ambulância estava escrito:

AIDNÊGREME

7. O olho de um observador está na posição O, e três pequenos objetos estão nas posições A, B e C. E é um espelho plano.

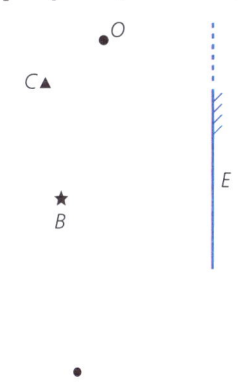

O observador vê as imagens dos objetos:
a) A, B e C.
b) A e B.
c) B e C.
d) A e C e a imagem de seu olho.
e) A e B e a imagem de seu olho.

> **Solução**

Vamos determinar o campo visual do espelho em relação ao observador:

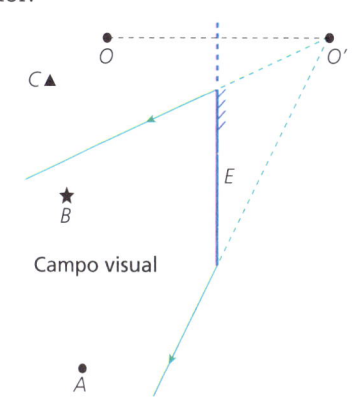

Os objetos A e B estão no campo visual. O objeto C e o olho, em O, estão fora dele. Logo, o observador vê as imagens de A e B e não vê a imagem de C e a de seu olho.

Resposta: b

8. Um raio de luz parte de um ponto objeto P, incide num espelho plano E, sofre reflexão e chega ao olho de um observador, em O. Representar o raio incidente e o correspondente raio refletido.

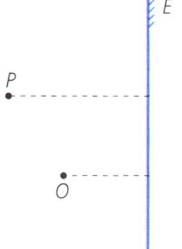

➤ Solução

Sabemos que o raio refletido deve passar pelo ponto imagem P'. Então, determinamos P' pela propriedade de simetria, unimos O com P' e localizamos o ponto de incidência I. Assim, o raio incidente é PI e o refletido, IO:

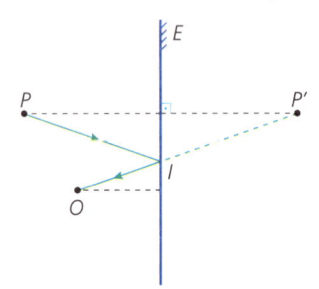

9. Uma pessoa de altura H está a uma distância d de um espelho plano vertical. Considerar h a altura de seus olhos (O) em relação ao chão e que a pessoa deseja se ver de corpo inteiro no espelho.

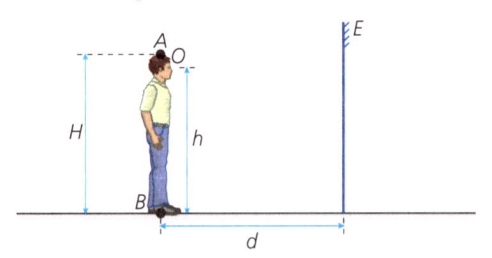

a) Desenhar os raios de luz que partem de A e de B, sofrem reflexão no espelho e atingem o olho O do observador.
b) Calcular a altura mínima, x, do espelho, com a base inferior afastada do solo, para que a pessoa possa se ver de corpo inteiro.
c) Calcular a distância y da base inferior do espelho em relação ao solo.

➤ Solução

a) Primeiro, determinamos as imagens A' e B' de A e B. Em seguida, unimos O a A' e O a B' e encontramos os pontos de incidência I_1 e I_2. Assim, temos os raios incidentes AI_1 e BI_2 e os correspondentes raios refletidos I_1O e I_2O.

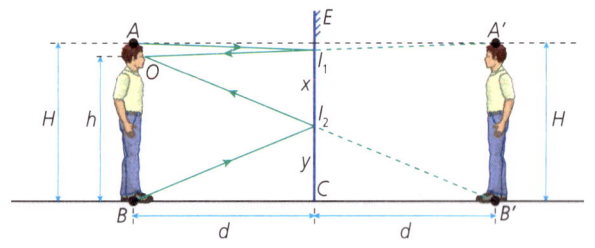

b) A altura mínima do espelho para que a pessoa possa se ver de corpo inteiro é x. Como os triângulos OA'B' e OI_1I_2 são semelhantes, temos:

$$\frac{A'B'}{x} = \frac{2d}{d} \Rightarrow \frac{H}{x} = 2 \Rightarrow \boxed{x = \frac{H}{2}}$$

Portanto, a altura mínima do espelho é a metade da altura da pessoa.

c) A distância da base inferior do espelho em relação ao solo é y. Os triângulos $B'I_2C$ e B'OB são semelhantes. Assim:

$$\frac{OB}{I_2C} = \frac{2d}{d} \Rightarrow \frac{h}{y} = 2 \Rightarrow \boxed{y = \frac{h}{2}}$$

Portanto, a distância da base inferior do espelho ao solo é a metade da altura dos olhos da pessoa em relação ao solo.

Exercícios propostos

8. Em uma aula de Óptica geométrica, o professor de Física fez várias experiências utilizando um espelho plano. Uma delas consistia em pedir a um dos alunos, Pedro, que se colocasse diante do espelho e, a seguir, se afastasse, mantendo-se na frente do espelho. O professor pediu aos demais alunos que construíssem o gráfico da altura h da imagem de Pedro em função do tempo t. Para facilitar, apresentou cinco possibilidades. Qual é a correta?

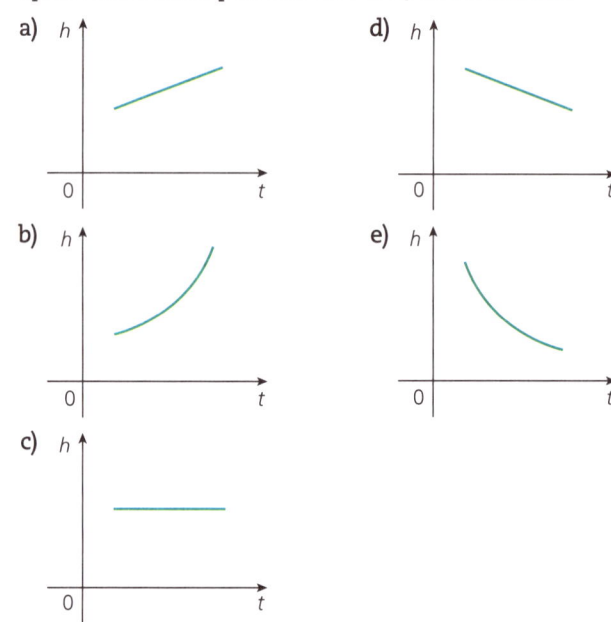

a)
b)
c)
d)
e)

9. Como você deve escrever seu nome em uma folha de papel para que sua leitura diante de um espelho plano fique normal?

10. O olho de um observador está na posição O diante de um espelho plano E. Durante quanto tempo o observador poderá ver a imagem de uma formiga F que se desloca ao longo da reta r (da esquerda para a direita) com velocidade de 3 cm/s, conforme indica a figura? Considere o lado de cada quadradinho igual a 1 cm.

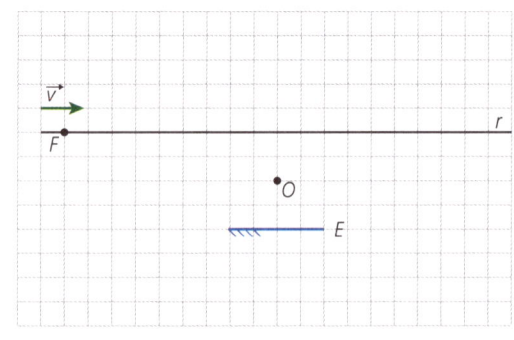

11. Na figura a seguir, representamos um observador de altura AB diante de um espelho plano E. O olho do observador é representado pelo ponto O. Verifique se o observador consegue se ver de corpo inteiro.

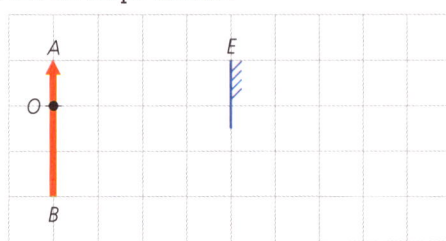

12. Considere a situação esquematizada na figura a seguir. Desenhe os raios de luz que partem dos extremos A e B do objeto, sofrem reflexão no espelho plano E e atingem o olho do observador no ponto O.

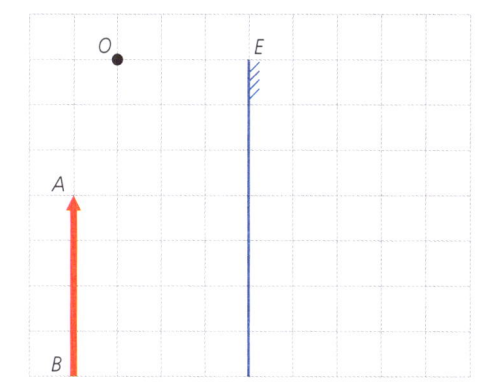

13. Um observador de 1,80 m de altura está em pé diante de um espelho plano retangular, que foi fixado em uma parede vertical. Para que o observador possa enxergar sua imagem inteira, a altura mínima do espelho:
a) deve ser igual a 1,80 m.
b) deve ser igual a 0,90 m e pode ser fixado em qualquer posição da parede vertical.
c) deve ser igual a 0,90 m e deve ser fixado em uma determinada posição da parede vertical.
d) é igual a 0,60 m e deve ser fixado em uma determinada posição da parede vertical.
e) depende da distância do observador ao espelho.

7 Associação de espelhos planos

Um objeto colocado entre dois espelhos planos que formam entre si certo ângulo α apresenta inúmeras imagens. O número de imagens aumenta à medida que se diminui o ângulo entre os espelhos **(fig. 12 e 13)**.

Figura 12. Imagens de um objeto colocado entre dois espelhos planos que formam um ângulo de 90°.

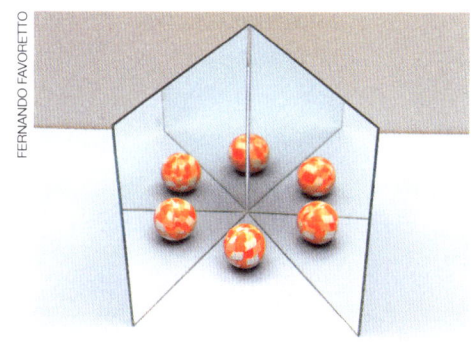

Figura 13. Imagens de um objeto colocado entre dois espelhos planos que formam um ângulo de 60°.

Analisando as fotos, notamos que, para o ângulo α = 90°, temos 4 regiões. Em uma delas, está o objeto e, nas outras, as três imagens. Para α = 60°, notamos 6 regiões. Em uma delas está o objeto e, nas outras, as cinco imagens.

Para determinar o número de regiões em associações de espelhos planos, como as mostradas nas **figuras 12** e **13**, dividimos 360° pelo ângulo α. Do valor obtido, tiramos o número 1, que corresponde à região do objeto, e obtemos o número N de imagens:

$$N = \frac{360°}{\alpha} - 1$$

Essa relação será válida quando a razão $\frac{360°}{\alpha}$ for um número inteiro e par.

Se $\frac{360°}{\alpha}$ for ímpar, a relação somente será válida se o objeto estiver no plano bissetor do ângulo α **(fig. 14)**.

Figura 14. Para α = 120°, teremos N = 2 se o objeto estiver no plano bissetor do ângulo α (A). Tirando o objeto do plano bissetor, o número de imagens não será necessariamente o mesmo (B).

Se as faces refletoras dos espelhos estiverem dispostas paralelamente **(fig. 15)**, o número de imagens de um dado objeto colocado entre elas será teoricamente infinito. Na prática, temos um número finito de imagens e com luminosidade cada vez menor devido à absorção e à difusão gradativa da luz pelos espelhos.

Figura 15. Imagens de um objeto colocado entre dois espelhos planos paralelos.

Capítulo 25 • Reflexão da luz **323**

Exercícios resolvidos

10. Um objeto colocado entre dois espelhos planos, que formam entre si certo ângulo α, apresenta 11 imagens. Sabendo que $\frac{360°}{\alpha}$ é um número inteiro, qual é o valor de α? Para obter esse número de imagens, o objeto pode estar em qualquer posição entre os espelhos?

▶ **Solução**

Sendo N = 11, temos: $N = \frac{360°}{\alpha} - 1 \Rightarrow 11 = \frac{360°}{\alpha} - 1 \Rightarrow$

$\Rightarrow \frac{360°}{\alpha} = 12 \Rightarrow \boxed{\alpha = 30°}$

Como $\frac{360°}{\alpha}$ é inteiro e par, concluímos que o objeto pode se situar em qualquer posição entre os espelhos.

Exercícios propostos

14. Dois espelhos planos formam um ângulo de 90°. Um objeto linear PQ é colocado na frente dos espelhos, conforme a figura. Localize as imagens desse objeto.

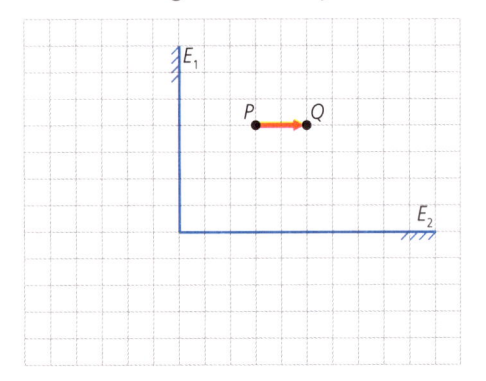

Atividade prática

Neste experimento, vamos estudar as imagens geradas por um objeto colocado entre dois espelhos planos. Você vai precisar do seguinte material:

- dois espelhos planos unidos por uma fita adesiva;
- um transferidor;
- um pequeno objeto;
- um relógio despertador com ponteiros;
- uma folha de papel;
- um lápis.

Com o transferidor, marque um ângulo de 60° na folha de papel. Posicione os dois espelhos de modo que formem o ângulo marcado. Coloque o pequeno objeto entre os espelhos e conte o número de imagens. O resultado obtido coincide com o calculado pela fórmula apresentada na teoria?

Em seguida, diminua aos poucos o ângulo entre os espelhos. O que ocorre com o número de imagens à medida que o ângulo diminui? Aumenta, diminui ou não varia?

Agora, use o transferidor para marcar um ângulo de 90° na folha de papel. Posicione os dois espelhos, de modo que eles formem o ângulo marcado. Coloque o relógio entre os espelhos, com o mostrador na vertical e voltado para a aresta do ângulo formado pelos espelhos. Conte o número de imagens. O resultado coincide com o obtido pela fórmula? Compare as imagens vistas. Qual delas é idêntica ao relógio?

Trocando ideias

Você já viu um caleidoscópio? Já brincou com um deles? Com seus colegas de grupo, pesquise sobre a origem desse instrumento e como ele funciona. A apresentação da pesquisa deverá ser ilustrada com figuras de caleidoscópios, explicações sobre como são construídos e imagens que mostrem as figuras que podem formar. Para enriquecer o trabalho, cada grupo poderá construir um caleidoscópio.

8 Espelhos esféricos

Imagine uma superfície esférica como a bolinha de uma árvore de Natal. Cortando a superfície esférica com um plano, obtemos duas partes com as formas indicadas na **figura 16**. Cada uma das partes é denominada **calota esférica**.

Vamos considerar a menor das calotas e espelhar uma de suas superfícies. Teremos, assim, um espelho esférico.

Portanto, **espelho esférico** é uma calota esférica que possui uma de suas superfícies espelhadas.

Se a superfície refletora é a interna, o espelho esférico é denominado **côncavo (fig. 17)**; se a superfície refletora é a externa, o espelho é **convexo (fig. 18)**.

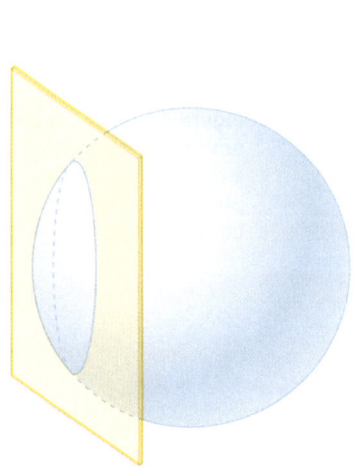

Figura 16. O plano divide a superfície esférica em duas calotas esféricas.

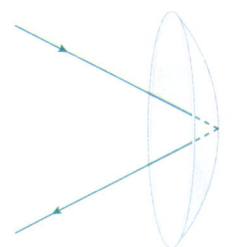

Figura 17. Espelho esférico côncavo.

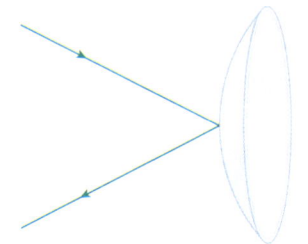

Figura 18. Espelho esférico convexo.

Os **elementos geométricos** de um espelho esférico (**fig. 19**) são:

- **centro de curvatura (C):** é o centro da superfície esférica de onde foi retirada a calota;
- **vértice (V):** é o polo da calota, ou seja, o ponto mais externo da calota;
- **raio de curvatura (R):** é o raio de curvatura da superfície esférica de onde foi retirada a calota, ou seja, é a distância entre C e V;
- **eixo principal:** é a reta definida pelos pontos C e V;
- **ângulo de abertura do espelho:** é o ângulo $\alpha = A\widehat{C}B$. As imagens fornecidas por um espelho esférico são mais nítidas quando $\alpha < 10°$. Nessas condições, o espelho é chamado de **espelho esférico de Gauss**. Nosso estudo será feito para os espelhos esféricos de Gauss;
- **foco principal do espelho esférico de Gauss (F):** é o ponto médio entre C e V;
- **distância focal (f):** é a distância entre o foco F e o vértice V;
- **relação entre f e R:** $\boxed{f = \dfrac{R}{2}}$

Figura 19. Elementos geométricos de um espelho esférico.

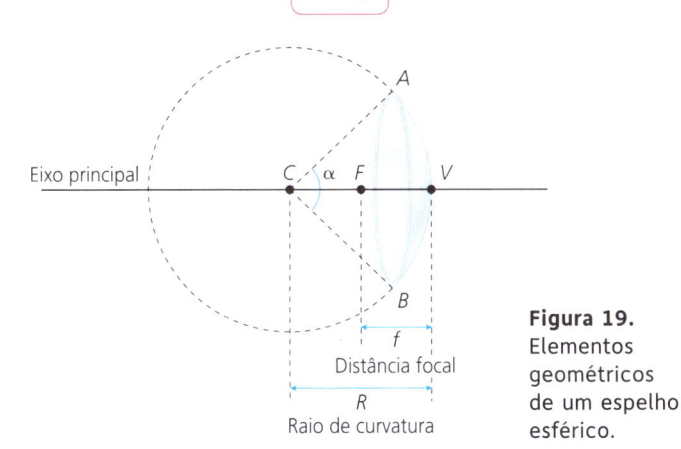

Para facilitar a representação dos espelhos esféricos côncavos e convexos, vamos utilizar os esquemas indicados na **figura 20**.

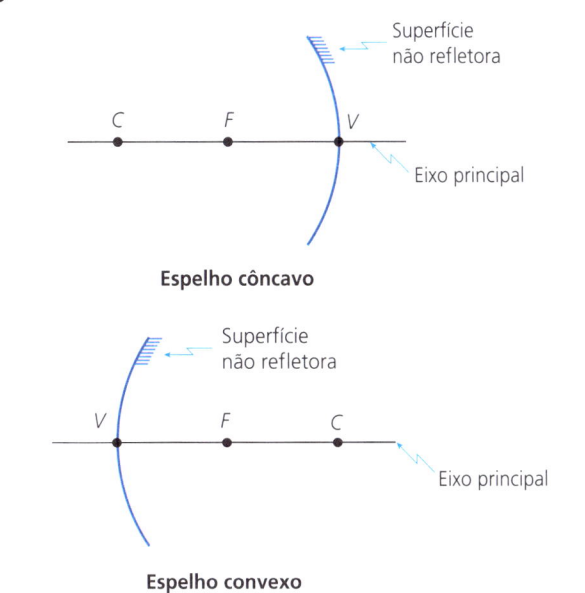

Figura 20. Representação esquemática dos espelhos esféricos.

Observe agora os esquemas abaixo. Um feixe de raios paralelos incide em um espelho esférico, paralelamente ao eixo principal. O feixe refletido é **convergente** no caso do espelho côncavo e **divergente** no caso do espelho convexo. Nos espelhos côncavos, os raios desse feixe passam efetivamente pelo foco principal F. No caso dos espelhos convexos, os prolongamentos dos raios refletidos passam pelo foco principal F (**fig. 21**).

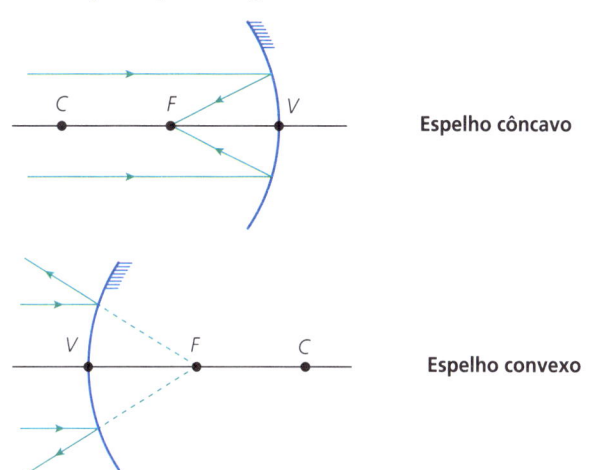

Figura 21. Raios incidentes paralelos ao eixo principal.

Assim, para os espelhos esféricos, podemos enunciar a seguinte propriedade:

> Os raios de luz que incidem em um espelho esférico paralelamente ao eixo principal refletem-se passando efetivamente pelo foco principal F nos espelhos côncavos e refletem-se passando por F através de prolongamentos nos espelhos convexos.

Reciprocamente, considerando o princípio da reversibilidade da luz:

> Os raios de luz que incidem em um espelho esférico passando pelo foco principal F efetivamente (no espelho côncavo) ou passando por F através de prolongamentos (no espelho convexo) são refletidos paralelamente ao eixo principal (**fig. 22**).

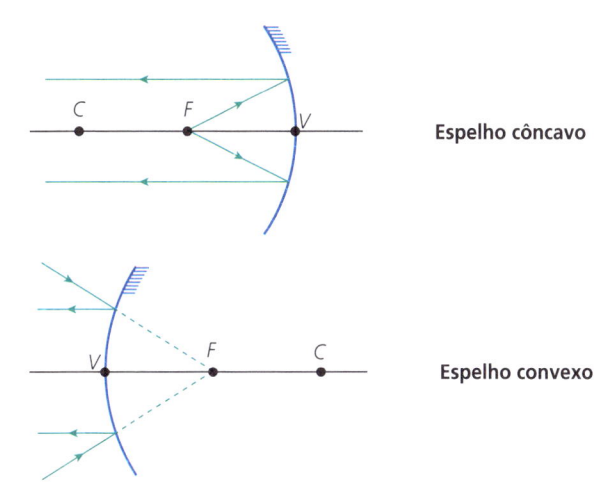

Figura 22. Raios incidentes passando pelo foco principal F efetivamente no espelho côncavo e através de prolongamentos no espelho convexo.

Exercícios resolvidos

11. Um espelho esférico de Gauss possui raio de curvatura igual a 20 cm. Qual é a distância focal f desse espelho?

➤ **Solução**

Nos espelhos esféricos de Gauss, o foco principal F está situado a uma distância igual a $\frac{R}{2}$ do espelho. Logo:

$f = \frac{20 \text{ cm}}{2} \Rightarrow \boxed{f = 10 \text{ cm}}$

12. Um raio de luz incide num espelho esférico côncavo passando pelo centro de curvatura C, conforme indica a figura.

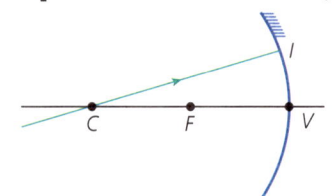

Espelho côncavo

Determinar o ângulo de incidência e o ângulo de reflexão. Em seguida, representar graficamente o raio refletido correspondente.

➤ **Solução**

O raio de luz que incide passando pelo centro de curvatura C coincide com a normal N pelo ponto de incidência I. Logo, o ângulo de incidência é nulo (i = 0°). Pela segunda lei da reflexão, o ângulo de reflexão também é nulo (r = 0°). Portanto, o raio refletido coincide com o raio incidente.

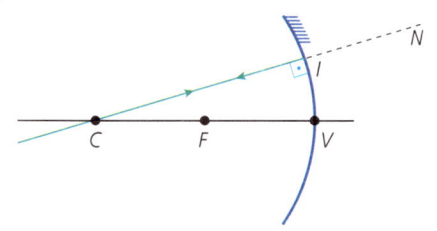

13. Um raio de luz incide no vértice V de um espelho esférico côncavo, formando um ângulo de 30° com o eixo principal, conforme mostra a figura.

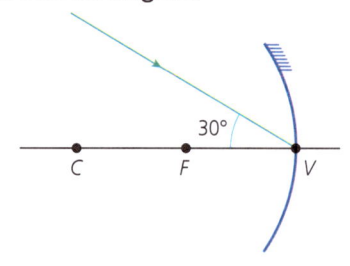

Determinar o ângulo de incidência e o ângulo de reflexão. Em seguida, representar graficamente o raio refletido correspondente.

➤ **Solução**

O eixo principal coincide com a normal N ao espelho que passa pelo vértice V. Logo, o ângulo de incidência é i = 30°. Pela segunda lei da reflexão, r = 30°. Nessas condições, o raio refletido é simétrico ao raio incidente em relação ao eixo principal.

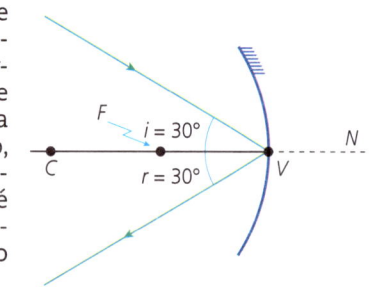

14. As figuras abaixo representam reflexões da luz em espelhos esféricos. Sendo C o centro de curvatura, F o foco principal e V o vértice do espelho, quais são os esquemas corretos?

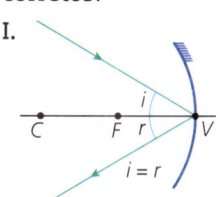

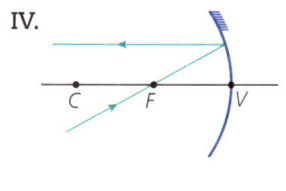

I.   IV.

II.   V.

III.   VI.

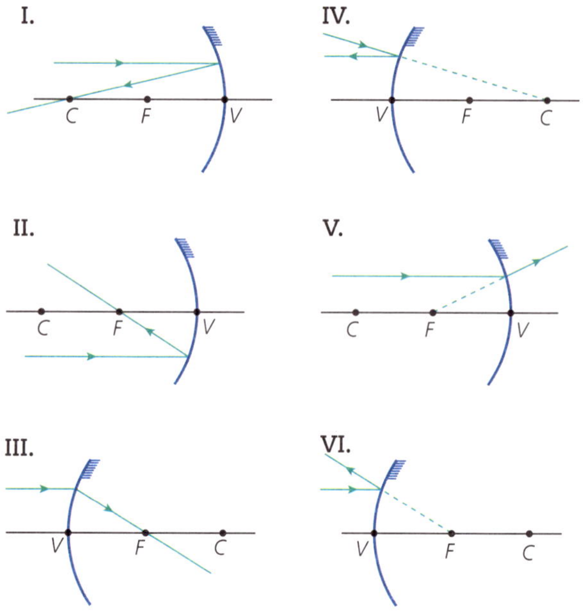

➤ **Solução**

São corretos os esquemas II e VI. Os raios que incidem paralelamente ao eixo principal refletem passando pelo foco principal F, efetivamente, no caso do espelho côncavo (II), e através de prolongamentos, no caso do espelho convexo (VI).

Exercícios propostos

15. Uma pequena lâmpada acesa é colocada num ponto do eixo principal de um espelho esférico côncavo de raio R = 30 cm. Os raios luminosos que incidem no espelho são refletidos paralelamente ao eixo principal. Qual é a distância da lâmpada ao espelho?

16. As figuras abaixo representam reflexões da luz em espelhos esféricos. Sendo C o centro de curvatura, F o foco principal e V o vértice do espelho, quais são os esquemas corretos?

I.   IV.

II.   V.

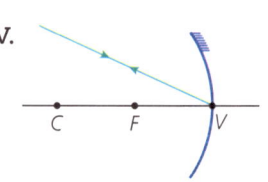

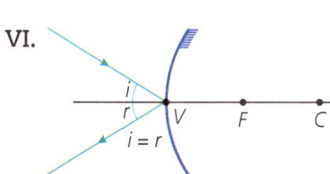

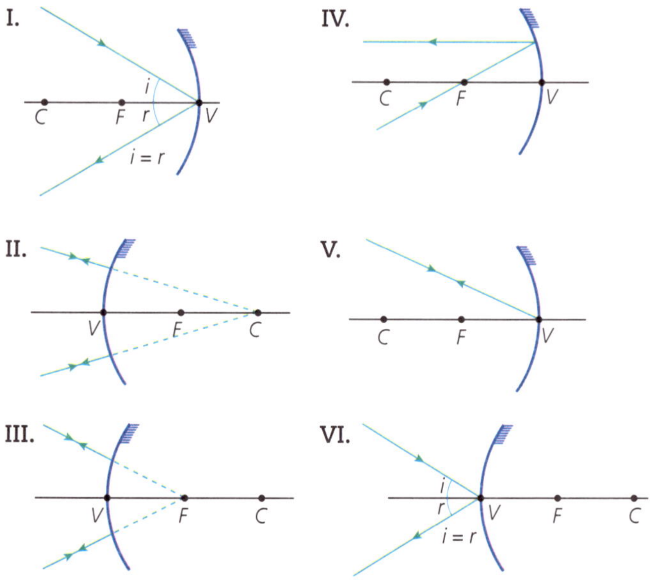

III.   VI.

9 Imagens em espelhos esféricos

Espelho côncavo

Vamos analisar três posições de um objeto real em relação a um espelho esférico côncavo.

Para obter esquematicamente as imagens em cada caso, vamos considerar dois raios de luz incidentes que partem do extremo superior do objeto. Um raio incide paralelamente ao eixo principal e outro incide passando pelo foco principal. Desenhamos os correspondentes raios refletidos, cujo encontro define o extremo superior da imagem. O objeto, nos três casos, é posicionado em frente ao espelho.

Objeto situado antes do centro de curvatura C

Neste caso, a imagem é **real**, **invertida** e **menor** que o objeto. Veja o esquema da **figura 23** e a foto da **figura 24**.

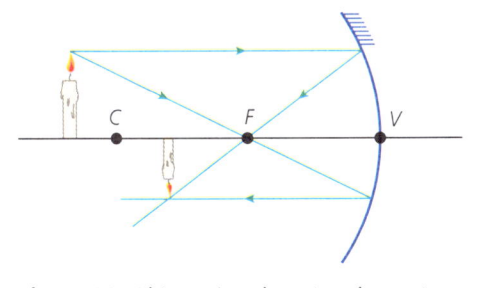

Figura 23. Objeto situado antes do centro de curvatura C de um espelho côncavo.

Figura 24. Neste caso, a imagem é invertida e menor que o objeto.

Objeto situado entre o centro de curvatura C e o foco principal F

Neste caso, a imagem é **real**, **invertida** e **maior** que o objeto. Veja o esquema da **figura 25** e a foto da **figura 26**.

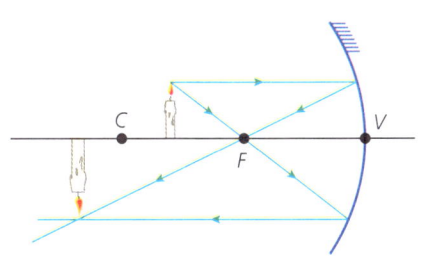

Figura 25. Objeto situado entre o centro de curvatura C e o foco principal F de um espelho côncavo.

Figura 26. A imagem projetada no anteparo é invertida e maior que o objeto.

Objeto situado entre o foco principal F e o vértice V

Neste caso, a imagem é **virtual**, **direita** e **maior** que o objeto. Veja o esquema da **figura 27** e a foto da **figura 28**.

Figura 27. Objeto situado entre o foco principal F e o vértice V de um espelho côncavo.

Figura 28. A imagem é direita e maior que o objeto.

Espelho convexo

Nos espelhos convexos, para qualquer posição do objeto real, a imagem é sempre **virtual**, **direita** e **menor** que o objeto. Veja o esquema da **figura 29** e a foto da **figura 30**.

Figura 29. Objeto diante de um espelho convexo.

Figura 30. A imagem é direita e menor que o objeto.

Os espelhos convexos são utilizados como retrovisores de motos e carros e como espelhos de segurança em estabelecimentos comerciais. Isso é justificável, pois o campo visual de um espelho convexo é maior que o de um espelho plano, em idênticas condições de tamanho e de posição do observador.

Capítulo 25 • Reflexão da luz

Exercícios resolvidos

15. Um objeto é colocado na frente de um espelho esférico côncavo, nas posições indicadas na figura abaixo. Note que C é o centro de curvatura, F, o foco principal, e V, o vértice do espelho.

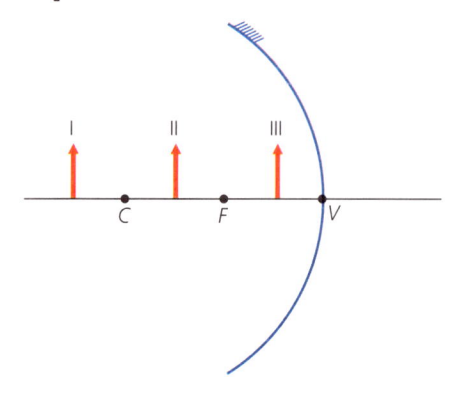

O professor de Óptica pede aos alunos que comentem as características das correspondentes imagens relativas às diversas posições do objeto (I, II e III). Analisar as respostas obtidas, a seguir, e indicar a correta.

a) As três imagens são reais.
b) A imagem correspondente ao objeto na posição I é virtual.
c) Quando o objeto passa da posição I para a posição II, a imagem se afasta do espelho e se torna maior.
d) As imagens reais são direitas.
e) As imagens virtuais são invertidas.

▶ **Solução**

Vamos obter a imagem correspondente a cada posição do objeto.

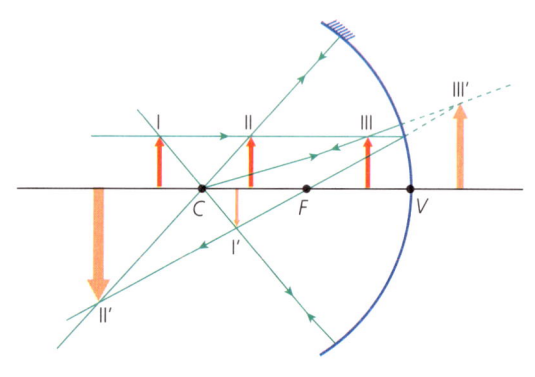

A imagem do objeto na posição I é real, invertida e menor que o objeto. Com o objeto na posição II, a imagem é real, invertida, maior que o objeto e está mais afastada do espelho que a imagem obtida com o objeto na posição I. Já na posição III, a imagem é virtual, direita e maior que o objeto. Nesse caso (objeto entre F e V), o espelho é denominado espelho de aumento.

Resposta: c

16. Quando aproximamos um objeto de um espelho esférico convexo, sua imagem aumenta ou diminui de altura?

▶ **Solução**

Vamos obter as imagens de um objeto colocado diante de um espelho convexo, considerando o objeto afastado e, a seguir, mais próximo do espelho.

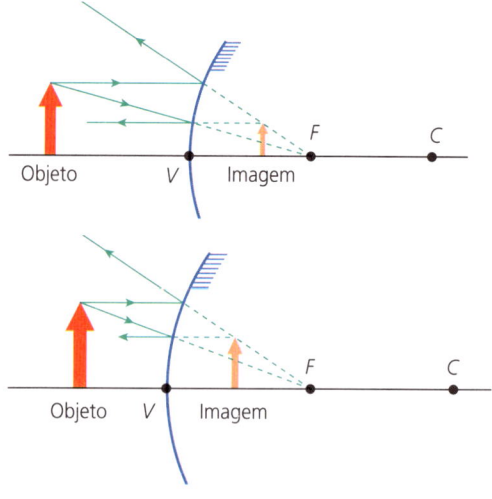

Na situação em que o objeto está mais próximo do espelho, a imagem é maior. Portanto, quando aproximamos um objeto de um espelho convexo, sua imagem **aumenta** de altura.

Exercícios propostos

17. A imagem de um objeto real, obtida com um espelho esférico, é virtual. O espelho é côncavo ou convexo?

18. Um objeto real é colocado exatamente no centro de curvatura C de um espelho esférico côncavo, conforme a figura. Sendo F o foco principal e V o vértice do espelho, a imagem obtida é real ou virtual? Direita ou invertida? Ela é maior, menor ou tem a mesma altura do objeto? Em que ponto a imagem se forma?

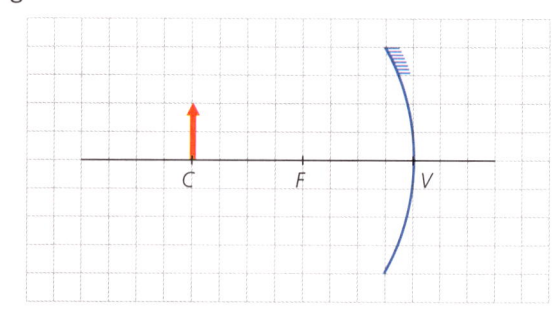

19. Um objeto real é colocado a 15 cm de um espelho esférico côncavo de distância focal 10 cm.
a) Dê as características da imagem correspondente.
b) Desloca-se o objeto de modo que ele fique a 25 cm do espelho. Quais são as características da nova imagem obtida?

20. Um objeto real de altura AB é colocado exatamente no foco principal F de um espelho esférico côncavo, conforme a figura. Note que C é o centro de curvatura e V o vértice do espelho. Desenhe os raios refletidos correspondentes aos dois raios incidentes que partem do extremo A, indicados na figura.

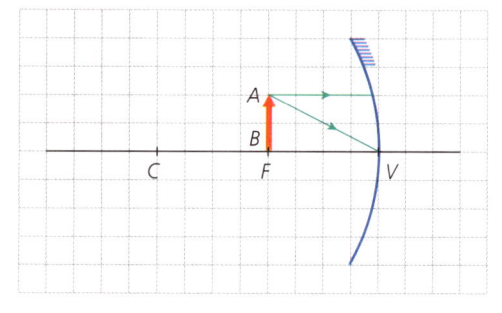

Aplicação tecnológica

Espelhos esféricos e parabólicos

Os espelhos esféricos convexos são utilizados como espelhos retrovisores nas motocicletas, nos automóveis, nas portas dos elevadores e nas saídas das garagens de prédios. Nesses casos, dá-se preferência aos espelhos convexos em vez dos planos, de mesmas dimensões, porque os primeiros apresentam maior campo visual.

Observe na foto que um pequeno espelho convexo foi adaptado ao espelho plano retrovisor.

Pelo fato de fornecerem uma imagem direita e maior, quando o objeto está posicionado entre o foco F e o vértice V, os espelhos esféricos côncavos são utilizados como espelhos de aumento. Por esse motivo, os espelhos de barbear, os espelhos de maquiagem e os espelhos dos dentistas são côncavos.

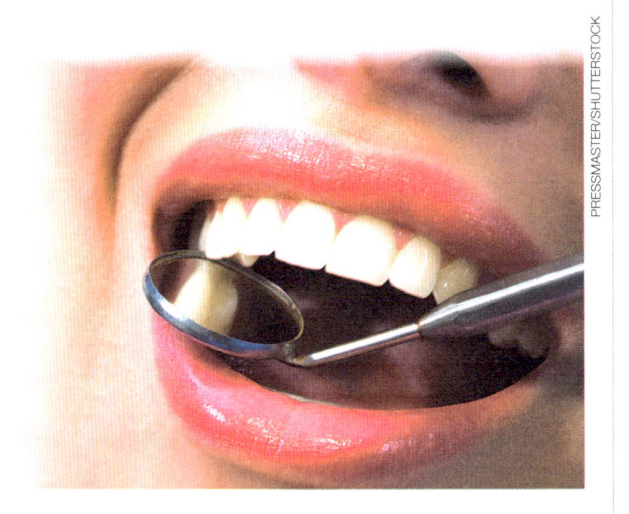

Para o exame do fundo do olho, do canal auditivo e da cavidade nasal, os médicos utilizam aparelhos constituídos essencialmente por um espelho esférico côncavo e uma fonte de luz. O espelho concentra a luz proveniente da fonte no local a ser examinado, conforme o esquema a seguir.

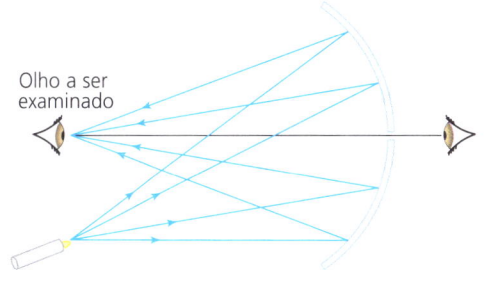

Os faróis dos automóveis são constituídos de espelhos parabólicos. A fonte de luz é uma pequena lâmpada com dois filamentos: um situado no foco principal do espelho e o outro, um pouco acima. O filamento que está no foco, quando acionado, produz um feixe refletido paralelo ao eixo principal: é a luz alta.

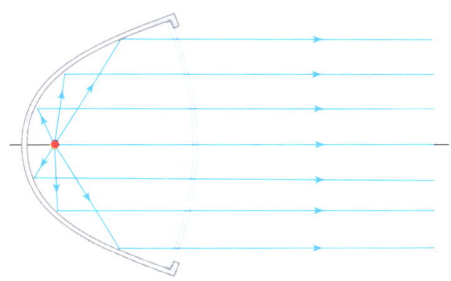

Acionando-se o outro filamento, obtém-se um feixe orientado para o solo: é a luz baixa.

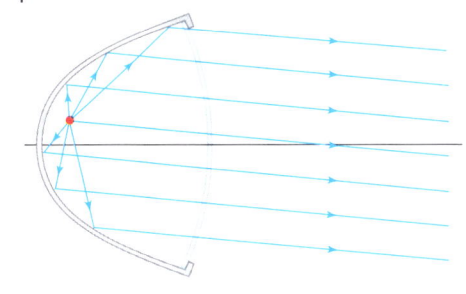

Para aumentar a eficiência do farol, coloca-se diante da lâmpada um pequeno espelho esférico côncavo, de modo que a lâmpada fique no centro de curvatura desse espelho. Assim, os raios de luz que não sofreriam reflexão no espelho grande e que incidem no espelho pequeno voltam-se sobre si mesmos e são reaproveitados.

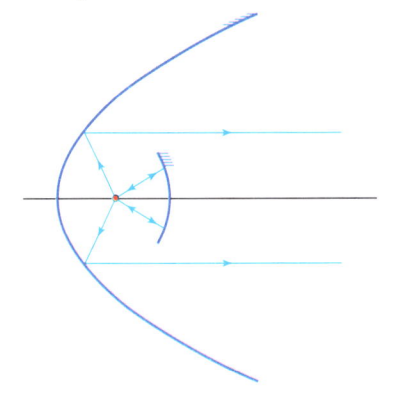

10 Equação de Gauss e aumento linear transversal

Já fizemos um estudo gráfico para obter a imagem de determinado objeto, fornecida por um espelho esférico. Agora, vamos fazer um estudo algébrico, isto é, dado o tipo de espelho esférico (côncavo ou convexo), sua distância focal, a posição e a altura de um objeto, vamos determinar a posição e a altura da imagem correspondente. Para determinar a posição, utilizamos a **equação de Gauss**:

$$\frac{1}{f} = \frac{1}{p} + \frac{1}{p'}$$

Nessa equação, p e p' são as distâncias ao espelho do objeto e da imagem, respectivamente, precedidas de um sinal **positivo** se a natureza do objeto ou da imagem for **real** ou de um sinal **negativo** se a natureza deles for **virtual** (fig. 31, 32 e 33). Assim, temos:

- Objeto real: $p > 0$
- Imagem real: $p' > 0$
- Imagem virtual: $p' < 0$

Neste estudo algébrico, podemos distinguir o espelho côncavo do espelho convexo pelo sinal da distância focal. A distância focal f de um espelho **côncavo** é **positiva** e a de um espelho **convexo** é **negativa** (fig. 31, 32 e 33).

- Espelho côncavo: $f > 0$ (foco real)
- Espelho convexo: $f < 0$ (foco virtual)

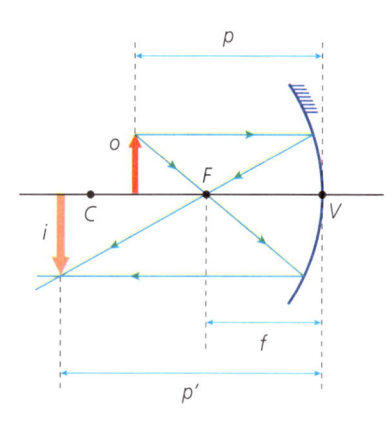

Figura 31. Imagem real formada por um espelho côncavo. Nesse caso: $p > 0$, $p' > 0$ e $f > 0$

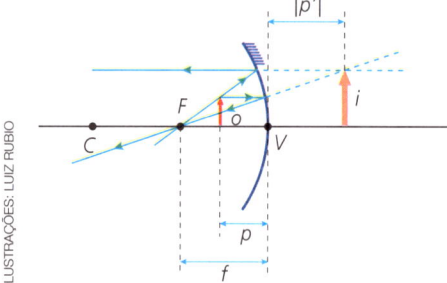

Figura 32. Imagem virtual formada por um espelho côncavo. Nesse caso: $p > 0$, $p' < 0$ e $f > 0$

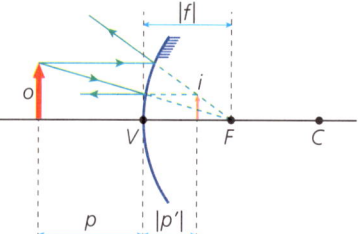

Figura 33. Imagem virtual formada por um espelho convexo. Nesse caso: $p > 0$, $p' < 0$ e $f < 0$

Como é possível saber, por meio de cálculos, se a imagem é direita ou invertida? Aqui também vamos utilizar uma convenção de sinais. Assim, sejam o e i as alturas do objeto e da imagem, respectivamente, elas devem ser precedidas de um sinal positivo, se o objeto ou a imagem estiverem acima do eixo principal, ou de um sinal negativo, se estiverem abaixo desse eixo.

A grandeza que permite saber se uma imagem é direita ou invertida e se é maior ou menor que um objeto é o **aumento linear transversal A**, definido por:

$$A = \frac{i}{o}$$

Se A é **positivo**, i e o têm mesmo sinal e a **imagem é direita**.

Se A é **negativo**, i e o têm sinais opostos e a **imagem é invertida**.

Assim, vamos considerar $A = -2$. Nesse caso, a imagem é invertida e tem altura igual a duas vezes a altura do objeto. E se tivermos $A = +\frac{1}{2}$? Nesse caso, a imagem é direita e tem altura igual à metade da altura do objeto.

O aumento linear transversal também pode ser obtido se conhecermos a distância do objeto ao espelho (p) e a distância da imagem ao espelho (p'). Observe a **figura 34**.

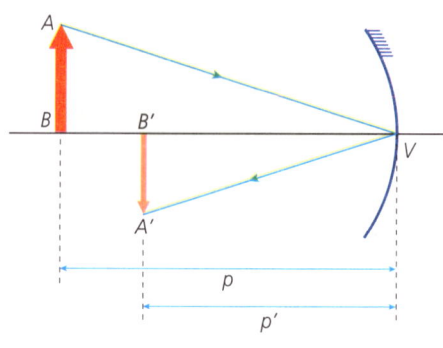

Figura 34. As alturas do objeto e da imagem se relacionam com as respectivas distâncias ao espelho.

Os triângulos ABV e $A'B'V$ (fig. 34) são semelhantes. Assim, podemos escrever:

$$\frac{A'B'}{AB} = \frac{VB'}{VB}$$

Mas $A'B' = -i$, $AB = o$, $VB' = p'$ e $VB = p$. Então:

$$A = \frac{i}{o} = -\frac{p'}{p}$$

Exercícios resolvidos

17. Um objeto linear é colocado a 30 cm de um espelho esférico côncavo de distância focal 20 cm. Determinar:
a) a distância da imagem ao espelho;
b) se a imagem é real ou virtual;
c) o aumento linear transversal da imagem.

▶ **Solução**

a) Sendo $p = 30$ cm, $f = 20$ cm, temos, a partir da equação de Gauss:

$$\frac{1}{f} = \frac{1}{p} + \frac{1}{p'} \Rightarrow \frac{1}{20} = \frac{1}{30} + \frac{1}{p'} \Rightarrow \frac{1}{p'} = \frac{1}{20} - \frac{1}{30} \Rightarrow$$

$$\Rightarrow \frac{1}{p'} = \frac{3-2}{60} \therefore \boxed{p' = 60 \text{ cm}}$$

b) Sendo $p' > 0$, concluímos que a imagem é **real**.

c) $A = -\dfrac{p'}{p} \Rightarrow A = -\dfrac{60}{30} \Rightarrow \boxed{A = -2}$

A altura da imagem é duas vezes a altura do objeto. Sendo $A < 0$, concluímos que a imagem é **invertida**.

18. Um objeto linear é colocado a 30 cm de um espelho esférico convexo. A imagem se forma a 10 cm do espelho. Determinar:
a) a distância focal do espelho;
b) o aumento linear transversal da imagem.

▶ **Solução**

a) Sabemos que um espelho esférico convexo fornece uma imagem virtual de um objeto real. Por isso, $p' = -10$ cm. Sendo $p = 30$ cm, a partir da equação de Gauss, temos:

$$\frac{1}{f} = \frac{1}{p} + \frac{1}{p'} \Rightarrow \frac{1}{f} = \frac{1}{30} + \frac{1}{(-10)} \Rightarrow \frac{1}{f} = \frac{1-3}{30}$$

$$\therefore \boxed{f = -15 \text{ cm}}$$

O sinal negativo no valor encontrado para a distância focal indica que o espelho é **convexo**.

b) $A = -\dfrac{p'}{p} \Rightarrow A = -\dfrac{(-10)}{30} \Rightarrow \boxed{A = +\dfrac{1}{3}}$

A altura da imagem é um terço da altura do objeto. Sendo $A > 0$, concluímos que a imagem é **direita**.

Exercícios propostos

21. Um objeto linear é colocado a 18 cm de um espelho esférico. A imagem formada é real e sua altura é metade da altura do objeto.
a) O espelho é côncavo ou convexo?
b) A imagem é direita ou invertida?
c) A que distância do espelho se forma a imagem?
d) Qual é a distância focal do espelho? E seu raio de curvatura?

22. Um objeto linear de 5 cm de altura está a 10 cm de um espelho esférico convexo, cuja distância focal é, em valor absoluto, igual a 10 cm. Determine:
a) a distância da imagem ao espelho;
b) a distância entre o objeto e a imagem;
c) o aumento linear transversal;
d) a altura da imagem.

23. Um objeto linear é colocado diante de um espelho côncavo para que se projete a imagem formada numa tela situada a 60 cm do espelho, de modo que ela fique ampliada cinco vezes.

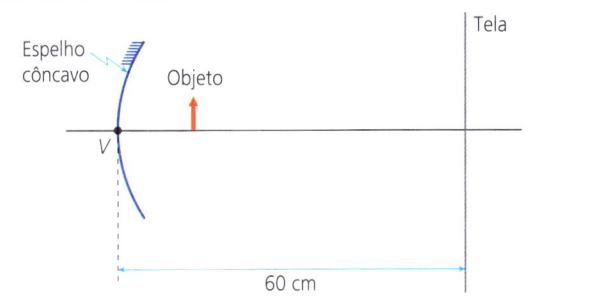

Determine:
a) a distância do objeto ao espelho;
b) a distância focal do espelho.

Exercícios de revisão

Ficha-resumo 1

Reflexão regular: a um feixe cilíndrico de luz incidente corresponde um feixe cilíndrico refletido. Na reflexão regular, ocorre a formação de imagens.

Reflexão difusa: a um feixe cilíndrico de luz incidente corresponde um feixe refletido em todas as direções. Na reflexão difusa, ocorre a visualização dos objetos.

Cor de um corpo por reflexão: a cor que um corpo apresenta depende da luz monocromática ou policromática nele incidente e da luz que ele reflete difusamente.

Um corpo que absorve todas as cores é um **corpo negro**. Um corpo que, iluminado com luz branca, reflete difusamente todas as cores é um **corpo branco**.

Exercícios de revisão

1. (Unicamp-SP) O Teatro de Luz Negra, típico da República Tcheca, é um tipo de representação cênica caracterizada pelo uso do cenário escuro com uma iluminação estratégica dos objetos exibidos. No entanto, o termo luz negra é fisicamente incoerente, pois a coloração negra é justamente a ausência de luz. A luz branca é a composição de luz com vários comprimentos de onda e a cor de um corpo é dada pelo comprimento de onda da luz que ele predominantemente reflete. Assim, um quadro que apresente as cores azul e branca quando iluminado pela luz solar, ao ser iluminado por uma luz monocromática de comprimento de onda correspondente à cor amarela, apresentará, respectivamente, uma coloração:

a) amarela e branca.
b) negra e amarela.
c) azul e negra.
d) totalmente negra.

2. (Unitau-SP) Num cômodo escuro, uma bandeira do Brasil é iluminada por uma luz monocromática amarela. O retângulo, o losango, o círculo e a faixa central da bandeira apresentariam, respectivamente, as cores:

a) verde, amarela, azul, branca.
b) preta, amarela, preta, branca.
c) preta, amarela, preta, amarela.
d) verde, amarela, verde, amarela.
e) amarela, amarela, amarela, amarela.

Ficha-resumo 2

Leis da reflexão

- **Primeira lei da reflexão**
  O raio incidente, a reta normal e o raio refletido estão contidos no mesmo plano.

- **Segunda lei da reflexão**
  O ângulo de reflexão e o ângulo de incidência são iguais: $r = i$

Imagem de um ponto em um espelho plano: o ponto objeto P e o ponto imagem P' têm naturezas opostas (P é real e P', virtual) e são simétricos em relação à superfície do espelho.

3. (PUC-RS) Um raio de luz incide horizontalmente sobre um espelho plano inclinado 20° em relação a um plano horizontal como mostra a figura a seguir.

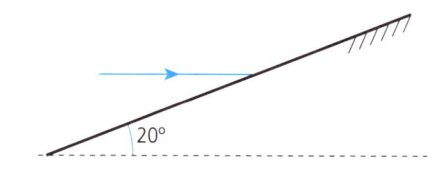

Quanto ao raio refletido pelo espelho, é correto afirmar que ele:

a) é vertical.
b) forma um ângulo de 40° com o raio incidente.
c) forma um ângulo de 20° com a direção normal ao espelho.
d) forma um ângulo de 20° com o plano do espelho.
e) forma um ângulo de 20° com o raio incidente.

4. (UFPI) Uma bola vai do ponto A ao ponto B sobre uma mesa horizontal, segundo a trajetória mostrada na figura a seguir. Perpendicularmente à superfície da mesa, existe um espelho plano.

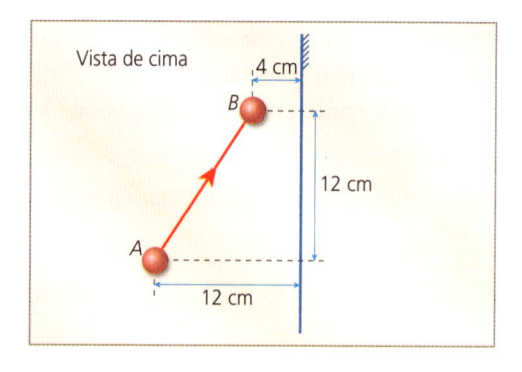

Pode-se afirmar que a distância do ponto A à imagem da bola quando ela se encontra no ponto B é igual a:

a) 8 cm
b) 12 cm
c) 16 cm
d) 20 cm
e) 32 cm

Ficha-resumo 3

Imagem de um objeto extenso em um espelho plano:

- a imagem de um objeto extenso fornecida por um espelho plano tem as mesmas dimensões do objeto;
- o objeto e a imagem equidistam do espelho;
- o espelho plano não inverte a imagem, mas troca a direita pela esquerda (reversão).

Campo visual de um espelho plano: é a região do espaço que pode ser vista por reflexão no espelho. O campo visual depende do tamanho e da posição do espelho e da posição do olho do observador.

5. (Pasusp-SP) Uma vela, de altura H, é colocada diante de um espelho plano E. A vela encontra-se a uma distância L do espelho e produz uma imagem I_1, de mesma altura H e distância L do espelho, como mostrado na figura. Desloca-se o espelho para a direita de uma distância d. Nessas condições, a nova imagem I_2 tem uma altura h e sua nova distância, em relação ao espelho E, é x.

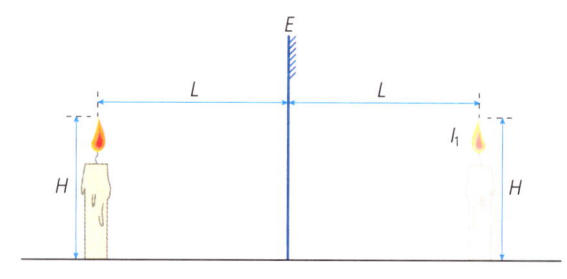

Pode-se afirmar que os valores de h e x são, respectivamente:

a) H e $L + d$
b) H e d
c) $H \cdot \dfrac{d}{L}$ e $2d$
d) H e $L - d$
e) $H \cdot \dfrac{L}{d}$ e $L + d$

6. (Cefet-AL) Uma pessoa está parada em frente a um grande espelho plano, observando a sua própria imagem, e começa a lembrar dos conceitos aprendidos no Ensino Médio, na disciplina Física. Levando-se em conta que se trata de um espelho plano, analise as afirmações a seguir.

I. A imagem tem as mesmas dimensões do objeto.
II. A imagem e o objeto estão simetricamente colocados em relação ao plano do espelho.
III. A imagem formada é real e menor que o objeto.
IV. A imagem e o objeto apresentam formas contrárias, isto é, são figuras enantiomorfas.

Estão corretas:
a) apenas I e II.
b) apenas III e IV.
c) apenas I, II e IV.
d) apenas I, II e III.
e) I, II, III e IV.

7. (Uece) Você está em pé em uma sala, parado diante de um espelho vertical no qual pode ver, apenas, dois terços de seu corpo.

Considere as ações descritas a seguir:
I. Afastar-se do espelho.
II. Aproximar-se do espelho.
III. Usar um espelho maior, cuja altura lhe permita ver seu corpo inteiro quando você está na sua posição inicial.

Você gostaria de ver seu corpo inteiro refletido no espelho. Para atingir seu objetivo, das ações listadas anteriormente, você pode escolher:
a) apenas a I.
b) apenas a II.
c) apenas a III.
d) a I ou a III, apenas.

8. (OBC) Uma pessoa encontra-se a 50 cm de um espelho plano vertical, de modo a ver a imagem de um poste vertical AB de 2,0 m de altura e situado a 3,5 m do espelho. A pessoa tem 1,82 m de altura e a distância dos olhos O ao solo é de 1,76 m.
a) Qual é a dimensão mínima vertical que o espelho deve ter para que a pessoa possa ver inteiramente a imagem do poste?
b) Nas condições do item a, determine a que distância a borda inferior do espelho deve ser mantida do solo.
c) O espelho com a dimensão e a altura indicadas nos itens a e b é transladado de 30 cm em direção perpendicular à sua face espelhada. O sentido desta translação do espelho é tal que a pessoa, que permanece na mesma posição, não consegue mais enxergar inteiramente a imagem do poste. Indique se o espelho foi afastado ou aproximado da pessoa e calcule a distância que separa a antiga da nova imagem do poste.

9. (Fuvest-SP) Uma jovem está parada em A, diante de uma vitrine, cujo vidro, de 3 m de largura, age como uma superfície refletora plana vertical. Ela observa a vitrine e não repara que um amigo, que no instante t_0, está em B, se aproxima, com velocidade constante de 1 m/s, como indicado na figura, vista de cima.

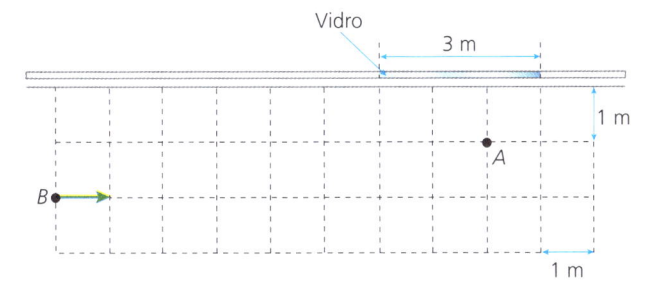

Se continuar observando a vitrine, a jovem poderá começar a ver a imagem do amigo, refletida no vidro, após um intervalo de tempo, aproximadamente, de:
a) 2 s
b) 3 s
c) 4 s
d) 5 s
e) 6 s

Ficha-resumo 4

O número N de imagens de um objeto colocado entre dois espelhos planos que formam um ângulo α entre si é dado por:

$$N = \frac{360°}{\alpha} - 1$$

Essa fórmula vale quando a relação $\frac{360°}{\alpha}$ é um número **inteiro** e **par**.

Para $\frac{360°}{\alpha}$ **ímpar**, a fórmula vale quando o objeto está no plano bissetor do ângulo α.

10. (Fuvest-SP) Considere dois espelhos planos E_1 e E_2 que formam um ângulo reto. Um ladrilho no qual está escrita a letra F é colocado perpendicularmente aos espelhos, conforme mostra a figura.

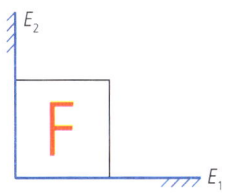

Assinale a alternativa que corresponde às três imagens formadas pelos espelhos.

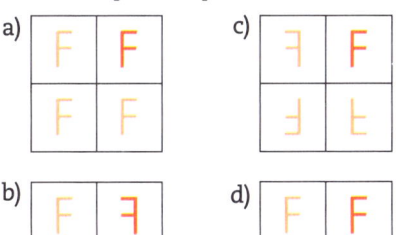

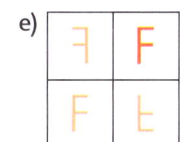

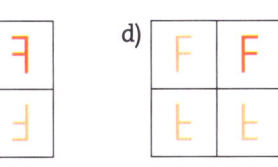

11. (UFRJ) Uma criança segura uma bandeira do Brasil como ilustrado na **figura I**. A criança está diante de dois espelhos planos verticais A e B que fazem entre si um ângulo de 60°. A **figura II** indica seis posições, 1, 2, 3, 4, 5 e 6, relativas aos espelhos. A criança se encontra na posição 1 e pode ver suas imagens nas posições 2, 3, 4, 5 e 6. Em qual das cinco imagens a criança pode ver os dizeres ORDEM E PROGRESSO? Justifique a sua resposta.

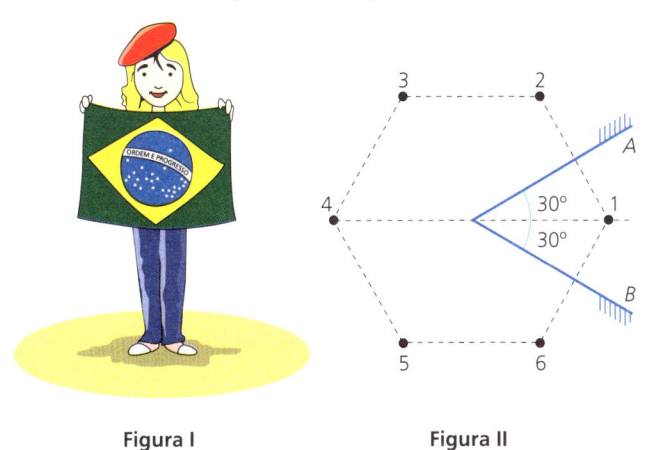

Figura I   Figura II

Exercícios de revisão

Ficha-resumo 5

Espelho esférico: é uma calota esférica que possui uma de suas superfícies espelhadas. Se a superfície refletora é a interna, o espelho esférico é denominado **côncavo**; se é a externa, o espelho é **convexo**.

Relação entre f e R: $f = \dfrac{R}{2}$

Raios:

- os raios de luz que incidem em um espelho esférico paralelamente ao eixo principal são refletidos em uma direção que passa pelo foco principal;
- os raios de luz que incidem em um espelho esférico em uma direção que passa pelo foco principal são refletidos paralelamente ao eixo principal.

12. (UFC-CE) A figura abaixo mostra um espelho esférico côncavo de raio de curvatura R, apoiado sobre a horizontal, com a face refletora voltada para cima. A reta tracejada vertical OP passa sobre o ponto correspondente ao centro do espelho esférico. Determine a distância y, acima do ponto O e ao longo da reta OP, para a qual ocorrerá maior incidência de luz solar refletida no espelho, suposta de incidência vertical. Considere o espelho esférico com pequeno ângulo de abertura, de modo que os raios incidentes são paralelos e próximos ao seu eixo principal.

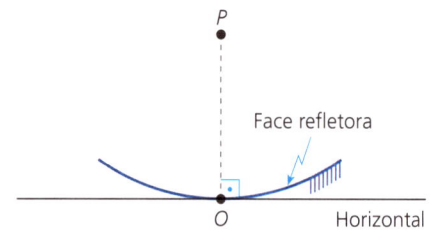

Assinale a alternativa que apresenta corretamente essa distância.

a) $\dfrac{R}{2}$ b) $\dfrac{3R}{4}$ c) R d) $\dfrac{3R}{2}$ e) $2R$

13. (Cefet-RJ) Um espelho côncavo de 20 cm de raio e um pequeno espelho plano estão frente a frente. O espelho plano está disposto perpendicularmente ao eixo principal do côncavo. Raios luminosos paralelos ao eixo principal são refletidos pelo espelho côncavo; em seguida, refletem-se também no espelho plano e tornam-se convergentes em um ponto do eixo principal, como mostra a figura (fora de escala).

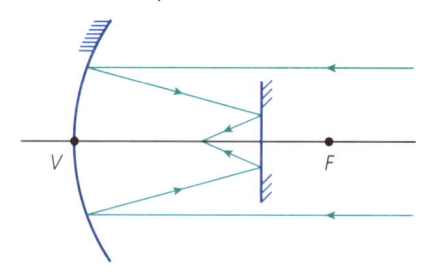

Sabendo-se que o espelho plano situa-se a uma distância de 2 cm do foco do espelho côncavo, a distância do espelho plano ao vértice V do espelho côncavo vale:

a) 10 cm   b) 6 cm   c) 2 cm   d) 8 cm

14. (UEM-PR) Em um holofote, a lâmpada é colocada no foco do espelho côncavo para que:
a) o feixe transmitido pelo espelho seja constituído de raios paralelos.
b) os raios de luz refletidos pelo espelho convirjam para o alvo.
c) o feixe transmitido pelo espelho seja mais intenso.
d) o feixe refletido forme uma imagem virtual.
e) o feixe refletido seja constituído de raios paralelos.

Ficha-resumo 6

Imagem em espelhos esféricos côncavos

- **Objeto situado antes do centro de curvatura C:** imagem real, invertida e menor que o objeto.
- **Objeto situado entre o centro de curvatura C e o foco principal F:** imagem real, invertida e maior que o objeto.
- **Objeto situado entre o foco principal F e o vértice V:** imagem virtual, direita e maior que o objeto.

Imagem em espelhos esféricos convexos

- Para qualquer posição do objeto, a imagem é sempre virtual, direita e menor.

15. (Ufop-MG) Considere um espelho esférico, de distância focal f e raio de curvatura R. Sejam ainda p e p' as respectivas distâncias de um objeto e de sua imagem ao vértice do espelho. Assinale a afirmativa incorreta.
a) Se o espelho for côncavo e p for maior que R, a imagem é real.
b) Se o espelho for convexo e p for maior que R, a imagem é virtual.
c) Se o espelho for côncavo e p for menor que f, a imagem é menor que o objeto.
d) Se o espelho for convexo e p for menor que f, a imagem é menor que o objeto.

16. (Vunesp) Um estudante compra um espelho retrovisor esférico convexo para sua bicicleta. Se ele observar a imagem de seu rosto conjugada com esse espelho, vai notar que ela é sempre:
a) direita, menor que o seu rosto e situada na superfície do espelho.
b) invertida, menor que o seu rosto e situada atrás da superfície do espelho.
c) direita, menor que o seu rosto e situada atrás da superfície do espelho.
d) invertida, maior que o seu rosto e situada atrás da superfície do espelho.
e) direita, maior que o seu rosto e situada atrás da superfície do espelho.

17. (Uespi) Quando você olha em um espelho esférico côncavo e vê seu rosto aumentado, pode-se dizer que, em relação ao espelho, o seu rosto se encontra:
a) mais afastado que o centro de curvatura do espelho.
b) exatamente no centro de curvatura do espelho.
c) entre o centro de curvatura e o foco do espelho.
d) exatamente no foco do espelho.
e) entre o foco e o espelho.

18. (Vunesp) Quando entrou em uma ótica para comprar novos óculos, um rapaz deparou-se com três espelhos sobre o balcão: um plano, um esférico côncavo e um esférico convexo, todos capazes de formar imagens nítidas de objetos reais colocados à sua frente. Notou ainda que, ao se posicionar sempre a mesma distância desses espelhos, via três diferentes imagens de seu rosto, representadas na figura a seguir.

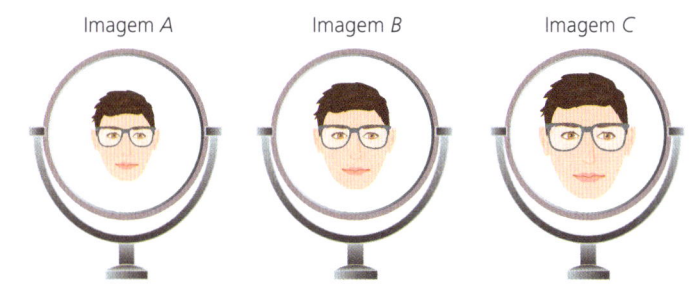

Imagem A   Imagem B   Imagem C

Em seguida, associou cada imagem vista por ele a um tipo de espelho e classificou-as quanto às suas naturezas.

Uma associação correta feita pelo rapaz está indicada na alternativa:
a) o espelho A é côncavo e a imagem conjugada por ele é real.
b) o espelho B é plano e a imagem conjugada por ele é real.
c) o espelho C é côncavo e a imagem conjugada por ele é virtual.
d) o espelho A é plano e a imagem conjugada por ele é virtual.
e) o espelho C é convexo e a imagem conjugada por ele é virtual.

19. (Uespi) Um palito é fixado perpendicularmente ao eixo central de um espelho esférico côncavo. Ambos, o palito e a sua imagem real, encontram-se à distância de 30 cm do espelho. Pode-se concluir que tal espelho possui distância focal de:
a) 15 cm   b) 30 cm   c) 45 cm   d) 60 cm   e) 75 cm

Ficha-resumo 7

Equação de Gauss

$$\frac{1}{f} = \frac{1}{p} + \frac{1}{p'}$$

Aumento linear transversal

$$A = \frac{i}{o} = -\frac{p'}{p}$$

20. (UEG-GO) Conforme a ilustração abaixo, um objeto de 10 cm de altura move-se no eixo de um espelho esférico côncavo com raio de curvatura R = 20 cm, aproximando-se dele. O objeto parte de uma distância de 50 cm do vértice do espelho, animado com uma velocidade constante de 5 cm/s.

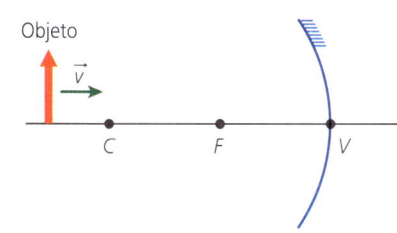

Responda ao que se pede.
a) No instante t = 2 s, quais são as características da imagem formada? Justifique.
b) Em qual instante a imagem do objeto se formará no infinito? Justifique.
c) No instante t = 7 s, qual é a posição e tamanho da imagem formada? Justifique.

21. (Unifal-MG) Um objeto real, direito, situado no eixo principal de um espelho esférico côncavo, 20 cm distante do vértice do espelho, forma uma imagem real situada a 60 cm do vértice do espelho. Assinale a alternativa correta.
a) A imagem formada está entre o foco e o centro de curvatura.
b) A imagem formada é maior que o objeto e direita.
c) A distância focal do espelho é de 30 cm.
d) A imagem é menor que o objeto e invertida.
e) O objeto está situado entre o foco e o centro de curvatura do espelho.

22. (PUC-SP) Determine o raio de curvatura, em cm, de um espelho esférico que obedece às condições de nitidez de Gauss e que conjuga de um determinado objeto uma imagem invertida, de tamanho igual a $\frac{1}{3}$ do tamanho do objeto e situada sobre o eixo principal desse espelho. Sabe-se que a distância entre a imagem e o objeto é de 80 cm.
a) 15   b) 30   x c) 60   d) 90

23. (UFS-SE) Considere dois espelhos esféricos, de raios de curvatura 20 cm cada, sendo um côncavo e o outro convexo.
Analise as afirmações acerca da imagem de uma pequena vela, colocada sobre o eixo principal do espelho, e classifique-as em verdadeira (V) ou falsa (F).
Se a vela for colocada:
( ) a 20 cm de qualquer dos dois espelhos, a imagem formada tem o mesmo tamanho da vela.
( ) a 15 cm do espelho convexo, sua imagem é virtual.
( ) a 15 cm do espelho côncavo, sua imagem será real.
( ) a 25 cm do espelho côncavo, sua imagem pode ser captada num anteparo.
( ) à distância menor que 10 cm do espelho côncavo, a imagem da vela é invertida.

24. (UFRJ) Um dispositivo para a observação da imagem do Sol é constituído por dois espelhos esféricos concêntricos e uma tela, como ilustra a figura a seguir. O espelho convexo tem raio de curvatura R_1 igual a 12 cm e o espelho côncavo tem raio de curvatura R_2 igual a 30 cm.

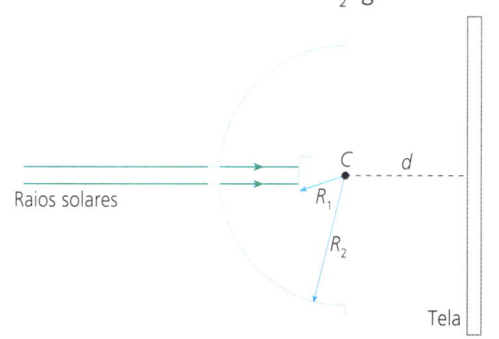

Calcule o valor da distância d entre a tela e o centro de curvatura C, comum aos dois espelhos, quando a imagem do Sol se forma com nitidez sobre a tela.

Mais questões em **Vereda Digital Aprova Enem**, em **Vereda Digital Suplemento de revisão**, em **AprovaMax** (no *site*) e no livro digital.

CAPÍTULO 26

REFRAÇÃO DA LUZ

ENEM C5: H17

As gotas de água vistas na foto mostram imagens de flores como se fossem visualizadas através de uma lente. Nas lentes, as imagens são formadas pela refração da luz que as atravessa. Neste capítulo, estudaremos a refração da luz e as lentes esféricas.

> **Objetivos do capítulo**
>
> - Definir o índice de refração absoluto de um meio.
> - Enunciar a lei de Snell-Descartes.
> - Apresentar o fenômeno da reflexão total.
> - Verificar as características da imagem fornecida por um dioptro plano.
> - Analisar a decomposição da luz policromática e a formação do arco-íris.
> - Apresentar as lentes esféricas, caracterizando seus comportamentos ópticos.
> - Verificar a formação de imagens nas lentes convergentes e divergentes.
> - Apresentar a equação de Gauss e a definição de aumento linear transversal para as lentes.

1 Refração da luz

A **figura 1** mostra duas fotos de uma mesma xícara contendo uma moeda no fundo, tiradas na mesma posição. Na **figura 1A**, a moeda não aparece; na **figura 1B**, a moeda aparece depois de se colocar água na xícara. Isso ocorre porque a luz que provém da moeda muda de direção ao passar da água para o ar, atingindo a câmara fotográfica.

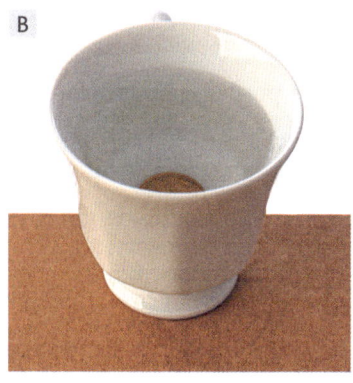

Figura 1. Duas fotos de uma xícara contendo uma moeda no fundo, tiradas na mesma posição. (A) A moeda não aparece; (B) a moeda aparece depois de se colocar água na xícara.

A passagem da luz de um meio para outro, acompanhada de variação em sua velocidade de propagação, recebe o nome de **refração da luz**. Na **figura 2A**, ao analisar os raios **1** e **2**, percebe-se que a refração pode ocorrer com ou sem desvio na sua direção de propagação. Além disso, por causa da refração, nota-se uma elevação aparente da moeda **(fig. 2B)**.

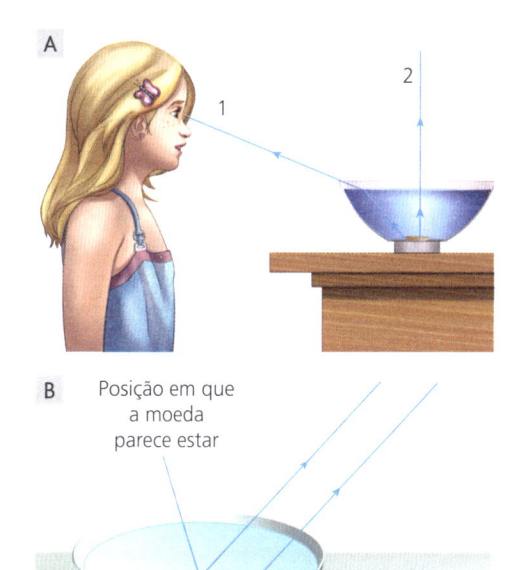

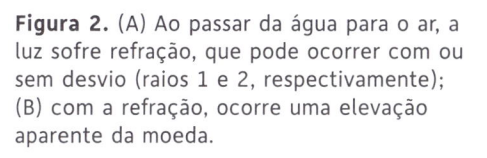

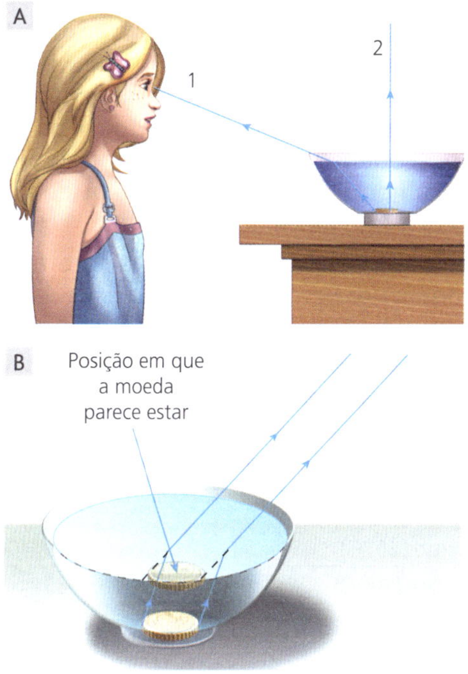

Figura 2. (A) Ao passar da água para o ar, a luz sofre refração, que pode ocorrer com ou sem desvio (raios 1 e 2, respectivamente); (B) com a refração, ocorre uma elevação aparente da moeda.

Devido à refração, a profundidade de uma piscina **(fig. 3A)** parece, para uma pessoa fora da água, menor do que realmente é. Um lápis mergulhado em um copo contendo água parece quebrado e dobrado para cima **(fig. 3B)**.

Figura 3. (A) A piscina parece ter uma profundidade menor que a real. (B) O lápis parece quebrado quando mergulhado em um copo com água.

Capítulo 26 • Refração da luz

2 Índice de refração absoluto de um meio

Para caracterizar a velocidade de propagação (v) de uma dada luz monocromática, em um determinado meio homogêneo e transparente, compara-se a velocidade v da luz nesse meio com a velocidade de propagação da luz no vácuo (c). Para isso, define-se a grandeza **índice de refração absoluto do meio para uma dada luz monocromática (n)**, pela relação entre c e v:

$$n = \frac{c}{v}$$

Observe que n é uma grandeza adimensional. É igual a 1 para o vácuo, pois no vácuo a luz de qualquer comprimento de onda se propaga com velocidade c (aproximadamente 300.000 km/s) e maior que 1 para os meios materiais homogêneos e transparentes, pois v < c. Para o ar, n é praticamente igual a 1, pois a velocidade da luz no ar é muito próxima da velocidade da luz no vácuo.

Na **tabela 1**, apresentamos os índices de refração absolutos de alguns meios para a luz amarela emitida pelo sódio.

Tabela 1. Índice de refração absoluto de alguns meios materiais homogêneos e transparentes para a luz amarela emitida pelo sódio.

Meio	Índice de refração absoluto
Ar	1,00
Água (20 °C)	1,33
Álcool (20 °C)	1,35
Acrílico	1,49
Glicerina	1,90
Vidro	1,50
Diamante	2,41

Dizer que o índice de refração absoluto da água é 1,33 significa dizer que a velocidade de propagação da luz no vácuo é 33% maior que a velocidade de propagação da luz na água.

O índice de refração absoluto de um meio depende do tipo de luz monocromática que se propaga nesse meio.

A **tabela 2** apresenta o índice de refração absoluto de um cristal para as diferentes luzes monocromáticas. Note que o menor índice de refração corresponde à luz vermelha e o maior, à luz violeta.

Tabela 2. Índices de refração absolutos de um cristal para diferentes luzes monocromáticas.

Luz monocromática	Índice de refração absoluto
Vermelha	1,26
Alaranjada	1,30
Amarela	1,35
Verde	1,44
Azul	1,60
Violeta	1,94

Exercícios resolvidos

1. A velocidade de propagação da luz amarela no vidro é $2{,}0 \cdot 10^5$ km/s. A velocidade de propagação da luz no vácuo é $3{,}0 \cdot 10^5$ km/s. Determinar o índice de refração absoluto do vidro para a luz amarela.

▶ **Solução**

O índice de refração absoluto n do vidro para a luz amarela é a relação entre a velocidade de propagação da luz no vácuo (c) pela velocidade de propagação da luz amarela no vidro (v):

$$n = \frac{c}{v} \Rightarrow n = \frac{3{,}0 \cdot 10^5 \text{ km/s}}{2{,}0 \cdot 10^5 \text{ km/s}} \Rightarrow \boxed{n = 1{,}5}$$

2. O que significa dizer que o índice de refração absoluto do diamante, para a luz amarela, é igual a 2,41?

▶ **Solução**

Dizer que o índice de refração absoluto do diamante para a luz amarela é 2,41 significa que a velocidade de propagação da luz no vácuo é 2,41 vezes a velocidade de propagação da luz amarela no diamante.

3. Sejam n_1 e n_2 os índices de refração absolutos de dois meios homogêneos e transparentes, para determinada luz monocromática, que se propaga nesses meios com velocidades v_1 e v_2, respectivamente. A relação $\frac{n_1}{n_2}$ é igual a:

a) $\frac{v_2}{v_1}$ c) $v_1 - v_2$ e) $\frac{v_2 - v_1}{v_2 + v_1}$

b) $\frac{v_1}{v_2}$ d) $v_2 - v_1$

▶ **Solução**

De $n_1 = \frac{c}{v_1}$ e $n_2 = \frac{c}{v_2}$, obtemos: $\frac{n_1}{n_2} = \frac{\frac{c}{v_1}}{\frac{c}{v_2}} \Rightarrow \boxed{\frac{n_1}{n_2} = \frac{v_2}{v_1}}$

Resposta: a

Exercícios propostos

1. A velocidade de propagação da luz em um determinado meio é $\frac{2}{3}$ da velocidade de propagação da luz no vácuo. Qual é o índice de refração absoluto desse meio?

2. O índice de refração absoluto de um meio, para determinada luz monocromática, é igual a 1,2. Qual é a velocidade de propagação da luz monocromática nesse meio? É dada a velocidade de propagação da luz no vácuo: $3{,}0 \cdot 10^5$ km/s.

3. A velocidade de propagação da luz em um meio (1) é $2{,}5 \cdot 10^5$ km/s e em outro meio (2) é $2{,}0 \cdot 10^5$ km/s. Qual é a relação entre os índices de refração dos meios (1) e (2)?

4. Analise as afirmações e assinale as corretas.

I. O índice de refração para a luz violeta no vácuo é maior que o índice de refração para a luz vermelha no vácuo.

II. O índice de refração absoluto do vidro para a luz violeta é maior que o índice de refração absoluto do vidro para a luz vermelha.

III. Quanto maior for o índice de refração absoluto de um meio, menor é a velocidade de propagação da luz nesse meio.

IV. O índice de refração absoluto de um meio homogêneo e transparente pode ser menor que 1.

3 Lei de Snell-Descartes

Um raio de luz R, propagando-se em um meio 1 de índice de refração $n_1 = \frac{c}{v_1}$, incide em um ponto I da superfície plana que separa o meio 1 do meio 2, de índice de refração $n_2 = \frac{c}{v_2}$. Vamos considerar R' o raio de luz refratado e indicar por N uma reta normal, isto é, perpendicular à superfície de separação e que passa pelo ponto I. Os ângulos i e r que os raios, incidente R e refratado R', formam com a normal N são chamados, respectivamente, de **ângulo de incidência** e **ângulo de refração (fig. 4)**.

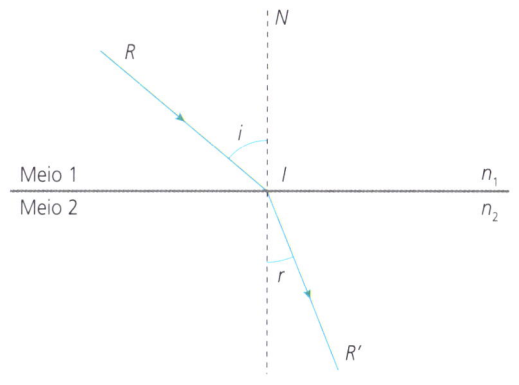

Figura 4. Os ângulos de incidência (i) e de refração (r) relacionam-se pela lei de Snell-Descartes.

Visto isso, podemos enunciar a lei de Snell-Descartes:

> Na refração, para um dado raio de luz incidente e o correspondente raio de luz refratado, é constante o produto do índice de refração absoluto de um meio pelo seno do ângulo que o raio de luz forma com a normal nesse meio.

Assim, temos:

$$n_1 \cdot \text{sen } i = n_2 \cdot \text{sen } r$$

Consequência da lei de Snell-Descartes

Considere, por exemplo, que o meio 2 tenha índice de refração absoluto maior que o do meio 1, isto é, $n_2 > n_1$. Pela lei de Snell-Descartes, decorre que sen r < sen i e, portanto, r < i. Isso significa que, no meio de maior índice de refração, denominado **meio mais refringente**, o raio de luz está mais **próximo da normal**, considerando a incidência oblíqua **(fig. 5)**.

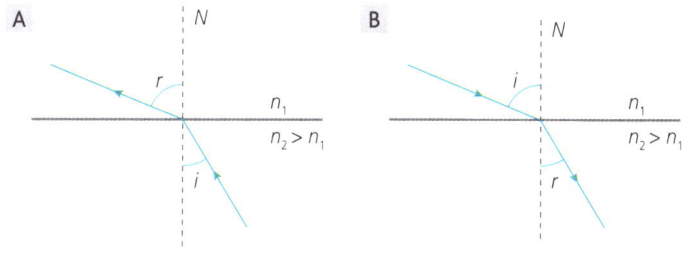

Figura 5. (A) A luz se propaga do meio mais refringente para o meio menos refringente; (B) a luz se propaga do meio menos refringente para o meio mais refringente.

Exercícios resolvidos

4. Um raio de luz monocromática propagando-se no ar, cujo índice de refração absoluto é igual a 1, passa a se propagar em um meio de índice de refração absoluto igual a $\sqrt{3}$. Determinar o ângulo de refração, sabendo que o ângulo de incidência é igual a 60°.

$\left(\text{Dados: sen } 30° = \frac{1}{2}; \text{sen } 60° = \frac{\sqrt{3}}{2}\right)$

▶ **Solução**

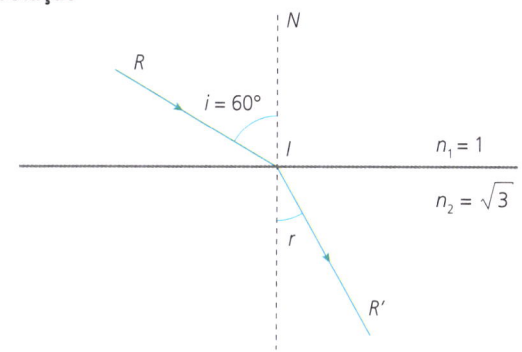

Pela lei de Snell-Descartes, temos:

$n_1 \cdot \text{sen } i = n_2 \cdot \text{sen } r \Rightarrow 1 \cdot \text{sen } 60° = \sqrt{3} \cdot \text{sen } r \Rightarrow$

$\Rightarrow 1 \cdot \frac{\sqrt{3}}{2} = \sqrt{3} \cdot \text{sen } r \Rightarrow \text{sen } r = \frac{1}{2}$

$\therefore \boxed{r = 30°}$

5. Um raio de luz monocromática propagando-se em um meio, cujo índice de refração absoluto é igual a n_1, passa a se propagar em outro meio de índice de refração igual a n_2. Determinar a relação $\frac{n_1}{n_2}$, sabendo que os ângulos de incidência e de refração são, respectivamente, iguais a 30° e 90°. Qual dos meios é mais refringente?

$\left(\text{Dados: sen } 30° = \frac{1}{2}; \text{sen } 90° = 1\right)$

▶ **Solução**

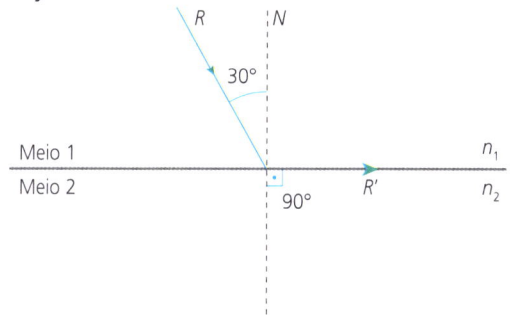

Pela lei de Snell-Descartes, temos:

$n_1 \cdot \text{sen } i = n_2 \cdot \text{sen } r \Rightarrow$

$\Rightarrow n_1 \cdot \text{sen } 30° = n_2 \cdot \text{sen } 90° \Rightarrow$

$\Rightarrow n_1 \cdot \frac{1}{2} = n_2 \cdot 1 \Rightarrow$

$\Rightarrow \boxed{\frac{n_1}{n_2} = 2}$

O índice de refração n_1 é maior que n_2. Logo, o meio 1 é mais refringente que o meio 2.

6. Um raio de luz monocromática propagando-se no ar, cujo índice de refração absoluto é $n_1 = 1$, passa a se propagar em um meio de índice de refração igual a n_2, conforme indica a figura. Determinar n_2.

(Dado: o lado de cada quadradinho é igual a 1 cm.)

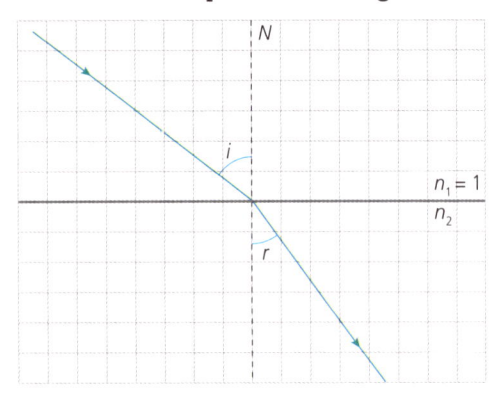

▶ **Solução**

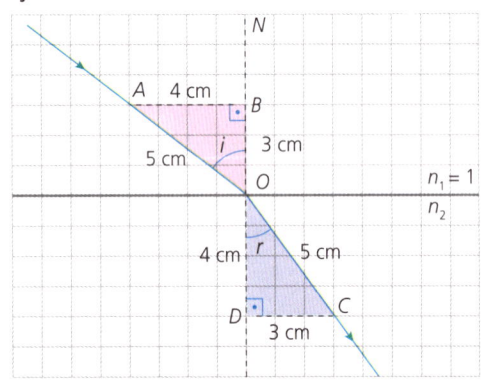

Dos triângulos ABO e CDO, temos: $\text{sen } i = \frac{4}{5}$ e $\text{sen } r = \frac{3}{5}$

Pela lei de Snell-Descartes:

$n_1 \cdot \text{sen } i = n_2 \cdot \text{sen } r \Rightarrow 1 \cdot \frac{4}{5} = n_2 \cdot \frac{3}{5} \Rightarrow \boxed{n_2 = \frac{4}{3}}$

Exercícios propostos

5. Um raio de luz monocromática propagando-se no ar, cujo índice de refração absoluto é igual a 1, passa a se propagar em um meio de índice de refração igual a 1,6. Determine o ângulo de refração, sabendo que o ângulo de incidência é igual a 53°.

$\left(\text{Dados: sen } 37° = 0{,}6; \text{sen } 53° = 0{,}8; \text{sen } 30° = \frac{1}{2}; \text{sen } 60° = \frac{\sqrt{3}}{2}\right)$

6. Um raio de luz monocromática propagando-se em um meio, cujo índice de refração absoluto igual a n_1, passa a se propagar em outro meio de índice de refração igual a n_2. Na figura, representamos o raio de luz incidente e os correspondentes raios de luz refletido e refratado.

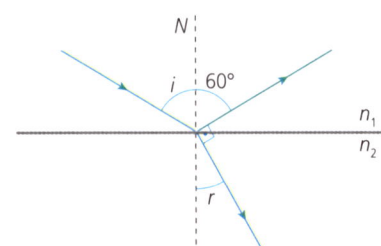

Determine:
a) os ângulos de incidência i e de refração r;
b) a relação $\frac{n_1}{n_2}$.

$\left(\text{Dados: sen } 30° = \frac{1}{2}; \text{sen } 45° = \frac{\sqrt{2}}{2}; \text{sen } 60° = \frac{\sqrt{3}}{2}\right)$

7. Um raio de luz monocromática passa de um meio A para outro meio B, homogêneos e transparentes, conforme indica a figura ao lado.
a) Qual dos meios possui maior índice de refração absoluto?
b) Em que meio a luz se propaga com maior velocidade?

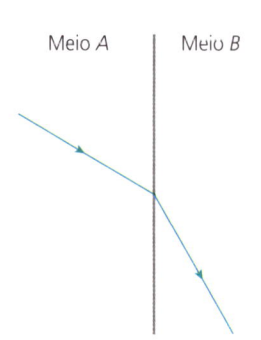

4 Reflexão total

Quando a luz passa do meio mais refringente para o meio menos refringente, o raio de luz afasta-se da normal, ou seja, o ângulo de incidência (i) é menor que o ângulo de refração (r) **(fig. 6A)**. Aumentando o ângulo i, pela lei de Snell-Descartes concluímos que r também aumenta, mas i continua menor que r. Se $r = 90°$, ou seja, se o raio emergente é rasante **(fig. 6B)**, o ângulo de incidência i deve corresponder ao maior ângulo para ocorrer refração. Nesse caso, i é indicado por L e recebe o nome de **ângulo limite**. Se i é maior que L, não ocorre refração e toda a luz incidente sofre reflexão. Esse fenômeno recebe o nome de **reflexão total (fig. 6C)**. Até então, além da refração, a luz estava sendo parcialmente refletida.

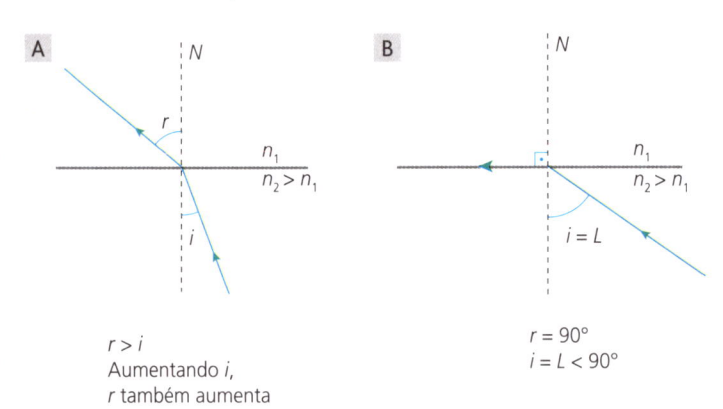

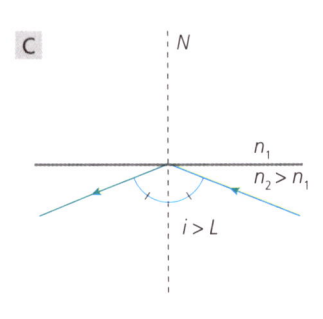

Figura 6. (A) O raio refratado forma um ângulo r com a normal; (B) o raio refratado sai rasante à superfície ($r = 90°$); (C) não existe raio refratado, portanto, ocorre reflexão total ($i > L$).

Duas condições devem ser obedecidas para ocorrer reflexão total:

- A luz deve propagar-se no sentido do meio mais refringente para o meio menos refringente.
- O ângulo de incidência deve superar o ângulo limite: $i > L$

Cálculo do seno do ângulo limite

Aplicando a lei de Snell-Descartes para a situação da **figura 6B**, obtemos:

$$n_2 \cdot \text{sen } L = n_1 \cdot \text{sen } 90° \Rightarrow \text{sen } L = \frac{n_1}{n_2} \Rightarrow$$

$$\Rightarrow \boxed{\text{sen } L = \frac{n_{\text{menor}}}{n_{\text{maior}}}}$$

Exercícios resolvidos

7. Uma fonte de luz puntiforme F encontra-se imersa em um líquido de índice de refração absoluto $n_2 = 2$. Na figura abaixo, representamos alguns raios de luz emitidos por F e que atingem a superfície S, a qual separa o líquido do ar (índice de refração absoluto $n_1 = 1$). Dos raios indicados, quais sofrerão reflexão total?

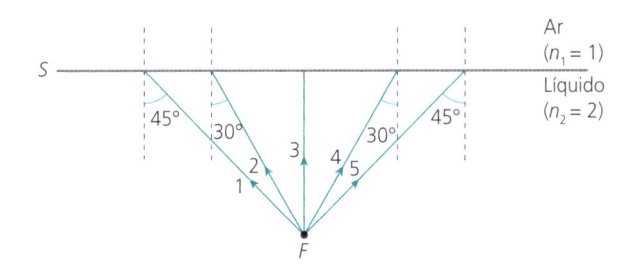

▶ **Solução**

Primeiro, vamos calcular o ângulo limite L:

$$\text{sen } L = \frac{n_1}{n_2} \Rightarrow \text{sen } L = \frac{n_{\text{menor}}}{n_{\text{maior}}} \Rightarrow$$

$$\Rightarrow \text{sen } L = \frac{1}{2}$$

$$\therefore L = 30°$$

Desse modo, concluímos que os raios 1 e 5 sofrem reflexão total. Os raios 2 e 4 emergem rasantes, e o raio 3 sofre refração sem desvio:

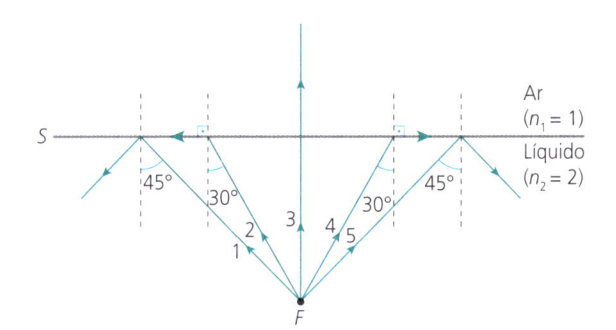

8. Considerar dois meios homogêneos e transparentes, A e B, de índices de refração 2 e $\sqrt{3}$, respectivamente, separados por uma superfície plana S. Um raio de luz monocromática propaga-se no meio A e incide na superfície S, segundo um ângulo de 53°. Verificar se esse raio de luz refrata ou reflete totalmente.

▶ **Solução**

Primeiro, vamos calcular o ângulo limite L:

$$\text{sen } L = \frac{n_{\text{menor}}}{n_{\text{maior}}} \Rightarrow \text{sen } L = \frac{\sqrt{3}}{2}$$

$$\therefore L = 60°$$

Sendo i = 53° < L = 60°, concluímos que o raio sofre refração.

Exercícios propostos

8. Um raio de luz monocromática se propaga em um meio de índice de refração absoluto n_2 e incide na superfície de separação com outro meio de índice de refração absoluto n_1. Seja i o ângulo de incidência. Nessas condições, para ocorrer reflexão total, devemos ter:

a) $n_2 > n_1$ e $i > L$, com $\text{sen } L = \frac{n_2}{n_1}$

b) $n_2 > n_1$ e $i > L$, com $\text{sen } L = \frac{n_1}{n_2}$

c) $n_1 > n_2$ e $i > L$, com $\text{sen } L = \frac{n_2}{n_1}$

d) $n_1 > n_2$ e $i > L$, com $\text{sen } L = \frac{n_1}{n_2}$

e) $n_2 > n_1$ e $i < L$, com $\text{sen } L = \frac{n_1}{n_2}$

9. Uma fonte de luz puntiforme F está no fundo de um recipiente de 20 cm de profundidade, contendo um líquido de índice de refração absoluto $n_2 = \sqrt{2}$. Na superfície do líquido, forma-se um círculo luminoso, por onde emergem para o ar os raios de luz provenientes de F. O índice de refração absoluto do ar é igual a 1. Qual é o raio desse círculo luminoso?

10. É dado um bloco de vidro, cuja seção reta é um retângulo de lados L e $L\sqrt{3}$. Um raio de luz monocromática incide no bloco, conforme indica a figura. Complete a trajetória do raio de luz até emergir do bloco. O índice de refração absoluto do material que constitui o bloco é $\sqrt{2}$ e do ar que o envolve é igual a 1.

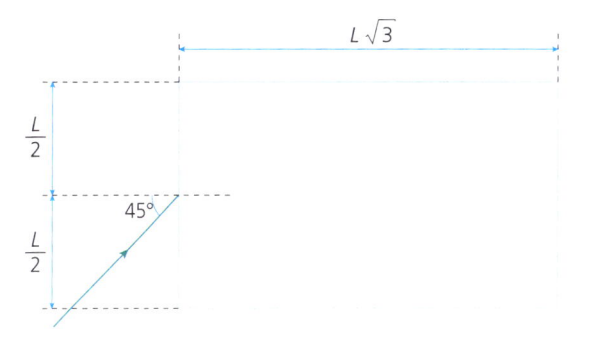

Capítulo 26 • Refração da luz

Aplicação tecnológica

Fibras ópticas

A reflexão total é aplicada nas fibras ópticas, que funcionam como condutoras de luz. Cada fibra óptica é formada basicamente de um filamento muito fino de vidro (ou plástico), chamado de **núcleo**, envolto por uma camada também de vidro, denominada **casca**. O índice de refração do núcleo é maior que o da casca.

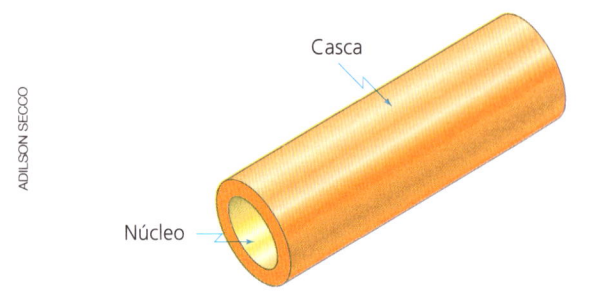

Um estreito feixe de luz, produzido por uma fonte *laser*, penetra por uma das extremidades da fibra; como ela é extremamente fina, a incidência na superfície que separa o núcleo da casca se dá por um ângulo maior que o limite. Assim, a luz sofre sucessivas reflexões totais e emerge pela outra extremidade.

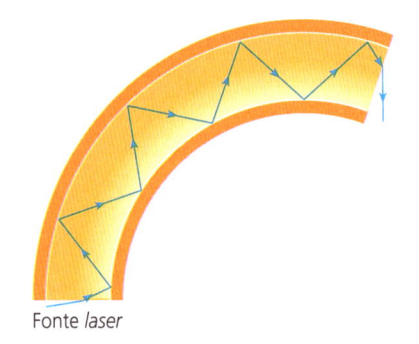

As fibras ópticas são, portanto, condutoras de luz. São utilizadas nos endoscópios para observar órgãos do corpo humano, como o estômago: um feixe de fibras ópticas desce pela boca até o estômago, juntamente com uma pequena fonte de luz que ilumina o local a ser examinado, gerando imagens de alta resolução que depois poderão ser usadas para o diagnóstico de doenças.

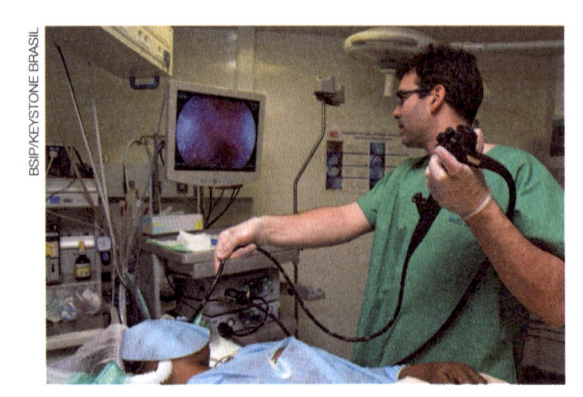

Médico manuseando um endoscópio.

O mesmo tipo de exame pode ser feito na indústria para o controle de qualidade de peças, em exames de perícia e até mesmo em arqueologia para examinar múmias e sarcófagos evitando danificá-los.

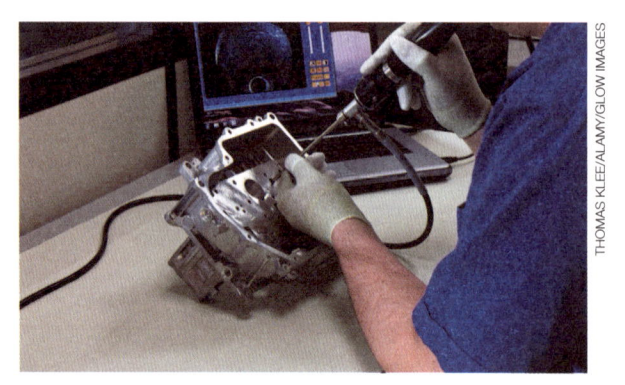

Técnico manuseando um endoscópio.

Esse material também é utilizado em telecomunicações: os sinais elétricos, em vez de percorrerem os cabos condutores de eletricidade, são transformados em pulsos de luz e atravessam os cabos de fibra óptica. No final do processo, os pulsos de luz são reconvertidos em sinais elétricos.

As fibras ópticas são mais eficientes que os cabos condutores de eletricidade, pois apresentam:

- baixa perda de potência durante a transmissão;
- pequeno peso;
- imunidade às interferências magnéticas e ao "grampeamento";
- abundância da matéria-prima para sua fabricação;
- grande capacidade de transmitir informações.

Em razão de sua grande fragilidade, os cabos ópticos utilizados em telecomunicações são protegidos por um revestimento que lhes dá resistência mecânica.

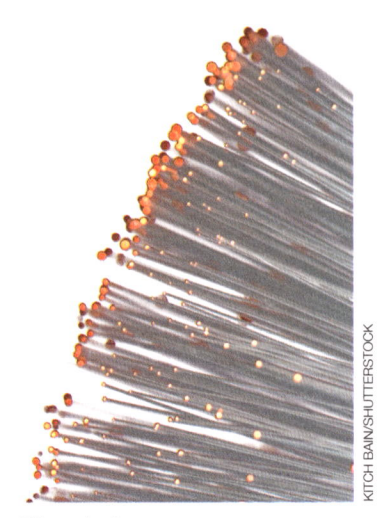

Fibras ópticas.

5 Dioptro plano

É o sistema constituído por dois meios homogêneos e transparentes separados por uma superfície plana S. É, por exemplo, o dioptro plano ar-água. Para esse dioptro plano, vamos determinar a imagem de um ponto objeto real P situado na água (fig. 7A) e, depois, no ar (fig. 7B).

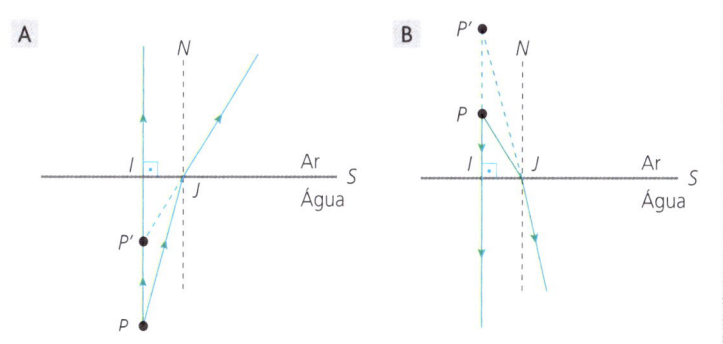

Figura 7. (A) Objeto P na água. A imagem P' é virtual e está mais próxima de S; (B) objeto P no ar. A imagem P' é virtual e está mais afastada de S.

Em ambos os casos, o ponto imagem P' situa-se no mesmo meio do objeto e é virtual. Na primeira situação, o ponto imagem está mais próximo da superfície de separação S dos meios; na segunda situação, está mais afastado de S.

Equação de Gauss para dioptros planos

Sejam p e p' as distâncias do ponto objeto P e do ponto imagem P' à superfície S, respectivamente. Vamos indicar por n o índice de refração absoluto do meio em que está o ponto objeto P e por n' o índice de refração absoluto do meio para o qual a luz emerge. Para raios de luz incidentes próximos à reta normal à superfície S que passa por P, tem-se a seguinte relação, denominada **equação de Gauss para os dioptros planos**:

$$\frac{n}{p} = \frac{n'}{p'}$$

Exercícios resolvidos

9. Um inseto P encontra-se apoiado em uma face de um bloco de vidro, conforme indica a figura. Uma pessoa olhando pela outra face vê a imagem P' do inseto. Essa imagem P' é real ou virtual? Ela está mais próxima ou mais afastada da pessoa do que o objeto P?

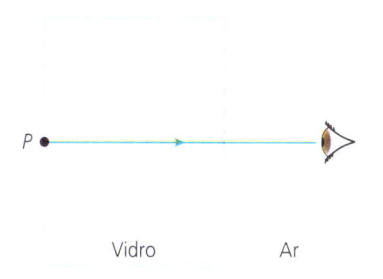

▶ **Solução**
A imagem P' obtida é virtual e está mais próxima da pessoa do que o objeto P:

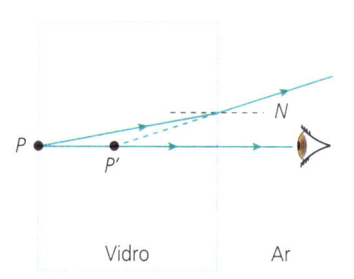

10. Um peixe está situado a 1,0 m da superfície S de um lago de águas límpidas. O índice de refração absoluto da água é $\frac{4}{3}$ e o do ar é 1,0. Um pescador posiciona-se no ar, praticamente na mesma vertical em que se situa o peixe. A que profundidade aparente o pescador vê o peixe?

▶ **Solução**
Dado que a distância do peixe P à superfície é igual a 1,0 m (p = 1,0 m), o índice de refração absoluto da água (meio em que se encontra o objeto) é de $\frac{4}{3}$ $\left(n = \frac{4}{3}\right)$ e o índice de refração absoluto do meio para o qual a luz emerge (o ar) é igual a 1 (n' = 1), podemos descobrir a profundidade aparente (p') aplicando a equação de Gauss para os dioptros planos:

$$\frac{n}{p} = \frac{n'}{p'} \Rightarrow \frac{\left(\frac{4}{3}\right)}{1,0} = \frac{1,0}{p'} \therefore \boxed{p' = 0,75 \text{ m}}$$

11. A trajetória de um raio de luz monocromática que atravessa uma lâmina de faces paralelas está esquematizada na figura. Sendo i = 60° o ângulo de incidência, determine os ângulos r, r' e i'.

O que se pode dizer a respeito dos raios incidente (R) e emergente (R')? A lâmina é constituída de um material de índice de refração absoluto $\sqrt{3}$ e está imersa no ar, cujo índice de refração absoluto é igual a 1.

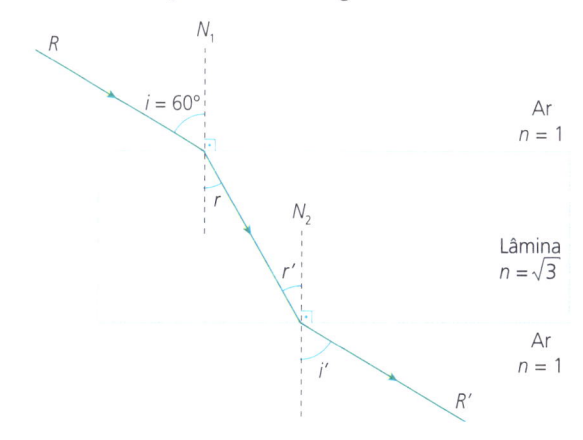

▶ **Solução**
Pela lei de Snell-Descartes, aplicada à face superior, obtemos:
$n_1 \cdot \text{sen } i = n_2 \cdot \text{sen } r \Rightarrow 1 \cdot \text{sen } 60° = \sqrt{3} \cdot \text{sen } r \Rightarrow$

$\Rightarrow 1 \cdot \frac{\sqrt{3}}{2} = \sqrt{3} \cdot \text{sen } r \Rightarrow \text{sen } r = \frac{1}{2} \therefore \boxed{r = 30°}$

$\boxed{r' = r = 30°}$ (ângulos alternos internos)

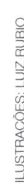

A lei de Snell-Descartes, aplicada à face inferior, fornece:

$n_2 \cdot \text{sen } r' = n_1 \cdot \text{sen } i' \Rightarrow \sqrt{3} \cdot \text{sen } 30° = 1 \cdot \text{sen } i' \Rightarrow$

$\Rightarrow \sqrt{3} \cdot \dfrac{1}{2} = 1 \cdot \text{sen } i' \Rightarrow \text{sen } i' = \dfrac{\sqrt{3}}{2}$

$\therefore \boxed{i' = 60°}$

Os raios incidente (R) e emergente (R') são paralelos.

12. A trajetória de um raio de luz monocromática que atravessa um prisma de ângulo de abertura A = 60° está esquematizada na figura a seguir. Sendo i = 45° o ângulo de incidência, determinar os ângulos r, r' e i'. O prisma é constituído de um material de índice de refração absoluto $\sqrt{2}$ e está imerso no ar, cujo índice de refração absoluto é igual a 1.

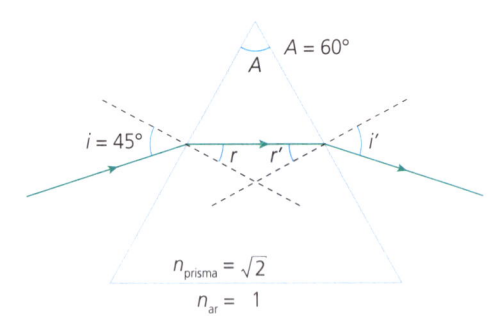

▶ **Solução**

Pela lei de Snell-Descartes, aplicada à face de incidência, temos:

$n_1 \cdot \text{sen } i = n_2 \cdot \text{sen } r \Rightarrow 1 \cdot \text{sen } 45° = \sqrt{2} \cdot \text{sen } r \Rightarrow$

$\Rightarrow 1 \cdot \dfrac{\sqrt{2}}{2} = \sqrt{2} \cdot \text{sen } r \Rightarrow \text{sen } r = \dfrac{1}{2}$

$\therefore \boxed{r = 30°}$

No triângulo destacado em verde abaixo, temos:

$90° - r + 90° - r' + 60° = 180°$

Portanto:

$r + r' = 60° \Rightarrow 30° + r' = 60° \therefore \boxed{r' = 30°}$

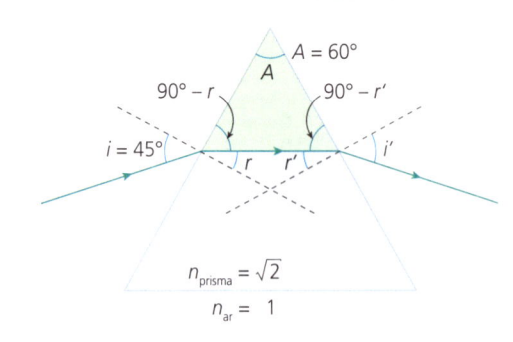

A lei de Snell-Descartes, aplicada à face de emergência da luz, fornece:

$n_2 \cdot \text{sen } r' = n_1 \cdot \text{sen } i' \Rightarrow \sqrt{2} \text{ sen } 30° = 1 \cdot \text{sen } i' \Rightarrow$

$\Rightarrow \sqrt{2} \cdot \dfrac{1}{2} = 1 \cdot \text{sen } i' \Rightarrow \text{sen } i' = \dfrac{\sqrt{2}}{2}$

$\therefore \boxed{i' = 45°}$

Exercícios propostos

11. Uma pequena pedra P está situada no fundo de um tanque vazio. Um observador posiciona-se na vertical que passa pela pedra. Enche-se o tanque com água. O observador vê a imagem P' da pedra.
Essa imagem P' é real ou virtual? Ela está mais próxima ou mais afastada da pessoa do que a pedra P?

12. Um pássaro e um peixe situam-se nos pontos A e B, conforme indica a figura. O índice de refração absoluto da água é $\dfrac{4}{3}$ e o do ar é 1,0.

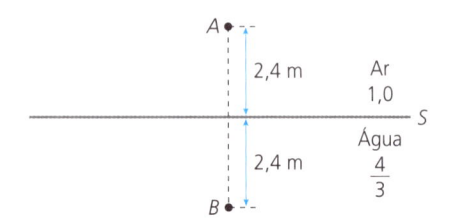

a) A que altura aparente medida da superfície de separação S o peixe vê o pássaro?
b) A que profundidade aparente medida da superfície de separação S o pássaro vê o peixe?

13. Na figura abaixo, representamos a trajetória de um raio de luz monocromática que atravessa uma lâmina de faces paralelas e imersa no ar, cujo índice de refração absoluto é igual a 1,0. Sendo i = 53°; sen 53° = 0,8; AC = 10 cm e CB = 7,5 cm, determine o índice de refração absoluto n_2 do material que constitui a lâmina e o ângulo de emergência i'.

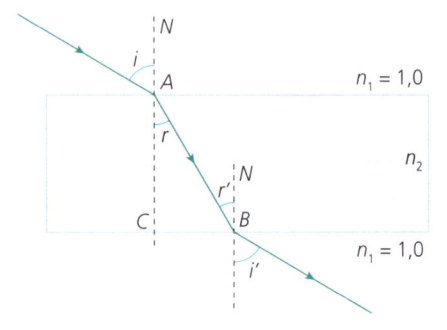

14. Um raio de luz monocromática incide perpendicularmente a uma face de um prisma e emerge rasante à outra face. O ângulo de abertura do prisma é A = 60°, e ele está imerso no ar, cujo índice de refração absoluto é igual a 1,0. Qual é o índice de refração absoluto do material que constitui o prisma?

6 Decomposição da luz solar

No início do estudo da Óptica geométrica, vimos que a luz que resulta da composição de luzes de cores diferentes é denominada luz policromática. A luz emitida pelo Sol, chamada de luz branca, é constituída por uma infinidade de luzes monocromáticas, as quais podem ser divididas em sete cores principais:

vermelho – alaranjado – amarelo – verde – azul – anil – violeta

Sabemos que o índice de refração absoluto de um meio depende do tipo de luz monocromática que se propaga nesse meio e que, para determinado meio homogêneo e transparente, a luz vermelha é a que possui menor índice de refração. Para as demais luzes, o índice de refração cresce na sequência indicada na página anterior, correspondendo à luz violeta o maior índice de refração.

Quando um feixe de luz solar incide em uma face de um prisma de vidro, cada luz monocromática, que constitui a luz solar, sofre refração e passa a se propagar em direções diferentes, de acordo com seus índices de refração. A luz vermelha é a que sofre o menor desvio, e a luz violeta, o maior. Entre elas, temos as cores intermediárias. Esse fenômeno é conhecido como **decomposição da luz**. Utilizamos um prisma para descrever o fenômeno, pois na outra face ocorre novo desvio, permitindo visualizar mais acentuadamente a decomposição **(fig. 8)**.

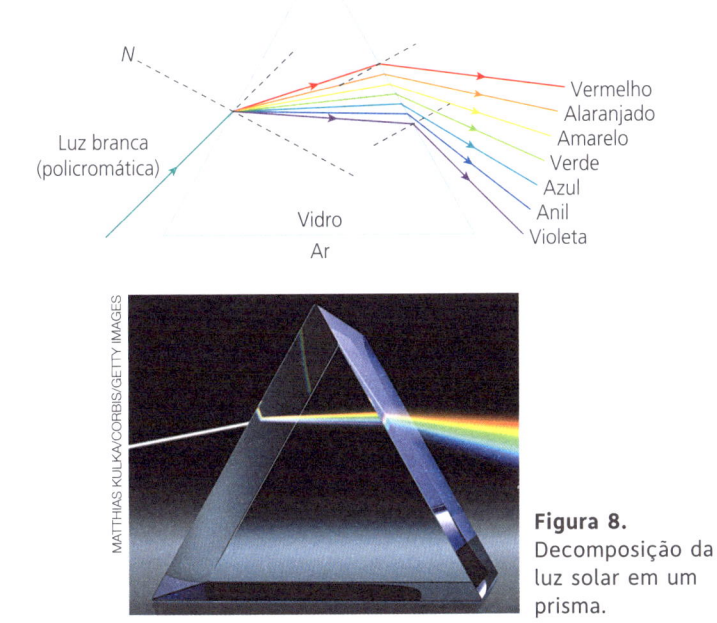

Figura 8. Decomposição da luz solar em um prisma.

7 Arco-íris

A decomposição da luz solar que ocorre nas gotas de água em suspensão no ar é responsável pela formação do **arco-íris**.

Ao incidir na gota de água, a luz solar sofre refração e, consequentemente, decomposição. A seguir, reflete-se no fundo da gota e novamente se refrata, voltando para o ar **(fig. 9)**.

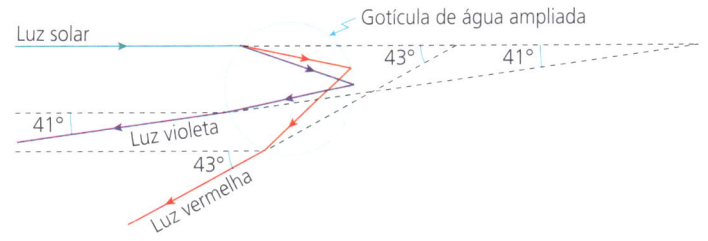

Figura 9. Decomposição da luz solar em uma gota de água. A luz violeta emergente forma, com a direção da luz incidente, um ângulo de aproximadamente 41°; e a luz vermelha, de 43°.

Muitas gotas de água estão decompondo a luz solar simultaneamente. Entretanto, de cada gota, apenas a luz de determinada cor atinge nossos olhos. As luzes de outras cores tomam direções diferentes **(fig. 10)**.

Das gotas superiores, o observador recebe a luz vermelha; das gotas inferiores, a luz violeta. Por isso, o arco externo do arco-íris é vermelho, e o interno, violeta. Entre eles, há as cores intermediárias **(fig. 11)**.

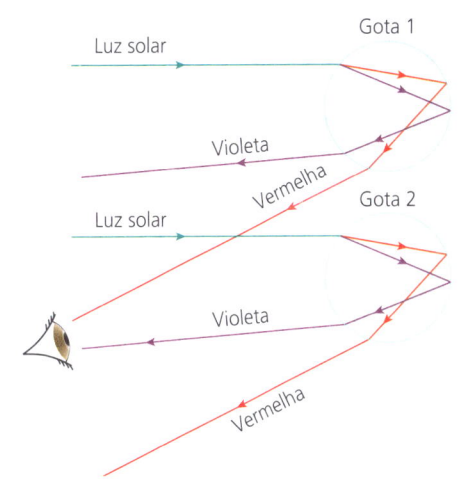

Figura 10. De cada gota, o observador recebe luz de determinada cor (gota 1: luz vermelha; gota 2: luz violeta).

Figura 11. O arco externo do arco-íris é vermelho, e o interno, violeta.

Exercícios resolvidos

13. Explicar por que um feixe de luz policromática sofre decomposição ao atravessar um prisma de vidro.

▶ **Solução**

O índice de refração absoluto do material que constitui o prisma tem valores diferentes para as diferentes luzes monocromáticas que formam a luz policromática incidente. Assim, cada feixe de luz monocromática sofre determinado desvio, e a luz policromática se decompõe.

14. Analisar as afirmações a respeito da formação do arco-íris e indicar as corretas.

   I. O arco-íris se forma devido somente à reflexão da luz solar nas gotas de água.
   II. Após incidir nas gotas de água suspensas no ar, a luz solar sofre refração, com consequente decomposição. Em seguida, reflete-se no fundo das gotas e volta ao ar, sofrendo nova refração.
   III. O arco mais externo de um arco-íris é o vermelho, e o mais interno, o violeta.

▶ Solução

I. Incorreta. A formação do arco-íris não é devida somente à reflexão da luz solar nas gotas de água. Após incidir nas gotas de água suspensas no ar, a luz solar sofre refração, com consequente decomposição. Em seguida, reflete-se no fundo das gotas e volta ao ar, sofrendo nova refração.

II. Correta, conforme indica a **figura 10**.

III. Correta. A luz emergente vermelha forma, com a direção de incidência, um ângulo maior que a luz emergente violeta. Por esse motivo, das gotas superiores, o observador recebe a luz vermelha e, das gotas inferiores, a luz violeta. Por isso, o arco externo do arco-íris é vermelho, e o interno, violeta.

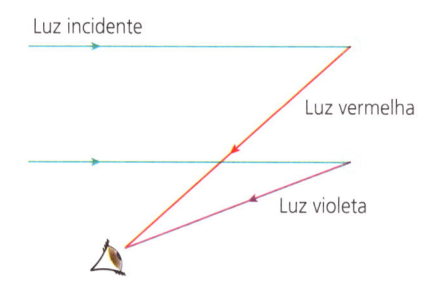

Exercícios propostos

15. Um feixe cilíndrico de luz policromática, resultante da superposição das luzes amarela, azul e verde, atravessa um prisma de vidro e sofre decomposição. Dos três raios de luz emergentes, qual é o de cor amarela?

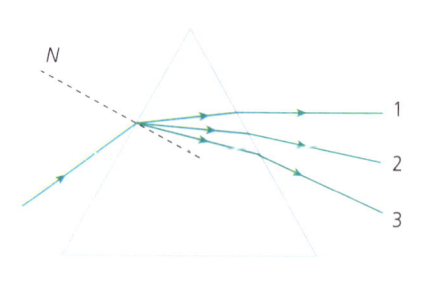

16. Uma pessoa observa um arco-íris. O Sol deve estar próximo da linha do horizonte, _____ da pessoa, e devem existir _____ em suspensão no ar. O arco mais externo do arco-íris é _____, e o mais interno, _____. Entre eles, temos as cores intermediárias.

As palavras que preenchem as lacunas apresentadas no texto são, respectivamente:

a) na frente; gotas de água; violeta; vermelho.
b) atrás; gotas de água; azul; vermelho.
c) à direita; gotas de água; azul; vermelho
d) atrás; gotas de água; vermelho; violeta.
e) à esquerda; gotas de água; azul; vermelho.

8 Lentes esféricas

As lentes são componentes fundamentais de diversos dispositivos que conhecemos, como câmaras fotográficas, óculos, projetores, lunetas e microscópios.

As lentes mais comuns são geralmente de vidro ou de acrílico e apresentam duas faces esféricas ou uma esférica e outra plana.

Nomeamos uma lente pelas faces que estão voltadas para o meio exterior. Elas podem ser côncavas, convexas ou planas. Se as duas faces são diferentes, indicamos em primeiro lugar aquela de maior raio de curvatura. Se ambas são convexas ou ambas são côncavas, usamos o prefixo *bi-*. Na **figura 12**, representamos as seis lentes esféricas possíveis. As da primeira fileira são denominadas **lentes de bordas finas**, e as da segunda fileira, **lentes de bordas espessas**.

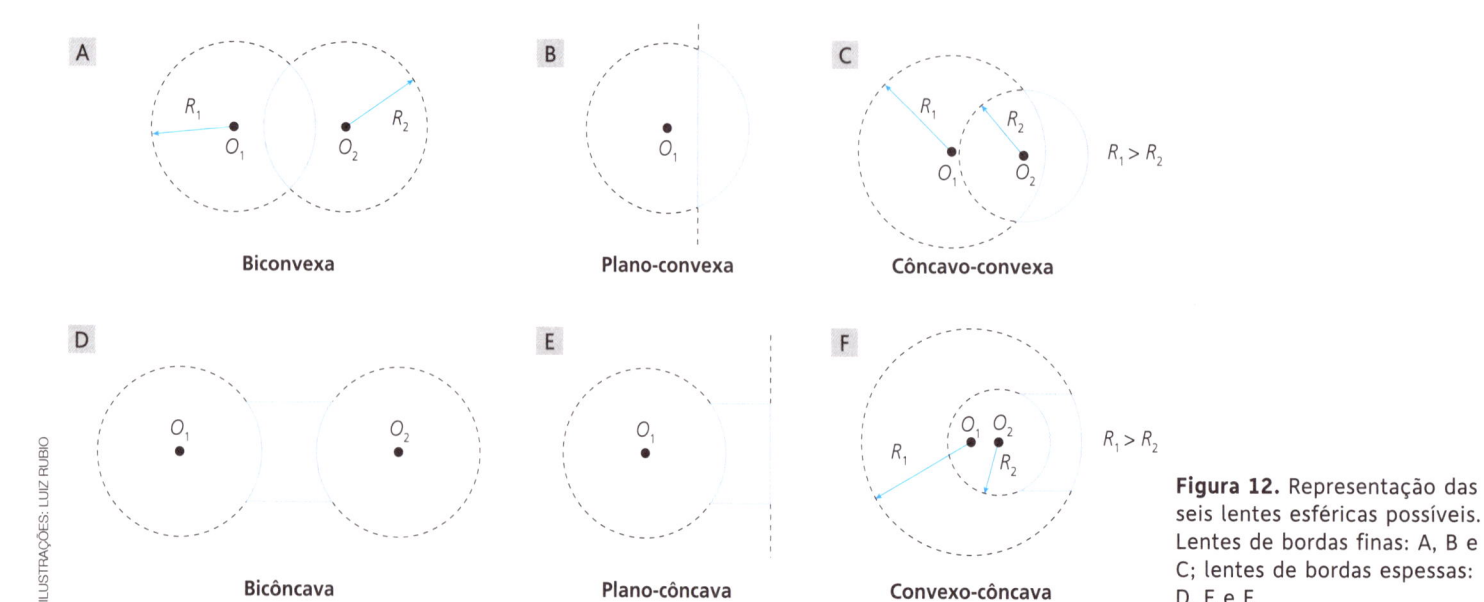

Figura 12. Representação das seis lentes esféricas possíveis. Lentes de bordas finas: A, B e C; lentes de bordas espessas: D, E e F.

Os **elementos ópticos** de uma lente são: o índice de refração absoluto n_2, do corpo transparente (vidro ou acrílico, por exemplo), e n_1, do meio onde ela está imersa (ar, água, por exemplo).

Os **elementos geométricos** de uma lente esférica **(fig. 13)** são:

- os **centros de curvatura** O_1 e O_2 das faces das lentes, cujos raios são R_1 e R_2;
- a **espessura e**, que é a distância entre os vértices das faces;
- o **eixo principal**, que é a reta definida pelos centros de curvatura O_1 e O_2.

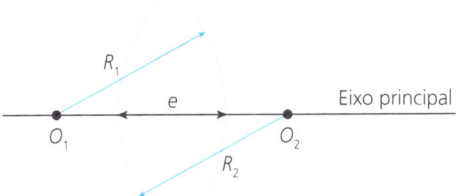

Figura 13. Elementos geométricos de uma lente esférica.

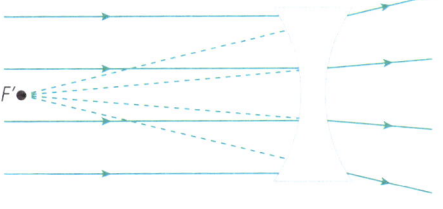

Figura 15. Lente divergente, F' é o foco principal imagem (virtual).

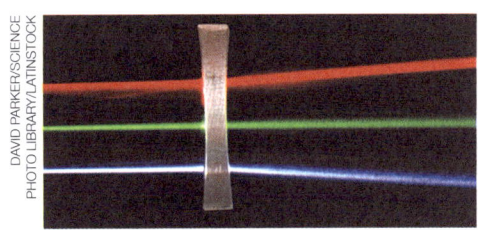

9 Lentes convergentes e lentes divergentes

Um feixe de raios de luz monocromática, paralelos ao eixo principal, incide em uma lente biconvexa de vidro imersa no ar (neste caso, $n_2 > n_1$). Observe que a lente faz convergir para um ponto os raios paralelos que nela incidem **(fig. 14)**. Esse ponto é indicado por F', recebe o nome de **foco principal imagem** e tem natureza real.

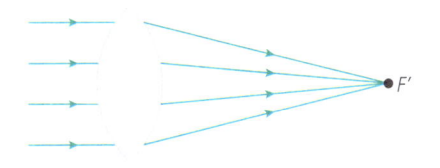

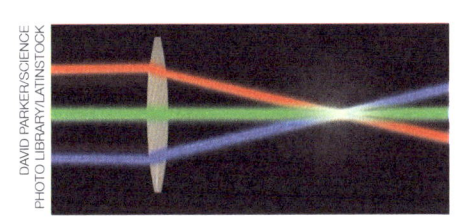

Figura 14. Lente convergente, F' é o foco principal imagem (real).

Todas as lentes de bordas finas cujo material tem índice de refração maior que o do meio onde estão imersas, ou seja, $n_2 > n_1$, são **convergentes**.

Considere, agora, uma lente bicôncava de vidro e imersa no ar. Também nesse caso, temos $n_2 > n_1$. Imagine que um feixe de raios de luz monocromática, paralelos ao eixo principal, incida na lente. Nessa situação, o feixe emergente é **divergente**, e os prolongamentos desses raios passam pelo foco principal imagem F', que agora tem natureza virtual **(fig. 15)**.

Todas as lentes de bordas espessas cujo material tem índice de refração maior que o do meio onde estão imersas, ou seja, $n_2 > n_1$, são **divergentes**.

Resumindo, vimos que, para $n_2 > n_1$ (isto é, quando o índice de refração absoluto do material que constitui o corpo transparente é maior que o do meio onde está imerso), as **lentes de bordas finas** (biconvexa, côncavo-convexa e plano-convexa) são **convergentes**, e as **lentes de bordas espessas** (bicôncava, convexo-côncava e plano-côncava) são **divergentes**.

E se $n_2 < n_1$? Nesse caso, os comportamentos se invertem: as **lentes de bordas finas** passam a ser **divergentes**, e as **lentes de bordas espessas**, **convergentes**.

Exercícios resolvidos

15. São dadas duas lentes esféricas de vidro, uma plano-convexa e outra plano-côncava, de mesmo índice de refração absoluto e igual a 1,5. Essas lentes são convergentes ou divergentes? Analisar os casos:
    a) As lentes estão imersas no ar, cujo índice de refração absoluto é 1,0.
    b) As lentes estão imersas em um líquido de índice de refração absoluto igual a 1,7.

▶ **Solução**

a) A lente plano-convexa é de bordas finas. Sendo $n_2 = 1,5$ e $n_1 = 1,0$, concluímos que a lente é convergente ($n_2 > n_1$). Já a lente plano-côncava é de bordas espessas e, nesse caso ($n_2 > n_1$), é divergente.

b) Nesse caso, temos $n_2 = 1,5$ e $n_1 = 1,7$; portanto, os comportamentos ópticos se invertem: a lente plano-convexa é divergente, e a plano-côncava, convergente.

Exercícios propostos

17. Assinale a alternativa correta:
    a) uma lente de borda fina, cujo índice de refração absoluto é maior que o do meio onde está imersa é uma lente convergente.
    b) uma lente de borda fina, cujo índice de refração absoluto é maior que o do meio onde está imersa é uma lente divergente.
    c) uma lente de borda espessa, cujo índice de refração absoluto é maior que o do meio onde está imersa é uma lente convergente.

d) uma lente de borda espessa, cujo índice de refração absoluto é menor que o do meio onde está imersa é uma lente divergente.
e) uma lente de borda fina, cujo índice de refração absoluto é menor que o do meio onde está imersa é uma lente convergente.

Atividade prática

Neste experimento, você e seus colegas de grupo vão estudar o comportamento óptico de uma taça de vidro mergulhada em diferentes meios (água e ar). Para isso, você precisará do seguinte material:

- um recipiente retangular de vidro transparente (por exemplo, um pequeno aquário);
- uma taça bojuda de vidro liso e transparente;
- lápis e papel.

Observação

Manuseie os vidros com cuidado.

Colocando água no interior da taça, temos uma lente aproximadamente biconvexa de água imersa no ar. Essa lente é convergente ou divergente?

Coloque a lente bem próxima de um objeto, por exemplo, uma letra ou palavra escrita em um pedaço de papel. A imagem observada é direita ou invertida? A imagem é maior ou menor que o objeto?

Em seguida, afaste a lente do objeto e dê as novas características das imagens observadas.

Agora, retire a água da taça e seque-a. Coloque água no interior do aquário e peça a um colega para mergulhar a taça dentro do recipiente, mantendo a borda da taça fora da água.

Temos, assim, uma lente aproximadamente biconvexa de ar imersa em água. Essa lente é convergente ou divergente?

Encoste num dos lados do recipiente o objeto usado anteriormente, conforme o esquema abaixo. Olhe pelo lado oposto, através da taça. A imagem formada é direita ou invertida? A imagem é maior ou menor que o objeto?

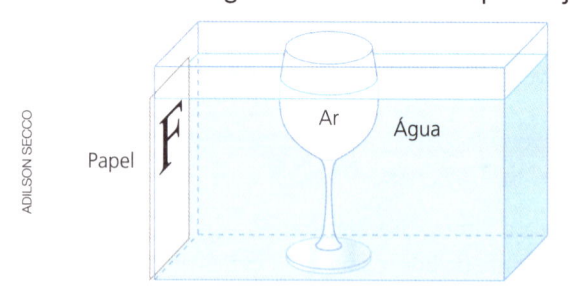

As diferentes etapas do experimento podem ser fotografadas e compartilhadas com os demais colegas por meio de um aplicativo ou de uma rede social. Para resumir os resultados, o grupo pode criar uma tabela que apresente os tipos de lente (convergente ou divergente) e as características das imagens obtidas.

10 Lentes delgadas

Qualquer uma das seis lentes estudadas pode ser considerada uma lente delgada. Isso ocorre quando a espessura da lente for muito menor que os raios R_1 e R_2 de suas faces.

As lentes delgadas convergentes e divergentes são representadas na **figura 16**, na qual indicamos, além do foco principal imagem F', outros quatro pontos que serão estudados:

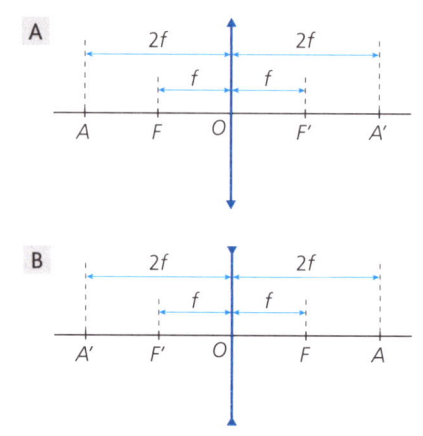

Figura 16. Representação esquemática das lentes esféricas delgadas. (A) Lente delgada convergente; (B) lente delgada divergente.

- **O: centro óptico da lente**, é a intersecção da lente com seu eixo principal;
- **F: foco principal objeto**, está localizado do lado oposto da lente, em relação a F'. As distâncias de F e de F' à lente são iguais, indicadas por f, que recebe o nome de **distância focal**;
- **A: ponto antiprincipal objeto**;
- **A': ponto antiprincipal imagem**.

As distâncias de A e A' à lente são iguais a $2f$.

Esses pontos, também denominados **pontos notáveis**, nos ajudam a caracterizar algumas propriedades das lentes esféricas.

Nas **figuras 17A** e **17B**, representamos dois feixes de raios paralelos que incidem, respectivamente, em uma lente delgada convergente e em outra divergente, paralelamente ao eixo principal. Os raios dos feixes emergentes passam efetivamente pelo foco principal imagem F', no caso da lente convergente, e por meio de seus prolongamentos, na lente divergente.

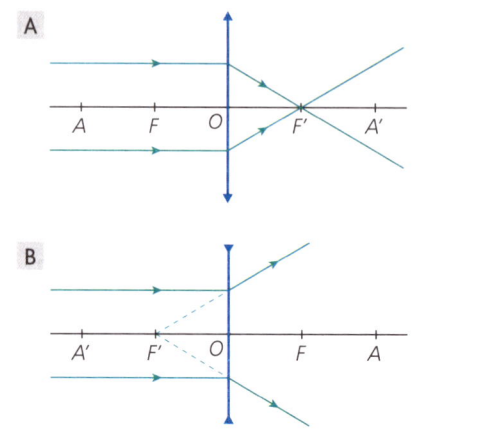

Figura 17. Feixes cilíndricos incidindo em lentes delgadas. (A) Lente delgada convergente; (B) lente delgada divergente.

Assim, podemos enunciar a seguinte propriedade:

> Os raios de luz que incidem em uma lente delgada, paralelamente ao eixo principal, emergem passando efetivamente pelo foco principal imagem *F'*, nas lentes convergentes e, por meio de prolongamentos, nas lentes divergentes.

Quando o raio incidente passar pelo foco principal objeto *F*, teremos a seguinte propriedade (**fig. 18**):

> Os raios de luz que incidem em uma lente delgada e passam pelo foco principal objeto *F* efetivamente (na lente convergente) ou por meio de prolongamentos (na lente divergente) terão os correspondentes raios emergentes paralelos ao eixo principal.

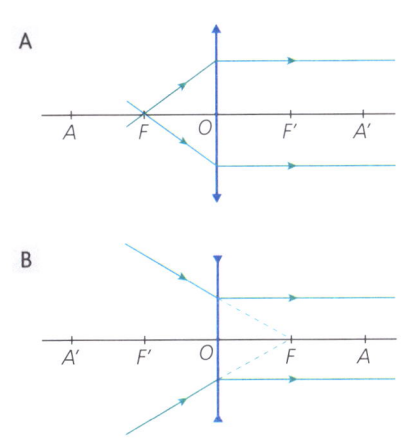

Figura 18. (A) Raios de luz incidindo em uma lente delgada convergente; (B) raios de luz incidindo em uma lente delgada divergente.

Outra propriedade diz respeito aos raios de luz incidente que atravessam o centro óptico *O* de uma lente delgada (**fig. 19**):

> Todo raio de luz que incide no centro óptico *O* atravessa a lente delgada sem sofrer desvio.

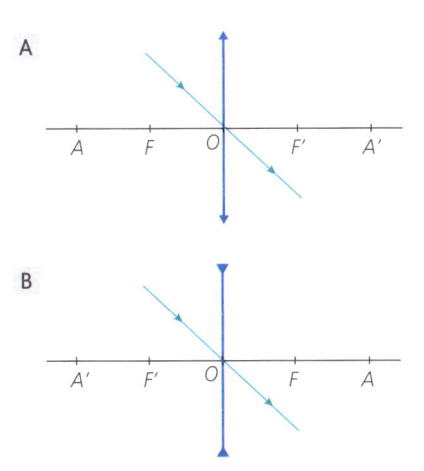

Figura 19. Raio de luz incidindo no centro óptico *O*. (A) Lente convergente; (B) lente divergente.

11 Imagens em lentes esféricas

Lente convergente

Vamos analisar três posições de um objeto real em relação a uma lente convergente:

• **Objeto situado antes do ponto antiprincipal objeto *A***

Para obter esquematicamente a imagem, vamos considerar dois raios de luz que partem do extremo superior do objeto (ponto *C*). Um raio incide paralelamente ao eixo principal e o outro incide no centro óptico *O*. Desenhamos os correspondentes raios emergentes, cujo encontro define o extremo superior da imagem (*C'*). O objeto *CD* é frontal à lente, o mesmo acontecendo com a imagem *C'D'* (**fig. 20**).

Nesse caso, a imagem é **real** (encontro efetivo dos raios emergentes), **invertida** e **menor** que o objeto (**fig. 21**). Esse tipo de imagem se forma em câmeras fotográficas e filmadoras, sendo projetada sobre o filme.

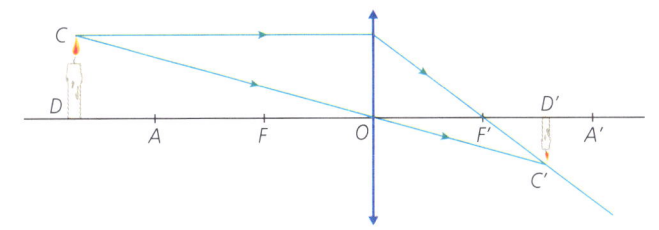

Figura 20. Objeto situado antes do ponto antiprincipal objeto *A*.

Figura 21. Imagem real, invertida e menor que o objeto.

• **Objeto situado entre o ponto antiprincipal objeto *A* e o foco principal objeto *F***

Esquematizando novamente o raio paralelo ao eixo principal e o raio que passa pelo centro óptico (**fig. 22**), encontramos uma imagem **real**, **invertida** e **maior** que o objeto (**fig. 23**, na página seguinte). Esse tipo de imagem se forma em projetores de filmes e de *slides*.

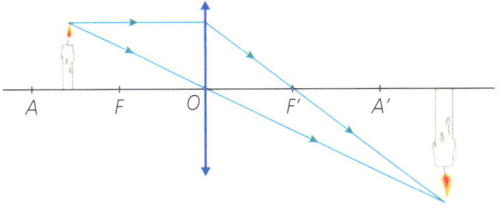

Figura 22. Objeto situado entre o ponto antiprincipal objeto *A* e o foco principal objeto *F*.

Capítulo 26 • Refração da luz 349

Figura 23. Imagem real, invertida e maior que o objeto.

• **Objeto situado entre o foco principal objeto F e o centro óptico O**

Prolongando os raios de luz principais, encontramos uma imagem **virtual**, **direita** e **maior** que o objeto **(fig. 24)**. Esse tipo de imagem se forma em lupas (lentes de aumento) **(fig. 25)**. Observe que essa imagem é virtual e, portanto, não pode ser projetada.

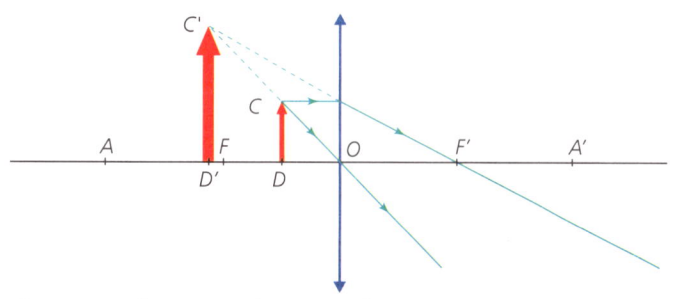

Figura 24. Objeto situado entre o foco principal objeto F e o centro óptico O.

Figura 25. Imagem virtual, direita e maior que o objeto.

Lente divergente

Prolongando um dos raios de luz emergente **(fig. 26)**, verifica-se que, em relação à lente divergente, seja qual for a posição do objeto, a imagem é sempre **virtual**, **direita** e **menor** que o objeto **(fig. 27)**. Como se trata de uma imagem virtual, ela não pode ser projetada.

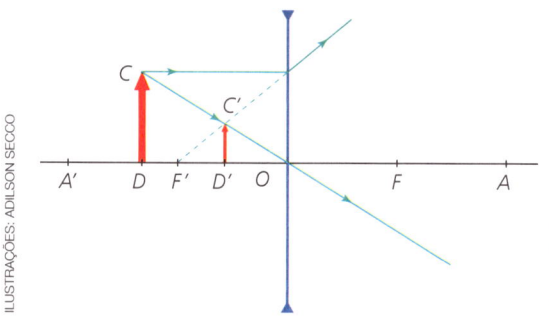

Figura 26. Objeto diante de uma lente divergente.

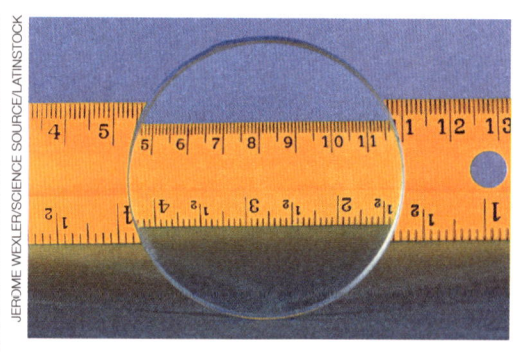

Figura 27. Imagem virtual, direita e menor que o objeto.

Exercícios resolvidos

16. Um objeto é colocado na frente de uma lente esférica delgada convergente, nas posições indicadas na figura abaixo. Considere A e A' os pontos antiprincipais, O o centro óptico, F e F' os focos principais objeto e imagem, respectivamente.

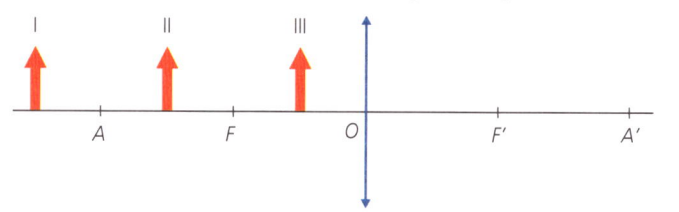

Pode-se afirmar que:
a) as três imagens são reais.
b) as três imagens são virtuais.
c) as imagens dos objetos I, II e III se formam respectivamente em câmaras fotográficas, projetores de filmes e lupas.
d) a imagem do objeto I é real e não pode ser projetada em uma tela.
e) a imagem do objeto III é virtual e pode ser projetada em uma tela.

▶ **Solução**

A imagem do objeto na posição I é real, invertida e menor que o objeto. Esse tipo de imagem se forma nas câmaras fotográficas. Com o objeto na posição II, a imagem é real, invertida e maior que o objeto. Esse tipo de imagem se forma nos projetores de filmes. Estando o objeto na posição III, a imagem é virtual, direita e maior. Nesse caso, temos a imagem fornecida por uma lupa. Lembre-se de que somente as imagens reais podem ser projetadas em telas.

Resposta: c

17. Quando aproximamos um objeto de uma lente esférica delgada divergente, sua imagem aumenta ou diminui de altura?

▶ **Solução**

Observe as imagens obtidas de um objeto colocado diante de uma lente divergente, considerando primeiramente o objeto afastado e, em seguida, mais próximo da lente. Verifica-se que, na segunda situação, a imagem apresenta altura maior.

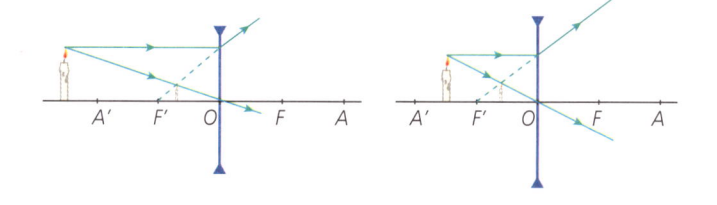

Exercícios propostos

18. A imagem de um objeto real, obtida com uma lente esférica delgada, é virtual. A lente é convergente ou divergente?

19. Um objeto real é colocado a 15 cm de uma lente esférica delgada convergente de distância focal 10 cm.
   a) Dê as características da imagem correspondente.
   b) Desloca-se o objeto de modo que ele fique a 25 cm da lente. Quais são as características da nova imagem obtida?

20. Um objeto real é colocado exatamente no ponto antiprincipal objeto A de uma lente delgada convergente, conforme mostra a figura. Seja A' o ponto antiprincipal imagem, F o foco principal objeto, F' o foco principal imagem e O o centro óptico da lente. A imagem obtida é real ou virtual? Direita ou invertida? E quanto à altura da imagem, é maior, menor ou tem a mesma altura do objeto? Em que ponto se forma a imagem?

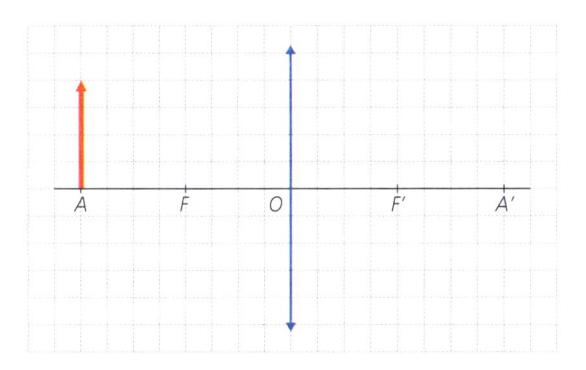

21. Um objeto real CD é colocado exatamente no foco principal objeto F de uma lente delgada convergente, conforme mostra a figura. Sejam A e A' os pontos antiprincipais, F' o foco principal imagem e O o centro óptico da lente. Considere os dois raios de luz que partem do extremo C e incidem na lente, como mostra a figura. Desenhe os raios que emergem da lente.

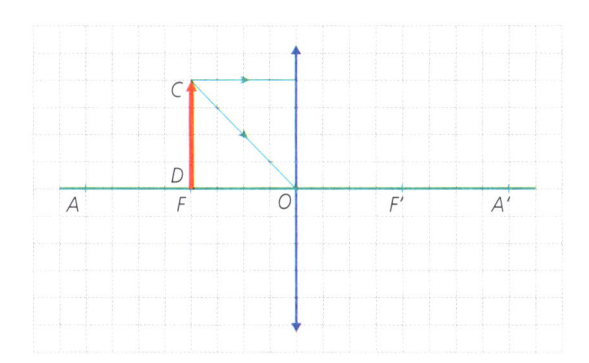

12 Equação de Gauss e aumento linear transversal

Já fizemos um estudo gráfico para a obtenção da imagem de um objeto fornecido por uma lente esférica. Analogamente aos espelhos esféricos, essa análise pode ser feita algebricamente, isto é, dados o tipo de lente esférica (convergente ou divergente), sua distância focal, a posição e a altura de um objeto, pode-se determinar a posição e a altura da imagem correspondente. Para determinar a posição, utilizamos a **equação de Gauss**:

$$\frac{1}{f} = \frac{1}{p} + \frac{1}{p'}$$

Nessa equação, p e p' são, respectivamente, as distâncias do objeto e da imagem à lente. Essas distâncias são precedidas de um sinal: **positivo**, quando a natureza do objeto ou da imagem é **real**; **negativo**, quando é **virtual**. Assim, temos:
- objeto real: $p > 0$
- imagem real: $p' > 0$
- imagem virtual: $p' < 0$

Neste estudo algébrico, podemos distinguir a lente convergente da lente divergente pelo sinal da distância focal. A distância focal f de uma lente convergente é positiva e de uma lente divergente, negativa:
- lente convergente: $f > 0$ (foco real)
- lente divergente: $f < 0$ (foco virtual)

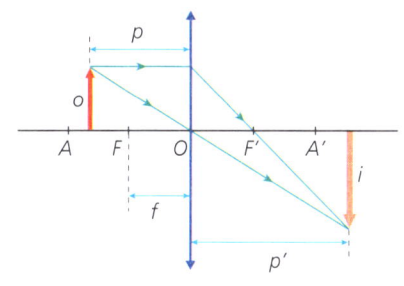

Figura 28. Imagem real formada por uma lente convergente. Nesse caso, $p > o$, $p' > o$ e $f > o$.

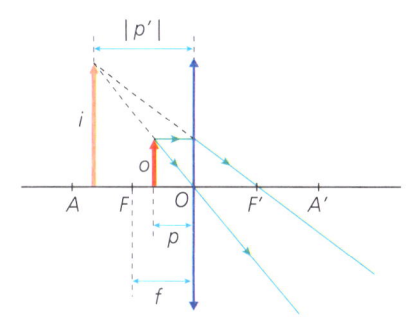

Figura 29. Imagem virtual formada por uma lente convergente. Nesse caso, $p > o$, $p' < o$ e $f > o$.

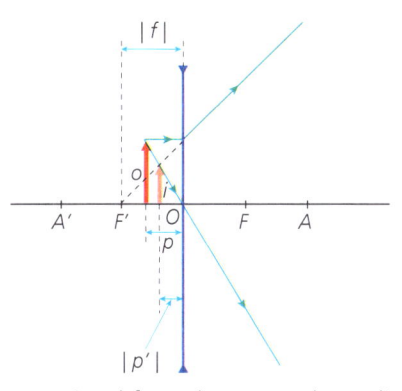

Figura 30. Imagem virtual formada por uma lente divergente. Nesse caso, $p > o$, $p' < o$ e $f < o$.

Como podemos saber, por meio de cálculos, se a imagem é direita ou invertida? Nesse caso, também utilizamos uma convenção de sinais. Sejam **o** e **i** as alturas do objeto e da imagem, respectivamente, precedidas de um sinal: **positivo**, quando o objeto ou a imagem estão acima do eixo principal; **negativo**, quando estão abaixo.

A grandeza que permite calcular se uma imagem é direita ou invertida e se é maior ou menor que um objeto é o **aumento linear transversal A**, definido por:

$$A = \frac{i}{o}$$

Se A é positivo, i e o têm mesmo sinal, e a imagem é direita. Se A é negativo, i e o têm sinais opostos, e a imagem é invertida.

Assim, por exemplo, considere $A = -2$: a imagem é invertida e tem altura igual a duas vezes a altura do objeto. E se tivermos $A = +\frac{1}{2}$? A imagem é direita e tem altura igual à metade da altura do objeto.

Os triângulos CDO e C'D'O (**fig. 31**) são semelhantes.

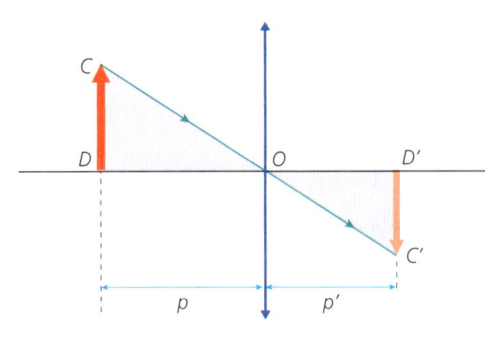

Figura 31. Os triângulos CDO e C'D'O são semelhantes.

Podemos escrever:
$$\frac{C'D'}{CD} = \frac{OD'}{OD}$$

Mas $C'D' = -i$, $CD = o$, $OD' = p'$ e $OD = p$; então:

$$\frac{i}{o} = -\frac{p'}{p} \quad \text{ou} \quad A = -\frac{p'}{p}$$

Exercícios resolvidos

18. Um objeto linear é colocado a 40 cm de uma lente delgada convergente de distância focal 30 cm. Determinar:
a) a distância da imagem à lente;
b) a natureza da imagem;
c) o aumento linear transversal da imagem.

▶ **Solução**
a) Sendo $p = 40$ cm e $f = 30$ cm, a partir da equação de Gauss, obtemos:

$$\frac{1}{f} = \frac{1}{p} + \frac{1}{p'} \Rightarrow \frac{1}{30} = \frac{1}{40} + \frac{1}{p'} \Rightarrow$$

$$\Rightarrow \frac{1}{p'} = \frac{1}{30} - \frac{1}{40} \Rightarrow \frac{1}{p'} = \frac{4-3}{120} \therefore \boxed{p' = 120 \text{ cm}}$$

b) Sendo $p' > 0$, concluímos que a imagem é real.

c) $A = -\frac{p'}{p} \Rightarrow A = -\frac{120}{40} \Rightarrow \boxed{A = -3}$

A altura da imagem é três vezes a altura do objeto. Sendo $A < 0$, concluímos que a imagem é invertida.

19. Um objeto linear é colocado a 20 cm de uma lente divergente. A imagem se forma a 10 cm da lente. Determinar:
a) a distância focal da lente;
b) o aumento linear transversal da imagem.

▶ **Solução**
a) Sabemos que uma lente divergente fornece uma imagem virtual de um objeto real. Por isso, $p' = -10$ cm. Sendo $p = 20$ cm, a partir da equação de Gauss, temos:

$$\frac{1}{f} = \frac{1}{p} + \frac{1}{p'} \Rightarrow \frac{1}{f} = \frac{1}{20} + \frac{1}{(-10)} \Rightarrow \frac{1}{f} = \frac{1-2}{20}$$

$$\therefore \boxed{f = -20 \text{ cm}}$$

O sinal negativo no valor encontrado para a distância focal indica que a lente é divergente.

b) $A = -\frac{p'}{p} \Rightarrow A = -\frac{(-10)}{20} \Rightarrow \boxed{A = +\frac{1}{2}}$

A altura da imagem é a metade da altura do objeto. Sendo $A > 0$, concluímos que a imagem é direita.

Exercícios propostos

22. Um objeto linear é colocado a 18 cm de uma lente esférica. A imagem formada é real e sua altura é metade da altura do objeto.
a) A lente é convergente ou divergente?
b) A imagem é direita ou invertida?
c) A que distância da lente se forma a imagem?
d) Qual é a distância focal da lente?

23. Um objeto linear de 5 cm de altura está a 10 cm de uma lente divergente, cuja distância focal é, em valor absoluto, igual a 10 cm. Determine:
a) a que distância da lente se forma a imagem;
b) a distância entre o objeto e a imagem;
c) o aumento linear transversal;
d) a altura da imagem.

24. Um objeto linear é colocado diante de uma lente convergente. Pretende-se projetar a imagem formada em uma tela situada a 60 cm da lente, de modo que a imagem fique ampliada cinco vezes.

Determine:
a) a distância do objeto à lente;
b) a distância focal da lente.

Exercícios de revisão

Ficha-resumo 1

Refração da luz

Passagem da luz de um meio para outro, acompanhada de variação em sua velocidade de propagação. A refração pode ocorrer com ou sem desvio na direção de propagação (raios de luz 1 e 2, respectivamente).

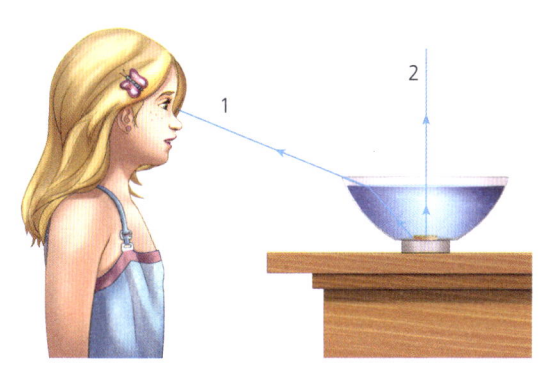

Índice de refração absoluto de um meio para uma dada luz monocromática:

$$n = \frac{c}{v}$$

1. (Inatel-MG) O módulo da velocidade da propagação da luz num determinado meio é $\frac{4}{5}$ do módulo da velocidade de propagação da luz no vácuo. Então, o índice de refração absoluto do meio vale:
a) 0,80
b) 1,25
c) 1,80
d) 2,05
e) 2,25

2. (Mackenzie-SP) Um raio luminoso monocromático, ao passar do ar (índice de refração = 1,0) para a água, reduz sua velocidade de 25%. O índice de refração absoluto da água para esse raio luminoso é de aproximadamente:
a) 1,2
b) 1,3
c) 1,4
d) 1,5
e) 1,6

Ficha-resumo 2

Lei de Snell-Descartes

$$n_1 \cdot \text{sen } i = n_2 \cdot \text{sen } r$$

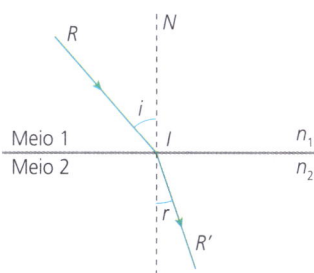

Uma consequência da lei de Snell-Descartes: para a incidência oblíqua no meio mais refringente, o raio de luz está mais próximo da normal.

3. (UFVJM-MG) Um raio de luz refrata-se ao incidir em uma interface de separação entre dois meios com diferentes índices de refração. A velocidade de propagação da luz no meio de refração é 40% da velocidade no meio de incidência.

Calcule a direção do raio refratado, na situação em que a direção de incidência seja igual a 30° em relação à normal.
(Dados: sen 30,00° = 0,50; sen 20,45° ≃ 0,35; sen 11,54° ≃ 0,20)

Exercícios de revisão

4. (UFRGS-RS) A figura representa um raio de luz monocromática que se refrata na superfície plana de separação de dois meios transparentes, cujos índices de refração são n_1 e n_2. Com base nas medidas expressas na figura, onde C é uma circunferência, pode-se calcular a razão $\dfrac{n_2}{n_1}$ dos índices de refração desses meios. Qual das alternativas apresenta corretamente o valor dessa razão?

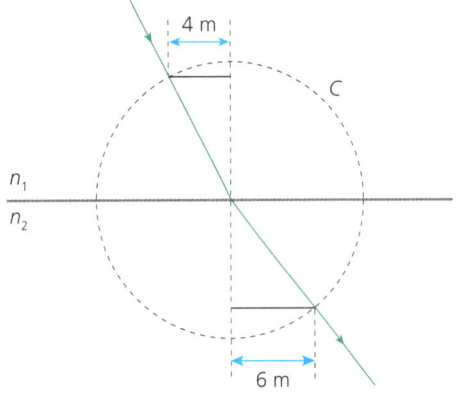

a) $\dfrac{2}{3}$ c) 1   e) $\dfrac{3}{2}$

b) $\dfrac{3}{4}$ d) $\dfrac{4}{3}$

5. (Mackenzie-SP) Considere dois meios refringentes A e B, separados por uma superfície plana, como mostra a figura abaixo.

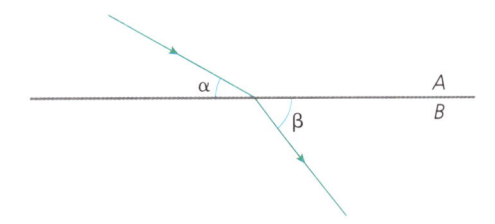

Uma luz monocromática propaga-se no meio A com velocidade v_A e refrata-se para o meio B, propagando-se com velocidade v_B. Sendo o índice de refração absoluto do meio A, n_A e do meio B, n_B e $\beta > \alpha$, pode-se afirmar que:

a) $n_A > n_B$ e $v_A > v_B$ c) $n_A < n_B$ e $v_A < v_B$ e) $n_A = n_B$ e $v_A = v_B$

b) $n_A > n_B$ e $v_A < v_B$ d) $n_A < n_B$ e $v_A > v_B$

6. (EsPCEx-SP) Um raio de luz monocromática propagando-se no ar incide no ponto O, na superfície de um espelho, plano e horizontal, formando um ângulo de 30° com sua superfície. Após ser refletido no ponto O desse espelho, o raio incide na superfície plana e horizontal de um líquido e sofre refração. O raio refratado forma um ângulo de 30° com a reta normal à superfície do líquido, conforme o desenho abaixo. Sabendo que o índice de refração do ar é 1, o índice de refração do líquido é:

$\left(\text{Dados: sen } 30° = \dfrac{1}{2} \text{ e cos } 60° = \dfrac{1}{2}; \text{ sen } 60° = \dfrac{\sqrt{3}}{2} \text{ e cos } 30° = \dfrac{\sqrt{3}}{2}\right)$

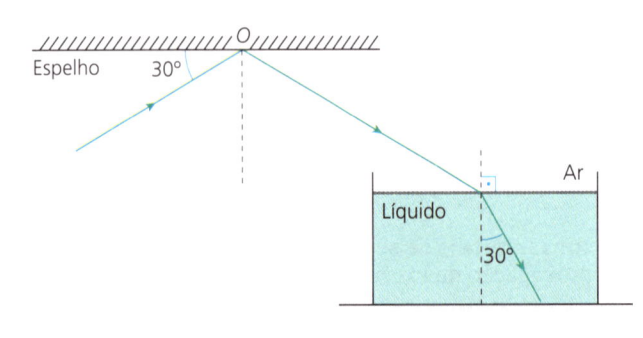

a) $\dfrac{\sqrt{3}}{3}$ c) $\sqrt{3}$ e) $2\sqrt{3}$

b) $\dfrac{\sqrt{3}}{2}$ d) $\dfrac{2\sqrt{3}}{3}$

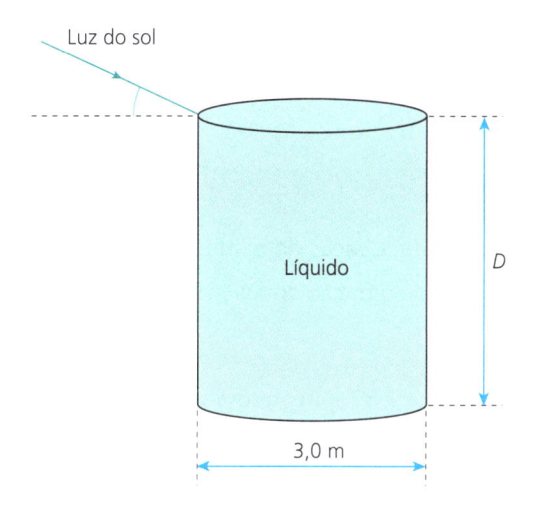

7. (UFU-MG) Um tanque cilíndrico e opaco, com a superfície superior aberta, tem um diâmetro de 3,0 m e está completamente cheio de um líquido de índice de refração igual a 1,5, como mostra a figura abaixo. Ao entardecer, a luz do sol forma um ângulo de 30° com a linha do horizonte. A partir desse instante, a luz do sol deixa de iluminar o fundo do tanque.

Considere o índice de refração do ar igual a 1,0.

Com base nessas informações e nos dados apresentados, encontre a altura D do tanque.

8. (Fuvest-SP) Uma moeda está no centro do fundo de uma caixa-d'água cilíndrica de 0,87 m de altura e base circular com 1,0 m de diâmetro, totalmente preenchida com água, como esquematizado na figura.

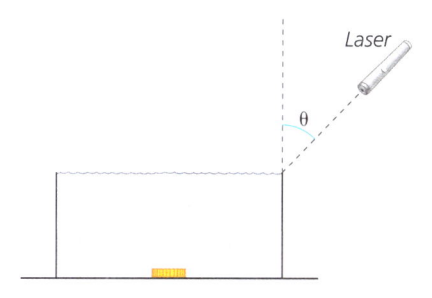

Se um feixe de luz *laser* incidir em uma direção que passa pela borda da caixa, fazendo um ângulo θ com a vertical, ele só poderá iluminar a moeda se:

a) θ = 20°
b) θ = 30°
c) θ = 45°
d) θ = 60°
e) θ = 70°

Note e adote

Índice de refração da água: 1,4

$n_1 \operatorname{sen}(\theta_1) = n_2 \operatorname{sen}(\theta_2)$

sen (20°) = cos (70°) = 0,35
sen (30°) = cos (60°) = 0,50
sen (45°) = cos (45°) = 0,70
sen (60°) = cos (30°) = 0,87
sen (70°) = cos (20°) = 0,94

9. (UFRR) A figura mostra um material, em formato de quadrado, com índice de refração desconhecido. No canto direito inferior do quadrado, emerge um feixe de luz. A luz atravessa a diagonal do quadrado e sai pelo seu canto esquerdo superior, de modo que a direção de propagação da luz no ar (cujo índice de refração é aproximadamente igual a 1) seja paralela ao lado superior do quadrado.

Exercícios de revisão

Nestas condições:
a) o índice de refração do material é 0,707.
b) o índice de refração do material é $\frac{\sqrt{2}}{2}$.
c) o índice de refração do material é $\sqrt{2}$.
d) o índice de refração do material é 0,5.
e) o índice de refração do material é 2.

10. (Mackenzie-SP) Um estudante observa que um raio luminoso, propagando-se no ar (índice de refração = 1), ao atingir a superfície de separação de um meio transparente, sob o ângulo de incidência i, tem o seu raio refletido perpendicular ao seu respectivo raio refratado. Após algumas considerações, esse estudante concluiu, corretamente, que o índice de refração desse meio é igual a:
a) i
b) tg i
c) sen i
d) cos i
e) sec i

Ficha-resumo 3

Condições para ocorrência da reflexão total:
- A luz deve se propagar no sentido do meio mais refringente para o meio menos refringente.
- O ângulo de incidência deve superar o ângulo limite: $i > L$

Seno do ângulo limite:

$$\operatorname{sen} L = \frac{n_{menor}}{n_{maior}}$$

11. (Unisa-SP) Dois meios transparentes, sendo um deles o ar e o outro mais refringente, estão separados por uma interface plana. Sabe-se que o ângulo limite, a partir do qual há reflexão total, é igual a 45°, conforme figura.

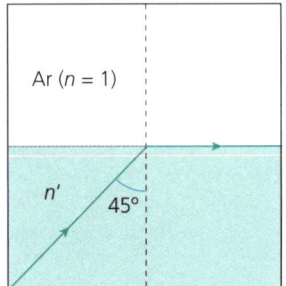

Considere os dados da tabela.

	0°	30°	45°	60°	90°
sen	0	$\frac{1}{2}$	$\frac{\sqrt{2}}{2}$	$\frac{\sqrt{3}}{2}$	1

Em nova situação, o raio luminoso, proveniente do ar, incide na interface formando com ela, novamente, um ângulo de 45°. Nessa nova condição, o valor do ângulo que o raio refratado forma com a interface é:
a) 60°
b) 30°
c) 90°
d) 45°
e) 0°

12. (Acafe-SC) A fibra ótica é muito utilizada nas telecomunicações para guiar feixes de luz por um determinado trajeto. A estrutura básica dessas fibras é constituída por cilindros concêntricos, com índices de refração diferentes, para que ocorra o fenômeno da reflexão interna total. O centro da fibra é denominado de núcleo e tem índice de refração n_1 e a região externa é denominada de casca, com índice de refração n_2.

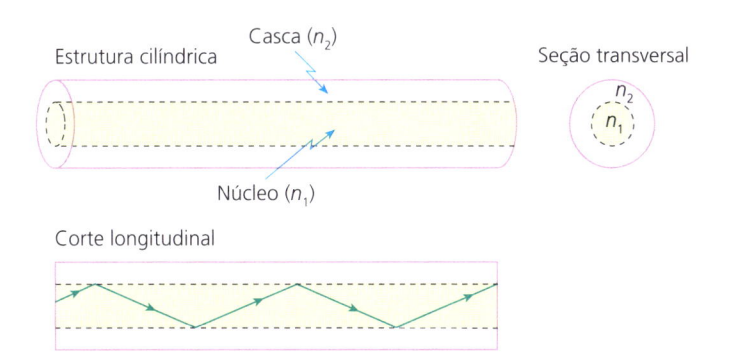

Assinale a alternativa correta que completa as lacunas a seguir.

Para ocorrer o fenômeno da reflexão interna total numa fibra ótica, o ângulo crítico de incidência da luz em relação à direção normal é _____ 90°, e n_1 deve ser _____ n_2.

a) menor do que – menor que
b) menor do que – maior que
c) igual a – menor que
d) igual a – maior que

13. (UEM-PR) Um raio luminoso propagando-se no ar incide sobre a superfície de um vidro formando um ângulo de 30° em relação à normal, conforme a figura a seguir. Considere o índice de refração do ar $n_{ar} = 1$ e do vidro $n_{vidro} = 1,5$.

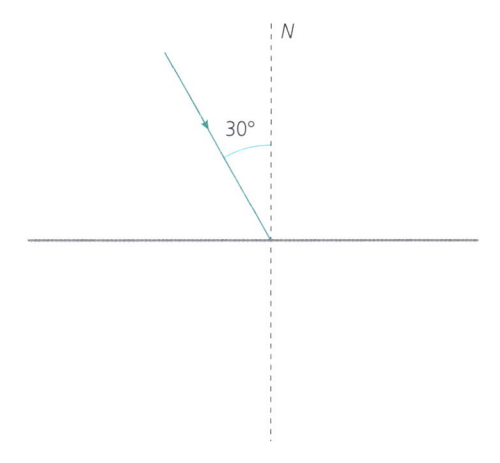

Analise as afirmativas a seguir e dê como resposta a soma das que estiverem corretas.

(01) O raio de luz, ao atravessar a interface ar/vidro, é refratado, aproximando-se da normal.
(02) O seno do ângulo do raio refratado é 0,33.
(04) A velocidade da luz não depende do índice de refração do meio.
(08) A velocidade da luz, ao penetrar no vidro, aumenta devido à variação do índice de refração.
(16) Se o raio de luz se propagar do vidro para o ar, poderá haver uma reflexão interna total.

14. (UFV-MG) Um enfeite de natal é constituído por cinco pequenas lâmpadas iguais e monocromáticas, ligadas em série através de um fio esticado de comprimento 5L. Uma das pontas do fio está presa no centro de um disco de madeira, de raio R, que flutua na água de uma piscina. A outra ponta do fio está presa no fundo da piscina, juntamente com uma das lâmpadas, conforme representado na figura a seguir:

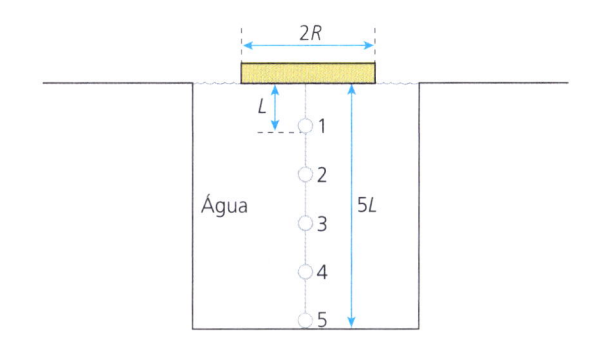

Exercícios de revisão

Durante a noite, quando as lâmpadas são acesas, um observador fora da piscina vê o brilho de apenas três das cinco lâmpadas. Sabendo que o índice de refração da água e o do ar são, respectivamente, $n_{(água)}$ e $n_{(ar)}$, pergunta-se:

a) Qual é o fenômeno que impede a visualização das lâmpadas?
b) Qual(is) par(es) de lâmpadas não é(são) visível(is)?
c) Qual é a relação entre R, L, $n_{(água)}$ e $n_{(ar)}$ para que duas das lâmpadas não sejam visíveis?

Ficha-resumo 4

Dioptro plano

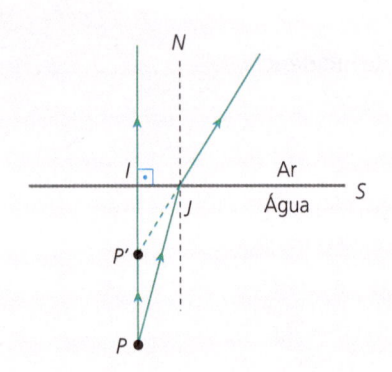

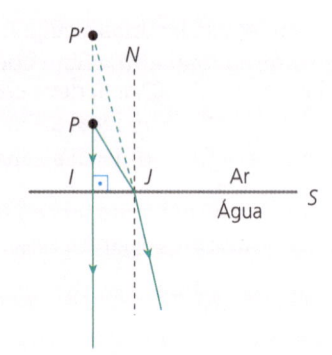

Equação de Gauss para os dioptros planos

p e **p'**: distâncias do ponto objeto P e do ponto imagem P' à superfície S;

n: índice de refração do meio em que está o ponto objeto P;

n': índice de refração do meio para o qual a luz emerge:

$$\frac{n}{p} = \frac{n'}{p'}$$

15. (Fuvest-SP) Dois sistemas ópticos, D_1 e D_2, são utilizados para analisar uma lâmina de tecido biológico a partir de direções diferentes. Em uma análise, a luz fluorescente, emitida por um indicador incorporado a uma pequena estrutura, presente no tecido, é captada, simultaneamente, pelos dois sistemas, ao longo das direções tracejadas. Levando-se em conta o desvio da luz pela refração, dentre as posições indicadas, aquela que poderia corresponder à localização real dessa estrutura no tecido é:

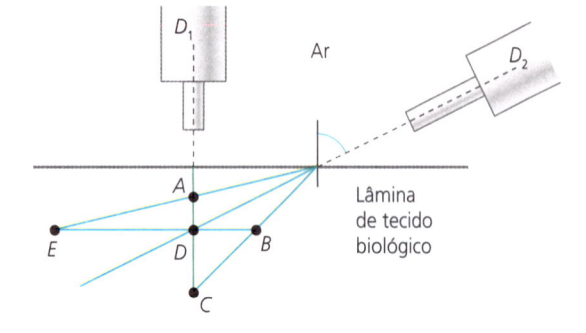

a) A
b) B
c) C
d) D
e) E

16. (UFC-CE) Uma folha de papel, com um texto impresso, está protegida por uma espessa placa de vidro. O índice de refração do ar é 1,0 e o do vidro 1,5. Se a placa tiver 3,0 cm de espessura, a distância do topo da placa à imagem de uma letra do texto, quando observada na vertical, é:

a) 1,0 cm
b) 2,0 cm
c) 3,0 cm
d) 4,0 cm

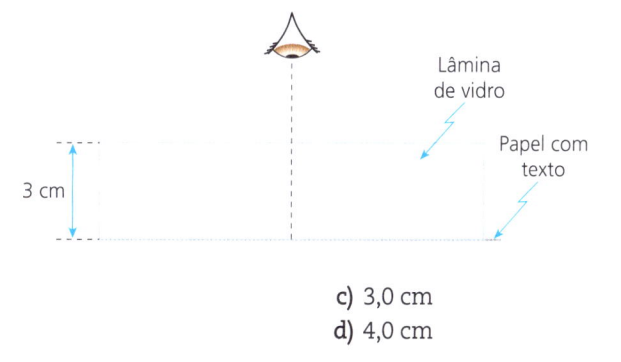

17. (Uece) Um raio de luz propagando-se no ar incide, com um ângulo de incidência igual a 45°, em uma das faces de uma lâmina feita com um material transparente de índice de refração n, como mostra a figura.

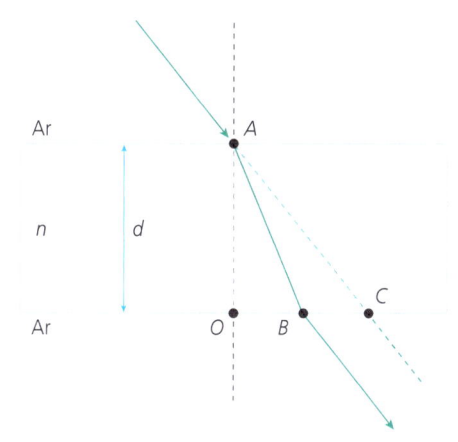

Sabendo-se que a linha AC é o prolongamento do raio incidente, $d = 4$ cm e $BC = 1$ cm, assinale a alternativa que contém o valor de n.

a) $2\sqrt{3}$

b) $\dfrac{5\sqrt{2}}{6}$

c) $\dfrac{3\sqrt{3}}{2}$

d) 1,5

18. (Fuvest-SP) Um prisma triangular desvia um feixe de luz verde de um ângulo θ_A, em relação à direção de incidência, como ilustra a figura I.

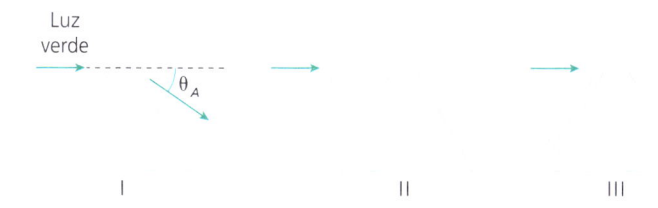

Se uma placa plana, do mesmo material do prisma, for colocada entre a fonte de luz e o prisma, nas posições mostradas nas figuras II e III, a luz, ao sair do prisma, será desviada, respectivamente, de ângulos θ_B e θ_C, em relação à direção de incidência indicada pela seta. Os desvios angulares serão tais que:

a) $\theta_A = \theta_B = \theta_C$
b) $\theta_A > \theta_B > \theta_C$
c) $\theta_A < \theta_B < \theta_C$
d) $\theta_A = \theta_B > \theta_C$
e) $\theta_A = \theta_B < \theta_C$

Exercícios de revisão

Ficha-resumo 5

Decomposição da luz solar em um prisma

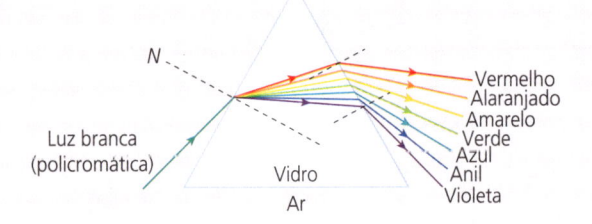

Arco-íris

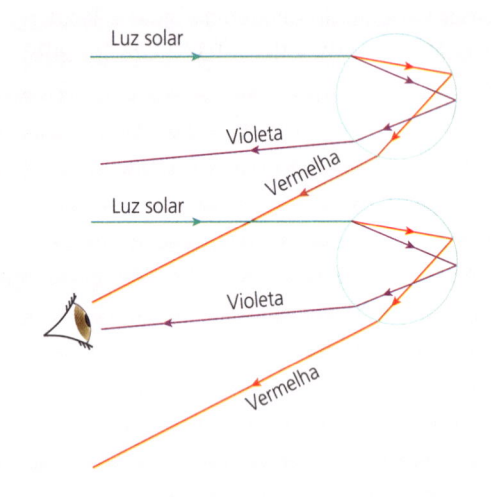

O arco interno do arco-íris é violeta, e o externo, vermelho.

19. (UFU-MG) A figura abaixo representa um feixe de luz branca viajando no ar e incidindo sobre um pedaço de vidro *crown*.

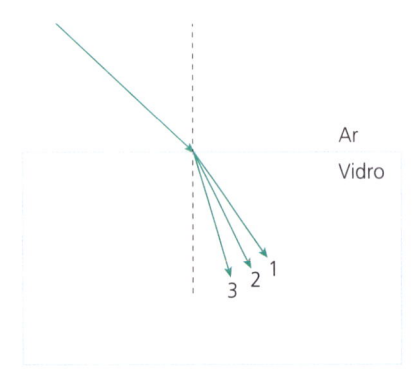

A tabela apresenta os índices de refração (n) para algumas cores nesse vidro.

Índice de refração do vidro *crown* para algumas cores	
Cor	n
Vermelha	1,51
Verde	1,52
Violeta	1,53

Nesse esquema, o feixe refratado 3 corresponde à cor:

a) branca.
b) violeta.
c) verde.
d) vermelha.

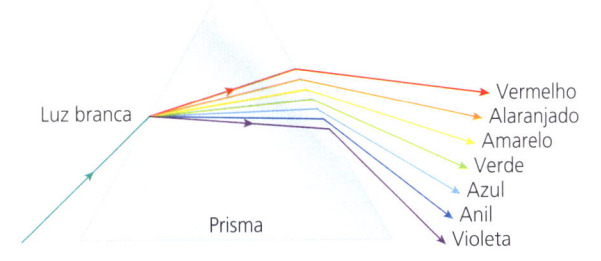

20. (Udesc) A figura a seguir mostra o trajeto de um raio de luz branca através de um prisma de vidro.

Analise as afirmações sobre o fenômeno da dispersão da luz, mostrado na figura.
  I. No interior do prisma, as diversas cores possuem velocidades de propagação diferentes.
  II. O índice de refração do vidro é menor do que o índice de refração do ar.
  III. A luz branca é refratada ao entrar no prisma, e as cores também são refratadas ao deixar o prisma.

Assinale a alternativa correta.
a) Somente as afirmativas II e III são verdadeiras.
b) Somente as afirmativas I e III são verdadeiras.
c) Somente as afirmativas I e II são verdadeiras.
d) Somente a afirmativa II é verdadeira.
e) Somente a afirmativa III é verdadeira.

21. (Unifesp) Dois raios de luz, um vermelho (v) e outro azul (a), incidem perpendicularmente em pontos diferentes da face AB de um prisma transparente imerso no ar. No interior do prisma, o ângulo limite de incidência na face AC é 44° para o raio azul e 46° para o vermelho. A figura que mostra corretamente as trajetórias desses dois raios é:

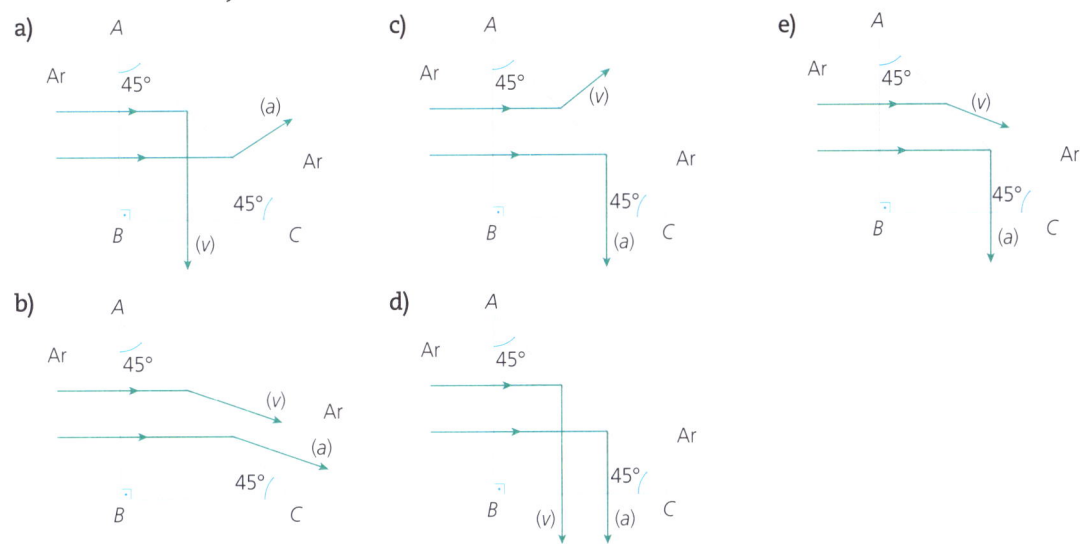

22. (UFSC) A aparência do arco-íris é causada pela dispersão da luz do sol, a qual sofre refração pelas gotas de chuva. A luz sofre uma refração inicial quando penetra na superfície da gota de chuva; dentro da gota ela é refletida e sofre nova refração ao sair da gota.

Disponível em: <http://pt.wikipedia.org/wiki/Arco-%C3%Adris>. Acesso em: 25 jul. 2006.

Com o intuito de explicar o fenômeno, um aluno desenhou as possibilidades de caminhos ópticos de um feixe de luz monocromática em uma gota de água, de forma esférica e de centro geométrico O, representados nas figuras A, B, C, D e E.

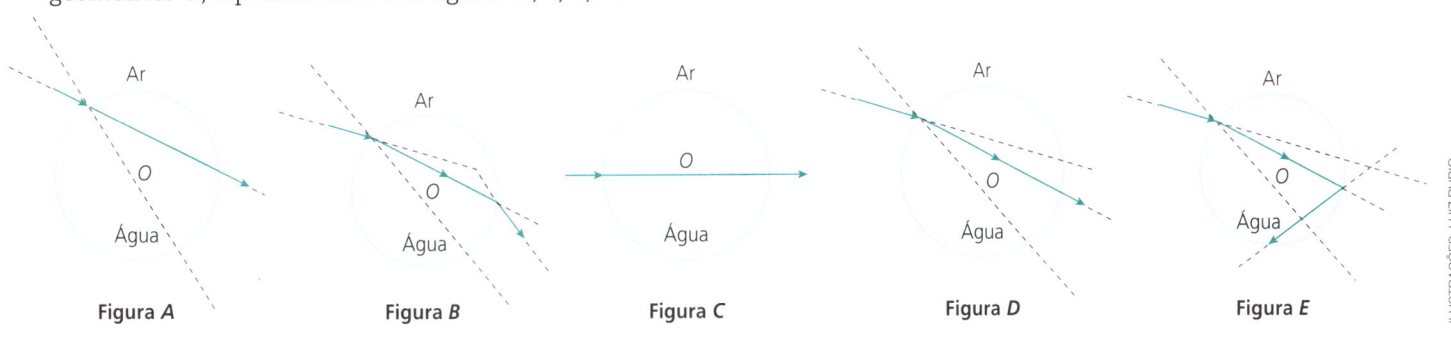

Figura A   Figura B   Figura C   Figura D   Figura E

Exercícios de revisão

Admitindo-se que o índice de refração do ar (n_{ar}) seja menor que o índice de refração da água ($n_{água}$), assinale a(s) proposição(ões) correta(s).

(01) A velocidade da luz no ar é maior do que na água.
(02) A e D são caminhos ópticos aceitáveis.
(04) B e C são caminhos ópticos aceitáveis.
(08) D e E são caminhos ópticos aceitáveis.
(16) A e C são caminhos ópticos aceitáveis.
(32) B e E sao caminhos ópticos aceitáveis.

Dê como resposta a soma dos números que antecedem as alternativas corretas.

Ficha-resumo 6

Lentes esféricas

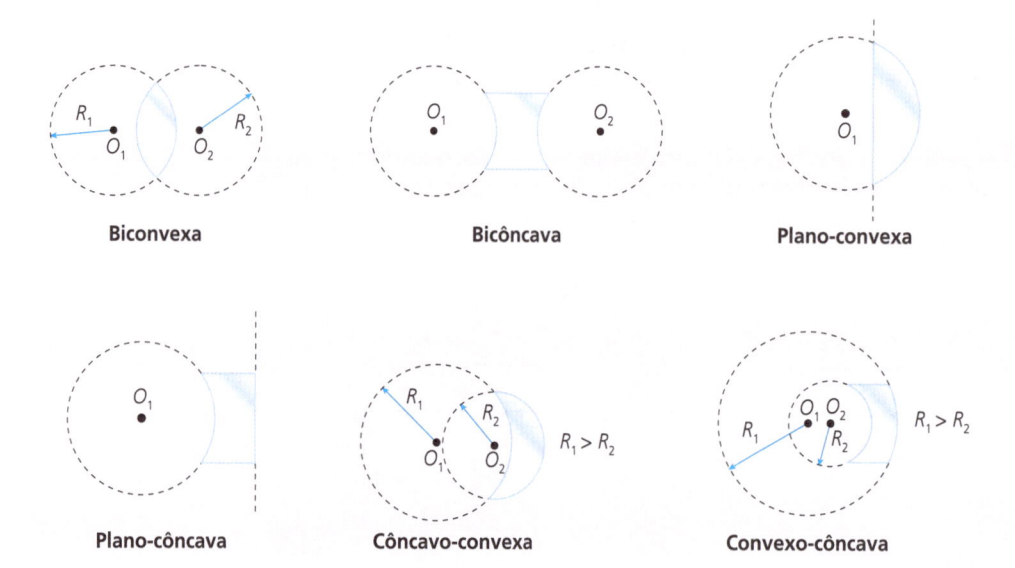

Biconvexa   Bicôncava   Plano-convexa

Plano-côncava   Côncavo-convexa   Convexo-côncava

Bordas finas: $n_2 > n_1 \rightarrow$ convergentes
$n_2 < n_1 \rightarrow$ divergentes

Bordas espessas: $n_2 > n_1 \rightarrow$ divergentes
$n_2 < n_1 \rightarrow$ convergentes

23. (UEL-PR) O perfil de uma lente delgada, de índice de refração n, em relação à água está esquematizado abaixo.

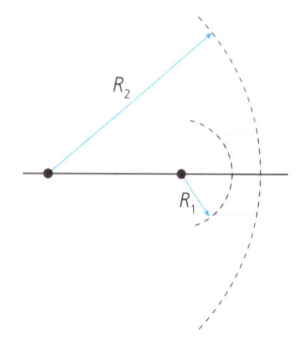

R_1 e R_2 são os raios de curvatura de cada uma de suas faces. Se $R_2 > R_1$, esta lente quando mergulhada em água será:

a) divergente se $n > 1$
b) divergente se $n = 1$
c) convergente se $n = 1$
d) convergente se $n > 1$
e) divergente se $n < 1$

24. (PUC-RS) Quando um raio de luz monocromática passa obliquamente pela superfície de separação de um meio para outro mais refringente, o raio aproxima-se da normal à superfície. Por essa razão, uma lente pode ser convergente ou divergente, dependendo do índice de refração do meio em que se encontra.

As figuras I e II representam lentes com índice de refração n_1 imersas em meios de índice de refração n_2, sendo N a normal à superfície curva das lentes.

Lente 1

Lente 2

Figura I

Figura II

Considerando essas informações, conclui-se que:

a) a lente 1 é convergente se $n_2 < n_1$.
b) a lente 1 é convergente se $n_2 > n_1$.
c) a lente 2 é divergente se $n_2 > n_1$.
d) a lente 2 é convergente se $n_2 < n_1$.
e) as lentes 1 e 2 são convergentes se $n_1 = n_2$.

Ficha-resumo 7

Lentes delgadas

Lente convergente

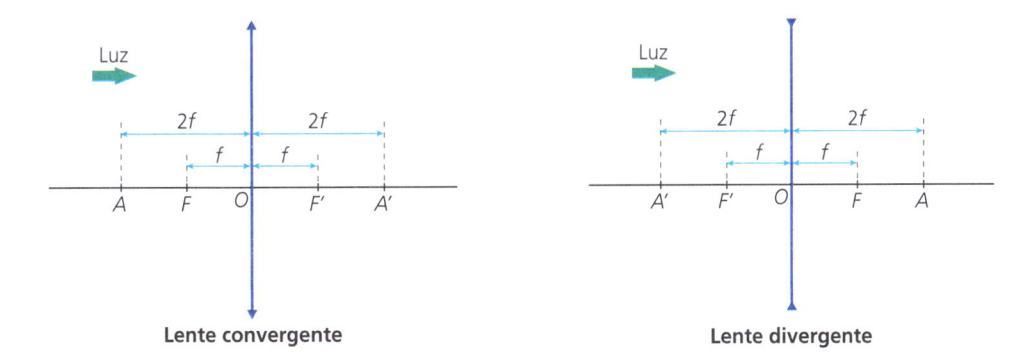

Lente divergente

Imagens em lentes esféricas delgadas

- **Lentes convergentes:**
  a) Objeto situado antes do ponto antiprincipal objeto (A):
     imagem **real, invertida** e **menor** que o objeto.

  b) Objeto situado entre o ponto antiprincipal objeto A e o foco principal objeto F:
     imagem **real, invertida** e **maior** que o objeto.

  c) Objeto situado entre o foco principal objeto F e o centro óptico O:
     imagem **virtual, direita** e **maior** que o objeto.

- **Lentes divergentes:**
  a imagem é sempre **virtual, direita** e **menor** que o objeto.

Exercícios de revisão

25. (UFV-MG) Colocando-se um objeto em frente a uma lente de distância focal f, observa-se que a imagem formada deste objeto é invertida e sua altura é menor que a do objeto. É correto afirmar que:
   a) em relação à lente, a imagem formada encontra-se no mesmo lado do objeto.
   b) a lente é divergente.
   c) a imagem formada é virtual.
   d) o objeto deve estar situado entre o foco e a lente.
   e) o objeto deve estar situado a uma distância da lente maior que $2f$.

26. (PUC-SP) A lupa é um instrumento óptico constituído por uma lente de aumento. Para cumprir sua função, ela deve ser:
   a) divergente e estar posicionada a uma distância do objeto analisado menor que sua distância focal.
   b) divergente e estar posicionada a uma distância do objeto analisado compreendida entre o foco e o ponto antiprincipal da lente.
   c) convergente e estar posicionada a uma distância do objeto analisado menor que sua distância focal.
   d) convergente e estar posicionada a uma distância do objeto analisado compreendida entre o foco e o ponto antiprincipal.
   e) convergente e estar posicionada a uma distância do objeto analisado maior que a distância focal.

Ficha-resumo 8

Equação de Gauss

$$\frac{1}{f} = \frac{1}{p} + \frac{1}{p'}$$

Aumento linear transversal

$$A = \frac{i}{o} \qquad A = -\frac{p'}{p}$$

27. (Unicamp-SP) Um objeto é disposto em frente a uma lente convergente conforme a figura abaixo.

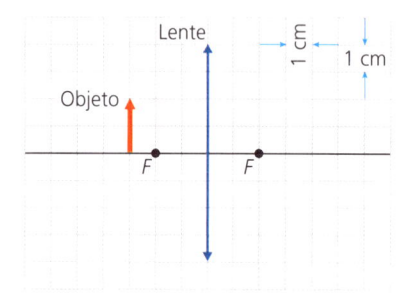

Os focos principais da lente são indicados com a letra F.
Pode-se afirmar que a imagem formada pela lente:
   a) é real, invertida e mede 4 cm.
   b) é virtual, direita e fica a 6 cm da lente.
   c) é real, direita e mede 2 cm.
   d) é real, invertida e fica a 3 cm da lente.

28. (Fuvest-SP) Um estudante construiu um microscópio ótico digital usando uma *webcam*, da qual ele removeu a lente original. Ele preparou um tubo adaptador e fixou uma lente convergente, de distância focal $f = 50$ mm, a uma distância $d = 175$ mm do sensor de imagem da *webcam*, como visto na figura abaixo.

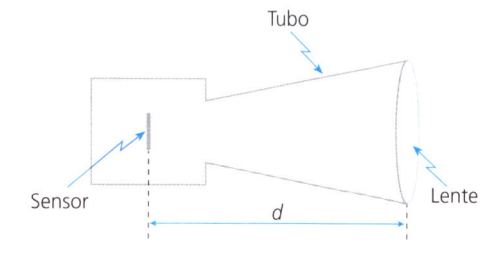

No manual da *webcam*, ele descobriu que seu sensor de imagem tem dimensão total útil de 6 × 6 mm², com 500 × 500 *pixels*. Com estas informações, determine:

a) as dimensões do espaço ocupado por cada *pixel*;
b) a distância L entre a lente e um objeto, para que este fique focalizado no sensor;
c) o diâmetro máximo D que uma pequena esfera pode ter, para que esteja integralmente dentro do campo visual do microscópio, quando focalizada.

Note e adote:

Pixel é a menor componente de uma imagem digital.

Para todos os cálculos, desconsidere a espessura da lente.

29. (Unesp-SP) Durante a análise de uma lente delgada para a fabricação de uma lupa, foi construído um gráfico que relaciona a coordenada de um objeto colocado diante da lente (p) com a coordenada da imagem conjugada desse objeto por essa lente (p'). A figura I representa a lente, o objeto e a imagem. A figura II apresenta parte do gráfico construído.

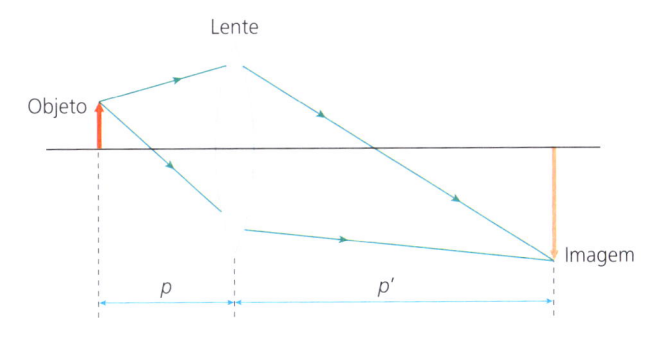

Figura I

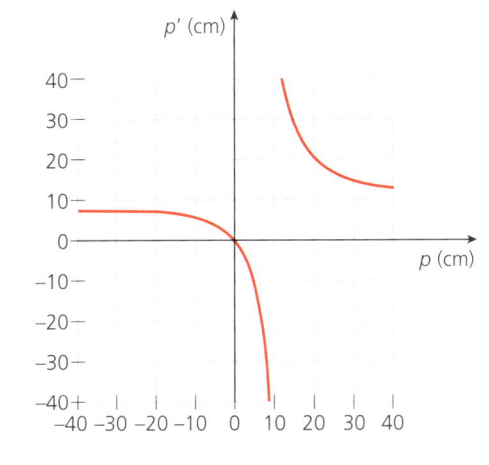

Figura II

Considerando válidas as condições de nitidez de Gauss para essa lente, calcule a que distância se formará a imagem conjugada por ela, quando o objeto for colocado a 60 cm de seu centro óptico. Suponha que a lente seja utilizada como lupa para observar um pequeno objeto de 8 mm de altura, colocado a 2 cm da lente. Com que altura será vista a imagem desse objeto?

Mais questões em **Vereda Digital Aprova Enem**, em **Vereda Digital Suplemento de revisão**, em **AprovaMax** (no *site*) e no livro digital.

CAPÍTULO 27
ÓPTICA DA VISÃO

ENEM
C5: H17, H18

Na obra *Olho*, de 1946, o artista gráfico Maurits C. Escher (1898-1972) reproduziu a imagem de um de seus olhos usando um espelho côncavo. Na pupila, uma imagem enigmática... Qual teria sido o objetivo do artista ao reproduzi-la?

Objetivos do capítulo

- Descrever os principais componentes do olho humano.
- Esquematizar o modelo reduzido do olho humano e conceituar ponto remoto e ponto próximo.
- Analisar o olho normal e apresentar os problemas da visão: miopia, hipermetropia, presbiopia e astigmatismo.

1 Olho humano

Na **figura 1**, esquematizamos os vários componentes do olho humano.

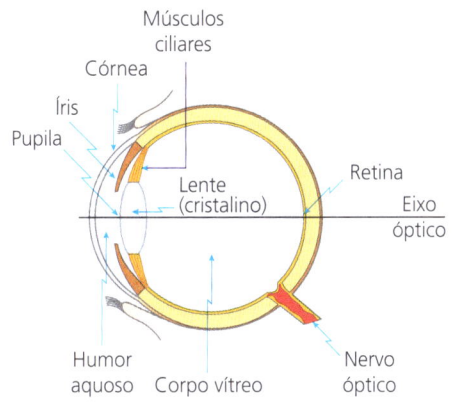

Figura 1. Representação esquemática do olho humano.

Na parte anterior do olho, estão localizados a **córnea** (membrana transparente), o **humor aquoso** (líquido transparente) e a lente, anteriormente chamada de **cristalino** (formada por substâncias gelatinosas transparentes), que funciona como uma lente biconvexa. O fundo do olho é recoberto por outra membrana transparente, a **retina**. Nela são projetadas as imagens dos objetos observados. A retina é constituída de células sensíveis à luz (cones e bastonetes), que, por meio do **nervo óptico**, transmitem ao cérebro as sensações visuais.

Os **músculos ciliares** sustentam a lente, podendo comprimi-la ou distendê-la, mudando seu formato e, consequentemente, variando sua distância focal, o que permite a focalização da imagem sobre a retina quando o objeto muda de posição; é a chamada **acomodação visual (fig. 2)**.

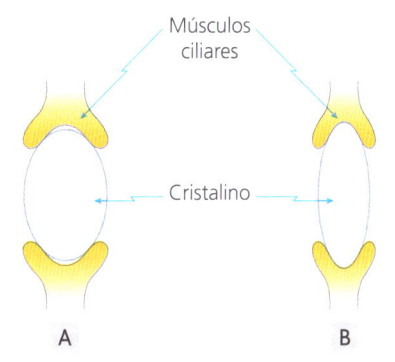

Figura 2. Acomodação visual. (A) Objeto próximo, músculos ciliares contraídos; (B) objeto distante, músculos ciliares relaxados.

A variação da distância focal da lente, antigo cristalino, ocorre devido à variação dos raios de curvatura de suas faces, como em uma lente biconvexa. Considerando R o raio de cada uma de suas faces e n_{21} o índice de refração da lente em relação ao meio que a envolve, a distância focal da lente pode ser calculada pela chamada **equação de Halley** ou **equação dos fabricantes de lentes**:

$$\frac{1}{f} = (n_{21} - 1) \cdot \frac{2}{R}$$

Da equação de Halley, resulta: $f = \dfrac{R}{2 \cdot (n_{21} - 1)}$

Observe que, aumentando R, a distância focal f aumenta. É o que acontece ao passar da situação indicada na **figura 2A** para a situação da **figura 2B**.

A **íris**, na câmara anterior do olho, é a membrana circular que dá coloração ao olho; em seu centro fica a **pupila**, uma abertura circular cujo diâmetro varia para regular a quantidade de luz que entra no olho, promovendo a **adaptação visual**.

Na câmara posterior do olho, entre a lente e a retina, existe uma substância gelatinosa transparente denominada **corpo vítreo**.

Os meios transparentes, córnea, humor aquoso, lente e corpo vítreo, formam um sistema convergente que pode ser representado por uma lente delgada L, posicionada a 5 mm da córnea e a 15 mm da retina. Essa simplificação do olho humano recebe o nome de **olho reduzido (fig. 3)**.

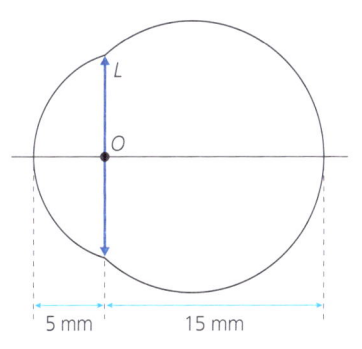

Figura 3. Olho reduzido.

Ponto remoto (PR) e ponto próximo (PP)

O ponto mais distante que um olho vê nitidamente, estando os músculos ciliares relaxados, recebe o nome de **ponto remoto**. A distância do ponto remoto ao olho é denominada **distância máxima de visão distinta**, indicada pela letra D.

O ponto mais próximo que um olho vê nitidamente, estando os músculos ciliares com a máxima contração, recebe o nome de **ponto próximo**. A distância do ponto próximo ao olho é denominada **distância mínima de visão distinta**, indicada pela letra d.

Para um olho de visão normal, o ponto remoto está no infinito ($D \to \infty$). Isso significa que uma pessoa com visão normal enxerga muito bem de longe (**fig. 4**).

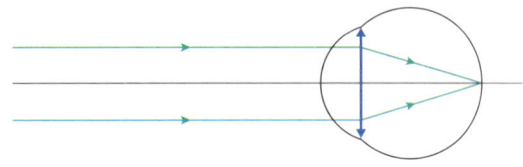

Figura 4. Modelo de um olho normal: para um objeto muito afastado (objeto no infinito): a imagem se forma **sobre** a retina.

O ponto próximo, para o caso do olho normal, está a uma distância convencional de 25 cm (d = 25 cm).

2 Problemas da visão

Miopia

As pessoas míopes têm o olho mais alongado que o normal. Por esse motivo, para um olho míope, a imagem de um objeto no infinito se forma antes da retina (**fig. 5**).

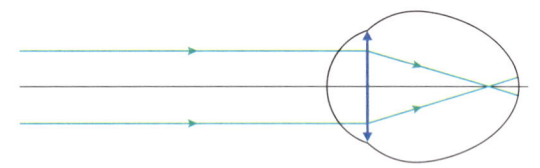

Figura 5. Modelo de um olho míope: para um objeto muito afastado (objeto no infinito), a imagem se forma **antes** da retina.

Portanto, uma pessoa míope não enxerga bem de longe. Isso significa que o ponto remoto do míope (PRM) está a uma distância finita do olho (**fig. 6**).

O grau de miopia depende da distância do ponto remoto do míope ao olho, ou seja, depende da distância máxima de visão distinta.

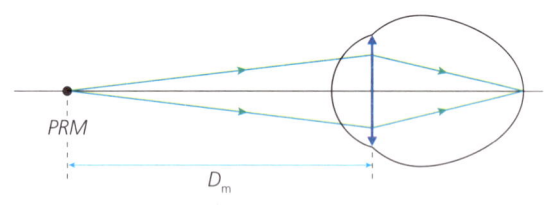

Figura 6. Para um objeto situado no ponto remoto do míope (PRM), o olho forma uma imagem nítida sobre a retina; nessa situação, os músculos ciliares estão relaxados.

A correção da miopia é feita por meio de **lentes divergentes**, que diminuem a convergência dos raios de luz.

A lente divergente corretiva, para um objeto situado no infinito, forma a imagem exatamente no ponto remoto do míope. Essa imagem funciona como objeto real em relação ao olho. Assim, a imagem final passa a ser formada sobre a retina (**fig. 7**).

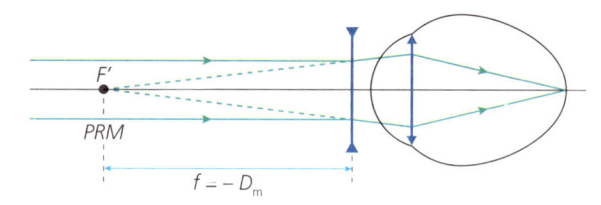

Figura 7. O míope utiliza lentes corretivas divergentes.

O foco principal imagem F' da lente divergente situa-se exatamente no ponto remoto do míope (PRM). Assim, sendo f a distância focal da lente corretiva e D_m a distância do ponto remoto do míope ao olho, podemos escrever:

$$f = -D_m$$

Usa-se o sinal negativo para indicar que a lente é divergente. Note que a distância da lente corretiva ao olho não é considerada.

O inverso da distância focal de uma lente é denominado **vergência**, indicada por V:

$$V = \frac{1}{f}$$

No Sistema Internacional de Unidades, a unidade de vergência é o inverso do metro (m^{-1}) e recebe o nome de **dioptria (di)**.

> **Observação**
>
> - O sinal de V é o mesmo de f. Assim, a vergência das lentes dos óculos de um míope é negativa.
> - Muitas vezes, dizemos: "as lentes dos meus óculos têm 2 graus". Isso significa que a vergência das lentes dos óculos é igual a 2 dioptrias.

Exercícios resolvidos

1. A imagem de um objeto, formada pelo globo ocular, é projetada na retina. Essa imagem é real ou virtual, direita ou invertida?

   ▶ **Solução**

   Como a imagem é projetada sobre a retina, concluímos que ela é real e, portanto, invertida.

   Ao chegar à retina, as informações são transmitidas ao cérebro pelo nervo óptico. A imagem é vista direita por uma ação do cérebro.

2. As lentes corretivas dos óculos de pessoas míopes são:
   a) divergentes, pois o olho é mais alongado que o normal e os raios de luz provenientes de um objeto distante convergem para pontos antes da retina.
   b) divergentes, pois o olho é mais alongado que o normal e os raios de luz provenientes de um objeto distante convergem para pontos depois da retina.

c) convergentes, pois o olho é mais curto que o normal e os raios de luz provenientes de um objeto distante convergem para pontos antes da retina.

d) convergentes, pois o olho é mais alongado que o normal e os raios de luz provenientes de um objeto distante convergem para pontos depois da retina.

e) divergentes, pois o olho é mais alongado que o normal e os raios de luz provenientes de um objeto distante convergem para pontos exatamente sobre a retina.

▶ **Solução**

As pessoas míopes têm o olho mais alongado que o normal. A imagem de um objeto distante observado por uma pessoa míope forma-se antes da retina. A correção da miopia é feita por meio de lentes divergentes que diminuem a convergência dos raios de luz, fazendo com que a imagem passe a ser formada sobre a retina.

Resposta: a

3. Uma determinada pessoa míope só consegue ver nitidamente objetos situados até a distância máxima de 1,0 m. Qual deve ser a distância focal e a vergência das lentes dos óculos dessa pessoa para que ela possa ver nitidamente objetos mais distantes?

▶ **Solução**

A distância focal das lentes corretivas é dada por $f = -D_m$, em que D_m é a distância máxima de visão distinta do míope, $D_m = 1,0$ m.

Assim, a distância focal f é dada por:

$$f = -1,0 \text{ m}$$

E a vergência:

$$V = \frac{1}{f} = \frac{1}{-1,0} \therefore \boxed{V = -1,0 \text{ di}}$$

Em linguagem cotidiana, diríamos que esse míope usa lentes de "1 grau".

Exercícios propostos

1. A miopia é um problema da visão em que a imagem de um objeto distante se forma antes da retina. Das lentes abaixo, qual é a indicada para a correção desse problema?

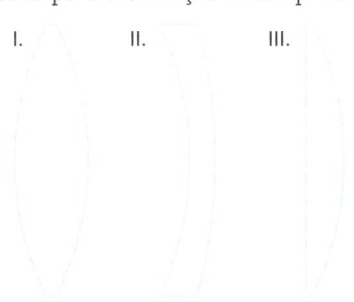

   I.   II.   III.

2. Considere três pessoas míopes, A, B e C, que usam lentes corretivas distintas. Conhecendo a vergência de suas lentes corretivas, $V_A = -2,00$ di, $V_B = -4,00$ di e $V_C = -10,00$ di, calcule, em metro, a distância focal dessas lentes e a distância máxima de visão distinta para cada uma das pessoas.

Hipermetropia

As pessoas hipermetropes têm o olho mais curto que o normal. Por isso, para um olho hipermetrope, a imagem de um objeto no infinito se forma depois da retina (**fig. 8**).

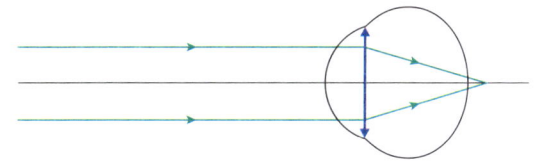

Figura 8. Modelo de um olho hipermetrope: para um objeto muito afastado (objeto no infinito), a imagem se forma **depois** da retina.

Para que um olho hipermetrope enxergue bem de longe, ele deve realizar esforço de acomodação. Os músculos ciliares de um olho hipermetrope não estão relaxados como os de um olho normal para a visão de um objeto distante; como consequência, a contração máxima dos músculos ciliares acontece antes, se comparada à contração de um olho normal, ou seja, o ponto próximo do hipermetrope (*PPH*) está mais afastado que o de um olho normal. Assim, indicando por d_h a distância mínima de visão distinta do hipermetrope, temos $d_h > 25$ cm (**fig. 9**).

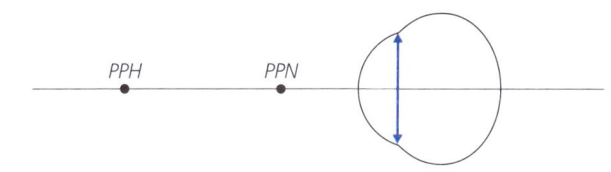

Figura 9. O ponto próximo do hipermetrope (*PPH*) está mais distante do olho do que o ponto próximo de um olho normal (*PPN*).

A correção da hipermetropia é feita por meio de **lentes convergentes**, que aumentam a convergência dos raios de luz.

A lente convergente corretiva forma uma imagem virtual exatamente no ponto próximo do hipermetrope (*PPH*), para um objeto situado no ponto próximo de um olho normal (*PPN*). Em relação ao olho, a imagem formada pela lente corretiva funciona como objeto real. A imagem final forma-se, então, sobre a retina (**fig. 10**).

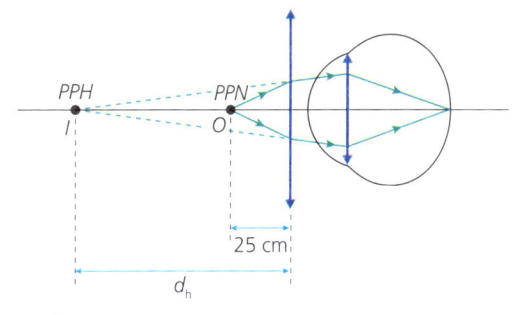

Figura 10. O hipermetrope utiliza lentes corretivas convergentes.

Para o cálculo da distância focal f da lente corretiva, vamos aplicar a equação de Gauss; considerando que $p = 25$ cm $= 0,25$ m e $p' = -d_h$. O sinal negativo no valor de p' resulta do fato de a imagem formada em *PPH* ser virtual.

Portanto, de $\frac{1}{f} = \frac{1}{p} + \frac{1}{p'}$ vem: $\boxed{\frac{1}{f} = \frac{1}{0,25} - \frac{1}{d_h}}$

ou $\boxed{V = \frac{1}{0,25} - \frac{1}{d_h}}$

Como o sinal de V é o mesmo de f, concluímos que a vergência das lentes dos óculos de um hipermetrope é positiva, pois $d_h > 0,25$ m.

Presbiopia

Com o envelhecimento, a lente do olho humano perde gradativamente sua capacidade de acomodação visual. Nessas condições, uma pessoa não enxerga com nitidez objetos próximos. Esse problema da visão se chama **presbiopia**, também conhecido como "vista cansada". Assim como o hipermetrope, o presbiope usa lentes corretivas convergentes.

Astigmatismo

O astigmatismo consiste em uma anomalia do olho, particularmente da córnea, que apresenta raio de curvatura variável conforme a seção considerada. Assim, a luz sofre refrações diferentes nas diversas seções. Como consequência, os raios luminosos não convergem para o mesmo ponto e a imagem formada na retina não é nítida. Nesse caso, as lentes corretivas são cilíndricas, visando compensar as imperfeições do olho.

Trocando ideias

Algumas pessoas usam lentes corretivas bifocais. Outras utilizam lentes multifocais. Existem também as lentes fotocromáticas, que escurecem na presença de luz de grande intensidade, e as lentes de contato, corretivas e/ou coloridas, que são colocadas sobre a córnea.

Forme um grupo com seus colegas e pesquisem as características de cada uma dessas lentes, seus usos, as dificuldades de adaptação e os cuidados para conservá-las. Exponham os resultados em um painel com fotos e legendas explicativas.

Exercícios resolvidos

4. Os esquemas A, B e C abaixo representam a formação de imagens em olhos:

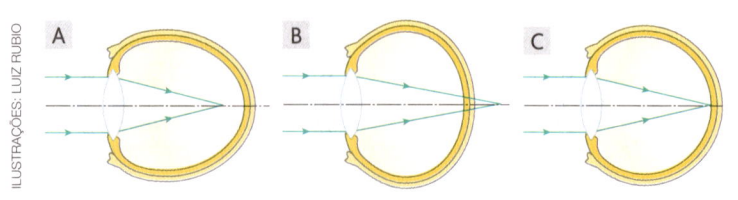

a) normais, míopes e hipermetropes.
b) normais, hipermetropes e míopes.
c) míopes, normais e hipermetropes.
d) hipermetropes, normais e míopes.
e) míopes, hipermetropes e normais.

▶ **Solução**
No olho míope, a imagem se forma antes da retina; no hipermetrope, depois da retina; no olho normal, exatamente sobre a retina.

Resposta: e

5. As lentes corretivas dos óculos de pessoas hipermetropes são:
a) divergentes, pois o olho é mais alongado que o normal e os raios de luz provenientes de um objeto distante convergem para pontos antes da retina.
b) divergentes, pois o olho é mais alongado que o normal e os raios de luz provenientes de um objeto distante convergem para pontos depois da retina.
c) convergentes, pois o olho é mais curto que o normal e os raios de luz provenientes de um objeto distante convergem para pontos antes da retina.
d) convergentes, pois o olho é mais curto que o normal e os raios de luz provenientes de um objeto distante convergem para pontos depois da retina.
e) divergentes, pois o olho é mais alongado que o normal e os raios de luz provenientes de um objeto distante convergem para pontos exatamente sobre a retina.

▶ **Solução**
As pessoas hipermetropes possuem o olho mais curto que o normal, portanto a imagem de um objeto distante se forma depois da retina.
A correção da hipermetropia é feita por meio de lentes convergentes, que aumentam a convergência dos raios de luz, e a imagem passa a ser formada na retina.

Resposta: d

6. Uma determinada pessoa hipermetrope vê com nitidez objetos situados a distâncias maiores ou iguais a 1,0 m. Qual deve ser a distância focal e a vergência das lentes dos óculos que proporcionarão à pessoa visão nítida a partir de 0,25 m?

▶ **Solução**
A distância focal da lente corretiva é dada por:

$$\frac{1}{f} = \frac{1}{0,25} - \frac{1}{d_h}$$

em que $d_h = 1,0$ m é a distância mínima de visão distinta do hipermetrope.

Assim, temos:

$\frac{1}{f} = \frac{1}{0,25} - \frac{1}{d_h} \Rightarrow \frac{1}{f} = \frac{1}{0,25} - \frac{1}{1,0} = \frac{4-1}{1,0}$

$\therefore \boxed{f = \frac{1}{3} \text{ m} \approx 0,33 \text{ m}}$

E a vergência é: $V = \frac{1}{f} = \frac{1}{\frac{1}{3}} \therefore \boxed{V = 3 \text{ di}}$

Exercícios propostos

3. Dois jovens alunos, Pedro e Raphael, usam óculos. O professor de Física mostra à turma que, com as lentes dos óculos de Pedro, as imagens dos objetos são aumentadas e, com as lentes dos óculos de Raphael, as imagens dos objetos são diminuídas. Quais são os problemas visuais dos dois jovens?

4. Três pessoas, A, B e C, são hipermetropes. Sabe-se que essas pessoas, usando seus óculos, têm visão nítida a partir de 0,25 m. Conhecendo a vergência de suas lentes corretivas, $V_A = 1,00$ di, $V_B = 2,00$ di e $V_C = 3,00$ di, calcule, em metro, a distância focal dessas lentes e a distância mínima de visão distinta para cada uma das pessoas.

5. Uma pessoa tem presbiopia, isto é, "vista cansada", e só consegue ler o jornal se ele estiver a mais de 40 cm de seus olhos. O oftalmologista lhe prescreve uma receita de modo que, utilizando os óculos, ela terá uma visão nítida a partir de 25 cm. Qual é a vergência das lentes receitadas pelo médico?

6. Parte da receita dos óculos de um jovem, prescrita pelo oftalmologista, pode ser observada a seguir. OD e OE são as abreviaturas para olho direito e olho esquerdo, respectivamente. Com base na receita, quais são os problemas visuais do jovem?

		Esférica	Cilíndrica
Para longe	OD		
	OE		
Para perto	OD	+ 1,25	+ 0,75
	OE	+ 1,50	+ 0,50

Aplicação tecnológica

Lente fotocromática e lente fotossensível

A lente fotocromática é fabricada com um material que escurece sob luz intensa e se torna mais claro à medida que a intensidade da luz diminui. Na lente fotossensível, o efeito é semelhante, mas é obtido pela aplicação de uma película muito fina que reveste a face externa frontal da lente.

A forma de ativação do efeito de escurecimento também difere de um tipo de lente para outro. Na lente fotocromática, o efeito é obtido por incidência de radiação ultravioleta de luz solar intensa, enquanto, na fotossensível, o efeito é ativado tanto por radiação ultravioleta como por luz visível na faixa do azul ao violeta.

Lente fotocromática de óculos após exposição à luz do sol.

Nas lentes fotocromáticas, três sais de prata podem ser misturados ao cristal da lente durante sua fabricação: o cloreto de prata ($Ag^+C\ell^-$), o brometo de prata (Ag^+Br^-) e o iodeto de prata (Ag^+I^-). Na presença de radiação UV, ocorre uma reação fotoquímica reversível e esses sais se decompõem, originando a prata metálica (Ag^0). Por ser opaca, a prata metálica provoca o escurecimento da lente.

Quando a intensidade da radiação solar diminui, a prata se recombina com os outros elementos e a lente se torna clara novamente.

As reações químicas correspondentes são:

$$AgC\ell \underset{escuro}{\overset{luz}{\rightleftarrows}} Ag^0 + C\ell^-$$

$$AgBr \underset{escuro}{\overset{luz}{\rightleftarrows}} Ag^0 + Br^-$$

$$AgI \underset{escuro}{\overset{luz}{\rightleftarrows}} Ag^0 + I^-$$

Nas lentes fotocromáticas, como os sais de prata estão misturados ao material da lente, as regiões mais espessas escurecem mais que as regiões mais finas. Esse problema não acontece com as lentes fotossensíveis, visto que a película que contém as moléculas fotocromáticas tem espessura uniforme. Além disso, o efeito de escurecimento das lentes fotossensíveis é ativado mesmo em ambientes internos bem iluminados, aumenta quando os óculos são usados para dirigir e é ainda mais ativado em ambientes externos.

Exercícios de revisão

Ficha-resumo 1

Olho normal: para um objeto muito afastado (objeto no infinito), a imagem se forma sobre a retina.

Olho míope: para um objeto muito afastado (objeto no infinito), a imagem se forma antes da retina.

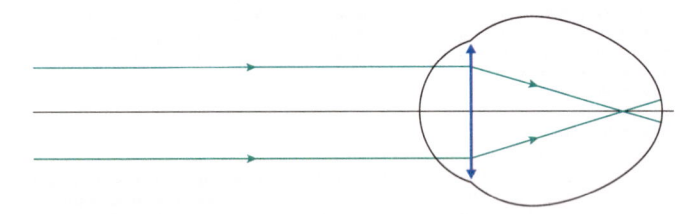

A correção da miopia é feita por meio de **lentes divergentes**, cuja distância focal é dada por:

$f = -D_m$, em que D_m é a distância máxima de visão distinta para o míope.

A **vergência** V é o inverso da distância focal:

$$V = \frac{1}{f}$$

Equação de Halley para uma lente biconvexa cujas faces têm o mesmo raio de curvatura R: $\frac{1}{f} = (n_{21} - 1) \cdot \frac{2}{R}$, em que n_{21} é o índice de refração da lente em relação ao meio que a envolve.

1. (Fuvest-SP) O ponto remoto corresponde à maior distância que pode ser focalizada na retina. Para um olho míope, o ponto remoto, que normalmente está no infinito, fica bem próximo dos olhos.
 a) Que tipo de lente o míope deve usar para corrigir o defeito?
 b) Qual é a distância focal de uma lente para corrigir a miopia de uma pessoa cujo ponto remoto se encontra a 20 cm do olho?

2. (UFSCar-SP)

> ... Pince-nez é coisa que usei por largos anos, sem desdouro. Um dia, porém, queixando-me do enfraquecimento da vista, alguém me disse que talvez o mal viesse da fábrica...
>
> Machado de Assis. *Bons dias*, 1888.

Machado de Assis via-se obrigado a utilizar lentes corretivas que, em sua época, apoiavam-se em armações conhecidas como *pince-nez* ou *lorgnon*, que se mantinham fixas ao rosto pela ação de uma débil força elástica sobre o nariz.

Supondo que Machado, míope, só conseguisse ver nitidamente objetos à sua frente desde que estes se encontrassem a até 2 m de seus olhos, e que ambos os olhos tivessem o mesmo grau de miopia, as lentes corretivas de seu *pince-nez* deveriam ser de vergência, em dioptria:
 a) +2,0
 b) −0,5
 c) −1,0
 d) −1,5
 e) −2,0

Ficha-resumo 2

Olho normal: para um objeto muito afastado (objeto no infinito), a imagem se forma sobre a retina.

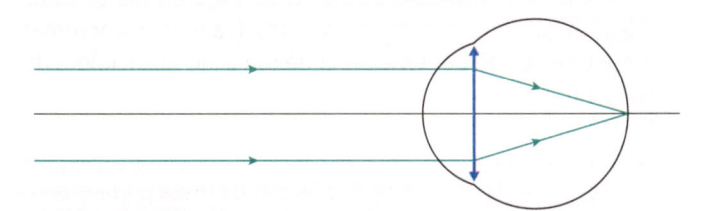

Olho hipermetrope: para um objeto muito afastado (objeto no infinito), a imagem se forma depois da retina.

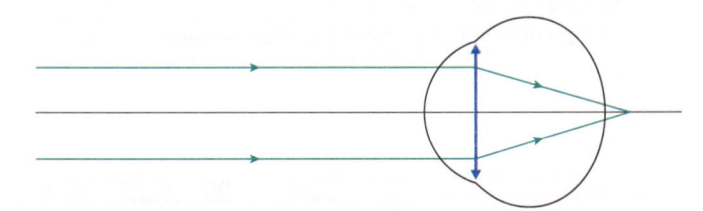

A correção da hipermetropia é feita por meio de **lentes convergentes**, cuja distância focal é dada por:

$$\frac{1}{f} = \frac{1}{0{,}25} - \frac{1}{d_h}$$

em que d_h é a distância mínima de visão distinta para o hipermetrope.

3. (Unifor-CE) Um oftalmologista explica que pais e professores devem estar atentos aos comportamentos das crianças. Uma dificuldade de aprendizado pode ser explicada por defeitos na visão. Alguns defeitos na visão como a miopia e a hipermetropia são causados pela falta de esfericidade do olho. Para corrigir essas deficiências, usamos as lentes esféricas. Uma pessoa que é míope, para corrigir essa dificuldade que ela tem de enxergar de longe, precisa usar uma lente esférica divergente. Já uma pessoa que é hipermetrope deve usar para correção uma lente esférica convergente. Com base no texto acima, a vergência de uma lente corretiva para um olho hipermetrope, cujo ponto próximo está a 80,00 cm (considere o ponto próximo de um olho com visão normal a uma distância de 25,00 cm), e um olho míope, cujo ponto distante está a 80,00 cm, é, respectivamente:

a) 2,75 di e −1,25 di
b) 5,25 di e −1,25 di
c) 4,25 di e −8,75 di
d) 1,25 di e −2,75 di
e) 1,75 di e −2,25 di

4. (UFPA) Um oftalmologista, antes de examinar um paciente, explica-lhe dois defeitos da visão usando os esquemas abaixo:

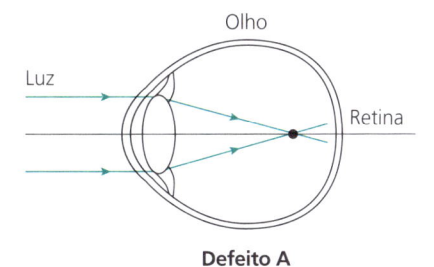

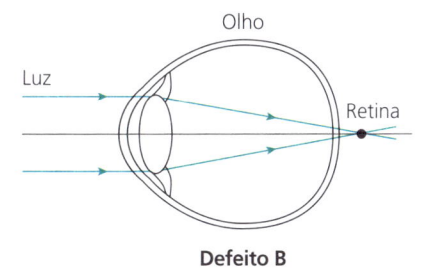

Defeito A

Defeito B

Em seguida, mostra-lhe as lentes representadas abaixo, cuja função é corrigir esses defeitos.

Lente 1   Lente 2

a) Qual é o nome de cada defeito e qual é a lente (1 ou 2) que corrige cada um?

b) Após exame, o médico constata que o olho do paciente apresenta o defeito A, sendo sua máxima distância de visão distinta igual a 50 cm. Calcule quantas dioptrias deve ter a lente receitada pelo médico para corrigir tal defeito.

5. (Unifesp) Um estudante observa que, com uma das duas lentes iguais de seus óculos, consegue projetar sobre o tampo da sua carteira a imagem de uma lâmpada fluorescente localizada acima da lente, no teto da sala. Sabe-se que a distância da lâmpada à lente é de 1,8 m e desta ao tampo da carteira é de 0,36 m.

a) Qual a distância focal dessa lente?
b) Qual o provável defeito de visão desse estudante? Justifique.

Ficha-resumo 3

Presbiopia: com o envelhecimento, a lente do olho humano perde gradativamente sua capacidade de acomodação e objetos próximos não são mais vistos com nitidez.

A presbiopia é também conhecida como "vista cansada". O presbiope usa óculos cujas lentes são convergentes.

Astigmatismo: o astigmatismo consiste numa anomalia do olho, que apresenta raio de curvatura variável conforme a seção considerada. A luz sofre refrações diferentes nas diversas seções, e a imagem que se forma na retina não é nítida. As lentes corretivas são cilíndricas, visando compensar as imperfeições do olho.

6. (Unicamp-SP) O olho humano só é capaz de focalizar a imagem de um objeto (fazer com que ela se forme na retina) se a distância entre o objeto e o cristalino [atual lente] do olho for maior que a de um ponto conhecido como ponto próximo, P_p (ver figura abaixo).

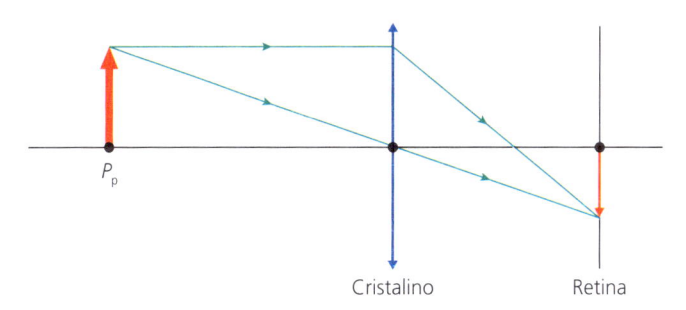

A posição do ponto próximo normalmente varia com a idade. Uma pessoa, aos 25 anos, descobriu, com auxílio do seu oculista, que o seu ponto próximo ficava a 20 cm do cristalino. Repetiu o exame aos 65 anos e constatou que só conseguia visualizar com nitidez objetos que ficavam a uma distância mínima de 50 cm. Considere que, para essa pessoa, a retina está sempre a 2,5 cm do cristalino, sendo que este funciona como uma lente convergente de distância focal variável.

Exercícios de revisão

a) Calcule as distâncias focais mínimas do cristalino dessa pessoa aos 25 e aos 65 anos.

b) Se essa pessoa, aos 65 anos, tentar focalizar um objeto a 20 cm do olho, a que distância da retina se formará a imagem?

7. (Unemat-MT) Os principais defeitos da visão são a miopia, a hipermetropia, a presbiopia, o astigmatismo e o estrabismo.

Analise as definições.

I. Este defeito consiste em um encurtamento do bulbo do olho na direção anteroposterior. A correção é feita com uso de lentes convergentes.

II. Este defeito consiste em imperfeições na simetria de revolução do sistema óptico ocular em torno de seu eixo óptico. A correção é feita com uso de lentes cilíndricas.

III. Este defeito consiste em um alongamento do bulbo do olho na direção anteroposterior. A correção é feita com uso de lentes divergentes.

Assinale a afirmativa correta.
a) A afirmativa I trata de hipermetropia e a II trata de miopia.
b) A afirmativa I trata de miopia e a II trata de hipermetropia.
c) A afirmativa I trata de miopia e a III trata de hipermetropia.
d) A afirmativa II trata de hipermetropia e a III trata de miopia.
e) A afirmativa I trata de hipermetropia e a III trata de miopia.

8. (PUC-SP) José fez exame de vista e o médico oftalmologista preencheu a receita abaixo.

	Olho	Esférica	Cilíndrica	eixo
Para longe	OD	−0,50	−2,00	140°
	OE	−0,76		
Para perto	OD	2,00	−2,00	140°
	OE	1,00		

Pela receita, conclui-se que o olho:
a) direito apresenta miopia, astigmatismo e "vista cansada".
b) direito apresenta apenas miopia e astigmatismo.
c) direito apresenta apenas astigmatismo e "vista cansada".
d) esquerdo apresenta apenas hipermetropia.
e) esquerdo apresenta apenas "vista cansada".

9. (PUC-SP) Certo professor de Física deseja ensinar a identificar três tipos de defeitos visuais apenas observando a imagem formada através dos óculos de seus alunos, que estão na fase da adolescência. Ao observar um objeto através do primeiro par de óculos, a imagem aparece diminuída. O mesmo objeto observado pelo segundo par de óculos parece aumentado e apenas o terceiro par de óculos distorce as linhas quando girado. Através da análise das imagens produzidas por esses óculos podemos concluir que seus donos possuem, respectivamente:

Primeiro par de óculos: imagem diminuída.
Segundo par de óculos: imagem aumentada. 
Terceiro par de óculos, quando movimentado: imagem distorcida. 

a) miopia, astigmatismo e hipermetropia.
b) astigmatismo, miopia e hipermetropia.
c) hipermetropia, miopia e astigmatismo.
d) hipermetropia, astigmatismo e miopia.
e) miopia, hipermetropia e astigmatismo.

Mais questões em **Vereda Digital Aprova Enem**, em **Vereda Digital Suplemento de revisão**, em **AprovaMax** (no *site*) e no livro digital.

CAPÍTULO 28

ESTUDO DAS ONDAS

ENEM
C1: H1
C5: H17

O fotógrafo suíço Fabian Oefner isolou um alto-falante com uma película plástica e utilizou sais coloridos para materializar os sons das músicas. O resultado foi um conjunto de formas interessantíssimas, como a da foto. As formas que surgiram dependiam da frequência do som, estabelecendo uma ponte entre o mundo acústico e o visual.

Neste capítulo, vamos estudar alguns fenômenos que envolvem a propagação de ondas e as grandezas que caracterizam os diversos tipos de ondas.

Objetivos do capítulo

- Conhecer e saber distinguir os modelos corpuscular e ondulatório de transferência de energia.
- Conceituar perturbação e estudar sua propagação em diversos meios.
- Classificar as ondas quanto à sua natureza e dimensionalidade.
- Conhecer as grandezas que caracterizam as ondas.
- Compreender e aplicar os conceitos de reflexão, refração, difração e polarização de ondas.

1 Modelo corpuscular da matéria e modelo ondulatório

Quase tudo que nos rodeia, desde um pequeno grão de areia até uma pessoa, um edifício ou uma imensa galáxia, são sistemas constituídos de muitas partículas.

O **modelo de partícula**, ou **modelo corpuscular da matéria**, é um dos modelos básicos da Física Clássica e durante séculos explicou muitos dos fenômenos naturais observados. A simples colisão entre duas bolas **(fig. 1)**, o movimento ordenado dos planetas ao redor do Sol ou o movimento caótico das moléculas de um gás são exemplos de situações nas quais o modelo corpuscular se mostrou extremamente bem-sucedido na descrição dos fenômenos.

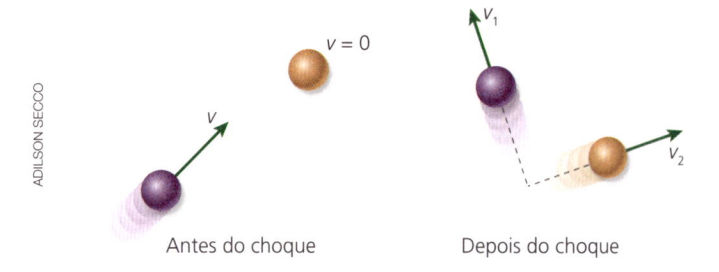

Figura 1. Modelo corpuscular de transferência de energia.

No entanto, esse modelo não explicava todos os fenômenos naturais, sobretudo os relativos à natureza da luz. Assim, era necessário formular outro modelo, não para substituir o corpuscular, mas para complementá-lo.

Esse novo modelo foi proposto em 1690 pelo físico holandês Christiaan Huygens (1629-1695) e recebeu o nome de **teoria ondulatória da luz**. Posteriormente complementado pelo físico e engenheiro francês Augustin Fresnel (1788-1827), o modelo ondulatório explicava plenamente os fenômenos da difração, da interferência e da polarização da luz, que não podiam ser explicados pelo modelo corpuscular proposto por Newton. Até fins do século XIX e início do século XX, esse modelo foi chamado de **modelo ondulatório de Huygens-Fresnel**. A **figura 2** mostra uma transferência de energia entre pontos de um meio, explicada por esse modelo ondulatório.

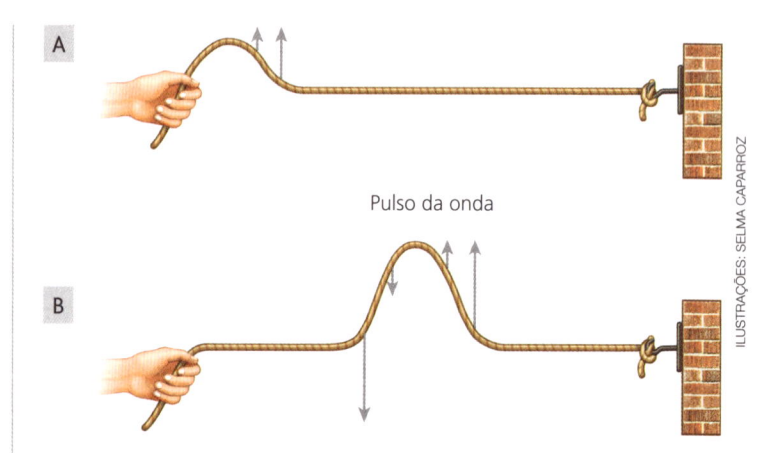

Figura 2. Modelo ondulatório de transferência de energia.

Os pontos mais próximos da mão da pessoa recebem dela energia que se propaga para outros pontos do meio. Cada ponto do meio comporta-se como uma fonte secundária de ondas. Essa perturbação que se propaga ao longo da corda é chamada de **pulso de onda**.

Assim, até o início do século XX, os fenômenos físicos estavam divididos em fenômenos que eram explicados pelo modelo corpuscular e fenômenos que eram explicados pelo modelo ondulatório. Essas teorias não se mesclavam.

Modelo corpuscular × modelo ondulatório

Por volta de 1912, lançando feixes de raios X sobre cristais de níquel, o físico alemão Max von Laue (1879-1960) obteve padrões de interferência por difração. Na época, esses padrões foram considerados a prova definitiva de que os raios X não eram constituídos de partículas, como se suspeitava, mas, sim, de manifestações ondulatórias semelhantes à luz.

Em 1927, com experimentos semelhantes aos realizados por Max von Laue, o físico inglês George Paget Thomson (1892-1975) e os físicos estadunidenses Clinton Joseph Davisson (1881-1958) e Lester Halbert Germer (1896-1971) observaram figuras de difração lançando feixes de elétrons contra lâminas metálicas muito finas. Os experimentos de Thomson, Davisson e Germer confirmaram experimentalmente o comportamento ondulatório das partículas, conhecido como **princípio da dualidade onda-partícula**. Até então, a difração era considerada um fenômeno exclusivamente ondulatório.

Esse aparente conflito entre partículas *versus* ondas foi solucionado em 1928 pelo físico dinamarquês Niels Bohr (1885-1962) ao enunciar o **princípio da complementaridade**:

> Sob certas condições, partículas exibem comportamento típico de ondas e ondas exibem comportamento típico de partículas.

Assim, em vez de serem contraditórios entre si, esses comportamentos **se complementam**. Então, podemos dizer que a luz se comporta como um fluxo contínuo de partículas em situações como a reflexão, por exemplo, ao passo que, em situações como a difração e a interferência, ela se comporta como onda. Da mesma forma, podemos dizer que, no nível macroscópico, o elétron se comporta como uma partícula, ao passo que, no nível quântico, seu comportamento é modelado por funções matemáticas denominadas funções de onda.

Esses conceitos serão aprofundados no capítulo dedicado à Física Moderna, em que serão abordadas algumas noções de Mecânica Ondulatória, hoje denominada Mecânica Quântica.

Neste capítulo, vamos estudar as características comuns aos diferentes tipos de onda, presentes nos diversos fenômenos ondulatórios.

2 Perturbações e ondas

Qualquer alteração em qualquer propriedade física em um ponto de um meio é denominada **perturbação**.

A chama de uma vela em uma sala **(fig. 3)**, por exemplo, provoca aumento na temperatura do ar ao seu redor, que posteriormente será percebido em outros pontos desse ambiente. A própria visão da chama, a partir de um ponto distante dela, deve-se à propagação de outro tipo de perturbação que chega até nossos olhos. Essa perturbação é denominada **luz**.

Figura 3. A chama de uma vela produz ondas de calor e ondas luminosas que se propagam pelo ambiente.

Ao cair sobre a superfície tranquila das águas de um lago, uma pedra provoca oscilações dos pontos na região do impacto, que se propagam para outros pontos da superfície **(fig. 4)**.

Figura 4. A queda de uma pedra provoca na superfície da água oscilações que se propagam para outros pontos desse meio.

Os ruídos produzidos pelo impacto da baqueta contra os tambores e pratos de uma bateria **(fig. 5)**, por exemplo, chegam até nosso sistema auditivo por vibrações provocadas no ar. Essas vibrações se espalham em todas as direções e recebem o nome de **som**.

Figura 5. O impacto das baquetas contra os tambores e pratos da bateria produz vibrações que se propagam pelo ar, chegam aos nossos ouvidos e são interpretadas como sons.

As situações apresentadas anteriormente são exemplos de perturbações que alteraram alguma propriedade do meio e, mais tarde, atingiram outros pontos desse meio. Perturbações que se propagam pelos pontos do meio onde são geradas são denominadas **ondas**. Assim, podemos dizer que, na **figura 3**, foram geradas ondas térmicas e ondas luminosas. Na **figura 4**, gerou-se uma onda de deslocamento, semelhante à que vemos nos estádios esportivos com o nome de "ola". Na **figura 5**, a vibração dos pontos da região atingida pelas baquetas faz o ar próximo vibrar, gerando uma onda de pressão que atinge nossos tímpanos, permitindo assim que escutemos o som emitido pela bateria.

Podemos conceituar onda da seguinte maneira:

> Onda é uma perturbação que se propaga pelos pontos do meio onde foi gerada.

A principal propriedade física da propagação ondulatória pode ser assim enunciada:

> Onda transporta energia e transfere impulso, mas **não transporta matéria**.

3 Classificação das ondas quanto à sua natureza

Com exceção das ondas de matéria, que serão estudadas posteriormente, as ondas podem ser classificadas em duas grandes categorias: **ondas mecânicas** e **ondas eletromagnéticas**.

Ondas mecânicas

Para se propagar, as ondas mecânicas **necessitam de um meio material elástico**, seja ele sólido, líquido ou gasoso. Portanto, as ondas mecânicas não se propagam no vácuo. A elasticidade de um meio material é a capacidade de os pontos desse meio retornarem à posição de equilíbrio, cessada a perturbação que provocou a oscilação dos pontos.

Um meio elástico apresenta deformações reversíveis. Entretanto, ao ultrapassar certo limite, chamado de limite de elasticidade, o meio sofre deformações irreversíveis. Quando se perturba o equilíbrio dos pontos de uma região de determinado meio, em geral, afastando esses pontos da posição de equilíbrio, geram-se oscilações que são transmitidas ponto a ponto através desse meio, fazendo com que outros pontos também oscilem, como se pode observar na **figura 6**.

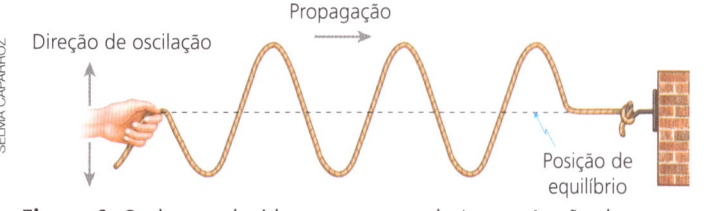

Figura 6. Ondas produzidas em uma corda tensa. A mão da pessoa é a fonte das ondas.

São exemplos de ondas mecânicas:
- ondas em cordas, como as geradas nas cordas do violão da **figura 7**, a seguir;
- ondas na superfície da água, ao ser perturbada pelo vento ou pela queda de algum objeto, como na **figura 4**;
- ondas de pressão no ar, provocadas por algum movimento vibratório que, ao atingir nossos tímpanos, são interpretadas como sons, a exemplo do que acontece na **figura 5**.

Figura 7. Ondas geradas nas cordas de um violão ocorrem quando alguns pontos da corda são afastados de sua posição de equilíbrio.

Ondas eletromagnéticas

As ondas eletromagnéticas **não necessitam de um meio material elástico** para se propagar e, portanto, podem propagar-se tanto no vácuo quanto em meios materiais. São oscilações de campos elétricos e magnéticos, variáveis com o tempo, que viajam pelo espaço transmitindo energia.

A **figura 8** mostra o modelo que ilustra a propagação de uma onda eletromagnética gerada pela oscilação de duas cargas elétricas, uma positiva, $+q$, e outra negativa, $-q$. Os vetores vermelhos representam a variação da intensidade do campo elétrico $\vec{E}$. Os vetores azuis, por sua vez, representam a variação da intensidade do campo magnético $\vec{B}$. O vetor $\vec{v}$ representa a direção e o sentido de propagação dessa onda.

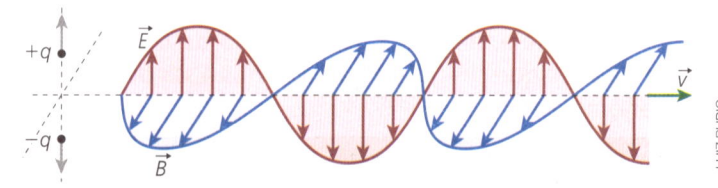

Figura 8. Modelo de propagação de uma onda eletromagnética.

São exemplos de ondas eletromagnéticas:
- a **luz**, estudada em detalhes no capítulo dedicado à Óptica;
- as **ondas de rádio**, nome dado às ondas empregadas em telecomunicações;
- as **micro-ondas**, utilizadas em telefonia e em outras aplicações;
- a radiação **infravermelha**, também conhecida como radiação térmica;

- a radiação **ultravioleta**, a que mais atinge a superfície terrestre, apesar de benéfica aos seres vivos, pode ser danosa dependendo do tempo de exposição;
- os **raios X**, utilizados na Medicina em diagnósticos por imagem;
- os **raios gama** (γ), radiações de alta energia, em geral produzidas pela desintegração de núcleos atômicos. São as radiações eletromagnéticas mais energéticas que conhecemos.

4 Classificação das ondas quanto aos modos de vibração

Ondas transversais

Os pontos do meio de propagação oscilam perpendicularmente à direção de propagação da onda. Ondas em cordas tensas e todas as ondas eletromagnéticas são ondas transversais **(fig. 9)**.

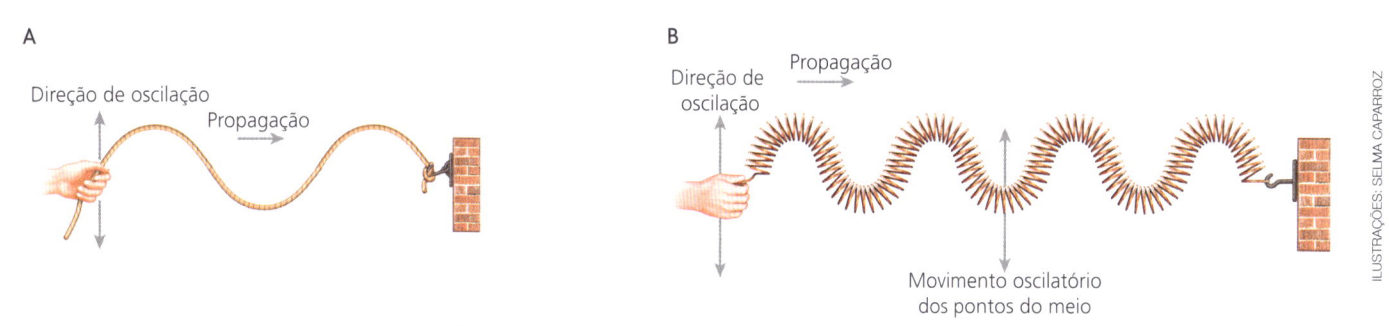

Figura 9. Modelos de ondas transversais. (A) Onda transversal em uma corda; (B) onda transversal em uma mola helicoidal.

Ondas longitudinais

Os pontos do meio de propagação oscilam **paralelamente** à direção de propagação da onda. As ondas sonoras no ar e as ondas de compressão e distensão em uma mola helicoidal são longitudinais **(fig. 10)**.

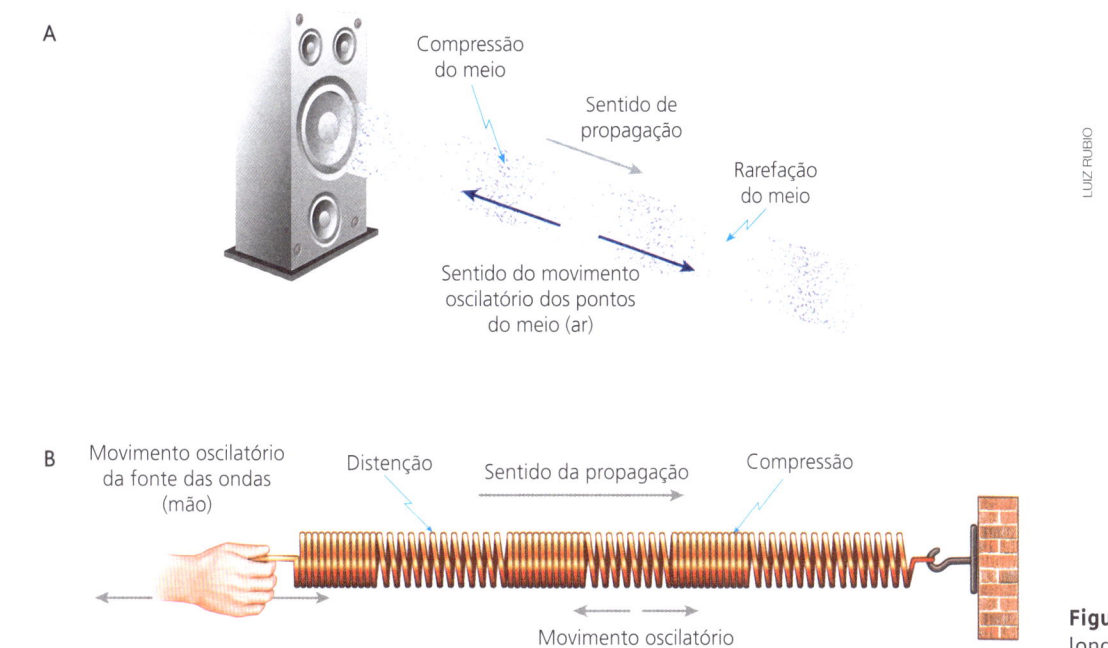

Figura 10. Modelos de ondas longitudinais. (A) Onda sonora no ar; (B) onda longitudinal em uma mola helicoidal.

Ondas mistas

Como o nome diz, são ondas que produzem simultaneamente oscilações transversais e longitudinais nos pontos do meio de propagação. Ondas que se propagam na superfície de águas profundas são mistas **(fig. 11)**.

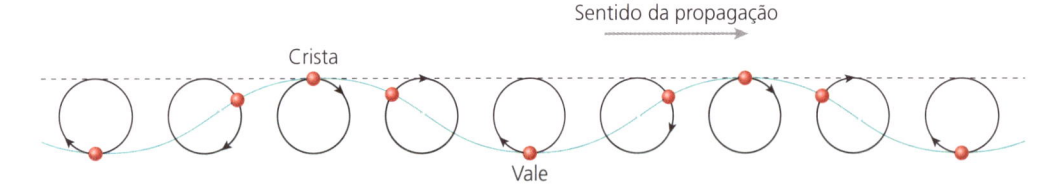

Figura 11. Ondas mistas na superfície de água profunda.

5 Classificação das ondas quanto à sua dimensionalidade

Dependendo do meio e do modo como se propagam, podemos classificar as ondas em **unidimensionais**, **bidimensionais** ou **tridimensionais**. Mas, antes de passar à classificação, vamos conhecer o conceito de **frente de onda**.

> Frente de onda é o **lugar geométrico** dos pontos do meio atingidos pela perturbação em um dado instante.

Para cada tipo de onda, temos uma frente de onda correspondente. Observe os exemplos da **figura 12**, nos quais aplicamos o **princípio de Huygens**: cada ponto atingido por uma frente de onda torna-se uma fonte secundária e passa a emitir ondas com as mesmas características que as ondas emitidas pela fonte. Num instante posterior, a nova frente de onda tangencia as ondas secundárias.

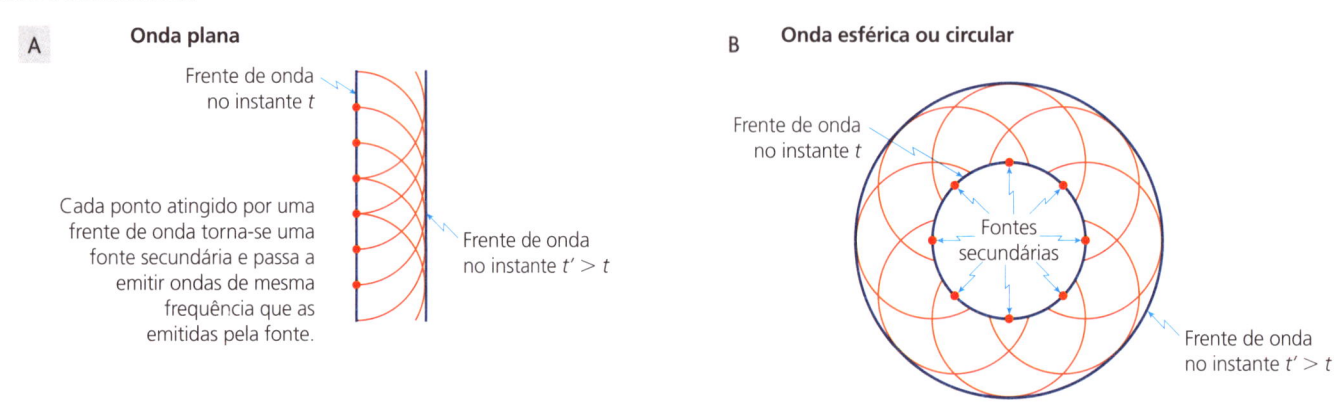

Figura 12. Frentes de ondas e o princípio de Huygens. (A) Onda plana ou reta; (B) onda esférica ou circular.

Ondas unidimensionais

Propagam-se ao longo de um meio linear, isto é, em apenas uma dimensão. Por exemplo, ondas em uma corda tensa ou em uma mola tracionada são unidimensionais **(fig. 13)**.

Figura 13. Perturbação ou pulso unidimensional em uma corda tensa.

As frentes de ondas unidimensionais são um ponto.

Ondas bidimensionais

Propagam-se em superfícies, isto é, em duas dimensões. Por exemplo, ondas na superfície da água ou ondas em membranas vibrantes (películas de percussão ou placas) são bidimensionais **(fig. 14)**.

Figura 14. Ondas bidimensionais.
(A) Ondas circulares na superfície da água; (B) ondas retas na superfície da água. Ao passar pela abertura, as ondas se tornam circulares;
(C) vibrações em uma superfície metálica plana, produzidas por um arco de violino. O padrão da vibração é visualizado pela areia fina distribuída sobre a superfície.

As frentes de ondas bidimensionais são linhas geométricas planas, como retas e circunferências, por exemplo.

Ondas tridimensionais

Propagam-se no espaço, isto é, em todas as direções. Por exemplo, as ondas sonoras no ar e as ondas luminosas geradas por uma fonte puntiforme (ou pontual) são tridimensionais **(fig. 15)**.

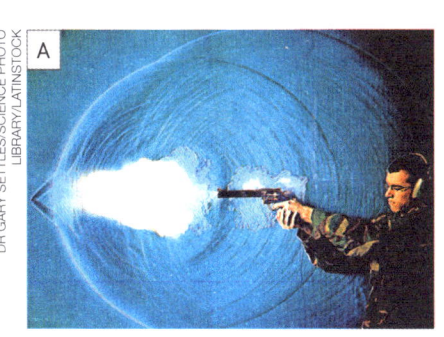

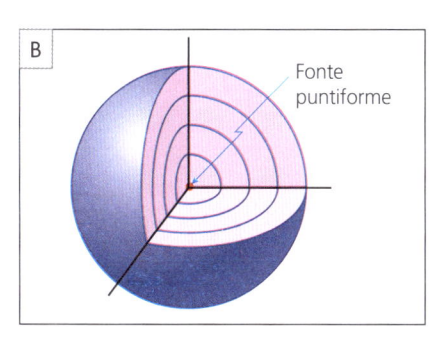

Figura 15. Ondas tridimensionais.
(A) Ondas sonoras esféricas produzidas pelo disparo de um tiro (foto obtida em laboratório sob condições especiais);
(B) representação de ondas luminosas esféricas produzidas por uma fonte de luz muito pequena (pontual).

As frentes de ondas tridimensionais são superfícies geométricas espaciais, como as superfícies esféricas.

6 Características físicas gerais das ondas

A descrição dos fenômenos ondulatórios requer o conhecimento de algumas grandezas físicas que caracterizam as ondas e o meio de propagação. Para isso, vamos utilizar a representação esquemática de ondas em uma corda tensa, que é a onda mais simples de se obter. A **figura 16** mostra um instante na propagação das ondas na corda, na qual podemos visualizar duas dessas grandezas: a **amplitude (A)** e o **comprimento de onda**, representado pela letra grega minúscula lambda (λ).

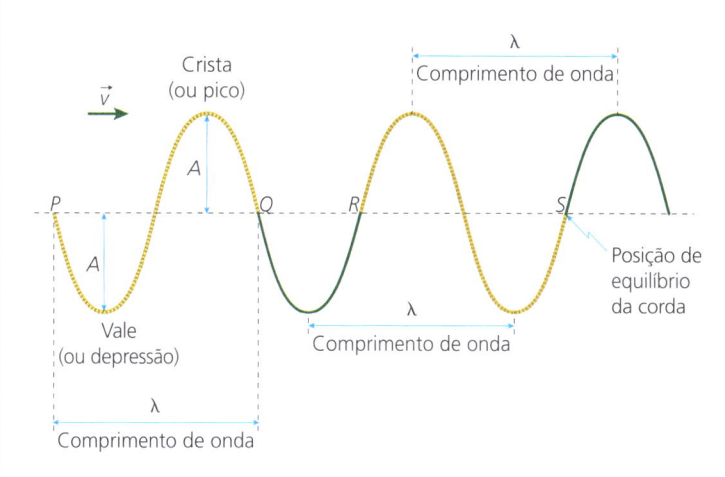

Figura 16. Amplitude A e comprimento de onda λ.

A amplitude (A) é a máxima distância que um ponto da corda pode se afastar da posição de equilíbrio, acima ou abaixo dela. Quando esse ponto está acima da posição de equilíbrio, dizemos que está em uma **crista** (ou **pico**); quando está abaixo dessa posição, dizemos que está em um **vale** (ou **depressão**).

O comprimento de onda (λ) é a distância entre duas cristas consecutivas ou entre dois vales consecutivos. Também pode ser a distância correspondente a uma onda completa. Na **figura 16**, vemos três cristas, três vales e uma onda completa nos trechos entre os pontos P e Q e R e S, por exemplo.

Há outra grandeza que caracteriza a propagação de uma onda em um meio: a **velocidade de propagação das perturbações (v)**. A velocidade de propagação de uma onda depende apenas do tipo de onda gerada e das condições físicas do meio de propagação. Em nosso estudo, vamos considerar apenas os casos nos quais a velocidade de propagação da onda, em um dado meio, é constante e não depende das características da fonte que a gerou.

Por exemplo, a velocidade de propagação de um pulso transversal em uma corda de massa m, comprimento L e tracionada com força de intensidade F é dada por:

$$v = \sqrt{\frac{F}{\mu}}$$

em que $\mu = \dfrac{m}{L}$ é a densidade linear de massa da corda.

Capítulo 28 • Estudo das ondas

Portanto, mantendo-se constante a intensidade F da força de tração na corda, a velocidade de propagação dos pulsos transversais será igual para qualquer onda que se propague nessa corda.

Para ondas na superfície da água contida em um pequeno tanque (cuba de ondas), a velocidade de propagação é dada por $v = \sqrt{g \cdot h}$, em que g é a aceleração da gravidade e h ($h \ll \lambda$) é a profundidade do tanque. Assim, em regiões onde a profundidade é maior, a velocidade de propagação das ondas superficiais também é maior.

Outro exemplo, já visto em Óptica, é a velocidade de propagação da luz (ou de qualquer outra radiação eletromagnética), dada por $v = \dfrac{c}{n}$, em que c é a velocidade de propagação da luz no vácuo e n é o índice de refração do meio no qual a onda se propaga. Mantidas as condições físicas do meio, a velocidade de propagação da radiação será constante.

A geração de ondas periódicas em uma corda, ou em outros meios, requer um movimento oscilatório e periódico da fonte. Na **figura 17**, a pessoa gera perturbações periódicas na corda como consequência do movimento vertical, oscilatório e periódico de sua mão, que é a fonte das ondas.

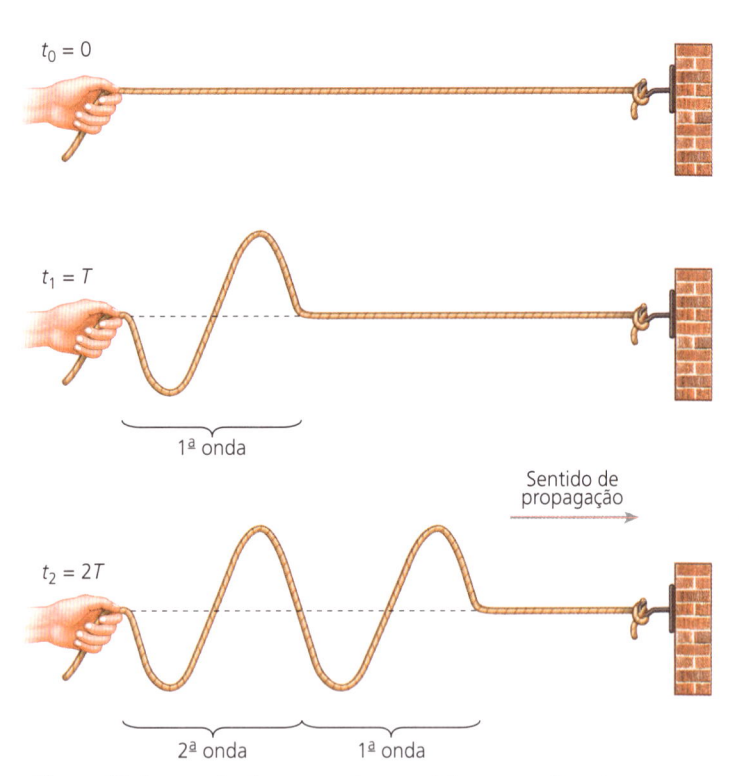

Figura 17. A geração de uma onda completa ocorre durante uma oscilação completa da mão da pessoa, isto é, durante um período (T).

A cada oscilação completa, a mão da pessoa (fonte) gera uma onda. O intervalo de tempo decorrido para gerar uma onda chama-se **período (T)**.

Na **figura 17**, vemos que, até o instante $t_1 = T$, a fonte das ondas (mão da pessoa) gerou uma onda e, até o instante $t_2 = 2T$, gerou duas ondas. Assim, se contarmos até o instante de tempo $t_n = nT$, a fonte terá gerado n ondas. Esses resultados nos levam à conclusão de que o quociente entre o número de oscilações completas da fonte, ou número de ondas geradas, e o intervalo de tempo decorrido é constante:

$$\frac{1}{T} = \frac{2}{2T} = \cdots = \frac{n}{nT}$$

Esse quociente é a **frequência (f)**, outra importante grandeza física que identifica uma onda.

Assim: $f = \dfrac{n}{\Delta t}$, sendo n o número de oscilações completas executadas pela fonte no intervalo de tempo Δt. Se considerarmos $n = 1$, isto é, uma oscilação ou uma onda completa, teremos $\Delta t = T$ e:

$$\boxed{f = \frac{1}{T}} \text{ ou } \boxed{T = \frac{1}{f}}$$

Dizemos, então, que a frequência é o inverso do período ou que o período é o inverso da frequência. No SI, o período T é medido em segundo; portanto, a frequência f será medida em $\dfrac{1}{s}$ ou s^{-1}, unidade denominada **hertz** e simbolizada por **Hz**.

O período e a frequência das oscilações dos pontos de um meio têm valores iguais aos da fonte das ondas.

Observando mais uma vez a situação representada na **figura 17**, vemos que, a cada período T, a perturbação percorre uma distância equivalente a uma onda completa, isto é, um comprimento de onda λ.

Portanto, sendo constante a velocidade v de propagação das ondas na corda e considerando um intervalo de tempo igual a um período, temos:

$$v = \frac{\Delta s}{\Delta t} = \frac{\lambda}{T} \Rightarrow \boxed{\lambda = v \cdot T} \text{ ou } \boxed{v = \lambda \cdot f}$$

As duas relações acima são denominadas **equação fundamental da propagação ondulatória**.

Se considerarmos constante a velocidade de propagação das ondas, teremos λ e f inversamente proporcionais entre si.

A **figura 18** mostra essa relação entre λ e f, para ondas em uma mesma corda. Na primeira situação, temos: $v = \lambda \cdot f$. Na segunda, temos:

$$v' = \frac{\lambda}{2} \cdot 2f = \lambda \cdot f \Rightarrow v' = v$$

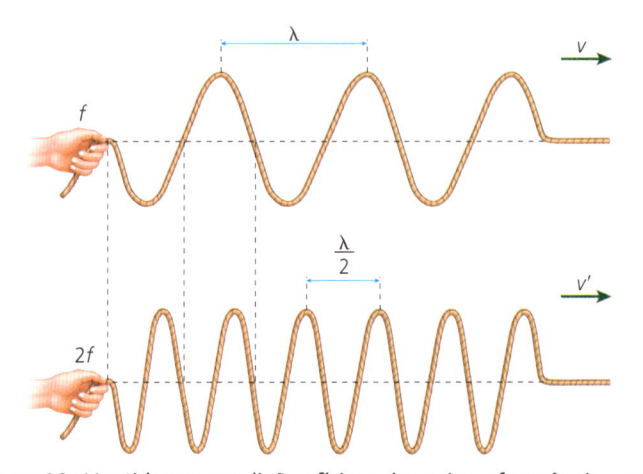

Figura 18. Mantidas as condições físicas do meio, a frequência e o comprimento de onda serão grandezas inversamente proporcionais.

Essa proporcionalidade inversa entre f e λ só é verdadeira quando se considera que a velocidade de propagação v das ondas seja constante.

A relação entre λ e f também ocorre com as ondas eletromagnéticas, cuja velocidade de propagação no vácuo é constante e vale $c = 299.792.548$ m/s. Esse valor é frequentemente aproximado para $3{,}0 \cdot 10^8$ m/s ou 300.000 km/s.

A **figura 19** mostra as radiações que compõem todo o **espectro eletromagnético**.

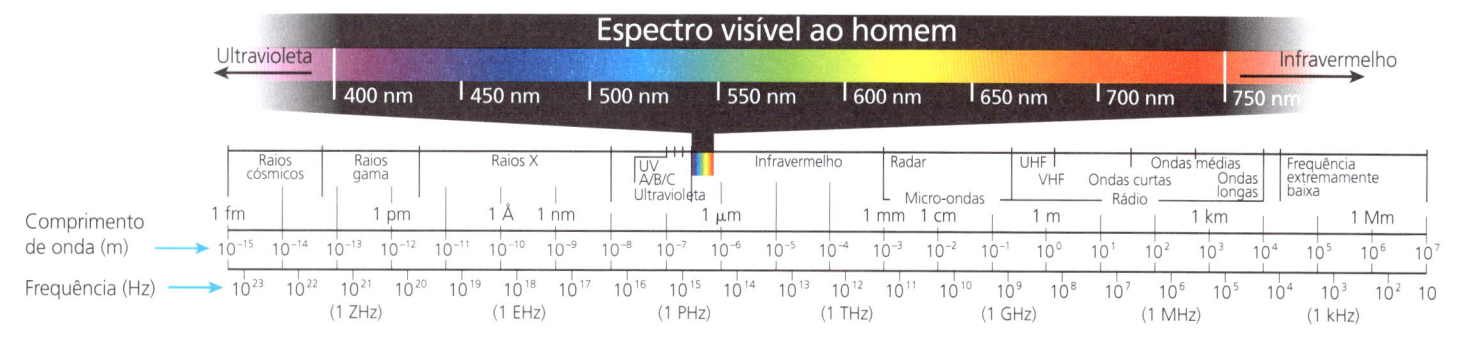

Figura 19. Espectro eletromagnético.

Exercícios resolvidos

1. Um fio de aço de massa 50 g tem 2,0 m de comprimento e está tracionado com uma força de intensidade 10 N. Determinar para esse fio:
   a) a densidade linear de massa, μ, em kg/m;
   b) a velocidade de propagação v dos pulsos de onda transversais, em m/s.

   ▶ **Solução**

   a) $\mu = \dfrac{m}{L} = \dfrac{50 \cdot 10^{-3} \text{ kg}}{2{,}0 \text{ m}} \Rightarrow \boxed{\mu = 2{,}5 \cdot 10^{-2} \text{ kg/m}}$

   b) $v = \sqrt{\dfrac{F}{\mu}} = \sqrt{\dfrac{10 \text{ N}}{2{,}5 \cdot 10^{-2} \text{ kg/m}}} \Rightarrow \boxed{v = 20 \text{ m/s}}$

2. Um fio cilíndrico tem seção transversal de área A e é tracionado por uma força de intensidade F. O quociente entre F e A chama-se tensão e é representado por τ, isto é, $\tau = \dfrac{F}{A}$.

   Se d é a densidade volumétrica de massa do material do fio, determinar em função de τ, d e A:
   a) a densidade linear de massa μ do fio;
   b) a velocidade de propagação v das ondas transversais nesse fio, ambas em função de τ, d e A.

   ▶ **Solução**

   a) $\mu = \dfrac{m}{L} = \dfrac{d \cdot V}{L} = \dfrac{d \cdot A \cdot L}{L} \Rightarrow \boxed{\mu = d \cdot A}$

   b) Se $\tau = \dfrac{F}{A} \Rightarrow F = \tau \cdot A$. Assim:

   $v = \sqrt{\dfrac{F}{\mu}} = \sqrt{\dfrac{\tau \cdot A}{d \cdot A}} \Rightarrow \boxed{v = \sqrt{\dfrac{\tau}{d}}}$

3. Uma haste vibra em contato com a superfície da água contida em um tanque. As cristas circulares das ondas que surgem na água distam entre si 4 cm. A velocidade de propagação dessas ondas é de 2 m/s.

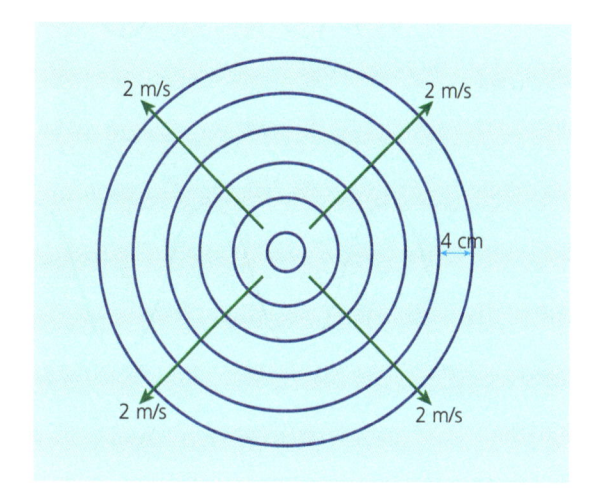

   a) Qual é a frequência de vibração da haste?
   b) Se aumentarmos apenas a amplitude de vibração da haste, o que ocorrerá com a frequência, com o comprimento de onda e com a velocidade de propagação das ondas?

   ▶ **Solução**

   a) A distância entre cristas consecutivas é o comprimento de onda das ondas. Assim: $\lambda = 4$ cm $= 4 \cdot 10^{-2}$ m

   Sendo $v = 2$ m/s a velocidade de propagação das ondas, temos:

   $v = \lambda \cdot f \Rightarrow 2 = 4 \cdot 10^{-2} \cdot f \Rightarrow f = \dfrac{2}{4 \cdot 10^{-2}} \therefore \boxed{f = 50 \text{ Hz}}$

   b) A frequência das ondas não se altera, pois a haste continua a gerar 50 ondas a cada segundo ($f = 50$ Hz). A velocidade das ondas também permanece a mesma, pois as condições do meio não foram alteradas.

   Como v e f permanecem constantes, podemos concluir que o comprimento de onda λ também não se altera.

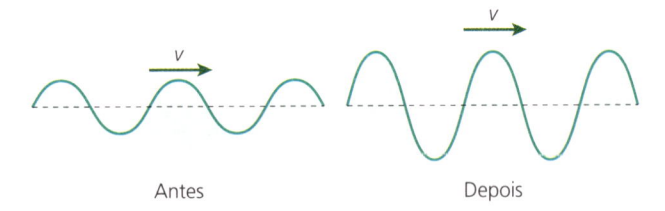

Ao aumentar a amplitude das vibrações, a haste produz as ondas com mais energia; portanto, com maior amplitude. A figura abaixo mostra as ondas **antes** e **depois** da alteração na amplitude de vibração da haste.

Antes / Depois

4. A figura a seguir mostra um trecho de uma onda que se propaga em uma corda tensa. A fonte que gera a onda oscila com frequência de 30 Hz. Determinar:
a) a amplitude A das ondas;
b) o comprimento de onda λ das ondas;
c) a velocidade de propagação v das ondas na corda.

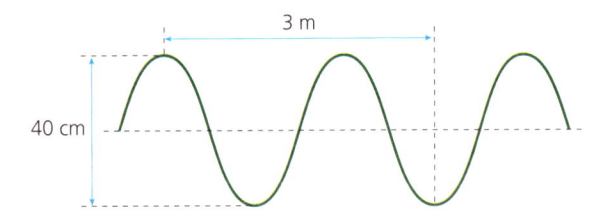

▶ **Solução**

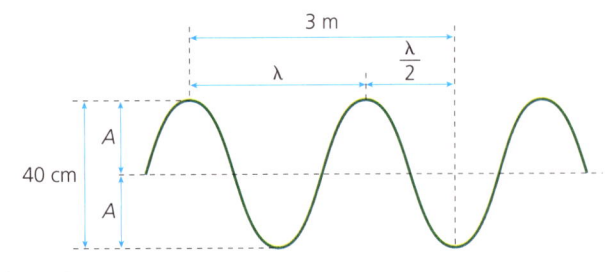

a) Da figura, temos:

$$2 \cdot A = 40 \text{ cm} \Rightarrow \boxed{A = 20 \text{ cm}}$$

b) O comprimento de onda também pode ser obtido a partir da figura. O trecho de comprimento 3 m na figura corresponde ao comprimento de uma onda mais meia onda. Então:

$$\lambda + \frac{\lambda}{2} = 3 \text{ m} \Rightarrow \frac{3 \cdot \lambda}{2} = 3 \text{ m} \Rightarrow \boxed{\lambda = 2 \text{ m}}$$

c) A velocidade de propagação da onda na corda pode ser obtida a partir da relação $v = \lambda \cdot f$. Portanto, temos:

$$v = \lambda \cdot f \Rightarrow v = 2 \cdot 30 \therefore \boxed{v = 60 \text{ m/s}}$$

Exercícios propostos

1. Um fio de forma cilíndrica é composto de uma liga metálica cuja densidade volumétrica de massa vale $d = 9{,}0$ g/cm^3 e tem seção transversal de área A = 2,0 mm^2. Determine:
a) a densidade linear de massa μ do fio, em g/m;
b) a intensidade F da força de tração necessária para que a velocidade de propagação das ondas transversais nesse fio seja igual a 100 m/s.

2. O fabricante de um piano recomenda que, por segurança, as cordas de aço sejam tracionadas com uma tensão máxima $\tau_{máx.} = 7{,}2 \cdot 10^4$ N/cm^2. Considere a densidade do aço $d = 8{,}0$ g/cm^3 e determine a velocidade de propagação das ondas transversais nessas cordas.

3. A figura a seguir representa um trecho de uma onda que se propaga em certo meio material com velocidade de 450 m/s. Determine para essa onda:
a) o número de ondas completas representadas na figura;
b) o valor do seu comprimento de onda;
c) o valor da sua frequência.

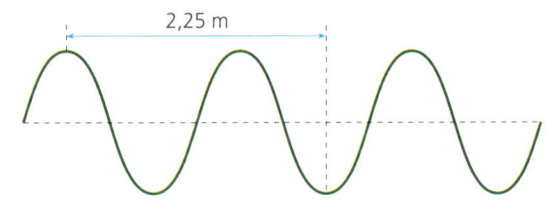

4. A figura mostra uma onda que percorre uma corda com uma frequência de 5,0 Hz.

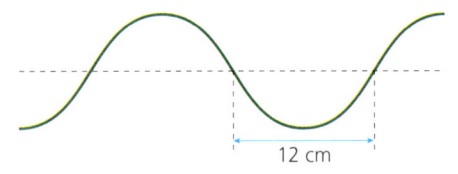

Para essa onda, a velocidade de propagação e o comprimento de onda são, respectivamente, iguais a:
a) 12 cm/s e 6 cm.
b) 120 cm/s e 24 cm.
c) 120 cm/s e 6 cm.
d) 60 cm/s e 12 cm.
e) 60 cm/s e 24 cm.

5. A figura abaixo representa uma corda homogênea na qual se propaga uma onda com velocidade de 16 cm/s. Cada quadradinho da figura tem 1 cm de lado.

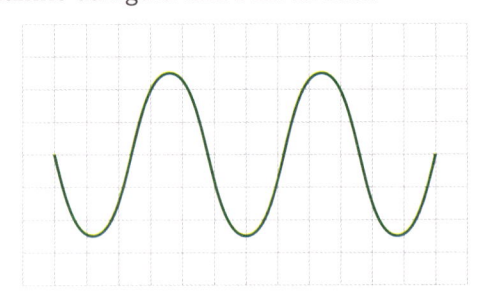

Assim, podemos afirmar que o comprimento de onda e o período das oscilações dos pontos da corda valem:
a) 1,2 cm e 0,3 s.
b) 2,4 cm e 0,6 s.
c) 2,4 cm e 0,6 s.
d) 4,8 cm e 0,3 s.
e) 4,8 cm e 0,6 s.

6. A corda de um piano emite uma nota de frequência 440 Hz. No ar ambiente, o som se propaga com velocidade de 330 m/s. Portanto, o comprimento da onda sonora no ar, em centímetro, vale:
a) 0,75   b) 7,5   c) 75   d) 133   e) 150

7. Os fornos de micro-ondas domésticos operam com ondas de comprimento da ordem de 12 cm. Considerando $3{,}0 \cdot 10^8$ m/s a velocidade de propagação das ondas eletromagnéticas no ar, podemos afirmar que a frequência dessas ondas, em gigahertz (GHz), vale:
a) 0,025   b) 2,5   c) 4,0   d) 5,0   e) 25

7 Reflexão, refração, difração e polarização de ondas

Alguns fenômenos ondulatórios são comuns a todos os tipos de ondas, sejam elas mecânicas, eletromagnéticas, transversais ou longitudinais. A reflexão, a refração, a difração, a polarização e a interferência são alguns desses fenômenos. A reflexão e a refração já foram estudadas em Óptica geométrica, porém apenas para as ondas luminosas. Aqui vamos generalizá-las para outros tipos de ondas. A difração, a polarização e a interferência serão tratadas de modo mais simplificado, devido à complexidade matemática requerida para um estudo minucioso. A interferência será estudada no próximo capítulo.

Reflexão de ondas

A reflexão não é um fenômeno que ocorre exclusivamente com ondas. Bolas de bilhar sofrem reflexão quando colidem contra as laterais da mesa. Essa é a origem do modelo corpuscular da luz, proposto por Newton, discutido no início deste capítulo. A **figura 20** exemplifica esse caso.

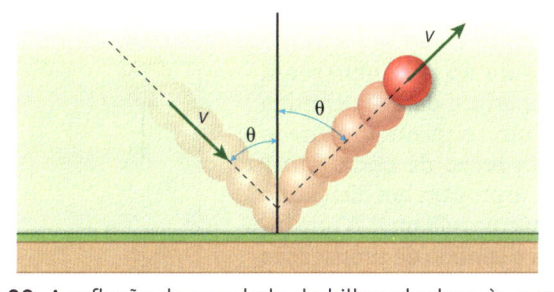

Figura 20. A reflexão de uma bola de bilhar obedece às mesmas leis da reflexão ondulatória.

Ao encontrar um obstáculo ou a fronteira entre dois meios, a onda sofre reflexão, retornando total ou parcialmente ao meio no qual se propagava **(fig. 21)**. Portanto, na **reflexão**, a **velocidade de propagação**, a **frequência** e o **comprimento de onda não variam**.

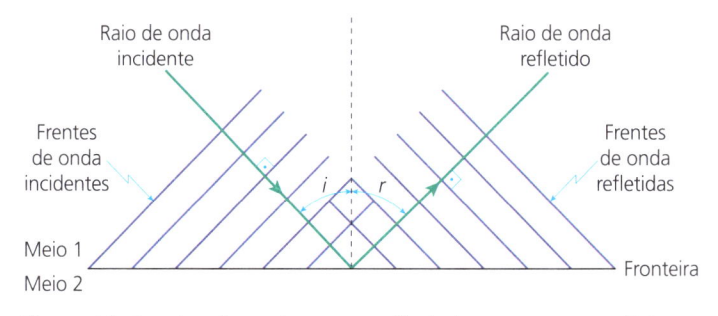

Figura 21. Frentes de ondas retas refletindo em uma superfície plana. Os ângulos *i* e *r* são iguais.

Existem dois tipos de reflexão de ondas. Na **figura 22**, o pulso incide na parede pela região acima da corda, tendo uma extremidade fixa, e reflete pela região abaixo dela. Essa reflexão é chamada de **reflexão com inversão de fase**. Na **figura 23**, o pulso incidente, na região acima da corda, atinge a extremidade da corda que está ligada a uma haste por um anel móvel e reflete pela região acima da corda. Essa reflexão é chamada de **reflexão sem inversão de fase**.

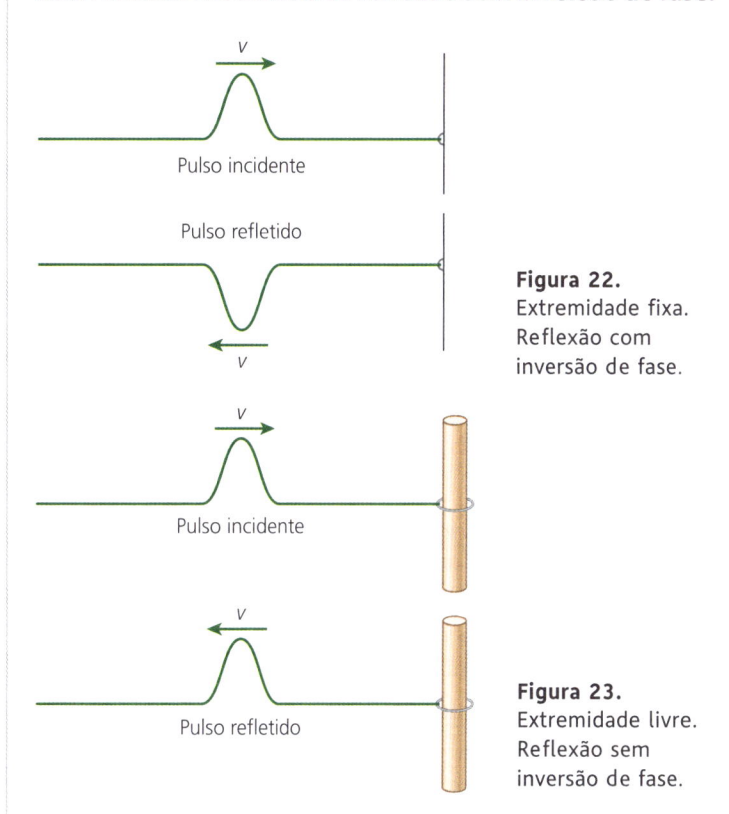

Figura 22. Extremidade fixa. Reflexão com inversão de fase.

Figura 23. Extremidade livre. Reflexão sem inversão de fase.

Uma onda eletromagnética sofre reflexão com inversão de fase quando incide na fronteira entre o meio onde ela está se propagando e o meio onde seu índice de refração é maior (mais refringente). Se a onda se propaga em um meio mais refringente que aquele onde incide, a reflexão será sem inversão de fase. Observe as **figuras 24** e **25** a seguir.

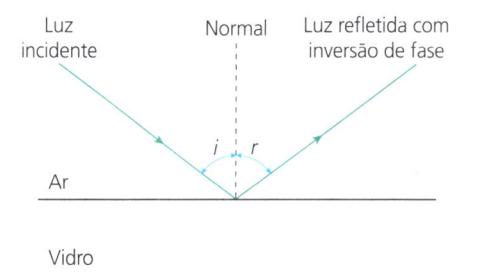

Figura 24. Reflexão de uma onda eletromagnética com inversão de fase.

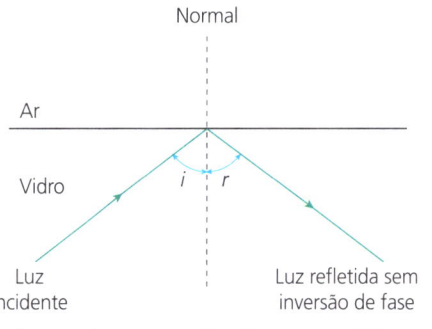

Figura 25. Reflexão de uma onda eletromagnética sem inversão de fase.

Exercícios resolvidos

5. As frentes de ondas retas mostradas na figura propagam-se na superfície da água de um tanque e atingem um anteparo plano fixo e inclinado 45°.

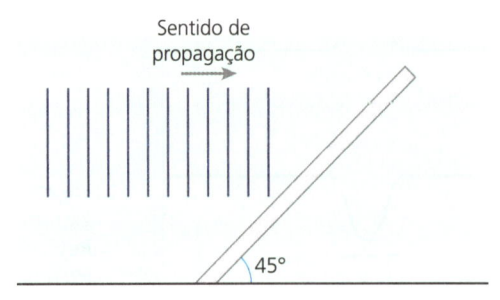

Desenhar o raio de onda incidente, o raio de onda refletido e as frentes de onda refletidas para essas ondas.

▶ **Solução**

O raio de onda incidente forma 45° com a reta normal; portanto, o raio de onda refletido também forma 45° com a reta normal, como se vê na **figura I**.

As frentes de onda são sempre perpendiculares aos respectivos raios de onda.

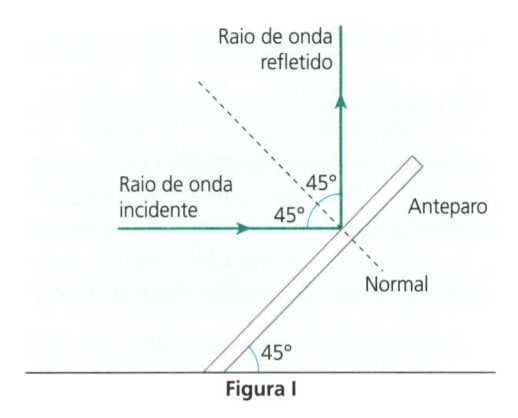

Assim, na **figura II**, temos a resposta final.

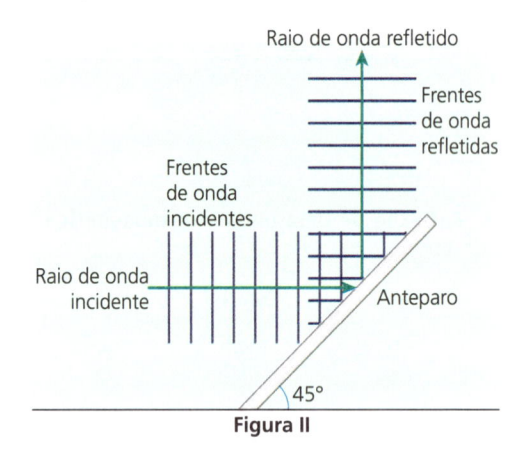

Observe que as distâncias entre as frentes de onda permaneceram iguais, isto é, o comprimento de onda não se alterou com a reflexão.

6. Representar a frente de onda incidente AB, mostrada na figura a seguir, no instante em que seu ponto médio P chega ao anteparo Q.

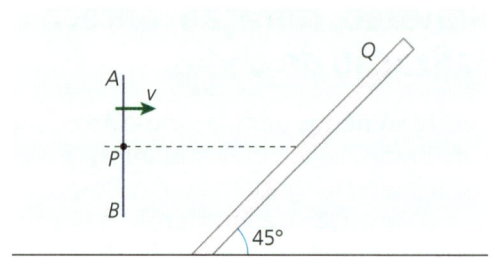

▶ **Solução**

O raio de onda da frente de onda incidente AB é paralelo à velocidade de propagação v. Quando o ponto P atinge o anteparo, a metade BP da frente de onda já refletiu e está se propagando. A figura abaixo mostra o que se pede.

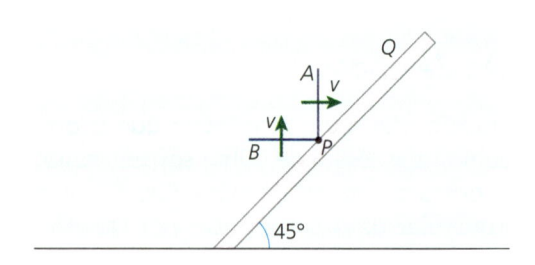

Exercícios propostos

8. A figura ao lado representa a superfície da água contida em um recipiente quadrado e um pulso de onda reto P que se propaga em direção ao obstáculo refletor R. A seta indica o sentido de propagação do pulso P. Marque a opção que melhor indica a posição do pulso de onda após sua reflexão no obstáculo R.

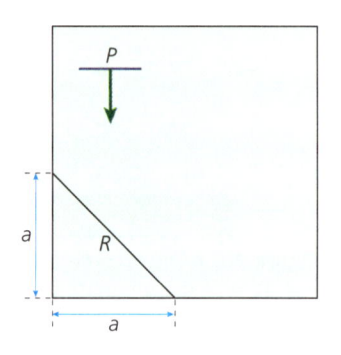

a)

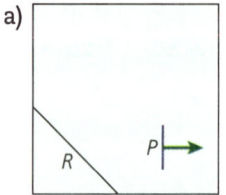

b)

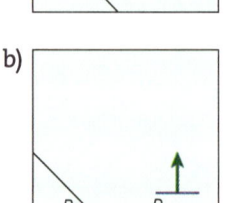

c)

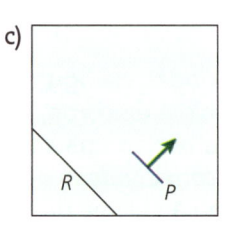

d)

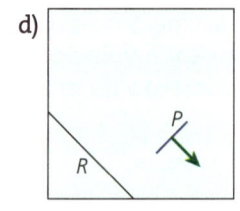

e)

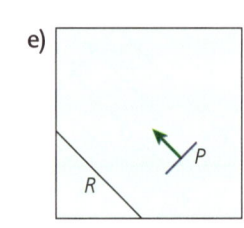

9. Um pulso de onda circular é gerado no ponto P, centro da superfície da água contida em um recipiente quadrado de lado 2 m, no instante t = 0. Considerando que a velocidade de propagação do pulso é de 1,2 m/s, represente a forma desse pulso no instante t = 1 s.

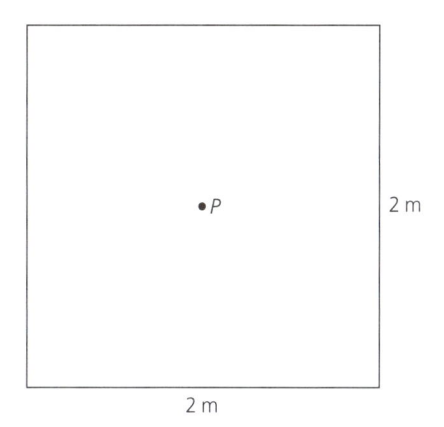

10. Ondas retas propagam-se pela superfície da água de um tanque, no sentido indicado pela seta da velocidade v, e encontram uma barreira rígida e fixa, em forma de "V", como se mostra na figura.

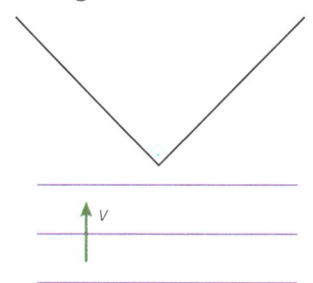

a) A reflexão das ondas ocorre com ou sem inversão de fase?
b) Desenhe as frentes de onda após a reflexão de todas na barreira.

11. Um pulso de onda completo, isto é, um comprimento de onda, propaga-se por uma corda horizontal e homogênea e atinge a extremidade P da corda, como mostra a figura a seguir. Desenhe o pulso após sua total reflexão na extremidade P da corda, nos casos em que:
a) P é um ponto fixo em uma parede;
b) P é um anel que pode se mover verticalmente ao longo de uma haste.

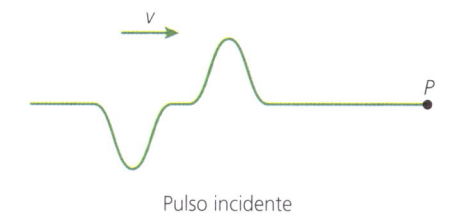

Pulso incidente

Refração ou transmissão de ondas

Quando ondas atingem a fronteira entre dois meios, sempre há reflexão, ainda que parcial. Se a onda pode se propagar no outro meio, em geral uma parte da energia incidente passa a se propagar nesse meio. A parte da energia que atravessa a fronteira é chamada de **onda refratada**.

Figura 26. Refração de ondas retas na superfície da água.

A **figura 26** mostra a refração de ondas retas na superfície da água em um tanque com uma região mais profunda e outra mais rasa. A **figura 27** mostra a refração de ondas transversais em cordas com densidades lineares diferentes.

A — Densidade linear maior / Densidade linear menor

$v_r = v$
$v_t > v$

B

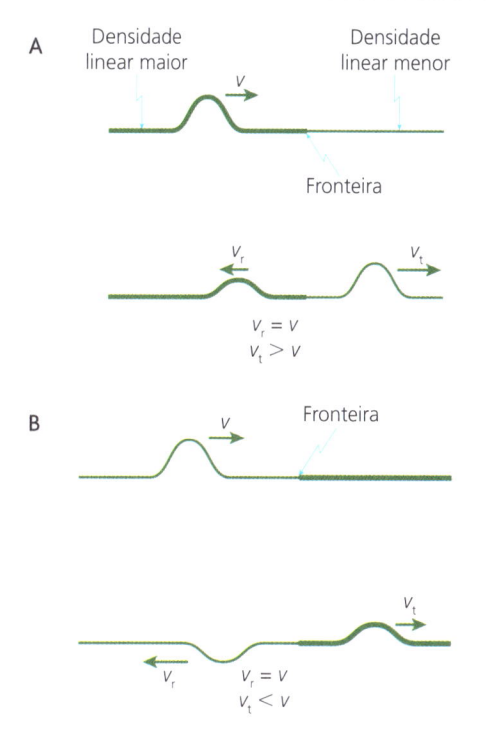

$v_r = v$
$v_t < v$

Figura 27. Nas duas situações, (A) e (B), o **pulso refratado** é transmitido **sem inversão** de fase.

A **figura 28** mostra um esquema de uma refração semelhante à da **figura 26**, explicada pelo princípio de Huygens.

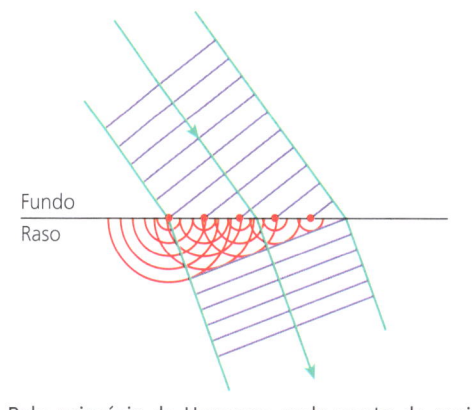

Fundo / Raso

Figura 28. Pelo princípio de Huygens, cada ponto do meio comporta-se como uma fonte secundária de ondas.

Ao serem atingidos pelas ondas, os pontos da fronteira passam a emitir ondas de mesma frequência que as ondas incidentes. Essas ondas, propagando-se em outro meio, terão velocidades de propagação diferentes das ondas incidentes. Isso altera o comprimento de onda e, em geral, a direção de propagação. Então, podemos escrever:

$$f_1 = f_2 \Rightarrow \frac{v_1}{\lambda_1} = \frac{v_2}{\lambda_2} \Rightarrow \frac{v_1}{v_2} = \frac{\lambda_1}{\lambda_2}$$

Portanto, na refração, a frequência, o período e a fase das ondas não variam, e a velocidade de propagação e o comprimento de onda são diretamente proporcionais entre si.

Lei de Snell–Descartes

A expressão que estabelece uma relação entre o ângulo de incidência e o ângulo de refração de ondas chama-se **lei de Snell-Descartes**.

A **figura 29** ilustra as frentes de onda e os raios de onda na refração de uma onda reta.

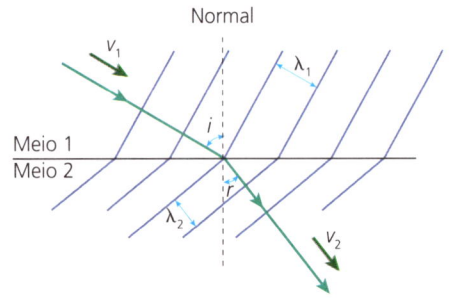

Figura 29. Frentes de onda e raios de onda na refração de uma onda reta.

Sejam i o ângulo de incidência de uma onda eletromagnética, r o ângulo de refração, n_1 o índice de refração do meio 1 e n_2 o índice de refração do meio 2, pode-se demonstrar que:

$$\frac{\text{sen } i}{\text{sen } r} = \frac{v_1}{v_2} = \frac{n_2}{n_1} \Rightarrow \boxed{n_1 \cdot \text{sen } i = n_2 \cdot \text{sen } r} \text{ (Lei de Snell-Descartes)}$$

Exercícios resolvidos

7. Um pulso de onda propaga-se pela corda 1, de densidade linear de massa μ_1, com velocidade v_1 e atinge o ponto J, que é a junção da corda 1 com a corda 2, de densidade linear de massa $\mu_2 > \mu_1$. Nesse ponto, são gerados um pulso refletido R e um pulso refratado ou transmitido T.

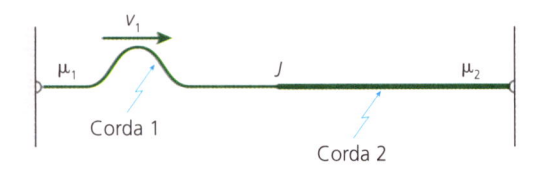

a) Qual é a relação de igualdade ou de desigualdade existente entre as velocidades v_1 e v_2?
b) Desenhar os pulsos gerados na junção, observando suas posições corretas.

▶ **Solução**

a) A velocidade de propagação das ondas transversais em uma corda é dada por: $v = \sqrt{\frac{F}{\mu}}$

Como as cordas estão ligadas pelo comprimento, ambas estão tracionadas com forças de igual intensidade, $F_1 = F_2 = F$. Sendo $\mu_2 > \mu_1$, temos $v_2 < v_1$. Isto é, na corda mais densa, os pulsos têm velocidade de propagação menor.

b) O pulso T sofre refração na junção J, portanto é transmitido **sem inversão** de fase. O pulso R sofre reflexão na junção com um meio mais denso que aquele pelo qual incidiu e, portanto, reflete **com inversão** de fase. A figura mostra as posições dos pulsos pouco depois de gerados. Sendo $v_1 > v_2$, o pulso R deve ser representado mais distante da junção J que o pulso T.

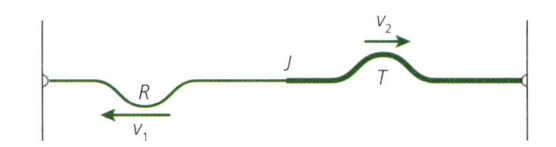

8. A figura mostra ondas circulares na superfície da água, geradas pela fonte pontual F, que atingem a fronteira entre as regiões 1 e 2. O raio das ondas incidentes forma ângulo θ com a reta normal N, tal que sen θ = 0,8. O raio das ondas refratadas forma ângulo φ com a reta normal N, tal que sen φ = 0,6.

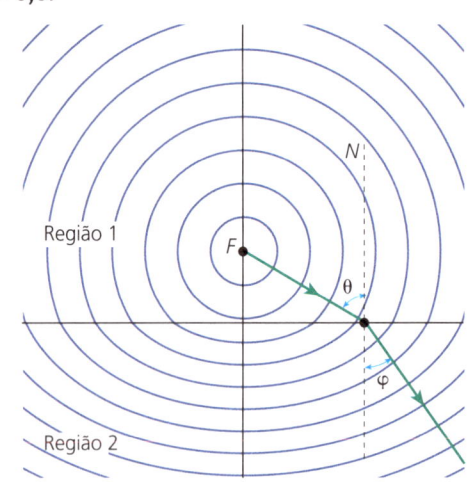

Determinar:

a) a razão $\dfrac{v_2}{v_1}$ entre as velocidades de propagação das ondas nas regiões 2 e 1;
b) o comprimento λ_2 das ondas refratadas, sendo λ_1 = 8,0 cm o comprimento das ondas incidentes.

▶ **Solução**

a) $\dfrac{v_2}{v_1} = \dfrac{\text{sen } \varphi}{\text{sen } \theta} = \dfrac{0,6}{0,8} \Rightarrow \boxed{\dfrac{v_2}{v_1} = \dfrac{3}{4}}$

b) $\dfrac{\lambda_2}{\lambda_1} = \dfrac{v_2}{v_1} \Rightarrow \dfrac{\lambda_2}{8,0 \text{ cm}} = \dfrac{3}{4} \Rightarrow \boxed{\lambda_2 = 6,0 \text{ cm}}$

Observação

A figura poderia também representar ondas esféricas luminosas passando do ar para a água.

Exercícios propostos

12. Um pulso de onda propaga-se por uma corda de densidade linear de massa μ_1 e atinge o ponto J de junção com outra corda de densidade linear de massa $\mu_2 > \mu_1$, gerando um pulso refletido R e um pulso refratado T. Represente os pulsos R e T, após a total formação de ambos.

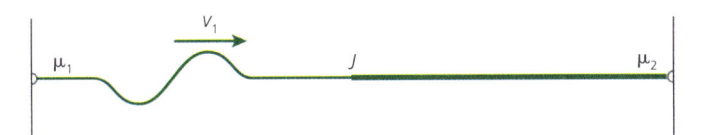

13. Uma radiação eletromagnética atravessa três meios materiais transparentes, a, b e c. A figura a seguir mostra o que ocorre com o comprimento de onda da radiação em cada um dos meios.

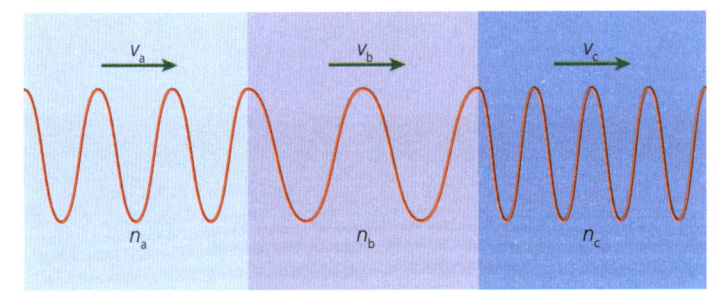

Escreva em ordem crescente:
a) a sequência dos valores das velocidades de propagação, v_a, v_b e v_c, dessa radiação nos três meios;
b) a sequência dos valores dos índices de refração, n_a, n_b e n_c, dos três meios.

14. Considere ondas periódicas que se propagam em um meio 1 com velocidade de 2,0 m/s e comprimento de onda de 0,5 m. Essas ondas incidem na fronteira que separa o meio 1 do meio 2 e, nesse novo meio, passam a se propagar com velocidade de 1,6 m/s. Determine:
a) a frequência das ondas nos meios 1 e 2, em Hz;
b) o comprimento de onda dessas ondas no meio 2.

15. A figura a seguir mostra frentes de ondas retas e paralelas propagando-se na superfície da água de um tanque experimental e atravessando a fronteira entre duas regiões I e II. Sejam v_1 e v_2 as velocidades de propagação das ondas e λ_1 e λ_2 os comprimentos de onda das ondas nas regiões I e II, respectivamente. São dados: $\lambda_1 = 2{,}0$ cm, $v_1 = 4{,}0$ cm/s, sen $\theta = 0{,}8$ e sen $x = 0{,}6$.

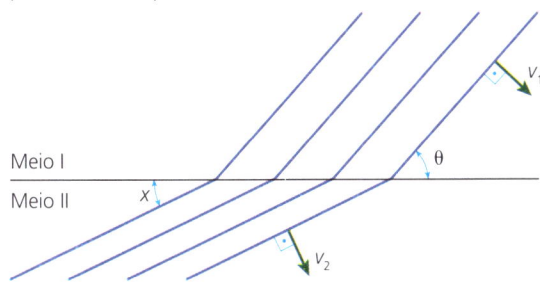

Assim, podemos afirmar que:
a) a frequência das ondas na região I é maior que na região II.
b) a frequência das ondas na região I é menor que na região II.
c) a frequência das ondas é igual nas duas regiões e vale 0,5 Hz.
d) a frequência das ondas é igual nas duas regiões e vale 2,0 Hz.
e) a frequência das ondas é igual nas duas regiões e vale 8,0 Hz.

16. Em relação à situação mostrada no exercício anterior, também podemos dizer que:
a) $v_2 = 1{,}0$ cm/s e $\lambda_2 = 2{,}0$ cm.
b) $v_2 = 1{,}5$ cm/s e $\lambda_2 = 3{,}0$ cm.
c) $v_2 = 2{,}0$ cm/s e $\lambda_2 = 1{,}0$ cm.
d) $v_2 = 3{,}0$ cm/s e $\lambda_2 = 1{,}5$ cm.
e) v_2 e λ_2 não podem ser determinados.

17. Frentes de ondas retas e paralelas propagam-se na superfície da água de uma cuba de ondas, do meio 1 para o meio 2, como mostra a figura a seguir. A cada segundo, duas frentes de onda cruzam a fronteira entre essas regiões, sendo $v_1 = 20$ cm/s a velocidade de propagação das ondas no meio 1. Sabe-se que, para pequenas profundidades h, a velocidade de propagação de ondas superficiais na água pode ser calculada por $v = \sqrt{g \cdot h}$, sendo g a aceleração da gravidade.

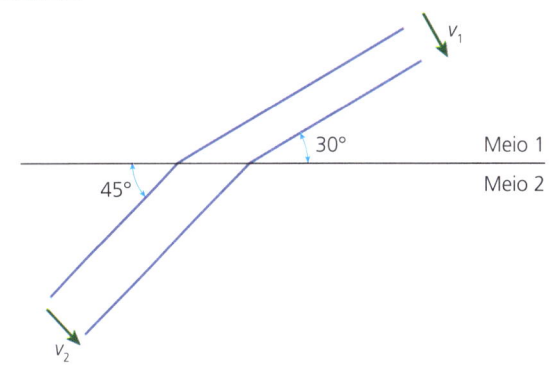

Adote sen 30° = 0,5, sen 45° = 0,7 e determine:
a) o comprimento de onda λ_1 das ondas no meio 1;
b) a velocidade de propagação v_2 das ondas no meio 2;
c) o comprimento de onda λ_2 no meio 2;
d) a profundidade h_2 do meio 2, sendo $h_1 = 2{,}5$ cm a profundidade do meio 1.

Difração de ondas

A **figura 30** mostra uma situação muito comum no nosso dia a dia: ouvirmos sons provenientes de fontes que não conseguimos ver. Isso ocorre porque o som pode contornar certos obstáculos intransponíveis para a luz. Essa capacidade das ondas é chamada de **difração**.

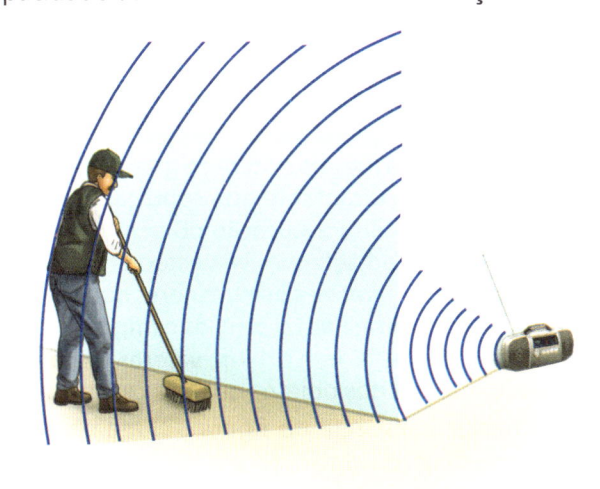

Figura 30. O rapaz pode ouvir o som do rádio, mas não consegue ver o aparelho.

As ondas na superfície da água também sofrem difração, isto é, podem chegar a pontos que, pela nossa intuição, não deveriam ser atingidos. É o caso dos pontos A e B da **figura 31**. Como se vê, a porção das frentes de onda que passa pela abertura entre as barreiras propaga-se além dela, mas não como ondas retas. Devido ao fenômeno da difração, elas se deformam e conseguem atingir os pontos A e B.

Figura 31. Ondas retas na superfície da água difratam na abertura e passam a se propagar como ondas circulares.

O modelo da propagação ondulatória de Huygens explica a ocorrência da difração. A **figura 32** mostra a aplicação do princípio de Huygens para explicar a difração de ondas retas atingindo uma abertura. Os pontos da abertura atingidos pelas frentes de ondas retas passam a emitir ondas semelhantes às da fonte, gerando novas frentes de onda que progridem além da barreira.

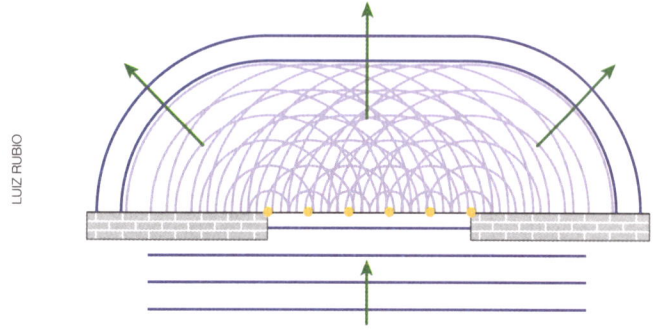

Figura 32. Esquema que explica a difração pelo princípio das fontes secundárias de Huygens.

Para que uma onda possa sofrer difração, as dimensões do objeto devem ser da mesma ordem de grandeza do comprimento de onda. É exatamente essa condição que limita a difração da luz e facilita a difração do som. Os comprimentos de onda das radiações visíveis estão entre 400 nm (nanômetros) e 750 nm, valores bem menores que a maioria dos objetos à nossa volta. Para o som, os comprimentos de onda estão na faixa de 16 mm a 16 m, valores compatíveis com a grande maioria dos objetos que nos cerca.

A experiência mostrada na **figura 33**, realizada com ondas na superfície da água, revela claramente que, à medida que a largura da fenda diminui, as frentes de ondas que transpõem a barreira ficam mais acentuadamente circulares, isto é, a difração aumenta.

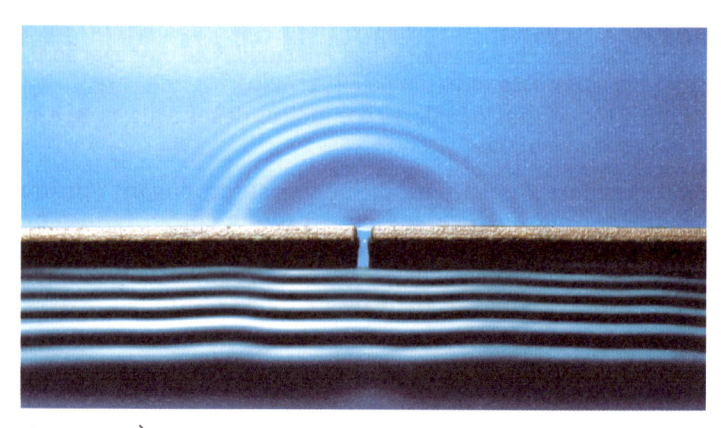

Figura 33. À medida que a largura da abertura se aproxima do valor do comprimento das ondas, a difração fica mais acentuada.

Uma experiência semelhante pode ser realizada com luz. A **figura 34** mostra a difração que ocorre com uma luz que ilumina uma arruela de metal. Se não ocorresse a difração da luz, as bordas da arruela estariam bem definidas na foto.

Figura 34. Difração da luz nas bordas de uma arruela.

Polarização de ondas

Vamos imaginar uma experiência simples que envolve ondas produzidas em uma corda, como mostra a **figura 35**.

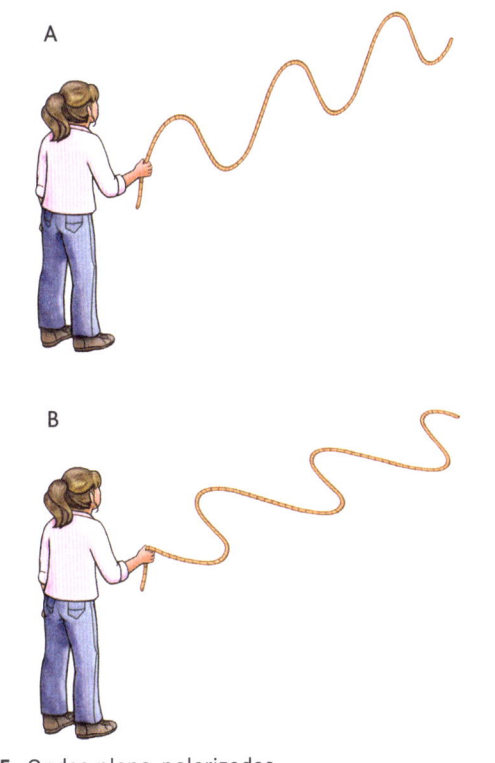

Figura 35. Ondas plano-polarizadas.
(A) A corda é agitada para cima e para baixo;
(B) a corda é agitada para a direita e para a esquerda.

A extremidade da corda é agitada para cima e para baixo e para a direita e para a esquerda. Em ambos os casos, dizemos que as ondas são **plano-polarizadas**, verticalmente **(fig. 35A)** e horizontalmente **(fig. 35B)**. Assim, **polarizar uma onda significa selecionar o plano de vibração** dos pontos do meio de propagação.

Observe que essa experiência não poderia ser realizada se as ondas fossem longitudinais. Portanto, a **polarização** é um fenômeno característico de **ondas transversais**. Assim, a luz pode ser polarizada, mas o som, não.

Na **figura 36**, vemos uma representação esquemática de ondas eletromagnéticas plano-polarizadas, vertical e horizontalmente, geradas pelas oscilações de elétrons em uma antena.

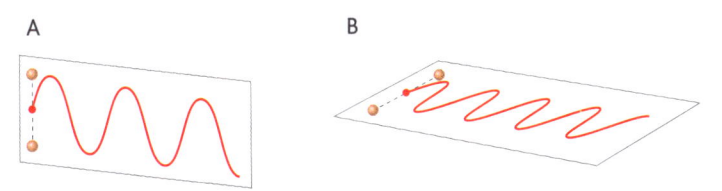

Figura 36. (A) Ondas eletromagnéticas plano-polarizadas verticalmente; (B) ondas eletromagnéticas plano-polarizadas horizontalmente.

Em uma fonte de luz comum, como uma pequena lâmpada ou a chama de uma vela, os elétrons oscilam em todas as direções do espaço, gerando perturbações em todos os planos. Nesse caso, dizemos que a fonte emite **luz não polarizada**, que pode ser representada simplificadamente como mostra a **figura 37**.

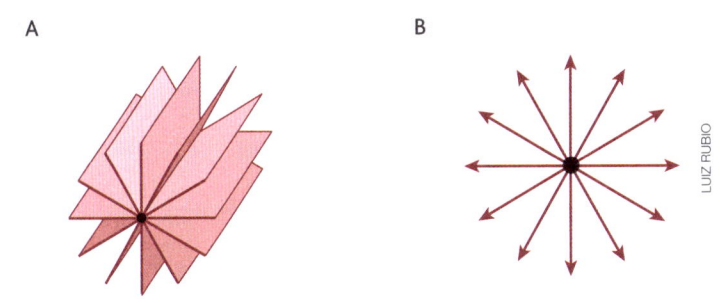

Figura 37. Representações esquemáticas de uma onda eletromagnética não polarizada. (A) Planos de oscilação; (B) oscilações em todas as direções.

Agora, vamos introduzir um elemento novo em nossa experiência: o **polarizador**, também conhecido como **polaroide**. Um polaroide é um selecionador de planos de vibração. Na **figura 38A**, a corda é agitada em todas as direções, mas a grade (polaroide) deixa passar apenas as vibrações no plano vertical, no caso, o plano de polarização. Na **figura 38B**, um segundo polaroide, chamado de analisador, foi colocado para selecionar o plano horizontal de polarização. No entanto, a onda já está polarizada verticalmente e, portanto, não pode ser transmitida além da segunda grade. Nesse caso, os efeitos combinados dos polaroides impedem a passagem da onda.

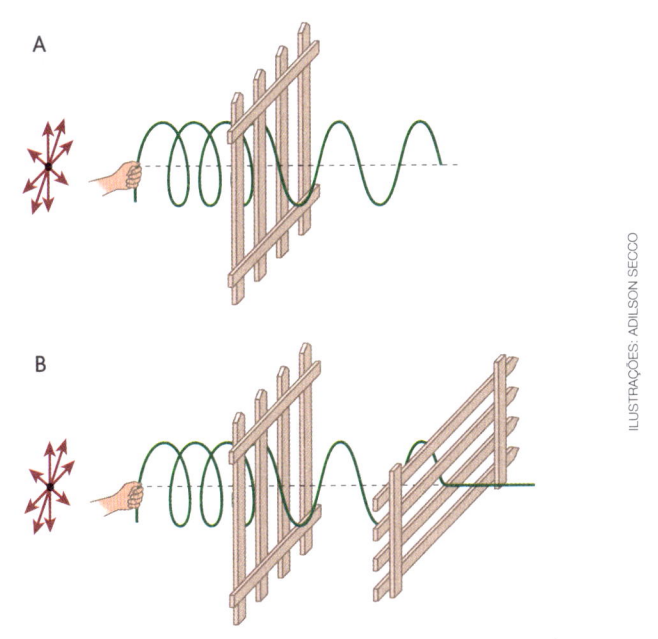

Figura 38. Polaroides mecânicos. As grades selecionam os planos de vibração. (A) O primeiro polaroide seleciona o plano vertical de oscilação; (B) o segundo é um polaroide analisador, ele impede a passagem das ondas.

A **figura 39** mostra como essa experiência pode ser feita com ondas luminosas.

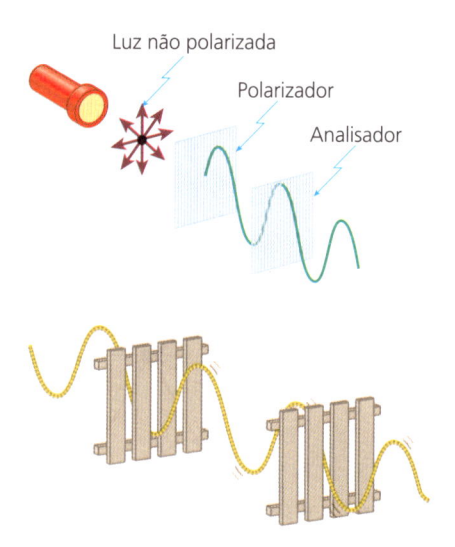

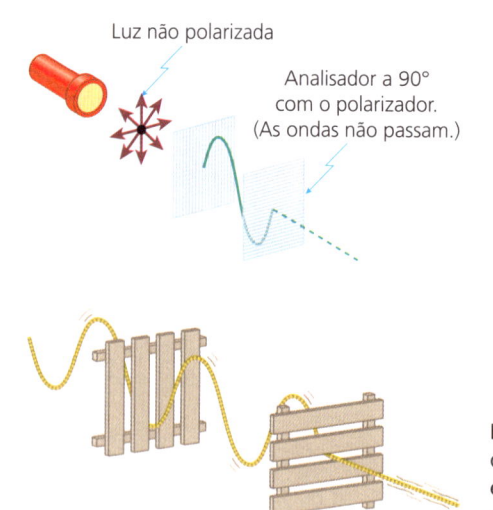

Figura 39. Analogia entre a experiência com a corda e as grades e a mesma experiência feita com luz e materiais polarizadores.

A polarização da luz também pode ocorrer por reflexão e por refração. A **figura 40A** mostra a mesma foto obtida sem e com filtros polarizadores. A parte esquerda da foto foi obtida sem filtro, enquanto a parte direita foi obtida filtrando a luz polarizada pela reflexão na superfície da água. A **figura 40B** mostra fotos obtidas com luz polarizada por refração, isto é, luz transmitida pelos polarizadores. A foto da esquerda foi obtida com polarizador (P) e analisador (A) alinhados. A foto da direita foi obtida com polarizador (P) e analisador (A) cruzados.

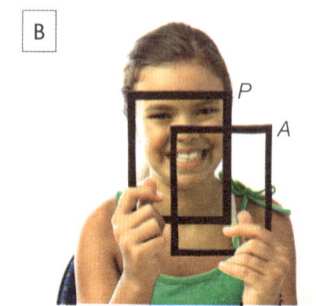

Figura 40. (A) À esquerda, foto da piscina obtida sem filtros polarizadores; à direita, foto obtida com filtros; (B) à esquerda, foto obtida com polarizador (P) e analisador (A) alinhados; à direita, foto obtida com polarizador (P) e analisador (A) cruzados.

Exercícios resolvidos

9. Qual das seguintes afirmações sobre a luz revela seu caráter ondulatório?

a) A luz obedece às leis da reflexão.
b) A luz obedece às leis da refração.
c) A velocidade de propagação da luz no vácuo é máxima.
d) A luz sofre difração.
e) A luz pode ser polarizada.

▶ **Solução**

a) A afirmação é correta, mas a reflexão também ocorre com bolas de bilhar, por exemplo.
b) A afirmação é correta, mas a refração também ocorre com objetos materiais, como o carrinho da figura ao lado, por exemplo.
c) A afirmação é correta, mas não explica o caráter ondulatório da luz.
d) A afirmação é correta, mas elétrons também difratam em cristais, como vimos neste capítulo.
e) A afirmação é correta e explica o que se pede: só ondas (transversais) podem ser polarizadas.

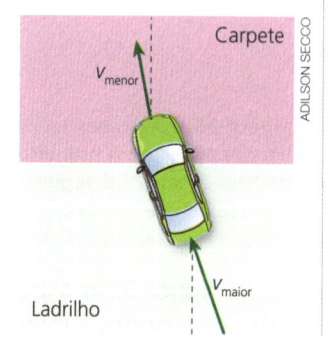

Resposta: e

10. Observar as imagens a seguir obtidas sucessivamente. Considerando que a luz refletida no para-brisa do carro é polarizada, explicar por que na imagem II é mais fácil enxergar o interior do automóvel que na imagem I.

Foto I   Foto II

> **Solução**

A imagem II foi obtida com um filtro polaroide colocado na frente da objetiva da câmera fotográfica. Como a luz refletida no para-brisa do carro é polarizada, o filtro impede que ela chegue ao interior da câmera, permitindo que somente a luz refratada, vinda do interior do carro, atinja o sistema que registra a imagem.

Exercícios propostos

18. Difração é um fenômeno ondulatório que:
a) não ocorre com a luz.
b) não ocorre com o som.
c) só ocorre com ondas longitudinais.
d) só ocorre com ondas transversais.
e) ocorre mais comumente com o som do que com a luz.

19. As ondas sonoras audíveis para o ser humano têm frequências no intervalo de 17 Hz a 20 kHz e velocidade de propagação no ar de 340 m/s. Assim, os objetos capazes de difratarem essas ondas no ar devem ter dimensões entre:
a) 17 m e 20 km.
b) 20 mm e 17 m.
c) 17 mm e 20 m.
d) 20 m e 17 km.
e) 34 mm e 34 m.

20. Dos fenômenos ondulatórios citados abaixo, aquele que não pode ocorrer com o som é a:
a) reflexão.
b) refração.
c) transmissão.
d) polarização.
e) difração.

21. Uma representação da propagação das ondas eletromagnéticas é mostrada abaixo.

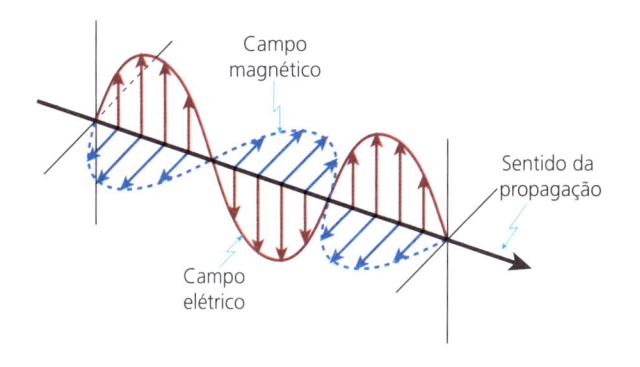

Essas ondas mostram as variações das intensidades dos campos elétricos e magnéticos. Esse modelo tem base no fato de essas ondas poderem ser:
a) refratadas.
b) refletidas.
c) difratadas.
d) polarizadas.
e) absorvidas.

Exercícios de revisão

Ficha-resumo 1

Classificação das ondas
- Natureza: mecânicas e eletromagnéticas
- Modo de vibração: transversais, longitudinais e mistas
- Dimensionalidade: unidimensionais, bidimensionais e tridimensionais

Velocidade de propagação
- Velocidade de ondas transversais em cordas tensas:
$v = \sqrt{\dfrac{F}{\mu}}$
- Velocidade de ondas superficiais em águas rasas:
$v = \sqrt{g \cdot h}$
- Velocidade da luz em meios materiais: $v = \dfrac{c}{n}$

Equação fundamental da propagação ondulatória:
$v = \lambda \cdot f$

1. Qual das ondas citadas a seguir **não** se propaga no vácuo?
a) ultrassom
b) ondas de rádio
c) raios X
d) ultravioleta
e) micro-ondas

2. A luz emitida por uma pequena lâmpada pode ser classificada como uma onda:
a) eletromagnética, longitudinal, tridimensional, plana.
b) eletromagnética, transversal, tridimensional, esférica.
c) eletromagnética, transversal, tridimensional, reta.
d) mecânica, transversal, unidimensional.
e) mecânica, longitudinal, bidimensional, circular.

3. Na figura, o rapaz tenta mover a bola que flutua na superfície da água da piscina para perto da borda oposta a ele. Para isso, ele lança um objeto na água, imaginando que as "ondulações" produzidas levem a bola para a borda.

A partir de seus conhecimentos sobre a propagação ondulatória, você pode dizer que ele:
a) conseguirá seu intento, pois as oscilações transferem energia cinética para a bola que, certamente, chegará à borda oposta.

Exercícios de revisão

b) não conseguirá seu intento, pois ondas não transportam matéria.
c) conseguirá o que quer se o objeto lançado provocar pequenas ondulações.
d) conseguirá o que quer se forem jogados vários objetos sucessivamente.
e) conseguirá o que quer se o objeto lançado for outra bola.

4. (UFRJ) A figura representa um instantâneo fotográfico de um pulso de onda assimétrico que se propaga para a direita em uma corda. Seja t_A o intervalo de tempo necessário para o ponto A chegar ao topo do pulso; seja t_B o intervalo de tempo necessário para o ponto B retornar à sua posição horizontal de equilíbrio. Tendo em conta as distâncias indicadas na figura, calcule a razão $\dfrac{t_A}{t_B}$.

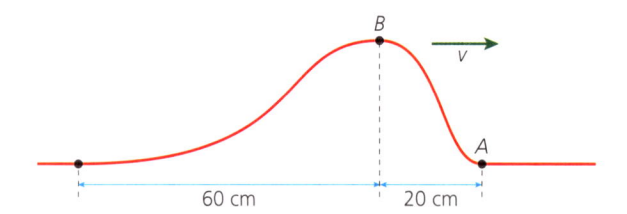

5. Duas cordas, de mesmo comprimento e densidades lineares na razão $\dfrac{\mu_1}{\mu_2} = 4$, são montadas em um suporte conforme a figura.

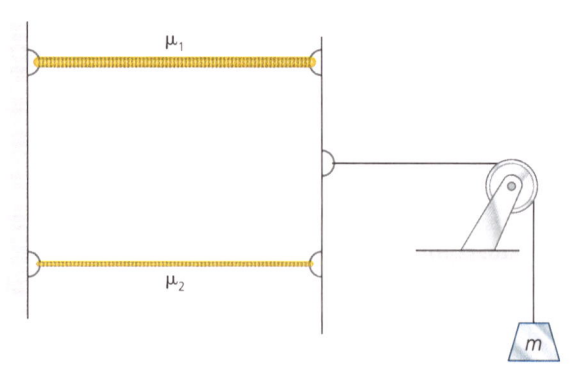

Determine a razão $\dfrac{v_1}{v_2}$ entre as velocidades de pulsos transversais que se propagam nas duas cordas.

6. (Fuvest-SP) A figura representa, nos instantes $t = 0$ s e $t = 2{,}0$ s, configurações de uma corda sob tensão constante, na qual se propaga um pulso cuja forma não varia.

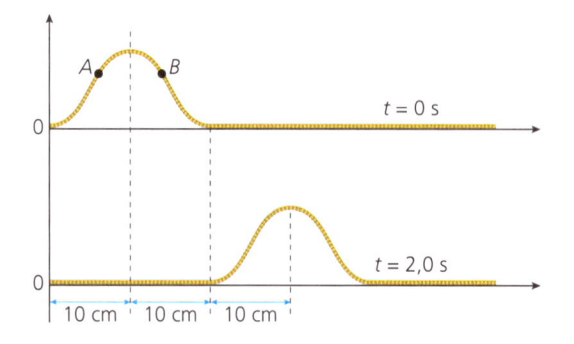

a) Qual é a velocidade de propagação do pulso?
b) Indique em uma figura a direção e o sentido das velocidades dos pontos materiais A e B da corda no instante $t = 0$ s.

7. (UFPR) A figura abaixo representa parte de uma onda propagando-se numa corda ao longo do eixo x. A curva cheia é a forma da corda no instante $t_1 = 0{,}3$ s, e a curva tracejada, a forma em $t_2 = 0{,}5$ s.
a) Qual é a amplitude dessa onda?
b) Qual é o seu comprimento de onda?
c) Determine a velocidade da onda.
d) Calcule a sua frequência.

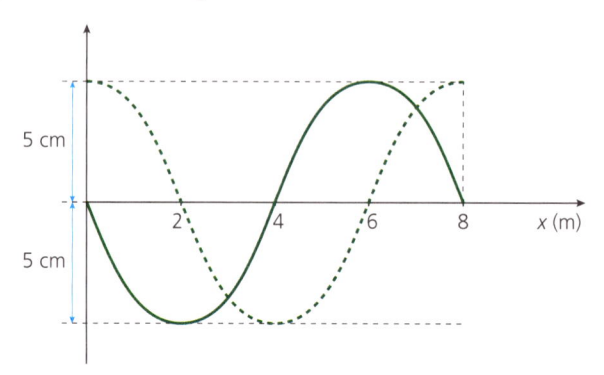

8. (Vunesp) A figura reproduz duas fotografias instantâneas de uma onda que se deslocou para a direita numa corda.

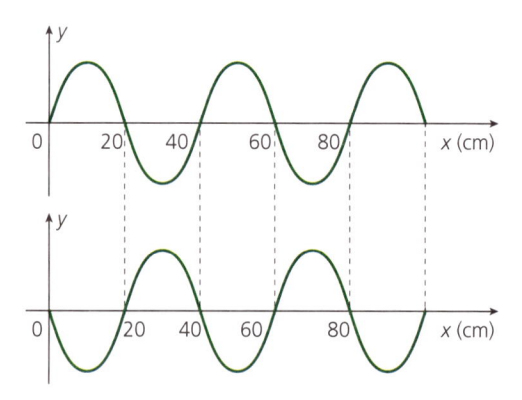

a) Qual é o comprimento de onda dessa onda?
b) Sabendo-se que, no intervalo de tempo entre as duas fotos, $\dfrac{1}{10}$ s, a onda se deslocou menos que um comprimento de onda, determine a velocidade de propagação e a frequência dessa onda.

Ficha-resumo 2

Reflexão de ondas

- As ondas retornam ao meio de incidência.
- A velocidade de propagação, a frequência e o comprimento de onda não variam.
- Os ângulos de incidência e de reflexão têm valores iguais ($i = r$).

9. A **figura** I representa uma frente de onda reta AB propagando-se na superfície da água de um tanque quadrado. O sentido de propagação da onda está indicado pela seta. Represente na **figura** II o restante dessa mesma frente de onda após reflexão nas paredes do tanque, indicando com setas o sentido de propagação de cada segmento dela.

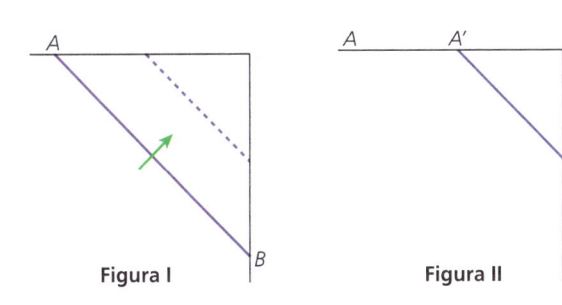

Figura I

Figura II

10. Uma pessoa, parada diante de uma parede vertical, bate palmas de maneira cadenciada. Ela ajusta o ritmo das palmas de modo que, ao bater 40 palmas por minuto, ela deixa de ouvir o eco, pois o som refletido na parede chega aos seus ouvidos juntamente com o som produzido pelas suas mãos naquele mesmo instante.

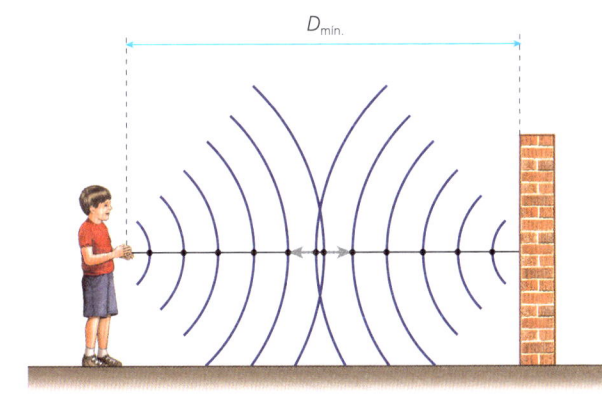

Considerando a velocidade de propagação do som no ar local igual a 320 m/s, determine:
a) o intervalo de tempo decorrido entre duas palmas sucessivas;
b) a distância mínima D_{min} entre essa pessoa e a parede.

11. A figura mostra ondas circulares geradas pela fonte pontual F e que se propagam com velocidade $v = 50$ cm/s na superfície da água de um grande tanque experimental.

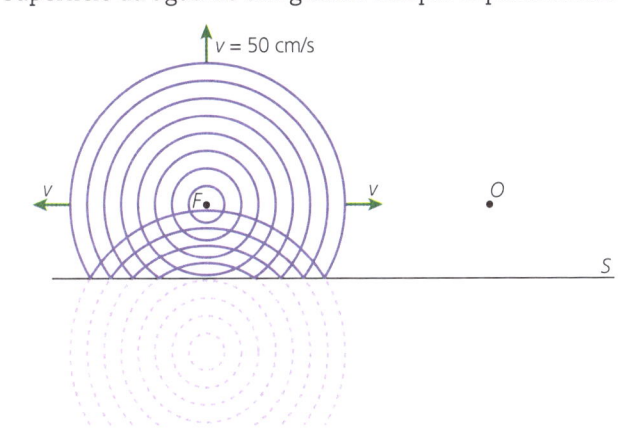

Uma pequena boia colocada no ponto O recebe as frentes de onda que vêm diretamente da fonte F e também as que são refletidas no anteparo plano e horizontal S. O segmento FO é paralelo a S e mede 4,0 m. A distância entre a fonte F e o anteparo S é 1,5 m. Na figura, também estão representados, em linhas tracejadas, os prolongamentos das frentes de onda refletidas. Determine:
a) o intervalo de tempo necessário para que uma frente de onda percorra o segmento FO;
b) o intervalo de tempo necessário para que uma frente de onda chegue ao ponto O, após ter sido refletida em S.

12. (Fuvest-SP) Ondas retas propagam-se na superfície da água com velocidade de módulo igual a 1,4 m/s e são refletidas por uma parede plana vertical, na qual incidem sob o ângulo de 45°. No instante $t_0 = 0$, uma crista AB ocupa a posição indicada na figura.

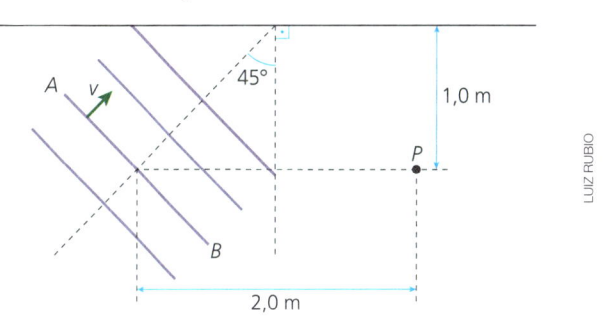

a) Depois de quanto tempo essa crista atingirá o ponto P, após ser refletida na parede?
b) Esboce a configuração dessa crista quando passa por P.

Observação

Considere sen 45° = 0,7.

Ficha-resumo 3

Refração de ondas
* A frequência, o período e a fase das ondas não variam.
* A velocidade de propagação e os comprimentos de onda são diretamente proporcionais entre si: $\frac{v_1}{v_2} = \frac{\lambda_1}{\lambda_2}$

Lei de Snell-Descartes: $n_1 \cdot \text{sen } i = n_2 \cdot \text{sen } r$

13. (Enem) Em março de 2011, um tsunami de grande poder de destruição atingiu o Japão. Um tsunami é uma onda gigante que se forma no oceano, desencadeada, geralmente, por choques entre as placas tectônicas. Nesse fenômeno, as ondas geradas transportam grande quantidade de energia e começam a se propagar com elevados comprimentos de onda e pequenas amplitudes. Ao se aproximar da costa, onde a profundidade do oceano é pequena, a velocidade da onda diminui e a amplitude aumenta, pois a energia transportada praticamente se conserva.

Tsunami – Formação das ondas gigantes

O tremor abaixo do fundo do mar desloca as águas do oceano, que sobem para a superfície em ondas de 0,5 metro.

À medida que a profundidade diminui, a altura da onda aumenta, criando uma parede de água.

Ondas se acumulam antes de atingir o litoral.

Águas profundas: comprimento da onda chega a até 160 km, a uma velocidade de 800 km/h.

Águas rasas: velocidade da onda pode ser de até 48 km/h, com altura de 30 metros ou mais.

Fonte: GraphicNews

Exercícios de revisão

A velocidade da onda num local de profundidade h é dada por $v^2 = g \cdot h$, sendo g o módulo da aceleração da gravidade. A energia propagada pela onda é proporcional à velocidade de propagação v e ao quadrado da amplitude A: $E = k \cdot v \cdot A^2$.

Considere que, do local onde a onda foi gerada até a região costeira, a profundidade se reduziu por um fator 2.500. Assim, ao atingir a região costeira (praia):

a) a velocidade de propagação da onda aumentou por um fator 50.
b) a velocidade de propagação da onda diminuiu por um fator 2.500.
c) a amplitude da onda aumentou por um fator próximo de 50.
d) a amplitude da onda aumentou por um fator próximo de 7.
e) a energia transportada pela onda aumentou por um fator 50.

14. (UFC-CE) A figura abaixo representa a evolução temporal de um pulso em uma corda composta de duas partes, uma de densidade linear d_1 e outra de densidade linear d_2, sujeitas a uma mesma tensão T. L_1 e L_2 são as distâncias percorridas pelos pulsos refletido e transmitido, respectivamente, a partir da junção entre as partes da corda.

Podemos, então, afirmar que a razão $\dfrac{d_1}{d_2}$ em termos de L_1 e L_2 é igual a:

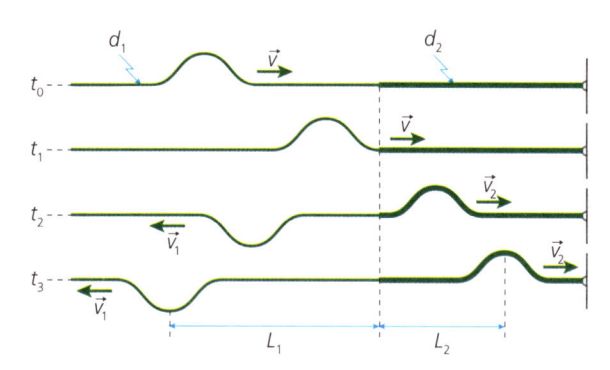

a) $\dfrac{L_2}{L_1}$
b) $\dfrac{L_1}{L_2}$
c) $\left(\dfrac{L_2}{L_1}\right)^2$
d) $\dfrac{L_2}{(L_1 + L_2)}$
e) $\left[\dfrac{L_2}{(L_1 + L_2)}\right]^2$

15. (FMABC-SP) Considere duas cordas elásticas e de densidades lineares diferentes (uma corda grossa e outra corda fina) emendadas, como mostra a figura.

Quando um pulso é produzido na extremidade livre da corda mais fina, ele se propaga com velocidade v até encontrar a junção das duas cordas. Após o pulso incidir no ponto de junção das cordas, observaremos:

a) os fenômenos da reflexão do pulso na corda mais fina e o de refração do pulso na corda mais grossa, ambos sem inversão de fase tanto do pulso refletido quanto do pulso refratado e ambos com a mesma velocidade v do pulso incidente.

b) os fenômenos da reflexão do pulso na corda mais fina, com inversão de fase do pulso refletido e manutenção da velocidade v do pulso incidente, e o da refração do pulso na corda mais grossa, sem inversão de fase do pulso refratado e com velocidade diferente da do pulso incidente.

c) o fenômeno da continuidade do pulso na corda mais fina, sem inversão de fase do pulso, porém com velocidade de propagação diferente da velocidade do pulso incidente.

d) os fenômenos da refração do pulso na corda mais fina e o da reflexão do pulso na corda mais grossa, ambos com inversão de fase tanto do pulso refletido quanto do pulso refratado e ambos com a mesma velocidade v do pulso incidente.

e) os fenômenos da refração do pulso na corda mais fina, com inversão de fase do pulso refratado e manutenção da velocidade v do pulso incidente, e o da reflexão do pulso na corda mais grossa, sem inversão de fase do pulso refletido e com velocidade diferente da do pulso incidente.

16. (Vunesp) Uma onda plana de frequência $f = 20$ Hz, propagando-se com velocidade $v_1 = 340$ m/s no meio 1, refrata-se ao incidir na superfície de separação entre o meio 1 e o meio 2, como indicado na figura.

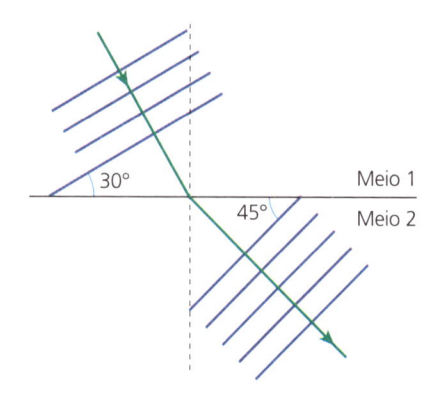

Sabendo-se que as frentes de onda plana incidente e refratada formam, com a superfície de separação, ângulos de 30° e 45°, respectivamente, determine, utilizando a tabela seguinte:

θ	sen θ	cos θ
30°	0,50	0,87
45°	0,70	0,70
60°	0,87	0,50

a) a velocidade v_2 da onda refratada no meio 2;
b) o comprimento de onda λ_2 da onda refratada no meio 2.

Ficha-resumo 4

Difração e polarização de ondas

- **Difração:** Capacidade de as ondas contornarem obstáculos. Para que uma onda possa sofrer difração, as dimensões do objeto devem ser da mesma ordem de grandeza do comprimento de onda.
- **Polarização:** Seleção do plano de vibração dos pontos do meio de propagação de uma onda. A polarização só ocorre com ondas transversais.

17. (UFC-CE) Usando seus conhecimentos sobre ondas longitudinais e transversais, indique a alternativa correta.
   a) Ondas longitudinais são aquelas para as quais as vibrações ocorrem em uma direção que é ortogonal à direção de propagação da onda.
   b) Ondas transversais são aquelas para as quais as oscilações coincidem com a direção da propagação.
   c) Ondas luminosas e ondas de rádio são exemplos de ondas longitudinais.
   d) Apenas ondas transversais podem ser polarizadas.
   e) Apenas ondas longitudinais se propagam no vácuo.

18. A expressão que relaciona a intensidade I_0 da luz polarizada incidente e a intensidade I da luz transmitida pelo filtro polarizador é: $I = I_0 \cdot \cos^2(\theta)$, sendo θ o ângulo entre o eixo do polarizador e o plano de vibração da luz incidente.

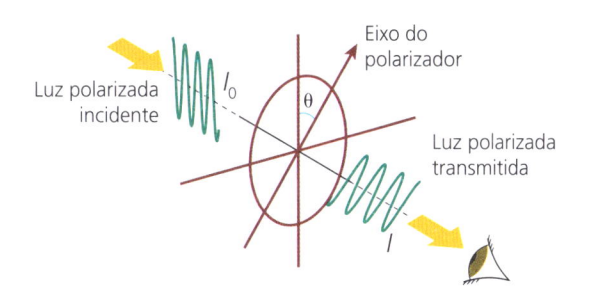

Assim, para reduzir a um quarto a intensidade da luz polarizada incidente, devemos ter:
   a) $\theta = 0°$
   b) $\theta = 30°$
   c) $\theta = 45°$
   d) $\theta = 60°$
   e) $\theta = 90°$

19. Mesmo não vendo as imagens momentaneamente, Pedro pode ouvir a narração do jogo na TV. Isso é possível pois:
   a) o som atravessa a parede que separa os dois ambientes, chegando até Pedro. Esse fenômeno é denominado difração de ondas.
   b) o som provoca vibrações na parede que separa os dois ambientes, chegando até Pedro. Esse fenômeno é denominado polarização de ondas.
   c) o som contorna a parede que separa os dois ambientes, chegando até Pedro. Esse fenômeno é denominado difração de ondas.
   d) a antena da TV emite ondas sonoras de alta potência que chegam até Pedro.
   e) a geladeira está funcionando como uma antena receptora para as ondas sonoras.

Mais questões em **Vereda Digital Aprova Enem**, em **Vereda Digital Suplemento de revisão**, em **AprovaMax** (no *site*) e no livro digital.

CAPÍTULO 29

ACÚSTICA

ENEM
C1: H1, H2
C5: H17

Ecobatimetria

A utilização de sensores de ondas sonoras, que podem se propagar por centenas de quilômetros na água, vem permitindo ampliar as pesquisas sobre o ambiente menos conhecido do nosso planeta: o fundo do mar. A sondagem batimétrica é feita por um barco equipado com um emissor de pulsos sonoros (projetor) e um microfone especial (hidrofone). A bordo, um computador controla o envio dos pulsos sonoros e interpreta os dados dos pulsos que retornam. Esse sistema é denominado sonar (sound navigation and ranging).

Interpretação
Cada ponto do fundo do mar abaixo do ecobatímetro reflete os pulsos sonoros emitidos. É a partir da interpretação dos dados de cada um desses pulsos que o computador compõe o **mapa batimétrico**.

Viagem de ida
Com perdas de energia na água bem inferiores às das ondas eletromagnéticas, as ondas sonoras, nesse meio, têm velocidade de aproximadamente 1.500 m/s.

Emissão
O projetor emite um pulso de onda com uma frequência conhecida. Um novo pulso só é emitido depois que o anterior retornou.

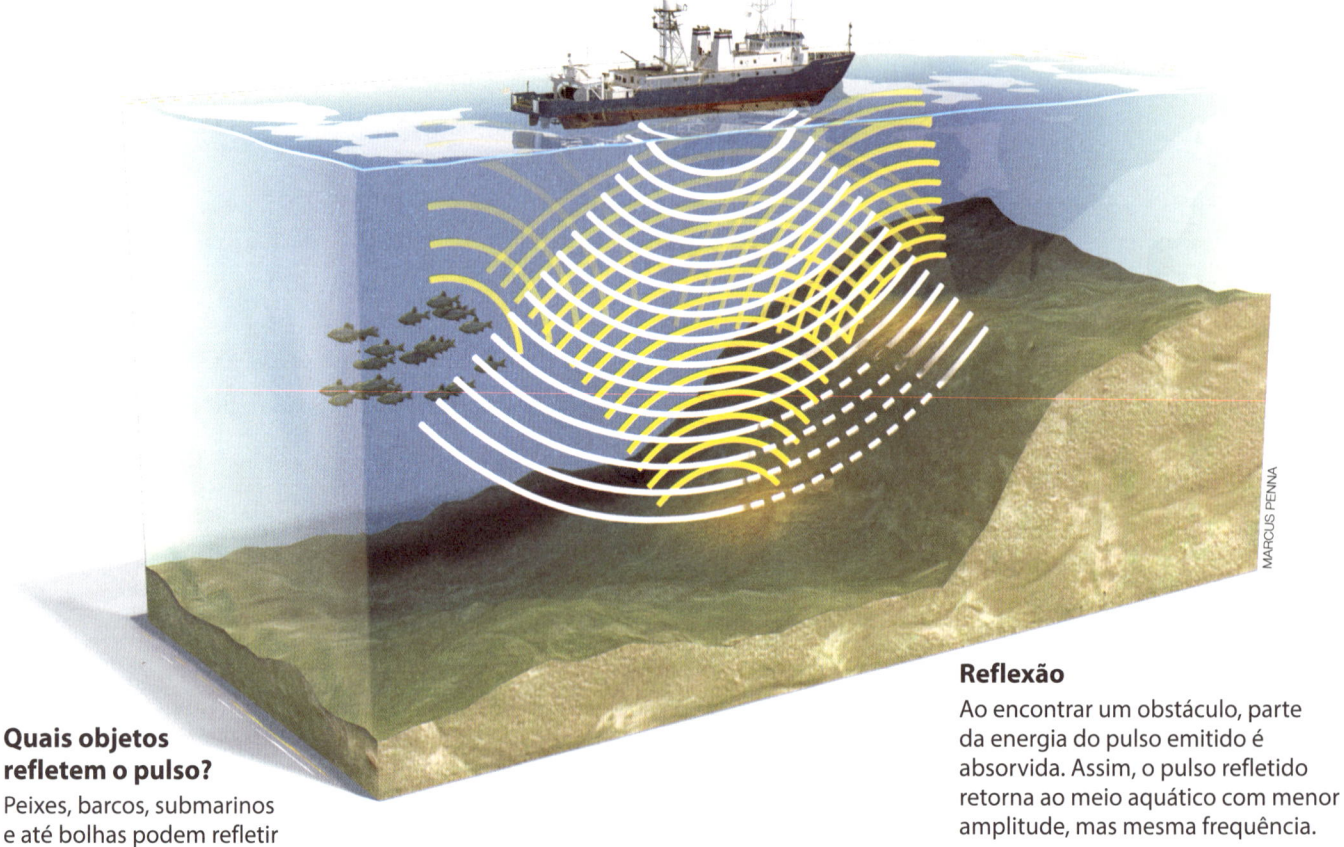

Quais objetos refletem o pulso?
Peixes, barcos, submarinos e até bolhas podem refletir o pulso sonoro. O hidrofone identifica os pulsos emitidos pelo projetor e refletidos no fundo do mar pela frequência, grandeza que não muda quando o obstáculo é fixo.

Reflexão
Ao encontrar um obstáculo, parte da energia do pulso emitido é absorvida. Assim, o pulso refletido retorna ao meio aquático com menor amplitude, mas mesma frequência.

Fontes: IBGE. *Atlas geográfico das zonas costeiras e oceânicas do Brasil*. Rio de Janeiro: IBGE, 2011. L3 Communications SeaBeam Instruments. *Multibeam Sonar: Theory of operation*. Walpole: 2000. U.S. Geological Survey. *USGS Woods Hole Coastal and Marine Science Center*. Disponível em: <http://woodshole.er.usgs.gov>. Acesso em: 2 mar. 2017.

> **Objetivos do capítulo**
>
> - Entender a natureza mecânica das ondas sonoras.
> - Distinguir som, infrassom e ultrassom.
> - Estudar a propagação do som nos sólidos, líquidos e gases.
> - Conhecer e distinguir as qualidades fisiológicas do som.
> - Aplicar a lei de Weber para estímulos sonoros em situações cotidianas.
> - Identificar e resolver situações nas quais ocorre o efeito Doppler-Fizeau acústico.
> - Compreender a interferência de ondas e a formação de ondas estacionárias.
> - Estudar as fontes primárias de ondas sonoras: cordas vibrantes e tubos sonoros.

1 Introdução

Neste capítulo, estudaremos algumas qualidades fisiológicas e propriedades específicas das **ondas sonoras**. Também serão abordadas as fontes que geram essas ondas, bem como os principais fenômenos ondulatórios aos quais elas dão origem.

Antes de estudar as fontes sonoras primárias, cordas vibrantes e tubos sonoros, vamos compreender como ocorrem a **interferência** ou **superposição** de ondas e a formação de **ondas estacionárias**, que são a base para o estudo dos sons emitidos por essas fontes.

Embora o som possa se propagar em qualquer meio material, nosso estudo será dirigido quase exclusivamente para a propagação do som no **ar**. A propagação do som nos sólidos e nos líquidos terá um tratamento qualitativo simplificado, por causa da complexidade matemática necessária para um estudo mais aprofundado desse tema.

2 Som, infrassom e ultrassom

De modo geral, **sons** são variações de pressão que se propagam em determinados meios, produzindo, nas partículas que os constituem, oscilações que podem excitar nosso sistema auditivo, fazendo com que nossos tímpanos vibrem com a mesma frequência dessas ondas.

Nos gases, mais comumente no **ar**, as frentes de onda sonora são regiões de compressão e rarefação produzidas pelas oscilações de algum tipo de fonte vibratória. Na **figura 1**, as compressões e rarefações do ar têm como origem as vibrações da membrana do alto-falante (fonte). Nas regiões de compressão, a pressão do ar fica um pouco acima do nível normal da pressão do ar no ambiente. Nas regiões de rarefação, a pressão do ar fica um pouco abaixo do nível normal da pressão do ar no ambiente. A distância entre duas regiões de compressão consecutivas ou entre duas regiões de rarefação, também consecutivas, é o **comprimento de onda** (λ) do som.

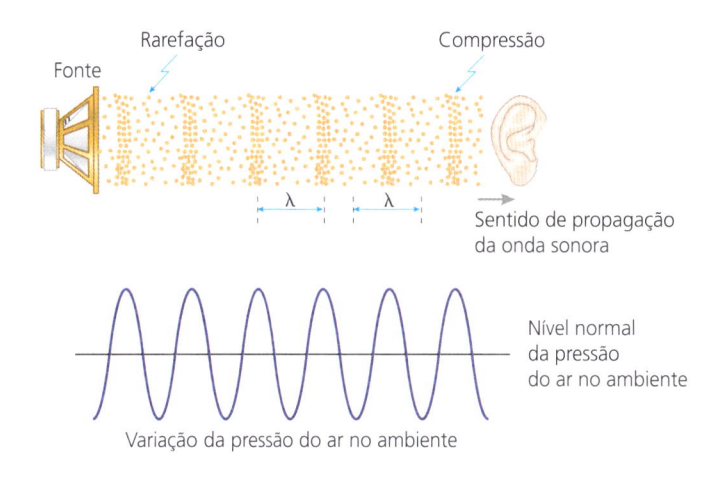

Figura 1. Modelo de propagação de ondas sonoras no ar. As ondas sonoras são ondas longitudinais.

Nos líquidos, o som também se propaga por ondas longitudinais. A situação é mais complexa nos sólidos. Neles, as perturbações propagam-se longitudinal e transversalmente e com velocidades de propagação diferentes. Os terremotos são exemplos desse tipo de propagação.

Nosso sistema auditivo é sensível a ondas sonoras de frequências entre **20 Hz** e **20 kHz**, aproximadamente. Ondas sonoras nessa faixa de frequências são denominadas **sons audíveis** ou, simplesmente, **sons**.

Uma onda sonora com frequência inferior a 20 Hz é denominada **infrassom**, e uma com frequência superior a 20 kHz é denominada **ultrassom**. Essas ondas são **inaudíveis** ao ser humano.

Esses valores podem variar um pouco de uma pessoa para outra e, para uma mesma pessoa, ao longo da vida. A **figura 2** mostra os domínios das ondas sonoras audíveis (sons) e inaudíveis (infrassons e ultrassons).

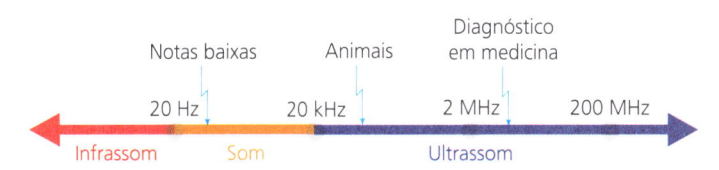

Figura 2. Espectro acústico audível e inaudível.

Capítulo 29 • Acústica **399**

O estudo das ondas sonoras com frequências entre 1 mHz e 15 Hz, denominado infrassônica, tem aplicações no monitoramento de terremotos e de populações marinhas, entre outras. Os infrassons podem cobrir grandes distâncias, contornando obstáculos com pouca dissipação de energia.

As ondas ultrassônicas também têm inúmeras aplicações. Em geral, elas penetram determinado meio e são refletidas, permitindo o registro de detalhes da estrutura interna daquele meio. Esse é o processo usado no diagnóstico por imagem ultrassônica em medicina, conhecido como ultrassonografia. A ecolocalização subaquática dos submarinos se dá por emissão e recepção de pulsos ultrassônicos em aparelhos denominados **sonares** (**sonar**: *so*und *na*vigation and *r*anging, que significa *navegação e detecção por som*). Há outras aplicações das ondas ultrassônicas na engenharia e na indústria.

Animais como morcegos, corujas, baleias, golfinhos, peixes e até insetos são dotados de um tipo de *biossonar* e utilizam processos ultrassônicos para definir sua própria localização, localizar suas presas, detectar obstáculos e para se comunicar. A **figura 3** mostra um esquema da ecolocalização de um morcego, em que ele se orienta para evitar o choque com um obstáculo.

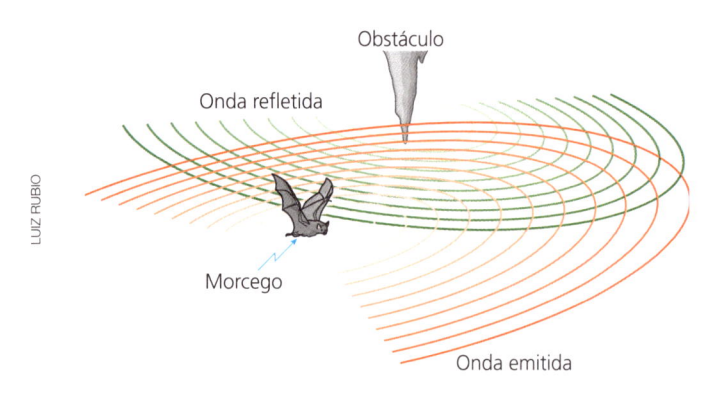

Figura 3. Representação da ecolocalização de um morcego.

Como ocorre com qualquer outro tipo de onda, a frequência de uma onda sonora é igual à frequência de oscilação da fonte que lhe deu origem. Desse modo, o som que ouvimos ao dedilhar a corda de um violão ou tocar uma tecla de um piano tem a mesma frequência de vibração da corda desses instrumentos. O mesmo ocorre com o som que ouvimos ao percutir a membrana de um tambor.

Entretanto, a velocidade de propagação do som e seu comprimento de onda dependem do meio de propagação. A velocidade de propagação do som no ar que envolve a corda do violão que o gerou não é igual à velocidade de propagação das ondas que percorrem a corda do instrumento. O comprimento de onda do som que chega até nós pelo ar não é igual ao comprimento de onda na corda do instrumento que o originou. Portanto, concluímos que:

> A frequência de um som é igual à frequência da fonte que o emitiu.

A velocidade de propagação das ondas sonoras depende de certas propriedades físicas do meio, tais como temperatura, densidade e características associadas à sua elasticidade.

A velocidade de propagação do som num gás de massa molar M e que está a uma temperatura absoluta T é dada por $v = \sqrt{\gamma \cdot \dfrac{R \cdot T}{M}} = \sqrt{k \cdot T}$, em que $k = \gamma \cdot \dfrac{R}{M}$, sendo R a constante universal dos gases perfeitos e γ um coeficiente adimensional que depende da natureza do gás e de sua temperatura. Portanto, mantida constante a temperatura do gás, a velocidade de propagação das ondas sonoras nessa massa gasosa será constante, seja qual for a frequência da onda. A variação da velocidade de propagação do som no ar por influência da temperatura será explorada nos exercícios. A **tabela 1** mostra valores da velocidade de propagação do som em alguns sólidos, líquidos e gases.

Tabela 1. Valores da velocidade de propagação do som em alguns sólidos, líquidos e gases

Sólidos		Líquidos		Gases	
Material	v (m/s)	Material	v (m/s)	Material	v (m/s)
Aço	6.100	Ácido acético (19,6 °C)	1.173	Ar (0 °C, 1 atm)	331,0
Ferro	5.130	Água (0 °C)	1.402	Ar (20 °C, 1 atm)	343,0
Vidro	3.962	Água (20 °C)	1.482	Nitrogênio (29 °C, 1 atm)	354,4
Vidro pirex	5.640	Água do mar	1.533	Hidrogênio (20 °C)	1.290
Concreto	3.400	Mercúrio (25 °C)	1.450	Vapor de água (100 °C)	477,5
Madeira	3.600	Etanol (19,6 °C)	1.144	Hélio (20 °C)	972

Disponível em: <http://www.engineeringtoolbox.com/>. Acesso em: 16 fev. 2017.

Atividade prática

Nesta atividade prática, você poderá "visualizar" as ondas sonoras. Para isso, vai precisar do seguinte material:

- uma lata vazia de leite em pó;
- abridor de latas;
- uma bexiga;
- um pequeno espelho plano (5 cm × 5 cm);
- uma lanterna;
- barbante;
- tesoura;
- cola;
- fita adesiva.

Para começar, use o abridor de latas para retirar o fundo da lata de leite em pó.

Observação

Cuidado para não se cortar com as rebarbas do fundo da lata e ao manusear a tesoura.

Com a tesoura, corte uma das laterais da bexiga. Retire a tampa da lata, estique bem a membrana de borracha sobre a borda superior da lata e prenda-a firmemente com o barbante. Você terá, depois disso, uma espécie de "tambor".

Em seguida, use a cola para fixar o espelho plano no centro da membrana elástica. Deixe a superfície refletora do espelho voltada para fora. Espere a cola secar.

Com a fita adesiva, fixe a lata pela lateral sobre uma mesa num local pouco iluminado e direcione o feixe de luz da lanterna contra o espelho de modo que o feixe refletido ilumine uma parede próxima, como mostrado na foto a seguir.

Posicione-se diante da extremidade aberta da lata e bata palmas ou coloque um rádio ligado na frente da abertura.

O que acontece com o feixe de luz que ilumina a parede?

Com base nessa observação, escreva uma conclusão sobre a correlação entre os três tipos de ondas envolvidos nessa experiência.

Exercícios resolvidos

1. As frequências mínima e máxima audíveis ao ser humano são respectivamente da ordem de 20 Hz e 20 kHz. Supor que a velocidade de propagação do som no ar em certo local seja igual a 320 m/s e determinar os comprimentos de onda máximo ($\lambda_{máx.}$) e mínimo ($\lambda_{mín.}$) para essas ondas sonoras.

▶ **Solução**

A velocidade de propagação do som é a mesma para as duas frequências. Portanto, f e λ são grandezas inversamente proporcionais. Assim:

$v = \lambda_{máx.} \cdot f_{mín.} \Rightarrow 320 \text{ m/s} = \lambda_{máx.} \cdot 20 \text{ Hz} \Rightarrow$

$\Rightarrow \boxed{\lambda_{máx.} = 16 \text{ m}}$

$v = \lambda_{mín.} \cdot f_{máx.} \Rightarrow 320 \text{ m/s} = \lambda_{mín.} \cdot 20 \cdot 10^3 \text{ Hz} \Rightarrow$

$\Rightarrow \lambda_{mín.} = 16 \cdot 10^{-3} \text{ m} \Rightarrow \boxed{\lambda_{mín.} = 16 \text{ mm}}$

2. Nos gases em geral, em condições de pressão e temperatura tais que possam ser considerados gases perfeitos, a velocidade de propagação do som em função da temperatura absoluta T, em kelvin (K), desse meio pode ser calculada, com excelente precisão, por uma relação do tipo $v_{som} = \sqrt{k \cdot T}$, sendo k uma constante que depende do gás.

a) Qual é a unidade da constante k no Sistema Internacional de Unidades (SI)?

b) Usando os dados da **tabela 1** determinar o valor de k para o ar, considerando 0 °C = 273 K.

▶ **Solução**

a) No SI, as unidades das grandezas mencionadas no enunciado são: $[v]$ = m/s e $[T]$ = kelvin (K). Assim:

$[v]^2 = [k] \cdot [T] \Rightarrow (\text{m/s})^2 = [k]_{SI} \cdot \text{K} \Rightarrow$

$\Rightarrow \boxed{[k]_{SI} = \text{m}^2 \cdot \text{s}^{-2} \cdot \text{K}^{-1}}$ ou $\boxed{[k]_{SI} = \text{m}^2/(\text{s}^2 \cdot \text{K})}$

b) Da **tabela 1**, temos, para o ar, v = 331,0 m/s quando T = 0 °C = 273 K.

Assim:

$(331,0)^2 = k \cdot 273 \Rightarrow \boxed{k \simeq 401,3 \text{ m}^2 \cdot \text{s}^{-2} \cdot \text{K}^{-1}}$

Exercícios propostos

1. Considere 336 m/s e 1.428 m/s a velocidade de propagação do som no ar e na água, respectivamente. Sendo $\lambda_{ar} = 1{,}2$ m o comprimento de onda da onda sonora no ar, o comprimento de onda dessa onda sonora na água será igual a:
   a) 2,8 m
   b) 5,1 m
   c) 8,2 m
   d) 12,0 m
   e) 33,6 m

2. Da borda de um penhasco de 45,0 m de altura, um garoto deixa cair um objeto que, ao colidir contra o solo, emite um forte ruído que chega a ele Δt segundos após o objeto ter sido solto. Considerando 10,0 m/s² o módulo da aceleração da gravidade no local e 360 m/s a velocidade de propagação do som no ar do ambiente, determine Δt.

3. Dois engenheiros de uma ferrovia resolvem medir a velocidade de propagação do som no aço, utilizando, para isso, um dos trilhos com 84 m de comprimento. Com aparelhagem apropriada, medem os intervalos de tempo para o som ir, pelo ar e pelo aço, de uma extremidade a outra do trilho, após uma delas ser golpeada com um pesado martelo. Foi medida uma diferença de 236 milissegundos entre a chegada dos dois sons. Sendo 336 m/s a velocidade de propagação do som no ar do ambiente, determine a velocidade de propagação do som no aço.

4. Considere c a velocidade de propagação das ondas eletromagnéticas no ar e v a velocidade de propagação do som. Para que uma onda sonora tenha comprimento de onda igual ao de uma radiação eletromagnética, a razão entre as frequências do som e dessa radiação deve ser igual a:
   a) $v \cdot c$
   b) $\dfrac{c}{v}$
   c) $\dfrac{v}{c}$
   d) c^v
   e) v^c

3 Qualidades fisiológicas do som

Nosso sistema auditivo é capaz de perceber certas características das ondas sonoras que nos permitem distinguir sons entre si. Em geral, sabemos se é uma mulher ou um homem que está falando, ou se uma nota musical foi emitida por um piano ou por um violão, ou ainda se a intensidade (ou "volume") do som da TV está ou não em um nível elevado, dada a sensível e complexa fisiologia do nosso sistema auditivo, representado na **figura 4**.

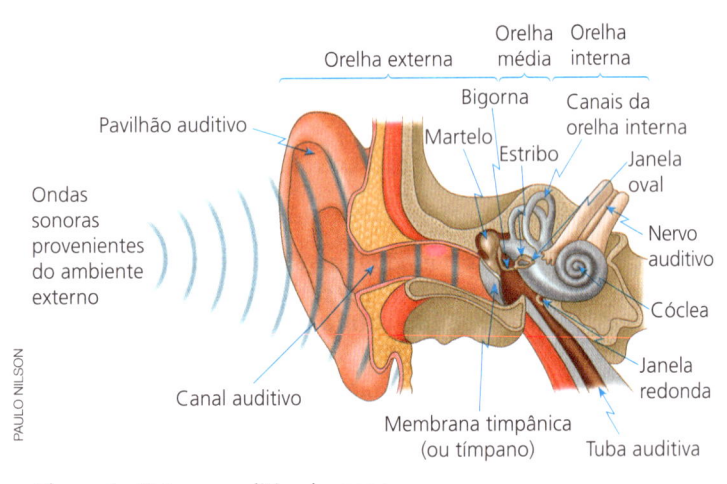

Figura 4. Sistema auditivo humano.

Por estarem diretamente ligadas à sensibilidade auditiva de cada pessoa, certas características das ondas sonoras, como a **altura**, o **timbre** e a **intensidade**, são, de certo modo, subjetivas e, por isso, denominadas qualidades fisiológicas do som. São três as qualidades fisiológicas do som: altura, timbre e intensidade.

Altura

Essa qualidade fisiológica do som depende apenas da **frequência** da onda sonora. A altura nos permite classificar os sons como **agudos** ou **altos** e **graves** ou **baixos**.

A **figura 5** mostra esquematicamente que, no mesmo intervalo de tempo, foram geradas três ondas completas na representação da **figura 5A** e seis na representação da **figura 5B**. Portanto, o som A tem frequência menor que o som B. Dizemos então que o som A é mais grave ou mais baixo que o som B, ou que o som B é mais agudo ou mais alto que o som A.

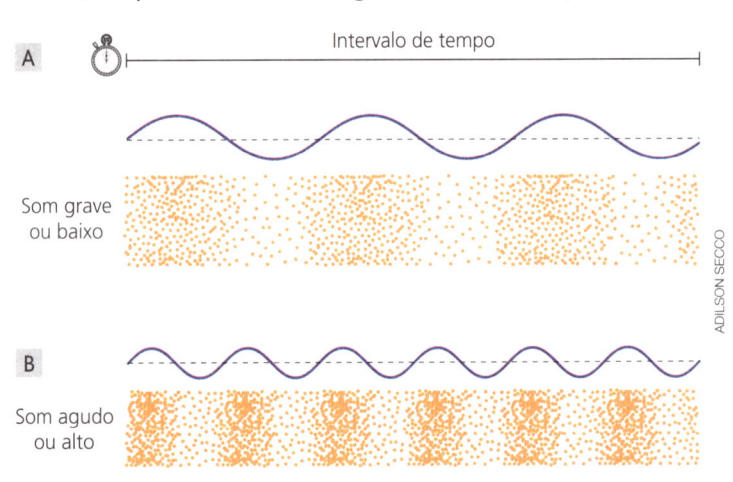

Figura 5. Representação da altura sonora. (A) Frequência menor (som grave ou baixo); (B) frequência maior (som agudo ou alto).

Timbre

Quando ouvimos uma nota musical emitida por algum instrumento, o som que ouvimos é uma combinação de várias frequências geradas simultaneamente pela fonte sonora. O som de menor frequência é chamado de **som fundamental** ou **primeiro harmônico**, e os demais sons emitidos são chamados de **segundo** harmônico, **terceiro** harmônico, **quarto** harmônico etc., ou **sobretons**. Estes têm frequências cujos valores são múltiplos da frequência fundamental, ou seja, a frequência associada ao primeiro harmônico. Assim, se o som fundamental tem frequência f, o segundo harmônico terá frequência $2f$, o terceiro harmônico terá frequência $3f$, e assim por diante.

Nas **figuras 6A** e **6B**, um osciloscópio é utilizado para permitir a visualização eletrônica de uma mesma nota musical emitida por fontes diferentes. A frequência e o período do som composto, emitido pelo instrumento musical, são iguais à frequência e ao período do som puro, emitido pelo diapasão.

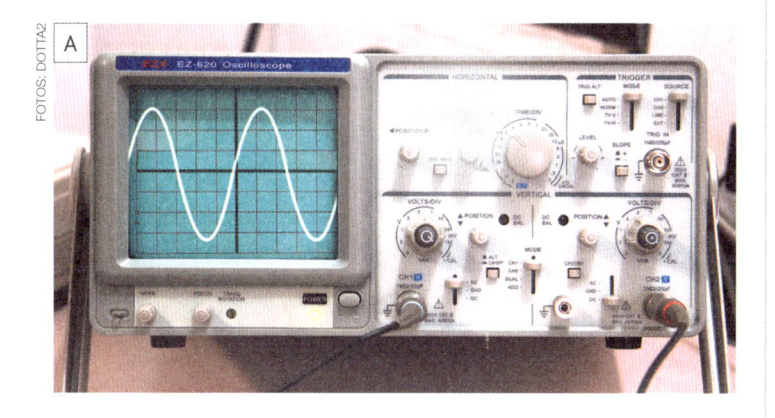

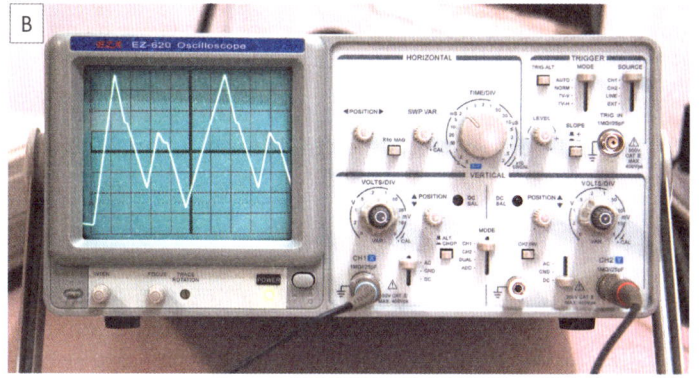

Figura 6. Osciloscópio mostrando a mesma nota musical emitida por: (A) um diapasão (som puro); (B) instrumento musical (som composto).

O conjunto de harmônicos emitidos simultaneamente com o som fundamental em uma nota musical varia de um instrumento musical para outro. É essa diversidade de frequências combinadas que nos permite distinguir uma mesma nota emitida por instrumentos distintos. A frequência fundamental é a mesma, porém os harmônicos sobrepostos são diferentes. O conjunto dos harmônicos presentes em um som complexo caracteriza o **timbre** sonoro **(fig. 7)**.

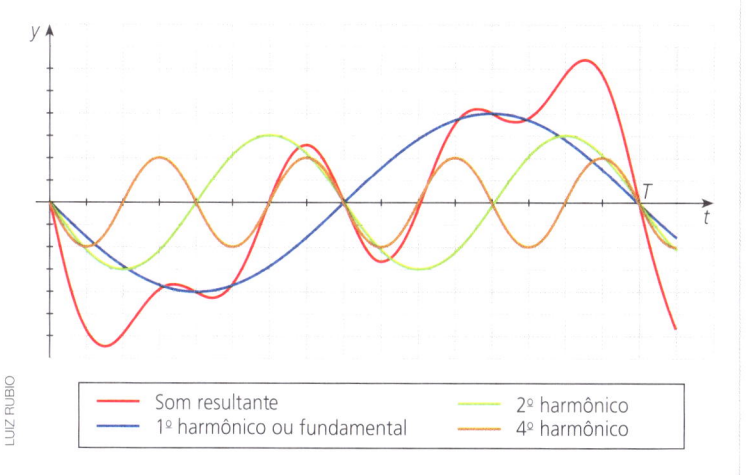

Figura 7. Timbre sonoro.

As cordas ou pregas vocais de pessoas com vozes parecidas emitem conjuntos de harmônicos semelhantes. Dizemos que essas pessoas têm o timbre vocal semelhante. Portanto, o timbre é a qualidade sonora que permite identificar o tipo de fonte que emitiu o som.

Intensidade

Sabemos que as ondas transmitem energia aos pontos do meio por ela atingidos. Durante a propagação de uma onda sonora, essa energia vai se distribuindo sobre uma região cada vez maior e, desse modo, a quantidade de energia que atinge pontos mais afastados diminui.

Um alto-falante que emite sons com uma potência de 1 W transfere energia às partículas do ar próximo a ele à razão de 1 J/s. Essas partículas, por sua vez, passam a oscilar transmitindo essa energia a outras partículas do meio, propagando assim a onda sonora. À medida que nos aproximamos da fonte, ouvimos um som com maior "volume", como se diz na linguagem corrente. O correto é dizer que o som se torna mais **intenso** ou mais **forte**.

Uma lâmpada incandescente de 100 W, quando acesa, emite cerca de 5 J/s de energia luminosa, sendo os outros 95 J/s emitidos na forma de energia térmica (infravermelho). Entretanto, temos 100 J/s de energia eletromagnética propagando-se pelo meio. Se aproximarmos a lâmpada de uma folha de papel, a "luminosidade" na superfície da folha será maior, isto é, a iluminação sobre a superfície da folha será mais intensa.

Embora sejam muito usadas no cotidiano, as expressões "volume sonoro" e "luminosidade", do ponto de vista técnico, devem ser substituídas, respectivamente, por **intensidade sonora** e **intensidade luminosa**.

A qualidade denominada intensidade sonora permite classificar o som como **forte**, se for de grande intensidade, ou **fraco**, se for de pequena intensidade.

Nas situações do alto-falante e da lâmpada incandescente, vistas acima, constatamos que tanto a distância da fonte sonora ao observador como a distância da lâmpada à superfície iluminada influem na intensidade da onda recebida. Quanto menor a distância relativa à fonte, mais intensa a onda recebida para uma mesma potência emitida.

Se, com uma potente lanterna, fizermos incidir sobre uma tela 25 W de energia luminosa em um círculo de 15 cm de diâmetro, teremos uma intensidade luminosa aproximadamente igual à intensidade da luz solar sobre a superfície da Terra. Como isso é possível, se a potência da radiação luminosa emitida pelo Sol ($\simeq 4{,}2 \cdot 10^{26}$ W) é muito maior que a potência luminosa da lanterna? A explicação está na concentração da energia. A energia emitida pela lanterna está concentrada em uma área de, aproximadamente, 180 cm². A parcela da energia luminosa emitida pelo Sol que atinge a Terra está distribuída sobre a superfície esférica do planeta, cuja área é aproximadamente igual a $2{,}8 \cdot 10^{27}$ cm². Dividindo as potências das fontes pelas respectivas áreas sobre as quais a energia está distribuída, teremos:

- lanterna: 25 W ÷ 180 cm² ≃ 0,14 W/cm²
- Sol: 4,2 · 10²⁶ W ÷ 2,8 · 10²⁷ cm² ≃ 0,15 W/cm²

Como podemos observar, os valores de intensidade luminosa obtidos são muito próximos.

O mesmo ocorre com o som. O som dos potentes alto-falantes em um *show* de *rock* pode não ser ouvido por uma pessoa a 1 km de distância do local. Entretanto, um pequeno fone de ouvido pode causar uma forte sensação auditiva por estar muito próximo do sistema auditivo da pessoa.

Portanto, a sensação de som mais intenso ou de maior iluminação deve-se à concentração da energia transmitida pela onda em uma determinada superfície. A concentração de energia da onda incidente sobre uma dada superfície denomina-se **intensidade** *I* da onda, definida pela razão entre a potência *P* emitida por uma fonte de ondas e a área *S* da superfície sobre a qual a energia transmitida pelas ondas se distribui.

$$I = \frac{P}{S}$$

No SI, a intensidade da onda é medida em watt por metro quadrado (W/m²).

Para fontes de onda pontuais, por exemplo, uma pequena lâmpada ou um pequeno alto-falante, as frentes de onda são tridimensionais e esféricas, isto é, a energia emitida pela fonte distribui-se esfericamente à medida que a onda se propaga **(fig. 8)**.

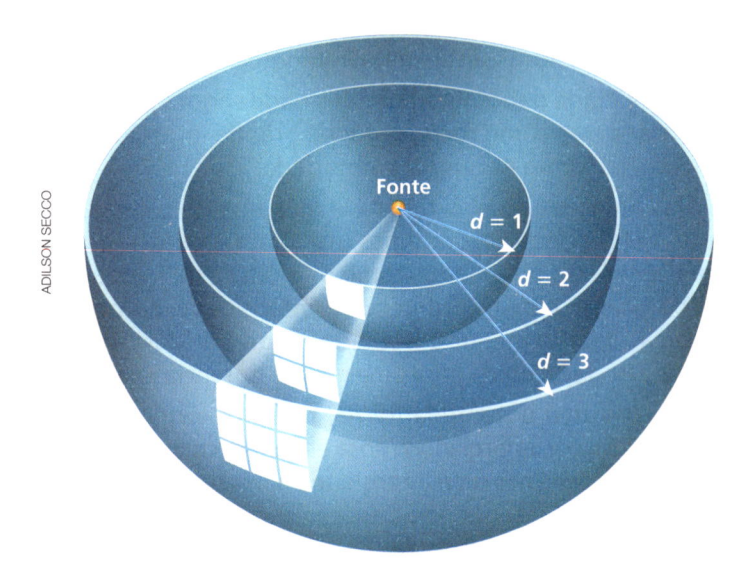

Figura 8. Frentes de onda esféricas emitidas por uma fonte de ondas puntiforme. A energia emitida se distribui sobre uma área cada vez maior à medida que a onda se propaga.

Da Geometria, sabemos que a área de uma superfície esférica de raio *R* é 4π*R*². No caso em análise, o raio da superfície esférica é a distância *d* entre a fonte e os pontos atingidos pela frente de onda em dado instante, como se vê na **figura 8**.

Portanto, para as ondas esféricas, temos:

$$I = \frac{P}{S} = \frac{P}{4\pi d^2}$$

Pela igualdade acima, percebemos que a intensidade das ondas esféricas é inversamente proporcional ao quadrado da distância entre os pontos considerados e a fonte. Dizemos que a propagação de ondas esféricas obedece à **lei do inverso do quadrado da distância**. A **figura 9**, a seguir, ilustra esse fato.

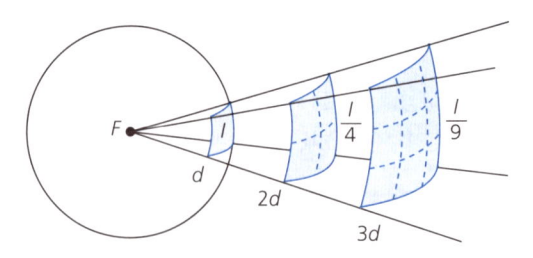

Figura 9. A intensidade de uma onda esférica é inversamente proporcional ao quadrado da distância entre a fonte *F* e o ponto atingido pela frente de onda.

As intensidades de ondas senoidais, em geral, são diretamente proporcionais ao quadrado da amplitude *A* dessas ondas. Portanto:

$$I = k \cdot A^2$$

A **figura 10** mostra esquematicamente duas ondas sonoras, *A* e *B*, de mesma frequência, mas com amplitudes diferentes. Como o som *B* tem amplitude maior que a do som *A*, dizemos que o som *B* é mais intenso, ou mais forte, que o som *A*.

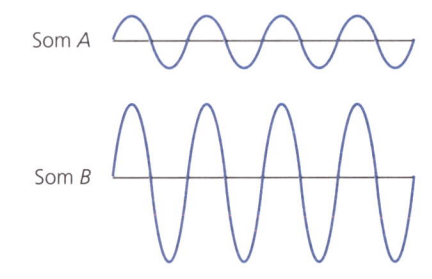

Figura 10. Os sons *A* e *B* têm a mesma altura, isto é, a mesma frequência, mas o som *B* tem maior amplitude e, portanto, maior intensidade que o som *A*. Consequentemente, o som *B* é mais forte que *A*.

A audição humana é capaz de captar sons com intensidades que vão do **limiar auditivo**, cerca de 10^{-12} W/m², até o **limiar da dor**, pouco maior que 1 W/m².

Em 1825, o fisiologista alemão Ernst H. Weber (1795-1878) propôs uma escala para avaliar a resposta da audição humana a vários estímulos sensoriais. Ele constatou que as respostas obedeciam a uma função logarítmica.

Embora a **lei de Weber**, como passou a ser chamada, seja aplicável a uma ampla variedade de estímulos fisiológicos, a audição parece ser o sentido que melhor se adapta à lei logarítmica.

A lei de Weber para estímulos sonoros pode ser escrita como segue:

$$\Delta N = N_2 - N_1 = 10 \cdot \log\left(\frac{I_2}{I_1}\right)$$

em que ΔN é a variação do nível sonoro percebido quando a intensidade do som ouvido passa de I_1 para I_2. O nível sonoro N é medido em **decibel (dB)**.

O físico alemão Gustav T. Fechner (1801-1887) difundiu a lei de Weber na comunidade científica da época, que passou a ser denominada lei de Weber-Fechner. A **figura 11** mostra um diagrama que relaciona a escala de intensidades audíveis e a escala de Weber para as frequências audíveis pelo ser humano.

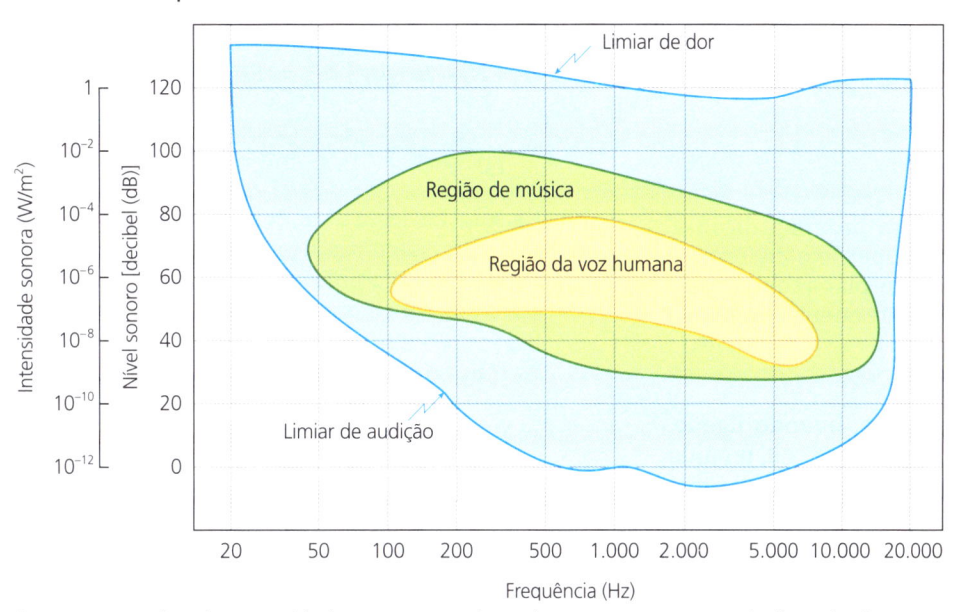

Figura 11. Escalas de intensidades sonoras e de Weber para o espectro de frequências audíveis.

Níveis sonoros associados a diversos ambientes, situações e faixas, classificados quanto à perda de audição ou à audição normal **(fig. 12)**.

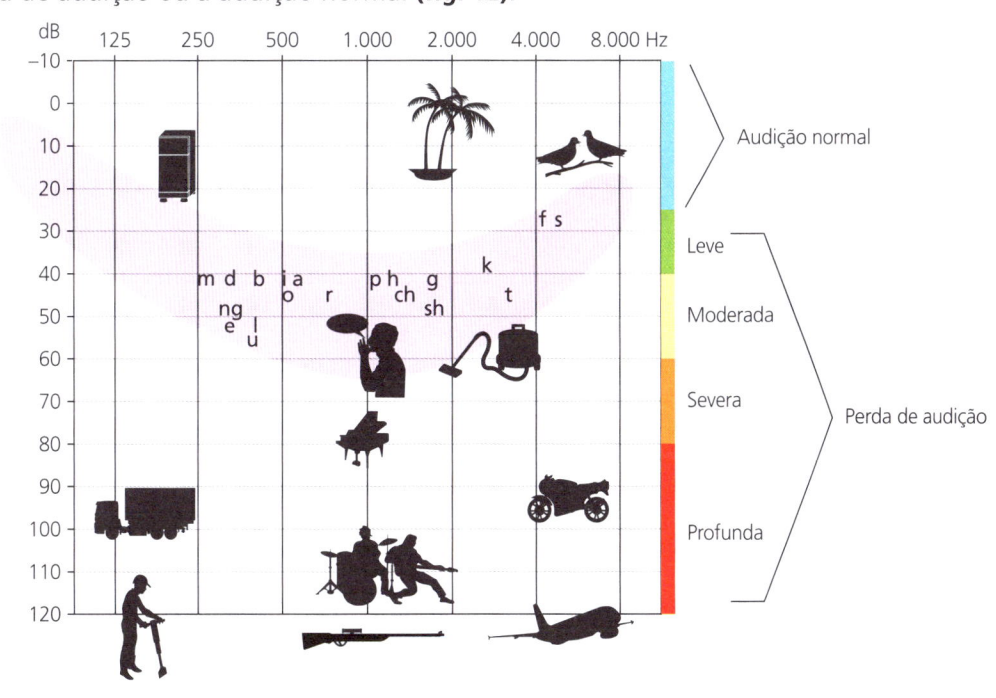

Fonte: Centro Auditivo Phonak.

Figura 12. A região colorida do gráfico corresponde às diferentes vogais e consoantes da fala humana, pronunciadas com frequências e níveis sonoros diferentes.

Exercícios resolvidos

3. Um *laser*, desses usados em leitoras de códigos de barras, emite um feixe cilíndrico de 1,0 mm de diâmetro com potência de 1,0 mW. Qual é a intensidade luminosa desse feixe quando colocado bem próximo de uma superfície plana?

▶ **Solução**

A energia emitida pelo feixe concentra-se em um círculo cujo diâmetro é igual ao do feixe. Pela definição de intensidade, temos:

$$I = \frac{P}{S} = \frac{P}{\pi \cdot r^2} = \frac{1,0 \cdot 10^{-3} \text{ W}}{\pi \cdot (0,5 \cdot 10^{-3} \text{ m})^2} \Rightarrow \boxed{I \approx 1.273,9 \text{ W/m}^2}$$

> **Observação**
>
> Essa intensidade luminosa é bem próxima da intensidade da radiação solar na superfície da Terra. A distância entre o *laser* e a superfície plana compensa a enorme diferença na quantidade de energia emitida pelo Sol e pelo *laser*.

4. Um liquidificador de uma lanchonete, quando ligado, emite um forte ruído com nível sonoro de 90 dB, medido a 1 m dele. Considerar a intensidade do limiar auditivo igual a $1,0 \cdot 10^{-12}$ W/m² e determinar:

a) a intensidade sonora percebida por uma pessoa a 1 m do aparelho;

b) o novo valor do nível sonoro para essa pessoa, se outro aparelho idêntico for ligado simultaneamente ao lado do primeiro.

▶ **Solução**

a) Na solução deste item, precisamos usar a propriedade fundamental dos logaritmos: se $\log_b a = c \Leftrightarrow b^c = a$

Assim:

$$N_2 - N_1 = 10 \cdot \log\left(\frac{I_2}{I_1}\right) \Rightarrow 90 - 0 = 10 \cdot \log\left(\frac{I_2}{1,0 \cdot 10^{-12}}\right) \Rightarrow$$

$$\Rightarrow \frac{I_2}{1,0 \cdot 10^{-12}} = 10^9 \therefore \boxed{I_2 = 1,0 \cdot 10^{-3} \text{ W/m}^2}$$

b) Na solução deste item, consideramos log 2 = 0,3. Os dois aparelhos idênticos, ligados lado a lado, funcionam como se fossem uma única fonte com o dobro da potência e, portanto, com o dobro da intensidade. Assim, temos:

$$N_2 - N_1 = 10 \cdot \log\left(\frac{I_2}{I_1}\right) \Rightarrow N_2 - 90 = 10 \cdot \log\left(\frac{2I_1}{I_1}\right) \Rightarrow$$

$$\Rightarrow N_2 - 90 = 10 \cdot \log 2 \Rightarrow N_2 - 90 = 10 \cdot 0,3 \Rightarrow$$

$$\Rightarrow N_2 - 90 \approx 3 \therefore \boxed{N_2 \approx 93 \text{ dB}}$$

Exercícios propostos

5. Observe a figura abaixo, que mostra uma fonte de luz pontual. As regiões quadriculadas são virtuais e não interferem na propagação da luz.

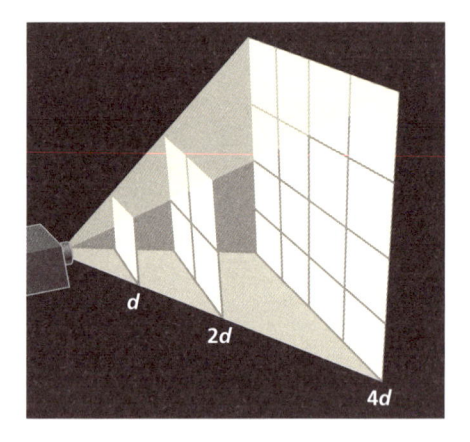

Julgue as afirmações a seguir sobre a situação mostrada e assinale a resposta correta.

I. A luz propaga-se em linha reta.

II. A luz está se propagando obedecendo à lei do inverso do quadrado da distância.

III. Se a quantidade de energia que incide sobre a região menor é E, sobre a região do meio a quantidade de energia incidente será $\frac{1}{4}$ E.

IV. A intensidade luminosa sobre a região maior é $\frac{1}{4}$ da intensidade luminosa sobre a região menor.

a) Todas estão corretas.
b) Todas estão erradas.
c) Estão corretas apenas I e II.
d) Estão corretas apenas II e III.
e) Estão corretas apenas I, III e IV.

O enunciado a seguir refere-se aos exercícios 6 e 7.

Pedrinho brinca com uma potente lanterna que ganhou de seu avô. A 20 cm de uma parede vertical e com a lanterna perpendicular a ela, Pedrinho ilumina uma região circular de diâmetro 30 cm, com intensidade I.

6. Se Pedrinho se posicionar a 40 cm da parede, mantendo a lanterna perpendicular à superfície, a intensidade luminosa no novo círculo formado será:

a) $\frac{1}{8}I$ b) $\frac{1}{4}I$ c) $\frac{1}{2}I$ d) $2I$ e) $4I$

7. Nessa nova posição o círculo iluminado terá raio igual a:

a) 30 cm
b) 40 cm
c) 60 cm
d) 80 cm
e) 120 cm

8. Considere log 2 ≃ 0,3. Se a potência de uma fonte sonora dobrar de valor, o acréscimo ΔN no nível sonoro percebido por qualquer observador será aproximadamente de:
   a) 2,0 dB
   b) 3,0 dB
   c) 10 dB
   d) 20 dB
   e) 100 dB

O enunciado a seguir refere-se aos exercícios 9 e 10.

A uma distância d de um pequeno alto-falante, uma pessoa ouve um som com intensidade I e nível sonoro $N = 80$ dB.

9. Se a pessoa ficar a uma distância $\frac{d}{2}$ dessa fonte, a nova intensidade sonora I' será:
   a) $I' = \frac{1}{4} I$
   b) $I' = \frac{1}{2} I$
   c) $I' = I$
   d) $I' = 2I$
   e) $I' = 4I$

10. Se adotarmos log 4 ≃ 0,6, na nova posição da pessoa em relação à fonte, o nível sonoro N' passará a ser:
    a) $N' \simeq 320$ dB
    b) $N' \simeq 160$ dB
    c) $N' \simeq 86$ dB
    d) $N' \simeq 83$ dB
    e) $N' \simeq 40$ dB

11. Um motor elétrico é ligado em velocidade máxima em um teste na fábrica. Nessa situação, medem-se 70 dB para o ruído por ele emitido, a um metro de distância. Se ligarmos outros nove desses motores, em condições idênticas ao primeiro, ficando os dez motores a um metro de um decibelímetro (medidor de nível sonoro), esse medidor indicará:
    a) 700 dB
    b) 630 dB
    c) 80 dB
    d) 79 dB
    e) 76 dB

(Dado: log 10 = 1)

4 Efeito Doppler-Fizeau

Vamos estudar agora um fenômeno ondulatório que pode ocorrer com ondas de qualquer natureza. Para os nossos sentidos, porém, esse fenômeno é facilmente notado quando ocorre com ondas sonoras. Trata-se do **efeito Doppler-Fizeau**.

O efeito Doppler-Fizeau é uma alteração na frequência das ondas recebidas por um observador, quando há **movimento relativo** de **afastamento** ou de **aproximação** entre ele e a fonte.

Em cardiologia, o efeito Doppler-Fizeau é utilizado para examinar o fluxo sanguíneo no coração e nas artérias coronarianas, por meio de imagens obtidas a partir de ultrassons. Esse estudo se chama ecocardiografia Doppler.

Em astronomia, as velocidades de afastamento e de aproximação de estrelas e galáxias, relativamente à Terra, são medidas a partir do efeito Doppler que se observa na luz emitida por esses corpos.

Nas rodovias ou nas ruas e avenidas de uma cidade, o controle de velocidade dos veículos é feito por radares, que operam por efeito Doppler (radar é uma sigla inglesa: *ra*dio *d*etection *a*nd *r*anging, que significa *detecção e rastreamento por rádio*).

Nosso estudo destacará principalmente o efeito Doppler longitudinal, isto é, observador e fonte se deslocando com velocidades na mesma direção, como mostrado na **figura 13**.

Figura 13. Efeito Doppler longitudinal. Observadores e fonte alinhados.

Esses casos podem ser sistematizados em três situações:

I. O observador aproxima-se ou afasta-se de uma fonte de ondas em repouso.

II. A fonte de ondas aproxima-se ou afasta-se de um observador em repouso.

III. Observador e fonte de ondas aproximam-se ou afastam-se entre si, ambos em movimento.

Para qualquer desses casos, observa-se que:

- quando observador e fonte se aproximam, a frequência observada (f_O), ou frequência aparente, é maior que a frequência da fonte das ondas (f_F),

$$f_O > f_F$$

- quando observador e fonte se afastam, a frequência observada (f_O), ou frequência aparente, é menor que a frequência da fonte das ondas (f_F):

$$f_O < f_F$$

A frequência observada (f_O) e a frequência da fonte das ondas (f_F) estão relacionadas pela expressão:

$$\boxed{\frac{f_O}{v \pm v_O} = \frac{f_F}{v \pm v_F}}$$

Nessa expressão, v é a velocidade de propagação das ondas, v_O é a velocidade do observador e v_F é a velocidade da fonte das ondas. Os sinais (+) e (−) são atribuídos às velocidades do observador e da fonte adotando-se o **sentido positivo** sempre **do observador para a fonte**, como se vê na **figura 14**.

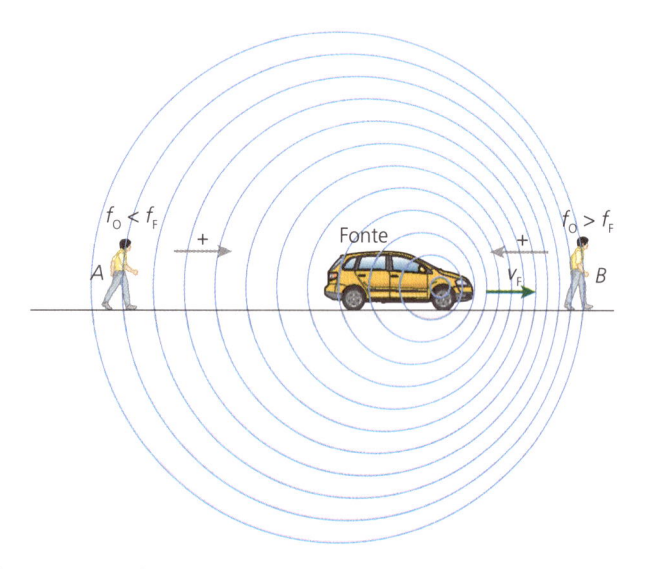

Figura 14. O observador A percebe um som de menor frequência e maior comprimento de onda que aquele emitido pela fonte. O observador B percebe um som de maior frequência e menor comprimento de onda que aquele emitido pela fonte. Sempre consideraremos **positivo** o sentido que vai **do observador para a fonte**.

O efeito Doppler-Fizeau com ondas eletromagnéticas, como a luz, será estudado posteriormente, como uma das consequências da teoria especial da relatividade.

Exercícios resolvidos

5. A sirene de uma pedreira emite um som com frequência de 510 Hz para avisar que ocorrerá uma detonação. Considerando que a velocidade do som no ar seja igual a 340 m/s, determinar a frequência do som recebido por um trabalhador que se aproxima da sirene, correndo com velocidade de 10 m/s, estando sempre alinhado com a fonte sonora.

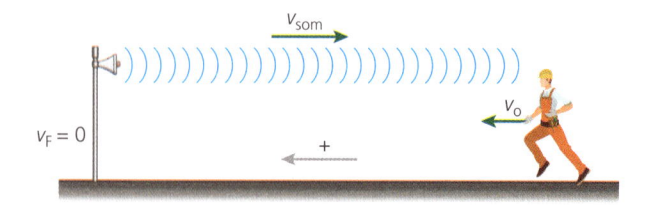

▶ **Solução**

Com os valores fornecidos e o referencial adotado, temos:

$$\frac{f_O}{v \pm v_O} = \frac{f_F}{v \pm v_F} \Rightarrow \frac{f_O}{(340 + 10)} = \frac{510}{340 \pm 0}$$

$$\therefore \boxed{f_O = 525 \text{ Hz}}$$

6. Qual será a frequência percebida pelo trabalhador do exercício anterior se ele se afastar da fonte com a mesma velocidade de 10 m/s?

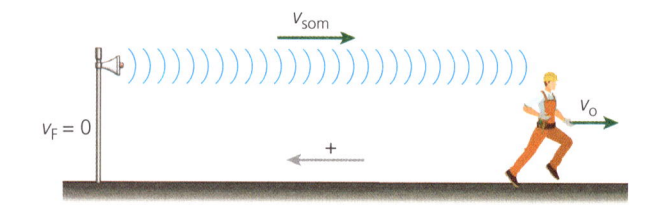

▶ **Solução**

Neste caso, com o novo referencial adotado, teremos:

$$\frac{f_O}{v \pm v_O} = \frac{f_F}{v \pm v_F} \Rightarrow \frac{f_O}{(340 - 10)} = \frac{510}{340 \pm 0}$$

$$\therefore \boxed{f_O = 495 \text{ Hz}}$$

7. O que são número de Mach e ângulo de Mach? Qual a relação entre eles?

▶ **Solução**

O **número de Mach** (*Ma*) é a razão entre a velocidade de deslocamento de um corpo e a velocidade de propagação do som no ar, nas mesmas condições.
Portanto:

$$\boxed{Ma = \frac{v_{corpo}}{v_{som}}}$$

O **ângulo de Mach** (μ), como mostra a figura a seguir, é o ângulo entre a direção do deslocamento AD do corpo (um avião, por exemplo) e a direção da reta tangente DE às frentes de onda geradas pelo som no ar durante o movimento do corpo, também conhecida como **linha de Mach**.

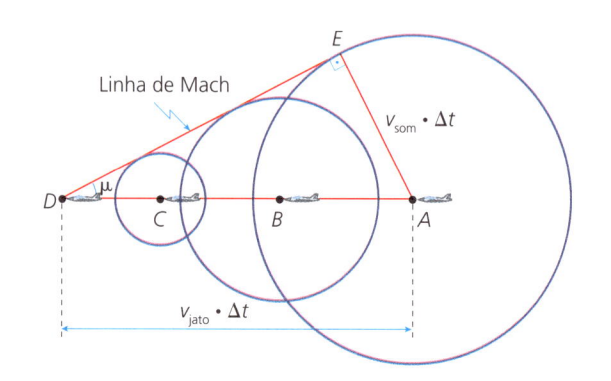

No mesmo intervalo de tempo Δt, o som percorreu o segmento AE, e o jato percorreu o segmento AD. Assim:

$$\text{sen } \mu = \frac{AE}{AD} = \frac{v_{som} \cdot \Delta t}{v_{jato} \cdot \Delta t} \Rightarrow \boxed{\text{sen } \mu = \frac{v_{som}}{v_{jato}} = \frac{1}{Ma}}$$

O seno do ângulo de Mach é o inverso do número de Mach. Portanto:

$v_{jato} = Ma \cdot v_{som}$

Como $Ma \geq 1 \Rightarrow \boxed{v_{jato} \geq v_{som}}$

Da relação obtida, deduzimos que, quando $Ma = 1$, temos $\mu = 90°$, e o segmento DE é perpendicular ao segmento AD. Nesse caso, a configuração das frentes de onda será como se mostra na figura a seguir.

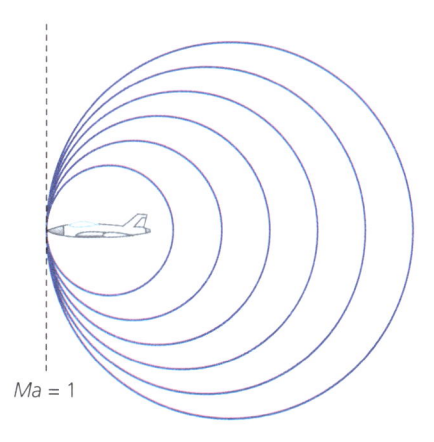

$Ma = 1$

Exercícios propostos

O enunciado a seguir refere-se aos exercícios 12 e 13.

Na superfície da água de um tanque experimental geram-se frentes de onda circulares que se propagam com velocidade de 2,0 m/s. Uma boia parada na superfície da água recebe duas frentes de onda por segundo, com a fonte dessas ondas em repouso.

12. Quando a boia move-se ao encontro da fonte, segundo a reta que passa por ela e a fonte, ela encontra três frentes de ondas por segundo. Nessas condições, podemos afirmar que a velocidade de deslocamento da boia em relação à fonte vale, em m/s:
a) 0,5
b) 1,0
c) 1,5
d) 2,0
e) 3,0

13. Considere agora que a fonte se aproxime da boia em repouso, com velocidade 1,0 m/s. Nessa nova condição, a boia receberá n frentes de onda por segundo. Assim, podemos afirmar que n vale:
a) 1
b) 2
c) 3
d) 4
e) 5

14. Uma pessoa parada sobre a calçada de uma grande avenida vê uma ambulância passar por ela com velocidade constante de 126 km/h, com sua sirene emitindo um som de 495 Hz. Adotando 350 m/s para a velocidade de propagação do som no ar, determine a frequência aparente do som percebido pela pessoa:
a) na aproximação da ambulância;
b) no afastamento da ambulância.

15. Uma fonte sonora fixa emite som com frequência constante f. Uma pessoa, ao se aproximar da fonte, percebe um som com frequência f_1 e, ao se afastar dela, percebe um som com frequência f_2. Nas duas situações, a velocidade da pessoa é igual a v e, no local, a velocidade de propagação das ondas sonoras é igual a 330 m/s. Para que f_1 e f_2 estejam entre si na razão 8 : 7, a velocidade v da pessoa deve ser igual a:
a) 11 m/s
b) 22 m/s
c) 33 m/s
d) 44 m/s
e) 55 m/s

16. Um jato voa a uma velocidade Mach 1,25. Determine o valor do ângulo de Mach (μ), consultando a tabela abaixo.

μ	37°	42°	45°	53°	60°
sen μ	0,60	0,67	0,71	0,80	0,87

17. Observe as **figuras A e B** a seguir.

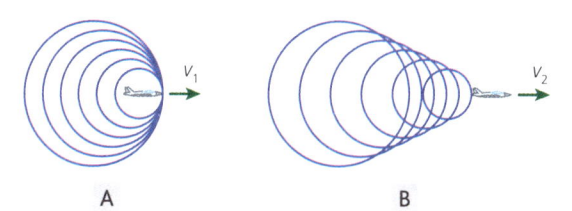

A   B

Podemos dizer que as velocidades v_1 e v_2 dos aviões e v_{som} do som no ar obedecem à seguinte relação:
a) $v_1 = v_2 = v_{som}$
b) $v_1 = v_{som} < v_2$
c) $v_1 < v_{som} < v_2$
d) $v_1 < v_2 < v_{som}$
e) $v_1 = v_{som} > v_2$

5 Interferência de ondas

Vivemos em um meio repleto de ondas de todos os tipos. Portanto, é muito comum que os caminhos dessas ondas se cruzem pelo espaço.

Quando duas ondas de mesma natureza se sobrepõem em um mesmo ponto do meio de propagação, ocorre o fenômeno denominado **interferência** entre ondas.

Quando as ondas se sobrepõem em **concordância de fases (fig. 15A)**, elas se reforçam, resultando em uma onda de maior amplitude. Neste caso, dizemos que ocorreu uma **interferência construtiva**.

Quando as ondas se sobrepõem em **oposição de fases**, elas se atenuam, resultando em uma onda de menor amplitude. Se as ondas interferentes têm amplitudes diferentes, dizemos que a interferência é **parcialmente destrutiva (fig. 15B)**. Se as ondas interferentes têm amplitudes iguais, dizemos que a interferência é **totalmente destrutiva (fig. 15C)**.

Após a sobreposição, os pulsos continuam a se propagar com as mesmas características que tinham antes da sobreposição. Esse é o **princípio da independência da propagação ondulatória**.

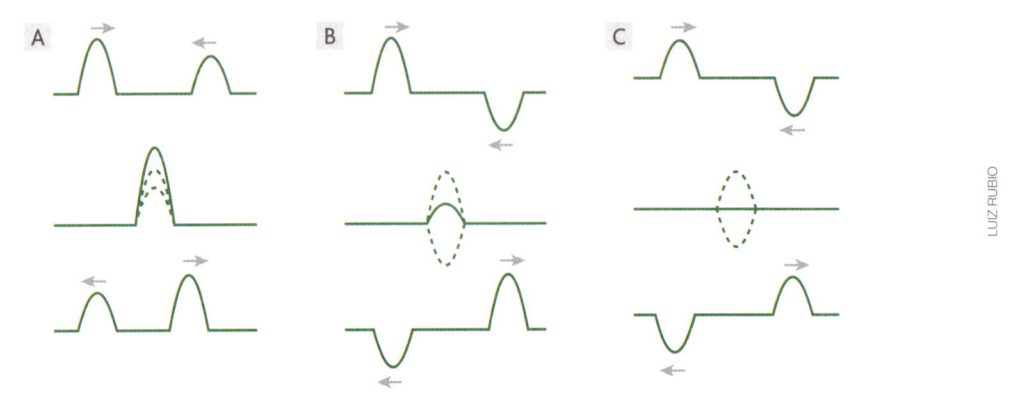

Figura 15. (A) Sobreposição de ondas em concordância de fases: interferência construtiva; (B) sobreposição de ondas em oposição de fases com amplitudes diferentes: interferência parcialmente destrutiva; (C) sobreposição de ondas em oposição de fases com amplitudes iguais: interferência totalmente destrutiva.

A interferência pode ocorrer com ondas de qualquer natureza. A **figura 16** mostra interferência de ondas na superfície da água **(fig. 16A)** e em uma bolha de sabão iluminada por luz solar **(fig. 16B)**.

Figura 16. (A) Interferência de ondas na superfície da água; (B) interferência de ondas luminosas na superfície de uma bolha de sabão.

Para determinar o tipo de interferência que vai ocorrer em dado ponto do meio, vamos estabelecer três condições:

I. As fontes das ondas interferentes são apenas duas e emitem ondas de **mesma natureza**, mesma frequência e em fase, isto é, são fontes **coerentes**.

II. O módulo da diferença entre as distâncias percorridas pelas ondas deve ser múltiplo inteiro de meios comprimentos de onda:

$$\Delta d = |d_2 - d_1| = n \cdot \frac{1}{2} \cdot \lambda, \text{ com } n \text{ inteiro}$$

III. Para fontes em **concordância de fases**, ou fontes **em fase**:
- se n é **par**, temos uma interferência construtiva (IC);
- se n é **ímpar**, temos uma interferência destrutiva (ID).

Para fontes em **oposição de fases**, invertem-se as condições do item III.

Exercícios resolvidos

8. Duas caixas amplificadoras, A e B, emitem, em fase, sons de frequências 425 Hz. Os pontos P e Q estão alinhados com as caixas emissoras. No ar, a velocidade de propagação do som vale 340 m/s.

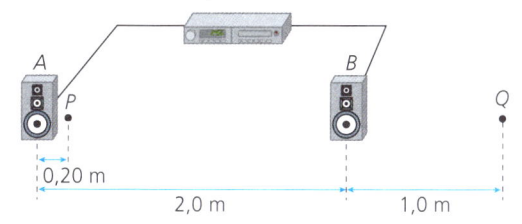

Com base nessas informações, verificar:
a) se no ponto P teremos interferência construtiva ou interferência destrutiva;
b) qual tipo de interferência ocorre no ponto Q.

▶ **Solução**

Para responder aos dois itens, precisaremos do comprimento de onda do som emitido. Assim:
$$v = \lambda \cdot f \Rightarrow 340 = \lambda \cdot 425 \therefore \lambda = 0{,}80 \text{ m}$$

a) A onda sonora emitida por A percorre $d_A = 0{,}20$ m até chegar a P. A onda sonora emitida por B percorre $d_B = 1{,}80$ m até chegar ao mesmo ponto. Assim, a diferença das distâncias percorridas pelas ondas será:
$$\Delta d = d_B - d_A = 1{,}60 \text{ m}$$
Portanto:
$$\Delta d = n \cdot \frac{1}{2}\lambda \Rightarrow 1{,}60 = n \cdot 0{,}40 \Rightarrow \boxed{n = 4}, \text{ que é \textbf{par}}$$

Desse modo, teremos em P **interferência construtiva**, pois as fontes estão em fase.

b) A onda sonora emitida por A percorre $d_A = 3{,}0$ m até chegar a Q. A onda sonora emitida por B percorre $d_B = 1{,}0$ m até chegar ao mesmo ponto. Assim, a diferença das distâncias percorridas pelas ondas será:
$$\Delta d = d_A - d_B = 2{,}0 \text{ m}$$
Portanto, temos:
$$\Delta d = n \cdot \frac{1}{2}\lambda \Rightarrow 2{,}0 = n \cdot 0{,}40 \Rightarrow \boxed{n = 5}, \text{ que é \textbf{ímpar}}$$

Assim, teremos em Q **interferência destrutiva**, pois as fontes estão em fase.

9. Dois alto-falantes, F_1 e F_2, emitem, em fase, sons de frequências iguais a f. A distância entre eles é de 3 m. Uma pessoa parada no ponto O, a 4 m de F_1, recebe os sons dessas fontes. Sendo 340 m/s a velocidade de propagação do som no ar local, determinar os valores de f para os quais a pessoa recebe as ondas com intensidade máxima (interferência construtiva) e intensidade mínima (interferência destrutiva).

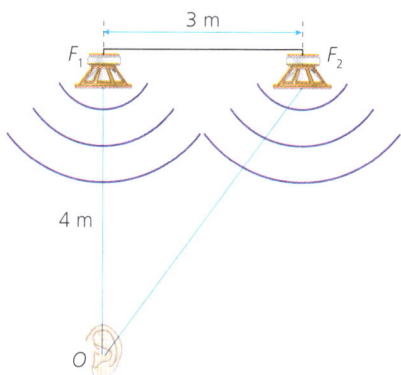

▶ **Solução**

Como $v = \lambda \cdot f$, temos: $\lambda = \dfrac{340}{f}$

Do teorema de Pitágoras, obtemos:
$$(OF_2)^2 = (OF_1)^2 + (F_1F_2)^2 \Rightarrow (OF_2)^2 = (4\text{ m})^2 + (3\text{ m})^2 \Rightarrow \boxed{OF_2 = 5 \text{ m}}$$

Assim: $\Delta d = n \cdot \dfrac{1}{2}\lambda \Rightarrow OF_2 - OF_1 = n \cdot \dfrac{1}{2} \cdot \dfrac{340}{f} \Rightarrow 1 = n \cdot \dfrac{170}{f} \Rightarrow$

$\Rightarrow \boxed{f = 170 \cdot n}$

Com as fontes em fase, na interferência construtiva (IC) devemos ter: $n = 2, 4, 6, ...$

Portanto, as frequências possíveis são: 340 Hz, 680 Hz, 1.020 Hz, ...

Com as fontes em fase, na interferência destrutiva (ID) devemos ter: $n = 1, 3, 5, ...$

Portanto, as frequências possíveis são: 170 Hz, 510 Hz, 850 Hz, ...

Exercícios propostos

18. O osciloscópio é um aparelho muito usado em eletrônica no estudo das oscilações em geral. Na figura abaixo, a tela de um osciloscópio mostra a sobreposição de duas ondas de mesma natureza, propagando-se em um mesmo meio.

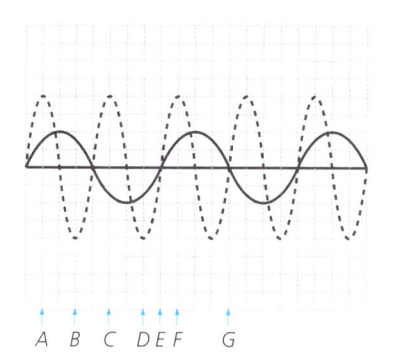

Assinale a opção que contém a sequência correta dos pontos onde ocorrem interferência construtiva, interferência destrutiva ou nenhuma delas.

	Interferência construtiva	Interferência destrutiva	Nenhuma delas
a)	A, C, F	B, D	E, G
b)	A, D	B, C	E, F, G
c)	A, D, F	B, C, E, F, G	Nenhum
d)	A, C, D, F	B, E, G	Nenhum
e)	A, D, F	B, C	E, G

19. O casal de besouros-de-água Ceci e Peri, muito conhecido dos estudantes brasileiros, está parado sobre a superfície das águas tranquilas de um lago, comunicando-se animadamente por vibrações abdominais, produzindo frentes de ondas circulares que se sobrepõem gerando pontos de interferência construtiva e pontos de interferência destrutiva. Na figura, as linhas mais grossas representam cristas de onda, e as linhas mais finas representam vales.

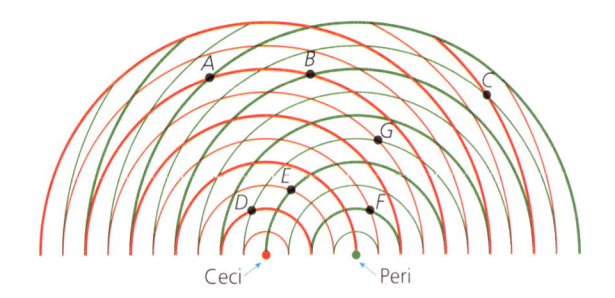

Assinale a opção que contém, respectivamente, a sequência de pontos onde ocorrem interferência construtiva e destrutiva.

a) A, B, G e C, D, E, F
b) A, B e C, D, E, F, G
c) C, D, E, F, G e A, B
d) C, D, E, F, G e A, B
e) A, B, C, G e D, E, F

20. Dois pulsos gerados em uma mesma corda aproximam-se com velocidades iguais a 1 m/s.

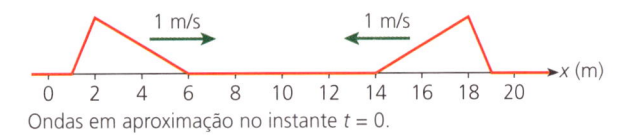

Ondas em aproximação no instante $t = 0$.

Qual será a forma do pulso resultante da sobreposição dos dois pulsos no instante $t = 6$ s?

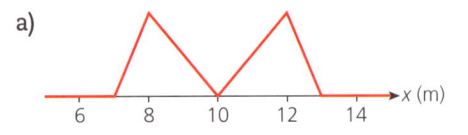

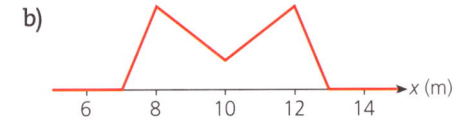

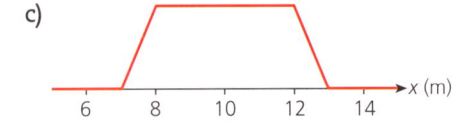

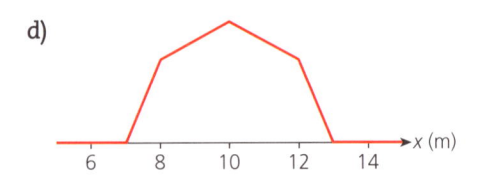

a)
b)
c)
d)

21. Você está parado em um ponto equidistante de dois alto-falantes idênticos que emitem, lado a lado, sons de mesma frequência f. Nessa posição, a intensidade sonora que você percebe é nula (**fig. I**). Deslocando um dos alto-falantes 75 cm, você passa a ouvir o som com intensidade máxima (**fig. II**). No ar local, a velocidade de propagação do som é igual a 330 m/s.

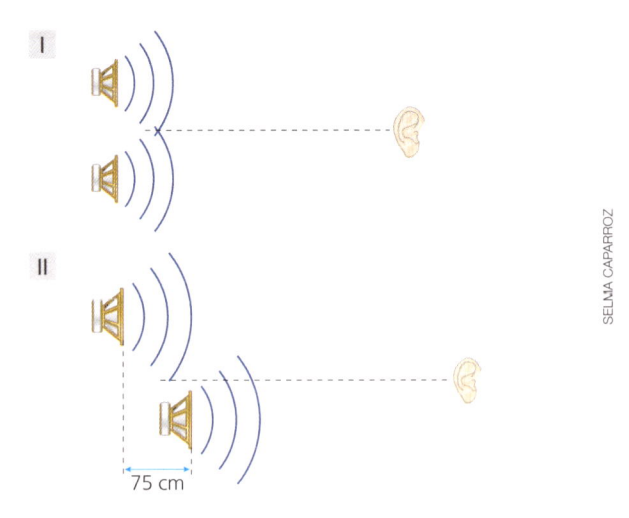

Determine:
a) o comprimento de onda do som emitido pelos alto-falantes;
b) a frequência das fontes sonoras.

22. Os alto-falantes A e B na figura estão emitindo sons com comprimentos de onda λ. No ponto onde está parado, o observador ouve o som das fontes com intensidade máxima. Desloca-se então o alto-falante A para uma posição que fica a uma distância $x > 2\lambda$ do observador, como mostrado a seguir. O alto-falante B continua na mesma posição.

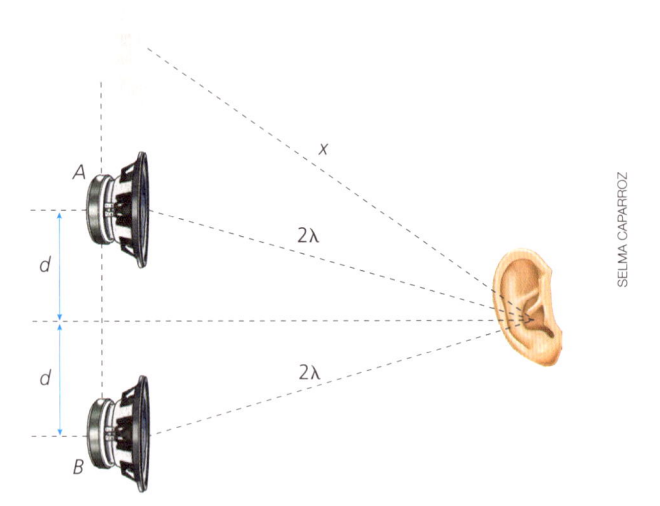

a) Qual deve ser o menor valor de x para que a pessoa deixe de ouvir o som das fontes?
b) Qual deve ser o novo comprimento de onda λ' do som emitido pelas fontes para que, na sua nova posição, o som do alto-falante A interfira construtivamente com o som do alto-falante B, no ponto onde está o observador?

6 Ondas estacionárias

Quando ondas idênticas se sobrepõem em um mesmo meio, propagando-se em sentidos opostos, os pontos desse meio entram em um estado de vibração no qual **não há propagação de energia** através dele. Esse estado de vibração costuma ser denominado **modo estacionário** de vibração ou **onda estacionária**. A onda resultante terá comprimento de onda igual ao das ondas interferentes, com amplitude igual ao dobro das ondas componentes e velocidade de propagação **nula**.

Em um modo estacionário de vibração, alguns pontos do meio ficam permanentemente em repouso, isto é, nesses pontos, a interferência é sempre destrutiva. Esses pontos são denominados **nós** ou **nodos de vibração**. Outros pontos do meio vibram permanentemente com amplitude máxima, isto é, nesses pontos, a interferência é sempre construtiva. Esses pontos são denominados **ventres** ou **antinodos de vibração**. A **figura 17** mostra uma corda vibrando estacionariamente. A distância entre nós consecutivos é $\frac{\lambda}{2}$. A distância entre ventres em fase é λ. A distância entre um ventre e um nó consecutivos é $\frac{\lambda}{4}$.

Figura 17. Ondas estacionárias em um trecho de uma corda vibrante, em que N são os nós e V são os ventres.

Ondas estacionárias podem ser geradas em qualquer tipo de meio, sólido, líquido ou gasoso, com qualquer tipo de ondas. As ondas eletromagnéticas também podem gerar modos estacionários de oscilação. Dentro de um forno de micro-ondas, devido às múltiplas reflexões nas paredes, formam-se ondas estacionárias.

A **figura 18** mostra alguns dos modos estacionários de vibração da membrana de um tambor de orquestra sinfônica, denominado tímpano, sobre o qual se espalhou serragem.

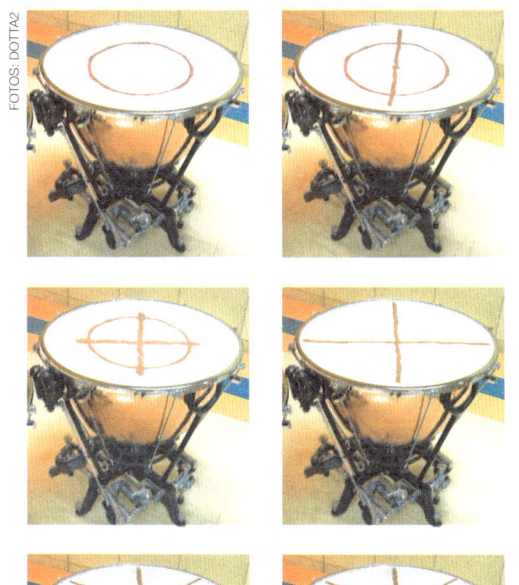

Figura 18. Ondas estacionárias em uma membrana. As linhas formadas pela serragem são linhas nodais, isto é, são os pontos onde a interferência é destrutiva.

O estudo das ondas estacionárias é particularmente importante nas **cordas vibrantes** e nos **tubos sonoros**. Os próximos itens abordam esses assuntos.

7 Estudo das cordas vibrantes

Uma corda presa nas suas extremidades, como se vê na **figura 19**, pode vibrar estacionariamente de diversos modos. Tudo depende da frequência. Esses modos de vibração são chamados de **harmônicos** da corda.

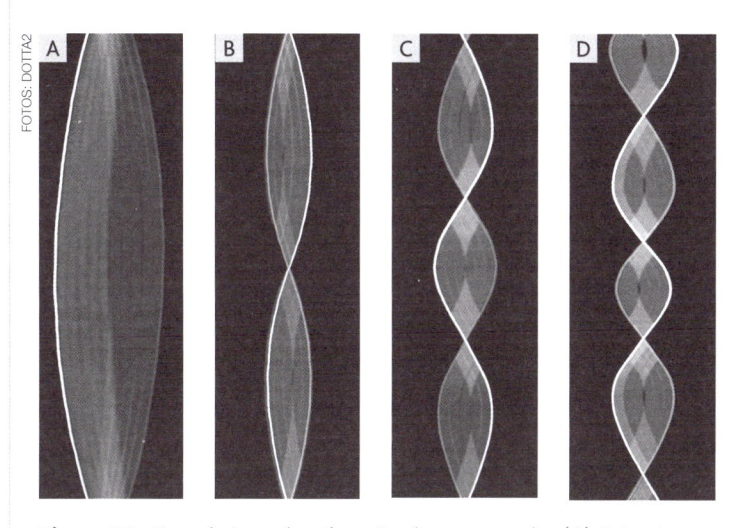

Figura 19. Harmônicos de vibração de uma corda. (A) Primeiro harmônico ou modo fundamental de vibração; (B) segundo harmônico; (C) terceiro harmônico; (D) quarto harmônico.

O modo mais simples **(fig. 19A)** é denominado **modo fundamental** ou **harmônico fundamental** e corresponde à menor frequência de vibração da corda.

A **figura 20** representa o harmônico fundamental de uma corda. Como a distância entre nós consecutivos corresponde a **um** meio comprimento de onda, temos: $L = 1 \cdot \frac{\lambda_1}{2}$

Da relação $v = \lambda_1 \cdot f_1$, temos: $v = 2L \cdot f_1 \Rightarrow f_1 = \frac{v}{2L}$

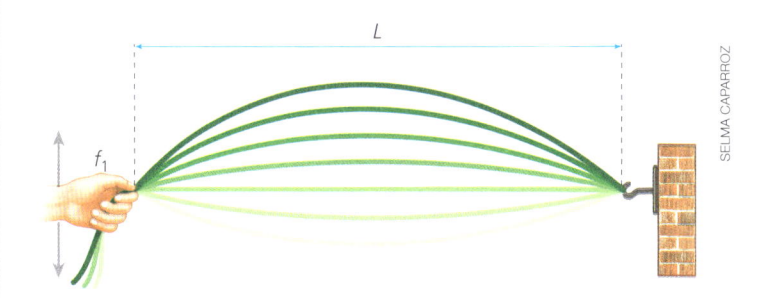

Figura 20. Harmônico fundamental de uma corda. O comprimento L da corda corresponde a meio comprimento de onda, isto é: $L = 1 \cdot \frac{\lambda_1}{2}$

Os outros modos de vibração têm frequências múltiplas do harmônico fundamental, como veremos a seguir.

A **figura 21** representa o segundo harmônico dessa corda. Nesse caso, o comprimento L da corda corresponde a **dois** meios comprimento de onda, isto é: $L = 2 \cdot \dfrac{\lambda_2}{2}$ ou $\lambda_2 = L$

Assim:

$$v = \lambda_2 \cdot f_2 \Rightarrow v = 2 \cdot \dfrac{L}{2} \cdot f_2 \Rightarrow f_2 = 2 \cdot \dfrac{v}{2L} \text{ ou } f_2 = 2 \cdot f_1$$

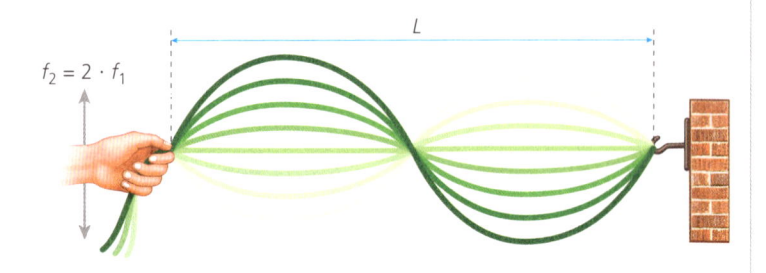

Figura 21. Segundo harmônico de uma corda. O comprimento L da corda corresponde a dois meios comprimentos de onda, ou um comprimento de onda, isto é: $L = 2 \cdot \dfrac{\lambda_2}{2}$

A **figura 22** representa o terceiro harmônico da corda. Aqui, o comprimento L corresponde a **três** meios comprimentos de onda, isto é: $L = 3 \cdot \dfrac{\lambda_3}{2}$ ou $\lambda_3 = \dfrac{2L}{3}$

Portanto:

$$v = \lambda_3 \cdot f_3 \Rightarrow v = \dfrac{2L}{3} \cdot f_3 \Rightarrow f_3 = 3 \cdot \dfrac{v}{2L} \text{ ou } f_3 = 3 \cdot f_1$$

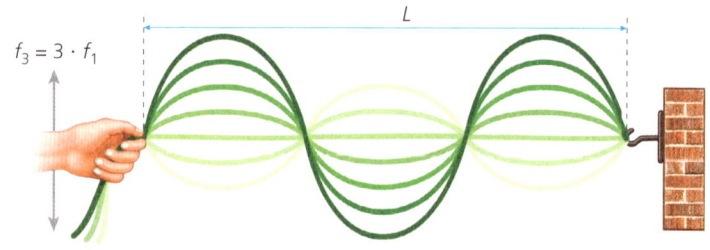

Figura 22. Terceiro harmônico de uma corda. O comprimento L da corda corresponde a três meios comprimentos de onda, isto é: $L = 3 \cdot \dfrac{\lambda_3}{2}$

Dessa sequência, deduzimos que as frequências dos harmônicos superiores são múltiplos da frequência do harmônico fundamental. Portanto, a frequência de um harmônico qualquer, de ordem n, é:

$$\boxed{f_n = n \cdot \dfrac{v}{2L} = n \cdot f_1}, \text{ com } n = 1, 2, 3, \ldots$$

Exercícios resolvidos

10. Uma corda de 1,20 m de comprimento tem uma das extremidades fixa a uma parede e a outra ligada a um oscilador que gera vibrações transversais com frequência de 75 Hz. Na corda, estabelece-se uma onda estacionária que apresenta quatro regiões ventrais, como se vê na figura.

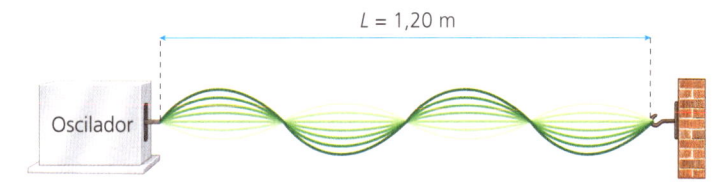

Determinar para as ondas que originaram a onda estacionária:

a) o comprimento de onda λ;
b) a velocidade v de propagação na corda.

▶ **Solução**

a) Da figura, temos: $4 \cdot \dfrac{\lambda}{2} = 1,20$ m $\Rightarrow$ $\boxed{\lambda = 0,60 \text{ m}}$

b) Da relação $v = \lambda \cdot f$, temos: $v = 0,60$ m $\cdot$ 75 Hz $\Rightarrow$ $\boxed{v = 45 \text{ m/s}}$

Exercícios propostos

23. Em uma corda de comprimento 60 cm, fixa nas duas extremidades, observa-se a formação de um modo estacionário de oscilação no qual são observados quatro nós entre os dois das extremidades. Assim, o comprimento de onda desse modo de vibração é igual a:
a) 24 cm
b) 30 cm
c) 36 cm
d) 40 cm
e) 60 cm

24. Uma corda vibra em regime estacionário com 25 cm de distância entre nós consecutivos. A fonte que gera as ondas que se sobrepõem tem frequência de 50 Hz. Determine para essas ondas que originaram a onda estacionária:
a) o comprimento de onda λ;
b) a velocidade de propagação v.

O enunciado a seguir refere-se aos exercícios 25 e 26.

Umas das extremidades de uma corda de comprimento 1,5 m é presa a uma parede, enquanto a outra é continuamente agitada para a formação de uma onda estacionária com cinco regiões ventrais.

25. Nas condições dadas, o comprimento de onda das ondas interferentes é igual a:
   a) 30 cm
   b) 40 cm
   c) 60 cm
   d) 80 cm
   e) 120 cm

26. Sendo 90 m/s a velocidade de propagação dos pulsos transversais nessa corda, podemos afirmar que a frequência de oscilação dos pontos não nodais dessa onda estacionária é igual a:
   a) 60 Hz
   b) 90 Hz
   c) 100 Hz
   d) 150 Hz
   e) 300 Hz

27. Uma fonte vibratória imprime oscilações transversais a uma corda de 90 cm fixa nas suas extremidades, como se mostra na figura.

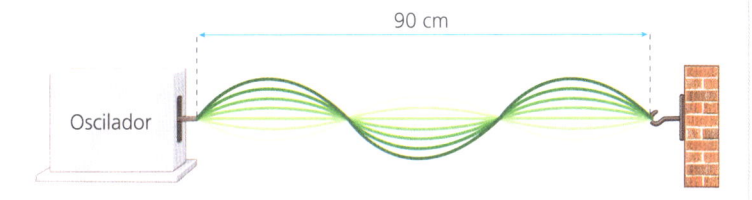

   A velocidade de propagação das ondas na corda é de 18 m/s. Determine:
   a) a frequência de oscilação dos pontos não nodais dessa corda;
   b) a frequência que o oscilador deveria ter para que se estabelecessem na corda apenas duas regiões ventrais, sem alterar a força que a traciona.

8 Estudo dos tubos sonoros

De modo semelhante ao que ocorre nas cordas, os tubos sonoros podem emitir sons de diversas frequências, isto é, o ar em seu interior apresenta modos de vibração ou harmônicos.

O ar soprado para dentro de um tubo gera ondas estacionárias. Esse é o princípio de funcionamento dos instrumentos musicais de sopro.

Em nosso estudo, vamos analisar dois tipos de tubos: aqueles com as duas extremidades abertas, que serão denominados **tubos abertos**, e aqueles com uma extremidade aberta e a outra fechada, que serão denominados **tubos fechados** (ou **semiabertos**).

A **figura 23** mostra esses dois tipos de tubos sonoros.

Em um órgão acústico, encontramos tubos abertos e fechados de comprimentos e diâmetros variados, obtendo assim uma grande variedade de tons e sonoridades (**fig. 24**).

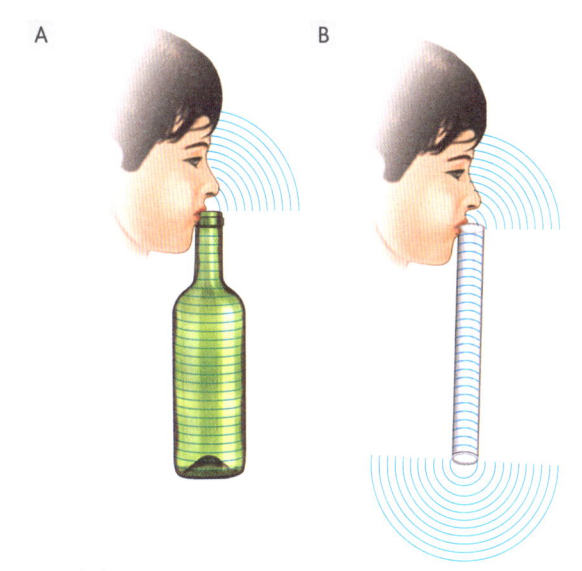

Figura 23. (A) O ar soprado para dentro de uma garrafa reflete no fundo e interfere com o ar que entra, gerando ondas estacionárias; (B) o ar soprado em um tubo aberto reflete ao encontrar o ar que está fora da outra extremidade e interfere com o ar que entra, gerando ondas estacionárias.

Figura 24. Um órgão é formado por tubos sonoros de comprimentos e diâmetros variados para produzir sons diversos.

Apesar de as ondas sonoras no ar serem longitudinais, para facilitar a visualização das ondas estacionárias dentro do tubo, usaremos uma representação simbólica, como se elas fossem ondas transversais.

Tubos sonoros abertos

A **figura 25** mostra esquematicamente os três primeiros harmônicos de um tubo aberto de comprimento L.

Nas extremidades desse tipo de tubo sempre haverá um ventre de deslocamento, uma vez que as partículas do ar têm liberdade para oscilar. Como entre dois ventres consecutivos sempre há um nó, no ponto médio entre eles, teremos um nó de deslocamento. Os pontos em preto com setas cinza horizontais (**fig. 25**) representam a oscilação das partículas de ar.

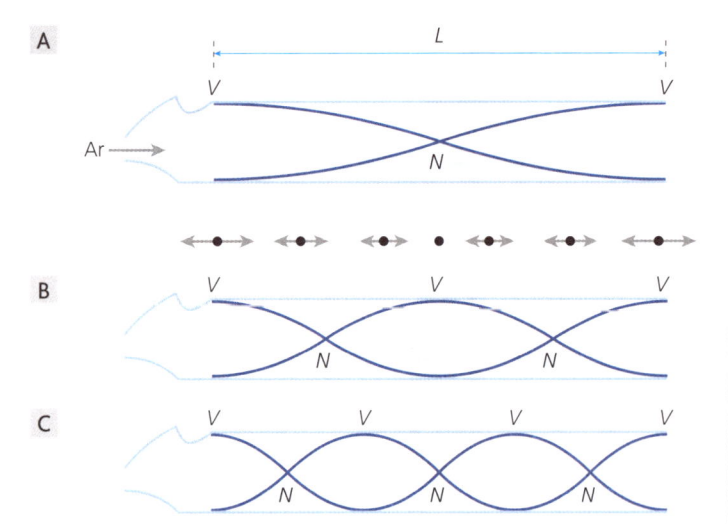

Figura 25. Harmônicos de um tubo aberto, em que V corresponde a um ventre de deslocamento e N, a um nó de deslocamento. (A) Primeiro harmônico (ou harmônico fundamental); (B) segundo harmônico; (C) terceiro harmônico.

No primeiro harmônico (**fig. 25A**), o comprimento L do tubo corresponde a meio comprimento de onda:

$$L = \frac{1}{2} \cdot \lambda_1 \Rightarrow \lambda_1 = 2L$$

Substituindo λ_1 na relação $v = \lambda_1 \cdot f_1$, temos para o harmônico fundamental:

$$v = 2L \cdot f_1 \Rightarrow f_1 = \frac{v}{2L}$$

No segundo harmônico (**fig. 25B**), o comprimento L do tubo corresponde a **dois** meios comprimentos de onda:

$$L = 2 \cdot \frac{1}{2} \cdot \lambda_2 \Rightarrow \lambda_2 = 2 \cdot \frac{1}{2} L \text{ ou } \lambda_2 = L$$

Substituindo λ_2 na relação $v = \lambda_2 \cdot f_2$, temos:

$$v = 2 \cdot \frac{1}{2} L \cdot f_2 \Rightarrow f_2 = 2 \cdot \frac{v}{2L} \text{ ou } f_2 = 2 \cdot f_1$$

No terceiro harmônico (**fig. 25C**), o comprimento L do tubo corresponde a **três** meios comprimentos de onda:

$$L = 3 \cdot \frac{1}{2} \cdot \lambda_3 \Rightarrow \lambda_3 = \frac{2}{3} \cdot L$$

Substituindo λ_3 na relação $v = \lambda_3 \cdot f_3$, temos:

$$v = \frac{2}{3} L \cdot f_3 \Rightarrow f_3 = 3 \cdot \frac{v}{2L} \text{ ou } f_3 = 3 \cdot f_1$$

Assim, para a frequência de um harmônico qualquer, de ordem n, em um tubo aberto, temos:

$$\boxed{f_n = n \cdot \frac{v}{2L} = n \cdot f_1}, \text{ com } n = 1, 2, 3, \ldots$$

Tubos sonoros fechados

Como dissemos, um tubo fechado é, na verdade, um tubo semiaberto, isto é, aberto em uma das extremidades e fechado na outra, como indicado na **figura 26**.

Na extremidade aberta, teremos um ventre de vibração, e, na extremidade fechada, um nó de vibração.

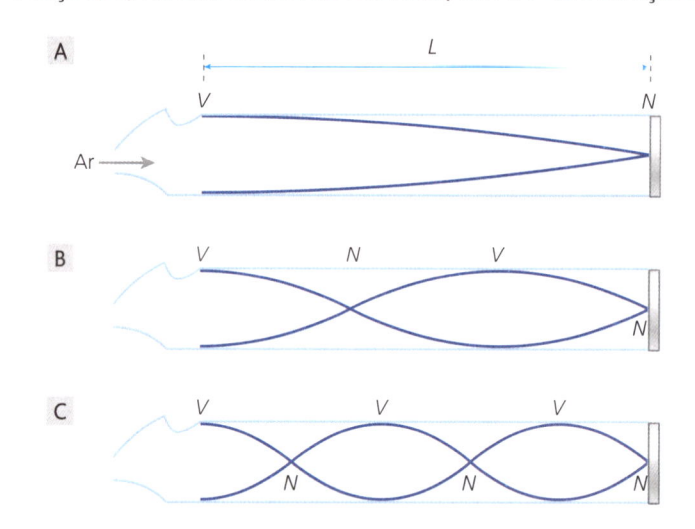

Figura 26. Harmônicos num tubo fechado, em que V corresponde a um ventre de vibração, e N, a um nó de vibração. (A) Primeiro harmônico; (B) terceiro harmônico; (C) quinto harmônico.

No primeiro harmônico (**fig. 26A**), o comprimento L do tubo corresponde a **uma** distância entre um nó e um ventre consecutivos, isto é: $L = \frac{1}{4} \cdot \lambda_1 \Rightarrow \lambda_1 = 4L$

Substituindo λ_1 na relação $v = \lambda_1 \cdot f_1$, temos:

$$v = 4L \cdot f_1 \Rightarrow f_1 = \frac{v}{4L}$$

No segundo modo de vibração (**fig. 26B**), o comprimento L do tubo corresponde a **três** distâncias entre um nó e um ventre consecutivos, isto é: $L = 3 \cdot \frac{1}{4} \cdot \lambda_3 \Rightarrow \lambda_3 = \frac{4L}{3}$

Substituindo λ_3 na relação $v = \lambda_3 \cdot f_3$, temos:

$$v = \frac{4L}{3} \cdot f_3 \Rightarrow f_3 = 3 \cdot \frac{v}{4L} \text{ ou } f_3 = 3 \cdot f_1$$

No terceiro modo de vibração (**fig. 26C**), o comprimento L do tubo corresponde a **cinco** distâncias entre um nó e um ventre consecutivos, isto é: $L = 5 \cdot \frac{1}{4} \cdot \lambda_5 \Rightarrow \lambda_5 = \frac{4L}{5}$

Substituindo λ_5 na relação $v = \lambda_5 \cdot f_5$, temos:

$$v = \frac{4L}{5} \cdot f_5 \Rightarrow f_5 = 5 \cdot \frac{v}{4L} \text{ ou } f_5 = 5 \cdot f_1$$

Concluímos que as frequências dos harmônicos são múltiplos ímpares da frequência do fundamental (f_1). Portanto, para um harmônico qualquer de um tubo fechado, temos:

$$\boxed{f_n = n \cdot \frac{v}{4L} = n \cdot f_1}, \text{ com } n = 1, 3, 5, \ldots$$

Exercícios resolvidos

11. Um tubo sonoro aberto emite um som fundamental com frequência de 550 Hz. Considerando a velocidade do som no ar do ambiente igual a 330 m/s, determinar:

a) o comprimento L do tubo;

b) a frequência do som fundamental que o tubo passará a emitir quando uma das extremidades for fechada.

▶ **Solução**

a) Substituindo $v = 330$ m/s e $f_1 = 550$ Hz na relação a seguir, obtemos:

$v = \lambda_1 \cdot f_1 \Rightarrow 330$ m/s $= \lambda_1 \cdot 550$ Hz $\Rightarrow \lambda_1 = 0{,}60$ m

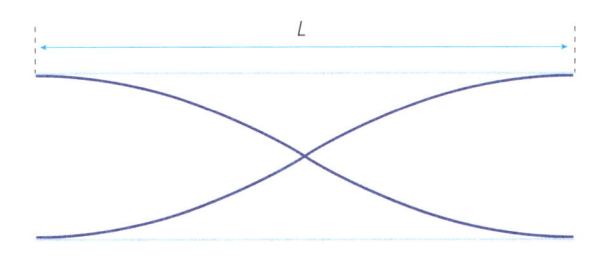

Para o primeiro harmônico, temos:

$L = \dfrac{1}{2} \cdot \lambda_1 \Rightarrow L = \dfrac{1}{2} \cdot 0{,}60$ m $\Rightarrow \boxed{L = 0{,}30 \text{ m}}$

b) Para o primeiro harmônico de um tubo sonoro fechado, temos:

$L = \dfrac{1}{4} \cdot \lambda_1 \Rightarrow 0{,}30$ m $= \dfrac{1}{4} \cdot \lambda_1 \Rightarrow \lambda_1 = 1{,}20$ m

Portanto:

$v = \lambda_1 \cdot f_1 \Rightarrow 330$ m/s $= 1{,}20$ m $\cdot f_1 \Rightarrow \boxed{f_1 = 275 \text{ Hz}}$

Esse resultado mostra que, no tubo fechado, o som ficou mais grave em relação ao tubo aberto.

Exercícios propostos

28. A razão entre os comprimentos L_A e L_F de dois tubos sonoros, um aberto e outro fechado, para que eles emitam a mesma frequência fundamental, deve ser:

a) $\dfrac{L_A}{L_F} = \dfrac{1}{4}$

b) $\dfrac{L_A}{L_F} = \dfrac{1}{2}$

c) $\dfrac{L_A}{L_F} = 1$

d) $\dfrac{L_A}{L_F} = 2$

e) $\dfrac{L_A}{L_F} = 4$

29. Dois tubos, A aberto e B fechado, têm ambos 55 cm de comprimento. No ar ambiente, o som se propaga com velocidade de 330 m/s. Um som de frequência 1.650 Hz é ouvido nas proximidades dos tubos e não há outras fontes sonoras por perto. Podemos afirmar que:

a) o som ouvido é o 5º harmônico do tubo A e não pode ser do tubo B.

b) o som ouvido é o 6º harmônico do tubo B e não pode ser do tubo A.

c) o som ouvido é o 11º harmônico do tubo B e não pode ser do tubo A.

d) o som ouvido é o 5º harmônico do tubo A com o 11º harmônico do tubo B.

e) o som ouvido é o 10º harmônico do tubo A com o 6º harmônico do tubo B.

30. Com o objetivo de medir a velocidade de propagação do som no ar local, Pedrinho monta a experiência esquematizada a seguir.

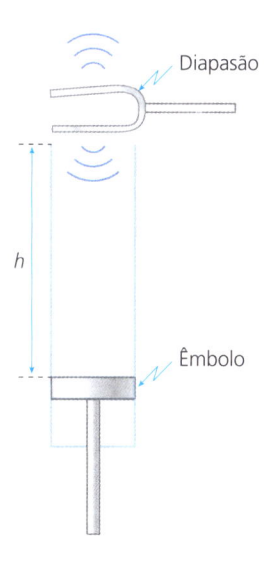

Quando o diapasão é posto para oscilar, ele vibra com frequência de 220 Hz. Ao baixar o êmbolo até $h = 37{,}5$ cm, Pedrinho verifica que o tubo passa a emitir, pela primeira vez, um som com a mesma frequência do diapasão, isto é, o tubo entra em **uníssono** com o diapasão. Determine:

a) o comprimento de onda do som no ar ambiente;

b) a velocidade de propagação do som no ar local.

31. Dentro do tubo fechado representado, o som se propaga com velocidade de 330 m/s, e o tubo emite um som de frequência 875 Hz.

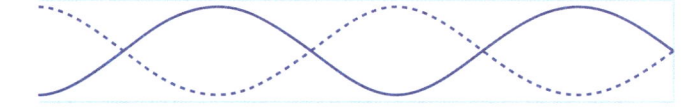

Determine:

a) a frequência do som fundamental f_1 para esse tubo;

b) o comprimento L desse tubo, em centímetro;

c) se esse tubo pode emitir um som com frequência de 3.500 Hz.

Exercícios de revisão

Ficha-resumo 1

- **Velocidade de propagação do som:** $v_{gases} < v_{líquidos} < v_{sólidos}$
- **Velocidade do som em um gás:** $v_{som} = \sqrt{k \cdot T}$; em que k é uma constante que depende das características do gás, e T é a temperatura, em kelvin, do gás.

1. Uma fonte emite sons cujas frequências seguem a função horária $f_F(t) = 1.000 + 200t$, com $t \geq 0$ em segundo (s) e f_F em hertz (Hz). Uma pessoa situada a 170 m dessa fonte recebe e ouve esses sons de frequência f_P com um certo atraso. Sendo 340 m/s a velocidade de propagação do som no ar local, a função horária $f_P(t)$ da frequência dos sons ouvidos pela pessoa é:

   a) $f_P(t) = 900 - 100t$
   b) $f_P(t) = 900 + 200t$
   c) $f_P(t) = 1.000 + 100t$
   d) $f_P(t) = 1.000 - 200t$
   e) $f_P(t) = 1.000 - 170t$

2. (FCM-MG) A figura mostra um recipiente contendo um bloco de ferro, água e ar. Uma fonte sonora F produz um som que atravessa o ar, a água e o ferro em distâncias d iguais. Denominam-se os tempos gastos pelo som para atravessá-los t_{ar}, $t_{água}$ e t_{ferro}, respectivamente.

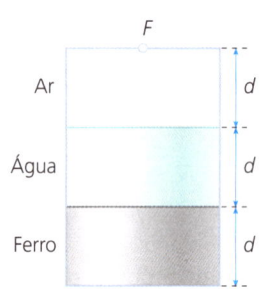

   A relação entre esses tempos é:

   a) $t_{água} > t_{ar} > t_{ferro}$
   b) $t_{ferro} > t_{água} > t_{ar}$
   c) $t_{ar} > t_{água} > t_{ferro}$
   d) $t_{ar} = t_{água} = t_{ferro}$

3. (Fuvest-SP) Uma onda eletromagnética propaga-se no ar com velocidade praticamente igual à da luz no vácuo ($c = 3 \cdot 10^8$ m/s), enquanto o som propaga-se no ar com velocidade aproximada de 330 m/s. Deseja-se produzir uma onda audível que se propague no ar com o mesmo comprimento de onda daquelas utilizadas para transmissões de rádio em frequência modulada (FM) de 100 MHz ($100 \cdot 10^6$ Hz). A frequência da onda audível deverá ser aproximadamente de:

   a) 110 Hz
   b) 1.033 Hz
   c) 11.000 Hz
   d) 108 Hz
   e) $9 \cdot 10^{13}$ Hz

Ficha-resumo 2

Qualidades fisiológicas do som:

- **Altura:** está associada à frequência da onda sonora.
  $\begin{cases} \text{Som alto} = \text{som agudo} \\ \text{Som baixo} = \text{som grave} \end{cases}$

- **Timbre:** está associado aos harmônicos que acompanham o som fundamental.

- **Intensidade:** definida pela razão entre a potência P emitida por uma fonte de ondas e a área S da superfície sobre a qual a energia transmitida pelas ondas se distribui.

  $I = \dfrac{P}{S}$; $I = k \cdot A^2$ (A é a amplitude da onda)

- **Lei de Weber para estímulos sonoros:**

  $\Delta N = N_2 - N_1 = 10 \cdot \log \dfrac{I_2}{I_1}$

  em que ΔN é a variação do nível sonoro percebido quando a intensidade do som ouvido passa de I_1 para I_2. O nível sonoro é medido em **decibel (dB)**.

4. (Uespi) Sabemos que o homem sofre muito com a poluição sonora, pois ela causa, entre outros efeitos, irritação, estresse emocional e diminuição da capacidade auditiva. Para evitar a poluição sonora, devemos limitar nos sons:

   a) os seus comprimentos de onda.
   b) a sua altura.
   c) o seu timbre.
   d) a sua frequência.
   e) a sua intensidade.

5. Se dobrarmos a intensidade de uma onda sonora, sua amplitude fica multiplicada por:

   a) 2
   b) $\sqrt{2}$
   c) $\dfrac{\sqrt{2}}{2}$
   d) $\dfrac{1}{2}$
   e) 1

6. (Enem) A **figura I** apresenta o gráfico da intensidade, em decibel (dB), da onda sonora emitida por um alto-falante, que está em repouso, e medida por um microfone em função da frequência da onda para diferentes distâncias: 3 mm, 25 mm, 51 mm e 60 mm. A **figura II** apresenta um diagrama com a indicação das diversas faixas do espectro de frequência sonora para o modelo de alto-falante utilizado neste experimento.

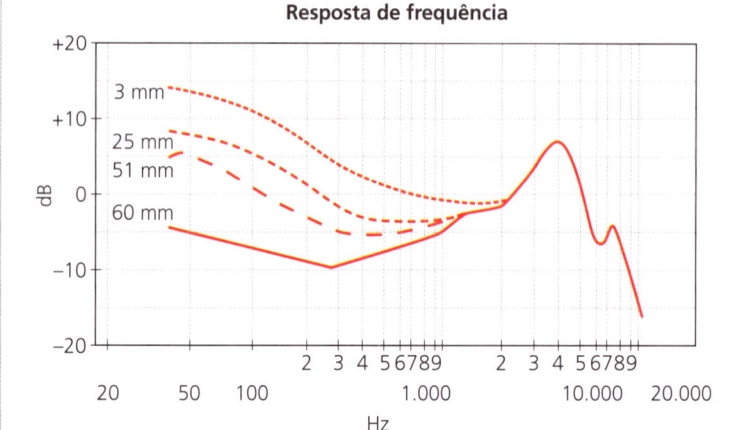

Figura I

Disponível em: <www.batera.com.br>. Acesso em: 8 fev. 2015.

Faixas do espectro de frequências sonoras

Subgrave	Grave	Média baixa	Média	Média alta	Aguda
20 Hz	63 Hz	250 Hz	640 Hz	2,5 kHz	5 kHz — 20 kHz

Figura II

Disponível em: <www.somsc.com.br>. Acesso em: 2 abr. 2015.

Relacionando as informações presentes nas **figuras I e II**, como a intensidade sonora percebida é afetada pelo aumento da distância do microfone ao alto-falante?
a) Aumenta na faixa de frequências médias.
b) Diminui na faixa das frequências agudas.
c) Diminui na faixa das frequências graves.
d) Aumenta na faixa das frequências médias altas.
e) Aumenta na faixa das frequências médias baixas.

O texto a seguir refere-se aos exercícios 7 e 8.

Quando o ouvido humano é submetido continuamente a ruídos de nível sonoro superior a 85 dB, sofre lesões irreversíveis. Por isso, o Ministério do Trabalho estabelece o tempo máximo diário que um trabalhador pode ficar exposto a sons muito intensos. Esses dados são apresentados na tabela abaixo.

Nível sonoro (dB)	Tempo máximo de exposição (h)
85	8
90	4
95	2
100	1

Observa-se, portanto, que, a cada aumento de 5 dB no nível sonoro, o tempo máximo de exposição cai pela metade. Sabemos ainda que, ao assistir a um *show* de *rock*, espectadores próximos às caixas de som estão expostos a um nível sonoro de 110 dB.

7. (Cesgranrio-RJ) De acordo com as informações anteriores, a duração máxima aceitável de um *show* de *rock*, para espectadores próximos às caixas de som, deveria ser de:
a) 30 min
b) 20 min
c) 15 min
d) 7 min e 30 s
e) 3 min e 45 s

8. (Cesgranrio-RJ) O nível de intensidade sonora (N) é expresso em decibel (dB) por: $N = 10 \cdot \log \frac{I}{I_0}$, onde I = intensidade sonora emitida pela caixa de som e I_0 = intensidade padrão, correspondente ao limiar da audição, para o qual $N = 0$.

Para o nível de intensidade $N = 120$ dB, a intensidade sonora, emitida pela caixa de som, deverá ser de:
a) $10^{13} \cdot I_0$
b) $10^{12} \cdot I_0$
c) $1.200 \cdot I_0$
d) $120 \cdot I_0$
e) $12 \cdot I_0$

9. (Unicamp-SP) É usual medirmos o nível de uma fonte sonora em decibéis (dB). O nível em dB é relacionado à intensidade I da fonte pela fórmula:

$$\text{Nível sonoro (dB)} = 10 \cdot \log \frac{I}{I_0}$$

onde $I_0 = 10^{-12}$ W/m² é um valor padrão de intensidade muito próximo do limite de audibilidade humana. Os níveis sonoros necessários para uma pessoa ouvir variam de indivíduo para indivíduo. No gráfico abaixo, esses níveis estão representados em função da frequência do som para dois indivíduos, A e B. O nível sonoro acima do qual um ser humano começa a sentir dor é aproximadamente 120 dB, independentemente da frequência.

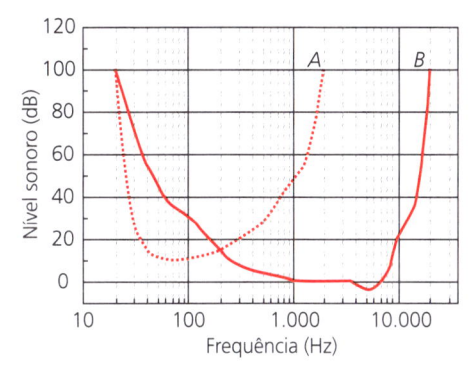

a) Que frequências o indivíduo A consegue ouvir melhor que o indivíduo B?
b) Qual a intensidade I mínima de um som (em W/m²) que causa dor em um ser humano?
c) Um beija-flor bate as asas 100 vezes por segundo, emitindo um ruído que atinge o ouvinte com um nível de 10 dB. Quanto a intensidade I desse ruído precisa ser amplificada para ser audível pelo indivíduo B?

10. A 10 m de um grande alto-falante a intensidade sonora vale $I_{10} = I$, e o nível sonoro vale $N_{10} = 52$ dB. Se a distância passar a ser 20 m, e adotarmos $\log \frac{1}{4} \approx -0,6$, a intensidade I_{20} e o nível sonoro N_{20} passarão a valer:

a) $I_{20} = \frac{1}{2} \cdot I$ e $N_{20} = 26$ dB
b) $I_{20} = \frac{1}{4} \cdot I$ e $N_{20} = 13$ dB
c) $I_{20} = \frac{1}{4} \cdot I$ e $N_{20} = 26$ dB
d) $I_{20} = \frac{1}{2} \cdot I$ e $N_{20} = 46$ dB
e) $I_{20} = \frac{1}{4} \cdot I$ e $N_{20} = 46$ dB

Ficha-resumo 3

Efeito Doppler-Fizeau

- Aproximação relativa observador-fonte:

$$f_O > f_F$$

- Afastamento relativo observador-fonte:

$$f_O < f_F$$

A frequência observada (f_O), ou frequência aparente, e a frequência da fonte das ondas (f_F) estão relacionadas pela expressão:

$$\frac{f_O}{v \pm v_O} = \frac{f_F}{v \pm v_F}$$

em que v é a velocidade de propagação das ondas, v_O é a velocidade do observador e v_F é a velocidade da fonte.

Exercícios de revisão

11. (Enem) O morcego emite pulsos de curta duração de ondas ultrassônicas, os quais voltam na forma de ecos após atingirem objetos no ambiente, trazendo informações a respeito das suas dimensões, suas localizações e dos seus possíveis movimentos. Isso se dá em razão da sensibilidade do morcego em detectar o tempo gasto para os ecos voltarem, bem como das pequenas variações nas frequências e nas intensidades dos pulsos ultrassônicos. Essas características lhe permitem caçar pequenas presas mesmo quando estão em movimento em relação a si. Considere uma situação unidimensional em que uma mariposa se afasta, em movimento retilíneo e uniforme, de um morcego em repouso.

A distância e velocidade da mariposa, na situação descrita, seriam detectadas pelo sistema de um morcego por quais alterações nas características dos pulsos ultrassônicos?

a) Intensidade diminuída, o tempo de retorno aumentado e a frequência percebida diminuída.
b) Intensidade aumentada, o tempo de retorno diminuído e a frequência percebida diminuída.
c) Intensidade diminuída, o tempo de retorno diminuído e a frequência percebida aumentada.
d) Intensidade diminuída, o tempo de retorno aumentado e a frequência percebida aumentada.
e) Intensidade aumentada, o tempo de retorno aumentado e a frequência percebida aumentada.

12. (Puccamp-SP) Um professor lê o seu jornal sentado no banco de uma praça e, atento às ondas sonoras, analisa três eventos:

  I. O alarme de um carro dispara quando seu proprietário abre a tampa do porta-malas.
  II. Uma ambulância se aproxima da praça com a sirene ligada.
  III. Um mau motorista, impaciente, após passar pela praça, afasta-se com a buzina permanentemente ligada.

O professor percebe o efeito Doppler apenas:
a) no evento I, com frequência sonora invariável.
b) nos eventos I e II, com diminuição da frequência.
c) nos eventos I e III, com aumento da frequência.
d) nos eventos II e III, com diminuição da frequência em II e aumento em III.
e) nos eventos II e III, com aumento da frequência em II e diminuição em III.

13. (Enem) Uma ambulância A em movimento retilíneo e uniforme aproxima-se de um observador O, em repouso. A sirene emite um som de frequência f_A. O desenho ilustra as frentes de onda do som emitido pela ambulância. O observador possui um detector que consegue registrar, no esboço de um gráfico, a frequência de onda sonora detectada em função do tempo $f_O(t)$, antes e depois da passagem da ambulância por ele.

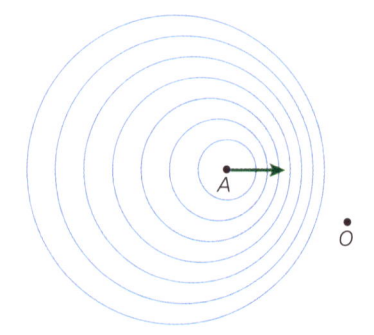

Qual esboço gráfico representa a frequência $f_O(t)$ detectada pelo observador?

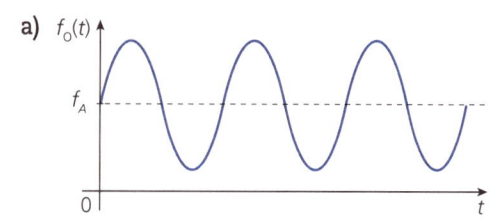

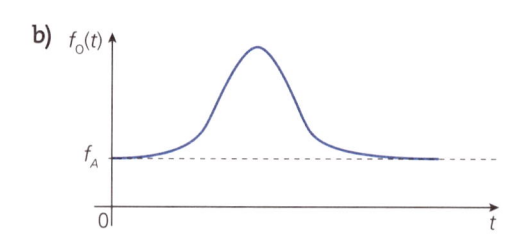

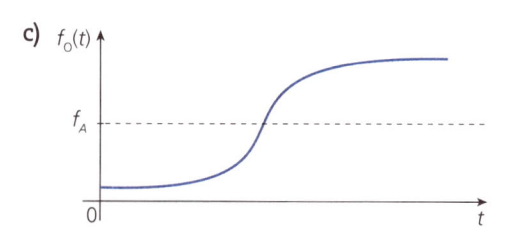

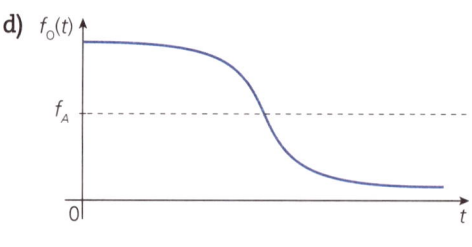

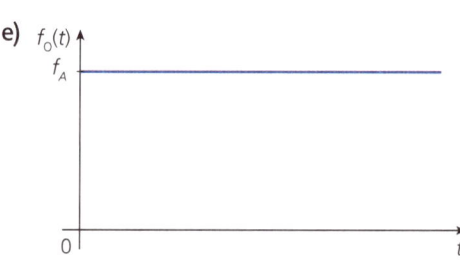

a)
b)
c)
d)
e)

14. Uma haste vibratória, em repouso em um ponto da orla de um lago, produz ondas que se propagam pela superfície da água. Um barco, em repouso no meio do lago, ao ser atingido pelas ondas, executa duas oscilações por segundo. O barco começa a se movimentar sobre a reta que o liga à fonte e passa a executar três oscilações por segundo. Sendo 8,0 m/s a velocidade de propagação das ondas na superfície de água, podemos afirmar que o barco está:

a) se aproximando da fonte com velocidade de 4,0 m/s.
b) se afastando da fonte com velocidade de 4,0 m/s.
c) se aproximando da fonte com velocidade de 8,0 m/s.
d) se afastando da fonte com velocidade de 12 m/s.
e) se aproximando da fonte com velocidade de 12 m/s.

15. (Faap-SP) Considere que a velocidade máxima permitida nas estradas seja de somente 80 km/h. A sirene de um posto rodoviário soa com uma frequência de 700 Hz, enquanto um veículo de passeio e um policial rodoviário se aproximam do posto emparelhados. O policial dispõe de um medidor de frequências sonoras. Dada a velocidade do som de 350 m/s, ele deverá multar o motorista do carro quando seu aparelho medir uma frequência sonora de, no mínimo:

a) 655 Hz
b) 656 Hz
c) 740 Hz
d) 745 Hz
e) 860 Hz

16. Os irmãos Acácio e Berácio movem-se ao longo de uma mesma reta com velocidades constantes de 10 m/s relativamente ao solo, um de encontro ao outro. Entre eles há uma fonte sonora que se move, relativamente ao solo, com velocidade constante de 10 m/s, no mesmo sentido de Acácio e de encontro a Berácio, emitindo um som de frequência $f_F = 416$ Hz.

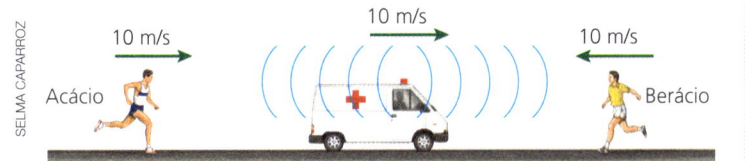

No local, a velocidade de propagação do som no ar é igual a 330 m/s. Assim, as frequências dos sons percebidos pelos irmãos f_A (Acácio) e f_B (Berácio) valem:

a) $f_A = 416$ Hz e $f_B = 442$ Hz
b) $f_A = 0$ e $f_B = 436$ Hz
c) $f_A = 416$ Hz e $f_B = 426$ Hz
d) $f_A = 442$ Hz e $f_B = 416$ Hz
e) $f_A = 0$ e $f_B = 426$ Hz

Ficha-resumo 4

Interferência de ondas

- O módulo da diferença entre as distâncias percorridas pelas ondas, Δd, deve ser múltiplo inteiro de **meios** comprimentos de onda.

$$\Delta d = |d_2 - d_1| = n \cdot \frac{1}{2} \cdot \lambda$$

- **Fontes em fase:**

$\begin{cases} n \text{ par} \Rightarrow \text{interferência construtiva (IC)}; \\ n \text{ ímpar} \Rightarrow \text{interferência destrutiva (ID)}. \end{cases}$

- **Fontes em oposição de fases:** invertem-se as condições estabelecidas para as fontes em fase, ou seja:

$\begin{cases} n \text{ par} \Rightarrow \text{interferência destrutiva (ID)}; \\ n \text{ ímpar} \Rightarrow \text{interferência construtiva (IC)}. \end{cases}$

17. (FCC-SP) Quando duas ondas interferem, a onda resultante apresenta sempre pelo menos uma mudança em relação às ondas componentes. Tal mudança se verifica em relação à(ao):

a) comprimento de onda.
b) período.
c) amplitude.
d) fase.
e) frequência.

18. (UFC-CE) A figura mostra, no instante t = 0, dois pulsos retangulares que se propagam em sentidos contrários, ao longo de uma corda horizontal esticada. A velocidade de cada pulso tem módulo igual a 2,0 cm/s. O pulso da esquerda tem 3,0 cm de largura e o da direita, 1,0 cm.

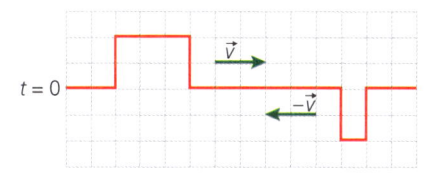

Dentre as opções seguintes, qual delas mostra o perfil da corda no instante t = 2,0 s?

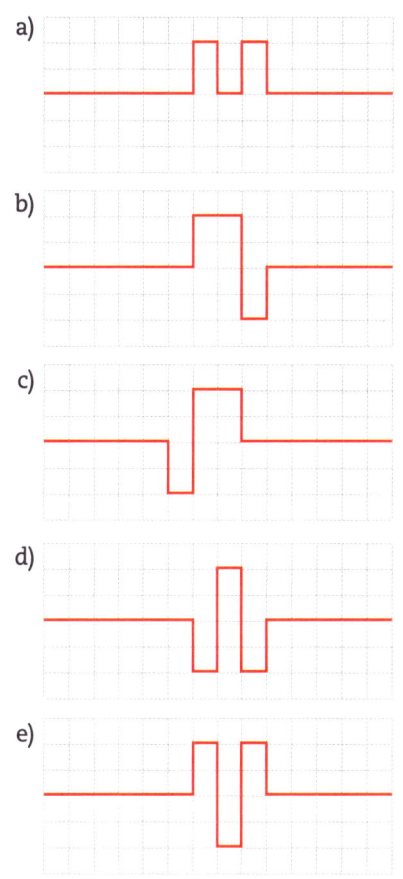

a)

b)

c)

d)

e)

19. Duas fontes, F_1 e F_2, em oposição de fases, emitem ondas sonoras com a mesma amplitude, A, e o mesmo comprimento de onda λ. As fontes estão separadas por uma distância $d = 1,5\lambda$. Considere que a amplitude das ondas não varie no caminho entre as fontes e os pontos P e Q. O ponto P está alinhado com as fontes e Q é equidistante delas. Determine, justificando, o valor da amplitude resultante da sobreposição das ondas:

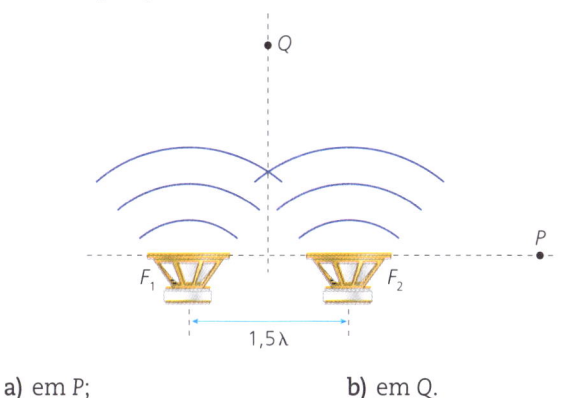

a) em P;
b) em Q.

Exercícios de revisão

Ficha-resumo 5
Ondas estacionárias

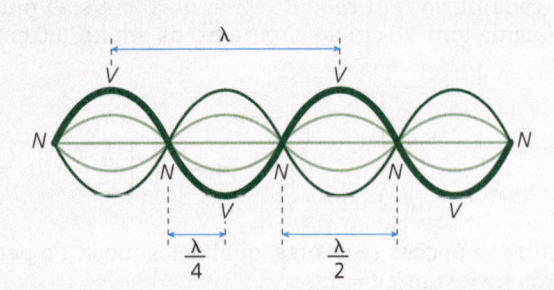

- Nós (N): pontos em que a interferência é sempre destrutiva.
- Ventres (V): pontos em que a interferência é sempre construtiva.
- Distância entre um ventre e um nó consecutivos: $\frac{\lambda}{4}$
- Distância entre nós consecutivos: $\frac{\lambda}{2}$
- Distância entre ventres consecutivos: $\frac{\lambda}{2}$
- Distância entre ventres em fase: λ
- Cordas vibrantes:

$$f_n = n \cdot \frac{v_{corda}}{2L} = n \cdot f_1 \quad (n = 1, 2, 3, \ldots)$$

- Tubos sonoros abertos:

$$f_n = n \cdot \frac{v_{som}}{2L} = n \cdot f_1 \quad (n = 1, 2, 3, \ldots)$$

- Tubos sonoros fechados:

$$f_n = n \cdot \frac{v_{som}}{4L} = n \cdot f_1 \quad (n = 1, 3, 5, \ldots)$$

O enunciado a seguir refere-se aos exercícios 20 e 21.

Uma das extremidades de uma corda é presa a uma parede, enquanto a outra é movimentada até que nela se estabeleça uma onda estacionária.

20. (PUC-RS) Os fenômenos ondulatórios responsáveis pela formação da onda estacionária são:
a) reflexão e refração.
b) difração e refração.
c) reflexão e interferência.
d) difração e reflexão.
e) polarização e interferência.

21. (PUC-RS) Se a distância entre dois nós consecutivos é de 30 cm e a frequência vale 6,0 Hz, a velocidade de propagação da onda na corda é igual a:
a) 0,6 m/s
b) 1,0 m/s
c) 1,2 m/s
d) 2,0 m/s
e) 3,6 m/s

22. (Puccamp-SP) Uma proveta graduada tem 40,0 cm de altura e está com água até o nível de 10,0 cm. Um diapasão de frequência de 855 Hz vibrando próximo à extremidade aberta da proveta gera a onda estacionária representada na figura a seguir.

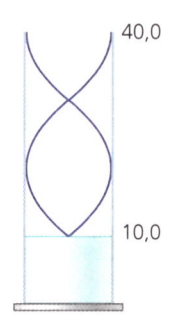

A velocidade do som, nessas condições, é, em m/s:
a) 326
b) 334
c) 342
d) 350
e) 358

23. (Unic-MT) Um tubo sonoro fechado, cheio de ar, emite um som fundamental de 3,4 kHz.

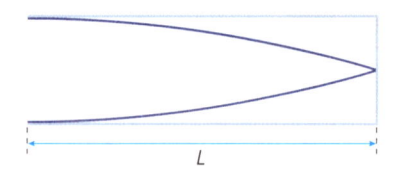

Sabendo-se que a velocidade do som no ar é de 340 m/s, pode-se dizer que o comprimento L do tubo é igual a:
a) 3,4 m
b) 0,340 m
c) 50 cm
d) 25 cm
e) 2,5 cm

Mais questões em **Vereda Digital Aprova Enem**, em **Vereda Digital Suplemento de revisão**, em **AprovaMax** (no *site*) e no livro digital.

Extra!

Cidadania

Você está caminhando por uma rua e, ao lado de uma lixeira, vê uma lata de refrigerante vazia jogada no chão. Você se abaixa para pegá-la e jogá-la na lixeira? Ou continua caminhando e acha que o fato de a lata estar jogada na rua nada tem a ver com você, pois acha "normal" jogar lixo na rua? Em um dia chuvoso, você caminha pela calçada com o guarda-chuva aberto protegendo-se sob a marquise dos prédios? E deixa na chuva quem está sem guarda-chuva? Quando alguém fura uma fila e passa na sua frente, você reclama, mas também faz isso se tiver oportunidade? Se perder seu celular, você acredita que a pessoa que o encontrou irá devolvê-lo? Você devolveria?

Certa vez, ouvimos a história de um brasileiro que foi trabalhar em uma grande empresa em Estocolmo, capital da Suécia. Nos primeiros dias, ele ia para o trabalho de carona com um colega de lá. Chegavam muito cedo e o estacionamento sempre estava totalmente vazio. Entretanto, o colega estacionava o carro em uma vaga bastante afastada da entrada do prédio. Intrigado, após o fato se repetir algumas vezes, o brasileiro perguntou ao colega sueco: "Por que você não estaciona perto da entrada se o estacionamento está vazio?". Para sua surpresa, o colega respondeu: "Deixamos as vagas próximas à entrada para os colegas que, por qualquer motivo, se atrasarem". O brasileiro calou-se...

Cidadania, palavra tão em moda, pode ser demonstrada em pequenos atos. Mas o que é cidadania?

Os dicionários definem *cidadania* como "condição de pessoa que, como membro de um Estado, se acha no gozo de direitos que lhe permitem participar da vida política".

Nós, seres humanos, somos, por princípio, seres sociais, pois sempre estamos inseridos em algum grupo, como o grupo familiar, o de colegas da escola, o de vizinhos, o dos colegas de trabalho, e assim por diante. Cada grupo tem as próprias regras, como você já deve vivenciar na sua família, na escola e com seus amigos. Você considera importante segui-las, mesmo que às vezes não concorde com elas? Essas regras fazem parte das práticas de cidadania?

Acreditamos que a cidadania vai muito além da definição do dicionário. A cidadania, na nossa opinião, consiste em pensar no bem comum do grupo antes de pensar apenas no nosso bem-estar. O ideal seria que nossa preparação para o exercício da cidadania começasse na família, continuasse na escola e fizesse parte da nossa formação durante toda a vida. Lembra das situações que abriram este texto? O que você pensa sobre elas? Na sua opinião, essas situações fazem diferença para o convívio social?

Ao iniciar a leitura deste texto, você deve ter se perguntado: "Por que eu pegaria a lata de refrigerante se não fui eu que consumi e joguei na rua?". Mas o acúmulo de lixo nas ruas não torna o ambiente pior para o convívio, podendo atrair insetos e entupir bueiros?

Para nós, cidadãos como você, agir ativamente para o bem do grupo pode melhorar o convívio social, pode, além de tudo, nos tornar mais presentes na vida política do país e exigentes para usufruir de nossos direitos, mas é bom lembrar: exigir direitos inclui assumir deveres também.

A educação é um instrumento de formação da cidadania. Mas essa tarefa não é exclusiva da escola, vai muito além. Ela deve ser desenvolvida individualmente no dia a dia, conscientizando-nos do nosso papel social na construção de uma sociedade mais justa, livre e solidária.

Depois de ler este texto, você pensa em mudar algumas das suas atitudes? Quais?

A ficção científica e a ciência da ficção

1. Um robô não pode ferir um ser humano ou, por inação, permitir que um ser humano seja ferido.
2. Um robô deve obedecer ordens de seres humanos, exceto as que entrem em conflito com a primeira lei.
3. Um robô deve proteger a si mesmo, exceto se isso entrar em conflito com a primeira e/ou com a segunda lei.

Isaac Asimov, "Três leis da robótica". *Eu, robô*.

Você já conhecia as três leis da robótica? Ao criá-las em seu livro *Eu, robô*, o autor, Isaac Asimov, pretendia garantir uma coexistência harmoniosa entre seres humanos e seres robóticos. Ainda não temos robôs humanoides da forma como Asimov descreveu em sua ficção, mas estamos chegando lá, pois há muitos protótipos de humanoides e de animais sendo testados para serem utilizados com fins práticos, de recreação ou científicos.

Eu, robô, classificado como ficção científica, consagrou o autor como mestre desse gênero pela originalidade de suas ideias e pelo grande sucesso de livros como *Fundação* (trilogia), *O fim da eternidade*, *As cavernas de aço*, entre outros.

O gênero ficção científica engloba uma ampla temática, que muitas vezes nada tem de científica, mas respalda o poder criativo do autor em bases científicas, às vezes não muito corretas, para estimular a imaginação do leitor e despertar nele o interesse pela narrativa. Esse gênero começou a ser desenvolvido há mais de um século por autores como Júlio Verne (1828-1905) e H. G. Wells (1866-1946).

Obras de Verne como *Da Terra à Lua*, *A volta ao mundo em 80 dias* e *Vinte mil léguas submarinas* narram aventuras que pareciam impossíveis de ser realizadas na época em que foram escritas, mas, hoje, não causam espanto em mais ninguém. Já a ficção criada por Wells em *A guerra dos mundos* relata uma invasão de marcianos à Terra com consequências catastróficas para os humanos. Em 1938, a história foi narrada "em edição extraordinária" em um programa de rádio como se fosse real e causou pânico em várias cidades americanas. Na época, ainda não havia pesquisas espaciais e muitas pessoas acreditavam que poderia haver vida em outros planetas do Sistema Solar. Ainda não descobrimos vida como a conhecemos em outros planetas, então, a invasão da Terra por ETs parece remota.

Daquele início do século XX até hoje, a literatura de ficção científica ganhou importância e muitas vezes antecipou inventos que utilizamos em nosso dia a dia. Hugo Gernsback (1884-1967) editava a revista *Amazing Stories* e, em 1911, imaginou um aparelho, descrito em seu livro *Ralph 124C 41+*, com o qual era possível falar com uma pessoa e, ao mesmo tempo, ver sua imagem. Artur C. Clarke (1917--2008), autor de *2001, uma odisseia espacial, Encontro com Rama* e *A cidade e as estrelas*, era tão bom em antecipação que previu em um de seus livros um sistema de comunicações por satélite. Vinte e cinco anos depois, quando o sistema foi de fato inventado, ele foi homenageado: a órbita dos satélites foi denominada "órbita Clarke".

Muitas dessas antecipações resultam da criatividade, mas muitas baseiam-se em conhecimentos consagrados, atribuindo-lhes uma aplicação que ainda não alcançamos. Um exemplo é a série *Jurassic Park*, que parte do princípio da replicação do DNA, ampliando-o para a recriação de dinossauros. Outro é o filme *Interestelar*, cuja narrativa se apropria do conceito de dobras no espaço-tempo. A esse respeito, em seu livro *Time Machines*, de 1997, Paul J. Nahin, professor da Universidade de New Hampshire, analisa a possibilidade de se viajar no tempo com base nas teorias da relatividade especial (1905) e geral (1915) de Albert Einstein.

Mas, afinal, poderemos mesmo viajar no tempo? Essa é uma excelente pergunta. E a resposta é sim! Quem conhece um pouco das relatividades sabe que o movimento e a gravidade afetam a "marcha" do tempo. Veja: um relógio em movimento atrasa em relação a outro que ficou parado, embora eles tenham sido sincronizados. O observador que está junto ao relógio que se move envelhece menos que o observador que está junto ao relógio que fica em repouso. Isso é conhecido como *o paradoxo dos gêmeos*. Se esses observadores fossem irmãos gêmeos e um deles fosse ao espaço, quando se reencontrassem, aquele que viajou estaria "diante" do seu futuro.

Um relógio em repouso no alto de uma torre adianta em relação a outro também em repouso na base da torre. Onde a gravidade é menos intensa, o tempo "passa mais rápido". Isso nos leva a concluir que... nossa cabeça envelhece mais rapidamente que nossos pés! Se nossos pés "olhassem" para nossa cabeça, estariam olhando para o futuro.

Os relógios que operam nos sistemas de geolocalização precisam ser constantemente sincronizados devido a estes dois fatores: movimento e altitude. Portanto, muita coisa que há um século, ou há cinquenta anos, era apenas criação da fértil imaginação dos autores de ficção científica, hoje já é realidade, e outras, que ainda não são, podem vir a se tornar. A seguir, sugerimos alguns livros e filmes que se enquadram no gênero ficção científica. Depois de apreciá-los, você e alguns colegas podem verificar se há fundamento científico nas ideias que essas obras apresentam.

Sugestões de leitura

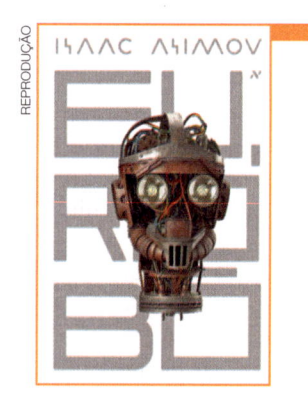

Eu, robô
Isaac Asimov
São Paulo: Aleph, 2014, 320 páginas.
O livro *Eu, robô* reúne os primeiros textos de Isaac Asimov sobre robôs, publicados entre 1940 e 1950. São nove contos que relatam a evolução dos autômatos através do tempo. Ordenados de forma cronológica, os contos acompanham a empresa fictícia U.S. Robots & Mechanical Men, fabricante de robôs, entre os anos de 1996 e 2052. Essa organização permite que os leitores observem a evolução dos robôs dentro da empresa, assim o que começa com a demonstração das funções de um robô babá logo se transforma em uma amostra do poder do cérebro robótico, fazendo com que os robôs adquiram conhecimento sobre Física avançada e capacidade de comandar sozinhos trabalhos que antes precisavam da orientação humana.

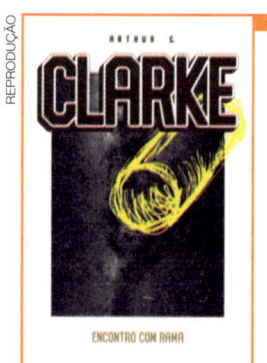

Encontro com Rama
Arthur C. Clarke
São Paulo: Aleph, 2001, 288 páginas.
Encontro com Rama conta a história de uma forte colisão de um meteorito com o continente europeu. Após o acontecimento, líderes mundiais e cientistas tentam reunir esforços para evitar que catástrofes daquela natureza voltem a acontecer. Quase cinquenta anos depois, a humanidade acompanha a chegada de um novo astro ao Sistema Solar. De proporções inimagináveis, Rama espanta e ameaça, pois avança firmemente na direção do Sol. Uma expedição é enviada para explorar os mistérios do que se imagina ser um colossal meteoro. Mas, num misto de surpresa e apreensão, Rama se revela uma sofisticada construção, repleta de enigmas que desafiam a mente e os conceitos humanos.

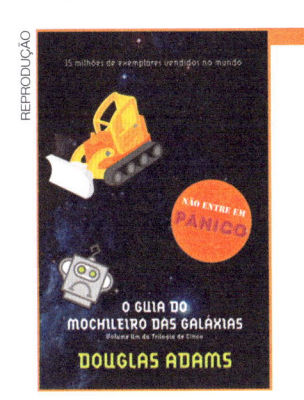

O guia do mochileiro das galáxias
Douglas Adams
São Paulo: Arqueiro, 2009, 208 páginas.

A série *O guia do mochileiro das galáxias* conta as aventuras espaciais do inglês Arthur Dent e de seu amigo Ford Prefect, um ET que vivia na Terra disfarçado de ator desempregado, mas que, na verdade, fazia pesquisa de campo para a nova edição do guia que dá título ao livro. A dupla escapa da destruição da Terra, detonada pelos vogons para a construção de uma autoestrada hiperespacial, pegando carona numa estranha nave alienígena e vive várias aventuras reunidas em cinco volumes. A primeira orientação do guia é "Não entre em pânico", leia a série e descubra por quê.

Sugestões de filmes

Interestelar
Direção: Christopher Nolan. Produção: EUA, 2014. Duração: 169 min.

Num futuro próximo, os desastres climáticos expandem-se sem parar e abrangem a Terra inteira, que passa a consumir boa parte de suas reservas naturais. Para encontrar uma saída para a humanidade, um grupo de astronautas recebe a missão de encontrar possíveis planetas para receberem a população mundial, possibilitando a continuação da espécie. Cooper é chamado para liderar o grupo e aceita a missão sabendo que talvez nunca mais retorne para sua família. Nessas viagens, a equipe de astronautas e cientistas vive situações que podem ser explicadas pelos conceitos da Física Moderna, apesar do viés ficcional.

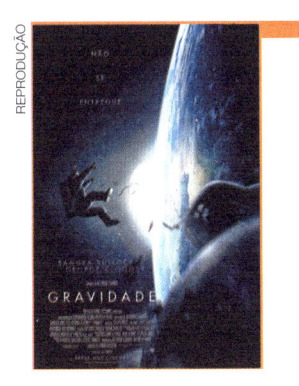

Gravidade
Direção: Alfonso Cuarón. Produção: EUA, Reino Unido, 2013. Duração: 90 min.

Durante uma missão para consertar o telescópio Hubble, dois astronautas ficam à deriva no espaço, após serem atingidos por destroços de um satélite. Sem apoio da base em Terra com a interrupção das comunicações, eles precisam encontrar um meio de sobreviver em um ambiente completamente inóspito para a vida humana.

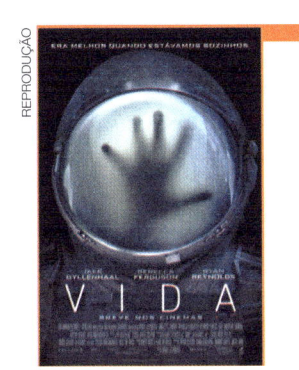

Vida
Direção: Daniel Espinosa. Produção: EUA, 2017. Duração: 104 min.

Seis astronautas de diferentes nacionalidades estão em uma estação espacial, para estudar amostras coletadas no solo de Marte por um satélite. Ao encontrar entre elas um ser unicelular, ou seja, uma forma de vida fora do planeta Terra, todos comemoram o achado. Após um concurso mundial, o novo ser recebe o nome de Calvin. Mas o que todos consideravam um ser inofensivo, revela-se uma perigosa ameaça à vida da equipe da estação e da Terra.

Eu, robô

Direção: Alex Proya. Produção: EUA, 2004. Duração: 115 min.

O filme é baseado no livro *Eu, robô*, de Isaac Asimov, e passa-se em 2035, época em que a existência de robôs é algo corriqueiro, sendo largamente utilizados como empregados e assistentes dos humanos. Assim como no livro, os robôs devem obedecer às três leis da robótica, mas um deles quebra essas regras. Para investigar o caso e desvendar o que realmente aconteceu, um detetive e uma especialista em psicologia de robôs são chamados.

Bullying

> Se há um objetivo para esta conferência é dissipar o mito de que *bullying* é apenas um inofensivo rito de passagem ou uma etapa inevitável do crescimento. Não, não é. O *bullying* pode ter consequências devastadoras para nossos jovens. E isso não é algo que temos de aceitar.
>
> Barack Obama, ex-presidente dos EUA, durante conferência *antibullying*, nos Estados Unidos, 2011.

Bullying, expressão largamente usada em todo o mundo, quase sempre em inglês; em português simples e claro, *bullying* significa assédio de todo tipo ou intimidação. O *bullying* já é considerado um sério fenômeno social de âmbito global, especialmente intensificado pela difusão mundial das redes sociais.

Esse tipo de intimidação é realizada por um ou mais agressores que expõe(m) um indivíduo ou um grupo de indivíduos a repetidas ações negativas, ou seja, agressões. Nesse caso, essas agressões se caracterizam por causar no outro, intencional e insistentemente, algum tipo de desconforto físico ou mental, como lesão corporal, insultos verbais, divulgação de boatos e difamações ou qualquer tipo de discriminação. A prática de *bullying*, em geral, envolve ações e atitudes por parte do(s) agressor(es) pelo fato de ele(s) se valer(em) de algum tipo de superioridade ou de impunidade, supostas ou reais.

As ações caracterizadas como *bullying* habitualmente são marcadas por uma relação desigual de poder ou de força física, ou ainda por uma "blindagem" do assediador, que se esconde atrás de um grupo ou do anonimato, resultando em impotência ou impossibilidade, por parte do assediado, de se defender ou reagir.

O *bullying*, pela relação de poder, pode ocorrer entre chefe (ou patrão) e funcionário(a) de uma empresa, cliente e garçom em um restaurante, professor(a) e aluno(a) (ou vice-versa), entre os alunos no ambiente escolar, enfim entre pessoas de qualquer grupo ou fora dele.

O *bullying* por força física ocorre, por exemplo, quando "o fortão" da escola assedia e humilha o(s) "fracote(s)" ou o(s) *nerd*(s) da turma.

O *cyberbullying*, muito comum atualmente, ocorre quando as agressões contra alguém, como injúrias e difamações verbais ou visuais, são perpetradas por pessoas que se escondem usando meios virtuais de divulgação, como o Facebook, o Instagram, o Twitter ou outro.

Segundo especialistas e pessoas que vivenciaram ou conhecem pessoas que passaram por situações desse tipo, o *bullying* pode ter consequências devastadoras, muitas vezes, para o resto da vida da vítima, em razão do sofrimento a que foi submetida.

Mas quais são os motivos que levam os assediadores a praticarem *bullying* contra alguém, especialmente no ambiente escolar?

Segundo pesquisa do IBGE de 2016, os casos de *bullying* aumentaram nas escolas brasileiras. Cerca de 46% dos alunos entrevistados afirmaram que já sofreram algum tipo de *bullying* e se sentiram humilhados perante os colegas. Em 2012, eram 35%. O motivo mais comum é a aparência física: muito gordo(a), muito magro(a), muito feio(a), a cor da pele, o tipo de cabelo etc. Há outros motivos: desempenho escolar (muito "burro/a"), classe social (mal vestido/a, não usa roupa de grife), competição por namorados/namoradas, orientação sexual e outros mais.

Enfim, pelo menos no âmbito escolar, o problema pode ser enfrentado. Na sua opinião, quais seriam os meios para enfrentá-lo? Você já tentou conversar com seus colegas sobre isso? O que vocês podem fazer para reduzir os casos de *bullying*?

Estamos vivendo um tempo em que convivemos com diferenças de todos os tipos, diferenças de gostos, diferenças de credos, diferenças de origens étnicas e/ou geográficas, políticas, sociais etc. Sim, somos diferentes. Mas, lá no fundo, somos todos muito iguais...

Gostemos ou não, o mapa genético dos macacos bonobos (Pan paniscus), da família dos chimpanzés, é 98,7% igual ao dos humanos, de acordo com estudos do Instituto Max Planck, na Alemanha. Segundo o geneticista Kay Prufer, autor do estudo: "Os seres humanos são um pouco como um mosaico dos genomas de bonobos e chimpanzés". Essa igualdade genética não deveria nos unir, antes de nos separar?

Para discutir sobre *bullying* e suas consequências, sugerimos que você e seus colegas assistam aos filmes indicados a seguir.

Bullying
Documentário. Direção: Lee Hirsch. Produção: EUA, 2011. Duração: 98 min.
O documentário apresenta um panorama assustador das agressões que muitos jovens e crianças sofrem por não serem iguais à maioria. O filme mostra vários casos de abusos morais e físicos em escolas de diversas partes dos EUA e como isso afeta a vida das vítimas e de suas famílias. O documentário busca analisar essa situação, levando em conta tanto os que sofrem quanto os que praticam o *bullying*, questionando também o silêncio dos adultos em torno do assunto.

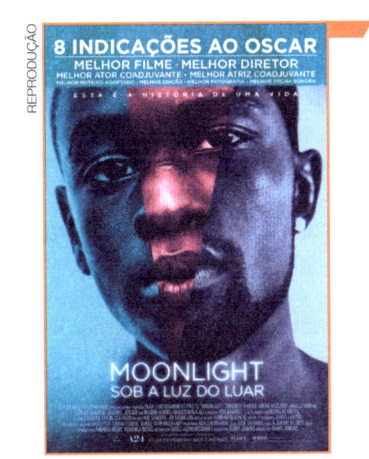

Moonlight
Drama. Direção: Barry Jenkins. Produção: EUA, 2016. Duração: 111 min.
O filme narra a trajetória, da infância à idade adulta, de Chiron, garoto que vive com a mãe em um bairro pobre de Miami. Nesse cenário, ele tenta escapar do caminho fácil da criminalidade e do mundo das drogas. Vítima de *bullying* na escola, tímido, sem poder contar com ninguém que o acolha e passando por dificuldades com a mãe, ele conhece um homem que o ajudará a trilhar uma jornada de autoconhecimento.

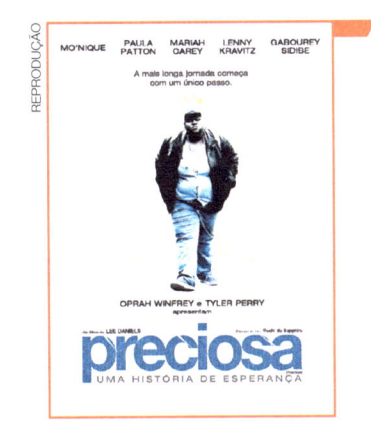

Preciosa
Direção: Lee Daniels. Produção: EUA, 2009. Duração: 110 min.
Claireece Preciosa Jones, uma jovem sonhadora de 16 anos, vive no Harlem nos anos 1980. Negra e obesa, a garota é vítima de *bullying* na escola e de preconceito, mas seu maior sofrimento ocorre na própria casa. Expulsa da escola por estar grávida, a jovem vai para uma instituição alternativa onde começa a perceber que pode haver uma vida melhor para ela.

Hackers, do bem ou do mal?

Em inglês, o verbo *to hack* tem muitos significados: quebrar ou romper algo, abrir uma trilha na mata (desbravar), desmontar e remontar algo ou até invadir arquivos e sistemas operacionais de computadores, legal ou ilegalmente, isto é, o *hacker* acessa os dados de um arquivo "quebrando" o código de proteção (senha) criado pelo "dono" desse arquivo. De certo modo, ele "abre um caminho" para chegar aos dados.

No entanto, na sua origem, o termo *hacker* nada tinha a ver com invasões ilícitas de documentos digitais ou de sistemas computacionais alheios. Lá pelos anos 1950, um grupo de estudantes do MIT (Massachusetts Institute of Technology, Cambridge, EUA), aficcionados por trens de modelismo, reunia-se frequentemente para criar métodos para automatizar as operações e o funcionamento desses trens. Era o TMRC (Tech Model Railroad Club), algo parecido com Clube Tecnológico de Trens de Modelismo. Para esse grupo, *hackear* significava pensar uma forma de resolver um problema com eficácia, de modo rápido e elegante. Isto é, "quebrar o código" do problema, "desbravar" o caminho até a solução com inteligência e beleza. Esse grupo foi precursor da cultura *hacker* no MIT, que, nos anos 1960, deu origem ao CSAIL (Computer Science and Artificial Intelligence Laboratory), ou Laboratório de Ciência da Computação e Inteligência Artificial, que fundou as bases da internet.

Com esse histórico, dizer que um *hacker* é uma *raposa sorrateira* invadindo um *galinheiro digital*, ou um criminoso cibernético, é uma tremenda distorção da origem do termo. Os *hackers* do MIT nada tinham de criminosos e, muito menos, algo a ver com computadores, que, na década de 1950, eram raros e precários em comparação com os atuais. Aqueles *hackers* tinham, sim, muito de criatividade e de genialidade.

Eric Raymond, um ícone no "mundo *hacker*", escreveu em 1998 sobre o modo *hacker* de atuar no livro *Hacker, how to*. Raymond deixa claro que *hacker* é um método, um *modus operandi*, que não está ligado apenas às aplicações computacionais. O modo *hacker* pode ser aplicado a outras atividades, como a eletrônica, a música ou outras ciências e outras artes.

O modo *hacker* envolve troca de informações valiosas entre pessoas ou grupos de pessoas (pesquisadores, corporações etc.), a fim de ampliar as possibilidades de solucionar grandes problemas, no microcosmo ou no macrocosmo das nossas relações sociais, contando com novas ideias e maior rapidez, intensificando assim os avanços científicos e tecnológicos.

Mas atualmente *hacker* tem outro significado. O surgimento da internet, com todas as facilidades que a vida virtual proporciona, também criou a figura do invasor de arquivos e sistemas: o *hacker*. Eles podem invadir *sites* de empresas e alterar suas páginas, como fazem com os bancos para roubar os dados dos clientes, podem quebrar os códigos de segurança de instituições públicas e privadas para alterar informações, podem criar páginas falsas na internet e até mesmo invadir *seu* computador e *seu* celular.

No dia 12 de maio de 2017, ocorreu um ataque cibernético que atingiu redes e computadores de empresas e organizações públicas de muitos países, até do Brasil. Nesse ataque, um tipo de vírus *worm*, identificado como *ransomware*, invadiu sistemas e criptografou arquivos que podiam ser sequestrados pelos *hackers*. Para "libertar" os computadores ou não tornar públicos os arquivos, os *hackers* exigiam o pagamento de resgates em *bitcoins* (uma moeda digital que não pode ser rastreada). No entanto, um especialista em segurança digital conseguiu neutralizar o vírus antes que causasse maiores prejuízos.

Não existem sistemas suficientemente seguros e à prova de *hackers*, mesmo que você tenha um antivírus poderoso, mas todos podemos adotar algumas medidas preventivas para proteger nossos dados. Veja:

1. Mantenha atualizado o sistema operacional do computador pessoal e do celular.

2. Evite abrir anexos ou vídeos de origem desconhecida tanto no computador pessoal quanto no celular.

3. Ao instalar um aplicativo, verifique que tipo de permissões o app exige de seu sistema. Recentemente, um aplicativo gratuito que simulava uma lanterna era, na verdade, um vírus espião.

4. Evite salvar suas senhas no navegador, elas ficam vulneráveis, dê preferência a um gerenciador de senhas.

5. Crie senhas que tenham no mínimo sete caracteres e combinem, além de letras e números, símbolos como +, −, *, #, por exemplo.

6. Não publique dados e informações pessoais em redes sociais, mesmo que sejam fechadas, como endereço, escola onde estuda, *status* social, como é sua família, quem são seus amigos etc.

7. Para jogos, use senhas diferentes das pessoais e mude-as periodicamente.

8. Ao se conectar a uma rede *wireless*, utilize o modo *ad hoc* apenas quando for necessário e desabilite-o após o uso. Habilite a rede sem fio apenas quando for utilizá-la e adote programas de proteção.

RESPOSTAS DA PARTE II

Cap. 17 Termometria

Exercícios propostos

1. a) $\theta = \dfrac{2p}{5} + 80$
   b) 320 °X
   c) 425 mmHg
2. a) $\theta = \dfrac{3h}{2} + 15$
   b) $\theta = 105$ °W
   c) $h = 30$ mm
3. 77 °F
4. 95 °F a 107,6 °F
5. ≃ 54,4 °C
6. a) $\dfrac{\theta_C}{5} = \dfrac{\theta_A - 30}{8}$
   b) 94 °A
7. a) $\theta_C = \dfrac{25 \cdot (\theta_E - 2)}{24}$
   b) ≃ 39,58 °C
   c) 50 °C
8. ≃ 66,7 °X
9. a) 220 °A
   b) −50 °B
   c) 70 °A e −25 °B
10. 14 K
11. a) 327 °C e 620,6 °F
    b) 40 °C e 313 K
    c) −40 °F e 233 K

Exercícios de revisão

1. c
2. d
3. a) 12,5 °M
   b) 50 °M
4. a
5. d
6. c
7. c
8. c
9. d
10. d
11. b
12. e
13. e
14. e
15. d
16. a
17. a

Cap. 18 Dilatação térmica dos sólidos e dos líquidos

Exercícios propostos

1. 100,34 m
2. a) $2 \cdot 10^{-5}$ °C^{-1}
   b) 300,6 m
3. $\dfrac{L_1\alpha_1 + L_2\alpha_2}{L_1 + L_2}$
4. $\dfrac{\alpha_1}{\alpha_2} = \dfrac{L_2}{L_1}$
5. 600,6 m²
6. 16 cm²
7. 12 cm³
8. 5,25 L
9. 1.000,45 mL
10. Se os líquidos se dilatassem menos que os sólidos, ao aumentar a temperatura de um termômetro, a coluna de líquido diminuiria no interior do tubo de vidro. Por esse motivo, a escala ficaria invertida: as temperaturas mais altas ficariam próximas do bulbo do termômetro e as temperaturas mais baixas, na parte superior do tubo.
11. 2,4 %
12. 35 cm³

Exercícios de revisão

1. e
2. a
3. a
4. c
5. b
6. e
7. d
8. d
9. b
10. a
11. b
12. b
13. a
14. 01 + 08 + 16 = 25
15. b
16. a
17. e
18. c
19. e

Cap. 19 Calorimetria

Exercícios propostos

1. 30 cal/°C
2. a) 300 cal
   b) 6 cal/°C
3. $\dfrac{2}{3}$
4. 90 °C
5. Q = 6.625 cal
6. a) 9.600 cal
   b) 192 cal/°C
   c) 0,64 cal/(g · °C)
7. a) 115 °C
   b) 180 s ou 3 min
8. c = 0,1 cal/(g · °C)
9. 0,16 cal/(g · °C)
10. $\dfrac{\Delta\theta_A}{\Delta\theta_B} = \dfrac{1}{3}$
11. 40 °C
12. 55 °C
13. 0,1 cal/(g · °C)

Exercícios de revisão

1. b
2. d
3. a
4. b
5. a
6. b
7. e
8. c
9. e
10. b
11. c
12. 01 + 02 + 04 = 07
13. e
14. b
15. e
16. e
17. a
18. d

Cap. 20 Mudanças de estado

Exercícios propostos

1. ≃ 5,3 g
2. 160 min
3. 125 s
4. a) Q = 26.000 cal
   b) Gráfico θ (°C) × Q (cal): Aquecimento do gelo (2.000 cal), Fusão do gelo (16.000 cal), Aquecimento da água (8.000 cal); pontos: −20, 0, 40; 2.000, 18.000, 26.000
5. 22,5 g
6. 100 g
7. $\dfrac{1}{2}$
8. $\theta = 32$ °C
9. a) De acordo com a curva da fusão, um aumento de pressão provoca uma diminuição da temperatura de fusão (como no caso da água). Portanto, essa substância se contrai na fusão.
   b) em A: estado líquido; em B: estado gasoso; em C: estado sólido
   c) solidificação
   d) sublimação inversa
10. a) De acordo com a curva da fusão, um aumento de pressão provoca um aumento da temperatura de fusão. Portanto, essa substância se dilata na fusão.
    b) em A: estado sólido; em B: estado líquido; em C: estado gasoso
    c) sublimação
    d) vaporização
11. Sim, desde que a pressão atmosférica na cidade A, onde a água já está fervendo, seja menor que a pressão atmosférica na cidade B.

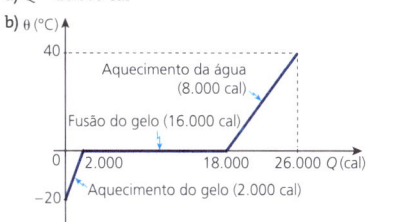

Exercícios de revisão

1. d
2. d
3. e
4. b
5. d
6. b
7. e
8. a
9. b
10. e
11. a
12. e
13. e
14. b
15. c
16. a

Cap. 21 Transmissão de calor

Exercícios propostos

1. Como a temperatura da mão é maior que a temperatura do metal e da madeira, a mão transmite calor por condução, tanto para o metal quanto para a madeira. Entretanto, como o metal é melhor condutor de calor que a madeira, a perda de calor da mão para o metal é maior que a perda de calor para a madeira. Assim, temos a impressão de que o metal da maçaneta está mais frio que a madeira da porta.
2. O ar existente entre as vidraças favorece a redução da perda de calor por condução do interior da casa (mais quente) para o exterior (mais frio), pois o ar é um bom isolante térmico.
3. Os cobertores não poderiam ser usados para aquecer a cama, o colchão, ou qualquer outro corpo porque não são fontes de calor. Porém, quando nos deitamos, nosso corpo perde calor para o colchão e para o ar debaixo dos cobertores. Assim, a temperatura do ar debaixo dos cobertores entra em equilíbrio com a temperatura do nosso corpo. Dessa forma, os cobertores dificultam a perda de calor para o ambiente, dando-nos uma sensação térmica agradável.
4. A madeira e a baquelite são bons isolantes térmicos, ou seja, são maus condutores de calor. A propriedade

física relacionada ao uso da madeira e da baquelite em cabos de panela é a baixa condutividade térmica (ou condutibilidade) desses materiais.

5. A barra de gelo deve ser colocada sobre o galão, pois, dessa maneira, a água na parte superior do galão é resfriada, torna-se mais densa e desce, sendo substituída pela água mais quente da parte inferior, que é menos densa e por isso sobe.

6. Por ser menos denso, o ar mais quente sobe, criando uma região de baixa pressão que será preenchida pelo ar proveniente de outras regiões. Esse movimento do ar atmosférico é denominado vento.

7. As prateleiras cobertas com papel-alumínio impedirão a livre circulação das correntes de convecção no interior da geladeira. Assim, a parte superior da geladeira ficará mais fria que o esperado, enquanto a parte inferior ficará mais quente.

8. Os aparelhos de refrigeração devem ser instalados em local mais próximo do teto, possibilitando a descida do ar frio e a refrigeração de todo o ambiente. Já os aquecedores de ar devem ser instalados em local mais próximo do chão, para permitir a subida do ar quente e o aquecimento de todo o ambiente. Nos dois casos, a instalação dos aparelhos nos locais indicados facilitará a formação das correntes de convecção.

9. O uso de roupas claras favorece a reflexão das ondas de calor (raios infravermelhos), o que diminui a quantidade de calor absorvido por irradiação. Já as roupas escuras absorvem uma quantidade maior de calor e, assim, apresentam maior aumento de temperatura.

10. a) Devido à diferença de temperaturas, as mãos irradiam calor para o gelo. Essa transmissão de calor nos dá a sensação de frio. Devemos levar em conta que as mãos também perdem calor para o ar frio que envolve o bloco de gelo.
    b) O forno ligado irradia calor para nossas mãos. A energia recebida nos dá a sensação de calor. Além disso, as mãos também recebem calor do ar quente que envolve o forno ligado.

11. Os edifícios envidraçados apresentam temperaturas internas mais elevadas que os edifícios não envidraçados por causa do efeito estufa. O vidro permite a entrada do calor radiante do Sol, mas dificulta a saída do calor reemitido pelos corpos do interior dos edifícios.

12. d

Exercícios de revisão

1. d
2. d
3. e
4. e
5. e
6. 01 + 02 + 04 + 08 = 15
7. a
8. a
9. d
10. a
11. e
12. a
13. b
14. e
15. d
16. b
17. c
18. e

Cap. 22 Estudo dos gases perfeitos

Exercícios propostos

1. 4,00 atm
2. a) $\simeq$ 48,8 g
   b) $\simeq 1{,}47 \cdot 10^{25}$ moléculas
   c) $\simeq$ 546,2 L
3. $\dfrac{n_B}{n_A} = 12$
4. $\dfrac{5n}{6}$
5. 525 K = 252 °C
6. 630 mmHg
7. a) $\simeq$ 7,3 mol
   b) 300 K
8. $p' \simeq 5{,}33p$
9. $p' = 3p$
10. a) $V_2 = 4$ m³
    b) $p_3 = 2{,}5$ atm
11. 10 L
12. a) 20 L
    b) *gráfico p (atm) × V (L): isóbara em p = 1, de V = 10 a V = 20*

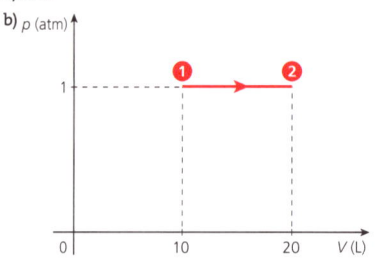

13. 900 K = 627 °C
14. 360 K = 87 °C

Exercícios de revisão

1. b
2. b
3. d
4. a
5. b
6. a
7. d
8. c
9. b
10. c
11. b
12. b
13. e
14. d
15. c
16. b
17. d
18. a

Cap. 23 Termodinâmica

Exercícios propostos

1. a) 2U
   b) 6U
2. a) $p = 20.775$ N/m²
   b) $T_2 = 250$ K
   c) $\Delta U = 31.162{,}5$ J
3. 60 atm · L
4. 800 J
5. 8 J
6. a) 150 K
   b) $5 \cdot 10^5$ J
7. a) zero
   b) 1.000 J
8. a) 180 J
   b) 420 J
9. $6 \cdot 10^4$ J
10. a) A temperatura é mínima no estado A (por onde passa a isoterma mais próxima da origem) e máxima no estado C (por onde passa a isoterma mais afastada da origem).
    b) O gás realiza trabalho ($\tau > 0$), pois o ciclo ocorre no sentido horário.
    c) De acordo com a primeira lei da Termodinâmica, se o gás realiza trabalho em um ciclo, ele recebe calor do ambiente.
    d) $\tau_{ciclo} = p_0 V_0$ e $Q_{ciclo} = p_0 V_0$
11. $2{,}4 \cdot 10^6$ J
12. V, F, F, V, V, V
13. 0,10 ou 10%
14. a) 40 J
    b) 60 J
    c) 0,40 ou 40%
15. a) $\simeq 0{,}268$ ou 26,8%
    b) 134 J
    c) 366 J

Exercícios de revisão

1. a
2. b
3. b
4. e
5. d
6. a
7. e
8. c
9. a
10. b
11. e
12. d
13. c
14. e
15. 02 + 08 + 16 = 26
16. e
17. e
18. e

Cap. 24 Introdução à Óptica geométrica

Exercícios propostos

1. 1,3 s
2. $\simeq 2{,}5 \cdot 10^{17}$ km. A distância do Sol ao centro da Via Láctea é aproximadamente 1,7 bilhão de vezes maior que a distância da Terra ao Sol.
3. Fontes de luz primárias: o filamento de uma lâmpada incandescente acesa e o sistema de estrelas Alpha Centauri. Fontes de luz secundárias: o planeta Terra, um palito de fósforo apagado, o planeta Júpiter, os satélites de Júpiter descobertos por Galileu Galilei (Io, Europa, Ganimedes e Calisto) e um cartão magnético.
4. *esquema: Sol (S), Terra (T) como objeto opaco, Lua (L) como anteparo*

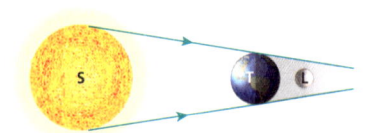

O Sol é a fonte de luz, a Terra é o objeto opaco e a Lua é o anteparo.

5. $H = 5$ m
6. A altura da imagem aumenta 10 cm.
7. e

Exercícios de revisão

1. b
2. c
3. e
4. 4,5 anos-luz $\simeq 4{,}3 \cdot 10^{13}$ km
5. c
6. b
7. d
8. a) A Lua deve estar mais afastada do observador O. Nessas condições, ela encobre a parte central do Sol. Os raios emitidos dentro do ângulo $A\widehat{O}B'$ continuam bloqueados pela Lua. Os raios de luz emitidos pelo Sol dentro dos ângulos $A\widehat{O}A'$ e $B\widehat{O}B'$, indicados na figura, atingem o observador O. 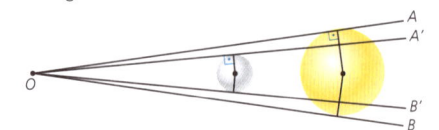
   b) $d = 375 \cdot 10^3$ km
9. $1{,}5 \cdot 10^8$ km
10. a
11. $h = 3{,}6$ cm
12. $d = 8$ cm

Cap. 25 Reflexão da luz

Exercícios propostos

1. e

2. Iluminada com luz solar, a rosa apresenta-se vermelha porque reflete difusamente a luz vermelha e absorve as demais cores. Já as folhas verdes, iluminadas com luz solar, refletem difusamente a luz verde e absorvem as demais cores. Num ambiente iluminado com luz monocromática verde, a rosa será vista na cor preta e as folhas serão vistas na cor verde.

3. Os retângulos brancos serão vistos na cor amarela. O retângulo vermelho e o azul serão vistos na cor preta. O retângulo amarelo será visto na cor amarela.

4. 70°

5. $\alpha = 30°$

6. a) $d = 15$ cm
   b) 20 cm (antes) e 35 cm (depois)

7. 50 cm

8. c

9. Resposta pessoal.

10. 4 s

11. Ele **não** consegue se ver de corpo inteiro.

12. Desenhando os raios de luz que partem dos extremos A e B do objeto, obtemos:

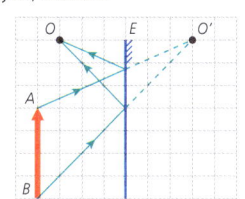

13. c

14. As imagens do objeto são obtidas a partir do seguinte esquema:

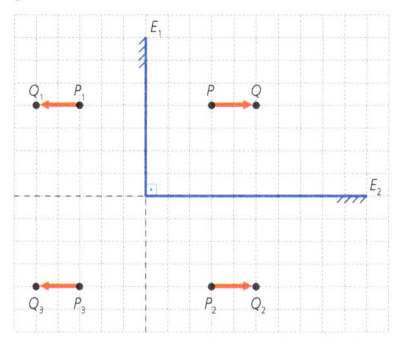

P_1Q_1: imagem de PQ fornecida por E_1
P_2Q_2: imagem de PQ fornecida por E_2
P_3Q_3: imagem de P_2Q_2 fornecida por E_1 e que coincide com a imagem de P_1Q_1 fornecida por E_2

15. 15 cm

16. I, II, IV e VI

17. Se a imagem virtual é menor, o espelho é convexo. Se é maior, o espelho é côncavo.

18. A imagem é real, invertida, tem a mesma altura do objeto e se forma sobre o ponto C.

19. a) real, invertida e maior
    b) real, invertida e menor

20. Vamos construir o seguinte esquema:

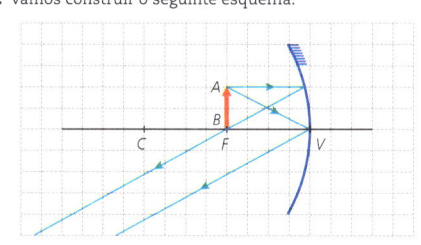

Observe que os raios refletidos são paralelos. Quando isso acontece, dizemos que a imagem se forma no infinito ou que é imprópria. Se deslocarmos um objeto ao longo do eixo principal de um espelho esférico côncavo, aproximando-o do espelho, o foco principal será o ponto de transição de imagem real para imagem virtual. Quando o objeto está exatamente sobre o foco principal, sua imagem não é definida.

21. a) côncavo
    b) invertida

c) 9 cm
d) $f = 6$ cm e $R = 12$ cm

22. a) 5 cm (imagem virtual)
    b) 15 cm
    c) $\frac{1}{2}$
    d) 2,5 cm

23. a) 12 cm
    b) 10 cm

Exercícios de revisão

1. b
2. c
3. d
4. d
5. a
6. c
7. c
8. a) 0,25 m
   b) 1,54 m
   c) O espelho foi afastado; $D = 60$ cm
9. a
10. c
11. 3 e 5
12. a
13. d
14. e
15. c
16. c
17. e
18. c
19. a
20. a) real, invertida e menor que o objeto
    b) 8 s
    c) 30 cm e 20 cm, respectivamente
21. e
22. c
23. F, V, V, V, F
24. $d = 10$ cm

Cap. 26 Refração da luz

Exercícios propostos

1. 1,5
2. $2,5 \cdot 10^5$ km/s
3. 0,80
4. II e III
5. 30°
6. a) $i = 60°$ e $r = 30°$
   b) $\frac{n_1}{n_2} = \frac{\sqrt{3}}{3}$
7. a) O meio A possui maior índice de refração.
   b) A velocidade de propagação da luz é maior no meio B.
8. b
9. 20 cm
10.

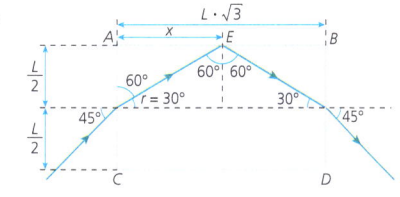

11. A imagem P' é virtual e está mais próxima da pessoa do que a pedra P.
12. a) 3,2 m
    b) 1,8 m
13. $n_2 = \frac{4}{3}$; 53°
14. $\frac{2\sqrt{3}}{3}$
15. raio 1
16. d

17. a
18. A lente pode ser convergente ou divergente. Se a imagem for virtual e maior, a lente será convergente. Se for virtual e menor, a lente será divergente.
19. a) A imagem é real, invertida e maior que o objeto.
    b) A imagem é real, invertida e menor que o objeto.
20. A imagem é real, invertida e tem a mesma altura do objeto. A distância entre objeto e imagem é $4f$, e a imagem se forma em A'.
21.

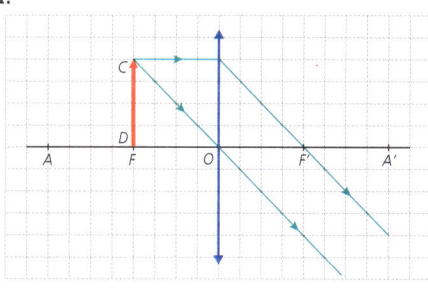

22. a) convergente
    b) invertida
    c) 9 cm
    d) 6 cm
23. a) 5 cm
    b) 5 cm
    c) $\frac{1}{2}$
    d) 2,5 cm
24. a) 12 cm
    b) 10 cm

Exercícios de revisão

1. b
2. b
3. 11,54°
4. a
5. d
6. c
7. $D = 3\sqrt{2}$
8. c
9. c
10. b
11. b
12. b
13. 01 + 02 + 16 = 19
14. a) reflexão total
    b) 1 e 2
    c) $\frac{R}{\sqrt{R^2 + (2L)^2}} > \frac{n_{(ar)}}{n_{(água)}}$
15. c
16. b
17. b
18. a
19. b
20. b
21. e
22. 01 + 04 + 32 = 37
23. a
24. a
25. e
26. c
27. a
28. a) $1,44 \cdot 10^{-4}$ mm²
    b) $L = 70$ mm
    c) $D = 2,4$ mm
29. A imagem está a 12 cm da lente e é real. Usando a lente como lupa, a imagem vista é ampliada, e sua altura é de 10 mm.

Cap. 27 Óptica da visão

Exercícios propostos

1. As lentes usadas para a correção da miopia são divergentes. Portanto, elas devem ter bordas espessas, como as da lente II.

Respostas da Parte II **431**

2. $f_A = -0,50$ m e $D_{m(A)} = 0,50$ m; $f_B = -0,25$ m e $D_{m(B)} = 0,25$ m; $f_C = -0,10$ m e $D_{m(C)} = 0,10$ m

3. Com as lentes dos óculos de Pedro, as imagens são vistas em tamanho maior que o dos objetos correspondentes. Logo, essas lentes são convergentes e Pedro tem hipermetropia. Já com as lentes dos óculos de Raphael, as imagens são vistas em tamanho menor que os objetos correspondentes. Isso significa que essas lentes são divergentes e, portanto, Raphael é míope.

4. $f_A = 1,00$ m e $d_{h(A)} \simeq 0,33$ m; $f_B = 0,50$ m e $d_{h(B)} = 0,50$ m; $f_C \simeq 0,33$ m e $d_{h(C)} = 1,00$ m

5. 1,5 di (1,5 grau)

6. Como as vergências das lentes esféricas dos óculos do jovem são positivas, concluímos que ele é hipermetrope. Ele deve usar lentes esféricas convergentes de vergência +1,25 di para o olho direito e +1,50 di para o olho esquerdo. Além disso, o jovem também tem astigmatismo, já que, de acordo com a receita, ele deve usar lentes cilíndricas convergentes de +0,75 di para o olho direito e +0,50 di para o olho esquerdo.

Exercícios de revisão

1. a) lentes esféricas divergentes
   b) $-0,20$ m
2. b
3. a
4. a) defeito A: miopia; lente corretiva: divergente, isto é, lente de bordas espessas (lente 2)
   defeito B: hipermetropia; lente corretiva: convergente, isto é, lente de bordas finas (lente 1)
   b) -2 di
5. a) 0,30 m
   b) Como a lente é convergente, provavelmente o estudante é hipermetrope.
6. a) aos 25 anos: $f \simeq 2,2$ cm; aos 65 anos: $f \simeq 2,4$ cm
   b) 0,2 cm
7. e
8. a
9. e

Cap. 28 Estudo das ondas

Exercícios propostos

1. a) $\mu = 18$ g/m
   b) $F = 180$ N
2. 300 m/s
3. a) 3 ondas completas
   b) 1,5 m
   c) 300 Hz
4. b
5. d
6. c
7. b
8. a
9. 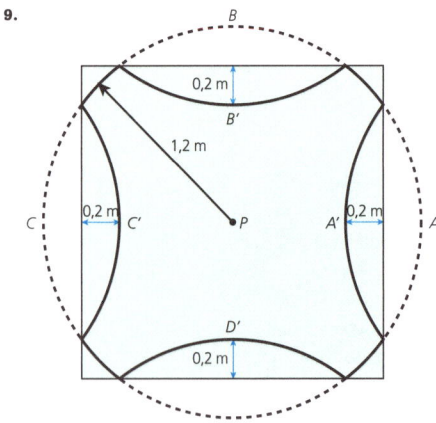
10. a) Como a barreira é rígida, as reflexões das ondas ocorrem com inversão de fase.
    b) 
11. a) 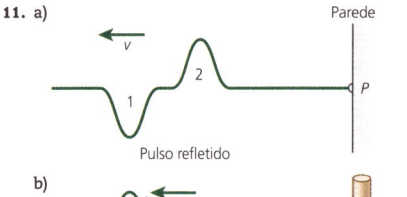
    b) 
12. 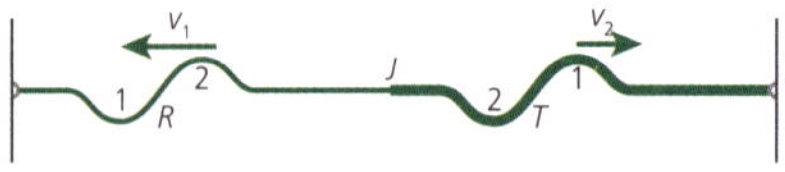
13. a) $v_c < v_a < v_b$
    b) $n_c > n_a > n_b$
14. a) 4,0 Hz
    b) 0,4 m
15. d
16. d
17. a) $\lambda_1 = 10$ cm
    b) $v_2 = 28$ cm/s
    c) $\lambda_2 = 14$ cm
    d) $h_2 = 4,9$ cm
18. e
19. c
20. d
21. d

Exercícios de revisão

1. a
2. b
3. b
4. $\dfrac{t_A}{t_B} = \dfrac{1}{3}$
5. $\dfrac{v_1}{v_2} = \dfrac{1}{2}$
6. a) 10 cm/s
   b) 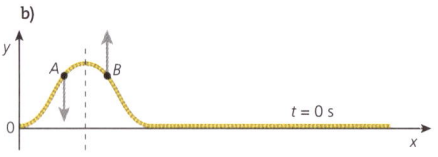
7. a) 5 cm
   b) 8 m
   c) 10 m/s
   d) 1,25 Hz
8. a) 40 cm
   b) 200 cm/s e 5 Hz
9. 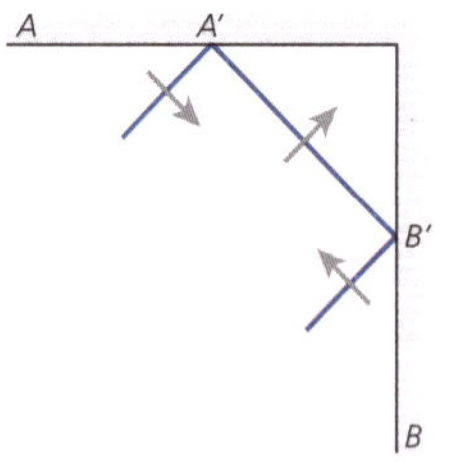
10. a) 1,5 s
    b) $D_{mín.} = 240$ m
11. a) 8,0 s
    b) 7,0 s
12. a) 2 s
    b)

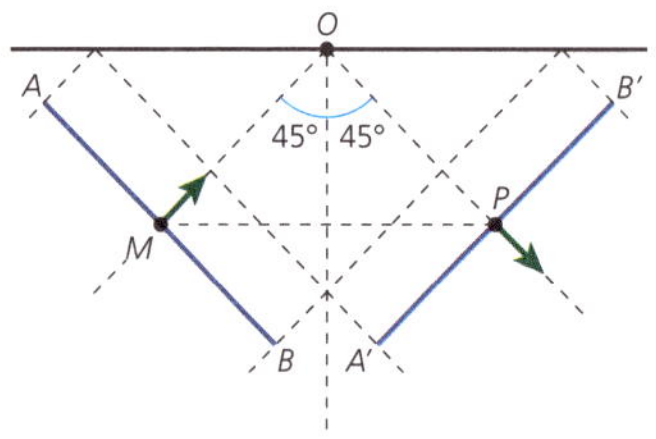

13. d
14. c
15. b
16. a) $v_2 = 476$ m/s
    b) $\lambda_2 = 23,8$ m
17. d
18. d
19. c

Cap. 29 Acústica

Exercícios propostos

1. b
2. $\Delta t = 3,125$ s
3. 6.000 m/s
4. c
5. c
6. b
7. a
8. b
9. e
10. c
11. c
12. b
13. d
14. a) 550 Hz
    b) 450 Hz
15. b
16. $\mu = 53°$
17. b
18. e
19. a
20. c
21. a) 150 cm ou 1,50 m
    b) 220 Hz
22. a) $x = 2,5\lambda$
    b) $\lambda' = \dfrac{1}{2}\lambda$
23. a
24. a) $\lambda = 50$ cm
    b) $v = 25$ m/s
25. c
26. d
27. a) 30 Hz
    b) 20 Hz
28. d
29. c
30. a) 1,50 m
    b) 330 m/s
31. a) $f_1 = 125$ Hz
    b) $L = 66$ cm
    c) Não. Teria de ser o 28º harmônico de um tubo fechado, que não existe, pois os harmônicos são ímpares.

Exercícios de revisão

1. b
2. c
3. a
4. e
5. b
6. c
7. c
8. b
9. a) 20 Hz $< f <$ 200 Hz
   b) $I = 1$ W/m²
   c) 100 vezes
10. e
11. a
12. e
13. d
14. a
15. d
16. a
17. c
18. a
19. a) 2A
    b) zero
20. c
21. e
22. c
23. e

Vereda Digital

FÍSICA
NICOLAU
TORRES
PENTEADO

VOLUME ÚNICO ■ PARTE II

Nicolau Gilberto Ferraro
Carlos Magno A. Torres
Paulo Cesar M. Penteado

O caminho mais moderno e seguro rumo ao Enem e à universidade.

A coleção **Vereda Digital** é uma proposta educacional composta de obras em volume único que dão maior flexibilidade ao desenvolvimento dos programas das diversas disciplinas do Ensino Médio e dos conteúdos avaliados no Enem e nos principais vestibulares do país.

Um dos diferenciais dessa coleção é a apresentação de obras de grandes autores e de um time de editores especialistas nas diversas áreas do conhecimento e em tecnologia educacional, para garantir a integração entre o livro impresso, o livro digital e o *site*.

Para garantir maior praticidade, o seu livro está dividido em três partes: você leva para a escola apenas o que vai utilizar.

Cada obra possibilita o acesso ao livro digital e também ao *site* exclusivo da coleção: www.moderna.com.br/veredadigital.

A seguir os principais destaques da obra *Física*, de Nicolau, Torres e Penteado, 2ª edição.

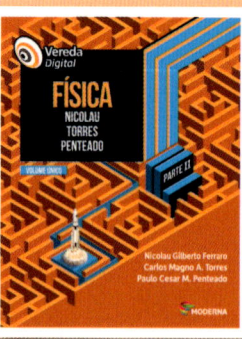

LIVRO IMPRESSO
- As **aberturas de capítulo** foram criadas para despertar a curiosidade sobre o assunto que será estudado.
- Exercícios diversificados e com gradação adequada.
- A seção **Aplicação tecnológica** aborda aplicações da Física no cotidiano.
- Em **Atividade prática**, há experimentos que possibilitam comprovar os conceitos estudados.
- A seção **Trocando ideias** favorece a construção de argumentação, incentivando a reflexão e o posicionamento sobre assuntos relevantes para a Física.
- A seção **Extra!** amplia seus conhecimentos e favorece discussões e reflexões sobre assuntos relacionados aos temas transversais.

SITE VEREDA DIGITAL
Livro digital em HTML5

Serviços Educacionais
- **Simulador *AprovaMax*** com dois módulos de prática de estudo: atividade e simulado. Você pode gerar testes customizados para acompanhar seu desempenho e autoavaliar seu entendimento.

LIVRO DIGITAL – em HTML5 – apresenta:
- **Livro** com *objetos educacionais digitais* e ferramentas que possibilitam buscar termos, destacar trechos e fazer anotações para posterior consulta.
- *Aprova Enem* com questões comentadas do Enem e outras questões elaboradas de acordo com as especificações desse exame de avaliação.
- *Suplemento de revisão e vestibulares* com síntese dos principais temas do curso e questões de vestibulares de todo o país.

VEREDA APP
Aplicativo que permite a busca de termos e conceitos da disciplina e **simulações** com questões de vestibulares associadas. Você relembra o conceito e realiza uma **autoavaliação**. É uma ferramenta que auxilia você a desenvolver sua **autonomia**.

MODERNA

ISBN 978-85-16-10733-8

Vereda Digital

FÍSICA
NICOLAU
TORRES
PENTEADO

VOLUME ÚNICO

PARTE III

Nicolau Gilberto Ferraro
Carlos Magno A. Torres
Paulo Cesar M. Penteado

MODERNA

PARTE III

Capítulo 30
Introdução à Eletricidade, 434

Capítulo 31
Campo elétrico, 450

Capítulo 32
Potencial elétrico e energia potencial elétrica, 463

Capítulo 33
Corrente elétrica e leis de Ohm, 474

Capítulo 34
Associação de resistores, 487

Capítulo 35
Geradores, receptores e capacitores, 502

Capítulo 36
Magnetismo e fontes de campo magnético, 517

Capítulo 37
Força magnética, 534

Capítulo 38
Indução eletromagnética, 548

Capítulo 39
Ondas eletromagnéticas, 560

Capítulo 40
Física quântica, 575

Capítulo 41
Noções de Relatividade, 589

Capítulo 42
Física nuclear, 604

Extra!, 618
Respostas da Parte III, 621
Referências Bibliográficas, 624

CAPÍTULO 30

INTRODUÇÃO À ELETRICIDADE

ENEM
C5: H17
C6: H21

Físicos em rede

A foto mostra parte de uma grande cidade à noite. Imagine essa cidade sem os componentes elétricos necessários à iluminação pública e à iluminação de casas e edifícios, sem os sinais de trânsito e tudo o mais. A ausência da eletricidade provocaria mudanças significativas em nossa rotina diária. Como seria viver em um mundo sem eletricidade?

DONATAS DABRAVOLSKAS/SHUTTERSTOCK

Objetivos do capítulo

- Apresentar as principais partículas constituintes do átomo.
- Conceituar corpo eletrizado.
- Estabelecer os princípios da eletrostática.
- Apresentar e analisar os processos de eletrização.
- Caracterizar a força elétrica.
- Estabelecer a lei de Coulomb.

1 Introdução

Neste capítulo, iniciamos o estudo de um ramo da Física com o qual temos contato diariamente, a Eletricidade.

As primeiras experiências relacionadas à eletricidade de que se tem notícia ocorreram na Grécia antiga. Numa dessas experiências, um bastão de âmbar (resina vegetal fossilizada) era atritado com um pedaço de pele de animal, adquirindo, depois disso, a capacidade de atrair pequenos pedaços de palha seca. A palavra grega para âmbar, *élektron*, deu origem ao termo **eletricidade**.

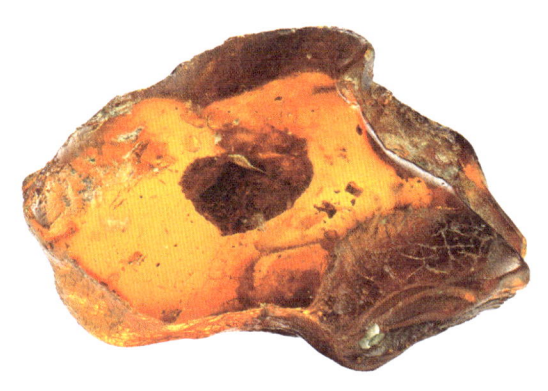

Resina fóssil de âmbar.

Viver no mundo atual sem eletricidade não seria uma tarefa fácil. Diferentes tipos de aparelho usados no dia a dia funcionam com a energia elétrica que chega às nossas casas. Os equipamentos portáteis, como máquinas fotográficas digitais, *tablets* e telefones celulares funcionam com pilhas e baterias recarregáveis.

Entender como a eletricidade funciona e como pode ser usada de modo mais seguro e eficiente é o principal objetivo deste e dos próximos capítulos.

2 Constituição do átomo e corpos eletrizados

Toda matéria é constituída de **átomos**. Os átomos, em um modelo simplificado, são compostos fundamentalmente de **prótons**, **nêutrons** e **elétrons**.

Nesse modelo, conhecido como modelo atômico planetário, prótons e nêutrons estão concentrados na diminuta e maciça região central do átomo, formando o **núcleo**. Os elétrons, em constante movimentação, distribuem-se ao redor desse núcleo, numa região denominada **eletrosfera** (fig. 1).

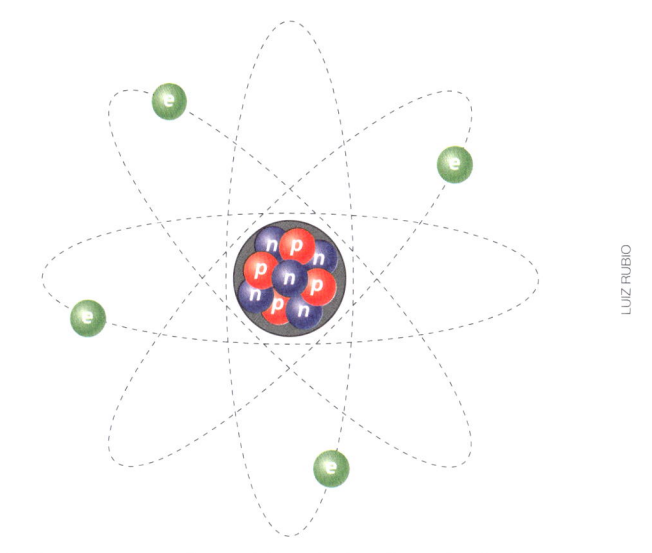

Figura 1. Representação do modelo atômico de Rutherford. O núcleo do átomo é formado por prótons (**p**) e nêutrons (**n**); os elétrons (**e**) distribuem-se na eletrosfera.

Os prótons e os elétrons são partículas fundamentais do átomo e apresentam uma propriedade física denominada **carga elétrica**.

As cargas elétricas do próton e do elétron têm mesmo valor em módulo, mas sinais opostos. Convencionou-se que os prótons têm carga positiva e os elétrons têm carga negativa. A carga do elétron, em módulo, é a menor unidade de carga mensurável encontrada na natureza. É denominada **carga elétrica fundamental** ou **carga elementar** e é representada por **e**.

Os nêutrons não apresentam propriedades elétricas, por isso, considera-se que não têm carga elétrica.

No Sistema Internacional de Unidades (SI), a carga elétrica é medida em coulomb (símbolo **C**), em homenagem ao físico francês Charles Augustin de Coulomb (1736-1806). A carga elétrica fundamental é dada por:

$$e \simeq 1{,}6 \cdot 10^{-19} \text{ C}$$

Para as partículas atômicas carregadas que estudaremos neste capítulo, temos:

	Carga elétrica	Símbolo
Próton	$+e \simeq +1{,}6 \cdot 10^{-19}$ C	p^+
Elétron	$-e \simeq -1{,}6 \cdot 10^{-19}$ C	e^-

Capítulo 30 • Introdução à Eletricidade

Em eletricidade, é muito comum utilizar os submúltiplos do coulomb:
- 1 mC = 1 milicoulomb = 10^{-3} C
- 1 μC = 1 microcoulomb = 10^{-6} C
- 1 nC = 1 nanocoulomb = 10^{-9} C
- 1 pC = 1 picocoulomb = 10^{-12} C

Corpos eletrizados

Normalmente, um corpo qualquer apresenta o **número de prótons igual ao número de elétrons**; nessa situação, dizemos que o corpo está **eletricamente neutro** ou, simplesmente, **neutro**. Nesse caso, ele terá carga elétrica total nula.

Mas, se um corpo apresenta **número de prótons diferente do número de elétrons**, dizemos que ele está **eletrizado**, isto é, esse corpo tem carga elétrica total diferente de zero. Assim, eletrizar um corpo significa tornar seu número de prótons diferente do seu número de elétrons.

É importante destacar que, no processo de eletrização, podemos alterar apenas o número de elétrons do corpo, nunca o número de prótons. Isso ocorre porque os elétrons apresentam maior mobilidade, enquanto os prótons estão rigidamente ligados ao núcleo.

Assim, podemos ter:

- **corpo eletrizado negativamente**: apresenta **excesso de elétrons** (fig. 2);

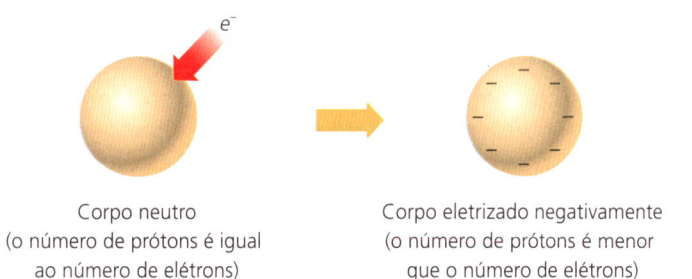

Corpo neutro
(o número de prótons é igual ao número de elétrons)

Corpo eletrizado negativamente
(o número de prótons é menor que o número de elétrons)

Figura 2. Um corpo eletrizado negativamente tem número de elétrons maior que o número de prótons.

- **corpo eletrizado positivamente**: apresenta **falta de elétrons** (fig. 3).

Corpo neutro
(o número de prótons é igual ao número de elétrons)

Corpo eletrizado positivamente
(o número de prótons é maior que o número de elétrons)

Figura 3. Um corpo eletrizado positivamente tem número de elétrons menor que o número de prótons.

Se chamarmos de n o número de elétrons em excesso ou em falta no corpo, então, a **quantidade de carga elétrica** ou, simplesmente, a **carga elétrica** desse corpo, representada por Q, será:

$$Q = \pm n \cdot e$$

O sinal positivo (+) é usado quando o corpo apresenta falta de elétrons, e o sinal negativo (−), quando o corpo apresenta excesso de elétrons.

Essa relação nos mostra que a carga elétrica é uma grandeza **quantizada**, ou seja, tem apenas valores discretos. Esses valores são sempre múltiplos inteiros da carga elementar e: $\pm 1,6 \cdot 10^{-19}$ C (e), $\pm 3,2 \cdot 10^{-19}$ C ($2e$), $\pm 4,8 \cdot 10^{-19}$ C ($3e$), $\pm 6,4 \cdot 10^{-19}$ C ($4e$) e assim sucessivamente.

A palavra quantizada é derivada do latim *quantum* (plural *quanta*) e significa: quantidade mínima que pode separar dois valores discretos de uma mesma grandeza.

Corpos condutores e isolantes

Diferentes corpos podem ser constituídos de diferentes substâncias, compostas de átomos com números de prótons, elétrons e nêutrons distintos. Nos metais – como ouro, prata, cobre, alumínio e ferro – os elétrons que ocupam a camada de valência do átomo podem se desprender com relativa facilidade. Esses elétrons são chamados de **elétrons livres**.

Os elétrons livres podem transitar pelo material, passando de um átomo para outro átomo vizinho. Os materiais cujos átomos possuem elétrons livres, isto é, elétrons fracamente ligados aos núcleos, são denominados **condutores de eletricidade**. Além dos metais, as soluções iônicas, os gases ionizados e o corpo humano também são condutores de eletricidade.

Alguns materiais não possuem elétrons livres ou os possuem em quantidade insuficiente para a condução de eletricidade. Esses materiais são denominados **isolantes**. O vidro, os plásticos, a borracha, a madeira seca, a lã e o ar são exemplos de materiais isolantes.

Exercícios resolvidos

1. Um corpo inicialmente neutro perde $3 \cdot 10^{13}$ elétrons. Sabendo que a carga elementar vale $e = 1,6 \cdot 10^{-19}$ C, determinar a carga do corpo após esse processo.

▶ **Solução**

O corpo neutro, ao perder elétrons, eletriza-se positivamente com carga Q, tal que: $Q = +n \cdot e$

Então: $Q = +3 \cdot 10^{13} \cdot 1,6 \cdot 10^{-19}$ ∴ $Q = +4,8 \cdot 10^{-6}$ C $= +4,8$ μC

2. Um corpo eletrizado tem carga elétrica Q = −8 μC.
   a) Esse corpo apresenta falta ou excesso de elétrons?
   b) Qual é o número de elétrons em falta ou em excesso nesse corpo?
   (Dado: $e = 1,6 \cdot 10^{-19}$ C)

   ▶ Solução
   a) Como o corpo está eletrizado negativamente, podemos concluir que o número de elétrons é maior que o número de prótons. Portanto, o corpo tem excesso de elétrons.
   b) O número n de elétrons em excesso no corpo é dado por:

   $Q = -n \cdot e \Rightarrow -8 \cdot 10^{-6} = -n \cdot 1,6 \cdot 10^{-19} \Rightarrow n = \dfrac{8 \cdot 10^{-6}}{1,6 \cdot 10^{-19}}$

   ∴ $\boxed{n = 5 \cdot 10^{13} \text{ elétrons}}$

Exercícios propostos

1. Determine o número de elétrons perdido por um corpo eletrizado positivamente com carga de 1 C. (Dado: $e = 1,6 \cdot 10^{-19}$ C)

2. Um corpo, inicialmente neutro, é eletrizado e adquire carga elétrica de +8 nC. Determine o número de elétrons que o corpo perdeu com o processo de eletrização.

3. A carga elétrica de um corpo passa de −2,0 μC para +1,2 μC.
   a) Qual foi a variação de carga elétrica do corpo?
   b) Que partículas fundamentais foram trocadas pelo corpo? O corpo recebeu ou perdeu essas partículas?
   c) Qual foi o número de partículas fundamentais trocadas pelo corpo?

3 Princípios da eletrostática

O estudo da eletricidade tem como base dois princípios: o princípio da atração e da repulsão e o princípio da conservação das cargas elétricas.

Princípio da atração e da repulsão ou lei de du Fay

Experimentalmente, o químico francês Charles du Fay (1698-1739) observou que:

> Cargas elétricas de mesmo sinal se repelem, e cargas elétricas de sinais opostos se atraem (fig. 4).

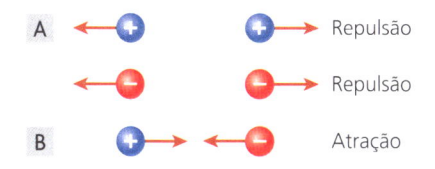

Figura 4. (A) Cargas elétricas de sinais iguais se repelem; (B) cargas elétricas de sinais diferentes se atraem.

Princípio da conservação das cargas elétricas

Em capítulos anteriores, já estudamos dois princípios de conservação: o princípio da conservação da energia e o princípio da conservação da quantidade de movimento. Veremos agora um terceiro princípio de conservação de fundamental importância no estudo da eletricidade, o **princípio da conservação das cargas elétricas**.

Vamos considerar um sistema que não recebe nem cede cargas elétricas para o exterior, nesse caso, temos um **sistema eletricamente isolado**.

O princípio da conservação das cargas elétricas estabelece que:

> Em um sistema eletricamente isolado, a soma algébrica das cargas elétricas positivas e negativas é sempre constante (fig. 5).

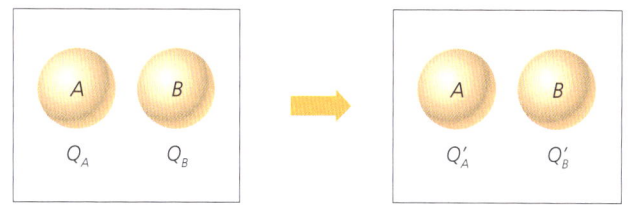

Figura 5. Sistema eletricamente isolado: $Q_A + Q_B = Q'_A + Q'_B$

Exercícios resolvidos

3. Um corpo A, eletrizado, repele um corpo B. O que é possível afirmar a respeito das cargas elétricas de A e de B?

   ▶ Solução
   Pelo princípio da atração e da repulsão, podemos afirmar apenas que ambos os corpos estão eletrizados com cargas elétricas de mesmo sinal. Observe que não podemos determinar o sinal dessas cargas elétricas, se positivo ou negativo.

4. Um sistema eletricamente isolado é constituído por três corpos, A, B e C, com cargas elétricas $Q_A = +10$ μC, $Q_B = +4$ μC e $Q_C = -6$ μC. Por um processo adequado, as cargas elétricas são modificadas de modo que, ao final, a carga elétrica de C torna-se igual ao dobro da carga de A e igual ao dobro da carga de B. Determinar as cargas elétricas finais de A, B e C.

   ▶ Solução
   Do enunciado, concluímos que as cargas finais dos corpos A e B são iguais.
   Assim: $Q'_A = Q$, $Q'_B = Q$ e $Q'_C = 2Q$
   Pelo princípio da conservação das cargas elétricas:
   $Q_{\text{final}} = Q_{\text{inicial}}$
   Então: $Q + Q + 2Q = +10 + 4 - 6 \Rightarrow 4Q = +8$ ∴ $Q = +2$ μC

   Portanto: $\boxed{Q'_A = +2 \text{ μC}}$

   $\boxed{Q'_B = +2 \text{ μC}}$

   $\boxed{Q'_C = +4 \text{ μC}}$

Exercícios propostos

4. Considerando quatro corpos, A, B, C e D, todos eletrizados, observa-se que:
   I. o corpo A atrai o corpo B;
   II. o corpo C repele o corpo D;
   III. o corpo A está eletrizado negativamente;
   IV. o corpo D está eletrizado positivamente.

Com base nessas informações, determine o sinal da carga elétrica de cada corpo. O que ocorrerá se aproximarmos o corpo B do corpo C?

5. Um sistema é constituído por dois corpos, A e B, com cargas elétricas iniciais $Q_A = 12\ \mu C$ e $Q_B = -3\ \mu C$. Por meio de um processo de eletrização, ocorre a passagem de elétrons de um corpo para outro e, ao final, a carga elétrica de A é igual ao dobro da carga elétrica de B.
   a) Calcule a carga elétrica de cada um dos corpos no final do processo.
   b) Houve passagem de elétrons de A para B ou de B para A? Justifique sua resposta.

6. Um sistema eletricamente isolado é constituído por três corpos condutores com cargas elétricas $Q_A = +20\ \mu C$, $Q_B = +2\ \mu C$ e $Q_C = -12\ \mu C$. Os corpos B e C submetem-se a variações de carga iguais a $\Delta Q_B = +1\ \mu C$ e $\Delta Q_C = -5\ \mu C$, respectivamente.
   a) Qual é a variação de carga do corpo A?
   b) Qual é a carga final de cada um dos três corpos?

4 Processos de eletrização

Sabemos que eletrizar determinado corpo significa tornar o número de elétrons diferente do número de prótons desse corpo. Podemos eletrizar um corpo por três processos distintos: por **atrito**, **contato** e **indução**.

Eletrização por atrito

No início deste capítulo, vimos que um bastão de âmbar adquiria a capacidade de atrair pequenos pedaços de palha seca ao ser atritado com um pedaço de pele de animal em uma experiência realizada na Grécia antiga. Isso ocorre porque o bastão de âmbar, ao ser atritado, é eletrizado.

Para provocar a eletrização por atrito, também chamada de **triboeletrização**, basta que dois corpos de materiais diferentes, inicialmente neutros, sejam esfregados um no outro.

Ao esfregar um corpo contra outro, elétrons são retirados de um dos corpos e transferidos para o outro. Note que, nesse processo, pelo princípio da conservação das cargas elétricas, os dois corpos terão cargas elétricas de sinais opostos, mas com o mesmo valor em módulo (fig. 6).

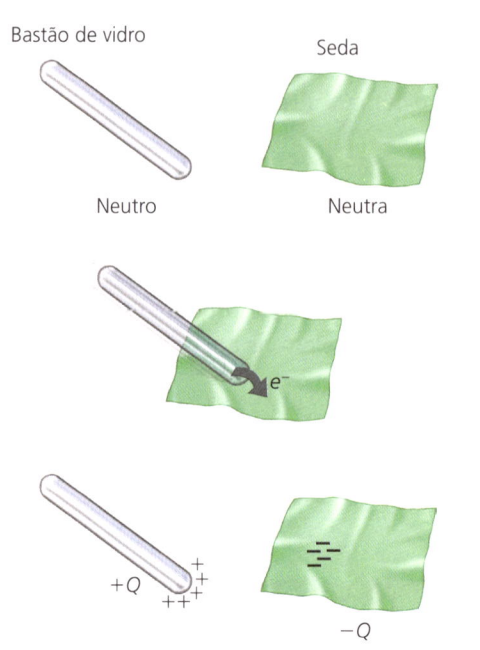

Figura 6. Na eletrização por atrito, os corpos adquirem cargas elétricas de mesmo valor, em módulo, e de sinais opostos.

Na **eletrização por atrito**, alguns materiais têm maior tendência a perder elétrons e se eletrizam positivamente, enquanto outros têm maior tendência a receber elétrons, se eletrizando negativamente.

Uma lista que indica a tendência relativa dos materiais de ceder ou receber elétrons durante o processo de eletrização por atrito recebe o nome de **série triboelétrica** (fig. 7).

Couro
Vidro
Cabelo humano
Lã
Chumbo
Pele de gato
Seda
Papel
Algodão
Aço
Madeira
Âmbar
Borracha
Cobre
Ouro
Isopor
Vinil
Silicone
Teflon

Figura 7. Série triboelétrica.

Nessa série, os materiais foram listados de tal maneira que, se atritarmos dois deles aleatoriamente, o material que está mais acima na série irá se eletrizar positivamente, e o material que está mais abaixo irá se eletrizar negativamente.

Eletrização por contato

Na **eletrização por contato**, a eletrização ocorre pelo simples contato de um corpo condutor neutro com um corpo condutor previamente eletrizado. O corpo neutro, após esse contato, eletriza-se com carga de mesmo sinal da carga do corpo previamente eletrizado.

Esse processo de eletrização é particularmente importante no caso de os corpos serem condutores de eletricidade.

Consideremos, por exemplo, duas esferas metálicas condutoras idênticas, A e B, sendo A neutra e B eletrizada negativamente, portanto, com excesso de elétrons **(fig. 8A)**.

Se as esferas A e B forem postas em contato, parte dos elétrons em excesso da esfera B passa para a esfera A **(fig. 8B)**. Após a separação das esferas, ambas estarão eletrizadas negativamente **(fig. 8C)**.

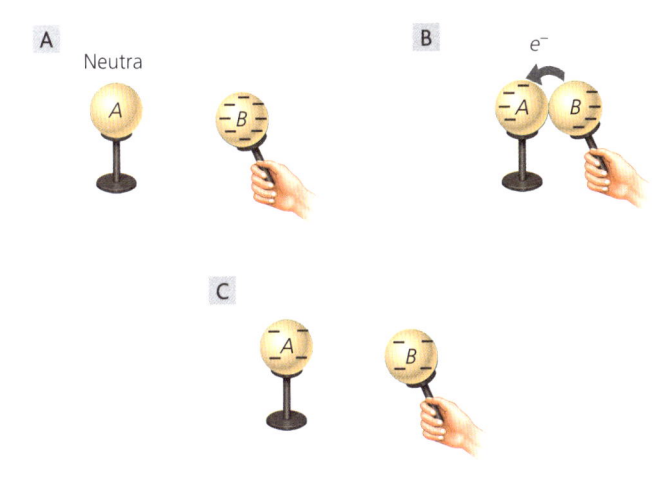

Figura 8. Eletrização por contato: antes (A), durante (B), depois (C).

Em um experimento semelhante, se a esfera B estivesse eletrizada positivamente (com falta de elétrons), durante seu contato com a esfera A (neutra), elétrons passariam de A para B. Assim, após a separação das esferas, A acabaria eletrizada positivamente.

Pelo princípio da conservação das cargas elétricas, temos:

$$Q_{\text{total (antes do contato)}} = Q_{\text{total (depois do contato)}}$$

Assim, como os corpos A e B são esferas condutoras idênticas, a carga inicial do sistema é distribuída igualmente entre elas e, ao final do processo de eletrização por contato, cada esfera terá carga elétrica igual à metade da carga total inicial do sistema.

Eletrização por indução

A **indução eletrostática** é o fenômeno de "separação" de cargas elétricas em um condutor quando ocorre a aproximação de um corpo eletrizado. Vamos analisar esse fenômeno com mais detalhes.

Vamos considerar uma esfera A, previamente eletrizada, e uma esfera B, condutora e inicialmente neutra, que sofrerá indução eletrostática. A esfera A, que provocará a indução na esfera B, é o corpo **indutor**; a esfera B, que sofrerá a indução eletrostática, é o corpo **induzido**.

Quando essas esferas são aproximadas uma da outra, sem que haja contato entre elas, elétrons livres da esfera neutra são atraídos ou repelidos pela esfera previamente eletrizada, dependendo da carga do indutor, ocorrendo, assim, a "separação" de cargas **(fig. 9)**.

Figura 9. O indutor eletrizado (esfera A) provoca indução eletrostática no induzido neutro (esfera B). Elétrons livres da esfera B são repelidos pela esfera A, negativamente eletrizada.

A esfera B pode ser eletrizada, após a separação de cargas e ainda na presença do indutor, se for ligada à Terra por meio de um fio condutor, chamado de **fio terra**. Nessa situação, dizemos que o induzido foi **aterrado**.

A Terra pode ser considerada uma grande esfera condutora, muito maior que o induzido, e pode facilmente aceitar elétrons ou doá-los, dependendo do sinal da carga do indutor. Podemos dizer, então, que a Terra funciona como um grande "reservatório" de cargas elétricas.

Ao ligar a esfera B à Terra, após a separação de cargas e na presença do indutor, elétrons repelidos pelas cargas negativas do indutor descerão pelo fio terra **(fig. 10A)**. Em seguida, ainda na presença do indutor, é desfeita a ligação com a Terra **(fig. 10B)**. Finalmente, o indutor é afastado do induzido e suas cargas elétricas, com sinais opostos aos do indutor, espalham-se pela superfície **(fig. 10C)**. Assim, o corpo B é eletrizado positivamente.

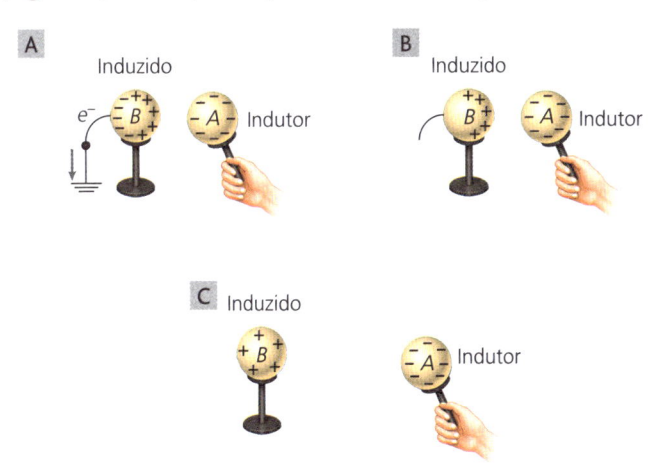

Figura 10. (A) Elétrons fluem do induzido para a Terra, repelidos pelo indutor; (B) a ligação à Terra é desfeita; (C) ao final, afastando-se o indutor, o induzido terá se eletrizado com carga positiva, de sinal oposto ao do indutor.

Se o indutor estivesse eletrizado positivamente, elétrons subiriam para o induzido, atraídos pela carga positiva do indutor. Ao final do processo, o induzido ficaria eletrizado negativamente **(fig. 11)**.

Figura 11. (A) Elétrons fluem da Terra para o induzido, atraídos pelo indutor; (B) a ligação à Terra é desfeita; (C) ao final, afastando-se o indutor, o induzido terá se eletrizado com carga negativa, de sinal oposto ao do indutor.

Exercícios resolvidos

5. Um bastão de vidro é atritado com um chumaço de algodão e um pedaço de isopor é atritado com um pedaço de lã. Utilizando a série triboelétrica da figura 7, determinar:
   a) o sinal das cargas elétricas adquiridas pelo vidro, pelo algodão, pelo isopor e pela lã após os processos de eletrização por atrito;
   b) o que ocorre se, após esse procedimento, aproximarmos o chumaço de algodão do pedaço de lã.

▶ **Solução**
   a) Como na série triboelétrica o vidro está acima do algodão, podemos afirmar que o vidro se eletriza positivamente e o algodão, negativamente. Na série triboelétrica, a lã está acima do isopor; assim, ela se eletriza positivamente e o isopor, negativamente.
   b) Como o algodão e a lã estão eletrizados com cargas de sinais opostos, podemos afirmar que eles se atraem ao serem aproximados.

6. Considerar três esferas metálicas idênticas A, B e C. Inicialmente, a esfera A tem carga elétrica de +6 μC, enquanto B e C estão neutras. A esfera A é colocada em contato com a esfera B e, em seguida, com a esfera C. Quais são as cargas finais das esferas A, B e C?

▶ **Solução**
De acordo com o princípio da conservação das cargas elétricas, quando as esferas A e B são colocadas em contato, a carga total do sistema permanece constante, Q = +6 μC. Como as esferas são idênticas, a carga total irá se dividir igualmente entre as duas esferas. Então, após o primeiro contato, teremos:

$$Q_A = +3 \text{ μC e } Q_B = +3 \text{ μC}$$

Agora, a esfera A é colocada em contato com a esfera C; mais uma vez, a carga total permanecerá constante: Q = +3 μC

Após o segundo contato, teremos:

$$Q_A = +1,5 \text{ μC e } Q_C = +1,5 \text{ μC}$$

Portanto, após os dois contatos sucessivos, teremos:

$$\boxed{Q_A = +1,5 \text{ μC}} \quad \boxed{Q_B = +3 \text{ μC}} \quad \boxed{Q_C = +1,5 \text{ μC}}$$

A figura a seguir ilustra todo o processo.

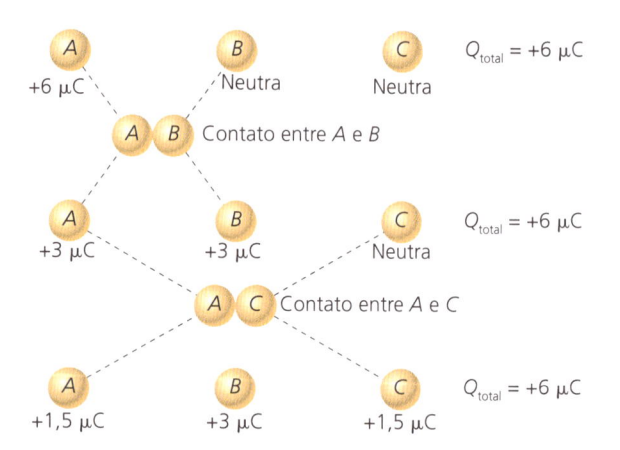

7. São dadas três esferas condutoras, A, B e C. A esfera A está eletrizada negativamente; B e C estão neutras. Sem alterar a quantidade de carga da esfera A, é possível, por indução eletrostática, eletrizar B e C com cargas de mesmo módulo e de sinais opostos, sem a intervenção de outros condutores ou da Terra?

▶ **Solução**
É possível eletrizar B e C com cargas de mesmo módulo e de sinais opostos. Para isso, primeiro colocamos as esferas B e C em contato e consideramos o conjunto formado por essas esferas como um único condutor. Em seguida, aproximamos a esfera A do conjunto para que ocorra indução eletrostática. A esfera eletrizada A provoca a separação de cargas no conjunto. Agora, basta interromper o contato entre B e C, ainda na presença de A, para que as esferas B e C fiquem eletrizadas com cargas de mesmo módulo e de sinais opostos. Veja o esquema de eletrização a seguir.

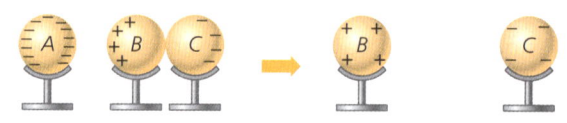

Exercícios propostos

7. Um bastão de vidro, ao ser atritado por um chumaço de lã, perde $5 \cdot 10^{13}$ elétrons. Considerando a carga elementar igual a $1,6 \cdot 10^{-19}$ C, determine:
   a) a carga elétrica final do bastão de vidro;
   b) a carga elétrica final do chumaço de lã.

8. Considere três esferas metálicas condutoras idênticas, A, B e C, isoladas umas das outras. As esferas A e B estão neutras, e a esfera C está eletrizada e tem carga elétrica Q. Faz-se a esfera C tocar a esfera A e, em seguida, a esfera B. No final desse procedimento, a carga elétrica da esfera B é igual a 3 µC. Qual era a carga inicial Q da esfera C?

9. Três esferas condutoras, A, B e C, estão presas a suportes isolantes. A esfera A está eletrizada positivamente, e as esferas B e C, idênticas, estão inicialmente neutras. Descreva, passo a passo, um procedimento envolvendo as três esferas que pode ser adotado para eletrizar a esfera B positivamente e a esfera C negativamente. Para isso, utilize os processos de eletrização por indução e eletrização por contato.

5 Eletroscópios

Os eletroscópios são dispositivos que se destinam a detectar se um dado corpo está ou não eletrizado.

O funcionamento de um eletroscópio baseia-se no fenômeno da indução eletrostática, ou seja, na separação das cargas elétricas de um corpo condutor neutro, quando na presença de outro corpo eletrizado.

Os dois tipos mais comuns de eletroscópio são o pêndulo elétrico e o eletroscópio de folhas (fig. 12).

Pêndulo elétrico

- Suporte
- Fio isolante
- Esfera condutora leve

Eletroscópio de folhas

- Esfera condutora
- Rolha de material isolante
- Recipiente de vidro
- Haste metálica
- Lâminas de ouro ou alumínio

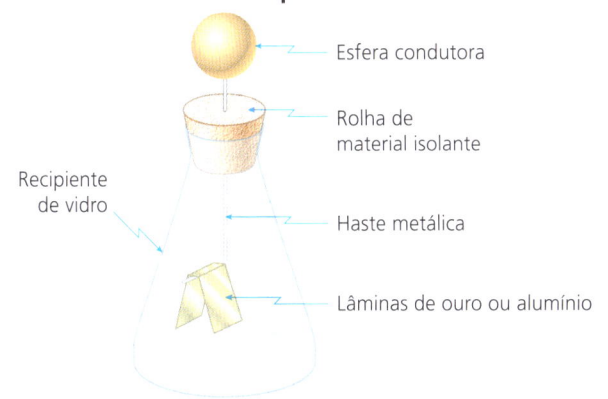

Figura 12. O pêndulo elétrico e o eletroscópio de folhas são dispositivos que permitem detectar se um dado corpo está ou não eletrizado.

Vamos aproximar um corpo eletrizado, com carga elétrica positiva, por exemplo, da esfera condutora de um eletroscópio de folhas inicialmente neutro.

Com o fenômeno da indução eletrostática, elétrons da parte metálica do eletroscópio são atraídos pelo corpo positivamente eletrizado e acabam por se concentrar na esfera. Simultaneamente ocorre uma concentração de cargas positivas nas lâminas de ouro e elas se afastam uma da outra (fig. 13).

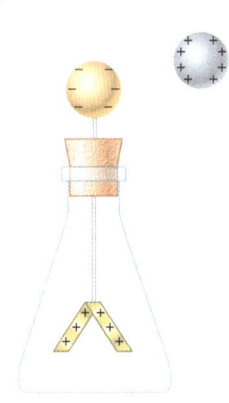

Figura 13. Na presença de um corpo eletrizado, as lâminas de um eletroscópio de folhas, neutro, se afastam uma da outra.

Se tivéssemos usado um pêndulo elétrico neutro para detectar a carga elétrica do corpo, observaríamos que a esfera, inicialmente suspensa na vertical, seria atraída pelo corpo eletrizado (fig. 14). Isso acontece porque a força de atração entre as cargas de sinais opostos é mais intensa que a força de repulsão entre as cargas de mesmo sinal, já que as cargas de sinais opostos estão mais próximas.

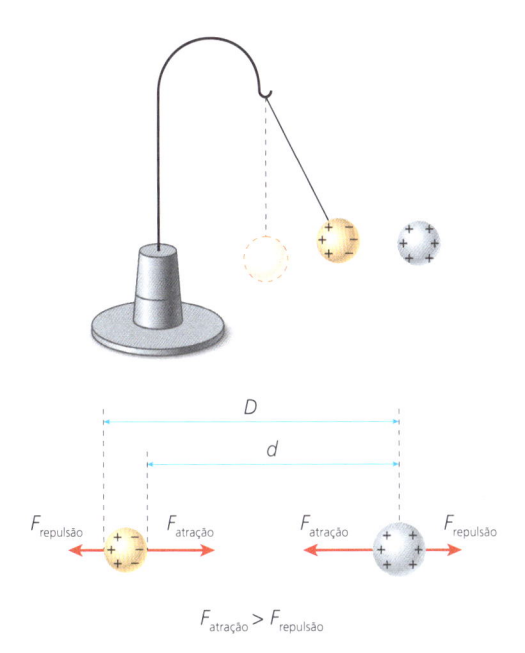

$F_{atração} > F_{repulsão}$

Figura 14. Ao aproximar um corpo eletrizado da esfera neutra do pêndulo elétrico, ela será atraída por ele.

Exercícios resolvidos

8. Considerar um eletroscópio de folhas descarregado.
   a) Realizar os seguintes procedimentos:
      I. aproximar da esfera do eletroscópio um corpo A eletrizado positivamente;
      II. ligar o eletroscópio à Terra sem afastar o corpo A;

Capítulo 30 • Introdução à Eletricidade **441**

III. desfazer a ligação do eletroscópio com a Terra sem afastar o corpo A;

IV. afastar o eletroscópio do corpo A.

Representar o que ocorre em cada operação e determinar a carga elétrica do eletroscópio após a quarta operação.

b) O que ocorre se o corpo A, em vez de ser aproximado, entrar em contato com a esfera do eletroscópio descarregado?

▶ **Solução**

a) Para as operações, temos:

I. Ao aproximar um corpo A eletrizado da esfera do eletroscópio, ocorre indução eletrostática, e as lâminas se abrem.

II. Ao ligar o eletroscópio à Terra, elétrons sobem neutralizando a carga elétrica positiva das lâminas, que se fecham.

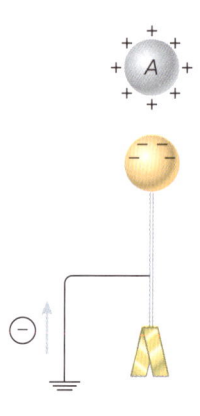

III. Ao desfazer a ligação do eletroscópio com a Terra, mantendo A próximo da esfera do eletroscópio, as lâminas permanecem fechadas.

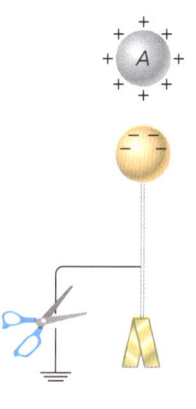

IV. Afastando o corpo A, a carga elétrica negativa da esfera se distribui pelo eletroscópio, e as lâminas se abrem.

b) O eletroscópio se eletriza, por contato, com carga elétrica de mesmo sinal do corpo A, isto é, o eletroscópio se eletriza positivamente, e as lâminas se abrem.

Exercícios propostos

10. Duas pequenas esferas condutoras, A e B, presas a fios isolantes e próximas uma da outra, equilibram-se como mostra a figura a seguir.

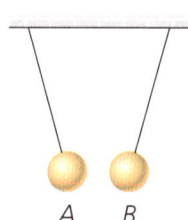

    O que é possível afirmar a respeito das cargas elétricas de A e de B?

11. (UFMG) Em seu laboratório, o professor Ladeira prepara duas montagens – I e II –, distantes uma da outra, como mostrado na **figura A**.

    Em cada montagem, duas pequenas esferas metálicas, idênticas, são conectadas por um fio e penduradas em um suporte isolante. Esse fio pode ser de material isolante ou condutor elétrico.

    Em seguida, o professor transfere certa quantidade de carga para apenas uma das esferas de cada uma das montagens.

    Ele, então, observa que, após a transferência de carga, as esferas ficam em equilíbrio, como mostrado na **figura B**.

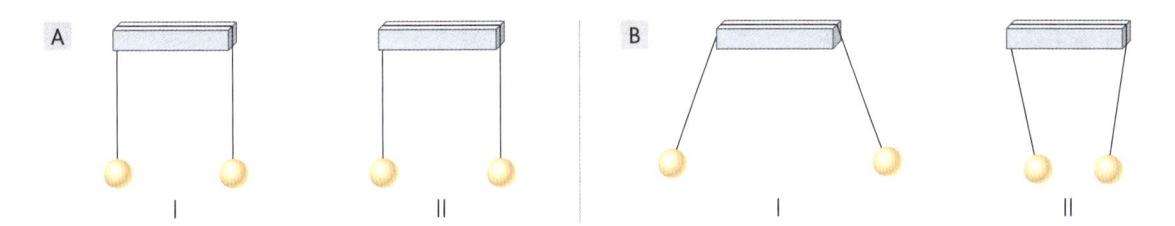

Considerando-se essas informações, é **correto** afirmar que, após a transferência de carga:
a) em cada montagem, ambas as esferas estão carregadas.
b) em cada montagem, apenas uma das esferas está carregada.
c) na montagem I, ambas as esferas estão carregadas e, na II, apenas uma delas está carregada.
d) na montagem I, apenas uma das esferas está carregada e, na II, ambas estão carregadas.

Aplicação tecnológica

Xerografia

O físico estadunidense Chester Carlson (1906-1968) foi o inventor do processo conhecido como xerografia. Carlson interessou-se em criar um método rápido e eficiente de copiar documentos, pois, na época (década de 1930), as cópias eram feitas com papel-carbono, o que era demorado e pouco prático, ou em empresas que fotografavam os documentos e os copiavam, o que, além de demorado, era caro.

Em seus estudos para inventar uma forma de fazer cópias que fosse eficiente, Carlson obteve, em seu pequeno laboratório, uma reprodução da data em que realizava o experimento. Para isso, recobriu uma placa de zinco com uma fina camada de enxofre e a eletrizou por atrito com algodão. Em uma lâmina de vidro **(fig. I)**, escreveu com tinta a data do experimento (10-22-38) e o nome do bairro de Nova York onde se localizava seu laboratório (Astoria).

Colocando a placa de zinco em contato com a lâmina de vidro e iluminando o conjunto, verificou que a placa perdia carga elétrica, mas a mantinha na região escrita. Depois de separar as placas, pulverizou a placa metálica com pó de licopódio (uma planta) e este aderiu às partes eletrizadas, reproduzindo a imagem do texto escrito. A seguir, comprimiu uma folha de papel sobre a placa, aqueceu o conjunto, e os dizeres foram impressos no papel. Estava pronta a primeira cópia xerográfica.

O invento de Carlson não teve aceitação imediata, e nenhum investidor se interessou em financiá-lo. Apenas no final da década de 1940, ele conseguiu financiar as primeiras máquinas copiadoras e colocá-las no mercado. Com o tempo, as máquinas foram aperfeiçoadas e passaram a ser utilizadas praticamente no mundo inteiro, mas o processo permaneceu basicamente o mesmo.

Nas máquinas copiadoras atuais **(fig. II)**, a imagem do original é projetada, por meio de lentes e espelhos, sobre um cilindro metálico previamente eletrizado e recoberto por selênio, substância que conduz eletricidade apenas quando exposta à luz. Ao ser iluminado, o cilindro só se descarrega na parte não escrita. Esta permanece eletrizada e atrai o pó tonalizador (*toner*), que adere à folha de papel que passa pelo cilindro. Nesse processo, a impressão é fixada por pressão e aquecimento.

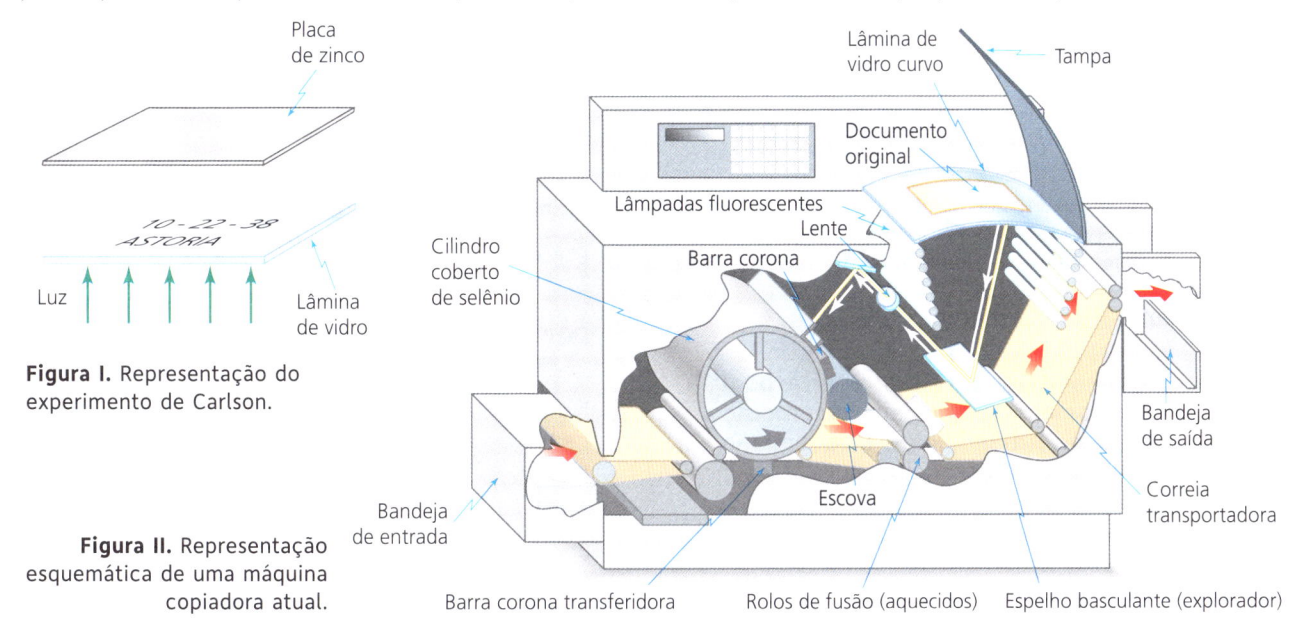

Figura I. Representação do experimento de Carlson.

Figura II. Representação esquemática de uma máquina copiadora atual.

6 Força elétrica e lei de Coulomb

Um corpo eletrizado de dimensões desprezíveis é denominado **carga elétrica pontual** ou **carga elétrica puntiforme**.

As características da interação elétrica entre duas cargas elétricas puntiformes foram estabelecidas pelo físico francês Charles Augustin de Coulomb (**fig. 15**).

Figura 15. Charles Augustin de Coulomb (1736-1806).

Utilizando uma balança de torção, dispositivo por ele criado, Coulomb determinou, em 1785, a relação entre a intensidade da força de interação elétrica entre duas cargas elétricas pontuais, as quantidades dessas cargas e a distância entre elas.

A **lei de Coulomb** apresenta grande semelhança com a lei da gravitação universal de Isaac Newton, que relaciona a intensidade da força gravitacional entre duas massas e a distância entre elas.

Consideremos as cargas puntiformes Q_1 e Q_2 separadas por uma distância d (**fig. 16**).

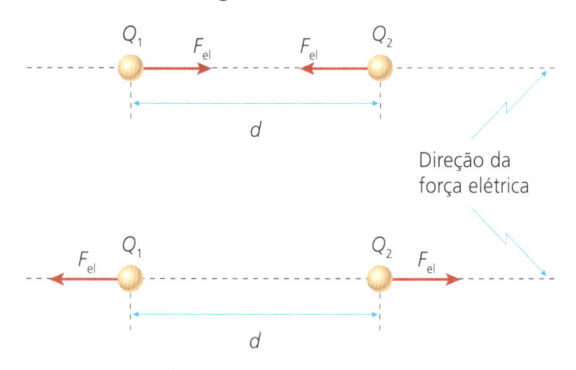

Figura 16. A direção da força elétrica entre duas cargas pontuais coincide com a direção da reta que passa pelas cargas. O sentido da força é dado pelo princípio da atração e da repulsão.

De acordo com a lei de Coulomb:

> A intensidade da força com que duas cargas elétricas pontuais interagem é diretamente proporcional ao produto das quantidades de carga, em módulo, e inversamente proporcional ao quadrado da distância entre elas.

Matematicamente, temos:

$$F_{el} = k \cdot \frac{|Q_1| \cdot |Q_2|}{d^2}$$

Nessa expressão, k é uma constante característica do meio que envolve as cargas e é chamada de **constante eletrostática do meio**.

No SI, F_{el} é medida em newton (N), $|Q_1|$ e $|Q_2|$ são medidas em coulomb (C), d é medida em metro (m), e k é medida em N · m²/C².

No vácuo, a constante eletrostática do meio vale:

$$k_0 \simeq 8{,}988 \cdot 10^9 \, \frac{N \cdot m^2}{C^2} \Rightarrow \boxed{k = k_0 = 9 \cdot 10^9 \, \frac{N \cdot m^2}{C^2}}$$

Exercícios resolvidos

9. Duas cargas puntiformes de módulos $2 \cdot 10^{-6}$ C e $3 \cdot 10^{-6}$ C, no vácuo ($k_0 = 9 \cdot 10^9$ N · m²/C²), estão separadas por uma distância de 30 cm. Determinar a intensidade da força elétrica de interação entre elas.

▸ **Solução**

A partir da lei de Coulomb, $F = k \cdot \frac{|Q_1| \cdot |Q_2|}{d^2}$, obtemos:

$$F = 9 \cdot 10^9 \cdot \frac{2 \cdot 10^{-6} \cdot 3 \cdot 10^{-6}}{(0{,}30)^2} \Rightarrow F = 9 \cdot 10^9 \cdot \frac{6 \cdot 10^{-12}}{9 \cdot 10^{-2}}$$

∴ $\boxed{F = 6 \cdot 10^{-1} \, N}$

10. Duas pequenas esferas condutoras idênticas estão eletrizadas com cargas q e −3q e se atraem com uma força elétrica de intensidade F, quando estão separadas por uma distância d. Cuidadosamente, as duas esferas são colocadas em contato e, em seguida, separadas por uma distância 2d uma da outra. Determinar a intensidade da nova força de interação elétrica entre as esferas em função de F.

▸ **Solução**

A força F, de atração entre as cargas, é dada pela lei de Coulomb:

$$F = k \cdot \frac{|q| \cdot |-3q|}{d^2} \Rightarrow F = 3 \cdot k \cdot \frac{q^2}{d^2} \quad ①$$

Após o contato entre as esferas, a carga elétrica total (−2q) vai se dividir igualmente entre elas. Com isso, cada esfera terá carga igual a −q, portanto, as esferas irão se repelir.

A nova força de interação terá intensidade F', dada, mais uma vez, pela lei de Coulomb:

$$F' = k \cdot \frac{|-q| \cdot |-q|}{d^2} \Rightarrow F' = k \cdot \frac{q^2}{d^2} \quad ②$$

De ① e ②, obtemos: $\boxed{F' = \frac{F}{3}}$

11. No esquema representado abaixo, as cargas Q_1, Q_2 e Q_3, fixas no vácuo ($k_0 = 9 \cdot 10^9$ N · m²/C²), valem, respectivamente, +2 μC, +3 μC e −4 μC.

[Esquema: Q_1 —— 30 cm —— Q_2 —— 20 cm —— Q_3]

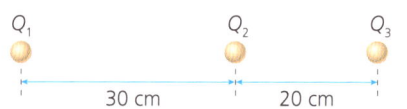

Determinar a intensidade da resultante das forças elétricas que atuam em Q_2.

▶ **Solução**

Sobre a carga Q_2 atuam duas forças elétricas: F_1 (resultado da repulsão exercida pela carga Q_1) e F_2 (resultado da atração exercida pela carga Q_3).

$$F_1 \leftarrow Q_1 \qquad\qquad Q_2 \; F_1 \rightarrow \qquad Q_3$$
$$\qquad\qquad\qquad\qquad F_2 \rightarrow \leftarrow F_2$$
$$\qquad\qquad 30\text{ cm} \qquad\qquad 20\text{ cm}$$

Calculemos a intensidade dessas forças.

Pela lei de Coulomb, $F = k \cdot \dfrac{|Q_1| \cdot |Q_2|}{d^2}$, temos:

$F_1 = 9 \cdot 10^9 \cdot \dfrac{|2 \cdot 10^{-6}| \cdot |3 \cdot 10^{-6}|}{(0{,}30)^2} \Rightarrow F_1 = 9 \cdot 10^9 \cdot \dfrac{6 \cdot 10^{-12}}{9 \cdot 10^{-2}}$

$\therefore F_1 = 0{,}6 \text{ N}$

$F_2 = 9 \cdot 10^9 \cdot \dfrac{|3 \cdot 10^{-6}| \cdot |-4 \cdot 10^{-6}|}{(0{,}20)^2} \Rightarrow F_2 = 9 \cdot 10^9 \cdot \dfrac{12 \cdot 10^{-12}}{4 \cdot 10^{-2}}$

$\therefore F_2 = 2{,}7 \text{ N}$

Como as forças que atuam na carga Q_2 têm mesmo sentido, a intensidade da resultante F_R é dada por: $F_R = F_1 + F_2$

Então: $F_R = 0{,}6 + 2{,}7 \therefore \boxed{F_R = 3{,}3 \text{ N}}$

Exercícios propostos

12. Duas cargas elétricas, Q_1 e Q_2, atraem-se com uma força de intensidade 0,2 N quando separadas por uma distância d. Determine a intensidade da nova força de atração entre elas se duplicarmos o módulo da primeira carga, triplicarmos o módulo da segunda e reduzirmos a distância entre elas à metade.

13. Duas cargas puntiformes iguais e positivas, situadas no vácuo e separadas pela distância de 1 cm, repelem-se com força de intensidade 0,9 N. Calcule o valor das cargas elétricas (Dado: $k = 9 \cdot 10^9$ N · m²/C²)

14. Considere três esferas metálicas condutoras, A, B e C, idênticas. As esferas A e B estão eletrizadas com cargas de 5 μC e −2 μC, respectivamente. A esfera C, neutra, é colocada em contato com a esfera B, e, em seguida, com a esfera A. Após esse processo, observa-se o equilíbrio eletrostático da esfera B na situação indicada abaixo.

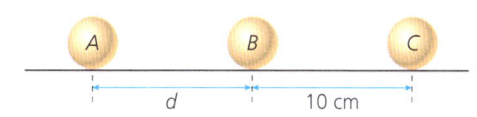

$$A \qquad\qquad B \qquad\qquad C$$
$$\quad\; d \quad\; \;\; 10\text{ cm}$$

Sabendo que as esferas A e C estão fixas, determine:
a) a carga elétrica final de cada esfera após os contatos;
b) a distância d entre as esferas A e B.

Exercícios de revisão

Ficha-resumo 1

A carga elétrica é uma grandeza física quantizada.
$$Q = \pm n \cdot e$$
e = carga elétrica fundamental = $1{,}6 \cdot 10^{-19}$ C

Corpo eletrizado
- **positivamente:** apresenta falta de elétrons
- **negativamente:** apresenta excesso de elétrons

Princípio da atração e da repulsão

Cargas elétricas de mesmo sinal se repelem, e cargas de sinais opostos se atraem.

Princípio da conservação das cargas elétricas

Em um sistema eletricamente isolado, a carga elétrica total é constante.

1. (Fuvest-SP) A lei de conservação da carga elétrica pode ser enunciada como segue:
a) A soma algébrica dos valores das cargas positivas e negativas em um sistema isolado é constante.
b) Um objeto eletrizado positivamente ganha elétrons ao ser aterrado.
c) A carga elétrica de um corpo eletrizado é igual a um número inteiro multiplicado pela carga do elétron.
d) O número de átomos existentes no universo é constante.
e) As cargas elétricas do próton e do elétron são, em módulo, iguais.

2. (UEFS-BA) Quatro esferas condutoras iguais têm, respectivamente, cargas elétricas Y, Q, $\dfrac{Q}{2}$ e 2Q. Colocando-se todas em contato e, depois, separando-as, cada uma ficou com uma carga elétrica igual a $\dfrac{5Q}{4}$. Sabendo-se que as esferas trocaram cargas elétricas apenas entre si, é correto afirmar que a carga elétrica Y, da primeira carga elétrica era igual a:

a) $\dfrac{Q}{2}$

b) Q

c) $\dfrac{3Q}{2}$

d) 2Q

e) $\dfrac{5Q}{2}$

Exercícios de revisão

3. (Cefet-PR) Duas esferas metálicas, inicialmente eletrizadas com cargas 10 µC e −2 µC, são postas em contato. Após o equilíbrio eletrostático, as esferas são separadas. Percebe-se que a primeira fica com carga de 5 µC e a outra com 3 µC. É correto afirmar que, durante o contato, a segunda esfera:
a) recebeu 3 µC de prótons.
b) perdeu 2 µC de elétrons.
c) perdeu 5 µC de elétrons.
d) recebeu 5 µC de prótons.
e) perdeu 3 µC de prótons.

Ficha-resumo 2

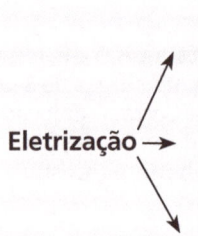

Eletrização →
- por **atrito**: os corpos, de materiais diferentes, se eletrizam com cargas elétricas de mesmo valor, porém de sinais opostos.
- por **contato**: o corpo neutro se eletriza com carga de mesmo sinal que a do eletrizado.
- Por **indução**: o induzido se eletriza com carga de sinal oposto ao da carga do indutor.

Observação: um corpo neutro é sempre atraído por um corpo eletrizado.

4. (Mackenzie-SP) Considere as afirmações abaixo:
 I. Um corpo, ao ser eletrizado, ganha ou perde elétrons.
 II. É possível eletrizar uma barra metálica por atrito segurando-a com a mão, pois o corpo humano é de material semicondutor.
 III. Estando inicialmente neutros, atrita-se um bastão de plástico com lã, consequentemente esses dois corpos adquirem cargas elétricas de mesmo valor e naturezas (sinais) opostas.

Escolha:
a) se somente I estiver correta.
b) se somente II estiver correta.
c) se somente III estiver correta.
d) se II e III estiverem corretas.
e) se I e III estiverem corretas.

5. (Fuvest-SP) Três esferas metálicas, M_1, M_2 e M_3, de mesmo diâmetro e montadas em suportes isolantes, estão bem afastadas entre si e longe de outros objetos.

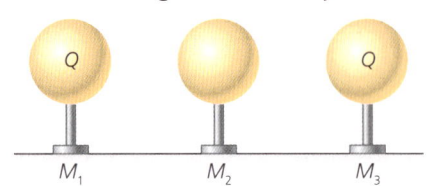

Inicialmente, M_1 e M_3 têm cargas iguais, com valor Q, e M_2 está descarregada. São realizadas duas operações, na sequência indicada:
 I. A esfera M_1 é aproximada de M_2 até que ambas fiquem em contato elétrico. A seguir, M_1 é afastada até retornar à sua posição inicial.
 II. A esfera M_3 é aproximada de M_2 até que ambas fiquem em contato elétrico. A seguir, M_3 é afastada até retornar à sua posição inicial.

Após essas duas operações, as cargas nas esferas serão cerca de:

	M_1	M_2	M_3
a)	$\dfrac{Q}{2}$	$\dfrac{Q}{4}$	$\dfrac{Q}{4}$
b)	$\dfrac{Q}{2}$	$\dfrac{3Q}{4}$	$\dfrac{3Q}{4}$
c)	$\dfrac{2Q}{3}$	$\dfrac{2Q}{3}$	$\dfrac{2Q}{3}$
d)	$\dfrac{3Q}{4}$	$\dfrac{Q}{2}$	$\dfrac{3Q}{4}$
e)	Q	zero	Q

6. (UFSC) A eletricidade estática gerada por atrito é fenômeno comum no cotidiano. Pode ser observada ao pentearmos o cabelo em um dia seco, ao retirarmos um casaco de lã ou até mesmo ao caminharmos sobre um tapete. Ela ocorre porque o atrito entre materiais gera desequilíbrio entre o número de prótons e elétrons de cada material, tornando-os carregados positivamente ou negativamente. Uma maneira de identificar qual tipo de carga um material adquire quando atritado com outro é consultando uma lista elaborada experimentalmente, chamada série triboelétrica, como a mostrada abaixo. A lista está elaborada de tal forma que qualquer material adquire carga positiva quando atritado com os materiais que o seguem.

	Materiais
1	Pele humana seca
2	Couro
3	Pele de coelho
4	Vidro
5	Cabelo humano
6	Náilon
7	Chumbo
8	Pele de gato
9	Seda
10	Papel
11	Madeira
12	Latão
13	Poliéster
14	Isopor
15	Filme de PVC
16	Poliuretano
17	Polietileno
18	Teflon

Com base na lista triboelétrica, assinale a(s) proposição(ões) corretas(s) e dê a resposta como a soma delas.
(01) A pele de coelho atritada com teflon ficará carregada positivamente, pois receberá prótons do teflon.
(02) Uma vez eletrizados por atrito, vidro e seda quando aproximados irão se atrair.
(04) Em processo de eletrização por atrito entre vidro e papel, o vidro adquire carga de +5 unidades de carga, então o papel adquire carga de −5 unidades de carga.
(08) Atritar couro e teflon irá produzir mais eletricidade estática do que atritar couro e pele de coelho.

(16) Dois bastões de vidro aproximados depois de atritados com pele de gato irão se atrair.

(32) Um bastão de madeira atritado com outro bastão de madeira ficará eletrizado.

7. (UFSC) Uma placa de vidro eletrizada com carga positiva é mantida próxima a uma barra metálica isolada e carregada com carga $+q$, conforme mostra a figura abaixo.

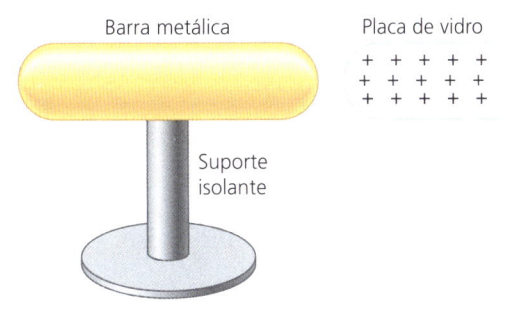

É correto afirmar que:

(01) se a barra for conectada ao solo por um fio condutor, a placa de vidro for afastada e, a seguir, a ligação com o solo for desfeita, a barra ficará carregada negativamente.

(02) se a barra for conectada ao solo por um fio condutor e, a seguir, for desconectada novamente, com a placa de vidro mantida próxima, a placa de vidro ficará neutra.

(04) se a placa de vidro atrair um pequeno pedaço de cortiça suspenso por um fio isolante, pode-se concluir que a carga da cortiça é necessariamente negativa.

(08) se a placa de vidro repelir um pequeno pedaço de cortiça suspenso por um fio isolante, pode-se concluir que a carga da cortiça é necessariamente positiva.

(16) nas condições expressas na figura, a carga $+q$ da barra metálica distribui-se uniformemente sobre toda a superfície externa da barra.

Dê como resposta a soma dos números que precedem as proposições corretas.

8. (Fuvest-SP) Aproximando-se uma barra eletrizada de duas esferas condutoras, inicialmente descarregadas e encostadas uma na outra, observa-se a distribuição de cargas esquematizada na figura abaixo.

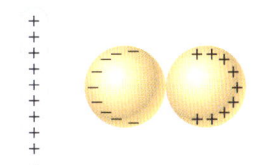

Em seguida, sem tirar do lugar a barra eletrizada, afasta-se um pouco uma esfera da outra. Finalmente, sem mexer mais nas esferas, remove-se a barra, levando-a para muito longe das esferas. Nessa situação final, a figura que melhor representa a distribuição de cargas nas duas esferas é:

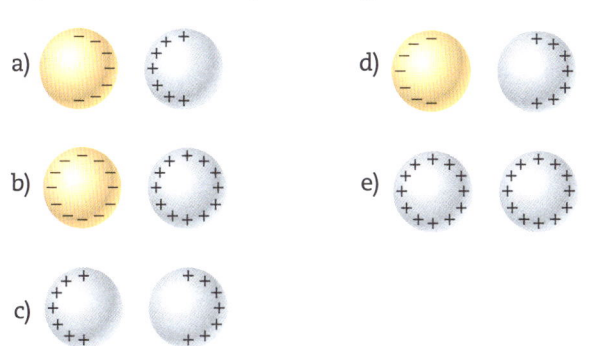

9. (UFRJ) Três pequenas esferas metálicas idênticas, A, B e C, estão suspensas, por fios isolantes, a três suportes. Para testar se elas estão carregadas, realizam-se três experimentos durante os quais se verifica com elas interagem eletricamente, duas a duas:

Experimento 1

As esferas A e C, ao serem aproximadas, atraem-se eletricamente, como ilustra a **figura I**.

Experimento 2

As esferas B e C, ao serem aproximadas, também se atraem eletricamente, como ilustra a **figura II**.

Experimento 3

As esferas A e B, ao serem aproximadas, também se atraem eletricamente, como ilustra a **figura III**.

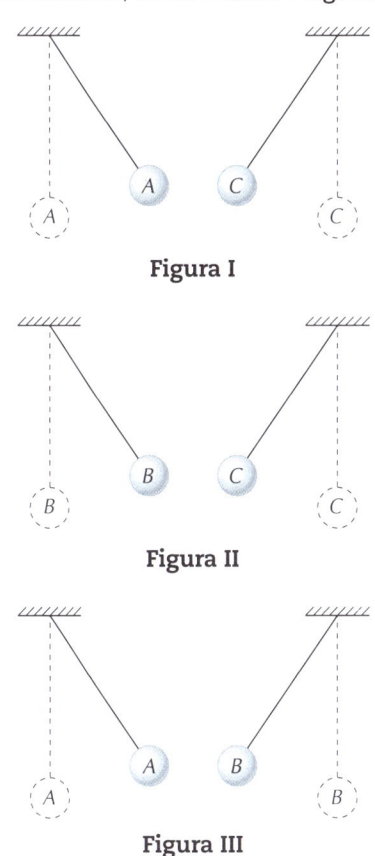

Figura I

Figura II

Figura III

Formulam-se três hipóteses:

I. As três esferas estão carregadas.

II. Apenas duas esferas estão carregadas com cargas de mesmo sinal.

III. Apenas duas esferas estão carregadas, mas com cargas de sinais contrários.

Analisando o resultados dos três experimentos, indique a hipótese correta. Justifique sua resposta.

10. (Vunesp) Um dispositivo simples capaz de detectar se um corpo está ou não eletrizado é o pêndulo eletrostático, que pode ser feito com uma pequena esfera condutora suspensa por um fio fino e isolante. Um aluno, ao aproximar um bastão eletrizado do pêndulo, observou que ele foi repelido (**etapa I**). O aluno segurou a esfera do pêndulo com suas mãos, descarregando-a e, então, ao aproximar novamente o bastão, eletrizado com a mesma carga

Exercícios de revisão

inicial, percebeu que o pêndulo foi atraído (**etapa II**). Após tocar o bastão, o pêndulo voltou a sofrer repulsão (**etapa III**). A partir dessas informações, considere as seguintes possibilidades para a carga elétrica presente na esfera do pêndulo:

Possibilidade	Etapa I	Etapa II	Etapa III
1	Neutra	Negativa	Neutra
2	Positiva	Neutra	Positiva
3	Negativa	Positiva	Negativa
4	Positiva	Negativa	Negativa
5	Negativa	Neutra	Negativa

Somente pode ser considerado verdadeiro o descrito nas possibilidades:
a) 1 e 3   b) 1 e 2   c) 2 e 4   d) 4 e 5   e) 2 e 5

Ficha-resumo 3

A lei de Coulomb

"A intensidade da força de interação elétrica entre duas cargas elétricas pontuais postas em presença uma da outra é diretamente proporcional ao produto das quantidades de carga, em módulo, e inversamente proporcional ao quadrado da distância entre elas."

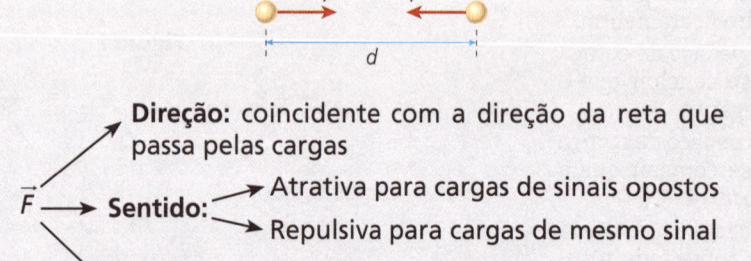

$\vec{F}$ → **Direção:** coincidente com a direção da reta que passa pelas cargas

Sentido: Atrativa para cargas de sinais opostos
Repulsiva para cargas de mesmo sinal

Módulo (intensidade): $F = k \cdot \dfrac{|Q_1| \cdot |Q_2|}{d^2}$

11. (Unicamp-SP) Sabe-se atualmente que os prótons e nêutrons não são partículas elementares, mas sim partículas formadas por três *quarks*. Uma das propriedades importantes do *quark* é o sabor, que pode assumir seis tipos diferentes: *top*, *bottom*, *charm*, *strange*, *up* e *down*. Apenas os *quarks up* e *down* estão presentes nos prótons e nos nêutrons. Os *quarks* possuem carga elétrica fracionária. Por exemplo, o *quark up* tem carga elétrica igual a $q_{up} = +\dfrac{2}{3}e$ e o *quark down* $q_{down} = -\dfrac{1}{3}e$, onde e é o módulo da carga elementar do elétron.

a) Quais são os três *quarks* que formam os prótons e os nêutrons?
b) Calcule o módulo da força de atração eletrostática entre um *quark up* e um *quark down* separados por uma distância $d = 0{,}2 \times 10^{-15}$ m. Caso necessário, use $k = 9 \times 10^9$ N·m²/C² e $e = 1{,}6 \times 10^{-19}$ C.

12. (UFPB) O gráfico abaixo representa o módulo da força com que duas cargas pontuais q_1 e q_2 se repelem, em função da distância d entre elas.

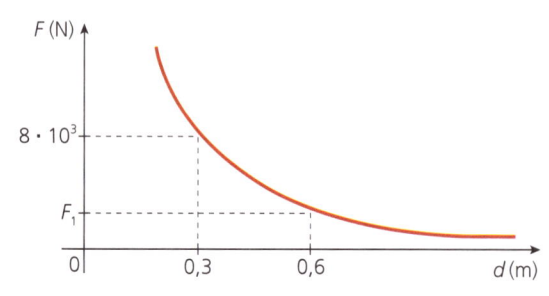

Usando a lei de Coulomb, determine o valor:
a) de F_1
b) do produto $q_1 \cdot q_2$

É dada a constante eletrostática do vácuo: $k_0 = 9 \cdot 10^9$ N·m²/C²

13. (PUC-RJ) Duas esferas carregadas, afastadas de 1 m, se atraem com uma força de 720 N. Se uma esfera tem o dobro da carga da segunda, qual é a carga das duas esferas?
    (Considere: $k = 9 \cdot 10^9$ N·m²/C²)
    a) $1,0 \cdot 10^{-4}$ C e $2,0 \cdot 10^{-4}$ C
    b) $2,0 \cdot 10^{-4}$ C e $4,0 \cdot 10^{-4}$ C
    c) $3,0 \cdot 10^{-4}$ C e $6,0 \cdot 10^{-4}$ C
    d) $4,0 \cdot 10^{-4}$ C e $8,0 \cdot 10^{-4}$ C
    e) $5,0 \cdot 10^{-4}$ C e $10,0 \cdot 10^{-4}$ C

14. (Mackenzie-SP)

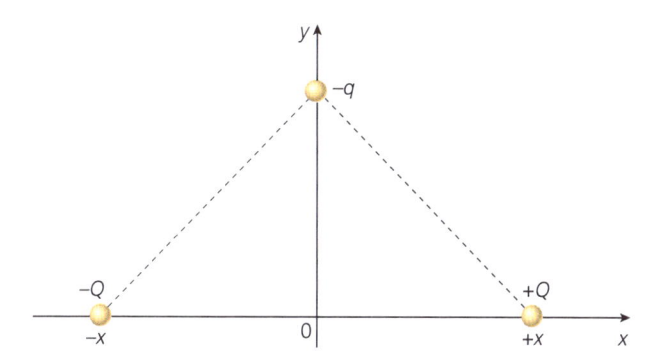

    Dois corpos eletrizados com cargas elétricas puntiformes +Q e −Q são colocados sobre o eixo x, horizontal, nas posições +x e −x, respectivamente. Uma carga elétrica de prova −q é colocada sobre o eixo y na posição +y, como mostra a figura acima. Considere Q e q positivos.

    A força eletrostática resultante sobre a carga elétrica de prova:
    a) tem direção horizontal e sentido da esquerda para a direita.
    b) tem direção horizontal e sentido da direita para a esquerda.
    c) tem direção vertical e sentido ascendente.
    d) tem direção vertical e sentido descendente.
    e) é um vetor nulo.

15. (Puccamp-SP) Duas pequenas esferas condutoras idênticas estão eletrizadas com cargas q e −5q e se atraem com uma força elétrica de intensidade F, quando estão separadas de uma distância d. Colocando-as em contato e posicionando-as, em seguida, a uma distância 2d uma da outra, a intensidade da nova força de interação elétrica nas esferas será:
    a) $\dfrac{F}{2}$
    b) $\dfrac{F}{3}$
    c) $\dfrac{F}{4}$
    d) $\dfrac{F}{5}$
    e) $\dfrac{F}{10}$

16. (Fuvest-SP) Três objetos com cargas elétricas idênticas estão alinhados como mostra a figura. O objeto C exerce sobre B uma força igual a $3,0 \cdot 10^{-6}$ N.

    A força resultante dos efeitos de A e C sobre B tem intensidade de:
    a) $2,0 \cdot 10^{-6}$ N
    b) $6,0 \cdot 10^{-6}$ N
    c) $12 \cdot 10^{-6}$ N
    d) $24 \cdot 10^{-6}$ N
    e) $30 \cdot 10^{-6}$ N

17. (Univali-SC) Três cargas elétricas pontuais de valores +Q, −2Q e +4Q estão em equilíbrio e dispostas conforme a figura. As cargas extremas estão fixas e sua separação é 6 cm.

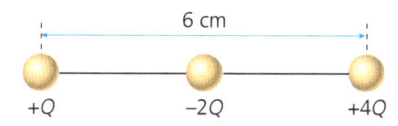

    Na condição de equilíbrio, a distância entre −2Q e +Q, em centímetro, é:
    a) $\sqrt{2}$
    b) $\sqrt{3}$
    c) 2
    d) 3
    e) 4

CAPÍTULO 31

CAMPO ELÉTRICO

ENEM
C5: H17

Cargas elétricas exercem forças umas sobre as outras a grandes distâncias ao longo do espaço vazio. Embora a ideia de "ação a distância" pareça difícil de aceitar, o físico inglês Michael Faraday sugeriu uma explicação para esse fenômeno: uma carga elétrica influencia o espaço que a envolve, criando em torno de si um campo elétrico que está presente mesmo sem a existência de outra carga nessa região do espaço. Assim, esse campo passa a ser o agente intermediário da interação entre esta carga e outra que venha a ser colocada em suas proximidades.

Na foto desta página, o campo elétrico dos bastões eletrizados exerce força sobre o filete de água que escorre da torneira, curvando sua trajetória.

Neste capítulo, vamos estudar as características do vetor campo elétrico e sua relação com a força elétrica.

Objetivos do capítulo

- Apresentar o conceito de campo elétrico.
- Caracterizar o vetor campo elétrico.
- Apresentar o conceito de linha de força.
- Relacionar força elétrica e vetor campo elétrico.
- Estudar o campo elétrico criado por uma carga elétrica puntiforme.
- Definir campo elétrico uniforme.
- Estudar o campo elétrico criado por um sistema de cargas elétricas puntiformes.

1 Introdução

Ao longo deste livro, estudamos diferentes forças e suas características: a força de reação normal do apoio, a força de tração em um fio, a força aplicada por uma mola, a força de atrito e o empuxo, por exemplo. Todas essas forças têm em comum o fato de serem **forças de contato**. Uma força de contato sempre surge quando um corpo entra em contato com outro.

No entanto, algumas forças podem surgir sem que haja contato entre os corpos. Essas forças são chamadas de **forças de campo**. Entre elas podemos citar a força gravitacional, a força elétrica e a força magnética, que será estudada no capítulo 37.

A ideia de uma força atuando a distância era complexa para os pensadores antigos. Até mesmo Isaac Newton não se sentia confortável com tal ideia quando publicou a lei da gravitação universal.

As dificuldades, entretanto, foram superadas com a introdução do conceito de **campo**. De acordo com essa ideia, criada e desenvolvida pelo cientista inglês Michael Faraday (1791-1867), as forças entre cargas elétricas em repouso, ou seja, forças eletrostáticas, são transmitidas por meio de um campo elétrico que se estende por todo o espaço que envolve as cargas. Assim, esse campo elétrico desempenha o papel de transmissor da interação entre essas cargas elétricas.

2 Campo elétrico

A principal característica de uma carga elétrica é sua capacidade de interagir com outras cargas elétricas **(fig. 1)**.

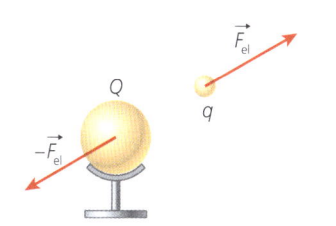

Figura 1. As cargas elétricas Q e q interagem entre si.

Essa capacidade, que toda carga elétrica possui, está relacionada à presença do **campo elétrico** que ela cria ao seu redor. Esse campo elétrico é uma propriedade da carga.

O campo elétrico é uma parte real, mas não material, de qualquer carga elétrica, e é impossível desvincular uma carga elétrica do próprio campo elétrico. Se a carga elétrica se movimenta, seu campo elétrico acompanha esse movimento.

Na **figura 1**, a força elétrica $\vec{F}_{el}$ deve-se à interação do campo elétrico da carga Q com a carga elétrica q. Da mesma maneira, a força elétrica $-\vec{F}_{el}$ deve-se à interação do campo elétrico da carga q com a carga elétrica Q.

O campo elétrico é o transmissor das interações entre cargas elétricas. Se houver um campo elétrico em determinada região, uma carga elétrica colocada em repouso nessa região ficará sujeita a uma força elétrica.

> A carga que usamos para testar a existência do campo elétrico nessa região é denominada **carga de prova**.

Para definir quantitativamente a grandeza campo elétrico, vamos considerar um ponto P do espaço, em uma região onde existe um campo elétrico.

Colocando no ponto P, sucessivamente, cargas de prova diferentes (q_1, q_2, q_3, ..., q_n), constatamos que em cada uma dessas cargas surgem forças elétricas diferentes $\left(\vec{F}_1, \vec{F}_2, \vec{F}_3, ..., \vec{F}_n\right)$.

Além disso, observamos que todas as forças elétricas $\vec{F}_1, \vec{F}_2, \vec{F}_3, ..., \vec{F}_n$ têm mesma direção, as forças que agem em cargas de prova q positivas têm mesmo sentido e as que agem em cargas de prova negativas têm sentido oposto ao das cargas positivas.

Uma verificação, teórica e experimental, mostra que:

$$\frac{\vec{F}_1}{q_1} = \frac{\vec{F}_2}{q_2} = \frac{\vec{F}_3}{q_3} = ... = \frac{\vec{F}_n}{q_n} = \vec{C} \text{ (vetor constante)}$$

Portanto, é constante a razão entre a força elétrica e a respectiva carga de prova colocada nesse ponto do espaço. Essa constante é uma grandeza vetorial denominada **vetor campo elétrico**, associada ao ponto P e indicada por $\vec{E}$.

Assim, a cada ponto do campo elétrico associamos um vetor campo elétrico $\vec{E}$ dado pela razão entre a força elétrica $\vec{F}_{el}$ e a respectiva carga de prova q. Desse modo, temos:

$$\boxed{\vec{E} = \frac{\vec{F}_{el}}{q}} \quad \text{ou} \quad \boxed{\vec{F}_{el} = q \cdot \vec{E}}$$

Nessa relação:
- q é a carga de prova, medida, no SI, em coulomb (C);
- $\vec{F}_{el}$ é a força elétrica, com intensidade, medida, no SI, em newton (N);
- $\vec{E}$ é o vetor campo elétrico, com intensidade medida em newton por coulomb (N/C).

Há uma similaridade entre a força elétrica ($\vec{F}_{el} = q \cdot \vec{E}$) e a força gravitacional ou peso de um corpo ($\vec{P} = m \cdot \vec{g}$), ambas são forças de campo. Tanto uma como a outra são obtidas pela multiplicação de uma grandeza escalar (a carga elétrica q ou a massa m de um corpo) por uma grandeza vetorial (o campo elétrico $\vec{E}$ ou o campo gravitacional $\vec{g}$).

Na equação vetorial $\vec{F}_{el} = q \cdot \vec{E}$, o vetor $\vec{F}_{el}$ é obtido pelo produto de um número real q, que pode ser positivo ou negativo, por um vetor $\vec{E}$:

$$\boxed{\vec{F}_{el} = q \cdot \vec{E}}$$

que, em módulo, pode ser representado da seguinte maneira:

$$\boxed{F_{el} = |q| \cdot E}$$

Da equação vetorial $\vec{F}_{el} = q \cdot \vec{E}$, resulta:
- se $q > 0$ (carga de prova positiva), os vetores $\vec{F}_{el}$ e $\vec{E}$ terão mesma direção e mesmo sentido:

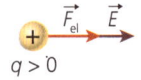

- se $q < 0$ (carga de prova negativa), os vetores $\vec{F}_{el}$ e $\vec{E}$ terão mesma direção e sentidos opostos:

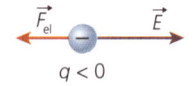

O vetor campo elétrico $\vec{E}$, associado a um ponto do campo elétrico, é único, não depende da carga de prova q usada na sua determinação e existe mesmo que não se coloque nenhuma carga de prova naquele ponto.

Conforme veremos adiante, a unidade de medida oficial da intensidade do vetor campo elétrico no SI é o volt/metro (V/m), que equivale ao newton/coulomb (N/C).

Todas as características e propriedades que estudaremos a partir de agora são válidas para um campo elétrico estacionário, isto é, em cada ponto, o vetor campo elétrico não varia com o tempo (campo eletrostático).

Exercícios resolvidos

1. Uma carga de prova $q = +4$ μC é colocada em um ponto do espaço e fica sujeita a uma força elétrica de direção vertical, orientada para cima e de intensidade 0,6 N. Caracterizar o vetor campo elétrico $\vec{E}$ naquele ponto do espaço.

▶ **Solução**

O vetor campo elétrico $\vec{E}$ tem direção vertical (a mesma direção da força elétrica) e está orientado para cima (como a carga de prova é positiva, os vetores força elétrica e campo elétrico têm mesmo sentido). A intensidade E do vetor campo elétrico é obtida por:

$$F_{el} = |q| \cdot E \Rightarrow 0,6 = 4 \cdot 10^{-6} \cdot E \Rightarrow E = \frac{6 \cdot 10^{-1}}{4 \cdot 10^{-6}}$$

$$\therefore \boxed{E = 1,5 \cdot 10^5 \text{ N/C}}$$

2. Uma partícula eletrizada com carga $q = -2$ μC, colocada em um ponto P do espaço, sofre a ação de uma força elétrica que equilibra seu peso. Sabendo que a partícula tem massa igual a 4 g e considerando $g = 10$ m/s², caracterizar o vetor campo elétrico $\vec{E}$ existente no ponto P.

▶ **Solução**

Para equilibrar o peso da partícula, a força elétrica deverá ter direção vertical e ser orientada para cima, como mostra a figura ao lado.

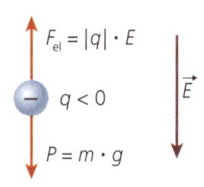

Portanto, o vetor campo elétrico $\vec{E}$ tem direção vertical (a mesma direção da força elétrica) e está orientado para baixo (como a carga de prova é negativa, o vetor campo elétrico $\vec{E}$ está orientado em sentido oposto ao do vetor força elétrica).

O módulo E do vetor campo elétrico é obtido impondo-se a igualdade das intensidades da força elétrica e do peso da partícula. Então:

$$|q| \cdot E = m \cdot g \Rightarrow 2 \cdot 10^{-6} \cdot E = 4 \cdot 10^{-3} \cdot 10 \therefore \boxed{E = 2 \cdot 10^4 \text{ N/C}}$$

Exercícios propostos

1. Em certa região, existe um vetor campo elétrico vertical e orientado para cima de módulo 150 N/C. Uma partícula eletrizada com carga $q = -2$ μC é colocada nessa região. Caracterize a força elétrica (módulo, direção e sentido) que age na partícula.

2. Uma partícula eletrizada com carga $q = -8$ μC é colocada em determinado ponto do espaço, ficando sujeita a uma

força, de natureza elétrica, vertical, orientada para cima e de intensidade $F_{el} = 1,6 \cdot 10^{-3}$ N. Com base nessas informações, determine:

a) as características (módulo, direção e sentido) do vetor campo elétrico existente nesse ponto do espaço;

b) as características (módulo, direção e sentido) da força elétrica que agiria em outra partícula com carga $q' = +2$ µC, colocada nesse mesmo ponto do espaço.

3. Uma partícula com massa 10 g e carga elétrica +5 µC é colocada em um ponto no qual existe um campo elétrico de módulo $2 \cdot 10^4$ N/C. Considerando apenas a força elétrica, qual é o módulo da aceleração instantânea adquirida pela partícula?

4. Em um laboratório, uma partícula com massa de 3 g permanece em repouso no ar quando é abandonada em uma região de campo elétrico vertical, de sentido para baixo e com intensidade de 1.500 N/C. Com base nos dados e considerando $g = 10$ m/s², calcule a carga elétrica da partícula.

3 Linhas de força

A visualização de um campo elétrico $\vec{E}$ foi proposta pela primeira vez por Michael Faraday, que utilizou o recurso das linhas de força.

A **linha de força** é uma linha imaginária que indica a direção e o sentido do vetor campo elétrico $\vec{E}$ em cada ponto do espaço.

Por definição, a linha de força, em cada ponto do espaço, tem a mesma direção e o mesmo sentido do vetor campo elétrico $\vec{E}$, ou seja, o vetor campo elétrico $\vec{E}$ é sempre tangente à linha de força e tem o mesmo sentido que ela (**fig. 2**).

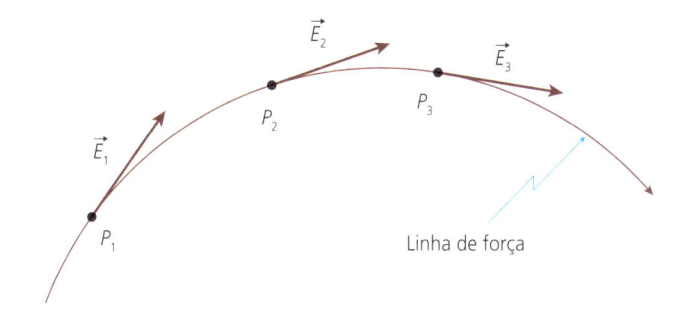

Figura 2. O vetor $\vec{E}$ é sempre tangente à linha de força e orientado no mesmo sentido que ela.

As linhas de força dão ideia da intensidade E do vetor campo elétrico. Elas se tornam mais próximas em regiões onde o campo elétrico é mais intenso, e mais afastadas em regiões onde o campo elétrico é menos intenso.

Portanto, a concentração das linhas de força é maior em regiões de campo elétrico mais intenso (**fig. 3A**). Se as linhas de força são retas paralelas, igualmente espaçadas e igualmente orientadas, dizemos que o campo elétrico é uniforme e o vetor campo elétrico é constante (**fig. 3B**).

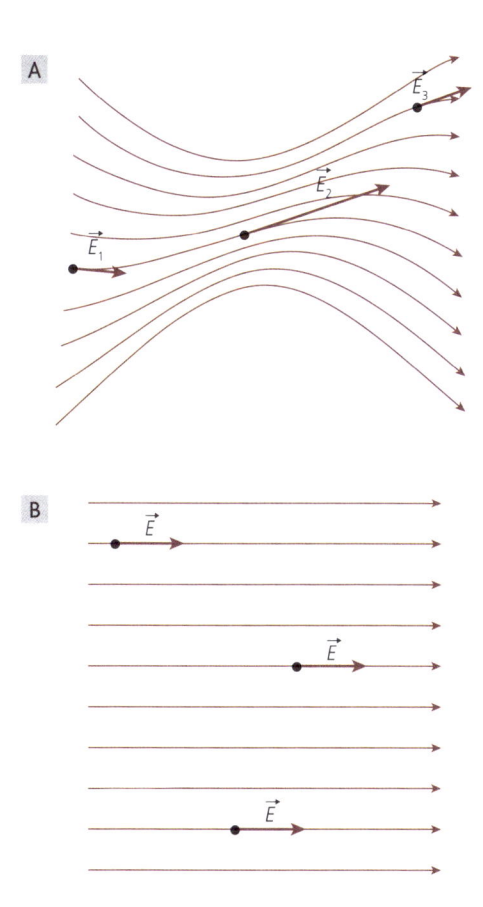

Figura 3. (A) Campo elétrico mais intenso na região central; (B) campo elétrico uniforme.

Observe que, como consequência da própria definição, **duas linhas de força nunca se cruzam**, pois isso implicaria dois vetores campo elétrico distintos num mesmo ponto do campo. Em cada ponto do campo, o vetor $\vec{E}$ é único.

Exercícios resolvidos

3. A figura a seguir representa as linhas de força de um campo elétrico e dois pontos, A e B, desse campo.

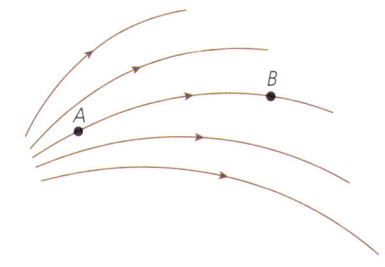

Representar:
a) o vetor campo elétrico nos pontos A e B;
b) a força elétrica que age em uma carga negativa $-q$ colocada em A e em uma carga $+q$ colocada em B.

▶ **Solução**

a) O vetor campo elétrico é tangente à linha de força e orientado no mesmo sentido da linha. Além disso, o módulo do vetor campo elétrico é maior na região em que as linhas estão mais próximas umas das outras. Então:

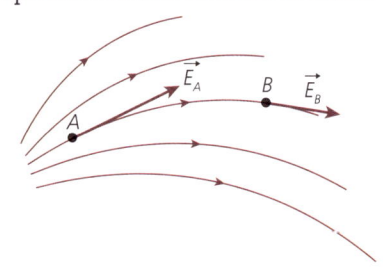

b) Como as cargas têm mesmo valor (em módulo), a intensidade da força é diretamente proporcional à intensidade do vetor campo elétrico. Na carga positiva, a força tem o mesmo sentido do vetor campo elétrico e, na carga negativa, tem sentido oposto. Então:

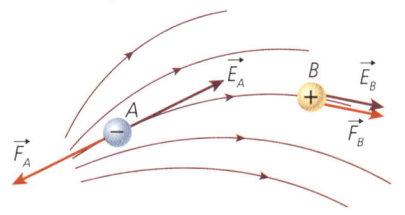

Exercícios propostos

5. A figura abaixo representa as linhas de força de um campo elétrico e três pontos, A, B e C, desse campo.

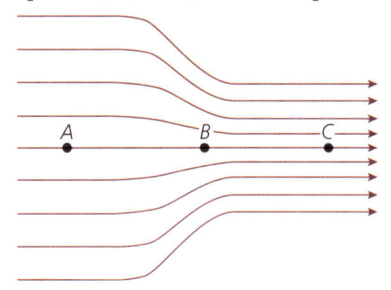

Com relação a esse campo, julgue as afirmações abaixo e marque V para as verdadeiras e F para as falsas.
I. O campo elétrico é mais intenso em B do que em C.
II. O campo elétrico é mais intenso em C do que em A.
III. Uma mesma carga elétrica colocada em A e em B ficará sujeita a uma força mais intensa quando colocada em B.
IV. Se duas partículas com cargas elétricas positivas q_1 e q_2, colocadas, respectivamente, em A e em C, ficarem sujeitas a forças de mesma intensidade, então $q_1 > q_2$.
V. Uma mesma partícula eletrizada colocada em B e em C ficará sujeita a uma aceleração maior quando colocada em B.

6. A figura a seguir mostra as linhas de força de um campo elétrico uniforme, de módulo $E = 800$ N/C, e dois pontos, A e B, desse campo.

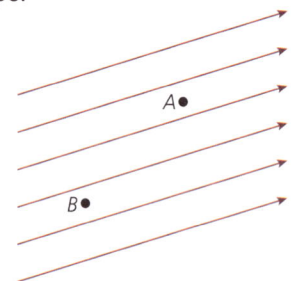

a) Represente o vetor força elétrica que age em uma carga $q = +4$ μC colocada em A. Qual é o módulo dessa força?
b) Represente o vetor força elétrica que age em uma carga $q' = -3$ μC colocada em B. Qual é o módulo dessa força?

4 Campo elétrico criado por uma carga puntiforme

Vamos determinar as características (módulo, direção e sentido) do vetor campo elétrico $\vec{E}$ criado por uma carga elétrica puntiforme Q.

Para isso, vamos considerar uma carga puntiforme Q, colocada em um ponto O, e uma carga de prova q, colocada no ponto P do campo elétrico de Q (**fig. 4**).

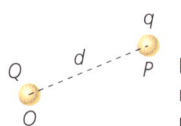

Figura 4. A carga de prova q, colocada no campo elétrico de Q, ficará sujeita a uma força elétrica.

De acordo com o que estudamos no capítulo 30, a carga de prova q ficará sujeita a uma força elétrica cuja intensidade é dada pela lei de Coulomb.

Então: $F_{el} = k \cdot \dfrac{|Q| \cdot |q|}{d^2}$ ①

Entretanto, vimos que: $F_{el} = |q| \cdot E$ ②

Comparando as equações ① e ②, temos:

$$|q| \cdot E = k \cdot \dfrac{|Q| \cdot |q|}{d^2}$$

Portanto, a **intensidade do vetor campo elétrico** $\vec{E}$ da carga puntiforme é dada por:

$$E = k \cdot \dfrac{|Q|}{d^2}$$

Ou seja, para uma dada carga puntiforme Q, a intensidade do vetor campo elétrico em um ponto é inversamente proporcional ao quadrado da distância da carga Q ao ponto considerado.

Quanto à direção, sabemos que o vetor campo elétrico $\vec{E}$ tem a mesma direção que a força elétrica $\vec{F}_{el}$, pois q é um número real. Portanto, a **direção do vetor campo elétrico** $\vec{E}$ coincide com a direção da reta que passa pelos pontos O e P considerados (**fig. 4**).

Para determinar o **sentido do vetor campo elétrico** $\vec{E}$, devemos considerar duas situações possíveis: uma em que a carga elétrica Q, que cria o campo, é positiva, e outra em que a carga elétrica Q é negativa.

A **figura 5** mostra as quatro situações possíveis quando consideramos a carga de prova *q* positiva ou negativa.

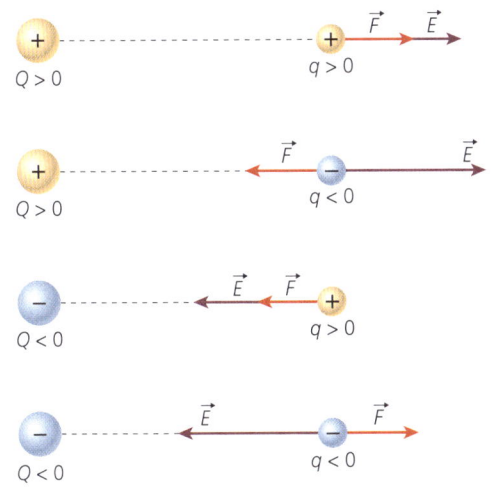

Figura 5. A carga de prova *q* não afeta as características do vetor $\vec{E}$. O sentido de $\vec{E}$ depende somente da carga que gera o campo (Q).

Pela observação da **figura 5**, podemos concluir que o vetor campo elétrico gerado por uma **carga Q positiva tem sentido de afastamento** da carga. Já se é gerado por uma **carga Q negativa tem sentido de aproximação (fig. 6)**.

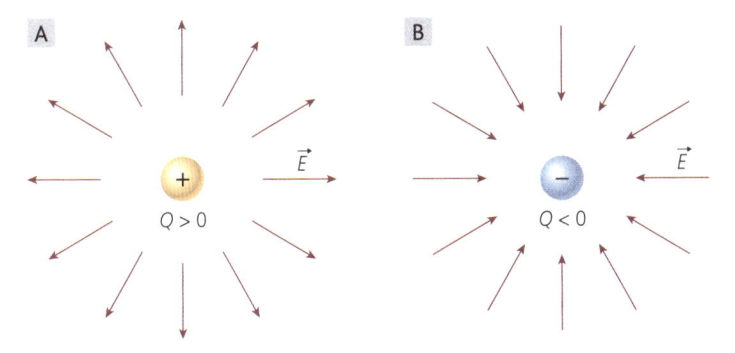

Figura 6. (A) Carga positiva gera campo elétrico de afastamento; (B) carga negativa gera campo elétrico de aproximação.

As linhas de força do campo elétrico criado por uma carga puntiforme têm direção radial e sentido de afastamento da carga positiva **(fig. 7A)** ou sentido de aproximação da carga negativa **(fig. 7B)**.

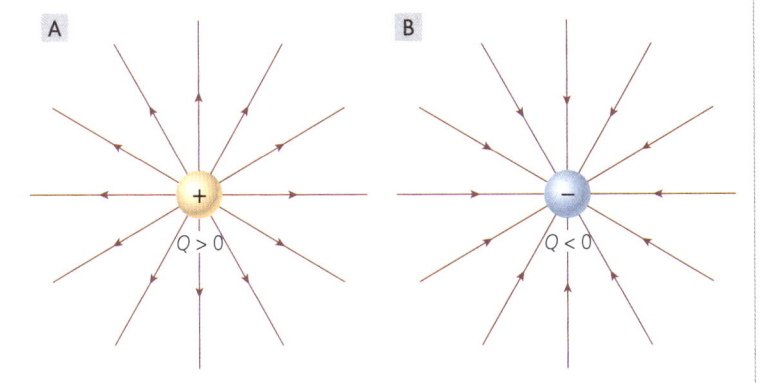

Figura 7. Linhas de força do campo elétrico de uma carga puntiforme. (A) Sentido de afastamento da carga positiva; (B) sentido de aproximação da carga negativa.

Exercícios resolvidos

4. Determinar o módulo do vetor campo elétrico em um ponto situado a 10 cm de uma carga puntiforme de 5 μC. Considerar: $k = 9 \cdot 10^9 \text{ N} \cdot \text{m}^2/\text{C}^2$

▶ **Solução**

O módulo do vetor campo elétrico gerado por uma carga elétrica puntiforme é dado por:

$$E = k \cdot \frac{|Q|}{d^2}$$

Substituindo os valores fornecidos no enunciado, obtemos:

$$E = 9 \cdot 10^9 \cdot \frac{5 \cdot 10^{-6}}{0{,}10^2} \Rightarrow E = 45 \cdot \frac{10^3}{10^{-2}} \therefore \boxed{E = 4{,}5 \cdot 10^6 \text{ N/C}}$$

5. No vácuo, uma carga elétrica puntiforme Q gera um campo elétrico de módulo E em um ponto a uma distância *d*. Qual é o módulo do vetor campo elétrico gerado por outra carga 3Q em um ponto situado à distância $\frac{d}{2}$?

▶ **Solução**

Para a primeira carga, Q, temos: $E = k \cdot \frac{|Q|}{d^2}$

Seja E' o campo gerado pela carga 3Q. Então:

$$E' = k \cdot \frac{|3Q|}{\left(\frac{d}{2}\right)^2} \Rightarrow E' = 3k \cdot \frac{|Q|}{\frac{d^2}{4}} \Rightarrow E' = 12k \cdot \frac{|Q|}{(d)^2} \Rightarrow \boxed{E' = 12E}$$

Exercícios propostos

7. A figura a seguir indica uma carga elétrica puntiforme Q = −6,0 μC, fixa no vácuo, e um ponto P a uma distância de 20 cm dessa carga. Considere a constante eletrostática do vácuo $k_0 = 9 \cdot 10^9 \text{ N} \cdot \text{m}^2/\text{C}^2$.

a) Indique a direção, o sentido e o módulo do vetor campo elétrico E criado pela carga Q no ponto P.
b) Indique a direção, o sentido e a intensidade da força elétrica que agirá em uma carga elétrica q = +1,0 μC quando colocada no ponto P.

8. Na figura abaixo, o campo elétrico de uma carga puntiforme em repouso tem, nos pontos A e B, as direções e os sentidos indicados pelas setas. O módulo do vetor campo elétrico no ponto A vale 100 N/C.

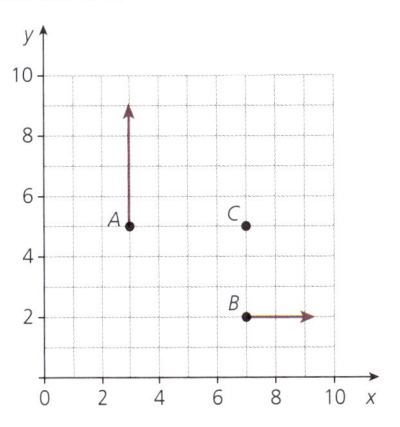

Capítulo 31 • Campo elétrico **455**

Determine:
a) as coordenadas da posição da carga elétrica puntiforme;
b) o módulo do vetor campo elétrico, em N/C, no ponto C da figura.

9. Uma carga elétrica Q cria, em um ponto à distância d, um campo elétrico de módulo E. Considerando outras cargas e outras diferentes distâncias, complete a tabela abaixo. Todas as cargas situam-se em um mesmo meio.

Carga	Distância	Módulo do vetor campo elétrico
Q	d	E
$2Q$	$2d$	
	d	$3E$
$\dfrac{Q}{2}$		$2E$

10. A figura abaixo indica duas situações: em uma delas, uma carga elétrica Q_1 cria, no ponto P, um campo elétrico de intensidade E; na outra, uma carga elétrica Q_2 cria, no ponto P', um campo elétrico de intensidade $\dfrac{2E}{3}$.

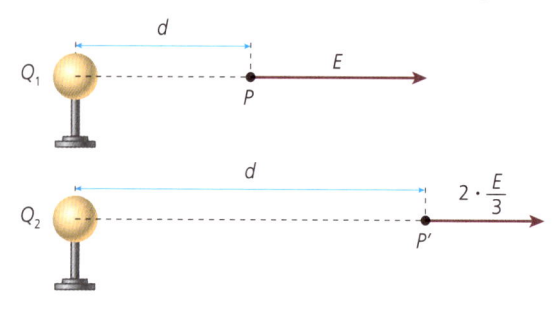

Determine o valor algébrico da razão $\dfrac{Q_1}{Q_2}$. Considere que o meio que envolve as cargas é o mesmo nas duas situações.

5 Campo elétrico uniforme

Em um **campo elétrico uniforme**, o vetor campo elétrico $\vec{E}$ é constante (módulo, direção e sentido). Na **figura 3B**, vimos a configuração das linhas de força de um campo elétrico uniforme.

Um campo elétrico uniforme é gerado, por exemplo, na região entre duas placas planas, paralelas e eletrizadas com cargas de mesmo módulo, mas de sinais contrários.

Nesse caso, como foi mostrado anteriormente, as linhas de força serão retas paralelas igualmente espaçadas e orientadas da placa positiva para a placa negativa. O vetor campo elétrico entre as placas, assim como as linhas de força, estará orientado da placa positiva para a placa negativa **(fig. 8)**.

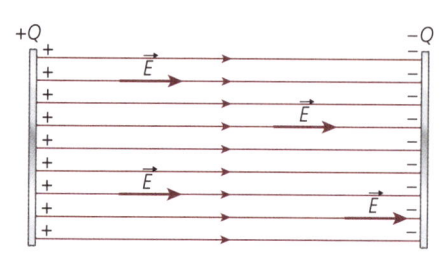

Figura 8. As linhas de força de um campo elétrico $\vec{E}$ uniforme partem da placa positiva e chegam à placa negativa.

Como na região de um campo elétrico uniforme, o vetor campo elétrico $\vec{E}$ é constante, podemos concluir que uma carga de prova q colocada nessa região ficará sujeita a uma força elétrica $\vec{F}_{el}$ constante (em módulo, direção e sentido), pois $\vec{F}_{el} = |q| \cdot \vec{E}$.

Exercícios resolvidos

6. Uma partícula com massa 2 g e carga elétrica de 5 μC é abandonada a partir do repouso em um campo elétrico uniforme de módulo 200 N/C. Desprezando os efeitos gravitacionais, determinar o módulo da aceleração adquirida pela partícula.

▶ **Solução**

No campo elétrico uniforme, o vetor campo elétrico tem módulo constante. Portanto, a força elétrica também tem módulo constante.

Como desprezamos a força gravitacional (peso), a única força que atuará na partícula será a força elétrica, $F_{el} = |q| \cdot E$. Logo, pela segunda lei de Newton, temos:

$$F_R = m \cdot a \Rightarrow |q| \cdot E = m \cdot a$$

Substituindo os valores fornecidos no enunciado, obtemos:

$$5 \cdot 10^{-6} \cdot 200 = 2 \cdot 10^{-3} \cdot a \therefore \boxed{a = 0{,}5 \text{ m/s}^2}$$

Exercícios propostos

11. Uma partícula com massa $m = 5$ g e carga elétrica $q = +6$ μC é abandonada em uma região de campo elétrico uniforme, como mostra a figura abaixo.

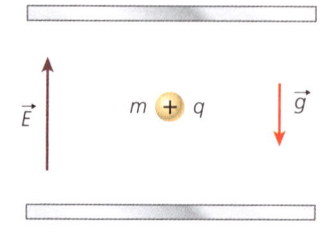

Considerando $g = 10$ m/s² e $E = 5.000$ N/C, julgue as proposições a seguir.
(01) A partícula permanece em equilíbrio.
(02) A partícula movimenta-se na vertical e para baixo.

(04) A força elétrica que atua na partícula tem módulo 0,03 N.
(08) A partícula adquire aceleração de 4 m/s².
(16) A partícula adquire aceleração de 16 m/s².

Qual é a soma dos números que correspondem às proposições corretas?

12. Em certa região da Terra, próxima do solo, a aceleração da gravidade tem módulo 10 m/s², e o campo eletrostático do planeta (que possui carga negativa na região) tem intensidade 150 N/C. Determine o sinal e o valor da carga elétrica que uma bolinha de gude, de massa 30 g, deveria ter para permanecer em repouso acima do solo. Considere o campo elétrico praticamente uniforme no local e despreze qualquer outra força atuando sobre a bolinha.

6 Campo elétrico criado por um sistema de cargas elétricas puntiformes

Vimos como caracterizar o vetor campo elétrico $\vec{E}$ gerado por uma única carga elétrica puntiforme. Entretanto, um campo elétrico pode ser originado por uma distribuição qualquer de cargas elétricas, puntiformes ou não.

Agora, vamos determinar o vetor campo elétrico $\vec{E}$ criado por um sistema de cargas elétricas puntiformes.

Nesse caso, devemos considerar a contribuição de cada uma das cargas do sistema na geração do campo elétrico. Ou seja, o vetor campo elétrico resultante será a soma vetorial dos campos elétricos gerados por cada uma das cargas do sistema. Portanto, em um sistema de n cargas puntiformes, temos:

$$\vec{E} = \vec{E}_1 + \vec{E}_2 + \vec{E}_3 + \ldots + \vec{E}_n$$

Para compreender melhor essa operação, observe na **figura 9** a situação para a qual determinamos o vetor campo elétrico $\vec{E}$ no ponto P, criado pelas cargas puntiformes Q_1 e Q_2.

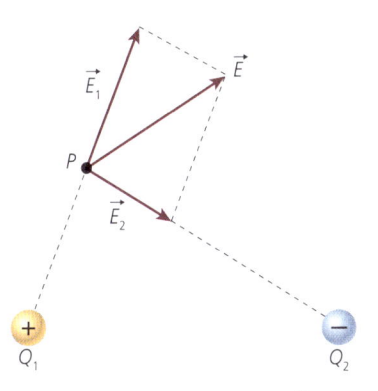

Figura 9. O vetor campo elétrico resultante $\vec{E}$ é dado pela soma vetorial dos vetores campos elétricos $\vec{E}_1$ e $\vec{E}_2$.

As linhas de força dos sistemas de cargas elétricas puntiformes coplanares a seguir **(fig. 10)** foram geradas por um programa de computador, pois, em geral, as linhas de força de um sistema de cargas puntiformes são difíceis de desenhar. Os valores relativos das cargas elétricas são mostrados em cada um dos casos, mas não o sentido das linhas de força.

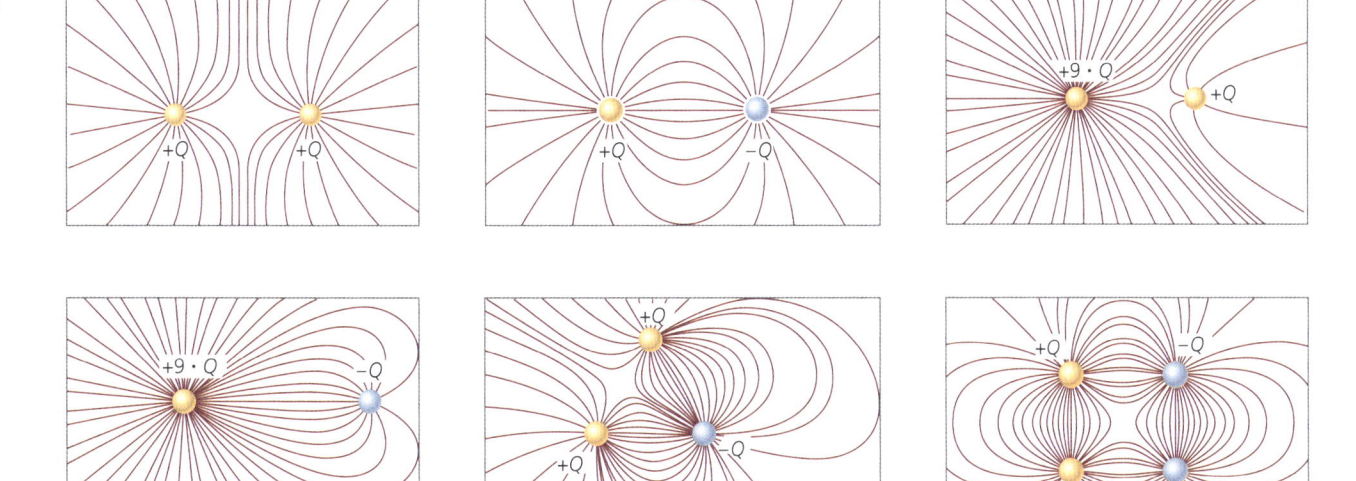

Figura 10. Linhas de força para sistemas de cargas puntiformes coplanares.

Observe que, conforme esperado, a concentração de linhas de força é maior nas proximidades das cargas maiores, o que indica que nessas regiões o campo elétrico é mais intenso.

Exercícios resolvidos

7. No esquema a seguir, Q_1 e Q_2 são cargas elétricas puntiformes e positivas, com $Q_1 > Q_2$. Os pontos A, B, C, D e F são pontos da reta que passa pelas cargas.

Determinar em qual dos pontos o campo elétrico poderá ter intensidade nula.

▶ **Solução**

Como as cargas Q_1 e Q_2 são positivas, ambas geram campo elétrico no sentido de afastamento.

O campo elétrico resultante será nulo em um ponto no qual o campo elétrico $\vec{E}_1$, criado pela carga Q_1, e o campo elétrico $\vec{E}_2$, criado pela carga Q_2, tiverem mesma direção e mesma intensidade (módulo), porém sentidos opostos.

Na figura a seguir, E_1 é o módulo do campo elétrico criado pela carga Q_1 e E_2 é o módulo do campo elétrico criado pela carga Q_2 em cada um dos pontos considerados.

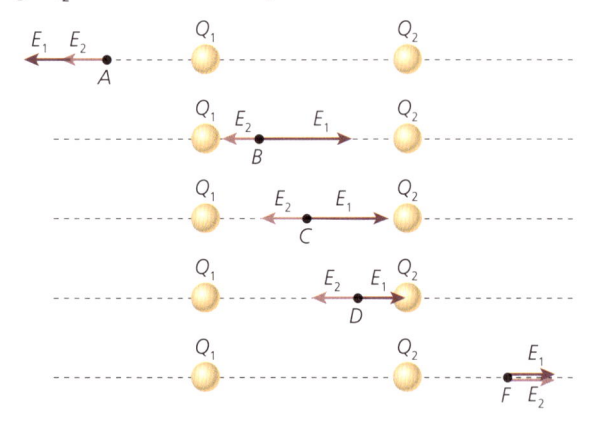

Observe que o único ponto no qual o campo elétrico resultante pode ser **nulo** é o ponto D, pois nesse ponto os vetores campos elétricos têm mesma direção, sentidos opostos e podem ter a mesma intensidade.

8. Sobre um eixo de abscissas x são fixadas duas cargas elétricas, $Q_1 = +2\ \mu C$ e $Q_2 = -8\ \mu C$, respectivamente, nas posições $x_1 = 2$ m e $x_2 = 8$ m. Determinar a abscissa do ponto P do eixo no qual o campo elétrico resultante é nulo.

▶ **Solução**

A figura a seguir mostra o módulo do campo elétrico E_1, criado pela carga Q_1, e o módulo do campo elétrico E_2, criado pela carga Q_2, em cada um dos três pontos considerados: à esquerda de Q_1, entre Q_1 e Q_2 e à direita de Q_2.

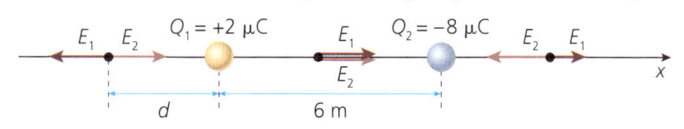

Observe que, no ponto à direita de Q_2, $E_2 > E_1$ e, apenas no ponto à esquerda de Q_1, podemos ter vetores de mesma direção, mesma intensidade e sentidos opostos. Então, naquele ponto, temos:

$$E_1 = E_2 \Rightarrow k \cdot \frac{|Q_1|}{d_1^2} = k \cdot \frac{|Q_2|}{d_2^2} \Rightarrow \frac{|Q_1|}{d_1^2} = \frac{|Q_2|}{d_2^2}$$

Dessa forma, ficamos com: $\dfrac{2}{d^2} = \dfrac{8}{(6+d)^2} \Rightarrow \dfrac{1}{d^2} = \dfrac{4}{(6+d)^2}$

A resolução dessa equação do 2º grau fornece duas raízes: para uma delas, temos $E_1 = E_2$, porém os vetores têm mesmo sentido (o ponto entre Q_1 e Q_2, que não nos convém). A outra raiz leva a um ponto em que $E_1 = E_2$, que têm vetores de sentidos opostos (o ponto à esquerda de Q_1).

Podemos, então, simplificar a equação anterior a fim de obter diretamente a raiz procurada:

$$\sqrt{\frac{1}{d^2}} = \sqrt{\frac{4}{(6+d)^2}} \Rightarrow \frac{1}{d} = \frac{2}{(6+d)} \Rightarrow 6 + d = 2d \therefore d = 6\ m$$

O ponto P procurado está, portanto, 6 m à esquerda da carga Q_1.

Assim, a abscissa do ponto P é: $x_P = x_{Q_1} - 6 \Rightarrow x_P = 2 - 6$

$$\therefore \boxed{x_P = -4\ m}$$

Exercícios propostos

13. O vetor campo elétrico resultante $\vec{E}$, no ponto P, acha-se corretamente representado nas situações:

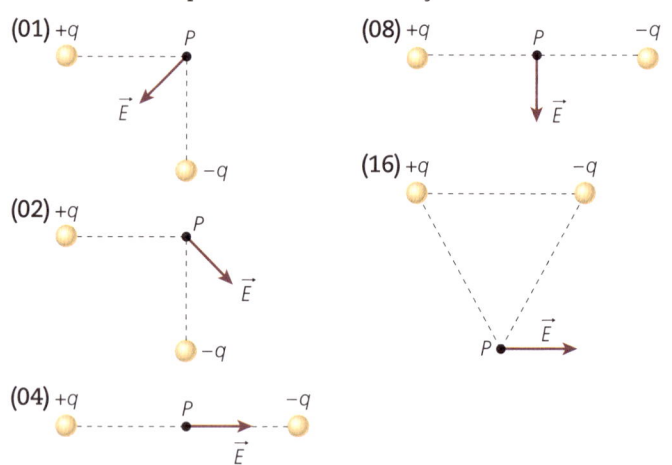

(01) +q ... −q

(02) +q ... −q

(04) +q ... −q

(08) +q ... −q

(16) +q ... −q

Qual é a soma dos números que correspondem às proposições corretas?

14. Em dois pontos, A e B, são colocadas cargas elétricas respectivamente iguais a $+5\ \mu C$ e $-2\ \mu C$, como mostra a figura a seguir. Determine a intensidade do vetor campo elétrico em P, considerando $k_0 = 9 \cdot 10^9\ N \cdot m^2/C^2$.

A — 3 m — B — 3 m — P

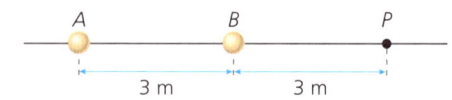

15. Em cada um dos casos a seguir, determine o valor algébrico da carga que, ao ser colocada no ponto A da reta r, torna nulo o campo elétrico resultante no ponto P. Em todos os casos, a carga elétrica colocada no ponto B vale $+8\ \mu C$ e o meio que envolve as cargas é o vácuo.

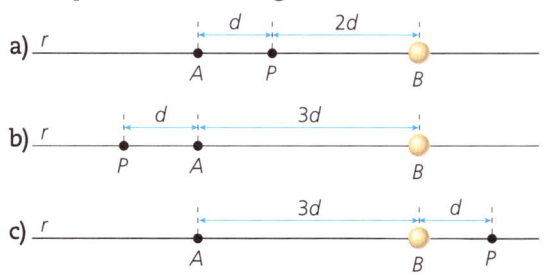

a) A — d — P — $2d$ — B

b) P — d — A — $3d$ — B

c) A — $3d$ — B — d — P

Exercícios de revisão

Ficha-resumo 1

Campo elétrico

$$\vec{E} = \frac{\vec{F}_{el}}{q} \Rightarrow \vec{F}_{el} = q \cdot \vec{E}$$

Em módulo: $F_{el} = |q| \cdot E$

F_{el}: intensidade da força elétrica (N)
q: carga elétrica (C)
E: intensidade do vetor campo elétrico (N/C ou V/m)

1. (Mackenzie-SP) Sobre uma carga elétrica de $2,0 \cdot 10^{-6}$ C, colocada em certo ponto do espaço, age uma força de intensidade 0,80 N. Despreze as ações gravitacionais. A intensidade do campo elétrico nesse ponto é:
a) $1,6 \cdot 10^{-6}$ N/C
b) $1,3 \cdot 10^{-5}$ N/C
c) $2,0 \cdot 10^{3}$ N/C
d) $1,6 \cdot 10^{5}$ N/C
e) $4,0 \cdot 10^{5}$ N/C

2. (Udesc) A carga elétrica de uma partícula com 2,0 g de massa, para que ela permaneça em repouso, quando colocada em um campo elétrico vertical, com sentido para baixo e intensidade igual a 500 N/C, é:
a) +40 nC
b) +40 µC
c) +40 mC
d) −40 µC
e) −40 mC

(Adote: $g = 10$ m/s²)

3. (Mackenzie-SP) Uma partícula de massa 5 g, eletrizada com carga elétrica de 4 µC, é abandonada em uma região do espaço na qual existe um campo elétrico uniforme, de intensidade $3 \cdot 10^3$ N/C. Desprezando-se as ações gravitacionais, a aceleração adquirida por essa carga é:
a) 2,4 m/s²
b) 2,2 m/s²
c) 2,0 m/s²
d) 1,8 m/s²
e) 1,6 m/s²

4. (UFPI) Uma partícula de massa $2,0 \cdot 10^{-5}$ kg, com carga $q = 6,0 \cdot 10^{-8}$ C, é colocada num campo elétrico uniforme, de intensidade $E = 5 \cdot 10^3$ N/C.

A partícula adquire uma aceleração escalar de:
a) 2,0 m/s²
b) 5,0 m/s²
c) 10 m/s²
d) 15 m/s²
e) 30 m/s²

Ficha-resumo 2

Linhas de força

São linhas imaginárias tangentes ao vetor campo elétrico $\vec{E}$ em cada ponto do campo.

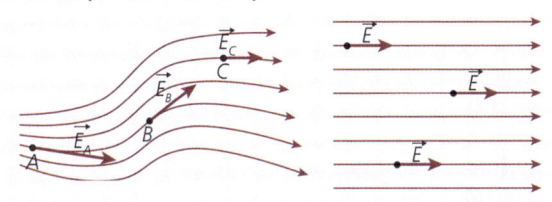

Características:
- partem de cargas positivas e chegam a cargas negativas;
- nunca se cruzam;
- o campo elétrico é mais intenso onde há maior concentração das linhas de força.
- quando as linhas de força são retas paralelas e igualmente espaçadas, o campo elétrico é uniforme e o vetor campo elétrico é constante.

5. (UFPA) Com relação às linhas de força de um campo elétrico, pode-se afirmar que são linhas de força imaginárias:
a) tais que a tangente a elas em qualquer ponto tem a mesma direção do campo elétrico.
b) tais que a perpendicular a elas em qualquer ponto tem a mesma direção do campo elétrico.
c) que circulam na direção do campo elétrico.
d) que nunca coincidem com a direção do campo elétrico.
e) que sempre coincidem com a direção do campo elétrico.

Ficha-resumo 3

Campo elétrico criado por uma carga puntiforme

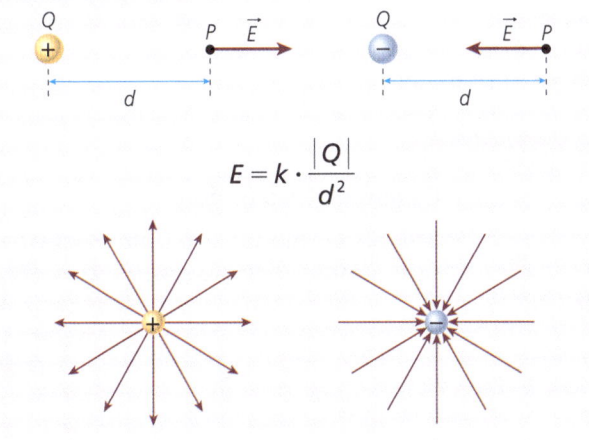

$$E = k \cdot \frac{|Q|}{d^2}$$

6. (Uema) O módulo do vetor campo elétrico produzido por uma carga elétrica Q em um ponto P é igual a E. Dobrando-se a distância entre a carga e o ponto P, por meio do afastamento da carga e dobrando-se também o valor da carga, o módulo do vetor campo elétrico, nesse ponto, muda para:
a) 8E
b) $\frac{E}{4}$
c) 2E
d) 4E
e) $\frac{E}{2}$

Exercícios de revisão

7. (Fuvest-SP) O campo elétrico de uma carga puntiforme em repouso tem, nos pontos A e B, as direções e sentidos indicados pelas flechas na figura abaixo. O módulo do campo elétrico no ponto B vale 24 V/m.

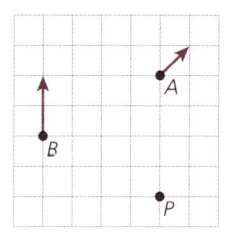

O módulo do campo elétrico no ponto P da figura vale, em volt/metro:
a) 3
b) 4
c) $3\sqrt{2}$
d) 6
e) 12

8. (IJSO) No campo elétrico gerado por uma carga elétrica puntiforme Q, situada num ponto O, considere os pontos A e B, tal que O, A e B pertençam ao mesmo plano vertical. Em A, o vetor campo elétrico $\vec{E}_A$ tem direção horizontal e intensidade $E_A = 8,0 \cdot 10^5$ N/C. Uma partícula de massa $m = 2,0 \cdot 10^{-3}$ kg e carga elétrica q é colocada em B e fica em equilíbrio sob a ação de seu peso e da força elétrica exercida por Q.

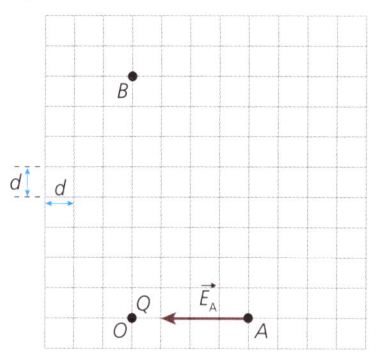

Sendo $g = 10$ m/s², pode-se afirmar que a carga q é igual a:
a) $1,0 \cdot 10^{-7}$ C
b) $-1,0 \cdot 10^{-7}$ C
c) $2,0 \cdot 10^{-7}$ C
d) $-2,0 \cdot 10^{-7}$ C
e) $4,0 \cdot 10^{-7}$ C

Ficha-resumo 4

Campo elétrico uniforme

Gerado por duas placas planas e paralelas eletrizadas com cargas de mesmo módulo, porém com sinais opostos.

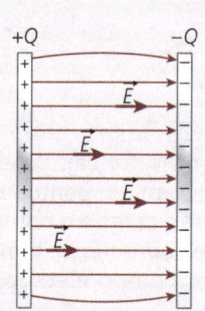

Uma carga elétrica em um campo elétrico uniforme fica sujeita a uma força elétrica constante.

9. (UFF-RJ) Entre duas placas metálicas, paralelas e distantes L uma da outra, há um campo elétrico uniforme E, conforme mostrado na figura.

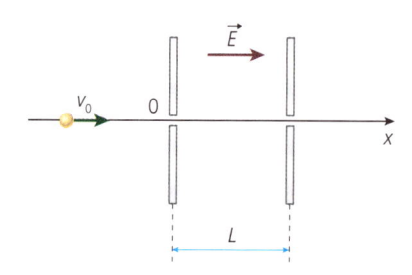

Através de dois pequenos furos, uma carga positiva atravessa o sistema, tendo velocidade inicial v_0.

Assinale qual das opções a seguir melhor representa a variação da velocidade da carga em função de sua posição ao longo do eixo x.

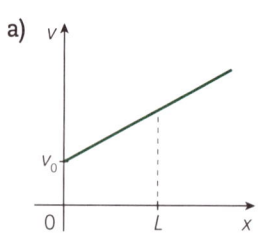

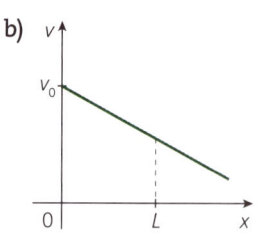

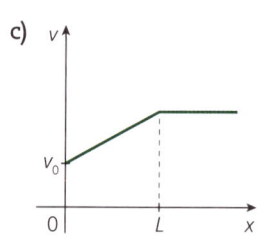

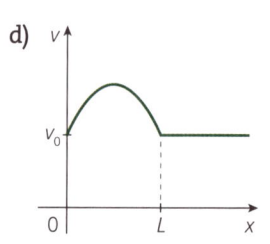

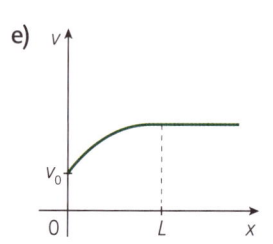

a)
b)
c)
d)
e)

10. (Fuvest-SP) Uma fonte F emite partículas (elétrons, prótons e nêutrons) que são lançadas no interior de uma região onde existe um campo elétrico uniforme.

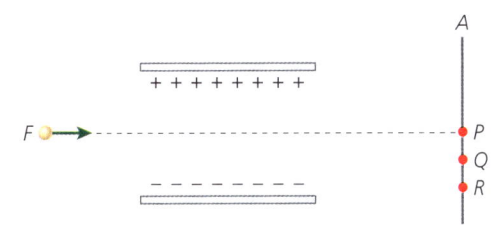

As partículas penetram perpendicularmente às linhas de força do campo. Três partículas emitidas atingem o anteparo A nos pontos P, Q e R. Podemos afirmar que essas partículas eram, respectivamente:
a) elétron, nêutron, próton.
b) próton, nêutron, elétron.
c) elétron, próton, próton.
d) nêutron, elétron, elétron.
e) nêutron, próton, próton.

11. (Fuvest-SP) Em uma aula de laboratório de Física, para estudar propriedades de cargas elétricas, foi realizado um experimento em que pequenas esferas eletrizadas são injetadas na parte superior de uma câmara, em vácuo, onde há um campo elétrico uniforme na mesma direção e sentido da aceleração local da gravidade. Observou-se que, com campo elétrico de módulo igual a 2×10^3 V/m, uma das esferas, de massa $3,2 \times 10^{-15}$ kg, permanecia com velocidade constante no interior da câmara. Essa esfera tem:
a) o mesmo número de elétrons e de prótons.
b) 100 elétrons a mais que prótons.
c) 100 elétrons a menos que prótons.
d) 2.000 elétrons a mais que prótons.
e) 2.000 elétrons a menos que prótons.

Note e adote:
carga do elétron: $-1,6 \times 10^{-19}$ C
carga do próton: $+1,6 \times 10^{-19}$ C
aceleração da gravidade: 10 m/s²

12. (Vunesp) Um dispositivo para medir a carga elétrica de uma gota de óleo é constituído de um capacitor polarizado no interior de um recipiente convenientemente vedado, como ilustrado na figura.

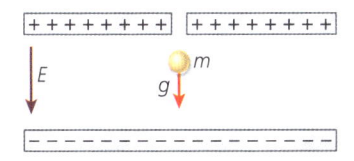

A gota de óleo, com massa m, é abandonada a partir do repouso no interior do capacitor, onde existe um campo elétrico uniforme E. Sob a ação da gravidade e do campo elétrico, a gota inicia um movimento de queda com aceleração $0,2g$, onde g é a aceleração da gravidade. O valor absoluto (módulo) da carga pode ser calculado através da expressão:
a) $Q = \dfrac{0,8mg}{E}$
b) $Q = \dfrac{1,2E}{mg}$
c) $Q = \dfrac{1,2m}{gE}$
d) $Q = \dfrac{1,2mg}{E}$
e) $Q = \dfrac{0,8E}{mg}$

Ficha-resumo 5

Campo elétrico criado por um sistema de cargas elétricas puntiformes

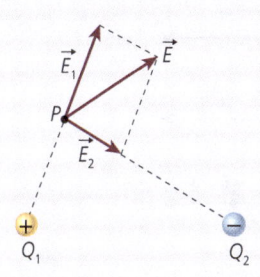

Para um sistema constituído por n cargas elétricas puntiformes, temos:

$$\vec{E} = \vec{E_1} + \vec{E_2} + \vec{E_3} + \ldots + \vec{E_n}$$

13. (PUC-PR) Marque a alternativa cujas palavras completam corretamente as frases abaixo.
   I. Quando duas partículas eletrizadas são aproximadas uma da outra, a força elétrica entre elas _____.
   II. Duas cargas elétricas puntiformes estão separadas por uma certa distância. Sabendo-se que o campo elétrico é nulo num ponto do segmento de reta que une as duas cargas, conclui-se que as cargas são de _____.
   III. Um bastão de vidro eletrizado positivamente repele um objeto suspenso num pêndulo elétrico. Podemos afirmar que o objeto está carregado _____.
   a) diminui, mesmo sinal, positivamente
   b) aumenta, sinal contrário, negativamente
   c) diminui, mesmo sinal, negativamente
   d) aumenta, mesmo sinal, positivamente
   e) aumenta, sinal contrário, negativamente

14. (FMABC-SP) Duas cargas puntiformes Q_1 e Q_2, de sinais opostos, estão situadas nos pontos A e B localizados no eixo x, conforme mostra a figura abaixo.

Sabendo-se que $|Q_1| > |Q_2|$, podemos afirmar que existe um ponto do eixo x, situado a uma distância finita das cargas Q_1 e Q_2, no qual o campo elétrico resultante, produzido pelas referidas cargas, é nulo. Esse ponto:
a) está localizado entre A e B.
b) está localizado à direita de B.
c) coincide com A.
d) situa-se à esquerda de A.
e) coincide com B.

15. (PUC-MG) A figura representa duas cargas elétricas fixas, positivas, sendo $q_1 > q_2$.

Capítulo 31 • Campo elétrico 461

Exercícios de revisão

Os vetores campo elétrico, devido às duas cargas, no ponto médio M da distância entre elas, estão mais bem representados em:

a) $\vec{E}_1 \longleftarrow M \longrightarrow \vec{E}_2$

b) $\vec{E}_1 \longrightarrow M \longrightarrow \vec{E}_2$

c) $\vec{E}_1 \longrightarrow M \longleftarrow \vec{E}_2$

d) $\vec{E}_2 \longrightarrow M \longleftarrow \vec{E}_1$

e) $\vec{E}_2 \longleftarrow M \longrightarrow \vec{E}_1$

16. (Mackenzie-SP) Considere a figura abaixo.

$Q_1 = 4{,}0$ μC, P em A; $Q_2 = 1{,}0 \cdot 10^{-4}$ C em B; distância AP = 20 cm; distância AB = 1,2 m.

As duas cargas elétricas puntiformes Q_1 e Q_2 estão fixas, no vácuo, onde $k_0 = 9{,}0 \cdot 10^9$ N · m²/C², respectivamente sobre os pontos A e B. O campo elétrico resultante no ponto P tem intensidade:

a) zero
b) $4{,}0 \cdot 10^5$ N/C
c) $5{,}0 \cdot 10^5$ N/C
d) $9{,}0 \cdot 10^5$ N/C
e) $1{,}8 \cdot 10^6$ N/C

17. (PUC-RJ) Duas esferas metálicas contendo as cargas Q e 2Q estão separadas pela distância de 1,0 m. Podemos dizer que, a meia distância entre as esferas, o campo elétrico gerado por:

a) ambas as esferas é igual.
b) uma esfera é $\frac{1}{2}$ do campo gerado pela outra esfera.
c) uma esfera é $\frac{1}{3}$ do campo gerado pela outra esfera.
d) uma esfera é $\frac{1}{4}$ do campo gerado pela outra esfera.
e) ambas as esferas é igual a zero.

18. (OBC) Seis partículas eletrizadas são fixadas nos vértices de um hexágono regular ABCDFG, conforme indica a figura. Três partículas têm carga elétrica positiva +Q e três negativas, −Q:

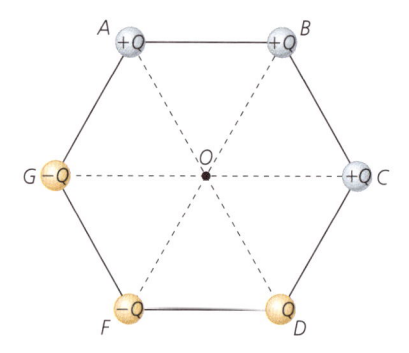

Hexágono com A(+Q), B(+Q), C(+Q), D(−Q), F(−Q), G(−Q) e centro O.

Pretende-se substituir as seis partículas por uma somente e que produza no centro O do hexágono o mesmo vetor campo elétrico das seis partículas. Essa única partícula deve ser fixada no ponto:

a) B e sua carga elétrica é +4Q ou no ponto F e sua carga elétrica é −4Q.
b) B e sua carga elétrica é −2Q ou no ponto A e sua carga elétrica é +2Q.
c) B e sua carga elétrica é −4Q ou no ponto F e sua carga elétrica é +4Q.
d) F e sua carga elétrica é −2Q ou no ponto G e sua carga elétrica é +2Q.
e) A e sua carga elétrica é +3Q ou no ponto G e sua carga elétrica é +4Q.

19. (Famerp-SP) Quatro cargas elétricas puntiformes, Q_1, Q_2, Q_3 e Q_4, estão fixas nos vértices de um quadrado, de modo que $|Q_1|=|Q_2|=|Q_3|=|Q_4|$. As posições das cargas e seus respectivos sinais estão indicados na figura.

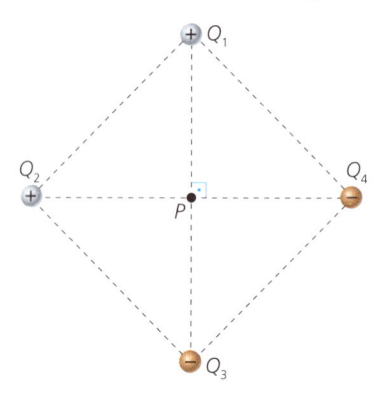

Quadrado com Q_1(+) no topo, Q_2(+) à esquerda, Q_3(−) embaixo, Q_4(−) à direita, centro P.

Se E for o módulo do campo elétrico no ponto P, centro do quadrado, devido à carga Q_1, o campo elétrico resultante no ponto P, devido à presença das quatro cargas, terá módulo:

a) zero
b) $4 \cdot E$
c) $\sqrt{2} \cdot E$
d) $2 \cdot \sqrt{2} \cdot E$
e) $4 \cdot \sqrt{2} \cdot E$

Mais questões em **Vereda Digital Aprova Enem**, em **Vereda Digital Suplemento de revisão**, em **AprovaMax** (no *site*) e no livro digital.

CAPÍTULO 32

POTENCIAL ELÉTRICO E ENERGIA POTENCIAL ELÉTRICA

Quando ocorre uma tempestade, a diferença de potencial elétrico entre uma nuvem e uma região da superfície da Terra pode ficar tão alta que elétrons são arrancados dos átomos por causa do intenso campo elétrico. O ar torna-se, então, condutor de eletricidade com íons e elétrons livres fluindo rapidamente, colidindo com outros átomos e provocando ainda mais ionização. O grande fluxo de cargas que compõe o raio reduz a diferença de potencial, e a descarga rapidamente cessa. O relâmpago, mostrado nesta foto, representa a energia liberada sob a forma de luz quando ocorre ionização do ar.

Objetivos do capítulo

- Apresentar o conceito de potencial elétrico e sua relação com a energia potencial elétrica.
- Calcular o trabalho da força elétrica.
- Caracterizar o potencial elétrico criado por uma carga elétrica puntiforme e por um sistema de cargas puntiformes.
- Conhecer as propriedades dos condutores em equilíbrio eletrostático.

1 Potencial elétrico

No capítulo anterior, vimos que uma carga de prova q, ao ser colocada em um ponto P de um campo elétrico $\vec{E}$, fica sujeita a uma força elétrica $\vec{F}_{el}$. Se essa carga for abandonada, ela irá se deslocar e descrever um movimento acelerado, ou seja, quando for solta na região em que age o campo elétrico, a carga q irá adquirir energia cinética (fig. 1). Mas qual será a origem dessa energia cinética?

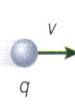

Figura 1. A carga q, ao ser abandonada em um campo elétrico, adquire energia cinética.

Pelo princípio da conservação da energia, sabemos que a energia não pode ser criada nem destruída, mas apenas convertida de um tipo em outro.

A energia cinética obtida pela carga de prova é proveniente da **energia potencial elétrica**, E_{Pel}, que a carga adquiriu ao ser colocada no ponto P do campo elétrico.

Se a carga de prova q for substituída por outra carga q', a energia potencial passará a ser E'_{Pel}.

Experimentalmente, observamos que: $\dfrac{E_{Pel}}{q} = \dfrac{E'_{Pel}}{q'}$

Esse quociente é uma constante para o ponto P do campo elétrico e não depende da carga de prova colocada no ponto. Esse quociente é, por definição, o **potencial elétrico** V_P do ponto P.

Então, por definição, o potencial elétrico V_P em um ponto P de um campo elétrico é a grandeza escalar:

$$V_P = \dfrac{E_{Pel}}{q}$$

No SI, o potencial elétrico é medido em joule por coulomb (J/C), que recebe o nome de volt, cujo símbolo é V.

Assim: 1 volt = 1 $\dfrac{\text{joule}}{\text{coulomb}}$ ou, em linguagem simbólica, 1 V = 1 $\dfrac{\text{J}}{\text{C}}$

Exercícios resolvidos

1. Uma carga elétrica, $q = +4$ μC, é colocada em um ponto P de um campo elétrico cujo potencial elétrico é de 500 V. Determinar a energia potencial elétrica adquirida pela carga q.

▶ **Solução**

Pela definição de potencial elétrico, $V_P = \dfrac{E_{Pel}}{q}$, temos:

$500 = \dfrac{E_{Pel}}{4 \cdot 10^{-6}} \Rightarrow E_{Pel} = 5 \cdot 10^2 \cdot 4 \cdot 10^{-6}$

∴ $\boxed{E_{Pel} = 2 \cdot 10^{-3} \text{ J} = 2 \text{ mJ}}$

Exercícios propostos

1. Em um campo elétrico, há um ponto P cujo potencial elétrico vale $V_P = 3 \cdot 10^3$ V. Calcule a energia potencial elétrica adquirida por uma carga puntiforme, $q = 1 \cdot 10^{-7}$ C, ao ser colocada nesse ponto P do campo.

2. Uma carga elétrica, $q = +6$ μC, ao ser colocada em dado ponto de um campo elétrico, adquire uma energia potencial elétrica de 12 mJ. Determine o potencial elétrico no ponto onde foi colocada a carga elétrica.

2 Trabalho da força elétrica

No capítulo 11, estudamos o teorema trabalho-energia, ou teorema da energia cinética. De acordo com esse teorema:

$$\tau_{F_R} = E_{c(2)} - E_{c(1)}$$

Isso significa que o trabalho da força resultante de um sistema de forças em dado deslocamento é igual à variação da energia cinética nesse deslocamento. Sabemos também que, em um sistema conservativo, a energia mecânica permanece constante. Ou seja, a soma da energia cinética com a energia potencial não varia.

Portanto, quando determinada carga passa de um estado 1 para um estado 2, temos:

$E_{c(1)} + E_{p(1)} = E_{c(2)} + E_{p(2)} \Rightarrow E_{p(1)} - E_{p(2)} = E_{c(2)} - E_{c(1)}$

Assim, podemos calcular o trabalho da força resultante também em função da energia potencial do sistema:

$$\tau_{F_R} = E_{p(1)} - E_{p(2)}$$

Note que, no caso da energia potencial elétrica de uma carga q: $E_{p_{el}} = qV$

Consideremos, então, uma carga de prova q que se desloca em um campo elétrico, passa de um ponto A para um ponto B e está sujeita apenas à força elétrica **(fig. 2)**.

Figura 2. No deslocamento da carga de prova q do ponto A para o ponto B, a força elétrica realiza trabalho.

Tendo em vista que a força elétrica é a força resultante, o trabalho da força elétrica que atua na carga q será:

$\tau_{F_{el}} = E_{p_{el(A)}} - E_{p_{el(B)}} \Rightarrow \tau_{F_{el}} = q \cdot V_A - q \cdot V_B \Rightarrow$

$\Rightarrow \boxed{\tau_{F_{el}} = q \cdot (V_A - V_B)}$

A diferença $V_A - V_B$ é denominada **diferença de potencial**, ou, simplesmente, **ddp**, ou, ainda, **tensão elétrica**, e vamos representá-la por U.

Assim:

$$\boxed{\tau_{F_{el}} = qU}$$

Exercícios resolvidos

2. Uma carga elétrica puntiforme, $q = -2$ μC, abandonada em um ponto A de um campo elétrico, desloca-se para um ponto B. Sabe-se que os potenciais elétricos em A e em B valem, respectivamente, +200 V e +500 V.
  a) Determinar o trabalho da força elétrica no deslocamento de q entre A e B.
  b) O deslocamento da carga foi espontâneo ou necessitou da ajuda de um operador externo?

▶ **Solução**
a) O trabalho da força elétrica é dado por: $\tau_{F_{el}} = q \cdot (V_A - V_B)$
Então:

$\tau_{F_{el}} = -2 \cdot 10^{-6} \cdot (200 - 500) \therefore \boxed{\tau_{F_{el}} = +6 \cdot 10^{-4} \text{ J}}$

b) Como a carga elétrica foi abandonada, concluímos que seu movimento é espontâneo. Neste caso, o trabalho da força elétrica é motor (positivo). A carga se deslocará para posições em que sua energia potencial elétrica será menor. Poderíamos ter chegado à mesma conclusão observando que, na passagem de A para B, a energia potencial elétrica da carga q diminuiu, passando de −0,4 mJ para −1 mJ.

3. Uma partícula com massa $m = 200$ mg e carga elétrica $q = +9$ μC é abandonada num ponto A de um campo elétrico e se dirige ao ponto B. Sendo $U = 100$ V a diferença de potencial elétrico entre os pontos A e B, determinar a velocidade com que a partícula alcança o ponto B.

▶ **Solução**
Sabemos que o trabalho da força elétrica é dado por $\tau_{F_{el}} = qU$, e, pelo teorema da energia cinética, temos:

$\tau_{F_R} = E_{c(2)} - E_{c(1)}$

Então:

$$qU = E_{c(B)} - E_{c(A)}$$

Com os valores fornecidos no enunciado, obtemos:

$9 \cdot 10^{-6} \cdot 100 = \dfrac{200 \cdot 10^{-6} \cdot v_B^2}{2} - 0 \Rightarrow v_B^2 = 9 \therefore \boxed{v_B = 3 \text{ m/s}}$

Exercícios propostos

3. Dados dois pontos, A e B, de um campo elétrico, cujos potenciais elétricos valem, respectivamente, 100 V e −100 V, determine o trabalho da força elétrica que age sobre uma carga $q = 2$ μC ao ser deslocada:
  a) do ponto A para o ponto B;
  b) do ponto B para o ponto A.

4. Uma carga de prova, $q = 2$ μC, ao ser colocada em um ponto A de um campo elétrico, adquire uma energia potencial elétrica de 40 μJ. Essa mesma carga, quando colocada em um ponto B, adquire energia potencial elétrica de −120 μJ. Determine:
  a) os potenciais elétricos dos pontos A e B;
  b) o trabalho da força elétrica, quando uma carga $q' = -5$ μC é levada de A para B.

5. Uma partícula com carga elétrica $q = +2$ μC é deslocada em um campo elétrico entre os pontos A e B tais que $V_A = +500$ V e $V_B = +200$ V. Calcule:
  a) a energia potencial da partícula nos pontos A e B;
  b) o trabalho realizado pela força elétrica que age nessa partícula durante o deslocamento de A para B;
  c) a energia cinética da partícula no ponto B, sabendo que em A a partícula estava em repouso.

3 Potencial elétrico de uma carga puntiforme

Vamos considerar uma carga puntiforme Q, geradora de um campo elétrico, e uma carga de prova q, posicionada em um ponto P desse campo elétrico, a uma distância d da carga geradora **(fig. 3)**.

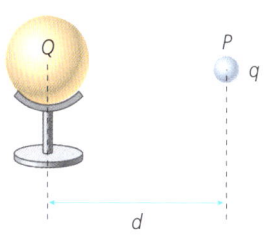

Figura 3. A carga de prova q, ao ser colocada em P, adquire energia potencial $E_{p_{el}}$.

A energia potencial elétrica $E_{p_{el}}$ do sistema constituído por Q e q é dada por:

$$\boxed{E_{p_{el}} = k \cdot \dfrac{Qq}{d}}$$

Capítulo 32 • Potencial elétrico e energia potencial elétrica

Nessa expressão, k é a constante eletrostática do meio. No vácuo, seu valor é:

$$k = k_0 = 9 \cdot 10^9 \text{ N} \cdot \text{m}^2/\text{C}^2$$

Essa é a energia potencial elétrica de q no campo elétrico gerado por Q ou a energia potencial elétrica de Q no campo elétrico gerado por q, ou seja, é a energia potencial elétrica do sistema constituído por Q e q.

Mas, conforme vimos, a energia potencial elétrica, $E_{P_{el}}$, adquirida por uma carga de prova q, ao ser posicionada no campo elétrico, é dada por: $E_{P_{el}} = qV$

Assim, podemos escrever:

$$qV = k \cdot \frac{Qq}{d} \Rightarrow \boxed{V = k \cdot \frac{Q}{d}}$$

Pelo fato de o potencial elétrico ser uma grandeza escalar, uma carga elétrica positiva gera potencial elétrico positivo e uma carga elétrica negativa gera potencial elétrico negativo. Consequentemente, uma linha de força do campo elétrico é sempre orientada no sentido dos potenciais decrescentes **(fig. 4)**.

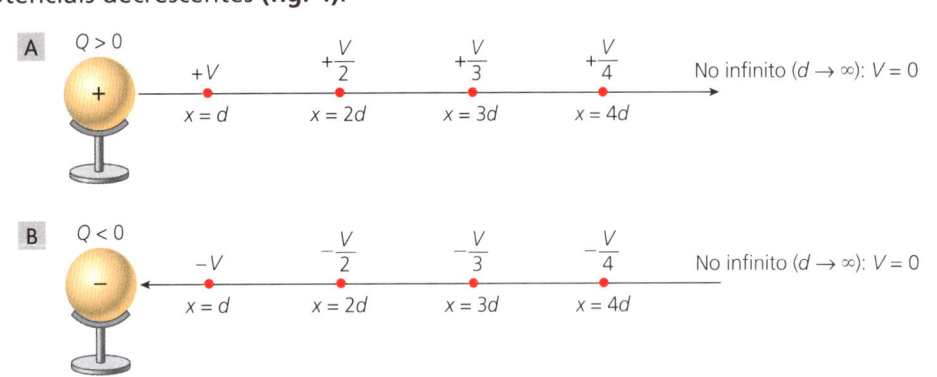

Figura 4. O potencial elétrico sempre diminui ao percorrer uma linha de força ao longo de sua orientação.

Uma superfície equipotencial é aquela em que todos os pontos estão à mesma distância da carga geradora do campo elétrico (Q), ou seja, apresentam um mesmo potencial elétrico **(fig. 5)**. Portanto, conclui-se que as linhas de força do campo elétrico são perpendiculares às superfícies equipotenciais **(fig. 6)**.

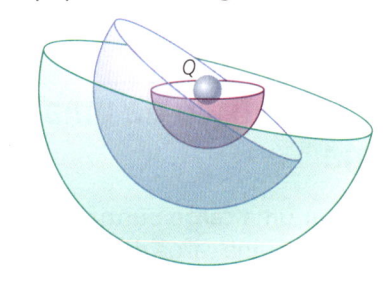

Figura 5. Para uma carga elétrica puntiforme Q, as superfícies equipotenciais são superfícies concêntricas na carga.

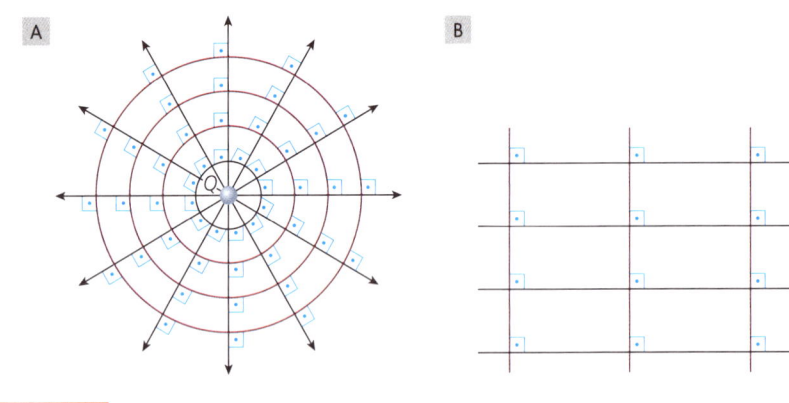

Figura 6. (A) Linhas de força e superfícies equipotenciais no campo elétrico de uma carga puntiforme Q; (B) linhas de força e superfícies equipotenciais no campo elétrico uniforme.

Observação

As fórmulas apresentadas para a energia potencial e o potencial elétrico são válidas para um ponto de referência infinitamente afastado. Nesse ponto, a energia potencial e o potencial elétrico são nulos.

Exercícios resolvidos

4. Determinar o valor do potencial elétrico criado por uma carga puntiforme, $Q = +5$ µC, no vácuo ($k_0 = 9 \cdot 10^9$ N · m²/C²), em um ponto P a 10 cm da carga.

▶ **Solução**

Para uma carga puntiforme, temos: $V = k_0 \cdot \dfrac{Q}{d}$

Então:

$V = 9 \cdot 10^9 \cdot \dfrac{5 \cdot 10^{-6}}{0,10} \Rightarrow V = 45 \cdot 10^4$

∴ $\boxed{V = 4,5 \cdot 10^5 \text{ V}}$

5. Uma carga elétrica puntiforme positiva Q gera, em um ponto P, à distância de 20 cm, um vetor campo elétrico de módulo $3 \cdot 10^5$ N/C. Determinar o valor do potencial elétrico em P.

▶ **Solução**

O módulo do vetor campo elétrico gerado pela carga puntiforme Q em P é dado por: $E = k \cdot \dfrac{|Q|}{d^2}$

Como a carga Q é positiva, então: $|Q| = Q$ e $E = k \cdot \dfrac{Q}{d^2}$

Assim, temos:

$E = k \cdot \dfrac{Q}{d^2} \Rightarrow E = k \cdot \dfrac{Q}{d} \cdot \dfrac{1}{d}$

Mas, como $k \cdot \dfrac{Q}{d} = V$, teremos: $E = V \cdot \dfrac{1}{d}$

Com os valores fornecidos no enunciado, obtemos:

$3 \cdot 10^5 = V \cdot \dfrac{1}{2 \cdot 10^{-1}}$ ∴ $\boxed{V = 6 \cdot 10^4 \text{ V}}$

Exercícios propostos

6. Uma carga elétrica puntiforme, $Q = -3$ µC, no vácuo ($k_0 = 9 \cdot 10^9$ N · m²/C²), gera um campo elétrico no espaço que a circunda. Determine:
a) o potencial elétrico em um ponto P a 10 cm de Q;
b) a energia potencial elétrica adquirida por uma carga elétrica $q = +2$ µC ao ser colocada em P.

7. Dado o campo elétrico gerado por uma carga elétrica puntiforme, $Q = 3 \cdot 10^{-6}$ C, colocada no vácuo, e considerando que a constante eletrostática do meio vale $9 \cdot 10^9$ N · m²/C², calcule:
a) o potencial elétrico em um ponto A situado a 30 cm de Q;
b) o potencial elétrico em outro ponto, B, situado a 90 cm de Q;
c) o trabalho da força elétrica que age sobre uma carga de prova, $q = 2 \cdot 10^{-8}$ C, ao ser transportada de A para B.

8. Uma partícula com massa $m = 2$ g e carga elétrica $q = +1$ µC é abandonada em um ponto P a 10 cm de uma carga elétrica $Q = +8$ µC. Determine a velocidade adquirida por q ao atingir um ponto a 50 cm de Q.

4 Potencial elétrico criado por um sistema de cargas elétricas puntiformes

Vamos considerar o campo elétrico criado por um sistema de cargas elétricas puntiformes: $Q_1, Q_2, Q_3, ..., Q_n$.

No capítulo anterior, mostramos que o campo elétrico resultante em um dado ponto P é obtido pela soma vetorial dos campos elétricos criados por cada uma das n cargas do sistema: $\vec{E} = \vec{E_1} + \vec{E_2} + \vec{E_3} + ... + \vec{E_n}$

De modo semelhante, podemos calcular o potencial elétrico resultante V, em um dado ponto do campo, pela soma algébrica dos potenciais elétricos gerados por cada uma das n cargas do sistema. Ou seja:

$$\boxed{V = V_1 + V_2 + V_3 + ... + V_n}$$

Exercícios resolvidos

6. Na figura abaixo, $Q_1 = +8$ µC e $Q_2 = -9$ µC. A constante eletrostática do meio vale $k_0 = 9 \cdot 10^9$ N · m²/C².

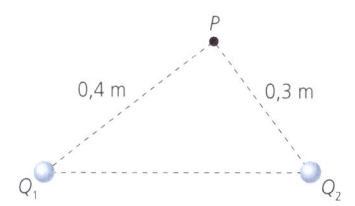

Determinar o potencial elétrico resultante no ponto P.

▶ **Solução**

O potencial elétrico em P é obtido pela soma algébrica dos potenciais criados em P por Q_1 e por Q_2.

Então: $V_P = V_1 + V_2$

Com os valores fornecidos no enunciado, teremos:

$V_P = 9 \cdot 10^9 \cdot \dfrac{(+8 \cdot 10^{-6})}{0,4} + 9 \cdot 10^9 \cdot \dfrac{(-9 \cdot 10^{-6})}{0,3}$

∴ $\boxed{V_P = -9 \cdot 10^4 \text{ V}}$

7. Duas cargas elétricas puntiformes, $Q_1 = +6$ µC e $Q_2 = -2$ µC, são fixadas, respectivamente, nos pontos A e B sobre a reta r.

Determinar os pontos sobre a reta r onde o potencial elétrico resultante é nulo.

▶ **Solução**

Para que o potencial elétrico resultante seja nulo, devemos impor: $V_1 + V_2 = 0$

Como o potencial elétrico criado por uma carga puntiforme é inversamente proporcional à distância, $V = k \cdot \dfrac{Q}{d}$, os pontos procurados devem estar mais próximos da carga Q_2, colocada em B. Temos, então, duas possibilidades:

• P_1 à esquerda de B e entre A e B

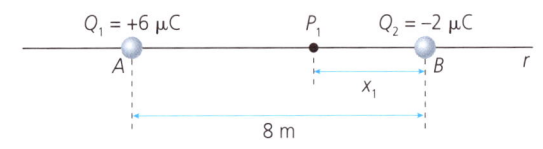

Assim:

$k \cdot \dfrac{(+6)}{8 - x_1} + k \cdot \dfrac{(-2)}{x_1} = 0 \Rightarrow \dfrac{3}{8 - x_1} = \dfrac{1}{x_1} \Rightarrow 3 \cdot x_1 = 8 - x_1$

∴ $\boxed{x_1 = 2\text{ m}}$

• P_2 à direita de B

Assim:

$k \cdot \dfrac{(+6)}{8 + x_2} + k \cdot \dfrac{(-2)}{x_2} = 0 \Rightarrow \dfrac{3}{8 + x_2} = \dfrac{1}{x_2} \Rightarrow 3 \cdot x_2 = 8 + x_2$

∴ $\boxed{x_2 = 4\text{ m}}$

Portanto, os pontos procurados são P_1, a 2 m de B e entre A e B, e P_2, 4 m à direita de B.

Exercícios propostos

9. Em dois vértices de um triângulo equilátero, com lados iguais a 3 m, são colocadas cargas elétricas puntiformes, $Q_1 = +5\ \mu C$ e $Q_2 = -4\ \mu C$. Considerando $k = 9 \cdot 10^9\ N \cdot m^2/C^2$, determine o potencial elétrico resultante no terceiro vértice do triângulo.

10. Sobre uma reta r são dispostas duas cargas puntiformes, $Q_1 = -2\ \mu C$ e $Q_2 = +4\ \mu C$, separadas por uma distância de 6 m, conforme a figura a seguir.

Determine as posições dos pontos da reta r nas quais o potencial elétrico resultante, em decorrência das cargas Q_1 e Q_2, é nulo.

11. Nos vértices A e C do retângulo de lados 3 m e 4 m são colocadas cargas elétricas puntiformes, respectivamente, $Q_A = +12\ \mu C$ e $Q_C = -12\ \mu C$, conforme mostra a figura a seguir.

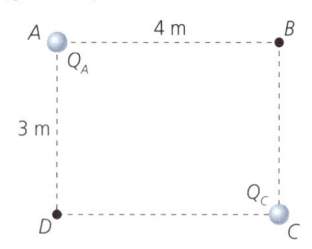

Considerando $k = 9 \cdot 10^9\ N \cdot m^2/C^2$, calcule:
a) os potenciais elétricos nos vértices B e D do retângulo;
b) o trabalho da força elétrica que atua numa carga de prova, $q = 2\ \mu C$, ao ser deslocada do vértice B para o vértice D do retângulo.

5 Potencial elétrico no campo elétrico uniforme

No capítulo anterior, estudamos o campo elétrico uniforme gerado, por exemplo, por duas placas planas paralelas e eletrizadas com cargas de mesmo módulo, porém de sinais opostos.

Vamos considerar, então, uma carga de prova q, positiva, abandonada em um ponto A de um campo elétrico uniforme, de módulo E, que se desloca até B. A **figura 7** mostra a situação descrita e as duas superfícies equipotenciais, S_A e S_B, de potenciais elétricos V_A e V_B, que passam por A e B.

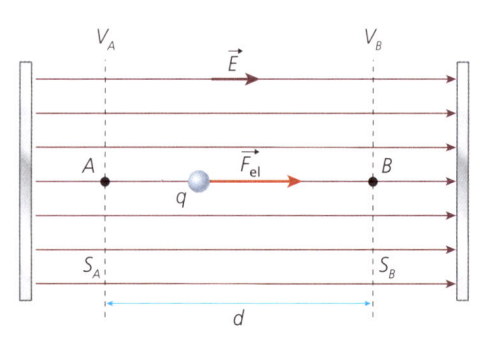

Figura 7. Na carga de prova q, a força elétrica tem módulo constante, pois o campo elétrico é uniforme.

Já vimos que o trabalho da força elétrica, em qualquer deslocamento entre dois pontos de um campo elétrico, pode ser calculado da seguinte maneira:

$$\tau_{F_{el}} = q \cdot (V_A - V_B)$$

Sendo $V_A - V_B = U$, temos:

$$\tau_{F_{el}} = qU \qquad ①$$

Entretanto, no caso particular de o campo elétrico ser uniforme, a força elétrica será constante em módulo, direção e sentido; assim, o trabalho poderá ser calculado por: $\tau_{F_{el}} = F_{el} \cdot d \cdot \cos\theta$

A força elétrica tem a mesma direção e o mesmo sentido do deslocamento ($\theta = 0°$), e, sendo $F_{el} = qE$, podemos escrever:

$$\tau_{F_{el}} = F_{el} \cdot d \Rightarrow \tau_{F_{el}} = qEd \qquad ②$$

Comparando ② e ①, obtemos:

$$qEd = qU \Rightarrow \boxed{Ed = U}$$

Observação

- De $Ed = U$ e $F = qE$, concluímos que: $E = \dfrac{U}{d} = \dfrac{F}{q}$

- No SI, temos: $1 \dfrac{\text{volt}}{\text{metro}} = 1 \dfrac{\text{newton}}{\text{coulomb}} \Rightarrow 1 \dfrac{V}{m} = 1 \dfrac{N}{C}$

- No SI, a unidade oficial de medida de intensidade do vetor campo elétrico é o V/m.

Exercícios resolvidos

8. Uma carga elétrica, $q = 3 \, \mu C$, se desloca de A para B em um campo elétrico uniforme, de módulo $E = 600$ N/C, conforme representado na figura a seguir.

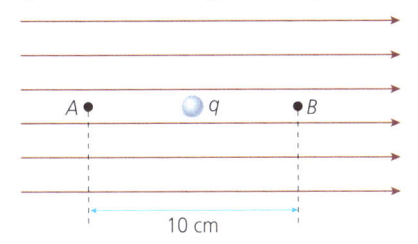

10 cm

Determinar:
a) a diferença de potencial entre os pontos A e B;
b) o trabalho da força elétrica no deslocamento de q entre A e B.

▶ **Solução**

a) No campo elétrico uniforme, $Ed = U$:
Então:
$$600 \cdot 0{,}1 = U \therefore \boxed{U = 60 \text{ V}}$$

b) O trabalho da força elétrica é dado por: $\tau_{F_{el}} = qU$
Então:
$$\tau_{F_{el}} = 3 \cdot 10^{-6} \cdot 60 \Rightarrow \tau_{F_{el}} = 180 \cdot 10^{-6} \therefore \boxed{\tau_{F_{el}} = 1{,}8 \cdot 10^{-4} \text{ J}}$$

Exercícios propostos

12. Entre duas placas planas e paralelas, eletrizadas, conforme a figura a seguir, estabelece-se um campo elétrico uniforme $\vec{E}$.

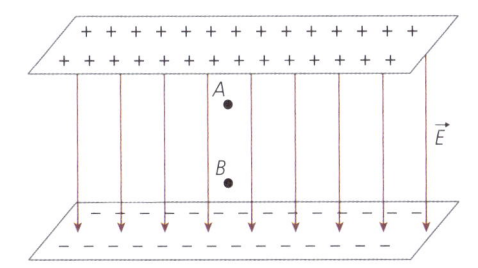

Sendo 5 cm a distância entre os pontos A e B da figura e sabendo que a tensão elétrica entre eles é de 600 V, determine o módulo do vetor campo elétrico existente entre as placas.

13. Considerando que uma partícula eletrizada com carga elétrica $q = +3 \, \mu C$ é abandonada no interior de um campo elétrico uniforme de intensidade $E = 100$ N/C, calcule:

a) a intensidade da força elétrica que age sobre a partícula;

b) o trabalho realizado pela força elétrica enquanto a partícula sofre um deslocamento de 5 cm.

14. A figura a seguir mostra as linhas de força e as superfícies equipotenciais de um campo elétrico uniforme com intensidade $E = 80$ N/C.

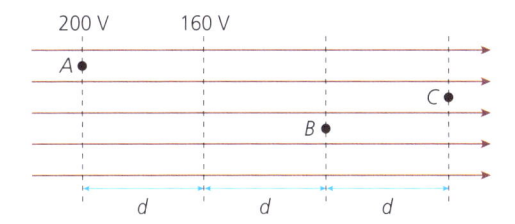

Determine:
a) a distância d e o potencial elétrico no ponto C;
b) a energia potencial elétrica que uma carga $q = -3 \, \mu C$ adquire quando é colocada no ponto B;
c) o trabalho da força elétrica que atua numa carga $q' = +5 \, \mu C$ ao ser deslocada de A para C.

6 Condutor eletrizado em equilíbrio eletrostático

Dizemos que um corpo condutor, eletrizado ou não, está em **equilíbrio eletrostático** quando não existe movimentação ordenada de cargas elétricas nesse corpo. Assim, para um condutor eletrizado em equilíbrio eletrostático, verificamos que:

- as cargas elétricas em excesso distribuem-se pela superfície externa do corpo;
- o campo elétrico em todos os pontos internos do corpo é nulo **(fig. 8A)**;
- o potencial elétrico em qualquer ponto do corpo, interno ou da sua superfície, é constante;
- a concentração de cargas na superfície do corpo é maior em regiões pontiagudas e, nessas regiões, o campo elétrico é mais intenso **(fig. 8B)**;
- o vetor campo elétrico é perpendicular aos pontos da superfície do corpo **(fig. 8B)**.

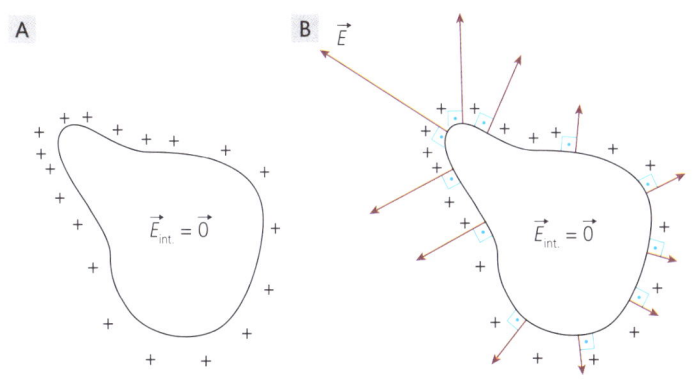

Figura 8. (A) Em pontos internos do condutor, o vetor campo elétrico é nulo. (B) A concentração de cargas é maior em regiões pontiagudas. O vetor campo elétrico é perpendicular à superfície do corpo.

Capítulo 32 • Potencial elétrico e energia potencial elétrica

Vamos analisar o caso particular do **condutor esférico eletrizado**, por exemplo, com carga positiva.

A **figura 9** mostra um condutor esférico de raio R, eletrizado com carga elétrica positiva Q, e os diagramas do módulo E do vetor campo elétrico e do potencial elétrico V, em função da distância d ao centro O do condutor.

Dentro do condutor, o campo elétrico é nulo. Num ponto externo e muito próximo da superfície, o campo elétrico tem o dobro da intensidade do campo elétrico de um ponto da superfície.

O potencial elétrico nos pontos internos e da superfície é constante e não nulo.

Para os pontos externos, o campo e o potencial elétricos são calculados como se a carga fosse puntiforme e estivesse localizada no centro.

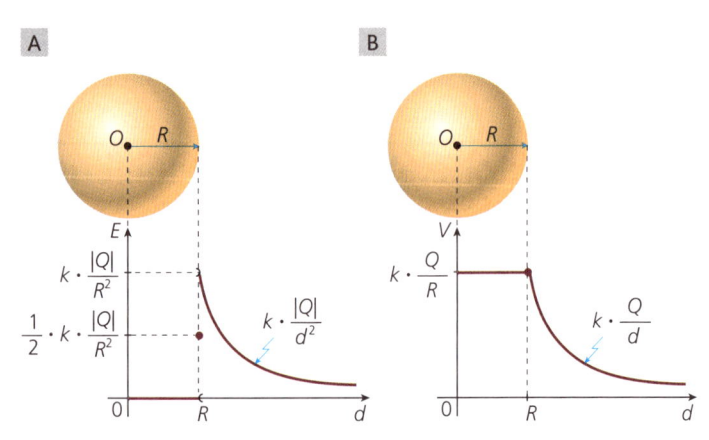

Figura 9. (A) Campo elétrico E e (B) potencial elétrico V, em função da distância d ao centro O de um condutor esférico de raio R eletrizado com carga positiva Q.

Exercícios resolvidos

9. Dois condutores esféricos, A e B, de raios 10 cm e 30 cm, estão eletrizados com cargas elétricas iguais a 7,0 μC e 5,0 μC, respectivamente. É dado: $k_0 = 9 \cdot 10^9$ N · m²/C²

a) Colocam-se os condutores em contato. Quais são as novas cargas elétricas dos condutores após o estabelecimento do equilíbrio eletrostático entre eles?

b) Nas condições do item **a**, calcular o potencial elétrico comum aos condutores.

▶ **Solução**

a) Quando em contato, as esferas passam a se comportar como um único condutor. Assim, depois de atingido o equilíbrio eletrostático entre elas, ambas devem ter um mesmo potencial elétrico: $V_A = V_B$

Chamando de Q'_A e Q'_B as cargas das esferas em situação de equilíbrio, temos:

$$k \cdot \frac{Q'_A}{R_A} = k \cdot \frac{Q'_B}{R_B} \Rightarrow \frac{Q'_A}{0,1} = \frac{Q'_B}{0,3} \therefore Q'_B = 3 \cdot Q'_A \quad ①$$

Devemos considerar, ainda, que, pelo princípio da conservação das cargas elétricas, $Q_{final} = Q_{inicial}$. Então:

$$Q'_A + Q'_B = 7,0 + 5,0 \therefore Q'_A + Q'_B = 12 \ \mu C \quad ②$$

Substituindo ① em ②, obtemos: $Q'_A = 3 \ \mu C$ e $Q'_B = 9 \ \mu C$

b) Na situação de equilíbrio, temos:

$$V_A = V_B = k \cdot \frac{Q'_A}{R_A} = k \cdot \frac{Q'_B}{R_B}$$

Então:

$$V_A = V_B = 9 \cdot 10^9 \cdot \frac{3 \cdot 10^{-6}}{0,10} \therefore V_A = V_B = 2,7 \cdot 10^5 \ V$$

Exercícios propostos

15. Considere uma esfera metálica oca, eletricamente neutra, com uma pequena abertura em sua superfície, e apoiada em um suporte isolante.

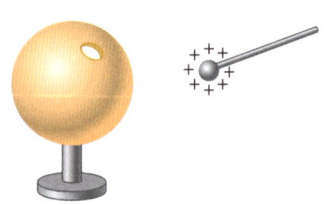

Pela abertura, introduz-se na esfera um bastão isolante que tem, em uma das extremidades, uma pequena esfera condutora eletrizada positivamente com carga Q. Explique o que acontecerá quando as esferas se tocarem.

16. Considere uma esfera metálica oca, carregada positivamente com carga elétrica Q, com uma pequena abertura em sua superfície, e apoiada em um suporte isolante.

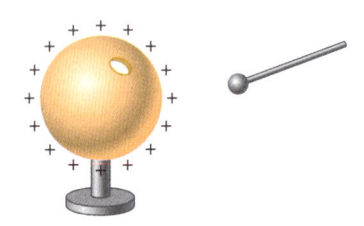

Uma pequena esfera condutora, eletricamente neutra, conectada a um bastão isolante, é colocada em contato com a esfera metálica oca. Explique o que ocorrerá se:

a) o contato for interno;
b) o contato for externo.

17. Uma esfera condutora metálica, isolada e em equilíbrio eletrostático, tem carga elétrica de +20 μC. A esfera tem raio igual a 30 cm e está no vácuo, cuja constante eletrostática vale $9 \cdot 10^9$ N · m²/C². Determine a intensidade do vetor campo elétrico E e o potencial elétrico V em um ponto:

a) no interior da esfera;
b) na sua superfície;
c) a 10 cm da superfície.

Exercícios de revisão

Ficha-resumo 1

Potencial elétrico

O potencial elétrico V_P em um ponto P de um campo elétrico é a grandeza escalar:

$$V = \frac{E_{P_{el}}}{q}$$

Trabalho da força elétrica

O trabalho da força elétrica no deslocamento de uma carga q entre dois pontos, A e B, de um campo elétrico qualquer é dado por:

$$\tau_{F_{el}} = q \cdot (V_A - V_B) = qU$$

Energia potencial elétrica

Para um sistema de cargas puntiformes Q e q:

$$E_{P_{el}} = k \cdot \frac{Qq}{d}$$

1. (UFPB) Sobre energia potencial elétrica e potencial elétrico, identifique as afirmativas corretas:

I. Ao se deslocar um objeto carregado entre dois pontos em uma região do espaço onde existe um campo elétrico, a diferença de potencial medida entre esses dois pontos independe da carga do objeto.

II. A variação da energia potencial elétrica associada a um objeto carregado, ao ser deslocado de um ponto para outro em uma região onde exista um campo elétrico, independe da trajetória seguida entre esses dois pontos.

III. A energia potencial elétrica é uma grandeza associada a um sistema constituído de objetos carregados e é medida em volt (V).

IV. Um elétron-volt, 1 eV, é a energia igual ao trabalho necessário para se deslocar uma única carga elementar, tal como elétron ou próton, através de uma diferença de potencial exatamente igual a 1 (um) volt. E a relação dessa unidade com o joule (J) é, aproximadamente, 1 eV = $1,6 \cdot 10^{-19}$ J.

V. A energia potencial elétrica, associada a uma carga de teste, q_0, positiva, aumenta quando esta se move no mesmo sentido do campo elétrico.

Ficha-resumo 2

Potencial elétrico de uma carga puntiforme

Para uma carga elétrica puntiforme, o potencial elétrico no ponto P (V_P) é:

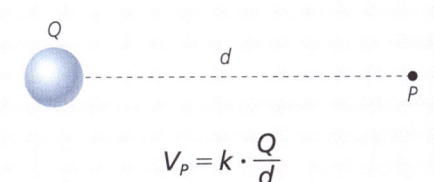

$$V_P = k \cdot \frac{Q}{d}$$

- se $Q > 0 \Rightarrow V_P > 0$
- se $Q < 0 \Rightarrow V_P < 0$

2. (Vunesp) A figura é a intersecção de um plano com o centro C de um condutor esférico e com três superfícies equipotenciais ao redor desse condutor.

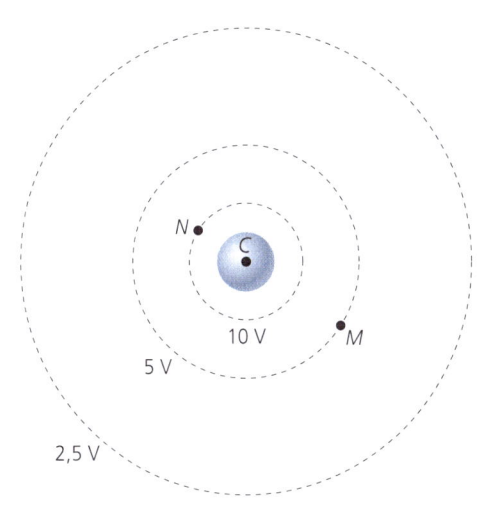

Uma carga de $1,6 \cdot 10^{-19}$ C é levada do ponto M ao ponto N. O trabalho realizado para deslocar essa carga foi de:

a) $3,2 \cdot 10^{-20}$ J   c) $8,0 \cdot 10^{-19}$ J   e) $3,2 \cdot 10^{-18}$ J
b) $16,0 \cdot 10^{-19}$ J   d) $4,0 \cdot 10^{-19}$ J

3. (Mackenzie-SP) A intensidade do campo elétrico ($\vec{E}$) e do potencial elétrico (V) em um ponto P gerado pela carga puntiforme Q são, respectivamente, 50 N/C e 100 V. A distância d que a carga puntiforme se encontra do ponto P, imersa no ar, é:

a) 1,0 m   c) 3,0 m   e) 5,0 m
b) 2,0 m   d) 4,0 m

4. (UFG-GO) Uma carga puntiforme Q gera uma superfície equipotencial de 2,0 V a uma distância de 1,0 m de sua posição. Tendo em vista o exposto, calcule a distância entre as superfícies equipotenciais que diferem dessa por 1,0 V.

Ficha-resumo 3

Potencial elétrico criado por um sistema de cargas elétricas puntiformes

Para um sistema de n cargas elétricas puntiformes, o potencial elétrico V_P resultante no ponto P é:

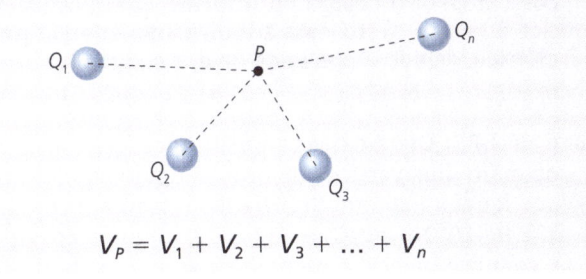

$$V_P = V_1 + V_2 + V_3 + \ldots + V_n$$

5. (Uece) N prótons, cada um de carga q, foram distribuídos aleatoriamente ao longo de um arco de círculo de 60° e raio r, conforme ilustra a figura.

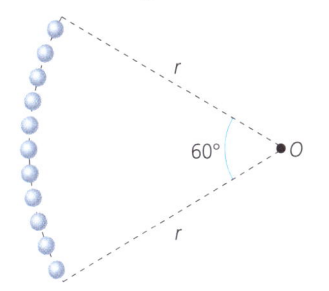

Capítulo 32 • Potencial elétrico e energia potencial elétrica **471**

Exercícios de revisão

Considerando $k = \dfrac{1}{4\pi\varepsilon_0}$ e o potencial de referência no infinito igual a zero, assinale a alternativa que contém o valor do potencial elétrico no ponto O devido a esses prótons.

a) $\dfrac{kq^N}{r}$

b) $\dfrac{kNq}{r} \cdot \cos 60°$

c) $\dfrac{kNq}{r}$

d) $\dfrac{2kNq}{r} \cdot \cos 30°$

6. (Unesp) Três esferas puntiformes, eletrizadas com cargas elétricas $q_1 = q_2 = +Q$ e $q_3 = -2Q$, estão fixas e dispostas sobre uma circunferência de raio r e centro C, em uma região onde a constante eletrostática é igual a k_0, conforme representado na figura.

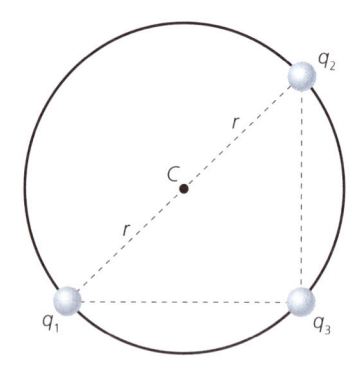

Considere V_C o potencial eletrostático e E_C o módulo do campo elétrico no ponto C devido às três cargas. Os valores de V_C e E_C são, respectivamente:

a) zero e $\dfrac{4 \cdot k_0 \cdot Q}{r^2}$

b) $\dfrac{4 \cdot k_0 \cdot Q}{r}$ e $\dfrac{k_0 \cdot Q}{r^2}$

c) zero e zero

d) $\dfrac{2 \cdot k_0 \cdot Q}{r}$ e $\dfrac{2 \cdot k_0 \cdot Q}{r^2}$

e) zero e $\dfrac{2 \cdot k_0 \cdot Q}{r^2}$

7. (Mackenzie-SP) Duas cargas elétricas puntiformes, $q_1 = 3{,}00\ \mu C$ e $q_2 = 4{,}00\ \mu C$, encontram-se num local onde $k = 9 \cdot 10^9\ N \cdot m^2/C^2$. Suas respectivas posições são os vértices dos ângulos agudos de um triângulo retângulo isósceles, cujos catetos medem 3,00 mm cada um. Ao colocar-se outra carga puntiforme, $q_3 = 1{,}00\ \mu C$, no vértice do ângulo reto, esta adquire uma energia potencial elétrica, devido à presença de q_1 e q_2, igual a:

a) 9,0 J   b) 12,0 J   c) 21,0 J   d) 25,0 J   e) 50,0 J

8. (UEPG-PR) Duas cargas puntiformes, $q_1 = q_2 = 10^{-12}$ C, ocupam dois vértices de um triângulo equilátero de lados iguais a 30 cm. Sobre esse sistema, considerando $k = 9 \cdot 10^9\ N \cdot m^2/C^2$ e $\sqrt{3} = 1{,}73$, julgue as proposições a seguir e dê como resposta a soma dos números que antecedem as corretas.

(01) Os campos elétricos gerados pelas cargas elétricas no terceiro vértice do triângulo são iguais e têm módulo igual a 10^{-1} N/C.

(02) O campo elétrico medido no terceiro vértice do triângulo tem módulo igual a $1{,}73 \cdot 10^{-1}$ N/C.

(04) Os potenciais elétricos gerados pelas cargas elétricas no terceiro vértice do triângulo são iguais e têm módulo igual a $3 \cdot 10^{-2}$ V.

(08) O potencial elétrico medido no terceiro vértice do triângulo tem módulo igual a $6 \cdot 10^{-2}$ V.

(16) A repulsão coulombiana entre as cargas tem módulo igual a 10^{-8} N.

9. (UFPE) Duas cargas elétricas puntiformes, de mesmo módulo Q e sinais opostos, são fixadas à distância de 3,0 cm entre si.

Determine o potencial elétrico no ponto A, em volt, considerando que o potencial no ponto B é 60 volts.

10. (PUC-RJ) Duas partículas de cargas $q_1 = 4 \cdot 10^{-5}$ C e $q_2 = 1 \cdot 10^{-5}$ C estão alinhadas no eixo x sendo a separação entre elas de 6 m. Sabendo que q_1 encontra-se na origem do sistema de coordenadas e considerando $k = 9 \cdot 10^9\ N \cdot m^2/C^2$, determine:

a) a posição x, entre as cargas, onde o campo elétrico é nulo;

b) o potencial eletrostático V no ponto $x = 3$ m;

c) o módulo, a direção e o sentido da aceleração, no caso de ser colocada uma partícula de carga $q_3 = -1 \cdot 10^{-5}$ C e massa $m_3 = 1{,}0$ kg, no ponto do meio da distância entre q_1 e q_2.

Ficha-resumo 4

Potencial elétrico no campo elétrico uniforme

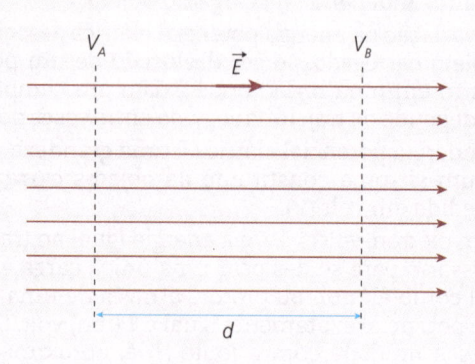

$$V_A - V_B = U$$

Em um campo elétrico uniforme, temos:

$$Ed = U$$

11. (PUC-RJ) Uma carga positiva puntiforme é liberada a partir do repouso em uma região do espaço onde o campo elétrico é uniforme e constante.

Se a partícula se move na mesma direção e sentido do campo elétrico, a energia potencial eletrostática do sistema:

a) aumenta e a energia cinética da partícula aumenta.

b) diminui e a energia cinética da partícula diminui.

c) e a energia cinética da partícula permanecem constantes.

d) aumenta e a energia cinética da partícula diminui.

e) diminui e a energia cinética da partícula aumenta.

12. (Unifesp) A presença de íons na atmosfera é responsável pela existência de um campo elétrico dirigido e apontado para a Terra. Próximo ao solo, longe de concentrações urbanas, num dia claro e limpo, o campo elétrico é uniforme e perpendicular ao solo horizontal e sua intensidade é de 120 V/m. A figura mostra as linhas de campo e dois pontos dessa região, M e N.

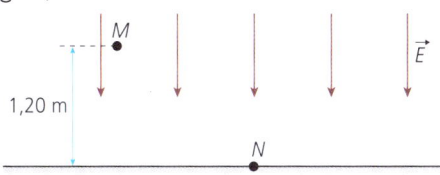

O ponto M está a 1,20 m do solo, e N está no solo. A diferença de potencial entre os pontos M e N é:
a) 100 V
b) 120 V
c) 125 V
d) 134 V
e) 144 V

13. (UPE) Um próton se desloca horizontalmente, da esquerda para a direita, a uma velocidade de $4 \cdot 10^5$ m/s. O módulo do campo elétrico mais fraco capaz de trazer o próton uniformemente para o repouso, após percorrer uma distância de 3 cm, vale em N/C:
(Dados: massa do próton = $1,8 \cdot 10^{-27}$ kg; carga do próton = $1,6 \cdot 10^{-19}$ C)
a) $4 \cdot 10^3$
b) $3 \cdot 10^5$
c) $6 \cdot 10^4$
d) $3 \cdot 10^4$
e) $7 \cdot 10^3$

Ficha-resumo 5

Condutor eletrizado em equilíbrio eletrostático

- As cargas elétricas em excesso se distribuem pela superfície externa.
- A densidade superficial de carga é maior em regiões pontiagudas.

Para uma esfera condutora de raio R eletrizada com carga Q, temos:

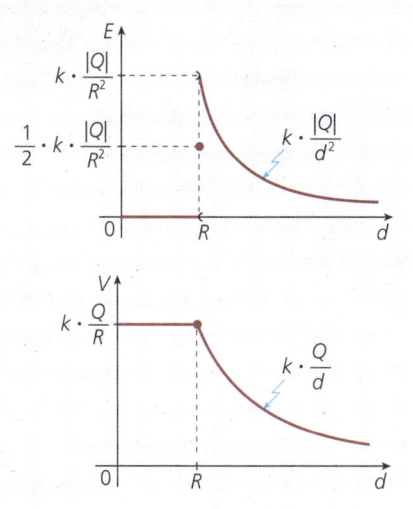

14. (Acafe-SC) A blindagem eletrostática é uma aplicação dos fenômenos eletrostáticos onde, por exemplo, qualquer aparelho ou instrumento dentro de uma esfera metálica oca eletrizada, em equilíbrio eletrostático, não sofrerá influência elétrica do meio exterior.

A explicação física para esse fenômeno é: o módulo do campo elétrico no interior da esfera metálica...
a) é nulo.
b) é constante e não nulo.
c) varia inversamente com o quadrado do raio.
d) varia com o quadrado do raio.
e) é muito intenso.

15. (Unifev-SP) Um gerador eletrostático despeja em uma pequena esfera condutora uma carga elétrica de $-8,0 \times 10^{-10}$ C a cada segundo de funcionamento. O processo tem início com a esfera inicialmente neutra.

a) Qual partícula elementar o gerador deposita na esfera? Sabendo que o valor absoluto da carga elétrica elementar é $1,6 \times 10^{-19}$ C, determine o número de portadores de carga que são despejados na esfera no tempo de 1 s.

b) Considerando a esfera condutora como uma carga pontual e adotando a constante eletrostática igual a 9×10^9 N $\cdot$ m²/C², determine o tempo necessário para que, a uma distância de 3,6 cm da esfera, se obtenha um potencial elétrico de valor absoluto igual a 1.000 V.

16. (Fatec-SP) Descargas elétricas atmosféricas ocorrem devido à eletrização de elementos presentes em uma região, sejam nuvens, sejam árvores, aviões, construções e até pessoas.

Geralmente, o que contribui para essas descargas é um fenômeno chamado "poder das pontas", pois, nas extremidades dos objetos, a densidade de cargas elétricas é maior. Porém, essas descargas só são visíveis se, durante a movimentação de partículas portadoras de cargas elétricas entre os diferentes potenciais elétricos, elas romperem a barreira dielétrica, aquecendo o ar à sua volta e transformando energia cinética em térmica e luminosa. Geralmente, podemos observar um ramo principal e alguns secundários dessas descargas.

Com base nessas informações e na figura apresentada, podemos afirmar que:
a) no momento da foto, não ocorreu o fenômeno do "poder das pontas".
b) na mão do Cristo Redentor, uma pessoa também de braços abertos sofreria uma descarga elétrica.
c) na foto, observa-se que a diferença de potencial elétrico está estabelecida apenas entre as duas mãos do Cristo Redentor.
d) no instante representado pela foto, as partículas portadoras de cargas elétricas não se movimentaram, pois só existe ramo principal.
e) na foto apresentada, pode-se observar a conversão de energia luminosa, acompanhada de ruptura dielétrica conforme descrito no texto.

17. (UFV-MG) Sejam duas esferas metálicas 1 e 2, de raios R_1 e R_2, sendo $R_1 < R_2$. Elas estão carregadas positivamente, em contato entre si e em equilíbrio eletrostático. As esferas são, então, separadas. Sendo Q_1 e V_1, respectivamente, a carga e o potencial elétrico da esfera 1, e Q_2 e V_2 as grandezas correspondentes para a esfera 2, é correto afirmar que:
a) $Q_1 < Q_2$ e $V_1 = V_2$
b) $Q_1 = Q_2$ e $V_1 = V_2$
c) $Q_1 = Q_2$ e $V_1 < V_2$
d) $Q_1 < Q_2$ e $V_1 < V_2$

Mais questões em **Vereda Digital Aprova Enem**, em **Vereda Digital Suplemento de revisão**, em **AprovaMax** (no *site*) e no livro digital.

Capítulo 32 • Potencial elétrico e energia potencial elétrica

CAPÍTULO 33

CORRENTE ELÉTRICA E LEIS DE OHM

ENEM
C2: H5
C5: H17
C6: H21

Atualmente, dependemos da energia elétrica em praticamente tudo o que fazemos. A foto da Península Ibérica, à noite, foi obtida a partir da Estação Espacial Internacional (EEI), em 26 de julho de 2014. Nela, destacam-se duas regiões bem iluminadas: o litoral de Portugal, à esquerda, e Madri, capital da Espanha, na região central da foto. Neste capítulo, iniciaremos o estudo da corrente elétrica, de seus efeitos e de suas aplicações.

> **Objetivos do capítulo**
> - Estabelecer o conceito de corrente elétrica.
> - Determinar a potência de um bipolo elétrico.
> - Apresentar os resistores e suas aplicações.
> - Apresentar e aplicar as leis de Ohm para os resistores.

1 Corrente elétrica

Nos capítulos anteriores, estudamos as cargas elétricas em equilíbrio estático e fizemos a distinção entre materiais condutores de eletricidade e materiais isolantes. Iniciamos agora o estudo da **Eletrodinâmica**, área da Física que investiga e estuda os efeitos relacionados ao movimento das cargas elétricas.

No dia a dia, estamos familiarizados com equipamentos que utilizam energia elétrica. Lâmpadas, eletrodomésticos, motores elétricos e outros que necessitam de corrente elétrica para seu funcionamento estão presentes em nossa casa.

Apesar dessa familiaridade, poucas pessoas saberiam explicar o que é corrente elétrica, como ela pode ser estabelecida e mantida em um equipamento e quais são seus efeitos.

Para entender o que é corrente elétrica, tomemos como exemplo uma pequena lâmpada incandescente de lanterna. O funcionamento de uma lâmpada incandescente tem por base o aquecimento de um filamento metálico de tungstênio. Para isso, é necessária uma fonte de energia, como uma pilha ou uma bateria.

Imaginemos, então, que, usando fios de cobre, ligamos essa pequena lâmpada de lanterna aos terminais de uma pilha comum, como mostrado na **figura 1**.

Figura 1. A lâmpada acende ao ser conectada à pilha por meio dos fios de cobre.

A pilha é um dispositivo que mantém em seu terminal negativo (−) excesso de cargas elétricas negativas e em seu terminal positivo (+) falta de cargas elétricas negativas.

Assim que os fios de cobre são conectados aos terminais da pilha, um campo elétrico $\vec{E}$ é estabelecido no fio, no sentido indicado na **figura 2**, e os elétrons livres do cobre e do filamento de tungstênio passam a se movimentar de maneira organizada, deslocando-se do terminal negativo para o terminal positivo da pilha.

Figura 2. O campo elétrico que se estabelece no fio faz com que os elétrons livres se movimentem de maneira ordenada.

> A esse movimento organizado dos elétrons livres damos o nome de **corrente elétrica**.

Em condutores líquidos, como a água do mar, a corrente elétrica está relacionada ao movimento organizado de íons (cátions e ânions). Nos gases ionizados, a corrente elétrica está relacionada ao movimento organizado de elétrons e de íons positivos.

Por convenção, o sentido da corrente elétrica é oposto ao do movimento das cargas negativas livres, ou seja, tem o mesmo sentido do campo elétrico estabelecido no interior do fio condutor. Na **figura 3**, indicamos o sentido convencional da corrente elétrica no fio de ligação.

Figura 3. A corrente elétrica tem, por convenção, sentido oposto ao do movimento das cargas elétricas negativas livres.

Na **figura 4**, temos um trecho de um fio condutor percorrido por corrente elétrica no sentido indicado. Seja n o número de cargas livres que passam pela seção S no intervalo de tempo Δt.

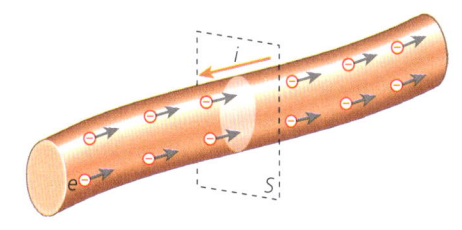

Figura 4. Fio condutor percorrido por corrente elétrica. O sentido convencional da corrente elétrica i é oposto ao do movimento das cargas livres.

Assim, a quantidade de carga correspondente será $\Delta q = n \cdot e$, em que $e = 1{,}6 \cdot 10^{-19}$ C. Portanto, a intensidade média de corrente elétrica, i_m, na seção S do condutor será:

$$i_m = \frac{\Delta q}{\Delta t}$$

No Sistema Internacional de Unidades (SI), a unidade de medida da intensidade média de corrente elétrica (i_m) ou da corrente elétrica em cada instante (i) é o **ampère** (**A**), que equivale ao coulomb por segundo (C/s). Assim:

$$1\ A = 1\ C/s$$

Considere o diagrama da intensidade de corrente em função do tempo mostrado na **figura 5**.

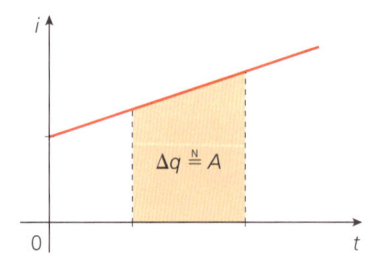

Figura 5. No diagrama $i \times t$, a quantidade de carga elétrica Δq que atravessa uma seção do condutor, em dado intervalo de tempo Δt, é numericamente igual à área A sob a curva.

Pode-se demonstrar que a quantidade de carga que atravessa uma seção do condutor, em dado intervalo de tempo, corresponde ao valor numérico da área A sob a curva do diagrama $i \times t$.

$$\Delta q \stackrel{N}{=} A$$

Lei dos nós

Um conjunto de equipamentos elétricos interligados em um caminho fechado, como a lâmpada e a pilha ligadas por fios de cobre, constitui um **circuito elétrico**. O ponto de contato elétrico para o qual concorrem três ou mais condutores em um circuito elétrico é denominado **nó** (fig. 6).

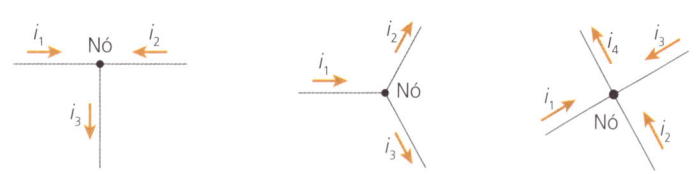

Figura 6. Em um circuito elétrico, nó é o ponto de contato elétrico entre três ou mais condutores.

A partir do princípio da conservação das cargas elétricas, estudado no capítulo 30 (Introdução à Eletricidade), é possível estabelecer uma igualdade entre as intensidades das correntes elétricas que entram em um nó e as que saem dele, conhecida como **lei dos nós** ou **primeira lei de Kirchhoff**.

> Em qualquer nó de um circuito elétrico, a soma das intensidades das correntes elétricas que chegam a ele é igual à soma das intensidades das correntes elétricas que saem dele.

2 Efeitos da corrente elétrica

A passagem de uma corrente elétrica através de um material condutor acarreta pelo menos um dos cinco efeitos descritos a seguir.

Efeito térmico

Também conhecido como **efeito Joule**, o efeito térmico surge em decorrência das colisões dos elétrons livres que constituem a corrente elétrica com os átomos do condutor. Ao receberem energia proveniente dessas colisões, os átomos do condutor passam a vibrar mais intensamente, o que corresponde a um aumento de temperatura. O efeito Joule ocorre em equipamentos elétricos que geram calor, como aquecedores, chuveiros (**fig. 7**), torradeiras e ferros de passar roupas.

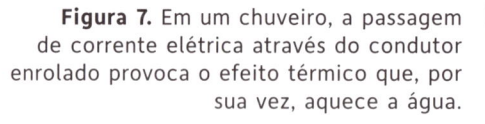

Figura 7. Em um chuveiro, a passagem de corrente elétrica através do condutor enrolado provoca o efeito térmico que, por sua vez, aquece a água.

Efeito químico

O efeito químico é a base da eletrólise e acontece quando uma solução eletrolítica é atravessada por uma corrente elétrica e sofre decomposição. Na indústria, o efeito químico é aplicado em tratamentos anticorrosão ou de revestimento de metais, como niquelação, cromação (**fig. 8**), prateação etc.

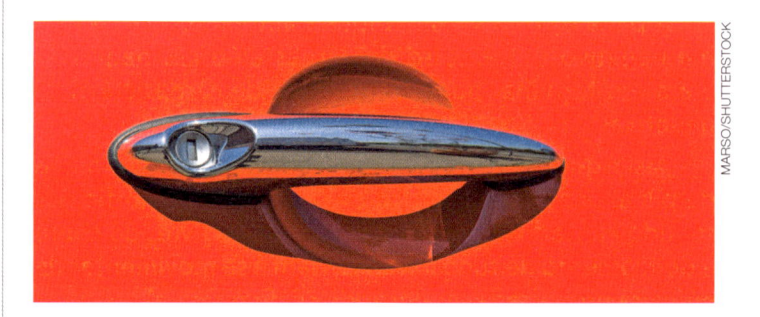

Figura 8. Maçaneta que passou pelo processo de cromação.

Efeito luminoso

A passagem de corrente elétrica através de um gás rarefeito pode ionizá-lo e fazê-lo emitir luz. As lâmpadas fluorescentes, as lâmpadas de plasma **(fig. 9)** e os letreiros em neon são aplicações práticas desse efeito. Nesse caso, a energia elétrica é convertida diretamente em energia luminosa.

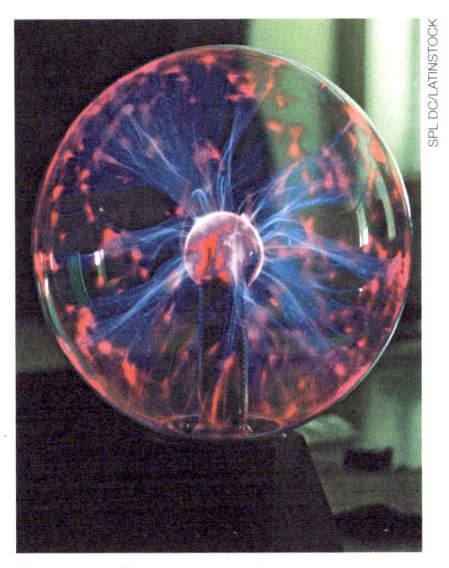

Figura 9. Lâmpada de plasma.

Efeito fisiológico

O efeito fisiológico acontece quando dada corrente elétrica passa por um organismo vivo. Nesse caso, a corrente elétrica age diretamente no sistema nervoso, provocando contrações musculares involuntárias; quando isso ocorre, dizemos que houve um **choque elétrico**.

Efeito magnético

O efeito magnético é caracterizado pela criação de um campo magnético nas proximidades do condutor por onde passa a corrente elétrica. Esse efeito serve de base para a construção de motores elétricos, microfones, alto-falantes e transformadores **(fig. 10)**, por exemplo.

Figura 10. Os carregadores de aparelhos eletroeletrônicos têm um transformador em seu interior.

Trocando ideias

Os acidentes com choques elétricos ainda são frequentes no Brasil e podem ser fatais. O maior número de casos ocorre em residências em decorrência do mau uso de extensões, de benjamins, de ligações inadequadas e das chamadas gambiarras, vitimando crianças e adultos. Isso significa que até mesmo baixas voltagens podem causar queimaduras graves, parada cardíaca e morte, sem falar no alto risco de incêndio. A taxa de mortes por esse tipo de acidente no Brasil é de, em média, 32 pessoas por 100 mil habitantes/ano, índice considerado alto pela Abracopel (Associação Brasileira de Conscientização para os Perigos da Eletricidade). Por isso, devemos seguir as especificações técnicas para usar tanto a rede elétrica quanto os aparelhos elétricos e eletrônicos.

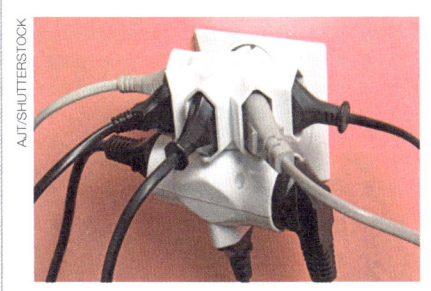

Instalação precária pode gerar sobrecarga e causar incêndio.

Mas, embora os choques elétricos sejam potencialmente perigosos, há situações em que são usados para salvar vidas. O desfibrilador cardíaco, por exemplo, é um aparelho utilizado para aplicar choques elétricos no coração para que ele volte a bater depois de uma parada. O marca-passo cardíaco, que funciona com uma bateria elétrica, é implantado no tórax e ligado ao coração para regularizar seus batimentos por meio de pulsos elétricos.

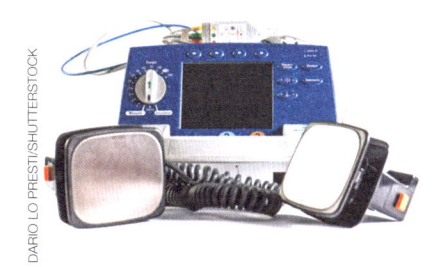

Desfibrilador cardíaco.

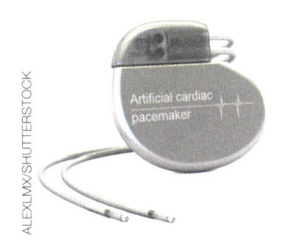

Marca-passo cardíaco.

Forme um grupo com seus colegas e pesquisem os efeitos dos choques elétricos no nosso organismo. A seguir, preparem um texto, com fotos e legendas, no formato de um artigo de jornal e afixem cópias nos corredores da escola para orientar alunos, professores e funcionários sobre as medidas preventivas para evitar os choques elétricos.

Exercícios resolvidos

1. Denomina-se corrente elétrica contínua toda corrente elétrica constituída por cargas que se movimentam sempre no mesmo sentido e que apresenta intensidade constante com o tempo. Um fio condutor metálico é percorrido por uma corrente elétrica contínua de intensidade constante 0,8 A. Considerando a carga elementar igual a $1,6 \cdot 10^{-19}$ C, determinar:
a) a quantidade de carga elétrica que passa por uma seção transversal desse condutor num intervalo de tempo de 1 min;
b) o número de elétrons que atravessam a seção transversal do condutor nas condições do item **a**.

▶ **Solução**

a) Pela definição da intensidade de corrente elétrica e considerando um intervalo de tempo $\Delta t = 1$ min $= 60$ s, temos:

$i = \dfrac{\Delta q}{\Delta t} \Rightarrow 0,8 = \dfrac{\Delta q}{60} \Rightarrow \Delta q = 0,8 \cdot 60$ ∴ $\boxed{\Delta q = 48 \text{ C}}$

b) Da quantização da carga elétrica, obtemos:

$\Delta q = n \cdot e \Rightarrow 48 = n \cdot 1,6 \cdot 10^{-19} \Rightarrow$

$\Rightarrow n = \dfrac{48}{1,6 \cdot 10^{-19}}$ ∴ $\boxed{n = 3 \cdot 10^{20} \text{ elétrons}}$

2. O diagrama a seguir mostra a variação, em função do tempo, da intensidade de corrente elétrica que atravessa a seção transversal do filamento de uma lâmpada.

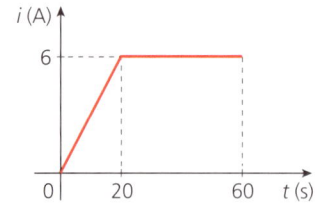

Determinar:
a) a quantidade de carga elétrica que atravessa uma seção transversal do filamento da lâmpada nos 60 s representados no diagrama;
b) a intensidade média de corrente elétrica no intervalo de tempo considerado no item **a**.

▶ **Solução**

a) A quantidade de carga elétrica que atravessa uma seção transversal do filamento da lâmpada é obtida por meio da área A sob a curva do gráfico (um trapézio). Então:

$\Delta q \stackrel{N}{=} A \Rightarrow \Delta q = \dfrac{60 + 40}{2} \cdot 6$ ∴ $\boxed{\Delta q = 300 \text{ C}}$

b) Pelo diagrama, observamos que a intensidade de corrente é variável nos primeiros 20 s e torna-se constante nos 40 s finais. A intensidade média da corrente equivale ao valor de uma corrente elétrica constante que, no mesmo intervalo de tempo considerado, permitiria a passagem da mesma quantidade de carga elétrica. Para o intervalo de tempo de 60 s, representado no diagrama, a intensidade média da corrente elétrica (i_m) será, portanto:

$i_m = \dfrac{\Delta q}{\Delta t} \Rightarrow i_m = \dfrac{300}{60}$ ∴ $\boxed{i_m = 5 \text{ A}}$

Exercícios propostos

1. A seção transversal de um condutor é atravessada por $1,5 \cdot 10^{22}$ elétrons, durante 1,25 min. Considerando que a carga elementar vale $1,6 \cdot 10^{-19}$ C, qual é a intensidade média de corrente elétrica, medida em ampère, que percorre o condutor?

2. Um fio condutor é percorrido por uma corrente elétrica cuja intensidade varia com o tempo de acordo com o diagrama a seguir.

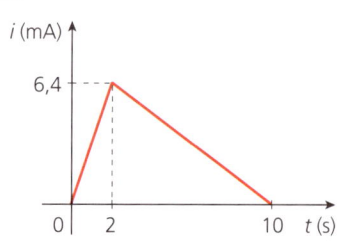

Considerando que a carga elementar vale $1,6 \cdot 10^{-19}$ C e que 1 mA $= 1 \cdot 10^{-3}$ A, determine:
a) o número de elétrons que atravessam uma seção transversal do condutor nos 10 s representados no diagrama;
b) a intensidade média de corrente elétrica que circula pelo condutor naquele intervalo de tempo.

3. A figura abaixo representa um trecho de um circuito elétrico. Determine o sentido e a intensidade da corrente elétrica nos ramos BE, EC e EF.

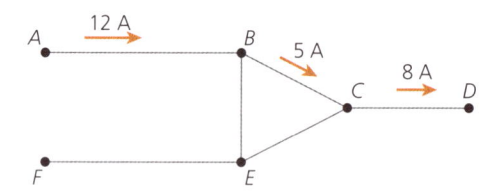

3 Potência e energia elétrica

Em capítulos anteriores deste livro já estudamos a grandeza **potência**. Vimos, no capítulo 11 (Trabalho e potência), que a potência é a grandeza física escalar relacionada à rapidez com que determinado trabalho é realizado ou à rapidez com que determinada quantidade de energia é transformada de uma forma em outra.

Por definição, a potência P de uma força, em dado intervalo de tempo Δt, é dada por:

$$P = \dfrac{\tau}{\Delta t}$$

No SI, o trabalho τ é medido em joule (J), o intervalo de tempo Δt é medido em segundo (s) e a potência P é medida em watt (W), em homenagem ao físico escocês James Watt (1736-1819). Portanto:

$$1 \text{ W} = 1 \text{ J/s}$$

Consideremos agora um **bipolo elétrico**, isto é, um elemento de circuito com dois terminais, submetido a uma diferença de potencial U e percorrido por uma corrente elétrica constante de intensidade i, conforme mostrado na **figura 11**.

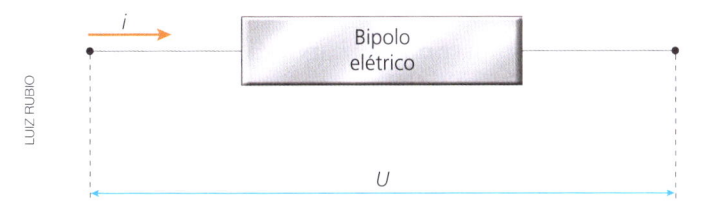

Figura 11. Em um bipolo elétrico, a energia é convertida de uma forma para outra.

Um bipolo que converte energia não elétrica em energia elétrica, como uma pilha ou uma bateria, é chamado de **gerador elétrico**. Existem bipolos que convertem energia elétrica em outra forma de energia, como os aquecedores e os motores elétricos.

Como vimos, potência é a grandeza física que indica a rapidez com que determinado trabalho é realizado. No caso do bipolo elétrico, o trabalho é realizado pela força elétrica para deslocar as cargas que constituem a corrente elétrica.

Então:

$$P = \frac{\tau_{F_{el}}}{\Delta t}$$

Considerando que o trabalho da força elétrica no deslocamento de uma carga Δq entre dois pontos com diferença de potencial U é dado por $\tau_{F_{el}} = \Delta q \cdot U$, temos:

$$P = \frac{\Delta q \cdot U}{\Delta t}$$

Sendo $\frac{\Delta q}{\Delta t} = i$, a potência do bipolo elétrico é dada por:

$$\boxed{P = Ui}$$

No SI, a potência P é medida em watt (W), a diferença de potencial U é medida em volt (V) e a intensidade i da corrente elétrica é medida em ampère (A). Portanto:

$$\boxed{W = 1\,V \cdot A}$$

A energia elétrica E_{el}, consumida ou fornecida pelo bipolo, no intervalo de tempo Δt é dada pelo trabalho das forças elétricas:

$$\tau_{F_{el}} = P\Delta t \therefore \boxed{E_{el} = P\Delta t}$$

Para a maioria dos equipamentos elétricos, a quantidade de energia correspondente a 1 J é muito pequena. Por essa razão, as companhias elétricas medem a quantidade de energia elétrica consumida em uma unidade maior que o joule. Essa unidade de medida é o **quilowatt-hora (kWh)**.

Um quilowatt-hora (1 kWh) corresponde à energia elétrica consumida por um equipamento de potência 1 kW (1.000 W) durante 1 hora (3.600 s). Portanto:

1 kWh = 1 kW · 1h ⇒ 1 kWh = 1.000 J/s · 3.600 s ⇒

$$\Rightarrow \boxed{1\,kWh = 3{,}6 \cdot 10^6\,J}$$

Exercícios resolvidos

3. Uma torradeira elétrica traz a inscrição: 1.000 W e 127 V. Determinar:
   a) a intensidade de corrente elétrica que atravessa a torradeira, em ampère, considerando-a ligada corretamente;
   b) o consumo de energia elétrica da torradeira, em joule, admitindo que ela permaneça ligada por 10 minutos.

▶ **Solução**
   a) Dada a diferença de potencial U e a potência P, podemos obter a intensidade de corrente elétrica i por meio da relação a seguir:

   $P = Ui \Rightarrow 1.000 = 127 \cdot i \therefore \boxed{i \approx 7{,}9\,A}$

   b) A energia elétrica consumida pela torradeira em 10 min, ou 600 s, é dada por:

   $P = \frac{E_{el}}{\Delta t} \Rightarrow 1.000 = \frac{E_{el}}{600} \Rightarrow E_{el} = 1.000 \cdot 600$

   $\therefore \boxed{E_{el} = 6{,}0 \cdot 10^5\,J}$

4. Um chuveiro elétrico traz uma plaqueta de fábrica com as especificações: 220 V-2.200 W/4.400 W. Supondo-o corretamente instalado e considerando que o custo da energia elétrica é de R$ 0,40/kWh, determinar:
   a) a intensidade de corrente elétrica que atravessa esse chuveiro nas duas possíveis condições de uso;
   b) o custo de um banho de meia hora com a chave seletora na posição de 4.400 W.

▶ **Solução**
   a) Com a chave seletora na posição de 2.200 W:

   $P = Ui \Rightarrow 2.200 = 220 \cdot i \therefore \boxed{i = 10\,A}$

   Com a chave seletora na posição de 4.400 W:

   $P = Ui \Rightarrow 4.400 = 220 \cdot i \therefore \boxed{i = 20\,A}$

   b) Devemos inicialmente calcular a energia elétrica consumida, em quilowatt-hora, no intervalo de tempo de 0,5 h. Para a potência de 4,4 kW, temos:

   $P = \frac{E_{el}}{\Delta t} \Rightarrow 4{,}4 = \frac{E_{el}}{0{,}5} \Rightarrow E_{el} = 4{,}4 \cdot 0{,}5$

   $\therefore E_{el} = 2{,}2\,kWh$

   Portanto, o custo (C) do banho será:

   C = 2,2 kWh · R$ 0,40/kWh ⇒ $\boxed{C = R\$\,0{,}88}$

Exercícios propostos

4. Um chuveiro elétrico instalado em uma rede de 220 V, quando em funcionamento, é percorrido por uma corrente elétrica de intensidade 20 A. Determine a energia elétrica consumida, em quilowatt-hora, durante um banho de 15 min.

5. Em um hotel, uma lâmpada fluorescente de 100 W, instalada em uma varanda, é mantida acesa todos os dias, das 19 h 00 min às 6 h 00 min. Supondo que o quilowatt-hora custe R$ 0,40, determine o custo mensal (30 dias) do funcionamento dessa lâmpada.

6. Um chuveiro elétrico, ligado em 220 V, é percorrido por uma corrente elétrica de 10 A durante 10 min. Uma lâmpada de 40 W deve ficar ligada por quantas horas nessa rede para consumir a mesma quantidade de energia elétrica que foi consumida pelo chuveiro?

4 Resistores e resistência elétrica

Quando as cargas elétricas que constituem a corrente elétrica atravessam um condutor, a energia elétrica pode ser convertida em energia térmica, resultando no aquecimento desse condutor (efeito Joule).

Isso pode ser explicado pelo fato de as cargas elétricas em movimento se chocarem continuamente com os átomos da rede cristalina do condutor. Em cada colisão, parte da energia cinética da carga é transferida para o átomo contra o qual ela colidiu, assim, os átomos do condutor passam a vibrar com uma energia maior. Com o aumento na agitação de seus átomos, a temperatura do condutor também aumenta.

O elemento de um circuito elétrico cuja função é converter energia elétrica em energia térmica ou limitar a intensidade de corrente que passa por determinados componentes do circuito é denominado **resistor**. Como exemplo de resistor, podemos citar: o aquecedor de água portátil, o filamento de tungstênio de uma lâmpada incandescente ou os fios condutores enrolados encontrados nos chuveiros elétricos, nos ferros elétricos, nas torneiras elétricas e nos secadores de cabelos. A **figura 12** apresenta alguns resistores e alguns aparelhos equipados com resistores encontrados no dia a dia.

Figura 12. Os resistores podem ser encontrados em muitos equipamentos de nosso cotidiano: (A) aquecedor de água portátil; (B) filamento de lâmpada incandescente; (C) resistor de chuveiro elétrico; (D) ferro elétrico.

> A grandeza física que limita o grau de movimentação das cargas elétricas que constituem a corrente elétrica no condutor é denominada **resistência elétrica**.

Consideremos um condutor submetido a uma diferença de potencial U e percorrido por uma corrente elétrica de intensidade i (**fig. 13**).

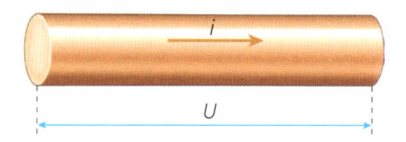

Figura 13. O condutor apresenta resistência à passagem da corrente elétrica.

A resistência elétrica R desse condutor é, por definição, dada pela relação:

$$R = \frac{U}{i}$$

No SI, a diferença de potencial U é medida em volt (V), a intensidade de corrente elétrica i é medida em ampère (A) e a resistência elétrica R é medida em volt/ampère (V/A), que recebeu o nome **ohm**, símbolo Ω, em homenagem ao físico alemão Georg Simon Ohm (1787-1854). Portanto:

$$1\ \Omega = 1\ \text{V/A}$$

Nos circuitos elétricos, o resistor é representado pelos símbolos mostrados na **figura 14**.

Figura 14. Símbolos utilizados para representar os resistores.

Exercícios resolvidos

5. Um aparelho tem resistência elétrica de 20 Ω e, quando em funcionamento, é atravessado por uma corrente de 5 A. Determinar:
a) o valor da ddp a que o aparelho está submetido;
b) a potência do aparelho durante o funcionamento.

▶ **Solução**

a) Pela definição de resistência elétrica, temos:

$$R = \frac{U}{i} \Rightarrow 20 = \frac{U}{5} \therefore \boxed{U = 100\ \text{V}}$$

b) A potência do aparelho é dada por:

$$P = Ui \Rightarrow P = 100 \cdot 5 \therefore \boxed{P = 500\ \text{W}}$$

6. Um resistor, com resistência elétrica de 10 Ω, é submetido a uma tensão de 12 V. Determinar:
a) a intensidade de corrente elétrica que o atravessa;
b) a quantidade de carga elétrica que percorre a seção transversal desse resistor, no intervalo de tempo de 1 min, se a tensão (diferença de potencial) passar a 60 V.

▶ **Solução**

a) A partir da definição de resistência elétrica, temos:

$R = \dfrac{U}{i} \Rightarrow 10 = \dfrac{12}{i} \therefore \boxed{i = 1{,}2 \text{ A}}$

b) Para uma tensão de 60 V, admitindo que a resistência elétrica permaneceu constante, teremos:

$R = \dfrac{U}{i} \Rightarrow 10 = \dfrac{60}{i} \therefore i = 6 \text{ A}$

A quantidade de carga elétrica que circula pelo resistor em 1 min (60 s) é dada por:

$i = \dfrac{\Delta q}{\Delta t} \Rightarrow 6 = \dfrac{\Delta q}{60} \therefore \boxed{\Delta q = 360 \text{ C}}$

Exercícios propostos

7. Um condutor, quando submetido à tensão de 110 V, é percorrido por corrente elétrica de intensidade 5,5 A. Qual é o valor de sua resistência elétrica?

8. Determine a resistência elétrica de uma lâmpada cujos valores nominais são 60 W e 120 V.

9. Considere um condutor metálico com resistência elétrica de 10 Ω e submetido à tensão de 220 V. Determine:
   a) a intensidade de corrente elétrica que o atravessa;
   b) a potência por ele dissipada

5 Leis de Ohm

A partir de dados obtidos experimentalmente, o professor e físico alemão Georg Simon Ohm verificou em 1826 uma propriedade que se tornou conhecida como **primeira lei de Ohm**.

A diferença de potencial *U* nos terminais de um resistor mantido a temperatura constante e percorrido por uma corrente elétrica de intensidade *i* é diretamente proporcional à intensidade dessa corrente.

Assim, nas condições dos experimentos de Ohm, quando se aumenta a ddp *U* aplicada aos terminais de um resistor, a intensidade *i* de corrente elétrica que o atravessa aumenta na mesma proporção. Portanto, a constante de proporcionalidade entre *U* e *i* é a resistência elétrica *R* do resistor.

Matematicamente, escrevemos:

$\dfrac{U}{i} = \dfrac{U_1}{i_1} = \dfrac{U_2}{i_2} = \dfrac{U_3}{i_3} = \ldots = \dfrac{U_n}{i_n} = \text{constante} = R$

Portanto, de acordo com a primeira lei de Ohm, temos:

$\boxed{U = Ri}$

Os resistores cuja resistência elétrica é constante são denominados **resistores ôhmicos**.

O diagrama *U* × *i* de um dado componente de circuito elétrico é denominado **curva característica**.

Para os diversos tipos de resistores, temos as curvas características mostradas na **figura 15**.

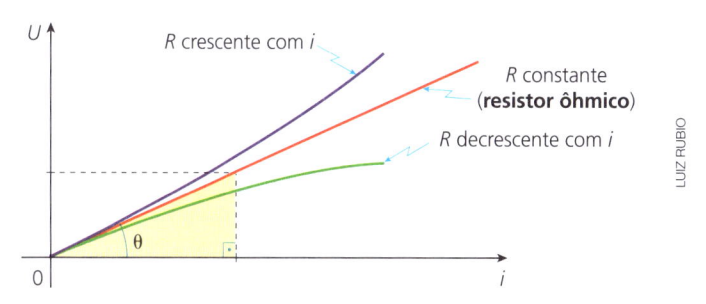

Figura 15. Diagrama $U \times i$ ou **curva característica** para diversos tipos de resistores.

Para um resistor ôhmico, vale a relação:

$\boxed{R \stackrel{N}{=} \text{tg } \theta}$

Como vimos no item 3, a potência de um bipolo elétrico é dada por: $P = Ui$

Podemos, então, combinar essa expressão com: $U = Ri$

• Se $U = Ri$, então: $P = Ui \Rightarrow P = (Ri)i \Rightarrow \boxed{P = Ri^2}$ ①

• Se $U = Ri \Rightarrow i = \dfrac{U}{R}$, então: $P = Ui \Rightarrow P = U \cdot \dfrac{U}{R} \Rightarrow$

$\Rightarrow \boxed{P = \dfrac{U^2}{R}}$ ②

Observação

As relações ① e ②, obtidas para o cálculo da potência dissipada, aplicam-se apenas a resistores.

Por meio de dados obtidos em experimentos realizados com condutores fabricados artesanalmente, Ohm verificou uma propriedade que se tornou conhecida como **segunda lei de Ohm**.

A resistência elétrica *R* de um condutor homogêneo de seção transversal constante depende do material de que ele é feito, é diretamente proporcional ao seu comprimento *L* e inversamente proporcional à área *S* da sua seção transversal.

Consideremos o condutor mostrado na **figura 16**.

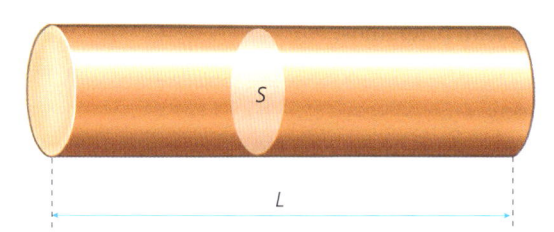

Figura 16. A resistência de um condutor depende do seu comprimento *L*, da área da seção transversal *S* e do material de que é feito.

Matematicamente, podemos escrever: $R = \rho \cdot \dfrac{L}{S}$

O coeficiente de proporcionalidade, representado pela letra grega ρ (lê-se: rô), é denominado **resistividade elétrica**. A resistividade elétrica é uma característica do material de que é feito o condutor e depende de sua temperatura. No SI, a resistividade é medida em: $\Omega \cdot m$

Exercícios resolvidos

7. Aplicam-se diferentes tensões (U) às extremidades de um fio condutor metálico, obtendo-se respectivamente correntes elétricas de intensidade i. As medidas obtidas para U e i são mostradas na tabela abaixo:

U (V)	0,0	1,0	2,0	3,0	4,0	5,0
i (A)	0,00	0,20	0,40	0,60	0,80	1,00

Com base nos dados da tabela, responder:

O condutor metálico comporta-se como um resistor ôhmico? Justificar a resposta e, em caso afirmativo, determinar a resistência elétrica do condutor.

▶ **Solução**

A partir dos dados da tabela, observamos que a relação $\dfrac{U}{i}$ é constante:

$$\dfrac{1,0\,V}{0,20\,A} = \dfrac{2,0\,V}{0,40\,A} = \dfrac{3,0\,V}{0,60\,A} = \dfrac{4,0\,V}{0,80\,A} = \dfrac{5,0\,V}{1,00\,A} = 5,0\,\Omega$$

Assim, concluímos que o condutor metálico comporta-se como um resistor ôhmico de 5,0 Ω.

8. Um resistor ôhmico é percorrido por uma corrente elétrica de intensidade 20 mA quando submetido à tensão de 100 V. Para esse resistor, determinar:

a) a resistência elétrica;
b) a curva característica, indicando as tensões correspondentes às correntes elétricas de intensidades 40 mA, 60 mA, 80 mA e 100 mA.

▶ **Solução**

a) Pela primeira lei de Ohm, a resistência elétrica R constante é dada por:

$U = Ri \Rightarrow 100 = R \cdot \dfrac{20}{1.000} \therefore \boxed{R = 5.000\,\Omega = 5\,k\Omega}$

b) A curva característica de um resistor ôhmico é uma reta crescente que passa pela origem. Para as correntes elétricas do item b, teremos:

- $U = Ri \Rightarrow U = 5.000 \cdot \dfrac{40}{1.000} \therefore \boxed{U = 200\,V}$
- $U = Ri \Rightarrow U = 5.000 \cdot \dfrac{60}{1.000} \therefore \boxed{U = 300\,V}$
- $U = Ri \Rightarrow U = 5.000 \cdot \dfrac{80}{1.000} \therefore \boxed{U = 400\,V}$
- $U = Ri \Rightarrow U = 5.000 \cdot \dfrac{100}{1.000} \therefore \boxed{U = 500\,V}$

A curva característica do resistor ôhmico é mostrada a seguir:

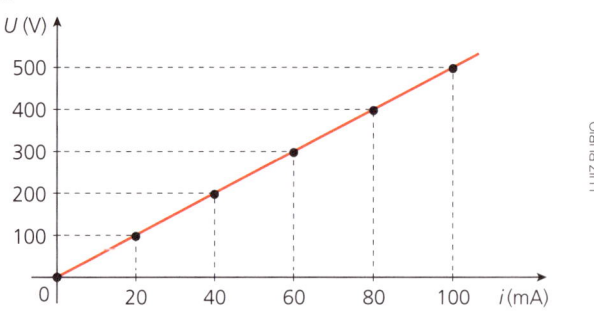

9. A tabela abaixo mostra o comprimento, a área da seção transversal e a resistividade do material de quatro condutores metálicos, A, B, C e D, assim como a intensidade de corrente elétrica através de cada um deles.

	Comprimento	Área da seção reta	Resistividade	Corrente elétrica
A	L	S	ρ	i
B	$2L$	S	2ρ	i
C	L	$2S$	ρ	$2i$
D	$\dfrac{L}{2}$	$\dfrac{S}{2}$	2ρ	$2i$

A partir dos dados da tabela:
a) colocar em ordem crescente a resistência elétrica desses condutores;
b) colocar em ordem crescente a potência dissipada por esses condutores;
c) identificar os condutores que estão submetidos à mesma tensão.

▶ **Solução**

a) Vamos aplicar a segunda lei de Ohm a cada um dos condutores.
- Para o condutor A: $R_A = \rho \cdot \dfrac{L}{S} = R$
- Para o condutor B: $R_B = 2\rho \cdot \dfrac{2L}{S} = 4R$
- Para o condutor C: $R_C = \rho \cdot \dfrac{L}{2S} = \dfrac{R}{2}$
- Para o condutor D: $R_D = 2\rho \cdot \dfrac{\frac{L}{2}}{\frac{S}{2}} = 2R$

Portanto: $\boxed{R_C < R_A < R_D < R_B}$

b) Podemos calcular a potência dissipada em cada condutor aplicando a expressão: $P = Ri^2$
- Para o condutor A: $P_A = Ri^2 = P$
- Para o condutor B: $P_B = 4Ri^2 = 4P$
- Para o condutor C: $P_C = \dfrac{R}{2} \cdot (2i)^2 = 2P$
- Para o condutor D: $P_D = 2R \cdot (2i)^2 = 8P$

Portanto: $\boxed{P_A < P_C < P_B < P_D}$

c) Vamos determinar a tensão em cada condutor usando a primeira lei de Ohm: $U = Ri$
- Para o condutor A: $U_A = Ri = U$
- Para o condutor B: $U_B = 4Ri = 4U$

- Para o condutor C: $U_C = \dfrac{R}{2} \cdot 2i = U$
- Para o condutor D: $U_D = 2R \cdot 2i = 4U$

Portanto, os condutores A e C estão submetidos à mesma tensão U, e os condutores B e D estão submetidos à mesma tensão 4U.

Exercícios propostos

10. Em um experimento, um resistor, quando submetido à ddp de 1,5 V, é percorrido por uma corrente elétrica de intensidade 30 mA. Em um novo experimento, o mesmo resistor é submetido à ddp de 9 V e passa a ser percorrido por uma corrente elétrica de intensidade 90 mA. O resistor é ôhmico? Justifique.

11. Um resistor ôhmico é percorrido por uma corrente elétrica de intensidade 40 mA quando submetido à ddp de 12 V. Qual será a intensidade de corrente elétrica que o percorrerá se a ddp a que estiver submetido for alterada para 9 V?

12. Um condutor tem resistência elétrica R e é percorrido por uma corrente contínua de intensidade i. Nessas condições, a potência dissipada pelo efeito Joule é P. Determine a nova potência dissipada por esse condutor se a corrente contínua que o atravessa tiver sua intensidade triplicada, sem que haja variação da resistência elétrica.

13. Um resistor ôhmico de resistência elétrica R, submetido à ddp U, é percorrido por uma corrente elétrica de intensidade i e dissipa uma potência elétrica P. Determine, respectivamente em função de i e de P, a intensidade de corrente elétrica i' e a potência dissipada P' se a resistência for duplicada e a ddp for triplicada.

14. Um arame de niquelina, uma liga metálica com resistividade elétrica igual a $0{,}40\ \Omega \cdot mm^2/m$, com 100 m de comprimento e área de seção transversal $0{,}5\ mm^2$, é submetido a uma tensão de 120 V. Determine:
a) a resistência elétrica do condutor;
b) a intensidade de corrente elétrica que atravessa esse arame;
c) a potência dissipada nesse condutor.

15. Um fio metálico com comprimento de 20 m e seção transversal com área de $4\ mm^2$ é feito de um material cuja resistividade elétrica vale $2 \cdot 10^{-4}\ \Omega \cdot cm$. Determine a ddp a que esse condutor estará sujeito quando percorrido por uma corrente elétrica de intensidade 5 A.

Exercícios de revisão

Ficha-resumo 1

Corrente elétrica é o nome dado ao movimento organizado de elétrons livres.

A intensidade média da corrente elétrica é dada por:

$$i_m = \dfrac{\Delta q}{\Delta t}$$

No SI, a unidade de medida de Δq é o coulomb (C), a unidade de medida de Δt é o segundo (s) e a unidade de medida de i_m é o ampère (A).

Corrente elétrica contínua constante é a corrente elétrica i constituída por cargas que se movimentam sempre no mesmo sentido e que apresenta intensidade constante com o tempo.

Corrente contínua constante: $i = i_m$

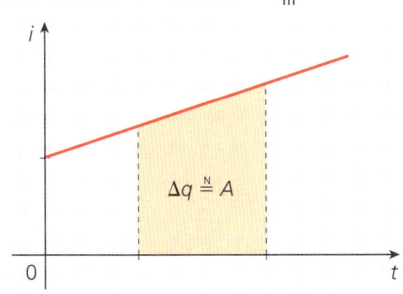

Em um diagrama $i \times t$, a quantidade de carga elétrica Δq que atravessa uma seção do condutor, em dado intervalo de tempo Δt, é numericamente igual à área A sob a curva.

1. (Enem) Um curioso estudante, empolgado com a aula de circuito elétrico que assistiu na escola, resolve desmontar sua lanterna. Utilizando-se da lâmpada e da pilha, retiradas do equipamento, e de um fio com as extremidades descascadas, faz as seguintes ligações com a intenção de acender a lâmpada:

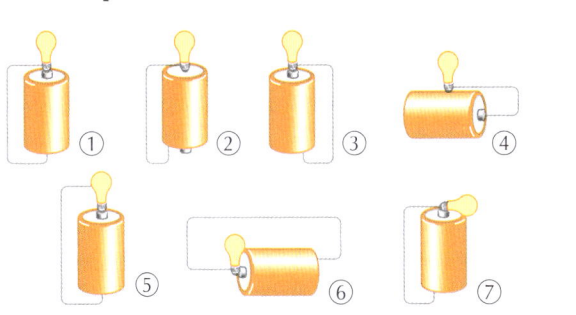

GONÇALVES Filho, A.; BAROLLI, E. *Instalação elétrica*: investigando e aprendendo. São Paulo: Scipione, 1997. (Adaptado)

Tendo por base os esquemas mostrados, em quais casos a lâmpada acendeu?
a) (1),(3),(6)
b) (3),(4),(5)
c) (1),(3),(5)
d) (1),(3),(7)
e) (1),(2),(5)

2. (UFSM-RS) Uma lâmpada permanece acesa durante 5 minutos, por efeito de uma corrente de 2 A. Nesse intervalo de tempo, a carga total (em C) fornecida a essa lâmpada é:
a) 0,4
b) 2,5
c) 10
d) 150
e) 600

Exercícios de revisão

3. (PUC-SP) Uma corrente elétrica de intensidade 11,2 μA percorre um condutor metálico. A carga elementar é $e = 1,6 \cdot 10^{-19}$ C. O tipo e o número de partículas carregadas que atravessam uma seção transversal desse condutor por segundo são:
a) prótons; $7,0 \cdot 10^{13}$ partículas
b) íons de metal; $14,0 \cdot 10^{16}$ partículas
c) prótons; $7,0 \cdot 10^{19}$ partículas
d) elétrons; $14,0 \cdot 10^{16}$ partículas
e) elétrons; $7,0 \cdot 10^{13}$ partículas

4. (Unifor-CE) Um circuito eletrônico foi submetido a um pulso de corrente indicado no gráfico.

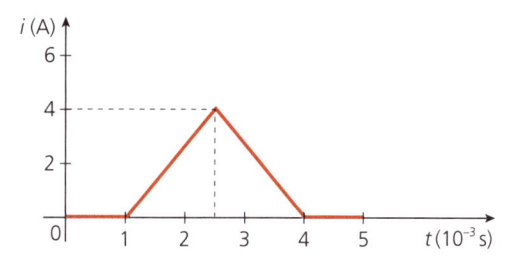

Durante esse pulso, a carga elétrica que fluiu no circuito, em coulomb, foi igual a:
a) $1,3 \cdot 10^{-3}$
b) $2,8 \cdot 10^{-3}$
c) $3,0 \cdot 10^{-3}$
d) $6,0 \cdot 10^{-3}$
e) $1,2 \cdot 10^{-2}$

5. (UFRGS-RS) Selecione a alternativa que preenche corretamente as lacunas do texto abaixo, na ordem em que elas aparecem.

As correntes elétricas em dois fios condutores variam em função do tempo de acordo com o gráfico mostrado a seguir, onde os fios estão identificados pelos algarismos 1 e 2.

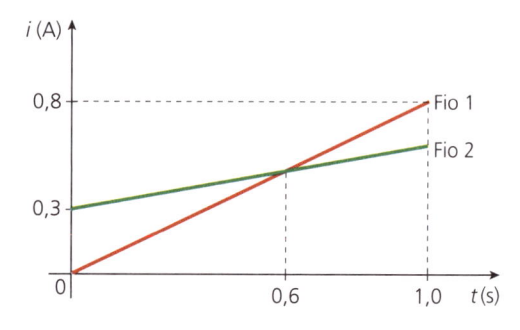

No intervalo de tempo entre zero e 0,6 s, a quantidade de carga elétrica que atravessa uma seção transversal do fio é maior para o fio ____ do que para o outro fio; no intervalo entre 0,6 s e 1,0 s, ela é maior para o fio ____ do que para o outro fio; e no intervalo entre zero e 1,0 s, ela é maior para o fio ____ do que para o outro fio.
a) 1 – 1 – 2
b) 1 – 2 – 1
c) 2 – 1 – 1
d) 2 – 1 – 2
e) 2 – 2 – 1

6. (Ufam) Relacionado às baterias recarregáveis, considere a situação na qual o fabricante do seu telefone sem fio informa no manual do usuário que o aparelho pode operar fora da base por um tempo de 96 h (em modo de espera) ou por um tempo de 5 h (em modo de conversação). Sendo a indicação máxima da bateria do tipo NiCd (níquel-cádmio) de 300 mA · h e voltagem de 3,6 V, os valores das intensidades de corrente do telefone (em mA) em modo de espera e em modo de conversação, respectivamente, são:
a) $i_E = 3,1$; $i_C = 60,0$
b) $i_E = 5,3$; $i_C = 51,8$
c) $i_E = 10,4$; $i_C = 60,0$
d) $i_E = 16,0$; $i_C = 40,0$
e) $i_E = 30,5$; $i_C = 600,0$

7. (Cefet-MG) Em um circuito de corrente contínua, utiliza-se um fio de cobre com diâmetro 1,6 mm e $8,4 \cdot 10^{22}$ elétrons livres por cm³. Ao se ligar o circuito, a corrente de 10 A, produzida quase instantaneamente, resulta do movimento dos elétrons livres com uma velocidade em m/s, da ordem de:
a) 10^{12}
b) 10^{8}
c) 10^{4}
d) 10^{-2}
e) 10^{-4}

Ficha-resumo 2

Potência e energia elétrica

$$P = \frac{E_{el}}{\Delta t}$$

No SI, E_{el} é medida em joule (J), Δt é medido em segundo (s) e P é medida em watt (W).

$$1 \text{ W} = 1 \text{ J/s}$$

A energia elétrica (E_{el}) consumida também pode ser medida em quilowatt-hora (kWh).

O esquema do bipolo elétrico é mostrado a seguir:

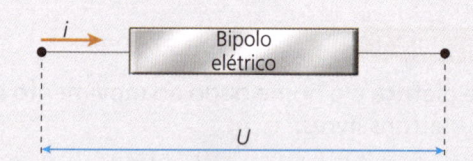

A potência do bipolo elétrico é dada por:

$$P = Ui$$

No SI, P é medida em watt (W), U é medida em volt (V) e i é medida em ampère (A).

8. (Fatec-SP) No anúncio promocional de um ferro de passar roupas a vapor, é explicado que, em funcionamento, o aparelho borrifa constantemente 20 g de vapor de água a cada minuto, o que torna mais fácil o ato de passar roupas.

Além dessa explicação, o anúncio informa que a potência do aparelho é 1.440 W e que sua tensão de funcionamento é de 110 V.

Jorge comprou um desses ferros e, para utilizá-lo, precisa comprar também uma extensão de fio que conecte o aparelho a uma única tomada de 110 V disponível no cômodo em que passa roupas. As cinco extensões que encontra à venda suportam as intensidades de correntes máximas de 5 A, 10 A, 15 A, 20 A e 25 A, e seus preços aumentam proporcionalmente às respectivas intensidades.

Sendo assim, a opção que permite o funcionamento adequado de seu ferro de passar em potência máxima, sem danificar a extensão de fio e que seja a de menor custo para Jorge, será a que suporta o máximo de:
a) 5 A
b) 10 A
c) 15 A
d) 20 A
e) 25 A

9. (Ufac) Na bateria de um veículo, existem as seguintes características: 12 V e 60 A · h (ampère-hora). Os quatro faróis deste veículo foram deixados acesos. A potência da lâmpada de cada farol é de 60 W. Quanto tempo depois de acesos a bateria poderá descarregar completamente?
a) 1 h
b) 2 h
c) 4 h
d) 3 h
e) 12 h

10. (Enem) A energia elétrica consumida nas residências é medida, em quilowatt-hora, por meio de um relógio medidor de consumo. Nesse relógio, da direita para a esquerda, tem-se o ponteiro da unidade, da dezena, da centena e do milhar. Se um ponteiro estiver entre dois números, considera-se o último número ultrapassado pelo ponteiro. Suponha que as medidas indicadas nos esquemas seguintes tenham sido feitas em uma cidade em que o preço do quilowatt-hora fosse de R$ 0,20.

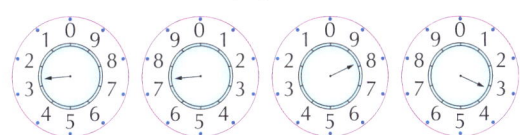

Leitura atual

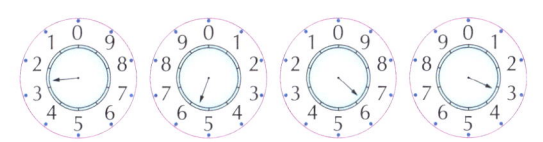

Leitura do mês passado

FILHO, A. G.; BAROLLI, E. *Instalação elétrica*. São Paulo: Scipione, 1997.

O valor a ser pago pelo consumo de energia elétrica registrado seria de:
a) R$ 41,80
b) R$ 42,00
c) R$ 43,00
d) R$ 43,80
e) R$ 44,00

11. (Vunesp) Uma família resolve substituir o chuveiro atual por uma ducha moderna com potência elétrica variável que pode atingir até 7.500 W. Eles sabem que o chuveiro atual está ligado a um circuito exclusivo, alimentado por uma tensão de 220 V, e protegido por um disjuntor de 20 A com uma fiação que suporta com segurança até 50 A. Pode-se afirmar que essa substituição pode ser feita:
a) sem qualquer alteração nesse circuito.
b) mas o disjuntor deve ser substituído por outro de 25 A.
c) mas o disjuntor deve ser substituído por outro de 30 A.
d) mas o disjuntor deve ser substituído por outro de 35 A.
e) mas a tensão deve ser reduzida para 127 V.

12. (Fatec-SP) Atualmente, a maioria das pessoas tem substituído, em suas residências, lâmpadas incandescentes por lâmpadas fluorescentes, visando a uma maior economia. Sabendo-se que a luminosidade da lâmpada fluorescente de 15 W equivale à da lâmpada incandescente de 60 W, o efeito da substituição de uma lâmpada incandescente que funcione em média 6 horas por dia por outra fluorescente será uma economia mensal, em kWh, de:
a) 4,5
b) 8,1
c) 10,2
d) 13,5
e) 15,0

13. (FGV-SP) Analise as afirmações:
I. A energia gerada por uma usina hidrelétrica é de 800 MW. Em um dia, ela produz 19,2 kWh de potência.
II. Um aparelho de som traz a inscrição 12 W-127 V. A energia que ele consome em 5 h de funcionamento, quando ligado adequadamente, é de $6{,}0 \cdot 10^{-2}$ kWh.
III. Uma lâmpada de filamento, cuja especificação é 60 W-220 V, queima quando ligada na rede de 127 V.

É correto apenas o que se afirma em:
a) I.
b) II.
c) III.
d) I e II.
e) II e III.

Ficha-resumo 3

Resistência elétrica

Representação simbólica:

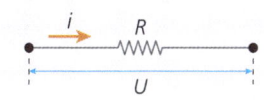

Por definição: $R = \dfrac{U}{i}$

No SI, R é medida em ohm (Ω).

$$1\ \Omega = 1\ \text{V/A}$$

Primeira lei de Ohm

$$U = Ri \quad (R \text{ é constante})$$

Os resistores cuja resistência elétrica é constante são denominados **resistores ôhmicos**.

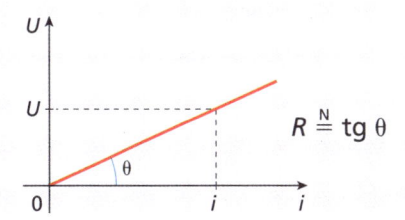

$$R \stackrel{N}{=} \text{tg}\,\theta$$

Segunda lei de Ohm

$$R = \rho \cdot \dfrac{L}{S}$$

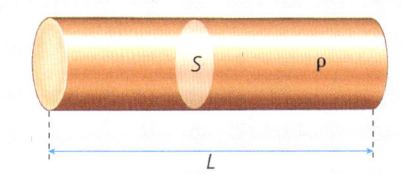

Exercícios de revisão

14. (Uespi) Em um laboratório, foram realizados ensaios elétricos com um fio condutor, submetendo-o a diversas voltagens. A tabela seguinte apresenta os valores dessas voltagens (U_{AB}) e da intensidade de corrente elétrica (i) correspondente, estabelecida no condutor:

U_{AB} (V)	1,5	3,0	4,5	6,0
i (mA)	5,0	10	15	20

A resistência elétrica desse condutor tem um valor em Ω, igual a:
a) 0,30
b) 300
c) 30
d) 100
e) 4,4

15. (UEL-PR) Três condutores X, Y e Z foram submetidos a diferentes tensões U e, para cada tensão, foi medida a respectiva corrente elétrica I, com a finalidade de verificar se os condutores eram ôhmicos. Os resultados estão na tabela que segue:

Condutor X		Condutor Y		Condutor Z	
I (A)	U (V)	I (A)	U (V)	I (A)	U (V)
0,30	1,5	0,20	1,5	7,5	1,5
0,60	3,0	0,35	3,0	15	3,0
1,2	6,0	0,45	4,5	25	5,0
1,6	8,0	0,50	6,0	30	6,0

De acordo com os dados da tabela, somente:
a) o condutor X é ôhmico.
b) o condutor Y é ôhmico.
c) o condutor Z é ôhmico.
d) os condutores X e Y são ôhmicos.
e) os condutores X e Z são ôhmicos.

16. (UEM-PR) O gráfico a seguir representa o comportamento da corrente que atravessa um resistor, em função da ddp a ele aplicada.

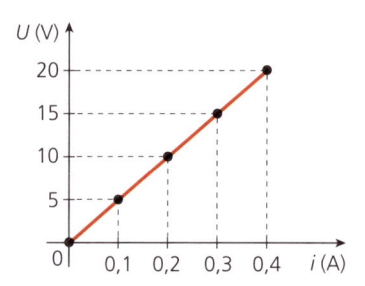

Nessas condições, assinale o que for correto:
(01) Este resistor não obedece à lei de Ohm.
(02) Quando a corrente for de 0,4 A, a ddp aplicada no resistor será de 25 volts.
(04) A resistência do resistor tem dimensões de volt · coulomb por segundo.
(08) Quando a corrente for de 0,2 A e percorrer este resistor por 2 segundos, então, a potência será de 4 watts.
(16) A quantidade de energia dissipada pelo resistor, em qualquer tempo, será constante e igual a 200 joules por segundo.
(32) Quando a corrente elétrica for de 0,2 A, a resistência elétrica do resistor será de 50 Ω.

Dê como resposta a soma dos números que precedem as afirmativas corretas.

17. (UFV-MG) Com base no gráfico da diferença de potencial (U) versus corrente (i) para um resistor, afirmou-se que o resistor:
I. É ôhmico.
II. Apresenta uma resistência de 50 Ω para uma corrente de 0,2 A.
III. Apresenta uma resistência de 90 Ω para uma diferença de potencial de 30 V.

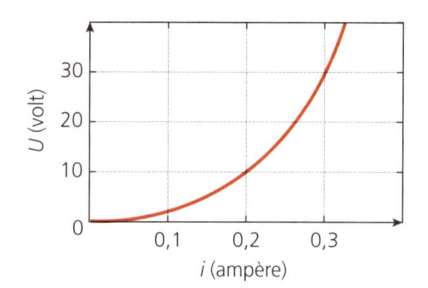

Assinale a alternativa correta:
a) Todas as afirmativas são verdadeiras.
b) Apenas as afirmativas I e III são verdadeiras.
c) Apenas as afirmativas II e III são verdadeiras.
d) Apenas a afirmativa II é verdadeira.
e) Apenas a afirmativa I é verdadeira.

18. (Ufam) O diagrama a seguir representa a intensidade da corrente I em função da tensão U para um condutor de resistência R.

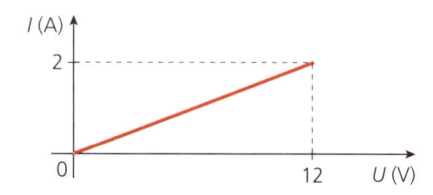

A potência dissipada pelo resistor em watt quando I = 3 A é:
a) 36
b) 72
c) 64
d) 48
e) 54

19. (FEI-SP) Sobre a resistência elétrica de um fio de cobre puro, é correto afirmar que:
a) É maior quanto maior a área da seção transversal do fio.
b) É menor quanto maior o comprimento do fio.
c) Não se altera com a temperatura do fio.
d) É menor quanto maior a temperatura do fio.
e) É maior quanto maior a temperatura do fio.

20. (UFSM-RS) Dois fios condutores do mesmo material e do mesmo comprimento, com seções retas de áreas A e 2A, submetidos à mesma diferença de potencial e à mesma temperatura, dissipam, por efeito Joule, respectivamente, as potências P_1 e P_2, com $\frac{P_1}{P_2}$ valendo:

a) $\frac{1}{4}$
b) $\frac{1}{2}$
c) 2
d) 4
e) 8

CAPÍTULO 34

ASSOCIAÇÃO DE RESISTORES

ENEM
C2: H5, H6
C5: H17

As lâmpadas usadas na iluminação da ponte do Brooklyn, cartão-postal da cidade de Nova York, EUA, funcionam como uma associação de resistores. O fato de, ocasionalmente, algumas lâmpadas estarem apagadas enquanto outras permanecem acesas permite concluir que aquelas que pertencem a um mesmo circuito estão associadas em paralelo. Nesse tipo de associação, cada lâmpada funciona independentemente das outras, como em um lustre comum com várias lâmpadas.

Neste capítulo, estudaremos os dois tipos básicos de associações de resistores, associação em série e em paralelo, e suas combinações.

Objetivos do capítulo

- Conceituar associação de resistores e resistor equivalente.
- Apresentar as características de uma associação de resistores em série e de uma associação de resistores em paralelo.
- Estudar o uso de fusíveis e reconhecer situações de curto-circuito.
- Apresentar diferentes instrumentos de medidas elétricas e conceituar medidores ideais.
- Aplicar as leis de Ohm em associações de resistores e determinar as indicações dos medidores ideais e não ideais.

1 Introdução

Ao montar um circuito elétrico, muitas vezes, é preciso alterar a resistência elétrica em um trecho desse circuito. Porém, nem sempre encontramos resistores com resistências elétricas nos valores exatos que queremos. Nesse caso, para obter o valor da resistência elétrica desejada para o trecho, costumamos combinar dois ou mais resistores entre si. O conjunto de resistores assim interligados é denominado **associação de resistores**.

Denominamos **resistor equivalente** o resistor único que, quando submetido à mesma tensão U da associação de resistores, é percorrido por corrente elétrica de mesma intensidade da corrente que atravessa o conjunto dos resistores.

Vamos supor que desejamos ligar simultaneamente três pequenas lâmpadas incandescentes idênticas, cujos filamentos são resistores, a uma única pilha ou bateria. De quantas maneiras diferentes podemos conectar essas três lâmpadas?

As três lâmpadas podem ser conectadas a uma pilha de quatro maneiras diferentes, conforme indicado na **figura 1**.

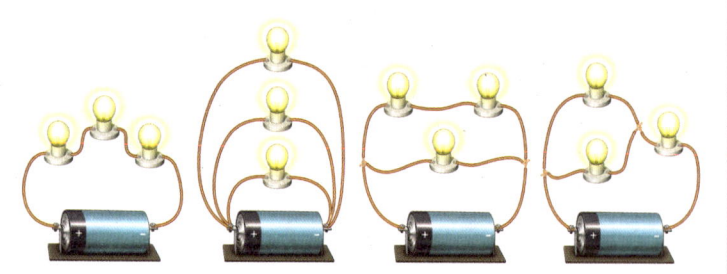

Figura 1. Associação de três resistores de quatro maneiras diferentes.

As quatro associações acima mostram as duas formas principais de associação de resistores: **associação em série** e **associação em paralelo**.

2 Associação de resistores em série

Numa **associação de resistores em série**, o terminal de saída do primeiro resistor deve ser ligado ao terminal de entrada do segundo; o terminal de saída do segundo deve ser ligado ao terminal de entrada do terceiro, e assim sucessivamente, até que todos os resistores estejam conectados. O terminal de entrada do primeiro resistor será a **entrada** da associação. O terminal de saída do último resistor será a **saída** da associação.

A **figura 2** mostra uma associação em série de três lâmpadas incandescentes e sua representação esquemática.

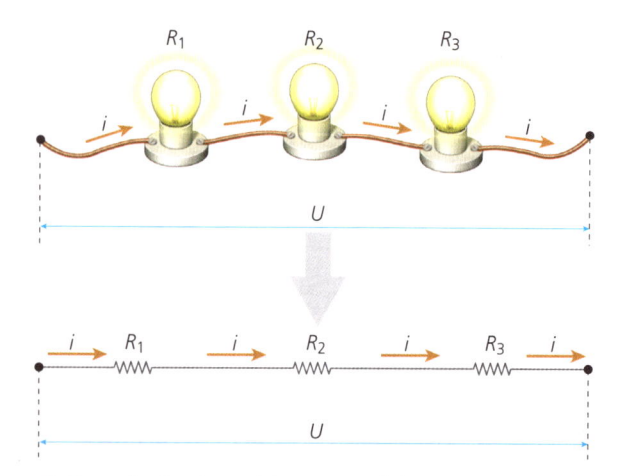

Figura 2. Associação de resistores em série.

Note que a corrente elétrica que circula nessa associação de resistores tem um **único caminho** a percorrer.

Assim, se associarmos n resistores em série, a intensidade da corrente elétrica em todos os resistores será a mesma.

$$i_1 = i_2 = i_3 = ... = i_n = i$$

Quando as cargas elétricas que constituem a corrente elétrica i passam pelos resistores, parte da sua energia elétrica é convertida em energia térmica e, eventualmente, em luz; ou seja, a energia potencial elétrica dessas cargas diminui. Em outras palavras, essas cargas se deslocam para pontos de potencial elétrico mais baixo.

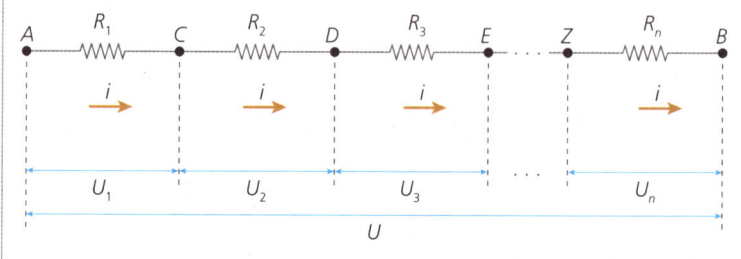

Figura 3. Ao longo de uma associação de resistores em série, o potencial elétrico V diminui.

488 Física – Nicolau • Torres • Penteado

Numa associação como a representada na **figura 3**, temos:

$$U_1 = V_A - V_C, \; U_2 = V_C - V_D,$$

$$U_3 = V_D - V_E, \; ..., \; U_n = V_Z - V_B$$

A ddp U entre os terminais A e B da associação de resistores é dada por:

$$U_1 + U_2 + U_3 + ... + U_n = V_A - V_B = U$$

Então, numa associação de resistores em série, temos:

$$\boxed{U = U_1 + U_2 + U_3 + ... + U_n}$$

Como vimos anteriormente, o resistor equivalente da associação (R_{eq}) é o resistor único que, submetido à mesma tensão da associação, será percorrido por uma corrente elétrica de intensidade igual à intensidade da corrente que atravessa a associação **(fig. 4)**.

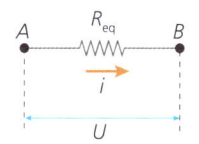

Figura 4. Representação do resistor equivalente da associação (R_{eq}).

Assim, de acordo com a primeira lei de Ohm: $U = R_{eq}i$

No caso de uma associação de resistores em série, para cada resistor da associação, temos:

$$U_1 = R_1 i, \; U_2 = R_2 i, \; U_3 = R_3 i, \; ..., \; U_n = R_n i$$

Assim:

$$R_{eq}i = R_1 i + R_2 i + R_3 i + ... + R_n i$$

Portanto:

$$\boxed{R_{eq} = R_1 + R_2 + R_3 + ... + R_n}$$

Considerando uma associação de resistores em série, podemos, então, afirmar que:

- quando se submete uma associação de resistores em série a uma ddp U, todos os resistores são percorridos pela mesma corrente elétrica de intensidade i, no sentido do potencial elétrico mais alto para o mais baixo;
- a diferença de potencial U nos terminais de uma associação de resistores em série é igual à soma das diferenças de potencial em cada um dos resistores da associação;
- a resistência elétrica do resistor equivalente de uma associação de resistores em série é igual à soma das resistências elétricas dos resistores associados.

Exercícios resolvidos

1. Dois resistores de resistências elétricas $R_1 = 4 \, \Omega$ e $R_2 = 1 \, \Omega$ são associados em série e a associação é submetida a uma ddp de 60 V. Determinar:
  a) a resistência equivalente da associação;
  b) a intensidade da corrente elétrica que atravessa a associação;
  c) a diferença de potencial nos terminais de cada um dos resistores.

▶ **Solução**
a) Em uma associação de resistores em série:
$$R_{eq} = R_1 + R_2$$
Então: $R_{eq} = 4 + 1 \; \therefore \; \boxed{R_{eq} = 5 \, \Omega}$

b) Para a associação, temos:
$$U = R_{eq}i$$
Logo: $60 = 5i \; \therefore \; \boxed{i = 12 \, A}$

c) Vamos aplicar a primeira lei de Ohm a cada um dos resistores.
Para o resistor R_1, temos:
$$U_1 = R_1 i \Rightarrow U_1 = 4 \cdot 12 \; \therefore \; \boxed{U_1 = 48 \, V}$$
Para o resistor R_2, temos:
$$U_2 = R_2 i \Rightarrow U_2 = 1 \cdot 12 \; \therefore \; \boxed{U_2 = 12 \, V}$$

2. Um resistor de resistência elétrica R é percorrido por uma corrente elétrica de intensidade 8 A quando submetido a uma tensão U. Associando um resistor de 3 Ω em série com o resistor de resistência R e submetendo a associação à mesma tensão U, verifica-se que a associação é percorrida por uma corrente de 5 A. Determinar:
  a) o valor da resistência elétrica R do resistor;
  b) a tensão U aplicada à associação.

▶ **Solução**
a) Aplicando a primeira lei de Ohm ao resistor de resistência elétrica R, temos:
$$U = R \cdot 8 \quad ①$$
Para a associação em série dos resistores de resistências R e 3 Ω, de acordo com a primeira lei de Ohm, temos:
$$U = (R + 3) \cdot 5 \quad ②, \text{ em que } (R + 3) = R_{eq}$$
Igualando ① e ②, obtemos:
$$8R = (R + 3) \cdot 5 \Rightarrow 8R = 5R + 15 \Rightarrow$$
$$\Rightarrow 3R = 15 \; \therefore \; \boxed{R = 5 \, \Omega}$$

b) Considerando a situação inicial, temos:
$$U = R \cdot i \Rightarrow U = 5 \cdot 8 \; \therefore \; \boxed{U = 40 \, V}$$

Exercícios propostos

1. Em cada um dos esquemas a seguir, calcule a resistência equivalente entre os pontos A e B e a intensidade da corrente elétrica na associação, considerando que $U_{AB} = 45$ V.

a) A —[5 Ω]—[20 Ω]— B

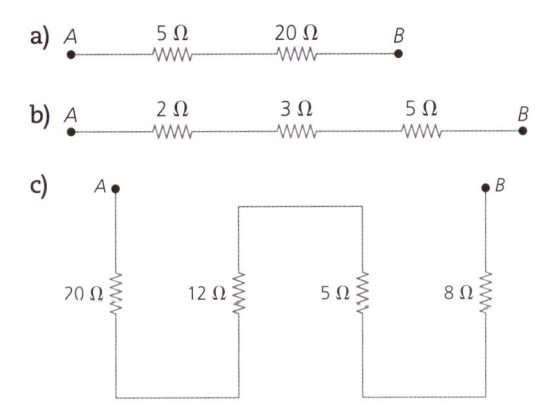

b) A —[2 Ω]—[3 Ω]—[5 Ω]— B

c) A ● —[20 Ω ∥ 12 Ω ∥ 5 Ω ∥ 8 Ω]— ● B

2. Para homenagear uma das maiores celebridades científicas do século XX, o físico Albert Einstein, um estudante montou uma associação com resistores de 1 Ω, que podem emitir luz quando percorridos por correntes elétricas com intensidades entre 25 mA e 30 mA.

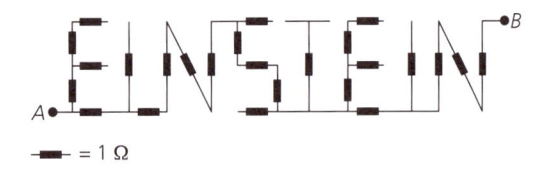

[Figura: EINSTEIN formado por resistores, ligado entre A e B, com — = 1 Ω]

Determine o número de resistores que acenderão nas condições corretas e a ddp mínima necessária entre A e B para que isso ocorra.

a) 25 e 0,625 V
b) 12 e 0,360 V
c) 24 e 0,300 V
d) 12 e 0,300 V
e) 12 e 0,625 V

3. Um resistor R_1 é submetido a uma ddp de 12 V e a corrente que o atravessa tem intensidade igual a 3 A. Outro resistor, R_2, é submetido a essa mesma ddp e a corrente elétrica através dele tem intensidade igual a 6 A. Os resistores R_1 e R_2 são associados em série e a associação é submetida à ddp de 36 V. Determine:
a) a intensidade da corrente elétrica i através de cada um dos resistores da associação;
b) as tensões U_1 e U_2 nos terminais dos resistores R_1 e R_2, respectivamente, nessa associação.

3 Associação de resistores em paralelo

Numa **associação de resistores em paralelo**, os terminais de entrada de todos os resistores devem ser ligados a um dado ponto do circuito (ponto A na **figura 5**) e os terminais de saída de todos os resistores devem ser ligados a outro ponto do circuito (ponto B na **figura 5**). Assim, quando a associação é submetida a uma ddp U, a corrente elétrica tem tantos caminhos a seguir quantos são os resistores associados.

A **figura 5** mostra uma associação em paralelo de três lâmpadas incandescentes e sua representação esquemática.

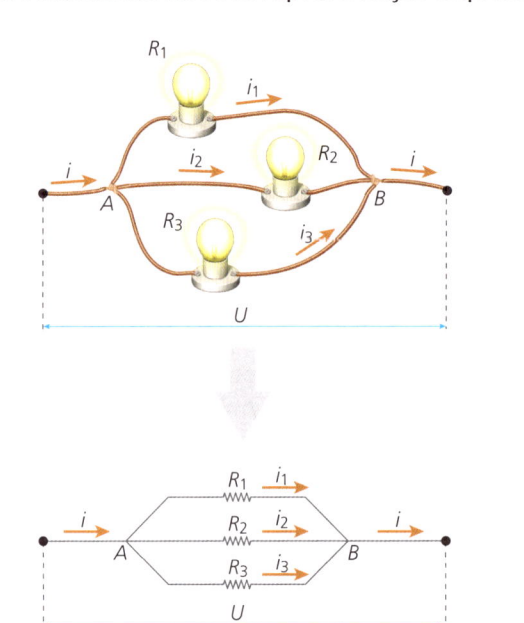

Figura 5. Associação de resistores em paralelo.

Note que, como todos os resistores da associação estão conectados aos pontos A e B do circuito, a ddp à qual cada um deles está submetido é igual à ddp U da associação. Então, se associarmos n resistores em paralelo, teremos:

$$U_1 = U_2 = U_3 = \ldots = U_n = U$$

Observe também que a corrente elétrica i da associação será dividida nas correntes parciais $i_1, i_2, i_3, \ldots, i_n$, que percorrerão, respectivamente, os resistores $R_1, R_2, R_3, \ldots, R_n$ da associação.

Pela lei dos nós, ou primeira lei de Kirchhoff, temos:

$$i = i_1 + i_2 + i_3 + \ldots + i_n$$

Para o resistor equivalente da associação, da primeira lei de Ohm, temos:

$$U = R_{eq} i \Rightarrow i = \frac{U}{R_{eq}}$$

As correntes que percorrem cada um dos resistores da associação em paralelo são:

$$i_1 = \frac{U}{R_1}, \; i_2 = \frac{U}{R_2}, \; i_3 = \frac{U}{R_3}, \ldots, i_n = \frac{U}{R_n}$$

Assim, temos:

$$\frac{U}{R_{eq}} = \frac{U}{R_1} + \frac{U}{R_2} + \frac{U}{R_3} + \ldots + \frac{U}{R_n}$$

Portanto:

$$\frac{1}{R_{eq}} = \frac{1}{R_1} + \frac{1}{R_2} + \frac{1}{R_3} + \ldots + \frac{1}{R_n}$$

A respeito de uma associação de resistores em paralelo podemos, então, afirmar que:

- quando se submete uma associação de resistores em paralelo a uma ddp U, todos os resistores ficam submetidos à mesma ddp U da associação;
- a intensidade i da corrente elétrica que percorre uma associação de resistores em paralelo é igual à soma das intensidades das correntes elétricas parciais que percorrem os resistores da associação;
- o inverso da resistência elétrica do resistor equivalente de uma associação de resistores em paralelo é igual à soma dos inversos das resistências elétricas dos resistores associados;
- em uma associação em paralelo de n resistores iguais, cada um com resistência elétrica R, o resistor equivalente tem resistência elétrica R_{eq} igual a:

$$R_{eq} = \frac{R}{n}$$

- em uma associação em paralelo de dois resistores com resistências elétricas R_1 e R_2, o resistor equivalente tem resistência elétrica R_{eq} igual a:

$$R_{eq} = \frac{R_1 \cdot R_2}{R_1 + R_2}$$

Observação

Essa última relação é válida apenas quando aplicada a uma associação de dois resistores. Para três resistores, por exemplo, teríamos que aplicar a relação duas vezes para obter a resistência equivalente: primeiro para R_1 e R_2, obtendo R'; depois para R' e R_3, obtendo R_{eq}.

Exercícios resolvidos

3. Determinar a resistência elétrica equivalente entre os pontos A e B na associação de resistores a seguir.

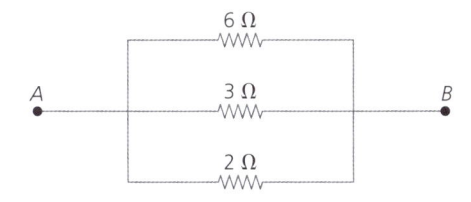

[Circuito: entre A e B, três resistores em paralelo: 6 Ω, 3 Ω, 2 Ω]

▶ **Solução**

Os três resistores estão associados em paralelo entre os pontos A e B. Em uma associação de resistores em paralelo, a resistência elétrica do resistor equivalente é dada por:

$$\frac{1}{R_{eq}} = \frac{1}{R_1} + \frac{1}{R_2} + \frac{1}{R_3} + \ldots + \frac{1}{R_n}$$

Então:

$$\frac{1}{R_{eq}} = \frac{1}{6} + \frac{1}{3} + \frac{1}{2} \Rightarrow \frac{1}{R_{eq}} = \frac{1+2+3}{6} \therefore \boxed{R_{eq} = 1\,\Omega}$$

Observe que poderíamos ter obtido a resistência elétrica equivalente da associação em paralelo aplicando o caso particular para dois resistores, $R_{eq} = \dfrac{R_1 \cdot R_2}{R_1 + R_2}$, duas vezes:

- Para os resistores $R_1 = 6\,\Omega$ e $R_2 = 3\,\Omega$, temos:

$$R' = \frac{R_1 \cdot R_2}{R_1 + R_2} \Rightarrow R' = \frac{6 \cdot 3}{6+3} \Rightarrow R' = \frac{18}{9} \therefore R' = 2\,\Omega$$

- Para os resistores $R' = 2\,\Omega$ e $R_3 = 2\,\Omega$, temos:

$$R_{eq} = \frac{R' \cdot R_3}{R' + R_3} \Rightarrow R_{eq} = \frac{2 \cdot 2}{2+2} \Rightarrow R_{eq} = \frac{4}{4} \therefore \boxed{R_{eq} = 1\,\Omega}$$

4. Observe a figura a seguir.

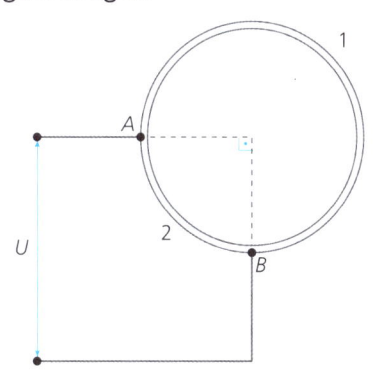

[Figura: anel metálico com pontos A e B, ramos 1 e 2, submetido à ddp U]

Um anel metálico, cuja resistência elétrica é igual a R, é submetido a uma ddp U entre os pontos A e B, conforme mostra a figura.

Determinar:

a) a resistência equivalente desse circuito;
b) as intensidades da corrente elétrica nos ramos A1B e A2B do circuito.

▶ **Solução**

a) O anel todo tem resistência elétrica R. Observe, entretanto, que o ramo A1B corresponde a $\dfrac{3}{4}$ do comprimento do anel e o ramo A2B corresponde a $\dfrac{1}{4}$ do comprimento do anel. Portanto, de acordo com a segunda lei de Ohm, temos: $R_{A1B} = \dfrac{3}{4}R$ e $R_{A2B} = \dfrac{1}{4}R$

A resistência elétrica equivalente desse circuito, em que R_{A1B} e R_{A2B} estão associados em paralelo, é:

$$R_{eq} = \frac{\frac{3}{4}R \cdot \frac{1}{4}R}{\frac{3}{4}R + \frac{1}{4}R} \Rightarrow R_{eq} = \frac{\frac{3}{16}R^2}{R} \Rightarrow \boxed{R_{eq} = \frac{3R}{16}}$$

b) Com a primeira lei de Ohm, podemos obter a intensidade da corrente elétrica em cada ramo do circuito.

No ramo A1B: $U = \dfrac{3R}{4}i_1 \Rightarrow \boxed{i_1 = \dfrac{4U}{3R}}$

No ramo A2B: $U = \dfrac{R}{4}i_2 \Rightarrow \boxed{i_2 = \dfrac{4U}{R}}$

Exercícios propostos

4. Para cada um dos esquemas a seguir, determine a resistência elétrica do resistor equivalente da associação cujos terminais são A e B.

a) [Circuito com resistores de 6 Ω e 3 Ω em paralelo entre A e B]

b) [Circuito com resistores de 15 Ω, 10 Ω e 6 Ω em paralelo entre A e B]

c) [Circuito com quatro resistores de 8 Ω em paralelo entre A e B]

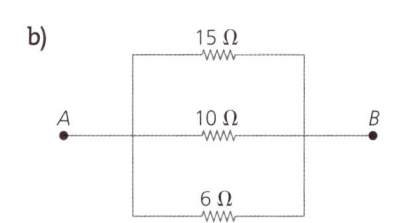

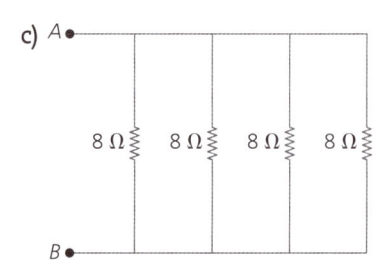

5. Dois resistores com resistências elétricas 700 Ω e 300 Ω são associados em paralelo e submetidos à tensão de 210 V. Determine:
a) a intensidade de corrente elétrica em cada resistor;
b) a intensidade de corrente elétrica da associação;
c) a resistência equivalente dessa associação.

6. Um dado resistor com resistência elétrica R é percorrido por uma corrente elétrica de intensidade 2 A quando submetido à tensão U. Associando um resistor de 4 Ω em paralelo com o resistor de resistência R e submetendo a associação à mesma tensão U, a intensidade de corrente elétrica da associação é igual a 8 A. Determine:
a) a tensão U aplicada à associação;
b) o valor da resistência elétrica R do resistor.

4 Associação mista de resistores

Denominamos **associação mista de resistores** a associação que contém, simultaneamente, associações de resistores em série e em paralelo.

Na **figura 1** deste capítulo, mostramos quatro maneiras de associar três resistores. Naquela figura, a primeira é uma associação em série; a segunda, uma associação em paralelo, e as duas últimas são associações mistas, apresentadas novamente na **figura 6**.

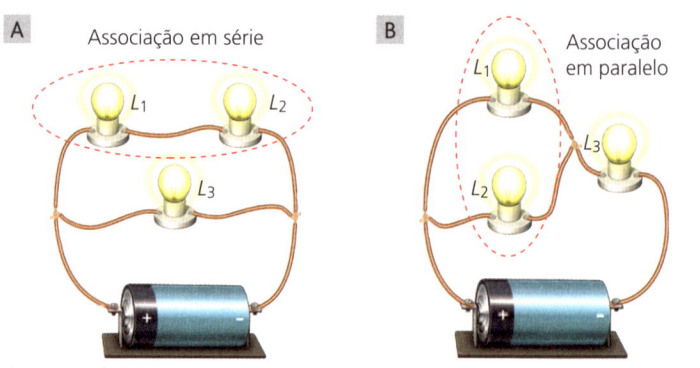

Figura 6. (A) L_1 e L_2 estão associadas em série e esse conjunto está associado em paralelo a L_3; (B) L_1 e L_2 estão associadas em paralelo e esse conjunto está associado em série a L_3.

Em uma associação mista, o cálculo da resistência elétrica do resistor equivalente deve ser feito a partir das associações parciais, em série e em paralelo. Para isso, devemos, pouco a pouco, simplificar o esquema da associação.

Como regra geral, identificam-se, de preferência com letras, os terminais e os nós da associação. Em seguida, verificam-se os resistores associados em paralelo (aqueles conectados ao mesmo par de pontos) e calcula-se a resistência elétrica equivalente dessa associação. Além disso, identificam-se os resistores associados em série (aqueles percorridos por uma mesma corrente) e calcula-se a resistência elétrica equivalente dessa associação. Desse modo, eliminam-se, passo a passo, os nós intermediários da associação mista.

Ao final do processo, restará entre os terminais da associação apenas um resistor, o resistor equivalente.

Exercícios resolvidos

5. No trecho de circuito representado a seguir, a ddp entre os pontos A e B é de 24 V.

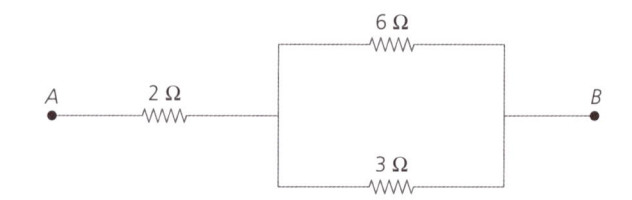

[Circuito: de A, resistor de 2 Ω em série com associação em paralelo de 6 Ω e 3 Ω, até B]

Determinar:
a) a resistência elétrica equivalente da associação;
b) a intensidade de corrente elétrica nesse trecho.

▶ **Solução**

a) Para obter a resistência equivalente desse trecho de circuito elétrico, devemos começar a simplificá-lo substituindo os dois resistores ligados em paralelo pelo resistor equivalente. Para os resistores de 6 Ω e 3 Ω ligados em paralelo, temos:

$$R' = \frac{6 \cdot 3}{6 + 3} \Rightarrow R' = \frac{18}{9} \therefore R' = 2 \text{ Ω}$$

Ficamos, assim, com dois resistores de 2 Ω associados em série. Desse modo, o resistor equivalente da associação terá resistência elétrica:

$$R_{eq} = 2 + 2 \therefore \boxed{R_{eq} = 4\ \Omega}$$

b) A intensidade de corrente elétrica no trecho apresentado é obtida com a primeira lei de Ohm:

$$U = Ri \Rightarrow 24 = 4i \therefore \boxed{i = 6\ A}$$

6. Considerando o trecho de circuito elétrico apresentado no exercício anterior, determinar a potência dissipada no resistor de 6 Ω.

▶ **Solução**

No exercício anterior, já calculamos a intensidade de corrente elétrica no trecho de circuito apresentado, i = 6 A. Logo, a ddp no resistor de 2 Ω é, pela primeira lei de Ohm, igual a 12 V.

Como a ddp total aplicada à associação é de 24 V, concluímos que o trecho de resistores associados em paralelo está submetido à ddp de 12 V.

Assim, para o resistor de 6 Ω, temos:

$$P = \frac{U^2}{R} \Rightarrow P = \frac{12^2}{6} \therefore \boxed{P = 24\ W}$$

Exercícios propostos

7. Para cada um dos esquemas abaixo, determine a resistência elétrica do resistor equivalente da associação cujos terminais são A e B.

a) [circuito: 4 Ω e 8 Ω em série, em paralelo com 6 Ω, entre A e B]

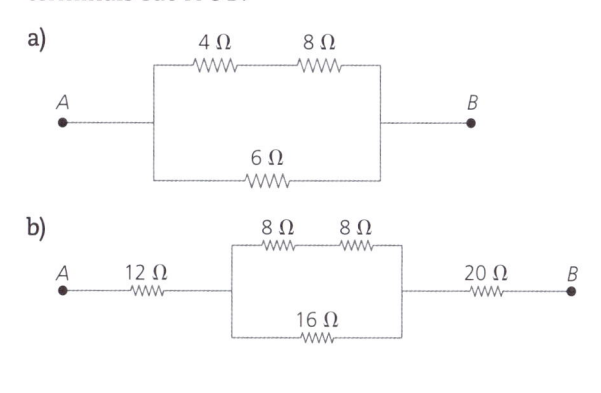

b) [circuito: A — 12 Ω — (8 Ω e 8 Ω em série, em paralelo com 16 Ω) — 20 Ω — B]

c) [circuito com resistores de 2 Ω, 8 Ω, 2 Ω, 8 Ω, 4 Ω, entre A e B]

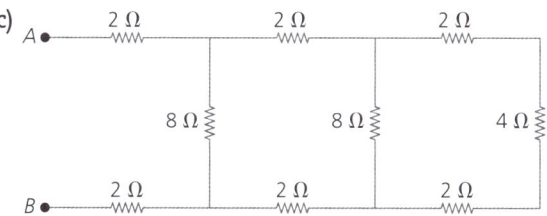

8. No trecho de circuito representado a seguir, mostram-se as potências dissipadas pelos resistores que o compõem. A ddp entre A e C é igual a 20 V.

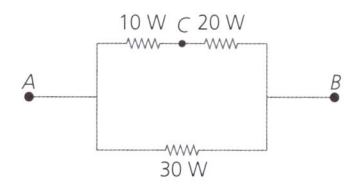

[circuito: 10 W e 20 W (com ponto C entre eles) em paralelo com 30 W, entre A e B]

Determine em ampère (A) a intensidade da corrente elétrica que percorre o trecho de circuito acima, de A para B.

9. As correntes que passam pelos resistores R_1 e R_2, no trecho de circuito indicado na figura a seguir, têm intensidades de 15,6 mA e 12,0 mA, respectivamente.

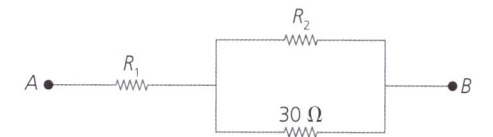

[circuito: A — R_1 — (R_2 em paralelo com 30 Ω) — B]

Qual é o valor da resistência elétrica do resistor R_2?

10. No trecho de circuito elétrico representado abaixo, a ddp entre os pontos A e B é de 120 V e a corrente i_1 tem intensidade de 2 A.

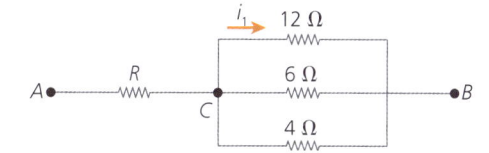

[circuito: A — R — C — (12 Ω, 6 Ω, 4 Ω em paralelo) — B, com i_1 passando pelo 12 Ω]

Determine o valor da resistência elétrica R.

5 Fusíveis

Em circuitos elétricos, é bastante comum o uso de um dispositivo de proteção denominado **fusível**. Os fusíveis limitam a intensidade de corrente que atravessará determinado trecho de circuito que se deseja proteger. Geralmente, nesse trecho do circuito, os fusíveis são instalados em série.

A **figura 7** mostra alguns tipos comuns de fusível usados em veículos, em residências e aparelhos eletrônicos.

Figura 7. Tipos mais comuns de fusível: (A) fusível de invólucro de vidro; (B) de cartucho; (C) de lâmina; (D) de rosca.

O fusível é constituído basicamente por um condutor metálico (de chumbo, estanho ou uma liga metálica) com ponto de fusão **menor** do que o ponto de fusão do material usado nos fios de conexão do circuito. A espessura do condutor existente no interior do fusível é cuidadosamente calculada para que, a partir de um dado valor de intensidade de corrente elétrica, o calor dissipado por efeito Joule seja suficiente para fundi-lo.

Quando um fusível "queima", ou seja, se funde com a passagem de corrente de intensidade maior que a especificada para o circuito, é necessário verificar o que provocou sua "queima" e corrigir o problema antes de substituí-lo por um novo.

A **figura 8** mostra a representação de um fusível F em um trecho de circuito.

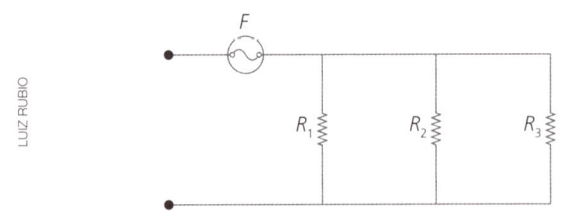

Figura 8. Representação do fusível F em um circuito elétrico.

Em instalações elétricas residenciais e industriais, os fusíveis são muitas vezes substituídos por **disjuntores**. O funcionamento de um disjuntor baseia-se nos efeitos magnéticos da corrente elétrica.

Quando a intensidade de corrente em um circuito atinge determinado valor, o disjuntor desliga. Corrigido o problema que originou o desligamento, o disjuntor pode ser religado sem necessidade de substituí-lo.

6 Curto-circuito

Você já deve ter ouvido falar em incêndios provocados por um curto-circuito em uma instalação elétrica.

Mas o que é curto-circuito e o que pode provocá-lo?

Dizemos que um curto-circuito ocorre quando, entre dois pontos de um circuito elétrico, é conectado um condutor de resistência elétrica desprezível em comparação com as resistências elétricas presentes no circuito. Nesse caso, os pontos que antes apresentavam uma diferença de potencial não nula passam a apresentar uma ddp nula.

Vamos considerar, por exemplo, o circuito representado na **figura 9**. Esse circuito é constituído por duas lâmpadas com resistências elétricas de 4 Ω e 2 Ω associadas em série e ligadas a uma bateria que fornece uma ddp de 12 V. A corrente elétrica através de ambas as lâmpadas tem intensidade de 2 A, estando L_1 submetida a uma tensão de 8 V e L_2 sob tensão de 4 V.

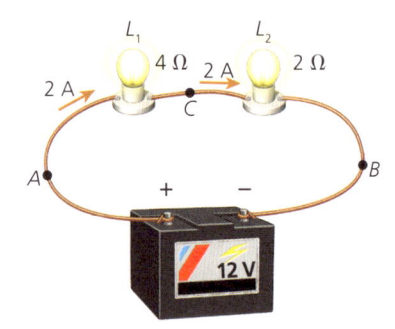

Figura 9. Lâmpadas associadas em série percorridas por corrente de intensidade 2 A; L_1 dissipa potência de 16 W e L_2 dissipa potência de 8 W.

O que ocorrerá se conectarmos os pontos A e C do circuito por meio de um condutor com resistência elétrica desprezível (fio ideal)?

Nesse caso, a lâmpada L_1 ficará ligada em paralelo com o condutor de resistência $r = 0$.

Teremos, então:

$$U_{AC} = ri \Rightarrow U_{AC} = 0 \cdot i \Rightarrow U_{AC} = 0$$

seja qual for o valor da resistência R_1 da lâmpada L_1.

Portanto, a lâmpada L_1 deixará de funcionar e poderá, simplesmente, ser retirada do circuito. Dizemos que essa lâmpada está em curto-circuito.

E o que acontecerá com a lâmpada L_2?

Ao retirarmos a lâmpada L_1 do circuito, a resistência equivalente da associação passará a ser de apenas 2 Ω e a corrente através da lâmpada L_2, agora sob tensão de 12 V, passará a ser de 6 A **(fig. 10)**.

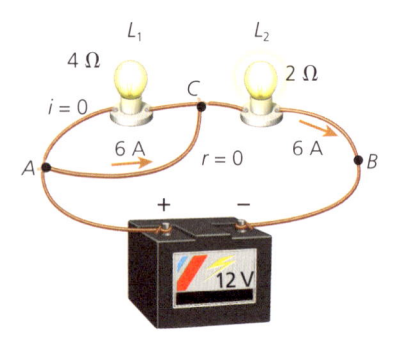

Figura 10. Os pontos A e C, ligados por um fio ideal, passam a ter potenciais elétricos iguais, $V_A = V_C$; portanto, $U_{AC} = V_A - V_C = 0$. Assim, a lâmpada L_1, em curto-circuito, não acende, e a lâmpada L_2, submetida agora a 12 V, passa a dissipar potência de 72 W, correndo o risco de "queimar", se não suportar tal potência.

Considerando as representações das **figuras 8** e **9**, podemos concluir:

> Em qualquer trecho de circuito com resistência elétrica desprezível, a diferença de potencial é nula e todos os pontos do trecho são equivalentes.

Exercícios resolvidos

7. Em um automóvel, um fusível é utilizado para proteger a lâmpada de um dos faróis. A lâmpada utilizada no farol tem as seguintes especificações elétricas: 12 V-24 W.

Determinar a máxima intensidade de corrente elétrica que o fusível utilizado deve permitir passar pela lâmpada para protegê-la de uma sobrecarga.

▶ **Solução**

Conhecendo a potência dissipada e a tensão da lâmpada, podemos calcular a intensidade da corrente elétrica que a atravessa quando ligada.

$$P = Ui \Rightarrow 24 = 12i \therefore \boxed{i = 2\,A}$$

Assim, a lâmpada estará sujeita a uma sobrecarga se a intensidade de corrente elétrica através dela for maior que 2 A.

Concluímos que o fusível utilizado deve suportar uma corrente máxima de 2 A.

8. No trecho de circuito representado abaixo, determinar a resistência elétrica equivalente entre os terminais A e B.

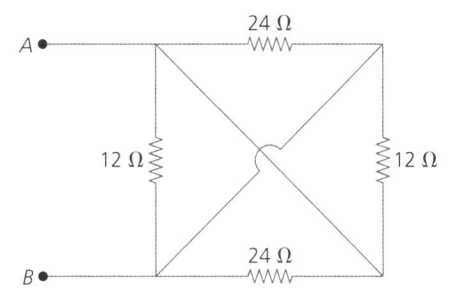

▶ **Solução**

Considerando que em trechos sem resistência elétrica a ddp é nula, devemos inicialmente estabelecer os pontos do circuito que estão sob um mesmo potencial.

A figura a seguir mostra os pontos que estão no mesmo potencial que o ponto A e os pontos que estão no mesmo potencial que o ponto B.

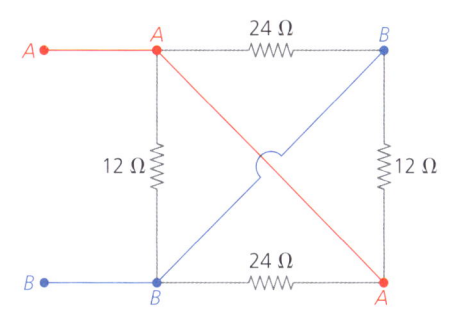

Podemos perceber que os quatro resistores da associação estão ligados entre A e B e, portanto, associados em paralelo.

Para os dois resistores de 24 Ω, o resistor equivalente será:

$$R' = \frac{24\ \Omega}{2} = 12\ \Omega$$

Ficamos, então, com uma associação de três resistores de 12 Ω associados em paralelo.

A resistência equivalente entre os pontos A e B será:

$$R_{eq} = \frac{12}{3} \therefore \boxed{R_{eq} = 4\ \Omega}$$

Exercícios propostos

11. A instalação elétrica de uma residência é alimentada por uma tensão de 110 V e protegida por um único fusível F de 20 A. Em determinado instante, estão em funcionamento nessa residência um liquidificador (110 V-220 W), três lâmpadas iguais (110 V-110 W), uma televisão (110 V-55 W), uma geladeira (110 V-550 W) e uma torneira elétrica (110 V-700 W). Determine a máxima potência de um eletrodoméstico que pode ser ligado à instalação nesse mesmo instante sem que o fusível queime.

12. Determine a resistência elétrica equivalente no trecho AB do circuito esquematizado a seguir.

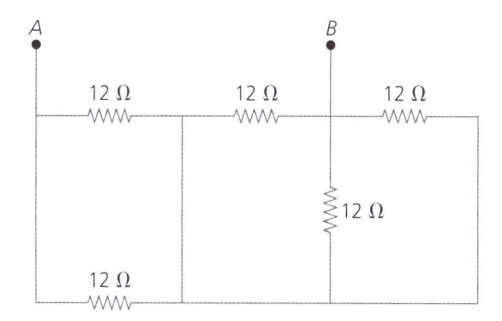

13. No trecho de circuito representado a seguir, a diferença de potencial entre os pontos A e B é de 60 V. Considere que o terminal de entrada de corrente é o ponto A.

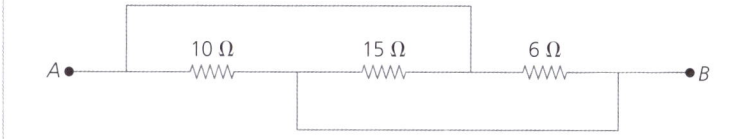

Determine a intensidade e o sentido da corrente elétrica em cada ramo dessa associação.

7 Medidores elétricos ideais

Podemos obter a medida de diferentes grandezas elétricas em um circuito elétrico, ou em um trecho do circuito elétrico, utilizando um aparelho portátil denominado **multímetro (fig. 11)**.

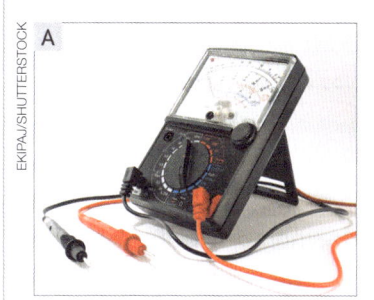

Figura 11. (A) Multímetro analógico; (B) multímetro digital.

Em um multímetro, uma chave seletora permite escolher a grandeza física que se deseja medir: intensidade de corrente elétrica ou diferença de potencial, entre outras, dependendo do modelo. Além disso, o aparelho possui duas pontas de prova, que devem fazer contato elétrico e mecânico com dois pontos do circuito elétrico.

Vamos analisar apenas os casos em que o multímetro funciona como um **amperímetro ideal** ou como um **voltímetro ideal**.

Dizemos que o medidor é ideal quando sua inserção no circuito elétrico não provoca alterações nas intensidades de correntes ou nas diferenças de potenciais.

Amperímetro ideal

O amperímetro é o aparelho que permite medir a intensidade de corrente elétrica i que passa por determinado trecho de um circuito.

Num circuito elétrico, o amperímetro (A) será representado por um dos símbolos indicados na **figura 12**.

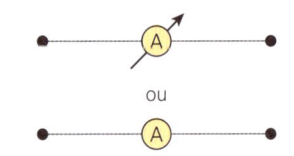

Figura 12. Símbolos de amperímetro.

O amperímetro deve ser conectado no circuito de modo a ser atravessado pela corrente elétrica cuja intensidade i se deseja medir. Para que isso aconteça, o **amperímetro deve ser associado em série** ao trecho do circuito.

Considerando que o amperímetro é ideal, sua inserção no circuito não deve alterar a intensidade da corrente elétrica e, para que isso ocorra, **sua resistência interna deve ser praticamente nula** ($r \to 0$).

Voltímetro ideal

O voltímetro é o aparelho que permite medir a diferença de potencial U entre dois pontos de um circuito.

Num circuito elétrico, o voltímetro (V) será representado por um dos símbolos indicados na **figura 13**.

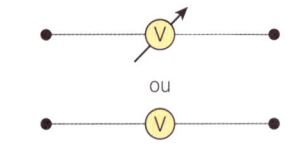

Figura 13. Símbolos de voltímetro.

Para medir a diferença de potencial U entre dois pontos de um circuito, devemos conectar as pontas de prova do voltímetro aos dois pontos. Portanto, **o voltímetro deve ser associado em paralelo** ao trecho do circuito.

Considerando que o voltímetro é ideal, sua inserção no circuito não deve provocar alterações, permitindo que a corrente elétrica seja desviada para ele. Por esse motivo, **sua resistência interna deve ser infinitamente alta** ($r \to \infty$).

Exercícios resolvidos

9. No trecho de circuito representado a seguir, a ddp entre os terminais da associação de resistores é de 70 V e os medidores são ideais.

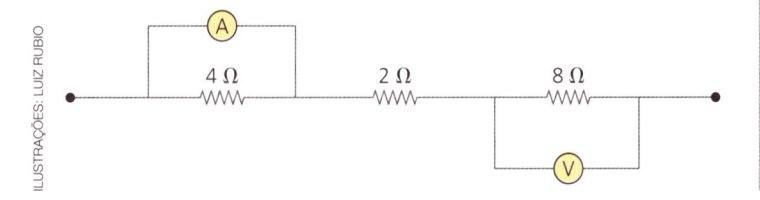

Determinar:
a) a indicação do amperímetro;
b) a indicação do voltímetro.

▶ **Solução**

a) Inicialmente, vamos verificar se os instrumentos de medida estão ligados corretamente.

Note que o voltímetro V está ligado em paralelo com o resistor de 8 Ω (portanto, de maneira correta) e irá indicar a ddp a que esse resistor está submetido. O amperímetro também está conectado em paralelo, nesse caso com o resistor de 4 Ω (ou seja, de maneira incorreta); assim, esse resistor está em curto-circuito e não irá funcionar, podendo ser eliminado do trecho de circuito.

A resistência equivalente do trecho será:

$$R_{eq} = 2 + 8 \therefore R_{eq} = 10 \, \Omega$$

Assim, a corrente elétrica da associação terá intensidade i, dada pela primeira lei de Ohm:

$$U = R_{eq} i \Rightarrow 70 = 10i \therefore \boxed{i = 7 \, A}$$

O amperímetro será atravessado pela corrente da associação e, portanto, indicará 7 A.

b) Para o resistor de 8 Ω, a ddp será:

$$U = Ri \Rightarrow U = 8 \cdot 7 \therefore \boxed{U = 56 \, V}$$

O voltímetro, conectado em paralelo a esse resistor, indicará 56 V.

10. No trecho de circuito a seguir, a indicação do amperímetro ideal é 4 A quando a chave Ch está aberta.

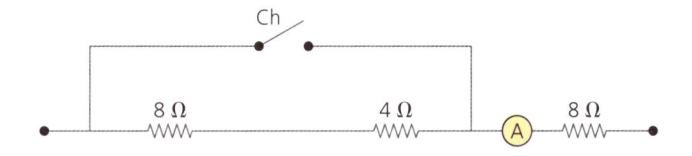

Qual será a indicação do amperímetro quando a chave Ch for fechada?

▶ **Solução**

Com a chave Ch aberta, temos uma associação de três resistores em série, com uma resistência equivalente de 20 Ω (8 Ω + 4 Ω + 8 Ω), percorridos por corrente elétrica de intensidade 4 A.

Logo, a ddp no trecho do circuito será:

$$U = R_{eq} i \Rightarrow U = 20 \cdot 4 \therefore U = 80 \, V$$

Quando a chave Ch é fechada, observe que o primeiro e o segundo resistores ficam em paralelo com um fio sem resistência elétrica, portanto, em curto-circuito.

Dessa maneira, com a chave Ch fechada, a resistência elétrica do trecho cai para 8 Ω.

A nova corrente elétrica no trecho é calculada pela primeira lei de Ohm:

$$U = Ri \Rightarrow 80 = 8i \therefore \boxed{i = 10 \, A}$$

Assim, quando a chave Ch for fechada, o amperímetro passará a indicar uma corrente elétrica de intensidade 10 A.

Exercícios propostos

14. No trecho de circuito a seguir, os três resistores são iguais e o amperímetro A é ideal. Cada resistor do ramo *acb* do circuito dissipa potência de 9 W quando a corrente indicada pelo amperímetro é igual a 0,9 A.

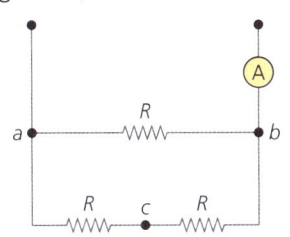

Determine a diferença de potencial entre os pontos *a* e *b*.

15. No circuito elétrico representado a seguir, a ddp entre os terminais A e B da associação é de 36 V.

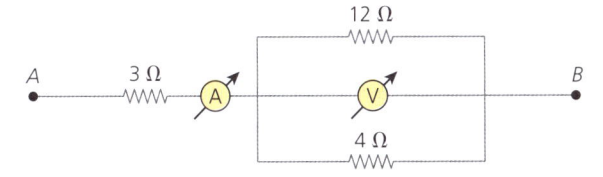

Determine:
a) a indicação do amperímetro ideal;
b) a indicação do voltímetro ideal.

16. No trecho de circuito a seguir, o amperímetro ideal A_1 indica a passagem de uma corrente elétrica de intensidade $i_1 = 0,50$ A.

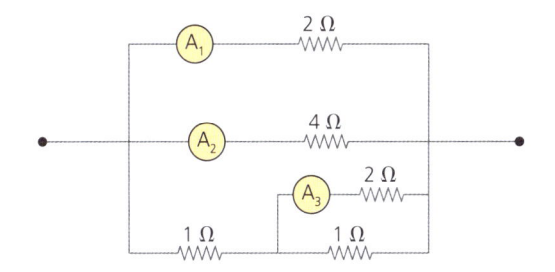

Nessa situação, determine as intensidades de corrente elétrica i_2 e i_3 que serão registradas, respectivamente, pelos amperímetros ideais A_2 e A_3.

17. Na associação a seguir, a intensidade de corrente elétrica i que passa pelo resistor de 14 Ω é 3 A.

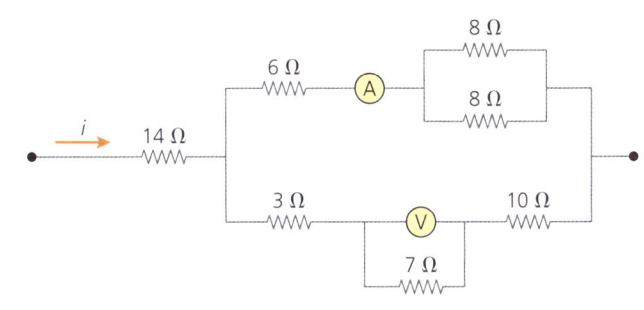

Determine:
a) a indicação do amperímetro ideal A;
b) a indicação do voltímetro ideal V.

Exercícios de revisão

Ficha-resumo 1

Associação de resistores em série

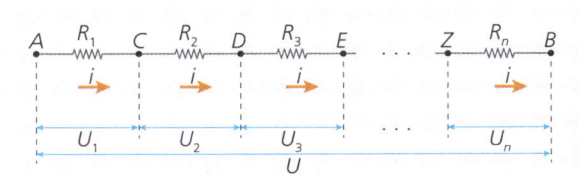

- A corrente elétrica é a mesma em todos os resistores:
$$i = i_1 = i_2 = i_3 = ... = i_n$$

- A ddp total divide-se entre os resistores associados:
$$U = U_1 + U_2 + U_3 + ... + U_n$$

- O resistor equivalente tem resistência elétrica dada por:
$$R_{eq} = R_1 + R_2 + R_3 + ... + R_n$$

1. (Fuvest-SP) Uma estudante quer utilizar uma lâmpada (dessas de lanterna de pilhas) e dispõe de uma bateria de 12 V. A especificação da lâmpada indica que a tensão de operação é 4,5 V e a potência elétrica utilizada durante a operação é de 2,25 W.

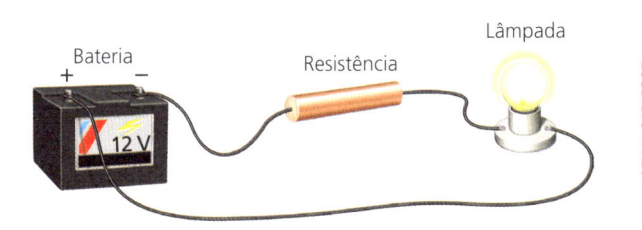

Para que a lâmpada possa ser ligada à bateria de 12 V, será preciso colocar uma resistência elétrica, em série, de aproximadamente:
a) 0,5 Ω
b) 4,5 Ω
c) 9,0 Ω
d) 12 Ω
e) 15 Ω

2. (UEL-PR) Nas lâmpadas incandescentes, encontramos informações sobre sua tensão e potência de funcionamento.

Imagine associarmos em série duas lâmpadas incandescentes, uma de 110 V e 100 W e outra de 220 V e 60 W.

Nesse caso, qual deverá ser, aproximadamente, o valor máximo da tensão de alimentação a ser aplicada neste circuito, para que nenhuma das lâmpadas tenha sua potência nominal excedida?

Exercícios de revisão

Considere que o valor das resistências das lâmpadas seja independente da tensão aplicada.
a) 110 V
b) 127 V
c) 220 V
d) 250 V
e) 360 V

3. (Uerj) Um circuito empregado em laboratórios para estudar a condutividade elétrica de soluções aquosas é representado por este esquema:

Lâmpada de 120 V-60 W

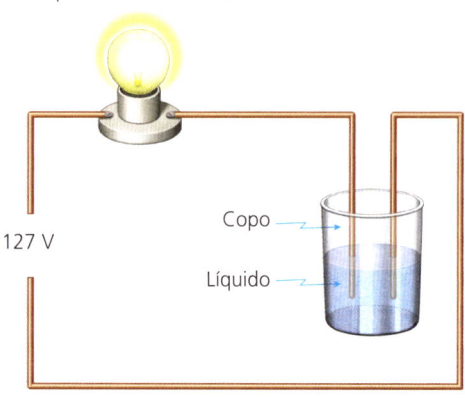

127 V
Copo
Líquido

Ao se acrescentar um determinado soluto ao líquido contido no copo, a lâmpada acende, consumindo a potência elétrica de 60 W.

Nessas circunstâncias, a resistência da solução, em ohm, corresponde a cerca de:
a) 14
b) 28
c) 42
d) 56

4. (UFRGS-RS) Um LDR (*light dependent resistor*) é um dispositivo elétrico cuja resistência elétrica varia com a intensidade da luz que incide sobre ele.

No circuito esquematizado, estão representados uma fonte ideal de tensão elétrica contínua (ε), um resistor com resistência elétrica constante (R) e um LDR. Nesse LDR, a resistência elétrica é função da intensidade luminosa, diminuindo quando a intensidade da luz aumenta.

Numa determinada condição de iluminação, o circuito é percorrido por uma corrente elétrica i.

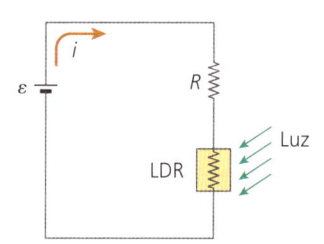

Assinale a alternativa que preenche corretamente as lacunas do texto a seguir, na ordem em que aparecem.

Se a intensidade da luz incidente sobre o LDR aumenta, a corrente elétrica no circuito .... e a diferença de potencial no resistor R ....
a) diminui – diminui
b) diminui – não se altera
c) não se altera – aumenta
d) aumenta – diminui
e) aumenta – aumenta

5. (UFV-MG) Duas lâmpadas incandescentes comuns, uma de 60 W e 120 V, e outra de 100 W e 120 V, são ligadas em série e a associação é ligada a uma ddp de 120 V. Com relação a esse circuito, considere as seguintes afirmativas:

I. A corrente na lâmpada de 60 W é igual à corrente na lâmpada de 100 W.
II. A lâmpada de 60 W brilha mais que a lâmpada de 100 W.
III. A lâmpada de 100 W brilha mais que a lâmpada de 60 W.

Está **correto** o que se afirma apenas em:
a) I e II
b) I e III
c) II
d) III

Ficha-resumo 2

Associação de resistores em paralelo

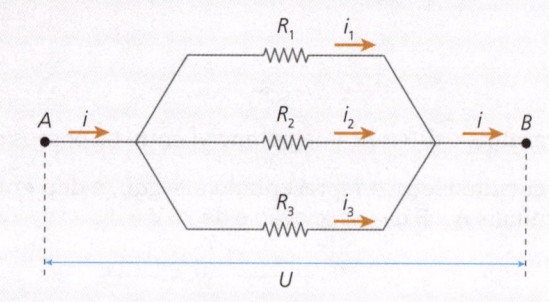

- A ddp é a mesma em todos os resistores:
$$U = U_1 = U_2 = U_3 = \ldots = U_n$$

- A corrente total divide-se entre os resistores associados:
$$i = i_1 + i_2 + i_3 + \ldots + i_n$$

- O resistor equivalente tem resistência elétrica dada por:
$$\frac{1}{R_{eq}} = \frac{1}{R_1} + \frac{1}{R_2} + \frac{1}{R_3} + \ldots + \frac{1}{R_n}$$

Casos particulares:

- Para n resistores de resistências iguais a R:
$$R_{eq} = \frac{R}{n}$$

- Para 2 resistores de resistências iguais a R_1 e R_2:
$$R_{eq} = \frac{R_1 \cdot R_2}{R_1 + R_2}$$

6. (PUC-RJ) Três resistores idênticos de R = 30 Ω estão ligados em paralelo com uma bateria de 12 V. Pode-se afirmar que a resistência equivalente do circuito é:
a) $R_{eq} = 10$ Ω, e a corrente é 1,2 A.
b) $R_{eq} = 20$ Ω, e a corrente é 0,6 A.
c) $R_{eq} = 30$ Ω, e a corrente é 0,4 A.
d) $R_{eq} = 40$ Ω, e a corrente é 0,3 A.
e) $R_{eq} = 60$ Ω, e a corrente é 0,2 A.

7. (Fuvest-SP) O arranjo experimental representado na figura é formado por uma fonte de tensão F, um amperímetro A, um voltímetro V, três resistores, R_1, R_2 e R_3, de resistências iguais, e fios de ligação.

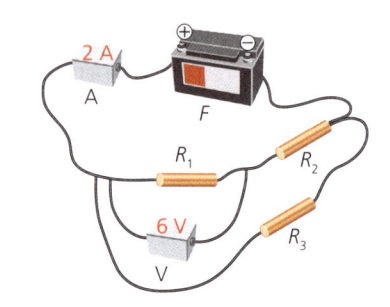

Quando o amperímetro mede uma corrente de 2 A, e o voltímetro, uma tensão de 6 V, a potência dissipada em R_2 é igual a:

a) 4 W
b) 6 W
c) 12 W
d) 18 W
e) 24 W

Note e adote:
- A resistência interna do voltímetro é muito maior que a dos resistores (voltímetro ideal).
- As resistências dos fios de ligação devem ser ignoradas.

8. (UFJF-MG) Um circuito elétrico de um enfeite de Natal é constituído de vários conjuntos de lâmpadas idênticas, sendo que cada conjunto é ligado por vez para produzir o efeito pisca-pisca. Uma fonte de tensão de 6 V com potência de 18 W alimenta o circuito. Considerando-se que cada lâmpada tem 30 Ω de resistência e deve ser submetida a uma tensão de 6 V para produzir o efeito desejado, qual o número máximo de lâmpadas em cada conjunto?

a) 3
b) 6
c) 9
d) 12
e) 15

9. (UFPA) Em cada circuito da figura a seguir, a tensão de alimentação é 10 V e todas as lâmpadas são iguais.

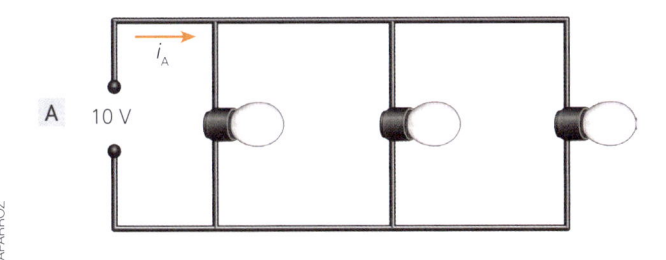

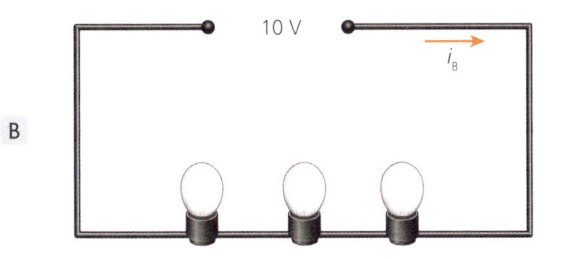

A análise desses circuitos nos permite concluir que:
a) se uma das lâmpadas em A queimar, a corrente i_A não será alterada.
b) se uma das lâmpadas em B queimar, a corrente i_B não será alterada.
c) a intensidade de corrente i_A é menor que a intensidade de corrente i_B.
d) o brilho das lâmpadas em B é maior do que o brilho das lâmpadas em A.
e) sobre qualquer lâmpada de A a ddp é maior do que sobre qualquer lâmpada de B.

10. (UFPE) Considere um conjunto A de 6 resistores de resistência $R_A = 3$ Ω cada, associados em paralelo, e um conjunto B de 4 resistores de resistência R_B cada, associados em série. Se as resistências equivalentes dos dois conjuntos são iguais, conclui-se que R_B vale:

a) 0,125 Ω
b) 0,25 Ω
c) 0,5 Ω
d) 0,75 Ω
e) 0,825 Ω

Ficha-resumo 3

Associação mista de resistores

Em uma associação mista de resistores, devemos simplificar gradativamente o circuito a partir dos trechos que apresentam resistores associados em série e em paralelo.

11. (Enem) Três lâmpadas idênticas foram ligadas no circuito esquematizado. A bateria apresenta resistência interna desprezível, e os fios possuem resistência nula.

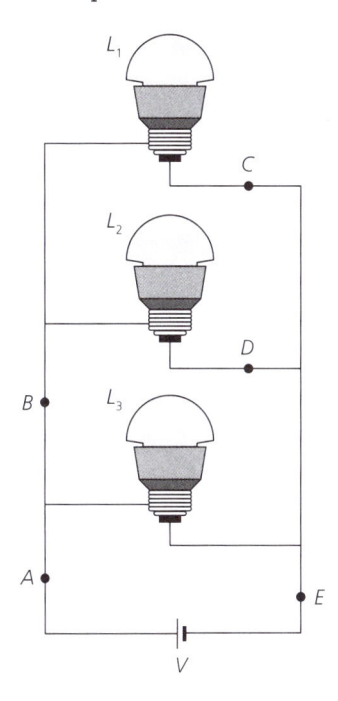

Um técnico fez uma análise do circuito para prever a corrente elétrica nos pontos: A, B, C, D e E; e rotulou essas correntes de I_A, I_B, I_C, I_D e I_E, respectivamente. O técnico concluiu que as correntes que apresentam o valor são:

a) $I_A = I_E$ e $I_C = I_D$
b) $I_A = I_B = I_E$ e I_C e I_D
c) $I_A = I_B$, apenas
d) $I_A = I_B = I_E$, apenas
e) $I_C = I_B$, apenas

12. (Uece) Duas lâmpadas, L_1 e L_2, idênticas e um resistor R estão ligados em um circuito com uma bateria e uma chave, como mostrado na figura.

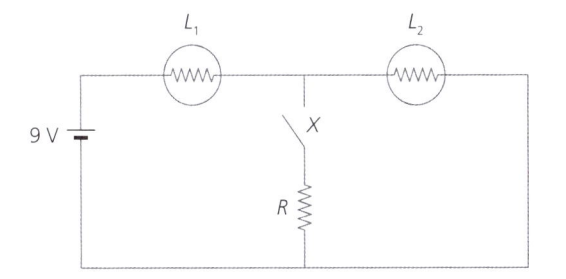

Exercícios de revisão

Quando a chave X é fechada:
a) o brilho da lâmpada L_2 aumenta.
b) o brilho da lâmpada L_2 diminui.
c) o brilho da lâmpada L_2 permanece o mesmo.
d) o brilho da lâmpada L_1 diminui.

13. (Enem) Por apresentar significativa resistividade elétrica, o grafite pode ser utilizado para simular resistores elétricos em circuitos desenhados no papel, com o uso de lápis e lapiseiras. Dependendo da espessura e do comprimento das linhas desenhadas, é possível determinar a resistência elétrica de cada traçado produzido. No esquema, foram utilizados três tipos de lápis diferentes (2H, HB e 6B) para efetuar três traçados distintos.

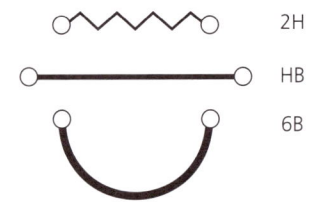

Munido dessas informações, um estudante pegou uma folha de papel e fez o desenho de um sorvete de casquinha utilizando-se desses traçados. Os valores encontrados nesse experimento, para as resistências elétricas (R), medidas com o auxílio de um ohmímetro ligado nas extremidades das resistências, são mostrados na figura. Verificou-se que os resistores obedeciam à lei de Ohm.

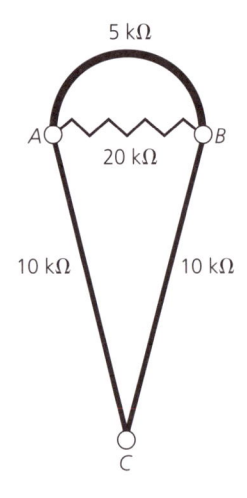

Na sequência, conectou o ohmímetro nos terminais A e B do desenho e, em seguida, conectou-o nos terminais B e C, anotando as leituras R_{AB} e R_{BC}, respectivamente.

Ao estabelecer a razão $\dfrac{R_{AB}}{R_{BC}}$, qual resultado o estudante obteve?

a) 1
b) $\dfrac{4}{7}$
c) $\dfrac{10}{27}$
d) $\dfrac{14}{81}$
e) $\dfrac{4}{81}$

14. (UFG-GO) Na figura a seguir são apresentadas as resistências elétricas, em ohm, do tecido conjuntivo em cada região do corpo humano. Uma pessoa descalça apoiada sobre os dois pés na terra toca acidentalmente, com uma das mãos, um cabo elétrico de tensão 220 V em relação à Terra.

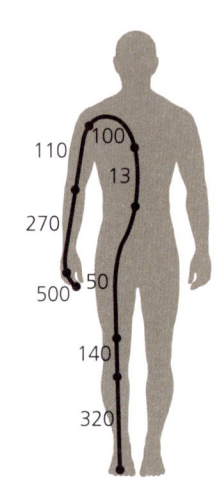

Considerando o exposto e que a corrente flui apenas pelo tecido mencionado, calcule:
a) a resistência imposta pelo corpo à passagem da corrente elétrica;
b) a corrente elétrica total.

15. (UFSC) No circuito a seguir é aplicada uma ddp V_{AB} entre os terminais A e B igual a 10 V.

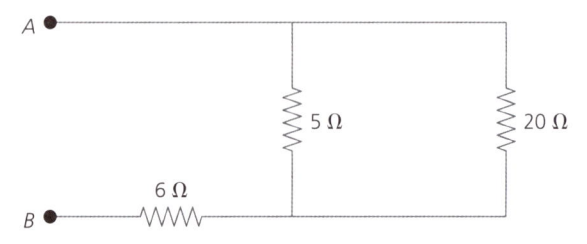

Assinale a(s) proposição(ões) **correta(s)**.
(01) A intensidade da corrente elétrica do resistor equivalente do circuito é de 2,0 A.
(02) A potência dissipada no resistor equivalente vale 10 W.
(04) A intensidade da corrente que atravessa o resistor de 6,0 Ω vale 1,0 A.
(08) A potência dissipada no resistor 6,0 Ω vale 60 W.
(16) A ddp aplicada entre os pontos A e B é muito pequena para gerar efeito Joule.
(32) A intensidade da corrente que atravessa o resistor de 20 Ω é 0,2 A.
(64) A ddp sobre o resistor de 5,0 Ω é 8,0 V.

Dê como resposta a soma dos números que precedem as proposições corretas.

Ficha-resumo 4

Curto-circuito

Diz-se que um trecho de circuito sem resistência elétrica está em curto-circuito.
Em um trecho em curto-circuito, a diferença de potencial é sempre nula, seja qual for a intensidade de corrente que o atravessa.
Resistores conectados em paralelo com um curto-circuito estão submetidos a uma tensão nula e, por esse motivo, para efeito de cálculo, podem ser retirados do circuito.

16. (UFMT) Os quatro resistores mostrados na figura a seguir têm, cada um, resistência igual a 4 Ω e a força eletromotriz da fonte (ε), considerada ideal, é 6 V.

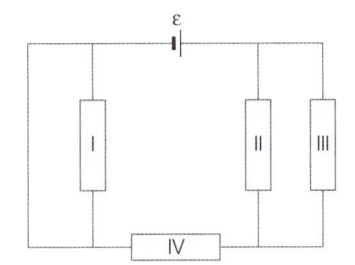

A partir dessas informações, pode-se afirmar que a corrente no resistor IV é:

a) 0,75 A   c) 1 A   e) 2 A
b) 0,6 A   d) 0,9 A

Ficha-resumo 5

Medidores elétricos ideais

Amperímetro

É um medidor de intensidade de corrente elétrica.

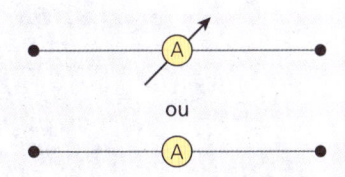

Deve ser ligado em série ao trecho em que se deseja medir a intensidade de corrente elétrica.

Quando ideal, tem **resistência interna praticamente nula** ($r \rightarrow 0$).

Voltímetro

É um medidor de diferença de potencial elétrico.

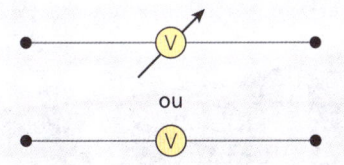

Deve ser ligado em paralelo ao trecho em que se deseja medir a diferença de potencial elétrico.

Quando ideal, tem **resistência interna infinitamente alta** ($r \rightarrow \infty$).

17. No trecho de circuito a seguir, os pontos A e B não estão conectados entre si nem a qualquer outra parte do circuito.

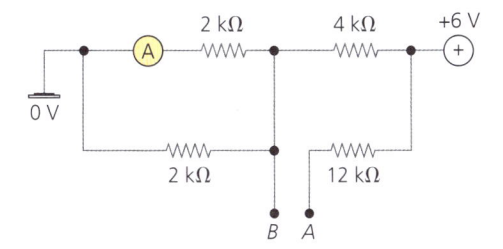

Assim, a intensidade da corrente elétrica indicada pelo amperímetro ideal é igual a:

a) 1,2 mA   c) 0,75 mA   e) zero
b) 1,5 mA   d) 0,60 mA

18. (UFPE) Considere o circuito abaixo alimentado por uma bateria de 1,2 V.

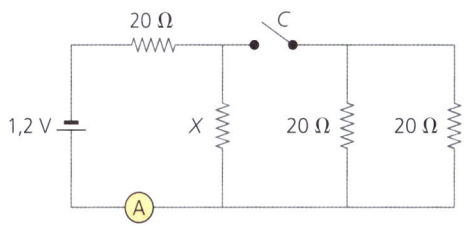

Quando a chave C está aberta, a corrente no amperímetro A vale 30 mA. O valor do resistor X não é conhecido. Determine o valor da corrente, em mA, que atravessa o amperímetro quando a chave está fechada.

19. (Unifesp) Em um enfeite de Natal alimentado com tensão de 110 V, há 5 lâmpadas idênticas ligadas em paralelo, todas acesas, e os fios de ligação apresentam resistência elétrica de 1,0 Ω. O circuito elétrico correspondente a esta situação está esquematizado na figura, na qual as lâmpadas estão representadas pela sua resistência equivalente R_{eq}.

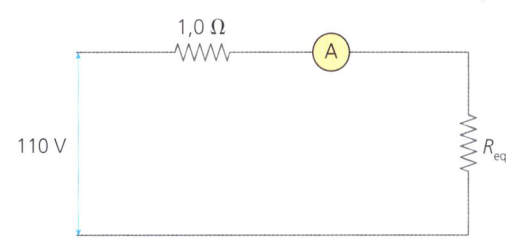

Considerando que o amperímetro ideal registra uma corrente de 2,2 A, calcule:
a) o valor da resistência elétrica de cada lâmpada;
b) a energia dissipada em 30 dias pelos fios de ligação, em W · h, se as lâmpadas ficarem acesas por 5 horas diárias.

20. (Unifesp) A montagem experimental representada na figura a seguir se destina ao estudo de um circuito elétrico simples.

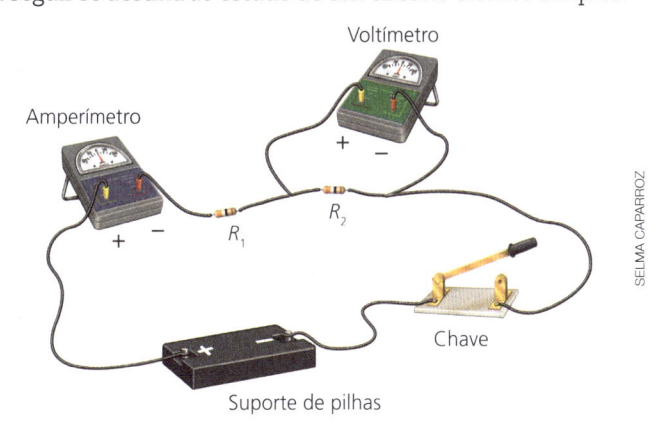

a) Usando símbolos convencionais para cada componente, represente esquematicamente esse circuito.
b) Sabendo que $R_1 = 100$ Ω e $R_2 = 200$ Ω e que no suporte de pilhas são colocadas duas pilhas em série, de força eletromotriz 1,5 V cada, determine as leituras no amperímetro e no voltímetro quando a chave é fechada. (Admita que as resistências internas das pilhas, dos fios de ligação e dos medidores não interferem nessas leituras.)

Mais questões em **Vereda Digital Aprova Enem**, em **Vereda Digital Suplemento de revisão**, em **AprovaMax** (no *site*) e no livro digital.

CAPÍTULO 35

GERADORES, RECEPTORES E CAPACITORES

ENEM
C2: H5
C5: H17

Em uma hidrelétrica, as turbinas funcionam como um ventilador, porém suas pás posicionam-se na vertical. Em contato com a água sob alta pressão, as pás giram em torno do próprio eixo, que é acoplado a um gerador. Nesse processo, produz-se energia elétrica. Neste capítulo, vamos estudar os geradores de eletricidade e seus componentes.

Objetivos do capítulo

- Definir e caracterizar um gerador elétrico.
- Estabelecer a lei de Pouillet para circuitos com geradores, receptores e resistores.
- Definir e caracterizar um receptor elétrico.
- Resolver circuitos com geradores, receptores e resistores.
- Definir e caracterizar um capacitor.
- Resolver circuitos com resistores e capacitores.

1 Introdução

Você consegue imaginar como seria nossa vida sem energia elétrica? Vivemos em uma época em que dependemos o tempo todo de aparelhos e equipamentos que geram energia elétrica ou necessitam dela para funcionar. A geração de energia elétrica e seu impacto ambiental é um tema largamente discutido nos dias atuais.

Neste capítulo, vamos caracterizar e analisar os principais componentes de um circuito elétrico, os **geradores** e os **receptores**. Vamos também conhecer os **capacitores**, componentes capazes de armazenar carga elétrica e energia elétrica.

2 Gerador elétrico

Os **geradores elétricos** são os dispositivos que transformam energia não elétrica em energia elétrica. Essa energia é fornecida às cargas elétricas que constituem a corrente elétrica do circuito.

A energia não elétrica que é convertida em energia elétrica depende do tipo de gerador:

- as pilhas e baterias comuns convertem energia química em energia elétrica;
- os dínamos e os alternadores convertem energia mecânica em energia elétrica;
- as células fotovoltaicas convertem energia luminosa em energia elétrica.

Um gerador elétrico é caracterizado por duas grandezas físicas: sua força eletromotriz e sua resistência elétrica interna.

A **força eletromotriz**, ou simplesmente **fem**, de um gerador, que passaremos a representar por ε, é medida em volt (V), equivalente ao joule/coulomb (J/C). Essa força indica a quantidade de energia não elétrica que será convertida em energia elétrica por unidade de carga elétrica que atravessa o gerador.

Dessa maneira, quando dizemos que a força eletromotriz de uma bateria de automóvel é de 12 V, isso significa que, a cada 1 C de carga elétrica que atravessa a bateria, 12 J de energia química são convertidos em 12 J de energia elétrica.

Todo gerador é fabricado com materiais condutores de eletricidade e, por este motivo, apresenta **resistência elétrica interna**, que passaremos a representar por r.

Essa resistência elétrica interna faz com que uma parte da energia elétrica seja dissipada como energia térmica por efeito Joule.

Em um circuito elétrico, os geradores serão representados pelos símbolos mostrados na **figura 1**.

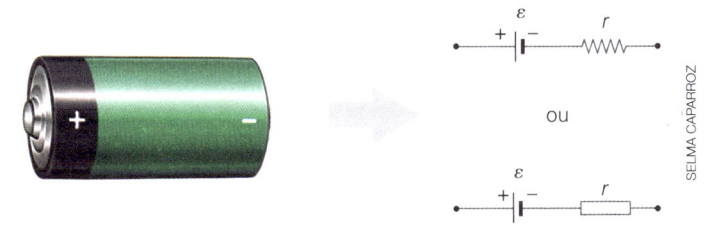

Figura 1. Símbolos para um gerador com força eletromotriz ε e resistência interna r.

No símbolo do gerador, o traço menor representa o polo negativo, e o traço maior representa o polo positivo. O polo positivo corresponde ao terminal de maior potencial elétrico, enquanto o polo negativo corresponde ao terminal de menor potencial elétrico.

No interior do gerador, a corrente elétrica i circula do polo negativo para o polo positivo, assim, as cargas positivas têm sua energia potencial elétrica aumentada.

Se fosse possível construir um **gerador elétrico ideal**, ele não apresentaria resistência elétrica interna ($r = 0$). Nesse caso, não haveria dissipação de energia elétrica em seu interior e toda a energia elétrica, convertida a partir de outra forma de energia, seria integralmente fornecida ao circuito externo ao gerador.

Portanto, entre os terminais de um gerador elétrico ideal seria mantida uma diferença de potencial igual à sua força eletromotriz: $U = \varepsilon$

No entanto, é impossível fabricar um gerador sem resistência elétrica interna. Na prática, todo **gerador elétrico real** possui resistência elétrica interna ($r \neq 0$).

Assim, um gerador elétrico real, ao ser percorrido por uma corrente elétrica de intensidade i, mantém, entre os terminais, uma ddp U menor que a força eletromotriz ε, pois, como consequência disso, há queda de potencial U' em sua resistência interna. Dessa maneira, entre os terminais do gerador elétrico real, teremos: $U = \varepsilon - U'$

A queda de potencial U' na resistência elétrica interna do gerador pode ser calculada pela lei de Ohm: $U' = ri$

Logo, entre os terminais de um gerador elétrico real teremos uma ddp U dada por:

$$U = \varepsilon - ri$$

Essa expressão constitui a **equação característica** do gerador elétrico de fem ε e de resistência elétrica interna r. Essa expressão é uma função polinomial de primeiro grau em i e U.

A **figura 2** mostra um circuito constituído por um resistor e uma pilha, indicada por AB, considerada um gerador ideal **(fig. 2A)** ou um gerador real **(fig. 2B)**.

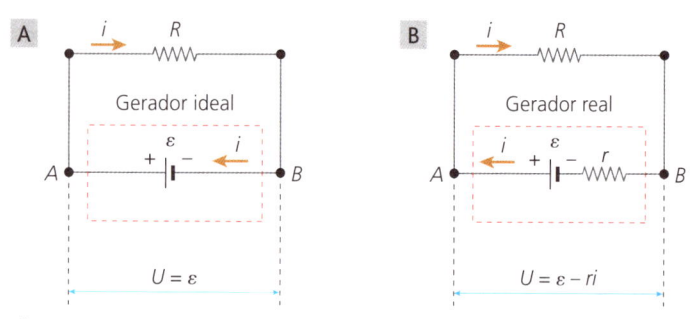

Figura 2. Um gerador elétrico mantém entre seus terminais uma ddp: (A) $U = \varepsilon$ (se for ideal); (B) $U = \varepsilon - ri$ (se for real).

Observe que, para um gerador real, quanto maior for a intensidade da corrente elétrica i que o atravessa, menor será a ddp U mantida entre seus terminais.

A ddp U será máxima e igual à fem ε apenas quando o gerador não estiver ligado e, nesse caso, $i = 0$. A ddp mantida entre os terminais do gerador, nessa situação, é chamada de **tensão em aberto**.

Mas a ddp entre os terminais será mínima – nula – quando a corrente através do gerador atingir seu valor máximo. Essa situação ocorrerá se ligarmos os terminais do gerador real com um fio de resistência elétrica desprezível. Teremos, então, um **gerador em curto-circuito**. Essa corrente elétrica de intensidade máxima é denominada **corrente de curto-circuito** (i_{cc}).

Pela equação característica do gerador, temos:

$U = \varepsilon - ri \Rightarrow 0 = \varepsilon - ri_{cc} \Rightarrow ri_{cc} = \varepsilon \Rightarrow \boxed{i_{cc} = \dfrac{\varepsilon}{r}}$

A **curva característica** de um gerador real, representada no gráfico $U \times i$, é mostrada na **figura 3**.

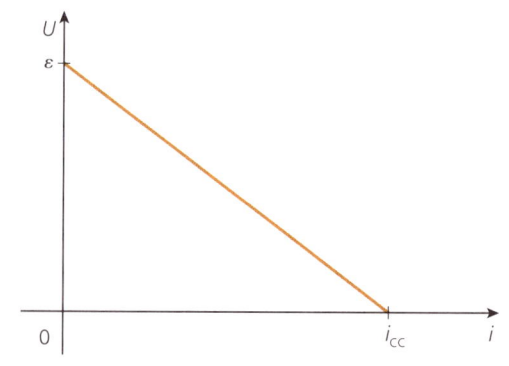

Figura 3. Curva característica de um gerador real.

Exercícios resolvidos

1. Um gerador elétrico possui fem $\varepsilon = 60$ V e resistência elétrica interna $r = 3\,\Omega$. Determinar:
   a) a tensão mantida entre os terminais desse gerador, quando atravessado por uma corrente elétrica de intensidade $i = 2$ A;
   b) a intensidade de corrente elétrica que o atravessa, quando a tensão mantida em seus terminais é de $U = 45$ V.

▶ **Solução**

Conhecidas as características do gerador, a fem e a resistência elétrica interna, podemos escrever sua equação característica:

$$U = 60 - 3i$$

a) Para $i = 2$ A, temos:

$U = 60 - 3 \cdot 2 \Rightarrow U = 60 - 6 \therefore \boxed{U = 54\,\text{V}}$

b) Para $U = 45$ V, temos:

$45 = 60 - 3i \Rightarrow 3i = 15 \therefore \boxed{i = 5\,\text{A}}$

2. A figura a seguir mostra a curva característica de um gerador elétrico.

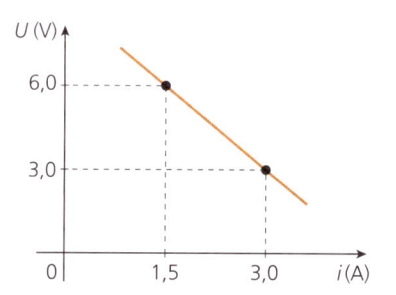

Determinar a resistência interna r, a fem ε e a intensidade da corrente de curto-circuito i_{cc}.

▶ **Solução**

Conhecemos dois pontos da curva característica do gerador. Para a corrente de intensidade $i = 1,5$ A, a ddp é $U = 6,0$ V e, para a corrente de intensidade $i = 3,0$ A, a ddp é $U = 3,0$ V. Então, podemos montar duas equações:

$6,0 = \varepsilon - 1,5r$ ①

$3,0 = \varepsilon - 3,0r$ ②

Resolvendo o sistema de duas equações, ① e ②, e duas incógnitas, ε e r, obtemos: $\boxed{r = 2,0\,\Omega}$ e $\boxed{\varepsilon = 9,0\,\text{V}}$

A corrente de curto-circuito tem intensidade de:

$i_{cc} = \dfrac{\varepsilon}{r} \Rightarrow i_{cc} = \dfrac{9,0}{2,0} \therefore \boxed{i_{cc} = 4,5\,\text{A}}$

Exercícios propostos

1. Um gerador elétrico mantém entre seus terminais uma tensão $U_1 = 12$ V quando percorrido por corrente elétrica de intensidade $i_1 = 1,5$ A. Quando atravessado por uma corrente de intensidade $i_2 = 2$ A, a tensão em seus terminais passa a ser $U_2 = 11$ V. Determine, para esse gerador:
   a) a força eletromotriz ε e a resistência elétrica interna r;
   b) sua equação característica.

2. Uma bateria comum de automóvel tem força eletromotriz ε = 12 V. Um amperímetro ideal conectado diretamente aos terminais dessa bateria indica a passagem de uma corrente elétrica de intensidade i = 30 A. Determine:
   a) a resistência elétrica interna dessa bateria.
   b) sua equação característica.

3. A figura a seguir mostra a curva característica de um gerador elétrico.

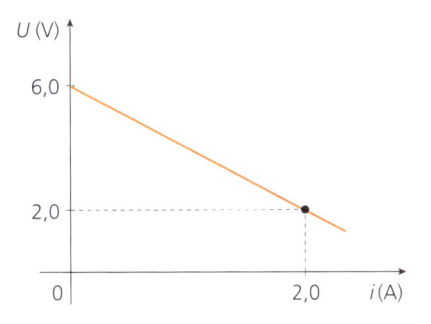

Determine sua fem ε, sua resistência interna r e a intensidade da corrente de curto-circuito i_{cc}.

3 Lei de Pouillet

Vamos considerar um circuito elétrico constituído por um resistor com resistência elétrica R conectado aos terminais de um gerador real de fem ε e resistência elétrica interna r (fig. 4).

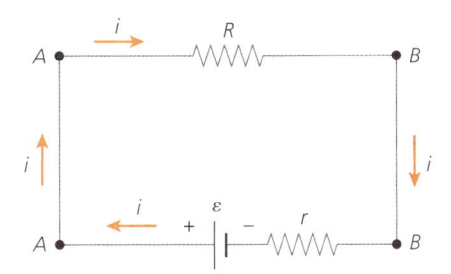

Figura 4. Circuito gerador-resistor.

Para este circuito, vamos calcular a intensidade da corrente elétrica *i* que atravessa o resistor e o gerador.

A ddp U_{AB} nos terminais do resistor é dada, pela lei de Ohm, por:

$$U_{AB} = Ri \quad \text{①}$$

A mesma ddp U_{AB}, nos terminais do gerador, é dada por:

$$U_{AB} = \varepsilon - ri \quad \text{②}$$

Igualando as equações ① e ②, temos:

$$Ri = \varepsilon - ri \Rightarrow Ri + ri = \varepsilon \Rightarrow (R + r) \cdot i = \varepsilon \Rightarrow \boxed{i = \frac{\varepsilon}{R + r}}$$

Essa relação foi obtida experimentalmente pelo físico francês Claude Pouillet (1790-1868) e tornou-se conhecida como lei de Pouillet.

Observe que, na lei de Pouillet, R corresponde à resistência elétrica do circuito externo. No circuito elétrico que utilizamos para deduzir a lei de Pouillet, a resistência externa R era constituída pela resistência elétrica de um único resistor. Entretanto, no circuito externo, em vez de um único resistor, podemos ter uma associação de resistores e, nesse caso, a resistência R corresponderá à resistência elétrica do resistor equivalente.

Mas a corrente elétrica de intensidade *i*, dada pela lei de Pouillet, terá sempre a intensidade da corrente elétrica que atravessa o gerador.

Exercícios resolvidos

3. Um resistor com resistência elétrica R = 2,5 Ω é conectado aos terminais de um gerador com fem ε = 12 V e resistência interna r = 0,5 Ω. Determinar:
   a) a intensidade da corrente elétrica que atravessa o gerador;
   b) a ddp nos terminais do resistor R.

▶ **Solução**
a) Aplicando a lei de Pouillet, temos:

$$i = \frac{\varepsilon}{R + r} \Rightarrow i = \frac{12}{2,5 + 0,5} \Rightarrow i = \frac{12}{3,0} \therefore \boxed{i = 4,0 \, A}$$

b) A ddp nos terminais do resistor é calculada pela lei de Ohm:

$$U = Ri \Rightarrow U = 2,5 \cdot 4,0 \therefore \boxed{U = 10 \, V}$$

4. No circuito esquematizado a seguir, o gerador e o amperímetro são ideais. Com a chave k aberta, o amperímetro indica 1,4 A; com a chave fechada, ele indica 3,0 A.

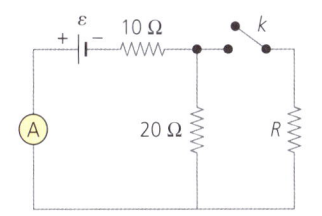

Determinar o valor da resistência R.

▶ **Solução**
Vamos aplicar a lei de Pouillet ao circuito obtido com a chave k aberta:

$$i = \frac{\varepsilon}{R + r} \Rightarrow 1,4 = \frac{\varepsilon}{20 + 10} \Rightarrow \varepsilon = 1,4 \cdot 30 \therefore \varepsilon = 42 \, V$$

Com a chave k fechada, podemos mais uma vez aplicar a lei de Pouillet e obter a resistência equivalente ao circuito externo ao gerador:

$$i = \frac{\varepsilon}{R + r} \Rightarrow 3,0 = \frac{42}{R_{eq} + 10} \Rightarrow R_{eq} + 10 = \frac{42}{3,0} \therefore R_{eq} = 4 \, \Omega$$

Portanto, o resistor equivalente à associação em paralelo dos resistores de resistências elétricas 20 Ω e R é igual a 4 Ω. Logo:

$$\frac{20R}{20 + R} = 4 \Rightarrow 20R = 80 + 4R \Rightarrow 16R = 80 \therefore \boxed{R = 5 \, \Omega}$$

Exercícios propostos

4. Uma bateria de força eletromotriz 12 V e resistência interna 1 Ω é conectada aos terminais de duas resistências, R_2 e R_3, ligadas em série. Se $R_2 = 3$ Ω, qual deve ser o valor de R_3 para que a intensidade da corrente elétrica na resistência interna da bateria seja de 1,5 A?

5. No circuito da figura a seguir, determine a intensidade da corrente elétrica fornecida pela bateria.

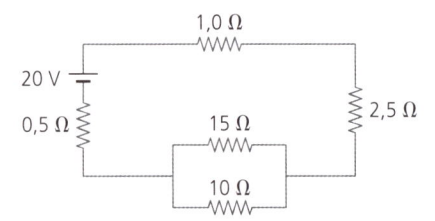

6. Para o circuito representado a seguir, calcule a intensidade da corrente elétrica que atravessa o gerador e a ddp nos terminais do resistor de 5 Ω.

4 Associação de geradores elétricos

Em muitas situações práticas, o uso de um único gerador não é suficiente para fornecer a energia elétrica necessária a um circuito. Nesse caso, podemos interligar dois ou mais geradores para fornecer a energia elétrica necessária ao circuito elétrico externo. Ou seja, podemos fazer associações de geradores.

Os geradores, assim como os resistores, podem ser associados basicamente de duas maneiras: em **série** ou em **paralelo**.

Associação de geradores em série

Ao associar dois ou mais geradores iguais (ou diferentes) em série, devemos conectar o polo positivo do primeiro gerador ao polo negativo do segundo gerador, daí interligar o polo positivo do segundo gerador ao polo negativo do terceiro gerador, e assim por diante **(fig. 5)**.

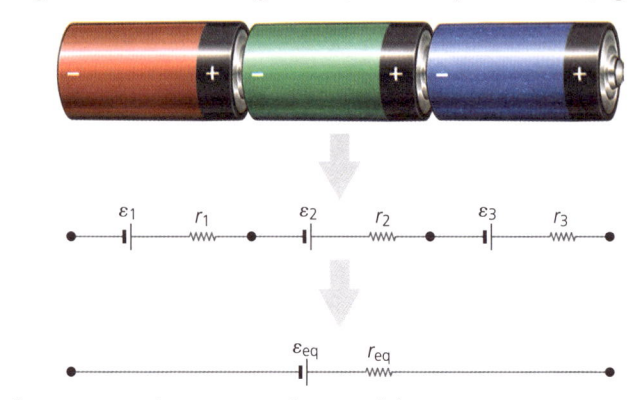

Figura 5. Geradores associados em **série**.

O gerador equivalente a uma associação de geradores é o gerador que, percorrido pela corrente da associação, mantém entre seus terminais uma ddp igual àquela mantida pela associação.

No caso de uma associação de geradores em série, temos:

$$\varepsilon_{eq} = \varepsilon_1 + \varepsilon_2 + \varepsilon_3 + \ldots + \varepsilon_n$$

e

$$r_{eq} = r_1 + r_2 + r_3 + \ldots + r_n$$

Se conectarmos n geradores idênticos, cada um com fem ε e resistência interna r, teremos:

$$\varepsilon_{eq} = n\varepsilon \quad \text{e} \quad r_{eq} = nr$$

Associação de geradores em paralelo

Ao associar geradores em paralelo, os polos negativos de todos os geradores devem ser conectados a um dado ponto e os polos positivos desses geradores conectados a outro ponto.

Na prática, as associações de geradores em paralelo são feitas apenas com geradores idênticos, ou seja, com mesma fem ε e resistência interna r **(fig. 6)**.

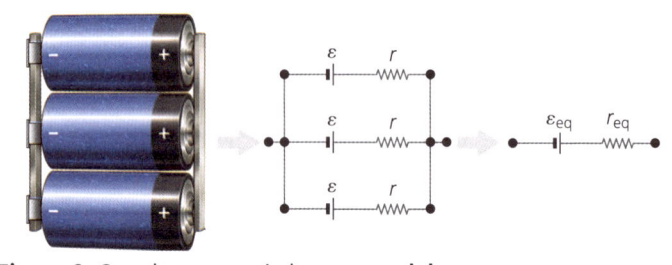

Figura 6. Geradores associados em **paralelo**.

Numa associação em paralelo, se conectarmos n geradores idênticos, cada um com fem ε e resistência interna r, teremos:

$$\varepsilon_{eq} = \varepsilon \quad \text{e} \quad r_{eq} = \frac{r}{n}$$

Exercícios resolvidos

5. Um brinquedo movido a pilhas funciona com 6 pilhas, idênticas, associadas em série. Cada pilha tem força eletromotriz 1,5 V e resistência interna 0,01 Ω. Determinar a força eletromotriz ε e a resistência elétrica interna r do gerador equivalente a essa associação de pilhas.

▶ **Solução**

Para uma associação de geradores idênticos em série, temos:

$$\varepsilon_{eq} = n\varepsilon \Rightarrow \varepsilon_{eq} = 6 \cdot 1,5 \quad \therefore \quad \boxed{\varepsilon_{eq} = 9,0\,\text{V}}$$

$$r_{eq} = nr \Rightarrow r_{eq} = 6 \cdot 0,01 \quad \therefore \quad \boxed{r_{eq} = 0,06\,\Omega}$$

6. Duas pilhas, cada uma com força eletromotriz 1,5 V e resistência interna 0,2 Ω, são associadas em paralelo e usadas para fornecer energia elétrica a um resistor de resistência elétrica 0,4 Ω. Determinar:
   a) a intensidade da corrente elétrica que atravessa cada pilha;
   b) a potência dissipada pelo resistor R.

   ▶ Solução
   a) Devemos, inicialmente, estabelecer as características do gerador equivalente à associação em paralelo das duas pilhas idênticas. Assim, os valores de ε_{eq} e r_{eq} são:

   $\varepsilon_{eq} = \varepsilon \Rightarrow \varepsilon_{eq} = 1,5$ V e $r_{eq} = \dfrac{r}{n} \Rightarrow r_{eq} = \dfrac{0,2}{2} \therefore r_{eq} = 0,1$ Ω

   Podemos agora aplicar a lei de Pouillet ao circuito:

   $i = \dfrac{\varepsilon}{R + r} \Rightarrow i = \dfrac{1,5}{0,4 + 0,1} \therefore i = 3,0$ A

   Como essa corrente de 3,0 A é a corrente que circula pelo gerador equivalente à associação das duas pilhas, podemos concluir que cada pilha será atravessada por **metade** dessa corrente.

   Então, em cada pilha, a intensidade da corrente elétrica será de: $\boxed{1,5 \text{ A}}$

   b) A potência dissipada no resistor de 0,4 Ω, atravessado pela corrente de 3,0 A, é dada por:

   $P = Ri^2 \Rightarrow P = 0,4 \cdot 3^2 \therefore \boxed{P = 3,6 \text{ W}}$

Exercícios propostos

7. O diagrama a seguir mostra as curvas características de dois geradores, A e B.

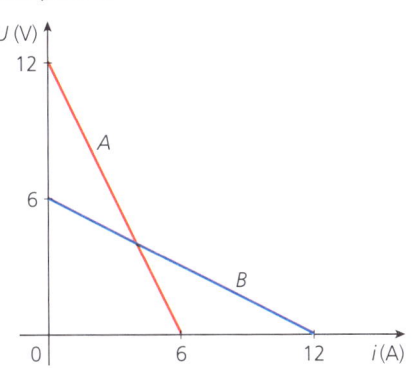

   Determine:
   a) a fem ε e a resistência elétrica interna r equivalente à associação em série dos geradores A e B;
   b) a ddp U mantida nos terminais da associação, quando a intensidade de corrente elétrica através dos geradores é de 4 A.

8. No circuito esquematizado a seguir, determine a potência dissipada pela lâmpada L, cuja resistência elétrica vale 4 Ω.

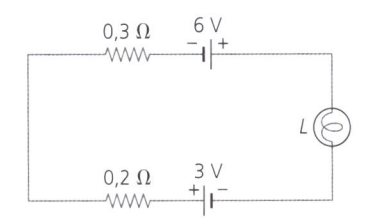

5 Receptor elétrico

Os **receptores elétricos** são dispositivos que convertem energia elétrica em outra forma de energia que não seja energia térmica.

A forma da energia não elétrica, que foi convertida a partir da energia elétrica recebida, depende do tipo de receptor:

- as baterias recarregáveis, durante o processo de recarga, convertem energia elétrica em energia química;
- os motores elétricos convertem energia elétrica em energia mecânica.

Um receptor elétrico é caracterizado por duas grandezas físicas: sua força contraeletromotriz e sua resistência elétrica interna.

A **força contraeletromotriz**, ou simplesmente **fcem**, de um receptor, que passaremos a representar por ε', é medida, como a fem de um gerador, em volt (V). A fcem indica a quantidade de energia elétrica que será convertida em energia não elétrica por unidade de carga elétrica que atravessa o receptor.

Dessa maneira, quando dizemos que a força contraeletromotriz de um motor elétrico é 9 V, isso significa que, a cada 1 C de carga elétrica que atravessa o motor, 9 J de energia elétrica são convertidos em 9 J de energia mecânica.

Todo receptor, assim como os geradores, é fabricado com materiais condutores de eletricidade e, por este motivo, também apresenta **resistência elétrica interna**, que passaremos a representar por r'.

Essa resistência elétrica interna faz com que uma parte da energia elétrica fornecida ao receptor seja dissipada internamente por efeito Joule.

Em um circuito elétrico, os receptores serão representados pelos símbolos indicados na **figura 7**.

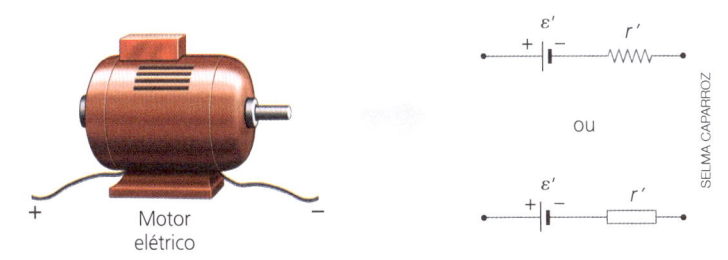

Figura 7. Símbolos para um receptor com força contraeletromotriz ε' e resistência interna r'.

Devemos salientar que, ao contrário dos geradores, nos receptores, a corrente elétrica i circula do polo positivo para o polo negativo; assim, as cargas positivas terão, ao atravessar o receptor, sua energia potencial elétrica diminuída.

Capítulo 35 • Geradores, receptores e capacitores

Se fosse possível construir um **receptor elétrico ideal**, ele não apresentaria resistência elétrica interna ($r' = 0$). Nesse caso, não haveria dissipação de energia elétrica em seu interior e toda a energia elétrica recebida seria integralmente convertida em outra forma de energia.

Portanto, entre os terminais de um receptor elétrico ideal deveríamos manter uma diferença de potencial igual à sua força contraeletromotriz:

$$U = \varepsilon'$$

No entanto, é impossível fabricar um receptor sem resistência elétrica interna. Na prática, todo receptor possui resistência elétrica interna ($r' \neq 0$).

Assim, para um receptor elétrico real percorrido por uma corrente elétrica de intensidade i, devemos manter entre seus terminais uma ddp U maior que sua força contraeletromotriz ε', pois já estará ocorrendo uma queda de potencial U' em sua resistência interna. Dessa maneira, entre os terminais do receptor elétrico real, teremos: $U = \varepsilon' + U'$

A queda de potencial U' na resistência elétrica interna do gerador pode ser calculada pela primeira lei de Ohm:

$$U' = r'i$$

Portanto, entre os terminais de um receptor elétrico real, teremos uma ddp U dada por:

$$U = \varepsilon' + r'i$$

Essa expressão representa a **equação característica** do receptor elétrico de fcem ε' e de resistência elétrica interna r'. Essa expressão é uma função polinomial de primeiro grau em i e U.

A partir dessa equação, podemos construir a **curva característica** do receptor, representada pelo gráfico $U \times i$ (fig. 8).

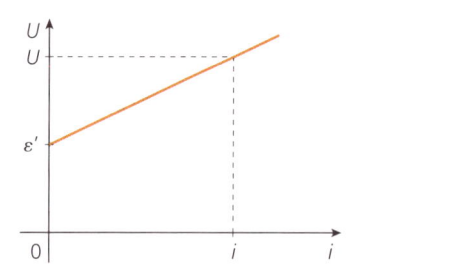

Figura 8. Curva característica de um receptor real.

Exercícios resolvidos

7. Um receptor elétrico tem força contraeletromotriz de 50 V e resistência interna de 5 Ω. Determinar:
   a) a intensidade de corrente elétrica que o atravessa quando a ddp entre seus terminais é de 80 V;
   b) a ddp a que esse receptor deve ser submetido para ser percorrido por corrente elétrica de intensidade 2 A.

▶ **Solução**
Conhecendo a fcem de 50 V e a resistência interna de 5 Ω do receptor, podemos escrever a equação característica:

$$U = 50 + 5i$$

a) Para $U = 80$ V, temos:

$$80 = 50 + 5i \Rightarrow 5i = 30 \therefore \boxed{i = 6 \text{ A}}$$

b) Para $i = 2$ A, temos:

$$U = 50 + 5 \cdot 2 \Rightarrow U = 50 + 10 \therefore \boxed{U = 60 \text{ V}}$$

Exercícios propostos

9. Um receptor elétrico possui força contraeletromotriz $\varepsilon' = 100$ V e resistência elétrica interna $r' = 5$ Ω.
   a) Qual é a equação característica desse receptor?
   b) Represente em um diagrama $U \times i$ a curva característica desse receptor.

10. Um motor elétrico é submetido a uma ddp de 12 V, sendo atravessado por uma corrente elétrica de intensidade 3 A. Mudando a tensão para 15 V, a corrente passa a ter intensidade 6 A. Determine a fcem ε' e a resistência interna r' desse motor elétrico.

6 Potência de geradores e de receptores

A partir das equações características dos geradores e dos receptores, vamos determinar a potência desenvolvida durante o funcionamento desses elementos do circuito elétrico.

Potência de um gerador

Para um gerador, sabemos que:

$$U = \varepsilon - ri$$

Multiplicando ambos os membros da igualdade por i, corrente que atravessa o gerador durante o funcionamento, obtemos:

$$Ui = \varepsilon i - ri^2$$

Nessa expressão, εi é a potência total gerada pelo gerador, ri^2 é a potência dissipada internamente e Ui é a potência fornecida ao circuito externo ao gerador. Logo:

$$\boxed{P_{\text{fornecida}} = P_{\text{gerada}} - P_{\text{dissipada}}}$$

Definimos o rendimento η do gerador como a razão entre a potência fornecida ao circuito pelo gerador e a potência total gerada. Então:

$$\eta = \frac{P_{\text{fornecida}}}{P_{\text{gerada}}} \Rightarrow \eta = \frac{Ui}{\varepsilon i} \Rightarrow \boxed{\eta = \frac{U}{\varepsilon}}$$

Potência de um receptor

Para um receptor, sabemos que: $U = \varepsilon' + r'i$

Multiplicando ambos os membros da igualdade por i, corrente que atravessa o receptor durante o funcionamento, obtemos: $Ui = \varepsilon'i + r'i^2$

Nessa expressão, Ui é a potência total recebida pelo receptor, $\varepsilon'i$ é a potência útil do receptor e ri^2 é a potência dissipada internamente. Logo:

$$\boxed{P_{recebida} = P_{útil} + P_{dissipada}}$$

Podemos definir o rendimento η do receptor como a relação entre a potência útil e a potência total recebida. Então:

$$\eta = \frac{P_{útil}}{P_{recebida}} \Rightarrow \eta = \frac{\varepsilon'i}{Ui} \Rightarrow \boxed{\eta = \frac{\varepsilon'}{U}}$$

7 Circuito com gerador, receptor e resistor

Vamos considerar um circuito elétrico constituído por uma bateria, de fem ε e resistência interna r, um motor elétrico, com fcem ε' e resistência interna r', e uma lâmpada de resistência elétrica R (fig. 9).

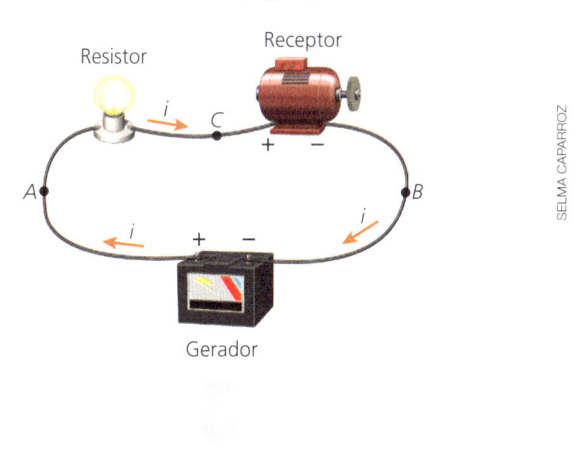

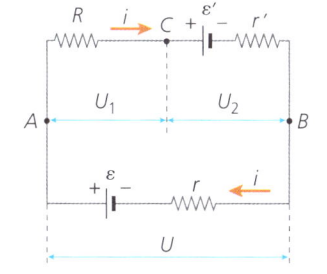

Figura 9. Circuito com gerador, receptor e resistor.

Observe que a ddp U, mantida entre os terminais do gerador, é igual à soma das ddps U_1 e U_2, mantidas, respectivamente, entre os terminais do resistor e do receptor:

$$U = U_1 + U_2$$

Mas: $U = \varepsilon - ri$ (equação característica do gerador)
$U_1 = Ri$ (lei de Ohm)
$U_2 = \varepsilon' + r'i$ (equação característica do receptor)

Então: $\varepsilon - ri = Ri + \varepsilon' + r'i \Rightarrow \varepsilon - \varepsilon' = Ri + ri + r'i \Rightarrow$

$$\Rightarrow \boxed{i = \frac{\varepsilon - \varepsilon'}{R + r + r'}}$$

Essa expressão corresponde à lei de Pouillet aplicada a um circuito simples com um gerador, um resistor e um receptor, ligados em série. O sentido da corrente é determinado pelo gerador cuja fem ε é maior que a fem ε' do receptor.

Se o circuito simples for constituído por diversos geradores, receptores e resistores, todos ligados em série, podemos generalizar a lei de Pouillet e obter: $\boxed{i = \frac{\Sigma\varepsilon - \Sigma\varepsilon'}{\Sigma R}}$

Nessa expressão genérica, $\Sigma\varepsilon$ é a soma das fem de todos os geradores (fem do gerador equivalente ε_{eq}), $\Sigma\varepsilon'$ é a soma das fcem de todos os receptores (fcem do receptor equivalente ε_{eq}') e ΣR é a resistência equivalente do circuito R_{eq}.

Exercícios resolvidos

8. Um gerador elétrico, com fem 60 V e resistência interna $3\,\Omega$, é utilizado para colocar em funcionamento um motor elétrico de fcem 40 V e resistência interna $2\,\Omega$. Nestas condições, determinar:
  a) a intensidade de corrente elétrica que atravessa o gerador;
  b) a ddp nos terminais do motor elétrico;
  c) o rendimento do gerador e o rendimento do motor.

▶ **Solução**

a) Vamos aplicar a lei de Pouillet ao circuito constituído por um gerador e um receptor:

$$i = \frac{\varepsilon - \varepsilon'}{r + r'} \Rightarrow i = \frac{60 - 40}{3 + 2} \Rightarrow i = \frac{20}{5} \therefore \boxed{i = 4\,A}$$

b) A ddp nos terminais do motor (receptor) é dada a partir de sua equação característica: $U = 40 + 2i$

Para $i = 4\,A$, temos: $U = 40 + 2 \cdot 4 \therefore \boxed{U = 48\,V}$

Observe que essa é também a ddp mantida nos terminais do gerador.

c) Para o gerador, temos:

$$\eta_{gerador} = \frac{U}{\varepsilon} \Rightarrow \eta_{gerador} = \frac{48}{60} \Rightarrow \boxed{\eta_{gerador} = 0,8 = 80\%}$$

E, para o receptor, temos:

$$\eta_{receptor} = \frac{\varepsilon'}{U} \Rightarrow \eta_{receptor} = \frac{40}{48} \Rightarrow \boxed{\eta_{receptor} \approx 0,833 \approx 83,3\%}$$

9. No circuito elétrico abaixo, determine a leitura dos instrumentos de medida, supostos ideais.

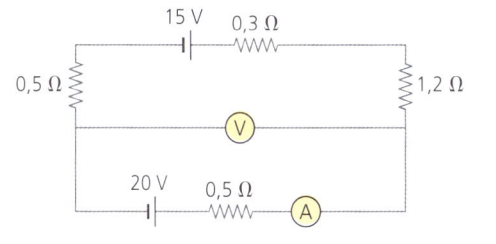

Capítulo 35 • Geradores, receptores e capacitores

▶ **Solução**

Observe que, nesse circuito, o gerador está localizado no ramo inferior e que a corrente circulará em sentido anti-horário. Pela lei de Pouillet, temos:

$$i = \frac{\varepsilon - \varepsilon'}{R + r + r'} \Rightarrow i = \frac{20 - 15}{1,7 + 0,5 + 0,3} \Rightarrow i = \frac{5,0}{2,5} \therefore \boxed{i = 2,0\,A}$$

Logo, a corrente que circulará pelo amperímetro terá intensidade de 2,0 A.

O voltímetro está conectado aos terminais do gerador. Assim, sua leitura é dada por:

$$U = \varepsilon - ri \Rightarrow U = 20 - 0,5 \cdot 2,0 \therefore \boxed{U = 19\,V}$$

Note que também poderíamos considerar o voltímetro ligado aos terminais de um receptor com fcem de 15 V e resistência interna de 2,0 Ω (equivalente à associação em série das resistências de 0,5 Ω, 0,3 Ω e 1,2 Ω). Nesse caso, teríamos:

$$U = \varepsilon' + r'i \Rightarrow U = 15 + 2,0 \cdot 2,0 \therefore \boxed{U = 19\,V}$$

Exercícios propostos

11. A figura a seguir mostra um circuito constituído por um gerador e um receptor.

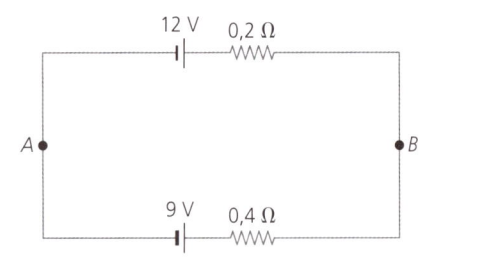

Determine:
a) a intensidade da corrente elétrica;
b) a ddp entre A e B;
c) o rendimento do gerador.

12. A figura abaixo mostra um circuito elétrico constituído por uma bateria (28 V/1 Ω), um motor elétrico (20 V/2 Ω), uma lâmpada com resistência elétrica 5 Ω, um amperímetro ideal e um voltímetro ideal.

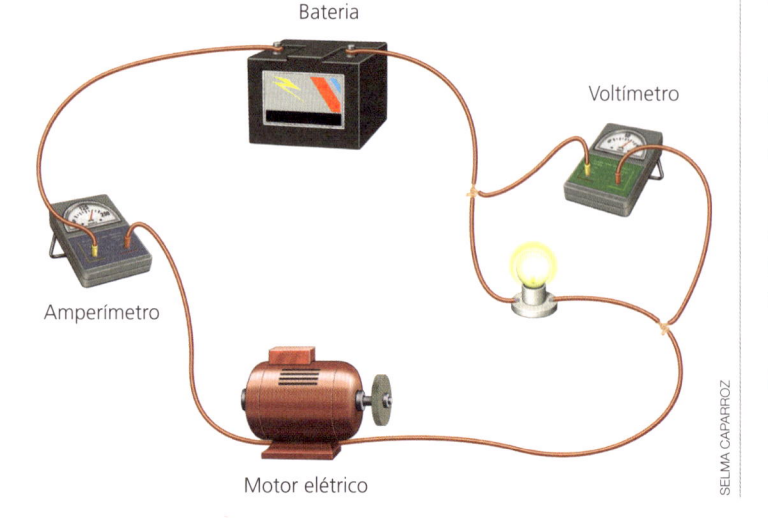

Nessas condições:
a) esboce esquematicamente esse circuito elétrico utilizando os símbolos adequados;
b) determine as indicações do amperímetro e do voltímetro;
c) determine a potência elétrica dissipada na lâmpada;
d) determine o rendimento do motor.

13. No circuito mostrado a seguir, a corrente que passa pelo amperímetro ideal tem intensidade 2 A.

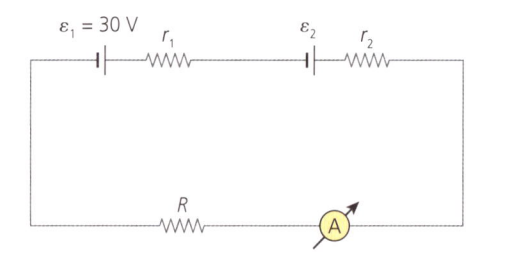

Invertendo a polaridade do gerador de fem ε_2, a corrente no amperímetro mantém seu sentido, mas passa a ter intensidade de 1 A. Determine a fem ε_2.

8 Capacitores

Os **capacitores**, também chamados de **condensadores**, são elementos de circuito elétrico cuja função é armazenar temporariamente carga elétrica e energia elétrica (**fig. 10**).

Figura 10. Diferentes tipos de capacitores.

Os capacitores são compostos por um par de condutores, denominados **armaduras**. Entre as armaduras, há um material isolante (dielétrico), como ar, óleo, papel, cerâmica etc.

Quando as armaduras de um capacitor são submetidas a uma ddp U, cada uma se eletriza com carga elétrica de mesmo valor Q, porém de sinais opostos. Dizemos, então, que o capacitor está carregado com carga elétrica Q.

A **capacidade**, ou **capacitância eletrostática**, **C**, do capacitor é calculada, por definição, pela relação:

$$\boxed{C = \frac{Q}{U}}$$

No SI, a carga elétrica é medida em coulomb (C), a ddp é medida em volt (V) e, portanto, a capacidade é medida em C/V, unidade de medida que recebeu o nome **farad**, cujo símbolo é o **F**. Assim: $1\ F = 1\ C/V$

Na prática, o farad é uma unidade de medida extremamente alta, por isso, os capacitores fabricados e usados em circuitos elétricos normalmente têm capacidades da ordem de **microfarad** ($1\ \mu F = 10^{-6}\ F$), de **nanofarad** ($1\ nF = 10^{-9}\ F$) ou de **picofarad** ($1\ pF = 10^{-12}\ F$).

Em circuitos elétricos, os capacitores são representados pelo símbolo indicado na **figura 11**.

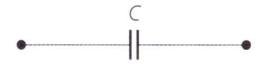

Figura 11. Símbolo usado para representar um capacitor.

Ao se eletrizar, um capacitor passa a armazenar uma energia potencial elétrica $E_{P_{el}}$ dada por:

$$E_{P_{el}} = \frac{QU}{2}$$

No SI, a carga do capacitor é medida em coulomb (C), a ddp entre as armaduras é medida em volt (V) e a energia potencial elétrica $E_{P_{el}}$ é medida em joule (J).

Exercícios resolvidos

10. Um capacitor com capacitância eletrostática de 6 μF é conectado a dois pontos de um circuito elétrico. Determinar a carga elétrica e a energia potencial elétrica armazenadas pelo capacitor, sabendo que a ddp entre tais pontos é de 5 V.

▶ **Solução**

A partir da definição da capacitância do capacitor, temos:

$$C = \frac{Q}{U} \Rightarrow 6 = \frac{Q}{5} \therefore \boxed{Q = 30\ \mu C}$$

A energia elétrica armazenada pelo capacitor é dada por:

$$E_{P_{el}} = \frac{QU}{2}$$

Então: $E_{P_{el}} = \frac{30 \cdot 5}{2} \therefore \boxed{E_{P_{el}} = 75\ \mu J}$

Exercícios propostos

14. Um capacitor com capacidade 5 μF é conectado aos terminais de uma bateria ideal de fem 12 V. Determine a carga elétrica e a energia potencial elétrica armazenada pelo capacitor.

15. Um capacitor armazena uma carga elétrica de $4 \cdot 10^{-4}$ C e uma energia potencial de $8 \cdot 10^{-2}$ J. Determine a capacidade do capacitor e a ddp entre suas armaduras.

9 Circuito resistor-capacitor (RC)

Até aqui, trabalhamos com circuitos elétricos contendo apenas geradores, receptores e resistores. Vamos agora introduzir um novo elemento nos circuitos: os capacitores.

Na resolução de circuitos elétricos contendo capacitores, admitiremos que tais elementos já estejam completamente carregados. Assim, os fenômenos transitórios que ocorrem durante o processo de carga do capacitor deixam de interferir no circuito.

Note que não é possível a passagem de uma corrente elétrica contínua através de um capacitor carregado, pois o material existente entre as armaduras é isolante elétrico. Portanto, em um circuito elétrico, um capacitor carregado pode ser considerado uma chave aberta e, no ramo que o contém, a corrente elétrica tem intensidade nula.

Para facilitar a resolução de circuitos com capacitores totalmente carregados, podemos "retirá-los" dos respectivos trechos e o restante pode ser resolvido como temos feito até aqui **(fig. 12)**.

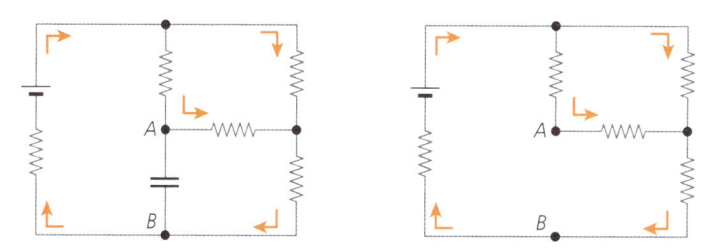

Figura 12. Para a resolução do circuito, o ramo que contém o capacitor pode ser retirado.

Assim, determinadas as intensidades das correntes no circuito "sem capacitores", podemos determinar as ddps entre os pontos onde os capacitores estavam ligados e, com essas ddps, calcular as quantidades de carga elétrica e de energia elétrica armazenadas pelos capacitores.

Exercícios resolvidos

11. No circuito elétrico esquematizado a seguir, a bateria tem fem $\varepsilon = 6$ V e resistência interna $r = 0,5\ \Omega$. A lâmpada L tem uma resistência $R = 2,5\ \Omega$. O capacitor, conectado entre os pontos A e B, tem capacitância eletrostática $C = 10\ \mu F$.

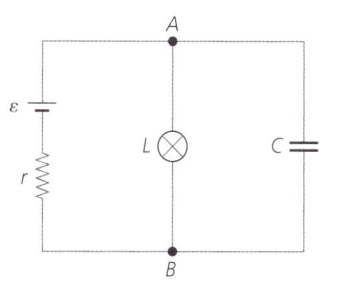

Considerando que o capacitor já está completamente carregado, determinar:
a) a intensidade de corrente elétrica que atravessa o gerador;
b) a ddp entre os pontos A e B;
c) a carga elétrica adquirida pelo capacitor.

▶ **Solução**
a) Pela lei de Pouillet, temos:

$$i = \frac{\varepsilon}{R + r} \Rightarrow i = \frac{6}{2,5 + 0,5} \Rightarrow i = \frac{6}{3} \therefore \boxed{i = 2\,A}$$

b) A ddp entre os pontos A e B corresponde à ddp nos terminais da lâmpada.
Pela lei de Ohm:

$$U = Ri \Rightarrow U = 2,5 \cdot 2 \therefore \boxed{U = 5\,V}$$

c) A partir da definição da capacitância do capacitor, teremos:

$$C = \frac{Q}{U} \Rightarrow 10 = \frac{Q}{5} \therefore \boxed{Q = 50\,\mu C}$$

12. No circuito a seguir, com a chave Ch fechada, o capacitor C apresenta carga elétrica $Q_1 = 60\,\mu C$.

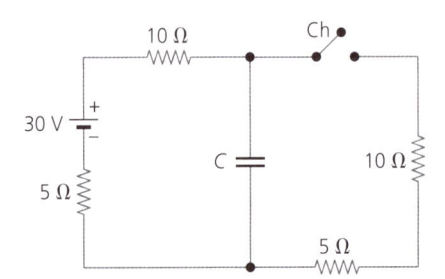

a) Qual a capacitância eletrostática do capacitor?
b) Qual será a nova carga elétrica armazenada pelo capacitor ao se abrir a chave Ch?

▶ **Solução**
a) Para determinar a capacitância do capacitor, visto que conhecemos a carga elétrica que ele armazena quando a chave Ch está fechada, devemos determinar a ddp entre suas armaduras nessa situação.

Com a chave Ch fechada, a corrente no circuito pode ser calculada pela lei de Pouillet:

$$i = \frac{\varepsilon}{R + r} \Rightarrow i = \frac{30}{(10 + 10 + 5) + 5} \Rightarrow i = \frac{30}{30} \therefore i = 1\,A$$

A ddp nos terminais do capacitor é a mesma que nos terminais do resistor de 15 Ω do ramo da direita. Pela lei de Ohm, temos:

$$U = Ri \Rightarrow U = 15 \cdot 1 \Rightarrow U = 15\,V$$

Portanto, a partir da definição da capacitância do capacitor, obtemos:

$$C = \frac{Q}{U} \Rightarrow C = \frac{60}{15} \therefore \boxed{C = 4\,\mu F}$$

b) Com a chave Ch aberta, não haverá corrente circulando pelo circuito e, nessa situação, a ddp nos terminais do capacitor será igual à fem do gerador, 30 V. Então, mais uma vez, pela definição de capacitância, obtemos:

$$C = \frac{Q}{U} \Rightarrow 4 = \frac{Q}{30} \therefore \boxed{Q = 120\,\mu C}$$

Exercícios propostos

16. No circuito mostrado a seguir, o capacitor encontra-se eletrizado com uma carga elétrica de 400 µC.

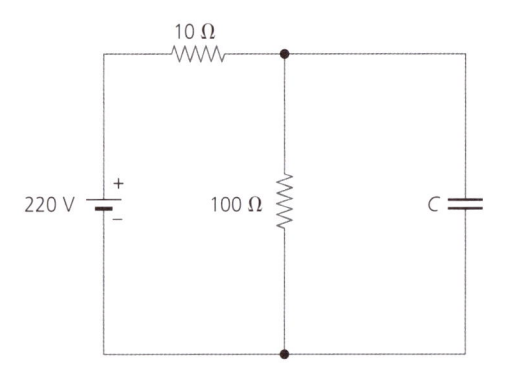

Determine:
a) a capacitância eletrostática do capacitor;
b) a energia potencial elétrica por ele armazenada.

17. No circuito esquematizado, a força eletromotriz da bateria é $\varepsilon = 10\,V$ e sua resistência interna é $r = 1,0\,\Omega$.

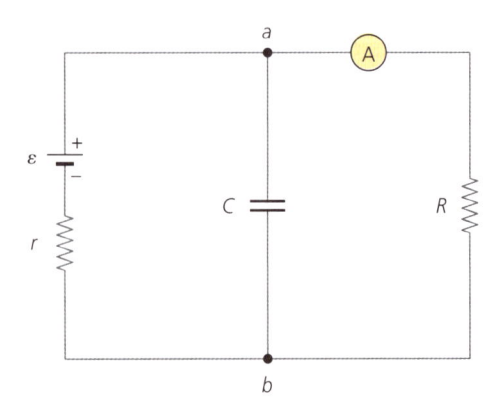

Sabendo que $R = 4,0\,\Omega$ e $C = 2,0\,\mu F$, e que o capacitor já se encontra totalmente carregado, determine:
a) a indicação do amperímetro ideal;
b) a tensão entre os pontos a e b;
c) a carga elétrica armazenada no capacitor.

18. No circuito da figura abaixo, o capacitor armazena 4 mJ de energia com a chave Ch na posição A.

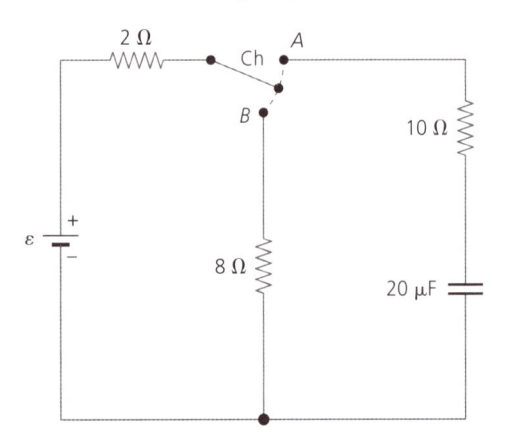

Levando a chave Ch para a posição B, determine a intensidade da corrente elétrica que passará pelo gerador.

Exercícios de revisão

Ficha-resumo 1

Gerador elétrico

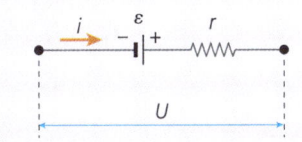

Gerador real: $U = \varepsilon - ri$

Gerador ideal ($r = 0$): $U = \varepsilon$

Curva característica:

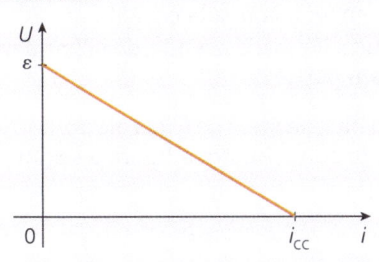

Corrente de curto-circuito: $i_{cc} = \dfrac{\varepsilon}{r}$

Rendimento do gerador: $\eta = \dfrac{U}{\varepsilon}$

Para um circuito com gerador e resistor, podemos usar a lei de Pouillet:

$$i = \dfrac{\varepsilon}{R + r}$$

1. (UEM-PR) O gráfico a seguir representa a curva característica de um gerador elétrico. Assinale a alternativa que apresenta corretamente a equação do gerador.

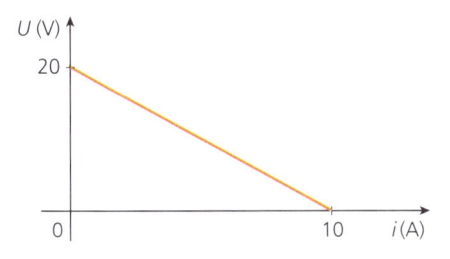

   a) $U = 20 - 2i$
   b) $U = 10 - 5i$
   c) $U = 10 - 20i$
   d) $U = 20 + 10i$
   e) $U = 10 - 2i$

2. (UFJF-MG) Nos dois circuitos a seguir, as quatro baterias são idênticas, assim como as duas lâmpadas. Comparando o brilho das lâmpadas nos dois circuitos, assinale a alternativa **correta** sobre qual delas brilha mais.

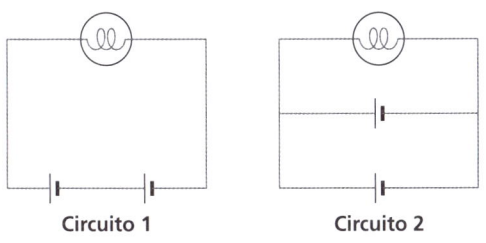

   a) A lâmpada do circuito 1, porque as duas baterias em série fornecem voltagem menor que uma única bateria.
   b) A lâmpada do circuito 1, porque as duas baterias em série fornecem voltagem maior que uma única bateria.
   c) A lâmpada do circuito 2, porque as duas baterias em paralelo fornecem voltagem menor que uma única bateria.
   d) A lâmpada do circuito 2, porque as duas baterias em paralelo fornecem voltagem maior que uma única bateria.
   e) Ambas brilham igualmente.

3. (UEM-PR) Se a bateria de automóveis é uma associação de seis pilhas de chumbo, cada uma com um potencial de 2,0 V, as seis pilhas ligadas em série fornecerão uma voltagem de:
   a) 6,0 V
   b) 24,0 V
   c) 12,0 V
   d) 3,0 V
   e) 2,0 V

4. (UEFS-BA) O gerador elétrico é um dispositivo que fornece energia às cargas elétricas elementares, para que essas se mantenham circulando. Considerando-se um gerador elétrico que possui fem $\varepsilon = 40$ V e resistência interna $r = 5\,\Omega$, é correto afirmar que:
   a) a intensidade da corrente elétrica de curto-circuito é igual a 10 A.
   b) a leitura de um voltímetro ideal ligado entre os terminais do gerador é igual a 35 V.
   c) a tensão nos seus terminais, quando atravessados por uma corrente elétrica de intensidade $i = 2$ A, é $U = 20$ V.
   d) a intensidade da corrente elétrica que o atravessa é de 5,6 A, quando a tensão em seus terminais é de 12 V.
   e) ele apresenta um rendimento de 45%, quando atravessado por uma corrente elétrica de intensidade $i = 3$ A.

5. (Unifesp) Uma das mais promissoras novidades tecnológicas atuais em iluminação é um diodo emissor de luz (LED) de alto brilho, comercialmente conhecido como *luxeon*. Apesar de ter uma área de emissão de luz de 1 mm² e consumir uma potência de apenas 1,0 W, aproximadamente, um desses diodos produz uma iluminação equivalente à de uma lâmpada incandescente comum de 25 W. Para que esse LED opere dentro de suas especificações, o circuito da figura é um dos sugeridos pelo fabricante: a bateria tem fem $\varepsilon = 6,0$ V (resistência interna desprezível) e a intensidade da corrente elétrica deve ser de 330 mA.

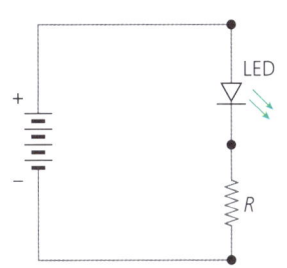

   Nessas condições, pode-se concluir que a resistência do resistor R deve ser, em ohm, aproximadamente de:
   a) 2,0
   b) 4,5
   c) 9,0
   d) 12
   e) 20

6. (UPE) No circuito elétrico a seguir, considere o gerador com $\varepsilon = 10$ V e $r = 1\,\Omega$.

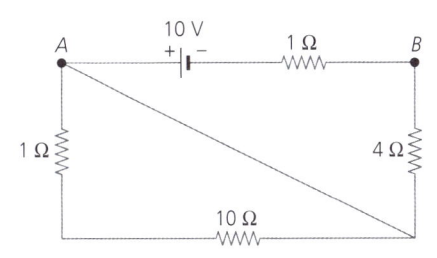

Capítulo 35 • Geradores, receptores e capacitores

Exercícios de revisão

Analise as afirmativas abaixo.
(1) A corrente elétrica no circuito vale 2 A.
(3) A potência dissipada pelo resistor de 10 Ω é de 10 W.
(5) O rendimento do gerador é de 80%.
(7) A diferença de potencial entre os pontos A e B vale 8 V.

A soma dos números entre parênteses que corresponde às proposições corretas é igual a:
a) 16   b) 15   c) 1   d) 8   e) 13

7. (Puccamp-SP) Uma bateria é constituída por cinco elementos, cada um com fem $\varepsilon = 1{,}0$ V e resistência interna $r = 0{,}10$ Ω, associados em série. Aos terminais dessa bateria é ligada uma associação de resistores, como mostra o esquema.

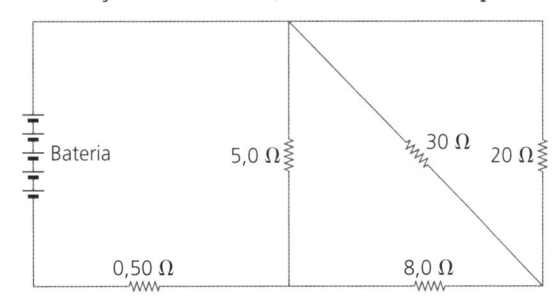

A potência elétrica dissipada pela associação de resistores, em watt, vale:
a) 30   b) 20   c) 12   d) 8,0   e) 4,5

8. (UPE) No circuito elétrico a seguir, estão representados dois geradores idênticos, com $\varepsilon = 12$ V e $r = 1$ Ω. O amperímetro e o voltímetro são ideais.

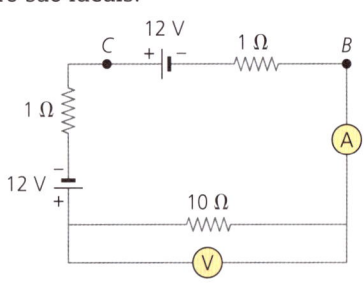

Analise as proposições a seguir e julgue-as como verdadeiras (V) ou falsas (F).
( ) A leitura do amperímetro é de 2 A.
( ) A leitura do voltímetro é de 10 V.
( ) A resistência equivalente do circuito é de 12 Ω.
( ) A potência dissipada no resistor de 10 Ω é de 40 W.
( ) O rendimento do gerador entre os pontos C e B é de aproximadamente 83,33%.

9. (UEM-PR) Duas pilhas, cada uma com força eletromotriz 3,0 V e com resistência interna 1,0 Ω, são conectadas para acender uma lâmpada com valores nominais de 4,8 V e 0,6 A. Considere que valores menores que os nominais não acendem a lâmpada e maiores que esses vão queimá-la.

Dê como resposta a soma dos números que precedem as proposições corretas.
(01) Para que a lâmpada acenda, as pilhas devem ser associadas em série, conforme esquema do circuito elétrico abaixo.

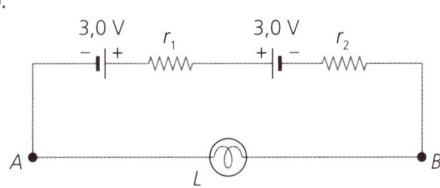

(02) O gráfico abaixo representa as variações do potencial em um circuito elétrico projetado para fazer a lâmpada acender.

(04) A potência dissipada na lâmpada é 2,88 W.
(08) A força eletromotriz equivalente do circuito adequado para acender a lâmpada é 1,2 V.
(16) Para que a lâmpada acenda, as pilhas devem ser conectadas em paralelo.

10. (UFRJ) Uma bateria ideal de força eletromotriz ε está ligada a um circuito como ilustra a figura a seguir.

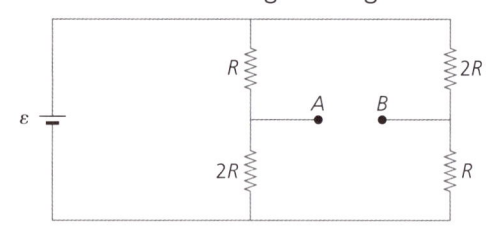

Calcule a diferença de potencial $V_A - V_B$ entre os pontos terminais A e B em função de ε.

Ficha-resumo 2

Receptor elétrico

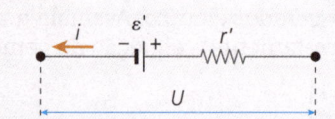

Receptor real: $U = \varepsilon' + r'i$

Receptor ideal ($r' = 0$): $U = \varepsilon'$

Equação característica:

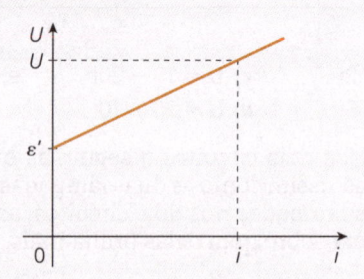

Rendimento do receptor: $\eta = \dfrac{\varepsilon'}{U}$

Para um circuito com gerador, receptor e resistor, temos, pela lei de Pouillet: $i = \dfrac{\varepsilon - \varepsilon'}{R + r + r'}$

11. (Puccamp-SP) Hoje, ninguém consegue imaginar uma residência sem eletrodomésticos (aparelho de TV, aparelho de som, geladeira, máquina de lavar roupa, máquina de lavar louça etc.).

Uma enceradeira possui força contraeletromotriz de 100 V. Quando ligada a uma tomada de 120 V, ela dissipa uma potência total de 40 W. Nestas condições, a resistência interna da enceradeira, em ohm, vale:
a) 2,0
b) 3,0
c) 5,0
d) 10
e) 20

12. (Uece) No circuito da figura a seguir, $\varepsilon_1 = 12$ V, $\varepsilon_2 = 24$ V, $r_1 = r_2 = 3\,\Omega$ e $R = 6\,\Omega$.

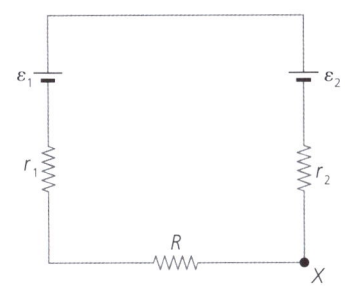

O potencial elétrico, em volt, no ponto X é:
a) superior a 1 V e inferior a 3 V.
b) superior a 3 V e inferior a 12 V.
c) indeterminado.
d) superior a 12 V.

13. (UFSC) Uma determinada lanterna funciona com quatro pilhas ideais de 1,5 V, ligadas em série, que alimentam uma lâmpada de resistência constante. Numa primeira situação, quando as pilhas estão ligadas corretamente, passa através da lâmpada uma corrente elétrica de intensidade 1,0 A. Numa segunda situação, uma das pilhas é invertida, mantendo o contato entre os polos.

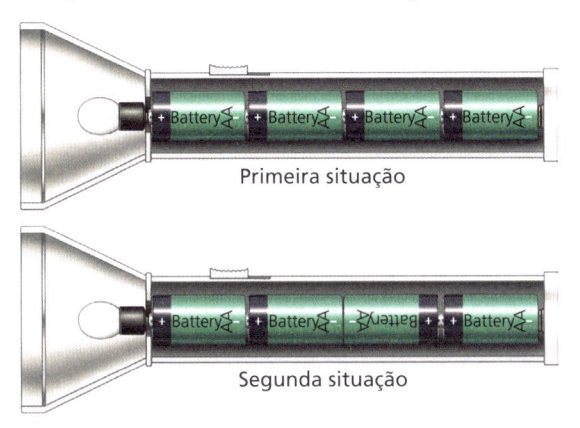

Em relação às situações apresentadas, assinale a(s) proposição(ões) correta(s).
(01) A diferença de potencial na lâmpada, na segunda situação, é a metade da primeira.
(02) A lanterna não irá funcionar na segunda situação, pois não haverá passagem de corrente elétrica.
(04) A resistência elétrica do filamento da lâmpada é de 6 Ω.
(08) A potência elétrica dissipada na segunda situação é quatro vezes menor do que na primeira.
(16) A lanterna irá entrar em curto-circuito na segunda situação.
(32) Na primeira situação, as pilhas estão ligadas em série, logo a corrente elétrica é a mesma em todo o circuito, ao contrário da segunda situação, onde a corrente é diferente em cada pilha.

Dê como resposta a soma dos números que precedem as proposições corretas.

Ficha-resumo 3

Capacitor ou condensador

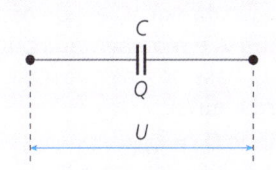

Capacitância eletrostática ou capacidade:

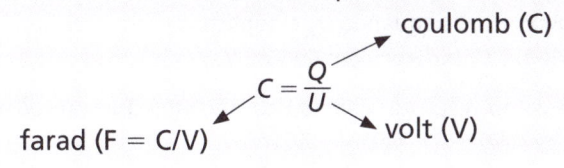

$$C = \frac{Q}{U}$$

coulomb (C)
farad (F = C/V)
volt (V)

Energia potencial elétrica armazenada:

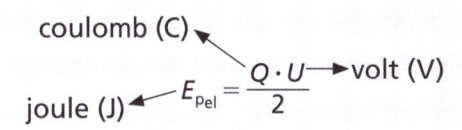

$$E_{Pel} = \frac{Q \cdot U}{2}$$

coulomb (C)
volt (V)
joule (J)

Submúltiplos do farad:
1 μF = 10^{-6} F
1 nF = 10^{-9} F
1 pF = 10^{-12} F

14. (Unisa-SP) Um capacitor plano de capacitância C, cujas placas estão separadas pela distância d, encontra-se no vácuo. Uma das placas apresenta potencial elétrico V e a outra −V. Assim, a quantidade de carga elétrica armazenada no capacitor é igual a:
a) CV
b) 2CV
c) Vd
d) $\frac{2V}{d}$
e) $\frac{CV}{d}$

15. (UFPE) Um capacitor, em equilíbrio eletrostático sob uma tensão de 12 V entre as suas placas, armazena uma quantidade de energia potencial eletrostática igual a $3,6 \cdot 10^{-4}$ J. Pode-se afirmar que a capacitância de tal capacitor vale:
a) $2 \cdot 10^{-6}$ F
b) $3 \cdot 10^{-6}$ F
c) $4 \cdot 10^{-6}$ F
d) $5 \cdot 10^{-6}$ F
e) $3 \cdot 10^{-6}$ F

16. (UFPR) Capacitores são dispositivos que podem armazenar energia quando há um campo elétrico em seu interior, o qual é produzido por cargas elétricas depositadas em suas placas. O circuito a seguir é formado por um capacitor C de capacitância 2 μF e por duas fontes de fem, consideradas ideais, com $\varepsilon_1 = 10$ V e $\varepsilon_2 = 15$ V.

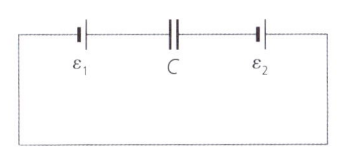

Assinale a alternativa correta para a energia elétrica armazenada no capacitor C.
a) $625 \cdot 10^{-6}$ J
b) $225 \cdot 10^{-6}$ J
c) $25 \cdot 10^{-6}$ J
d) $50 \cdot 10^{-6}$ J
e) $75 \cdot 10^{-6}$ J

Exercícios de revisão

17. (UFPB) Considere dois capacitores (A e B) isolados, com capacitâncias C_A e C_B, respectivamente, com $C_A > C_B$. Nesse contexto, a diferença de potencial entre as placas do capacitor A é representada por V_A e a do capacitor B, por V_B; a carga do capacitor A é representada por Q_A e a do capacitor B, por Q_B. Com base nessas informações, identifique as proposições verdadeiras:

(01) $V_A > V_B$ quando $Q_A = Q_B$.
(02) $Q_A > Q_B$ quando $V_A = V_B$.
(04) C_A e C_B dependem de Q_A e Q_B.
(08) V_A duplica quando Q_A é duplicado.
(16) C_A e C_B independem de V_A e V_B.

Dê como resposta a soma dos números que precedem as proposições corretas.

18. (Unicamp-SP) Quando um rolo de fita adesiva é desenrolado, ocorre uma transferência de cargas negativas da fita para o rolo, conforme ilustrado na figura. Quando o campo elétrico criado pela distribuição de cargas é maior que o campo elétrico de ruptura do meio, ocorre uma descarga elétrica. Foi demonstrado recentemente que essa descarga pode ser utilizada como uma fonte econômica de raios X.

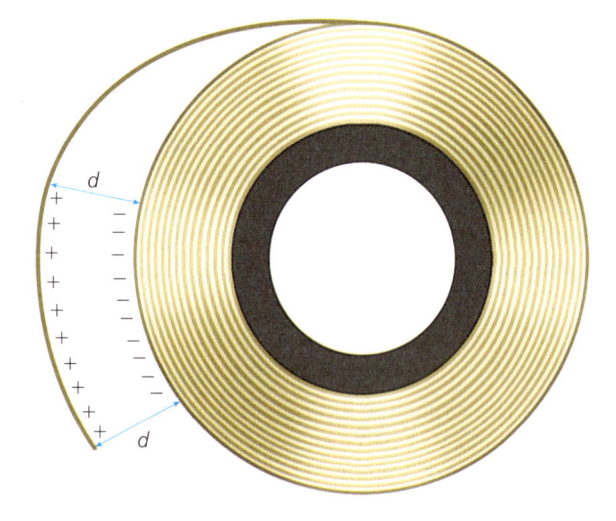

Para um pedaço da fita de área $A = 5{,}0 \cdot 10^{-4}$ m² mantido a uma distância constante $d = 2{,}0$ mm do rolo, a quantidade de cargas acumuladas é igual a $Q = C \cdot V$, sendo V a diferença de potencial entre a fita desenrolada e o rolo e $C = \varepsilon_0 \cdot \dfrac{A}{d}$, em que $\varepsilon_0 \simeq 9{,}0 \cdot 10^{-12}$ C/(V · m). Nesse caso, a diferença de potencial entre a fita e o rolo para $Q = 4{,}5 \cdot 10^{-9}$ C é de:

a) $1{,}2 \cdot 10^2$ V
b) $5{,}0 \cdot 10^{-4}$ V
c) $2{,}0 \cdot 10^3$ V
d) $1{,}0 \cdot 10^{-20}$ V

19. (Unama-PA) Uma das aplicações de um capacitor é o fornecimento de energia elétrica para uma lâmpada, chamada *flash*, anexada nas máquinas fotográficas. Considere que o circuito de uma máquina seja o apresentado a seguir, onde temos uma pilha para carregar o capacitor C, uma chave (ch) que pode fazer contato com os pontos A e B, e um ponto neutro N. A linha curva pontilhada é apenas para indicar que o percurso da chave é giratório.

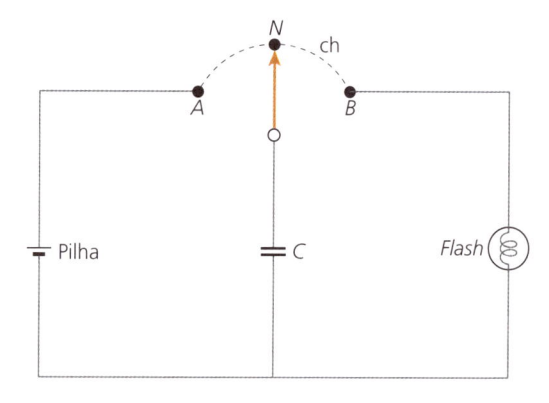

Observando e analisando o circuito podemos afirmar que:
a) quando a chave ch está conectada na posição A, e o capacitor já está carregado, a corrente no circuito é a máxima possível fornecida pela pilha.
b) para carregar o capacitor a chave deve estar na posição B.
c) a lâmpada *flash* acende quando a chave é colocada na posição A.
d) a lâmpada *flash* acende quando a chave é colocada na posição B.

20. (UFPA) A maioria dos equipamentos elétricos ou eletrônicos possui em seus circuitos capacitores de forma isolada ou em associações com diversas finalidades. Na montagem a seguir, efetuada em laboratório, foram ligadas, na forma indicada no circuito, três lâmpadas incandescentes iguais, de valores nominais 6 V/12 W, um capacitor de capacitância $5 \cdot 10^{-6}$ F e uma bateria de 12 V, com resistência interna desprezível, e com interligações feitas por duas chaves, K_1 e K_2.

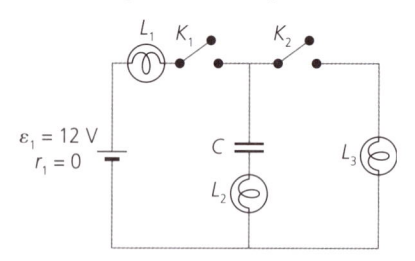

Considerando que o capacitor sempre está inicialmente descarregado e que todas as operações descritas na montagem são independentes e iniciam no instante $t = 0$, analise as afirmativas a seguir.

I. Fechando K_1 e mantendo K_2 aberta, L_1 e L_2 acendem momentaneamente e apagam a seguir.
II. Fechando K_2 e mantendo K_1 aberta, L_1, L_2 e L_3 não acendem e apenas o capacitor é carregado.
III. Sendo fechadas ao mesmo tempo as chaves K_1 e K_2, o capacitor será carregado com carga igual a $3 \cdot 10^{-5}$ C.
IV. Com as duas chaves fechadas, após alguns instantes circulará uma corrente de 2 A nas lâmpadas L_1 e L_3.

De acordo com os dados fornecidos e com o circuito apresentado, estão corretas as afirmativas:
a) III e IV.
b) II e IV.
c) II, III e IV.
d) I, II e III.
e) I, III e IV.

Mais questões em **Vereda Digital Aprova Enem**, em **Vereda Digital Suplemento de revisão**, em **AprovaMax** (no *site*) e no livro digital.

CAPÍTULO

36

MAGNETISMO E FONTES DE CAMPO MAGNÉTICO

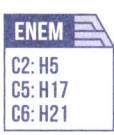

ENEM
C2: H5
C5: H17
C6: H21

Estudos geológicos apontam que o núcleo da Terra é de ferro sólido envolto por um oceano de ferro líquido que cria correntes elétricas, responsáveis pelo campo magnético terrestre. As linhas de indução, representadas na imagem, partem do polo norte magnético (próximo do polo sul geográfico) e chegam ao polo sul magnético (próximo do norte geográfico). A linha determinada pelos polos magnéticos forma com o eixo de rotação da Terra um ângulo de 11,5°. O vetor campo magnético terrestre não permanece constante em cada ponto, mudando com o passar do tempo. Por isso, as cartas magnéticas são atualizadas de cinco em cinco anos em média. Neste capítulo, vamos estudar o magnetismo e as fontes de campo magnético.

> **Objetivos do capítulo**
>
> - Descrever as propriedades dos ímãs.
> - Apresentar o magnetismo terrestre e o uso das bússolas como instrumentos de orientação.
> - Conceituar campo magnético e linhas de indução.
> - Explicar como uma barra de ferro pode ser magnetizada.
> - Descrever a experiência de Oersted.
> - Apresentar as características do campo magnético gerado por uma corrente elétrica que percorre um condutor retilíneo e extenso, uma espira circular e um solenoide.

1 Ímãs

Os ímãs têm a propriedade de atrair objetos de ferro. Segundo a lenda, esse fato foi observado pela primeira vez com um minério de ferro (Fe_3O_4) em uma região da Grécia antiga chamada Magnésia. O minério recebeu o nome de magnetita **(fig. 1)**, e o ramo da Física em que se estudam os fenômenos relacionados à interação de corpos magnetizados foi chamado de **magnetismo**.

Figura 1. Pedaço de magnetita.

A magnetita e os demais minerais com propriedades magnéticas encontrados na natureza são chamados de **ímãs naturais**. Já os ímãs fabricados, geralmente feitos de ferro, cobalto, níquel ou de ligas especiais, são chamados de **ímãs artificiais**.

Os ímãs têm muitas aplicações, algumas das quais veremos neste capítulo.

2 Polos de um ímã

Considere, por exemplo, um ímã em forma de barra em contato com fragmentos de ferro (limalha de ferro). Os fragmentos de ferro aderem mais acentuadamente nas extremidades do ímã, chamadas de **polos (fig. 2)**.

Figura 2. Os fragmentos de ferro aderem às extremidades de um ímã em forma de barra.

Ao suspender um ímã pelo seu centro de gravidade, de modo que ele possa girar livremente, observamos que ele se orienta aproximadamente na direção Norte-Sul geográfica. O polo voltado para o Norte geográfico recebe o nome de **polo norte (N)** do ímã; o polo voltado para o Sul geográfico é o **polo sul (S)** do ímã **(fig. 3)**.

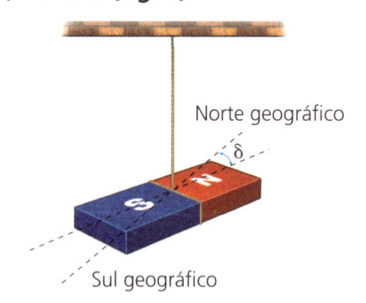

Figura 3. Um ímã em forma de barra, ao girar livremente, orienta-se, aproximadamente, na direção Norte-Sul geográfica do local. O ângulo δ indicado na figura, entre o eixo longitudinal do ímã e a direção Norte-Sul geográfica, é denominado **declinação magnética** do lugar.

3 Atração e repulsão

Os ímãs exercem forças de ação mútua de atração ou repulsão, conforme a disposição de um em relação ao outro.

Quando aproximamos o polo norte de um ímã do polo norte de outro ímã, ocorre **repulsão** entre eles. O mesmo ocorre quando aproximamos dois polos sul **(fig. 4)**.

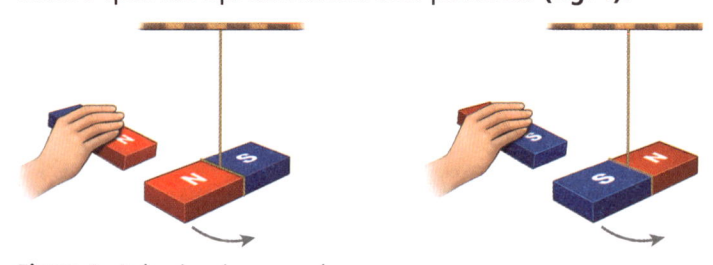

Figura 4. Polos iguais se repelem.

Quando aproximamos o polo norte de um ímã do polo sul de outro ímã, ocorre **atração** entre eles **(fig. 5)**.

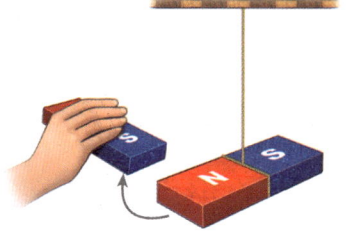

Figura 5. Polos diferentes se atraem.

Assim, podemos dizer que:

Polos de mesmo nome se repelem e polos de nomes diferentes se atraem.

4 Inseparabilidade dos polos de um ímã

Partindo um ímã ao meio, teremos duas partes iguais com polos distintos em suas respectivas extremidades. Portanto, cada parte obtida constitui um novo ímã. Então, ao partir um ímã, é impossível obter partes com um único polo. Essa propriedade é denominada **inseparabilidade dos polos de um ímã (fig. 6)**.

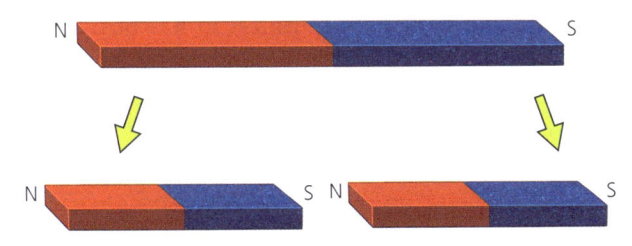

Figura 6. Inseparabilidade dos polos de um ímã.

Se dividirmos as partes obtidas, teremos partes menores que também são ímãs completos. Procedendo dessa maneira, atingiremos o nível microscópico com a obtenção de minúsculos ímãs, denominados **ímãs microscópicos**.

5 Magnetismo terrestre

Vimos que um ímã, quando suspenso pelo seu centro de gravidade, se orienta aproximadamente na direção Norte-Sul geográfica. O fato de o polo norte do ímã se voltar para o Norte geográfico e o polo sul do ímã se voltar para o Sul geográfico sugere que a Terra se comporta como um enorme ímã, com o polo magnético sul localizado nas imediações do Norte geográfico e o polo magnético norte localizado nas imediações do Sul geográfico **(fig. 7)**.

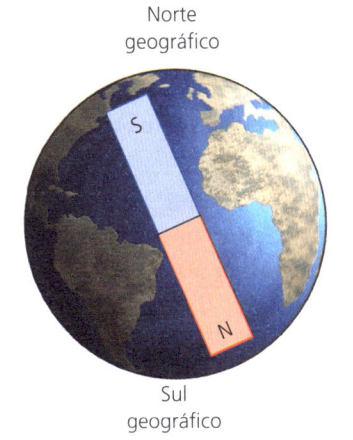

Figura 7. A Terra se comporta como um grande ímã.

6 Bússola

A bússola é um instrumento usado para orientação. Ela é constituída de um ímã, denominado **agulha magnética**, montado sobre um painel dotado de pontos cardeais **(fig. 8)**. A agulha magnética fica apoiada sobre um eixo, podendo girar livremente em torno dele.

O ângulo que o eixo longitudinal da agulha magnética forma com a direção Norte-Sul geográfica é a **declinação magnética** do lugar, conforme vimos anteriormente.

Figura 8. A agulha da bússola é um ímã.

Exercícios resolvidos

1. Assinalar a(s) afirmativa(s) correta(s).
    I. Um ímã é suspenso pelo seu centro de gravidade, de modo que possa girar livremente. O extremo do ímã que se orienta na direção do Norte geográfico é o polo sul do ímã.
    II. A Terra se comporta como um enorme ímã. O polo sul magnético da Terra se localiza nas imediações do Sul geográfico.
    III. A Terra se comporta como um enorme ímã. O polo norte magnético da Terra se localiza nas imediações do Sul geográfico.
    IV. Partindo um ímã ao meio é possível obter partes com um polo somente.

   ▶ Solução
    I. Incorreta. O extremo do ímã que se orienta na direção do Norte geográfico é o polo norte do ímã.
    II. Incorreta. O polo norte de um ímã se orienta na direção do Norte geográfico, isso significa que o polo sul magnético da Terra se localiza nas imediações do Norte geográfico.
    III. Correta. O polo sul de um ímã se orienta na direção do Sul geográfico, isso significa que o polo norte magnético da Terra se localiza nas imediações do Sul geográfico.
    IV. Incorreta. Partindo um ímã ao meio obtemos sempre partes que são ímãs completos, de acordo com o princípio da inseparabilidade dos polos de um ímã.

2. O polo A de um ímã AB atrai o polo C de um ímã CD e repele o polo E de um ímã EF. Sabe-se que D é um polo norte. Identificar os polos A, B, C, E e F.

   ▶ Solução
   Se D é um polo norte, concluímos que C é um polo sul.
   A atrai C; logo, A é um polo norte. Consequentemente, B é um polo sul.
   A repele E; logo, E é também um polo norte. Consequentemente, F é um polo sul.

Capítulo 36 • Magnetismo e fontes de campo magnético

3. Um ímã é cortado em três partes, conforme indica a figura.

Aproximam-se as extremidades X e Z e, a seguir, X e W. Em uma das situações descritas, constata-se atração. Em qual delas?

▶ **Solução**

Cada parte é um ímã completo. Assim, X é um polo norte, Y é um polo sul, Z é um polo norte e W é um polo sul. Assim, entre X e Z ocorre repulsão e entre X e W ocorre atração.

Exercícios propostos

1. Assinale a(s) alternativa(s) correta(s).

  I. A magnetita é um ímã natural.
  II. Fragmentos de ferro aderem acentuadamente às regiões extremas de um ímã em forma de barra.
  III. A Terra se comporta como se fosse um enorme ímã. O eixo longitudinal desse ímã não coincide com o eixo de rotação da Terra.
  IV. Se ocorre repulsão entre dois polos de dois ímãs, pode-se afirmar que esses polos são dois polos norte.

2. Uma pessoa deixa cair no chão um ímã em forma de barra e ele se parte em dois pedaços, como mostra a figura a seguir.

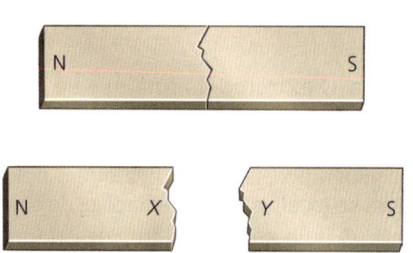

Ao tentar aproximar os pedaços, a pessoa nota que eles se repelem. Assinale os itens que apresentam as possíveis extremidades que foram aproximadas.

  I. N e Y
  II. S e X
  III. X e Y
  IV. N e S

3. Considere dois ímãs, AB e CD. Observa-se que a extremidade A do ímã AB atrai a extremidade D do ímã CD. Sendo C um polo sul, identifique os polos A, B e D.

Trocando ideias

Registros históricos indicam que os chineses foram os primeiros a utilizar a bússola, no século III a.C., mas há referências de que somente no século XII ela foi usada para orientação em viagens terrestres e marítimas. A partir desse século, esse instrumento tornou-se fundamental para o período que conhecemos como Grandes Navegações, que caracteriza as conquistas de territórios além-mar, como as Américas e as Índias.

Forme um grupo com seus colegas e façam uma pesquisa sobre a utilização desse instrumento nas viagens marítimas. Expliquem como é feita essa orientação utilizando uma carta magnética. Consultem livros de História, *sites* da internet e analisem o uso da bússola e as transformações que provocou na era das Grandes Navegações, a partir do século XV. Consultem, também, livros de Geografia que enfatizem a utilização das bússolas na orientação cartográfica.

Apresentem os resultados da pesquisa utilizando textos, fotos, figuras e vídeos.

7 Campo magnético e linhas de indução

Ao ser colocada nas proximidades de um ímã, a agulha magnética de uma bússola orienta-se em uma direção que varia com a posição da bússola em relação ao ímã **(fig. 9)**. Isso significa que o ímã influencia o espaço que o envolve por meio da criação de um **campo magnético** em torno de si mesmo, que existe com ou sem a presença de bússolas nesse espaço.

Figura 9. A agulha magnética de uma bússola se orienta sob a ação do campo magnético do ímã.

Para medir a ação do ímã, associamos a cada ponto P do campo magnético uma grandeza vetorial denominada **vetor indução magnética** ou, simplesmente, **vetor campo magnético**, indicado por $\vec{B}$ **(fig. 10)**. O vetor campo magnético tem as seguintes características:

• A **direção** de $\vec{B}$ em P é aquela na qual se dispõe a agulha magnética.

- O **sentido** de $\vec{B}$ é aquele para o qual o polo norte da agulha magnética aponta.

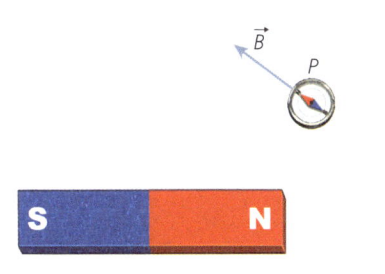

Figura 10. O campo magnético $\vec{B}$ tem a mesma direção em que se dispõe a agulha magnética e o sentido para o qual o polo norte da agulha aponta.

A **linha de indução** é uma linha imaginária que representa um campo magnético e indica a direção e o sentido do vetor $\vec{B}$ em cada ponto do espaço. Em um campo magnético, a linha de indução é tangente ao vetor $\vec{B}$ e orientada no sentido desse vetor **(fig. 11)**.

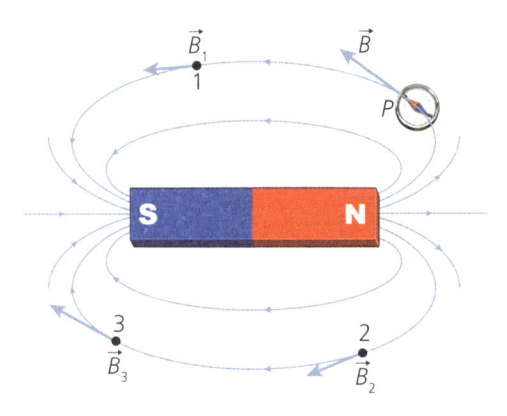

Figura 11. Linhas de indução do campo magnético originado por um ímã em forma de barra e a representação do campo magnético nos pontos P, 1, 2 e 3.

Observe que as linhas de indução partem do polo norte do ímã e chegam ao polo sul. Analogamente às linhas de força de um campo elétrico, as linhas de indução não se cruzam; nas regiões onde estão mais próximas, o campo magnético é mais intenso.

Um campo magnético em que o vetor $\vec{B}$ tem a mesma direção, o mesmo sentido e a mesma intensidade em todos os pontos é chamado **campo magnético uniforme**. As linhas de indução de um campo magnético uniforme são retas paralelas igualmente orientadas e espaçadas.

8 Imantação de uma barra de ferro

Numa barra de ferro, os ímãs microscópicos apresentam a mesma orientação, em cada pequena região. Estas regiões são chamadas **domínios magnéticos**. Numa barra de ferro não imantada, os domínios magnéticos estão distribuídos aleatoriamente **(fig. 12A)**.

Quando uma barra de ferro é aproximada de um ímã, os domínios magnéticos se orientam pela ação do campo magnético do ímã e a barra se magnetiza **(fig. 12B)**. Esse processo de magnetização é chamado **indução magnética**.

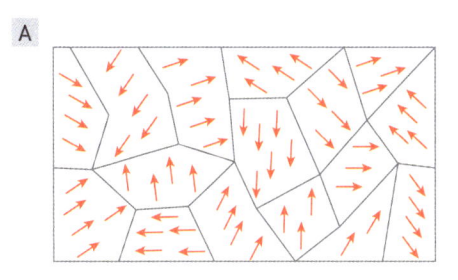

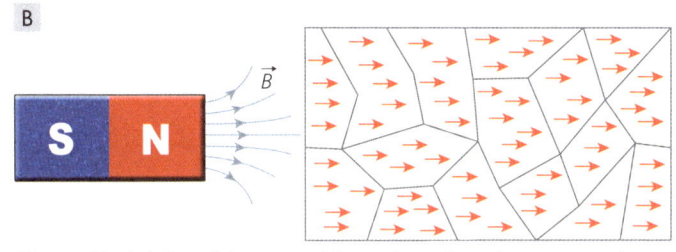

Figura 12. (A) Domínios magnéticos desordenados em uma barra de ferro; (B) domínios magnéticos ordenados pela ação do campo magnético de um ímã.

Se a barra de ferro se desmagnetiza com o afastamento do ímã, dizemos que a imantação é **temporária**; se a imantação se mantém, dizemos que é **permanente**. O ferro, o cobalto, o níquel e certas ligas metálicas, que podem ser fortemente imantadas, são denominados **substâncias ferromagnéticas**.

Atividade prática

Neste experimento, você vai visualizar a forma do campo magnético gerado por um ímã. Para isso, precisará do seguinte material:
- um ímã em formato de barra;
- uma folha de papel vegetal;
- limalha de ferro.

Coloque o ímã sobre uma mesa e cubra-o com a folha de papel. Espalhe sobre o papel a limalha de ferro e bata suavemente.

Depois de bater no papel, responda: qual é a semelhança entre a distribuição da limalha de ferro e as linhas de indução do ímã utilizado?

Exercícios resolvidos

4. Considerar $\vec{B}$ o vetor campo magnético em um ponto P de um campo magnético.

Capítulo 36 • Magnetismo e fontes de campo magnético

Uma pequena agulha magnética é colocada em P. Fazer uma figura representando, em P, a posição de equilíbrio da agulha sob ação exclusiva do campo magnético.

▶ Solução

A agulha magnética se orienta na direção de $\vec{B}$ com o polo norte no mesmo sentido de $\vec{B}$.

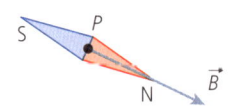

5. A figura a seguir mostra algumas linhas de indução do campo magnético originado por um ímã em forma de barra.

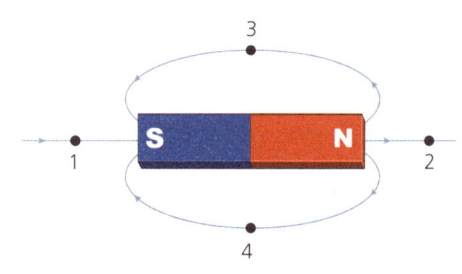

Representar o vetor campo magnético $\vec{B}$ nos pontos 1, 2, 3 e 4 indicados. Como seria a disposição de pequenas agulhas magnéticas quando colocadas nesses pontos?

▶ Solução

Em cada ponto, o vetor campo magnético é tangente à linha de indução e seu sentido é o mesmo dessa linha.

As agulhas magnéticas se dispõem na direção do vetor campo magnético $\vec{B}$ com o polo norte apontando no sentido de $\vec{B}$.

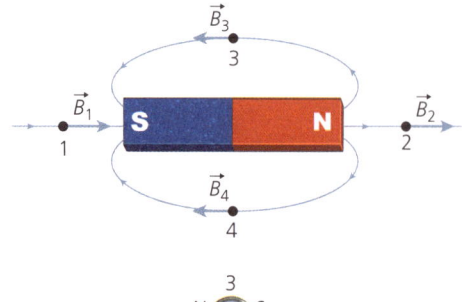

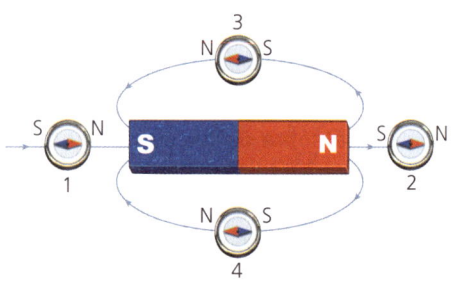

6. Um ímã é aproximado de um prego de ferro, conforme indica a figura.

Que polos surgem nos extremos 1 e 2 do prego?

▶ Solução

Por indução magnética, o prego de ferro é imantado e atraído pelo ímã.

Logo, o extremo **1** é um polo **sul** e o extremo **2**, um polo **norte**.

Exercícios propostos

4. Ao ser colocada em um ponto P de um campo magnético, uma pequena agulha magnética se dispõe como mostra a figura.

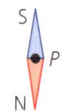

Represente o vetor campo $\vec{B}$ em P.

5. Para os casos indicados abaixo, represente o vetor campo magnético $\vec{B}$ no ponto P.

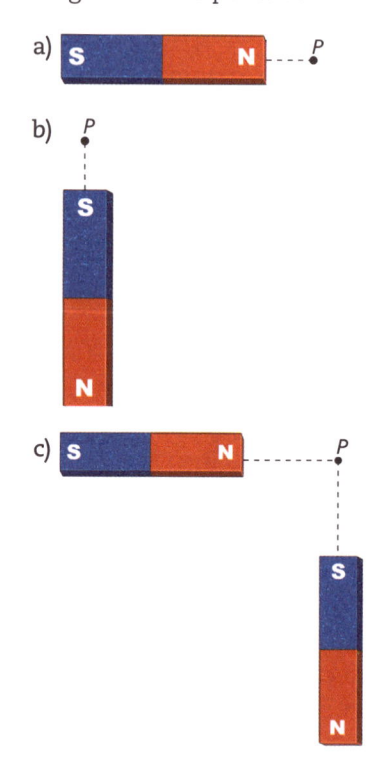

a)

b)

c)

6. Um professor de Física realizou em sala de aula o seguinte experimento: colocou um ímã sobre uma mesa e em cima do ímã uma folha de papel vegetal, sobre a qual espalhou limalha de ferro. Então, ele deu pequenas batidas no papel e a limalha se dispôs segundo determinadas linhas, como indicado na foto a seguir.

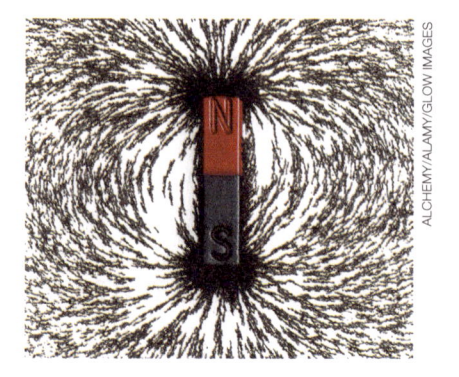

O professor explicou que cada limalha de ferro se magnetizou e passou a se comportar como uma pequena agulha magnética e pediu aos alunos que explicassem o que representam as linhas obtidas. O que você responderia?

9 Experiência de Oersted

Os fenômenos magnéticos envolvendo os ímãs foram estudados independentemente dos fenômenos elétricos. Mas, em 1820, o físico dinamarquês Hans Christian Oersted (1777-1851) observou que a agulha magnética de uma bússola sofria um desvio ao se aproximar de um fio condutor percorrido por corrente elétrica, como se um outro ímã se aproximasse da agulha (**fig. 13**).

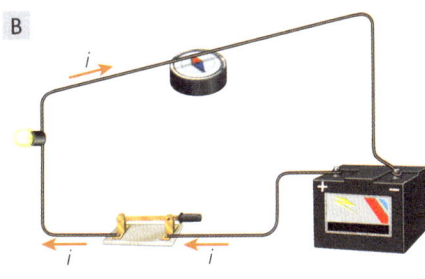

Figura 13. (A) Com a chave do circuito aberta, não há passagem de corrente elétrica e a agulha magnética da bússola se alinha com o campo magnético terrestre, orientando-se aproximadamente na direção Norte-Sul geográfica; (B) com a chave do circuito fechada, o fio sobre a bússola é percorrido por uma corrente elétrica i que cria um campo magnético ao seu redor, mudando a orientação da agulha magnética da bússola.

Já vimos que um ímã gera no espaço que o envolve um campo magnético. Podemos, então, estender esse conceito e concluir que **toda corrente elétrica origina no espaço que a envolve um campo magnético**. Assim, teve origem o Eletromagnetismo, que é o ramo da Física em que se estudam os fenômenos magnéticos gerados por correntes elétricas.

10 Campo magnético gerado por corrente elétrica

Campo magnético gerado por uma corrente elétrica em um condutor retilíneo e extenso

Vamos analisar as características do vetor campo magnético $\vec{B}$ em um ponto P, situado a uma distância r de um condutor retilíneo e extenso percorrido por uma corrente elétrica de intensidade i.

- A **direção** de $\vec{B}$ é a mesma da reta perpendicular ao plano definido pelo ponto P e pelo condutor.
- O **sentido** de $\vec{B}$ é determinado pela regra da mão direita.

Para aplicar a **regra da mão direita**, devemos dispor a mão direita espalmada com os quatro dedos lado a lado e o polegar levantado. Então, colocamos o polegar no sentido da corrente elétrica e os demais dedos no sentido do condutor para o ponto P. O sentido de $\vec{B}$ em P é aquele que se obtém curvando ligeiramente os dedos da mão direita (**fig. 14**).

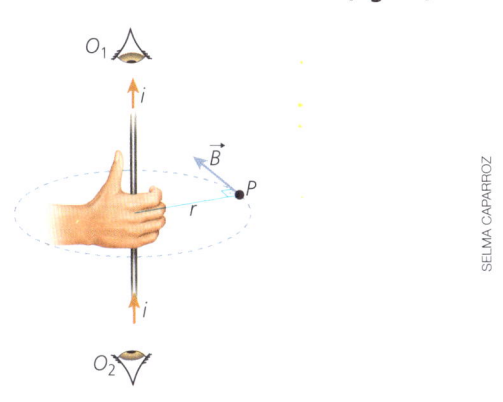

Figura 14. Aplicação da regra da mão direita a um condutor retilíneo e extenso.

O observador O_1 veria a corrente elétrica i aproximando-se de seus olhos. Nesse caso, representamos a corrente pelo símbolo $\odot$. Em relação a O_1, a corrente elétrica e o vetor campo magnético estariam dispostos como na **figura 15**.

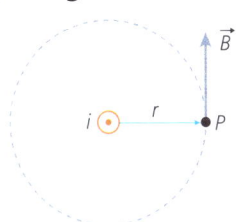

Figura 15. Vista de i e $\vec{B}$ em relação ao observador O_1.

O observador O_2 veria a corrente elétrica i afastando-se de seus olhos. Nesse caso, representamos a corrente pelo símbolo $\otimes$. Em relação a O_2, a corrente elétrica e o vetor campo magnético estariam dispostos como na **figura 16**.

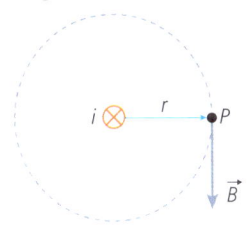

Figura 16. Vista de i e $\vec{B}$ em relação ao observador O_2.

- A **intensidade** de $\vec{B}$ depende do meio onde o condutor está e é diretamente proporcional à intensidade da corrente elétrica i e inversamente proporcional à distância r do ponto P ao condutor. O meio é caracterizado pela grandeza denominada **permeabilidade magnética**, indicada por μ_0 para o vácuo.

Assim, no vácuo, temos:

$$B = \frac{\mu_0}{2\pi} \cdot \frac{i}{r}$$

No Sistema Internacional de Unidades (SI), a intensidade do vetor campo magnético $\vec{B}$ é medida em tesla (T), a intensidade da corrente elétrica i é medida em ampère (A), a distância r do ponto P ao condutor é medida em metro (m) e a permeabilidade magnética do vácuo μ_0 é medida em $\frac{T \cdot m}{A}$.

Capítulo 36 • Magnetismo e fontes de campo magnético

A unidade **tesla** tem esse nome em homenagem ao engenheiro servo-croata Nikola Tesla (1856-1943).

A permeabilidade magnética do vácuo vale:

$$\mu_0 = 4\pi \cdot 10^{-7} \frac{T \cdot m}{A}$$

O vetor campo magnético em pontos situados à mesma distância do condutor retilíneo tem a mesma intensidade. Assim, os pontos situados a uma distância r_1 têm a mesma intensidade B_1. Os pontos situados à distância $r_2 > r_1$ têm intensidade $B_2 < B_1$. Observe que as linhas de indução (linhas tangentes ao vetor $\vec{B}$ e orientadas no mesmo sentido de $\vec{B}$) são circunferências concêntricas em relação ao condutor **(fig. 17)**.

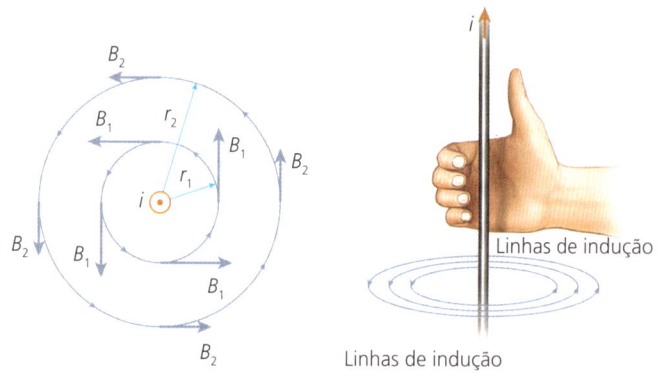

Figura 17. As linhas de indução são circunferências concêntricas em relação ao condutor retilíneo e extenso.

As linhas de indução podem ser visualizadas com limalha de ferro, como mostra a **figura 18**.

Figura 18. Visualização das linhas de indução do campo magnético gerado por uma corrente elétrica que percorre um condutor retilíneo e extenso.

Exercícios resolvidos

7. Aplicando a regra da mão direita, representar, no ponto P, o vetor campo magnético $\vec{B}$ nos casos indicados abaixo.

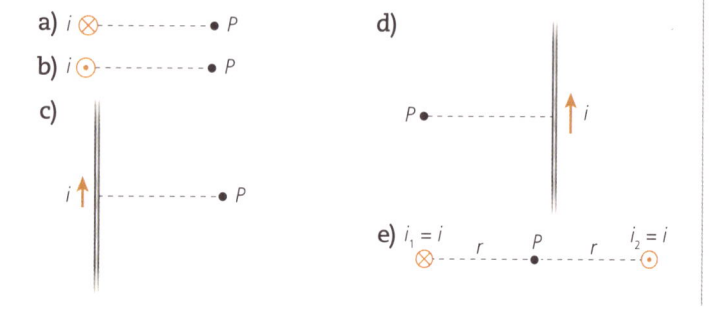

a) $i \otimes \text{------} \bullet P$
b) $i \odot \text{------} \bullet P$
c) (condutor vertical, i para cima, P à direita)
d) (condutor vertical, i para cima, P à esquerda)
e) $i_1 = i \otimes \text{---} r \text{---} P \text{---} r \text{---} i_2 = i \odot$

▶ **Solução**

Representamos a seguir o vetor campo magnético $\vec{B}$ no ponto P em cada um dos casos, aplicando a regra da mão direita.

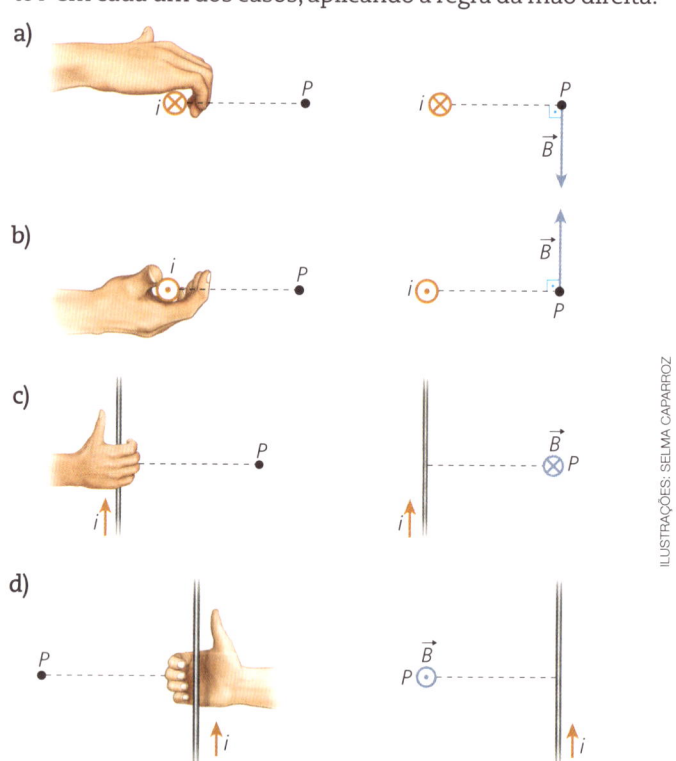

a)

b)

c)

d)

e) As correntes elétricas i_1 e i_2, ambas iguais a i, geram em P os vetores campo magnético $\vec{B}_1$ e $\vec{B}_2$, de mesma intensidade. O vetor campo magnético resultante $\vec{B}$ é a soma vetorial de $\vec{B}_1$ e $\vec{B}_2$ ($\vec{B} = \vec{B}_1 + \vec{B}_2$).

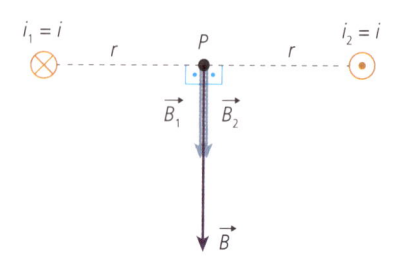

8. Uma pequena agulha magnética é colocada no ponto P do campo magnético gerado por uma corrente elétrica i saindo do plano do papel. Como a pequena agulha se dispõe?

$i \odot \text{------} r \text{------} \bullet P$

▶ **Solução**

Primeiro, vamos representar o vetor campo magnético que a corrente elétrica i gera em P. A pequena agulha magnética colocada no ponto P se orienta na direção do vetor campo magnético $\vec{B}$ existente em P e com o polo norte no sentido de $\vec{B}$:

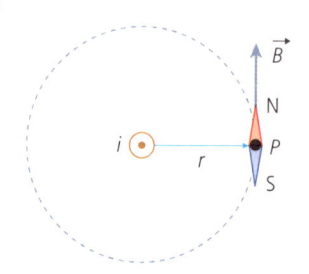

9. O vetor campo magnético em um ponto P, situado a uma distância r de um condutor retilíneo e extenso percorrido por uma corrente elétrica i, tem intensidade B. Qual é, em função de B, a intensidade do vetor campo magnético nos pontos P_1 e P_2 do campo magnético gerado pela corrente elétrica de intensidade 2i que percorre outro condutor retilíneo e extenso?

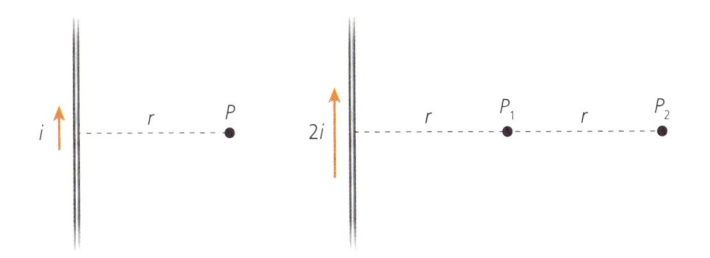

▶ **Solução**

No ponto P, temos: $B = \dfrac{\mu_0}{2\pi} \cdot \dfrac{i}{r}$

Nos pontos P_1 e P_2, temos, respectivamente, B_1 e B_2, dados por:

$B_1 = \dfrac{\mu_0}{2\pi} \cdot \dfrac{2i}{r} = 2 \cdot \dfrac{\mu_0}{2\pi} \cdot \dfrac{i}{r}$ e $B_2 = \dfrac{\mu_0}{2\pi} \cdot \dfrac{2i}{2r} = \dfrac{\mu_0}{2\pi} \cdot \dfrac{i}{r}$

Portanto: $\boxed{B_1 = 2B}$ e $\boxed{B_2 = B}$

Exercícios propostos

7. Aplicando a regra da mão direita, represente no ponto P o vetor campo magnético $\vec{B}$ em cada caso.

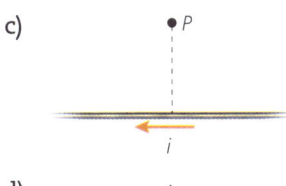

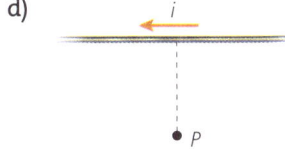

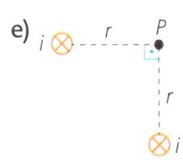

8. Pequenas agulhas magnéticas são colocadas nos pontos P_1 e P_2 do campo magnético originado pela corrente elétrica i. Das três situações indicadas a seguir, qual representa as posições corretas das agulhas nesses pontos? Despreze a ação do campo magnético terrestre.

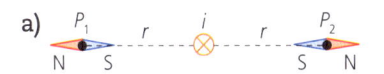

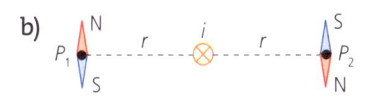

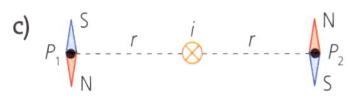

9. No campo magnético gerado pelas correntes elétricas de intensidades i_1 e i_2, sabe-se que o vetor campo magnético resultante no ponto P é nulo. Qual é a relação $\dfrac{i_1}{i_2}$?

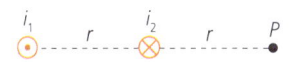

Atividade prática

Para este experimento, você vai precisar do seguinte material:
- uma bússola;
- fio de cobre de 20 cm de comprimento e 1,5 mm de diâmetro;
- duas pilhas de 1,5 V cada;
- um porta-pilhas;
- fita adesiva;
- suporte de madeira de 6 cm por 10 cm.

Dobre o fio de cobre e prenda-o com fita adesiva ao suporte de madeira, como indicado no esquema abaixo. Coloque a bússola sobre o suporte de madeira, de modo que a agulha fique paralela ao fio de cobre, abaixo dele e, portanto, disposta na direção do vetor campo magnético terrestre. Feche o circuito com as pilhas apoiadas no porta-pilhas.

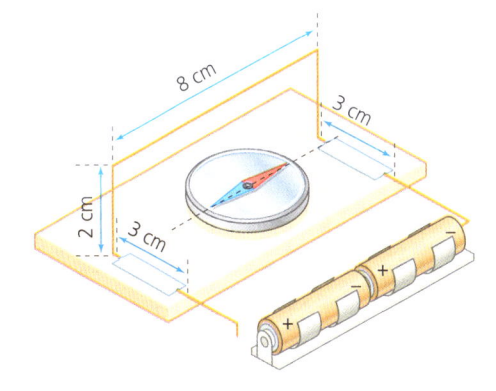

O que aconteceu com a agulha magnética? O que acontece se o circuito for aberto? Inverta o sentido da corrente elétrica trocando os terminais da associação de pilhas ligados ao fio de cobre. Ao fechar novamente o circuito, o que ocorre com a agulha magnética? Com base nessas observações, é possível constatar que vale a regra da mão direita?

Capítulo 36 • Magnetismo e fontes de campo magnético

Campo magnético no centro de uma espira circular percorrida por corrente elétrica

Considere uma espira circular de raio R, isto é, um fio condutor moldado segundo uma circunferência de raio R, percorrida por uma corrente elétrica de intensidade i.

O vetor campo magnético $\vec{B}$ no centro O da espira (fig. 19) tem as seguintes características:

- A **direção** é a mesma da reta perpendicular ao plano da espira.
- O **sentido** é determinado pela regra da mão direita.
- A **intensidade** é dada por: $\boxed{B = \dfrac{\mu_0}{2} \cdot \dfrac{i}{R}}$

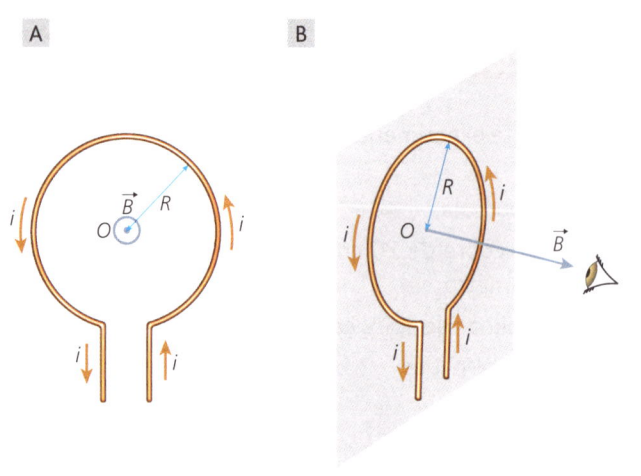

Figura 19. Espira vista: (A) de frente; (B) em perspectiva.

Na **figura 20**, representamos as linhas de indução do campo magnético gerado pela corrente elétrica que percorre a espira circular. Observe que as linhas de indução chegam em uma face da espira (vista pelo observador O_1) e partem da outra (vista pelo observador O_2).

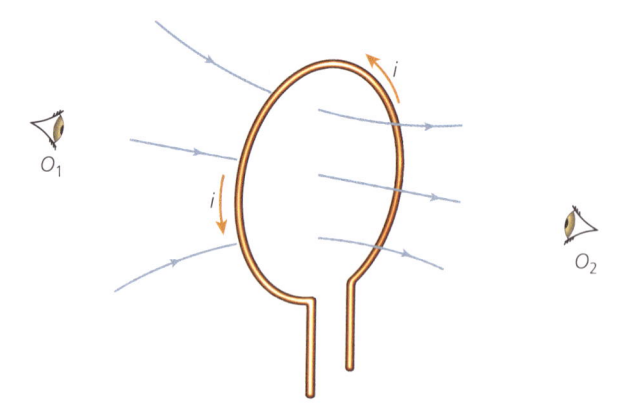

Figura 20. As linhas de indução chegam a uma das faces de uma espira e partem da outra.

Por analogia com os ímãs, são atribuídos dois polos a uma espira: o polo norte, que é a face da espira da qual partem as linhas de indução, e o polo sul, que é a face pela qual chegam as linhas de indução (**fig. 21**).

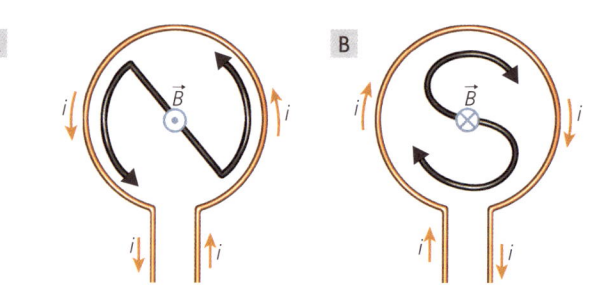

Figura 21. (A) No polo norte da espira, a corrente elétrica tem sentido anti-horário; (B) no polo sul, a corrente elétrica tem sentido horário.

Campo magnético no interior de um solenoide percorrido por corrente elétrica

O solenoide (do grego *solen* = tubo) é constituído por um fio condutor enrolado em espiras iguais, de mesmo raio e igualmente espaçadas, uma ao lado da outra (**fig. 22**).

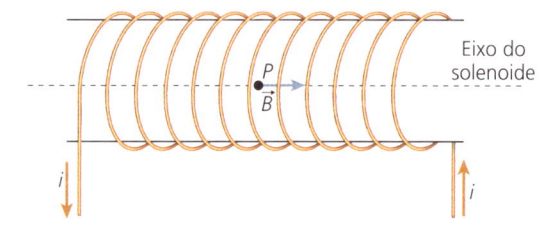

Figura 22. Representação do vetor campo magnético $\vec{B}$ em um solenoide ou bobina longa.

O vetor campo magnético $\vec{B}$ em um ponto qualquer no interior de um solenoide percorrido por uma corrente elétrica de intensidade i tem as seguintes características:

- A **direção** é a mesma do eixo do solenoide.
- O **sentido** é determinado pela regra da mão direita.
- A **intensidade** é dada por: $\boxed{B = \mu_0 \cdot \dfrac{N}{L} \cdot i}$

Na expressão anterior, $\dfrac{N}{L}$ é a densidade linear de espiras, ou seja, é o número N de espiras existentes em um comprimento L de solenoide.

Em qualquer outro ponto interno do solenoide, o vetor campo magnético tem as mesmas características. Isso significa que o campo magnético no interior do solenoide é uniforme; portanto, as linhas de indução em seu interior são retas paralelas igualmente orientadas e igualmente espaçadas.

Um solenoide também possui dois polos: o polo norte, que é a extremidade de onde partem as linhas de indução, e o polo sul, que é a extremidade por onde chegam as linhas de indução (**fig. 23**).

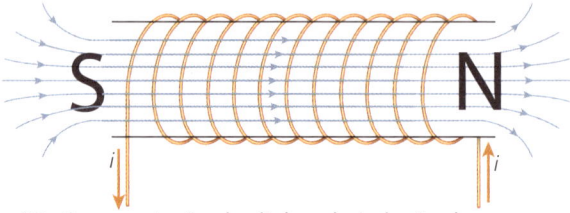

Figura 23. Representação das linhas de indução do campo magnético uniforme no interior de um solenoide percorrido por corrente elétrica.

Aplicação tecnológica

Trens maglev

Os trens maglev (do inglês *magnetic levitation*, levitação magnética), de alta velocidade, utilizam o magnetismo para flutuar sobre as vias. O Japão e a Alemanha são os países que possuem as principais tecnologias.

No modelo japonês, a levitação é feita por repulsão magnética: bobinas supercondutoras localizadas no trem e eletroímãs presos aos trilhos repelem-se **(fig. I)**.

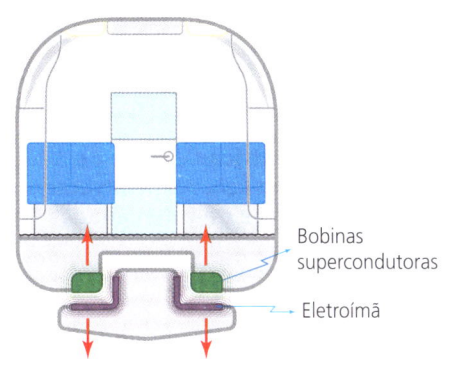

Figura I. Representação esquemática da força de repulsão magnética (setas verticais vermelhas) entre eletroímãs nos trilhos e bobinas supercondutoras nos trens.

No modelo alemão, a levitação é feita por atração magnética: eletroímãs localizados no trem e barras ferromagnéticas ou eletroímãs localizados abaixo dos trilhos atraem-se **(fig. II)**.

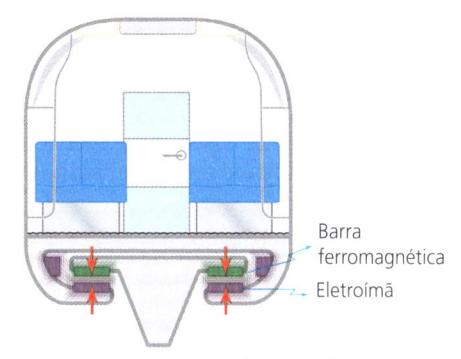

Figura II. Representação esquemática da força de atração magnética (setas verticais vermelhas) entre eletroímãs nos trens e barras ferromagnéticas nos trilhos.

Com o trem levitando, bobinas situadas nas laterais dos trilhos, ao serem percorridas por correntes elétricas, passam a atuar como eletroímãs propulsores.

Nas bobinas, as correntes elétricas, adequadamente invertidas, mudam a polaridade de magnetização e passam a agir nos ímãs permanentes ou nos eletroímãs instalados no trem, impulsionando-o **(fig. III)**.

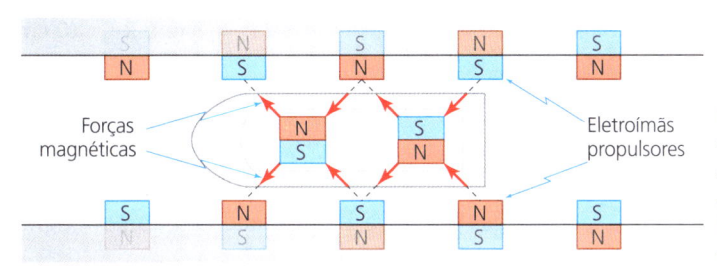

Figura III. Ímãs permanentes ou eletroímãs, instalados no trem, são puxados e empurrados pela alternância das polaridades de bobinas enfileiradas ao longo dos trilhos.

O trem se desloca num colchão de ar, eliminando os atritos de rolamento e de escorregamento com os trilhos. A ausência desses atritos e o perfil aerodinâmico do trem permitem que ele atinja velocidades de até 600 km/h.

Modelo de trem maglev na estação de Xangai, China, 2015.

Exercícios resolvidos

10. Representar o vetor campo magnético $\vec{B}$ no centro O da espira circular de raio R, vista de frente, como mostra a figura.

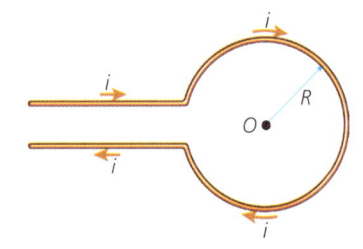

▶ Solução

Pela regra da mão direita, concluímos que o vetor campo magnético $\vec{B}$ no ponto O está entrando no plano da espira.

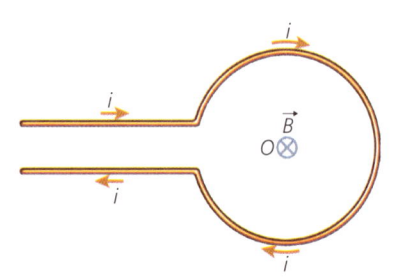

Como $B = \dfrac{\mu_0}{2} \cdot \dfrac{i}{R}$, concluímos que, **dobrando** a intensidade da corrente elétrica i que percorre a espira, a intensidade de B também **dobra**.

11. Uma espira circular de raio R e centro O e um fio retilíneo são percorridos por correntes elétricas de intensidades i e I, respectivamente. A espira e o fio encontram-se no mesmo plano, conforme indica a figura a seguir.

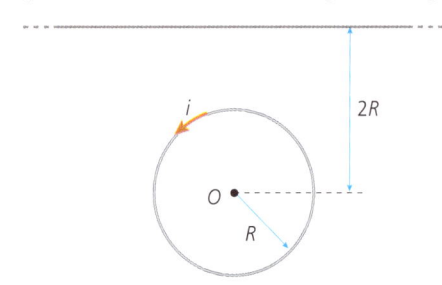

Sabendo que o campo magnético resultante em O é nulo, determinar:
a) o sentido de I;
b) a relação $\dfrac{i}{I}$.

▶ Solução

a) A corrente elétrica i origina o vetor campo magnético $\vec{B}_1$ saindo do plano do papel em O. Para que o campo magnético resultante em O seja nulo, a corrente I deve originar em O um vetor campo magnético $\vec{B}_2$ entrando no plano do papel. Assim, o sentido de I é da esquerda para a direita, como indicado na figura a seguir.

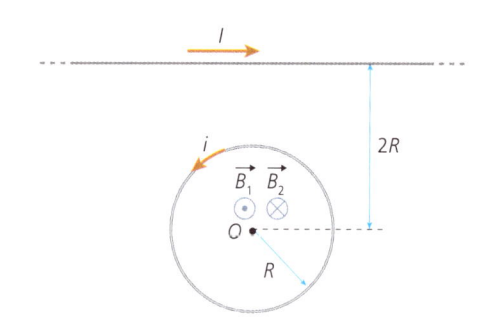

b) Como o vetor campo magnético resultante no centro O da espira é nulo, temos:

$$B_1 = B_2 \Rightarrow \dfrac{\mu_0}{2} \cdot \dfrac{i}{R} = \dfrac{\mu_0}{2\pi} \cdot \dfrac{I}{2R} \Rightarrow \boxed{\dfrac{i}{I} = \dfrac{1}{2\pi}}$$

12. Duas espiras concêntricas em O e de raios R_1 e R_2 situadas no mesmo plano são, respectivamente, percorridas por correntes elétricas de intensidades i_1 e i_2, conforme mostra a figura.

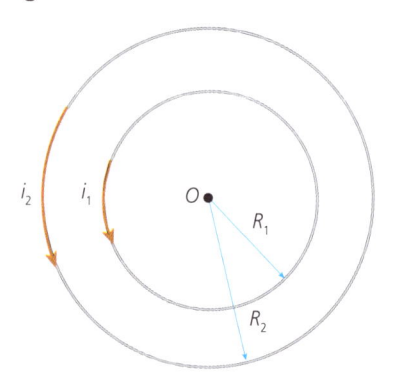

Sabe-se que: $i_1 = 5$ A; $i_2 = 10$ A; $R_1 = 5$ cm; $R_2 = 10$ cm; $\mu_0 = 4\pi \cdot 10^{-7} \dfrac{\text{T} \cdot \text{m}}{\text{A}}$

a) Determinar a intensidade do vetor campo magnético resultante no centro comum O das espiras.
b) Invertendo-se o sentido de i_2 e mantendo-se o sentido de i_1, qual é a nova intensidade do campo magnético resultante em O?

▶ Solução

a) As correntes elétricas i_1 e i_2 originam em O os vetores campo magnético $\vec{B}_1$ e $\vec{B}_2$ saindo do plano do papel. Assim, o vetor campo magnético resultante em O tem intensidade B dada por:

$$B = B_1 + B_2 \Rightarrow B = \dfrac{\mu_0}{2} \cdot \dfrac{i_1}{R_1} + \dfrac{\mu_0}{2} \cdot \dfrac{i_2}{R_2} \Rightarrow$$

$$\Rightarrow B = \dfrac{4\pi \cdot 10^{-7}}{2} \cdot \dfrac{5}{5 \cdot 10^{-2}} + \dfrac{4\pi \cdot 10^{-7}}{2} \cdot \dfrac{10}{10 \cdot 10^{-2}}$$

$$\therefore \boxed{B = 4\pi \cdot 10^{-5}\, \text{T}}$$

b) Invertendo-se o sentido de i_2, o sentido de $\vec{B}_2$ também se inverte. Como $\vec{B}_1$ e $\vec{B}_2$ têm a mesma intensidade e sentidos opostos, o vetor campo magnético resultante em O será nulo.

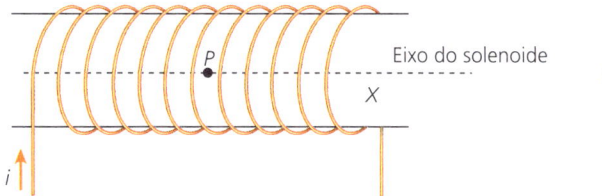

13. Considerar o solenoide esquematizado na figura abaixo.

a) Qual é a direção e o sentido do vetor campo magnético $\vec{B}$ no ponto P, interno ao solenoide?

b) A face X é o polo norte ou o polo sul do solenoide?

c) Representar as linhas de indução no interior do solenoide.

d) Calcular a intensidade da corrente elétrica i que percorre o solenoide, sabendo que o campo magnético em seu interior tem intensidade $B = 4\pi \cdot 10^{-3}$ T.

$\left(\text{Dados: } \mu_0 = 4\pi \cdot 10^{-7} \dfrac{\text{T} \cdot \text{m}}{\text{A}}; \dfrac{N}{L} = 1.000 \dfrac{\text{espiras}}{\text{metro}}\right)$

➤ **Solução**

a) Pela regra da mão direita, concluímos que no ponto P o vetor $\vec{B}$ tem direção horizontal (direção do eixo do solenoide) e sentido da direita para a esquerda.

b) O campo magnético entra pela face X. Logo, X é o polo sul do solenoide.

c) As linhas de indução estão representadas na figura a seguir.

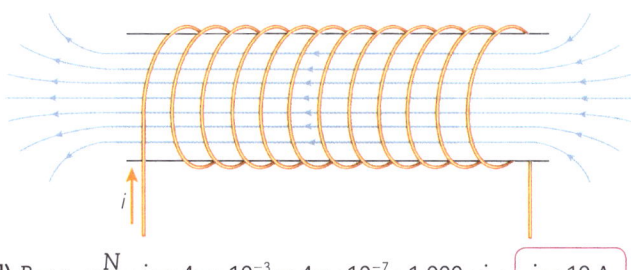

d) $B = \mu_0 \cdot \dfrac{N}{L} \cdot i \Rightarrow 4\pi \cdot 10^{-3} = 4\pi \cdot 10^{-7} \cdot 1.000 \cdot i \therefore \boxed{i = 10 \text{ A}}$

Exercícios propostos

10. Considere $\vec{B}_1$, $\vec{B}_2$ e $\vec{B}_3$ os vetores campo magnético nos centros O_1, O_2 e O_3, respectivamente, das espiras vistas de frente, conforme mostram as figuras.

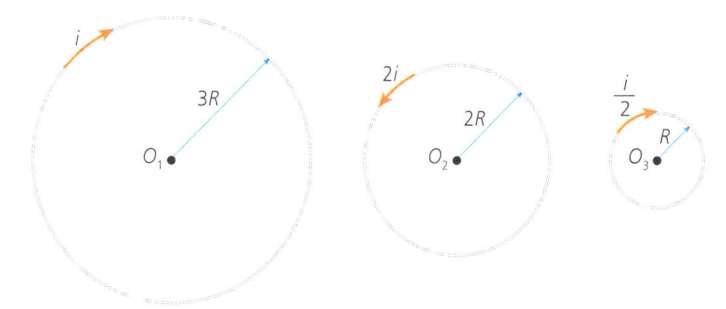

a) Represente graficamente os vetores $\vec{B}_1$, $\vec{B}_2$ e $\vec{B}_3$.
b) Qual desses vetores é o mais intenso?

11. Um fio retilíneo e uma espira circular de raio R e centro O são percorridos por correntes elétricas de intensidades I e i, respectivamente. A espira e o fio encontram-se no mesmo plano e tangenciam-se, conforme mostra a figura.

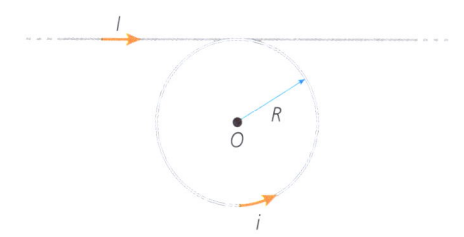

Com os sentidos indicados para as correntes elétricas, é possível que o campo magnético resultante no centro O seja nulo? Em caso afirmativo, qual deveria ser a relação $\dfrac{i}{I}$?

12. Duas espiras concêntricas de raios R_1 e R_2 situadas no mesmo plano, conforme mostra a figura, são percorridas por correntes elétricas de intensidades i_1 e i_2, respectivamente.

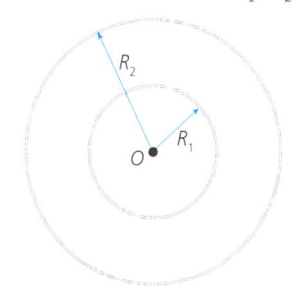

Sabendo que o vetor campo magnético resultante no centro O é nulo, pode-se afirmar que:

a) i_1 e i_2 têm o mesmo sentido e $\dfrac{i_1}{R_1} = \dfrac{i_2}{R_2}$.

b) i_1 e i_2 têm o mesmo sentido e $i_1 \cdot R_1 = i_2 \cdot R_2$.

c) i_1 e i_2 têm sentidos opostos e $\dfrac{i_1}{R_1} = \dfrac{i_2}{R_2}$.

d) i_1 e i_2 têm sentidos opostos e $i_1 \cdot R_1 = i_2 \cdot R_2$.

e) i_1 e i_2 têm o mesmo sentido e $i_1 = i_2$.

13. Um solenoide de resistência elétrica $R = 5\ \Omega$ contendo 10 espiras por centímetro é ligado a um gerador de força eletromotriz $\varepsilon = 12$ V e resistência interna $r = 1\ \Omega$.

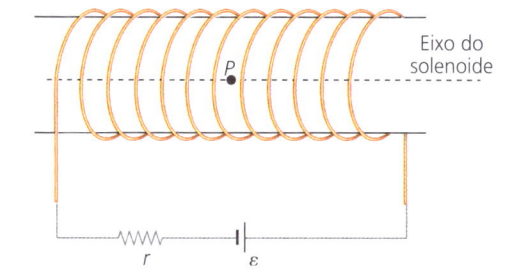

Sendo $\mu_0 = 4\pi \cdot 10^{-7} \dfrac{\text{T} \cdot \text{m}}{\text{A}}$ a permeabilidade magnética do meio:

a) determine a intensidade da corrente elétrica que percorre o solenoide;

b) determine a intensidade do campo magnético no interior do solenoide;

c) represente o vetor campo magnético $\vec{B}$ no ponto P pertencente ao eixo do solenoide.

Exercícios de revisão

Ficha-resumo 1

Polos de um ímã

O polo voltado para o Norte geográfico recebe o nome de polo norte (N) do ímã; o polo voltado para o Sul geográfico é o polo sul (S) do ímã.

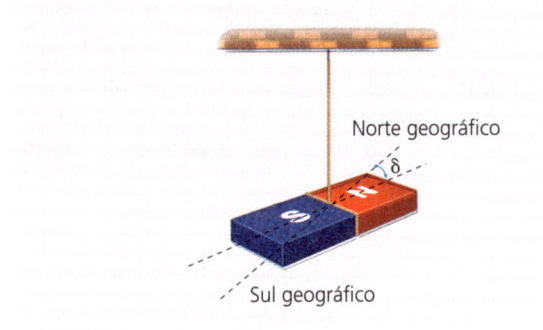

Atração e repulsão

Polos de mesmo nome se repelem e polos de nomes distintos se atraem.

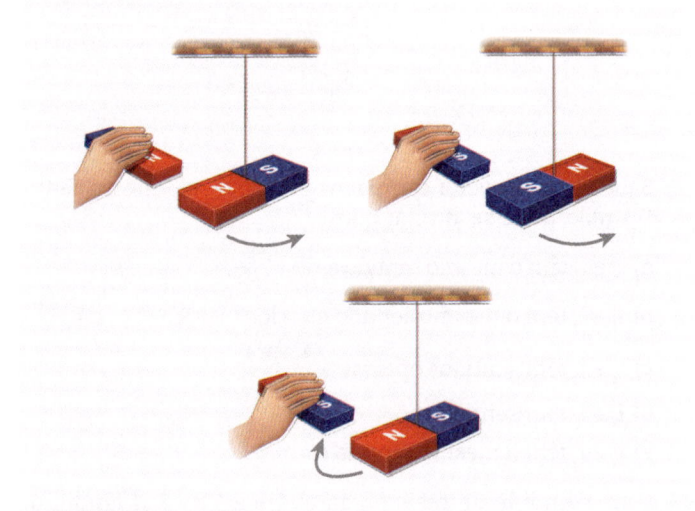

Inseparabilidade dos polos de um ímã

Partindo-se um ímã ao meio, observa-se que cada parte obtida constitui um novo ímã.

---

1. (Vunesp) A figura representa um ímã em forma de barra que vai ser cortado em duas partes.

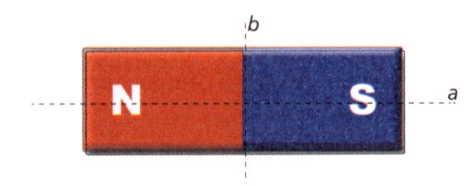

Logo em seguida ao corte, pode-se observar que os pedaços resultantes:

a) repelem-se, se o corte for segundo a linha *a* ou segundo a linha *b*.

b) atraem-se, se o corte for segundo a linha *a* ou segundo a linha *b*.

c) repelem-se, se o corte for segundo a linha *a*, e atraem-se, se o corte for segundo a linha *b*.

d) atraem-se, se o corte for segundo a linha *a*, e repelem-se, se o corte for segundo a linha *b*.

e) não interagem, se o corte for segundo a linha *a*, e atraem-se, se o corte for segundo a linha *b*.

2. (Fuvest-SP) Um ímã em forma de barra, de polaridade N (norte) e S (sul), é fixado numa mesa horizontal. Um outro ímã semelhante, de polaridade desconhecida, indicada por A e T, quando colocado na posição mostrada na **figura 1**, é repelido para a direita. Quebra-se esse ímã ao meio e, utilizando as duas metades, fazem-se quatro experiências, representadas nas **figuras** I, II, III e IV, em que as metades são colocadas, uma de cada vez, nas proximidades do ímã fixo.

Indicando por "nada" a ausência de atração ou repulsão da parte testada, os resultados das quatro experiências são, respectivamente:

	I	II	III	IV
a)	repulsão	atração	repulsão	atração
b)	repulsão	repulsão	repulsão	repulsão
c)	repulsão	repulsão	atração	atração
d)	repulsão	nada	nada	atração
e)	atração	nada	nada	repulsão

Ficha-resumo 2

Magnetismo terrestre

A Terra se comporta como um enorme ímã, com o polo magnético sul localizado nas imediações do Norte geográfico e o polo magnético norte localizado nas imediações do Sul geográfico.

Campo magnético e linhas de indução

Um ímã influencia o espaço que o envolve por meio da criação de um **campo magnético** em torno de si mesmo, o qual existe com ou sem a presença de bússolas nesse espaço.

A cada ponto P do campo magnético associamos uma grandeza vetorial denominada **vetor campo magnético**, indicado por $\vec{B}$. A **direção** de $\vec{B}$ em P é aquela na qual se dispõe a agulha magnética e o **sentido** de $\vec{B}$ é aquele para o qual o polo norte da agulha magnética aponta.

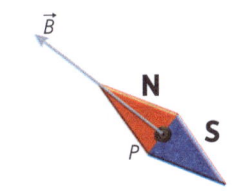

Linha de indução é uma linha imaginária que representa um campo magnético e indica a direção e o sentido do vetor $\vec{B}$ em cada ponto do espaço.

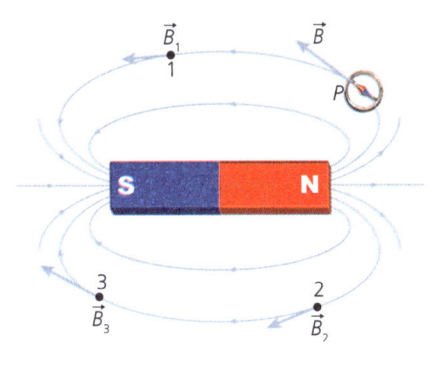

3. (UFMG) Fazendo uma experiência com dois ímãs em forma de barra, Júlia colocou-os sob uma folha de papel e espalhou limalhas de ferro sobre essa folha. Ela colocou os ímãs em duas diferentes orientações e obteve os resultados mostrados nas **figuras** I e II.

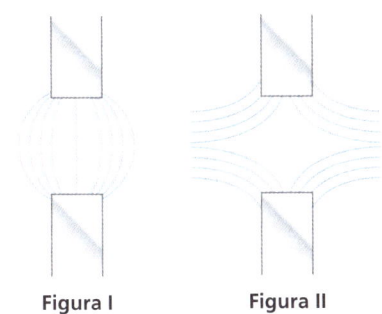

Figura I   Figura II

Nessas figuras, os ímãs estão representados pelos retângulos.

Com base nessas informações, é correto afirmar que as extremidades dos ímãs voltadas para a região entre eles podem corresponder às seguintes polaridades:

a) norte e norte na figura I e sul e norte na figura II.
b) norte e norte na figura I e sul e sul na figura II.
c) norte e sul na figura I e sul e norte na figura II.
d) norte e sul na figura I e sul e sul na figura II.

4. (UEM-PR) O diagrama abaixo representa as linhas de um campo magnético uniforme.

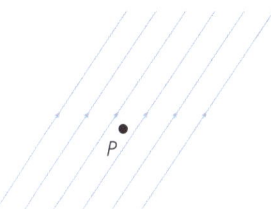

Assinale a alternativa que melhor representa a posição da agulha de uma bússola colocada em um ponto P, no mesmo plano do campo magnético.

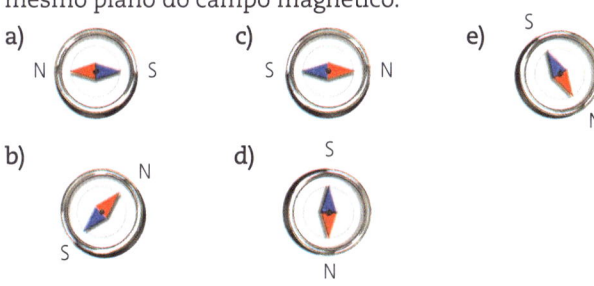

a) b) c) d) e)

5. (UEMG) Uma pessoa colocou uma bússola sobre uma mesa e observou que a agulha magnética da bússola se orientava da maneira mostrada na figura.

Assinale a alternativa que apresenta uma conclusão correta sobre essa situação.

a) O campo magnético no local tem a mesma direção da agulha e o sentido para a direita.
b) O polo norte da agulha aponta para o polo Sul geográfico.
c) O polo norte da agulha aponta para o polo norte magnético da Terra.
d) O campo magnético da Terra é perpendicular à direção determinada pela agulha magnética.

6. (Uniube-MG) Um ímã em forma de barra, com seus polos norte e sul, é colocado sobre uma superfície coberta com partículas de limalha de ferro, fazendo com que elas se alinhem segundo seu campo magnético. Se quatro bússolas, 1, 2, 3 e 4, forem colocadas em repouso nas posições indicadas na figura, no mesmo plano que contém a limalha, suas agulhas magnéticas orientam-se segundo as linhas do campo magnético criado pelo ímã.

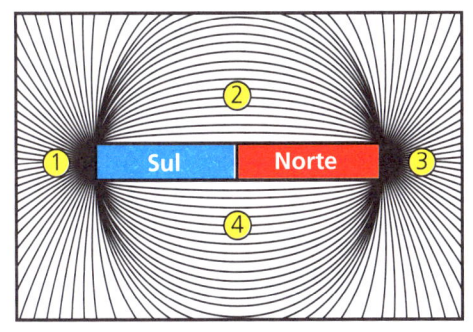

(www.grupoescolar.com. Adaptado.)

Exercícios de revisão

Desconsiderando o campo magnético terrestre e considerando que a agulha magnética de cada bússola seja representada por uma seta que se orienta na mesma direção e no mesmo sentido do vetor campo magnético associado ao ponto em que foi colocada, assinale a alternativa que indica, correta e respectivamente, as configurações das agulhas das bússolas 1, 2, 3 e 4 na situação descrita.

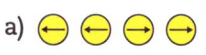

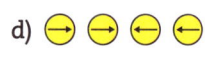

a) ← ← ← ←
b) → → → →
c) → ← → ←
d) → → ← ←
e) ← → → →

Ficha-resumo 3

Experiência de Oersted

Toda corrente elétrica origina no espaço que a envolve um campo magnético.

Campo magnético gerado por uma corrente elétrica que percorre um condutor retilíneo e extenso

O vetor campo magnético $\vec{B}$ em um ponto P, situado a uma distância r de um condutor retilíneo e extenso percorrido por uma corrente elétrica de intensidade i, tem as seguintes características:

- **Direção:** a mesma da reta perpendicular ao plano definido pelo ponto P e pelo condutor.
- **Sentido:** determinado pela regra da mão direita.
- **Intensidade:** $B = \dfrac{\mu_0}{2\pi} \cdot \dfrac{i}{r}$

7. (UFMG) Esta figura mostra uma pequena chapa metálica imantada que flutua sobre a água de um recipiente. Um fio elétrico está colocado sobre esse recipiente.

O fio passa, então, a conduzir uma intensa corrente elétrica contínua, no sentido da esquerda para a direita.
A alternativa que melhor representa a posição da chapa metálica imantada, após um certo tempo, é:

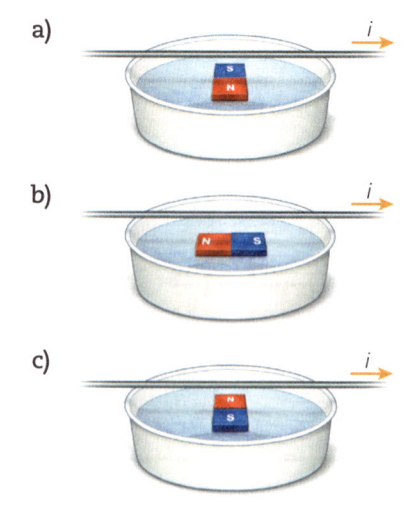

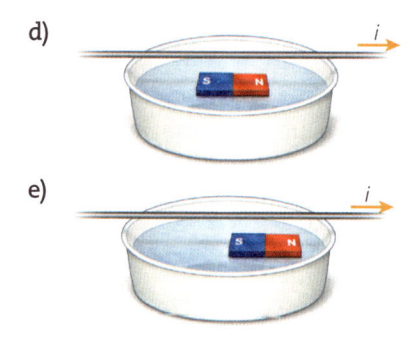

8. (UEPB) O magnetismo e a eletricidade eram fenômenos já bem conhecidos, quando, em 1820, Hans Christian Oersted (1777-1851) observou que uma agulha magnética era desviada quando uma corrente elétrica passava por um fio próximo. A partir daí, eletricidade e magnetismo passaram a ser reconhecidos como fenômenos de uma mesma origem. A figura abaixo representa um fio percorrido por uma corrente de grande intensidade, situado acima de uma agulha magnética.

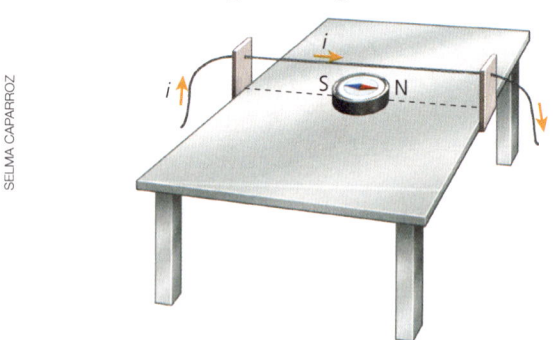

A partir dessas informações, é correto afirmar que:
a) a figura é coerente, pois uma agulha magnética tende a se orientar na mesma direção do fio no qual passa a corrente.
b) a figura não é coerente, pois uma agulha magnética tende a se orientar segundo um ângulo de 45°, em relação ao fio no qual passa a corrente.
c) a figura não é coerente, pois uma agulha magnética tende a se orientar perpendicularmente ao fio no qual passa a corrente.
d) a figura é coerente, pois a orientação da agulha magnética e a da corrente que percorre o fio são iguais, e o polo sul da agulha aponta para a esquerda.
e) a figura não é coerente, pois a orientação da agulha magnética e a da corrente que percorre o fio são iguais, porém o polo sul da agulha deveria estar apontando para a direita.

9. (Ufes) A figura a seguir representa dois fios muito longos, paralelos e perpendiculares ao plano da página. Os fios são percorridos por correntes iguais e no mesmo sentido, saindo do plano da página.

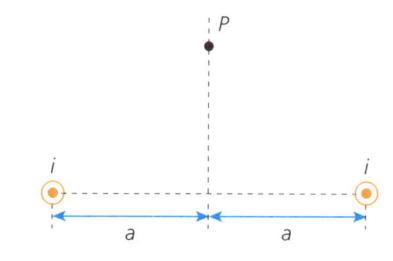

O vetor campo magnético no ponto P, indicado na figura, é representado por:

a) ←   b) →   c) ↓   d) ↑   e) $|\vec{B}| = 0$

10. (UFPE) Dois longos fios paralelos transportam correntes iguais e de sentidos opostos e estão separados por uma distância igual a 2b. Determine a relação $\frac{B_Q}{B_P}$ entre os módulos do vetor indução magnética no ponto Q, equidistante e coplanar aos dois fios, e no ponto P, coplanar aos fios e situado a uma distância b do fio da esquerda.

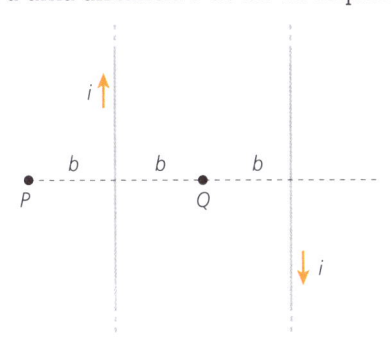

Ficha-resumo 4

Campo magnético no centro de uma espira circular percorrida por corrente elétrica

- **Direção:** a mesma da reta perpendicular ao plano da espira.
- **Sentido:** determinado pela regra da mão direita.
- **Intensidade:** $B = \frac{\mu_0}{2} \cdot \frac{i}{R}$

Campo magnético no interior de um solenoide percorrido por corrente elétrica

- **Direção:** a mesma do eixo do solenoide.
- **Sentido:** determinado pela regra da mão direita.
- **Intensidade:** $B = \mu_0 \cdot \frac{N}{L} \cdot i$

11. (UFRGS-RS) A figura abaixo mostra duas espiras circulares (I e II) de fios metálicos. O raio da espira II é o dobro do raio da I. Ambas estão no plano da página e são percorridas por correntes elétricas de mesma intensidade i, mas de sentidos contrários.

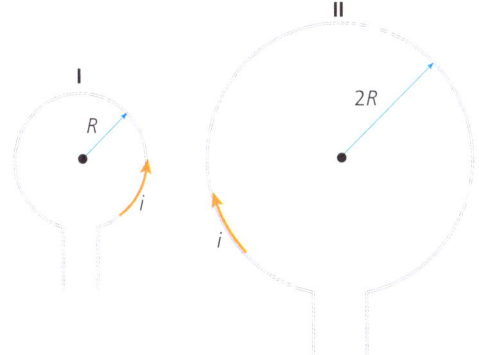

O campo magnético criado pela espira I no seu centro é $\vec{B}_1$. O campo magnético criado pela espira II no seu centro é $\vec{B}_2$. Com relação a $\vec{B}_1$ e $\vec{B}_2$, pode-se afirmar que:

a) $B_1 > B_2$
b) $B_1 = B_2$
c) $B_1 < B_2$
d) $\vec{B}_1$ e $\vec{B}_2$ têm o mesmo sentido.
e) $\vec{B}_1$ aponta para dentro da página, e $\vec{B}_2$, para fora.

12. (UCS-RS) Um fio reto AB e uma espira de centro C estão no plano da folha isolados entre si e percorridos pelas correntes elétricas i_1 e i_2. No centro C da espira são gerados os campos magnéticos $\vec{B}_1$ e $\vec{B}_2$ pelas correntes elétricas i_1 e i_2, respectivamente.

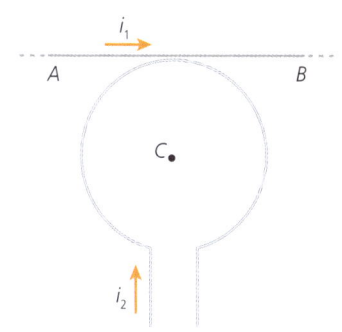

Com base no exposto, é correto afirmar que:

a) o sentido de $\vec{B}_1$ aponta para dentro da folha e o de $\vec{B}_2$, para fora da mesma.
b) os sentidos de $\vec{B}_1$ e $\vec{B}_2$ apontam para fora da folha.
c) o sentido de $\vec{B}_1$ aponta para fora da folha e o de $\vec{B}_2$ para dentro da mesma.
d) os sentidos de $\vec{B}_1$ e $\vec{B}_2$ apontam para dentro da folha.
e) não existe campo magnético resultante, pois $\vec{B}_1$ e $\vec{B}_2$ se anulam.

13. (Unifesp) A figura representa uma bateria, de força eletromotriz E e resistência interna r = 5,0 Ω, ligada a um solenoide de 200 espiras. Sabe-se que o amperímetro marca 200 mA e o voltímetro marca 8,0 V, ambos supostos ideais.

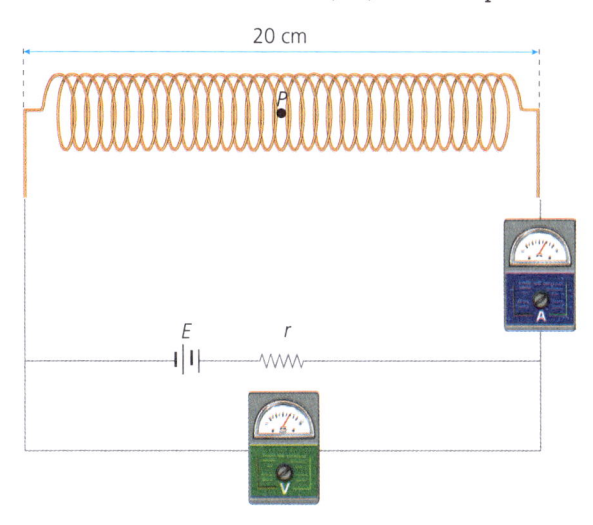

a) Qual o valor da força eletromotriz da bateria?
b) Qual a intensidade do campo magnético gerado no ponto P, localizado no meio do interior vazio do solenoide?

[Dados: $\mu_0 = 4\pi \cdot 10^{-7} \frac{T \cdot m}{A}$; $B = \mu_0 \cdot \frac{N}{L} \cdot i$ (módulo do campo magnético no interior de um solenoide)]

Mais questões em **Vereda Digital Aprova Enem**, em **Vereda Digital Suplemento de revisão**, em **AprovaMax** (no *site*) e no livro digital.

Capítulo 36 • Magnetismo e fontes de campo magnético

CAPÍTULO 37

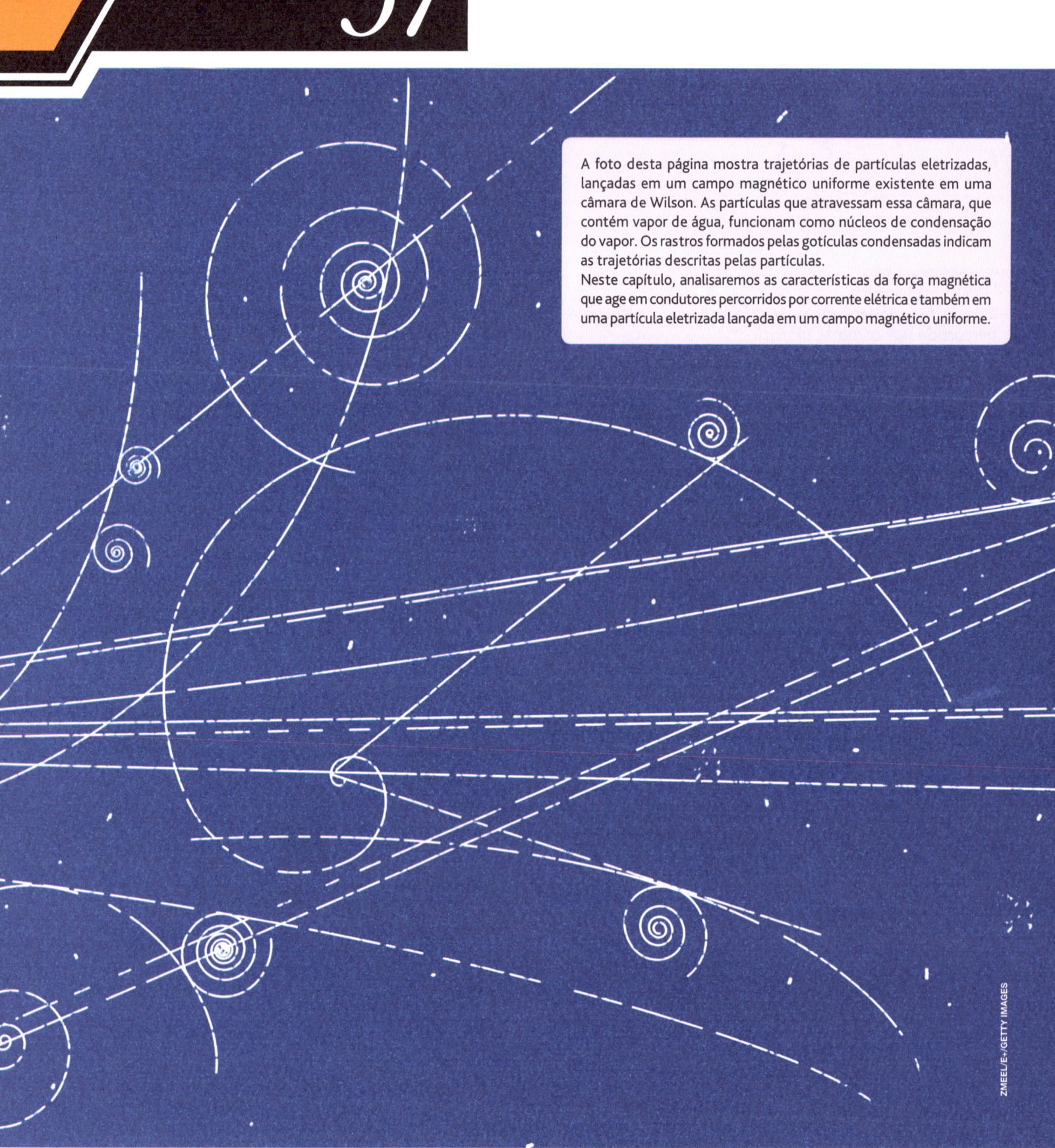

FORÇA MAGNÉTICA

ENEM
C5: H17

A foto desta página mostra trajetórias de partículas eletrizadas, lançadas em um campo magnético uniforme existente em uma câmara de Wilson. As partículas que atravessam essa câmara, que contém vapor de água, funcionam como núcleos de condensação do vapor. Os rastros formados pelas gotículas condensadas indicam as trajetórias descritas pelas partículas.

Neste capítulo, analisaremos as características da força magnética que age em condutores percorridos por corrente elétrica e também em uma partícula eletrizada lançada em um campo magnético uniforme.

Objetivos do capítulo

- Analisar as características da força magnética que age em um condutor reto imerso em um campo magnético uniforme.
- Analisar as características da força magnética entre condutores paralelos percorridos por correntes elétricas de mesmo sentido e de sentidos opostos.
- Analisar as características da força magnética que age em uma partícula eletrizada lançada em um campo magnético uniforme.
- Estudar os tipos de movimentos de uma partícula eletrizada em um campo magnético uniforme.

1 Força magnética sobre um condutor reto imerso em um campo magnético uniforme

Imagine um condutor reto de comprimento L, percorrido por uma corrente elétrica de intensidade i e imerso em um campo magnético uniforme de intensidade B. Agora, considere o ângulo θ entre o vetor campo magnético $\vec{B}$ e o condutor, orientado no sentido da corrente elétrica i (**fig. 1**). Nessas condições, o condutor fica sujeito a uma força denominada força magnética $\vec{F}_{mag.}$.

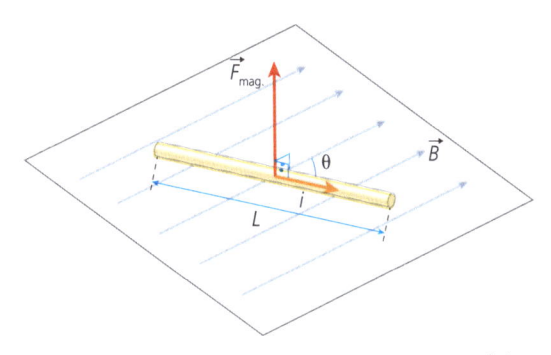

Figura 1. Condutor reto imerso em um campo magnético uniforme $\vec{B}$.

Agora, vamos analisar as características da força magnética $\vec{F}_{mag.}$ que age no condutor reto:

- **Direção:** é determinada pela reta perpendicular a $\vec{B}$ e ao condutor, ou seja, pela reta perpendicular ao plano definido pelo vetor $\vec{B}$ e pelo condutor.
- **Sentido:** é determinado pela regra da mão esquerda. Os dedos da mão esquerda são dispostos como mostra a **figura 2**: o indicador é colocado no sentido de $\vec{B}$, e o médio, no sentido de i. Assim, o polegar fornece o sentido de $\vec{F}_{mag.}$.

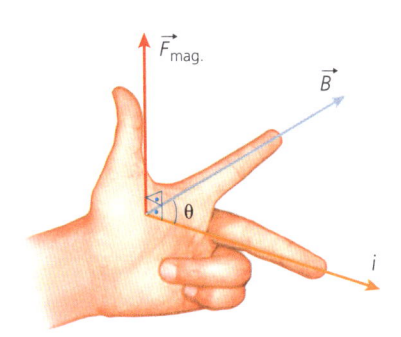

Figura 2. Regra da mão esquerda.

- **Intensidade:** depende do comprimento L do condutor, do seno do ângulo θ, formado entre o condutor e as linhas de indução magnética, e das intensidades do campo magnético $\vec{B}$ e da corrente elétrica i. Assim:

$$F_{mag.} = BiL \cdot \text{sen } \theta$$

Note que, no caso em que o condutor é disposto **paralelamente** às linhas de indução, isto é, $\theta = 0°$ ou $\theta = 180°$, a força magnética é **nula**.

Exercícios resolvidos

1. Aplicando a regra da mão esquerda, representar a força magnética que age em um condutor retilíneo, percorrido por corrente elétrica e imerso em um campo magnético uniforme, nos casos indicados a seguir.

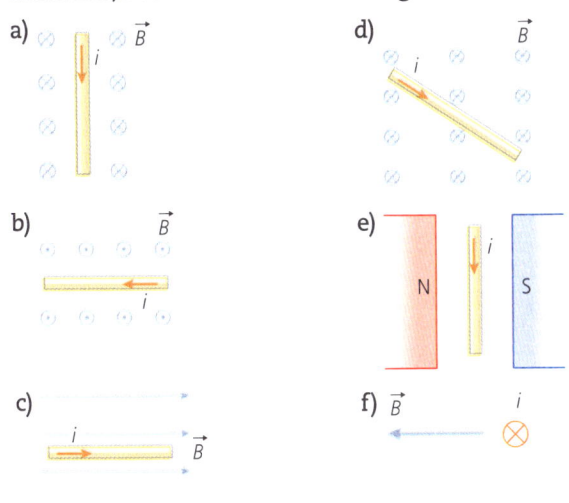

a)
b)
c)
d)
e)
f)

> **Solução**

Para determinar o sentido da força magnética, aplicamos, em cada caso, a regra da mão esquerda. Observe que, no item **c**, a força magnética é nula, uma vez que o ângulo θ, entre $\vec{B}$ e i, é nulo. No item **e**, determinamos em primeiro lugar o sentido de $\vec{B}$, lembrando que o campo magnético parte do polo norte e chega ao polo sul.

a)
b)

c)

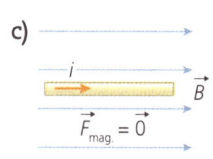

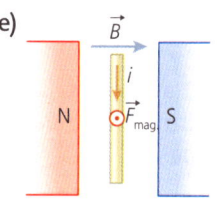

d)

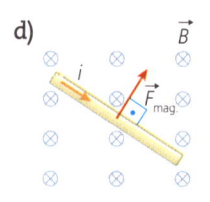

e)

f)

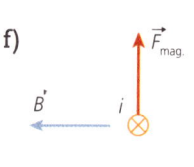

2. Um condutor retilíneo de comprimento 20 cm está imerso em um campo magnético uniforme de intensidade $B = 4 \cdot 10^{-3}$ T. Considerando $i = 2$ A a intensidade da corrente elétrica que percorre o condutor, representar a força magnética que age no condutor e determinar sua intensidade nos dois casos indicados abaixo.

a)

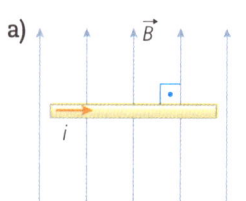

b)

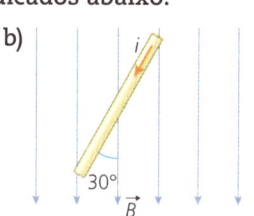

▶ **Solução**
Pela regra da mão esquerda, determinamos, em cada caso, o sentido da força magnética.

a)

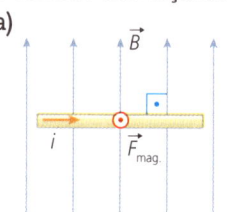

b)

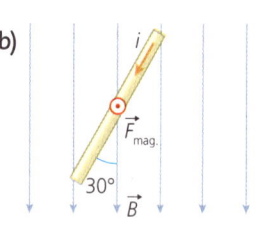

No item **a**, o ângulo θ, entre $\vec{B}$ e i, é igual a 90°. Assim, temos:

$F_{mag.} = BiL \cdot \text{sen } 90° \Rightarrow F_{mag.} = 4 \cdot 10^{-3} \cdot 2 \cdot 0,2 \cdot 1$

∴ $\boxed{F_{mag.} = 1,6 \cdot 10^{-3} \text{ N}}$

No item **b**, o ângulo θ, entre $\vec{B}$ e i, é igual a 30°. Assim:

$F_{mag.} = BiL \cdot \text{sen } 30° \Rightarrow F_{mag.} = 4 \cdot 10^{-3} \cdot 2 \cdot 0,2 \cdot \frac{1}{2}$

∴ $\boxed{F_{mag.} = 8 \cdot 10^{-4} \text{ N}}$

3. Um condutor reto CD, disposto horizontalmente, de massa $m = 80$ g e comprimento $L = 20$ cm, está em equilíbrio pela ação do campo magnético uniforme de intensidade $B = 0,40$ T e da gravidade. Seja $g = 10$ m/s² a aceleração da gravidade.

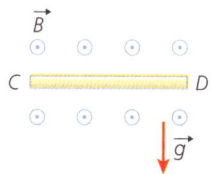

a) Representar as forças que agem no condutor.
b) Determinar o sentido e a intensidade da corrente elétrica i que percorre o condutor.

▶ **Solução**

a) As forças que agem no condutor são: o peso $\vec{P}$ (vertical e para baixo) e a força magnética $\vec{F}_{mag.}$ (vertical e para cima), que equilibra o peso $\vec{P}$ do condutor.

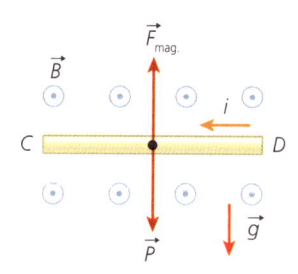

b) Pela regra da mão esquerda, conhecendo os sentidos de $\vec{F}_{mag.}$ e de $\vec{B}$, determinamos o sentido de i: de D para C
Sendo $F_{mag.} = P$, temos:

$BiL \cdot \text{sen } 90° = mg \Rightarrow 0,40 \cdot i \cdot 0,20 \cdot 1 = 80 \cdot 10^{-3} \cdot 10$

∴ $\boxed{i = 10 \text{ A}}$

Exercícios propostos

1. Nos casos indicados a seguir, cada condutor está imerso em um campo magnético uniforme e é percorrido por uma corrente elétrica. Aplicando a regra da mão esquerda, represente a força magnética que age em cada condutor.

a)

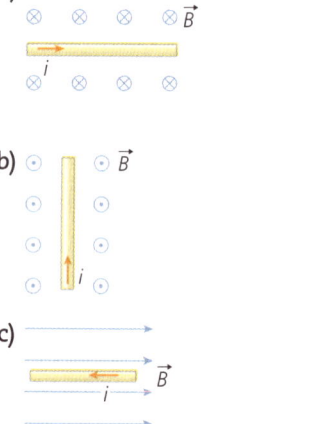

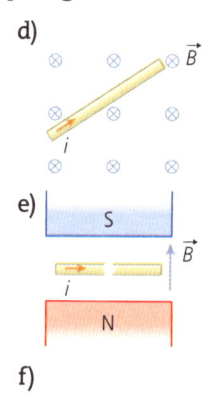

b)

c)

d)

e)

f)

2. Um condutor retilíneo de comprimento $L = 30$ cm, percorrido por uma corrente elétrica de intensidade $i = 2,5$ A, é colocado em um campo magnético uniforme de intensidade $B = 2 \cdot 10^{-3}$ T. Represente a força magnética que age no condutor e determine sua intensidade em cada um dos casos abaixo.

a)

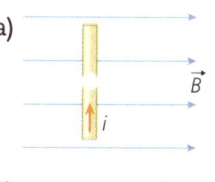

b)

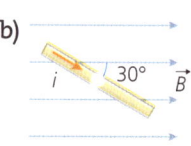

c)

3. Um condutor reto de massa $m = 100$ g e comprimento $L = 40$ cm é colocado em um campo magnético uniforme de intensidade $B = 0{,}50$ T, suspenso por uma mola, como indica a **figura I**. A mola sofre uma deformação de 2,0 cm quando não passa corrente elétrica pelo condutor. Considere a aceleração da gravidade $g = 10$ m/s^2.

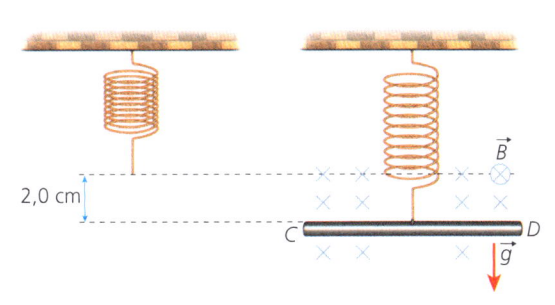

Figura I

a) Determine a constante elástica k da mola.
b) Ao passar corrente elétrica pelo condutor, no sentido de C para D, observa-se que a deformação da mola se altera para 1,0 cm, como mostra a **figura II**.

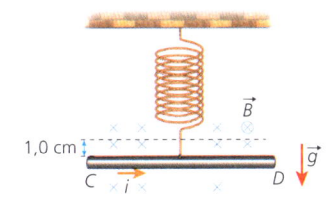

Figura II

Qual é a intensidade da corrente i que percorre o condutor?

Aplicação tecnológica

Motor elétrico

Motor elétrico de corrente contínua

Uma espira ACDE está imersa num campo magnético uniforme gerado pelos polos de dois ímãs. No instante representado, o plano da espira girante está disposto paralelamente às faces dos ímãs **(fig. I)**. Aplicando a regra da mão esquerda, vamos determinar o sentido das forças magnéticas que agem nos lados AC e DE.

Note, na **figura II**, que os sentidos das forças magnéticas não permitem o giro contínuo da espira. Para que o giro aconteça, devemos inverter os sentidos das forças $\vec{F}_{mag.}$ e $-\vec{F}_{mag.}$. Isso é possível se invertermos o sentido da corrente elétrica imediatamente após o plano da espira ficar paralelo às faces dos ímãs. Para tanto, utilizamos um **comutador**.

O comutador é um anel metálico dividido em dois setores, ligados ao gerador através de dois pedaços de carvão, chamados de **escovas**. Cada terminal da espira está ligado a um setor.

Quando ocorre a inversão no sentido da corrente, os setores do comutador em contato com as escovas são trocados.

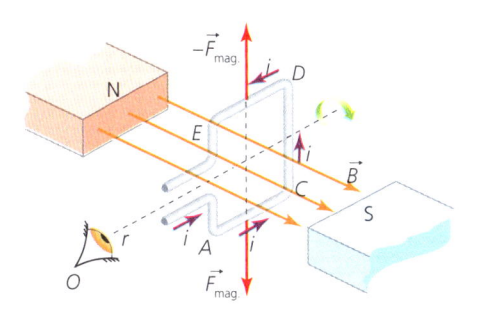

Figura I.

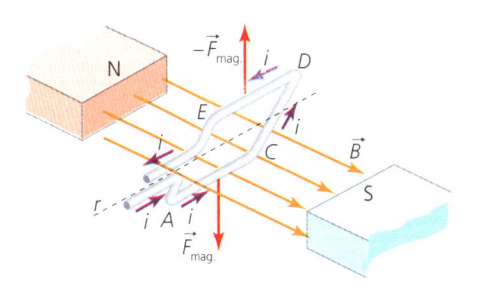

Figura II.

> **Aplicação tecnológica**

Observe os detalhes à direita nas **figuras III, IV, V e VI**, a seguir. Eles destacam os setores do comutador, as escovas e_1 e e_2 e os sentidos das correntes em cada terminal da espira. Note que, quando a espira gira, os anéis do comutador também giram. Um sistema de forças magnéticas permite o giro contínuo da espira.

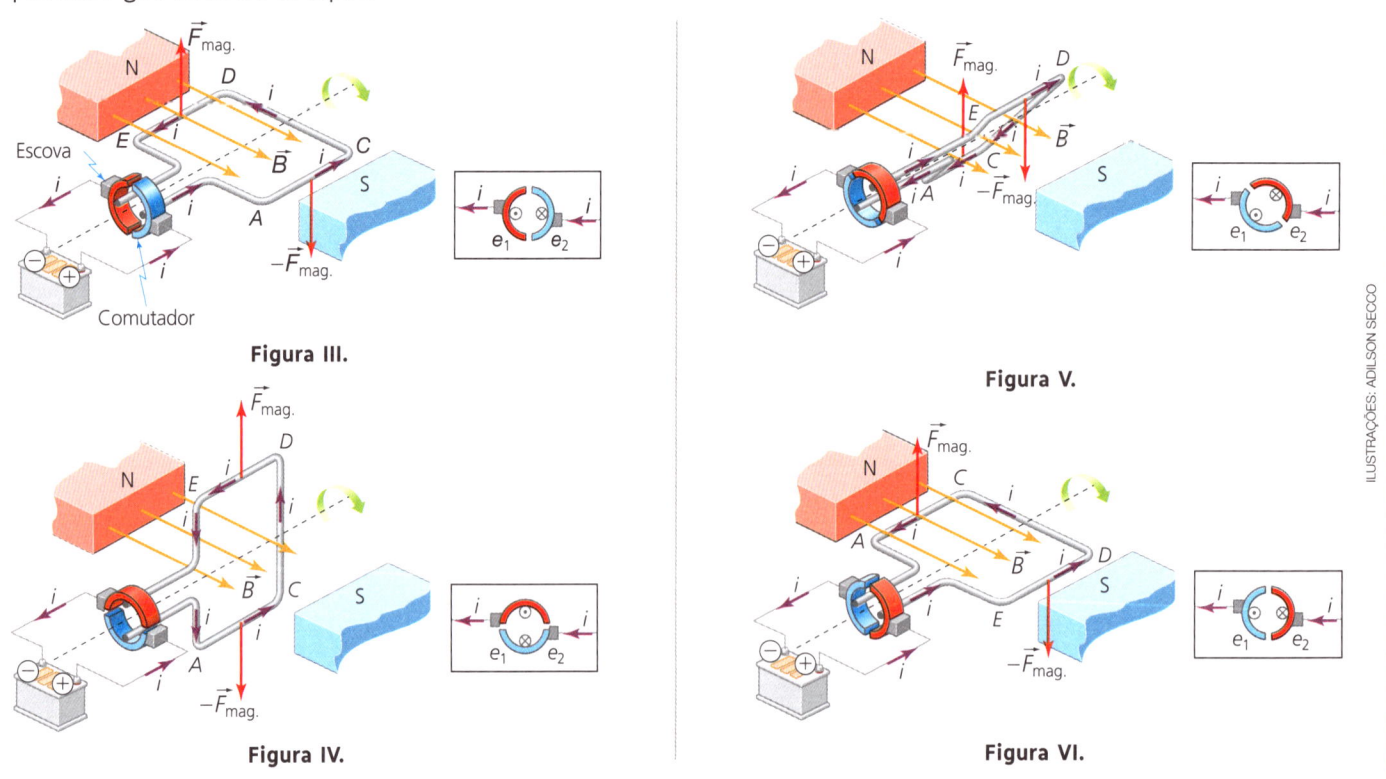

Figura III.

Figura V.

Figura IV.

Figura VI.

Podemos aumentar a potência do motor elétrico utilizando inúmeras espiras ligadas em série. As espiras são montadas sobre um cilindro, formando o **rotor**. Os ímãs (ou as bobinas) que produzem o campo magnético formam o **estator**.

2 Força magnética entre condutores paralelos percorridos por correntes elétricas

Considere dois condutores retilíneos, paralelos e bem longos percorridos por correntes elétricas de intensidades i_1 e i_2. Essas correntes elétricas podem ter mesmo sentido ou sentidos opostos. Vamos analisar cada caso separadamente.

Força magnética entre condutores paralelos percorridos por correntes elétricas de mesmo sentido

A corrente elétrica que percorre um condutor origina em torno dele um campo magnético que age sobre outras correntes no seu entorno. Assim, nos pontos do condutor em que passa a corrente elétrica i_2, a corrente i_1 origina um campo magnético $\vec{B}_1$, cujo sentido é determinado pela regra da mão direita. Além disso, em um comprimento L do condutor, no qual passa a corrente i_2, o campo magnético $\vec{B}_1$ exerce uma força magnética $\vec{F}_{mag}$, cujo sentido é determinado pela regra da mão esquerda **(fig. 3)**.

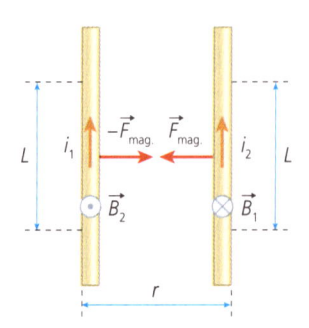

Figura 3. Força magnética entre condutores percorridos por correntes elétricas de mesmo sentido.

Da mesma maneira, nos pontos do condutor em que passa a corrente elétrica i_1, a corrente i_2 origina um campo magnético $\vec{B}_2$, cujo sentido é determinado pela regra da mão direita. Além disso, em um comprimento L do condutor, no qual passa a corrente i_1, o campo magnético $\vec{B}_2$ exerce uma força magnética $-\vec{F}_{mag.}$, cujo sentido é determinado pela regra da mão esquerda **(fig. 3)**.

Assim, concluímos que entre condutores paralelos percorridos por correntes elétricas de mesmo sentido ocorre atração.

- **Intensidade da força magnética de atração**

Considerando a força magnética que age no condutor percorrido pela corrente elétrica i_2, podemos escrever:

$$F_{mag.} = B_1 i_2 L$$

Sendo $B_1 = \frac{\mu_0}{2\pi} \cdot \frac{i_1}{r}$, temos: $\boxed{F_{mag.} = \frac{\mu_0 i_1 i_2 L}{2\pi r}}$

Considerando, agora, a força magnética que age no condutor percorrido pela corrente elétrica i_1, chegamos ao mesmo resultado. De fato, sendo $F_{mag.} = B_2 i_1 L$ e $B_2 = \frac{\mu_0}{2\pi} \cdot \frac{i_2}{r}$, temos:

$$\boxed{F_{mag.} = \frac{\mu_0 i_1 i_2 L}{2\pi r}}$$

Força magnética entre condutores paralelos percorridos por correntes elétricas de sentidos opostos

Assim como vimos no caso anterior, nos pontos do condutor em que passa a corrente elétrica i_2, a corrente i_1 origina um campo magnético $\vec{B}_1$, cujo sentido é determinado pela regra da mão direita. Além disso, em um comprimento L do condutor, no qual passa a corrente i_2, o campo magnético $\vec{B}_1$ exerce uma força magnética $\vec{F}_{mag.}$, cujo sentido é determinado pela regra da mão esquerda **(fig. 4)**.

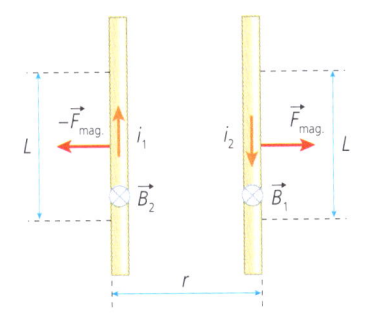

Figura 4. Força magnética entre condutores percorridos por correntes elétricas de sentidos opostos.

Da mesma maneira, nos pontos do condutor em que passa a corrente i_1, a corrente elétrica i_2 origina um campo magnético $\vec{B}_2$, cujo sentido é determinado pela regra da mão direita. Além disso, em um comprimento L do condutor, no qual passa a corrente i_1, o campo magnético $\vec{B}_2$ exerce uma força magnética $-\vec{F}_{mag.}$, cujo sentido é determinado pela regra da mão esquerda **(fig. 4)**.

Assim, concluímos que entre condutores paralelos percorridos por correntes elétricas de sentidos opostos ocorre repulsão.

- **Intensidade da força magnética de repulsão**

Também de modo análogo ao caso anterior, podemos demonstrar que a intensidade da força magnética de repulsão que age nos dois condutores é dada por: $\boxed{F_{mag.} = \frac{\mu_0 i_1 i_2 L}{2\pi r}}$

Exercícios resolvidos

4. Nos itens a seguir, para cada par de condutores retilíneos e paralelos percorridos por uma corrente elétrica, verificar se ocorre atração ou repulsão.

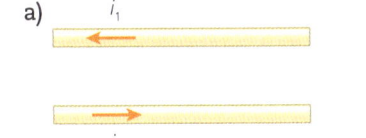

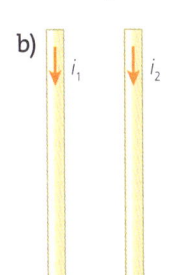

▶ **Solução**

Entre condutores paralelos percorridos por correntes elétricas de mesmo sentido ocorre atração. Já entre condutores paralelos percorridos por correntes de sentidos opostos ocorre repulsão. Portanto:

a) ocorre repulsão.   c) ocorre repulsão.
b) ocorre atração.   d) ocorre atração.

5. Considere dois condutores, 1 e 2, retilíneos, longos e paralelos percorridos por correntes elétricas de mesmo sentido e de intensidades $i_1 = 2$ A e $i_2 = 4$ A. Sendo $\mu_0 = 4\pi \cdot 10^{-7}$ (T · m)/A a permeabilidade magnética do vácuo e $r = 20$ cm a distância entre os condutores, determinar:

a) a intensidade do campo magnético $\vec{B}_1$, originado pela corrente elétrica i_1 nos pontos onde está o condutor 2;
b) a intensidade da força magnética que o campo magnético $\vec{B}_1$ exerce sobre um comprimento $L = 30$ cm do condutor 2, percorrido pela corrente de intensidade i_2;
c) a intensidade do campo magnético $\vec{B}_2$, originado pela corrente elétrica i_2 nos pontos onde está o condutor 1;
d) a intensidade da força magnética que o campo magnético $\vec{B}_2$ exerce sobre um comprimento $L = 30$ cm do condutor 1, percorrido pela corrente de intensidade i_1.

▶ **Solução**

a) $B_1 = \frac{\mu_0}{2\pi} \cdot \frac{i_1}{r} \Rightarrow B_1 = \frac{4\pi \cdot 10^{-7}}{2\pi} \cdot \frac{2}{0,2} \therefore \boxed{B_1 = 2 \cdot 10^{-6} \text{ T}}$

b) $F_{mag.} = B_1 i_2 L \Rightarrow F_{mag.} = 2 \cdot 10^{-6} \cdot 4 \cdot 0,3 \therefore \boxed{F_{mag.} = 2,4 \cdot 10^{-6} \text{ N}}$

c) $B_2 = \dfrac{\mu_0}{2\pi} \cdot \dfrac{i_2}{r} \Rightarrow B_2 = \dfrac{4\pi \cdot 10^{-7}}{2\pi} \cdot \dfrac{4}{0,2} \therefore \boxed{B_2 = 4 \cdot 10^{-6} \text{ T}}$

d) $F_{mag.} = B_2 i_1 L \Rightarrow F_{mag.} = 4 \cdot 10^{-6} \cdot 2 \cdot 0,3 \therefore \boxed{F_{mag.} = 2,4 \cdot 10^{-6} \text{ N}}$

6. Considere três condutores retos percorridos por corrente elétrica de mesma intensidade i = 5,0 A, dispostos como mostra a figura.

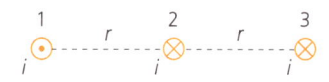

Determinar a intensidade da força magnética resultante que age em cada metro do condutor 2, pela ação dos condutores 1 e 3.
Dados: $r = 20$ cm e $\mu_0 = 4\pi \cdot 10^{-7}$ (T · m)/A

➤ **Solução**

O condutor 1 repele o condutor 2 com força de intensidade $F_{mag.\,(12)}$, e o condutor 3 atrai o condutor 2 com força de intensidade $F_{mag.\,(32)}$.

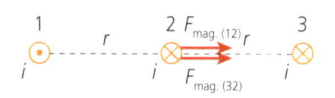

As forças $\vec{F}_{mag.\,(12)}$ e $\vec{F}_{mag.\,(32)}$ têm mesma intensidade.

$F_{mag.\,(12)} = F_{mag.\,(32)} = \dfrac{\mu_0 \cdot i \cdot i}{2\pi r} L = \dfrac{4\pi \cdot 10^{-7} \cdot 5,0 \cdot 5,0}{2\pi \cdot 0,20} \cdot 1,0$

$\therefore F_{mag.\,(12)} = F_{mag.\,(32)} = 2,5 \cdot 10^{-5}$ N

A força resultante que age no condutor 2 tem intensidade $F_{mag.}$ dada por:

$F_{mag.} = F_{mag.\,(12)} + F_{mag.\,(32)} \Rightarrow F_{mag.} = 2,5 \cdot 10^{-5} + 2,5 \cdot 10^{-5}$

$\therefore \boxed{F_{mag.} = 5,0 \cdot 10^{-5} \text{ N}}$

Exercícios propostos

4. Dois condutores retilíneos e paralelos, 1 e 2, são percorridos por correntes elétricas de intensidades i_1 e i_2, de acordo com a figura. No condutor 1, a corrente elétrica tem o sentido de A para B.

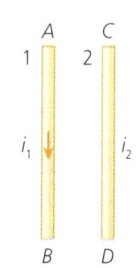

Qual deve ser o sentido da corrente no condutor 2 para que entre 1 e 2 ocorra atração? E repulsão?

5. Há dois condutores, 1 e 2, retilíneos, longos e paralelos percorridos por correntes elétricas de mesmo sentido e mesma intensidade i. A distância entre os condutores é r,

e μ_0 é a permeabilidade magnética do meio. Para cada comprimento L dos condutores, pode-se afirmar que:
a) Entre os condutores ocorre atração e a intensidade da força magnética é diretamente proporcional à intensidade da corrente elétrica i.
b) Entre os condutores ocorre atração e a intensidade da força magnética é diretamente proporcional ao quadrado da intensidade da corrente elétrica i.
c) Entre os condutores ocorre repulsão e a intensidade da força magnética é diretamente proporcional à intensidade da corrente elétrica i.
d) Entre os condutores ocorre repulsão e a intensidade da força magnética é diretamente proporcional ao quadrado da intensidade da corrente elétrica i.
e) Entre os condutores ocorre atração e a intensidade da força magnética é inversamente proporcional ao quadrado da distância r entre eles.

6. Três condutores retos, percorridos por uma corrente elétrica de mesma intensidade i = 2,0 A, estão dispostos conforme indica a figura a seguir.
Sendo $r = 20$ cm e $\mu_0 = 4\pi \cdot 10^{-7}$ (T · m)/A, determine a intensidade da força magnética resultante que age em cada metro do condutor 2, pela ação dos condutores 1 e 3.

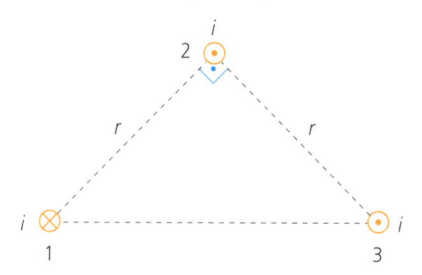

3 Força magnética sobre partículas eletrizadas lançadas em um campo magnético uniforme

No início deste capítulo, vimos que todo condutor percorrido por uma corrente elétrica e imerso em um campo magnético fica, em geral, sujeito à ação de uma força magnética $\vec{F}_{mag.}$. Como a corrente elétrica é um movimento ordenado de partículas eletrizadas, concluímos que essas partículas ficam sujeitas à ação de forças de origem magnética, cuja resultante é a força $\vec{F}_{mag.}$ que atua no condutor.

A força magnética $\vec{F}_{mag.}$ age em uma partícula eletrizada com carga elétrica q, lançada com velocidade $\vec{v}$ em um campo magnético uniforme $\vec{B}$, sendo θ o ângulo entre o campo magnético $\vec{B}$ e a velocidade $\vec{v}$ **(fig. 5)**.

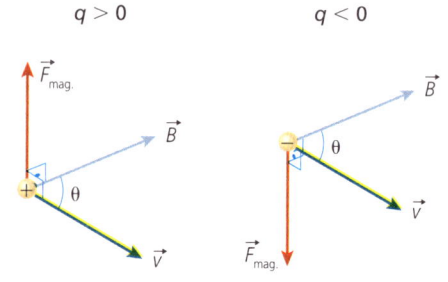

Figura 5. Força magnética sobre partículas eletrizadas.

As características da força magnética $\vec{F}_{mag.}$ são:

- **Direção:** é determinada pela reta perpendicular ao plano que contém $\vec{B}$ e $\vec{v}$.
- **Sentido:** é determinado pela regra da mão esquerda. Os dedos da mão esquerda são dispostos como mostra a **figura 6**: o dedo indicador é colocado no sentido de $\vec{B}$, e o dedo médio, no sentido de $\vec{v}$. O polegar fornece o sentido de $\vec{F}_{mag.}$, considerando $q > 0$. Para $q < 0$, o sentido da força magnética $\vec{F}_{mag.}$ é oposto ao dado pela regra da mão esquerda.

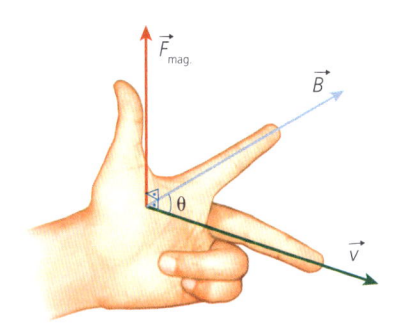

Figura 6. Regra da mão esquerda.

- **Intensidade:** depende do módulo da carga q, do seno do ângulo θ, formado entre a velocidade e as linhas de indução, das intensidades do campo magnético $\vec{B}$ e da velocidade $\vec{v}$. Assim:

$$F_{mag.} = |q| \cdot v \cdot B \cdot \text{sen } \theta$$

4 Alguns casos particulares

Na análise dos casos a seguir, vamos considerar a partícula eletrizada sob a ação exclusiva de um campo magnético.

Partícula eletrizada abandonada em repouso no interior de um campo magnético

Nesse caso, $v = 0$ e, portanto, a força magnética é nula ($F_{mag.} = 0$).

> Uma partícula eletrizada, quando abandonada em repouso no interior de um campo magnético, **não** fica sujeita à ação de uma força magnética.

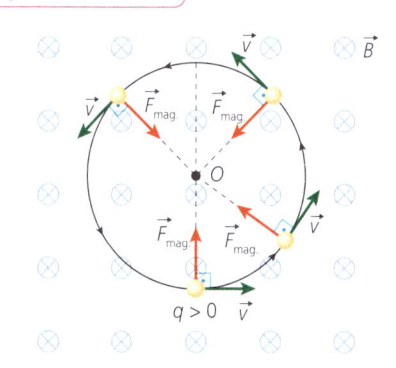

Partícula eletrizada lançada paralelamente às linhas de indução de um campo magnético uniforme ($\vec{v}$ paralela a $\vec{B}$)

Nesse caso, a velocidade $\vec{v}$ é paralela ao campo magnético $\vec{B}$, isto é, $\theta = 0°$ ou $\theta = 180°$, como pode ser visto na **figura 7**. Como sen 0° = sen 180° = 0, concluímos que a força magnética é nula ($F_{mag.} = 0$). Assim:

> Uma partícula eletrizada, quando lançada paralelamente às linhas de indução de um campo magnético uniforme, desloca-se livre da ação de uma força magnética, realizando um movimento retilíneo e uniforme (MRU).

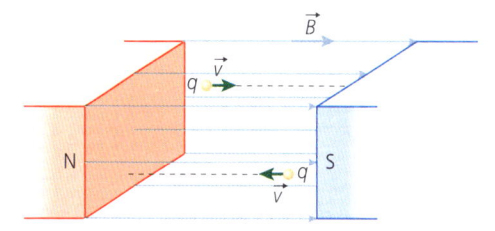

Figura 7. Partículas eletrizadas lançadas paralelamente às linhas de indução.

Partícula eletrizada lançada perpendicularmente às linhas de indução de um campo magnético uniforme ($\vec{v}$ perpendicular a $\vec{B}$)

Nesse caso, a velocidade $\vec{v}$ é perpendicular ao campo magnético $\vec{B}$ (**fig. 8**), isto é, $\theta = 90°$ e, como sen 90° = 1, temos: $F_{mag.} = |q| \cdot v \cdot B$

Figura 8. Partícula eletrizada lançada perpendicularmente às linhas de indução de um campo magnético uniforme.

Como a força magnética $\vec{F}_{mag.}$ é sempre perpendicular à velocidade $\vec{v}$, ela altera a direção da velocidade, mas não seu módulo. Portanto, a partícula realiza um **movimento uniforme**. Esse movimento é **plano**, pois $\vec{F}_{mag.}$ e $\vec{v}$ estão sempre no mesmo plano, como podemos ver na **figura 9**, e **circular**, pois a intensidade da força magnética $\vec{F}_{mag.}$ é constante, uma vez que B, v e q são constantes. Assim:

> Uma partícula eletrizada, quando lançada perpendicularmente às linhas de indução de um campo magnético uniforme, realiza um movimento circular e uniforme (MCU) em um plano perpendicular às linhas de indução.

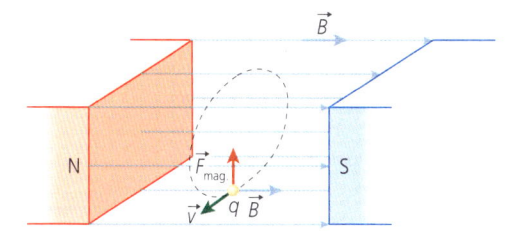

Figura 9. A trajetória circular pertence a um plano perpendicular às linhas de indução de um campo magnético uniforme.

Capítulo 37 • Força magnética

Sejam m a massa da partícula, R o raio da trajetória e T o período, como a força magnética é uma resultante centrípeta, temos:

- **Raio da trajetória:** $F_{mag.} = F_{cp} \Rightarrow |q| \cdot v \cdot B = m \cdot \dfrac{v^2}{R} \Rightarrow$

$$\Rightarrow \boxed{R = \dfrac{m \cdot v}{|q| \cdot B}}$$

- **Período:** $v = \dfrac{2\pi R}{T} \Rightarrow T = \dfrac{2\pi}{v} \cdot \dfrac{mv}{|q| \cdot B} \rightarrow \boxed{T = \dfrac{2\pi m}{|q| \cdot B}}$

Partícula eletrizada lançada obliquamente às linhas de indução de um campo magnético uniforme

Nesse caso, decompomos a velocidade de lançamento $\vec{v}$ (fig. 10) nas componentes $\vec{v}_1$ (paralela a $\vec{B}$) e $\vec{v}_2$ (perpendicular a $\vec{B}$) (fig. 11). Devido à velocidade $\vec{v}_1$, a partícula descreve um MRU e, simultaneamente, devido à velocidade $\vec{v}_2$, a partícula descreve um MCU.

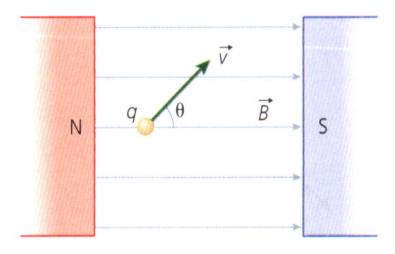

Figura 10. Partícula eletrizada lançada obliquamente às linhas de indução.

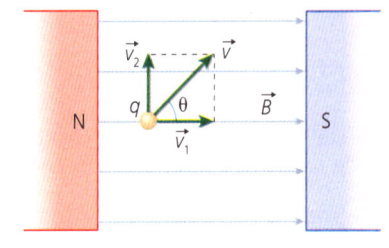

Figura 11. A velocidade de lançamento $\vec{v}$ é decomposta nas componentes $\vec{v}_1$ e $\vec{v}_2$.

A composição de um MRU com um MCU determina um **movimento helicoidal uniforme**, e a trajetória é denominada **hélice cilíndrica (fig. 12)**. Assim:

> Uma partícula eletrizada, quando lançada obliquamente às linhas de indução de um campo magnético uniforme, realiza um movimento helicoidal e uniforme, descrevendo uma trajetória denominada hélice cilíndrica.

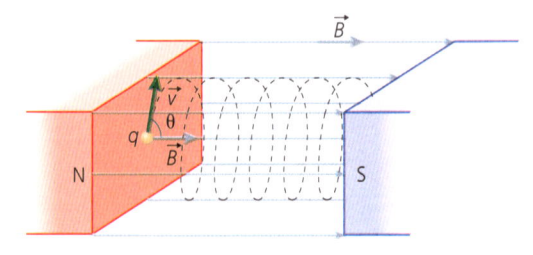

Figura 12. O movimento da partícula eletrizada é helicoidal e uniforme.

Exercícios resolvidos

7. Representar, em cada caso, a força magnética que age na partícula eletrizada com carga elétrica q, lançada com velocidade $\vec{v}$, em um campo magnético $\vec{B}$.

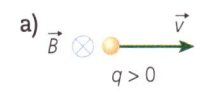

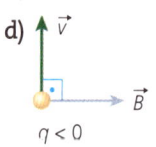

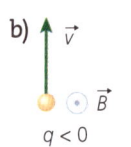

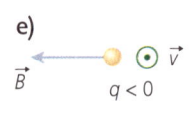

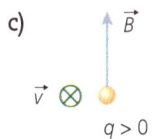

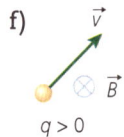

a) $q > 0$
b) $q < 0$
c) $q > 0$
d) $q < 0$
e) $q < 0$
f) $q > 0$

> **Solução**

Para determinar o sentido da força magnética, aplicamos, em cada caso, a regra da mão esquerda. Observe que, nos itens **b**, **d** e **e**, a partícula está eletrizada negativamente e o sentido da força magnética é oposto ao determinado pela regra da mão esquerda.

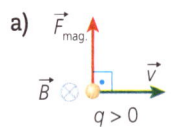

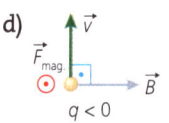

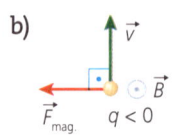

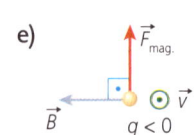

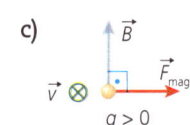

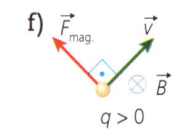

8. Três partículas eletrizadas, A, B e C, são lançadas em um campo magnético uniforme, como indicam as figuras abaixo, e ficam exclusivamente sob a ação do campo magnético. Classificar o tipo de movimento que cada partícula realiza.

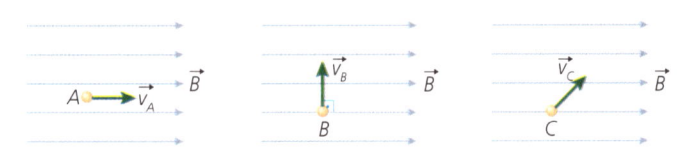

> **Solução**

Podemos classificar o movimento analisando a direção da velocidade de lançamento da partícula em relação à direção do campo magnético.

Partícula A: a velocidade $\vec{v}_A$ é paralela e tem o mesmo sentido de $\vec{B}$ ($\theta = 0°$). Portanto, o movimento da partícula A é retilíneo e uniforme.

542 Física – Nicolau • Torres • Penteado

Partícula B: a velocidade $\vec{v}_B$ é perpendicular a $\vec{B}$ ($\theta = 90°$). Portanto, o movimento da partícula B é circular e uniforme.

Partícula C: a velocidade $\vec{v}_C$ é oblíqua em relação a $\vec{B}$ (ou seja, θ é um ângulo agudo ou obtuso). Portanto, o movimento da partícula C é helicoidal e uniforme.

9. Duas partículas eletrizadas, A com carga positiva e B com carga negativa, são lançadas em um campo magnético uniforme, como indica a figura a seguir. Representar as trajetórias das partículas sabendo que elas não abandonam o campo magnético.

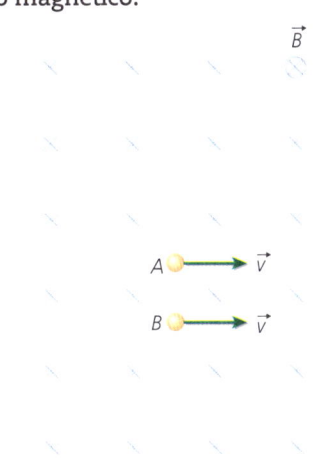

➤ **Solução**

Pela figura, sabemos que as partículas são lançadas perpendicularmente ao campo magnético. Também sabemos que a partícula A tem carga positiva, e a partícula B, carga negativa. Elas descrevem trajetórias circulares situadas em planos perpendiculares às linhas de indução. Esses planos, nos casos em estudo, coincidem com o próprio plano do papel. Em cada caso, determinamos o sentido da força magnética pela regra da mão esquerda. Cada força aponta para o respectivo centro da circunferência, que é tangenciada pela velocidade. Assim, podemos representar as trajetórias das partículas na figura a seguir:

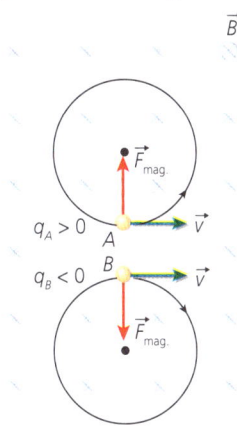

10. Uma partícula de massa m e eletrizada com carga elétrica $q < 0$ é lançada de um ponto A, com velocidade $v = 4 \cdot 10^5$ m/s, em uma região onde existe um campo magnético uniforme de intensidade $B = 2 \cdot 10^{-3}$ T. A partícula descreve a semicircunferência de centro O, indicada na figura, incidindo no ponto C do anteparo.

(Dados: $\dfrac{q}{m} = -5 \cdot 10^9$ C/kg)

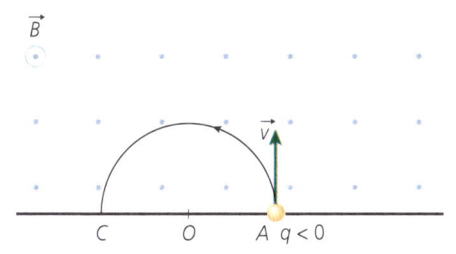

a) Calcular a distância do ponto A ao ponto C.
b) Qual deveria ser a intensidade do campo magnético para que a partícula atingisse o ponto O?

➤ **Solução**

a) A distância de A até C é o dobro do raio da trajetória descrita. Assim, temos:

$AC = 2 \cdot R = 2 \cdot \dfrac{m \cdot v}{|q| \cdot B} \Rightarrow AC = 2 \cdot \dfrac{4 \cdot 10^5}{5 \cdot 10^9 \cdot 2 \cdot 10^{-3}}$

$AC = 8 \cdot 10^{-2}$ m = 8 cm

b) Para atingir o ponto O, o raio da trajetória descrita deve ser a metade do raio da trajetória analisada no item **a**. Para isso, devemos dobrar a intensidade do campo magnético, ou seja, o campo magnético deve ter intensidade de $\mathbf{4 \cdot 10^{-3}}$ **T**.

Exercícios propostos

7. Em cada caso, represente a força magnética que age nas partículas eletrizadas, A e C, lançadas com velocidades $\vec{v}_A$ e $\vec{v}_C$ em um campo magnético uniforme.

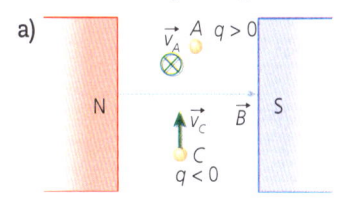

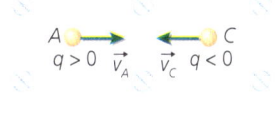

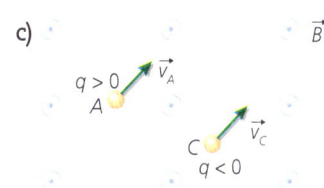

a)
b)
c)

8. Uma partícula de massa m e eletrizada com carga elétrica q é lançada com velocidade de módulo v em um campo magnético uniforme de intensidade B, perpendicularmente às linhas de indução. Pode-se afirmar que:

a) A partícula descreve um movimento retilíneo uniforme.
b) A partícula descreve um movimento helicoidal uniforme.
c) A partícula descreve um movimento circular uniforme de raio $R = \dfrac{m \cdot v}{|q| \cdot B}$.
d) A partícula descreve um movimento circular uniforme, cujo período aumenta com o aumento da velocidade v.
e) A partícula descreve um movimento circular uniforme, cujo período diminui com o aumento da velocidade v.

Capítulo 37 • Força magnética

9. Um feixe de partículas constituído de elétrons, nêutrons e pósitrons (partículas de carga elétrica positiva) é lançado em um campo magnético uniforme. As partículas descrevem as trajetórias I, II e III, indicadas na figura a seguir. Identifique a trajetória dos elétrons, dos nêutrons e dos pósitrons.

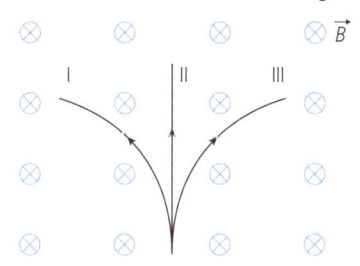

10. Duas partículas de mesma massa e eletrizadas com cargas elétricas q_1 e q_2 são lançadas com mesma velocidade $\vec{v}$ em um campo magnético uniforme $\vec{B}$. Considerando que as partículas descrevem as semicircunferências indicadas na figura, determine a relação $\dfrac{q_1}{q_2}$.

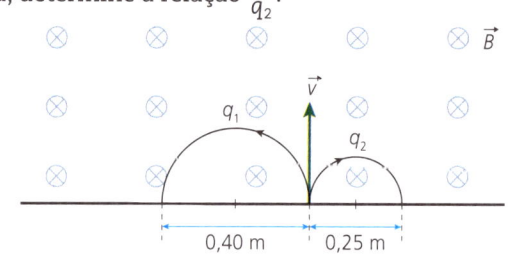

Exercícios de revisão

Ficha-resumo 1

Força magnética sobre um condutor reto imerso em um campo magnético uniforme

- **Direção:** é determinada pela reta perpendicular a $\vec{B}$ e ao condutor.
- **Sentido:** é determinado pela regra da mão esquerda.
- **Intensidade:** $F_{mag.} = BiL \cdot \text{sen } \theta$

1. (UFMS) Um fio condutor, de comprimento L, percorrido por uma corrente de intensidade i, está imerso num campo magnético uniforme $\vec{B}$. A figura a seguir mostra três posições diferentes do fio, a, b e c, em relação à direção do campo magnético. Sendo $F_{mag.(a)}$, $F_{mag.(b)}$ e $F_{mag.(c)}$ as intensidades das forças magnéticas produzidas no fio, nas respectivas posições, é correto afirmar que:

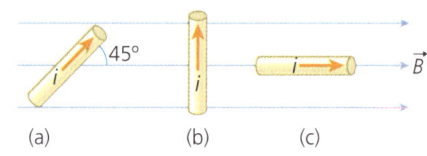

    a) $F_{mag.(a)} > F_{mag.(b)} > F_{mag.(c)}$
    b) $F_{mag.(b)} > F_{mag.(a)} > F_{mag.(c)}$
    c) $F_{mag.(a)} > F_{mag.(c)} > F_{mag.(b)}$
    d) $F_{mag.(c)} > F_{mag.(b)} > F_{mag.(a)}$
    e) $F_{mag.(a)} = F_{mag.(b)} = F_{mag.(c)}$

2. (UFSCar-SP) Um fio AC, de 20 cm de comprimento, está posicionado na horizontal, em repouso, suspenso por uma mola isolante de constante elástica k, imerso num campo magnético uniforme horizontal B = 0,5 T, conforme mostra a figura. Considere $g = 10$ m/s².

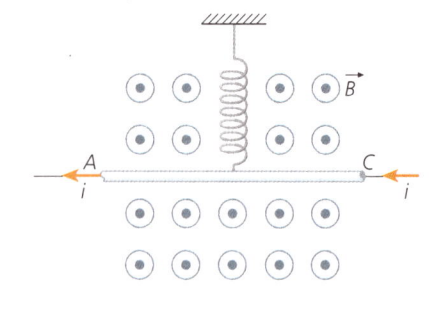

    Sabendo-se que a massa do fio é $m = 10$ g e que a constante da mola é $k = 5$ N/m, a deformação sofrida pela mola, quando uma corrente i = 2 A passar pelo fio, será de:
    a) 3 mm
    b) 4 mm
    c) 5 mm
    d) 6 mm
    e) 20 mm

3. (UEPB) Um professor de Física resolve fazer um experimento de eletromagnetismo que objetiva determinar o valor do campo magnético entre os polos do ímã. Para isso, ele utiliza um ímã, uma bateria que fornece 4,8 V a um condutor cilíndrico AC com massa 5 g, comprimento de 10 cm e resistência elétrica igual a 0,10 Ω. Ao ligar a bateria ao circuito, mostrado na figura a seguir, o condutor cilíndrico fica suspenso em equilíbrio.

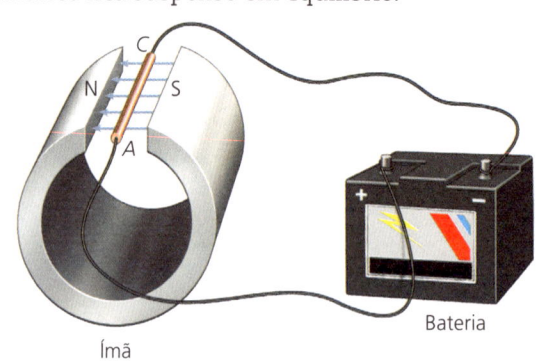

    Considerando-se que as linhas do campo são perpendiculares ao condutor, que a resistência elétrica dos fios é 0,02 Ω, que a massa dos fios é desprezível e adotando $g = 10$ m/s², o professor concluiu que o campo magnético, em tesla, tem valor igual a:
    a) $12,5 \cdot 10^{-3}$
    b) 125
    c) $12,5 \cdot 10^{-4}$
    d) $12,5 \cdot 10^{-2}$
    e) 1.250

Ficha-resumo 2

Força magnética entre condutores paralelos percorridos por correntes elétricas

- Entre condutores percorridos por correntes elétricas de mesmo sentido ocorre atração.
- Entre condutores percorridos por correntes elétricas de sentidos opostos ocorre repulsão.
- Intensidade: $F_{mag.} = \dfrac{\mu_0 i_1 i_2 L}{2\pi r}$

4. (Puccamp-SP) Dois condutores retos, extensos e paralelos estão separados por uma distância $d = 2{,}0$ cm e são percorridos por correntes elétricas de intensidade $i_1 = 1{,}0$ A e $i_2 = 2{,}0$ A, com os sentidos indicados na figura.

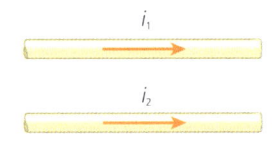

Se os condutores estão situados no vácuo $[\mu_0 = 4\pi \cdot 10^{-7}$ (T·m)/A$]$, a força magnética entre eles, por unidade de comprimento, tem intensidade de:

a) $2 \cdot 10^{-5}$ N, sendo de repulsão.
b) $2 \cdot 10^{-5}$ N, sendo de atração.
c) $2\pi \cdot 10^{-5}$ N, sendo de atração.
d) $2\pi \cdot 10^{-5}$ N, sendo de repulsão.
e) $4\pi \cdot 10^{-5}$ N, sendo de repulsão.

5. (ITA-SP) Considere dois fios paralelos, muito longos e finos, dispostos horizontalmente conforme mostra a figura. O fio de cima pesa 0,080 N/m, é percorrido por uma corrente $i_1 = 20$ A e se encontra dependurado por dois cabos. O fio de baixo encontra-se preso e é percorrido por uma corrente $i_2 = 40$ A, em sentido oposto. Para qual distância r indicada na figura, a tensão T nos cabos será nula? É dada a permeabilidade magnética do meio:

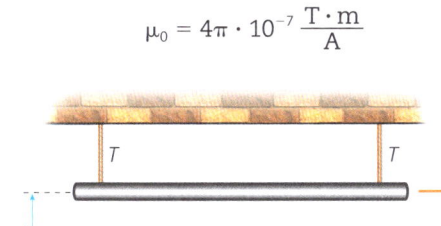

$$\mu_0 = 4\pi \cdot 10^{-7} \dfrac{T \cdot m}{A}$$

Ficha-resumo 3

Força magnética sobre partículas eletrizadas lançadas em um campo magnético uniforme

- **Direção:** é determinada pela reta perpendicular ao plano definido por $\vec{B}$ e $\vec{v}$.
- **Sentido:** é determinado pela regra da mão esquerda, considerando $q > 0$. Para $q < 0$, o sentido da força magnética $F_{mag.}$ é oposto ao dado pela regra da mão esquerda.
- **Intensidade:** $F_{mag.} = |q| \cdot v \cdot B \cdot \text{sen } \theta$

6. (PUC-PR) Uma carga positiva q se movimenta em um campo magnético uniforme $\vec{B}$ com velocidade $\vec{v}$. Levando em conta a convenção a seguir, foram representadas três hipóteses com relação à orientação da força atuante sobre a carga q, devido à sua interação com o campo magnético. ($\otimes$ — vetor perpendicular ao plano da folha, entrando nesta.)

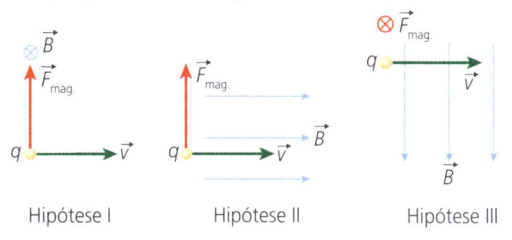

Hipótese I   Hipótese II   Hipótese III

Está correta ou estão corretas:
a) Somente I e III.
b) Somente I e II.
c) Somente II.
d) I, II e III.
e) Somente II e III.

7. (IJSO) O sentido da força magnética $\vec{F}_{mag.}$ que age numa partícula eletrizada com carga q, lançada com velocidade $\vec{v}$ num campo magnético $\vec{B}$, pode ser determinado pela regra da mão esquerda. Os dedos da mão esquerda são dispostos conforme a figura abaixo: o dedo indicador é colocado no sentido de $\vec{B}$, o dedo médio no sentido de $\vec{v}$. O dedo polegar fornece o sentido de $\vec{F}_{mag.}$, considerando $q > 0$. Para $q < 0$, o sentido da força magnética $\vec{F}_{mag.}$ é oposto ao dado pela regra da mão esquerda.

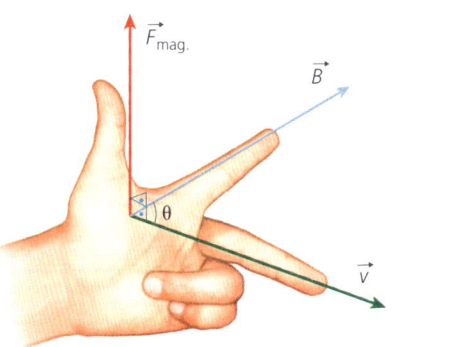

Na aula de Eletromagnetismo, o professor comentou que os ímãs geram no espaço que os envolve um campo magnético o qual pode ser representado por linhas (chamadas linhas de indução), que partem do polo norte e chegam ao polo sul. Afirmou também que, ao aproximar um ímã da tela de um televisor, a imagem se deforma. Pedro é um aluno que gosta de constatar experimentalmente os fenômenos físicos. Ele possui em casa um televisor antigo de tubo de raios catódicos, em preto e branco. Ligou a TV e aproximou, pela parte superior da tela, um ímã conforme a figura.

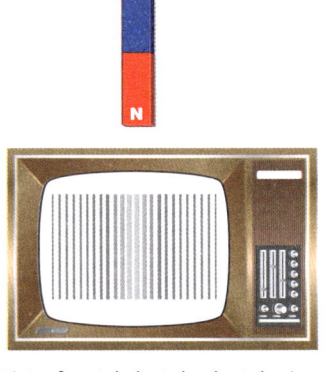

Vista frontal da tela do televisor.

Exercícios de revisão

A imagem produzida em virtude da incidência de elétrons na face interna da tela sofreu uma deformação para:
a) cima.
b) baixo.
c) a direita.
d) a esquerda.
e) a direita e para a esquerda alternadamente.

Ficha-resumo 4

Casos particulares de partículas eletrizadas lançadas em um campo magnético uniforme

- **Partícula eletrizada abandonada em repouso no interior de um campo magnético:** a partícula não fica sujeita à ação de uma força magnética ($F_{mag.} = 0$).
- **Partícula eletrizada lançada paralelamente às linhas de indução de um campo magnético uniforme:** a partícula se desloca livre da ação de uma força magnética ($F_{mag.} = 0$), realizando um movimento retilíneo e uniforme (MRU).
- **Partícula eletrizada lançada perpendicularmente às linhas de indução de um campo magnético uniforme:** a partícula realiza um movimento circular e uniforme (MCU), em um plano perpendicular às linhas de indução.
  Intensidade da força magnética: $F_{mag.} = |q| \cdot v \cdot B$

  Raio da trajetória circular: $R = \dfrac{m \cdot v}{|q| \cdot B}$

  Período do movimento: $T = \dfrac{2\pi m}{|q| \cdot B}$

- **Partícula eletrizada lançada obliquamente às linhas de indução de um campo magnético uniforme:** a partícula realiza um movimento helicoidal e uniforme. A trajetória é denominada hélice cilíndrica.

8. (FMJ-SP) A figura mostra as linhas de um campo magnético uniforme e uma carga q positiva que pode ser lançada com velocidades de mesmo módulo v em cinco orientações diferentes, indicadas pelos algarismos 1, 2, 3, 4 e 5, estando todas contidas em um mesmo plano.

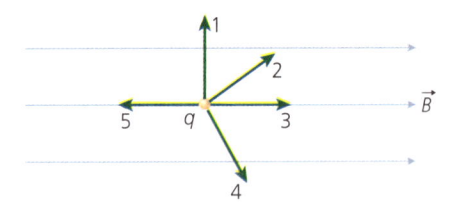

Nesta situação, a carga q fica sujeita apenas à ação de uma força magnética F, de módulo dado por $F = q \cdot v \cdot B \cdot \text{sen } \theta$, em que B é a intensidade do campo magnético e θ o ângulo entre o vetor velocidade e o vetor campo magnético. Na situação descrita, é correto afirmar que a maior intensidade da força magnética ocorre na orientação:
a) 1
b) 4
c) 3
d) 5
e) 2

9. (Uece) A região da figura possui um campo magnético uniforme B e a curva tracejada representa a trajetória de uma partícula nesse campo, sob ação apenas do campo magnético.

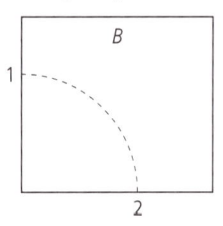

Podemos afirmar:
I. Se a direção e o sentido do vetor campo magnético forem perpendiculares e saindo da folha de papel e a partícula tiver sinal negativo, ela percorrerá a trajetória tracejada mostrada de 1 para 2.
II. Se a direção e o sentido do vetor campo magnético forem perpendiculares e entrando na folha de papel e a partícula tiver sinal positivo, ela percorrerá a trajetória tracejada mostrada de 2 para 1.
III. Ao duplicar a intensidade do campo magnético, o raio da trajetória da partícula também duplicará.

Assinale a opção que indica o(s) item(ns) correto(s):
a) Somente I e III.
b) Somente III.
c) Somente I e II.
d) Somente II.
e) I, II e III.

10. (PUC-SP) Um feixe de elétrons incide horizontalmente no centro do anteparo.

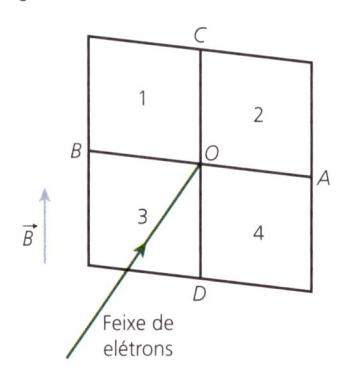

Estabelecendo-se um campo magnético vertical para cima, o feixe de elétrons passa a atingir o anteparo em que região?
a) região 1
b) região 2
c) segmento OB
d) segmento OA
e) região 3

11. (Vunesp) Duas cargas de massas iguais e sinais opostos, com a mesma velocidade inicial, entram pelo ponto A em uma região com um campo magnético uniforme, perpendicular ao plano xy e apontando para "cima". Sabe-se que a trajetória 2 possui um raio igual ao dobro do raio da trajetória 1.

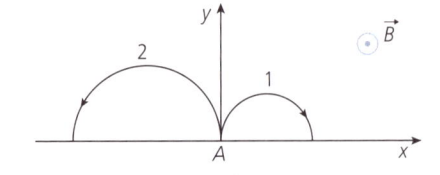

Analisando a figura e desprezando a interação entre as duas cargas, pode-se concluir que a carga da partícula 2 tem sinal:

a) negativo e o módulo da carga 1 é o dobro da 2.
b) negativo e o módulo da carga 2 é o dobro da 1.
c) positivo e o módulo da carga 1 é o dobro da 2.
d) positivo e o módulo da carga 2 é o dobro da 1.
e) positivo e o módulo da carga 2 é o triplo da 1.

12. (UFMG) Reações nucleares que ocorrem no Sol produzem partículas – algumas eletricamente carregadas – que são lançadas no espaço. Muitas dessas partículas vêm em direção à Terra e podem interagir com o campo magnético desse planeta. Nesta figura, as linhas indicam, aproximadamente, a direção e o sentido do campo magnético em torno da Terra:

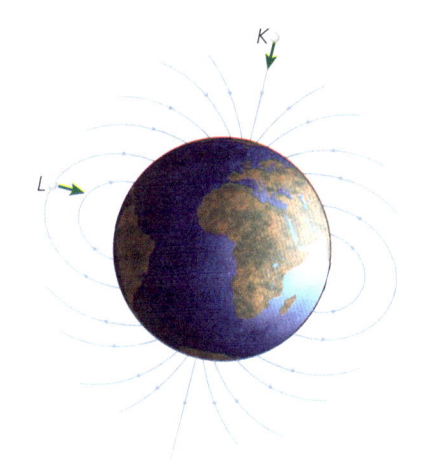

Nessa figura, K e L representam duas partículas eletricamente carregadas e as setas indicam suas velocidades em certo instante.

Com base nessas informações, Alice e Clara chegam a estas conclusões:

- Alice: "Independentemente do sinal da sua carga, a partícula L terá a direção de sua velocidade alterada pelo campo magnético da Terra".
- Clara: "Se a partícula K tiver carga elétrica negativa, sua velocidade será reduzida pelo campo magnético da Terra e poderá não atingi-la".

Considerando-se a situação descrita, é **correto** afirmar que:

a) Apenas a conclusão de Alice está certa.
b) Apenas a conclusão de Clara está certa.
c) Ambas as conclusões estão certas.
d) Nenhuma das duas conclusões está certa.

13. (UEPB) Uma maneira de se obter informações sobre a carga e a massa de uma partícula é fazê-la passar através de um campo magnético uniforme. A partir da sua trajetória circular, pode-se, conhecendo-se o campo, a velocidade da partícula e o raio da trajetória, determinar o sinal da carga elétrica e o valor da massa. A figura mostra parte das trajetórias 1 e 2 deixadas por duas partículas P_1 e P_2, respectivamente. Os pontos indicam um campo magnético $\vec{B}$ constante que sai perpendicular à folha. Considere que as duas partículas, P_1 e P_2, possuem cargas de mesmo módulo e sinais contrários e penetram perpendicularmente, com a mesma velocidade constante $\vec{v}_0$, na região do campo $\vec{B}$. Analisando as trajetórias e tomando como base o campo magnético mostrado, conclui-se que:

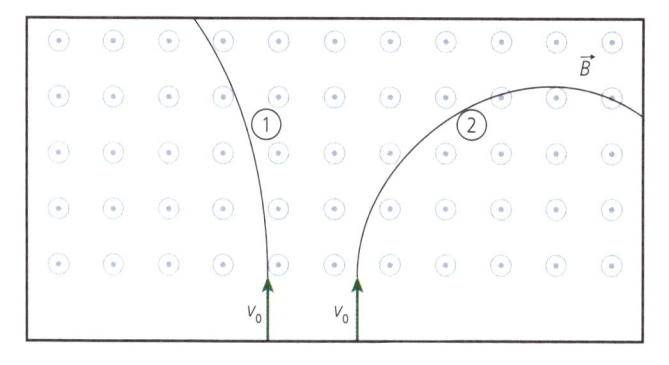

a) a partícula P_1 possui carga negativa e o valor $\left|\dfrac{q}{m}\right|$ é maior que o da partícula P_2.
b) a partícula P_1 possui carga positiva e o valor $\left|\dfrac{q}{m}\right|$ é maior que o da partícula P_2.
c) a partícula P_1 possui carga positiva e o valor $\left|\dfrac{q}{m}\right|$ é menor que o da partícula P_2.
d) a partícula P_1 possui carga negativa e o valor $\left|\dfrac{q}{m}\right|$ é menor que o da partícula P_2.
e) a partícula P_1 possui carga positiva e o valor $\left|\dfrac{q}{m}\right|$ é igual ao da partícula P_2.

14. (UFTM-MG) Duas partículas de mesma massa e cargas elétricas q_1 e q_2 penetram com mesma velocidade escalar v numa região R quadrada de lado L, na qual atua um campo de indução magnética $\vec{B}$, conforme a figura.

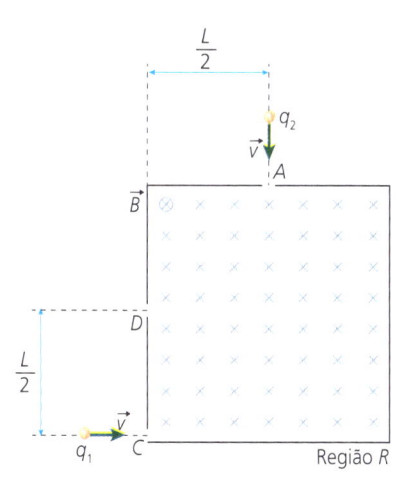

Sabendo-se que q_1 penetra em R pela fenda C, q_2 pela fenda A e que ambas devem sair pela fenda D, é correto afirmar que:

a) $q_1 = -q_2$
b) $q_1 = -2q_2$
c) $q_1 = 2q_2$
d) $q_2 = -2q_1$
e) $q_2 = 2q_1$

Mais questões em **Vereda Digital Aprova Enem**, em **Vereda Digital Suplemento de revisão**, em **AprovaMax** (no *site*) e no livro digital.

CAPÍTULO 38

INDUÇÃO ELETROMAGNÉTICA

Entre os fornos utilizados em metalurgia para a fusão de metais está o forno de indução, que funciona por meio de um campo magnético variável que induz nas peças metálicas correntes elétricas denominadas **correntes de Foucault**. Estas podem atingir intensidades elevadas, havendo dissipação considerável de energia.

O aquecimento por indução também é usado nas cozinhas domésticas, como mostra a foto. Neste caso, as correntes de Foucault são induzidas nas panelas. Note que apenas a panela fica aquecida; a superfície do fogão se mantém fria.

Objetivos do capítulo

- Definir fluxo magnético.
- Interpretar graficamente o conceito de fluxo.
- Descrever o fenômeno da indução eletromagnética.
- Apresentar a lei de Lenz, que permite determinar o sentido da corrente elétrica induzida.
- Apresentar a lei de Faraday, que permite determinar a força eletromotriz induzida.

1 Fluxo magnético de um campo uniforme através de uma espira plana

Considere, por exemplo, uma espira plana e circular de área A, imersa num campo magnético uniforme de intensidade B, e $\vec{n}$ um versor (vetor de módulo unitário) perpendicular à superfície da espira. Vamos indicar por θ o ângulo que $\vec{B}$ forma com $\vec{n}$ (fig. 1).

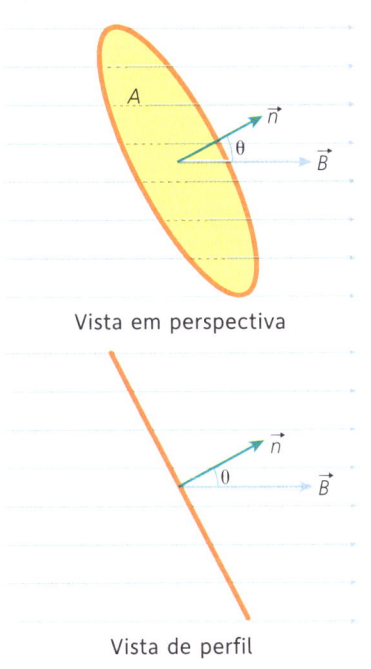

Vista em perspectiva

Vista de perfil

Figura 1. Espira plana de área A imersa num campo magnético uniforme $\vec{B}$.

Com base na descrição acima, definimos o **fluxo magnético** do campo uniforme $\vec{B}$ através da espira plana de área A pela grandeza escalar:

$$\varphi = B \cdot A \cdot \cos \theta$$

Unidades no Sistema Internacional de Unidades

A tabela a seguir apresenta as unidades das grandezas que determinam o fluxo magnético de acordo com o SI.

Grandeza	Unidade
Área (A)	metro quadrado (m²)
Intensidade do campo magnético (B)	tesla (T)
Fluxo magnético (φ)	weber (Wb)

2 Interpretação gráfica do conceito de fluxo

Para essa interpretação, considere uma espira imersa num campo magnético uniforme $\vec{B}$, representado por certo número de linhas de indução.

O fluxo magnético é uma grandeza proporcional ao número de linhas de indução que atravessam a superfície da espira.

Note que, na **figura 2A**, as linhas de indução são perpendiculares à superfície da espira. Neste caso, o ângulo θ é igual a 0°, cos 0° = 1 e o fluxo $\varphi = B \cdot A$ é máximo, assim como é máximo o número de linhas de indução que atravessam a espira.

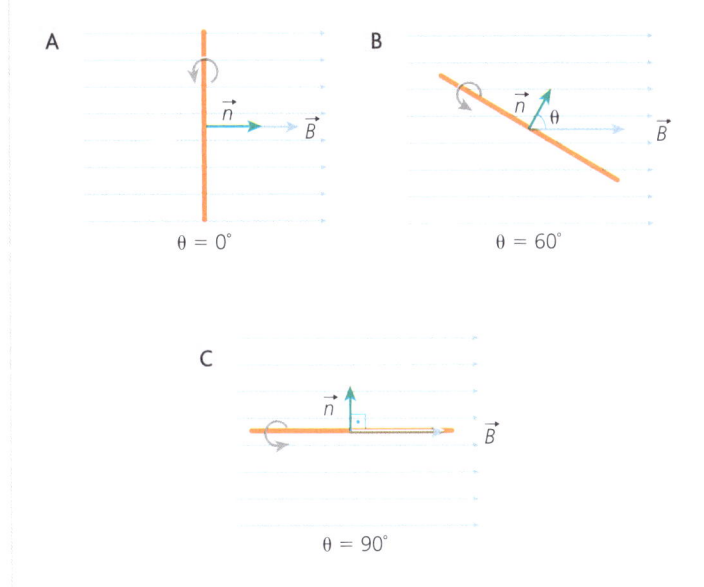

A θ = 0°

B θ = 60°

C θ = 90°

Figura 2. À medida que a espira gira, varia o número de linhas de indução que atravessam sua superfície.

No caso em que θ = 60° (fig. 2B), o fluxo magnético é $\varphi = B \cdot A \cdot \cos 60°$, isto é, $\varphi = B \cdot A \cdot \left(\dfrac{1}{2}\right)$. Observe que, nesse caso, o número de linhas de indução que atravessam a espira é metade do número máximo de linhas de indução. Para θ = 90°, cos 90° = 0 (fig. 2C), a espira está disposta paralelamente às linhas de indução e nenhuma linha a atravessa.

3 Fenômeno da indução eletromagnética

Observe um ímã parado diante de uma espira que foi conectada a um galvanômetro de zero central (**fig. 3**). O galvanômetro, aparelho que detecta correntes de pequenas intensidades, não registra passagem de corrente elétrica pela espira.

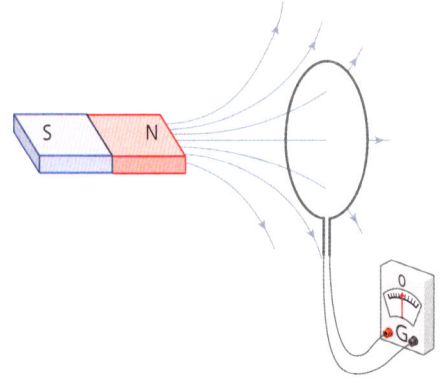

Figura 3. Quando o ímã está parado em relação à espira, o galvanômetro não registra passagem de corrente.

Ao aproximar o ímã da espira, o galvanômetro indica a passagem de corrente elétrica em determinado sentido (**fig. 4**).

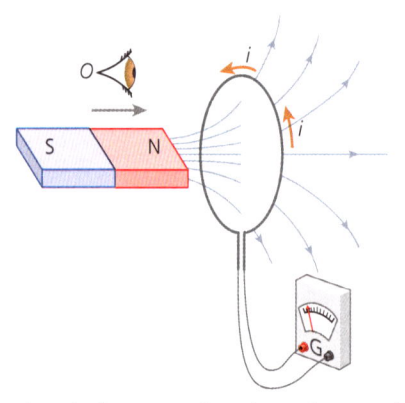

Figura 4. Quando o ímã se aproxima da espira, o galvanômetro indica passagem de corrente em determinado sentido.

Ao afastar o ímã da espira, o galvanômetro indica a passagem de corrente elétrica em sentido oposto ao indicado na **figura 4** (**fig. 5**).

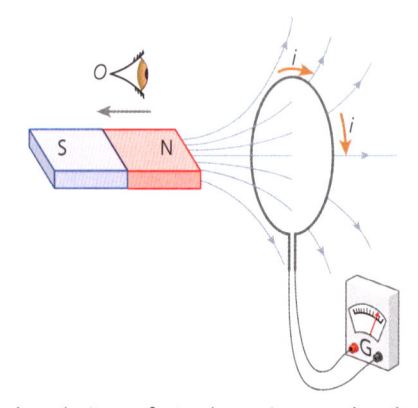

Figura 5. Quando o ímã se afasta da espira, o galvanômetro indica passagem de corrente em sentido contrário.

Com o ímã parado, a quantidade de linhas de indução que atravessam a espira não varia e, portanto, o fluxo magnético na superfície delimitada por ela também não varia. Ao se aproximar ou se afastar o ímã, a quantidade de linhas de indução que atravessam a superfície da espira varia e, portanto, o fluxo magnético também varia. Nessas duas situações, o galvanômetro indica a passagem de corrente elétrica pela espira.

Podemos, então, concluir que:

> Quando o fluxo magnético varia na superfície de uma espira, surge uma corrente elétrica denominada **corrente elétrica induzida**. Esse fenômeno é chamado de **indução eletromagnética**.

4 Variação do fluxo magnético

Pode-se alterar o fluxo magnético através da superfície de uma espira de três maneiras:

- **Variando a intensidade do campo magnético $\vec{B}$ nos pontos da superfície da espira**

  Essa variação é obtida, por exemplo, aproximando ou afastando o ímã da espira que é mantida fixa. Em cada caso, B aumenta ou B diminui, como indicam respectivamente as **figuras 4** e **5**. Outra possibilidade seria manter o ímã fixo e aproximar ou afastar a espira.

- **Variando a área A da espira**

  Considere, por exemplo, uma espira constituída por um fio condutor CDEF e por outro fio GH apoiado nos lados CD e EF. A área A da espira aumenta quando o condutor GH se desloca para a direita e diminui quando ele se desloca para a esquerda (**fig. 6**).

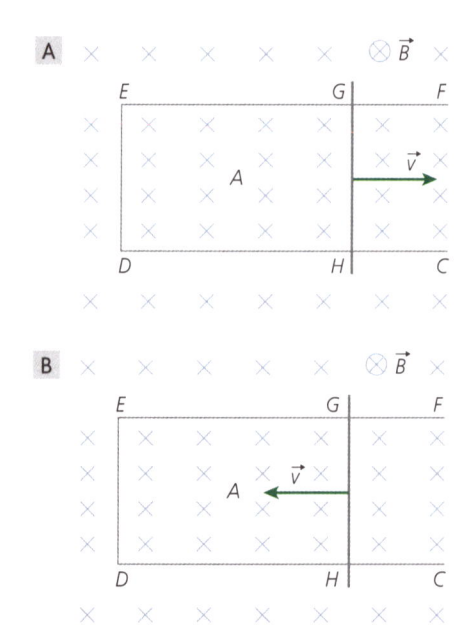

Figura 6. Variação da área A da espira EGDH. (A) O condutor GH se move para a direita, e a área A aumenta; (B) GH se move para a esquerda, A diminui.

- **Variando o ângulo θ**

Neste caso, basta girar a espira (**fig. 7**).

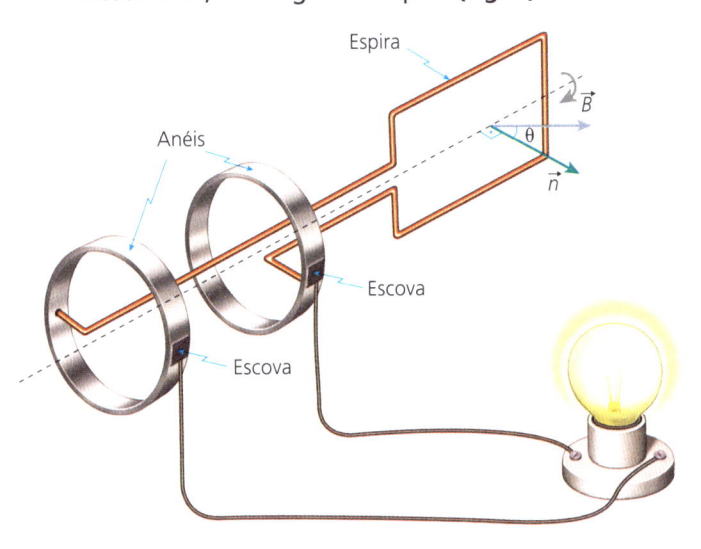

Figura 7. Variação do ângulo θ com o giro da espira.

5 Sentido da corrente elétrica induzida. Lei de Lenz

A aproximação ou o afastamento do ímã é a **causa** cujo **efeito** é o surgimento de uma corrente elétrica na espira. Entretanto, **o efeito se opõe à causa**, pois do contrário teríamos a geração de energia elétrica na espira, sem necessidade de despender energia na aproximação ou no afastamento do ímã, o que contraria o princípio da conservação da energia.

Esse fato levou o físico **Heinrich Lenz** (1804-1865) a estabelecer a lei, conhecida como **lei de Lenz**, que permite determinar o sentido da corrente elétrica induzida:

> O sentido da corrente induzida é tal que, por seus efeitos, opõe-se à causa que lhe deu origem.

Ao aproximar da espira o polo norte do ímã, surge, na face da espira voltada para o ímã, um polo que se opõe à aproximação. Portanto, naquela face da espira, surge um polo norte. Concluímos que a corrente induzida tem sentido anti-horário, ao ser vista pelo observador O (**fig. 8**).

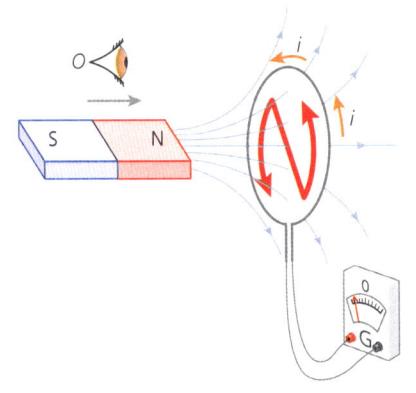

Figura 8. Em relação ao observador O, a corrente induzida tem sentido anti-horário.

Ao afastar da espira o polo norte do ímã, surge, na face da espira voltada para o ímã, um polo que se opõe ao afastamento. Portanto, naquela face da espira, surge um polo sul. Concluímos que a corrente induzida tem sentido horário, ao ser vista pelo observador O (**fig. 9**).

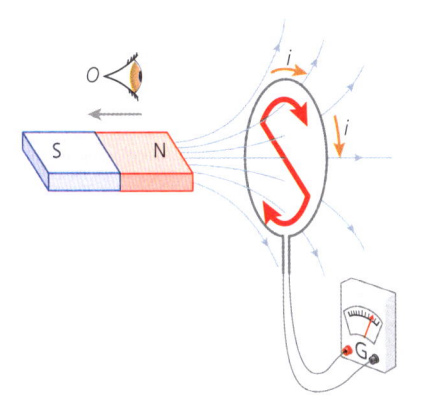

Figura 9. Em relação ao observador O, a corrente induzida tem sentido horário.

Exercícios resolvidos

1. Uma espira retangular de área A = 50 cm² está imersa num campo magnético uniforme de intensidade $B = 6 \cdot 10^{-3}$ T. Determinar o fluxo do campo magnético através da espira. Analisar os casos abaixo que apresentam a espira vista de perfil.

(Dados: $\cos 0° = 1$; $\cos 60° = \dfrac{1}{2}$; $\cos 90° = 0$)

Caso I

Caso II

Caso III

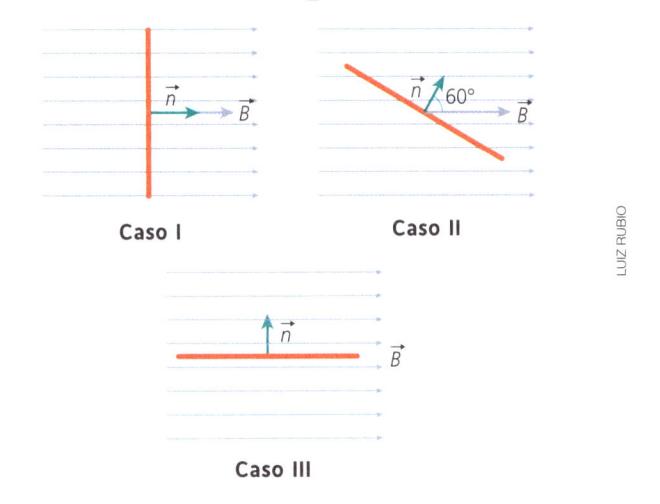

▶ **Solução**

Sendo $A = 50 \text{ cm}^2 = 50 \cdot 10^{-4} \text{ m}^2$, $B = 6 \cdot 10^{-3}$ T e como $\varphi = B \cdot A \cdot \cos \theta$, obtemos:

Caso I:

$\varphi = B \cdot A \cdot \cos \theta \Rightarrow \varphi = 6 \cdot 10^{-3} \cdot 50 \cdot 10^{-4} \cdot \cos 0°$

∴ $\boxed{\varphi = 3 \cdot 10^{-5} \text{ Wb}}$

Caso II:

$\varphi = B \cdot A \cdot \cos \theta \Rightarrow \varphi = 6 \cdot 10^{-3} \cdot 50 \cdot 10^{-4} \cdot \cos 60°$

∴ $\boxed{\varphi = 1,5 \cdot 10^{-5} \text{ Wb}}$

Capítulo 38 • Indução eletromagnética

Caso III:

φ = B · A · cos θ ⇒ φ = 6 · 10⁻³ · 50 · 10⁻⁴ · cos 90° ⇒

⇒ $\boxed{\varphi = 0}$

2. A figura a seguir representa um ímã diante de uma espira.

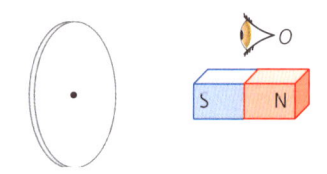

Analisar as proposições abaixo.

I. Ao aproximar o ímã da espira, haverá, em relação ao observador O, uma corrente elétrica induzida na espira no sentido anti-horário.

II. Ao aproximar o ímã da espira, haverá, em relação ao observador O, uma corrente elétrica induzida na espira no sentido horário.

III. Ao afastar o ímã da espira, haverá, em relação ao observador O, uma corrente elétrica induzida na espira no sentido anti-horário.

IV. Ao afastar o ímã da espira, haverá, em relação ao observador O, uma corrente elétrica induzida na espira no sentido horário.

V. Aproximando ou afastando o ímã da espira, não haverá corrente induzida na espira.

Podemos afirmar que:

a) somente as proposições I e III são corretas.
b) somente as proposições II e IV são corretas.
c) somente as proposições I e IV são corretas.
d) somente as proposições II e III são corretas.
e) somente a proposição V é correta.

▶ **Solução**

Ao aproximar a espira do polo sul do ímã, surge, na face da espira voltada para o ímã, um polo sul que se opõe à aproximação. Assim, a corrente induzida tem sentido horário em relação ao observador O.

Ao afastar a espira do polo sul do ímã, surge, na face da espira voltada para o ímã, um polo norte que se opõe ao afastamento. Concluímos que a corrente induzida tem sentido anti-horário em relação ao observador O.

Estão corretas as proposições II e III.

Resposta: d

3. Um ímã é colocado diante de uma espira disposta num plano horizontal.

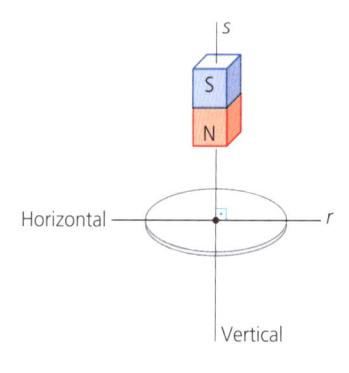

Analisar os casos abaixo e indicar em quais deles surge corrente elétrica induzida na espira.

I. O ímã e a espira estão em repouso.
II. O ímã e a espira movem-se verticalmente para cima com a mesma velocidade.
III. O ímã e a espira movem-se verticalmente para baixo com a mesma velocidade.
IV. O ímã aproxima-se da espira que está fixa.
V. O ímã afasta-se da espira que está fixa.
VI. O ímã está fixo, e a espira gira em torno do eixo horizontal r.
VII. O ímã está fixo, e a espira gira em torno do eixo vertical s.

▶ **Solução**

Uma corrente elétrica induzida surge na espira quando o fluxo magnético varia. Isso ocorre quando aproximamos ou afastamos o ímã da espira, que é mantida fixa, ou quando giramos a espira em torno do eixo r, com o ímã fixo.

Portanto, surge corrente elétrica nos casos IV, V e VI.

Exercícios propostos

1. A espira circular de área A = 60 cm² passa da posição 1 para a posição 2 e, a seguir, para a posição 3, estando imersa num campo magnético uniforme de intensidade B = 8 · 10⁻² T. Determine a variação do fluxo magnético através da espira ao passar da posição 1 para a posição 2 e da posição 1 para a posição 3.

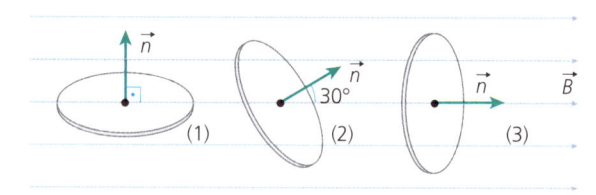

2. Um ímã aproxima-se de uma espira, atravessa-a e depois se afasta. Determine o sentido da corrente elétrica induzida em relação ao observador O durante a aproximação e durante o afastamento.

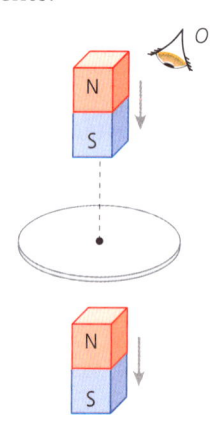

3. Considere as três situações apresentadas a seguir.

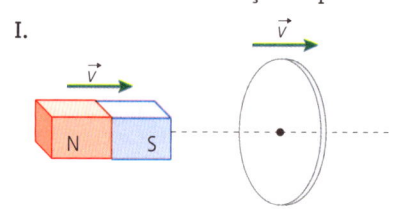

I.

II.

Fixo

III.

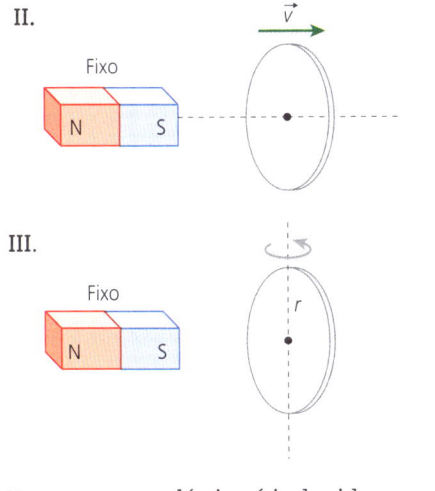

Fixo

Uma corrente elétrica é induzida na espira:
a) nas três situações descritas.
b) somente na situação I.
c) somente nas situações I e II.
d) somente nas situações II e III.
e) somente na situação II.

6 Outra maneira de apresentar a lei de Lenz

Vamos, agora, apresentar a lei de Lenz de outro modo. Para isso, observe a situação indicada na **figura 10**, em que uma espira está imersa num campo magnético $\vec{B}$ cuja intensidade varia com o tempo.

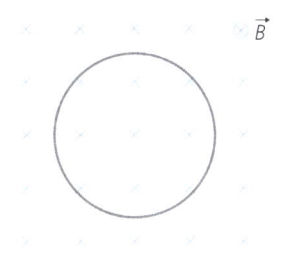

Figura 10. A intensidade de $\vec{B}$ varia com o tempo.

O campo magnético $\vec{B}$ gera um fluxo magnético φ denominado **fluxo indutor**. A corrente elétrica induzida i gera um fluxo magnético φ' denominado **fluxo induzido**. A lei de Lenz também pode ser enunciada assim:

> O sentido da corrente induzida é tal que origina um fluxo induzido φ' que se opõe à variação do fluxo magnético indutor φ.

Desse modo, se φ cresce, surge φ' em sentido oposto para se opor ao crescimento de φ. Se φ decresce, surge φ' no mesmo sentido para se opor à diminuição de φ. As duas situações estão exemplificadas a seguir.

I. Intensidade de $\vec{B}$ aumenta com o tempo

Se a intensidade de $\vec{B}$ aumenta, φ aumenta, e φ' surge em sentido oposto ao de φ. Conhecendo o sentido de φ', que é o mesmo do campo magnético induzido, usamos a regra da mão direita e determinamos o sentido **anti-horário** para a corrente induzida (**fig. 11**).

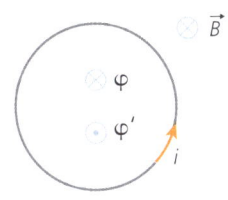

Figura 11. A intensidade de $\vec{B}$ aumenta: a corrente induzida tem sentido anti-horário.

II. Intensidade de $\vec{B}$ diminui com o tempo

Se a intensidade de $\vec{B}$ diminui, φ diminui, e φ' surge no mesmo sentido de φ. Conhecendo o sentido de φ', que é o mesmo do campo magnético induzido, usamos a regra da mão direita e determinamos o sentido **horário** para a corrente induzida (**fig. 12**).

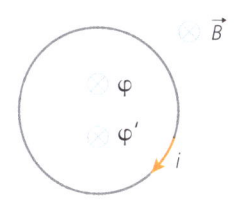

Figura 12. A intensidade de $\vec{B}$ diminui: a corrente induzida tem sentido horário.

Exercícios resolvidos

4. Uma espira é constituída por um fio condutor CDEF e por outro fio GH apoiado nos lados CD e EF. O conjunto está imerso num campo magnético uniforme $\vec{B}$.

Determinar o sentido da corrente elétrica induzida na espira nos casos em que:

a) o condutor GH se desloca para a direita;

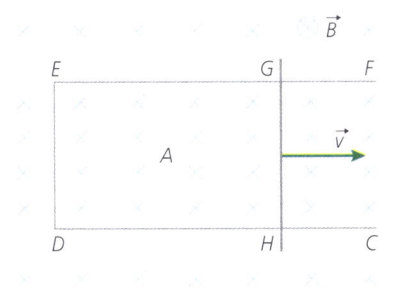

b) o condutor GH se desloca para a esquerda.

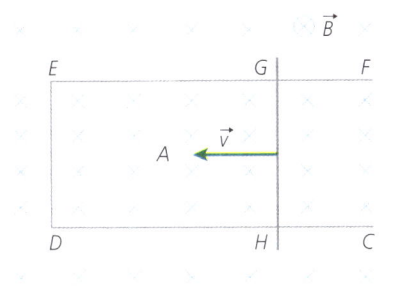

▶ **Solução**

a) Ao se deslocar o condutor GH para a direita, a área A da espira aumenta e, consequentemente, o fluxo indutor φ aumenta. O fluxo induzido φ' surge em sentido oposto para se opor ao crescimento de φ. Conhecendo o sentido de φ', que é o mesmo do campo magnético induzido, com a regra da mão direita, determinamos o sentido da corrente induzida: anti-horário.

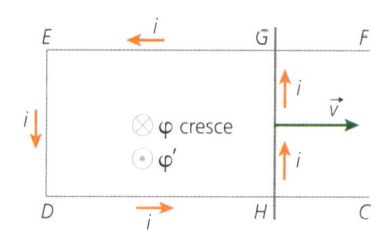

b) Ao deslocar o condutor GH para a esquerda, a área A da espira diminui e, consequentemente, o fluxo indutor φ diminui. O fluxo induzido φ' surge no mesmo sentido para se opor ao decréscimo de φ. Conhecendo o sentido de φ', que é o mesmo do campo magnético induzido, com a regra da mão direita, determinamos o sentido da corrente induzida: horário.

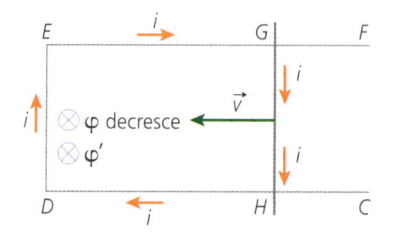

5. A figura representa três posições de uma espira retangular que atravessa com velocidade $\vec{v}$ constante uma região onde existe um campo magnético uniforme $\vec{B}$.

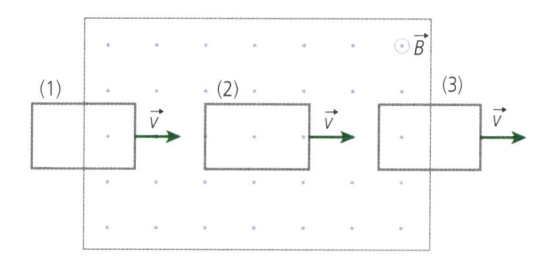

a) Determinar o sentido da corrente elétrica induzida que percorre a espira quando ela está passando pelas posições 1 e 3.
b) O que ocorre com o fluxo magnético através da espira no intervalo de tempo em que ela atravessa a região totalmente imersa no campo magnético?
c) O que é possível afirmar sobre a corrente elétrica induzida na espira no instante em que está passando pela posição 2?

▶ **Solução**

a) Ao passar pela posição 1, a espira está entrando no campo magnético, e o fluxo indutor φ está aumentando. O fluxo induzido φ' surge em sentido oposto para se opor ao crescimento de φ. Conhecendo o sentido de φ', que é o mesmo do campo magnético induzido, usamos a regra da mão direita e determinamos o sentido da corrente induzida: horário.

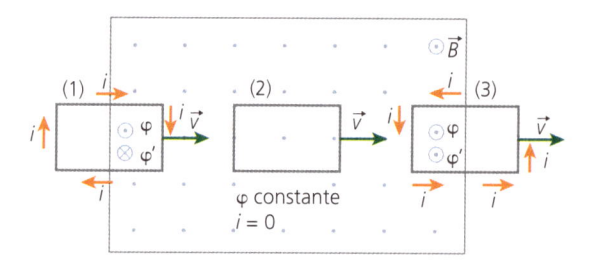

Ao passar pela posição 3, a espira está saindo do campo, e o fluxo indutor φ está diminuindo. O fluxo induzido φ' surge no mesmo sentido para se opor à diminuição de φ. Conhecendo o sentido de φ', que é o mesmo do campo magnético induzido, determinamos, pela regra da mão direita, o sentido da corrente induzida: anti-horário.

b) Não há variação do fluxo magnético.
c) A corrente elétrica induzida é nula.

6. Um condutor retilíneo e duas espiras, uma circular e outra retangular, situam-se num mesmo plano. O condutor retilíneo é percorrido por uma corrente elétrica de intensidade I. Determinar o sentido da corrente elétrica i induzida nas espiras no caso em que I cresce com o decorrer do tempo.

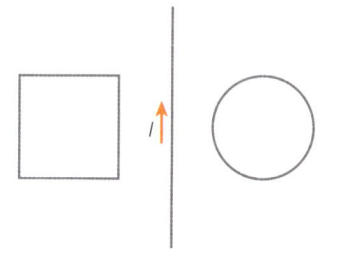

▶ **Solução**

A corrente elétrica I que percorre o condutor retilíneo gera, à direita, um campo magnético entrando no plano do papel e, à esquerda, saindo. Se I cresce, então B também cresce, assim como o fluxo indutor φ. O fluxo induzido φ' surge em sentido oposto para se opor ao crescimento de φ. Pela regra da mão direita, concluímos que a corrente elétrica induzida i tem sentido anti-horário na espira circular e horário na retangular.

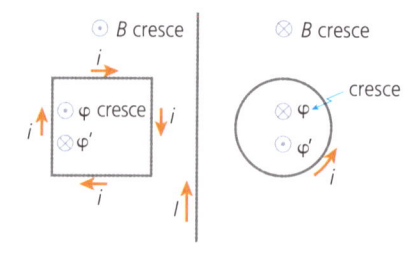

Exercícios propostos

4. Uma espira é constituída por um fio condutor CDEF e por outro fio GH apoiado nos lados CD e EF. O conjunto está imerso num campo magnético uniforme $\vec{B}$, saindo do plano do papel. Determine o sentido da corrente elétrica induzida na espira quando o condutor GH é deslocado verticalmente para baixo com velocidade constante.

5. Uma espira retangular atravessa uma região onde existe um campo magnético uniforme, perpendicular ao plano da espira. Determine o sentido da corrente elétrica induzida na espira, na situação indicada, na qual ela está saindo do campo.

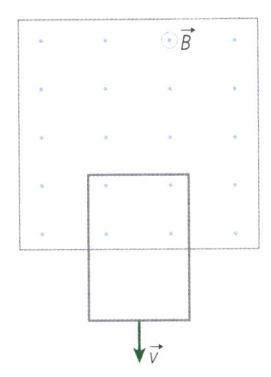

6. Um condutor retilíneo e uma espira retangular situam-se num mesmo plano. O condutor retilíneo é percorrido por uma corrente elétrica de intensidade I constante. Determine o sentido da corrente elétrica i induzida na espira no caso em que ela está se afastando do fio com velocidade constante $\vec{v}$.

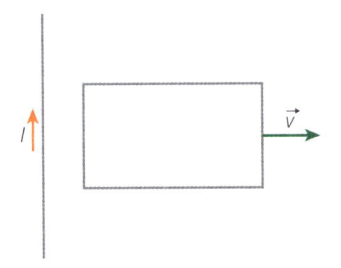

7. Uma bateria, uma bobina e uma espira circular, cujo eixo coincide com o da bobina, estão dispostos conforme mostra a figura. Determine, em relação ao observador O, o sentido da corrente elétrica induzida no instante em que a chave Ch é fechada e no instante em que ela é aberta. Se a chave permanece fechada, há corrente induzida na espira?

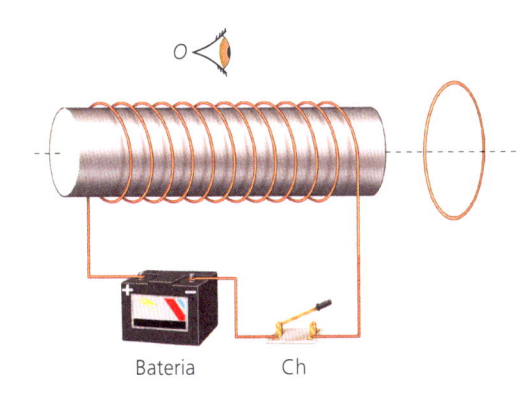

7 Lei de Faraday

Quando estudamos o fenômeno da indução eletromagnética, vimos que a variação do fluxo magnético na superfície de uma espira leva ao surgimento de uma corrente elétrica induzida. A presença de uma corrente induzida indica que deve haver uma **força eletromotriz** que a produz.

Observe a **figura 13**: quando giramos a espira em torno do eixo r, passando-a da posição 1 para a posição 2, ocorre uma variação de fluxo $\Delta\varphi$ num intervalo de tempo Δt. Desse modo, uma força eletromotriz média ε_m é induzida na espira.

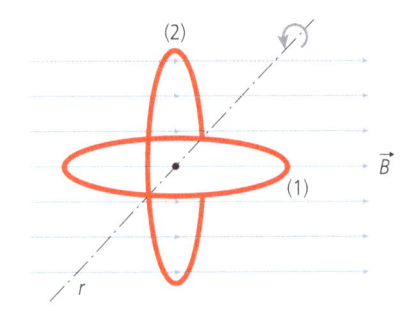

Figura 13. Quando a espira passa da posição 1 para a posição 2, ocorre uma variação de fluxo $\Delta\varphi$ num intervalo de tempo Δt.

O físico inglês **Michael Faraday** (1791-1867) observou experimentalmente que, quanto mais rápida é a variação do fluxo magnético, maior é o módulo da força eletromotriz média induzida. Portanto:

> O módulo da força eletromotriz média induzida é dado pela rapidez com que o módulo do fluxo magnético varia com o tempo. Isto é:
>
> $$|\varepsilon_m| = \frac{|\Delta\varphi|}{\Delta t}$$

Exercícios resolvidos

7. O fluxo magnético na superfície de uma espira varia com o tempo conforme a tabela abaixo.

t (s)	0	1,0	2,0	3,0	4,0
φ (Wb)	$2,0 \cdot 10^{-6}$	$5,0 \cdot 10^{-6}$	$7,0 \cdot 10^{-6}$	$8,0 \cdot 10^{-6}$	$8,0 \cdot 10^{-6}$

Determinar o módulo da força eletromotriz média induzida nos intervalos de tempo:

a) de 0 a 2,0 s
b) de 1,0 s a 3,0 s
c) de 3,0 s a 4,0 s

▶ **Solução**

a) De 0 a 2,0 s:

$$|\varepsilon_m| = \frac{|\Delta\varphi|}{\Delta t} \Rightarrow |\varepsilon_m| = \frac{|7,0 \cdot 10^{-6} - 2,0 \cdot 10^{-6}|}{2,0 - 0}$$

$$\therefore \boxed{|\varepsilon_m| = 2,5 \cdot 10^{-6} \text{ V}}$$

b) De 1,0 s a 3,0 s:

$$|\varepsilon_m| = \frac{|\Delta\varphi|}{\Delta t} \Rightarrow |\varepsilon_m| = \frac{|8,0 \cdot 10^{-6} - 5,0 \cdot 10^{-6}|}{3,0 - 1,0}$$

$$\therefore \boxed{|\varepsilon_m| = 1,5 \cdot 10^{-6} \text{ V}}$$

c) De 3,0 s a 4,0 s:

$$|\varepsilon_m| = \frac{|\Delta\varphi|}{\Delta t} \Rightarrow |\varepsilon_m| = \frac{|8,0 \cdot 10^{-6} - 8,0 \cdot 10^{-6}|}{4,0 - 3,0} \Rightarrow \boxed{|\varepsilon_m| = 0}$$

8. Uma espira circular de área $A = 3,0 \cdot 10^{-2} \text{ m}^2$ está imersa num campo magnético uniforme de intensidade $B = 2,0 \cdot 10^{-3}$ T. Ao ser girada em torno do eixo r, a espira passa da posição 1, paralela às linhas de indução, para a posição 2, perpendicular às linhas de indução.

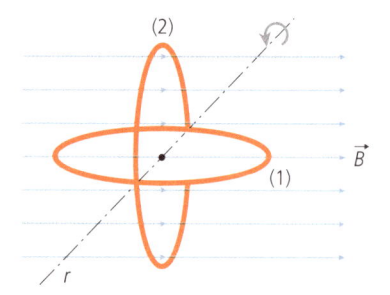

Determinar:

a) a variação do fluxo magnético através da espira, ao passar da posição 1 para a posição 2;

b) o módulo da força eletromotriz média induzida na espira ao passar da posição 1 para a 2. Considere que a passagem de uma posição à outra ocorre num intervalo de tempo de 2,0 s;

c) a resposta do item **b** se a passagem de uma posição à outra ocorrer em 0,05 s.

▶ **Solução**

a) $\varphi_1 = 0$, pois $\theta = 90°$

$\varphi_2 = B \cdot A \Rightarrow \varphi_2 = 2,0 \cdot 10^{-3} \cdot 3,0 \cdot 10^{-2} \therefore \varphi_2 = 6,0 \cdot 10^{-5}$ Wb

$\Delta\varphi = \varphi_2 - \varphi_1 \Rightarrow \boxed{\Delta\varphi = 6,0 \cdot 10^{-5} \text{ Wb}}$

b) $|\varepsilon_m| = \frac{|\Delta\varphi|}{\Delta t} \Rightarrow |\varepsilon_m| = \frac{6,0 \cdot 10^{-5}}{2,0} \therefore \boxed{|\varepsilon_m| = 3,0 \cdot 10^{-5} \text{ V}}$

c) $|\varepsilon_m| = \frac{|\Delta\varphi|}{\Delta t} \Rightarrow |\varepsilon_m| = \frac{6,0 \cdot 10^{-5}}{0,05} \therefore \boxed{|\varepsilon_m| = 1,2 \cdot 10^{-3} \text{ V}}$

Observação

Se, em vez de uma espira, tivéssemos 10.000 espiras justapostas (bobina chata), o resultado anterior seria multiplicado por 10.000, e a força eletromotriz média teria módulo igual a 12 V.

Exercícios propostos

8. O fluxo magnético na superfície de uma espira varia com o tempo conforme o gráfico abaixo.

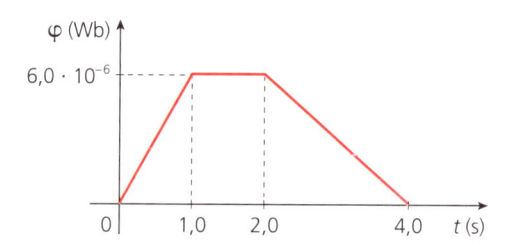

Determine o módulo da força eletromotriz média induzida nos intervalos de tempo:

a) de 0 a 1,0 s
b) de 1,0 s a 2,0 s
c) de 2,0 s a 4,0 s

9. Uma espira circular de área $A = 4,0 \cdot 10^{-2} \text{ m}^2$ está imersa num campo magnético de intensidade $B = 2,0 \cdot 10^{-3}$ T, conforme indica a figura. Esse campo é reduzido a zero em 2,0 s. Qual é o módulo da força eletromotriz média induzida nesse intervalo de tempo?

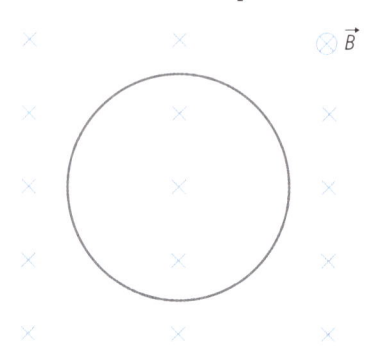

10. O condutor AC de comprimento L desloca-se com velocidade constante $\vec{v}$. No instante t, ele passa pela posição 1 e no instante $t + \Delta t$, pela posição 2. Qual é o módulo da força eletromotriz média induzida na espira nesse intervalo de tempo? Sabe-se que o conjunto está imerso num campo magnético uniforme de intensidade B, conforme indica a figura. Dê a resposta em função de B, L e v.

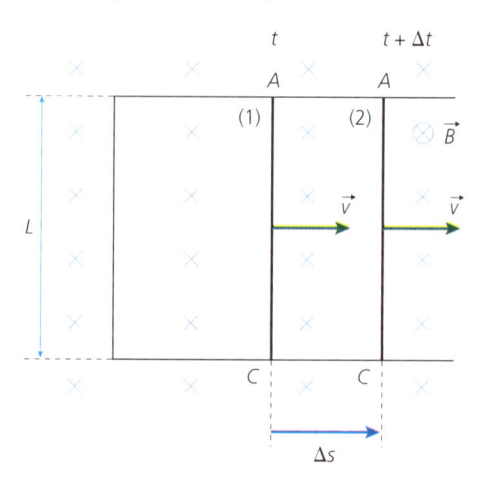

Atividade prática

Faça este experimento individualmente ou em grupo. Para realizá-lo, você vai precisar do seguinte material:

- um galvanômetro de zero central;
- um ímã reto;
- uma bobina de diâmetro 5 cm, contendo 50 espiras justapostas; para confeccioná-la, utilize fio de cobre com cerca de 8 m de comprimento e 0,5 mm de diâmetro, esmaltado ou encapado.

Ligue a bobina aos terminais do galvanômetro. Em seguida, aproxime e afaste o ímã da bobina, mantendo-a fixa. Verifique o que ocorre com o ponteiro do galvanômetro. Ele se desloca no mesmo sentido durante a aproximação e durante o afastamento?

Agora, aproxime o ímã da bobina com mais rapidez que no caso anterior, de modo que o fluxo acelere. O que ocorre com a intensidade da corrente em relação à situação anterior?

Fixe o ímã e aproxime e afaste a bobina. Há corrente induzida, isto é, o ponteiro do galvanômetro sofre deflexão?

Com base em suas observações durante o experimento, quais são suas conclusões sobre a geração da corrente elétrica induzida?

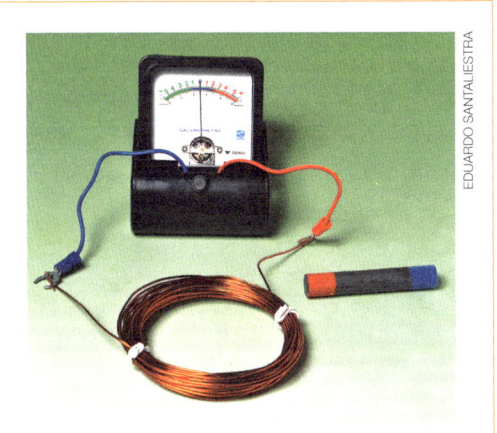

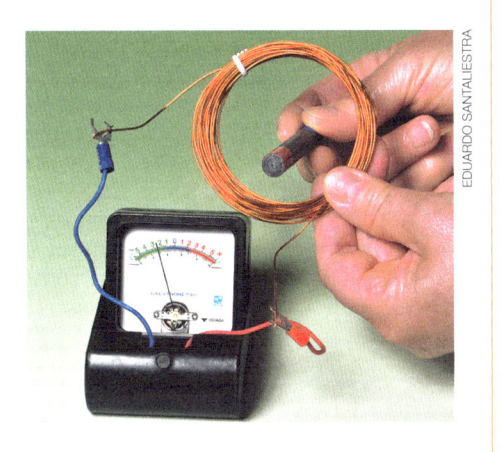

Exercícios de revisão

Ficha-resumo 1

Fluxo magnético de um campo uniforme através de uma espira plana

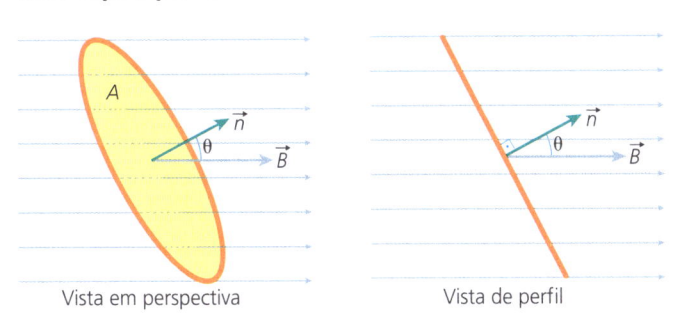

$$\varphi = B \cdot A \cdot \cos \theta$$

O fluxo magnético é uma grandeza escalar e proporcional ao número de linhas de indução que atravessam a superfície da espira.

1. (UFPR) A figura indica a existência do campo magnético $\vec{B}$ de 0,2 T, orientado segundo o eixo y.

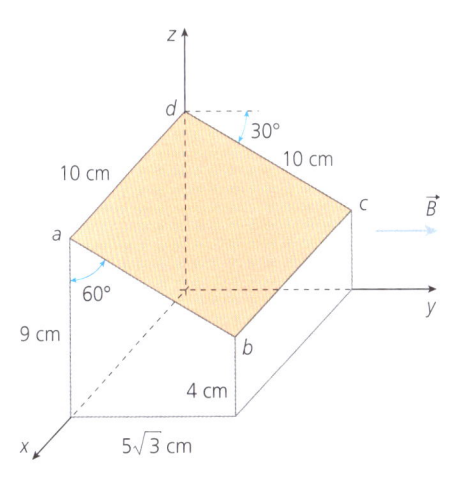

Determine o fluxo deste campo através da face *abcd*, dando a resposta em mWb.

2. (EEM-SP) Um fio condutor, em forma de anel, com raio R = 5 cm, está numa região do espaço onde existe um campo magnético constante e uniforme, de módulo B = 1 T. A direção de $\vec{B}$ forma com o plano do anel um ângulo de 30°. Calcule o fluxo de $\vec{B}$ através do anel.

Exercícios de revisão

Ficha-resumo 2

Fenômeno da indução eletromagnética

Quando o fluxo magnético varia na superfície de uma espira, dá origem a uma **corrente elétrica induzida**. Esse fenômeno é chamado de **indução eletromagnética**.

Sentido da corrente elétrica induzida. Lei de Lenz

O sentido da corrente induzida é tal que, por seus efeitos, opõe-se à causa que lhe deu origem.

ou

O sentido da corrente induzida é tal que origina um fluxo induzido φ' que se opõe à variação do fluxo magnético indutor φ.

3. (Pasusp) Uma das mais importantes formas de produção de energia elétrica, em nossa vida cotidiana, é proveniente de processos de transformação que envolvem a obtenção dessa energia pelo movimento. A construção de geradores de energia elétrica baseia-se nos estudos de Faraday, que observou correntes elétricas (induzidas) em circuitos fechados, sem que pilhas ou baterias estivessem conectadas aos mesmos. As figuras representam, esquematicamente, situações fundamentais para a compreensão das condições necessárias para a obtenção de corrente elétrica induzida.

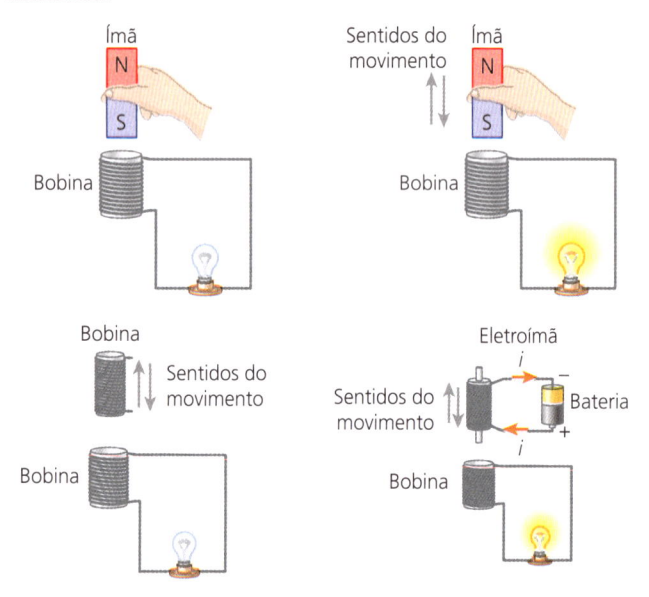

Correntes elétricas induzidas aparecem em um circuito fechado quando:

I. um ímã ou uma bobina permanecem parados próximos ao circuito.

II. um ímã ou um eletroímã movem-se na região do circuito.

III. ocorrem variações, com o tempo, do campo magnético na região do circuito.

Está correto o que se afirma apenas em:

a) I   b) II   c) III   d) I e III   e) II e III

4. (UFMG) Uma bobina condutora, ligada a um amperímetro, é colocada em uma região onde há um campo magnético $\vec{B}$, uniforme, vertical, paralelo ao eixo da bobina, como representado na figura a seguir.

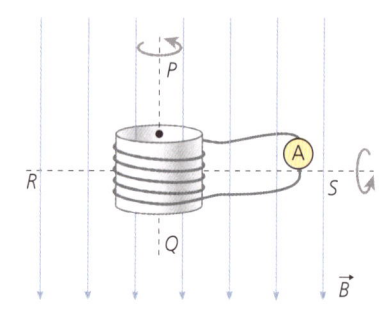

Essa bobina pode ser deslocada horizontal ou verticalmente ou, ainda, ser girada em torno do eixo PQ ou da direção RS, perpendicular a esse eixo, permanecendo, sempre, na região do campo.

Considerando-se essas informações, é **correto** afirmar que o amperímetro indica uma corrente elétrica quando a bobina é:

a) deslocada horizontalmente, mantendo-se seu eixo paralelo ao campo magnético.

b) deslocada verticalmente, mantendo-se seu eixo paralelo ao campo magnético.

c) girada em torno do eixo PQ.

d) girada em torno da direção RS.

5. (Famerp-SP) Uma espira condutora e circular está fixa, suspensa por uma haste isolante rígida, na posição representada na figura. Um ímã em forma de cilindro, com seus polos magnéticos norte (N) e sul (S), move-se em linha reta a partir do repouso no ponto A, no instante $t_0 = 0$, até o ponto B, onde para novamente no instante t_2. A velocidade máxima do ímã, entre os pontos A e B, é atingida no instante t_1. O gráfico indica a velocidade escalar do ímã em função do tempo, entre os instantes t_0 e t_2.

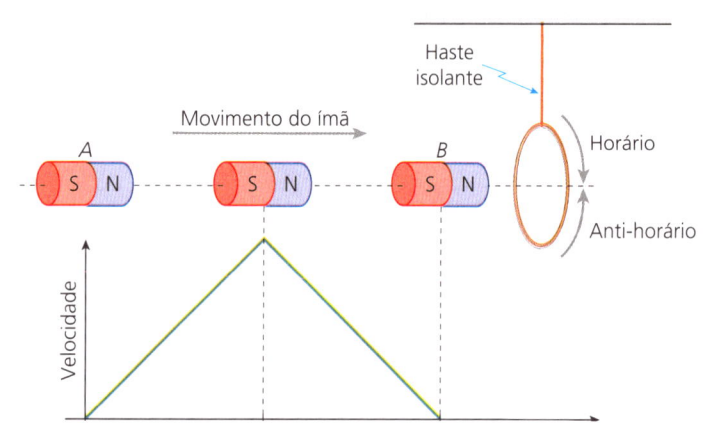

Considerando os sentidos horário e anti-horário indicados na figura, é correto afirmar que, devido ao movimento do ímã, a corrente elétrica induzida na espira circulará:

a) no sentido anti-horário entre t_0 e t_1 e entre t_1 e t_2.

b) no sentido horário entre t_0 e t_1 e entre t_1 e t_2.

c) no sentido horário entre t_0 e t_1 e no anti-horário entre t_1 e t_2.

d) no sentido anti-horário entre t_0 e t_1 e no horário entre t_1 e t_2.

e) no sentido anti-horário entre t_0 e t_1 e não haverá corrente induzida entre t_1 e t_2.

6. (UFPB) Em um laboratório de Eletricidade e Magnetismo, um grupo de estudantes analisa os efeitos produzidos pelo movimento relativo entre um ímã e uma espira condutora, conforme representação na figura a seguir.

Considerando essas informações, identifique as afirmativas que descrevem corretamente os fenômenos a serem observados pelos estudantes.

I. Ao se fixar a espira e dela ser aproximado o ímã, uma corrente induzida na espira com sentido horário é observada.

II. Ao se fixar o ímã e dele ser afastada a espira, uma corrente induzida na espira com sentido horário será observada.

III. Ao se fixar a espira e dela ser afastado o ímã, uma corrente induzida na espira no sentido horário é observada.

IV. Ao se fixar o ímã e dele ser aproximada a espira, uma corrente induzida no sentido anti-horário será observada.

V. Para induzir uma corrente na espira, é suficiente que um fluxo de linhas de indução de campo magnético atravesse essa espira.

7. (UFSM-RS) Na figura ao lado, o fio retilíneo e a espira condutora estão no plano horizontal. A corrente induzida na espira tem sentido horário, quando ela: 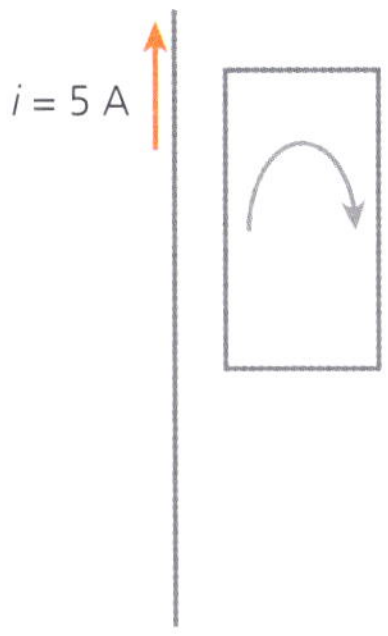
    a) fica em repouso.
    b) é deslocada para cima, paralelamente ao fio.
    c) é deslocada para baixo, paralelamente ao fio.
    d) é deslocada para a esquerda, na horizontal.
    e) é deslocada para a direita, na horizontal.

8. (Cefet-SP) A produção de energia elétrica em usinas hidrelétricas baseia-se no fenômeno da indução eletromagnética. Esse fenômeno ocorre quando uma bobina se encontra mergulhada em um campo magnético. Um gerador transforma energia mecânica devida à queda-d'água em energia elétrica por meio do movimento relativo entre o campo magnético e a bobina. A figura a seguir ilustra esse processo.

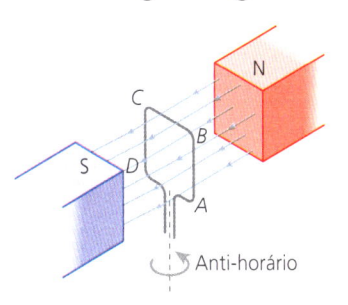

Na figura, uma espira retangular ABCD de área constante está imersa, em repouso, num campo magnético uniforme horizontal criado entre os polos norte e sul de um ímã, perpendicularmente às linhas de indução desse campo. Essa espira pode rodar ao redor de um eixo vertical, no sentido horário ou anti-horário (indicado na figura) ou mover-se, mantendo seu plano sempre perpendicular às linhas de indução, aproximando-se do polo norte ou do polo sul do ímã. Pode-se afirmar corretamente que surgirá na espira uma corrente induzida no sentido:
a) ABCD, se a espira girar até 90°, apenas no sentido horário.
b) ABCD, se a espira girar até 90°, no sentido horário ou anti-horário.
c) ABCD, se a espira girar até 90°, apenas no sentido anti-horário.
d) DCBA, se a espira se aproximar do polo norte.
e) DCBA, se a espira se aproximar do polo sul.

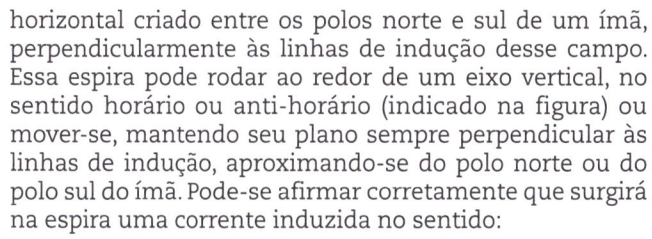

Ficha-resumo 3

Lei de Faraday

O módulo da força eletromotriz induzida média é dada pela rapidez com que o módulo do fluxo magnético varia com o tempo. Isto é:

$$|\varepsilon_m| = \frac{|\Delta\varphi|}{\Delta t}$$

9. (Unimontes-MG) O gráfico apresenta a variação do fluxo magnético através de uma bobina, com o tempo. A bobina constitui um circuito fechado, com resistência R = 10 Ω.

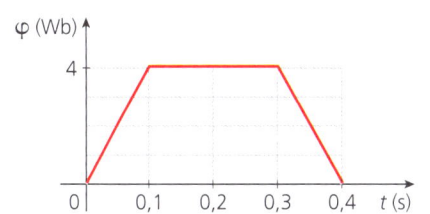

O valor da corrente elétrica induzida na bobina, entre t = 0,3 s e t = 0,4 s, é:
a) zero
b) 4,0 A
c) 3,0 A
d) 2,0 A

10. (Efomm-RJ) Um fio de resistência 5,0 Ω e 2,4 m de comprimento forma um quadrado de 60 cm de lado. Esse quadrado é inserido por completo, com velocidade constante, durante 0,90 s em um campo magnético constante de 10,0 T (de forma que a área do quadrado fique perpendicular às linhas do campo magnético). A intensidade de corrente que se forma no fio é i_1. Outro fio reto de 2,0 m de comprimento possui uma intensidade de corrente i_2, quando imerso em um campo magnético constante de módulo 10,0 T. A força magnética que atua no fio possui módulo 8,0 N. A direção da força é perpendicular à do fio e à direção do campo magnético. A razão entre os módulos de i_1 e i_2 é:
a) 0,2
b) 0,4
c) 0,5
d) 2,0
e) 4,0

Mais questões em **Vereda Digital Aprova Enem**, em **Vereda Digital Suplemento de revisão**, em **AprovaMax** (no *site*) e no livro digital.

CAPÍTULO 39

ONDAS ELETROMAGNÉTICAS

As ondas eletromagnéticas são indispensáveis para nós, pois nos tornamos completamente dependentes das tecnologias criadas para a transmissão e recepção de dados e informações por meio de cabos ou satélites. É inconcebível para nós, atualmente, passar um dia sem ouvir uma notícia pelo rádio ou pela televisão, sem enviar ou receber alguma mensagem, sem fazer uma ligação telefônica, ou sem acessar a internet ou um aplicativo de celular. As ondas eletromagnéticas estão presentes em praticamente todos os campos de atividade humana. Na foto, o *five hundred meter aperture spherical telescope* (FAST), localizado na província de Guizhou, China. Atualmente, esse é o maior radiotelescópio do mundo: mede 500 m de diâmetro, tem 4.450 painéis e área de 196.350 m². Foi construído para mapear galáxias, detectar ondas gravitacionais de baixa frequência e pesquisar vida extraterrestre.

Objetivos do capítulo

- Apresentar as bases da teoria eletromagnética de Maxwell.
- Discutir a geração e a propagação de campos elétricos e magnéticos variáveis no tempo.
- Destacar a interdependência dos campos elétricos e magnéticos variáveis.
- Analisar a geração, a transmissão e a recepção de ondas eletromagnéticas.
- Mostrar e discutir as aplicações práticas das ondas eletromagnéticas.

1 Ideia das ondas eletromagnéticas

A **indução eletromagnética** foi descoberta e estudada quase simultaneamente por Michael Faraday (1791-1867) e Joseph Henry (1797-1878) por volta de 1830, embora ambos trabalhassem independentemente.

Esse fenômeno é a base de quase toda a tecnologia eletroeletrônica utilizada diariamente. Motores elétricos, geradores elétricos e transformadores elétricos resultaram de aplicações da indução eletromagnética.

Podemos resumir a indução eletromagnética como a geração de um campo elétrico a partir da variação do fluxo magnético. Ou seja: um campo elétrico é gerado sem a presença de cargas elétricas nas proximidades.

Um aspecto notável da indução eletromagnética é a possibilidade de se transmitir energia entre dois sistemas, sem contato direto entre eles. Esse tipo de transmissão é denominado *wireless transmission* (transmissão sem fios). Um circuito, denominado emissor, emite os sinais eletromagnéticos, que são recebidos por outro circuito, denominado receptor. O rádio, a TV, o radar e os aparelhos de telefonia sem fio são exemplos de sistemas que interagem com outros a distância.

Apesar da significativa contribuição de Oersted, Ampère e Faraday para o desenvolvimento da eletricidade e do magnetismo, suas descobertas formavam um conjunto de fatos isolados, destituídos de base teórica. Entre 1861 e 1868, o físico e matemático escocês James Clerk Maxwell (1831-1879) organizou esses conhecimentos, sintetizando-os em um conjunto de quatro equações, hoje denominadas **equações de Maxwell**.

As equações de Maxwell preveem a existência de dois tipos de campos elétricos: os campos eletrostáticos e os campos elétricos induzidos pela variação do fluxo (φ_B) do vetor $\vec{B}$ do campo magnético, ambos já estudados em capítulos anteriores.

Desde o início do século XIX, devido aos fenômenos da interferência, da dispersão e da polarização, já se sabia que a luz era uma manifestação ondulatória que, de algum modo, estava ligada à eletricidade e ao magnetismo. O trabalho de Maxwell demonstrou definitivamente que luz, eletricidade e magnetismo estão relacionados e também anunciou a possibilidade de que campos elétricos e magnéticos oscilantes pudessem se propagar pelo espaço com velocidade igual à da luz. Nascia então a ideia das **ondas eletromagnéticas**.

2 Geração de ondas eletromagnéticas

Somente em 1888, o físico alemão Heinrich Rudolf Hertz (1857-1894) demonstrou experimentalmente a existência das ondas eletromagnéticas. A **figura 1A** mostra o aparato experimental usado por Hertz.

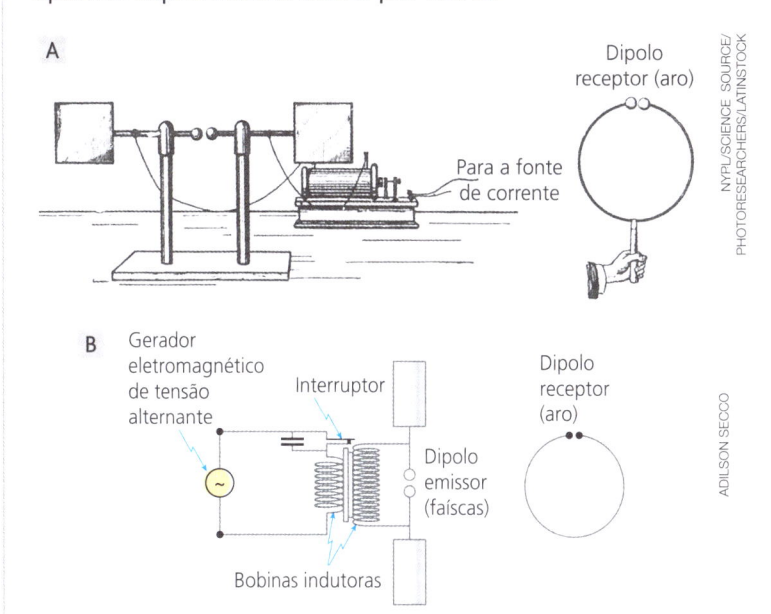

Figura 1. (A) Sabendo que "o que oscilava" na propagação luminosa eram campos elétricos e magnéticos, Heinrich Hertz produziu artificialmente ondas de comprimentos diferentes da luz usando o aparato acima; (B) representação do gerador e do receptor das ondas hertzianas, como ficaram conhecidas na época.

A faísca produzida no dipolo emissor **(fig. 1B)** por uma bobina de alta tensão induz uma faísca no dipolo receptor, o aro. Portanto, uma descarga elétrica ocorrida a certa distância gerou no aro uma corrente elétrica que produziu outra descarga elétrica entre suas extremidades. Hertz concluiu que houve transmissão de energia entre os dois sistemas, sem contato direto entre eles. Na época, essas ondas foram denominadas **ondas hertzianas** e foram uma prova definitiva da propagação de campos elétricos e magnéticos pelo espaço, confirmando as previsões de Maxwell, feitas cerca de 25 anos antes.

Hertz também obteve **ondas eletromagnéticas estacionárias** de diversas frequências, facilitando assim a determinação dos comprimentos de onda e da velocidade de propagação dessas ondas, confirmando que tais ondas se propagam com a mesma velocidade de propagação da luz no vácuo.

As micro-ondas dos fornos domésticos formam ondas estacionárias, o que justifica o fato de o prato suporte ser giratório, proporcionando assim uma absorção mais uniforme da energia eletromagnética pelos alimentos.

A **figura 2** mostra a formação das ondas emitidas por uma antena constituída de duas hastes metálicas (antena dipolar) ligadas a um gerador eletromagnético de tensão alternante. Devido à eletrização das hastes, formam-se as linhas do campo elétrico mostradas em roxo.

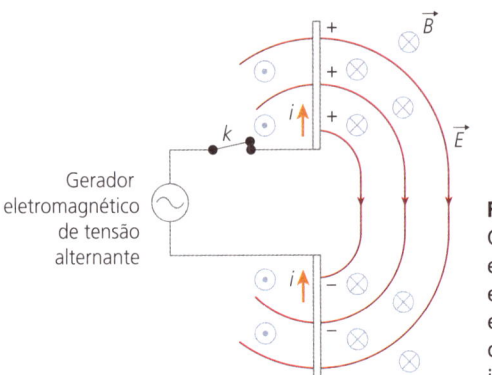

Figura 2. Geração e emissão de ondas eletromagnéticas em uma antena dipolar, em dado instante.

Durante o processo de eletrização das hastes, a corrente elétrica *i* gera o campo magnético. Com a inversão periódica da polaridade do gerador eletromagnético, os sentidos desses campos também são invertidos periodicamente, gerando as cristas e os vales das ondas. A **figura 3A** mostra o processo de propagação das ondas em andamento. A **figura 3B** também mostra a propagação das ondas no espaço ao redor da antena emissora.

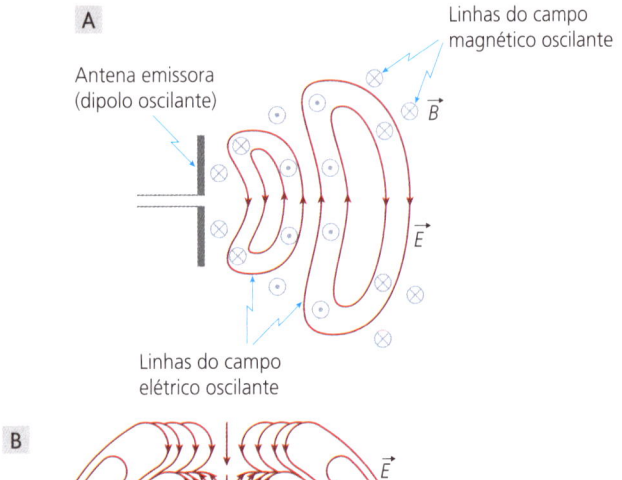

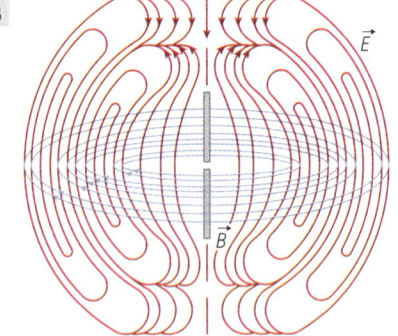

Figura 3.
(A) Modelo de propagação dos campos elétrico e magnético gerados na antena emissora;
(B) representação tridimensional da propagação das ondas.

Atualmente, as ondas eletromagnéticas são utilizadas em quase todas as nossas atividades. Alguns exemplos das inúmeras aplicações das ondas eletromagnéticas são: as transmissões de rádio e TV, a telefonia sem fio, os sistemas de localização via satélite (GPS), os aparelhos controlados a distância (controles remotos), os sistemas de intercâmbio de dados sem fios (*wireless systems*) e as pesquisas astronômicas, em que as ondas eletromagnéticas permitem o estudo de boa parte do que conhecemos sobre o Universo.

3 Características das ondas eletromagnéticas

A partir das suas equações, Maxwell elaborou uma hipótese ousada e inovadora para a Física da época: "Se campos magnéticos oscilantes geram campos elétricos oscilantes, esses mesmos campos elétricos oscilantes geram campos magnéticos oscilantes que geram campos elétricos oscilantes, ... e assim por diante". Matematicamente, Maxwell demonstrou que essa sucessão de campos elétricos e magnéticos oscilantes propaga-se pelo espaço, inclusive no vácuo, obedecendo a uma equação semelhante às equações das ondas mecânicas e apresentando propriedades típicas de ondas. Maxwell denominou-as **ondas eletromagnéticas**. A **figura 4** mostra o modelo de Maxwell para a propagação dessas ondas.

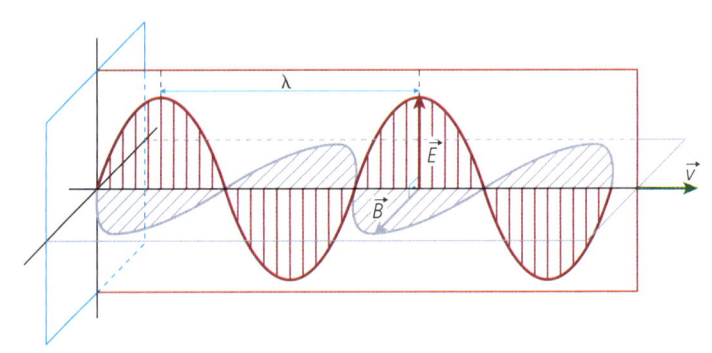

Figura 4. Modelo da propagação das ondas eletromagnéticas de Maxwell.

Nesse modelo, os vetores $\vec{E}$ e $\vec{B}$ dos campos elétrico e magnético induzidos são ortogonais entre si e a propagação da onda se dá numa direção perpendicular ao plano determinado por esses vetores. Nessa configuração, as ondas eletromagnéticas são **transversais**.

A **figura 5** mostra a regra prática, conhecida como **regra da mão esquerda**, para determinar os sentidos dos vetores $\vec{E}$, $\vec{B}$ e $\vec{v}$ no modelo de Maxwell.

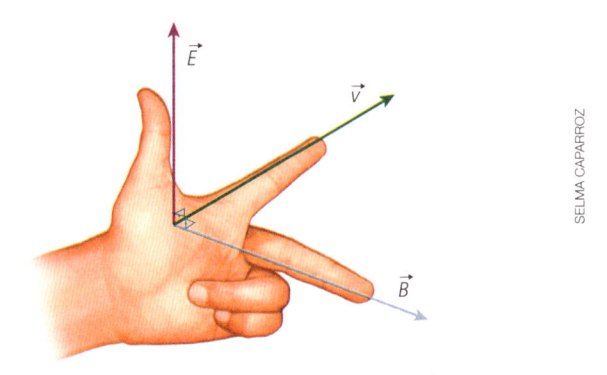

Figura 5. Com a mão esquerda posicionada, aponte o polegar na direção e no sentido do vetor $\vec{E}$, o dedo médio na direção e no sentido do vetor $\vec{B}$ e o dedo indicador na direção e sentido do vetor $\vec{v}$.

Outra característica do modelo de Maxwell para as ondas eletromagnéticas é o fato de os campos elétrico e magnético oscilarem em fase, isto é, $\vec{E}$ e $\vec{B}$ atingem valores máximos e mínimos simultaneamente.

Como para qualquer outra onda, vale também para as ondas eletromagnéticas a equação fundamental da propagação ondulatória:

$$v = \lambda \cdot f$$

Maxwell também deduziu que a relação entre as intensidades E e B dos campos induzidos e o módulo da velocidade de propagação v das ondas é:

$$\boxed{\frac{E}{B} = v}$$

Outro destaque da teoria eletromagnética de Maxwell foi a constatação de que, no vácuo, todas as ondas eletromagnéticas propagam-se com velocidade $v = \sqrt{\dfrac{1}{\varepsilon_0 \mu_0}}$, sendo ε_0 a permissividade elétrica do vácuo, $8{,}854 \cdot 10^{-12} \dfrac{C^2}{N \cdot m^2}$, e μ_0 a permeabilidade magnética do vácuo, $4\pi \cdot 10^{-7} \dfrac{T \cdot m}{A}$.

Assim:

$$v = \sqrt{\frac{1}{8{,}854 \cdot 10^{-12} \cdot 4\pi \cdot 10^{-7}}} \therefore v \simeq 2{,}998 \cdot 10^8 \text{ m/s}$$

valor que é igual ao da velocidade de propagação da luz no vácuo (c), já conhecido na época de Maxwell.

Com base nessa constatação, Maxwell propôs que a luz também era uma onda eletromagnética. Essa comprovação teórica do caráter ondulatório da luz unificou a Eletricidade, o Magnetismo e a Óptica, colocando-os como componentes de um mesmo fenômeno: as ondas eletromagnéticas. É usual o termo **radiações eletromagnéticas** quando nos referimos às ondas eletromagnéticas.

A partir da teoria eletromagnética de Maxwell, podemos destacar algumas propriedades das ondas eletromagnéticas:

- embora sejam originadas por oscilações em fase de campos elétricos e magnéticos, as ondas eletromagnéticas não são afetadas por outros campos dessa natureza ao se propagar;
- essas ondas não necessitam de um meio para se propagar;
- no vácuo, as ondas eletromagnéticas propagam-se com velocidade igual à da luz, c, transmitindo energia e quantidade de movimento;
- são ondas de natureza transversal e, portanto, podem ser polarizadas.

Embora não transportem massa, essas ondas sofrem influência de campos gravitacionais intensos, como será visto no capítulo 41 – Noções de relatividade.

Observação

Para a velocidade de propagação da luz no vácuo, adota-se, desde 1983, o valor de 299.792.458 m/s, que pode ser aproximado para $3{,}0 \cdot 10^8$ m/s ou $3{,}0 \cdot 10^5$ km/s.

Exercícios resolvidos

1. Uma radiação eletromagnética com frequência de 120 MHz propaga-se nas proximidades da superfície terrestre, com velocidade de $3{,}0 \cdot 10^8$ m/s, no sentido de oeste para leste.

A amplitude $B_{máx.}$ do campo magnético oscilante dessa onda é igual a $7{,}0 \cdot 10^{-9}$ T e, num dado instante, tem sentido de norte para sul. Determinar para essa onda, nesse instante:

a) seu comprimento de onda;
b) a frequência f de oscilação do campo elétrico;
c) a intensidade, a direção e o sentido da amplitude $E_{máx.}$ do campo elétrico.

▶ **Solução:**

a) Da equação fundamental da propagação ondulatória, $v = \lambda \cdot f$, obtemos:

$$3{,}0 \cdot 10^8 = \lambda \cdot 120 \cdot 10^6 \therefore \boxed{\lambda = 2{,}5 \text{ m}}$$

b) Os campos induzidos $\vec{E}$ e $\vec{B}$ oscilam em fase; portanto, têm a mesma frequência, isto é:

$$\boxed{f_E = f_B = 120 \text{ MHz}}$$

c) Pela regra da mão esquerda, temos a configuração a seguir.

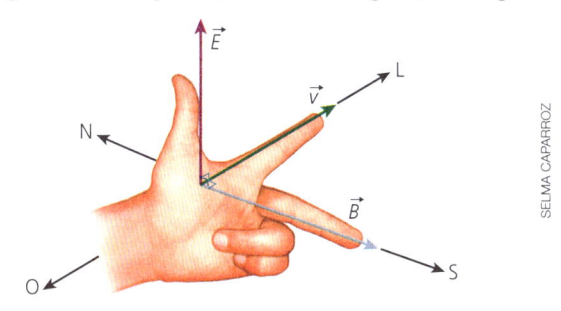

Portanto, o vetor $\vec{E}$ tem direção vertical e sentido para cima. Sua amplitude é calculada pela relação:

$$\frac{E_{máx.}}{B_{máx.}} = v \Rightarrow E_{máx.} = v \cdot B_{máx.} \Rightarrow E_{máx.} = 3{,}0 \cdot 10^8 \cdot 7{,}0 \cdot 10^{-9}$$

$$\therefore \boxed{E_{máx.} = 2{,}1 \text{ V/m}}$$

2. Sejam $\vec{E}$, $\vec{B}$ e $\vec{v}$, respectivamente, os vetores campo elétrico induzido, campo magnético induzido e velocidade de propagação de uma onda eletromagnética. Nos casos apresentados a seguir, desenhar o vetor que falta na figura, considerando a regra da mão esquerda.

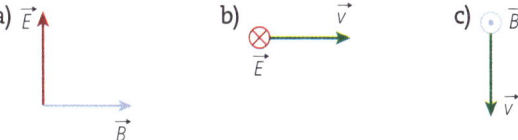

▶ **Solução:**

Usando o modelo da regra da mão esquerda para cada caso, teremos:

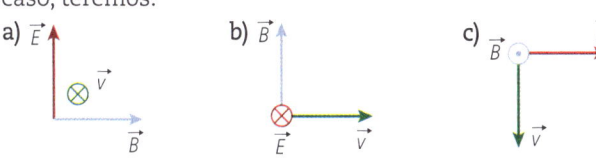

Exercícios propostos

Considere $c = 3,0 \cdot 10^8$ m/s a velocidade de propagação das ondas eletromagnéticas no vácuo.

1. Uma onda eletromagnética propagando-se no vácuo tem amplitude do campo elétrico induzido igual a $E_{máx.} = 9,0 \cdot 10^{-4}$ V/m. Assim, a amplitude $B_{máx.}$ do campo magnético induzido para essa onda é, em tesla, igual a:

   a) $3,0 \cdot 10^{-12}$ b) $3,3 \cdot 10^{-12}$ c) $3,0 \cdot 10^{-11}$ d) $3,3 \cdot 10^{11}$

2. Nas figuras a seguir, o símbolo ⊗ representa um vetor entrando perpendicularmente no plano do papel e o símbolo ⊙ representa um vetor saindo perpendicularmente do plano do papel.

   Considerando que os vetores $\vec{E}$ e $\vec{B}$ correspondem, respectivamente, aos campos elétrico e magnético oscilantes de uma onda eletromagnética, determine o sentido de propagação da onda em cada um dos casos.

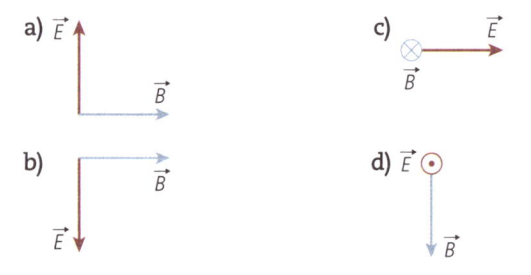

   a) $\vec{E}$ ↑, $\vec{B}$ →

   b) $\vec{B}$ →, $\vec{E}$ ↓

   c) $\vec{B}$ ⊗, $\vec{E}$ →

   d) $\vec{E}$ ⊙, $\vec{B}$ ↓

3. Uma onda eletromagnética plana propaga-se no sentido positivo do eixo x, com comprimento de onda igual a 20 cm. O campo elétrico oscila na direção do eixo y, atingindo um valor máximo igual a 0,3 V/m.

   a) Qual é a frequência dessa onda eletromagnética, em GHz (gigahertz)?
   b) Qual é a intensidade máxima atingida pelo campo magnético, em nT (nanotesla)?
   c) Em que direção o campo magnético oscila?

4. Uma onda eletromagnética, propagando-se horizontalmente no vácuo no sentido de sul para norte, está polarizada de modo que o campo elétrico $\vec{E}$ oscila verticalmente com frequência de 3,0 MHz e tem valor máximo igual a 900 V/m. Determine para essa radiação:

   a) a direção de oscilação do campo magnético;
   b) o seu comprimento de onda;
   c) o valor máximo do campo magnético oscilante.

4 Espectro eletromagnético

Em 1801, portanto mais de 60 anos antes da teoria eletromagnética de Maxwell, o físico e médico inglês Thomas Young (1773-1829) obteve resultados convincentes de que a luz se comportava como uma onda. Mas, na época, havia perguntas, sem respostas: O que oscila numa onda luminosa? Qual é o meio elástico em que elas se propagam?

Young obteve experimentalmente os comprimentos de onda das ondas luminosas, situando-os no intervalo de: $\lambda_{mín.} = 4,0 \cdot 10^{-7}$ m a $\lambda_{máx.} = 7,0 \cdot 10^{-7}$ m

Após a constatação de Maxwell de que as ondas eletromagnéticas propagavam-se no vácuo com velocidade igual à da luz, aproximadamente $3,0 \cdot 10^8$ m/s, os cientistas da época ainda não acreditavam que a luz fosse um tipo de onda eletromagnética.

Assim, as correspondentes frequências para as radiações luminosas ficam entre $f_{mín.} = 4,3 \cdot 10^{14}$ Hz, que corresponde a $\lambda_{máx.}$, e $f_{máx.} = 7,5 \cdot 10^{14}$ Hz, que corresponde a $\lambda_{mín.}$. Esses valores são bem maiores que os obtidos por Rudolf Hertz em suas experiências (cerca de 10^9 Hz).

As ondas hertzianas, hoje conhecidas como **ondas de rádio**, por serem usadas para transmitir sinais de rádio e TV, e as ondas luminosas são apenas dois exemplos de ondas eletromagnéticas em meio a muitos outros, como veremos a seguir.

Quando ordenadas segundo suas frequências ou seus comprimentos de onda, as ondas eletromagnéticas formam uma sucessão de radiações que costuma ser chamada de **espectro eletromagnético**, como se vê na **figura 6**.

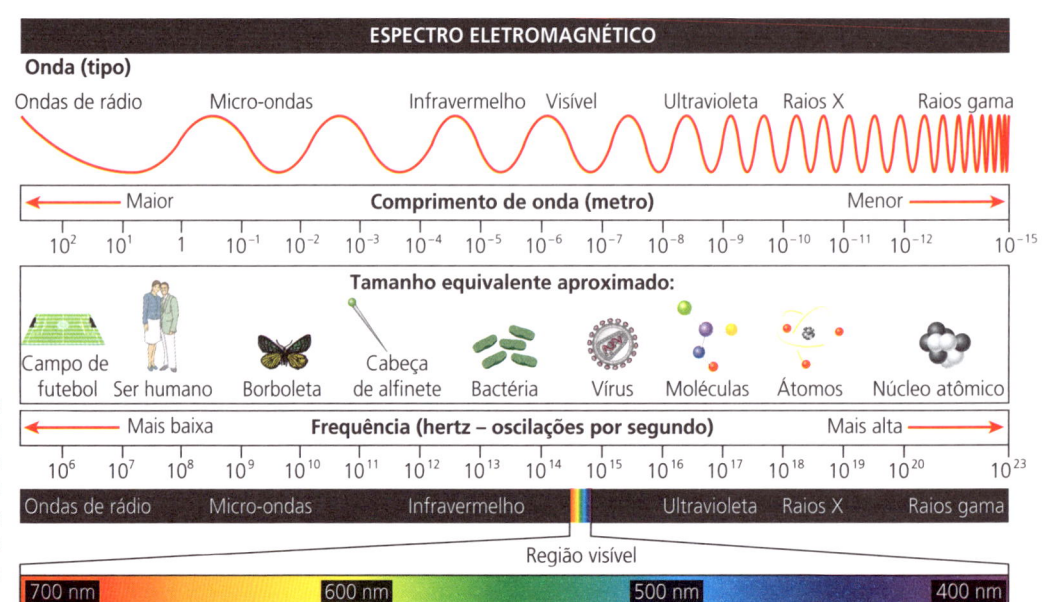

Figura 6. Representação do espectro eletromagnético com comprimentos de onda, frequências e dimensões comparativas. Nessa representação, os comprimentos de onda da região visível do espectro são dados em nanometro (nm), em que 1 nm = 10^{-9} m.

As faixas não têm limites bem definidos, há sobreposições. Os nomes são dados segundo o modo como as ondas foram geradas ou segundo suas aplicações.

A seguir, vamos analisar com mais detalhes como são geradas, detectadas e utilizadas algumas ondas eletromagnéticas.

Ondas de rádio

É o nome dado às ondas utilizadas em comunicações por rádio (AM e FM), TV, *walkie-talkie*, radar e outras. Em termos simples, a comunicação se resume à emissão das ondas por uma antena, a **antena transmissora**, e à recepção por outra antena, a **antena receptora**.

Sua faixa de frequências é a mais ampla do espectro. Vai desde cerca de 2 Hz (ELF: *extremely low frequency*), utilizada em comunicações submarinas e prospecções geofísicas, até aproximadamente 300 MHz (EHF: *extremely high frequency*), utilizada em radares e sensoriamento remoto.

As comunicações por ondas de rádio podem ser divididas em três categorias:

- transmissões ponto a ponto a baixa altitude, isto é, próximas do solo. Em inglês, esse tipo de transmissão é denominado *ground waves*;
- transmissões atmosféricas ponto a ponto, isto é, as ondas são refletidas nas baixas camadas da atmosfera. Em inglês, essas transmissões são denominadas *sky waves*;
- transmissões ponto a ponto via satélite, isto é, as ondas são enviadas para além da atmosfera terrestre até um satélite que as recebe e as reenvia para outro ponto da Terra. Em inglês, essas transmissões são denominadas *space waves*.

A **figura 7** mostra esquematicamente esses tipos de transmissões.

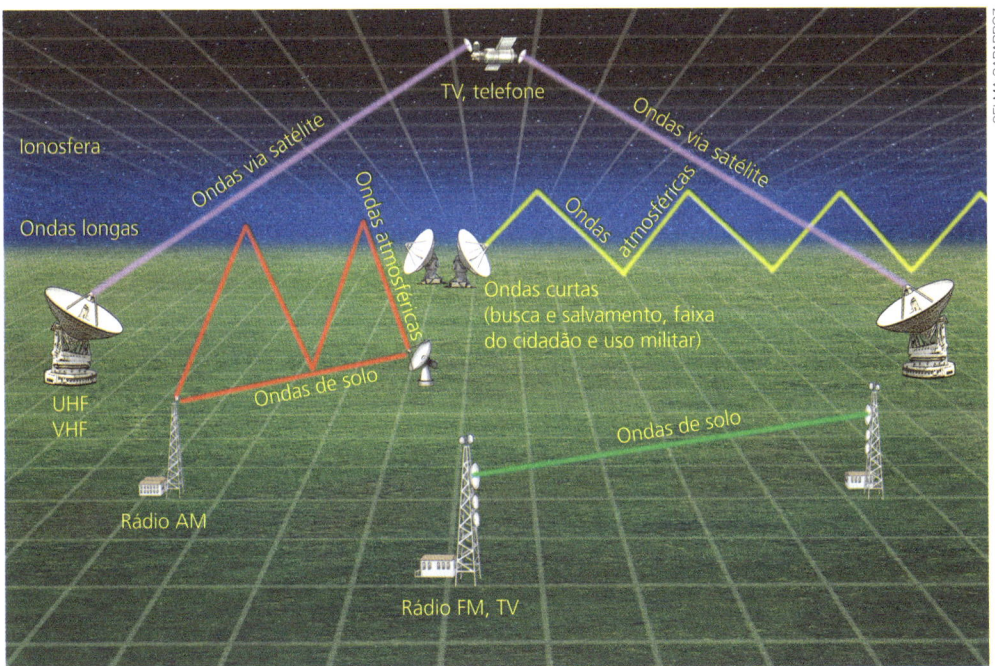

Figura 7. Tipos de transmissões por ondas de rádio.

Micro-ondas

São ondas também usadas em comunicações. Por terem maior frequência, podem transportar maior quantidade de informações que as ondas de rádio. Em contrapartida, não sofrem reflexão nas camadas da atmosfera terrestre. Sua transmissão a grandes distâncias é feita por repetição, isto é, as informações são difundidas por uma rede de antenas receptoras e transmissoras entre pontos distantes. Também são usados satélites para o processo de repetição.

A faixa de frequências das micro-ondas está situada entre 300 MHz e 300 GHz, com comprimentos de onda que variam de 1 mm a 1 m.

Classificadas como radiação não ionizante, as micro-ondas têm efeitos fisiológicos estritamente térmicos, não oferecendo risco de danos aos tecidos orgânicos, como ocorre com os raios X e os raios gama (γ), que são radiações muito mais energéticas. Entretanto, órgãos internacionais de saúde não recomendam a exposição prolongada a emissões de micro-ondas com intensidades superiores a 5 mW/cm^2.

A **figura 8** mostra rádiotelescópios, que são na verdade antenas para captação de micro-ondas e ondas de rádio usadas em radioastronomia. Esses "telescópios" não operam na faixa visível do espectro eletromagnético; eles são instrumentos de observação.

Figura 8. Conjunto de antenas parabólicas para captação de micro-ondas e ondas de rádio.

As micro-ondas são também conhecidas por suas aplicações na culinária. Hoje é comum o uso doméstico de fornos de micro-ondas. Esses eletrodomésticos operam com ondas de frequência da ordem de 2,45 GHz, aquecendo a água contida nos alimentos por ressonância. Alimentos como arroz e macarrão não podem ser cozidos em fornos de micro-ondas se não estiverem mergulhados em água.

Exercícios resolvidos

3. Uma emissora de rádio transmite sua programação na frequência de 800 kHz. Portanto, o comprimento de onda das ondas emitidas é comparável:
a) à altura de uma pessoa.
b) à altura de uma casa.
c) à altura de um prédio de 50 andares.
d) à altura do morro do Pão de Açúcar, na cidade do Rio de Janeiro.
e) à distância São Paulo-Rio de Janeiro.

▶ **Solução:**
Da equação fundamental da propagação ondulatória, $v = \lambda \cdot f$, obtemos:
$3,0 \cdot 10^8 = \lambda \cdot 800 \cdot 10^3 \therefore \lambda = 375$ m
Esse resultado indica que é comparável à altura do morro do Pão de Açúcar (396 m).

Resposta: d

Exercícios propostos

Considere $c = 3,0 \cdot 10^8$ m/s a velocidade de propagação das ondas eletromagnéticas no vácuo.

5. Algumas emissoras de rádio transmitem em **ondas curtas**, isto é, ondas de rádio com comprimentos menores que 200 m. Portanto, as frequências dessas ondas devem ser:
a) maiores que 1,5 kHz.
b) iguais a 1,5 MHz.
c) menores que 1,5 kHz.
d) maiores que 1,5 MHz.

6. Em uma experiência com um forno de micro-ondas doméstico, foram obtidas ondas estacionárias com nós separados por 6,0 cm. Assim, podemos afirmar que a frequência das micro-ondas desse forno vale, em GHz:
a) 2,5
b) 3,0
c) 5,0
d) 6,0
e) 10

7. Uma onda eletromagnética estacionária, de frequência $2,5 \cdot 10^{10}$ Hz, foi gerada em um meio tal que os nós ficaram espaçados de 3,6 mm. Determine para essa radiação:
a) a velocidade de propagação nesse meio;
b) o índice de refração desse meio.

Infravermelho

São ondas eletromagnéticas cujos comprimentos de onda estão entre 750 nm e 600 μm aproximadamente. Consequentemente, suas frequências situam-se na faixa entre $5,0 \cdot 10^{11}$ Hz e $4,0 \cdot 10^{14}$ Hz, valores que estão abaixo da frequência da radiação vermelha do espectro visível, fato que justifica seu nome: **infra**vermelho (**abaixo** do vermelho).

Descobertas em 1800 por Sir Frederick William Herschel (1738-1822), como uma componente invisível da radiação solar que recebemos, essas ondas são percebidas por nós na forma de calor. Ao nos aproximar de uma chama ou de um objeto quente, percebemos o aquecimento devido à emissão de ondas de infravermelho.

Uma onda eletromagnética como essa é denominada **radiação térmica**. Qualquer corpo, em qualquer temperatura, emite radiação infravermelha. Quanto maior a temperatura, maior a taxa de emissão dessa radiação.

Essas radiações têm inúmeras aplicações tecnológicas, como em termografia ou fotografia térmica, usada em medicina, em binóculos para "visão noturna", científicos e militares, e dispositivos termossensíveis de orientação e identificação (mapas de calor), usados em mísseis e aviões militares e no mapeamento das posições ocupadas pelos jogadores durante uma partida de futebol, entre outras.

Os controles remotos de equipamentos eletroeletrônicos são dotados de uma fonte emissora de radiação infravermelha que envia uma sucessão de pulsos em linguagem binária ao sensor, um fototransistor, localizado no aparelho que está sendo acionado a distância. O circuito digital ao qual está ligado esse sensor decodifica a mensagem binária e executa a função por ela determinada. Essas fontes de infravermelho costumam ser erroneamente chamadas de LEDs de infravermelho. Na verdade, esses dispositivos emissores de radiação infravermelha são os IRDs (*infrared diods*). A sigla LED, em inglês, significa diodo emissor de luz, que não é a radiação usada nos controles remotos.

Espectro visível

Embora ocupem uma estreita faixa do espectro eletromagnético, as radiações visíveis são ondas eletromagnéticas fundamentais para a vida, pois ela depende da luz do Sol.

Entre 1670 e 1672, Isaac Newton (1643-1727) estudou a luz branca natural, isto é, a luz solar **(fig. 9)**. Fazendo-a atravessar um prisma de vidro, Newton demonstrou que a luz solar é composta por sete radiações que estimulam os órgãos da visão. Cada uma dessas radiações tem uma cor característica: vermelho, laranja, amarelo, verde, azul, anil e violeta, como se vê na **figura 10**. Os trabalhos de Newton em Óptica foram publicados em 1704 em seu livro *Opticks*.

A **figura 10** mostra o intervalo das frequências e dos comprimentos de onda para essas radiações, componentes do espectro eletromagnético.

Figura 9. Gravura que representa a decomposição da luz branca natural descoberta por Isaac Newton.

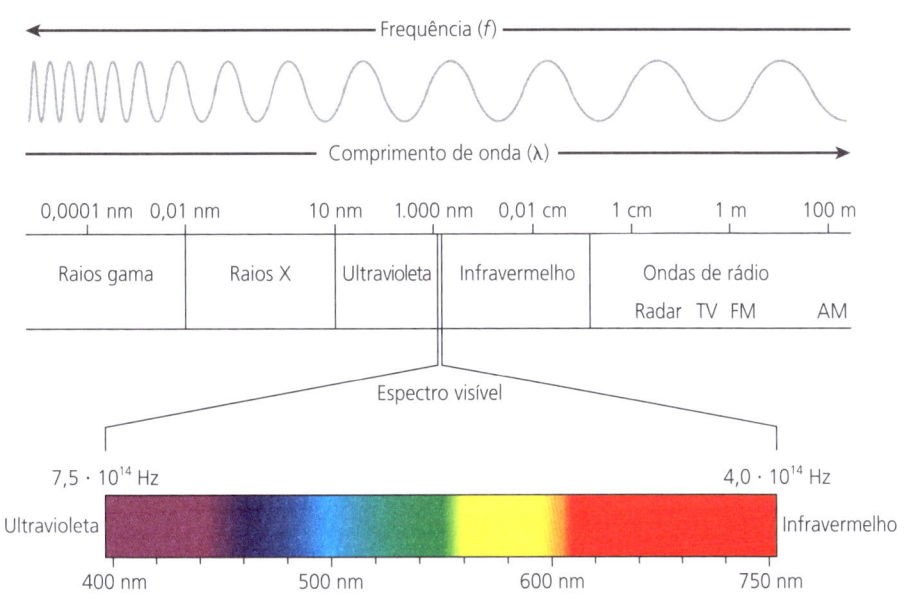

Figura 10. Espectro electromagnético com destaque para a região das radiações visíveis.

Os intervalos correspondentes às cores não são bem definidos, como se vê na **figura 10**, pois há uma transição contínua entre as cores. De todo o espectro eletromagnético, essas são as únicas radiações capazes de sensibilizar nossa visão.

A decomposição da luz branca natural é explicada pela diferença no valor da velocidade de propagação de cada radiação componente (cor) em meios materiais. Por terem velocidades diferentes, as radiações propagam-se separadamente através do meio. Esse fenômeno é chamado de **dispersão da luz branca**. Dizemos, portanto, que a luz branca natural é policromática, ou seja, é constituída por várias frequências.

Mesmo as fontes de luz comum de uma "única" cor, como as lâmpadas de sódio, por exemplo, emitem várias frequências próximas, dando a impressão de ser monocromáticas.

Verifica-se que, quanto menor a frequência da luz, maior é a velocidade de propagação dessa radiação no meio. Ou seja: a velocidade de propagação nos meios materiais aumenta do violeta para o vermelho.

Assim, temos:

$v_{violeta} < v_{anil} < v_{azul} < v_{verde} < v_{amarelo} < v_{laranja} < v_{vermelho}$

Em 1960, o físico Theodore H. Maiman (1927-2007) obteve um tipo especial de luz, que ficou conhecido pela sigla *laser* (*light amplification by stimulated emission of radiation* ou amplificação de luz pela emissão estimulada de radiação).

O *laser* de Maiman emitia luz vermelha, com comprimento de onda de 694 nm, a partir da excitação dos átomos de uma barra de rubi por uma fonte de energia pulsante (cintilador). A energia emitida pelo cintilador excita os elétrons dos átomos de rubi para níveis de energia mais elevados. Ao retornarem aos seus níveis de origem, eles emitem radiações com frequências absolutamente iguais, isto é, a radiação é monocromática.

A **figura 11A** mostra os componentes de uma fonte de luz *laser* de rubi e a **figura 11B** mostra um esquema simplificado desse processo.

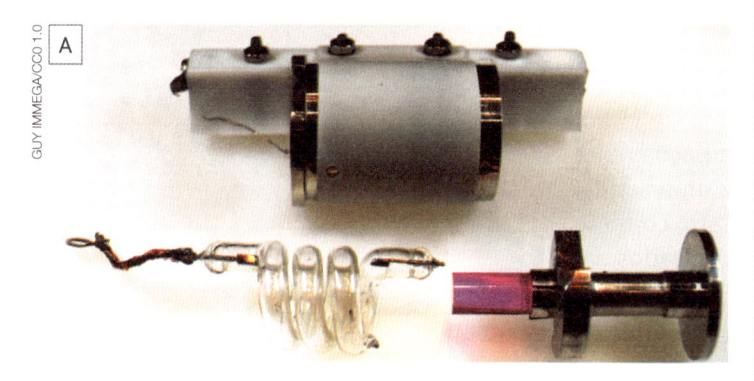

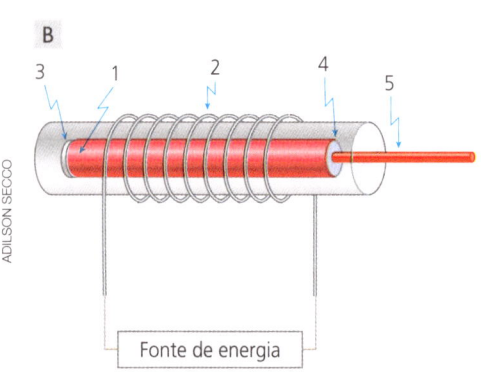

Figura 11. (A) *Laser* de Theodore Maiman, construído em 1960, EUA; (B) esquema de uma fonte de luz *laser*: (1) barra de rubi; (2) cintilador; (3) espelho de alta refletividade; (4) espelho semitransparente; (5) feixe de luz amplificado (*laser*).

Exercícios resolvidos

4. Entre as opções a seguir, escolher aquela na qual as radiações monocromáticas visíveis estão em ordem decrescente de comprimento de onda:
a) verde, azul e amarelo.
b) vermelho, verde e violeta.
c) violeta, amarelo e vermelho.
d) laranja, vermelho e verde.
e) anil, amarelo e verde.

▶ **Solução:**
O espectro eletromagnético tem uma estreita faixa visível ao olho humano. Nessa faixa, encontram-se as radiações monocromáticas visíveis, com comprimentos de onda entre 400 nm e 750 nm. De acordo com a **figura 10** do espectro eletromagnético, podemos observar que as radiações, em ordem decrescente de comprimento de onda, são: vermelho, laranja, amarelo, verde, azul, anil e violeta.

Resposta: b

Exercícios propostos

Considere $c = 3,0 \cdot 10^8$ m/s para a velocidade de propagação das ondas eletromagnéticas no ar e no vácuo.

8. As radiações infravermelhas são ondas eletromagnéticas com comprimentos de onda no intervalo de 750 nm a 600 µm, aproximadamente. Portanto, as frequências dessas radiações, em terahertz (10^{12} Hz), estão no intervalo:
a) $0,5 \lesssim f \lesssim 40$
b) $0,5 \lesssim f \lesssim 400$
c) $5,0 \lesssim f \lesssim 40$
d) $5,0 \lesssim f \lesssim 400$
e) $50 \lesssim f \lesssim 400$

Observação

O símbolo $\lesssim$ significa "da ordem de ... ou menor que ...".

9. A superfície de qualquer corpo, a uma dada temperatura absoluta T, emite radiação em toda a extensão do espectro eletromagnético, cujo comprimento de onda $\lambda_{I_{máx.}}$ da radiação emitida com intensidade máxima é dada pela lei de Wien: $\lambda_{I_{máx.}} \cdot T \simeq 3,0 \cdot 10^3$ µm · K

Se, em um deserto, a temperatura da areia chega a atingir 57 °C durante o dia, a radiação emitida com intensidade máxima pelo solo, nessa temperatura, tem frequência da ordem de:
a) 3,3 GHz
b) 33 GHz
c) 3,3 THz
d) 33 THz
e) 330 THz

Ultravioleta

A radiação ultravioleta, descoberta em 1801 pelo físico alemão Johann Wilhelm Ritter (1776-1810), corresponde às ondas eletromagnéticas com comprimentos de onda na faixa entre 400 nm e 10 nm, como mostra a **figura 12**. Essa faixa do espectro é subdividida em três faixas: o UV-A (ultravioleta longo), de 400 nm a 300 nm, o UV-B (ultravioleta médio), de 300 nm a 200 nm, e o UV-C (ultravioleta curto), de 200 nm a 100 nm. As radiações UV-A, UV-B e UV-C são emitidas pelo Sol e chegam até nós. A faixa que vai de 100 nm a 10 nm não chega até nós e corresponde às radiações chamadas UV do vácuo. São radiações geradas na coroa solar, ou artificialmente nos plasmas superaquecidos ou nas fontes de luz síncrotron.

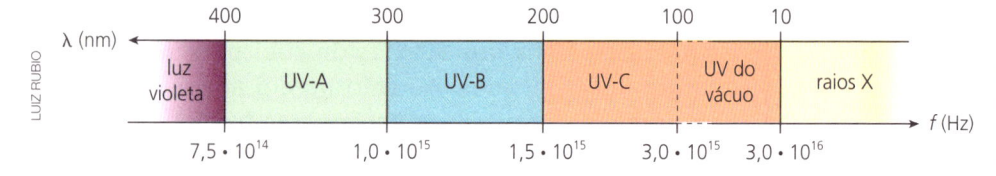

Figura 12. Faixa espectral das radiações ultravioleta e suas subdivisões (UV-A, UV-B, UV-C e UV do vácuo).

As lâmpadas fluorescentes, as lâmpadas de vapor de mercúrio e as lâmpadas de "arco" voltaico emitem grandes quantidades de radiação ultravioleta durante seu funcionamento. Quando essas lâmpadas são usadas para fins de iluminação, a radiação ultravioleta é convertida em radiação visível e reemitida.

LEDs e *lasers* de ultravioleta, que operam na faixa entre 262 nm e 395 nm, são fabricados e utilizados na indústria da computação, em dispositivos de segurança e na medicina, no tratamento de vitiligo e psoríase.

Aproximadamente 10% de toda a radiação solar que atinge a Terra é constituída por ultravioleta. Essa quantidade já seria suficiente para pôr em risco a vida se a atmosfera da Terra não contivesse a camada de ozônio, localizada entre 30 e 40 km de altitude, que absorve cerca de 97% da radiação ultravioleta incidente.

Nos seres humanos, os efeitos biológicos das ondas de UV-A, radiação menos energética, estão associados ao bronzeamento da pele, pois estimulam a produção da melanina, substância que dá tom mais escuro à pele.

A radiação UV-B, mais energética que a UV-A, atinge as camadas mais superficiais da derme e provoca a dilatação dos capilares sanguíneos, provocando vermelhidão na pele.

A radiação ultravioleta UV-C, mais energética que a UV-A e a UV-B, tem propriedades germicidas e, por esse motivo, é usada para esterilizar alimentos e equipamentos médicos.

A radiação ultravioleta também tem efeitos benéficos aos seres vivos. Boa parte da vitamina D, indispensável aos humanos e aos animais, é produzida quando a pele é controladamente exposta aos raios ultravioleta.

Trocando ideias

Você sabe por que deve evitar se expor demasiadamente ao sol? Sabe por que é necessário usar filtro ou bloqueador solar? No Brasil, o câncer mais comum é o de pele. O melanoma, que é provocado pela exposição ao sol, é um dos mais graves tipos de câncer.

Apesar disso, muitas pessoas ainda se expõem ao sol sem proteção, acreditando que pele bronzeada é sinal de vitalidade e de saúde.

Forme um grupo com seus colegas e pesquisem sobre os horários mais adequados para se expor ao sol, os efeitos da radiação solar na pele, as doenças que a radiação pode causar e as medidas de proteção que podem ser adotadas para manter a pele saudável. Pesquisem também quais profissionais estão mais expostos ao câncer de pele e quais grupos étnicos são mais vulneráveis à doença.

Para apresentar os resultados da pesquisa, utilizem o meio que considerarem mais interessante, como redes sociais, aplicativos de celular, videoaula, ou mesmo fotos e cartazes.

Raios X

São radiações eletromagnéticas cujos comprimentos de onda situam-se na faixa entre $6{,}0 \cdot 10^{-12}$ m e $1{,}0 \cdot 10^{-9}$ m, ou frequências entre $3{,}0 \cdot 10^{17}$ Hz e $5{,}0 \cdot 10^{19}$ Hz.

Descobertos acidentalmente em novembro de 1895 pelo físico alemão Wilhelm Conrad Röntgen (1845-1923), os raios X podem ser produzidos pela oscilação de elétrons das camadas mais internas dos átomos ou quando elétrons de alta energia colidem com outras cargas elétricas ou com átomos de um alvo metálico. A **figura 13A** mostra uma fonte de raios X e a **figura 13B** o esquema do seu funcionamento.

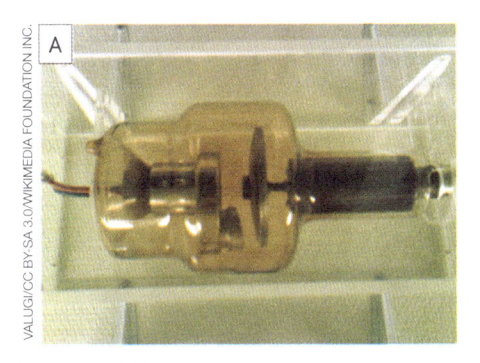

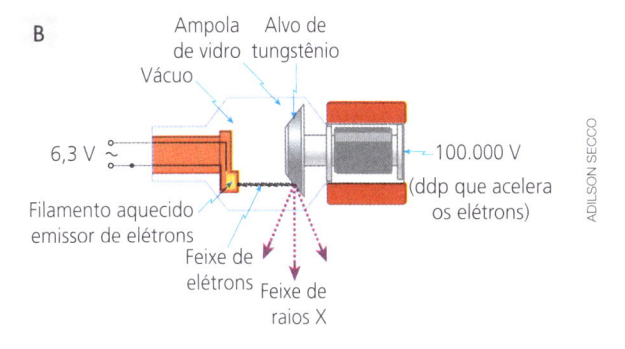

Figura 13. (A) Ampola de raios X para uso em radiografias; (B) esquema de funcionamento simplificado.

Atualmente, os raios X têm muitas aplicações. Na medicina, por exemplo, os diagnósticos por radiografias são comuns, principalmente em ortopedia. As tomografias computadorizadas por raios X revolucionaram os diagnósticos por imagens em tecidos moles, a partir de 1972. Em 1979, seus inventores, Godfrey N. Hounsfield (1919-2004) e Allan MacLeod Cormack (1924-1998), receberam o Prêmio Nobel de Fisiologia e Medicina.

A **figura 14A** mostra um esquema de um tomógrafo computadorizado de raios X.

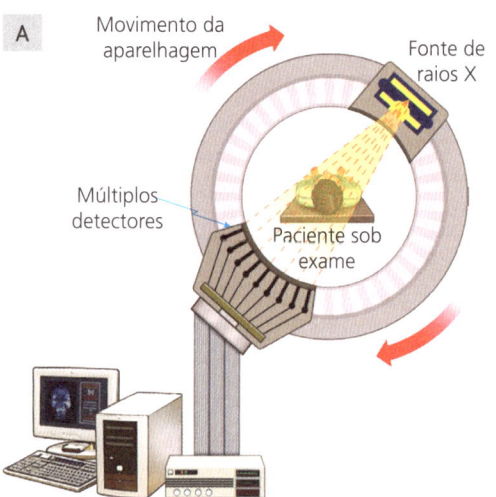

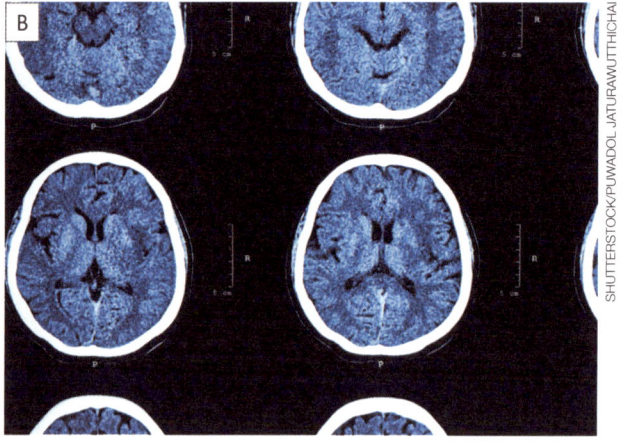

Figura 14. (A) Esquema de um tomógrafo computadorizado de raios X para exames em tecidos moles; (B) tomografia do cérebro humano.

Nos aeroportos, passageiros e bagagens são vistoriados passando por *scanners* de raios X, como podemos ver na **figura 15**.

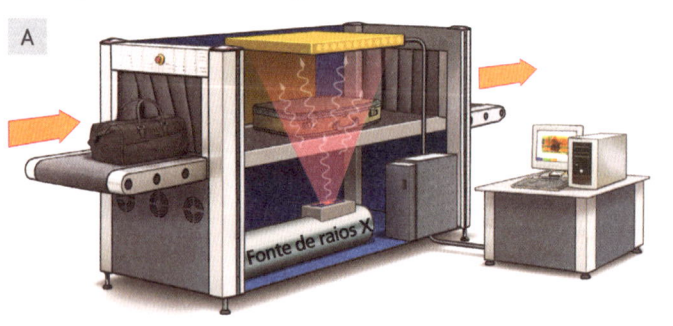

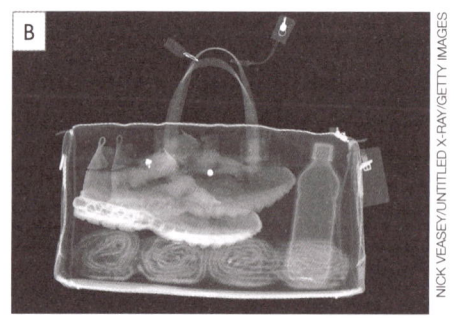

Figura 15. (A) Esquema de um *scanner* de bagagens usados em aeroportos; (B) objetos visualizados com auxílio de um *scanner* de raios X.

Raios gama (γ)

São as radiações eletromagnéticas mais energéticas de todo o espectro. São de origem nuclear, isto é, são emitidas na desintegração de núcleos atômicos instáveis e, por isso, estão presentes em grande quantidade nos reatores nucleares e nos grandes aceleradores de partículas.

Raios gama típicos dos processos radioativos têm frequências que correspondem a valores entre $3,0 \cdot 10^{18}$ Hz e $3,0 \cdot 10^{22}$ Hz. Entretanto, já foram detectados raios gama provenientes do espaço interestelar com frequências da ordem de 10^{26} Hz. Isso corresponde a energias maiores que as encontradas nos maiores aceleradores de partículas.

Descoberta em 1900 pelo físico francês Paul Ulrich Villard (1860-1934), essa radiação foi denominada radiação gama (γ) em 1903 por Ernest Rutherford (1871-1937), para distingui-la das outras já identificadas por ele, denominadas alfa (α) e beta (β).

Sendo muito difícil sua absorção pela matéria, a interação das radiações gama com organismos vivos causa sérios danos aos tecidos por causa de seu alto poder ionizante, destruindo moléculas e por vezes até mesmo núcleos atômicos. Sua utilização requer cuidados extremos de isolamento.

No entanto, algumas fontes de radiação gama são usadas em medicina nuclear, no tratamento de câncer por irradiação. O mapeamento de órgãos por isótopos radioativos permite uma "visualização" das condições dos tecidos afetados, técnica que foi desenvolvida em 1940.

Exercícios resolvidos

5. Quando observamos a radiografia de uma mão, como a que se mostra a seguir, percebemos que as regiões correspondentes aos ossos são mais evidentes.

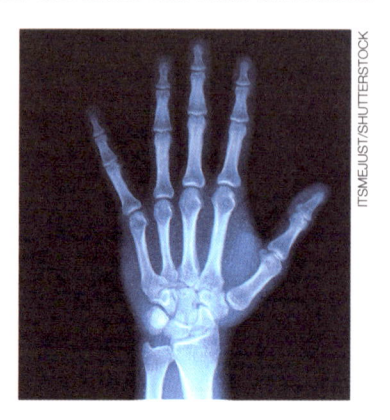

Isso se deve ao fato de, nos corpos mais densos:
a) ser menor a absorção dos raios X.
b) ser maior a absorção dos raios X.
c) ocorrer reflexão total dos raios X.
d) ocorrer difração dos raios X.
e) ocorrer interferência destrutiva dos raios X.

➤ **Solução:**

Os tecidos menos densos do corpo humano são praticamente transparentes aos raios X, permitindo que essa radiação chegue até a chapa radiográfica, que é fotossensível. Os tecidos mais densos, como ossos por exemplo, são praticamente opacos a esse tipo de radiação, absorvendo-a e não permitindo que ela sensibilize a chapa radiográfica.

Resposta: b

Exercícios propostos

10. Em 1900, Max Planck demonstrou que os corpos emitem energia radiante em quantidades mínimas (*quantum*) E proporcionais à frequência f da radiação emitida, isto é, $E = hf$, sendo h uma constante universal, denominada **constante de Planck**. Se os raios γ emitidos nas desintegrações radioativas têm frequências da ordem de $3{,}0 \cdot 10^{19}$ Hz e energias da ordem de 123 keV, sendo 1 eV = $1{,}6 \cdot 10^{-19}$ joule, podemos estimar o valor da constante de Planck em:
a) $4{,}1 \cdot 10^{-15}$ eV · s
b) $4{,}1 \cdot 10^{-15}$ J · s
c) $4{,}1 \cdot 10^{-34}$ J · s
d) $4{,}1 \cdot 10^{15}$ eV · s
e) $6{,}6 \cdot 10^{34}$ J · s

11. Já foram detectados raios gama (γ) provenientes do espaço com frequências da ordem de 10^{26} Hz. Portanto, usando o valor aproximado da constante de Planck, h, calculado no **exercício 10**, a energia dessas radiações, em GeV, isto é, 10^9 eV, pode ser estimada em:
a) 4,1
b) 41
c) 410
d) 4.100
e) 41.000

Exercícios de revisão

Ficha-resumo 1

Ondas eletromagnéticas

- Velocidade de propagação no vácuo
  Valor exato: c = 299.792.458 m/s
  Valor aproximado: $v \simeq 3{,}0 \cdot 10^8$ m/s
- Os campos elétrico $\vec{E}$ e magnético $\vec{B}$ oscilam em fase e são perpendiculares entre si.
- O vetor velocidade $\vec{v}$ é perpendicular ao plano formado por $\vec{E}$ e $\vec{B}$.
- Relação entre E, B e v: $E = v \cdot B$

1. O transmissor de uma antena de rádio FM, considerado uma fonte pontual de radiação eletromagnética (REM), opera na frequência de 92,3 MHz, com potência média irradiada de 169 kW. O IEEE (Institute of Electrical and Electronics Engineers) recomenda que o fluxo de energia irradiada (intensidade) seja de até 2,0 J/(s · m²) para uma pessoa situada a 50 m de uma fonte pontual de radiação eletromagnética.
a) Determine o comprimento das ondas irradiadas por essa antena.
b) Verifique, segundo a recomendação do IEEE, se a distância de 50 m é segura para uma pessoa que esteja a essa distância da antena citada no enunciado.
c) Se o transmissor da antena estiver a 120 m de altura em relação ao solo, qual será o fluxo de energia radiante que atingirá uma pessoa no solo, a 50 m da base dessa antena?

Dados:
- velocidade de propagação das ondas eletromagnéticas no ar: $3{,}0 \cdot 10^8$ m/s
- intensidade do fluxo de energia irradiada = $0{,}08 \cdot \dfrac{P_{média}}{d^2}$

2. (Fuvest-SP) No mês de agosto de 1988, o planeta Marte teve sua máxima aproximação da Terra. Nesse dia, as pessoas, ao observarem o planeta, estavam vendo a luz emitida pelo Sol algum tempo antes. Aproximadamente quanto tempo antes? Considere as órbitas da Terra e de Marte circulares e coplanares, com raios de 150.000.000 km e 231.000.000 km, respectivamente.
a) 81 anos-luz   c) 30 s   e) 17 min
b) 2 h   d) 8 min

3. Considere o sistema de eixos ortogonais Oxyz, como se mostra na figura a seguir. Em dado instante, uma onda eletromagnética tem as amplitudes dos seus campos elétrico e magnético oscilantes com direções, sentidos e intensidades iguais a E_y = +1,8 V/m e B_z = +7,5 nT (n = 10^{-9}).

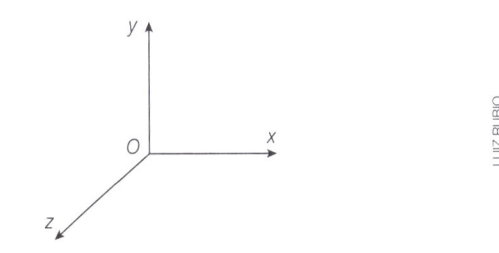

Determine para essa onda, nesse instante:
a) a direção, o sentido e o módulo da sua velocidade de propagação $\vec{v}$;
b) o índice de refração n do meio de propagação.

Exercícios de revisão

4. Considere o sistema de eixos ortogonais Oxyz, como mostra a figura do exercício anterior.

Em dado instante, uma onda eletromagnética tem o seu campo elétrico oscilante com direção, sentido e intensidade iguais a $E_x = +0{,}15$ V/cm. A velocidade de propagação dessa onda é $v_y = +3{,}0 \cdot 10^8$ m/s e a sua frequência vale $f = 3{,}0$ GHz. Determine para essa onda, nesse instante:
a) a direção, o sentido e a intensidade, em nT, do vetor do campo magnético $\vec{B}$;
b) o seu comprimento de onda λ, em cm;

Ficha-resumo 2
Espectro eletromagnético
- Ordem crescente de frequências: ondas de rádio, micro-ondas, infravermelho, visível (luz), ultravioleta, raios X e raios gama (γ)
- Na ordem inversa, crescem os comprimentos de onda.
- Espectro visível: vermelho, laranja, amarelo, verde, azul, anil, violeta
- *Laser*: luz monocromática emitida por fontes coerentes

5. (UFMG) A característica que certamente diferencia uma luz monocromática azul de uma monocromática vermelha é:
a) a amplitude.
b) a frequência.
c) a intensidade.
d) a velocidade.
e) o número de harmônicos.

6. (Unisinos-RS) A utilização do *laser* tem crescido vertiginosamente, nos últimos tempos, em várias áreas que abrangem desde a medicina até a coreografia em *shows* de *rock*. A respeito da luz *laser*, afirma-se que:
 I. é monocromática.
 II. tem alta frequência e grande comprimento de onda.
 III. sua velocidade de propagação é maior que a velocidade da luz no vácuo.

Das afirmativas:
a) somente I é correta.
b) somente II é correta.
c) apenas I e II são corretas.
d) apenas I e III são corretas.
e) I, II e III são corretas.

7. (Unisinos-RS) A figura representa, por meio de um código de barras, o preço de uma mercadoria. Sua leitura é feita por meio de um aparelho que usa raios *laser*.

A respeito da luz *laser*, afirma-se que:
 I. é monocromática.
 II. é constituída por uma mistura de radiações de diversas frequências.
 III. é coerente.

Das afirmativas acima:
a) somente I é correta.
b) somente II é correta.
c) somente I e II são corretas.
d) somente I e III são corretas.
e) I, II e III são corretas.

8. (PUC-RJ) Os celulares, assim como o forno de micro-ondas e as emissoras de rádio, emitem radiação eletromagnética. As frequências em que operam, no entanto, são diferentes, sendo a faixa de frequências do celular de 800 MHz a 1.800 MHz. De acordo com a frequência da radiação, as reações do meio ambiente são diferentes, assim como os efeitos biológicos, havendo, por exemplo, a possibilidade de ionização de átomos.

Comparando-se com o espectro eletromagnético mostrado a seguir, podemos afirmar que os sinais emitidos pelos celulares ($c = 3 \cdot 10^8$ m/s):
 I. estão na faixa do espectro eletromagnético das radiações não ionizantes, ao contrário dos raios X e dos raios gama que estão na faixa das radiações ionizantes.
 II. têm comprimento de onda contido na faixa de 15 cm e 40 cm.
 III. estão em faixa de frequência acima da faixa da luz visível.

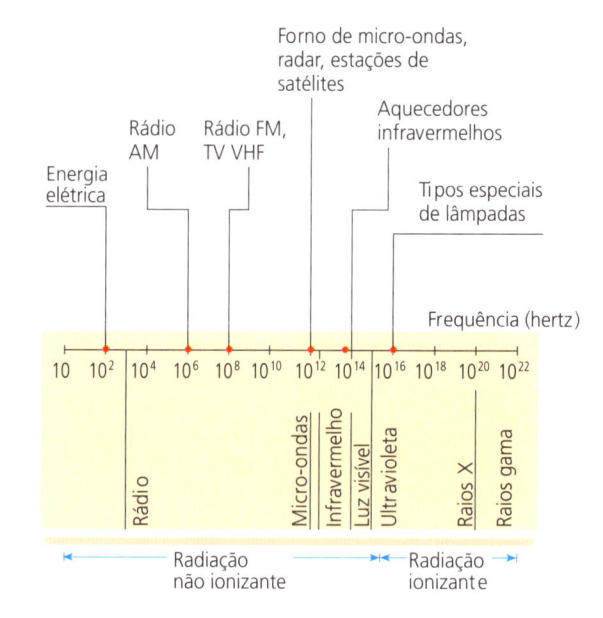

Dentre as afirmações anteriores, apenas está(ão) correta(s):
a) I e III
b) I, II e III
c) I e II
d) I e III
e) I

9. (Fuvest-SP) Um forno de micro-ondas é projetado para, mediante um processo de ressonância, transferir energia para os alimentos que necessitamos aquecer ou cozer. Nesse processo de ressonância, as moléculas de água do alimento começam a vibrar, produzindo o calor necessário para o cozimento ou aquecimento. A frequência das ondas produzidas pelo forno é da ordem de $2{,}45 \cdot 10^9$ Hz, que é igual à frequência própria de vibração da molécula de água.

a) Qual é o comprimento das ondas do forno?

b) Por que os fabricantes de fornos de micro-ondas aconselham os usuários a não utilizarem invólucros metálicos para envolver os alimentos?

10. (PUC-RJ) Uma superfície quente emite radiação em toda a faixa do espectro eletromagnético. Para uma dada temperatura absoluta T da superfície, o comprimento de onda λ_M da radiação para a qual a intensidade da emissão é máxima é dada por: $\lambda_M \cdot T = C$ (esta relação é conhecida pelo nome de lei de Wien), onde $C = 0{,}29 \cdot 10^{-2}$ m · K. A temperatura média da pele humana é de 27 °C. Em que comprimento de onda a pele emite radiação com intensidade máxima?

11. Com relação ao exercício anterior:

a) Qual é a frequência da onda eletromagnética emitida com intensidade máxima pela pele humana?

b) Como essa onda é classificada dentro do espectro eletromagnético?

12. (UFC-CE) De acordo com Einstein, um feixe de luz é composto de fótons ("partículas" de luz). Cada fóton transporta uma quantidade de energia proporcional à frequência da onda associada a esse feixe de luz. Considere dois feixes de luz, 1 e 2, com comprimentos de onda λ_1 e λ_2, respectivamente, com $\lambda_1 = \frac{1}{4}\lambda_2$. Sejam E_1 a energia dos fótons do feixe 1 e E_2 a energia dos fótons do feixe 2. Assinale a opção correta:

a) $E_1 = 4E_2$
b) $E_1 = 2E_2$
c) $E_1 = E_2$
d) $E_1 = 0{,}5E_2$
e) $E_1 = 0{,}25E_2$

13. (Vunesp) A figura representa, num determinado instante, o valor (em escala arbitrária) do campo elétrico E associado a uma onda eletromagnética que se propaga no vácuo, ao longo do eixo x, correspondente a um raio de luz de cor laranja. A velocidade da luz no vácuo vale $3{,}0 \cdot 10^8$ m/s.

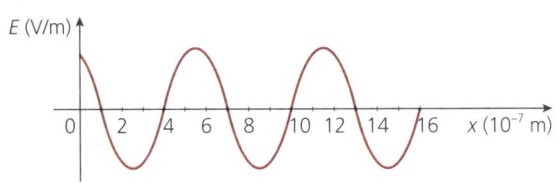

Podemos concluir que a frequência dessa luz de cor laranja vale, em hertz, aproximadamente:

a) 180
b) $4{,}0 \cdot 10^{-15}$
c) $0{,}25 \cdot 10^{15}$
d) $2{,}0 \cdot 10^{-15}$
e) $0{,}5 \cdot 10^{15}$

14. (Enem) Para que uma substância seja colorida, ela deve absorver luz na região do visível. Quando uma amostra absorve luz visível, a cor que percebemos é a soma das cores restantes que são refletidas ou transmitidas pelo objeto. A **figura I** mostra o espectro de absorção para uma substância e é possível observar que há um comprimento de onda em que a intensidade de absorção é máxima. Um observador pode prever a cor dessa substância pelo uso da roda de cores (**fig. II**); o comprimento de onda correspondente à cor do objeto é encontrado no lado oposto ao comprimento de onda da absorção máxima.

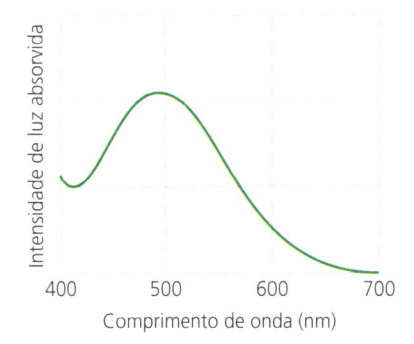

Figura I

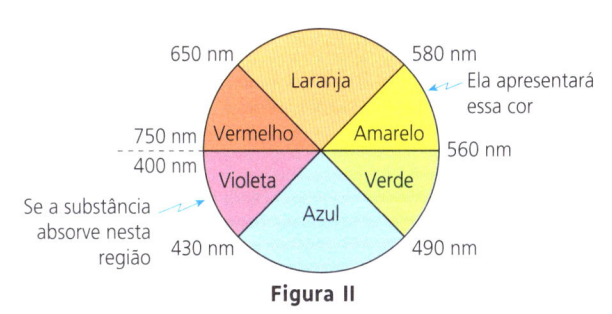

Figura II

BROWN, T. *Química: a ciência central.* 2005 (adaptado).

Qual a cor da substância que deu origem ao espectro da **figura I**?

a) azul
b) verde
c) violeta
d) laranja
e) vermelha

O enunciado a seguir se refere às questões 15 e 16.
(PUC-MG) Leia todo o enunciado, analise os gráficos com cuidado, e só depois responda às questões.

Os gráficos mostrados abaixo ilustram como o índice de refração de um certo material e a sensibilidade do olho humano dependem do comprimento de onda da luz. Esse material é transparente às radiações infravermelha, visíveis e ultravioleta.

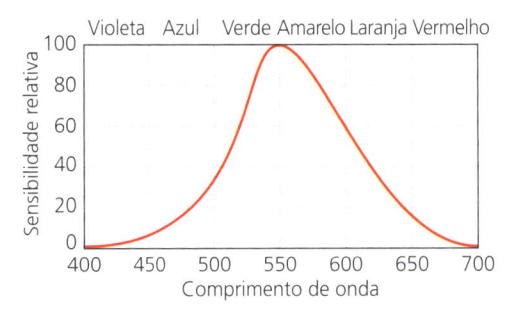

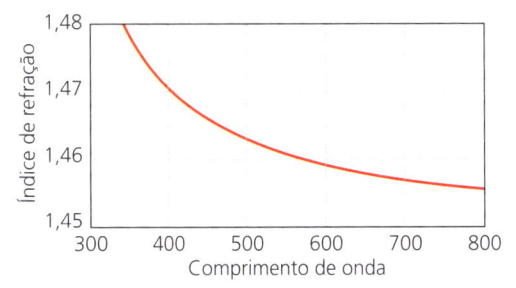

Capítulo 39 • Ondas eletromagnéticas **573**

Exercícios de revisão

Analise cada opção das **questões 15** e **16** e indique (para cada questão) a alternativa correspondente a seguir.

a) Se apenas a primeira e a segunda afirmativas forem verdadeiras.
b) Se apenas a primeira e a terceira afirmativas forem verdadeiras.
c) Se apenas a segunda e a terceira afirmativas forem verdadeiras.
d) Se todas as afirmativas forem verdadeiras.
e) Se apenas uma das afirmativas for verdadeira.

15.
I. A cores diferentes correspondem índices de refração diferentes.
II. O comprimento de onda da luz vermelha propagando-se no ar muda de valor quando ela penetra no material citado.
III. Um raio luminoso de cor azul e um de cor laranja, paralelos, provenientes do ar, incidem obliquamente sobre a superfície (plana) do material mencionado. O raio de cor azul se aproxima mais da normal do que o de cor laranja ao refratarem.

16.
I. As informações contidas nos gráficos permitem explicar o fenômeno da dispersão da luz branca.
II. Um fóton de luz de cor vermelha tem energia maior do que um fóton de luz de cor amarela.
III. No interior do material citado, a velocidade de uma onda de luz de cor verde é maior do que a velocidade de uma onda de luz de cor violeta.

17. (ITA-SP) Uma luz monocromática de comprimento de onda $\lambda = 600$ nm propaga-se no ar (de índice de refração $n = 1,00$) e incide na água (de índice de refração $n = \frac{4}{3}$). Considerando a velocidade da luz no ar como sendo $v = 3,00 \cdot 10^8$ m/s, a luz propaga-se no interior da água:

a) com sua frequência inalterada e seu comprimento de onda inalterado, porém com uma nova velocidade $v' = 2,25 \cdot 10^8$ m/s.
b) com um novo comprimento de onda $\lambda' = 450$ nm e uma nova frequência $f' = 3,75 \cdot 10^{14}$ Hz, mas com a velocidade inalterada.
c) com um novo comprimento de onda $\lambda' = 450$ nm e uma nova velocidade $v' = 2,25 \cdot 10^8$ m/s, mas com a frequência inalterada.
d) com uma nova frequência $f' = 3,75 \cdot 10^{14}$ Hz e uma nova velocidade $v' = 2,25 \cdot 10^8$ m/s, mas com o comprimento de onda inalterado.
e) com uma nova frequência $f' = 3,75 \cdot 10^{14}$ Hz, um novo comprimento de onda $\lambda' = 450$ nm e uma nova velocidade $v' = 2,25 \cdot 10^8$ m/s.

18. (UFC-CE) Ondas eletromagnéticas com frequências entre 10^9 e 10^{11} Hz são chamadas de micro-ondas e com frequências entre 10^{16} e 10^{20} Hz são chamadas de raios X. Considere uma micro-onda com frequência $f_m = 2 \cdot 10^{10}$ Hz e um raio X com frequência $f_x = 4 \cdot 10^{18}$ Hz. Determine a razão entre os comprimentos de onda correspondentes, $\frac{\lambda_m}{\lambda_x}$, no vácuo.

19. (PUC-MG) Uma pessoa verificou que um dispositivo gerador de ondas eletromagnéticas emitia, predominantemente, radiações cujo comprimento de onda, no ar, era $\lambda = 1,5 \cdot 10^{-10}$ m. Sabendo que a velocidade da luz no ar vale $3 \cdot 10^8$ m/s e tendo em vista o diagrama da figura ao lado, que apresenta, de maneira aproximada, as frequências das diversas radiações componentes do espectro eletromagnético, podemos concluir que o dispositivo observado poderia ser:

a) uma antena de uma emissora FM.
b) um ferro de passar roupa a 300 °C.
c) uma antena de micro-ondas da Embratel.
d) uma lâmpada elétrica comum.
e) um tubo de raios X.

20. (Enem) A terapia fotodinâmica é um tratamento que utiliza luz para cura do câncer pela excitação de moléculas medicamentosas, que promovem a desestruturação das células tumorais. Para a eficácia do tratamento, é necessária a iluminação na região do tecido a ser tratado. Em geral, as moléculas medicamentosas absorvem as frequências mais altas. Por isso, as intervenções cutâneas são limitadas pela penetração da luz visível, conforme mostrado na figura a seguir:

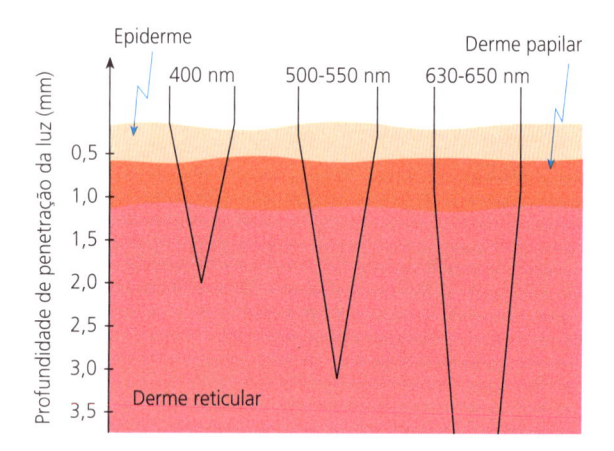

Lane, N. Profundidade de penetração de feixes de luz de diferentes comprimentos de onda da luz incidente. *Scientific American Brasil*, fev. 2003 (adaptado).

A profundidade de até 2 mm em que o tratamento cutâneo é eficiente se justifica porque a luz de:

a) curto comprimento de onda é mais refletida pela pele.
b) maior energia é mais absorvida pelo tecido orgânico.
c) menor energia é absorvida nas regiões mais profundas.
d) todos os comprimentos de onda terão alta intensidade.
e) cada comprimento de onda percebe um índice de refração diferente.

Mais questões em **Vereda Digital Aprova Enem**, em **Vereda Digital Suplemento de revisão**, em **AprovaMax** (no *site*) e no livro digital.

CAPÍTULO 40

FÍSICA QUÂNTICA

ENEM
C5: H17
C6: H22, H23

Descoberto em 1887, o efeito fotoelétrico intrigou cientistas por anos, até ser explicado em 1905 por Albert Einstein, trabalho que lhe rendeu o Prêmio Nobel de Física em 1921. Hoje, diversas máquinas e dispositivos usam sensores cujo funcionamento, para a automação de algumas funções, se baseia no efeito fotoelétrico. Esses sensores são compostos de células fotoelétricas, que controlam a corrente elétrica em circuitos pela "ação" da luz.

Conveniência
Portas automáticas podem ser acionadas por sensores de proximidade. O funcionamento de alguns tipos desses sensores se baseia na emissão de radiação infravermelha que, após ser refletida por algum objeto, é captada pelo sensor, gerando uma corrente elétrica, fazendo a porta se abrir.

Iluminação
Os postes de iluminação pública são equipados com aparelhos sensíveis à variação de luminosidade natural. Quando anoitece, a intensidade luminosa diminui e um sensor, chamado relé fotoelétrico, fecha o circuito elétrico e aciona a lâmpada. Quando amanhece, a intensidade luminosa aumenta e o relé abre o circuito, desligando a lâmpada.

Segurança
Sistemas de segurança que usam sensores fotoelétricos funcionam quando alguém entra na região de alcance dos sensores. Estes, por sua vez, identificam a mudança na intensidade da luz refletida e acionam um alarme. Esse mecanismo de segurança pode funcionar com outros tipos de sensores, como os que detectam o calor emitido pelo corpo humano.

Outra aplicação do efeito fotoelétrico

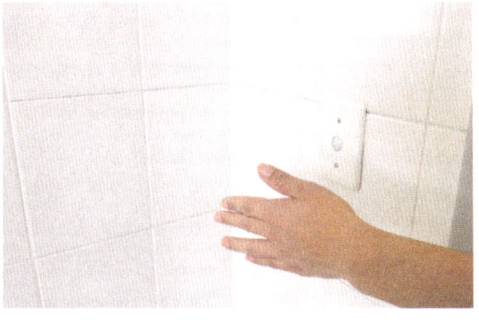

A instalação de um sensor fotoelétrico permite economizar energia elétrica, pois a luz só se acende quando uma pessoa entra no recinto.

Objetivos do capítulo

- Conhecer as origens históricas da teoria quântica de Planck.
- Conhecer as bases conceituais da Física quântica.
- Estudar os principais resultados da Física quântica e suas aplicações.
- Conhecer tecnologias fundamentadas na Física quântica.

1 Introdução

Podemos considerar que as primeiras tentativas na busca de uma explicação lógica para os fenômenos naturais tiveram seus primórdios na Grécia Antiga. Para Aristóteles, o movimento era ligado a uma tendência de todas as coisas chegarem ao seu "lugar natural". A chuva cai, porque seu lugar natural é a superfície da Terra. A fumaça sobe, pois seu lugar natural é acima da Terra.

A ausência praticamente total de instrumentos precisos para uma comprovação crítica dessas premissas e a notável concordância entre elas e os fenômenos observados fizeram da Física aristotélica a "verdade absoluta" durante quase 2.000 anos.

Entretanto, as ideias de Aristóteles foram gradativamente abandonadas após os trabalhos de Galileu Galilei e de Isaac Newton sobre os movimentos dos corpos terrestres e celestes, que colocaram a Física em um patamar de ciência autônoma, com base experimental.

Nos duzentos anos que se seguiram, inúmeras descobertas e teorias foram surgindo, fornecendo a base para a ciência como conhecemos hoje.

Teorias sobre fenômenos térmicos, elétricos, magnéticos e luminosos foram desenvolvidas por mentes brilhantes como as de Carnot, Clausius, Kirchhoff, Boltzmann, Ampère, Faraday, Maxwell e outros.

No final do século XIX, acreditava-se, ingenuamente, que a Física estava "completa", isto é, nada mais havia para descobrir, devendo-se apenas aprimorar os dados já obtidos. Nas palavras de A. A. Michelson: "Os grandes princípios já estão firmemente estabelecidos, [...] as futuras verdades da Física terão de ser procuradas na sexta casa decimal".

No entanto, certos resultados experimentais teimavam em não concordar com as previsões da Física que hoje chamamos de Física Clássica. Havia algumas "pequenas nuvens escuras" pairando sobre o céu límpido da Física Clássica. "Nuvens" que levaram à revisão e à reformulação dos conceitos físicos da época.

Uma dessas "nuvens" era o fato de que a teoria eletromagnética de Maxwell não explicava o efeito fotoelétrico descoberto por Hertz em 1887.

A Termodinâmica não explicava a discrepância entre a teoria e a experiência para o espectro das radiações emitidas pelos corpos aquecidos para frequências da ordem do ultravioleta ou maiores. Era a "catástrofe do ultravioleta", como Paul Ehrenfest a denominou em 1911.

A teoria eletromagnética de Maxwell e os princípios da mecânica de Galileu e de Newton não eram compatíveis. Algo devia estar errado, mal elaborado ou inacabado.

A existência dos raios X e a radioatividade de certos elementos não podiam ser explicadas com as teorias existentes.

O "cenário" da Física não estava completo, e, como se constatou pouco tempo depois, as "nuvens escuras" no céu não eram tão pequenas assim.

Essas discrepâncias entre a teoria e os dados experimentais levaram a uma futura revisão dos paradigmas científicos da época.

Em 1900, Max Planck, com sua teoria quântica da radiação, e em 1905, Albert Einstein, com sua teoria especial da relatividade, fizeram desabar duas gigantescas tempestades sobre a ciência da época. Além de dissipar aquelas "pequenas" nuvens, essas tempestades também revolucionaram o modo de ver, interpretar e viver o mundo.

Neste capítulo, estudaremos os princípios fundamentais da teoria quântica de Max Planck, sua influência na ciência, na época e hoje, suas aplicações tecnológicas, como o Linac Coherent Light Source (LCLS), ou Fonte de Luz Coerente do Linac (Linear Accelerator), em Stanford, na Califórnia. Esse poderosíssimo *laser* opera com ondas eletromagnéticas de comprimentos de onda na faixa de 1,5 Å, podendo captar "imagens" de átomos e moléculas em movimento em tempo real.

Como o feixe pulsa a cada $\frac{1}{10}$ de trilionésimo de segundo, várias imagens da amostra são obtidas e sobrepostas em computador, gerando o efeito de movimento em três dimensões. Trata-se de um processo semelhante ao que se tem em uma tomografia computadorizada.

Os comprimentos de onda da luz comum variam entre 4.000 Å e 7.000 Å, tornando-a inviável para a observação de estruturas com dimensões moleculares ou atômicas por causa da difração. A faixa dos comprimentos de onda do *laser* de raios X é ideal para essa finalidade.

> **Observação**
>
> O angstrom (Å) é uma unidade de medida de comprimento equivalente a 10^{-10} m.

2 Teoria quântica da radiação de Max Planck

Ao final do século XIX e início do século XX, alguns experimentos mostravam que a interação da radiação eletromagnética com a matéria não estava totalmente de acordo com a teoria eletromagnética de Maxwell.

O desenvolvimento da teoria cinética da matéria, por Ludwig Boltzmann, em 1871, a descoberta do efeito fotoelétrico por Heinrich Hertz, em 1887, a descoberta do elétron por J. J. Thomson, em 1897, a constatação do átomo nuclear por Ernest Rutherford, em 1911, entre outros fatos, obrigaram os físicos a reformular a mecânica das partículas subatômicas, uma vez que seus movimentos não obedeciam exatamente às leis da mecânica newtoniana nem da teoria de Maxwell.

Para explicar as novas observações, os físicos formularam e incorporaram novas ideias, algumas delas extremamente revolucionárias. Essas ideias foram evoluindo para o que conhecemos hoje como **teoria quântica da matéria** ou **Física quântica**.

A Física quântica e a teoria especial da relatividade são os divisores que separam a Física praticada até fins do século XIX, conhecida como Física Clássica, e a Física que se pratica do início do século XX até hoje, conhecida como Física Moderna.

Na tarde de 14 de dezembro de 1900, na sede da Deutsche Physikalische Gesellschaft (Sociedade Alemã de Física), o físico alemão Max Karl Ludwig Planck (1858-1947) revelava ao mundo resultados que foram tão importantes para a ciência quanto os obtidos por Isaac Newton dois séculos antes. Nascia ali a Física quântica, também conhecida como teoria dos *quanta* (o termo *quântica* vem do latim *quantum*, que significa quantidade; o plural de *quantum* é *quanta*).

Todo corpo emite radiação eletromagnética, seja qual for sua temperatura. Essa emissão de radiação representa a conversão em radiação eletromagnética de parte da energia térmica de agitação das partículas que constituem o corpo.

As intensidades das radiações emitidas dependem apenas da temperatura do corpo e não do material que o constitui. Em baixas temperaturas, a maior taxa de emissão está na faixa do infravermelho. Com o aumento gradativo da temperatura, em torno de 525 °C, o corpo começa a emitir radiação na faixa visível do espectro eletromagnético, inicialmente de cor levemente avermelhada, passando ao amarelo, até chegar ao branco, em temperaturas da ordem de 6.000 °C. A **figura 1** mostra a emissão de luz por uma barra de aço a uma temperatura em torno de 1.300 °C.

Figura 1. Lingotamento na Companhia Siderúrgica Nacional, em Volta Redonda, RJ.

Uma análise mais detalhada da radiação eletromagnética emitida revela que ela é uma distribuição contínua de comprimentos de onda que vão do infravermelho, passando pelo visível e chegando até a região do ultravioleta do espectro eletromagnético, como mostra a **figura 2**.

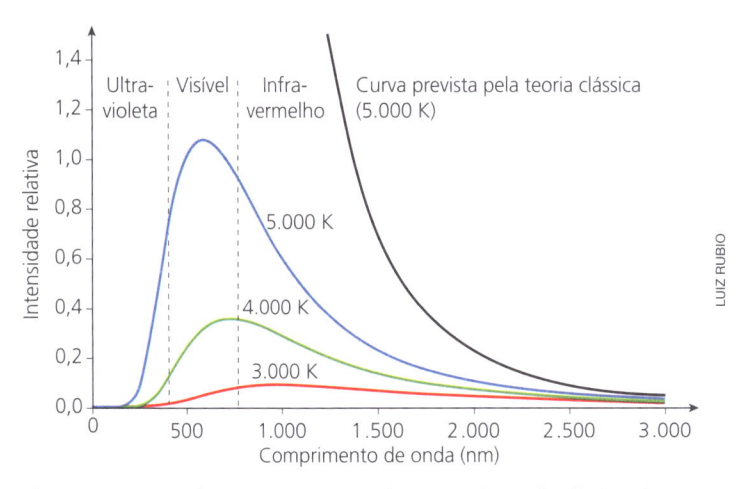

Figura 2. Para radiações com comprimentos de onda abaixo de 3.000 nm, a teoria clássica falha nas previsões.

A forma da curva da radiação emitida, obtida experimentalmente, desafiava os físicos e a Física do final do século XIX. As teorias clássicas não explicavam os fatos experimentais.

Para ajustar a teoria aos fatos, Planck admitiu, mesmo contra suas sólidas convicções clássicas, que os átomos emissores de radiação comportavam-se como osciladores elementares, do tipo massa-mola, que emitiam e absorviam energia em quantidades discretas e proporcionais à frequência f de oscilação **(fig. 3)**.

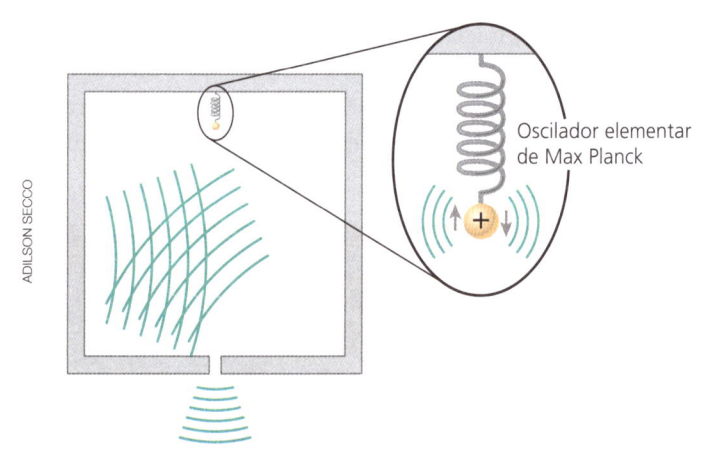

Figura 3. Modelo de Max Planck para a emissão de radiação térmica. As cargas elétricas oscilantes irradiam energia em quantidades discretas proporcionais à frequência de oscilação (*quantum* de energia).

Portanto, se *E* é a quantidade mínima de energia absorvida ou emitida por um oscilador em uma interação com a radiação eletromagnética, pela hipótese de Planck, temos:

$$E = hf$$

sendo *h* uma constante que Planck supôs ser a mesma para todos os osciladores. Portanto, ao absorver ou emitir energia, um oscilador elementar tem sua energia aumentada ou diminuída de valores múltiplos de *hf*, isto é, *hf* é o *quantum* de energia.

Desde 1900, essa expressão ficou conhecida como equação da **quantização da energia.**

Conhecida hoje como **constante de Planck**, *h* é uma constante universal, fundamental para a Física posterior a 1900 e seu valor em unidades SI é:

$$h = 6{,}626 \cdot 10^{-34} \text{ J} \cdot \text{s}$$

O modelo de Planck para a emissão de radiação térmica também admitia que os átomos do material ocupavam determinados níveis de energia, isto é, os níveis de energia eram quantizados, como se vê na **figura 4**.

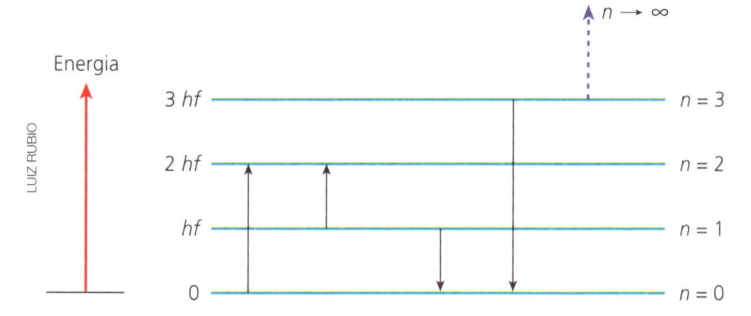

Figura 4. Diagrama de níveis de energia segundo a hipótese de Planck. Ao absorver energia, o átomo passa para um nível de energia mais elevado (setas para cima). Ao emitir energia, os átomos passam para um nível mais baixo de energia (setas para baixo).

Os átomos só emitem ou absorvem energia quando mudam de nível. Enquanto um átomo permanece em determinado nível, nenhuma energia é emitida ou absorvida. Esses níveis são chamados de **estados quânticos estacionários**.

Planck achava que seu modelo era apenas um artifício matemático para resolver o problema ao qual se dedicava desde 1890. Ele e outros físicos da época não acreditavam na existência real dos *quanta*.

Entretanto, em 1905, Einstein usou a ideia da quantização da energia para explicar o efeito fotoelétrico, e isso lhe valeu o Prêmio Nobel de Física de 1921. Em 1914, os físicos alemães James Franck e Gustav Hertz demonstraram experimentalmente a existência dos estados quânticos estacionários de energia, recebendo o Prêmio Nobel de Física de 1925 por esse trabalho. Nos vinte anos que se seguiram à sua formulação, a teoria quântica de Planck explicou inúmeros fenômenos em nível atômico e molecular, para os quais as teorias clássicas haviam falhado.

Os últimos 110 anos de desenvolvimento científico e tecnológico mudaram drasticamente o cotidiano humano. Quase toda a tecnologia desenvolvida nesse período foi implementada com base na teoria quântica de Planck, essa "estranha realidade" do nosso mundo.

As leis da Física quântica regem o Universo desde a escala subatômica até a escala cósmica. Entre 1973 e 1974, o físico inglês Stephen Hawking aplicou a mecânica quântica à teoria dos buracos negros, chegando à incômoda conclusão de que eles não são tão negros como se pensava. Os buracos negros 'evaporam', isto é, podem emitir radiação e partículas. Um fenômeno puramente quântico, denominado tunelamento.

Não há como duvidar... O Universo é quântico!

3 Efeito fotoelétrico ou efeito Hertz

Em 1887, enquanto investigava a emissão de ondas eletromagnéticas em descargas elétricas, Henrich Hertz percebeu que a descarga era facilitada e intensificada quando se iluminavam os eletrodos de cobre com radiação ultravioleta. No ano seguinte, Wilhelm Hallwachs obteve emissão de elétrons iluminando superfícies de outros metais como zinco, potássio e sódio. Não havia explicação para esse fenômeno na teoria eletromagnética de Maxwell. A **figura 5** mostra a separação das tiras metálicas de um eletroscópio, comprovando sua eletrização por emissão de elétrons.

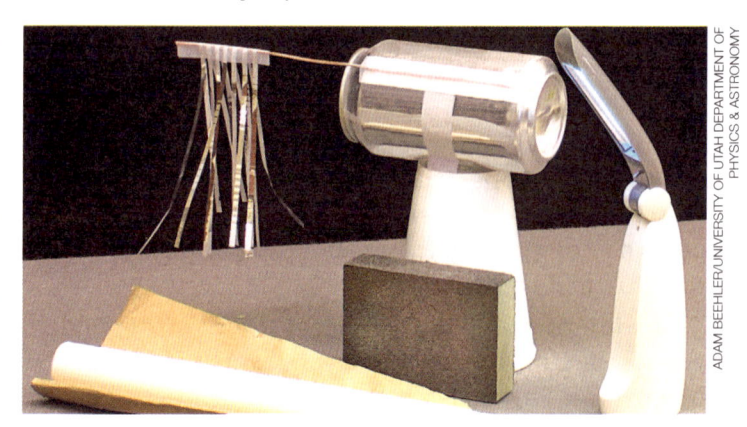

Figura 5. A luz provoca emissão fotoelétrica na superfície da lata metálica, eletrizando as tiras metálicas, que se afastam por repulsão eletrostática.

O processo de emissão de elétrons por iluminação foi chamado de **emissão fotoelétrica** ou **efeito fotoelétrico**. Os elétrons emitidos são denominados fotoelétrons. Esse fenômeno também é conhecido como **efeito Hertz**.

Fotocélulas, controles remotos e sensores eletrônicos em geral são aplicações do efeito fotoelétrico.

A **figura 6** mostra um esquema do circuito usado para estudar o efeito fotoelétrico.

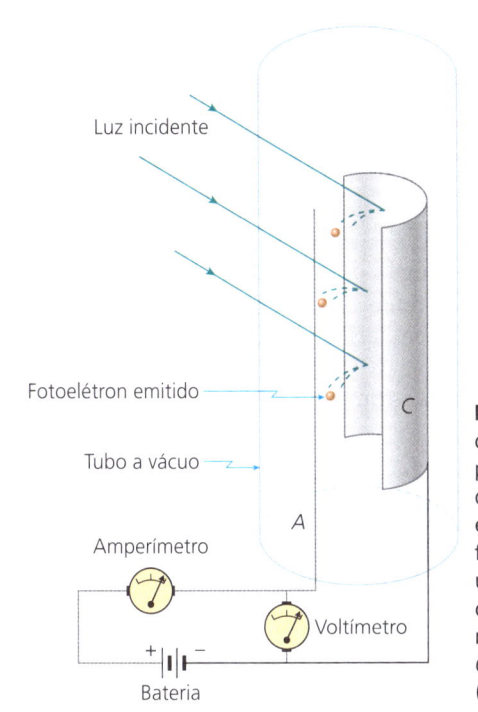

Figura 6. Esquema do circuito utilizado para estudar quantitativamente o efeito fotoelétrico. Os fotoelétrons geram uma corrente elétrica que pode ser medida no amperímetro. C (cátodo) (−); A (ânodo) (+)

Experimentalmente foram observadas quatro características principais na emissão fotoelétrica:

- a emissão de elétrons é praticamente instantânea;
- a emissão fotoelétrica só ocorre se a radiação incidente tiver uma frequência superior a um valor mínimo característico do material irradiado. Essa é a frequência de corte do material (f_0), abaixo da qual não se verifica emissão de fotoelétrons;
- a quantidade de fotoelétrons emitidos aumenta de acordo com a intensidade da radiação incidente;
- acima da frequência de corte, a energia cinética máxima dos elétrons emitidos é uma função linear e crescente da frequência da radiação incidente.

Essas observações não podiam ser explicadas pela Física Clássica, pois, de acordo com ela, radiação de qualquer frequência deveria ser capaz de arrancar elétrons do metal, mesmo que o elétron demorasse certo tempo para absorver energia suficiente para ser emitido. Além disso, pela Física Clássica, ao aumentar a intensidade da radiação incidente, os elétrons deveriam ser ejetados do metal com energia cinética maior.

A explicação do efeito fotoelétrico foi dada por Albert Einstein em 1905, mesmo ano da publicação da teoria especial da relatividade e de outros artigos sobre a estrutura da matéria. Para explicar o efeito fotoelétrico, Einstein formulou três postulados:

I. A luz é formada por minúsculos "pacotes de energia", cada um transportando energia hf, denominados **quanta de luz** (posteriormente, em 1926, o físico-químico norte-americano Gilbert Lewis "rebatizou-os" com o nome de **fótons**, até hoje em uso).

II. Os *quanta* de luz, ou fótons, são sempre emitidos ou absorvidos integralmente. Não existem quantidades fracionárias como $\frac{1}{2}$ fóton, ou $\frac{1}{4}$ de fóton.

III. Ao incidir sobre a superfície do metal, cada fóton transfere toda a sua energia hf a apenas um elétron. Parte dessa energia é usada para "arrancar" o elétron da estrutura à qual está ligado. Ao valor mínimo dessa energia necessária para extrair o elétron do material Einstein deu o nome de **função trabalho fotoelétrico**, ou somente **função trabalho**, usualmente representada por W; ela é uma característica do material. O excedente de energia, se houver, é convertido em energia cinética do fotoelétron (**fig. 7**).

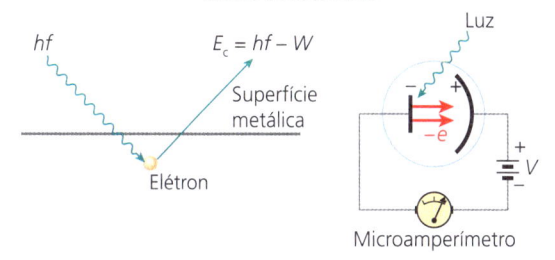

Figura 7. Condição para a ocorrência do efeito fotoelétrico: a energia hf do fóton deve ser maior que a função trabalho W do material.

Assim:

$$E_{c(\text{máx.})} = hf - W$$

Essa é a **equação de Einstein** para o efeito fotoelétrico.

Como h e W são constantes, a equação de Einstein é, na verdade, uma função do primeiro grau entre f e $E_{c(\text{máx.})}$. A **figura 8** mostra o gráfico dessa função.

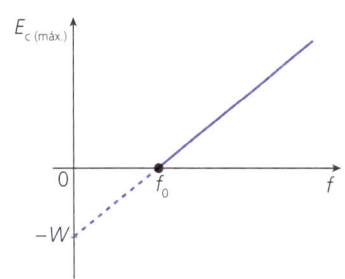

Figura 8. Gráfico da equação do efeito fotoelétrico. W é a função trabalho e f_0 é a frequência de corte característica do material.

O coeficiente angular da reta é a constante h de Planck; o coeficiente linear é $-W$, em que W é a função trabalho do material, e f_0 é a frequência de corte.

Pela análise do gráfico, podemos obter o valor W da função trabalho ou a frequência de corte f_0 do material fazendo $E_{c(\text{máx.})} = 0$. Portanto:

$$0 = hf_0 - W \Rightarrow W = hf_0 \text{ ou } f_0 = \frac{W}{h}$$

Na **tabela 1** encontramos valores da função trabalho para alguns metais.

Tabela 1. Função trabalho de alguns metais

Metal	Função trabalho (eV)
Alumínio (Al)	4,16
Césio (Cs)	2,14
Cobre (Cu)	4,82
Mercúrio (Hg)	4,48
Níquel (Ni)	5,20
Ouro (Au)	5,29
Prata (Ag)	4,50
Platina (Pt)	5,53
Sódio (Na)	2,36
Zinco (Zn)	4,27

$1\ eV = 1{,}602 \cdot 10^{-19}\ J$

Fonte: LIDE, D. R. CRC *Handbook of Chemistry and Physics*. Flórida: CRC Press, 2015.

Exercícios resolvidos

1. a) Escrever a equação da quantização da energia de Planck, $E = hf$, em função do comprimento de onda da radiação emitida ou absorvida.

b) A partir da equação de Einstein para o efeito fotoelétrico, determinar o comprimento de onda de corte do material.

▶ **Solução**

a) Sendo $c = \lambda f \Rightarrow f = \dfrac{c}{\lambda}$, então: $E = hf \Rightarrow \boxed{E = \dfrac{hc}{\lambda}}$

b) $E_{c(máx.)} = hf - W \Rightarrow 0 = hf_0 - W \Rightarrow f_0 = \dfrac{W}{h} \Rightarrow \dfrac{c}{\lambda_0} = \dfrac{W}{h} \Rightarrow$

$\Rightarrow \boxed{\lambda_0 = \dfrac{hc}{W}}$

2. a) Determinar a energia, em elétron-volt (eV), de um fóton de uma radiação eletromagnética de comprimento de onda $\lambda = 250$ nm.

b) Dos metais listados na **tabela 1**, quais não emitiriam fotoelétrons se fossem iluminados com essa radiação?

(Dado: constante de Planck × velocidade da luz no vácuo = $hc = 1.240$ eV · nm)

▶ **Solução**

a) $E = \dfrac{hc}{\lambda} \Rightarrow E = \dfrac{1.240\ eV \cdot nm}{250\ nm} \Rightarrow \boxed{E = 4{,}96\ eV}$

b) Para haver emissão de fotoelétrons, a energia do fóton da radiação incidente deve ser maior que a função trabalho do metal. Portanto, de acordo com a tabela, os fótons da radiação em questão podem extrair fotoelétrons de todos os metais listados exceto o níquel, o ouro e a platina, visto que as funções trabalho desses três metais têm valores maiores que a energia dos fótons da radiação.

Exercícios propostos

Onde for necessário, use:

$h = 6{,}63 \cdot 10^{-34}$ J · s $= 4{,}14 \cdot 10^{-15}$ eV · s

$c = 3{,}0 \cdot 10^8$ m/s

1 J $= 6{,}25 \cdot 10^{18}$ eV

$hc = 1.240$ eV · nm $= 1{,}240 \cdot 10^{-6}$ eV · m

1. As radiações ultravioleta têm comprimentos de onda com valores entre 10 nm e 400 nm, aproximadamente. Determine, em elétron-volt (eV), a energia de um fóton de radiação ultravioleta de comprimento de onda igual a:
a) 200 nm;
b) 13,6 nm.

2. Em condições normais, são necessários 13,6 eV para ionizar um átomo de hidrogênio. Determine:
a) o comprimento de onda da radiação cujo fóton tem a energia mínima necessária para ionizar um átomo de hidrogênio;
b) a faixa do espectro eletromagnético em que se situa essa radiação.

As informações a seguir referem-se aos gráficos abaixo e serão úteis para os exercícios 3 e 4.

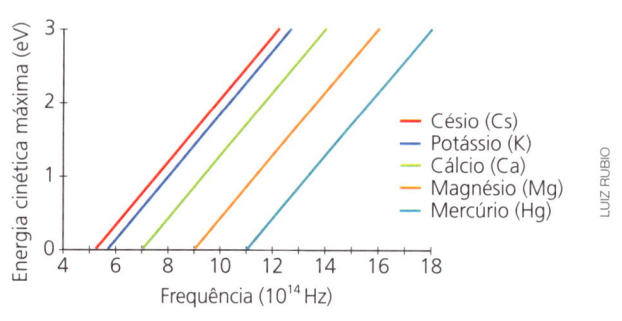

I. Considere que os comprimentos de onda das radiações eletromagnéticas visíveis (luz) estejam no intervalo 400 nm $< \lambda <$ 750 nm.

II. Os gráficos representam as energias cinéticas máximas de fotoelétrons emitidos por vários metais, em função da frequência da radiação incidente.

3. Assinale a afirmação **correta**.
a) As retas mostradas no gráfico são paralelas, pois esses metais têm funções de trabalho de mesmo valor.
b) As retas mostradas no gráfico são paralelas, porque para esses metais as frequências de corte apresentam o mesmo valor.
c) As retas mostradas no gráfico são paralelas, pois o coeficiente angular dessas retas é numericamente igual à constante de Planck (h).
d) Dos metais apresentados no gráfico, o Hg é aquele cujo comprimento de onda de corte tem maior valor.
e) Dos metais apresentados no gráfico, o Hg é aquele que tem a menor função trabalho.

4. Assinale a afirmação **incorreta**.
a) Os fótons da radiação de 400 nm têm energia de 3,1 eV.
b) Considerando o gráfico, a função trabalho do Ca tem valor próximo de 2,90 eV.
c) Considerando o gráfico, a função trabalho do Mg tem valor próximo de 3,72 eV.

d) Observando o gráfico, podemos ordenar as funções de trabalho (W) desses metais da seguinte maneira:

$W_{Cs} < W_K < W_{Ca} < W_{Mg} < W_{Hg}$

e) O fóton mais energético das radiações visíveis pode extrair fotoelétrons de qualquer dos metais mostrados no gráfico, exceto do Hg.

5. A função trabalho para certo metal é W. Determine para esse metal, em função de W, h e c:
   a) a frequência de corte f_0;
   b) o comprimento de onda de corte λ_0.

6. Considere as seguintes situações:
   a) Na **figura A I**, o eletroscópio está eletrizado negativamente e em equilíbrio. Na **figura A II**, aproxima-se da placa de zinco uma lâmpada incandescente comum e não se nota alteração no estado de eletrização do eletroscópio. Mesmo triplicando a intensidade da iluminação sobre a placa de zinco, **figura A III**, o estado de eletrização do eletroscópio permanece inalterado. Explique por que isso ocorre.

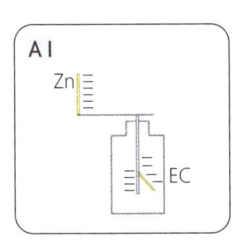

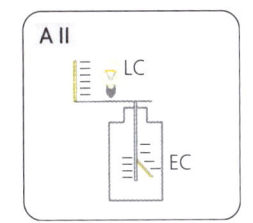

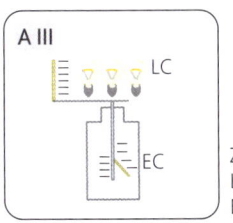

   Zn placa de zinco
   LC lâmpada comum
   EC eletroscópio carregado

   b) Na **figura B I**, o eletroscópio está eletrizado negativamente e em equilíbrio. Na **figura B II**, aproxima-se da placa de zinco uma fonte de radiação ultravioleta que descarrega totalmente o eletroscópio. Explique por que isso ocorreu.

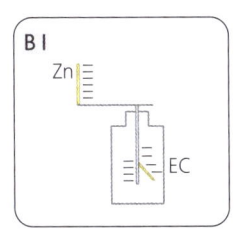

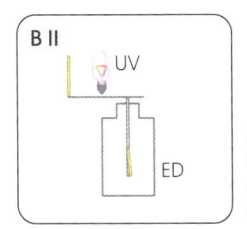

   Zn placa de zinco
   UV fonte de ultravioleta
   EC eletroscópio carregado
   ED eletroscópio descarregado

7. Em uma experiência sobre o efeito fotoelétrico, de 1916, o físico norte-americano Robert Millikan obteve o gráfico mostrado na figura a seguir.

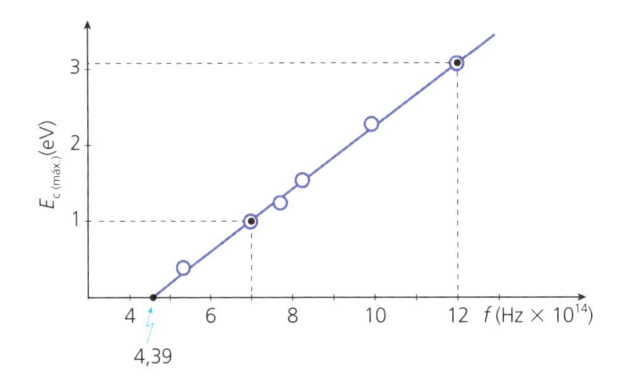

Com base nos valores que podemos tirar do gráfico, estime:
a) o valor da constante de Planck (h), em eVs;
b) o comprimento de onda de corte (λ_0) para o metal usado;
c) o valor da função trabalho (W) do metal.

8. Satélites artificiais orbitando a Terra podem ficar superficialmente eletrizados devido ao efeito fotoelétrico. Supondo que a superfície do satélite seja recoberta com uma película de uma liga metálica com função trabalho 6,20 eV, determine o maior comprimento de onda ($\lambda_{máx.}$) de um fóton capaz de provocar emissão fotoelétrica nesse material.

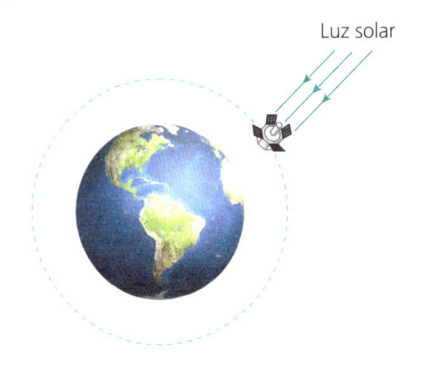

4 Modelos atômicos. Átomo de hidrogênio

Teorias sobre a constituição "descontínua" ou "granulada" da matéria já existiam na Índia desde o século VI a.C.

Na Grécia antiga, Demócrito (470 a.C.-360 a.C.), baseando-se nas ideias de seu mestre Leucipo (metade do século V a.C.), criou o termo **átomo**, que significa "indivisível". Mesmo destituído do seu significado original, atualmente o termo **átomo** refere-se à menor porção de matéria que ainda conserva suas propriedades.

O *atomismo*, teoria sobre a composição descontínua da matéria, teve grande avanço a partir do final do século XVII, com René Descartes (1596-1650), Robert Boyle (1627-1691) e Isaac Newton (1642-1727). O modelo corpuscular da luz, usado por Newton para explicar a reflexão e a refração, foi influenciado pelo atomismo.

A partir do final do século XVIII até meados do século XIX, experiências indicavam que a matéria realmente deveria ser formada de porções descontínuas, que foram identificadas como os "átomos de Demócrito".

O químico e físico inglês John Dalton (1766-1844) é considerado o fundador da moderna teoria atômica. Várias descobertas experimentais feitas por Dalton entre 1803 e 1808 não deixavam dúvidas sobre a existência dos átomos.

O átomo de Dalton era indivisível, mas as substâncias eram formadas pela combinação de diferentes tipos de átomos. Esse modelo foi uma excelente base para o desenvolvimento da teoria cinética da matéria. Entretanto, outros modelos foram sendo criados à medida que certos experimentos revelavam a natureza elétrica e complexa do próprio átomo.

Em 1904, o físico britânico J. J. Thomson (1856-1940) sugeriu um modelo atômico no qual os elétrons com cargas negativas estariam uniformemente distribuídos em um grande volume de matéria com carga positiva. A quantidade de carga positiva deveria ser igual à carga negativa total dos elétrons, tornando assim o átomo eletricamente neutro. A **figura 9** mostra esse modelo.

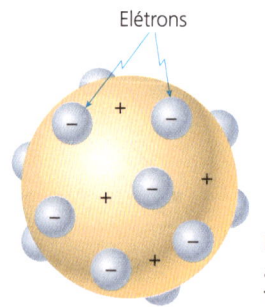

Figura 9. Modelo atômico de Thomson.

Em 1911, o físico neozelandês Ernest Rutherford (1871-1937) realizou um experimento que revolucionou o conceito de átomo, derrubando o modelo de Thomson. A **figura 10** mostra um esquema desse experimento.

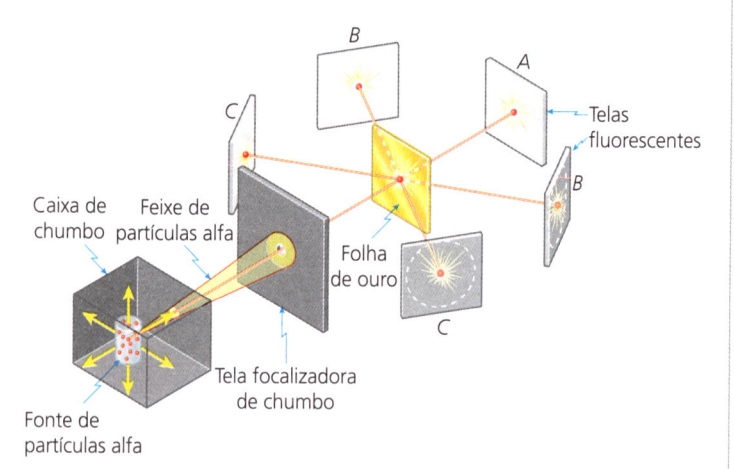

Figura 10. Esquema da experiência de Rutherford que revelou o átomo com grandes espaços vazios e um núcleo muito denso.

Partículas alfa emitidas por núcleos radioativos, lançadas contra uma fina folha de ouro, passavam, em sua maioria, através desse metal como se estivessem movendo-se no vazio. Algumas eram fortemente desviadas de suas trajetórias após passarem pela folha de ouro, e uma pequena parcela era refletida no sentido contrário ao do movimento original **(fig. 11A)**.

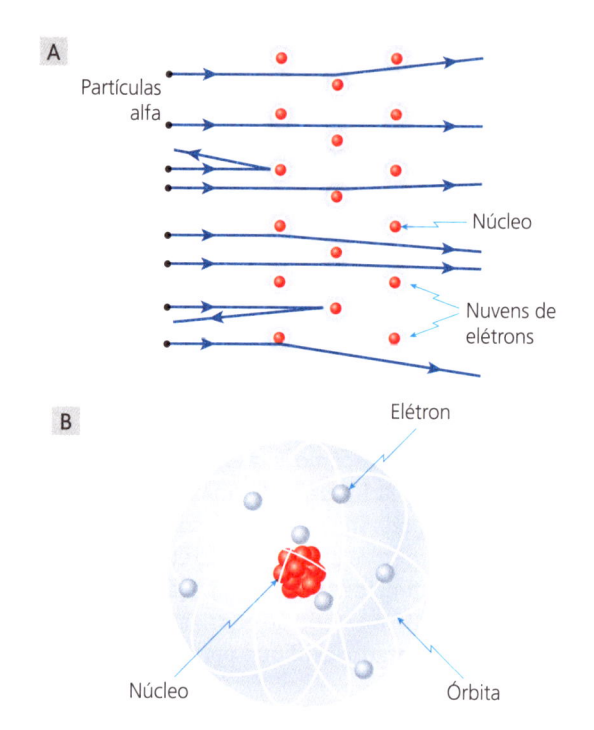

Figura 11. Átomo de Rutherford. (A) Modelo explicativo do resultado da experiência de Rutherford; (B) modelo do átomo planetário de Rutherford.

Os resultados dessas experiências levaram Rutherford a criar um novo modelo de átomo, formado por uma parte positiva, localizada numa região muito pequena e muito densa no centro do átomo, à qual chamou de **núcleo atômico**, e por uma parte negativa, constituída por elétrons, ocupando uma vasta região externa envolvendo o núcleo, à qual chamou de nuvem de elétrons, atualmente denominada **eletrosfera**.

Para garantir a estabilidade do átomo, os elétrons estariam em movimento ao redor do núcleo, em órbitas circulares, de modo semelhante aos planetas ao redor do Sol. Esse modelo ficou conhecido como **modelo planetário** do átomo **(fig. 11B)**.

Entretanto, havia um sério problema com o modelo de Rutherford. Os elétrons em movimento orbital estão sob ação de uma aceleração centrípeta e, de acordo com a teoria eletromagnética de Maxwell, cargas elétricas aceleradas emitem radiação, perdendo energia. Nesse caso, os elétrons estariam continuamente emitindo radiação eletromagnética e deveriam rapidamente "cair" sobre o núcleo atômico, provocando o colapso da matéria! Algo parecido com a situação da **figura 12**. Obviamente, esse colapso nunca foi observado. Portanto, era preciso aperfeiçoar o modelo.

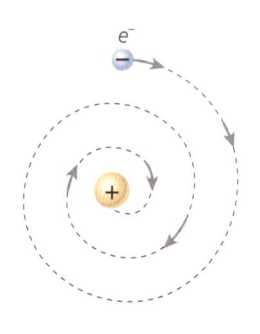

Figura 12. Colapso da matéria. Pela teoria eletromagnética de Maxwell, cargas elétricas aceleradas irradiam energia. Assim, os elétrons deveriam "cair" sobre o núcleo, mas isso não ocorre.

Em 1913, o físico dinamarquês Niels Bohr (1885-1962) admitiu que a teoria de Maxwell não seria aplicável aos sistemas em escala atômica. Utilizando a ideia da quantização da energia de Planck, Bohr considerou que, "dentro" do átomo, os elétrons ficam "confinados" em certos níveis estáveis de energia, nos quais não há emissão de radiação. Esses níveis de energia foram chamados de **estados estacionários** de energia.

Só há emissão ou absorção de energia quando um elétron muda de nível. Ao passar de um nível "inferior" para outro "mais elevado", o elétron absorve um fóton com energia estritamente suficiente para executar a transição. Ao retornar ao estado estacionário original, o elétron emite de volta o fóton absorvido, na forma de radiação eletromagnética **(fig. 13)**.

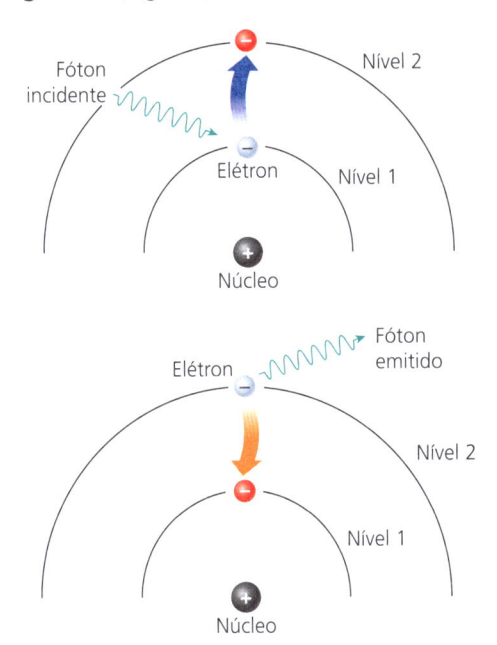

Figura 13. Salto quântico. Modelo de Bohr para a emissão de radiação pelos átomos. O elétron absorve a energia do fóton incidente, salta para um nível mais elevado e emite a mesma quantidade de energia absorvida, na forma de radiação eletromagnética, quando retorna ao nível de origem.

A frequência da radiação emitida é proporcional à diferença das energias dos respectivos estados inicial (i) e final (f), isto é:

$$f = \frac{|E_i - E_f|}{h}$$

Portanto, no modelo de Bohr, os níveis de energia do átomo são quantizados.

Como teste para sua teoria, Bohr aplicou esse modelo ao átomo de hidrogênio, calculando com muita precisão as energias daqueles níveis. A concordância com os dados experimentais foi espantosa.

O modelo explicou com precisão os espectros de emissão de energia observados para o hidrogênio e íons "hidrogenoides", isto é, íons com apenas um elétron, como o He^+ e o Li^{2+}.

A **figura 14** mostra um esquema da quantização dos níveis de energia do átomo de hidrogênio e os comprimentos de onda dos fótons das radiações absorvidas e emitidas nas transições entre os níveis de energia indicados.

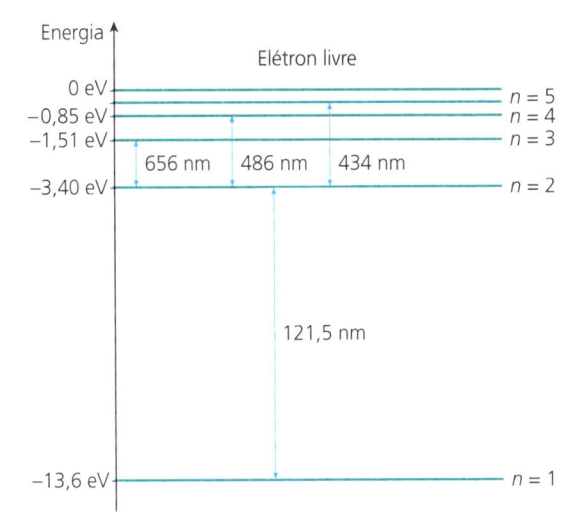

Figura 14. Níveis de energia para o átomo de hidrogênio. O nível $n = 1$ é o estado fundamental do átomo. Acima do nível de energia zero, o elétron está "fora" do átomo, e a energia não é mais quantizada. Os valores em nm são os comprimentos de onda dos fótons absorvidos e emitidos nas transições entre os níveis.

O nível $n = 1$ é denominado **estado fundamental** do átomo. Os demais níveis, $n = 2, 3, 4, 5...$ são os **estados estacionários excitados**. As energias dos estados são negativas, pois são estados ligados, isto é, o elétron precisa ganhar energia para poder sair do átomo, como se ele estivesse em um "poço" e devesse chegar ao nível do solo (energia zero).

Exercícios resolvidos

3. **a)** Calcular o comprimento de onda da radiação emitida pelo elétron do átomo de hidrogênio ao voltar do nível $n = 2$ para o nível $n = 1$ na **figura 14**.
b) Calcular o comprimento de onda da radiação eletromagnética cujo fóton tem a energia mínima necessária para ionizar o átomo de hidrogênio a partir do seu estado fundamental.

▶ **Solução**

a) Pela equação de Bohr, para a quantização dos níveis de energia do átomo de hidrogênio, temos:

$$f = \frac{|E_i - E_f|}{h} \Rightarrow \frac{c}{\lambda} = \frac{|E_i - E_f|}{h} \Rightarrow \lambda = \frac{hc}{|E_i - E_f|} \Rightarrow$$

$$\Rightarrow \lambda = \frac{1.240 \text{ eV} \cdot \text{nm}}{|-3{,}40 - (-13{,}6)| \text{ eV}} \Rightarrow \boxed{\lambda \simeq 121{,}6 \text{ nm}}$$

b) No estado fundamental, temos $E_i = -13{,}6$ eV. Para que haja ionização, o elétron deve chegar pelo menos ao nível zero, isto é, $E_f = 0$. Assim:

$$\lambda = \frac{hc}{|E_i - E_f|} \Rightarrow \lambda = \frac{1.240 \text{ eV} \cdot \text{nm}}{|-13{,}6 - 0| \text{ eV}} \Rightarrow \boxed{\lambda \simeq 91{,}2 \text{ nm}}$$

Observação

Ambos os valores encontrados estão na região do ultravioleta.

Exercícios propostos

9. São dadas quatro possíveis transições entre os estados estacionários de um átomo de hidrogênio, mostrados na figura abaixo.

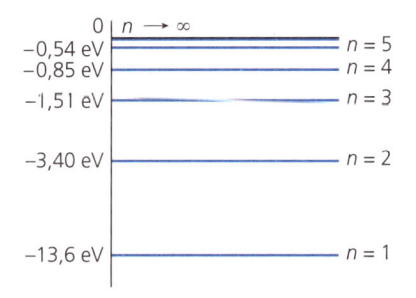

```
0      n → ∞
−0,54 eV ─────────────── n = 5
−0,85 eV ─────────────── n = 4
−1,51 eV ─────────────── n = 3

−3,40 eV ─────────────── n = 2


−13,6 eV ─────────────── n = 1
```

I. $n_i = 1$, $n_f = 4$
II. $n_i = 3$, $n_f = 1$
III. $n_i = 4$, $n_f = 2$
IV. $n_i = 2$, $n_f = 3$

a) Quais das transições ocorrem com absorção de energia e quais ocorrem com emissão de energia?
b) Em qual das transições o átomo emite radiação de comprimento de onda menor?
c) Em qual das transições o átomo absorve mais energia?

10. A figura abaixo fornece valores típicos dos comprimentos de onda das radiações visíveis do espectro eletromagnético. As abreviaturas referem-se às cores VErmelho, LAranja, AMarelo, VerDe, AZul, ANil e VioLeta.

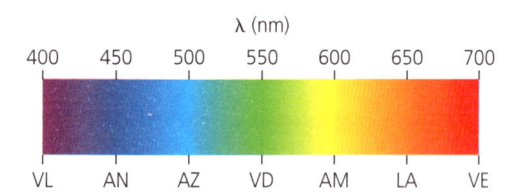

```
           λ (nm)
400  450  500  550  600  650  700
 VL   AN   AZ   VD   AM   LA   VE
```

Considerando os valores que estão na **figura 14**, para que o elétron de um átomo de hidrogênio passe:

I. do estado $n = 2$ para o estado $n = 3$, ele deve absorver energia correspondente a um fóton de comprimento de onda entre LA e AM.
II. do estado $n = 2$ para estado $n = 4$, ele deve absorver energia correspondente a um fóton de comprimento de onda entre AZ e AN.
III. do estado $n = 2$ para o estado fundamental, ele deve emitir energia correspondente a um fóton de comprimento de onda entre AZ e VD.
IV. do estado $n = 2$ para o estado $n = 5$, ele deve absorver energia correspondente a um fóton de comprimento de onda entre VL e AN.
V. do estado $n = 5$ para o estado $n = 2$, ele deve emitir um fóton de energia de aproximadamente 2,86 eV.

Assinale a afirmação correta.
a) Todas as afirmações estão corretas.
b) Todas as afirmações estão erradas.
c) Estão corretas apenas as afirmações I, III e IV.
d) Estão corretas apenas as afirmações II, III e V.
e) Estão corretas apenas as afirmações II, IV e V.

11. O diagrama a seguir mostra simplificadamente estados estacionários de um átomo hipotético. A diferença de energias entre os estados A e B é o dobro da diferença de energias entre os estados B e C. Ao passar de C para B, um elétron emite um fóton de comprimento de onda 600 nm. Determine:

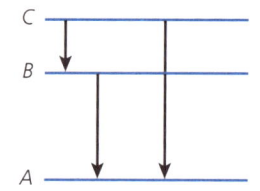

```
C ───────────
       │
B ───────────
       │
       │
A ─────▼─────
```

a) o comprimento de onda do fóton emitido pelo elétron quando "salta" de B para A;
b) o comprimento de onda do fóton que o elétron deve absorver para "saltar" de A para C.

5 Dualidade onda-partícula

A explicação de Einstein para o efeito fotoelétrico é uma forte evidência em favor do modelo corpuscular da luz, os fótons ou partículas de luz, como Einstein chamava os "pacotes" de energia. Entretanto, os fenômenos da difração e da interferência só podem ser explicados pelo princípio de Huygens, isto é, considerando a luz como onda.

Essa aparente contradição levanta uma questão fundamental: afinal, a luz é onda ou partícula? Se, por um lado, somente o modelo de fótons explica precisamente o efeito fotoelétrico, por outro, somente o modelo ondulatório explica plenamente a difração e a interferência. Então, qual modelo é o correto? A resposta é simples, mas incômoda: **Devemos considerar ambos os modelos!** A verdadeira natureza da luz e das demais radiações eletromagnéticas não deve ser descrita apenas por um único modelo teórico. O modelo corpuscular, necessário para explicar o efeito fotoelétrico, e o modelo ondulatório, necessário para explicar a difração e a interferência, complementam-se, não há contradição. Devemos aceitar que a luz tem uma natureza dual, isto é, ora exibe características de onda, ora de partícula.

A luz exibe uma **dualidade onda-partícula**. Em certas situações, um ou outro modelo é necessário para explicar os resultados experimentais.

O enunciado a seguir é o **princípio da complementaridade**, enunciado por Bohr:

> No nível quântico, ambos os aspectos, o corpuscular e o ondulatório, são necessários para uma descrição completa do sistema estudado.

Se a natureza dual da luz é, por si só, um conceito difícil de aceitar, mais intrigante ainda é o fato de que a matéria também apresenta natureza dual.

Em 1923, em sua tese de doutorado, o físico francês Louis de Broglie (1892-1987) lançou uma ideia inovadora na Física: "Se a luz apresenta características de onda e de partícula [...], talvez a matéria também apresente características de onda e partícula".

Partindo dessa ideia, de Broglie sugeriu que partículas com massa também apresentariam propriedades ondulatórias e, consequentemente, um comprimento de onda característico, determinado por sua quantidade de movimento.

O **comprimento de onda de de Broglie**, λ_B, associado a uma partícula é dado por:

$$\lambda_B = \frac{h}{Q} \quad \text{ou} \quad \lambda_B = \frac{h}{mv}$$

Q é a quantidade de movimento da partícula de massa m e velocidade v, e h é a constante de Planck.

Na segunda igualdade, fica evidente a hipótese dual da matéria. O caráter ondulatório é representado pelo comprimento de onda λ_B, e o caráter corpuscular, pela quantidade de movimento mv.

Até a época de sua formulação, nenhuma evidência experimental confirmava a hipótese da dualidade.

Em 1927, em dois experimentos independentes, George P. Thomson, no Reino Unido, e Davisson e Germer, nos Estados Unidos, confirmaram a hipótese de de Broglie, obtendo difração de elétrons em cristais, embora o segundo experimento tenha sido realizado com a intenção de "derrubar" aquela hipótese.

Exercícios resolvidos

4. Sabemos que as ondas difratam ao encontrar obstáculos com dimensões da ordem do seu comprimento de onda (λ).

Em um cristal, a distância média entre íons vizinhos é da ordem de 1 Å, isto é, 10^{-10} m. Determinar a velocidade necessária para que um feixe de elétrons possa sofrer difração nesse cristal.

(Dados: massa do elétron (m_e) = $9{,}11 \cdot 10^{-31}$ kg; constante de Planck (h) = $6{,}63 \cdot 10^{-34}$ J · s)

▶ **Solução**

Para haver difração, o comprimento de onda de de Broglie (λ_B) para os elétrons do feixe deve ser da ordem de 1 Å. Assim, pela relação de de Broglie, temos:

$$\lambda_B = \frac{h}{m_e v_e} \Rightarrow v_e = \frac{h}{m_e \lambda_B} \Rightarrow v_e = \frac{6{,}63 \cdot 10^{-34}}{9{,}11 \cdot 10^{-31} \cdot 10^{-10}}$$

$$\therefore \boxed{v_e \simeq 7{,}3 \cdot 10^6 \text{ m/s}}$$

5. Determinar qual é o comprimento de onda de de Broglie (λ_B) para uma partícula de massa m, cuja energia cinética é igual a E_c.

▶ **Solução**

Temos:

$$E_c = \frac{1}{2}mv^2 \Rightarrow v = \sqrt{\frac{2E_c}{m}}$$

Assim:

$$\lambda_B = \frac{h}{mv} \Rightarrow \lambda_B = \frac{h}{m \cdot \sqrt{\frac{2E_c}{m}}} \Rightarrow \boxed{\lambda_B = \frac{h}{\sqrt{2mE_c}}}$$

Exercícios propostos

12. Assinale a afirmação que explica corretamente o que ocorre quando se aumenta a intensidade da luz emitida por uma fonte monocromática.
   a) Os fótons são emitidos pela fonte com maior velocidade.
   b) Aumenta a energia de cada fóton emitido.
   c) O comprimento de onda de de Broglie de cada fóton aumenta.
   d) A taxa de emissão de fótons pela fonte é maior.

13. A energia cinética E_c de uma partícula de massa m é inversamente proporcional ao quadrado do comprimento de onda de de Broglie, λ_B, isto é, $E_c = \dfrac{K}{\lambda_B^2}$.

Determine a constante K, conhecendo a constante de Planck, h.

14. Determine a energia cinética, em elétron-volt (eV), para um elétron cujo comprimento de onda de de Broglie seja igual a 1 Å.

(Dados: a constante K, obtida no exercício anterior, para o elétron vale $2{,}4 \cdot 10^{-37}$ (SI) e 1 J = $6{,}25 \cdot 10^{18}$ eV)

15. A seguir representam-se três estados estacionários do átomo de hidrogênio e os comprimentos de onda correspondentes a duas transições (saltos quânticos) entre estados. Considere que os comprimentos de onda da faixa visível do espectro eletromagnético estejam entre 750 nm, luz vermelha, e 400 nm, luz violeta.

E (eV)
- $-1{,}5$ ──── 2º estado excitado
- I ↓ 652,6 nm
- $-3{,}4$ ──── 1º estado excitado
- II 121,6 nm ↑
- $-13{,}6$ ──── Estado fundamental

Assim, é correto afirmar que a transição:
   a) I ocorre com a emissão de um fóton de radiação ultravioleta.
   b) II ocorre com a emissão de um fóton de radiação ultravioleta.
   c) I ocorre com a absorção de um fóton de radiação infravermelha.
   d) I ocorre com a emissão de um fóton de radiação infravermelha.
   e) II ocorre com a absorção de um fóton de radiação ultravioleta.

Exercícios de revisão

Ficha-resumo 1

- Equação da quantização da energia de Planck:

$E = hf = \dfrac{hc}{\lambda}$

- Constante de Planck:

$h \simeq 6{,}63 \cdot 10^{-34}$ J · s $\simeq 4{,}14 \cdot 10^{-15}$ eV · s

- $c \simeq 3{,}0 \cdot 10^8$ m/s
- $hc \simeq 1.240$ eV · nm

1. (Enade) Em 1900, Max Planck apresentou à Sociedade Alemã de Física um estudo, onde, entre outras coisas, surge a ideia de quantização. Em 1920, ao receber o Prêmio Nobel, no final do seu discurso, referindo-se às ideias contidas naquele estudo, comentou:

> "O fracasso de todas as tentativas de lançar uma ponte sobre o abismo logo me colocou frente a um dilema: ou o *quantum* de energia era uma grandeza meramente fictícia e, portanto, seria falsa toda a dedução da lei da radiação, puro jogo de fórmulas, ou na base dessa dedução havia um conceito físico verdadeiro. A admitir-se este último, o *quantum* tenderia a desempenhar, na Física, um papel fundamental... destinado a transformar por completo nossos conceitos físicos que, desde que Leibnitz e Newton estabeleceram o cálculo infinitesimal, permaneceram baseados no pressuposto da continuidade das cadeias causais dos eventos. A experiência se mostrou a favor da segunda alternativa."
>
> (Adaptado de Moulton, F. R. e Schiffers, J. J. *Autobiografia de la ciencia*, Trad. Francisco A. Delfiane, 2 ed. México: Fondo de Cultura Económica, 1986. p. 510.)

O referido estudo foi realizado para explicar:
a) a confirmação da teoria de Maxwell-Boltzmann, de velocidades e de trajetórias das moléculas de um gás.
b) a experiência de Rutherford do espalhamento de partículas alfa, que levou à formulação de um novo modelo atômico.
c) o calor irradiante dos corpos celestes, cuja teoria havia sido proposta por Lord Kelvin e já havia dados experimentais.
d) as emissões radioativas do isótopo rádio-226, descoberto por Pierre e Marie Curie, a partir do minério chamado "pechblenda".
e) o espectro de emissão térmica dos corpos, cujos dados experimentais não estavam de acordo com as teorias clássicas até então formuladas.

2. O gráfico a seguir mostra as curvas de emissão térmica de radiação para três temperaturas. O filamento de uma lâmpada incandescente, quando em funcionamento normal, atinge uma temperatura da ordem de 2.550 °C.

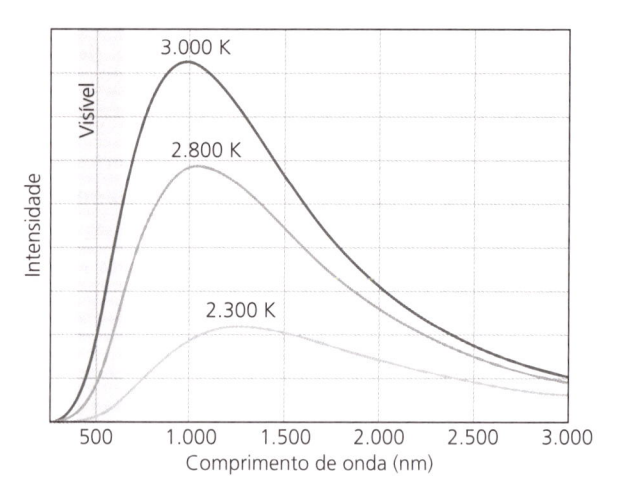

Com o auxílio do gráfico, estime:
a) a frequência, em Hz, da radiação emitida com máxima intensidade pelo filamento;
b) a energia, em eV, de um fóton da radiação emitida com intensidade máxima pelo filamento.

3. Uma fonte emite uma radiação monocromática de comprimento de onda 310 nm, com uma potência de 40 W. Determine para essa fonte:
a) a energia de um fóton dessa radiação, em eV;
b) a quantidade de energia emitida pela fonte em um segundo, em eV;
c) quantos fótons são emitidos por segundo pela fonte.

Ficha-resumo 2

- Equação do efeito fotoelétrico:

$E_{c(máx.)} = hf - W$

- W é a função trabalho do metal.
- f_0 é a frequência de corte ou limiar de emissão fotoelétrica do metal.
- $W = hf_0$
- Constante de Planck: $h \simeq 4{,}0 \cdot 10^{-15}$ eV · s; $hc \simeq 1.240$ eV · nm

4. (PUC-RS) Considere as seguintes afirmações sobre o efeito fotoelétrico:
I. O efeito fotoelétrico consiste na emissão de elétrons por uma superfície metálica atingida por radiação eletromagnética.
II. O efeito fotoelétrico pode ser explicado satisfatoriamente com a adoção de um modelo corpuscular para a luz.
III. Uma superfície metálica fotossensível somente emite fotoelétrons quando a frequência da luz incidente nessa superfície excede um certo valor mínimo, que depende do metal.

Quais estão corretas?
a) Apenas I.
b) Apenas I e II.
c) Apenas II.
d) Apenas I e III.
e) I, II e III.

5. (Enade) Hertz, no experimento em que evidenciou a existência das ondas eletromagnéticas, notou que a descarga elétrica nos eletrodos era mais facilmente percebida quando iluminados com radiação de frequência acima de um certo valor.

A explicação de Einstein para este efeito, denominado efeito fotoelétrico, considera que:
a) o aumento da intensidade da radiação implica um aumento do número de elétrons de mesma energia emitidos pelos eletrodos.
b) o intervalo de tempo entre a chegada da radiação aos eletrodos e a emissão dos elétrons é diretamente proporcional à intensidade da radiação.
c) a radiação se comporta como onda no momento em que ocorre o efeito.
d) a energia dos elétrons emitidos depende diretamente da intensidade da radiação incidente.
e) a energia do fóton incidente é igual à energia cinética do elétron emitido.

6. O comprimento de onda correspondente ao limiar de emissão fotoelétrica para um certo metal vale 248 nm. Determine, para esse metal:
a) a função trabalho (W) em eV;
b) a frequência de corte (f_0).

7. A superfície de um metal, de função trabalho W = 2,3 eV, é iluminada por dois feixes de "luz", cujos parâmetros são dados na tabela abaixo. $E_{máx.}$ é a energia cinética máxima dos fotoelétrons emitidos em cada caso.

	Comprimento da onda (nm)	$E_{máx.}$ (eV)
Feixe 1	$\lambda_1 = \lambda$	$E_1 = 2,7$
Feixe 2	$\lambda_2 = 2\lambda$	E_2

Os valores aproximados dos parâmetros λ e E_2 são, respectivamente:
a) 496 e 1,4
b) 496 e 0,7
c) 248 e 0,7
d) 248 e 0,2
e) 124 e 0,2

8. (Unicamp-SP) O efeito fotoelétrico, cuja descrição por Albert Einstein está completando 100 anos em 2005 (Ano Internacional da Física), consiste na emissão de elétrons por um metal no qual incide um feixe de luz. No processo, "pacotes" bem definidos de energia luminosa, chamados fótons, são absorvidos um a um pelos elétrons do metal. O valor da energia de cada fóton é dado por $E_{fóton} = hf$, onde $h = 4 \cdot 10^{-15}$ eV · s é a chamada constante de Planck e f é a frequência da luz incidente. Um elétron só é emitido do interior do metal se a energia do fóton absorvido for maior que uma energia mínima. Para os elétrons mais fracamente ligados ao metal, essa energia mínima é chamada função trabalho W e varia de metal para metal (ver a tabela a seguir). Considere: c = 300.000 km/s

Metal	W (eV)
Césio	2,1
Potássio	2,3
Sódio	2,8

a) Calcule a energia do fóton (em eV), quando o comprimento de onda da luz incidente for $5 \cdot 10^{-7}$ m.
b) A luz de $5 \cdot 10^{-7}$ m é capaz de arrancar elétrons de quais dos metais apresentados na tabela?
c) Qual será a energia cinética de elétrons emitidos pelo potássio, se o comprimento de onda da luz incidente for $3 \cdot 10^{-7}$ m? Considere os elétrons mais fracamente ligados do potássio e que a diferença entre a energia do fóton absorvido e a função trabalho W é inteiramente convertida em energia cinética.

9. (Fuvest-SP) Lasers pulsados de altíssima potência estão sendo construídos na Europa. Esses lasers emitirão pulsos de luz verde, e cada pulso terá 10^{15} W de potência e duração de cerca de $30 \cdot 10^{-15}$ s. Com base nessas informações, determine:
a) o comprimento de onda λ da luz desse laser;
b) a energia E contida em um pulso;
c) o intervalo de tempo Δt durante o qual uma lâmpada LED de 3 W deveria ser mantida acesa, de forma a consumir uma energia igual à contida em cada pulso;
d) o número n de fótons em cada pulso.

Note e adote:
• frequência da luz verde: $f = 0,6 \cdot 10^{15}$ Hz
• velocidade da luz = $3 \cdot 10^8$ m/s
• energia do fóton = hf
• $h = 6 \cdot 10^{-34}$ J · s

10. No início do século XX, Rutherford estava envolvido em uma pesquisa cujo objetivo era descrever e explicar os fenômenos que acompanhavam a passagem das partículas alfa através da matéria. Um de seus alunos observou que, às vezes, as partículas alfa, em vez de seguirem direta ou quase diretamente, eram defletidas pela matéria e desviavam em ângulos consideráveis. Os grandes desvios surpreenderam Rutherford que, mais tarde, declarou que foi como se alguém lhe tivesse dito que, ao atirar em uma folha de papel, a bala tivesse ricocheteado!

Em 1911, Rutherford anunciou que descobrira a razão pela qual as partículas alfa desviavam em ângulos grandes.

Sua descoberta implicou diretamente a:
a) formulação de um novo modelo atômico, o modelo planetário, em substituição ao modelo de Thomson.
b) descoberta da estrutura do núcleo atômico, composto por prótons e nêutrons.
c) hipótese da existência de órbitas estacionárias para os elétrons que, dessa forma, não seriam capturados pelos prótons do núcleo atômico.
d) descoberta dos raios X, radiações eletromagnéticas emitidas pela matéria quando bombardeada pelas partículas alfa.
e) descoberta do nêutron, partícula eletricamente neutra que possibilitaria a estabilidade do núcleo atômico.

11. Pelo modelo atômico de Niels Bohr, um elétron ligado a um átomo, ao passar de um estado quântico estável para outro, precisa absorver ou emitir um fóton de radiação eletromagnética que tenha energia exatamente igual ao módulo da diferença entre as energias desses estados.

Exercícios de revisão

No diagrama a seguir, estão representados esquematicamente os três primeiros níveis de energia do átomo de hidrogênio, segundo o modelo de Bohr.

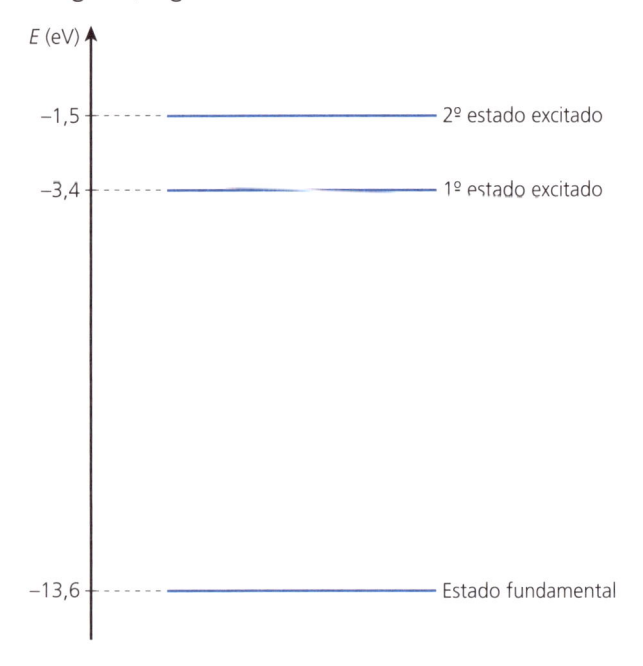

E (eV)

- −1,5 ———— 2º estado excitado
- −3,4 ———— 1º estado excitado
- −13,6 ———— Estado fundamental

Considere dois fótons, γ_1 e γ_2, cujas radiações têm comprimentos de onda respectivamente $\lambda_1 = 121{,}56$ nm e $\lambda_2 = 102{,}48$ nm, que incidem sobre dois átomos de hidrogênio estacionários, cujos respectivos elétrons encontram-se no estado fundamental. Com essas informações, responda às questões formuladas a seguir.

a) Em qual faixa do espectro eletromagnético está situada cada uma dessas radiações?
b) Quais são os valores E_1 e E_2 das energias dos respectivos fótons dessas radiações?
c) O elétron de cada um dos átomos atingidos pelas radiações pode ou não absorver esses fótons? Em caso afirmativo, determine para qual nível o elétron salta.

12. (Unicamp-SP) Um instrumento importante no estudo de sistemas nanométricos é o microscópio eletrônico. Nos microscópios ópticos, a luz é usada para visualizar a amostra em estudo. Nos microscópios eletrônicos, um feixe de elétrons é usado para estudar a amostra.

a) A vantagem em se usar elétrons é que é possível acelerá-los até energias em que o seu comprimento de onda é menor que o da luz visível, permitindo uma melhor resolução. O comprimento de onda do elétron é dado por $\lambda = \dfrac{h}{(2m_e E_c)^{\frac{1}{2}}}$, em que E_c é a energia cinética do elétron, $m_e \simeq 9 \times 10^{-31}$ kg é a massa do elétron e $h \simeq 6{,}6 \times 10^{-34}$ N · m · s é a constante de Planck. Qual é o comprimento de onda do elétron em um microscópio eletrônico em que os elétrons são acelerados, a partir do repouso, por uma diferença de potencial de $U = 50$ kV? Caso necessário, use a carga do elétron $e = 1{,}6 \times 10^{-19}$ C.

b) Uma forma usada para gerar elétrons em um microscópio eletrônico é aquecer um filamento, processo denominado **efeito termiônico**. A densidade de corrente gerada é dada por $J = A \cdot T^2 \cdot e^{[-\phi/(k_B \cdot T)]}$, em que A é a constante de Richardson, T é a temperatura em kelvin, $k_B = 1{,}4 \times 10^{-23}$ J/K é a constante de Boltzmann e ϕ, denominado função trabalho, é a energia necessária para remover um elétron do filamento. A expressão para J pode ser reescrita como $\ell n\left(\dfrac{J}{T^2}\right) = \ell n(A) - \left(\dfrac{\phi}{k_B}\right)\left(\dfrac{1}{T}\right)$, que é uma equação de uma reta de $\ell n\left(\dfrac{J}{T^2}\right)$ versus $\left(\dfrac{1}{T}\right)$, em que $\ell n(A)$ é o coeficiente linear e $\left(\dfrac{\phi}{k_B}\right)$ é o coeficiente angular da reta. O gráfico da figura abaixo apresenta dados obtidos do efeito termiônico em um filamento de tungstênio.

Qual é a função trabalho do tungstênio medida neste experimento?

Mais questões em **Vereda Digital Aprova Enem**, em **Vereda Digital Suplemento de revisão**, em **AprovaMax** (no *site*) e no livro digital.

CAPÍTULO

41

NOÇÕES DE RELATIVIDADE

ENEM
C5: H17
C6: H22, H23

O movimento de um observador, com velocidade próxima à velocidade de propagação da luz no vácuo, distorce o espaço à sua volta e altera a marcha do tempo. Escultura Perfil do tempo, 1977, do mestre do surrealismo Salvador Dali (1904-1989), inspirada no quadro Persistência da memória de 1931, também de sua autoria. Os efeitos do movimento sobre o espaço, o tempo e a matéria serão estudados neste capítulo.

> **Objetivos do capítulo**
>
> - Conhecer as origens históricas da teoria especial da relatividade.
> - Conhecer os postulados que fundamentam a teoria da relatividade restrita.
> - Estudar a dilatação do tempo e a contração do comprimento.
> - Aplicar a lei relativística da adição de velocidades.
> - Identificar e resolver situações nas quais ocorre o efeito Doppler-Fizeau relativístico.
> - Estudar a equivalência entre massa e energia.

1 Introdução

Como vimos no capítulo anterior, no último quarto do século XIX, pensava-se que a Física já estivesse total e definitivamente entendida. De acordo com as ideias desenvolvidas na época, nada mais havia para ser descoberto no mundo dos fenômenos físicos. Entretanto, esse tipo de pensamento revelou-se equivocado.

Os experimentos de Albert Abraham Michelson (1852-1931) e Edward Williams Morley (1838-1923), entre 1881 e 1887, mostraram que o valor da velocidade de propagação da luz não era afetado pelo movimento orbital da Terra. Esse resultado, considerado intrigante e muito suspeito para a época, foi confirmado por meio de uma série de repetições desse e de outros experimentos, com graus de precisão e sofisticação cada vez maiores, usando até mesmo fontes de luz extraterrestres (Sol e outras estrelas). Ficava assim a incômoda constatação de que a velocidade de propagação da luz deveria ser uma **constante universal**. Essa constatação despertou o interesse do físico holandês Hendrik Antoon Lorentz (1853-1928), do matemático francês Jules Henri Poincaré (1854-1912) e do físico alemão Albert Einstein (1879-1955). Desses estudos resultou uma nova e revolucionária interpretação dos fenômenos físicos observados, o que levou ao desenvolvimento da denominada **teoria especial da relatividade**.

A partir da 17ª Conferência Geral de Pesos e Medidas de Paris de 1983, o valor da velocidade de propagação da luz no vácuo foi fixado em **299.792.458 m/s**, representado pela letra c. Em cálculos aproximados, é comum adotar $c = 3{,}0 \cdot 10^8$ m/s. A velocidade de propagação da luz no vácuo, c, é uma constante universal.

2 Declínio da Física Clássica

Embora atualmente a teoria especial da relatividade esteja ligada a quase todos os campos da Física e da tecnologia, sua origem está atrelada ao Eletromagnetismo e à Óptica.

O fato de as ondas eletromagnéticas, previstas por Maxwell e trazidas à realidade nas experiências de Hertz, aparentemente não necessitarem de um meio para se propagar desafiava os paradigmas da Física da época.

Como uma onda pode se propagar sem um meio elástico que transmita suas perturbações? Em uma propagação ondulatória, "sempre" há algo que se deforma, pensavam. Mas... o que ondula na propagação da luz?

Essa questão ocupou muitas das mentes mais brilhantes do século XIX. Várias experiências foram idealizadas e realizadas na tentativa de detectar e investigar as propriedades desse meio tênue, que foi chamado de **éter** (do latim, *aether*).

Em 1887, Michelson e Morley aperfeiçoaram uma experiência já realizada em 1881 por Michelson, destinada a medir a variação da velocidade de propagação da luz através do éter, considerado imóvel **(fig. 1A)**. Assim, a velocidade da luz seria afetada pela "correnteza do éter", resultante do movimento de translação da Terra. Essa experiência foi contínua e exaustivamente repetida entre abril e julho de 1887, registrando um sistemático e desconcertante resultado negativo, isto é, não se detectou variação alguma na velocidade de propagação da luz, o que indica a inexistência do éter. Esse experimento foi sistematicamente repetido até aproximadamente 1930 com o mesmo resultado negativo.

Em 1892, Lorentz apresentou um argumento puramente matemático, que já havia sido proposto em 1889 pelo físico irlandês George F. Fitzgerald (1851-1901), na tentativa de preservar o conceito de éter e justificar os resultados inesperados das experiências de Michelson e Morley.

De acordo com Lorentz e Fitzgerald, se "encurtássemos" o percurso paralelo ao movimento da Terra (percurso ACD na **figura 1B**) por um fator $\gamma = \dfrac{1}{\sqrt{1-\left(\frac{v}{c}\right)^2}}$, sem alterar o percurso transversal ao movimento da Terra (percurso ABD na **figura 1B**), poderíamos explicar a não influência do éter e do movimento da Terra na propagação da luz. Nessa expressão, c é a velocidade de propagação da luz no vácuo e o fator γ é denominado **fator de contração de Lorentz-Fitzgerald**.

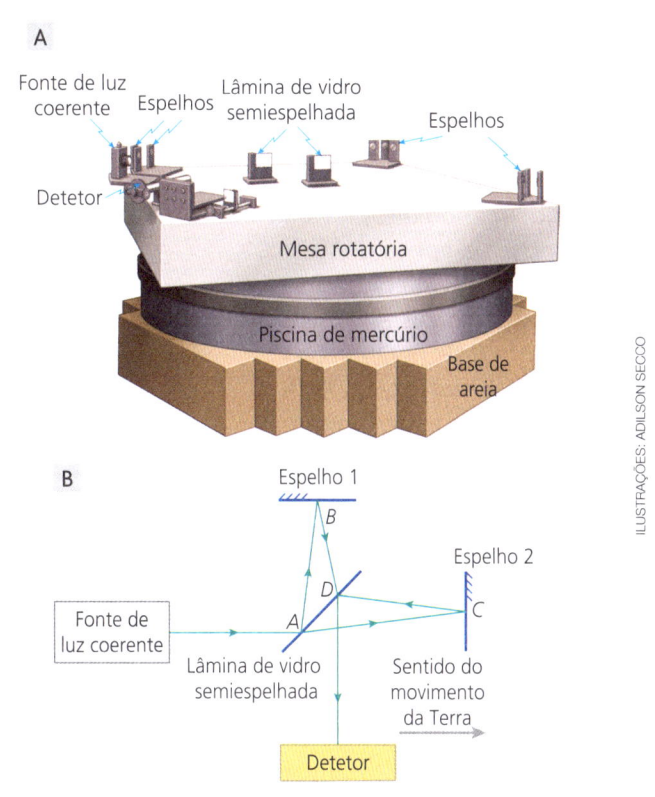

Figura 1. (A) Representação da montagem de Michelson e Morley, para a experiência de 1887. As partes ópticas estavam sobre um suporte que flutuava em mercúrio para reduzir as vibrações que afetaram experiências anteriores. (B) Se a velocidade de propagação da luz dependesse da direção relativa do movimento da Terra através do éter, o detector deveria registrar alguma alteração. Nada foi detectado, isto é, a propagação da luz nas direções paralela e perpendicular à "correnteza do éter" não alterava sua velocidade.

Podemos representar o quociente $\frac{v}{c}$ pela letra grega β. Assim:

$$\gamma = \frac{1}{\sqrt{1-\beta^2}}$$

Em algumas aplicações, será útil a aproximação: $\gamma \simeq 1 + \frac{1}{2}\beta^2$.

Essa aproximação dá excelentes resultados para: $0 \leq \beta \leq 0,3$ ou $0 \leq v \leq 0,3c$.

Para os padrões da época, a ideia da **contração do espaço** era tão ousada quanto supor a inexistência do éter, isto é, ter de admitir que as ondas de luz não necessitavam de um meio para se propagar. Os cientistas não consideravam possível que uma onda pudesse se propagar sem um meio que lhe desse suporte. Seria uma onda sem "ondulações"!

Lorentz e outros preferiram introduzir o fator γ e tentar dar um significado a ele. O próprio Lorentz achava que o fator γ era apenas um artifício matemático necessário para solucionar um problema, sem um significado físico consistente. Entretanto, em 1897, o físico irlandês Joseph Larmor (1857-1942) desenvolveu uma teoria sobre a origem eletromagnética de todas as forças e, como consequência direta do seu modelo, obteve o mesmo fator de contração do espaço.

Somente em 1905, com a publicação da **teoria especial da relatividade**, Albert Einstein mostrou que a contração do espaço e outros efeitos são consequências naturais de uma nova interpretação dos conceitos de matéria, espaço, tempo e simultaneidade. Nascia uma nova Física.

Exercícios resolvidos

1. Calcular o fator γ de Lorentz-Fitzgerald para:

a) $v = 0$ d) $v = 0,80c$
b) $v = 0,10c$ e) $v = 0,90c$
c) $v = 0,60c$ f) $v = 0,99c$

▶ **Solução**

a) $v = 0 \Rightarrow \gamma = \dfrac{1}{\sqrt{1-\left(\frac{v}{c}\right)^2}} = \dfrac{1}{\sqrt{1-\left(\frac{0}{c}\right)^2}} \Rightarrow \boxed{\gamma = 1}$

b) $v = 0,10c \Rightarrow \gamma = \dfrac{1}{\sqrt{1-\left(\frac{v}{c}\right)^2}} = \dfrac{1}{\sqrt{1-\left(\frac{0,10 \cdot c}{c}\right)^2}} =$

$= \dfrac{1}{\sqrt{1-0,01}} \Rightarrow \boxed{\gamma = 1,005}$

c) $v = 0,60c \Rightarrow \gamma = \dfrac{1}{\sqrt{1-\left(\frac{v}{c}\right)^2}} = \dfrac{1}{\sqrt{1-\left(\frac{0,60c}{c}\right)^2}} =$

$= \dfrac{1}{\sqrt{1-0,36}} = \dfrac{1}{\sqrt{0,64}} \Rightarrow \boxed{\gamma = 1,25}$

d) $v = 0,80c \Rightarrow \gamma = \dfrac{1}{\sqrt{1-\left(\frac{v}{c}\right)^2}} = \dfrac{1}{\sqrt{1-\left(\frac{0,80c}{c}\right)^2}} =$

$= \dfrac{1}{\sqrt{1-0,64}} = \dfrac{1}{\sqrt{0,36}} \Rightarrow \boxed{\gamma \simeq 1,67}$

e) $v = 0,90c \Rightarrow \gamma = \dfrac{1}{\sqrt{1-\left(\frac{v}{c}\right)^2}} = \dfrac{1}{\sqrt{1-\left(\frac{0,90 \cdot c}{c}\right)^2}} =$

$= \dfrac{1}{\sqrt{1-0,81}} \Rightarrow \boxed{\gamma \simeq 2,29}$

f) $v = 0,99c \Rightarrow \gamma = \dfrac{1}{\sqrt{1-\left(\frac{v}{c}\right)^2}} = \dfrac{1}{\sqrt{1-\left(\frac{0,99c}{c}\right)^2}} =$

$= \dfrac{1}{\sqrt{1-0,98}} = \sqrt{50} \Rightarrow \boxed{\gamma \simeq 7,07}$

Observação

- À medida que v se aproxima de c, o fator γ aumenta.
- Quando v é muito menor que c, isto é, quando $v \to 0$, temos: $\gamma \simeq 1$

> A teoria da relatividade restrita

3 Teoria especial da relatividade

Galileu Galilei (1564-1642) é considerado um dos pioneiros no trato da Física como uma ciência experimental que estuda os fenômenos da natureza; por isso, é frequentemente chamado de "o pai da Ciência moderna". Ele introduziu nas ciências, de modo geral, o **método experimental**, segundo o qual a repetição e a observação direta dos fenômenos levam a conclusões mais seguras e isentas de ideias preconcebidas, como ocorria na época de Aristóteles. Na Física, Galileu introduziu o conceito de **referencial inercial**, também conhecido como **referencial galileano**, em relação ao qual os corpos livres da ação de forças estão em repouso ou em movimento retilíneo com velocidade de módulo constante (MRU). Qualquer outro referencial que se mova relativamente ao primeiro em linha reta e com velocidade constante também será considerado inercial e equivalente ao primeiro. As leis físicas da mecânica galileana devem ser as mesmas em qualquer referencial inercial. Este é o **princípio da relatividade de Galileu**, cujo enunciado é:

> Qualquer experiência mecânica, realizada em algum referencial inercial, conserva os mesmos princípios e as mesmas leis físicas que conservaria se fosse realizada em qualquer outro referencial inercial.

A teoria eletromagnética de Maxwell descreve perfeitamente os fenômenos elétricos e magnéticos que ocorrem em determinado referencial inercial. Entretanto, ao passarmos de um referencial inercial para outro, as equações de Maxwell fornecem resultados conflitantes para um mesmo fenômeno. Acompanhe o exemplo a seguir.

Na **figura 2**, um fio condutor em repouso no referencial R do laboratório é percorrido por uma corrente elétrica de intensidade i, constituída por elétrons que se movem com velocidade $\vec{v}$ constante, medida em R. Essa corrente gera um campo magnético de indução $\vec{B}$ ao redor do fio, que exerce uma força magnética de repulsão $\vec{F}_{mag.}$ sobre uma carga elétrica positiva q, que se move com velocidade igual à dos elétrons.

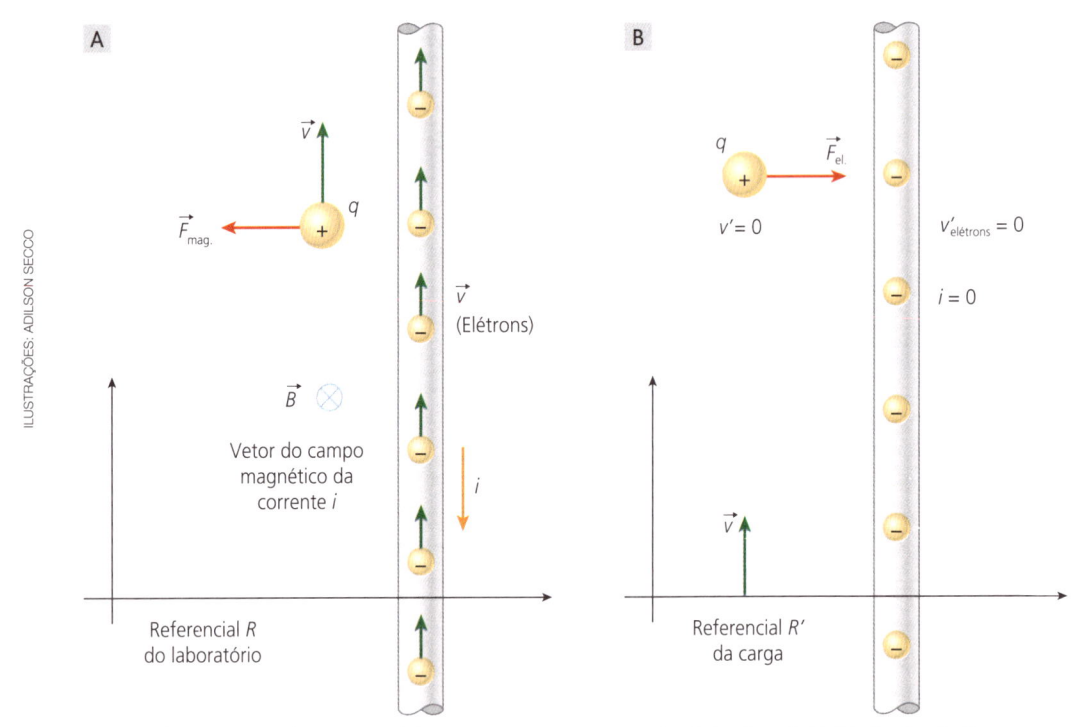

Figura 2. Os fenômenos eletromagnéticos não preservam o princípio da relatividade de Galileu. (A) No referencial do laboratório (Terra), a carga é repelida pela força gerada pelo campo magnético da corrente; (B) no referencial da própria carga, a força é de atração eletrostática.

No referencial R', onde a carga q está em repouso, pela relatividade galileana, os elétrons do fio também estão em repouso. Nesse referencial, a carga sofre uma força de atração de origem eletrostática por parte dos elétrons e não há interação magnética. Embora, no referencial R', as cargas positivas do fio estejam em movimento com velocidade $-\vec{v}$, a carga q não sofre ação de força magnética por estar em repouso nesse referencial.

Chegamos, assim, a uma aparente contradição: no referencial R, a carga q é repelida pelo fio, enquanto no referencial R' ela é atraída para ele.

Essa experiência mostra que, nesse caso, os referenciais inerciais R e R' não são equivalentes entre si, como exige o princípio da relatividade de Galileu.

No final do século XIX, os cientistas estavam em dúvida entre alterar a teoria eletromagnética de Maxwell ou aceitar que os fenômenos eletromagnéticos eram incompatíveis com o princípio da relatividade de Galileu. Por fim, nenhuma dessas opções foi adotada.

Em 1905, Albert Einstein apresentou ao mundo uma teoria que resolveu esse conflito e revolucionou os conceitos de matéria, espaço e tempo, como concebidos até então. Chamou-a de **teoria da relatividade restrita**, uma vez que tratava apenas de eventos observados a partir de referenciais inerciais. É também conhecida como **teoria especial da relatividade**. Essa teoria fundamenta-se em dois postulados:

I. Postulado da relatividade

As leis da Física são as mesmas em todos os referenciais inerciais. Não existe um referencial inercial privilegiado ou absoluto.

II. Postulado da constância da velocidade da luz

A velocidade da luz no vácuo tem o mesmo valor em todos os referenciais inerciais, e é independente do movimento relativo entre fonte e observador.

Para o segundo postulado, acompanhe o seguinte raciocínio:

- Pelo princípio da relatividade de Einstein, as leis do Eletromagnetismo devem ser as mesmas em todos os referenciais inerciais.
- Pela teoria eletromagnética de Maxwell, as ondas eletromagnéticas propagam-se no vácuo com velocidade igual à da luz.

Portanto, podemos concluir:

- A velocidade da luz no vácuo deve ser a mesma em todos os referenciais inerciais.

Após séculos de medições cada vez mais precisas, em 1975, a velocidade de propagação da luz no vácuo foi determinada em 299.792.458 m/s com uma incerteza de 4 partes em um bilhão. Em 1983, com a modificação da definição do metro, esse valor foi oficialmente adotado como **exato** na 17ª Conferência Geral de Pesos e Medidas de Paris.

O primeiro princípio refere-se às leis da Mecânica, da Termodinâmica, da Óptica, da Eletricidade e do Magnetismo, e é uma generalização do princípio da relatividade de Galileu, que se aplicava somente às leis da Mecânica. Essa generalização só foi possível após uma nova interpretação dos conceitos de espaço e tempo.

O segundo princípio é coerente ao primeiro, uma vez que, se a velocidade da luz no vácuo fosse igual a c somente para algum referencial especial, este poderia ser identificado ou distinguido entre outros por alguma experiência envolvendo a velocidade da luz, o que estaria em contradição com o primeiro princípio.

Outra consequência do segundo postulado é que o valor 299.792.458 km/s é o limite para as velocidades na natureza. Nenhuma partícula ou sinal pode se mover com velocidade superior a c. Se não fosse assim, um observador movendo-se de encontro a um raio de luz, no vácuo, mediria uma velocidade de propagação maior que c, resultado que estaria em conflito com o princípio.

Esses dois princípios levam a consequências que contradizem o senso comum. Veremos a seguir algumas dessas consequências: a **dilatação do tempo**, a **contração do espaço**, o **efeito Doppler relativístico**, a lei relativística da **adição de velocidades** e a **equivalência massa-energia**.

4 Dilatação do tempo

O intervalo de tempo se modifica quando passamos de um referencial para outro. Embora essa não seja uma ideia óbvia para o senso comum, a dilatação do tempo é fato comprovado em inúmeras situações, algumas até bem corriqueiras atualmente, como o sitema GPS de localização.

Vamos demonstrá-la analisando a situação mostrada na **figura 3**, que pode ser denominada "relógio de luz".

Uma nave move-se em MRU relativamente à Terra, com velocidade $\vec{v}$ horizontal para a direita. Dentro da nave, um pulso de luz é emitido verticalmente de baixo para cima e refletido de volta ao ponto de partida.

Para um observador dentro da nave, a distância total percorrida, na ida e na volta, é $2ct_{nave}$ **(fig. 3A)**, em que t_{nave} é o intervalo de tempo entre a emissão e a recepção do pulso de luz, no referencial da nave.

Para um observador na Terra, a distância total percorrida é $2ct_{Terra}$ **(fig. 3B)**, enquanto a nave se desloca $2vt_{Terra}$, relativamente à Terra, em que t_{Terra} é o intervalo de tempo entre a emissão e a recepção do pulso de luz, medido no referencial da Terra.

Considerando apenas o percurso de volta do pulso, os três deslocamentos formam um triângulo retângulo, como se vê na **figura 3C**.

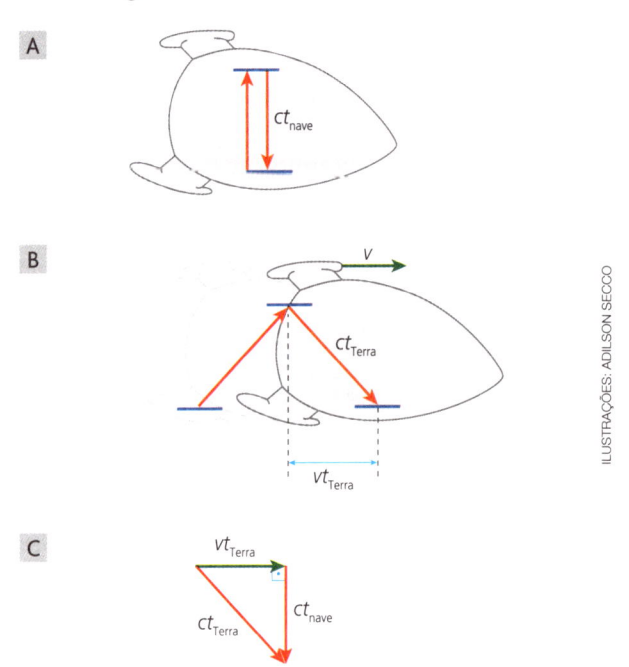

Figura 3. Dilatação do tempo. No referencial da Terra, o tempo passa mais rápido que no referencial da nave. (A) Percurso do pulso de luz medido por um observador dentro da nave; (B) percurso do pulso de luz medido por um observador na Terra; (C) composição dos dois percursos, considerando apenas o percurso de volta do pulso.

Aplicando o teorema de Pitágoras no triângulo retângulo da **figura 3C**, obtemos:

$$(ct_{Terra})^2 = (ct_{nave})^2 + (vt_{Terra})^2$$

ou

$$(c^2 - v^2) \cdot (t_{Terra})^2 = c^2 \cdot (t_{nave})^2 \quad \text{①}$$

Dividindo a equação ① por c^2, obtemos:

$$\left[1 - \left(\frac{v}{c}\right)^2\right] \cdot t_{Terra}^2 = t_{nave}^2 \Rightarrow t_{Terra} = \frac{t_{nave}}{\sqrt{1 - \left(\frac{v}{c}\right)^2}}$$

ou

$$t_{Terra} = \gamma t_{nave}$$

Como $\gamma > 1$, temos $t_{Terra} > t_{nave}$, isto é, no referencial da Terra decorre um intervalo de tempo maior que no referencial da nave. Dentro da nave, o tempo corre mais lentamente. Dizemos que houve uma **dilatação do tempo**.

Usando a notação dos referenciais R, "fixo", e R', "móvel", podemos escrever:

$$\Delta t_{(R)} = \frac{\Delta t_{(R')}}{\sqrt{1 - \left(\frac{v}{c}\right)^2}} \quad \text{ou} \quad \Delta t_{(R)} = \gamma \Delta t_{(R')}$$

O intervalo de tempo medido no referencial em que o relógio está em repouso é denominado **intervalo de tempo próprio**.

Portanto:

$$\Delta t_{relativo} = \frac{\Delta t_{próprio}}{\sqrt{1 - \left(\frac{v}{c}\right)^2}}$$

Em 1971, Joseph Hafele e Richard Keating realizaram uma experiência para testar a dilatação do tempo. Um relógio atômico registrou o tempo de voo de um jato comercial ao redor da Terra e o comparou com o tempo registrado por outro relógio atômico que ficou no Observatório Naval dos Estados Unidos. Os relógios registraram uma diferença de 47,1 ns contra os 47,9 ns previstos teoricamente. Um erro de apenas 1,7%.

Diferenças dessa natureza precisam ser consideradas nos sistemas de GPS. Os relógios a bordo dos satélites são constantemente sincronizados com os relógios aqui na Terra. É a relatividade do tempo presente também em "baixas" velocidades.

Evidentemente, os efeitos do movimento sobre o tempo somente são mais significativos em velocidades acima de 10% da velocidade de propagação da luz no vácuo ($0{,}1c \leq v \leq c$).

Outro fator que também afeta o tempo é a **gravidade**. Um relógio "parado" na superfície da Terra registra, para determinado evento, um intervalo de tempo diferente daquele registrado, para o mesmo evento, por outro, também "parado", a uma certa altura h acima da superfície terrestre. Esse fato está previsto na **teoria geral da relatividade**, elaborada por Albert Einstein em 1915, e foi comprovado em 1960 em um experimento que apontou uma diferença da ordem de 10^{-15} s nos intervalos de tempo medidos por relógios atômicos separados por uma altura de apenas 22,5 m! Atualmente, são conhecidos outros experimentos que comprovam a ação da gravidade sobre o tempo.

A teoria geral da relatividade estabelece uma defasagem relativa entre relógios separados verticalmente por uma altitude h dada pela expressão:

$$\Delta_{\%} = \frac{g_0 \cdot h}{c^2} \cdot 100\%$$

sendo $\Delta_{\%}$ a diferença percentual entre as indicações dos relógios, h a altitude relativa à superfície de um astro (Terra, por exemplo) cujo campo gravitacional tem intensidade g_0 para $h = 0$ e c a velocidade da luz no vácuo. O relógio que está em repouso na altitude h adianta $\Delta_{\%}$ em relação ao relógio em repouso na altitude zero.

Exercícios resolvidos

2. Devido às inúmeras colisões entre partículas vindas do espaço, raios cósmicos e partículas das altas camadas da atmosfera terrestre, são criadas partículas instáveis denominadas múons (μ^-). Essas partículas, quando em repouso, existem por apenas 2,2 μs. Esse intervalo de tempo, chamado de vida média da partícula, é o intervalo de tempo próprio $\Delta t_{próprio}$ para elas.

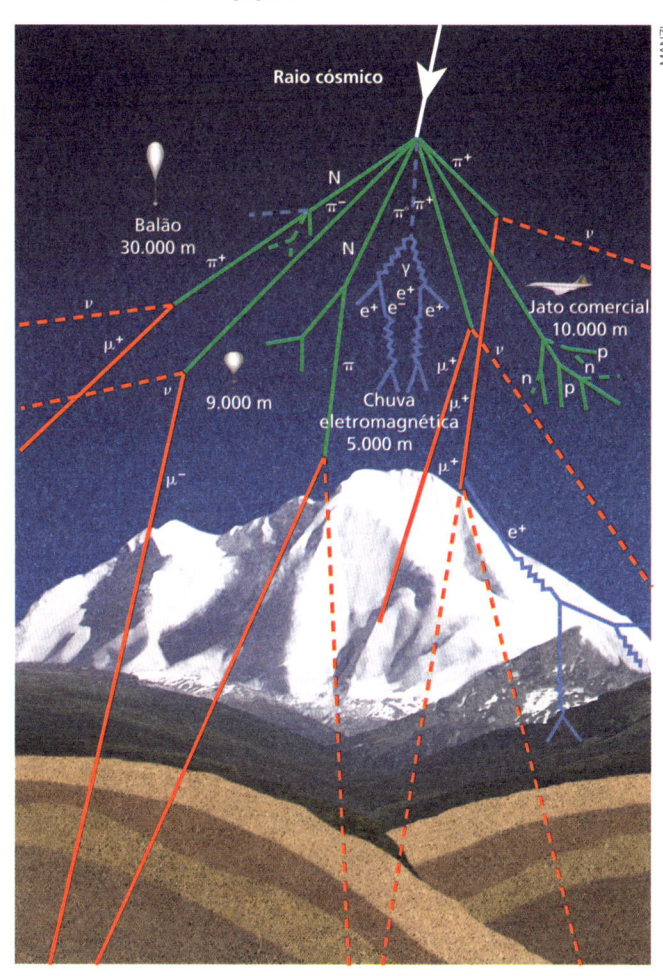

Produção de múons (traços vermelhos contínuos) na atmosfera terrestre pela incidência de raios cósmicos.

A velocidade dessas partículas, no instante da sua criação, é cerca de $0{,}998c$. Com essa velocidade, essas partículas percorreriam pouco mais de 650 m durante sua vida média. Entretanto, já foram detectadas partículas desse tipo que viajaram mais de 10 km! Como isso é possível? Explicar usando a dilatação do tempo.

▶ **Solução**

O fator γ para os múons será:

$$\gamma = \frac{1}{\sqrt{1-\left(\frac{v}{c}\right)^2}} = \frac{1}{\sqrt{1-\left(\frac{0{,}998c}{c}\right)^2}} = 15{,}8$$

Assim, o intervalo de tempo de "vida" dos múons medido em movimento, isto é, no referencial da Terra, é dado por:

$\Delta t_{Terra} = \gamma \Delta t_0 \Rightarrow \Delta t_{Terra} = 15{,}8 \cdot 2{,}2 \cdot 10^{-6}$

∴ $\Delta t_{Terra} = 3{,}48 \cdot 10^{-5}$ s

Podemos agora calcular a distância percorrida pelos múons, em relação à Terra:

$D_{Terra} = v \Delta t_{Terra} \Rightarrow D_{Terra} = 0{,}998c \cdot \Delta t_{Terra}$

∴ $D_{Terra} \simeq 10.400$ m

O movimento ocorre como se no referencial dos múons passasse apenas um dia e no referencial da Terra passassem quase 16 dias!

3. No livro do escritor francês Pierre Boulle, *La planète des singes* (*O planeta dos macacos*, 1963), que deu origem ao filme de mesmo nome em 1968, uma nave tripulada viaja durante 2 anos, medidos no relógio de bordo, até um "distante planeta" dominado por macacos. No tempo da Terra, a viagem demorou 350 anos. Com base nos valores apresentados nessa obra de ficção, determinar:

a) o fator γ para a nave;

b) a razão β entre a velocidade v da nave e a velocidade c da luz no vácuo $\left(\beta = \frac{v}{c}\right)$.

▶ **Solução**

O intervalo de tempo medido na nave é o intervalo de tempo próprio: $\Delta t_0 = 2$ anos

a) $\Delta t_{Terra} = \gamma \Delta t_0 \Rightarrow 350$ anos $= \gamma \cdot 2$ anos $\Rightarrow$ $\boxed{\gamma = 175}$

b) $\gamma = \dfrac{1}{\sqrt{1-\left(\frac{v}{c}\right)^2}} = \gamma = \dfrac{1}{\sqrt{1-\beta^2}} \Rightarrow 1-\beta^2 = \dfrac{1}{\gamma^2} \Rightarrow$

$\Rightarrow$ $\boxed{\beta = 0{,}999967}$

4. Um fator que também afeta o tempo é a gravidade. Existe uma diferença de tempo associada ao relógio "parado" na superfície da Terra que registra, para determinado evento, um intervalo de tempo diferente daquele registrado, para o mesmo evento, por outro relógio, também "parado", a uma certa altura h acima da superfície terrestre. Esse fato foi comprovado em 1960 em um experimento que apontou uma diferença nos intervalos de tempo medidos por relógios atômicos separados por uma altura de apenas 22,5 m.

a) Determinar o valor de $\Delta_\%$ obtido no experimento de 1960, citado no texto.

b) Considere um satélite em órbita da Terra a uma altitude $h = 900$ km, portando um relógio atômico idêntico a outro relógio atômico em repouso na superfície terrestre. Determinar a diferença percentual $\Delta_\%$ entre as suas indicações nessa altitude. Nesses cálculos, adote $g_0 = 10$ m/s², $c = 3{,}0 \cdot 10^8$ m/s e considere apenas a influência da gravidade.

▶ **Solução**

a) $\Delta_\% = \dfrac{g_0 \cdot h}{c^2} \cdot 100\% \Rightarrow \Delta_\% = \dfrac{10 \cdot 22{,}5}{(3 \cdot 10^8)^2} \cdot 100\% \Rightarrow \Delta_\% = 2{,}5 \cdot 10^{-13}\%$

Esse valor mostra uma diferença de $2{,}5 \cdot 10^{-13}$ segundos a cada 100 segundos entre esses relógios, ou seja, seriam necessários aproximadamente **12,7 milhões de anos** para se verificar uma diferença de 1,0 segundo entre suas indicações. Isto é, após 12,7 milhões de anos, o relógio na Terra estaria atrasado 1,0 segundo em relação ao do satélite.

b) $\Delta_\% = \dfrac{g_0 \cdot h}{c^2} \cdot 100\% \Rightarrow \Delta_\% = \dfrac{10 \cdot 900.000}{(3 \cdot 10^8)^2} \cdot 100\% \Rightarrow \Delta_\% = 10^{-8}\%$

Esse valor indica uma diferença de 10^{-8} segundo a cada 100 segundos, ou seja, uma diferença de **1,0 segundo** a cada **317 anos**.

> **Observação**
>
> • Quanto maior a altitude, maior é o atraso do relógio na superfície da Terra em relação ao relógio do satélite. Por causa da influência da gravidade, o tempo passa mais rapidamente para o relógio do satélite.
>
> • Com base na observação anterior, concluímos que nossa cabeça envelhece mais rapidamente que nossos pés.

5 Contração do comprimento

Uma consequência direta da dilatação do tempo é a **contração do espaço**, já prevista por Lorentz, Fitzgerald, Larmor e outros.

Para entender esse efeito da velocidade, vamos analisar a situação a seguir. Observando a **figura 4** vemos que o observador em P_1 registra o instante t_1 e o observador em P_2 registra o instante t_2 da passagem da frente do trem pelas suas respectivas posições. Obtemos assim o intervalo de tempo $t_P = t_2 - t_1$ para que a frente do trem percorra toda a extensão L da plataforma.

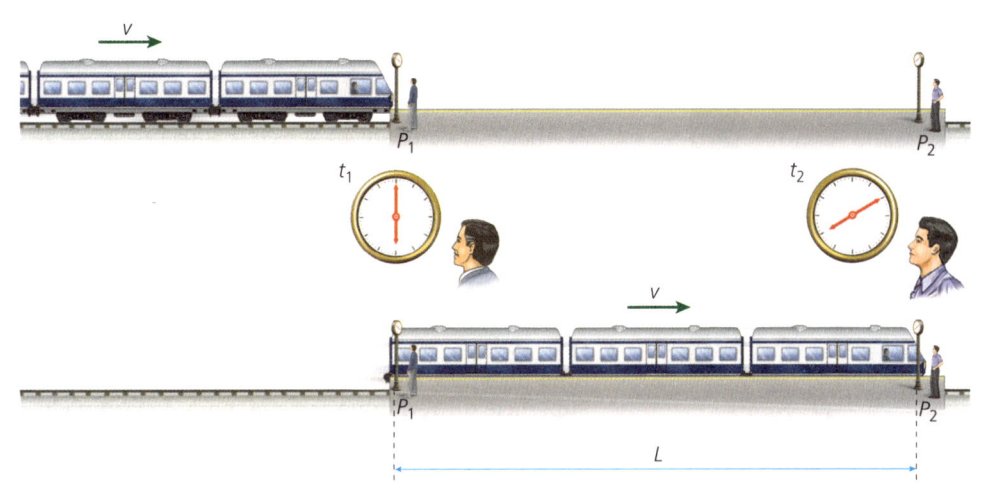

Figura 4. Os observadores P_1 e P_2, parados na plataforma, medem um intervalo de tempo $t_P = t_2 - t_1$ para o trem percorrer o comprimento L.

Dentro do trem, um observador T mede um intervalo de tempo t_T para o trem percorrer a extensão da plataforma **(fig. 5)**.

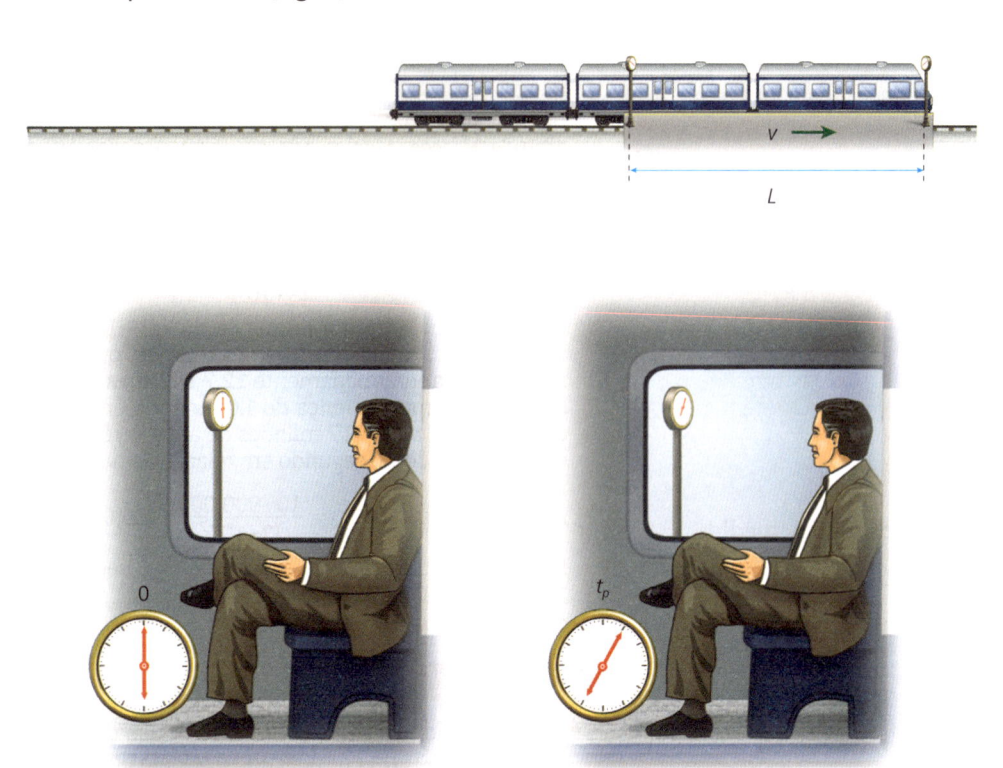

Figura 5. O observador T no trem mede t_T segundos para a trem percorrer a extensão da plataforma. Para T, o comprimento da plataforma é L_T.

Para P, o comprimento da plataforma é $L_P = vt_P$. Para T, o comprimento da plataforma é $L_T = vt_T$. Devido à dilatação do tempo, sabemos que $t_P = \gamma t_T$. Portanto:

$$L_T = vt_T \Rightarrow L_T = v \cdot \frac{1}{\gamma} \cdot t_P \Rightarrow L_T = \frac{1}{\gamma} \cdot \underbrace{v \cdot t_P}_{L_P} \Rightarrow L_T = \frac{1}{\gamma} \cdot L_P$$

ou

$$\boxed{L_{relativo} = \frac{1}{\gamma} \cdot L_{próprio}}$$

Como $\gamma > 1$, temos: $\boxed{L_{relativo} < L_{próprio}}$

Um comprimento, medido a partir de um referencial que se move, apresenta valor menor que o valor obtido no referencial em relação ao qual a medição foi feita em repouso (comprimento próprio).

Observação

- Evidentemente a plataforma não encolheu. A aparente contração no seu comprimento é consequência do movimento relativo entre o observador e o objeto medido.
- O observador T mede o intervalo de tempo próprio e o observador P mede o intervalo de tempo relativo.
- O observador P mede o comprimento próprio da plataforma e o observador T mede o comprimento relativo.
- O observador que mede o tempo próprio não mede o comprimento próprio, e vice-versa.

Exercícios propostos

Considere $c = 3,0 \cdot 10^8$ m/s a velocidade de propagação da luz no vácuo.

1. Representa-se por β a razão entre a velocidade v de uma partícula e a velocidade c de propagação da luz no vácuo:

$$\left(\beta = \frac{v}{c}\right)$$

   a) Determine β^2 como função de γ.
   b) Determine o valor do produto $(\beta\gamma)^2$.

2. Define-se **ano-luz** (aℓ) como a **distância** percorrida pela luz, no vácuo, durante um ano terrestre. Portanto 1 aℓ = c · 1 ano, sendo c a velocidade de propagação da luz no vácuo. Determine o valor aproximado de 1 aℓ em metro e em quilômetro.

3. Uma espaçonave afasta-se 12 anos-luz (aℓ) da sua base terrestre com velocidade de 0,60c. Ambos os valores são medidos em relação à Terra. Determine para essa nave:
   a) o fator γ de Lorentz nessa velocidade;
   b) quanto tempo durou a viagem, medido por um observador aqui na Terra;
   c) quanto tempo durou a viagem, para um tripulante da nave;
   d) a distância percorrida, medida no seu próprio referencial.

4. Qual deve ser a velocidade relativa entre dois observadores para que o relógio de um deles indique 50% a mais que o outro?

5. Uma partícula de alta energia entra em um detector, deixa um traço de 27 cm e desintegra-se em 1,5 ns, sendo ambos os valores medidos no referencial do laboratório. Calcule para essa partícula:
   a) sua velocidade no referencial do laboratório;
   b) o valor do fator γ de Lorentz nessa velocidade;
   c) o tempo de vida no seu referencial de repouso (tempo próprio);
   d) a distância percorrida dentro do detector, medida no seu referencial.

6 Lei relativística da adição de velocidades

Devido ao segundo postulado da teoria especial da relatividade, torna-se necessária uma nova lei de adição de velocidades.

Imagine duas naves aproximando-se uma da outra em rota de colisão, com velocidades iguais a 0,8c cada uma, medidas no referencial da Terra. Pela relatividade de Galileu, cada uma mediria 1,6c para a velocidade da outra, o que é impossível pelo segundo postulado da teoria especial da relatividade. Portanto, precisamos de uma lei de adição de velocidades em que: 0,8c + 0,8c < c!

Einstein demonstrou que essa lei de adição de velocidades tem a seguinte forma:

$$\boxed{v' = \frac{v - V}{1 - \dfrac{v \cdot V}{c^2}}}$$

Na expressão acima, v é a velocidade medida no referencial R da Terra e v' é a velocidade medida no referencial R' que se move com velocidade V em relação à Terra (fig. 6).

Figura 6. (A) As velocidades v' e V têm o mesmo sentido e, portanto, serão consideradas com o mesmo sinal; (B) as velocidades v' e V têm sentidos opostos e, portanto, serão consideradas com sinais contrários.

A transformação inversa, isto é, do referencial R' para o referencial R, é:

$$v = \frac{v' + V}{1 + \dfrac{v' \cdot V}{c^2}}$$

Exercícios resolvidos

5. Na situação mostrada a seguir, determinar a velocidade do feixe de luz, medida pelo observador A, no solo.

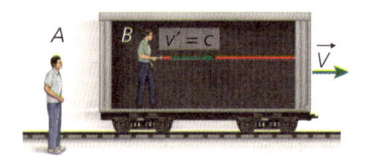

▶ **Solução**

Como v' e V têm o mesmo sentido, a velocidade do feixe de luz em relação ao solo será:

$$v = \frac{v' + V}{1 + \dfrac{v' \cdot V}{c^2}} = \frac{c + V}{1 + \dfrac{c \cdot V}{c^2}} = \frac{c + V}{1 + \dfrac{V}{c}} = \frac{c + V}{\dfrac{c + V}{c}} =$$

$$= \frac{c \cdot (c + V)}{(c + V)} \Rightarrow \boxed{v = c}$$

6. Determinar a velocidade do feixe de luz, medida pelo observador A, no solo, porém com o feixe movendo-se no sentido contrário ao do vagão.

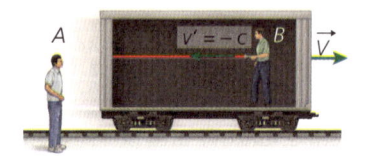

▶ **Solução**

Como v' e V têm sentidos opostos, a velocidade do feixe de luz em relação ao vagão será $v' = -c$ e, em relação ao solo, será:

$$v = \frac{v' + V}{1 + \dfrac{v' \cdot V}{c^2}} = \frac{-c + V}{1 - \dfrac{c \cdot V}{c^2}} = \frac{-c + V}{1 - \dfrac{V}{c}} = \frac{-c + V}{\dfrac{c - V}{c}} =$$

$$= \frac{c \cdot (-c + V)}{(c - V)} = \frac{-c \cdot (c - V)}{(c - V)} \Rightarrow \boxed{v = -c}$$

Exercícios propostos

6. Relativamente a um referencial inercial R', uma partícula move-se com velocidade $v' = -0,5c$. O referencial R' move-se com velocidade $V = +0,5c$, relativamente a outro referencial inercial R, parado no solo. Qual é a velocidade dessa partícula no referencial R? As velocidades citadas são paralelas aos eixos coincidentes x e x' dos referenciais.

7. Relativamente a um referencial inercial R', uma partícula move-se com velocidade $v' = +0,5c$. O referencial R' move-se com velocidade $V = +0,5c$, relativamente a outro referencial inercial R, parado no solo. Qual é a velocidade v dessa partícula no referencial R? As velocidades citadas são paralelas aos eixos coincidentes x e x' dos referenciais.

8. Uma nave passa pela Terra com velocidade $V_x = +0,8c$ e ejeta um projétil com velocidade $v'_x = -0,8c$, relativa à nave, no sentido oposto ao do movimento da nave. Qual é a velocidade do projétil relativa à Terra?

7 Efeito Doppler-Fizeau relativístico

O efeito Doppler-Fizeau pode ser observado nas ondas eletromagnéticas de modo semelhante ao que ocorre com as ondas mecânicas, especialmente nas ondas sonoras, isto é, uma alteração na frequência quando fonte e observador apresentam entre si algum tipo de movimento relativo.

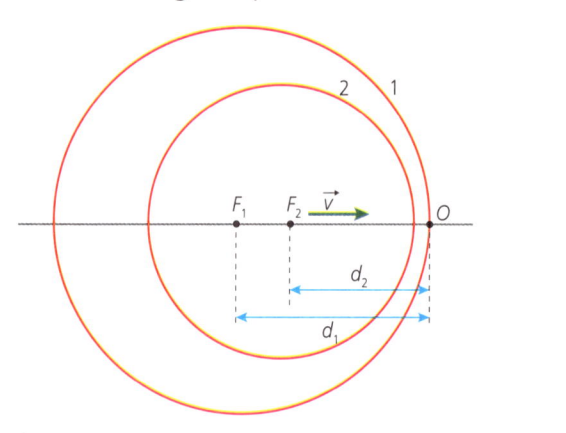

Figura 7. Efeito Doppler eletromagnético, outra consequência da invariância da velocidade da luz com relação ao movimento da fonte.

A **figura 7** mostra uma fonte F de ondas eletromagnéticas, luz ou ondas de rádio, por exemplo, em movimento retilíneo com velocidade $\vec{v}$ constante, emitindo pulsos de onda com frequência f_F e velocidade de propagação c. Os pulsos 1 e 2 foram emitidos pela fonte quando ela estava nos pontos F_1 e F_2, respectivamente. Os pulsos foram emitidos com um intervalo de tempo Δt_F, que é o período das ondas emitidas medido no referencial da fonte. Essas ondas chegam ao observador O com um intervalo de tempo Δt_O, que é o período das ondas medido no referencial do observador. Aplicando a dilatação do tempo entre os referenciais da fonte e do observador, temos para a frequência f_O, medida pelo observador, em função da frequência f_F, emitida pela fonte, o valor:

$$\boxed{f_O = f_F \cdot \sqrt{\frac{c + v}{c - v}}} \text{ ou } \boxed{f_O = f_F \cdot \sqrt{\frac{1 + \beta}{1 - \beta}}}$$

em que $\beta = \dfrac{v}{c}$ é a razão entre a velocidade da fonte e a velocidade da luz. A expressão usada para as ondas mecânicas não é válida para as ondas eletromagnéticas.

Para velocidades v muito pequenas em relação a c ($v \ll c$), β^2 torna-se desprezível comparado a 1. Assim, temos:

$$f_O = f_F \cdot \sqrt{\frac{1+\beta}{1-\beta}} \Rightarrow f_O = f_F \cdot \sqrt{\frac{(1+\beta)^2}{1-\beta^2}} \Rightarrow f_O = f_F \cdot \frac{1+\beta}{\sqrt{1-\beta^2}} \Rightarrow f_O = f_F \cdot (1+\beta) \Rightarrow f_O = f_F + f_F \cdot \beta \Rightarrow$$

$$\Rightarrow f_O - f_F = f_F \cdot \beta \Rightarrow \Delta f = f_F \cdot \beta$$

Essas aproximações dão bons resultados para: $0 \leq |\beta| \leq 0{,}2$

Nas expressões acima, convencionamos β e v positivos na aproximação, e β e v negativos no afastamento.

Para os comprimentos de onda, as expressões se modificam para:

$$\lambda_O = \lambda_F \cdot \sqrt{\frac{c-v}{c+v}} \quad \text{ou} \quad \lambda_O = \lambda_F \cdot \sqrt{\frac{1-\beta}{1+\beta}}$$

Se $v \ll c$, teremos: $\Delta\lambda = -\lambda_F \cdot \beta$

Os quocientes $\dfrac{\Delta f}{f_F}$ e $\dfrac{\Delta\lambda}{\lambda_F}$ são as variações relativas da frequência e do comprimento de onda, que satisfazem as relações: $\dfrac{\Delta f}{f_F} = -\dfrac{\Delta\lambda}{\lambda_F} = \beta$

Aplicação tecnológica

Relatividade em baixas velocidades

Na navegação atual de longa distância, a localização e a velocidade de uma aeronave são continuamente monitoradas e atualizadas. Um sistema de satélites de navegação denominado Navstar (*navigation satellite with time and ranging*) permite determinar a posição de uma aeronave com um desvio máximo de 16 m e sua velocidade com desvio máximo de 2 cm/s **(fig. I)**.

Cada satélite Navstar emite continuamente sinais de rádio com uma frequência controlada por relógios atômicos. O sinal reflete na aeronave e é captado de volta pelo satélite, com a frequência alterada devido ao efeito Doppler. Com base em vários sinais, emitidos por vários satélites e refletidos pela aeronave, o sistema determina sua posição. Pela alteração na frequência dos sinais, o sistema determina sua velocidade. Se os efeitos da relatividade não fossem levados em conta mesmo em baixas velocidades, o erro, após uma hora de voo, seria de aproximadamente 750 m na posição e 21 cm/s na velocidade!

Figura I. Sistema de satélites de navegação Navstar.

Exercícios resolvidos

7. Considere uma fonte que emite luz de frequência f_L, movendo-se com velocidade constante $0{,}60c$, afastando-se de um observador A em repouso e aproximando-se de outro observador B, também em repouso, estando os dois observadores e a fonte numa mesma reta, como se vê na figura.

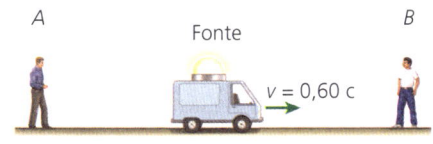

Determinar:
a) o módulo do fator β para essa fonte;
b) a frequência da luz recebida pelo observador A;
c) a frequência da luz recebida pelo observador B.

▶ **Solução**

a) $|\beta| = \left|\dfrac{v}{c}\right| \Rightarrow |\beta| = \dfrac{0{,}60 \cdot c}{c} \Rightarrow \boxed{|\beta| = 0{,}60}$

b) $f_A = f_L \cdot \sqrt{\dfrac{1+\beta}{1-\beta}} = f_L \cdot \sqrt{\dfrac{1+(-0{,}60)}{1-(-0{,}60)}} = f_L \cdot \sqrt{\dfrac{0{,}40}{1{,}60}} \Rightarrow$

$\Rightarrow \boxed{f_A = \dfrac{1}{2} \cdot f_L}$

c) $f_B = f_L \cdot \sqrt{\dfrac{1+\beta}{1-\beta}} = f_L \cdot \sqrt{\dfrac{1+(+0{,}60)}{1-(+0{,}60)}} = f_L \cdot \sqrt{\dfrac{1{,}60}{0{,}40}} \Rightarrow$

$\Rightarrow \boxed{f_B = 2f_L}$

8. Em uma rodovia, um radar envia ondas de rádio frontalmente aos veículos e as recebe de volta com a frequência alterada. Pela variação da frequência, o aparelho avalia a velocidade do veículo que refletiu as ondas. Se f_0 é a frequência das ondas emitidas, $\Delta f = f_R - f_0$ é a variação de frequência entre as ondas refletidas e emitidas de volta ao radar e c é a velocidade dessas ondas no vácuo. Determinar a velocidade v do veículo, em função de c, f_0 e Δf.

▶ **Solução**

Vamos dividir a solução em duas partes: a primeira envolve o cálculo da frequência f' da onda que chega ao veículo e reflete, e a segunda, o cálculo da frequência f_R da onda recebida de volta pelo radar.

Para os dois cálculos, usaremos a aproximação: $f_0 = f_F \cdot (1 + \beta)$, uma vez que $v \ll c$

A onda recebida pelo veículo tem frequência $f' = f_F \cdot (1 + \beta)$ e não sofre alteração na reflexão.

Já para as ondas refletidas que retornam ao radar, o carro comporta-se como uma fonte que "emite" ondas de frequência f'. Assim:

$f_R = f' \cdot (1 + \beta) \Rightarrow f_R = f_0 \cdot (1 + \beta) \cdot (1 + \beta) \Rightarrow f_R = f_0 \cdot (1 + 2\beta + \beta^2)$

Como v é muito menor que c, podemos desprezar β^2 quando comparado com β. Assim:

$f_R = f_0 \cdot (1 + 2\beta) \Rightarrow f_R - f_0 = 2 \cdot f_0 \cdot \beta \Rightarrow$

$\Rightarrow \beta = \frac{1}{2} \cdot \left(\frac{\Delta f}{f_0}\right) \Rightarrow \frac{v}{c} = \frac{1}{2} \cdot \left(\frac{\Delta f}{f_0}\right) \Rightarrow \boxed{v = \frac{1}{2} \cdot \left(\frac{\Delta f}{f_0}\right) \cdot c}$

Exercícios propostos

9. Uma galáxia afasta-se da Terra de modo que uma radiação por ela emitida é captada aqui com frequência de $5{,}4 \cdot 10^{14}$ Hz, sendo seu valor real $6{,}0 \cdot 10^{14}$ Hz. Assim, podemos dizer que a velocidade de afastamento dessa galáxia, relativamente à Terra, é k vezes a velocidade da luz c. Determine k:
a) usando a fórmula exata do efeito Doppler relativístico;
b) usando a fórmula aproximada para baixas velocidades.

10. Um automóvel vem diretamente ao encontro de um aparelho de radar utilizado para controle de velocidade nas rodovias. A onda emitida pelo radar tem frequência de $6{,}0 \cdot 10^{14}$ Hz e é recebida por um automóvel com um aumento de $1{,}0 \cdot 10^8$ Hz. Portanto, podemos dizer que a velocidade do veículo vale aproximadamente:
a) 25 km/h
b) 50 km/h
c) 80 km/h
d) 90 km/h
e) 120 km/h

11. Para que um pulso de luz emitido com 700 nm seja captado com 350 nm, a velocidade da fonte relativamente ao observador deve ser de:
a) aproximação e igual a 0,60c.
b) afastamento e igual a 0,60c.
c) aproximação e igual a 0,80c.
d) afastamento e igual a 0,80c.
e) aproximação e igual a 1,00c.

8 Equivalência massa-energia

Ao longo do tempo, no desenvolvimento das ciências da natureza, como a Física, a Química e a Biologia, a conservação da energia e a conservação da massa sempre foram consideradas propriedades da matéria não interdependentes.

Com a teoria especial da relatividade, entretanto, Einstein mostrou que a massa e a energia são aspectos distintos de uma mesma quantidade. Massa pode ser convertida em energia e energia pode ser convertida em massa.

Nos reatores nucleares, poucos gramas de urânio por dia são convertidos em enormes quantidades de energia térmica que movimentam, por exemplo, as turbinas de uma usina de geração de energia elétrica.

Nos grandes aceleradores de partículas, como os gigantes LHC (*large hadron collider* ou grande colisor de hádrons), na Europa, ou o Tevatron, nos Estados Unidos, energia cinética é convertida em matéria nos vários milhões de colisões por segundo que ocorrem entre as partículas.

Portanto, se massa se converte em energia e energia se converte em massa, o que se conserva é a dualidade **massa-energia**.

Essa dualidade massa-energia está expressa na equação:

$$\boxed{E_0 = mc^2}$$

Nesse equação, E_0 representa a energia correspondente à massa m em repouso e costuma ser chamada de **energia de repouso**. Se a partícula está em movimento com velocidade v, sua energia total E é a soma de sua energia de repouso E_0 com sua energia cinética relativística E_c. Einstein demonstrou que E vale:

$$E = \gamma mc^2$$

sendo γ o fator de Lorentz. Assim:

$E = E_0 + E_c \Rightarrow \gamma mc^2 = mc^2 + E_c \Rightarrow \boxed{E_c = (\gamma - 1) \cdot mc^2}$

Como vimos, quando $v \ll c$, podemos usar a aproximação: $\gamma \simeq 1 + \frac{1}{2}\beta^2$ ou $\gamma - 1 \simeq \frac{1}{2}\beta^2$. Substituindo $\gamma - 1$ na expressão relativística da energia cinética, obtemos a expressão clássica:

$E_c = (\gamma - 1) \cdot mc^2 \Rightarrow E_c = \frac{1}{2}\beta^2 mc^2 \Rightarrow E_c = \frac{1}{2}m\underbrace{\beta^2 c^2}_{v^2} \Rightarrow$

$\Rightarrow E_c = \frac{1}{2}mv^2$

Portanto, a expressão clássica para o cálculo da energia cinética está correta. O que ocorre é que ela é válida apenas para baixas velocidades: $0 \leq v \leq 0{,}1c$

Exercícios resolvidos

9. Uma sonda espacial tem velocidade igual a $0{,}6c$, isto é, $\beta = 0{,}6$. Determinar sua energia cinética:
a) pela expressão clássica;
b) pela expressão relativística. Comparar o resultado obtido com o do item a.

➤ **Solução**

a) $E_c = \frac{1}{2}mv^2 = \frac{1}{2}m(0,6c)^2 \Rightarrow \boxed{E_c = 0,18mc^2}$

b) Na velocidade 0,6c, o fator γ é dado por:

$$\gamma = \frac{1}{\sqrt{1-\beta^2}} = \frac{1}{\sqrt{1-(0,6)^2}} = 1,25$$

Assim: $E_c = (\gamma - 1) \cdot mc^2 \Rightarrow E_c = (1,25 - 1) \cdot mc^2 \Rightarrow$

$\Rightarrow \boxed{E_c = 0,25mc^2}$

Portanto, o valor relativístico da energia cinética é quase 40% maior que o valor clássico.

Exercícios propostos

12. Se apenas 1,8 grama de urânio fosse totalmente convertido em energia elétrica:
a) quantos quilowatts-hora (kWh) seriam gerados?
b) quantas residências poderiam ser supridas com essa energia elétrica, durante um ano, cada uma consumindo em média 500 kWh por mês?

Dados: $c = 3,0 \cdot 10^8$ m/s e 1 kWh = 3.600.000 J

13. A fissão de um núcleo de urânio-235 libera uma quantidade de energia da ordem de 200 milhões de elétrons-volt [1 elétron-volt (eV) = $1,6 \cdot 10^{-19}$ J]. Para gerar 1.360 MJ (M = mega = 10^6) de energia elétrica, o reator nuclear Angra II deve gerar 4.000 MJ de energia térmica, por segundo. Determine para esse reator:
a) o número de fissões que ocorrem, por segundo, no seu interior;
b) a massa de urânio-235 necessária para mantê-lo funcionando durante um dia.

Dados: 1 dia $\simeq 9,0 \cdot 10^4$ s; massa de um núcleo de urânio-235 (^{235}U) = $4,0 \cdot 10^{-25}$ kg

14. No acelerador LHC, pertencente ao CERN (Conseil Européen pour la Recherche Nucléaire), prótons serão acelerados até atingir energias cinéticas da ordem de 6,58 TeV (TeV = 10^{12} eV) e velocidades muito próximas da velocidade de propagação da luz no vácuo c.

Sendo 1 eV = $1,6 \cdot 10^{-19}$ J e 940 MeV a energia de repouso do próton, determine para os prótons acelerados no LHC:
a) o fator γ de Lorentz nessa energia;
b) a diferença Δ entre a velocidade da luz no vácuo c e a velocidade v atingida, usando a aproximação $\Delta \simeq c - v \simeq \frac{c}{2\gamma^2}$.

Exercícios de revisão

Ficha-resumo 1

- O valor c da velocidade de propagação da luz no vácuo é independente do referencial inercial onde é medida: $c \simeq 3,0 \cdot 10^8$ m/s
- Fator de Lorentz-Fitzgerald:

$$\gamma = \frac{1}{\sqrt{1-\beta^2}} = \frac{1}{\sqrt{1-\left(\frac{v}{c}\right)^2}}$$

para $v \ll c$, usamos: $\gamma \simeq 1 + \frac{1}{2}\left(\frac{v}{c}\right)^2$

- Dilatação do tempo: $\Delta t_{relativo} = \gamma \Delta t_{próprio}$
- Contração do comprimento: $L_{relativo} = \frac{1}{\gamma} \cdot L_{próprio}$

1. (Enade) Em relação à teoria da relatividade restrita ou teoria especial da relatividade de Albert Einstein, analise e julgue as afirmações a seguir.
  I. O valor da velocidade da luz no vácuo é sempre o mesmo para quaisquer observadores inerciais.
  II. A teoria eletromagnética de Maxwell é compatível com a teoria da relatividade restrita.
  III. As leis da Física são as mesmas em todos os referenciais inerciais.

Está correto o que se afirma em:
a) I, apenas.
b) II, apenas.
c) III, apenas.
d) I e III, apenas.
e) I, II e III.

2. (UFSC) O ano de 2005 [foi] o Ano Internacional da Física, pois [estávamos] completando 100 anos de importantes publicações realizadas por Albert Einstein. O texto a seguir representa um possível diálogo entre dois cientistas, em algum momento, nas primeiras décadas do século XX.

"Z – Não posso concordar que a velocidade da luz seja a mesma para qualquer referencial. Se estivermos caminhando a 5 km/h em um trem que se desloca com velocidade de 100 km/h em relação ao solo, nossa velocidade em relação ao solo será de 105 km/h. Se acendermos uma lanterna no trem, a velocidade da luz desta lanterna em relação ao solo será de c + 100 km/h.

B – O nobre colega está supondo que a equação para comparar velocidades em referenciais diferentes seja $v' = v_0 + v$. Eu defendo que a velocidade da luz no vácuo é a mesma em qualquer referencial com velocidade constante e que a forma para comparar velocidades é que deve ser modificada.

Z – Não diga também que as medidas de intervalos de tempo serão diferentes em cada sistema. Isto é um absurdo!

B – Mas é claro que as medidas de intervalos de tempo podem ser diferentes em diferentes sistemas de referência.

Z – Com isto você está querendo dizer que tudo é relativo!

B – Não! Não estou afirmando que tudo é relativo! A velocidade da luz no vácuo será a mesma para qualquer observador inercial. As grandezas observadas poderão ser diferentes, mas as leis da Física deverão ser as mesmas para qualquer observador inercial."

Exercícios de revisão

Com o que você sabe sobre teoria da relatividade e considerando o diálogo apresentado anteriormente, assinale a(s) proposição(ões) **correta(s)**.

(01) O cientista B defende ideias teoricamente corretas sobre a teoria da relatividade restrita, mas que não têm nenhuma comprovação experimental.

(02) O cientista Z aceita que objetos podem se mover com velocidades acima da velocidade da luz no vácuo, pois a mecânica newtoniana não coloca um limite superior para a velocidade de qualquer objeto.

(04) O cientista Z está defendendo as ideias da mecânica newtoniana, que não podem ser aplicadas a objetos que se movem com velocidades próximas à velocidade da luz.

(08) De acordo com a teoria da relatividade, o cientista B está correto ao dizer que as medidas de intervalos de tempo dependem do referencial.

(16) De acordo com a teoria da relatividade, o cientista B está correto ao afirmar que as leis da Física são as mesmas para cada observador inercial.

Dê como resposta a soma dos números que precedem as alternativas corretas.

3. (UFRN) André está parado em relação a um referencial inercial, e Regina está parada em relação a outro referencial inercial, que se move com velocidade vetorial constante em relação ao primeiro. O módulo dessa velocidade é v. André e Regina vão medir o intervalo de tempo entre dois eventos que ocorrem no local onde Regina se encontra. (Por exemplo, o intervalo de tempo entre o instante em que um pulso de luz é emitido por uma lanterna na mão de Regina e o instante em que esse pulso volta à lanterna, após ser refletido por um espelho.) A teoria da relatividade restrita nos diz que, nesse caso, o intervalo de tempo medido por André ($\Delta t_{André}$) está relacionado ao intervalo de tempo medido por Regina (Δt_{Regina}) pela expressão: $\Delta t_{André} = \gamma \cdot \Delta t_{Regina}$, sendo γ (gama) o fator de Lorentz-Fitzgerald.

O gráfico abaixo mostra a relação funcional entre γ e $\frac{v}{c}$, sendo c a velocidade da luz no vácuo.

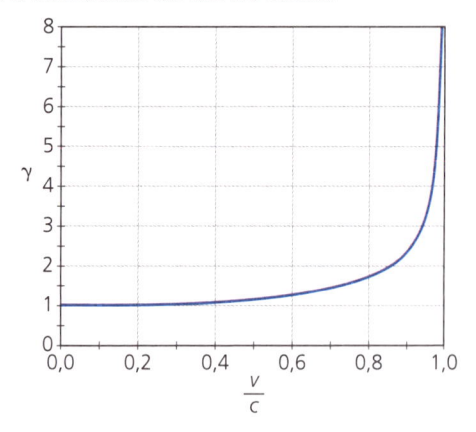

Imagine que, realizadas as medidas e comparados os resultados, fosse constatado que $\Delta t_{André} = 2 \cdot \Delta t_{Regina}$. Usando essas informações, é possível estimar que, para se obter esse resultado, a velocidade v teria de ser aproximadamente:
a) 20% da velocidade da luz no vácuo.
b) 50% da velocidade da luz no vácuo.
c) 87% da velocidade da luz no vácuo.
d) 105% da velocidade da luz no vácuo.

4. Um elétron e um pósitron movem-se em sentidos opostos com velocidades de módulos iguais a $2,0 \cdot 10^8$ m/s. Após a colisão entre ambos, e a consequente aniquilação do par, são gerados dois fótons gama (γ) que se separam em sentidos opostos. Determine:
a) a velocidade de cada fóton, medida no referencial do laboratório (Terra);
b) a velocidade de um fóton em relação ao outro.

5. Previsto pela teoria especial da relatividade e comprovado experimentalmente, o tempo transcorre de modo diferente para referenciais distintos. Assim, se um astronauta viajar em uma nave espacial muito rapidamente em relação a um referencial na Terra, o tempo passará mais devagar para o astronauta do que para as pessoas que ficaram na Terra.

Suponha que um astronauta viaje numa nave espacial até um planeta P recém-descoberto, a uma velocidade constante v, na ida e na volta, relativamente à sua base na Terra. Desprezando-se os efeitos da aceleração e da desaceleração da nave, os intervalos de tempo Δt_T, decorrido na Terra, e ΔT_N, decorrido na nave, em função de v são respectivamente:

$$\Delta t_T = \frac{4,0c}{v} \quad e \quad \Delta T_N = \frac{4,0c}{v} \cdot \sqrt{1 - \left(\frac{v}{c}\right)^2}$$

sendo Δt_T e ΔT_N medidos em ano e c a velocidade de propagação da luz no vácuo. Com essas informações, determine:
a) a duração da viagem da nave, medida no referencial da Terra, sendo $v = 0,8c$.
b) a duração da viagem medida no referencial da nave;
c) a distância D_T percorrida pela nave, em ano-luz, medida no referencial da Terra;
d) a distância D_N percorrida pela nave, em ano-luz, medida no referencial da nave.

(Dado: 1 ano-luz = $c \times$ 1 ano)

6. Uma sonda espacial não tripulada viaja 4,5 anos-luz a uma velocidade 0,6c. Ambos os valores são medidos em relação à Terra. Considere desprezíveis os intervalos de tempo de aceleração e de desaceleração da sonda.
a) Qual foi a duração da viagem medida pelo controle da missão aqui na Terra?
b) Quanto tempo transcorreu aqui na Terra desde o lançamento até a chegada da primeira mensagem de rádio informando a chegada da sonda ao seu destino?
c) Qual foi a duração da viagem medida no relógio da sonda?
d) Qual foi a distância percorrida pela sonda, em ano-luz, medida no seu próprio referencial?

7. (Unicamp-SP) O GPS (*global positioning system*) consiste em um conjunto de satélites que orbitam a Terra, cada um deles carregando a bordo um relógio atômico. A teoria da relatividade geral prevê que, por conta da gravidade, os relógios atômicos do GPS adiantam com relação a relógios similares na Terra. Enquanto na Terra transcorre o tempo de um dia ($t_{Terra} = 1,0$ dia = 86.400 s), no satélite o tempo é $t_{satélite} = t_{Terra} + \Delta t$, maior que um dia, e a diferença de tempo Δt tem que ser corrigida. A diferença de tempo causada pela gravidade é dada por $\left(\frac{\Delta t}{t_{Terra}}\right) = \left(\frac{\Delta U}{mc^2}\right)$, sendo ΔU a diferença de energia potencial gravitacional de uma massa m entre a altitude considerada e a superfície da Terra, e $c = 3,0 \times 10^8$ m/s, a velocidade da luz no vácuo.

a) Para o satélite, podemos escrever $\Delta U = mgR_T\left(1 - \dfrac{R_T}{r}\right)$, sendo $r = 4R_T$ o raio da órbita, $R_T = 6,4 \times 10^6$ m o raio da Terra e g a aceleração da gravidade na superfície terrestre. Quanto tempo o relógio do satélite adianta em $t_{Terra} = 1,0$ dia em razão do efeito gravitacional?

b) Relógios atômicos em fase de desenvolvimento serão capazes de medir o tempo com precisão maior que uma parte em 10^{16}, ou seja, terão erro menor que 10^{-16} s a cada segundo. Qual é a altura h que produziria uma diferença de tempo $\Delta t = 10^{-16}$ s a cada $t_{Terra} = 1,0$ s? Essa altura é a menor diferença de altitude que poderia ser percebida comparando medidas de tempo desses relógios. Use, nesse caso, a energia potencial gravitacional de um corpo na vizinhança da superfície terrestre.

Ficha-resumo 2

- Lei relativística da adição de velocidades:

$$v = \dfrac{v' + V}{1 + \dfrac{v' \cdot V}{c^2}} \quad \text{ou} \quad v' = \dfrac{v - V}{1 - \dfrac{v \cdot V}{c^2}}$$

sendo v a velocidade medida no referencial da Terra e v' a velocidade medida no referencial móvel.

- Efeito Doppler-Fizeau relativístico:

$$f_O = f_F \cdot \sqrt{\dfrac{c+v}{c-v}} \quad \text{ou} \quad \lambda_O = \lambda_F \cdot \sqrt{\dfrac{c-v}{c+v}}$$

Aproximação: $v > 0$, $f_O > f_F$ e $\lambda_O < \lambda_F$

Afastamento: $v < 0$, $f_O < f_F$ e $\lambda_O > \lambda_F$

- Para $v \ll c$ temos: $\dfrac{\Delta f}{f_F} = -\dfrac{\Delta \lambda}{\lambda_F} = \dfrac{v}{c}$

Se: $v > 0 \Rightarrow \Delta f > 0$ e $\Delta \lambda < 0$

Se: $v < 0 \Rightarrow \Delta f < 0$ e $\Delta \lambda > 0$

8. Um fóton de um raio cósmico afasta-se de uma nave cuja velocidade é $0,5c$ relativamente à Terra. Ambas as velocidades estão numa mesma direção e no mesmo sentido. Assim, relativamente à nave, a velocidade de afastamento do fóton é:
a) $0,3c$ b) $0,4c$ c) $0,5c$ d) $0,8c$ e) $1,0c$

9. Um próton, emitido após uma erupção solar, colide frontalmente com uma sonda espacial cuja velocidade é igual a $0,5c$, medida em um referencial no Sol. Do ponto de vista da sonda, a velocidade do próton antes da colisão era $0,8c$. Qual era o módulo da velocidade do próton, relativa ao Sol, antes da colisão?

10. Uma sonda espacial afastando-se da Terra com velocidade de $0,04c$, comunica-se com sua base emitindo ondas de radiofrequência de 100 MHz.
a) Para qual valor de frequência deve ser ajustado o receptor aqui na Terra?
b) Qual o comprimento das ondas recebidas aqui na Terra?

11. Certos comprimentos de onda, emitidos de uma galáxia da constelação de Virgem, são recebidos na Terra com um aumento relativo de 0,04%.
a) Essa galáxia está se afastando ou se aproximando de nós?
b) Qual é o módulo da sua velocidade relativa à Terra, em km/s?

Ficha-resumo 3

- Equivalência massa-energia: $E = mc^2$
- Energia de repouso de uma partícula: $E_0 = mc^2$
- Energia cinética relativística: $E_c = (\gamma - 1) \cdot mc^2$
- 1 MeV = $1,6 \cdot 10^{-13}$ J

12. Para que uma partícula tenha energia cinética igual ao dobro da sua energia de repouso, o fator γ de Lorentz deve ser igual a:
a) 1   b) 2   c) 3   d) 4   e) 5

13. Nas condições do exercício anterior, o parâmetro β da velocidade da partícula será:
a) $\dfrac{1}{9}$ b) $\dfrac{1}{3}$ c) $\dfrac{\sqrt{3}}{4}$ d) $\dfrac{8}{9}$ e) $\sqrt{\dfrac{8}{9}}$

14. Considere uma partícula com velocidade $v = \dfrac{\sqrt{3}}{2}c$, relativa ao referencial do laboratório. Assim, o erro cometido no cálculo da energia cinética dessa partícula pela expressão clássica $E_c = \dfrac{1}{2}mv^2$, em comparação com o valor que se obtém pela expressão relativística $E_c = (\gamma - 1) \cdot mc^2$, é:
a) menor que 1%
b) igual a 37,5%
c) menor que 60%
d) igual a 62,5%
e) igual a 86,6%

15. (Fuvest-SP) O elétron e sua antipartícula, o pósitron, possuem massas iguais e cargas elétricas opostas. Em uma reação em que o elétron e o pósitron, em repouso, se aniquilam, dois fótons de mesma energia são emitidos em sentidos opostos. A energia de cada fóton produzido é, em MeV, aproximadamente igual a:
a) 0,3   b) 0,5   c) 0,8   d) 1,6   e) 3,2

Note e adote:
- Relação entre a energia (E) e a massa (m): $E = mc^2$
- Massa do elétron: $9,0 \times 10^{-31}$ kg
- Velocidade da luz: $c = 3,0 \times 10^8$ m/s
- 1 eV = $1,6 \times 10^{-19}$ J
- 1 MeV = 10^6 eV
- No processo de aniquilação, toda a massa das partículas é transformada em energia dos fótons.

16. Considere a reação de fissão nuclear do ^{235}U induzida por nêutrons representada na equação abaixo:

$$^{235}U + n \rightarrow {}^{148}La + {}^{88}Br + Q$$

Q é a quantidade de energia gerada na reação. O valor de Q, para a reação de 1 mol de átomos de ^{235}U, será, em MeV, da ordem de:
a) 10^{-29} b) 10^{-15} c) 10^{27} d) 10^{15} e) 10^{13}

Dados:

Reagentes e produtos	Massas aproximadas para 1 mol
^{235}U	235 g
n	1 g
^{148}La	147 g
^{88}Br	87 g

- 1 MeV = $1,6 \cdot 10^{-13}$ J e $c = 3,0 \cdot 10^8$ m/s

Mais questões em **Vereda Digital Aprova Enem**, em **Vereda Digital Suplemento de revisão**, em **AprovaMax** (no *site*) e no livro digital.

CAPÍTULO 42

FÍSICA NUCLEAR

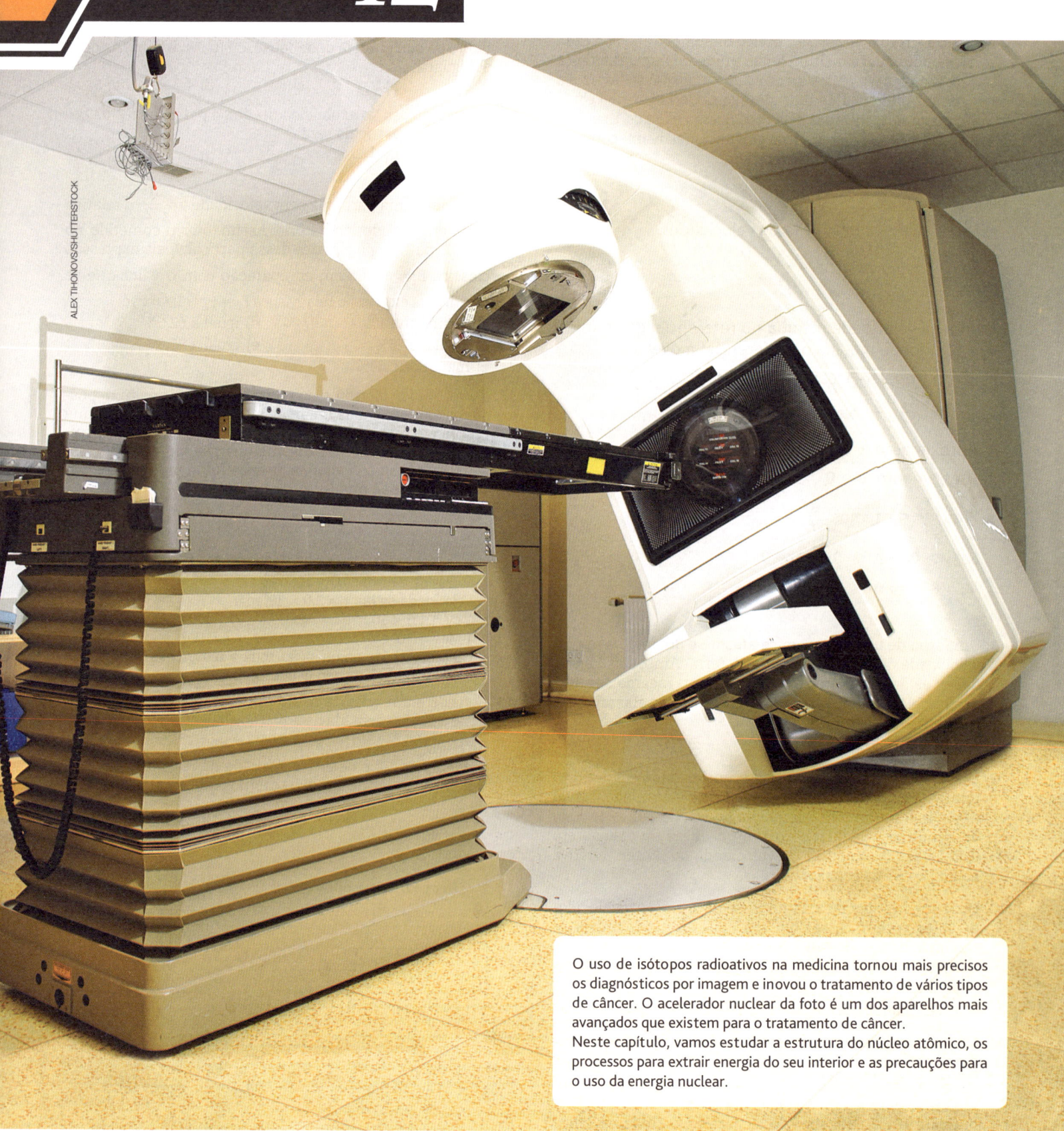

ENEM
C5: H17
C6: H22, H23

O uso de isótopos radioativos na medicina tornou mais precisos os diagnósticos por imagem e inovou o tratamento de vários tipos de câncer. O acelerador nuclear da foto é um dos aparelhos mais avançados que existem para o tratamento de câncer.
Neste capítulo, vamos estudar a estrutura do núcleo atômico, os processos para extrair energia do seu interior e as precauções para o uso da energia nuclear.

Objetivos do capítulo

- Relacionar a descoberta da radioatividade natural com os estudos que levaram à energia nuclear.
- Conhecer as características do núcleo atômico e de sua massa.
- Compreender o processo de decaimento nuclear.
- Conhecer os processos de fissão e fusão nuclear.

1 Introdução

Quanta energia há em suas mãos enquanto você segura este livro? Se você o mantiver parado à altura de um metro do chão, mais ou menos, sua energia potencial gravitacional, se convertida integralmente em calor, seria suficiente para aquecer pouco mais de um mililitro de água, elevando sua temperatura em um grau Celsius. Pouco, não é? Bem, na verdade, este livro armazena muito mais energia que isso! Uma massa igual à do livro, se totalmente convertida em energia elétrica, seria suficiente para alimentar cerca de três milhões de residências durante um ano. Como vimos, no final do capítulo anterior, massa é uma forma de energia.

A conversão de uma pequena quantidade de matéria em uma quantidade enorme de energia ocorre constantemente nos núcleos de estrelas como o Sol pelo processo de fusão nuclear e, em menor escala, nos reatores de usinas nucleares, que geram energia térmica bombardeando núcleos atômicos pelo processo de fissão nuclear. Vamos ver como tudo isso começa.

Imagine que você corte uma laranja ao meio. Escolha uma das metades e novamente a corte ao meio. Essa nova "metade" será cortada ao meio mais uma vez. Se fosse possível repetir o mesmo procedimento cerca de trinta vezes, chegaríamos a um "pedaço de laranja" com dimensões atômicas da ordem de um bilionésimo do tamanho original da laranja. Se repetíssemos o processo por mais 13 ou 14 vezes, chegaríamos às dimensões do núcleo atômico.

Romper núcleos atômicos só foi possível com a construção dos poderosos aceleradores de partículas.

Sempre que uma nova fonte de energia é descoberta, surge alguma tecnologia para aproveitá-la – algumas vezes, para uso bélico. Foi assim com o fogo, a pólvora, o petróleo e, mais recentemente, com a energia nuclear (**fig. 1**).

Figura 1. Réplica da bomba nuclear *Fat Man*, lançada sobre a cidade japonesa de Nagasaki, em 9 de agosto de 1945.

O ano de 1896, ano da descoberta da radioatividade pelo físico francês Antoine Henri Becquerel (1852-1908), marca o surgimento da Física nuclear. Na primeira metade do século XX, a Física nuclear teve enorme desenvolvimento, exercendo notável influência científica, social e tecnológica sobre a humanidade. Após a construção do primeiro reator nuclear, em dezembro de 1942, destinado à pesquisa científica, a fabricação da primeira bomba atômica foi só uma questão de tempo. Atualmente, a pesquisa em Física nuclear concentra-se mais em áreas não bélicas, como a medicina nuclear, a Física de partículas e a cosmologia, embora ainda existam centros de desenvolvimento de armamento nuclear.

2 Núcleo atômico

As experiências de Ernest Rutherford mostraram que o núcleo dos átomos pode ser considerado uma carga positiva pontual, que concentra praticamente toda a massa atômica. Os elétrons, com carga negativa, ficam ao seu redor em uma quantidade que equilibra a carga positiva do núcleo, tornando o átomo globalmente neutro. A massa total dos elétrons que compõem o átomo é insignificante em comparação à do núcleo.

A descoberta da radioatividade natural em compostos de urânio, por Becquerel, despertou interesse dos cientistas no final do século XIX e início do XX, que passaram a estudar essas radiações.

Os trabalhos de Rutherford nessa área revelaram três tipos distintos de radiação, por ele denominados radiações **alfa**, **beta** e **gama**, classificadas de acordo com a natureza de sua carga elétrica (**fig. 2**) e da maior ou menor capacidade de penetrar na matéria e de ionizar, ou não, o ar.

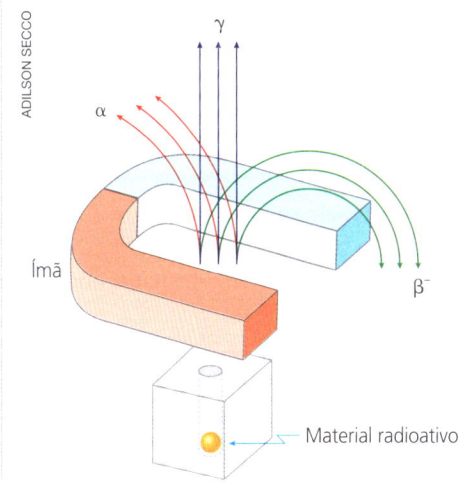

Figura 2. Esquema das emissões radioativas. Na presença de um campo magnético, as emissões alfa e beta são defletidas em sentidos opostos. A radiação gama não sofre influência do campo magnético.

Como veremos adiante, experimentos posteriores mostraram que a "radiação" alfa (α), na verdade, são partículas. As **partículas alfa** são núcleos de hélio (2 prótons + + 2 nêutrons) emitidos por núcleos instáveis mais pesados. A "radiação" beta (β) também não é radiação, mas partículas, isto é, elétrons (β⁻) ou pósitrons (β⁺) emitidos por núcleos atômicos instáveis. Pósitrons são elétrons positivos (ou antielétrons). Apenas a radiação gama (γ) é, de fato, radiação eletromagnética, como a luz ou os raios X. As radiações gama são fótons emitidos por núcleos atômicos e podem ter energias com valores que variam de aproximadamente 10 keV até cerca de 1 GeV.

Estudos posteriores mostraram que o núcleo atômico não é uma "bolinha" rígida, como foi imaginado de início. O núcleo é um sistema formado por dois tipos de partículas que, em conjunto, são denominados **núcleons**: os **prótons**, com carga elétrica positiva, e os **nêutrons**, desprovidos de carga elétrica, mantidos ligados entre si pela **força nuclear forte**, que predomina sobre a força de **origem elétrica** para distâncias menores ou da ordem do diâmetro atômico (10^{-15} m). A única exceção é o núcleo do átomo de hidrogênio, que é formado por apenas um próton. Na descrição das propriedades dos núcleos usaremos com frequência três números que identificam o núcleo do elemento. São eles: o **número de prótons** ou **número atômico** (Z), o **número de nêutrons** (N) e o **número de massa** (A). Para qualquer núcleo, temos:

$$A = Z + N$$

Na representação de um elemento qualquer, utilizamos a notação: $^A_Z X$, em que X é o símbolo do elemento químico correspondente.

Por exemplo, $^{58}_{26}\text{Fe}$ representa o elemento ferro com número de massa $A = 58$, (número de prótons + número de nêutrons) e número atômico $Z = 26$. Assim, para esse núcleo: $N = A - Z = 32$ (número de nêutrons). Todos os núcleos de um mesmo elemento contêm o mesmo número atômico Z, porém pode haver diferença nos números de nêutrons e de massa.

> **Observação**
>
> - Os elementos que têm o mesmo número atômico e números de massa diferentes são chamados de **isótopos**. Um mesmo elemento pode ter vários isótopos. Por exemplo: $^{11}_6\text{C}$, $^{12}_6\text{C}$, $^{13}_6\text{C}$ e $^{14}_6\text{C}$ são quatro isótopos do elemento carbono. Note que até o mais simples dos elementos, o hidrogênio, tem três isótopos: o ^1_1H é o hidrogênio (núcleo com um único próton); o ^2_1H é o deutério (núcleo com um próton e um nêutron) e o ^3_1H é o trítio (núcleo com um próton e dois nêutrons).
> - Os elementos que têm iguais números de massa (A) são chamados de **isóbaros**. Por exemplo: os elementos $^{14}_6\text{C}$ e $^{14}_7\text{N}$ são isóbaros entre si; os elementos $^{40}_{18}\text{Ar}$ e $^{40}_{20}\text{Ca}$ também são.

Massas dos componentes nucleares (núcleons)

A massa do próton é aproximadamente 1.836 vezes a massa do elétron, embora ambos tenham a mesma quantidade de carga elétrica. Prótons e nêutrons têm massas muito próximas entre si.

A **tabela 1** abaixo mostra as massas e energias de repouso do próton, do nêutron e do elétron.

Tabela 1. Massas e energias de repouso do próton, do nêutron e do elétron

Partícula	Massa (kg)	Massa (u)*	Energia de repouso (MeV)
Próton	$1{,}6726 \cdot 10^{-27}$	1,007276	938,2720
Nêutron	$1{,}6749 \cdot 10^{-27}$	1,008665	939,5654
Elétron	$9{,}1094 \cdot 10^{-31}$	$5{,}4858 \cdot 10^{-4}$	0,5109

* 1 u (unidade de massa atômica unificada) = $1{,}66054 \cdot 10^{-27}$ kg

Fonte: MOHR, Peter J.; TAYLOR, Barry N.; NEWELL, David B. Codata: Recommended Values of the fundamental Physical Constants: 2010. Disponível em: <http://mod.lk/krzfo>. Acesso em: 29 maio 2017.

Conhecendo esses dados, poderíamos pensar que um núcleo com Z prótons (cada um com massa m_p) e N nêutrons (cada um com massa m_n) deveria ter uma massa total M_T (teórica) igual a:

$$M_T = Z \cdot m_p + N \cdot m_n$$

A realidade, porém, é um pouco diferente. Se fizermos esse cálculo para o núcleo de ferro ($Z = 26$ e $N = 30$), por exemplo, teremos:

$M_T = 26 \cdot 1{,}007276$ u $+ 30 \cdot 1{,}008665$ u $= 56{,}4491$ u

Consultando uma tabela de massas nucleares, encontramos para o núcleo de ferro o valor $M_{Fe} = 55{,}9349$ u. Essa diferença, menor que 1%, deve-se à energia de ligação do núcleo. O valor teórico (M_T) dá apenas uma ideia aproximada da massa do núcleo.

A **energia de ligação nuclear**, que deve ser fornecida ao núcleo para separar os núcleons que o compõem, é calculada pela equação da conversão massa-energia de Albert Einstein, $E_{\text{ligação}} = \Delta m \cdot c^2$, sendo Δm a diferença entre a soma das massas dos núcleons e a massa do núcleo formado, que costuma ser chamada de **déficit** ou **defeito** de massa do núcleo.

O gráfico da **figura 3** mostra como varia a energia de ligação nuclear média, por núcleon, em função do número de massa do núcleo, a palavra núcleon é usada para designar tanto o próton quanto o nêutron. O pico desse gráfico, 8,79 MeV, corresponde ao $^{56}_{26}\text{Fe}$, sendo esse, portanto, o núcleo mais estável conhecido. Assim, a energia de ligação total para esse núcleo é:

$E_{\text{lig.(total)}} = 56 \cdot 8{,}79$ MeV $\quad \Rightarrow \quad E_{\text{lig.(total)}} = 492{,}24$ MeV

Usando valores mais exatos para as massas, teríamos 492,254 MeV.

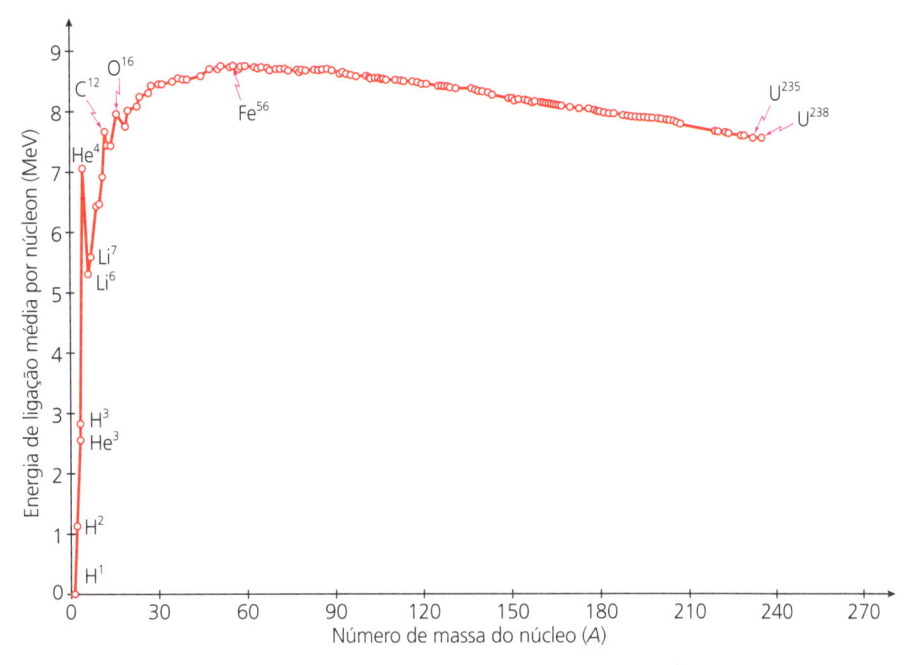

Figura 3. Gráfico da energia de ligação média por núcleon em função do número de massa do núcleo.

Observação

O ^{56}Fe é o núcleo de **maior estabilidade** na natureza. Entre $A = 1$ e $A = 50$, estão os núcleos que atingem maior estabilidade pela fusão nuclear (o número de massa do núcleo produto fica mais próximo de 56). Os núcleos com $A \geq 80$ atingem maior estabilidade pela fissão nuclear (os números de massa dos núcleos produto ficam mais próximos de 56).

Exercícios propostos

1. Considere os elementos químicos hipotéticos $^{m}_{\alpha}X$, $^{n}_{\alpha}Y$, $^{m}_{\beta}Z$ e $^{m+n}_{\beta}W$, com $m \neq n$ e $\alpha \neq \beta$. Analise as afirmações a seguir sobre esses elementos.

   I. Os elementos X e Y são isótopos entre si por terem o mesmo número atômico.
   II. Os elementos X e Z são isóbaros entre si por terem o mesmo número de massa.
   III. Os elementos X e Z têm o mesmo número de nêutrons.
   IV. O elemento W tem n nêutrons a mais que Z.

Podemos dizer que:
a) todas as afirmações estão corretas;
b) todas as afirmações estão erradas;
c) estão corretas apenas as afirmações I e II;
d) estão corretas apenas as afirmações I e III;
e) apenas a afirmação III está incorreta.

2. O gráfico a seguir representa simplificadamente as energias de ligações médias, por núcleon, de alguns elementos químicos.
a) O que é energia de ligação de um núcleo atômico?
b) Analisando o gráfico, é correto afirmar que o núcleo $^{16}_{8}$O tem a mesma energia de ligação nuclear que o elemento ^{175}X indicado na curva? Comente.

c) Analisando o gráfico, é possível visualizar uma razão para o uso do $^{235}_{92}$U como combustível nuclear na geração de energia elétrica, e não do $^{238}_{92}$U? Justifique.

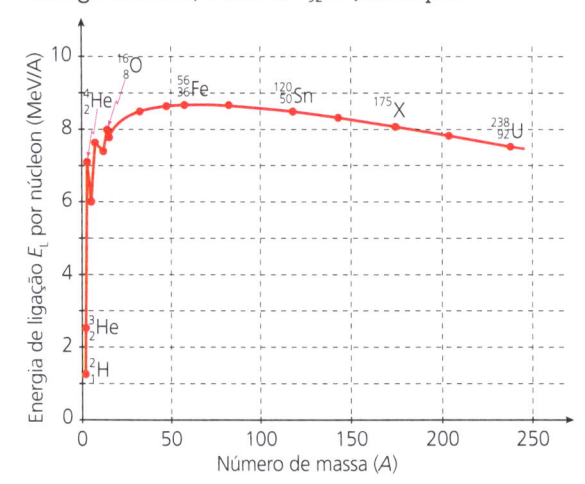

3. Um núcleo atômico de massa M e número de massa A é formado por P prótons, cada um de massa m_P, e N nêutrons, cada um de massa m_N. Determine para esse núcleo:
a) o número atômico Z;
b) o número de nêutrons N;
c) a energia de ligação E_L.

3 Radioatividade

Em 1896, trabalhando com sulfato duplo de urânio, Becquerel descobriu que cristais desse sal emitiam "uma espécie de radiação" que sensibilizava chapas fotográficas, mesmo que elas estivessem protegidas da ação da luz **(fig. 4)**. Após cuidadosas observações, sob condições controladas, ele concluiu que se tratava de um novo tipo de radiação, cuja emissão não necessitava de estímulo externo. Essa emissão espontânea foi denominada **radioatividade**. Experimentos posteriores mostraram que outras substâncias também apresentavam essa propriedade **(fig. 5)**.

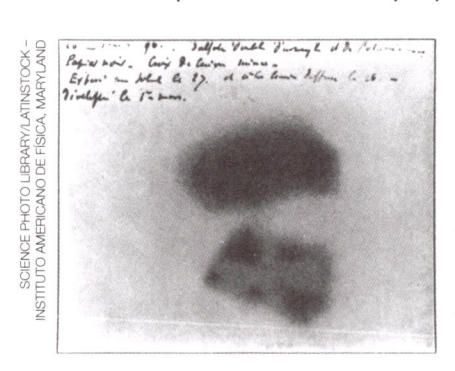

Figura 4. Chapa fotográfica velada pela emissão radioativa de cristais de sal de urânio, feita por Henri Becquerel em 1896.

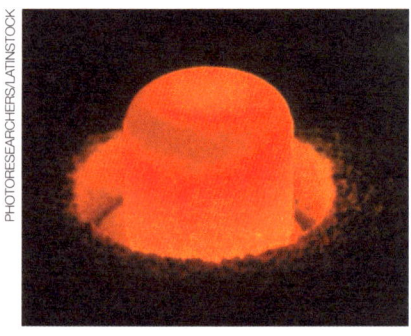

Figura 5. Amostra de plutônio ($^{238}_{94}Pu$) iluminado pela própria radioatividade.

Os experimentos que mais aprofundaram esse estudo na época foram desenvolvidos pelo casal de químicos Marie Curie (1867-1934) e Pierre Curie (1859-1906). Após numerosos e cuidadosos procedimentos de separação e purificação de minérios radioativos, o casal comunicou a descoberta de outros dois elementos espontaneamente radioativos, ainda desconhecidos. Esses elementos foram denominados **polônio** (Po) e **rádio** (Ra).

Outros experimentos, incluindo os trabalhos de Rutherford com partículas alfa, sugeriam que a radioatividade era o resultado da desintegração de núcleos atômicos instáveis.

Como já vimos anteriormente, os produtos da desintegração radioativa são de três tipos:

- emissão alfa (α) – núcleos de hélio, ou seja, $\alpha = ^{4}_{2}He^{2+}$;
- emissão beta (β) – elétrons (e^- ou β^-) ou pósitrons (e^+ ou β^+);
- emissão gama (γ) – radiação eletromagnética originada pela emissão de fótons de alta energia.

Pósitrons são partículas semelhantes ao elétron em todas as suas características, exceto pelo fato de sua carga elétrica ser positiva. O pósitron é conhecido como a **antipartícula** do elétron.

Marie Curie (1867-1934). A cientista foi a primeira pessoa a receber duas vezes o Prêmio Nobel: de Física em 1903 e de Química em 1911.

O poder de penetração das emissões radioativas na matéria difere muito de uma matéria para outra. As partículas alfa mal atravessam uma folha de papel, as partículas beta conseguem penetrar alguns milímetros numa placa de alumínio. Já a radiação gama pode penetrar alguns centímetros no chumbo **(fig. 6)**. Por esse motivo, materiais radioativos são guardados em recipientes de grossas paredes de chumbo e os locais onde eles são manipulados, como paredes e portas, também são revestidos com o mesmo material.

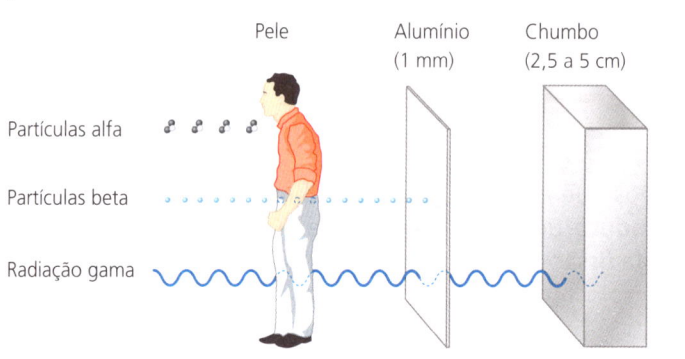

Figura 6. Esquema do poder de penetração das partículas α, β e da radiação γ.

Alguns alimentos também apresentam atividade radioativa. Por exemplo, o potássio 40, emissor β^-, é encontrado na banana e nos substitutos do sal, mas não oferece nenhum risco à saúde humana.

Em geral, os núcleos radioativos são classificados em dois grupos:

- núcleos instáveis encontrados na natureza cuja emissão é denominada **radioatividade natural**;
- núcleos produzidos em laboratório por reações nucleares cuja atividade é denominada **radioatividade artificial**.

Decaimento alfa

Se um núcleo emitir uma partícula alfa ($^{4}_{2}He$), ele perderá dois prótons e dois nêutrons. Assim, o número atômico (Z) diminui duas unidades, e o número de massa diminui quatro unidades. Podemos representar simbolicamente o decaimento alfa como:

$$^{A}_{Z}X \longrightarrow ^{A-4}_{Z-2}Y + ^{4}_{2}\alpha$$

em que X é o **núcleo pai**, e Y é o **núcleo filho**.

Como exemplos de elementos alfaemissores, temos o urânio 238 ($^{238}_{92}$U) e o rádio 226 ($^{226}_{88}$Ra) **(fig. 7)**, que decaem segundo as equações:

$$^{238}_{92}U \longrightarrow {}^{234}_{90}Th + {}^{4}_{2}\alpha$$

$$^{226}_{88}Ra \longrightarrow {}^{222}_{86}Rn + {}^{4}_{2}\alpha$$

Em qualquer uma das reações, deve haver conservação dos números de massa e atômico.

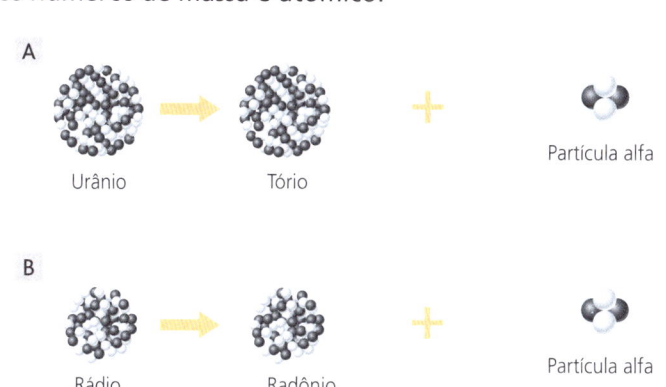

Figura 7. (A) Decaimento alfa do urânio 238 ($^{238}_{92}$U); (B) decaimento alfa do rádio 226 ($^{226}_{88}$Ra).

Pela equação da conservação da massa-energia de Einstein, devemos ter:

$$m_X \cdot c^2 = m_Y \cdot c^2 + m_\alpha \cdot c^2 + Q$$

$$Q = (m_X - m_Y - m_\alpha) \cdot c^2$$

em que Q é a **energia de desintegração** do núcleo, e c é a velocidade da luz. Como $m_X > m_Y + m_\alpha$, concluímos que parte da massa do sistema é transformada em energia.

Se, em dada reação, tivermos $m_X < m_Y + m_\alpha$, o processo não ocorrerá espontaneamente.

Num processo espontâneo, a energia Q aparece na forma de energia cinética do núcleo filho e da partícula alfa.

Decaimento beta

Se um núcleo radioativo tiver decaimento beta, o núcleo filho apresentará o mesmo número de massa do núcleo pai, porém o número atômico aumentará ou diminuirá uma unidade, se a emissão for, respectivamente, β^- ou β^+:

$$^{A}_{Z}X \longrightarrow {}^{A}_{Z+1}Y + \beta^- + \tilde{\nu} \quad \text{(sendo } \beta^- = {}^{0}_{-1}\beta \text{ e } \tilde{\nu} = {}^{0}_{0}\tilde{\nu})$$

$$^{A}_{Z}X \longrightarrow {}^{A}_{Z-1}Y + \beta^+ + \nu \quad \text{(sendo } \beta^+ = {}^{0}_{+1}\beta \text{ e } \nu = {}^{0}_{0}\nu)$$

Os símbolos ν e $\tilde{\nu}$ representam duas partículas de massas praticamente nulas, sem carga elétrica, denominadas **neutrino** (ν) e **antineutrino** ($\tilde{\nu}$). Podemos representá-las como:

$$^{0}_{0}\nu \text{ e } {}^{0}_{0}\tilde{\nu}$$

O antineutrino é a antipartícula do neutrino. Ele participa do processo conservando a energia e a quantidade de movimento do sistema. Nesse caso, também há conservação do número de massa e do número atômico.

O decaimento beta do carbono 14 ($^{14}_{6}$C) para nitrogênio 14 ($^{14}_{7}$N) **(fig. 8)** é usado para datar amostras orgânicas, com idade entre 1.000 e 25 mil anos.

$$^{14}_{6}C \longrightarrow {}^{14}_{7}N + \beta^- + \tilde{\nu}$$

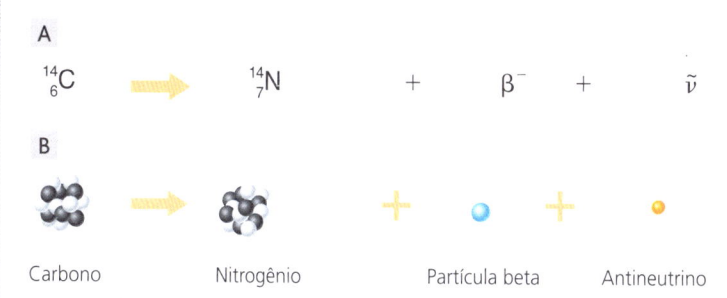

Figura 8. (A) Equação que representa a reação de decaimento beta do carbono 14 ($^{14}_{6}$C); (B) esquema do decaimento beta do carbono 14 com emissão de um antineutrino.

Os núcleos de carbono 14 ($^{14}_{6}$C) são criados nas altas camadas da atmosfera pelos raios cósmicos (partículas de alta energia vindas do espaço exterior). A abundância relativa do $^{14}_{6}$C para o carbono 12 ($^{12}_{6}$C) nas moléculas de CO_2 da atmosfera é constante e da ordem de $1:7,4 \cdot 10^{11}$, ou seja, para cada átomo de $^{14}_{6}$C existem $7,4 \cdot 10^{11}$ átomos de $^{12}_{6}$C. Para todos os organismos vivos, a razão de ^{14}C para ^{12}C é a mesma, por causa das constantes trocas de CO_2 com o meio ambiente. Quando um organismo morre, ele deixa de absorver ^{14}C da atmosfera e, assim, a razão ^{14}C para ^{12}C começa a diminuir, por causa do decaimento do ^{14}C. Portanto, é possível determinar há quanto tempo ocorreu a morte da matéria orgânica medindo a atividade radioativa da amostra.

4 Lei do decaimento radioativo

O casal Curie observou que a atividade radioativa dos elementos estudados obedecia a uma lei relativamente simples: a taxa de desintegração de uma amostra radioativa é proporcional ao número de núcleos existentes na amostra. À medida que a amostra sofre desintegração, a taxa de emissão decai exponencialmente. O tempo necessário para que o número de núcleos na amostra caia para a metade do valor inicial é chamado de **meia-vida** ou **período de semidesintegração** ($T_{1/2}$). Alguns elementos têm períodos muito curtos – alguns segundos ou menos; outros têm períodos muito longos – alguns anos, milhares de anos, milhões de anos e até bilhões, como o ^{238}U.

O $T_{1/2}$ do urânio 238 é de 4,5 bilhões de anos e do estrôncio 90 é de 28,8 anos **(fig. 9)**. Para o radônio 222, formado após o decaimento do rádio 226, o $T_{1/2}$ vale 3,8 dias. Já o polônio 214 tem meia-vida de $1,5 \cdot 10^{-4}$ s.

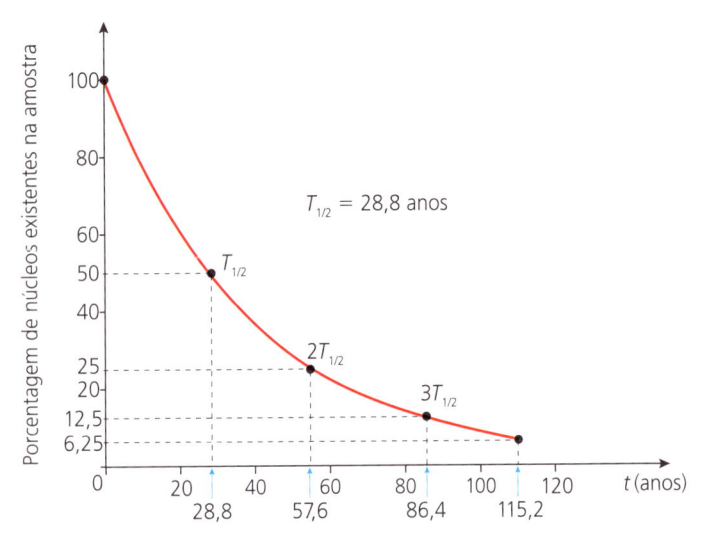

Figura 9. Representação gráfica do decaimento do estrôncio 90 para ítrio 90, segundo a equação: $^{90}_{38}Sr \rightarrow {}^{90}_{39}Y + \beta^-$.

Para determinar a taxa (r) de decaimento (ou de desintegração) da amostra após n meias-vidas, usamos a razão: $r = \dfrac{r_0}{2^n}$, em que r_0 é a taxa inicial em $t = 0$.

Embora não existam meios para determinar quando um núcleo irá se desintegrar, é possível determinar a **vida média** (*VM*) do núcleo, isto é, o tempo médio para que o núcleo decaia – decair significa transformar-se em outro núcleo por emissão radioativa.

A vida média de um núcleo é medida, no SI, em segundo. Seu inverso chama-se **constante de desintegração radioativa**, representada por λ, ou seja, $\lambda = \dfrac{1}{VM}$. Portanto, no SI, a constante λ deverá ser medida em desintegrações por segundo, unidade que recebe o nome de **becquerel (Bq)**. Como, normalmente, o número de desintegrações é muito grande, definiu-se uma unidade mais prática para a constante de desintegração radioativa, denominada **curie (Ci)**: 1 Ci = 3,7 · 10¹⁰ Bq

A relação matemática entre a *VM* e o período de meia-vida, $T_{1/2}$, é:

$$T_{1/2} = 0,693 \cdot VM$$

Exercícios resolvidos

1. Desde 1940, o isótopo radioativo carbono 14 (^{14}C) é utilizado para datação de amostras fósseis orgânicas. Em 1960, Willard F. Libby, da Universidade de Chicago, recebeu o Prêmio Nobel de Química pela criação desse método. Os organismos vivos absorvem o ^{14}C durante toda a vida, principalmente por meio dos alimentos ingeridos. Em um organismo vivo, a proporção entre o ^{14}C e o ^{12}C é constante. Após a morte, os núcleos de ^{14}C começam a emitir partículas β^-, decaindo para ^{14}N, que é um núcleo estável. O período de meia-vida do ^{14}C é 5.730 anos. O gráfico a seguir mostra o decaimento percentual do ^{14}C, como função da idade da amostra observada. Analisar o gráfico e:

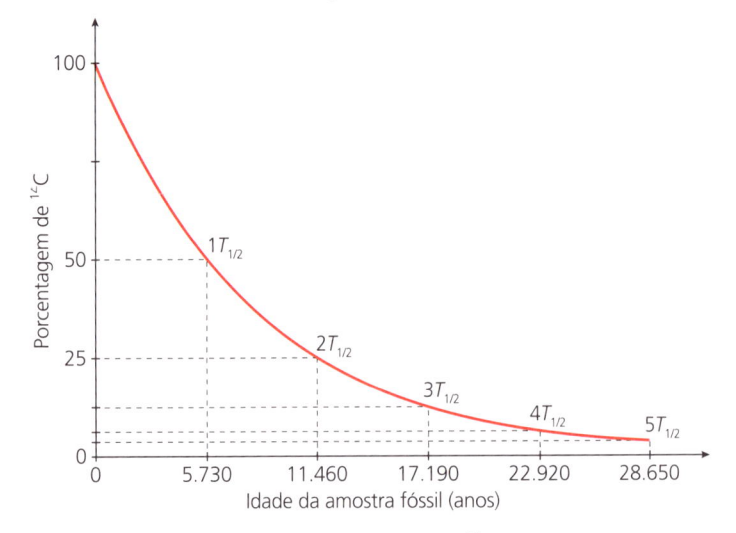

a) determinar a porcentagem de ^{14}C na amostra após 5 meias-vidas;
b) estimar a idade de uma amostra fóssil que apresente 30% de ^{14}C na sua composição.

▶ **Solução**

a) Após 3 meias-vidas, temos: $\dfrac{1}{2}(25\%) = 12,5\%$

Após 4 meias-vidas, temos: $\dfrac{1}{2}(12,5\%) = 6,25\%$

Portanto, após 5 meias-vidas, teremos:

$\dfrac{1}{2}(6,25\%) = \boxed{3,125\% \text{ de } ^{14}C \text{ na amostra}}$

b) Traçando uma linha horizontal na altura dos 30%, encontramos um ponto no gráfico cuja abscissa corresponde a um valor muito próximo de uma meia-vida mais $\dfrac{3}{4}$ de meia-vida do ^{14}C, o que dá aproximadamente **10.000 anos**.

Um cálculo mais preciso daria **9.952 anos**, valor muito próximo do encontrado.

O processo de datação por ^{14}C dá bons resultados para fósseis orgânicos com idade de até 70.000 anos, isto é, aproximadamente 8 meias-vidas.

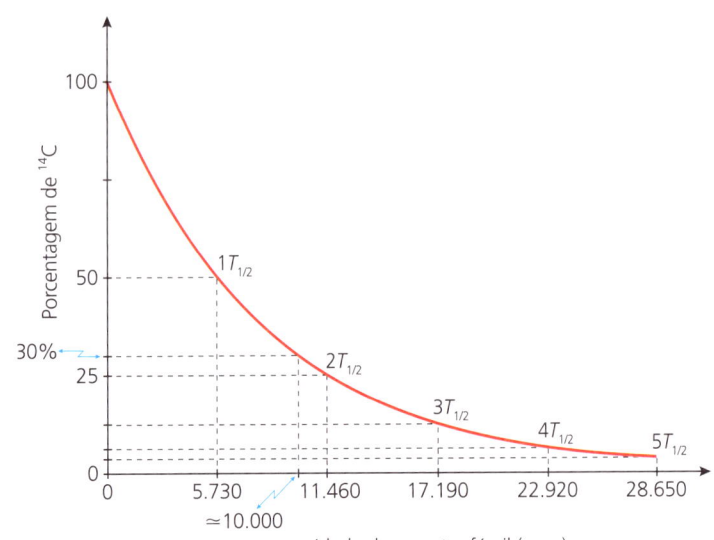

2. O período de meia-vida de um isótopo radioativo vale $T_{1/2} = 6.930$ anos. Determine sua vida média (VM) e sua constante de desintegração radioativa (λ):

▶ **Solução**

De $T_{1/2} = 0{,}693 \cdot VM$, temos: $VM = \dfrac{T_{1/2}}{0{,}693} \Rightarrow VM = \dfrac{6.930}{0{,}693}$

∴ $VM = 10.000$ anos $= 3{,}156 \cdot 10^{11}$ segundos

Sendo $\lambda = \dfrac{1}{VM}$, temos: $\lambda = \dfrac{1}{3{,}156 \cdot 10^{11}}$

∴ $\boxed{\lambda = 3{,}169 \cdot 10^{-12}\, s^{-1}}$

Exercícios propostos

4. Leia e responda:
a) Qual é a diferença entre período de semidesintegração e tempo de meia-vida de uma amostra radioativa?
b) O que é vida média (VM) de um núcleo radioativo?
c) Como se determina a constante de desintegração radioativa (λ) de uma amostra?
d) Que porcentagem de uma amostra radioativa decai em duas meias-vidas?
e) O que é maior: três meias-vidas ou duas vidas médias?

5. O dr. Spock entra nos aposentos dos visitantes devonianos, e o alarme do seu detetor de radiação dispara. Ele desliga o alarme e aproxima o medidor do único corpo estranho na sala, que seria um "presente" dos devonianos aos tripulantes da nave *Enterprise*. A leitura no aparelho indica uma atividade radioativa de 4.000 contagens/segundo. Depois de 10 minutos, a taxa cai para 1.000 contagens/segundo.
a) Qual é a meia-vida do material do "presente"?
b) Qual é a taxa de contagens após 20 minutos da primeira medição?

6. Após observar o gráfico abaixo, responda às questões.
a) Qual é a meia-vida dessa amostra?
b) Na amostra, quantas desintegrações ocorrem por segundo?

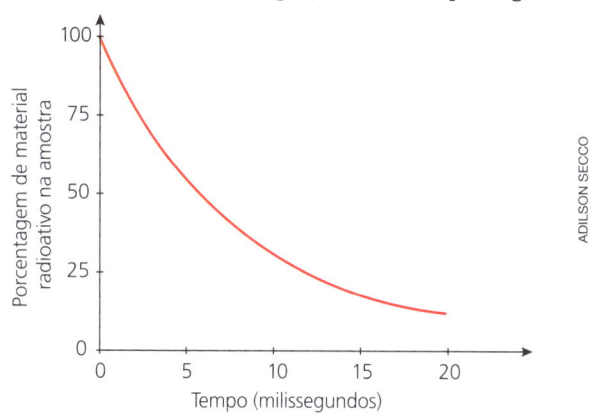

Aplicação tecnológica

Radioatividade tecnológica na medicina

Todos os dias, milhares de pessoas no mundo são diagnosticadas com câncer. Infelizmente algumas delas acabam morrendo em poucos meses, mas muitas são curadas e vivem por muitos anos.

Uma das principais tarefas da ciência médica é pesquisar métodos e medicamentos para tratar os diferentes tipos de doença, como o câncer, para que pacientes possam viver melhor e por mais tempo.

Tratamentos com raios X e raios gama, em conjunto com a quimioterapia, são largamente usados, assim como métodos baseados nos efeitos radioativos, com feixes de nêutrons, prótons e íons.

A grande questão é planejar um tratamento radioterápico no qual a radiação destrua a maior parte dos tecidos doentes sem comprometer os tecidos sadios. No entanto, há um sério problema com a radioterapia: uma pequena parte da radiação interage com núcleos atômicos, gerando nêutrons que, por não terem carga elétrica, têm grande poder de penetração na matéria, provocando danos colaterais em tecidos sadios próximos ou distantes da região em tratamento.

Alguns processos de diagnóstico médico também usam as propriedades de substâncias radioativas. Núcleos radioativos podem ser injetados ou ingeridos pelo paciente. Esses núcleos emitem radiação gama, que, após ser captada, gera uma imagem eletrônica na tela de um computador. Os tecidos lesionados absorvem maior quantidade de núcleos radioativos, por isso emitem mais radiação que o restante e, consequentemente, aparecem mais nítidos na tela.

A **tomografia por emissão de pósitrons** (TEP, **fig. I** e **II**) possibilita o estudo e a visualização de partes e órgãos dos organismos por meio do decaimento de substâncias de meia-vida curta, emissoras de pósitrons, diluídas em fluidos farmacológicos. Esse recurso permite medir a atividade metabólica, bioquímica e funcional de tecidos vivos, em tempo real.

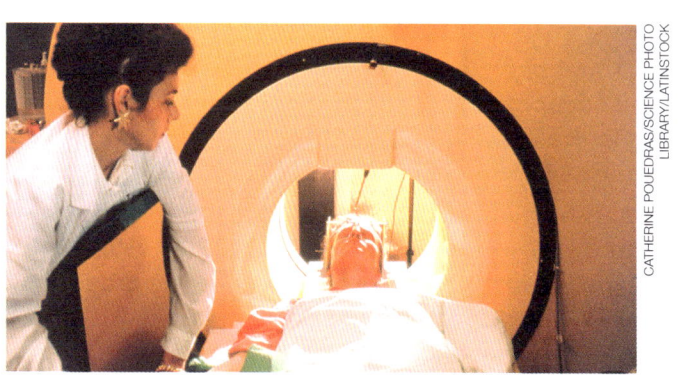

Figura I. Paciente fazendo exame de tomografia por emissão de pósitrons.

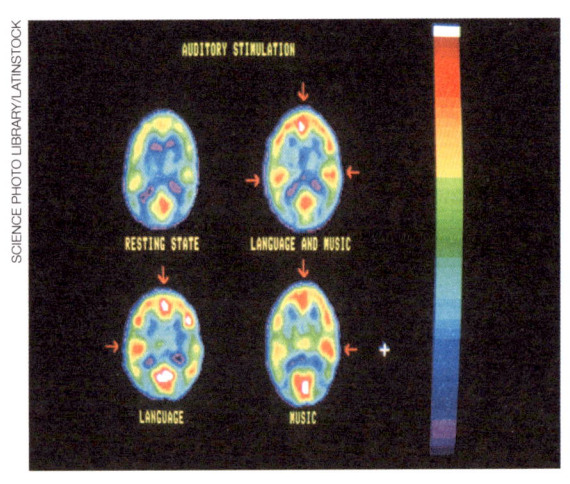

Aplicação tecnológica

Figura II. Imagem do cérebro humano obtida por meio de um TEP escâner.

A TEP registra alterações bioquímicas que ocorrem antes de os sinais estarem visíveis nas imagens de **ressonância magnética** (RM) e **tomografia computadorizada** (TC). Um escâner mede a radioatividade emitida por todo o corpo do paciente e cria uma imagem tridimensional do órgão estudado. A TEP é usada no acompanhamento de tumores de rápido crescimento para analisar respostas a tratamentos radioterápicos e quimioterápicos. Pode também ser usada na avaliação da extensão de danos cardiovasculares ou na escolha da conduta a ser seguida em cirurgias, transplantes e terapias radioativas.

5 Fissão nuclear e fusão nuclear

Fissão nuclear

Com a construção dos aceleradores de partículas e dos reatores nucleares, a partir de meados do século XX, as reações nucleares tornaram-se muito comuns e extremamente úteis à Física. Uma reação de **fissão nuclear** ocorre quando núcleos pesados, como o do urânio (^{235}U), são "quebrados" em núcleos menores pela colisão com outras partículas **(fig. 10)**.

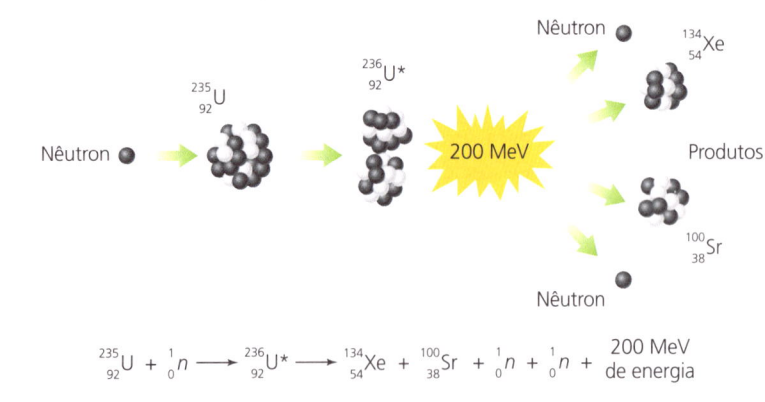

$$^{235}_{92}U + ^{1}_{0}n \longrightarrow ^{236}_{92}U^* \longrightarrow ^{134}_{54}Xe + ^{100}_{38}Sr + ^{1}_{0}n + ^{1}_{0}n + 200 \text{ MeV de energia}$$

Figura 10. Esquema da reação de fissão do urânio 235, $^{235}_{92}U$, originando xenônio e estrôncio. O núcleo ^{236}U é altamente instável e decai rapidamente.

Podemos representar essa reação simbolicamente por:

$$^{1}_{0}n + ^{235}_{92}U \longrightarrow ^{236}_{92}U^* \longrightarrow X + Y + \text{nêutrons} + \text{energia} (\gamma)$$

O símbolo $^{236}_{92}U^*$ representa um núcleo instável, pela absorção de um nêutron, que decai em aproximadamente 10^{-12} s, emitindo energia na forma de radiação gama. Nessa reação, há conservação de massa-energia, quantidade de movimento, carga e número de núcleons.

A fissão nuclear foi observada pela primeira vez em 1938 por Otto Hann (1879-1968), Lise Meitner (1878-1968), Fritz Strassman (1902-1980), entre outros colaboradores, que bombardearam urânio com nêutrons, obtendo, como produtos de reação, dois novos elementos com massas intermediárias, o bário e o lantânio. Após a colisão com o nêutron, o núcleo de urânio dividiu-se em dois fragmentos de massas próximas, liberando cerca de 208 MeV de energia. Essa energia liberada, que confirma a relação $E = m \cdot c^2$ de Einstein, afetaria de maneira significativa a ciência do século XX. Por essa descoberta, apenas Otto Hann recebeu o Prêmio Nobel de Química de 1944.

Retrato de Lise Meitner, pioneira da Química nuclear.

Uma usina de fissão nuclear que gera cerca de 1.000 MW de eletricidade, com uma eficiência média de 40%, consome cerca de 2,5 kg de ^{235}U por dia. Como a abundância natural do ^{235}U é apenas de 0,72%, costuma-se enriquecer minérios de urânio para aumentar a concentração do ^{235}U.

Para a geração de energia elétrica, costuma-se aumentar a porcentagem de ^{235}U até 20%. Concentrações acima desse valor são para uso bélico. A bomba nuclear Little Boy, lançada sobre Hiroshima em 1945, por exemplo, tinha uma concentração de 80% de ^{235}U.

Fusão nuclear

Prótons e nêutrons de um mesmo núcleo, que, por simplificação, foram denominados de **núcleons**, permanecem ligados entre si pela força nuclear. Essa força é extremamente intensa, porém de alcance limitado às dimensões do núcleo atômico. Isso significa que, para separar os núcleons de um mesmo núcleo, é preciso lhe fornecer muita energia. A energia mínima necessária para decompor o núcleo chama-se **energia de ligação do núcleo**.

Lembre-se de que a massa total de qualquer núcleo é menor que a soma das massas dos núcleons que se juntaram para formá-lo:

$$M_{núcleo} < \Sigma m_{núcleons}$$

De acordo com a equação massa-energia de Einstein, a energia de ligação do núcleo, representada por E, deve ser:

$$E = (\Delta m) \cdot c^2$$

em que:

$$\Delta m = \Sigma m_{núcleons} - M_{núcleo}$$

Do mesmo modo, quando dois núcleos se ligam para formar núcleos mais pesados, eles liberam grande quantidade de energia **(fig. 11)**. É exatamente isso o que acontece no processo de fusão nuclear.

Figura 11. Explosão da Ivy Mike, primeira bomba de hidrogênio, no atol de Eniwetok, em 31 de outubro de 1952, no oceano Pacífico. O teste foi realizado pelos Estados Unidos.

Em reações de fusão nuclear, núcleos menores se ligam e dão origem a núcleos maiores. O processo de fusão mais simples é o da formação do deutério ($^{2}_{1}$H) a partir da colisão inelástica entre um próton e um nêutron com a consequente liberação de 2,2 MeV de energia na forma de radiação gama **(fig. 12)**.

$$^{1}_{1}H + ^{1}_{0}n \longrightarrow ^{2}_{1}H + \gamma \text{ (2,2 MeV)}$$

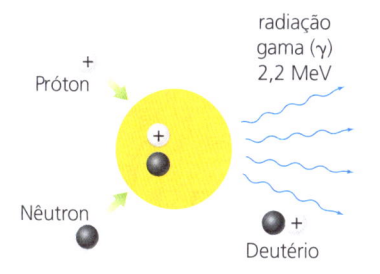

Figura 12. Esquema da reação de formação do núcleo de deutério (^{2}H ou ^{2}D) com emissão de radiação gama.

Portanto, a diferença entre a soma das massas do próton e do nêutron separados e a massa do $^{2}_{1}$H é convertida em 2,2 MeV de energia. Deutério e trítio também se fundem formando núcleos mais pesados **(fig. 13)**.

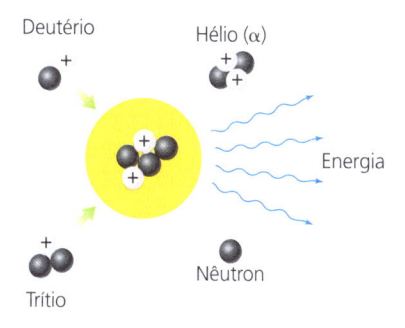

Figura 13. Esquema da fusão do deutério e do trítio para a formação de uma partícula α (^{4}He).

O processo de geração de energia das estrelas ocorre por fusão nuclear. Cerca de 90% das estrelas, incluindo o Sol, fundem hidrogênio, gerando hélio. Estrelas mais velhas fundem hélio e elementos mais pesados.

Duas condições devem ser satisfeitas para que o processo de fusão possa suprir a energia necessária à manutenção da "fornalha" estelar:

- a temperatura deve ser suficientemente alta, cerca de 10^7 K, para que a energia cinética dos núcleos de hidrogênio seja capaz de vencer a repulsão elétrica entre eles, permitindo que as colisões desencadeiem o processo de fusão;
- a densidade do núcleo estelar deve ser altíssima para assegurar uma alta probabilidade de colisões.

Até o momento, as reações de fusão nuclear controladas são possíveis somente em laboratório. Nos Tokamaks, reatores de fusão nuclear controlada **(fig. 14 e 15)**, as temperaturas chegam a $4 \cdot 10^8$ kelvins, com um tempo de confinamento de, no máximo, 1,4 s.

Nos futuros reatores nucleares, as prováveis reações de fusão envolverão hidrogênio e seus isótopos, deutério e trítio:

$$^{2}_{1}H + ^{2}_{1}H \longrightarrow ^{3}_{2}He + ^{1}_{0}n$$

$$^{2}_{1}H + ^{2}_{1}H \longrightarrow ^{3}_{1}H + ^{1}_{1}H$$

$$^{2}_{1}H + ^{3}_{1}H \longrightarrow ^{4}_{2}He + ^{1}_{0}n$$

Nos núcleos ativos de galáxias e estrelas, ocorrem reações de fusão em cadeia e sem controle. As temperaturas elevadíssimas podem ocasionar explosões espetaculares, denominadas **supernovas**.

Figura 14. Vista interior de um reator de fusão nuclear Tokamak. Princeton, New Jersey.

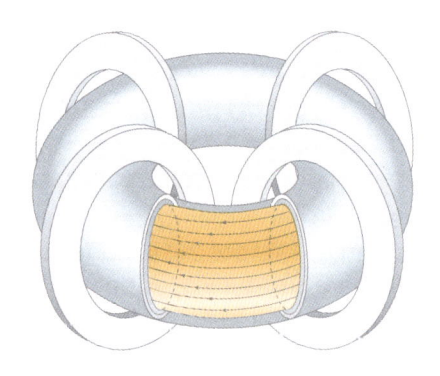

Figura 15. Representação esquemática do campo toroidal central e das bobinas de campo externas de um reator de fusão nuclear Tokamak.

Exercícios resolvidos

3. Calcular a energia liberada por 1 kg de urânio 235, que sofre fissão total, sabendo que cada núcleo de urânio-235, ao ser desintegrado, libera Q = 208 MeV. Dados: $N_0 = 6{,}02 \cdot 10^{23}$ (número de Avogadro); M = 235 g (massa molar do urânio).

▶ **Solução**

Vamos calcular o número de núcleos:

235 g —— $6{,}02 \cdot 10^{23}$ núcleos
1.000 g —— N

$\therefore N = 2{,}56 \cdot 10^{24}$ núcleos

Assim, a energia total liberada E_{tot} será:

$E_{tot} = N \cdot Q \Rightarrow$

$\Rightarrow E_{tot} = 2{,}56 \cdot 10^{24}$ núcleos $\cdot$ 208 MeV/núcleo

$\Rightarrow E_{tot} = 5{,}32 \cdot 10^{26}$ MeV

Como 1 MeV equivale a $4{,}45 \cdot 10^{-20}$ kWh, temos:

$E_{tot} = 2{,}37 \cdot 10^{7}$ kWh $\Rightarrow$ $\boxed{E_{tot} = 23.700.000 \text{ kWh}}$

Essa energia seria suficiente para abastecer cerca de 4.000 residências durante um ano.

Exercícios propostos

7. O urânio 235 (^{235}U) sofre fissão, originando bário e criptônio, de acordo com a seguinte reação:

$$^{235}_{92}U + ^{1}_{0}n \longrightarrow ^{140}_{a}Ba + ^{b}_{36}Kr + 2^{1}_{0}n$$

O símbolo $^{1}_{0}n$ representa um nêutron. Para essa reação, determine:
a) o valor de a;
b) o valor de b.

8. Bombardeiam-se núcleos de boro com prótons, obtendo-se núcleos de berílio, segundo a reação:

$$^{11}_{5}B + ^{1}_{1}p \longrightarrow ^{8}_{4}Be + ^{a}_{b}X$$

a) Determine os valores de a e b, índices do núcleo X na equação acima.
b) Identifique o elemento X e o nome pelo qual é mais conhecido.

9. A figura a seguir mostra uma cadeia de reações nucleares envolvendo núcleos de elementos conhecidos. Use a legenda ao lado da figura e identifique os elementos indicados pelas letras A, B, C, D e E. Considere que os núcleons que são vistos são apenas os que formam o núcleo do elemento, isto é, não há "bolinhas" por trás das figuras. Se necessário, consulte o "fragmento" de tabela periódica dado.

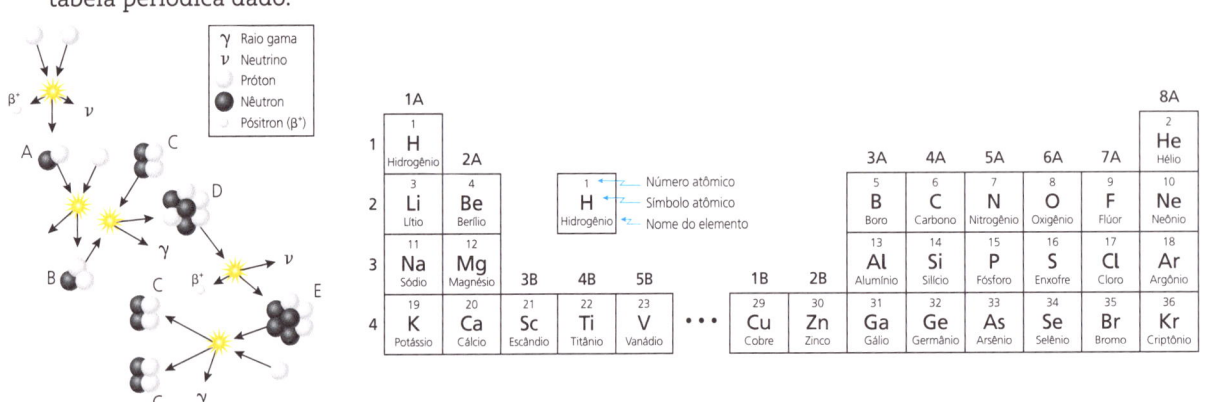

6 Rejeito radioativo

Um dos maiores problemas do uso da energia nuclear são os rejeitos radioativos ou lixo nuclear. O rejeito radioativo pode ser gerado de várias maneiras: nos núcleos dos reatores atômicos, por contaminação radioativa ou como subprodutos da extração, purificação e enriquecimento do urânio.

Dois fatores são considerados no trato com o rejeito radioativo: o nível de atividade radioativa e o volume ocupado. O rejeito dos reatores ocupa pouco espaço, porém tem alto nível de radiação; o da mineração do urânio é de baixa atividade, mas ocupa grandes volumes. O processo de mineração e separação do urânio produz minério puro, mas deixa sobras que contêm alguns núcleos radioativos e, geralmente, com meias-vidas longas.

O minério de urânio tem apenas 0,72% de ^{235}U, precisando ser enriquecido para atingir pelo menos 4%. O processo de enriquecimento produz grande quantidade de rejeito: cada grama de ^{235}U produzido gera cerca de 4 g de lixo contendo ^{238}U.

O ^{238}U é pouco ativo, com uma meia-vida longa de 4.468.000.000 anos, mas não é muito perigoso. Entretanto, seus subprodutos de decaimento são bastante ativos e precisam ser armazenados apropriadamente. O ^{238}U decai em tório (^{234}Th) mais uma partícula alfa: $^{238}U \longrightarrow\ ^{234}Th + \alpha$, porém a meia-vida do ^{234}Th é de apenas 24 dias!

Talvez o único custo realmente alto das usinas nucleares seja o armazenamento dos rejeitos radioativos. Existem diversas maneiras de fazê-lo, todas elas temporárias **(fig. 16)**, pois uma solução definitiva ainda não existe. Dois dos métodos de armazenamento dos rejeitos radioativos são o confinamento em contêineres blindados e reforçados **(fig. 17)** e o "sepultamento" em *bunkers* de concreto, após cinco anos de resfriamento na piscina do reator.

Figura 17. Barris com rejeito radioativo. Morsleben, Alemanha.

Outro método de armazenamento do rejeito é o confinamento em depósitos geológicos profundos **(fig. 18)**, como túneis escavados em montanhas, porém requer alguns cuidados. O rejeito nuclear não pode ser enterrado em áreas onde haja lençóis de água subterrâneos, pois a possível erosão causada pela água poderia levar o rejeito para áreas agrícolas, contaminando alimentos, e urbanas, expondo as pessoas à radioatividade. Da mesma forma, o rejeito não deve ser depositado em regiões geologicamente instáveis, já que qualquer movimento do solo poderia romper os contêineres, espalhando o rejeito radioativo no meio ambiente.

Figura 16. Rejeito radioativo manipulado por equipamento remoto. Centro de pesquisas nucleares em Fontenat-aux-Roses, França.

Figura 18. Contêineres com material altamente radioativo. Lubmin, Alemanha.

Trocando ideias

A descoberta da energia nuclear revolucionou a indústria bélica, a produção de energia elétrica e a medicina, possibilitando aprimorar os diagnósticos por imagem e muitas terapias, especialmente as voltadas para o tratamento de vários tipos de câncer.

Em agosto de 1945, um evento determinou a rendição do Japão e o fim da Segunda Guerra Mundial na frente asiática: os Estados Unidos jogaram duas bombas atômicas sobre as cidades de Hiroshima e Nagasaki, causando milhares de mortes e sequelas que se estenderam por décadas em inúmeras pessoas, como infertilidade, câncer, deformações em fetos, entre outras.

Apesar disso, a aplicação da energia nuclear possibilitou a ampliação das redes elétricas em muitos países que utilizavam energia obtida do carvão mineral ou que não tinham rios que favorecessem a construção de usinas hidrelétricas.

Reúna-se com seus colegas de grupo, e pesquisem:

- em que países ocorreram acidentes com usinas nucleares;
- as causas, a extensão, a gravidade e as consequências desses acidentes;
- as usinas nucleares do Brasil, onde se localizam, se estão em operação e quanto produzem de energia elétrica por ano;
- os danos ambientais causados pelas usinas nucleares.

Escrevam um relatório com os resultados e um resumo com as conclusões.

Nível de radiação medida em Chernobyl em 2007, local onde ocorreu um dos mais graves acidentes nucleares do século XX. Ao fundo, vê-se o sarcófago que cobria o antigo reator.

Em uma mesa-redonda, mediada pelo professor, comentem e discutam com os colegas suas conclusões. Utilizem cartazes, fotos e vídeos para ilustrar e fundamentar seus argumentos.

Exercícios de revisão

1. (Unesp) Em desintegrações radioativas, várias grandezas físicas são conservadas. Na situação representada na figura, temos um núcleo de tório (^{228}Th), inicialmente em repouso, decaindo em núcleo de rádio (^{224}Ra) e emitindo uma partícula α.

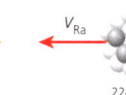

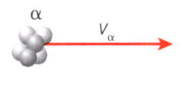

Na desintegração, a partícula α é emitida com uma energia cinética de aproximadamente $8,4 \times 10^{-13}$ J. Qual é a energia cinética aproximada do núcleo do rádio?

a) $15,0 \times 10^{-15}$ J
b) $8,4 \times 10^{-15}$ J
c) $9,0 \times 10^{-15}$ J
d) $9,0 \times 10^{-13}$ J
e) $15,0 \times 10^{-13}$ J

2. (PUC) As três primeiras etapas na série de decaimento radioativo do urânio 238 ($^{238}_{92}$U) envolvem emissões sucessivas de uma partícula alfa ($^{4}_{2}\alpha$), uma partícula beta ($^{0}_{-1}\beta$) e outra partícula beta ($^{0}_{-1}\beta$). Sobre os elementos resultantes dos decaimentos, é correto afirmar que:

a) após a primeira etapa, o elemento produto possui número de massa 234 e número atômico 92.
b) ao final da segunda etapa, o elemento produto possui número de massa 234 e número atômico 91.
c) ao final da terceira etapa, o elemento produto possui 144 nêutrons em seu núcleo.
d) após a primeira etapa, o elemento produto possui 90 nêutrons em seu núcleo.
e) ao final da terceira etapa, o elemento produto possui 96 prótons em seu núcleo.

3. (PUC) Considere a equação nuclear incompleta:

$$^{239}Pu + \underline{\qquad} \longrightarrow \,^{240}Am + 1p + 2n$$

Para completar a equação, é correto afirmar que o amerício-240 é um isótopo radioativo que se obtém, juntamente com um próton e dois nêutrons, a partir do bombardeio do plutônio-239 com:

a) partículas alfa.
b) partículas beta.
c) radiação gama.
d) raios X.
e) núcleos de deutério.

4. (Udesc) Em 1908, Ernest Rutherford recebeu o Prêmio Nobel de Química pelo seu trabalho para determinar a massa e a carga elétrica das emissões alfa, beta e gama, que são irradiadas pelos núcleos dos átomos de certos elementos radiativos. Analise as afirmativas abaixo, considerando que e e m_e sejam, respectivamente, a carga do elétron e a sua massa de repouso.

I. A partícula alfa tem carga elétrica $+4e$, e sua massa de repouso é aproximadamente $7.340\ m_e$.

II. A partícula beta pode ter carga elétrica $+e$ ou $-e$, e sua massa de repouso é igual à do próton, ou seja, aproximadamente $1.840\ m_e$.

III. A "partícula" gama é um fóton de radiação eletromagnética, não possui carga elétrica e sua massa é nula.

Assinale a alternativa correta.
a) Somente as afirmativas I e II são verdadeiras.
b) Somente a afirmativa III é verdadeira.
c) Somente as afirmativas II e III são verdadeiras.
d) Somente a afirmativa II é verdadeira.
e) Somente a afirmativa I é verdadeira.

5. (Enem) A falta de conhecimento em relação ao que vem a ser um material radioativo e quais os efeitos, consequências e usos da irradiação pode gerar o medo e a tomada de decisões equivocadas, como a apresentada no exemplo a seguir.

> "Uma companhia aérea negou-se a transportar material médico por este portar um certificado de esterilização por irradiação."
>
> *Física na Escola*, v. 8, n. 2, 2007. (Adaptado)

A decisão tomada pela companhia aérea foi equivocada, pois:
a) o material é incapaz de acumular radiação, não se tornando radioativo por ter sido irradiado.
b) a utilização de uma embalagem é suficiente para bloquear a radiação emitida pelo material.
c) a contaminação radioativa do material não se prolifera da mesma forma que as infecções por microrganismos
d) o material irradiado emite radiação de intensidade abaixo daquela que ofereceria risco à saúde.
e) o intervalo de tempo após a esterilização é suficiente para que o material não emita mais radiação.

6. (Enem) A elevação da temperatura das águas de rios, lagos e mares diminui a solubilidade do oxigênio, pondo em risco as diversas formas de vida aquática que dependem desse gás. Se essa elevação de temperatura acontece por meios artificiais, dizemos que existe poluição térmica. As usinas nucleares, pela própria natureza do processo de geração de energia, podem causar esse tipo de poluição. A parte do ciclo de geração de energia das usinas nucleares que está associada a esse tipo de poluição é:
a) a fissão do material radioativo.
b) a condensação de vapor de água ao final do processo.
c) a conversão de energia das turbinas pelos geradores.
d) o aquecimento da água líquida para gerar vapor de água.
e) o lançamento do vapor de água sobre as pás das turbinas.

7. (Enem)

> A bomba
>
> reduz nêutrons e neutrinos
>
> e abana-se com o leque da reação em cadeia.
>
> ANDRADE, C. D. *Poesia completa e prosa*. Rio de Janeiro: Aguilar, 1973. (Fragmento)

Nesse fragmento de poema, o autor refere-se à bomba atômica de urânio. Essa reação é dita "em cadeia" porque na:
a) fissão do ^{235}U ocorre liberação de grande quantidade de calor, que dá continuidade à reação.
b) fissão de ^{235}U ocorre liberação de energia, que vai desintegrando o isótopo ^{238}U, enriquecendo-o em mais ^{235}U.
c) fissão do ^{235}U ocorre liberação de nêutrons, que bombardearão outros núcleos.
d) fusão do ^{235}U com ^{238}U ocorre formação de neutrino, que bombardeará outros núcleos radioativos.
e) fusão do ^{235}U com ^{238}U ocorre formação de outros elementos radioativos mais pesados, que desencadeiam novos processos de fusão.

8. (UFPE) O programa nuclear do Irã tem chamado a atenção internacional em função das possíveis aplicações militares decorrentes do enriquecimento de urânio. Na natureza, o urânio ocorre em duas formas isotópicas, o U-235 e o U-238, cujas abundâncias são, respectivamente, 0,7% e 99,3%. O U-238 é radioativo, com tempo de meia-vida de $4,5 \cdot 10^9$ anos, independentemente do tipo de aplicação desejada. Sobre o uso do urânio, considere a equação abaixo e analise as afirmativas a seguir.

$$_{92}U^{235} + {_0}n^1 \longrightarrow {_{56}}Ba^{140} + {_x}Kr^y + 3{_0}n^1$$

1. O U^{238} possui três prótons a mais que o U^{235}.
2. Os três nêutrons liberados podem iniciar um processo de reação em cadeia.
3. O criptônio formado tem número atômico igual a 36 e número de massa igual a 96.
4. A equação acima representa a fissão nuclear do urânio 235.
5. Em virtude do tempo de meia-vida extremamente longo, o U-238 não pode, de forma alguma, ser descartado no meio ambiente.

Estão corretas apenas:
a) 1, 2 e 5
b) 2, 3, 4 e 5
c) 1, 3 e 4
d) 2, 4 e 5
e) 3, 4 e 5

Extra!

As habilidades e competências do Enem

Se você está no 3º ano do Ensino Médio, deve ter intenção de fazer a prova do Enem. Você sabe o que é o Enem e como ele é elaborado?

Criado em 1998, o Enem (Exame Nacional do Ensino Médio) é uma avaliação nacional elaborada pelo Inep (Instituto Nacional de Estudos e Pesquisas Educacionais Anísio Teixeira), órgão federal vinculado ao Ministério da Educação, que tem o objetivo de verificar o desempenho de estudantes do Ensino Médio das escolas públicas e particulares. A análise dos resultados da prova fornece elementos para melhorar as políticas públicas de educação. Para os estudantes, os resultados podem servir como parâmetro de desempenho individual. A partir de 2009, o Enem passou a valer como forma de acesso ao ensino superior.

A prova é elaborada com base em **eixos cognitivos**, isto é, na capacidade de se comunicar utilizando a norma padrão da Língua Portuguesa, de compreender fenômenos naturais, enfrentar situações-problema, construir argumentações consistentes e elaborar propostas que abordem questões sociais.

Para cada uma das quatro grandes áreas de conhecimento são elencadas as **competências** e as **habilidades** necessárias para a proficiência do estudante, ou seja, a aplicação prática dessas capacidades a serem avaliadas por meio do exame. A prova de redação não avalia habilidades, porém explora um conjunto de competências específicas, com níveis de conhecimentos associados a cada uma delas.

A prova do Enem é constituída por uma parte objetiva, composta de 180 questões com cinco alternativas cada uma, e uma redação. A prova objetiva, realizada em dois dias consecutivos, é dividida em quatro áreas.

A prova do primeiro dia tem duração de 4 horas e 30 minutos e abrange as áreas de **Ciências da Natureza e suas Tecnologias** e de **Ciências Humanas e suas Tecnologias**, com 45 questões para cada área.

A prova do segundo dia tem duração de 5 horas e 30 minutos e avalia as áreas de **Linguagens, Códigos e suas Tecnologias** e de **Matemática e suas Tecnologias**, também com 45 questões para cada área, e a redação, que exige texto dissertativo-argumentativo a partir de uma situação-problema que aborda aspectos políticos, sociais ou culturais.

Como já dissemos, o Enem vem sendo adotado como instrumento de ingresso em várias universidades brasileiras, particulares e públicas, dispensando a realização de vestibulares específicos. Em Portugal, há 18 instituições que aceitam a nota do Enem, se quiser saber mais, consulte-as no *site*: <http://mod.lk/bOpmZ>; acesso em: 9 jun. 2017.

Pela abrangência, o Enem é procurado por um grande número de estudantes.

A prova é elaborada de tal forma que torna o "chutômetro" ineficaz, pois se um candidato responde corretamente uma questão com um nível de complexidade maior e erra outra considerada mais fácil, mas que é pré-requisito para a mais complexa, sua nota vai refletir essa incoerência, por isso, se você quiser se preparar adequadamente para o Enem, faça um plano de estudo e siga-o.

O que é ética?

Hoje em dia, muito se fala sobre ética. Frequentemente os meios de comunicação noticiam a ética de uns e a falta de ética de muitos outros. Mas, afinal, o que é ética?

A palavra ética, do grego *ethos*, é definida nos dicionários como "o estudo dos juízos de apreciação referentes à conduta humana suscetível de qualificação do ponto de vista do bem e do mal, seja relativamente a determinada sociedade, seja de modo absoluto".

Em outras palavras: o pensamento ético busca parâmetros sobre o certo e o errado, especialmente sobre o justo e o injusto. A ética se traduz pelas escolhas que cada pessoa faz. Nesse sentido, a ética se diferencia da moral, pois esta é adquirida na vida em sociedade, por meio da educação recebida na família e das regras do convívio social.

A função do pensamento ético é manter a ordem social. Embora não mantenha relação direta com a lei propriamente dita, a ética é construída ao longo da história, apoiada nos valores e princípios morais de cada sociedade. Os códigos de ética têm o objetivo de proteger a sociedade das injustiças e do desrespeito em qualquer esfera social, seja no ambiente familiar, seja no profissional.

Veja o que diz uma pesquisa sobre ética realizada com jovens entre 14 e 24 anos, em 2017, pelo Instituto Brasileiro de Ética Concorrencial.

> Para o jovem, a sociedade brasileira não é ética. Esse é o resultado de uma pesquisa inédita feita pelo Instituto Brasileiro de Ética Concorrencial (ETCO), em parceria com o Datafolha. O levantamento constatou que, para 90% dos entrevistados, entre 14 e 24 anos, a sociedade brasileira é pouco ou nada ética.
>
> Os números não melhoram nem mesmo quando o alvo do questionamento é o comportamento de pessoas próximas de seu relacionamento. Os próprios familiares foram considerados pouco ou nada éticos para 57% dos entrevistados. A avaliação sobre os amigos é ainda pior: 74%. Em relação à própria conduta, 63% dos jovens afirmam que buscam ser éticos na maioria das vezes em seu dia a dia. Apenas para 8% deles é possível ser ético o tempo todo.
>
> Quando confrontados com perguntas menos hipotéticas e mais objetivas, nem sempre mantiveram a mesma firmeza de conduta. Por exemplo, mais de 50% deles concordam ou concordam totalmente que, ao comprar um produto, é importante saber se a empresa paga impostos e respeita o meio ambiente. No entanto, 52% compra produtos piratas por serem mais baratos – a justificativa é que não acreditam estar fazendo mal a alguém.
>
> Observou-se ainda uma descrença na possibilidade de ética da sociedade como um todo. Chama a atenção que 56% concordem que não importa o que se faça, a sociedade sempre será antiética. Mais: 55% admitem que é impossível ser ético o tempo todo e 36% avaliam que, para ganhar dinheiro, nem sempre é possível ser ético.

Disponível em: <http://mod.lk/0kwjm>. Acesso em: 20 jun. 2017.

A pesquisa também demonstrou que, para os jovens, os profissionais mais éticos são os professores e os bombeiros. Indicou ainda que 21% dos jovens não sabem o que é ética. Mas um dado chamou a atenção: para 87% dos jovens entrevistados conversar sobre ética na família ajudaria a sociedade brasileira a se tornar mais justa.

Para você, o que é ser ético? Por que pensar em construir uma sociedade mais ética? Isso é apenas um sonho ou é possível? O que isso acrescentaria para você, seus amigos e sua família?

Tente responder a essas questões e discuti-las com seu grupo de amigos e com sua família.

A tecnologia e os esportes

Você já parou para pensar como os recordes esportivos são afetados pelas tecnologias empregadas no treinamento dos atletas a fim de aprimorar seu desempenho? A tecnologia está presente desde os treinamentos até a competição final sob os olhares atentos dos juízes.

Atualmente, cientistas, engenheiros e *designers* se empenham em desenvolver vestuários, equipamentos e instalações de forma a dar condições para os atletas sempre buscarem melhorar sua performance e superar seus limites.

Parece ficção científica, mas a engenharia dedicada aos esportes inclui aparatos como túneis de vento para o ciclismo, câmeras e sensores conectados a computadores nas piscinas no caso da natação, que permitem avaliar os padrões de movimentação do atleta, cabos e sensores eletrônicos conectados aos atletas no caso da esgrima e do *tae kwon do*, enfim, são inúmeras as aplicações tecnológicas voltadas especificamente para a melhora do desempenho dos atletas.

Além disso, há estudos contínuos para o desenvolvimento de roupas, tênis, sapatilhas, entre outros itens, que sejam confortáveis, protejam da radiação solar, facilitem a evaporação do suor, impeçam o superaquecimento e o resfriamento repentino. Tudo para que o atleta consiga atingir um alto desempenho.

Durante o treinamento de um velocista, por exemplo, o treinador pode achar necessário aumentar a carga suportada pelo atleta, diminuindo o risco de lesões e, para isso, é usada uma sapatilha projetada especialmente para essa finalidade e para aquele determinado atleta. Na competição, esse mesmo atleta usará outra sapatilha, que oferecerá uma carga menor e, consequentemente, um melhor desempenho.

Os atletas de salto com vara usam varas projetadas especificamente para sua massa corporal, sua velocidade de chegada ao sarrafo e a altura que pretendem transpor. Tal vara não dará ao atleta o mesmo desempenho se for usada na transposição de uma altura diferente daquela para a qual foi projetada.

Antigamente, nas provas de natação, os atletas com melhores desempenhos e mais chances de quebra de recorde eram posicionados nas raias centrais. Isso se devia ao fato de as marolas, ondas refletidas nas bordas laterais da piscina, diminuírem a eficiência das braçadas dos nadadores. Hoje, a tecnologia permite a construção de piscinas cujas bordas absorvem boa parte da energia das ondas incidentes e as marolas tornam-se praticamente inexistentes.

As provas de solo da ginástica artística e as partidas de vôlei são disputadas em locais com "pisos flutuantes", especialmente projetados para permitir que os atletas atinjam alturas maiores durante os saltos. No caso específico do vôlei, as tecnologias permitem que os técnicos recebam informações em tempo real sobre a velocidade e a posição de chegada da bola ao piso, o que os ajuda a decidir o melhor posicionamento dos atletas em quadra.

As tecnologias utilizadas na obtenção de imagens auxiliam os árbitros a analisarem os detalhes da execução dos movimentos de um atleta do salto ornamental, do nado sincronizado ou do *tae kwon do*.

As aplicações tecnológicas permitiram também uma melhora significativa na obtenção de dados de desempenho da musculatura dos atletas, do consumo de oxigênio, do ritmo cardíaco e de muitas outras variáveis que podem ser utilizadas pela biomecânica, ciência desenvolvida nos últimos cem anos e que utiliza a Física newtoniana para monitorar e aumentar a velocidade e aprimorar a aplicação de forças e torques pelos atletas.

Com toda essa especialização, resta-nos perguntar: até quando os recordes poderão ser batidos? Quais são os limites do corpo humano?

Vida de astronauta

Qual curso superior é mais concorrido e mais difícil de ingressar? E qual carreira profissional é mais difícil de seguir? Você tem ideia?

Todos os cursos superiores e carreiras profissionais exigem dedicação. Estudar muito, se manter atualizado e sempre procurar se aprimorar é necessário em todas as profissões. Não há profissão mais ou menos importante, pois todas são necessárias à sociedade. Mas algumas são bem diferentes, concorda? Por exemplo, o que você acharia de ser astronauta? Será que é muito difícil?

Em 2016, 19 mil candidatos a astronauta participaram de um processo seletivo da Nasa (Agência Espacial Norte--americana), concorrendo a 14 vagas, o que equivale a mais de 1.300 candidatos por vaga. Os pré-requisitos são: ter idade entre 27 anos e 37 anos e formação universitária em pelo menos uma destas áreas: engenharia, Física, Matemática, Biologia. Mestrados, doutorados e experiência profissional são importantes também.

Após passar por um rigoroso processo seletivo, o futuro astronauta é submetido a uma intensa preparação física, que pode chegar a até três anos, incluindo diversos testes visando suportar os efeitos da gravidade zero. Os treinos na Terra com gravidade praticamente zero podem ser feitos em aviões que descrevem trajetórias parabólicas. Ao atingir o vértice da parábola, o avião desce em queda livre e os passageiros sentem a microgravidade por aproximadamente 25 segundos, não por acaso, a aeronave é apelidada de "cometa vômito". Entretanto, os efeitos da sensação de falta de peso por alguns segundos são muito diferentes dos efeitos de uma longa permanência no espaço.

Como a aceleração da gravidade aparente é praticamente nula no interior da nave espacial, caso da Estação Espacial Internacional (EEI), o astronauta realiza suas tarefas sem que seu corpo encontre resistência apreciável. Com o passar dos meses, ocorre enfraquecimento dos ossos, como se o astronauta tivesse osteoporose, e perda de massa muscular. Para reduzir esses efeitos, os astronautas da EEI têm duas sessões diárias de exercício em três diferentes máquinas: uma bicicleta, uma esteira e a ARED (*advance restive exercise device*), algo como dispositivo avançado de exercícios de resistência, em tradução livre.

A microgravidade também acarreta desorientação espacial e redistribuição dos líquidos no corpo, o que provoca desconforto, dores de cabeça, coriza, alterações cardiovasculares, alteração da pressão intraocular e desidratação, entre outros sintomas. Esses efeitos ocorrem, pois, na ausência de gravidade, os líquidos presentes no corpo passam das extremidades inferiores para o rosto. As pernas tornam-se fracas e o rosto fica inchado. Por isso, a circulação sanguínea fica prejudicada nas pernas e o sangue se concentra no cérebro. Consequentemente, a pressão sanguínea aumenta na cabeça, comprime o nervo óptico e isso afeta a visão. O astronauta também perde a noção do que está em cima e embaixo, isto é, do que é o teto e do que é o chão da nave. Perde a capacidade de reconhecer como braços e pernas e outras partes do corpo ficam orientados, um em relação ao outro. E, por estar flutuando no interior da nave, dorme em qualquer posição e isso pode provocar insônia.

Ao retornar, finalmente, à Terra, o astronauta apresenta uma altura maior do que sua altura normal. A falta de gravidade provoca a expansão das vértebras, contudo, depois de algumas horas na Terra, todos voltam à estatura normal.

Além dos desconfortos citados, há outros: não há ducha na EEI, pois a água é absolutamente racionada, então os banhos se resumem à limpeza corporal com toalhas umedecidas. Também não há fogão ou *freezer*, então a comida vem desidratada e empacotada a vácuo. Para consumi-la, os astronautas devem reconstituí-la com água e aquecê-la em um pequeno forno. Não é possível levar comidas que soltem água, pois a água poderia se espalhar pela nave e danificar equipamentos. Eles podem levar alguns alimentos frescos, desde que os consumam logo no início da missão para evitar que estraguem. Ir ao banheiro também exige treino, pois cada astronauta deve usar uma mangueira de sucção para os dejetos corporais, tudo deve ser coletado minuciosamente para evitar que algo escape e flutue pela nave.

Cada missão é planejada para durar meses, com uma agenda a ser criteriosamente cumprida, então, os astronautas sabem que ficarão muito tempo longe de casa e da família. Todos têm funções bem definidas na missão, o que exige jornadas de trabalho extensas para a realização de estudos e experimentos. Muitos desses experimentos possibilitaram aplicações práticas aqui na Terra, caso dos purificadores de água que utilizam carvão ativado, das lentes oculares inquebráveis e resistentes a arranhões, das ranhuras que aumentaram a segurança em pousos e decolagens nas pistas dos aeroportos, dos detectores de fumaça, dos aparelhos ortodônticos invisíveis, entre outros.

Mas produzir ciência é compensador e há muita beleza a ser observada no espaço. Se não fosse assim, por que tantos jovens se interessariam em entrar para o programa espacial? A estação espacial se desloca a uma velocidade de cerca de 28.000 km/h e se posiciona a aproximadamente 360 km de altura em relação à Terra, completando uma órbita ao redor do planeta a cada 90 minutos. Durante a órbita, a EEI fica com uma face voltada para o Sol por 45 minutos e na escuridão por outros 45 minutos. Isso significa que o Sol nasce e se põe 16 vezes por dia. Imagine admirar tantos crepúsculos! Além disso, a visão da Terra e da Lua no espaço deve ser deslumbrante. Então, como você pode ver, vida de astronauta não é fácil, mas deve ser fascinante.

Sugestões de filmes

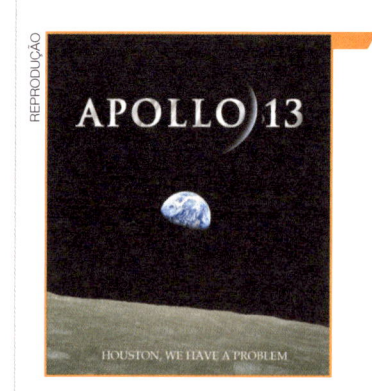

Apollo 13
Direção: Ron Howard.
Produção: EUA, 1995.
Duração: 140 min.
O filme narra a história real da missão Apollo 13 que, após uma explosão a bordo, teve que retornar à Terra. O problema colocou em risco a vida dos três astronautas que tripulavam a nave, pois eles poderiam ficar sem oxigênio. Além disso, eles tiveram que enfrentar o superaquecimento provocado pelo processo de reentrada na atmosfera da Terra.

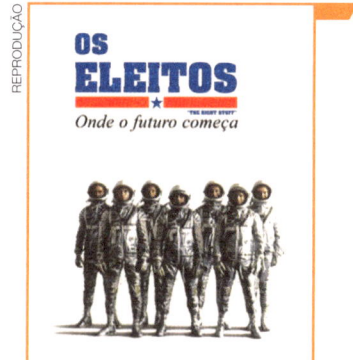

Os eleitos
Direção: Philip Kaufman.
Produção: EUA, 1983.
Duração: 193 min.
O filme narra o início do programa espacial norte-americano na década de 1960. Sete astronautas são escolhidos para participar do arriscado treinamento que os lançará ao espaço e, posteriormente, à Lua. Os eleitos, no caso, são os pilotos pioneiros que se dispuseram a participar do programa sem saber como as missões espaciais seriam desenvolvidas e em que condições.

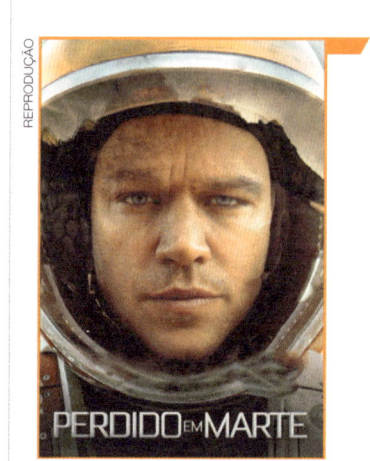

Perdido em Marte
Direção: Ridley Scott.
Produção: EUA, 2015.
Duração: 141 min.
Em uma missão em Marte, um dos astronautas é atingido por destroços lançados por uma tempestade de areia. Dado como morto, ele é abandonado no planeta vermelho. Mas ele sobrevive e planeja uma forma de sobreviver com os poucos suprimentos disponíveis, enquanto tenta se comunicar com a Terra para avisar que está vivo.

RESPOSTAS DA PARTE III

Cap. 30 Introdução à Eletricidade

Exercícios propostos

1. $6,25 \cdot 10^{18}$
2. $5 \cdot 10^{10}$
3. a) $+3,2 \ \mu C$
   b) O corpo perdeu elétrons.
   c) $2 \cdot 10^{13}$
4. A ($-$), B ($+$), C ($+$) e D ($+$). Se aproximarmos o corpo B do corpo C, eles irão se repelir.
5. a) $Q'_A = +6 \ \mu C$, $Q'_B = +3 \ \mu C$
   b) Como B tinha carga elétrica inicial negativa (excesso de elétrons) e, no final do processo, adquiriu carga positiva (falta de elétrons), concluímos que B perdeu elétrons, ou seja, houve passagem de elétrons de B para A.
6. a) $+4 \ \mu C$
   b) $Q'_A = +24 \ \mu C$, $Q'_B = +3 \ \mu C$ e $Q'_C = -17 \ \mu C$
7. a) $+8,0 \ \mu C$ b) $-8,0 \ \mu C$
8. $Q = 12 \ \mu C$
9. Colocamos a esfera B em contato com a esfera C. Em seguida, para provocar indução, aproximamos a esfera A da esfera C, que ainda está em contato com a esfera B. Ainda na presença de A, afastamos B de C. Finalmente, afastamos a esfera A da esfera C e chegamos à situação desejada, em que a esfera B está positivamente eletrizada, e a esfera C está negativamente eletrizada.
10. Pode-se afirmar que uma das esferas está eletrizada e a outra está neutra, ou que ambas estão eletrizadas com cargas elétricas de sinais opostos.
11. c
12. 4,8 N
13. $1 \cdot 10^{-7}$ C
14. a) $Q'_A = 2 \ \mu C$, $Q'_B = -1 \ \mu C$ e $Q'_C = 2 \ \mu C$
    b) $d = 0,1$ m $= 10$ cm

Exercícios de revisão

1. a
2. c
3. c
4. e
5. b
6. $02 + 04 + 08 = 14$
7. 08
8. a
9. Os experimentos permitem concluir que duas esferas estão com cargas de sinais contrários e a terceira está neutra; por exemplo, ao supor que A e B estão eletrizadas com cargas de sinais contrários (pois se atraem no experimento 3), a esfera C deve estar neutra, pois ela é atraída por indução pela esfera A (experimento 1) e pela esfera B (experimento 2). Portanto, das três hipóteses formuladas, a correta é a **hipótese III**.
   Resposta: hipótese III
10. e
11. a) próton: 2 up e 1 down; nêutron: 1 up e 2 down
    b) $1,28 \cdot 10^3$ N
12. a) $F_1 = 2 \cdot 10^2$ N
    b) $q_1 \cdot q_2 = 8 \cdot 10^{-9}$ C²
13. b
14. a
15. d
16. d
17. c

Cap. 31 Campo elétrico

Exercícios propostos

1. $3 \cdot 10^{-4}$ N (vertical e orientada para baixo)
2. a) 200 N/m (vertical e orientado para baixo)
   b) $4 \cdot 10^{-4}$ N (vertical e orientada para baixo)
3. 10 m/s²
4. $-2 \cdot 10^{-5}$ C
5. (F), (V), (V), (V) e (F)
6. a)

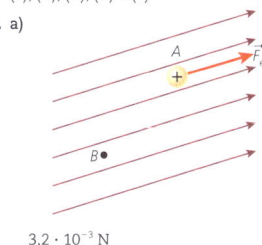

   $3,2 \cdot 10^{-3}$ N

   b)

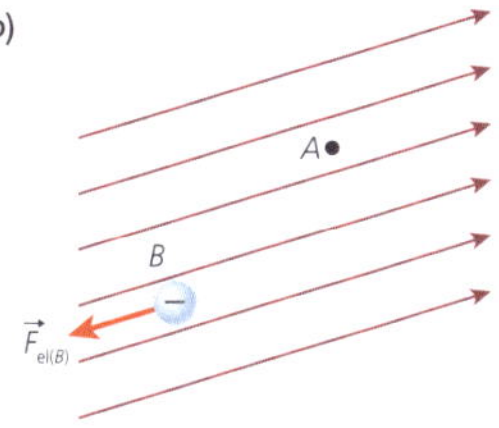

   $2,4 \cdot 10^{-3}$ N

7. a) $E = 1,35 \cdot 10^6$ N/C; direção radial e sentido de aproximação (ou seja, horizontal para a direita)
   b) 1,35 N; mesma direção e sentido do vetor campo elétrico (ou seja, horizontal para a direita)
8. a) P(3, 2)
   b) 36 N/C
9. 3Q, $\dfrac{d}{2}$ e $\dfrac{E}{2}$
10. $\dfrac{Q_1}{Q_2} = \dfrac{3}{8}$
11. $02 + 04 + 08 = 14$

Exercícios de revisão

1. e	6. e	11. b	16. a
2. d	7. d	12. a	17. b
3. a	8. b	13. d	18. a
4. d	9. d	14. b	19. d
5. a	10. e	15. e	

Cap. 32 Potencial elétrico e energia potencial elétrica

Exercícios propostos

1. $3 \cdot 10^{-4}$ J
2. $2 \cdot 10^3$ V
3. a) $+4 \cdot 10^{-4}$ J
   b) $-4 \cdot 10^{-4}$ J
4. a) $V_A = 20$ V e $V_B = -60$ V
   b) $-4 \cdot 10^{-4}$ J
5. $E_{Pel(A)} = 1 \cdot 10^{-3}$ J e $E_{Pel(B)} = 4 \cdot 10^{-4}$ J
   b) $6 \cdot 10^{-4}$ J
   c) $6 \cdot 10^{-4}$ J
6. a) $-2,7 \cdot 10^5$ V
   b) $-5,4 \cdot 10^{-1}$ J
7. a) $9 \cdot 10^4$ V
   b) $3 \cdot 10^4$ V
   c) $1,2 \cdot 10^{-3}$ J
8. 24 m/s
9. $3 \cdot 10^3$ V
10. 6 m à esquerda de Q_1 e 2 m à direita de Q_1.
11. a) $V_B = -9 \cdot 10^3$ V e $V_D = 9 \cdot 10^3$ V
    b) $-36 \cdot 10^{-3}$ J $= -36$ mJ
12. $1,2 \cdot 10^4$ N/C ou $1,2 \cdot 10^4$ V/m
13. a) $3 \cdot 10^{-4}$ N
    b) $1,5 \cdot 10^{-5}$ N
14. a) $d = 0,5$ m e $V_C = 80$ V
    b) $-3,6 \cdot 10^{-4}$ J
    c) $+6 \cdot 10^{-4}$ J
15. A esfera pequena ficará descarregada.
16. a) A esfera menor permanecerá neutra.
    b) Parte da carga elétrica da esfera maior será transferida para a esfera menor, até que ambas atinjam o mesmo potencial elétrico.
17. a) $E = 0$ e $V = 6 \cdot 10^5$ V
    b) $E = 1 \cdot 10^6$ N/C e $V = 6 \cdot 10^5$ V
    c) $E = 1,125 \cdot 10^6$ N/C e $V = 4,5 \cdot 10^5$ V

Exercícios de revisão

1. I, II e IV
2. c
3. b
4. $\dfrac{4}{3}$ m
5. c
6. e
7. c
8. $02 + 04 + 08 = 14$
9. $V_A = 90$ V
10. a) $x = 4$ m
    b) $V = 15 \cdot 10^4$ V
    c) 0,3 m/s², na direção do eixo x e no sentido negativo
11. e
12. e
13. d
14. a
15. a) elétrons; $5,0 \times 10^9$ elétrons
    b) 5 s
16. e
17. a

Cap. 33 Corrente elétrica e leis de Ohm

Exercícios propostos

1. 32 A
2. a) $2 \cdot 10^{17}$ elétrons
   b) 3,2 mA
3. (figura: A→B 12 A; B→C 5 A; C→D 8 A; B→E 7 A; F→E 4 A; E→C 3 A)
4. 1,1 kWh
5. R$ 13,20
6. 9 h 10 min
7. 20 Ω
8. 240 Ω
9. a) 22 A
   b) 4.840 W
10. O resistor não é ôhmico, pois sua resistência elétrica variou.
11. 30 mA
12. 9P
13. $i' = 1,5i$ e $P' = 4,5P$
14. a) 80 Ω
    b) 1,5 A
    c) 180 W
15. 50 V

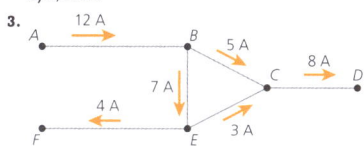

Exercícios de revisão

1. d	6. a	11. d	16. 32
2. e	7. e	12. b	17. d
3. e	8. c	13. b	18. e
4. d	9. d	14. b	19. e
5. d	10. e	15. e	20. b

Cap. 34 Associação de resistores

Exercícios propostos

1. a) 25 Ω e 1,8 A
   b) 10 Ω e 4,5 A
   c) 45 Ω e 1 A
2. d
3. a) $i = 6$ A
   b) $U_1 = 24$ V; $U_2 = 12$ V
4. a) 2 Ω
   b) 3 Ω
   c) 2 Ω
5. a) 0,3 A (no resistor de 700 Ω); 0,7 A (no resistor de 300 Ω)
   b) 1,0 A
   c) 210 Ω

6. a) $U = 24$ V
   b) $R = 12$ Ω
7. a) 4 Ω
   b) 40 Ω
   c) 8 Ω
8. $1,0$ A
9. $R_2 = 9$ Ω
10. $R = 8$ Ω
11. 345 W
12. 10 Ω
13. [figura]
14. 60 V
15. a) 6 A
    b) 18 V
16. $i_2 = 0,25$ A e $i_3 = 0,20$ A
17. a) 2 A
    b) 7 V

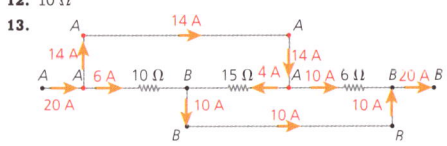

Exercícios de revisão
1. e
2. d
3. a
4. e
5. a
6. a
7. a
8. e
9. e
10. a
11. a
12. b
13. b
14. a) 1.248 Ω
    b) ≃ $0,176$ A
15. $02 + 04 + 32 = 38$
16. c
17. d
18. 45 mA
19. a) 245 Ω
    b) 726 W · h
20. a) [figura]
    b) $0,01$ A ou 10 mA e $2,0$ V

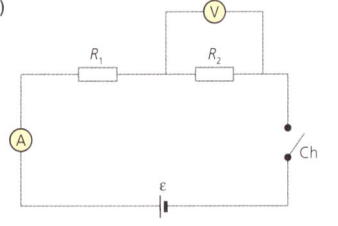

Cap. 35 Geradores, receptores e capacitores

Exercícios propostos
1. a) $\varepsilon = 15$ V; $r = 2$ Ω
   b) $U = 15 - 2i$ ($U \to V$; $i \to A$)
2. a) $0,4$ Ω
   b) $U = 12 - 0,4i$ ($U \to V$; $i \to A$)
3. $\varepsilon = 6,0$ V; $r = 2,0$ Ω e $i_{cc} = 3,0$ A
4. $R_3 = 4$ Ω
5. 2 A
6. $1,2$ A; 6 V
7. a) $\varepsilon = 18$ V; $r = 2,5$ Ω
   b) $U = 8$ V
8. 16 W
9. a) $U = 100 + 5i$ ($U \to V$; $i \to A$)
   b) [gráfico]
10. $\varepsilon' = 9$ V; $r' = 1$ Ω
11. a) 5 A
    b) 11 V
    c) ≃ $91,7\%$
12. a) [figura]
    b) 1 A; 5 V

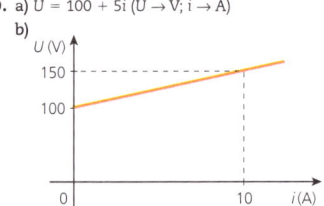

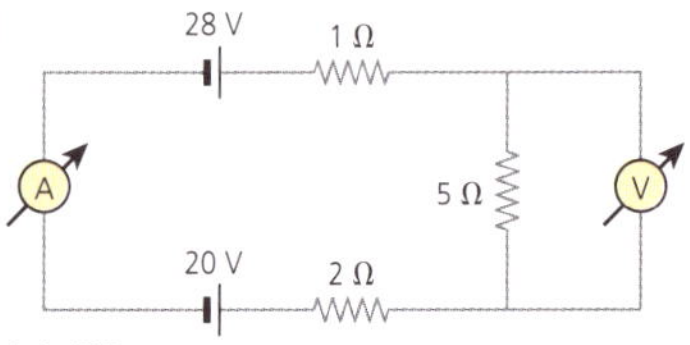

c) 5 W
d) ≃ $90,9\%$
13. $\varepsilon_2 = 10$ V
14. 60 μC; 360 μJ
15. 1 μF; 400 V
16. a) 2 μF
    b) $0,04$ J
17. a) 2 A
    b) 8 V
    c) 16 μF
18. 2 A

Exercícios de revisão
1. a
2. b
3. c
4. d
5. c
6. e
7. e
8. (V), (F), (V), (V) e (V)
9. $02 + 04 = 06$
10. $V_A - V_B = \dfrac{\varepsilon}{3}$
11. d
12. c
13. $01 + 04 + 08 = 13$
14. h
15. d
16. a
17. $02 + 08 + 16 = 26$
18. c
19. d
20. e

Cap. 36 Magnetismo e fontes de campo magnético

Exercícios propostos
1. I, II e III
2. I e II
3. A: polo sul; B: polo norte; D: polo norte
4. [figura]
5. a) [figura]
   b) [figura]
   c) [figura]
6. As linhas obtidas representam as linhas de indução do campo magnético.
7. a) [figura]
   b) [figura]
   c) [figura]
   d) [figura]
   e) [figura]
8. b
9. $\dfrac{i_1}{i_2} = 2$
10. a) [figura]

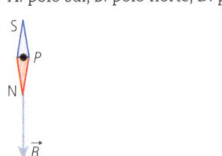

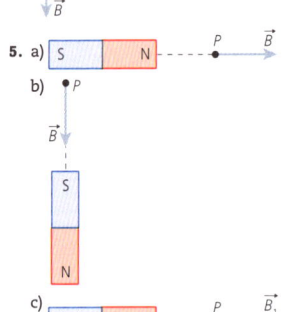

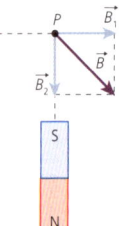

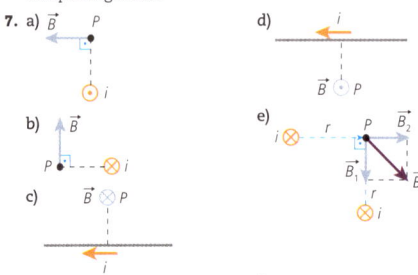

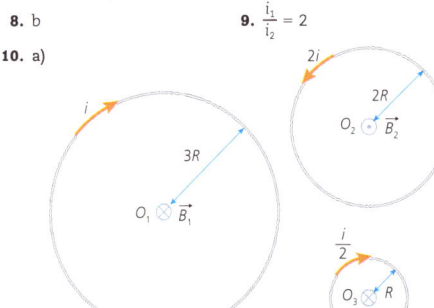

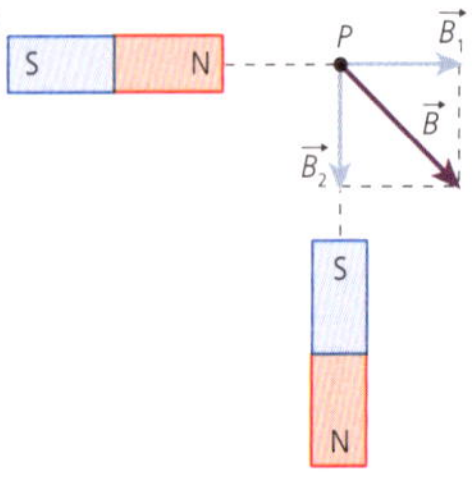

b) O vetor $\vec{B_2}$ é o mais intenso.
11. sim; $\dfrac{i}{I} = \dfrac{1}{\pi}$
12. c
13. a) $2,0$ A
    b) $8\pi \cdot 10^{-4}$ T
    c) [figura]

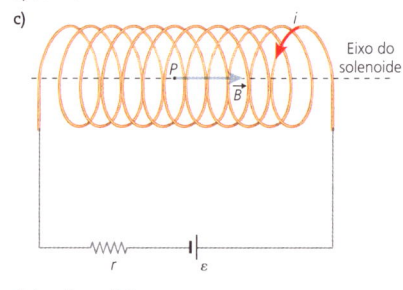

Exercícios de revisão
1. c
2. a
3. d
4. b
5. a
6. c
7. c
8. c
9. a
10. $\dfrac{B_Q}{B_P} = 3$
11. a
12. d
13. a) $9,0$ V
    b) $8\pi \cdot 10^{-5}$ T

Cap. 37 Força magnética

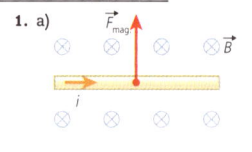

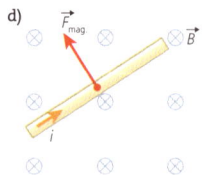

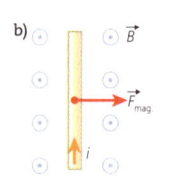

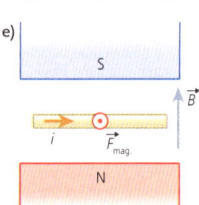

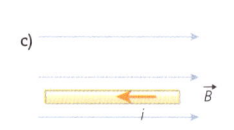

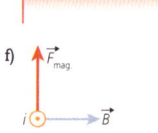

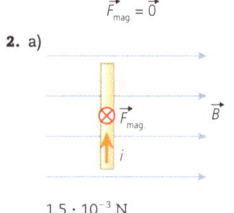

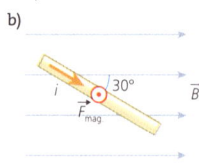

Exercícios propostos
1. a) [figura]
   b) [figura]
   c) [figura]
   d) [figura]
   e) [figura]
   f) [figura]
2. a) [figura] $1,5 \cdot 10^{-3}$ N
   b) [figura] $7,5 \cdot 10^{-4}$ N
   c) [figura] $1,5 \cdot 10^{-3}$ N
3. a) $k = 50$ N/m
   b) $i = 2,5$ A
4. atração: C para D; repulsão: D para C
5. b
6. $4,0 \cdot \sqrt{2} \cdot 10^{-6}$ N
7. a) [figura]

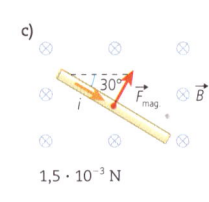

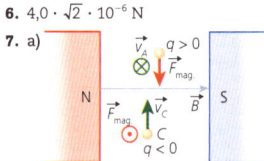

b)

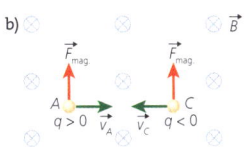

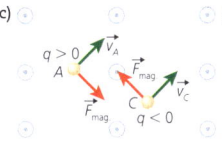

8. c
9. nêutrons: trajetória II; pósitrons: trajetória I; elétrons: trajetória III
10. $\dfrac{q_1}{q_2} = -1,6$

Exercícios de revisão

1. b
2. e
3. a
4. b
5. $r = 2,0 \cdot 10^{-3}$ m
6. a
7. d
8. a
9. d
10. c
11. a
12. a
13. d
14. b

Cap. 38 Indução eletromagnética

Exercícios propostos

1. da posição 1 para a posição 2:
$\Delta\varphi_{1-2} = \varphi_2 - \varphi_1 = 2,4 \cdot \sqrt{3} \cdot 10^{-4}$ Wb
da posição 1 para a posição 3:
$\Delta\varphi_{1-3} = \varphi_3 - \varphi_1 = 4,8 \cdot 10^{-4}$ Wb

2. Durante a aproximação: a corrente induzida tem sentido horário em relação ao observador O. Durante o afastamento: a corrente induzida tem sentido anti-horário em relação ao observador O.

3. d
4. sentido horário
5. sentido anti-horário
6. sentido horário
7.

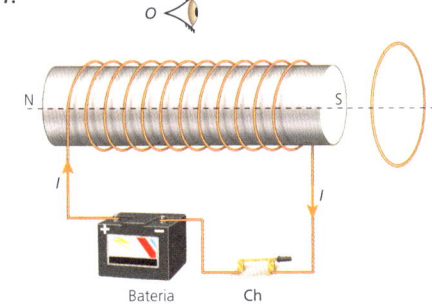

8. a) $6,0 \cdot 10^{-6}$ V
   b) 0
   c) $3,0 \cdot 10^{-6}$ V
9. $4,0 \cdot 10^{-5}$ V
10. $|\varepsilon_m| = B \cdot L \cdot v$

Exercícios de revisão

1. 1 mWb
2. $B = 1,25\pi \cdot 10^{-3}$ Wb
3. e
4. d
5. a
6. II, III e IV
7. e
8. b
9. b
10. d

Cap. 39 Ondas eletromagnéticas

Exercícios propostos

1. a
2. a) $\otimes \vec{v}$ b) $\odot \vec{v}$ c) $\uparrow \vec{v}$ d) $\vec{v} \to$
3. a) 1,5 GHz
   b) 1,0 nT
   c) na direção do eixo z.
4. a) horizontal, de leste para oeste
   b) 100 m
   c) 3,0 μT
5. d
6. a
7. a) $1,8 \cdot 10^8$ m/s
   b) $\simeq 1,67$

Exercícios de revisão

1. a) $\simeq 3,25$ m
   b) A distância mencionada não é segura, pois $I = 5,4$ J/(s · m²), maior que a recomendada pelo IEEE.
   c) 0,8 W/m²
2. e
3. a) $2,4 \cdot 10^8$ m/s; sentido positivo de Ox
   b) $n = 1,25$
4. a) 50 nT, no sentido negativo do eixo z
   b) $\lambda = 10$ cm
5. b
6. a
7. d
8. c
9. a) $\simeq 12,2$ cm
   b) A reflexão das ondas na superfície metálica impede que elas cheguem até o alimento e também pode danificar a fonte emissora.
10. $\simeq 9,7$ μm
11. a) $\simeq 3,1 \cdot 10^{13}$ Hz
    b) infravermelho
12. a
13. e
14. e
15. d
16. b
17. c
18. $\dfrac{\lambda_m}{\lambda_x} = 2 \cdot 10^8$
19. e
20. b

8. b
9. d
10. a
11. c

Cap. 40 Física quântica

Exercícios propostos

1. a) 6,2 eV
   b) 91,2 eV
2. a) 91,2 nm
   b) ultravioleta
3. c
4. e
5. a) $f_0 = \dfrac{W}{h}$
   b) $\lambda_0 = \dfrac{hc}{W}$
6. a) As frequências das radiações emitidas pela lâmpada comum estão abaixo da frequência de corte do zinco.
   b) A frequência da radiação ultravioleta é maior do que a frequência de corte do zinco.
7. a) $h \simeq 4,2 \cdot 10^{-15}$ eV · s
   b) $\lambda_0 \simeq 683,4$ nm
   c) $W = 1,82$ eV
8. $\lambda_{máx.} = 200$ nm, ultravioleta
9. a) absorção: I e IV; emissão: II e III
   b) transição II
   c) transição I
10. e
11. a) 300 nm
    b) 200 nm
12. d

Exercícios de revisão

1. e
2. a) $\simeq 3,0 \cdot 10^{14}$ Hz
   b) $\simeq 1,24$ eV
3. a) 4,0 eV
   b) $2,5 \cdot 10^{20}$ eV
   c) $6,25 \cdot 10^{19}$ fótons
4. e
5. a
6. a) $W = 5,0$ eV
   b) $f_0 \simeq 1,2 \cdot 10^{15}$ Hz
7. d
8. a) 2,4 eV
   b) césio e potássio
   c) 1,7 eV
9. a) $\lambda = 5,0 \cdot 10^{-7}$ m
   b) $E = 30$ J
   c) $\Delta t = 10$ s
   d) $n = 8,33 \cdot 10^{19}$ fótons
10. a
11. a) faixa do ultravioleta (10 nm a 400 nm)
    b) $E_1 = 10,2$ eV e $E_2 = 12,1$ eV
    c) Sim. O fóton γ_1 provoca o salto do elétron do estado fundamental para o 1º estado excitado. O fóton γ_2 provoca o salto do elétron do estado fundamental para o 2º estado excitado.
12. a) $5,5 \cdot 10^{-12}$ m
13. $K = \dfrac{h^2}{2m}$
14. 150 eV
15. e

b) $\simeq 7,5 \cdot 10^{-19}$ J

Cap. 41 Noções de relatividade

Exercícios propostos

1. a) $\beta^2 = 1 - \dfrac{1}{\gamma^2}$
   b) $(\beta\gamma)^2 = \gamma^2 - 1$
2. 1 aℓ = $9,46 \cdot 10^{15}$ m ≃ $9,5 \cdot 10^{12}$ km
3. a) $\gamma = 1,25$
   b) 20 anos
   c) 16 anos
   d) 9,6 aℓ
4. $\simeq 0,745c$
5. a) $1,8 \cdot 10^8$ m/s
   b) $\gamma = 1,25$
   c) 1,2 ns
   d) 21,6 cm
6. zero
7. $v = 0,80c$

8. zero
9. a) $k \simeq 0,105$
   b) $k = 0,1$
10. d
11. a
12. a) $45 \cdot 10^6$ kWh
    b) 7.500 residências
13. a) $1,25 \cdot 10^{20}$ fissões/s
    b) 4,5 kg
14. a) $\gamma \simeq 7.000$
    b) $\Delta \simeq 3,0$ m/s

Exercícios de revisão

1. e
2. 02 + 04 + 08 + 16 = 30
3. c
4. a) $3,0 \cdot 10^8$ m/s
   b) $3,0 \cdot 10^8$ m/s
5. a) 5,0 anos
   b) 3,0 anos
   c) $D_T = 4,0$ anos-luz
   d) $D_N = 2,4$ anos-luz
6. a) 7,5 anos
   b) 12 anos
   c) 6,0 anos
   d) 3,6 anos-luz
7. a) $4,6 \cdot 10^{-5}$ s = 46 μs
   b) $h = 0,90$ m = 90 cm
8. e
9. 0,5c
10. a) $\simeq 96$ MHz
    b) 3,125 m
11. a) Está se afastando.
    b) $\simeq 120$ km/s
12. c
13. e
14. d
15. b
16. c

Cap. 42 Física nuclear

Exercícios propostos

1. e
2. a) É a energia mínima necessária para separar todos os núcleons componentes desse núcleo.
   b) incorreta
   c) A energia de ligação do ^{235}U é maior que a do ^{238}U.
3. a) $Z = P$
   b) $N = A - P$
   c) $E_L = (p \cdot m_p + n \cdot m_N - M) \cdot c^2$
4. a) Nenhuma, são expressões sinônimas.
   b) É o intervalo de tempo médio estimado para a desintegração de um núcleo. Vida média e meia-vida são conceitos parecidos, porém diferentes. A VM é 44,3% maior que a meia-vida ($T_{1/2}$).
   c) A constante λ é o inverso da VM: $\lambda = \dfrac{1}{VM}$
   d) 75%
   e) Três meias-vidas.
5. a) 5 min
   b) 250 contagens por minuto
6. a) 6 milissegundos
   b) 115,5 desintegrações por segundo
7. a) $a = 56$
   b) $b = 94$
8. a) $a = 4$ e $b = 2$
   b) X é o elemento hélio, conhecido como partícula α.
9. A: hidrogênio-2 (^{2}H) ou dêuteron (^{2}D);
   B: hélio-3 (^{3}He);
   C: hélio-4 (^{4}He ou partícula alfa);
   D: berílio-7 (^{7}Be);
   E: lítio-7 (^{7}Li).

Exercícios de revisão

1. a
2. b
3. a
4. b
5. a
6. b
7. c
8. d

REFERÊNCIAS BIBLIOGRÁFICAS

ALONSO, Marcelo e FINN, Edward. *Física*. São Paulo: Addison-Wesley do Brasil, 1999.

BAEYER, Hans Christian von. *Arco-íris, flocos de neve, quarks*: a Física e o mundo que nos rodeia. Rio de Janeiro: Campus, 1994.

BEN-DOV, Yoav. *Convite à Física*. Rio de Janeiro: Zahar, 1996.

BLOOMFIELD, Louis A. *How Things Work, the Physics of everyday life*. New York: John Wiley, 1997.

CALVANI, Paolo. *Juegos científicos*. Madrid: Piramide, 1988.

CARR, Gerry. *Biomecânica dos esportes*. São Paulo: Manole, 1998.

CHAVES, Alaor e SAMPAIO, J. F. *Física básica*. Mecânica. São Paulo: Livraria da Física, 2007.

_____. *Física básica*. Gravitação. Ondas. Termodinâmica. São Paulo: LTC, 2007.

_____. *Física básica*. Eletromagnetismo. São Paulo: LTC, 2007.

CUTNELL, John e JOHNSON, Kenneth W. *Física*. Rio de Janeiro: LTC, 2006. v. 1, 2 e 3.

EISBERG, Robert M. e LERNER, Lawrence S. *Física, fundamentos e aplicações*. São Paulo: McGraw-Hill, 1982.

FERREIRA, Moacyr Costa. *História da Física*. São Paulo: Edicon, 1988.

_____. *Dicionário de inventos e inventores*. 2. ed. São Paulo: Edicon, 1998.

FEYNMAN, Richard P. *Física em seis lições*. Rio de Janeiro: Ediouro, 1999.

_____; LEIGHTON, Robert B. e SANDS, Matthew. *Lições de Física*. Porto Alegre: Artmed, 2008.

FISHBANE, Paul M.; GASIOROWICZ, Stephen e THORNTON, Stephen T. *Physics for Scientists and Engineers*. 2. ed. New Jersey: Prentice-Hall, 1996.

FOLMER-JOHNSON, Tore N. O. *Elementos de Mecânica*. Dinâmica. São Paulo: Nobel, 1965.

_____. *Elementos de Termologia*. São Paulo: Nobel, 1965.

_____. *Elementos de Eletrostática*. São Paulo: Nobel, s.d.

GIANCOLI, Douglas C. *Physics, Principles with Applications*. 4. ed. New Jersey: Prentice-Hall, 1995.

HALLIDAY, David; RESNICK, Robert e WALKER, Jearl. *Fundamentos de Física*. 7. ed. Rio de Janeiro: LTC, 2007. v. 1 – Mecânica, v. 2 – Gravitação, Ondas e Termodinâmica e v. 4 – Óptica e Física Moderna.

_____ e RESNICK, Robert. *Física*. 4. ed. Rio de Janeiro: LTC, 1983.

HAZEN, Robert e TREFIL, James. *The Physical Sciences*: an Integrated Approach. New York: John Wiley, 1996.

HEWITT, Paul G. *Física conceptual*. 2. ed. Delaware: Addison-Wesley-Iberoamericana, 1995.

LUCIE, Pierre. *Física 1ª série*. Rio de Janeiro: Francisco Alves, 1977.

_____. *Física básica*: Mecânica. Rio de Janeiro: Campus, 1979.

_____. *Física básica*: Física Térmica. Rio de Janeiro: Campus, 1979.

KNIGHT, Randall D. *Física, uma abordagem estratégica*. Porto Alegre: Bookman, 2009. v. 1, 2, 3 e 4.

MACEDO, Horacio. *Dicionário de Física ilustrado*. Rio de Janeiro: Nova Fronteira, 1976.

MISNER, Charles W.; THORNE, Kip S. e WHEELER, John A. *Gravitation*. New York: W. H. Freeman, 1973.

MLODINOW, Leonard. *O arco-íris de Feynman*. Rio de Janeiro: Sextante, 2005.

NEIVA, Jucy. *Fontes alternativas de energia*. 2. ed. Rio de Janeiro: Mayti, 1987.

NUSSENZVEIG, H. Moysés. *Curso de Física básica*. São Paulo: Edgard Blücher, 1981. v. 1 e 2.

OKUNO, Emico; CALDAS, Ibere L. e CHOW, Cecil. *Física para ciências biológicas e biomédicas*. São Paulo: Harbra, 1982.

OREAR, Jay. *Física*. Rio de Janeiro: LTC, 1971.

_____. *Fundamentos da Física*. Rio de Janeiro: LTC, 1991. v. 1 e 2.

PAULI, Wolfgang. *Theory of Relativity*. Mineola: Dover, 1981.

PEDROSA, Israel. *Da cor à cor inexistente*. 8. ed. Rio de Janeiro: Léo Christiano, 2002.

PINTO, Alexandre Custódio; SILVA, José Alves e LEITE, Cristina. *A Física das cores*. São Paulo: Editora do Brasil, 2000. (Coleção Projeto Escolar e Cidadania)

_____. *A Física está dentro de você*. São Paulo: Editora do Brasil, 2000. (Coleção Projeto Escolar e Cidadania)

RAMALHO, Francisco; FERRARO, Nicolau Gilberto e TOLEDO SOARES, Paulo Antonio. *Os fundamentos da Física*. 10. ed. São Paulo: Moderna, 2009. v. 1, 2 e 3.

RESNICK, Robert. *Conceptos de relatividad y teoría cuántica*. Mexico: Limusa, 1976.

_____. *Introdução à relatividade especial*. São Paulo: Edusp/Polígono, 1971.

RIVAL, Michel. *Os grandes experimentos científicos*. Rio de Janeiro: Jorge Zahar, 1997.

ROUSSEAU, René-Lucien. *A linguagem das cores*. São Paulo: Pensamento, 1980.

SAYÃO, Jorge (Org.). *Enigmas visuais*. Rio de Janeiro: Frente, 2004.

SCHENBERG, Mario. *Pensando a Física*. 5. ed. São Paulo: Laudy, 2001.

SEARS, Francis W.; ZEMANSKY, Mark e YOUNG, Hugh D. *Física*. Rio de Janeiro: LTC, 1993. v. 2 e 3.

SERWAY, Raymond e JEWETT, John W. *Princípios de Física*. São Paulo: Pioneira Thomson Learning, 2004. v. 1 – Mecânica Clássica, v. 2 – Movimento Ondulatório e Termodinâmica, v. 3 – Eletromagnetismo, v. 4 – Óptica e Física Moderna.

SPEYER, Edward. *Seis caminhos a partir de Newton*. Rio de Janeiro: Campus, 1995.

TIPLER, Paul A. *Física*. 4. ed. Rio de Janeiro: LTC, 2000.

_____ e LLEWELLYN, Ralph A. *Física Moderna*. 3. ed. Rio de Janeiro: LTC, 2001.

TORRES, Carlos Magno; FERRARO, Nicolau Gilberto e TOLEDO SOARES, Paulo Antonio. *Física, Ciência e Tecnologia*. São Paulo: Moderna, 2010. v. 1, 2 e 3.

WILSON, Jerry D. e BUFFA, Antony J. *Física*. 5. ed. Mexico: Pearson, 2003.

WOLFSON, Richard e PASACHOFF, Jay M. *Physics*. 2. ed. New York: Harper, 1995.

YOUNG, Hugh D. e FREEDMAN, Roger. *Physics*. 9. ed. New York: Addison-Wesley, 1995.